헤겔
정신현상학

번역과 주해
1권

이병창 지음

번역자 서문

1)

괴물과 싸우다 필자도 괴물이 된 듯하다. 헤겔의 정신현상학을 이해한답시고 약 1,200여 개의 주를 달고 거의 한 구절마다 해제를 덧붙였더니, 바닷가 바위에 붙은 굴 딱지 같은 모습이 아주 흉하게 보인다. 이렇게밖에 할 수 없었는가 하는 한숨이 절로 나온다.

필자는 본디 인간의 마음을 이해하는 데 관심을 가졌다. 대학 시절 실존철학이나 불교에 깊이 빠졌던 것도 그 때문이었으리라. 필자가 문학과 예술에 늘 마음을 빼앗겼던 것도 그 속에서 다양하고 복잡한 인간의 마음을 엿볼 수 있었기 때문이었다. 철학과 대학원에 들어갔을 때도 실존철학을 연구하고 싶은 마음에서였는데, 어느 날인가 철학 하는 선배의 석사학위 논문을 읽다가 갑작스럽게 방향을 바꾸어 헤겔의 『정신현상학』을 읽기 시작했다. 그 논문의 주제는 『정신현상학』 자기의식 장에 나오는 주인과 노예의 관계였을 것이다.

그렇게 시작한 연구가 끝나지 않았다. 『정신현상학』은 도대체 이해되지 않았으니 처음엔 그저 한 쪽을 읽다가 잠에 빠졌으며 읽기를 매번 다시 포기했다가 얼마 뒤 다시 되돌아오기를 반복하면서 이제 70대 노인이 돼버렸다. 그간 몇 권에 걸쳐 『정신현상학』의 비밀을 풀어보려 했으나 다들 중도에 그치고 말았다.

두서너 해 전 코로나가 창궐하던 시대, 문득 죽음이 부르는 듯한 환청처럼 듣고, 죽기 전 마지막 힘을 다해 이 책의 번역과 주해를 마쳐야 하겠다는 생각으로 만사를 제치고 집에 틀어박혔고 이제야 그 일을 마쳐야 하겠다는 생각에서 이「서문」을 쓰게 됐다.

2)
생각해 보면 학자적 삶의 거의 전부를『정신현상학』의 이해에 매달렸으니, 무엇이 필자를 이 책에 걸신들리게 했는지를 이제 되돌아보지 않을 수 없다.

필자가 헤겔의『정신현상학』에 몰두했던 것도 이 책이 본래 필자의 관심 영역인 마음의 문제를 다루었기 때문이다. 마음 즉 정신이란 단순히 세계에 대한 인식이나 삶의 가치를 다루는 것이 아니라 심성 즉 실천적 의지나 정신적 표현의 문제까지 포괄하는 개념이다. 많은 철학은 마음을 다루더라도 주로 인식과 가치의 문제만을 다룰 뿐이고 심성의 문제나 표현의 문제는 심리학이나 교육학 또는 예술의 문제로 넘겨버렸다. 심리학이나 교육학은 경험적 방법이나 실용적 목적이 지배하고 심층적 이해는 없었다. 예술은 표현을 개인의 천성의 문제로 돌렸으니 아쉬웠다. 일부 철학(예를 들어 실존철학)은 심성의 문제를 다루기는 했으나 적절한 방법론이 없이 내적인 수련의 문제로 여길 뿐이었기에 그 역시 필자로서는 답답했다.

그런 마당에 헤겔의『정신현상학』에서 인식과 가치뿐만 아니라 심성이나 표현의 문제를 다룰 수 있는 학문적 방법론을 발견할 수 있었으니, 필자로서는 흥분하지 않을 수 없었다. 더구나『정신현상학』을 조금

씩 이해해 나가면서 그 가운데서 인간의 실천적 의지나 정신적 표현에 관련된 다양한 모습을 발견하게 됐다. 여기서 상세하게 설명할 여유는 없지만, 그 이름만 들어보자면 자기의식 장에 나오는 '노예 의식'과 '불행한 의식'이라든가, 이성 장에 나오는 '덕성'과 '세속'의 개념, '성실한 의식' 그리고 정신 장에 나오는 '인륜적 의식' '세계의 주인' '소외된 정신' '분열된 의식'이나 '순수 의식' '유용한 존재' '절대적 자유' '전치[轉位: Verstellung]'와 '아름다운 영혼'의 개념 등이 있다. 헤겔은 많은 문학 작품이나 종교적 형태에서 그런 모습의 원형을 찾으려 했다. 그가 참고했던 대표적인 소설만 들더라도 소포클레스의 『안티고네』나 디드로의 『라모의 조카』, 야코비의 『볼데마르』 등이 있다. 그 모습은 필자가 기대했던 것 이상으로 풍요로웠으니 그 모습을 발견할 때마다 필자로서는 놀라움을 금하지 못했다.

3)
『정신현상학』에서 정신의 도야를 통해 헤겔이 획득하고자 하는 최종 정신의 형태는 절대정신이다. 필자가 보기에 헤겔에서 절대정신은 공동체 정신이라 하겠다. 이 공동체 정신은 '헨 카이 판[Hen Kai Pan: All-Einheit]'의 정신이며 곧 하나가 전체이며 동시에 전체가 하나인 정신이다. 다시 말하자면 하나 속에 이미 전체의 계기가 포함돼 있고 동시에 이 하나는 전체를 이루는 한 계기라는 말이다.

이 정신은 헤겔이 살았던 시대의 궁핍을 극복하기 위해 등장했던 것이다. 그의 시대는 봉건적 지배와 민족적 분열에 시달렸으며 다가오는 자본주의의 참상 앞에 전율했다. 헤겔은 청년기 트로이카를 이루었던 횔더린과 셸링과 더불어 시대의 참상을 극복할 가능성을 모색했으니 이들은 공동으로 그 가능성을 곧 그리스 시대 철학에서 유래한 헨 카이 판의 정신에서 찾았으며 이 정신을 구현하기 위한 구체적인 방법을 철학적으로 모색했다.

『정신현상학』에서 헤겔이 모색했던 정신 역시 이런 헨 카이 판의 정신이며 헤겔은 이 정신을 정신의 도야 끝에 도달하는 절대정신으로 형상화했다. 절대정신은 처음에는 종교적 사랑의 정신을 통해 출현했으니 이것이 삼위일체의 정신 즉 교회 공동체의 정신이다. 종교적 사랑은 심정에 머무른다는 한계를 지니므로 헤겔은 이를 넘어서기 위해 최종적으로 절대지의 개념을 제시한다. 이 절대지는 심정적 사랑을 체계화하려는 시도이며 헤겔은 이 체계를 개념의 체계 즉 절대지로 파악했고 이를 구체화하자면 헤겔이 『법철학』에서 제시한 이상 국가의 구조를 말한다.

4)

헤겔의 『정신현상학』이 필자를 매혹했던 것도 바로 이런 웅장한 역사적 구상 때문이었다. 우리 시대는 어쩌면 헤겔이 서문에서 말한 대로 분열의 시대인지 모른다. 사회적 분열, 민족의 분열과 세계의 분열이 극심에 이르렀다. 필자는 헤겔의 공동체 정신에서 시대의 분열을 극복할 가능성을 찾으려 했다. 그런 희망을 품고 절대정신에 이르면 거기서 새로운 빛이 비칠 것 같다는 일념에서 허위허위 아득한 산꼭대기를 향해 기어 올라갔다. 이제 필자 나름대로 이해한 절대정신의 모습 그리고 이 절대정신에 도달하기 위해 헤겔이 벌였던 정신의 고투를 여기 소개하게 돼서 무한히 기쁘지만, 아직 부족하다는 생각 때문에 부끄러움이 한없다.

헤겔과 고투하는 가운데 그래도 새롭게 얻은 소득이 있어 마지막으로 언급하고자 한다. 헤겔과 싸우던 어느 날 문득 필자에게 떠오른 생각은 만일 헤겔이 심성과 관련하여 제시한 인간의 모습을 프로이트의 정신분석학에 나오는 인간 모습과 비교해 보면 어떨까 하는 생각이 들었다. 양자 사이에서 유사성을 발견할 수 있다면, 인간의 심성을 이해하는 데서 새로운 가능성이 열리지 않을까? 사실 양자 사이에는 유사한 개념이 많이 있었다. 예를 들어 '세계의 주인'은 원초적 아버지의 개념과, '유용한 존재'는 도착증 개념과, '전치'는 신경증 개념과, '아름다운 영혼'은 우울증 개념과 닮았다.

프로이트가 인간의 심리적 유형을 설명하기 제시한 이론적 틀은 매우 협소하고 많은 한계를 지녔다. 특히 그는 가부장적인 핵가족 구조에 기초해서 성적 욕망을 규정했으나 이 틀이 여러 문제점을 안고 있다는 사실은 일찍부터 지적됐다. 20세기 중반 프로이트 좌파 역시 심리에 관한 사회 역사학적 분석에 주목했으나, 그들은 가부장적 가족 구조를 사회에 확대 적용했을 뿐이었다. 헤겔 역시 다양한 심성의 유형을 가부장적 가족이 아닌 역사 사회적 삶에 기초해서 전개했으니, 그는 여기서 독특한 방법론을 사용했다. 이 틀을 통해 헤겔이 제시한 개념은 표면적으로는 유사한 모습이더라도 프로이트와 다른 방식으로 즉 사회 역사적으로 해석됐다. 만일 헤겔의 이 방법론을 배울 수 있다면, 헤겔을 통해 사회 역사학적 정신분석학이 가능하지 않겠는가?

유감스럽게도 필자는 다만 그와 관련된 몇 가지 단서만 발견했고 아직 체계적 이론을 세우지는 못했다. 『정신현상학』을 주해하는 가운데 틈틈이 프로이트의 개념과 헤겔의 개념 사이의 유사성에 관해 언급했을 뿐이다. 필자로서는 이런 새로운 영역으로 나가기에 힘이 부친다. 아직 이 영역을 어떻게 그려내야 할지 막막하기만 하다. 앞으로 헤겔이 비춰 준 빛에 따라 새로운 정신분석학이 발굴할 수 있기를 기대하면서 이 글을 마치고자 한다.

2025년 10월 15일
이병창

번역을 위한 지침

1) Suhrkampf 판을 토대로 했다. 이 판이 헤겔이 1831년 재판을 위해 수정한 내용을 담고 있기 때문이다. 그러나 정서법 등에서는 Felix Meiner 판을 우선했다.

2) 목차는 Suhrkampf 판을 기초로 했다. 이는 Felix Meiner 판의 목차와 같다. 또한, 라손 판에 나오는 일부 목차를 부가했다.

3) FM주는 1980년 Felix Meiner 판에 실린 주이며, SK주는 1970년 Suhrkampf판에 실린 주다. Lasson 주는 1907년 라손 판에 실린 것이다.

4) 헤겔의 독특한 개념은 항상 이중적 의미를 지니므로, 한편으로는 그때마다 문맥에 맞는 번역어를 사용하려 했으나, 다른 한편으로 감추어진 의미가 사라질까 우려했다. 그 때문에 그때마다 헤겔의 원어를 괄호 속에 넣어 두었다.

5) 지시어는 모두 찾아서 밝히려 했다. 이는 이미 일정한 해석을 전제로 하는 작업이지만, 이해를 위해서 불가피하다. 틀린 해석이 있으면 왜곡된 번역이 될 수 있어 걱정스럽다.

6) 필자는 주석과 해제를 덧붙였다. 주석은 주로 개념의 이해와 관련해서 제시했고 해제는 문맥 전체를 이해하는 데 주안점을 두었다. 또한, 각 장 앞에 전체 흐름을 보여주는 목차를 달았다.

참고 판본

J. Schulze 편, 『헤겔 저서Werke』, 2권, 불멸자의 친우 연맹, Berlin, 1832

G. Lasson 편. 『헤겔 전서Sämtliche Werke』, 2권, 정신현상학 발간 백주년 기념, Leipzig, 1907

J. Hoffmeister 편, 『헤겔 전서Sämtliche Werke』, 2권, Leipzig, 1937; 『헤겔 전서Sämtliche Werke 비판 신판』, Felix Meiner, 1952

Eva Moldenhauer & Karl Markus 편, 『헤겔 저서Werke』, 3권, Suhr Kampf, 1970

W. Bonspien & Reinhard Heede 편, 『헤겔 전집Gesammelte Werke』, 9권, Felix Meiner, 1980

1권 목차

번역자 서문   3

서문[Vorrede]   17
서론[Einleitung]   175

A   의식   215
I 감각적 확신 또는 이것과 의도[meinen]   217
II 지각; 사물 그리고 속임   241
III 힘과 지성, 현상과 초감각적 세계   275

B   자기의식   343
IV 자기를 확신하는 진리   345
A 자기의식의 자립성과 비 자립성: 주인과 노예   367
B 자기의식의 자유: 스토아주의, 회의주의 및 불행한 의식   392

C   (AA) 이성   461
V 이성의 확신과 진리   463
A 관찰하는 이성   487

a 자연의 관찰 493
　　b 자기의식을 순수한 상태에서 외적 현실과 관계해 관찰 하는 것: 논리적 법칙과 심리학적 법칙 590
　　c 직접적인 [신체적] 현실과 자기의식의 관계에 관한 관찰, 관상학과 골상학 605
　B 이성적인 자기의식의 자기 자신을 통한 실현 679
　　a 쾌락과 운명[필연성] 702
　　b 심정의 법칙과 자만의 광기 717
　　c 덕과 세속 740
　C 그 자체로 자기에게 나타나면서 스스로 실재하는[reell] 개체성 762
　　　　　　　　　　　　　　　　　　　762
　　a 정신적인 동물의 나라와 속임 또는 사태 자체 767
　　b 법칙을 발견하려는 이성 815
　　c 이성에 의한 법칙의 검증 829

2권 목차

C (BB) 정신	9
VI 정신	11
A 참다운 정신, 인륜성	24
a 인륜의 세계; 인간의 법칙과 신의 법칙; 남성적 존재와 여성적 존재	28
b 인륜적 행동; 인간의 인식과 신의 인식; 죄와 운명	62
c 법적 상태	97
B 자기에게 소원화된 정신: 교양	114
B-1 자기에게 소원화된 정신의 세계	126
a 교양과 교양이 실현된 나라	129
b 신앙과 순수 통찰	203
B-2 계몽	229
a 계몽과 신앙의 투쟁	236
b 계몽의 진리	310
B-3 절대적 자유와 공포	336
C 자기를 확신하는 정신, 도덕성	368
a 도덕적 세계관	376
b 전치	409

c 양심, 아름다운 영혼, 악과 그 용서	443
C (CC) 종교	543
VII 종교	545
A 자연 종교	576
a 빛[Lichtwesen]	582
b 식물과 동물의 신	588
c 장인	593
B 예술 종교	604
a 추상적 예술작품	613
b 생동하는 예술작품	642
c 정신적인 예술작품	656
C 계시 종교	706
C (DD) 절대지	795
VIII 절대지	797
부록-1 정신현상학을 이해하기 위한 예비지식	851
1 『정신현상학』의 발간	851
2 판본에 관해	863
3 『정신현상학』의 구조, 방법, 개념과 목적	869

학문의 체계
제1부[1]

정신현상학

헤겔

박사, 예나 대 철학 교수,
비텐부르크 공국 광물학 협회 사정관 및 기타 학술회의 회원

---

[1] 헤겔은 원래 학문 체계를 내기로 하고 서문을 작성하려 했는데, 서문이 길어지자 독립적 저서로 내기로 하면서 최종적으로 '정신현상학'이라는 이름을 택한다. 그리고 앞으로 논리학과 실재 철학을 작성할 것으로 기대하면서 이를 학문의 1부로 삼았다. 헤겔은 죽기 직전 개정판을 내기 위한 수정 노트에서는 학문의 1부라는 구절을 삭제하려 했다. 1831년 『논리학』 1권 개정판을 내면서 "다음 해 부활절에 나올 재판에서 이 제목은 첨부되지 않을 것이다"라고 말했다.

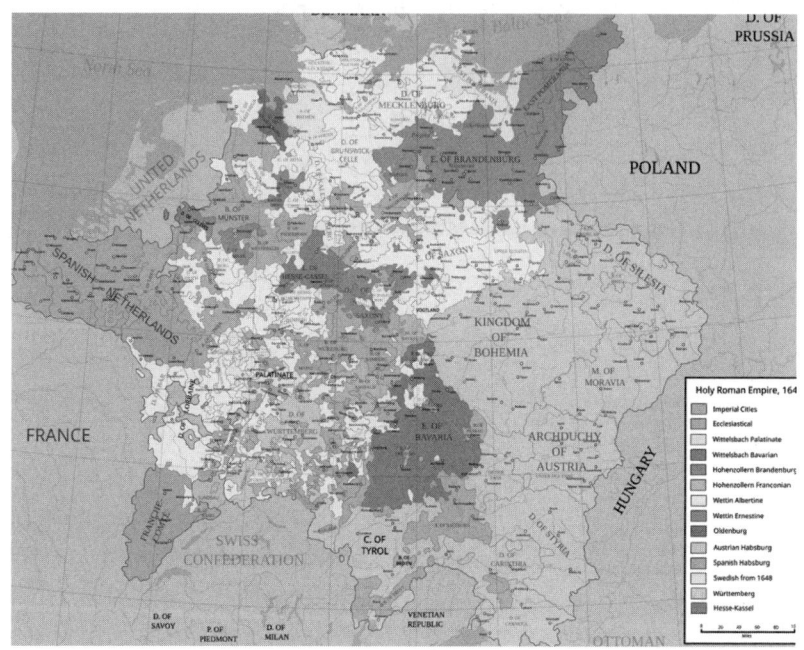

30년 전쟁 이후 독일이 분열된 모습. 이후 독일은 영국과 프랑스와 달리 민족 분열과 전제주의, 봉건제를 벗어나지 못했다. 19세기 초 헤겔을 포함한 독일 지식인의 정신적 고투는 민족 통일과 근대화, 민주화라는 시대적 과제를 가운데 두고 전개됐다. 헤겔「정신현상학」은 이 시대 지식인의 정신적 고투를 이해하지 않고서는 이해할 수 없다. 필자 역시 이런 관심 때문에 이 책을 읽게 됐다.

서문[Vorrede]: 학문적 인식에 관해

[해제] 서문[2] 목차

1) 참된 것의 지반은 개념이며 그 참된 형태는 학문적 체계다.
2) 정신이 도달한 현재의 입장
3) 원리만으로 완성되지 않는다. 형식주의 반대
4) 절대자는 주체다
5) 그리고 주체란 무엇인가?
6) 지식의 지반
7) 지식의 지반으로 올라서게 하는 것이 정신의 현상학이 지닌 목표다.
8) 표상된 것[Vorgestelltes]과 알려진 것[Bekanntes]은 사상으로 전환돼야 한다.
9) 사상을 개념으로 전환하는 것
10) 정신의 현상학은 어느 만큼 부정적이거나 허위인 것을 포함하는가?

---

[2] 『정신현상학』은 학문의 서문으로 작성됐으나, 서문이 길어지자 독립적 저서로 발간하려 하면서 마지막으로 1807년 겨울 이 서문을 작성했다. 여기서 그는 학문과 『정신현상학』의 관계를 주로 서술한다. 표제 '서문'에 덧붙인 '학문에 관해서'라는 표현은 1907년 라슨 판에 처음 나온다.

11) 수학적 지식과 역사적 지식
12) 철학적 진리와 그 방법
13) 도식적 형식주의에 대한 반대
14) 철학의 연구에서 요구되는 것
15) 논증적 사유의 부정적 태도
16) 논증적 사유의 긍정적 태도[사변적 사유]와 논증적 사유의 주어
17) 자연 발생적 철학의 두 가지 방식 즉 건전한 상식과 천재성
18) 맺는말: 작가의 독자에 대한 관계

1) 〈SK 11:3~12:5〉〈FM 9:3~10:2〉
어떤 저서에서 관례상 그 서문에 내놓는 해명은-곧 저자가 그 저서에서 미리 설정한 목적이나 그것을 쓰게 된 동기 또는 같은 대상에 대해 그 이전이나 동시대 저자들이 취했던 입장에 대해 자기가 지니고 있다고 믿는 관계 등등에 관한 것인데-철학적 저술의 경우에는 불필요할 뿐 아니라 또한, 철학 본연[Sache]의 성격에 비춰 보아서도 오히려 합당하지 못하며 그 목적과 배치되는 것으로 보인다. 왜냐하면, 철학 저서의 서문이라는 데서 말해지곤 했던 것은-즉 경향이나 입장, 일반적인 내용과 결과에 관해 역사적으로 **제시**하거나 설왕설래하는 주장을 나열하거나 진리에 관해 단정하는 것과 같은 것은-철학적 진리가 서술돼야 하는 유형이나 방식으로 여길 수는 없기 때문이다. -또한, 철학은 본질상 일반적인 것을 지반으로 한다. 사실 이 일반적인 것은 특수한 것을 자체 내에 포함하는 일반적인 것이다. 그런데도 목적이나 최종적인 결과를 통해서 문제의 핵심이 표현될 수 있고 더구나 완전무설하게 표현될 수 있다는 허상[Schein]이 다른 어떤 학문의 경우에서보다도 철학에서 더 많이 발견된다. 그런 입장에서는 목적과 결과라는 것에 반해서 전

개과정[Ausführung]은 본래 아무런 본질적 의미도 지닐 수 없는 것으로 될 것이다. 이와는 달리 예컨대 해부학이란 곧 신체의 부분을 죽어 있는 [unlebendigen] 현존의 측면에 따라 인식하는 지식으로 여겨지지만, 사람들은 해부학에 관한 한 일반적 관념[allgemeinen Vorstellung]으로는 이 학문의 핵심 자체 즉 그 내용이 파악된 것은 아직 아니며 그것 밖에도 특수한 것을 포착하고자 노력하지 않으면 안 된다고 확신한다. ─당연한 말이지만, 그와 같은 특수한 지식을 끌어모은다고 해서 그런 것에 학문이라는 칭호를 붙여 줄 수 없다. 여기에서 설혹 목적이나 그 밖에 이와 비슷한 일반적인 것에 관해 언급되더라도 이는 [특수한 지식과 마찬가지로] 사실 나열적[historisch]이거나 개념 파악이 없는 방식과 {종종}[3] 다르지 않다. 그와 같은 목적이나 일반적인 것은 이런저런 신경이나 근육 등등과 같은 내용이 언급되는 방식과 같은 방식으로 언급될 뿐이다. 그에 반해 철학의 경우는 사정이 같지 않다. 즉 [철학에서] 그와 같은 방식[나열적 방식]이 사용된다면 이런 방식을 쓴다는 것 자체만으로 이미 진리를 파악할 능력이 없다는 사실을 보여 줄 것이다.

[해제] 헤겔은 여기서 철학이라는 학문의 기본적 성격을 밝히고 있다. 한편으로 철학은 목적이나 결과를 제시하는 것만으로 충분하지 않으며 전개과정이 필요하다. 다른 한편으로 철학은 해부학에서처럼 개별 사실을 나열하는 것으로 만족할 수 없다. 헤겔이 여기서 강조하는 것은 철학이 일반적이면서도 동시에 구체적인 것이어야 한다는 것이다. 그러므로 일반적인 것은 특수한 것에 대립하는 추상적으로 일반적인 것이 아니라, "특수한 것을 자체 내에 포함하는 일반적인 것"이 돼야 한다.

2) ⟨SK 12:6~35⟩⟨FM 10:3~24⟩

---

3   헤겔 재판을 위한 수정 노트에서 추가됐다.

어떤 철학적 저서와 [그것이 다루는 것과] 같은 대상을 다루는 다른 [철학적] 연구 사이에 존재한다고 믿어지는 관계가 지닌 규정을 통해 낯선 관심이 철학으로 끌려 들어오며 진리의 인식에서 중요한 것이 모호해진다. 참된 것과 거짓인 것은 서로 대립한다는 생각[Meinung]이 확고해지면서 이런 생각은 흔히 눈앞에 있는 철학 체계에 대해 동의하거나 대립하는 것[Widerspruch]만을 기대하면서 그와 같은 철학 체계를 설명하는 데서 단지 전자[동의]나 후자[대립]만을 보곤 했다. 그런 생각은 철학 체계 사이의 차이를 진리의 점진적 발전으로 다시 말해 개념적으로 파악하지 않고 그런 차이 속에서 서로 대립하는 것[Widerspruch]만을 보려 한다. 꽃이 활짝 피어나면 꽃봉오리는 소멸한다. 그러면 그 꽃봉오리는 새로 피어난 꽃을 통해서 부정된다고 말할 것이다. 마찬가지로 열매는 꽃을 식물의 거짓된 현존으로 선언하며, 열매는 꽃을 대신해서 식물의 진리로서 등장할 것이다. 또한, 이런 식물의 형상[Formen]들은 서로가 구별될 뿐 아니라 서로 화해할 수 없는 것으로 서로 배척한다. 그러나 이 형상들은 유동적 본성을 지닌 것이므로 각기 유기적 통일체를 이루는 하나의 계기로 된다. 이런 유기적 통일체의 관점에서 본다면 이 형상들은 갈등할 수 없을 뿐 아니라 오히려 그 어느 것도 없어서는 안 될 필수 계기를 이룬다. 이와 같은 각 계기가 다 같이 필수적이라는 사실을 통해 전체로서 생명체가 이루어진다. 그러나 흔히 철학 체계들이 서로 모순될 때 한편으로 이런 체계들은 지금 얘기된 방식으로[유동적인 계기로] 파악되지[begreifen] 않는다. 다른 한편으로 그러한 모순을 파악하는 인식도 대체로[gemeinhin] 각 모순된 체계를 그것이 지닌 일면성에서 해방하거나 [일면성으로부터] 자유롭게 보존할 줄을 모르며 서로 투쟁하고 반대하는 것처럼 보이는 형태들 속에서 서로에 대해서 필수적인 계기를 인식할 줄도 모른다.

[해제] 앞에서 개별 철학 체계를 그 일반성과 특수성을 종합해 인식해야 한다고 주장한 것에 이어서 여기서는 헤겔은 이런 철학 체계들 사이의 대립을 진리와 허위의 대립으로 보고, 그것들 사이의 차이와 대립, 모순만을 보려 해서는 안 된다고 말한다.

헤겔에 따르면 철학 체계는 마치 식물에서 꽃봉오리와 꽃, 열매의 관계처럼 시간에 따라서 발전하면서 전체가 유기적인 통일성을 갖는 것으로 파악돼야 한다. 그러므로 개별 철학 체계는 비판적으로 폐기되는 것이 아니라 그 "일면성에서 해방하며" 동시에 적어도 그 일면적 진리를 인정해야 하며 어느 체계나 서로 대립하는 가운데 다 같이 필수적인 계기라는 것을 인식해야 한다.

특수성을 포함한 일반성과 유기적 통일성이라는 두 주장은 서로 무관하지는 않다. 왜냐하면, 개별자 사이의 유기적 전체가 곧 특수성을 포함하는 일반성이기 때문이다.

3) 〈SK 12:36~13:31〉〈FM 10:25~11:12〉

철학 체계를 이와 같은 [대립의] 방식으로 설명하기를 요구하고 또는 그와 같은 요구를 충족하는 것이 자칫 [철학이 해야 할] 본질적 과제를 다하는 것으로 받아들여지기가 쉽다. 철학적 저서가 지니는 내적 핵심은 그 저서의 목적과 그 저서의 결과밖에 다른 어디에서도 더 잘 언표될 수는 없다고 하며 또한, 그 철학적 저서가 이전에 이와 같은 영역에서 동시대인이 이룬 작업과 어떻게 다른지를 구별하는 것밖에 다른 어떤 것을 통해서도 철학적 저서가 더 명확하게 인식될 수 없다고 한다. 그러나 그와 같은 활동이 인식의 출발점 이상의 것으로 여겨진다면 또는 그런 활동이 참된[wirklich] 인식 자체로 여겨진다면 이것은 참으로 헛되이 지어낸 생각[Erfindungen]으로 여겨질 수 있을 것이다. 그런 헛된 생각은 문제의 핵심을 피하기 위한 것이며 동시에 겉으로는 문제의 핵심 자체를[die Sache selbst] 위해 진지하게 노력하는 척하면서도 사실 그와 같은 수고를 모면해 보려는 시도, 이 두 가지를 결합한 것에 지나지 않는 것이다. -왜냐하면, 문제의 핵심은 결코 그 **목적** 속에서가 아니라 오히려 그 세부적인 **전개과정**을 통해서 드러나며 또한, 그 **결과**만이 아니라 오히려 결과에 이르는 과정이 함께해야만 참된 전체로 되기 때문이다. 목적은 독자적으로는[für sich] 단지 생명이 없는 일반적인 것에 지나지 않는 것이니, 이것은 마치 경향성이 아직도 자기를 실현하지 못한 단순한 충동[Treiben]에 지나지 않는 것과 같다. 또한, 다른 것은 제쳐두고[nackte] 결과만 놓고 본다면 그것은 다만 경향성이 뒤에 남겨놓은 시체와도 같은 것이다. -그와 마찬가지로 [철학적 체계의] **서로 다름**[Verschiedenheit]이라는 것도 사실 사상을 구분하는 **경계**[Grenze]를 뜻한다. 경계란 어떤 사상이 끝난 곳이거나 그 사상이 이제 아닌 것을 가리키는 것이다. 따라서 하나의 철학적 체계나 다른 철학적 체계가 지닌 목적이나 결과를 위해 애쓰고 또는 서로의 다름이나 각자에 대한 평가를 위해 애쓰는 것은 아마도 얼핏 보기보다 수월한 작업일 것이다. 왜냐하면, 그와 같은 활동은 언제나 문제의 핵심과 씨름하는 것이 아니라 오히려 그 문제의 핵심을 벗어나려고 하며 또한, 그러한 지식[Wissen]이란 문제의 핵심 자체 속에 머무르면서 그 속에 몰두하는 대신에 언제나 그와는 다른 어떤 것을 손에 넣으려고 하니, 그 결과 문제의 핵심에 정면으로 부딪쳐서 거기에 자신을 바치는 대신 오히려 자기 자신에게만 머무르고 말기 때문이다. -그러므로 내실[Gehalt]이나 올곧음[Gediegenheit]을 평가하는 일이 가장 쉽고 이런 것들을 파악하는 일은 그보다는 좀 더 어렵다고 하겠고 위에서 제시된 두 가지를 합한 것 즉 서술하는 일은 가장 어려운 일이다.

[해제] 1 구절에서 헤겔은 철학은 세부적인 전개까지 포함해야 하며, 2 구절에서 개별적인 체계 속에서 그 일면성에서 해방해야 한다고 한다.

이어 3 구절에서 헤겔은 목적이나 결과로 만족하거나 개별 체계의 찬반에 그치는 인식은 참된 인식이 아니라, 지어낸 생각에 그친다고 한다. 그것은 인식을 위해 "진지하게 노력하는 척하면서도" 사실은 "그런 수고를 모면해 보려는 시도"에 지나지 않는 것이다. 오히려 문제의 핵심은 세부적 전개과정을 통해 드러나며 참된 인식은 결과에 이르는 과정과 함께해야 한다.

위에서 제시된 논의를 매듭지으면서 헤겔은 다음과 같이 말한다. 즉 어떤 인식의 진위를 평가하는 것보다 사태의 본질을 파악하는 것이 더 어렵고 그보다는 전체 체계를 서술하는 것이 더 어렵다. 평가는 특정한 관점에 서서 자기와 대립하는 관점을 비판한다. 이런 평가는 곧 자신이 진리임을 확신하면서 타자를 비판하지만, 자기 자신이 진리라는 것을 독단적으로 전제한다.

파악한다는 것은 어떤 개별 경험으로부터 일반적 원리를 끌어내는 것이다. 이런 원리는 다양한 경험을 일반화 또는 추상화해 나온다. 이런 인식은 이미 경험적 자료를 선택할 때 어떤 원리를 전제로 해서 선택하고 이렇게 선택된 자료로부터 일반 원리를 끌어내니, 순환의 오류에 빠질 위험이 있다.

서술은 유기적 통일성 또는 체계화 속에서 인식하는 것을 말한다. 이런 서술은 어떤 개별 현상을 전체 속에서 파악하는 것이며 이는 추상적 원리가 구체적으로 발전하는 과정에서 파악해야 한다. 이런 서술이 가능하게 하려면 개별자를 연구하여 마침내 가장 일반적 원리에 이르러야 하며(연구 과정) 이 일반적 원리로부터 개별자가 구체적으로 어떻게 실현되는가를 설명해야 한다(서술 과정).

4) 〈SK 13:32~14:12〉〈FM 11:8~23〉

실체적 삶의 직접적인 상태[4]를 벗어나 교양을 획득하는 시원을 얻기 위해서는 우선 일반적인 원리와 관점에 관한 지식을 획득해야 한다. 그러고 나서 사태에 관한 사상[Gedanken]을 획득하는 단계로까지 자신을 끌어올릴 뿐만 아니라 그에 못지않게 이런 사상을 근거로 뒷받침하거나 반박하면서, 더 나가서는 사상 속에 담긴 구체적이고도 풍부한 내용을 세부적으로 규정함으로써 이 내용을 질서정연하게 전달하면서 성실하게 판단할 줄 알아야 한다. 그러나 이와 같은 교양의 시원은 일단 삶의 요구를 충족하려는 성실한 태도를 우선해야 한다. 왜냐하면, 그런 성실한 삶의 태도야말로 사태 자체를 경험하는 데로 인도하는 것이기 때문이다. 여기에 더해 또한, 진지한 개념이 사태 자체의 심연에서 솟아 나온다면 이른바[Konversation] 면식[面識:Kenntnis]이나 [단순한] 평가도 자기에 합당한 자리를 얻게 될 것이다.

[해제] 이 구절의 전반부에서 헤겔은 3 구절에서 언급한 서술의 개념을 구체적으로 설명한다. 서술에 이르기 위해서는 일반 원리를 인식한 위에서 서술로 나가야 한다. 전자가 상승하는 과정이라면 후자는 하강하는 과정이며 마르크스는 전자를 연구 과정, 후자를 서술 과정으로 설명한 적이 있다.

---

4 '실체적 삶'이란 곧 사회적인 상호관계 즉 사회집단을 말한다. 여기서 '직접적 상태'란 아직 개인으로서 자각이 발생하지 않아서 자연적인 방식으로 복종이 이루어지는 사회집단이다. 인류 사회의 초기, 씨족-부족 사회를 염두에 두는 발언이다.

헤겔은 서술 과정을 더 구체적으로 설명하는데, 사태를 어떤 원리에 따라서 규정하여 사상을 획득하는 것만 아니라, 이를 근거를 통해 뒷받침하거나 반박해야 한다. 서술은 여기에 그치지 않고 다시 현상이 지닌 풍부한 내용을 그것이 지닌 추상적 계기들의 필연적 관계 즉 "질서정연한" 체계로 재구성해야 한다. 이런 체계적 인식에 도달해야만 비로소 사태에 관한 개념적 인식이 출현하게 된다.

헤겔은 현상의 최초의 직접적인 인식을 면식이라고 하며, 이것이 최종 근거에 해당하는 개념을 통해 재구성되면서 도달한 개념적 인식 속에서 이런 면식도 그 일면성을 벗어나 "자기에 합당한 자리를 얻게 된다"라고 한다.

이 구절 후반부에서 헤겔은 이런 교양에 이르기 위해서는 '성실한 삶'이 필요하다고 한다. 성실한 삶이 구체적으로 어떤 것인지를 명백하게 서술하지는 않았으나, 뒤에 나오는 '모순과 더불어 살아가는 삶'이라는 개념을 고려할 때, 그것은 현실 속에서 안주하지 않고 그 경계선까지 나아가 모순에 부딪히는 적극적 삶을 말하는 것으로 보인다. 이런 모순에 부딪히면 기존의 인식은 반성하는 사유를 통해 더 깊은 인식으로 발전한다.

1 참된 것의 지반은 개념이며 그 참된 형태는 학문적 체계다.

5) 〈SK 14:13~30〉〈FM 11:24~12:2〉

진리가 실존하는 참된 형태는 그러한 진리가 전개된 학문적 체계일 뿐이다. 철학이 학문의 형식에 가까워지도록 협력하는 것-즉 단지 **지혜**[Wissen]**에 대한 사랑**이라는 자신의 이름을 버리고 **참된 지식**[wirkliches Wissen][5]으로 되려는 목표에 가까이 가도록 협력하는 것-이런 것이 내

---

5   헤겔에서 'wirklich'는 'real'과 일상적 의미와는 반대로 구별된다. 일상적 의미에서는 전자는 눈앞에 있는 현실이고, 후자는 의식 밖에 있는 객관적인 것이다. 반

가 내 앞에 설정한 목적이다. 지식[Wissen]은 곧 학문[Wissenschaft]이어야만 한다는 내적 필연성은 지식의 본성 속에 깃들어 있다. 이 내적 필연성에 관한 만족할 만한 해명은 오직 철학 그 자체를 서술하는 것을 통해서만 가능하다. 그러나 [진리가 학문이어야 할] 외적인 필연성에 관해서라면 이 외적 필연성은 우연적인 인격이나 개인적 동기와 무관하게 일반적인 방식으로 파악해야 한다. 그러면 외적 필연성은 내적인 필연성과 같은 것으로 된다. 왜냐하면, 외적 필연성이란 시대[Zeit]가 현존하는 자기의 계기들을 표상하는[vorstellt] 형태에 들어 있기 때문이다. 따라서 철학이 학문의 단계로 끌어올리는 때[Zeit]가 다가왔다는 것, 바로 이 점을 명백히 밝히는 것이야말로 학문을 목적으로 하는 우리의 시도를 참되게 정당화할 수 있는 유일한 근거가 될 수 있을 것이다. 왜냐하면, 때가 닥쳐왔다는 사실만이 위에서 말한 목적이 필연적이라는 것을 해명하고 또한, 이 목적을 구체적으로 전개할 것이기 때문이다.

[해제] 위에서 헤겔은 철학은 유기적 통일체로서 서술 또는 학문적 체계라고 규정했다. 1절을 마무리하면서 헤겔은 철학은 '지혜에 대한 사랑'이 아니라, '참된 지식'이 돼야 한다고 주장한다. 그에게서 참된 지식이란 곧 체계적 학문을 의미한다.

왜 철학이 체계적 학문이 돼야 하는지, 내적 필연성은 지식의 본성에서 도출된다. 그 도출은 지식이 전개된 최종 결과 즉 『정신현상학』이라는 이 책의 끝에 가서야 확립될 것이니, 헤겔은 여기서는 그런 내적 필연성에 대한 도출은 일단 생략하겠다고 한다. 헤겔은 이 「서문」에서 다만 학문적 체계가 요구되는 외적 필연성 즉 시내적 필연성만 말하겠다면 헤겔에서 후자가 오히려 눈앞에 있는 현실이고 전자가 현상을 넘어선 참된 것, 그 본질이 실현된 구체적인 것 등을 의미한다. 번역에서 전자는 '실제로' '참으로' 등으로 번역했으며 후자는 '실재적' '경험적'으로 번역했다.

고 한다. 그러면서 그는 이런 외적 필연성이 곧 내적 필연성과 같은 것이라고 한다. 이 말은 무척이나 의미심장한데 이렇게 설명할 수 있겠다.

헤겔에게서 이런 철학은 예술과 마찬가지로 시대 정신의 발전에 따라 발전한다. 철학의 역사적 발전은 단순한 시대적 변화만을 의미하지 않고 동시에 추상적 지식이 더 구체적으로 또한, 개별적 표면적 지식이 더 심원한 일반적 지식으로 발전한다는 것을 의미한다.

그러므로 헤겔은 대중 속에 출현한 그 시대 정신을 살펴보면서 "시대가 현존하는 자기의 계기들[시대 정신의 계기들]을 표상하는 형태"를 보자고 한다. 그 속에 학문적 철학에 대한 요구가 있다면, 그것은 외적인 필연성을 의미하는 것 이상이며 이 시대가 요구하는 철학의 학문적 체계가 그 이전 비학문적 철학보다 더 참된 더 심원한 철학이라는 사실을 입증한다. 그러므로 시대적 필연성은 곧 내적 필연성을 의미한다는 것이다.

2 정신이 도달한 현재의 처지

6) 〈SK 14:32~15:29〉〈FM 12:3~16〉

진리의 참된 형태는 학문의 형식[Wisenschaftlichkeit]으로 판단된다[gesetzt].[6] −같은 말이지만, 진리는 **개념**을 지반으로 실존한다고 주장된다. −나는 이렇게 주장하면서도 이런 주장이 이 시대 사람들의 [진리에 관한] 통념[Vorstellung]이나 여기에 따르는 갖가지 귀결에 배치[Widerspruch]된다는 것을 알고 있다. 그런 통념과 귀결은 이 시대 사람들에게 하나의 확신으로 유포됐고 그렇게 유포된 만큼 월권을 행사했다. 그러므로 그런 확신에 배치[Widerspruch]되는 나의 입장에 관해 약간의 해명을 하는 것은 불필요한 일은 아닐 것이다. 물론 나의 해명이

---

6 'setzen'은 흔히 '정립하다'라고 번역되는데 그 의미는 '설정하다', '판정하다', '긍정하다', '대상화하다'라는 의미를 지닌다. 문맥에 따라 다양하게 번역했다.

반대하는 이 시대의 통념이 하나의 단정[Versicherung]일 수 있는 것과 마찬가지로 나의 해명 역시 현재로서는 하나의 단정에 지나지 않는 것으로 보일 수도 있다. 이 시대 사람들의 통념은 참된 것은 어떤 때는 직관으로, 또 다른 때는 절대자에 관한 직접 지[Wissen]나, 종교, 존재-즉 신적 사랑의 중심부에 있는 존재7가 아니고 바로 절대자 자체의 존재 - 로 불리는 것 속에서 또는 오히려 다만 그런 종류로서만 현존한다고 가정한다. 이런 가정에서부터 개념의 형식과는 반대되는 것이 철학의 서술을 위해 필요한 것으로 요청된다. 즉 절대자는 개념 형식으로 파악돼서는 안 되고 느낌으로 다가가거나 직관 돼야 한다고 가정된다. 또 절대자에 관한 개념이 아니라 절대자에 관한 느낌[Gefühl]과 직관이 핵심 단어로 돼야 한다고 가정된다.*

*FM주 〈12:10~16〉: 헤겔은 여기서 에셴마이어C.A.Eschenmayer와 괴레스J. Göres, 야코비F. H. Jakobi 그리고 무엇보다도 슐라이어마허F. Schleiermacher를 염두에 두는 것 같다. 참조: 슐라이어마허F. Schleiermacher, 「두 번째 담화, 종교의 본질에 관해」, 『종교에 관해』, S. 126: "종교를 지닌다는 것은 우주를 직관하는 것이다. ... 종교의 본질은 사유도 행동도 아니며, 직관이고 감정이다."

7) 〈SK 15:30~16:15〉〈FM 12:17~13:8〉
이제 그와 같은 요구가 나타나는 현상을 좀 더 일반적인 맥락 속에서 파악하며 동시에 그러한 현상을 자기 의식적인 정신이 현재 있게 된 단계에서 살펴본다면 자기 의식적 정신은 자신이 이전에 사상[Gedanken]의 지반에서 이끌어가던 실체적인 삶을 넘어서 있다. -즉 정신은 이제 신앙의 대상으로 삼았던 직접적인 실체를 초월하며 그런 확신 속에

---

7 인간 존재를 의미하는 것으로 보인다.

서 얻었던 만족이나 안정[Sicherheit]도 초월한다. 왜냐하면, 그런 확신은 의식이 자신의 본질[Wesen]과 화해하면서 즉 내면적이든 외면적이든 어디에든 현현하는 본질[Wesen]과 화해하면서 소유하는 것이기 때문이다. 자기 의식적인 정신은 실체적 삶을 넘어서 이를 벗어나며 이것과 반대되는 극단 즉 실체를 상실해 버리고 자신을 자기 자신으로 반성하는 정신으로 이행할 뿐만 아니라 동시에 그러한 자기 내 반성마저도 초월하기에 이르렀다. 이제 자기 의식적 정신은 그의 본질적인 삶을 상실했을 뿐만 아니라 더 나가서 이와 같은 상실을 의식하며 그 자신의 내용을 이루는 유한성마저도 의식하기에 이른다. 마침내 정신은 이런 술지게미 앞에서 돌아서면서*1 그 자신이 곤경에 빠져들었음을 고백하고 또 이를 탓하면서 철학으로부터 이 시대 정신의 본성이 무엇인지에 관한 단순한 지식[Wissen]을 요구하는 것이 아니라 오히려 철학을 통해 다시 실체적이고 견고한 존재를 회복하기를 요구한다. 그러므로 그와 같은 욕구에 부응하려면 철학은 폐쇄된 실체를 열어젖힘으로써 이 실체를 자기의식으로 끌어올리는 것보다는-그에 못지않게 실체에 관해 혼돈에 빠진 의식을 질서정연한 사유와 단순한 개념으로 되돌려보내기보다는-구별된 사상들을 뒤흔들어 심지어는 구별하는 개념마저도 억제하고 다만 본질에 관한 느낌만을 살려내고자 할 뿐이며 **통찰**이 아니라 다만 **경건한 마음**을 얻도록 보장해야 한다고 가정된다. 아름다운 것, 신성한 것, 영원한 것 또는 종교나 사랑이라는 것 등은 모두가 깨무는 즐거움을 불러일으키는 데 요구되는 미끼에 지나지 않는 것이다.*2 개념이 아닌 도취가, 냉엄하게 전진하는 사상의 필연성이 아니라 들끓는 흥분이 실체의 풍요로움을 지탱하며 동시에 이것을 더 확장하는 것이라고 가정된다.

*¹ FM주 〈12:26~27〉 잃어버린 아들의 일화를 시사한다. 누가복음 15장 16절: "그가 돼지 먹는 쥐엄 열매로 배를 채우고자 하되 주는 자가 없는지라"

*² FM주 〈13:4~8〉 참조: FM주 〈12:10~16〉; 〈36:3~16〉; 〈47:7~15〉; 〈48:12~17〉

8) 〈SK 16:16~17:9〉〈FM 13:9~28〉

이 시대의 요구에 상응해 긴장된, 조급하다시피 한, 흥분된 것으로 보이는 노력이 발생해 인간을 감각적이며 통속적인 것 또는 개별적인 것에 빠진 상태에서 벗어나게 해서 그들의 시선을 하늘의 별로 향하게 하려 한다. 그런 노력은 지금 여기에 있는 인간이 신적인 것을 완전히 망각한 채 한낱 벌레처럼 티끌과 물로 만족하고 마는 듯이 여기고 있다. 인간이 예전에 가졌던 하늘은 더없이 풍부한 사상과 형상으로 채워져 있었다. 존재하는 모든 것의 의미는 오직 그 자신을 하늘나라로 이어주는 빛줄기 속에서 찾을 수 있었다. 즉 시선은 하늘에 고정된 채 이 **현재**[Gegenwart]에 머물러 있지 않고 이 현재를 넘어 신적인 본질로 또는 이렇게도 말할 수 있겠는데 피안의 현재를 향해 미끄러지듯 줄달음쳤다. 이런 상태에서 정신의 눈을 다시 한번 지상의 것으로 향하게 하고 여기에 머무르게 하려면 강제가 필요했다. 오랜 시간이 걸려서야 비로소 차안의 것이 지닌 모호하고도 혼란스러운 의미 속에서도 오직 천상[Überirdische]의 세계에서만 있을 수 있는 명료함을 찾아내고 이른바 **경험**이라고 불리는* 지금 있는 것 자체에 주목하는 일이 흥미롭고 정당한 것으로 여겨지게 할 수 있었다. -지금은 위에서 얘기한 것과는 정반대 궁핍이 눈앞에 나타나고 있다. 즉 이 지상의 것이 지닌 의미는 너무 확고하게 뿌리를 내리고 있어서 이제 그 의미를 그 너머로 들어 올리기 위해서는 앞에서와 마찬가지의 힘이 필요하게 됐다. 정신은 [지금] 너무나도 빈곤하게 보인다. 그 때문에 마치 사막 속에서 목말라하는 방랑자가 단 한 모금의 물을 애타게 찾을 때와도 같이 정신은 오직 신적인 것 일반에 관한 빈약한 감정이라도 찾아 생기를 얻으려 하는 듯이 보인다. 정신이 이와 같은 것에 만족을 느낀다는 사실을 통해 정신의 상실이 어느 만큼 큰가를 헤아릴 수 있다.

　*FM주 〈13:22〉: 헤겔은 여기서 아마도 베이컨[F.Bacon]을 염두에 두는 것으로 보인다. 헤겔은 『철학사 강의』에서 베이컨을 경험론 철학의 지도자라 불렀다. 참조: 헤겔G. W. F. Hegel, 『철학사 강의』, 『전서』, 15권, S. 278.

　[해제] 헤겔은 그의 시대가 "탄생과 이행의 시기"라고 규정한다. 그에 따르면 그의 시대는 그리스적인 실체적 삶이 무너지고 자기를 반성하는 개인이 지배하게 됐다. 그런 개인주의가 심화한 나머지 이제 다시 실체적 삶에 대한 요구가 등장했다.

　이와 같은 시대 규정은 여전히 민족적으로 분열되고 전체적으로 봉건주의에 머무르는 독일의 현상과 유럽 전역에 전파되는 자본주의의 발전을 동시에 가리키는 것으로 볼 수 있다.

　이런 시대에 철학의 역할은 더욱 중요하게 됐다고 한다. 시대는 철학이 단순히 실체의 본성에 관한 지식에 그쳐서는 안 되고 "실체적이고 견고한 존재를 회복할 수 있는" 실천적 힘이 돼야 한다는 것이다. 여기서 우리는 헤겔의 철학이 실천적 요구에서 나왔다는 것을 짐작할 수 있다. 헤겔이 요구하는 실체적이고 견고한 존재란 『정신현상학』의 서술 끝에 밝혀지겠지만, 곧 공동체적인 삶을 의미한다.

　이 시대 더없이 "풍부한 사상과 형상으로 채워진 하늘"은 사라지고 정신은 너무 빈곤하게 돼서 마치 "사막 속에서 목말라하는 방랑자가 한 모금의 물을 애타게 찾는 것처럼" 보인다. 헤겔은 그 때문에 "시선을 다시 하늘로 향하게 하려는 노력"이 발생했는데, 그것이 바로 낭만주의라고 한다.

헤겔은 그런 점에서 낭만주의를 높이 평가하지만, 그 한계를 분명하게 밝힌다. 왜냐하면, 낭만주의는 실체적 삶의 회복을 자기의식이나 개념, 지식을 통해 도달하려는 것이 아니라 직관이나 느낌을 통해 접근하려 하기 때문이다. 다시 말해 낭만주의는 "냉엄하게 전진하는 사상의 필연성"을 따르는 것이 아니라 "경건한 마음"과 "들끓는 흥분"에 사로잡혀 있다는 것이다.

여기서 우리는 『정신현상학』을 읽는 근본적인 질문에 부딪힌다. 공동체적 삶의 요구를 직관이 아닌 개념의 필연성에 따라 인식하려는 헤겔의 목표는 과연 어떤 방식으로 달성할 수 있는 것일까?

9) ⟨SK 17:10~18⟩⟨FM 13:29~14:2⟩

그러나 이처럼 받는 것에 만족하면서도 주는 것에는 인색한 것은 학문이 아니다.[8] 다만 경건만을 찾는 자, 현존이나 사상이나 지상에 존재하는 것이 지닌 다양성을 안개로 덮어버리고 아무 규정성도 없는 신성이 주는, 무어라 규정할 수 없는 것을 즐기려는 자는 그가 과연 어디서 그런 것을 발견할 수 있겠는지 한 번 곰곰이 따져보는 것이 좋겠다. 그는 자기가 무엇이나 된 듯이 자화자찬하면서 이를 통해 우쭐해 할 수단을 쉽게 발견하겠지만, 철학은 그처럼 경건 하고자 하는 것을 경계해야 마땅하다.

10) ⟨SK 17:19~18:16⟩⟨FM 14:3~22⟩

---

[8] 신으로부터 진리를 계시받지만, 이를 대중적으로 전달할 수는 없는 낭만주의의 한계를 지적하는 말이다.

학문을 포기하고 경건한 마음에 만족하는 나머지 그와 같은 도취와 혼미가 학문보다 더 우월하다고 요구하는 일*1은 있어서는 더욱 안 된다. 이런 예언자인 체하는 언사는 자기가 사태의 중심에 파고들어서 그 사태의 심층에 머물러 있는 것으로 생각하면서 모든 규정성[Horos: 경계]을 경멸하며 개념이나 필연성이란 오직 유한한 것 속에 머무를 뿐인 반성하는 사고에 그친다는 듯이 의도적으로 멀리한다. 그러나 박식하지만, 텅 빈 것이 있듯이 심원하지만, 텅 빈 것도 있다. 실체의 외연에 속하는 것이라도 유한하고 다양한 것을 분출하기는 하지만, 이런 것들을 하나로 결합할 힘은 없는 것이 있는 것처럼 이와 반대로 실체의 내포에 속하는 것이라도 아무 내용이 없어서 담백한 힘이기는 하지만, 자신을 확산하는 일이 없이 그저 자기만을 지킬 뿐이어서 천박하다고밖에 할 수 없는 것도 있다. 정신의 힘은 오직 그것이 밖으로 표출된 만큼만 크며 정신의 깊이도 또한, 자신을 밖으로 펼치는 가운데[Auslegung] 자신을 확산하며 동시에 그렇게 펼치더라도 자신을 상실하지 않는 만큼만 깊이를 지닌다. −동시에 개념이 없이 실체에 머무르는 지식이 자기는 자아의 자만[Eigenheit]을 버리고 본질에 충실하며 참으로 또한, 성스럽게 철학 한다고 속인다면*2 이는 신에게 자신을 바치는 대신에 자기를 은폐하는 것에 그친다. 그는 사실 [대상에 관한] 척도나 [사물이 지닌] 규정을 경멸하면서 결국, 때로는 자기 내에서 우연적인 내용이 설치도록 허용하며 때로는 내용 속에서 자신의 자의가 설치도록 허용할 뿐이다. −그들은 고삐 풀린 채 끓어오르는 실체에 자신의 몸을 맡기면서 자기의식은 뒤덮어 버리고 지성[Verstand]은 단념한 채 신의 아들들[Die Seinen]이 돼 신이 그들의 잠 속에서 지혜를 베풀어 주리라고 생각한다. 그러나 사실상 그들이 잠 속에서 받아들이고 잉태하는 것은 바로 그러

므로[잠 속에 있으므로] 그저 꿈으로 그칠 것이다.*³

　*¹ FM주 〈14:3~8〉: 헤겔은 여기서 특히 괴레스와 에셴마이어를 표적으로 삼는다. FM주 〈36:13~36〉 참조.
　*² FM주 〈14:-16〉: 헤겔은 여기서 에셴마이어의 성스러운 것에 관한 담화를 거론한다. 헤겔은 되풀이해서 이 담화를 비판해 왔다. 참조: 에셴마이어C. A. Eschenmayer, 『은자와 이방인, 성스러운 것과 역사에 관한 담화』, S. 24ff. 또한, FM주 〈48:12~17〉 참조.
　*³ FM주 〈14:21~22〉 잠언 127편, 솔로몬의 시 곧 성전에 올라가는 노래, 2절:"너희가 일찍이 일어나고 늦게 누우며 수고의 떡을 먹음이 헛되도다. 그러므로 여호와께서 그의 사랑하시는 자에게는 잠을 주시는도다."

　[해제] 위에서 제시된 9~10 구절에서 헤겔은 낭만주의를 비판한다. 헤겔에 따르면 낭만주의는 다양성과 규정성이 없어 모호할 뿐이며 논리적 필연성을 제쳐놓고 우연과 자의가 지배한다. 이런 낭만주의는 심원한 것처럼 보이지만, 사실은 비어 있으며 잠 속에서 받는 꿈과 같은 것에 그친다.
　여기서 헤겔이 비판하는 낭만주의는 야코비에서 시작해 셸링과 슐라이어마허, 괴레스, 에셴마이어 등으로 이어지는 낭만주의다. 셸링과 더불어 초기 낭만주의는 급진적이었고 독일의 통일과 민주주의의 이상에 헌신했다. 이런 낭만주의를 기초로 독일 학생 운동이 출현했다. 헤겔은 초기에는 특히 셸링의 자연철학에 대해서 긍정적이었다.
　그러나 1803년 셸링은 애인 카롤리네와 함께 독일 남부 뮌헨에 은거하면서, 가톨릭으로 개종하고 초기의 진보적 태도를 버리고 야코비 식의 직접 지로 전환했다. 그는 『아카데미적 연구의 방법론에 관한 강의』(1803)를 쓰면서 이른바 '동일성의 철학'을 제시했다. 바로 이 책에서 그는 "절대자는 자연도 정신도 아닌 절대적 무차별자며" "이것은 하나이고, 무한하며" "오직 A는 A라는 것 원리밖에는 존재하지 않는다"라고 선언했다.

셸링의 '동일성 철학'은 그 이후 독일의 정신계에서 후기 낭만주의가 발생하게 했다. 슐라이어마허로 대변되는 후기 낭만주의는 신앙을 강조하기 시작했으며, 중세사회를 이상화했다. 봉건사회를 긍정하고, 신성로마제국의 망령을 다시 불러냈다.

낭만주의가 이렇게 봉건적 반동의 철학으로 전환하면서 헤겔은 낭만주의에 대해 비판적 입장이 됐고 그런 비판이 낳은 최초의 열매가 곧 『정신현상학』이다. 헤겔은 이 책에서 위에서 보듯이 무차별성, 직접 지, 감정 등의 낭만주의 개념을 맹렬하게 공격한다.

11) 〈SK 18:17~19:2〉〈FM 14:23~15:5〉

하여간에 지금 우리 시대가 탄생과 이행의 시대라는 사실을 알아차리기란 힘들지 않다. 정신은 지금까지 세계에서 존재했던 자신의 현존과 자신에 관한 관념[Vorstellen]과 단절했으며 그것을 과거에 묻어두고 자신에게 새로운 형태를 부여하려고 노력하는 순간에 와 있다. 실로 정신은 한시도 쉬는 일이 없이 끊임없이 앞으로 나가는 운동 가운데[im Begriffe] 있다. 마치 아이가 오랫동안 조용히 양분을 섭취하고 난 뒤에야 최초의 호흡으로 그때까지 점진적으로, 다만 양적으로 늘어나던 진행 과정을 깨뜨리면서-즉 질적 도약을 이루어-마침내 아이가 태어나듯이 자기를 형성하는 정신은 천천히, 소리 없이 성숙하면서 새로운 형태를 향해 다가가서 지금까지 **세계**를 구성해 온 개개의 부분들을 차례로 허물어 버린다. [그 안의] 붕괴는 다만 이따금 엿보이는 조짐을 통해서 암시될 뿐이다. 기존의 것을 가볍게 보거나 거기서 지루함을 느낀다는 일이 끼어들든가 미지의 것에 대해 막연한 기대감이 싹튼다는 것은 무엇인가 다른 것이 다가오고 있다는 것을 알리는 조짐이다. 점진적으로 무너지고 있던 세계는 비록 그 전체의 윤곽[Physiognomie]은 변하지 않더라도 먼동이 트면[Aufgang] 무너지니, 이런 먼동은 새로 태어나는 세계의 형체[Gebilde]를 번갯불 속에서 순간적으로 비춰 준다.

12) ⟨SK 19:3~23⟩⟨FM 15:6=21⟩

 그러나 이 새로운 세계는 마치 갓 태어난 아기가 그렇듯이 결코 완전하게 실현된 것일 수는 없으니 우리는 바로 이 점을 명심해야만 한다. 마치 어떤 건물의 기초가 다져졌다고 해서 건물 전체가 완성됐다고 할 수는 없듯이 전체를 위한 개념[실마리]이 자리 잡았다고 해서 그것이 곧 완성된 전체 자체일 수는 없다. 예컨대 만약 참나무가 힘차게 뻗어난 줄기나 활짝 펼쳐진 나뭇가지와 함께 또한, 무성한 잎사귀로 뒤덮여 있는 것을 보고 싶어 할 때 그 대신 다만 참나무의 열매만을 바라보는 데 그친다고 한다면 아쉬움을 금할 수 없을 것이다. 이와 마찬가지로 정신 세계의 왕좌에 오른 학문도 역시 첫 단계에 이미 완성되지 않는다. 새로운 정신의 실마리는 오직 교양의 다양한 형식들이 광범위하게 전복된 결과 이루어진 산물이며 첩첩이 뒤엉킨[vielfach] 길을 헤매고 또한, 그에 못지않게 다방면에 걸쳐[vielfach] 긴장하고 노력하는 것을 대가로 한다. 더 나아가서 그러한 정신은 [그동안] 그 요소들이 연속적으로 전개되고 바깥에 확산하다가 이윽고 다시 자기 자신 내로 수축해 [새로운] 전체로 출현하니, 이는 곧 전체의 단순한 개념이 생성된 것이라 할 수 있다. 그러나 이처럼 단순한 전체가 완전히 **구현되는** 것은 이제는 개별 계기로 전락한 [기존의] 형태가 새로이 그러나 새로운 지반에서 이미[**단순한 개념**을 통해] 생성된 의미 속에서 발전되고 형태를 부여받는 것을 통해서 가능해진다.

[해제] 헤겔은 그의 시대를 "탄생과 이행의 시대"로 규정했다. 기존의 것은 무너지고 있고 이미 안으로 새로운 것이 태어나고 있으나 아직 이런 움직임은 표면에 등장하지는 않았고 다만 여러 조짐을 통해 암시된다. 헤겔에 따르면 이 조짐은 곧 "기존의 것을 가볍게 보거나 거기서 지루함을 느끼는 일"이며 "미지의 것에 대해 막연한 기대감이 싹튼다는 것"에서 발견할 수 있다.

헤겔은 여기서 그의 시대에 이미 무언가 새로운 것이 출현했다는 것을 시사한다. 그 새로운 것은 바로 칸트가 제시했던 선험철학이며, 동시에 그가 제시한 순수 의지, 자유의지의 개념이다. 이것이 헤겔이 말한 먼동의 아침 "번갯불 속에서 순간적으로 비친" "새로 태어나는 세계의 형체"다.

헤겔에서 학문과 관계해서는 칸트의 선험철학이 결정적 출발점으로 되며, 『정신현상학』이 목표로 하는 공동체적 삶과 관련해서는 순수, 자유의지가 전환점으로 된다.

3 원리만으로 완성되지 않는다. 형식주의 반대

13) ⟨SK 19:24~20:15⟩ ⟨FM 15:22~16:5⟩

한편으로 새로운 세계가 최초로 나타나는 현상[단순한 개념]은 다만 전체가 **단순성** 속에 감추어진 것이거나 겨우 전체를 위한 일반적 근거에 그치지만, 그와 달리 지금까지 풍요하게 현존했던 것[기존의 형태]은 의식의 기억 속에서 여전히 살아[gegenwärtig] 있다. 의식은 새로이 현상하는 형태가 자기의 내용을 확산하고 세부적으로 구별되기를 안타까이 기다리며, 그 이상으로 그 형식이 완성되기를 고대한다. 왜냐하면, 이렇게 형식이 완성돼야만 내용의 구별은 명확하게 그어지고 확고한 관계에서 질서를 갖기 때문이다. 이와 같은 완성이 없다면 학문은 **일반적으로 명료**하지[Verständlichkeit] 못하며, 다만 몇몇 개별 영역에서 비의적으로[esotersich] 소유하는 것에 지나지 않는 듯이 보일 것이다. -이를 비의적으로 소유하는 것이라고 보는 이유는 학문이 여기서는 단지 학문의 개념 또는 내면적인 원리로서만 눈앞에 나타나기[vorhanden] 때문이다. 또 그것이 몇몇 개별 영역의 소유라고 하는 이유는 아직 학문이 불완전한 형태로 현상하기에 그런 학문이 현존하는 모습은 몇 가지 개별 측면에서만 현존하는 것에 머물러 있기 때문이다. 완전히 규정된 것만이 비로소 공개적인[exoterisch] 것으로 되며 또한, 개념적으로 파악되며 나아가서는 학습돼서 만인의 소유가 될 수 있다. 학문이 지성의[verständige] 형식을 갖출 때 학문을 향한 길이 모든 사람에게 열리고 동시에 누구나 평등하게 그 길을 밟아 나갈 수 있을 것이다. 이와 같은 지성[Verstand]을 통해 이성적인 지식[Wissen]을 획득한다는 것은 의식이 학문에 다가가기 위해 정당하게 요구하는 것이다. 왜냐하면, 지성이란 사유 즉 순수 나[Ich] 일반에 속하는 것이기 때문이다. 지성적인 것[Verständige]은 이미 알려진 것이고 학문이나 학문 이전의[unwissenschaftlichen] 의식에 공통적인 것이므로 바로 이것이 학문 이전의 의식이 학문으로 발을 들여놓을 수 있게 만드는 것이다.

14) 〈SK 20:16~36〉〈FM 16:6~21〉

학문은 이제야 막 기지개를 켜기 시작했을 뿐, 아직도 세부를 완성하는 데 이르거나 형식을 완전하게 갖추기에 이르지 못했으므로 이런 점에서 비난받는다. 그러나 그러한 비난이 학문의 본질과 관련된 비난이라고 하더라도 [그 때문에] 학문을 완성해야 한다는 요구를 인정하지 않으려는 것은 일어나서는 안 되는 일일 뿐 아니라 그에 못지않게 부당한 일이다. 이런 대립[학문의 단순한 개념과 형식적 불완전성]이야말로 학문적 교양이 현재 풀려고 애쓰는 최고로 주요한 매듭일 뿐만 아니라 아직 학문이 이에 대해 명확한 해결책을 마련하지 못한 것도 사실이다. 일부의 사람들[경험론자]은 풍부하고 이해 가능한 인식의 재료에 다가가려고 문을 두들기는 데 반해 다른 일부의 사람들[직관론자]은 오히려 이런 것들을 경멸하면서 이성적인 것 또는 신적인 것을 어떻게나 만들어 보려고 다만 직접 문을 두들길 뿐이다. 그런데 전자[경험론자]는 다만 진리의 내적 힘만으로든 아니면 그것과 더불어 후자의 난폭함 때문이든 결국, 침묵하게 됐다. 또한, 전자는 사상의 근거가 물어질 때 당혹에 빠진 느낌을 받는다. 그러므로 전자는 학문의 완성에 대한 요구와 관련해서 만족을 느끼지 못한다. 왜냐하면, 그러한 요구는 정당한 것이지만, 충족되지 못했기 때문이다. 그러므로 전자가 침묵한 것은 다만 반만이 [후자가] 승리한 것 때문이며 그러나 나머지 반은 [전자가] 지루하다거나 무료하기 때문이다. 기대가 끊임없이 불러일으켜졌지만, 약속을 충족하는 성과가 전혀 없을 때 자주 그런 지루함과 무료함이 느껴지는 것은 사실이다.

[해제] 위에서 제시된 12~14 구절에서 헤겔은 학문의 개념이 이미 실마리에서는 출현했다고 말한다. 헤겔은 막 태어난 칸트 철학 속에서 새로운 가능성을 본다. 그러나 그런 실마리는 가능성에 속하는 개념일 뿐이다. 그것은 지난 정신의 운동 속에서 "연속적으로 전개되고 바깥에 확산하다가 마침내 자기 자신 내로 수축해 전체"가 된 것이다. 그런 가운데 이전의 정신 형태는 "새로운 지반에서" 의미를 부여받아, 새로 출현한 정신의 단순한 개념 속에 전체를 이루는 하나의 계기로 된다. 즉 "풍요하게 현존했던 것은 의식의 기억 속에 살아 있다"라는 것이다.

이제 이런 전체 속에서 각 계기는 명확하게 규정되고, 확고한 관계에서 질서 지워져야 한다. 이를 통해 체계화된 전체가 완성된다. 헤겔은 이 과정이 "첩첩이 뒤엉킨 길을 헤매고 또한, 그에 못지않게 다방면에 걸쳐 긴장하고 노력해야 이루어질 수 있는" 것이라 한다.

이런 체계화는 지성적 형식을 요구한다. 지성적 형식이란 곧 그 계기가 명확하게 구별되면서 확고하게 관계를 맺는 것이니, 이런 지성적 형식이 없다면 그것은 다만 개별적 영역에서만 존재하며 오직 "비의적[esoterish]으로 소유하는 것"에 지나지 않는다. 지성이란 곧 추상적 개념을 통한 인식인데, 이렇게 지성적 형식으로 파악될 때 현상에 포괄적으로 적용할 수 있으며, "만인의 소유가 돼서" 공개적으로 이해[verständig]"될 수 있다고 한다.

헤겔은 여기서 칸트 철학에서 가능성을 보았다. 헤겔은 끝까지 자신이 칸트주의자 즉 선험철학자임을 부정하지 않는다. 그러면서도 헤겔은 칸트 철학이 지닌 한계를 동시에 보고 있다. 그것은 아직 체계화되지 않았다는 것이다. 헤겔은 칸트 철학의 한계에 관해서 나중에 『논리학』「서문」에서 상당히 깊숙하게 논의한다. 『정신현상학』에서는 그런 한계 때문에 경험주의나 직관주의 그리고 형식주의가 출현한다고 본다.

즉 최초로 출현한 것은 단순한 개념이어서 아직 현상 전체에 포괄적으로 적용될 수 없으니, 그 때문에 경험주의는 학문에 "풍부하고 이해 가능한 인식의 재료"를 요구하며 직관주의는 이런 지성적 형식을 경멸하면서 직접 전체적인 것 즉 이성적인 것 또는 신적인 것에 도달하려고 했다는 것이다.

헤겔은 영국과 프랑스에서 유행하던 경험주의가 물러나고 독일 낭만주의의 직접 지가 지배한 것을 설명하면서, 그런 승리는 반만이 후자가 승리한 것이라고 말한다. 즉 나머지 반은 경험주의가 전체를 인식하겠다는 약속을 제공하면서도 끝내 거기에 도달하지 못하므로 지루하고 무료한 느낌을 주기 때문이라는 것이다. 헤겔은 이미 앞에서 낭만주의를 비판할 때 제시했던 것처럼 직관주의도 거부한다. 그것은 그저 몽롱한 잠 속에서 꾸는 꿈과 같은 것에 지나지 않는다는 것이다.

칸트 선험철학은 자칫 도식주의에 빠지면서 형식주의로 전락한다. 헤겔은 흥미롭게도 직접 지 역시 끝내 형식주의에 귀착한다고 하는데, 형식주의라는 점에서 칸트 철학과 낭만주의가 서로 만난다는 것이 흥미롭다.

15) ⟨SK 21:1~28⟩⟨FM 16:22~17:11⟩

전자와 달리 후자[직관론자]는 자기들이 다루는 내용을 굉장히 확장했다고 속단해 버리기가 일쑤이다. 이때 후자는 많은 소재를 자신의 지반으로 끌어모으는데, 그런 소재는 이미 알려져 있었거나 판에 박힌 것[Geordnet]이다. 후자는 주로 기이하고 신기한 것들을 먼저 다루면서 이런 것이 인식되면 그 나머지 것들은 인식[Wissen]이 이미 완결돼 알아보나 마나 한 것이니 [저절로] 더 많은 사례를 소유하는 것으로 본다. 따라서 후자는 모든 것을 절대 이념에 집어넣으니, 어느 것에서든지 절대 이념을 인식하며 이를 통해 학문의 내용을 확장하는 것을 마침내 성취한 것처럼 보인다. 그러나 이처럼 내용을 확장했다는 주장을 곰곰이 살펴보면 이처럼 내용의 확장을 성취했던 수단으로 후자가 제시하는 것은 서로 같은 것이 스스로 자신을 서로 다른 형태로 변형하는 방식[9]은 아니다. 오히려 이런 내용의 확장이란 같은 형식이 다른 소재에 다만 외면적으로 적용됨으로써 같은 것을 형태의 변화 없이 되풀이하는 것에 지나지 않는다. 이런 되풀이는 서로 다른 것처럼 보이지만, 사실

---

9 개념이 자기를 대상화하고 다시 자기 내로 복귀하는 방식 즉 개념 운동을 말한다.

은 지루하기 짝이 없는 되풀이다. 자기 나름으로 볼 때는 참다운 이념이라 할지라도 그것이 전개돼 가는 모습이 이상과 같이 같은 공식을 되풀이하는 것에 지나지 않는다면, 이런 이념은 아직 실마리 상태를 벗어나지 못한 것이다. 인식하는 행위의 주체가 불변하는 유일한[Eine] 형식을 눈앞에 있는 모든 것으로 끌고 들어가서 그 어떤 소재든 그런 움직이지 않는[ruhend] 지반 속에 가라앉힌다면 이것은 내용에 관한 자의적인 착상이 그랬던 것과 마찬가지로 지금 요구되는 학문의 완성을 충족하지 않는다. 왜냐하면, 그런[학문의 완성에 대한] 요구를 충족하는 것은 풍요로운 내용이 스스로 자신으로부터 발생하는 것이며 형태의 구별이 자신을 통해 규정되는 것이어야 하기 때문이다. 오히려 그런 것[불변하는 형식을 인식하는 것]은 단조로운 형식주의에 지나지 않는다. 이런 형식주의는 단지 소재에서만 구별이 등장하는 것이며 그런 소재는 그 구별이 이미 마련되거나 또한, 알려져 왔던 것에 지나지 않으므로 그렇게 구별될 뿐이다.

16) ⟨SK 21:29~22:31⟩⟨FM 17:12~18:2⟩

이런 형식주의는 여기서 그와 같은 단조로운 형식이나 추상적으로 일반적인 형식을 절대적인 것으로 내세우면서*¹ 심지어 그러한 일반적 형식에 만족하지 못한다면[10] 이는 절대자의 관점을 체득해 그 위에 확고하게 자리 잡을 능력이 없다는 것을 의미한다고 단정한다. 예전에는 어떤 일정한 관념[Vorstellungen]을 반박하는 데서 그 관념과 서로 다른 관념을 가질 가능성만 있으면 이 가능성이 비어 있더라도 충분했으며 그와 마찬가지로 [어떤 것에 관해] 일반적인 사상을 갖는 단순한 가능

---

10 수정 노트에서는 'Ungenügsamkeit'라는 말 대신 'unbefriedgtsein'라는 표현을 사용했으나, 의미상 차이는 없다.

성만으로도 참된 지식이 이루어진 것이라 보고 긍정적으로 평가됐다. 따라서 우리는 여기서 일반적 이념[Idee]이 아직 실현되지 못한 것이라는 형식 속에 있는데도 그런 일반적 이념에 충분한 가치를 부여한다는 것을 본다. 또한, 우리는 구별된 것이나 규정된 것을 제거하고 더 나아가서는 이런 구별과 규정을 텅 빈 심연 속으로 던져 넣는 것은 더 발전될 수도 없고 또 그 자체에서 정당화될 수도 없으면서도 마치 사변적인 고찰방법이라도 되는 듯이 여겨지고 있다는 사실을 본다. 어떤 현존을 절대자 속에서 고찰한다는 것은 다름 아니라 그 현존에 대해 그것을 **절대자** 속에 즉 A가 A인 것에 들어 있는 어떤 것으로서 말한다는 것이다. 그러나 그와 같은 현존은 [절대자 속에서] 전혀 존재하지 않을 것이며, 그 속에는 모든 것이 하나로 통일될 것이다. 절대자 속에서는 모든 것이 서로 같다는 것만을 **유일한**[Eine] 지식[Wissen]으로 삼고 이를 자기를 구별하면서 충족되거나 아니면 충족을 추구하거나 충족을 요구하는 인식에 대립하게 하는 것은 -마치 **절대자**는 밤이며 그 속에서는 모든 소는 다 같이 검다고 속이는 것과 다름없으니- 참으로 지식에 관해서는 아무것도 모르는 천진난만함이라고 할 수밖에 없다.*₂ -이런 형식주의는 최근 철학으로부터 비난받고 모욕당하면서도 여전히 철학 자체 내에서 다시 고개를 들고 있다. 비록 그러한 형식주의가 지닌 불충분성이 널리 알려져서 누구나 느끼고 있다 할지라도 이것이 학문에서 사라지기 위해서는 먼저 절대적 현실을 인식한다는 것 자체가 과연 어떤 본성을 지닌 것인지를 스스로 명백하게 자각해야 한다.* -무릇 일반적 관념은 그것을 세부적으로 전개하려는 시도가 나타나기 전에서라도 이런 후자[세부적인 전개]를 파악하는 것을 쉽게 해 주는 데 이바지한다.*₃ 여기서 [절대적 인식에 관한] 일반적 관념을 대략 소개하는 것은 위의 관점에서 도움이 될 만하기 때문이며 동시에 이를 소개하려는 의도는 우리가 이 기회에 철학적 지식에 대한 장애가 돼 온 몇 가지 고질적 형식들을 제거하기 위한 것이다.

*¹ FM주 〈17:9~14〉 1) 헤겔은 여기서 특히 괴레스와 바그너J. J. Wagner를 염두에 두는 것으로 보인다. 헤겔은 이들에 관해 그의 『예나 노트』에서 비슷한 맥락에서 언급했다. 그러나 또한, 특히 스테펜스H. Steffens를 염두에 두는 것 같기도 한데, 헤겔은 그의 자연철학적 형식주의에 대해서 다른 곳에서도 비판했다. 헤겔의 형식주의에 대한 비판은 그 밖에 셸링과 그의 제자들의 자연철학이 지닌 형식주의를 고려한 것일 수도 있다. 헤겔은 셸링의 공적과 그의 철학을 인정하면서도 셸링 자연철학의 용어에 대해 이미 『예나 강의』에서 결정적으로 비난했다. 참조: 로젠크란츠Rosenkranz, 『헤겔의 생애』, S.181~185.

헤겔은 괴레스와 바그너의 자연철학의 특징을 『예나 노트』에서 다음과 같이 서술했다. "가장 소박한 경험론이며, 소재와 양극으로 이루어진 형식주의를 동반하면서 비이성적인 유추와 도취에서 나오는 사상적 섬광을 장식으로 달고 있다." 참조: 『예나 노트』, Nr. 10

2) 헤겔은 괴레스와 바그너로부터 철학적 천재 시대가 시작한다고 본다. 『예나 노트』, '천재에 관한 이해에 관해', S. 13~14에서 시사된다. 괴레스의 견해에 따르면 예술과 학문의 영역은 천재의 영역이다. 천재는 다만 선택된 자에게만 부여되는 높은 단계의 재능이다. 상식은 천재를 파악하지도 못하며 획득하지도 못한다. 참조: 괴레스I. Görres, 『신앙과 인식』, S. 111. 또한, 다음을 참조: 바그너, 『관념 철학의 체계』, S. 185ff

3) 헤겔은 이런 맥락에서 아마도 셸링 역시 염두에 둔다. 헤겔의 견해에 따르면 지적 직관은 철학에 가르칠 수 없다. 그와 같은 철학 함이

지닌 소위 불가해성은 그런 철학을 할 수 있게 하는 기관이 인간에 없는데 근거한다. (셸링, 『선험적 관념론의 체계』, S. 51;『철학의 체계로부터 상세한 설명』, S. 33ff;『아카데미적 연구의 방법에 관한 강의 참조』, S. 91, 121)

*² FM주 〈17:19~29〉 헤겔은 여기서 셸링의 동일성 철학을 반대한다. 참조: 셸링F. W. J. Schelling, 『브루노』, 『전집』, 4권, S. 258): "다음과 같은 것을 상기해 보라. 그와 같은 최고의 통일은 성스러운 심연이며 여기서 모든 것이 나오며 모든 것은 여기로 되돌아간다. 또한, 이런 통일을 고려해 볼 때 본질[Wesen]이 곧 형식이며 형식이 또한, 존재다. 그러므로 사실 우리는 절대적 무한성을 우선 이런 최고의 통일 속에서 확립한다. 그러나 우리는 이런 절대적 무한성에 대립하지 않으며 오히려 바로 그것에 자기를 적합하게 하며 그것에 만족하면서 자기가 제한되게 하지 않으며 또한, 그것을 제한하지도 않으면서, 시간을 벗어나 현재화하고 무한하게 존재하는 유한자를 확립한다. 그러므로 우리는 이 양자를 하나인 것으로, 스스로 다만 현상하는 것 속에서는 구별할 수 있고 구별되면서 비록 존재나 사유, 경험적 실재와 관념 같은 개념들처럼 영원히 다른 것이라 하더라도 사상의 본성에서는 완전히 하나인 것으로 확립한다."

나아가 다음을 참조하라: 셸링, 『나의 철학 체계에 관한 서술』, 『전집』, 4권, S. 116 & 125~126: "이성의 존재를 위한 최고의 법칙은 이성 밖에는 아무것도 없으므로(§2), 모든 존재에 대해서(그것이 이성을 통해 파악되는 한) A=A라는 법칙이다. 이 법칙은 모든 존재와 연관해 동일률의 법칙을 통해 표현된다."; 16f: "어떤 개별 존재도 없으며 개별 물자체도 없다. 왜냐하면, 유일한 그 자체 존재는 절대적 같음이기 때문이다. (§8) 그러나 이 절대적 같음은 다만 전체성으로서만 존재한다. (§26) 주석: 전체성밖에는 그 자체로 존재하는 것은 없다. 어떤 것이 전체성 밖에 목격된다면, 그것은 개별자를 전체로부터 자의적으로 분리하는 것을 통해서만 일어난다. 그러한 분리는 반성을 통해서는 수행되지만, 그 자체로서는 전혀 일어나지 않는다. 왜냐하면, 존재하는 모든 것은 하나의 존재며 총체성 속에서 절대적 같음이기 때문이다."

-이미 프리드리히 슐레겔은 셸링의 절대적 동일률의 철학에 관해서 헤겔과 마찬가지로(위의 27~29행에서 보듯이) 언표했다. 슐레겔이 예나에서 셸링과 적대적이었을 때 알게 됐던 스테펜스H. Steffens는 슐레겔에 관해 이렇게 보고했다: "그는 절대적 같음에 대해서 끝까지 조롱했다. 그렇지 않았다면 헤겔에게 돌렸을 착상 즉 밤에는 모든 소가 회색이라는 착상을 나는 이미 당시 슐레겔 부인에게서 들은 적이 있다." 참조: 스테펜스, 『내가 체험한 것, 기억을 통해 기록하다』, 『전집』, 4권, S. 312. 아마도 이와 같은 비평이 동기가 돼서 셸링이 절대자에 관한 자신의 이해를 해명하게 됐을 것이다. 참조: 셸링F. W. J. Schelling, 『철학의 체계로부터 더 발전된 서술』, 후반부, 21: "대부분 사람은 절대자의 본질 속에서 텅 빈 밤만을 보며 그 속에서 어떤 것도 인식할 수 없다고 한다. 그들 앞에서 절대자의 본질은 모든 차이의 단순한 부정 속에서 모두 사라지며, 그들에게서는 그 본질은 순수하게 아무것도 없는 본질이므로 그들은 절대자의 본질을 영리하게도 그들 철학의 종말로 삼는다."; 23: "영원한 형식 즉 절대자 자체와 같은 형식은 한낮이다. 우리는 이런 한낮 속에서 그와 같은 밤을 또 그런 밤 속에 감추어진 기적을 파악한다. 또한, 그것은 빛이다. 그 속에서 우리는 절대자를 명백하게 인식한다." 참조: 셸링F. W. J. Schelling, 『전집』, 4권, S. 403 & 405, 나아가서 『자연철학으로 들어가는 말을 위한 경구』, 『전집』, 1권, S. 35(Aphorism, 102), 그리고 셸링F. W. J. Schelling, 『전집』, 7권, S. 162 참조.

-이런 맥락에서 그 밖에 장 파울J. Paul의 비평도 고려될 수 있다. 그의 비평은 셸링의 동일성 철학을 표적으로 한다는 것은 거의 틀림없다.

파울Jean Paul, 『미학을 위한 예비적 연구』, 3부, S. 691f(주석): "물리학과 철학에서 형식과 질료, 사유와 존재를 혼동하는 추악한 일처럼 헛되이 일어난 구성이 있는가? 이런 혼동은 결코 현실에서 절대자의 검은 심연에서 쉽게 얻어질 수 있을 같음으로까지 변형되지 않는다. 왜냐하면, 밤에는 모든 차이가 검게 보이기 때문이다. 그러나 볼 수 있는 자의 밤이 아니라 시각장애인으로 태어난 자의 밤 즉 제대로 언급된 밤은 보지 못하는 것 때문에 발생하는 높은 단계의 동등[同等]화 속에서 어둠과 빛의 대립을 제거할 것이다."

*³ FM주 〈17:29-31〉 헤겔은 여기서 특히 야코비와 헤르더의 지성에 관한 철학이나 언어에 관한 철학을 주시하는 것으로 보인다. 나아가서 헤겔은 여기서 셸링의 자연철학 특히 셸링 제자의 자연철학을 염두에 두고 있다는 것은 거의 틀림없다. 헤겔은 그런 자연철학은 형식주의를 다시 철학으로 끌어들였다고 비난한다.

1) 철학적 논증 방법에 대한 야코비의 비난에 대해서는 다음을 참조하라: 야코비, 『스피노자의 철학에 관해』, S. 224f. 야코비의 칸트와 피히테의 반성 철학에 대한 비판에 대해서는 다음을 참조하라: 야코비, 『신앙 또는 관념론과 실재론에 관한 대비드 흄, 하나의 대화』, S. 121f. 야코비의 피히테에 대한 비판은 다음을 참조하라: 야코비, 『전집』, 4권, 1부, S. 221ff; 2권, S. 227; 3권, S. 29f, 44

또한, 헤르더 역시 철학적 논증의 방법에 대해 반대했다. 그는 사상의 철학과 언어의 철학을 구분했다. 헤르더Johann Gottfried Herder, 『신, 스피노자의 체계에 관한 몇 가지 대화, 샤프트베리의 자연 찬가』, 『전집』, 16권, S. 512ff, 515ff, 521, 575.

2) 셸링 특히 그 제자의 자연철학이 지닌 형식주의에 대한 헤겔의 비판은 앞의 주석〈17:9~14〉 참조. 고려돼야 할 것은 셸링 자신이 자연에 관한 단순한 역학적인 설명방식을 반대하며, 역학적 물리학이 순수하게

추론적인 체계로 되는 것에 대해서도 반대한다는 사실이다. 참조: 셸링 F. W. J. Schelling,『자연철학의 이념』,『전집』, 2권, S. 198, 209.

[해제] 1) 앞에서 헤겔은 학문의 단순한 개념이 실현돼 학문의 체계가 등장해야 한다는 요구를 제기했다. 경험주의나 직관주의는 칸트로부터 시작된 학문이 아직 추상적임을 비판하는데 그것은 학문이 아직 완성되지 못했기 때문이다.

헤겔은 우선 학문을 비판하는 경험주의나 직관주의의 한계를 비판했다. 경험주의는 개별 경험으로부터 추상을 통해 참된 본질에 이른다고 하지만, 이는 순환적일 뿐이다. 직관주의는 표면상으로는 다양한 구체적 현상 어디에도 출현하는 하나의 본질을 찾으려 한다. 경험적으로 모든 개별 현상을 찾아볼 수는 없으니, 직관주의는 이때 기존의 것과 다른 새로운 것에 특별히 주목한다. 이런 새로운 것에서 자신이 파악한 본질이 입증된다면 나머지 것에서는 더 말할 여지가 없다고 생각하기 때문이다. 헤겔은 이런 직관주의가 형식주의로 빠지는 것을 비판한다

2) 직관주의는 새로운 것을 발견하더라도 여전히 같은 본질 즉 절대 이념 속에 억지로 집어넣으니, 이는 자의적인 판단일 뿐만 아니라 "같은 것이 다른 소재에 다만 외면적으로 적용됨으로써" 형식상 되풀이될 뿐이니 지루함에서는 경험주의와 마찬가지다. 그러기에 헤겔은 이런 직관주의를 단조로운 형식주의라고 비판한다.

헤겔이 강조하는 것은 직관주의에서 일반적 본질과 개별 현상 사이의 관계가 외면적이라는 사실이다. 헤겔은 참된 학문적 체계로 되기 위해서는 그런 체계가 "풍요로운 내용이 스스로 자신으로부터 발생하는 것이며 형태의 구별이 자신을 통해 규정되는 것"이어야 한다고 말한다.

3) 직관주의가 주장하는 하나의 본질 즉 절대 이념이 이처럼 내용에 대해 외면적인 것이므로, 그런 절대 이념은 텅 빈 가능성 즉 현실적으로

실현될 수 없는 비현실적 이념에 그치게 된다.

또한, 그런 본질은 구별과 규정을 제거한 텅 빈 심연에 그친다. 그렇게 되면 직관주의가 찾으려는 하나의 본질 즉 절대 이념은 A는 A라는 텅 빈 일반적 원리에 그친다.

그러므로 직관주의는 말로는 하나의 본질이 개별 현상에 고유한 방식으로 들어 있다고 하면서도, 그런 고유성이 그 하나의 본질로부터 어떻게 나오는지는 설명하지 못한다.

4) 절대자 속에 어떤 현존을 고찰한다는 것은 그 현존에 대해서 오직 동어반복적 문장 즉 A는 A라는 말밖에 할 수 없다. 결국, 절대자 속에 모든 것은 같다. 여기서 널리 알려진 헤겔의 비유가 제시된다. 즉 "절대자는 밤이며 그 속에서는 모든 소는 다 같이 검다"라는 것이다.

이런 논의 끝에 마침내 헤겔은 차이를 배제하고 같음에 이르는 형식주의와 달리 내용의 "자신을 통해 규정되는" 구별이라는 개념을 제시한다. 이런 자기 구별이라는 개념이 곧 주체라는 개념으로 이행하는 매개가 된다.

4 절대자는 주체다

17) ⟨SK 22:33~23:18⟩⟨FM 18:3~17⟩

나의 견해로[Einsicht] 볼 때, 물론 이 견해는 {단지}[11] 앞으로 체계적인 서술 자체를 통해서 정당화돼야 할 것이기는 하지만, 가장 중요한 것은 진리는 **실체**로서뿐만 아니라 이에 못지않게 **주체**로 파악되고 표현돼야 한다는 것이다. 또한, 유의해야 할 것은 실체적인 것은 존재 즉 인식[Wissen]에 대해서 **직접적인 존재**[Sein oder Unmittelbarkeit]에 해당하는 것 못지않게 일반적인 것 또는 **직접적인 지식**[Wissen]을 자체 내에

---

11 수정 노트에서 추가됐다.

포함한다는 것이다.[12] ─신을 **하나의** 실체로 파악한다고 해서 이와 같은 규정이 언표됐던 당시에 사람들이 격분했다면 그런 격분의 이유는 어떤 면에서는 그러면 [신의 실체 규정 속에서] 자기 의식적인 측면이 사라지고 유지되지 않는다는 사실이 본능적으로 감지된다는 데 있었다. 그러나 또 다른 면에서는 그 반대의 것 즉 사유로서 사유를 지키는 것[13] 역시 **일반적**이며 앞에서와 마찬가지로 단순한 것 또는 아무 구별이 없고 움직이지 않는 실체적인 것이다. 그런데 세 번째로 사유가 곧 자신을 실체 자체의 존재와 합일하게 하면서 사유를 직접적 인식이거나 직관으로 파악한다면 여기서 여전히 중요한 것은 이런 지적 직관이 낡고 단순한 인식으로 다시 전락해 실제로 있는 것 그 자체를 구체적이지 못한[unwirklich] 방식으로 서술하지 않는가 하는 것이다.*

*FM주 〈18:8~17〉: 헤겔은 여기서 근대 철학의 발전에 관해 개관한다. 그는 이 근대 철학의 발전은 세 가지 철학적 입장을 통해 묘사될 수 있다고 본다.

1) 헤겔은 첫 번째로 스피노자의 '신은 하나의 실체'라는 학설 그리고 그것에 대한 동시대 비평가들의 신랄한 비난을 고려한다. 헤겔은 바일Pierre Bayle의 저서 『역사적 비판적 사전』에 있는 스피노자에 관한 항

---

12 실체는 이미 가능성으로서 주체, 의식이니 곧 정신이다. 정신은 자기를 실체와 주체, 대상과 의식(인식), 본질과 형식으로 분화하여 다시 복귀하는 자기 운동 속에서 양자의 통일인 실현된 주체가 된다. 이 과정을 통해 정신은 자기를 인식한다. 분화되기 이전 실체는 이미 직접적 지식 또는 가능성으로서 지식을 포함한다. 분화된 상태에서 실체는 인식에 대한 대상이 된다. 최종적으로 정신의 실현을 통해 정신의 자기인식이 일어난다.
13 순수한 논리적 사유를 말한다. 과거 형이상학은 이런 논리적 사유를 실체화한다.

목과 함께 볼프Cristian Wollff의 저서 『자연 논리logina naturalis』에서 제기된 스피노자 비판에 주목하는 것으로 보인다. 헤겔은 나아가 코르트홀츠Sebastian Kortholts와 특히 코레루스Johannes Colerus의 『스피노자 전기』를 고려하는 것으로 보인다. 베일, 볼프, 코르트홀츠, 코레루스는 스피노자를 무신론자로 비난했다.

특히 코레루스의 고유한 입장을 참조하라. 『스피노자 전기』, S. 642: "도덕의 여정은 신성에 관한 정의와 기술에서 시작한다. 우선 말하는 사람이 기독교 철학자라는 것을 누가 그렇게 좋은 출발점에서 믿지 않겠는가? 그와 같은 정의 전체가 훌륭하며 특히 6번째 정의가 그렇다. 여기서 스피노자가 말하는 것은 곧 신은 무한한 존재며, 다시 말해 그 자체에서 무한한 속성을 포함하는 실체고 그런 속성 각각은 영원하고 무한한 본질을 대변하고 표현한다는 것이다. 그러나 그런 말의 의미를 좀 더 검토해 볼 때, 발견할 수 있는 사실은 곧 스피노자의 신은 어떤 환영이나 상상적 신이 아니라는 사실이다. 그런 신이라면 결코 신이라고 할 수 없다."

-헤겔은 그 밖에도 후기 스피노자에 대해 비판적인 야코비를 염두에 둔다. 야코비는 코레루스 등과 마찬가지로 스피노자주의를 무신론과 같은 것으로 보았다. 참조: 야코비F. H. Jacobi, 『스피노자의 학설에 관해』, 『전집』 4권 1부, S. 216,

2) '사유로서 사유'(11행)라는 표현은 명백히 바르딜리C. G. Bardili와 라인홀트C. L. Reinhold를 시사한다. 그들은 사유의 본질은 사유로 파악해야 한다고 요구한다. 참조: 바르딜리, 『지금까지 논리학이 지닌 오류를 제거한 최초의 논리학의 개요』, S. 6, 12, 15 외. 라인홀트 편집, 『19세기 초 철학의 상태에 관한 가벼운 개요에 관한 시론』, N.4 '사유로서 사유란 무엇인가?' S. 106: "사유로서 사유의 본질. 계산에서 그리고 계산을 통해 사유가 표현하는 것은 곧 '하나며 같은 것'으로서 '하나며 같

은 것'이 '하나며 같은 것' 속에서 '하나며 같은 것'을 통해서 무한히 되풀이될 수 있는 것이라는 특징 아래 있는 사유 또는 순수한 같음이다. 이런 무한한 되풀이 가능성에 또는 순수한 같음 속에 사유의 본질 또는 내적인 성격이 놓여 있다."

3) 이런 맥락에서 헤겔은 지적 직관의 개념에 관해서 셸링을 고려하는 것으로 보인다. 셸링은 그의 동일성 철학에서 지적 직관을 사유와 존재의 통일로 파악한다. 셸링, 『철학의 체계에 관한 더 상세한 서술』, 『전집』, 4권, S. 361ff, 368f.

5 그리고 주체란 무엇인가?

18) ⟨SK 23:19~33⟩⟨FM 18:18~28⟩

나아가서 생동하는 실체는 참된 의미에서 오직 **주체**일 수밖에 없는 존재다. 이 말을 바꾸어 보면 생동하는 실체가 참으로 실현된 존재가 될 수 있는 것은 오직 그것이 자기 자신을 대상화하는 운동이거나 바로 타자화된 자기를 자기 자신과 매개하는 매개운동인 한에서다. 생동하는 실체는 이와 같은 주체므로 순수하면서 동시에 **단순한 부정성**인 까닭에 단순한 것이 둘로 쪼개어지고 이렇게 분열된 것이 서로 대립하기에 이른다. 생동하는 실체는 이처럼 서로 무차별하고 마침내 대립하는 것조차 부정하면서, 자기의 같음을 **스스로 회복하며** 타자 존재 속에서 자기 자신으로 반성한다.[14] ─그러므로 **근원적인** 통일 자체에 머물러 있는

---

14 헤겔은 주체의 운동 또는 개념 운동을 항상 두 측면에서 설명한다. 한 측면은 자기를 대상화, 타자화하는 운동이며 다른 측면은 자기 내로 반성하는 운동이다. 여기서 타자화한다는 것은 이중적 의미를 지닌다. 그것은 추상에서 구체화한다는 말이며 동시에 자기 밖의 어떤 것 즉 물 자체에 부딪힌다는 뜻이다. 자기 내로 반성한다는 것도 이중적 의미를 지닌다. 한편으로 대립을 극복하여 통일을 회복한다는 의미며 다른 한편으로는 처음 출발점이었던 근거로 복귀한다는 말이

것이나 **직접적인** 통일 그 자체가 참된 존재[Wahre]는 아니다. 참된 존재란 자기 자신을 생성하는 것이며 또한, 순환하는 것이어서 자기의 결말을 자기의 목적으로 전제하고 시초로 삼는 것이며 단지 세부적인 전개를 거치고 난 결말에 가서야 비로소 실현될 수 있는 것이다.

19) ⟨SK 24:1~23⟩ ⟨FM 18:29~19:11⟩

따라서 신이 전개하는 삶이나 신의 [자기] 인식이란 마치 사랑이 자기 자신과 벌이는 유희*¹와 같다고 언표될 수 있을 것이다. 이런 신의 이념 속에 성실함과 고통, 인내와 부정적인 것이 전개하는 노동이 없다고 한다면 그런 이념은 다만 신심을 북돋는 것으로, 나아서는 무미건조한 것으로까지 전락하고 말 것이다. 신이 전개하는 삶은 **그 자체로 본다면**[an sich] 한점 티끌도 없는[ungetrübte] 자기와 같음의 상태자 또한, 자기 자신과의 통일이어서 여기에 어떤 진지한 의미를 지닌 타자화나 소외도 없으니 다시 그러한 소외를 극복하는 일도 없을 것이다. 그런데 이 **그 자체 존재**[An Sich]란 추상적인 일반성에 지나지 않는다. 이런 추상적 일반성에서는 **대자적으로**[für sich] 존재한다는 본성이 제거되며 이를 통해 형식[Form]이 자기 운동을 전개한다는 사실¹⁵도 전적으로 무시된다. 형식[Form]이 본질과 같은 것으로 언표되더라도 바로 그런 이유로 마치 인식은 그 자체 존재[An-sich]나 본질을 포착하는 것으로 만족

다. 이 근거는 처음에는 추상적 일반성에 그쳤다. 다시 되돌아온 근거는 구체적 일반성이다.

15 흔히 철학에서 본질과 형식을 같은 것으로 여기지만, 헤겔은 형식(의식)은 본질(대상)이 자기를 전개하는 가운데 나온 하나의 규정으로 본다. 처음 추상적 형식이 구체적 형식으로 되면서 본질과 형식은 마침내 합일한다. 이 운동은 한편으로 대상적 본질의 운동이지만, 다른 한편으로 의식적 형식의 운동이다. 전자가 개념의 운동이며 후자가 『정신현상학』의 운동이다.

하고 형식은 도외시해도 된다는 듯이 생각하는 것은*² 오해다. -또한, 어떤 절대적인 원칙이나 절대적인 직관만 있으면 그런 원칙의 세부적 전개나 그런 직관의 내용은 없어도 되는 것으로[entbehrlich] 된다고 생각한다면 마찬가지로 오해다. 마치 본질이 그 자신에 대해 본질적인 것과 마찬가지로 이처럼 형식은 본질에 대해서 본질적인 것이므로, 그런 본질은 본질로서 즉 직접적인 실체 또는 신적 존재의 순수한 자기 직관으로 파악되고 표현돼야 할 뿐만 아니라 이에 못지않게 형식으로, 그것도 자기를 발전하게 해서 풍요로운 형식으로 파악되고 또 표현돼야만 한다. 이렇게 함으로써 비로소 그 본질은 참된 것으로 파악되고 또 표현될 수 있을 것이다.

*¹ FM주 〈18:29~30〉 헤겔은 아마도 거의 명백하게 여기서 스피노자의 개념인 지적인 사랑을 염두에 두고 있을 것이다. 그러나 헤겔은 또한, 아마도 실러의 표현을 암시할 수도 있다. 스피노자, 『윤리학』, 5부, 명제 33, 명제 35 증명, 명제 36 주석(『전집』, 2권, S. 291 ff) 참조: "하나님은 무한한 지적인 사랑으로 자신을 사랑하신다. (명제) 하나님은 절대적으로 무한하시며, 하나님의 본성은 무한한 것을 향유하신다. 완전함... (논증) 하나님을 향한 지적인 마음의 사랑은 하나님 자신을 사랑한다. 그러나 그것이 영원이라는 종으로 여겨지는 인간 마음의 본질 즉 하나님을 향한 마음의 지적인 사랑으로 설명될 수 있는 한, 그것은 하나님이 자신을 사랑하시는 무한한 사랑의 일부이다. (명제) 이것으로부터 우리는 우리의 구원이나 행복이나 자유가 무엇이 중요한지, 즉 하나님을 향한 변함없고 영원한 사랑, 또는 인간에 대한 하나님의 사랑에 있음을 분명하게 이해한다. 그리고 여기에서 사랑 또는 행복은 신성한 법전의 영광이라고 불리며 당연히 그렇게 된다. 이 사랑이 신에 관한 것이든, 마음에 관한 것이든, 그것은 사실 영광과 구별되지 않는 마음의 묵인이

라고 하는 것이 옳다. ... 그것이 신과 관련된 한 그것은 마음과 관련이 있는 것처럼 ... 기쁨(이 용어를 다시 쓰도록 허용하십시오)과 함께 자기 생각이 수반된다. (주석)"

참조: 쉴러Johann Christoph Friedrich Schiller, 『우아함과 품위에 관해』, 전집, 20권, S. 303: "절대적 크기 자체는 우아함과 아름다움에서는 모방되며, 도덕성에서는 자기 만족적으로 발견되는 입법자 자체, 우리 안에 있는 신이다. 신은 감각 세계에서 고유한 형상을 하고 유희를 한다. 따라서 심정은 사랑 속에서 해소된다. 왜냐하면, 심정은 존중 속에서 긴장됐기 때문이다."

[*2] FM주 〈19:3~6〉 헤겔은 여기서 셸링과 피히테의 학설을 거론한다.

1) 헤겔은 우선 셸링이 제시한 논제, 즉 형식과 본질은 절대자에서 하나라는 논제를 염두에 둔다. 셸링, 『철학 체계에 관한 더 상세한 서술』, 43~44(셸링, 『전집』, 4권, 367~8): "특수자가 특수가 되고 유한자가 유한한 것은 형식 때문이니, 절대자 속에 특수자와 일반자는 절대적으로 하나인 한에서, 형식과 본질 역시 하나이다. 양자는 즉 절대적이다. -이미 이런 절대적 통일 속에 또는 형식과 본질상 같은 것인 절대성 속에 우리가 위에서 제시한 명제의 증명이 들어 있다. 또한, 여기에 절대자 자체와 절대자에 관한 인식이 어떻게 하나일 수 있는가 하는 가능성이 해명된다. 그뿐만 아니라 절대자에 관한 직접적인 인식의 가능성도 해명된다."

2) 헤겔은 나아가서 피히테가 제시한 철학의 절대적 근거원리와 피히테와 셸링이 제시한 지적 직관 즉 절대적 직관 개념을 암시한다. 피히테의 절대적 근거 명제에 관해서는 피히테J. G. Fichte, 『전체 학문론의 토대』, 3(§1), 『전서』, 1권, 91 참조 또한, 〈21:18~19〉 주석 참조. 그리고 절대적 직관에 관한 피히테와 셸링의 이해에 관해서는 피히테J. G.

Fichte, 『최근 철학의 본래적 본질에 관한, 대중을 위한 명명백백한 보고』, 『전서』, 2권, S. 375 참조, 동시에 셸링, 『철학의 체계에 관한 더 상세한 서술』, 55ff(『전집』, 4권, 376) 참조.

20) ⟨SK 24:24~25:9⟩⟨FM 19:13~27⟩

참된 것은 전체다. 그러나 이 전체는 오직 본질이 자기를 전개해 마침내 완성에 이른 것이다. 절대자에 대해서 그것은 본질상 [wesentlich] **결과**며 또한, **결말**에 가서야 비로소 그의 진리를 드러내는 것이라고 말해진다. 사실 절대자의 본성은 자기를 실현하는 것[Wirkliches], 주체 또는 자기 자신을 생성하는 것이라는 데 있다. 절대자를 본질상 하나의 결과로 파악해야 한다는 것이 언뜻 보기에는 모순적으로 보일 수도 있겠으나 조금만 더 생각해 본다면 그러한 외형상 모순적으로 보이는 것도 사실은 올바른 것임이 드러날 것이다. 실마리나 원리를 본다면 그리고 절대자를 처음에 직접 언표된 대로 본다면 이런 실마리나 원리, 직접적 언표는 단지 일반적인 것에 그친다. 예를 들어서 내가 '**모든 동물**'이라는 낱말을 쓰면서 이 말을 곧 동물학으로 여길 수 없는 것과 마찬가지로 신적이거나 절대적인 것 또는 영원한 것이라는 등의 낱말이 곧 그 말 속에 담겨 있는 것을 언표하지 않는다는 사실은 분명하다. 단지 그러한 낱말만 통해 본다면 그것은 사실상 직접적인 것에 해당하는 직관을 표현할 뿐이다. 그런데 이상과 같은 단순한 낱말 이상으로 된다는 것은 말하자면 그 낱말이 그저 하나의 문장으로 이행하는 것에 그친다 하더라도 이런 이행은 분명히게 **타자화**하는 작용이면서[16] 동시에 자신으로 복귀

---

16 자기를 타자화한다는 것은 자기를 이원화하니 이중적 의미를 지닌다. 한편으로 자기를 대상화한 대상이 출현한다는 것이며 다른 한편으로는 이 대상 바깥에 자기의 타자가 출현한다는 것이다. 전자가 대자 존재의 측면이라면 후자는 대

돼야만 하는 것 즉 하나의 매개이다. 그러나 이런 매개는 회피된다. 왜냐하면, 이 매개를 받아들인다면, 매개가 절대적인 것이 아니고, 절대자 속에는 그런 매개는 전혀 존재하지 않는다고 주장하는 것에 그치지 않고 그 이상의 주장이 그 매개로부터 나와서 절대적 인식이 포기되는 것이 아닐까[17] 생각하기 때문이다.

21) 〈SK 25:9~26:2〉〈FM 19:23~20:10〉

그러나 그처럼 매개를 회피한다는 것은 사실 매개의 본성이 어떤 것이며 또한, 절대적 인식의 본성이 무엇인가를 모르는 데서 비롯된 것이다. 왜냐하면, 매개란 오직 자기 운동을 통해서 얻은 자기와 같음을 의미하거나 {순수한 추상으로 격하되면서}[18] 자기 자신으로 반성하는 것, 내[Ich]가 자신을 자신에 대해 존재하게 하는[fürsichseienden Ich] 계기며 나아가서는 순수 부정성, 또는 **단순한 생성**이기 때문이다. 나[Ich]라든가 또는 생성 일반 즉 매개하는 활동은 그 단순성 때문에 직접적인 존재 또는 생성하는 직접적 존재 그 자체다.[19] ─그러므로 만약 반성을 참된 존재에서 배제하고 더 나가서 절대자를 구성하는 긍정적 계기로 포착하지 않는다면 이것은 이성에 관한 곡해에서 비롯된 것이다. 반성의 결과로 진리가 나오지만, 반성은 또한, 이런 결과와 그것을 생성하는 과

타 존재의 측면이다. 그러므로 자기를 타자화한다는 것은 곧 모순에 부딪힌다는 것을 의미하며, 자기 내로 복귀한다는 것은 이 모순을 극복한다는 것을 의미한다.

17 매개된 인식은 파생적인 것이니 절대적 인식이 못 되기 때문이다.

18 수정 노트에 추가됐다. 매개는 매개의 역할을 마치고 사라지는 것이니, 그 자체로는 추상적인 것일 뿐이다.

19 헤겔에서 출발점에 있는 것은 단순하므로 자기에 머무르지 못하고 자기를 매개하는 활동을 전개한다. 매개는 그 결과 속에 사라지고 그 결과는 다시 단순성을 회복한다.

정 사이에 존재하는 대립조차도 지양한다. 왜냐하면, 생성하는 것은 마찬가지로 단순한 것을 결과로 지니고 또한, 참된 것의 형식은 결과 속에서 자신을 단순한 것으로 제시하는 것이니, 생성하는 것은 이런 참된 것의 형식과 다른 것이 아니기 때문이다. 다른 말로 하면 생성이란 오직 그와 같은 단순성으로 되돌아감을 뜻한다. ―예컨대 태아도 **잠재성에서는**[an sich] 인간이지만, 그런 태아는 그 **자신에 대해** 존재하는 것[für sich]은 아니다. 이런 태아는 이성이 성숙할 때야만 비로소 자신에 대해 존재하게[für sich] 된다. 이성의 성숙이 이성을 **본래**[an sich] 그러한 것이 되도록 만든다. 이렇게 되면서[즉 이성이 성숙하면서] 비로소 이성은 실제로 존재하는 것[Wirklichkeit]으로 된다.[20] 그러나 이처럼 얻은 결과는 그 자체가 단순한 직접성을 회복한다. 왜냐하면, 자기의식을 통해 얻는 자유는 자체 내에 고요하게 머무르기 때문이며 대립을 제쳐 놓고 이 대립을 내버려 두는 것이 아니라 대립과 화해하는 것이기 때문이다.

[해제] 4절은 『정신현상학』「서문」에서 헤겔이 자기의 입장을 바로 표현하는 절이다. 그 핵심은 곧 실체는 주체로 파악돼야 한다는 주장이다. 4절에서 헤겔의 주장을 정리하자면 다음과 같다.

1) 헤겔은 우선 일반적인 의미에서 실체 개념을 거부한다. 헤겔은 이

---

[20] 여기서 헤겔은 '그 자체 존재', '대자 존재', '그 자체로 자기에게 나타난 존재'라는 헤겔 특유의 개념을 도입한다. 그 의미는 이중적이어서 맥락에 따라 다르게 나타난다. 쉽게 이해하자면, '그 자체 존재'는 본래 있는 대로의 대상이란 의미다. 이것은 아리스토텔레스적 의미에서 가능태다. 그 자체 존재는 자기를 이중화하면서 한편으로 자기의 대상을 산출하며 다른 한편으로 이 산물에 대립하는 타자가 된다. 전자는 자기 관계므로 '대자 존재'가 된다. 후자는 자기에 대한 타자므로 '대타 존재'가 된다. '그 자체로 자기에게 나타난 존재'는 아리스토텔레스적인 의미에서 현실태라 할 수 있다. 이 구절 주해에 좀 더 상세하게 설명된다.

때 실체에 관한 세 가지 입장을 모두 비판한다. 첫 번째는 실체를 의식에 대립하는 일반적인 불변적 존재로 보는 입장이다. 두 번째는 사유를 고정된 것으로 보는 입장이니, 이때 사유로서 사유 역시 일반적인 것이며 자기와 같음을 지닌 단순한 실체가 된다. 세 번째는 사유와 실체의 직접적 합일 즉 지적 직관이라는 입장인데, 지적 직관 역시 직접 합일에 이르는 한 고정된 것이다. 이 세 가지 입장은 모두 실체를 불변적으로 고정된 것으로 파악하는 입장이다.

헤겔은 이런 입장을 비판하면서 참된 생동하는 실체로 되기 위해 이 실체는 주체로 파악돼야 한다고 말한다. 여기서 주체란 곧 자기 운동을 하는 존재라는 의미다. 주체의 운동은 두 단계로 전개된다. 우선 자기 자신을 대상화하며 즉 자기 자신을 타자화하며, 여기서 자기 내로 복귀해 다시 자기와 같음을 회복한다. 이런 과정은 전체적으로 자기를 매개하고 자기 자신을 생성하는 운동이며 자기로 순환하는 운동이다. 즉 "자기의 결말을 자기의 목적으로 전제하고 시초로 삼는 것이다."

2) 헤겔의 이런 설명은 자주 오해됐다. 대상화하고 다시 자기 내로 복귀하는 것이 마치 신에 의한 세계 창조와 세계 종말과 비슷하게 들리기 때문이다. 그러나 이를 이해하려면 앞의 주에서 언급한 그 자체 존재, 대자 존재, 그 자체로 자기에게 나타난 존재라는 개념에 비춰 이해해야 한다.

이 개념들은 원래 주어와 술어로 이루어진 명제(예를 들어 '장미는 빨갛다')를 헤겔이 이중적으로 이해하는 데서 나온다. 즉 한 측면에서 이 명제는 술어(빨간색)가 주어(장미)에 속한다는 것이고 다른 측면에서 주어(장미)가 술어(빨간 것들의 집합)에 귀속한다는 의미다. 이 두 가지 측면을 함께 본다면 주어는 추상적(가능적)이면서 동시에 개별적이다. 즉 '그 자체 존재'다. 술어는 구체적(현실적)이면서 동시에 일반적인 것이다. 이것이 곧 '그 자체로 자기에게 나타난 것'이다.

서문 59

3) 여기서 주어와 술어를 매개하는 과정은 주어가 이원화하는 것이다. 즉 한편으로 자기를 실현하여 대상화하면서 그와 동시에 그 대상을 벗어나는 타자로 출현하는 것이다. 전자의 측면이 대자 존재고 후자의 측면은 대타 존재고 양자는 서로 모순 관계에 있다.

실체의 운동은 자기를 타자화하고 다시 자기 내로 복귀하는 운동이다. 여기서 자기를 타자화한다는 것은 곧 모순에 부딪힌다는 것을 의미한다. 그 자체 존재는 이미 그 자체에서 자기의 한계를 지니고 있다. 그러므로 자기를 타자화하여 모순에 부딪힐 수밖에 없다. 그런데 모순에 일단 부딪힌다면, 여기서 끝나는 것이 아니라 모순을 해소하는 운동이 발생하게 된다. 그러므로 자기의 타자화는 필연적으로 자기 내로 복귀하게 되며, 여기서 모순은 해소되고 그 자체로 자기에게 나타난 존재가 출현한다.

구체적 예를 들어 『논리학』을 보면 생성은 이원화하여 현존과 타재 존재로 분열하며 이것이 통일되면 어떤 것으로 된다. 이 어떤 것은 분화돼서 그 자체 존재와 대타 존재가 대립하며, 양자가 통일돼서 유한적인 것으로 된다.

4) 개념 운동은 두 단계로 이루어진다. 첫 번째 단계가 자기를 대상화하는 운동이다. 두 번째 단계가 자기 내로 복귀하는 운동이다. 대상화하는 운동이 이중적 의미를 지니듯 자기 내로 복귀한다는 것도 마찬가지로 이중적 의미를 지닌다.

자기 내로 복귀한다는 것은 타자의 출현 때문에 발생한 대립과 모순이 다시 화해하면서 양자의 통일이 이루어진다는 것을 의미한다. 그럼으로써 처음 개념은 대립하는 것까지 포함하여 더 일반적으로 실현되며 즉 구체적 일반성으로서 술어에 이른다.

헤겔은 이런 모순의 통일이 다른 한편 근거로의 복귀라고 말한다. 여기서 근거란 곧 처음 운동의 출발점이었던 추상적 개념을 말한다. 물론 최종적으로 도달한 개념은 구체적으로 실현된 개념이다. 개념이 실현된다는 것은 개념이 단순한 원리에 머무르지 않고 복잡한 체계를 형성했다는 의미가 된다.

(왜 자기를 타자화하는가? 왜 이런 모순이 출현하는가? 왜 다시 자기 내로 복귀하는가? 이런 문제는 실체의 운동을 매개하는 의식의 운동을 통해서 비로소 이해할 수 있는데 이에 대한 설명은 나중 의식 경험의 길에 대한 설명에서 함께 서술하기로 하자)

5) 이렇게 스스로 운동하는 실체를 헤겔은 주체라고 말하는데, 실체가 사회를 말하는 것이라면 주체는 정부를 지닌 사회 즉 국가를 의미한다. 헤겔은 국가를 정신이라고 하며 논리학적 용어로는 개념이라고 한다. 이런 정신을 표현하는 방식 가운데 하나가 곧 종교적 신이거나 절대지(학문)다.

이어서 헤겔은 주체의 운동을 설명하기 위해 다시 형식과 본질이라는 개념 쌍을 끌어들인다. 이때 그는 흔히 같은 것으로 보는 형식과 본질을 개념적으로 구분한다. 형식은 곧 사물의 일반적 속성인데, 하나의 사물은 여러 가지 속성을 지닌다. 헤겔은 이 형식 위에 본질을 상정한다. 형식을 내적으로 통일하는 것이 곧 본질이다. 이 본질은 추상적인 것에 머무르지 않고 구체적 현실 속에서 자기를 전개하니 그것이 곧 특정한 형식이다. 이렇게 전개된 형식은 다시 자기 내로 복귀하면서 단순한 본질로 돌아간다.

형식과 본질을 이렇게 관계해서 볼 때 헤겔은 단순히 추상적 본질을 직접 지를 통해 인식하는 것은 텅 빈 인식에 그친다고 본다. 그런 텅 빈 인식에서 형식은 결국, 바깥에서 제공되며, 우연적인 것으로 된다.

헤겔에 따르면 형식은 본질 자신의 운동 때문에 출현한 것이므로, 본질에 대해 본질만큼 중요한 것이다. 그러므로 인식은 추상적 본질에 대한 인식에 머무르지 않고 그 본질을 "자기를 발전하게 해서 풍요로운 형식"을 통해 파악해야 한다는 것이다.

6) 실체는 주체로 파악해야 한다는 입장은 진리는 전체, 유기적 체계라는 입장으로 발전한다. 이미 1절에서 헤겔은 학문은 구체적 전개과정을 포함하는 유기적 전체라고 했다. 20 구절에서 다시 이 주장으로 되돌아간다. 즉 진리는 곧 전체라는 것이다. 그것은 곧 자기를 전개하는 운동 즉 타자화하고 자기 내로 복귀하는 과정을 통해 드러난다. 이런 매개 과정을 통해 필연적 체계가 구성된다.

이것은 어떤 개념을 단순한 주어에 놓는 것으로 그치는 것이 아니라 그것이 지닌 술어를 통해서 매개적으로 인식해야 한다는 것을 의미한다. 인식은 하나의 낱말이 아니라 문장(술어화, 대상화)이 돼야 하며, 그 문장이 서로 연관된 추론 체계(자기 내 복귀, 반성)가 돼야 한다.

7) 그런 점에서 헤겔은 절대자조차 직접 인식해서는 안 되며 그것이 전개하는 운동을 통해서 인식해야 한다고 말한다. 이렇게 절대자를 결과로 파악하면 처음에 절대자는 생성된 결과므로 파생적 존재로 되면서 절대자로서 지위를 상실하는 것으로 될 수도 있다. 이런 비판을 염두에 둔 듯, 21 구절에서 헤겔은 주체의 자기 운동 과정 즉 매개는 결과 속에서 사라지고 결과는 다시 단순한 것으로 복귀한다고 말한다. 매개는 "순수한 부정성" 즉 자기를 다시 부정하는 반성이므로 그런 가운데 다시 직접적 단순성이 회복된다. 그러므로 신이 매개를 통해 되돌아 왔다고 해서 파생된 것이 아니라 직접적인 신이다. 최초의 신이 가능성에 머무른 신이라면 다시 되돌아온 신은 자기를 실현한 신으로 된다. 그러므로 절대자를 결과로 인식하는 것이야말로 절대자에 관한 참된 인식으로 된다.

22) ⟨SK 26:3~23⟩⟨FM 20:11~25⟩

지금까지 얘기된 것을 달리 표현하자면 이성은 **합목적적으로 활동**

하는 것이라고 표현될 수 있다. 자연에 관해서는 착각하고 사유에 관해서는 오인하면서 자연을 사유보다 상위에 올려놓음으로써 외적 합목적성을 [자연에서] 추방해 버린 까닭에 목적의 형식이 일반적으로 불신을 받게 됐다.*¹ 그러나 아리스토텔레스 역시 자연을 합목적적으로 활동하는 것으로 규정했듯이 목적이란 직접적인 것 그리고 고요하게 머무르는 것이면서도 동시에 스스로 운동하면서도 {움직이지 않는 것이므로}²¹ 주체기도 한 것이다.*² 목적이 지닌 힘을 운동하게 하는 것은 추상적으로 본다면{목적이 지닌 추상적인 힘을 운동하게 하는 것은}²² **대자존재** 또는 순수 부정성이다. 결과가 시초와 같은 것으로 되는 이유는 오직 그 시초가 곧 목적이기 때문이다. ―또는 실현된 것이 그것의 개념과 같게 되는 이유도 오직 목적으로서 출현하는 직접적인 것[Unmittelbare als Zweck]은 자기 속에 자아나 순수하게 자기를 실현할 힘[Wirklichkeit]을 지니고 있기 때문이다. 따라서 목적을 수행하거나 현존하게 하는 실현은 운동이자 동시에 생성의 전개과정이다. 그러나 바로 이와 같은 부단히 움직이는 것[Unruhe]이 자아[Selbst]가 의미하는 것이다. 자아가 앞에서 언급한 시원의 직접성이나 단순성을 회복해 자기와 같이 되는 이유는 이 자아가 곧 자기로 되돌아온 결과기 때문이다. ―그러나 이처럼 자기 내로 되돌아오게 하는 것이 자아며 또한, 이 자아는 자기 자신과 관계하는 것을 통해 자기와 같게 되며 단순하게 된다.

  *¹ FM주 〈20:13~14〉 헤겔이 말하는 외적인 합목적성에 대한 비판적 철학자는 무엇보다도 베이컨과 칸트일 것이다. 그러나 스피노자일 수도 있다. 헤겔은 이들에 관해 철학사 강의에서 비슷한 맥락에서 언급

---

21 "움직이지 않는 것이다"라는 구절이 수정 노트에 추가됐다.
22 { }는 초판본 구절이다.

했다. 참조: 헤겔G. W. F. Hegel,『철학사 강의』,『전서』, 15권, S. 291ff, 390. 또한, 셸링의 동일성 철학에서도 목적 개념이 불신 된다. 참조: 셸링F. W. J. Schelling,『나의 철학 체계에 관한 서술』,『전집』, 4권. S. 360; 5권, S. 339.

*² FM주 〈20:14~16〉 헤겔은 아리스토텔레스의 학설 즉 자연은 목적 지향적인 활동이라는 학설과 '부동[不動]의 원동[原動]자'라는 개념에 관계한다.

[해제] 헤겔은 실체가 주체라는 주장을 통해 목적과 주체 개념을 다시 철학 속으로 끌어들이고 있다. 여기서 헤겔은 외적 추상적 목적 개념과 구별되는 또 하나의 목적 개념을 제시한다. 이 목적 개념은 곧 목적 속에 자기를 실현하는 힘 즉 자아가 들어 있을 때다. 헤겔은 이 힘을 '순수 부정성' 또는 '자아', '대자 존재', '멈춤이 없이 움직이는 것', '자기 자신과 관계하는 것'으로 규정한다.

물질적 자연에서는 이런 자아를 지닌 주체로서 목적은 발견할 수 없다. 자연에서 목적은 자연 자체에 외적인 것이므로 자연과학은 주체로서 목적 개념을 배제했다. 그러나 자연이 그러하다고 인간 사회까지 그런 것은 아니다. 헤겔은 인간의 상호 작용을 통해 이루어지는 사회의 경우 자기를 실현하는 목적, 주체로서 목적 개념을 발견할 수 있다고 본다.

『정신현상학』에서 헤겔에서 단순한 목적으로서 사회를 지칭할 때는 실체라고 하며, 그런 사회가 자기를 실현하는 자아를 지닐 때 즉 구체적으로 국가는 정신이리 말한다.

23) 〈SK 26:24~27:21〉〈FM 20:26~21:15〉
절대자를 **주어**에 놓고[als Subjekt] 표상하려는[vorzustellen] 욕구를

지녔던 사람들은 "신은 영원하다"라거나 아니면 "신은 도덕적 세계질서"며 "신은 사랑이다"라는 등의 명제를 애용했다.*¹ 그런데 이런 명제 속에서는 참된 것은 단지 주어의 위치에 놓여 있을 뿐, 결코 스스로 자기 내로 반성하는 운동으로 서술되지는 않았다. 이와 같은 종류의 명제의 첫머리는 언제나 신이란 말로 시작했지만, 사실 이 말을 따로 떼어 내서 본다면 무의미한 소리거나 단순한 이름에 지나지 않는다. 오히려 술어가 **신**이 **무엇인지**에 대해 얘기해 주며 그 내용과 의미를 부여한다. 이처럼 첫머리[주어]는 텅 빈 것에 그치며, 그런 첫머리는 다만 그 마지막[술어]에 가서야 참된 지식[wirkliches Wissen]으로 된다. 그러니 이런 무의미한 철자[신이라는 주어]를 덧붙이지 않고 단지 그[주어의] 의미로 되는 것[술어]만 즉 영원한 것 또는 도덕적인 세계질서 등이나 고대인들이 그렇게 했듯이 순수 개념이나 존재 또는 하나[Eins] 등과 같은 것만을*² 언급해도 됐을 것이다. 그러나 이런 말[주어]이 보여주는 것은 [그 말 아래] 존재나 본질, 또는 일반적인 것이 아니라, 자기 내로 반성한 것, 즉 주체가 정립된 것이다. 그러나 [위와 같은 명제에서는] 동시에 이와 같은 사실[즉 신이 주체라는 사실]은 다만 선취 되고 있을 뿐이다. 즉 [위의 명제에서] 주어는 [인식하는] 운동이 거쳐 가는 고정된 점으로서 여겨진다. 그러므로 술어는 이 고정된 점에 부착된 것이고 주어는 이런 술어를 담지하는 것으로 된다. 그러나 이 [술어화의] 운동은 주어에 관해 인식하는 자에 속하는 것일 뿐, 그런 점[주어] 자체에 속한 것으로 여겨지지 않는다. 그러면서도 마치 그런 [인식] 운동을 통해 얻은 내용이 주어[에 속하는 것]인 것처럼 서술된다. 이런 [인식] 운동이 어떤 모습에 있는지 그 방식을 보면 이 운동은 주어에 속할 수 없다. 그러나 주어가 그런 고정된 점이라는 전제 아래서는 그와 같은 운동은 다

서문 65

만 [주어에 대해] 외면적인 것으로서만 존재할 뿐 다른 상태로 존재할 수 없다. 따라서 절대자가 주체라고 하는 것에 관한 선취된 주장[위의 명제]은 주체라는 개념을 통해 밝혀진 진실이 아니며 오히려 그런 진실을 심지어 불가능하게 하는 것으로 된다. 왜냐하면, 전자[선취된 주장]는 그런 [신] 개념을 고정된 점으로 여기지만, 신 개념의 진실은 자기운동에 있기 때문이다.

*¹ FM주 〈20:27〉 도덕적 세계질서라는 명제에 관해서는 다음을 참조하라: 피히테J. G. Fichte, 『신의 세계 통치에 관한 우리의 믿음의 근거에 관해』, 『전서』, 5권, S. 186: "그러나 지금 막 파생된 신앙은 또한, 전적이며 완전한 신앙이다. 그처럼 생동적으로 작용하는 도덕적 질서는 그 자체가 곧 신이다. 우리는 어떤 다른 신을 필요로 하지 않으며 어떤 다른 신을 파악할 수 없다. 이성적으로는 도덕적 세계질서에서 벗어나야 할 근거는 없으며 근거 지워진 것에서 근거로 추론하는 것을 통해서 특수한 본질을 그것의 근거로 가정할 이유도 없다. '신은 사랑이다'라는 명제에 관해서는 다음을 참조하라: 피히테J. G. Fichte, 『성스러운 삶을 위한 가르침 또는 종교론』, 『전서』, 5권, S. 543: "사랑은 신 속에 있다. 왜냐하면, 사랑은 현존 속에서 자기 자신을 유지하는 것이기 때문이다. 사랑은 그 자체 신이다. 신은 사랑 속에 있으며, 자기 자신 속에 있는 것과 같이 영원히 머무른다."

여기서 피히테는 요한서 특히 요한1서 4장 16절에 따른다: "하나님이 우리를 사랑하시는 사랑을 우리가 알고 믿었노니 하나님은 사랑이시라 사랑 안에 거하는 자는 하나님 안에 거하고 하나님도 그의 안에 거하시느니라"

신은 영원하다는 명제에 관해서 다음을 참조하라: 괴레스Görres, 『신앙과 지식』, S. 115; 바그너Wagner, 『이상 철학의 체계』, S. 28. 또한,

주석⟨48:12~17⟩ 참조하라.

*² FM주 ⟨21:2~3⟩ 헤겔은 여기서 크세노폰Xenophanes, 제논Zenon, 멜리소스Melisos, 특히 파르메니데스Parmenides가 대변했던 존재와 하나에 관한 학설을 염두에 둔다. 헤겔은 파르메니데스의 교훈시에 관한 정확한 지식을 아리스토텔레스의 자연학에 관한 심플리치우스Simplicius의 주석에서 또한, 그의 시대에 나온 철학사적 서술에서 얻을 수 있었다. 참조: 티더만Dietrich Tiedermann, 『사변 철학의 정신』, 1권, S. 163~193참조. 헤겔은 그 밖에도 플라톤이나 신플라톤주의자가 파르메니데스의 학설을 소개한 것을 고려했을 것이다. 플라톤의 파르메니데스 편 밖에도 다음을 참조하라: 플라톤Platon, 『소피스트』, *Opera*, 1권, 237a-b; 241 d-243a; 244e-245a. 나아가서 다음도 참조하라: 플로티누스Plotinus, 『플라톤주의자들』, libri LIV, Bes. Enneade 6, B. 9 Kap. 2 & 6. 또한, 주 ⟨48;30~38⟩도 참조하라.

[해제] 헤겔은 이런 점에서 신을 주어의 위치에 놓는 여러 명제를 검토한다. 예를 들어 "신은 영원하다"라든가 "신은 사랑이다"라든가 하는 명제다. 여기서 신은 주어의 위치에 놓여 있으니, 이는 헤겔이 요구한 대로 절대자를 주체로 파악한 것이 아닐까?

그러나 이런 명제의 경우 신이라는 주어는 어떤 존재를 지칭하는 텅 빈 이름일 뿐이며, 이 주어에 대해 술어는 외부로 부가되며 이를 부가하는 것은 인식하는 자다. 이런 인식하는 자에 속하는 술어가 마치 주어인 신에 직접 속한 속성으로 표현되고 있을 뿐이다.

그러므로 이런 명제에서 신은 그저 주어의 위치에 놓일 뿐 주체로서 즉 스스로 운동하는 존재로 파악되지는 않았다. 이렇게 신을 스스로 운동하는 존재 즉 주체로 파악할 때, 이로부터 나온 술어는 주체인 신에 필연적으로 속하게 될 것이다.

24) 〈SK 27:22~28:12〉〈FM 21:16~22:2〉

지금까지 언급된 것에서 도출되는 많은 결론 가운데 특히 강조돼야 할 것은 곧 지식[Wissen]이란 오직 학문이나 체계를 통해서만 참된 것으로 될 수 있고 서술될 수 있다는 것이다. 나아가서 철학에서 원칙이나 원리라고 일컬어지는 것은* 설혹 그것이[23] 참된 것이라 할지라도 그것이 원칙이나 원리에 그치는 한에서{그치므로}[24] 이미 거짓일 수밖에 없다. ─그러므로 원리를 반박한다는 것은 어렵지 않다. 그러한 반박은 그 원리 속에 담긴 결함을 제시하는 데 있는데 그런 원리의 결함은 그 원리가 단지 일반적인 것 또는 원리, 시작에 그친다는 데 있다. 반박이 철저하려면 그 반박은 그런 원리 자체 내에서 도출되고 전개돼야 하며─결코 외부로부터 제공된, 그 원리에 반대되는 단언이나 착상을 통해 성취돼서는 안 된다. 그러므로 본래 그 원리를 전개하는 것이 곧 그 원리에 대한 반박으로 되며 그 원리의 결함을 보충하는 것으로 될 것이다. 그렇게 되기 위해서는 반박한다는 것은 오직 **부정적인** 활동{측면}[25]에만 주목하는 것이라고 오인돼서는 안 되며 그런 반박이 진행되고 도달한 결과가 지닌 **긍정적인** 활동{측면}이 의식돼야 할 것이다. ─이와 마찬가지로 실마리를 제대로, **긍정적으로**, 세부적으로 전개한다고 하는 것은 거꾸로 보면 실마리에 대해 부정적 태도를 보이는 것이다. 다시 말하자면 그런 전개는 곧 최초의 **직접성**에 그치며 한낱 **목적**에 지나지 않는다는, 실마리의 일면적인 형식을 부정하는 태도를 보이는 것이다. 따라서 그런 실마리를 세부적으로 전개하는 것은 그에 못지않게 체계의

23 초판본에서는 '그것이' 받는 말은 '원리[Prinzip]'가 아니라 '원칙[Grundsatz]'이었다.
24 초판본에서 '때문'이라는 말은 수정 노트에서는 '한에서[in sofern]'로 바뀐다.
25 초판본에서는 '활동'이란 말은 '측면'이란 말로 모호하게 표현됐다.

근거를 형성하는 것[실마리, 원리의 내용]조차도 반박하는 것으로 여겨질 수 있다. 이런 반박은 더 올바로 말하자면{더 좋게 말하자면}[26] 체계의 근거나 원리란 그 체계의 실마리 이상이 아님을 명시하는 것으로 표현될 수 있을 것이다.

*FM주 〈21:18~19〉 헤겔은 여기서 라인홀트와 피히테가 철학의 근본 명제로 제시한 것을 염두에 둔다. 참조: 라인홀트Gottfried Reinhold Treviranus, 『철학의 가장 일반적으로 타당한 최초의 근본 명제의 가능성과 속성을 설정할 필요성에 관해』, S. 109. 또한, 참조: 피히테J. G. Fichte, 『전체 학문론의 토대』, 3 §1 '최초의 바로 무제약적인 근본 명제', 『전서』, 1권, S. 91.

6 지식의 지반

25) 〈SK 28:13~29:4〉〈FM 22:3~20〉

참된 것은 오직 체계로서만 참된 것[wirklich]으로 될 수 있다는 주장 또한, 실체는 본질상 주체일 수밖에 없다는 주장은 모두 절대자를 곧 **정신**으로 언표하는* 생각[Vorstellung]을 통해 표현된다. ㅡ이는 가장 숭고한 원리[Begriff]이며 이 시대와 이 시대의 종교[기독교]에서 유래하는 개념이다. 여기서는 오직 정신적인 것만이 **참된 것**으로 된다. 그것은 본질[Wesen]이거나 그 자체로 존재하는 것[An sich seiende]이며 동시에 **자기 관계하는 것** 그리고{또는}[27] 규정된 것 또한, **타자화한 존재**[Anderssein] 그리고 **자기에 대해 있는 존재**[Für-sich-sein]이기도 하며 ㅡ결국, 이렇게 규정되는 속에서도 또는 자기를 벗어나 존재하면서

---

26 초판본 "더 좋게 말하자면"이 수정 노트에서 "더 올바로 말하자면"으로 대체됐다.
27 초판본 '또는'이 수정 노트에서 '그리고'로 대체됐다. 의미상 차이는 없다.

도[Außer-sich-sein] 자기 내에 머무르는 존재[in sich selbst Bleibende]이다. ―달리 말하자면 정신적인 존재는 **그 자체로 자기에게 나타난 존재**[an und für sich]다. 그런데 그 자체로 자기에게 나타난 존재는 처음에는 우리가 보기에 그렇거나 **가능성에서만** 그런 것이며[für uns oder an sich] 따라서 정신적인 실체에 해당한다. 절대자는 **자기 자신에 대해서도**[für sich selbst] 그런 존재가 돼야 하며 ―즉 정신적인 존재를 인식하면서[Wissen] 동시에 자기 자신이 그러한 정신임을 인식[Wissen]해야 한다. 다시 말하면 이 정신적인 존재는 자신에게 대상으로 존재해야 하며 그러나 이에 못지않게 직접 {매개되고 즉}[28] **지양돼**, 자기 내로 반성하는 대상으로 존재해야 한다. 이런 정신은 그 정신적 내용이 그 자신을 통해 산출되는 한에서[29] 적어도 우리가 보기에는 **대자적이다**. 그러나 또한, 정신은 자기 자신에 대해[für sich selbst] 대자적[für sich]으로 되는 한, 그와 동시에 이처럼 자기를 산출하는 것 즉 순수 개념은 자기를 대상화하는 지반이다. 그러므로 정신은 그런 [순수 개념이라는] 지반에서 현존한다.[30] 정신이 이런 방식으로 현존하는 가운데서 자기 내로 복귀하여 대자적으로 된 대상이 된다. ―정신이 이렇게 {전개되면서}[31] 자

---

28 초판본에 나오는 "매개되고 즉"이라는 표현이 수정 노트에서 제거된다.
29 정신적 존재는 개별 자아의 상호 작용을 통해 산출된 일반적 자아다. 그러므로 정신은 이미 대자적이지만, 이는 우리가 보기에 또는 그 자체에서만 그런 것이다.
30 절대정신은 처음 그 자체 존재로서는 종교적 표상의 대상으로 나타난다. 절대정신이 자기를 실현하면 절대정신의 자기인식이 이루어진다. 이 자기인식은 개념을 통한 인식이다. 이것이 절대지 즉 학문이다.
31 수정 노트에서 {}가 추가됐다.

신을 정신으로 인식하면서[32] **학문**이 성립한다. 학문이란 정신의 실현이며, 정신이 자신의 고유한 지반에서 자신을 구축한 나라다.

*FM주 〈22:4~5〉 기독교에서 신을 정신으로 이해하는 것에 관해서는 다음을 참조하라: 요한복음 4장 24절: "하나님은 영이시니 예배하는 자가 영과 진리로 예배할지니라"

[해제] 1) 헤겔이 거듭 강조하는 것이 진리는 체계라는 생각이다. 추상적 원리만으로는 진리로 되지 못하며, 진리는 구체적으로 전개된 체계 즉 학문이어야 한다는 것이다. 헤겔에서 이런 체계는 같은 것이 되풀이되는 형식적인 체계가 아니다. 이 체계는 자기를 부정하면서 전개되는 변증법적인 체계므로, 여기서 헤겔의 부정 개념을 이해하는 것이 중요하다.

헤겔에서 이 부정은 다만 외부로부터의 부정이어서는 안 되며, 안에서 필연적으로 전개되는 부정이어야 한다. 즉 "반박은 자체 내에서 도출되고 전개돼야 한다"라는 것이다. 또한, 이런 부정은 기존의 것을 부정하면서 텅 빈 무에 도달하는 것이 아니라, 기존의 것을 극복하는 새로운 긍정적 진리에 도달하는 과정이다. 헤겔은 나중에 이런 부정을 '특정한 부정'이라는 개념으로 제시한다.

2) 헤겔은 이런 부정성을 통해 전개되는 체계를 개념의 자기 운동으로 설명한다. 즉 이것은 "자기를 산출하는 순수 개념을 자기를 대상화하는 지반으로 삼는 것"이니 헤겔은 이런 개념의 운동을 앞에서 자기를 대상화하고 다시 자기 내로 복귀하는 운동으로 설명했다.

헤겔은 이런 개념의 운동을 자신의 고유한 철학적 개념을 통해 제시한다. 그것이 곧 그 자체 존재[für uns oder an sich], 대자 존재와 타자화

---

32 자기실현, 대상화를 통한 자기 내 복귀, 대자화, 자기인식은 모두 같은 개념 운동을 말한다.

한 존재[Anderssein], 그리고 그 자체로 자기에게 나타난 존재[an und für sich] 또는 "규정성 속에서도 자기 내에 머무르는 존재"와 같은 개념들이다.

여기서 중요한 것은 이런 개념 운동을 매개하는 과정에서 대자 존재와 타자 존재가 모순된다는 것이다. 그러므로 개념의 자기 운동은 모순을 통해 전개되는 운동이다.

3) 헤겔에서 논리적으로 개념에 해당하는 구체적 형태는 곧 정신이다. 이 정신은 곧 국가를 말한다. 이런 정신 자체는 일반적 자아므로 그 자체 대자적인 것이다. 그런데 개념 또는 정신 자체가 처음 출현하면 즉 그 자체 존재로서 대상이 되며, 그것은 우리에게만 대자적일 뿐이다. 이런 개념 즉 정신이 자기를 실현하면 자기 자신에 대해서 대자적으로 된다. 이런 자기를 대상화하면서 자기 내로 복귀하는 가운데 정신은 자기를 정신으로 인식하며 이런 인식은 개념을 통한 필연적 체계가 된다.

26) ⟨SK 29:5~31:4⟩⟨FM 22:21~23:29⟩

정신이 절대적으로 타자 존재 다시 말하자면 에테르 자체 속에 **순수하게** 자기를 인식한다는 것, 이것이 곧 학문의 근거이며 지반 또는 **지식[Wissen] 일반**이다. 철학의 출발점은 의식이 그와 같은 지반[에테르] 속에 자리 잡아야 한다는 것을 전제로 하고[33] 또 요구한다. 그러나 이런 지반은 의식이 생성돼 나가는 운동을 통해서만 완성되며 투명하게 드러날 수 있다. 그러한 지반은 순수하게 정신적인 존재이며 그리고 {또는}[34] 단순하게 직접적인 방식으로 존재하는 일반적인 존재다. ―이

---

33 개념이 자기를 전개하는 운동이 학문의 체계다. 이것은 지금까지 설명됐다. 반면 학문의 출발점인 순수한 개념에 이르는 운동은 『정신현상학』에서 의식이 전개하는 운동이다. 이 운동은 뒤에 「서론」에서 상세하게 설명된다.

34 초판에는 '또는[oder]'으로 됐지만, 수정 초안에는 '동격[als]'으로 연결된다.

처럼 이 단순한 것[35]은 {그 자체로서 현존하므로 다만 정신 속에 있는 지반이며 사유다. 이런 지반이}[36] 직접적 정신이며 정신의 실체성 일반이므로, 이런 실체[직접적 정신]는 **본질 규정**[Wesenheit]이 **모습을 바꾸어** [verklärte] 출현한 것이며, [의식의] 반성이 그 자체 단순하거나[37] 직접적인 것으로 전환한 것 즉 자기 내로 반성하는 것이 존재로 출현한 것이다.[38] 학문 자신 쪽에서 개인[Selbstbewußtsein]에게{에 대해}[39] 요구하는 것은 개인[Selbstbewußtsein]이 이런 에테르로 끌어올려 이런 에테르와 더불어 그리고 그런 에테르 속에서 살아갈 수 있고 또 살아가는 것이다. 거꾸로 개인이 자기의 권리로 학문에 요구하는 것은 학문이 그에게 적어도 이런 [학문의] 입장으로 올라가는 사다리를 놓아달라는 것이며 {그리고 그 자신에게 그 자신 속에서 그런 사다리를 제시해 달라는 것이다}.[40] 이런 개인이 지닌 권리의 근거로 되는 것은 개인 자신의 절대적 자립성[41]이다. 개인은 이 자립성을 지식의 모든 형태에서 지킬[besitzen] 줄을 알고 있다. 왜냐하면, 그와 같은 인식[Wissen]의 형태가 의미상 차이는 없다.

35 여기서 단순한 것은 정신의 자기인식을 통해 도달한 절대지의 대상인 순수 존재를 말한다. 순수 존재는 곧 순수 사유이며, 이것은 학문의 출발점이며 다시 자기를 구체화하여 정신으로 돌아온다.
36 { }의 구절이 수정 노트에서 추가됐다.
37 수정 노트에는 이 구절이 추가됐다.
38 여기서 학문의 지반인 개념이 의식의 운동을 통해 실현되면서 마침내 정신이 자기인식을 완성한다.
39 초판본 '에 대해[von]' 대신 수정 노트에서는 '에게[an]'가 사용된다.
40 수정 노트에서는 { }의 구절이 추가됐다.
41 근대 철학 이후 모든 인식은 권위나 계시가 아니라 개인의 자기 확신에 기초해야 한다.

학문을 통해 인정되건 안 되건 그리고 그러한 학문의 내용이 원하는 것이 어떤 내용이든 개인이 동시에 인식의 절대적인 형식이며, 개인은 자기 자신을 **직접 확신하는** 존재기 때문이다. 만일 이렇게 표현하는 것이 더 좋다면, 개인은 그런 확신을 통해 무제약적으로 **존재**한다. 의식은 대상적인 사물을 자기 자신과 대립 속에서 인식[Wissen]하고 자기 자신을 대상적 사물과 대립 속에서 인식하는 것이니 이런 의식의 입장은 학문에는 자기와 대립하는 어떤 **낯선**[Das Andre] 입장으로 보인다. ―{의식에 친숙한[bei sich] 것으로 알려지는}[42] 이 낯선 [의식의] 입장은 학문에는 오히려 정신의 상실로 받아들여진다. ―학문과 반대되는 의식의 입장에서 볼 때는 학문의 지반이란 머나먼 피안에 자리 잡은 것으로 되므로 의식은 그 속에서 더는 자기 자신을 소유하지 못한다. 이런 두 가지 입장 중 그 어느 한쪽도 다른 쪽에서 보면 진리가 전도된 것으로 보일 뿐이다. 따라서 자연적 의식이 바로 학문에 몸을 맡기려 시도한다면 이는 이 의식 자신으로서는 무엇에 이끌린 결과인지 알지 못하면서 한 번쯤 거꾸로 서보려고 하는 시도다. [더군다나] 익숙하지 않은 입장을 보이면서 강제적으로 그런 입장에서 움직이라고 하는 것은 준비되지도 않을 뿐만 아니라 또 불필요하게 보이는 폭력을 짐작하지도 못한 채로 당하라고 하는 것이다. ―학문도 그 자체에서는[an ihr selbst] 원하는 대로 될 수 있지만, 직접적인 자기의식[즉 의식]과 관계에서 본다면 학문은 직접적 자기의식이 전도된 것으로, 그것과 대립해 나타난다. 다시 말해서 그와 같은 자기의식은 자기 확신 속에서는{직접적인 자기의식이란}[43] 현실의 원리고 독자적으로 본다면[für sich] 학문 밖에 놓인 것

42 초판본에서 "의식에 친숙한"이라는 구절이 수정 노트에서 "의식에는 친숙한 것으로 알려지는"으로 변경됐다.
43 초판본 "직접적인 자기의식"은 수정 노트에서는 "그와 같은 자기의식은 자기

인 한, 학문은 [그런 자기의식에] 비현실성의 형식을 지니는 것처럼 보일 것이다. 그러므로 이제 학문은 그와 같은 요소[Element][자기 확신]를 그 자신과 결합해야 하며 또는 차라리 그런 요소가 학문 자체에 속한다는 사실을 그리고 어떻게 속하는지를 보여주어야 할 것이다. 학문은 그와 같은 현실성이 없는 상태에서는[44] 단지 {내용적인 것이며}[45] **가능한 것**[An-sich] 또는 아직도 **내면**에 머물러 있는 **목적**이며 또는 정신이라기보다는 오히려 단지 최초의 것인 정신적인 실체에 지나지 않는 목적이다. 이런 그 자체 존재는{학문은}[46] 자신을 내면으로부터 외화 해서[äußern] 자기 자신에 대해 존재해야 한다. 이는 다시 말하면 그 자체 존재가 자기의식과 같은 것을 갖는다는 것을 {학문이 자기의식을 그 자신과 합일해야 한다는 것을} 의미한다.[47]

7 *지식의 지반으로 올라서게 하는 것이 정신의 현상학이 지닌 목표이다.*

27) 〈SK 31:5~20〉〈FM 24:1~12〉

이상과 같이 **학문 일반** 또는 인식[Wissen]의 생성 과정이 다름 아닌 『정신**현상학**』이 서술하고자 하는 내용이며 {학문 체계의 1부에 해당하는 것이다}.[48] 인식이 처음 나타난 현상은 또는 **직접적인 정신**이란 아직

확신 속에서는"으로 변경됐다.

44 학문이 자기의식에 자기 확신을 주지 못하는 상태를 말한다.

45 수정 노트에서는 이 구절이 삽입됐다.

46 수정 노트에서 대체됐다.

47 { }속의 초판본의 구절이 수정 노트에서 위와 같이 "그 자체 존재가 자기의식과 같은 것을 갖는다는 것을"로 대체됐다.

48 수정 노트에서는 이 구절이 삭제됐다. 이 삭제는 헤겔이 수정 노트를 위해 작업하는 가운데『정신현상학』이 학문 체계의 1부라는 종래 주장을 변경한 것과 관련된다. 비슷한 시기에 작성한『논리』학 재판 「서문」에서도 삭제의 필요성이

활기 없는 것 즉 **감각적인 의식**에 해당한다. 이런 인식이 본래적인 의미에서 인식으로 되거나 더 나가서는 학문의 지반 다시 말해 학문의 순수한 개념을 산출하기 위해선 인식{정신}[49]은 기나긴 길을 거쳐 나가는 노고를 기울여야만 한다. ―이런 생성 과정을 본다면 즉 인식의 내용과 그런 내용 속에 나타나는 형태가 출현하는 대로 본다면, 그것은 {흔히 생각되듯이[sich vorstellt]}[50] 어떤 비학문적인 의식을 학문으로 인도하는 것[Anleitung]으로는 생각할 수 없다.[51] 또한, 그것은 학문의 근거를 놓는 것과도 다른 것이다. ―하물며 그것은 도취는 더욱 아니다. 왜냐하면, 그런 도취는 마치 권총에서 총알이 발사되듯이 절대지에서부터 출발할 뿐만 아니라 그 어떤 다른 입장에 대해서는 전혀 개의치 않는다고 선언함으로써 그러한 입장들과는 깨끗이 단절하기 때문이다.

[해제] 1) 이 구절에서 헤겔은 『정신현상학』의 의식 운동과 학문의 개념 운동 사이의 관계를 서술한다. 그 내용을 간단하게 정리해 보자면 다음과 같다.

앞에서 헤겔은 학문의 지반은 개념이라고 했다. 이런 개념이라는 지반에 오르기 위해서는 의식은 절대지의 단계로까지 끌어올려져야 한다. 여기서 절대지는 정신의 자기인식이 완성된 단계다. 그 결과 지금까지 일어난 정신이 자기 내로 반성하는 과정은 끝나고 반성 된 정신은 순수한 직접적 존재로 전환한다.

이 순수한 직접적 존재, 일반적인 것, 실체가 곧 학문이 자기를 전개

실려있다.
49 주어가 초판본 'er'에서 수정 노트에서 'es'대체 되면서 지시체가 변경됐다.
50 수정 노트에서 이 자리에 이 구절이 삽입된다.
51 여기서 헤겔은 의식이 발전하는 운동을 다시 역사적 운동과 개인의 학습 운동으로 구분한다. 개인의 학습은 역사적 운동을 되풀이한다.

하는 개념적 지반이다. 헤겔은 이것을 에테르의 비유한다. 학문의 운동은 앞에서 이미 설명했듯이 개념이 자기를 구분하고 다시 자기 내로 복귀하는 자기 운동이라고 했다. 이 운동의 특성은 사변적이다.

2) 단순한 의식에서 볼 때 절대지의 단계에서 전개되는 사변적 운동은 낯선 것이며, 전도된 것으로 보인다. 의식에 그런 학문을 받아들이라고 하는 것은 일종의 이해할 수 없는 폭력으로 된다. 즉 "준비되지도 않았을 뿐만 아니라 또 불필요하게 보이는 폭력"이다.

그렇지만, 근대에 이르러 지식은 권위나 계시에 의존하지 않으며 어디까지나 개인의 자기 확신을 요구한다. 헤겔은 이것을 개인의 "절대적 자립성"의 요구라고 한다. 즉 개인의 확신이 "인식의 절대적 형식"이라는 것이다. 그러므로 학문의 전개는 개인의 확신을 배제한 채로 나갈 수도 없다. 학문은 "자기의식과 합일해야" 한다.

3) 여기서 헤겔은 개인의 의식이 절대지의 단계로까지 끌어올려지는 과정이 필요하다고 말한다. 이 과정이 정신이 현상하는 운동이 보여주려 하는 것이다. 실제 역사에서 직접적 의식에서 학문의 지반인 절대지 즉 개념에 오르기 위해서는 정신은 기나긴 길을 거쳐 나가야 한다. 이것은 역사적 운동을 매개로 해서 발전하는 것이기 때문이다. 학문은 이런 역사적 정신의 발전 끝에 도달한 것이다.

오늘날 개인은 여전히 출발점에서는 단순한 의식에 머물러서 학문의 지반인 개념에 오르지 못한다. 정신이 발전하는 역사적 운동 자체가 개인을 곧바로 그런 지반으로 인도하는 것도 아니며, 또한, 개인이 총알처럼 곧바로 그런 지반에 올라서는 것도 아니다. 헤겔은 오늘날 개인이 이 학문의 지반에 오르기 위해서는 학습이 필요하다고 한다. 이 학습은 역사적으로 전개된 의식의 운동을 다시 한번 되풀이하는 것이다.

28) 〈SK 31:22~33:7〉〈FM 24:13~25:13〉

{그러나}⁵² 개인을 아직 성숙하지[ungebildeten] 못한 입장에서 벗어나 지식[Wissen]으로 이끄는 과제는 그 과제가 지닌 일반적 의미를 통해 파악돼야 했으며 즉 일반자로서 개체 즉 자기 의식적 정신{세계정신}⁵³의 성숙 과정을 고찰하는 것이어야 했다. ―이 양자 간의 관계⁵⁴를 놓고 볼 때 일반자로서 개체에서 각 계기는 구체적인 형식과 고유한 형태를 지닌 모습으로 제시된다. {그러나}⁵⁵ 특수자로서 개체는 불완전한 정신이니 그 구체적 형태를 보면, 그런 구체적 형태가 전체적으로 현존하는 모습은 **특정한** 규정성이 지배하면서도{규정성에 속하면서도}⁵⁶ 다만 다른 규정도 혼합된 채로 눈앞에 나타난다. 그리하여 어떤 다른 정신보다 좀 더 높은 단계에 이른 정신에서는 그보다 좀 더 하위 단계에 있는 구체적 현존은 눈에 보이지 않는[unscheinbaren] 계기로 전락한다. 이전 정신의 형태는 안으로 들어가 덮이면서 단순한 그림자로 되고 만다. 더 높은 단계에 다다른 정신을 자기의 실체로 삼는 개인이 이런 과거의 형태들을 거쳐 나갈 때 그 방식은 마치 좀 더 높은 학문에 들어가기 위해 착수하는 사람이 자기가 이미 오래전부터 터득해 왔던 준비단계에서의 인식을 [다시] 거쳐 나가서 그 내용을 현재에[gegenwärtig] 떠올리는 것과 같다.⁵⁷ 이때 개인이 준비단계에서 터득한 지식을 기억 속에 되살리

---

52 수정 노트에서 '그러나'라는 표현이 사라진다.
53 수정 노트에서는 '세계정신'이 '자기 의식적 정신'이라는 표현으로 대체된다.
54 개인과 일반적 개체의 관계를 말한다.
55 수정 노트에서 '그러나'라는 표현이 사라진다.
56 초판본에서 "특수한 규정성에 속하면서도"라는 표현은 수정 노트에서 "특수한 규정성이 지배하면서도"라는 표현으로 대체된다.
57 이전 정신이 이후 정신에 내면화하여 보존된다면, 내면화된 것을 다시 과거 모습대로 되살리는 것이 현재화다. 이 현재화는 딜타이의 역사적 추체험과 같다.

긴 하지만, 그렇다고 거기에 흥미를 느껴 거기에 체류하는[Verweilen] 것은 아니다. 또한, 개별 개인은 {내용상}[58] 일반적 정신이 성숙해온 단계를 거쳐 나가지만, 이런 단계는 일반적 정신이 이미 밟아 나간 형태므로 사전에 다져지고 평평한 길 가운데 있는 한 단계에 지나지 않는다. 우리가 알고 있듯이 여러 가지 형태의 지식과 관련해서 전시대만 해도 성인[Männer]의 성숙한 정신을 사로잡던 것이 이제는 다만 아동의 지식이나 연습문제 그리고 심지어는 장난 거리로 전락한 것이 그러하다 {그와 같다}.[59] 또한, 그런 사실은 세계의 교양이 발전하는 역사가 이런 교육에서 일어나는 진보에 그림자 형태[Schattenrisse]로 모사돼서 이런 그림자 형태를 통해 인식되는 것과 같다. 이처럼 지난날에 현존했던 모든 것은 이미 일반적 정신을 통해 획득된 소유물이다. 그러므로 이 일반적 정신은 개인의 실체를 구성하며 {개인에게 외면적으로 현상하는 가운데}[60] 개인의 유기체적 생명 밖에 놓여 있는 자연적인 것[Natur]을 이룬다. ─이 점과 관련해 개인의 성숙을 개인 쪽에서 바라보자면 이런 성숙은 바로 개인이 자기의 눈앞에 있는 것을 획득해, 자신의 생명 밖에 놓여 있는 자연적인 것을 자기 내에서 소화하며 자각적으로[für sich] 이를 소유하는 것에 있을 것이다. 그러나 이런 개인의 성숙이란 일반 정신과 실체의 측면에서 보면 이 실체가{일반 정신 또는 정신적 실체가}[61] 그 자신에 관한 자기의식을 얻는 것이며 또는 그런 실체가 생성해 자기 내로 반성하는 것과 다른 것을 의미하지 않는다.

---

58 수정 노트에서는 이 구절이 추가됐다.
59 초판본에 '그와 같다[wie]'는 수정 노트에서는 '그러하다[so]'로 변경됐다.
60 수정 노트에서는 이 구절이 삽입된다.
61 초판본 "일반 정신 또는 정신적 실체가"라는 표현은 수정 노트에서는 "일반 정신과 실체의 측면에서 보면 이 실체가"로 변경된다.

29) 〈SK 33:8~34:16〉〈FM 25:14~26:7〉

학문[62]이란 이상과 같은 성숙하는 운동을 그 세부 전개과정을 통해서나 그 필연적 발전 과정을 따라서 서술해 나갈 뿐 아니라 또한, 이미 정신의 계기나 소유물로 전락한 것을 그 [과거 원래의] 형태를 통해 서술하기도 한다.[63] 그 [서술의] 목표는 정신이 지식[Wissen]이라는 것을 통찰하는 것이다. 조바심을 내는 사람은 매개 수단 없이 그 목표에 도달하려 하지만, 이는 가능하지 않은 것을 바라는 것이다. 그 목표에 다다르기 위해 한편으로는 **기나긴 길**을 참고 견뎌 나가야만 한다. 왜냐하면, 그 도중에 나타나는 모든 계기가 필연적이기 때문이다. ─그러나 또 다른 편에서 보면 이를 위해서 그 모든 계기마다 **침잠해야** 한다. 왜냐하면, 모든 계기는 그 자체가 하나의 개체적인 동시에 전체적인 형상을 이루고 있으니 각 계기는 절대적으로 고찰돼야 하기 때문이다. 여기서 절대적인 고찰이란 각 계기가 지닌 규정성을 전체로 그리고 구체적으로 고찰하는 것이거나 전체를 그것이 지닌 특유한 규정을 통해 고찰한다는 것을 의미한다. ─개인이 실체로 삼는 것 즉 세계정신마저도 인내하면서 오랜 시간을 거쳐 그런 [지식의] 형식들을 겪어 나갔으며 그런 가운데 세계사의 엄청난 수고[Arbeit]를 몸소 떠맡았으며 {그 속에서 정신은 세계사가 실현할 수 있는 전체 내용을 개별 형식에서 형성했으니}[64] 또한, 세계정신은 자기의 발전에 못지않은 수고를 들여서야 비로소 자

---

62 여기서 학문은 체계적 학문이 아니라 학문의 제1부인 『정신현상학』으로서 학문이다.
63 과거의 정신적 형태가 학문에 이르러 논리적 계기가 된다. 『정신현상학』은 이 논리적 계기를 시간에 다시 투영하여 과거의 형태로 복구한다. 앞에서 말한 '현재화'와 뒤에는 나오는 '절대적 고찰'과 같은 맥락이다.
64 수정 노트에 이 구절이 추가됐다.

기 자신에 관한 의식을 획득할 수 있었다. 그러므로 개인도 이보다 덜한 수고를 통해 자신의 실체를 파악할 수는 없을 것이다. 그렇더라도 {본성상}[65] 개인의 노고[Mühe]는 아무래도 덜할 것이다. 왜냐하면, 이런 목표가 **그 자체로는**[an sich] 이미 성취됐기 때문이며 ─또한, 내용은 이미 현실이기를 그치고 [기억이라는] 가능성으로서 존재가 돼 그 직접적인 존재는 정복됐고 {그 형태는 이미 축약된 형태로 다시 말해 단순한 사유 규정으로 격하됐기}[66] 때문이다. 내용은 이미 사유 된 것이므로, 곧 실체{개체}[67]가 소유할 수 있는 것[관념]으로 된다. 그러한 소유물은 **그 자체 존재**라는 형식으로 있는 **현존**이 아니라 {단순한 근원적인 그 자체 존재도 아니고 현존 속에 침몰한 그 자체 존재도 아니며}[68] 오히려 이미 내면화하면서 **대자 존재**의 형식으로 기억된 **그 자체 존재**로{대자 존재라는[Für-sich-sein] 형식으로 존재하는 그 자체 존재로}[69] 전환한 것에 해당한다. 이런 의식에 대해 존재한다는 것이 어떤 방식인지는 앞으로 상세하게 규정될 것이다.

[해제] 1) 앞 구절에서 헤겔은 『정신현상학』의 운동과 학문의 운동 사이의 관계를 서술했다. 헤겔에 따르면 학문이 전개되는 운동을 이해하려면 정신이 학문의 지반인 개념을 이해하는 단계에까지 끌어올려져

---

65 수정 노트에서 이 구절이 추가됐다.
66 수정 노트에서 이 구절이 추가됐다.
67 초판본에는 '개체'인데 수정 노트에서는 '실체로 변경됐다. 여기서 개체가 한 개인이 아니라 그 시대 정신을 의미한다는 사실을 분명하게 밝히려 한 것으로 보인다.
68 수정 노트에서 이 구절이 추가됐다.
69 초판본 { } 내용을 수정 노트는 "이미 내면화하면서 대자 존재의 형식으로 기억된 그 자체 존재"로 변경했다.

야 한다. 이런 정신의 운동은 세계정신이 역사적으로 겪어왔던 운동이다. 이제 헤겔은 정신이 지나간 역사적 운동과 개인이 이를 학습하는 운동 사이의 관계를 서술한다.

헤겔은 여기서 우선 세계정신의 과거에 있었던 구체적 형태는 새로운 정신에서는 하나의 의식 내에 있는 관념 즉 기억의 계기로 전락한다고 말한다. 즉 "눈에 뜨이지 않는 계기" 또는 "단순한 그림자"로 전락한다는 것이다. 의식 내의 계기는 서로 논리적 연관을 맺는다.

이제 어떤 현재의 정신 속에 살아가는 한 개인이 이런 정신의 발전 과정을 역사적으로 추체험할 때, 여기서 개인은 이미 하나의 논리적 계기로 전락한 정신의 형태를 과거 역사 속에서 출현했던 구체적 형태로 환원해 체험한다. 즉 "정신의 계기나 소유물로 전락한 것을 그 형태를 통해 서술한다"라는 것이다. 그것은 학습하는 사람이 "준비단계의 인식을 다시 거쳐 나가 그 내용을 현재에 떠올리는 것과 같다"라고 한다.

2) 의식 형태가 개념 계기로 내면화한다는 것은 여러 가지 측면에서 중요한 의미를 지닌다. 의식 형태의 운동은 역사적, 시간적이다. 반면 개념 계기의 운동은 논리적이다. 의식의 역사적 이행이 내면화함으로써 개념의 논리적 운동이 된다. 그런 점에서 비록 전개되는 평면은 다르지만, 양자는 서로 평행하다고 할 수 있다.

그런데 의식의 이행은 개별적 의식에서 일반적 의식으로 발전한다. 반면 개념의 운동은 추상적 개념에서 구체적 개념으로 나간다. 여기서 의식의 끝에 도달한 일반성이 개념의 출발점인 추상성이라고 볼 때, 양자의 관계는 서로 뒤집힌 관계에 있다고 할 수 있다. 전자는 마르크스가 말한 연구 과정에 해당하며 후자는 서술 과정에 해당한다. 연구 과정의 끝에 도달한 일반적 원리가 서술 과정에서는 설명의 가장 근본 원리가 된다는 것이다. 서술 과정 끝에 도달한 구체적 대상은 논리적 체계며 이는 연구 과정에서 출발점인 개별자를 구체적으로 설명하는 것이다. 이런 점에서 개념의 운동은 근거로 복귀하는 것이며 의식 운동은 근거에 이르는 운동이다.

의식의 형태와 개념의 계기 사이의 이런 평행적이면서 동시에 전복된 관계는 의식 운동을 서술하는 『정신현상학』과 개념을 전개하는 학문 사이의 관계를 설명해준다.

3) 역사적 정신의 발전이 형태에서 계기로 이행하는 것이라면, 개인의 학습은 계기에서 형태로 이행하는 것이다. 형태와 계기 사이의 이런 관계가 곧 형태와 계기 사이의 변증법이다.

이때 개인은 과거의 역사적 형태를 빠짐없이 경험해야 하며 이 과정은 그 도중에 나타나는 모든 계기가 필연적이므로, 그 목표에 도달하려면 "기나긴 길을 참고 견뎌 나가야" 한다.

개인은 모든 계기마다 마치 자신이 실제 겪는 것처럼 과거의 역사적 형태가 겪는 모든 체험 속으로 침잠해야 한다. 과거의 정신적 형태는 그 자체가 "하나의 개체적인 동시에 전체적인 형상을 이루고" 있으므로 과거의 정신의 형태를 "그것이 지닌 특유한 규정성을 통해 고찰해야" 한다.

3) 개인의 학습 과정은 과거 정신의 역사가 겪었던 "세계사의 엄청난 수고"를 못지않게 다시 체험하는 것이다. 그런데도 개인의 학습에서는 세계정신은 이미 "그 직접적 존재가 정복돼서" "목표가 가능성에서는 이미 성취된다." 즉 "그 자체 존재가 이제는 의식에 대해 존재하는 것이라는[Für-sich-sein] 형식으로 전환된 것"이다. 그러므로 과거에서와 같은 만큼 수고가 필요한 것은 아니다. 이제는 "사전에 다져진 평평한 길을 가는 것"이며, 과거 성인의 성숙한 정신을 사로잡던 문제는 개인이 학습하기 위한 하나의 연습문제 정도로 전락한다.

8 표상된 것과 알려진 것은 사상으로 전환돼야 한다.

30) 〈SK 34:17~35:11〉〈FM 26:8~20〉

여기서 이런 운동을 착수하는 지점에 서 있는 우리에게서{개인의 운동에서는}[70] **현존**을 지양하는 운동은 면제된다. 그러나 개인에게 여전히 남아 있고 {더 높은 개조가 필요한}[71] 것은 **표상**[Vorstellung]이며 이런[표상의] 형식과 **친숙해지는 것**이다. 첫 번째의 부정을 통해서 현존은 실체로 복귀하며 자아의 지반으로 옮겨지지만, 이런 옮김은 다만 처음 일어난 **직접적인** 옮김에 지나지 않는다. 그러므로 이처럼 자아가 획득한 소유물은{현존은}[72] 현존과 마찬가지로 개념적으로 파악되지 않은 직접적인 것이라는 성격 또는 그 현존과 마찬가지로 여전히 유동성이 없는 무차별성을 갖는다. 다시 말하자면 이런 현존은 다만 **표상**[Vorstellung]으로 이행한 것에 지나지 않는다. ―동시에 현존은 이를 통해 **알려진 것**[Bekanntes]으로 되니, {현존하는}[73] 정신은 그것[표상화]을 완결된 것으로 여긴다. 따라서 정신은 알려진 것에 머물러 더는 활동[Tätigkeit]하지 않으며 그것에 관해 관심조차 가지지 않는다. 이런 현존[의 표상화]으로 그치는[fertig] 정신의 활동[[Tätigkeit]은 매개하는 활동이기는 하지만, 다만 직접적이며 직접 현존하는[daseiende] 매개 활동이므로 {다만}[74] 자기를 개념적으로 파악하지 못하는 특수한 정신의 활동에 그친다. 그에 반해 인식[Wissen]은 위와 같은 특수한 정신을 통해 성립하는 표상[Vorstellung]에 대립하고 또 이미 알려진 것에 대립하므

---

70 { }에 있는 초판본 내용을 수정 노트는 더 상세하게 위와 같이 변경했다.
71 이 구절이 수정 노트에 추가됐다.
72 초판본 '현존'이 지니는 의미를 분명하게 하려고 수정 노트에서 개정한 것으로 보인다. '자아가 획득한 소유물' 전체 구절은 표상을 의미한다.
73 수정 노트에 이 구절이 추가됐다.
74 수정 노트에 이 구절이 추가됐다.

로, 일반적 자아의 활동으로 되고 사유가 관심을 지니는 것으로 된다.

31) 〈SK 35:12~26〉〈FM 26:21~27:9〉

알려진 것은 일반적으로 말해 알려진 것이므로 오히려 인식된 것은 아니다. 인식에서 타인을 속이는 것만큼이나 가장 흔하게 일어나는 자기 속임은 어떤 것을 알려진 것으로서 전제하는 동시에 그런 알려진 것을 그대로 시인하는 것이다. 알려진 것으로 그치는 인식[Wissen]은 아무리 이런저런 얘기를 늘어놓더라도 그런 인식이 어떤 종류의 사건인지를 알지 못하므로 더는 나아감이 없다. 우리는 주체나 객체 등등이나 신, 자연, 지성, 감성 등등을 주저 없이 이미 알려진 것으로 그리고 어떤 타당한 것으로 근저에 놓고 모든 문제가 출발하는 고정점이거나 복귀하는 고정점으로 삼는다. 그런 운동은 다만 움직이지 않는 상태로 머무르는 [추상적] 개념들 사이를 오갈 뿐이며, 여러 개념이 놓여 있는 표면만을 겉돌고 있다. 그러므로 파악한다거나 검증한다는 것도 각자가 그런 개념들에 관해 말해진 내용을 자기의 표상[Vorstellung] 속에서도 발견하는가, 그렇게 말해진 내용이 자기에게 그렇게 보이는가 그리고 이미 알려진 것인가 아닌가를 살펴보는 데 그칠 뿐이다.

9 사상을 개념으로 전환하는 것

32) 〈SK 35:27~36:32〉〈FM 27:10~28:4〉

하나의 표상[Vorstellung]을 **분석**하는 데 있어서 기존에 했던 방식은* 이미 알려진 형식을 제거하는 것일 뿐이었다. 이처럼 어떤 관념을 그것을 이루는 근원적인 요소로 분리한다는 것은 곧 그 표상을 구성하는 계기로 거슬러 올라가는 것이다. 이때 이 계기들은 적어도 눈앞에 발견되는 표상[Vorstellung]의 형식을 지닌 것이 아니라 자아가 직접 소유하는 것[자명한 관념]에 해당한다. 이런 종류의 분석이란 사실 다만 그 자체가 이미 알려진, 확고하고 움직이지 않는 규정을 지닌 **사상**[자명한 공리]에 이를 뿐일 것이다. 그러나 이처럼 **분리하는 것**, 추상화하는 것[Unwirkliche] 자체는 [인식의] 본질적인 계기다. 왜냐하면, 구체적인 것은 오직 자기를 분리해서 추상적인 것[Unwirkliche]으로 만들기에 자기 운동하는 존재로 되기 때문이다. 분리의 행위야말로 지성이며 즉 가장 경이적이면서도 가장 위대한 또는 절대적인 위력이 지닌 힘이며 절대적 위력이 수행하는 노동이다. 순환하는 것은 자기 내에 완결돼 머무르면서 그 자신이 실체가 돼 자신의 계기를 유지하기에 직접적인 관계고 그렇기에 놀랄만한 관계는 아니다. 반면 자신의 외연에서 분리된 우연적인 것 자체 즉 구속되면서 오직 다른 것과 관계하는 속에서만 현실적일 수 있는 것이 오히려 하나의 독자적 현존과 자기만의 자유를 획득한다는 사실이야말로 부정적인 것이 지닌 막강한 위력을 보여준다. 그것이 사유, 순수한 나[Ich]라는 존재가 지닌 활력이다. 우리가 앞에서 거론했던 추상화[Unwirklichkeit]를 죽음이라고 부른다면 이 죽음이야말로 가장 두려워할 만한 것이니 이 죽음을 확고하게 장악하는 것은 가장 큰 힘이 필요한 것이다. 무기력한 아름다움은 지성을 증오한다. 왜냐하면, 지성은 그런 무기력한 아름다움에 그것이 달성할 수 없는 것[죽음]을 요구하기 때문이다. 그러나 정신이 취하는 삶은 죽음을 피하면서 그 자신이 파멸되지 않게 고이 보존하려는 삶이 아니라 오히려 죽음을 감내하면서 바로 그 죽음 속에서 자기를 유지하려는 삶이다. 정신은 절대적인 분열 속에서 자기 자신을 발견하는 가운데서만 그 진리를 획득한다. 정신은 실정[實定]적인 존재[Positive]로서는 이런 위력을 보여주지 못한다. 왜냐하면, 실정적인 존재는 부정적인 것을 외면하기 때문이다. 이런 외면은 마치 우리가 어떤 것에 관해서 이것은 아무 의미도 없다거나 거짓된 것이라고 말하면서 이제 그런 말로 그것은 끝장난 것으로 여기며 그걸 떠나서 어떤 다른 것으로 이행할 때와 같다. 오히려 지성은 부정적인 것을 직면하면서 그 부정적인 것에 머무르는 가운데서만 그와 같은 위력을 보여 줄 수 있다. −이와 같은 위력은 우리가 위에서 주체라고 불렀던 것과 같은 것이다. 왜냐하면, 주체는 자신의 지반[개념]에서 출현하는 규정성에 현존을 부여하는 가운데 추상적[abstrakte]인 직접적 존재 즉 다만 **그저 존재하는 직접적 존재**를 지양하고 이를 통해서 참된 실체로 되기 때문이다. 다시 말하자면 이런 [추상적] 존재 또는 직접적인 것은 매개를 자기 바깥에 갖는 것이 아니라 그 자신이 매개 자체다.[75]

*FM주 〈27:10〉 관념이나 표상의 능력에 관해 당시 철학 문헌에서 확산한 분석에 관해서는 다음을 참조하라: 테텐Johann Nicolas Teten, 『인간의 본성과 그 본성의 발전에 관한 철학적 탐구』, 1권, S. 1~165 ; Karl Leonard Rheinhold, 『인간의 관념 능력에 관한 새로운 이론의 탐구』, 2권, S. 195~318; 플라트너Ernst Platner, 『철학적 경구 외 철학사에 관한 몇 가지 안내』, S. 42~175

[해제] 1) 헤겔은 이 구절에서 학문의 지반에 이르기 위한 의식의 운동을 설명한다. 여기서 설명하는 의식 운동은 현상학적 역사적 전개를 말하지 않는다. 이 설명은 인식에 관한 학문적 개념적 설명이다.

헤겔은 인식이 우선 표상에서 시작한다고 본다. 표상은 현존하는 대상을 관념으로 옮기는 작업이다. 관념화되면서 그것은 알려진 것으로 된다. 그것은 자기가 이미 아는 것을 표상 속에서 발견하는 것일 뿐이니 이렇게 알려진 것에 머무르는 것은 자기 속임이다.

---

75 추상적인 것은 분석된 것 즉 매개된 것이지만, 여기서 그치지 않고 개념에 이르는 매개가 된다.

이어서 인식은 지성의 분석 활동으로 나아간다. 분석은 추상화를 거쳐 현존을 그것을 이루는 근원적 요소로 분석한다. 이를 통해 "그 자체가 이미 알려진, 확고하고 움직이지 않는 규정을 지닌 사상" 즉 자명한 공리에 도달한다. 이 분석이 만일 우리가 이미 지닌 자명한 공리에 이른다면, 이런 자명한 것은 주관적인 것이니, 이런 분석은 다만 하나의 순환에 그친다.

또는, 이런 분석 활동은 주관적 자의적 분석에 그친다. 그 결과 분석된 추상적인 것은 표상 속에서 들어 있었던 연관에서 벗어나 독립적으로 현존한다. 그것은 "독자적인 현존과 자기만의 자유를 획득하는 것"으로 된다. 이런 것들은 서로 관계하더라도 본래적인 방식이 아니라 자의적이고 우연적인 방식으로 관계 맺을 뿐이다.

2) 이처럼 지성의 분석 활동은 순환이나 자의적 우연에 도달할 뿐이기에 낭만주의자들은 앞에서 보았듯이 이런 추상화나 분석 활동을 경멸하면서 대상의 본질에 직접 지를 통해 이르려 한다.

하지만 헤겔은 비록 처음에는 순환이나 우연에 부딪히더라도 지성의 추상적 분석 활동이 끝내는 객관적 진리나 참된 본질에 이르는 유일한 길이라 본다. 그래서 이런 분석 활동이 "가장 경이적이면서도 가장 위대한 또는 절대적 위력이 지닌 힘이며 절대적 위력이 수행하는 노동"이라고까지 말한다.

헤겔은 지성의 추상화나 분석을 피하는 것은 죽음을 두려워하는 것인데, 이는 무기력한 아름다움에 지나지 않으며 참된 지성은 이런 추상화를 통한 "죽음을 감내하면서 바로 그 죽음 속에서 자기를 유지하는 삶"이라 한다. 또한, 헤겔은 시성이란 "부정직인 것을 직면해 부정적인 것에 머무르는 가운데 위력"을 지닌다고 한다.

3) 여기서 우리는 자연히 이렇게 묻게 된다. 분석 활동이나 추상화는 과연 이런 객관적 본질에 이를 수 있을까? 그렇다면 그 길은 어떤 길인

가? 헤겔은 이 길을 두 가지로 설명한다. 즉 주체는 "자신의 지반[개념]에서 출현하는 규정성에 현존을 부여하는" 가운데 "직접적 존재[직접적 인식]를 지양하고 이를 참된 실체[실체적 인식]로 되게 한다"라는 것이다.

이 구절 앞부분은 헤겔이 칸트의 선험철학을 전제로 한다는 사실을 보여준다. 반면 뒷부분은 현상적 인식이 물 자체의 인식으로 되는 과정을 말하는데, 선험철학을 출발점으로 해서 어떻게 물 자체를 인식할 수 있다는 것일까? 이는 뒤에서 「서론」에 나오는 의식 경험의 길을 통해 밝혀진다. 이 부분은 나중에 「서론」에서 설명하기로 하고 우선 헤겔의 설명을 따라가자 보자.

33) 〈SK 36:33~37:34〉〈FM 28:5~32〉

어떤 것이 표상된다는 것[Vorgestellte]은 순수한 자기의식의 소유로 되는 것이다. 이것은 또한, 어떤 현존이 일반적인 것으로 끌어올려진다는 것이며 이 자체는 다만 **하나의** 측면일 뿐, 이것만으로 아직도 정신이 완전히 성숙했음을 의미하지 않는다. ―고대인이 지식을 학습할 때 주로 자연적인 의식을 원초적으로[eigentlich] 연마하는 것이었다는 점에서 고대인의 학습방식은 현대인의 학습방식과 구별된다. 즉 고대인의 학습은 자기의 현존에 속하는 모든 부분을 자세히 탐구하고 또 자기 앞에 출현하는 모든 것을 철학적으로 사색하면서 철저하게 입증된 일반적 지식을 산출했다. 이와는 달리 현대에서는 개인은 추상적 형식[일반적 지식]이 이미 마련돼 있다는 것을 발견한다. 긴장된 노력을 통해 그런 추상적 형식을 파악하고 자신의 지식으로 소화하는 것은 구체적인 것과 다양한 현존에서 일반적인 것이 출현하는 방식이라기보다는 오히려 내적인 것이 아무런 매개도 거치지 않은 채로 솟구치거나 일반적인 것을 하나의 단편으로 산출하는 방식이다. 그러므로 오늘날 우리의 과제는 개인을 직접적인 감성적 존재 양식에서 벗어나도록 순화하면서 동시에 그를 사유를 통해 포착되면서도 사유하는 실체로 만드는 데 있지 않다. 우리의 과제는 오히려 그와 반대인 것 즉 고정된 특정 사상을 지양함으로써 일반적인 것[사상]을 [구체적으로] 실현하고 그것에 활력을 불어넣는 것이다. 그런데 이미 고정된 사상을 유동화하는 일은 감각적인 현존을 유동화하는 것보다 훨씬 어려운 일이다. 그 이유는 앞에서도 밝혀진 바 있지만, 그처럼 규정된 것[사상]은 나[Ich], 부정적인 것이 지니는 위력 또는 순수화된 현실[reine Wirklichkeit]을 실체로 즉 현존의 지반으로 삼지만, 그것 반해 감각적인 규정은 아무 위력이 없는 추상적인 직접성이나 단순한 존재 그 자체만을 갖기 때문이다. 사상을 유동하게 하는 것은 순수한 사유, 즉 내재하는 **직접적인 것**이 그 자신을 단지 하나의 계기로 인식하며 또는 자기 자신에 관한 순수한 확신을 그 자신으로부터 제거하는 것이다. ―즉 사상을 유동화한다는 것은 자기를 물리치거나 제쳐놓는다는 것이 아니라 자기 자신을 확립하는 데서 나타나는 **고정성**을 포기하는 것이다. 사상의 고정성은 구별된 내용에 대립하는 나[Ich] 자신 즉 순수한 구체적인 것이 지닌 고정성을 뜻하며 또한, 순수 사유의 지반에서 놓이자 무제약적 나의 일부로 되는[Anteil haben] 구별된 내용[추상적 사상]에 대해 집착하는 고정성을 말한다. 이런 운동을 거쳐서 순수 사상은 **개념**으로 발전하며 또한, 이를 통해 비로소 그런 사상 자신의 진리, 스스로 운동하는 것 즉 순환 그리고 그런 사상 자신의 실체, 정신적 본질 규정[Wesenheit]으로 된다.

34) ⟨SK 37:35~38:13⟩⟨FM 28:33~29:6⟩

이런 순수한 [정신적] 본질 규정[개념]의 운동이 곧 학문적인 것 일반이 지닌 본성을 이룬다. 이 운동은 그 내용과 연관해서 본다면 그 내용이 유기적 전체를 향해 필연적으로 전개되며 확산해 가는 것이다. 지식[Wissen]의 개념에 다다르는 길은 이런 운동[사상의 유동화]을 통해 말할 것도 없이 필연적이고 완전하게 나가는 생성의 길이다. 따라서 개념을 향한 예비 단계는 더는 우연히 발생하는 철학적 사유일 수는 없다. 왜냐하면, 그런 우연한 철학적 사유란 우연성이 늘 그렇게 하듯이 불완전한 의식이 지닌 이런저런 대상, 상황[Verhältnisse]이나 사상에 의존하거나 특정한 사상을 통해 이리저리 논증하고나 추론해 보고 또한, 결과를 끌어내 보는 것을 통해 진리의 근거를 확립해 보려 시도하는 것이기 때문이다. 오히려 이런 길은 개념의 운동을 통해 의식의 완전한 세계를 필연적으로 포함하게 될 것이다.

[해제] 1) 앞에서 인식은 표상에서 개념으로 이행하는 것이라 했다. 그러나 추상적 개념만으로 인식은 완전하지 못하다. 왜냐하면, 이런 추상적 개념은 주관성에 머물러 순환적이거나 자의적일 수 있기 때문이다. 이제 주관적 개념은 객관적 개념으로 발전해야 한다.

헤겔은 이런 발전을 고대 인식과 근대 인식의 차이를 통해 설명한다. 고대의 인식방법은 표상과 추상화를 통해 일반적인 관념 즉 사상을 찾아 나서는 것이다. 그러므로 고대 인식은 사실에 충실했다. 반면 근대인은 일반적 관념이 이미 고정적으로 존재하고 있다. 그것은 "매개도 거치지 않은 채로 솟구치는 것처럼" 제공된다. 그 때문에 근대 인식은 사실에 관해 관심 없이 주관적 독단에 그치게 됐다. 그러므로 여기서 이런 일반 사상이 주관적이며 독단적으로 고정돼서 이것을 유동화하는 것이 필요하다. 헤겔은 이렇게 유동화하는 것을 통해 특정한 주관적 사상이 아닌 객관적 일반 본질 즉 개념에 도달할 수 있다고 본다.

2) 그렇다면 이렇게 유동화한다는 것은 무엇인가? 유동화란 특정

한 사상 또는 개념을 원리로 삼아서 "이리저리 논증하거나 추론해 보는 것"에 머무르는 것이 아니다. 이를 통해 나오는 것은 사태 자체에 외면적인 형식적 체계일 뿐이다. 또는 이런저런 개념을 비판적으로 반박하는 작업도 아니다. 그런 비판 자체가 추상적 비판에 머무르기 때문이다.

헤겔에서 개념을 유동화한다는 것은 개념을 통해 다시 구체적 사실을 인식한다는 것을 의미한다. 사상의 유동화 또는 개념의 운동을 통해 도달한 학문은 "유기적 전체를 향해 필연적으로 전개돼야" 한다는 것이다. 만일 그런 개념 체계를 통해 사실이 성공적으로 설명된다면, 그 개념이 결코 주관적인 것이 아니라 객관적이라는 것이 입증된다.

3) 그런데 헤겔은 고대인처럼 고정된 감각적 현존을 넘어서 일반관념에 이르는 유동화의 길보다 근대 인식이 출발하는 고정된 추상적 관념을 넘어서는 유동화의 길이 더 어렵다고 한다. 왜냐하면, 고대의 경우 인식의 출발점으로 삼는 현존은 무기력한 것이지만, 근대에 전제된 일반적 사상은 주관적 확신을 동반하고 있기 때문이다. 즉 그것은 "나[Ich], 부정적인 것이 지니는 위력 또는 순수화된 현실[reine Wirklichkeit]을 실체로 즉 현존의 지반으로 삼고 있기" 때문이다.

35) ⟨SK 38:14~22⟩⟨FM 29:7~13⟩

나아가 개념에 이르는 길에 관한 서술은 학문의 **1부**[76]를 이룬다. 왜냐하면, 1부에서 다루는 현존하는 정신은 다만 직접적인 것이며 실마리에 지나지 않을 뿐만 아니라, 이런 실마리는 아직 자기 내로 복귀한 것이 아니기 때문이다. 따라서 이처럼 정신의 **직접적인 현존**이라는 지반

---

76 수정 노트에서 헤겔은 학문의 1부라는 주장을 제거하였다. 그런데 그의 수정 노트는 이 부분 앞에서 멈추었다. 그가 작성 중 죽었기 때문이다. 그 결과 이 자리에는 학문의 1부라는 주장이 그대로 남아 있다.

은 학문의 1부와 다른 부분을 구별해 주는 규정성이다[77]. ─이런 구별을 언급하자면 이 문제와 관련해 자주 대두되곤 하는 몇 가지 고착된 사상 [Gedanken]에 관해 논의하는 데로 간다.

36) 〈SK 38:23~39:6〉〈FM 29:14~28〉

정신의 직접적인 현존에 해당하는 의식은 두 가지 계기 즉 인식 [Wissen]의 계기와 인식에 대해 부정적인 것 즉 대상적인 것이라는 계기를 지닌다. 정신은 이런 지반[의식]에서 자기를 발전하며 자기의 계기를 펼쳐 나간다. 그런 가운데 이런 자기 전개의 계기 어디에서나 이 두 계기는 대립하니 자기 전개의 모든 계기는 의식의 형태로 등장한다. 이런 길에 관한 학문은 의식의 **경험**에 관한 학문이다. 실체는 실체와 그 운동이 의식의 대상으로 되는 대로 고찰된다. 의식은 자기가 경험하는 것밖에는 어떤 것도 인식하거나 파악하지 못한다. 왜냐하면, 의식이 경험하는 것은 단지 정신적 실체일 뿐이며, 즉 자기의 자아[Selbst]에 대해 **대상**으로 된 실체[78]일 뿐이기 때문이다. 그러나 정신이 의식의 대상으로 되는 것은 정신이 **자기에게 타자**로 되고 즉 **자기 자아[Selbst]의 대상**으로 되고 다시 이처럼 타자화된 존재를 지양하는 운동이기 때문이다. 경험이라고 불리는 것은 바로 이런 운동이다. 이런 운동 속에서 직접적이며 비 경험적인 것 즉 감성적 존재건 아니면 단지 사유 된 단순한 것에 그치든 추상적인 것이 스스로 소외되고 나서 다시 이 소외로부터 자신에게로 귀환하는 가운데 이제 비로소 그 자신의 참된 모습, 진리의 모

---

77 앞에서 설명한 인식의 운동은 학문에서 전개된 방식이며 그것은 『정신현상학』에서는 시간에 투영돼 구체적 형태의 운동으로 전개된다.
78 실체가 "자기의 자아[Selbst]에 대해 대상으로 된다"라는 표현은 바로 다음에 "정신이 의식의 대상으로 된다"라는 표현과 같은 의미다. 정신, 실체는 의식과 대상, 주체와 실체로 분화된다.

습이 드러나고 동시에 의식의 소유물로 된다.

10 정신의 현상학은 어느 만큼 부정적이거나 허위인 것을 포함하는가?

37) ⟨SK 39:7~35⟩⟨FM 29:29~30:12⟩

의식 안에서 나[Ich]와 나의 대상으로 되는 실체 사이에 발생하는 서로 같지 않음은 양자를 구별해 주는 것이며 **부정적인 것** 일반이다. 이 부정적인 것은 이들 양자가 다 같이 지니는 결함으로 보일 수도 있으나 사실 양자 모두를 운동하게 하는 힘 즉 영혼이다. 이와 같은 이유로 몇몇 고대인은 운동하는 것을 **부정성을 지닌 것**[Negative]으로 보면서도 끝내 이 **부정성을 지닌 것**을 자아로 파악하지 못하고 **비어 있는 것**을 상정해* 그것을 운동하게 하는 힘으로 파악했다. —이 부정성을 지닌 것은 일단 대상에 대한 나[Ich]의 같지 않음으로 나타난다 할지라도 이 부정성을 지닌 것은 사실 그에 못지않게 [정신적] 실체가 자기 자신에 대해 갖는 다름이다. 정신적 실체의 바깥에서 진행되고, 실체에 반해 행위하는 듯이 보이는 것은 정신적 실체의 고유한 행위에 지나지 않을 뿐만 아니라 실체는 본질상 주체[Subjekt]일 수밖에 없다는 사실이 드러나기에 이른다. 실체가 주체라는 사실을 완전하게 보여주는 때는 정신 자신의 현존이 정신 자신의 본질과 합일할 때다. 바로 이때 정신은 있는 그대로 그 자신의 대상으로 되며 이를 통해 직접적인 정신이 자리 잡은 지반 즉 인식[Wissen]과 진리[대상]가 분리되는 추상적인 지반도 극복된다. 이제 존재는 절대적으로 매개된 것으로 된다. —즉 존재는 실체를 내용으로 하면서도 동시에 나[Ich]의 직접적인 소유물 즉 자아에 **귀속**하는 것[selbstisch]이거나 개념으로 된다. 『정신현상학』은 여기에 이르러 종결된다. 정신이 이런 현상학적 전개를 통해 마련하고자 하는 것은 지식[Wissen]이 펼쳐질 수 있는 지반이다. 이런 지식의 지반 위에서 정신의 각 계기는 자기를 펼치면서 그의 대상을 자기 자신으로 인식하는 **단순한 형식**[논리학 또는 사변 철학]에 이른다. 이들 계기는 더는 존재와 인식[Wissen]으로 분리돼 서로 대립함이 없이 오직 단순한 지식[Wissen]에 머물러 있으면서 참된 것이 자기가 취해야 하는 형식으로 출현하고 각 계기의 서로 다름은 단지 내용상의 서로 다름으로 된다. 정신의 각 계기가 전개하는 운동은 이와 같은 지반에 이르러 전체적으로 유기적인 연관성을 지니면서 **논리학** 또는 **사변 철학**으로 된다.

*FM주 〈29:32~33〉 헤겔은 여기서 무엇보다도 뤼키포스Leukipp와 데모크리토스Demokrit의 비어 있음에 관한 학설을 염두에 둔다. 그들의 학설은 비어 있음이 존재하지 않는 것이므로 운동할 수 있게 하는 것으로 규정한다. 참조: 아리스토텔레스Aristoteles, 『형이상학』, *Opera*, 337 A. 에피쿠로스 역시 비어 있음이 운동의 기원이라고 설명한다. 참조: 디오게네스Diogenes Laertius, 『유명한 철학자의 생애와 학설과 단편』, 10권, 40절, S. 670

[해제] 1) 앞 절에서 헤겔은 학문은 사상을 유동화한 개념적 체계라고 했다. 이런 체계가 전개되는 지반인 개념에 이르기 위해서는 이를 위해서는 정신이 의식에서 절대지로까지 발전해야 한다. 이 절에서는 정신이 발전하는 과정을 의식 경험을 통해 설명한다.

의식에서 주관과 대상이 대립한다. 의식은 자신을 넘어선 어떤 대상에 부딪히면서 새로운 의식으로 발전한다. 이것이 의식의 경험이 나가는 길이다. 이 의식 경험 개념은 뒤에 「서론」에서 상세하게 설명된다.

2) 흥미로운 것은 여기서 헤겔은 의식 경험을 개념 또는 정신의 자기 운동과 연결한다는 것이다. 의식에 대립하는 대상은 곧 실체가 "자기의 자아[Selbst]에 대해 대상으로 된 것" 또는 정신이 "자기에게 타자가 된 것"

이다. 그러므로 자기에게 대립하는 대상을 넘어서는 것은 정신이 곧 자기를 넘어서는 것으로 된다. 여기서 보듯이 헤겔은 개념 운동과 의식 경험 개념을 관련시킨다. 자기 자신을 대상화해 이를 다시 넘어서는 것이 개념 즉 정신의 운동인데, 이 운동을 매개하는 것이 의식이 자기의 대상에 부딪혀 새로운 의식으로 나가는 의식 경험의 길이다.

개념 운동에서 보면 대상이 자아를 매개로 자기를 극복하는 것이지만, 의식 운동에서 보면 의식이 대상을 매개로 자기를 극복하는 것이다. 그러므로 헤겔은 "부정적인 것은 일단 대상에 대한 나의 다름으로 나타나지만," 이 부정적인 것은 사실 "실체가 자기 자신에 대해서 갖는 다름이다"라고 말한다. 따라서 의식의 운동은 곧 정신이 자기를 전개하는 운동이며 정신은 곧 주체다.

3) 이런 설명을 통해서 볼 때 의식 경험의 길과 개념 또는 정신의 운동은 마치 동전의 양면처럼 얽혀 있다는 것을 알 수 있다. 같은 인식의 운동을 개념의 운동은 대상의 측면에서 보며 의식 경험은 의식 쪽에서 본다.

의식 경험이든 개념 운동이든 그 운동의 핵심에 있는 것은 부정성 개념이다. 의식 경험에서는 의식과 대상의 부정적 관계가 매개하며 개념 운동에서는 타자화한 대상의 자기부정이 매개한다. 그러므로 헤겔은 부정성이 "대상과 의식 모두를 운동하게 하는 힘 즉 영혼"이라고 한다. 이 부정성 개념은 나중에 다시 '특정한 부정성' 개념으로 구체화한다.

4) 의식 경험의 길과 개념 운동은 단순히 동전의 양면을 이루지 않는다. 즉 의식의 경험을 통해 정신은 단순한 의식을 극복하고 참된 객관적 절대지에 이른다. 헤겔에 의하면 이 절대지의 대상으로 되는 것이 곧 순수 존재다. 절대지와 순수 존재는 주관과 객관으로 분리되지만, 더는 대립하지 않는다. 여기서 정신은 "있는 그대로 그 자신의 대상으로 되며" "실체를 내용으로 하면서도 동시에 나의 직접적 소유물로 된다." 즉 정

신과 실체, 자아와 대상이 합일한다. 이런 합일을 지반으로 순수 존재가 자기 자신을 순수하게 형식에서 전개한 것이 곧 논리학이고 그것이 구체적 내용을 통해 전개한 것이 학문, 사변 철학이다.

이런 면에서 본다면 의식 경험의 길과 개념의 길은 서로 독립적이다. 전자는 역사적 길이며 개별에서 일반을 나가며, 후자는 논리적 사유의 길이다. 여기서는 추상이 구체로 나간다.

38) ⟨SK 39:36~40:15⟩⟨FM 30:13~24⟩

정신의 경험이 이루는 체계는 다만 정신의 **현상** 과정만을 다루는 데 그치고 학문은 **참된 것을 그것에 마땅한 형태**로 다루므로, [이런 학문에서 보면] 경험의 체계로부터 학문에 이르는 전진 과정은 한낱 부정적인 것으로 보인다. 여기서 사람들은 부정적인 것을 거짓된 것으로 보면서 이 부정적인 것 때문에 번민하지 않으며 단도직입적으로 진리로 인도되기를 바란다. 무엇 때문에 우리가 거짓된 것에 관해서까지 신경을 써야만 한단 말인가? –이미 앞에서 얘기됐듯이 곧바로 학문으로부터 시작해야 한다는 문제와 관련해 우리는 여기서 일반적으로 **거짓된 것으로** 여겨지는 부정적인 것이 어떤 모습[Beschaffenheit]을 갖는가 하는 측면을 살핌으로써 대답할 수 있을 것이다. 이에 관한 지금까지의 통념[Vorstellung]은 진리로 가는 길목을 가로막고 있다. 그러면 이 기회에 수학적 인식에 관해 논해 보자. 철학을 잘 알지 못하는 사람[das unphilosophische Wissen]은 이 수학적 인식[Erkennen]이야말로 철학이 도달하려고 노력해야 하지만, 지금까지 헛되이 노력했던 이상으로 여기는 것으로 보인다.

39) ⟨SK 40:16~41:20⟩⟨FM 30:25~31:16⟩

참된 사상과 거짓된 사상은 저마다 특정한[bestimmt] 것에 속할 뿐 아니라 고정된 채[bewegungslos] 고유한 본질을 지닌 것으로 여겨지면서 하나는 이편에, 다른 것은 저편에 아무런 연관도 없이 고립된 채로 확고하게 서 있다. 사상의 이런 특정성에 대립해 한 가지 분명하게 주장할 수 있는 사실은 진리란 마치 각인된 동전처럼*1 이미 완성된 채로 제공되고 주머니에 쓸어 넣고 다닐 수 있는 것은 아니라는 사실이다. 마찬가지로 [본래부터] 악한 것이 있을 수 없듯이 거짓된 것만이 [따로 떨어져] **있을 수도 없다**. 악하거나 거짓된 것은 악마처럼 그렇게 나쁜 것은 아니다. 왜냐하면, 이런 것들이 어떤 특수한 **주체**가 될 때야 악마로 여겨질 수 있기 때문이다. 거짓된 것이거나 악한 것은 단지 **일반적인 것**[술어]에 지나지 않으며 각자의 고유한 본질 규정[Wesenheit]을 서로 대립하는 관계에서 갖는 것이다. −여기서 다만 거짓된 것에 관해서만 말하자면 그 거짓된 것은 곧 [정신적] 실체에 대해 타자적인 것, 실체를 부정하는 것이다. 반면 실체는 지식[Wissen]의 내용을 이루는 참된 것으로 된다. 그러나 실체 그 자체[an ihm selbst]는 본질상 부정적인 것이니 즉 한편으로 구별되고 규정된 내용으로 되며 다른 한편으로는 **단순한 구별하는 작용**으로 된다. 그런 구별하는 작용이 자아와 인식[Wissen] 일반이다. 그런 부정적인 것 때문에 사람들은 잘못 인식할 수 있다. 어떤 인식이 그것의 대상인 실체와 같지 않다면 거짓된 인식으로 된다. 그러나 바로 이와 같은 양자 사이의 같지 않음은 어디서나 일어나는 구별[Unterscheiden überhaupt]이며 지식에 이르는 본질적 계기가 된다. 이아 같은 구별 속에서 양자 사이의 같음도 회복될 수 있고 이렇게 같음이 회복되면 그것이 진리가 된다. 그러나 진리가 진리로 되는 것은 다름이 제거돼 버리는 것과 같은 것은 아니다. 예를 들자면 순수 금속만 남기고 찌꺼기는 버려졌을 때와 같은 것도 아니고 사용된 틀은 버리고 도구만 남겼을 때와 같은 것은 더구나 아니다.*² 오히려 다름은 진리 그 자체 속에 부정적인 것으로서 또는 더 나아가서 자아로서 직접 눈앞에 나타난다[vorhanden]. 그렇다고 그 때문에 **거짓된 것**이 참된 것의 한 계기라거나 그 구성요소라고 말할 수 있는 것은 아니다. 거짓된 것에는 언제나 일말의 참된 것이 있을 것이라는 식의 표현은 이 두 가지가 동시에 성립하지만, 마치 물과 기름처럼 도저히 섞일 수 없으면서 다만 바깥으로만 결합한다는 것을 뜻한다. 그런 표현은 계기들이 서로 **완전히 타자적으로 존재**한다는 의미를 지니고 있다. 바로 그러므로 그런 표현은 그들 서로의 타자성이 지양된 곳에서는 더는 사용돼서는 안 된다. 마치 주체와 객체, 유한과 무한, 존재와 사유 등의 **통일**이라는 표현이 어딘가 적절하지 않은 이유는 바로 이 객체나 주체라는 등의 표현이 지닌 의미는 이 양자가 **통일되지 않을 때** 의미며 그런 표현들이 양자가 통일될 때 사용된다면 그 표현들은 자신이 처음에 말하는 것과 다른 의미를 지닐 수밖에 없기 때문이다. 이와 마찬가지로 거짓된 것은 진리의 계기가 될 때는 더는 거짓된 것이라고 말할 수는 없다.

*¹ FM주 〈30:28〉 레싱을 시사한다. 참조: 레싱Gotthold Ephraim Lessing, 『현자 나단, 극시, 5막극』, S. 140: "나는 돈에 붙들렸다. 그가 원하는 것은-진리, 오 진리다! 그리고 그는-진리란 그렇게 밝고, 그렇게 빛나니-마치 진리가 동전인 것처럼 원한다."

*² FM주 〈31:11~13〉 셸링의 동일성 철학을 시사한다. 셸링, 『철학의 체계에 관한 더 상세한 서술』, 『전집』, 4권, S. 362 이하, 370~371.

[해제] 1) 헤겔은 개념의 체계를 설명하기 위해 우선 부정성 개념에 주목한다. 부정성 개념을 잘못 이해하면서 수학적 인식이나 역사적 지

식과 같은 인식이 진리의 모범으로 여겨졌다고 한다.

　진리에 관한 통념은 진리와 허위는 저마다 고정된 것이라고 본다. 진리는 "마치 각인된 동전처럼" "주머니에 쓸어 넣고 다닐 수 있는 것"으로 여겨진다. 따라서 진리와 허위는 서로 부정적인 관계에 있다. 여기서 어떤 지식이 허위라는 것은 그 지식이 전적으로 무화[無化] 되는 것을 의미한다.

　2) 그러나 헤겔에 따르면 "실체 자체는 본질상 부정적인 것"이다. 이 말은 실체가 인식될 때, 그런 인식은 항상 일정한 한계를 지닌다는 것이다. 이런 한계 때문에 지식은 늘 한편으로는 진리며 다른 한편으로는 허위가 된다.

　이런 주장은 진리의 주변을 허위라는 찌꺼기가 둘러싸고 있다든가, 진리와 허위가 마치 "물과 기름처럼 도저히 섞일 수 없으면서도 다만 바깥으로만 결합하는 방식으로 존재한다"라는 것을 의미하지 않는다. 오히려 이런 주장은 진리가 그 자체 안에 이미 허위를 포함한다는 주장이다.

　3) 진리 자체 안에 허위가 들어 있다는 것은 어떤 의미인가? 이 주장은 칸트의 선험철학을 전제로 이해할 수 있다. 진리는 일정한 틀 즉 범주를 전제로 하며, 그 범주에 따라 그 안에 있으면 진리고, 그 밖에 있는 것은 허위가 된다. 어떤 범주가 그 자체에서 진리와 허위를 동시에 산출한다는 것이다. 진리와 허위가 경계 안팎으로 갈라진 것은 아니다. 허위는 이미 진리 안으로 스며들어 있다. 즉 어떤 진리는 그 범주에 의존하는 한, 현상적 인식에 그치며 이미 자체 내에 허위를 포함한다.

　칸트의 선험철학은 결국, 물 자체에 대한 불가지론으로 빠지고 말지만, 헤겔은 이런 선험적 인식론으로부터 진리를 획득할 가능성을 보고 있다. 헤겔은 이런 인식과 실체 사이의 다름이 오히려 진리인 인식에 도달하는 본질적 계기가 된다고 말한다. 칸트의 불가지론을 비판하는 헤겔의 주장은 어떻게 가능한가? 이 점에 관해서 역시 나중에 의식 경험의 길에서 설명된다. 여기서는 일단 진리 자체 안에 허위가 있다는 헤겔의 주장은 이렇게 칸트 선험철학을 전제로 하는 주장이라는 것만을 말하고자 한다.

40) 〈SK 41:21~31〉〈FM 31:17~24〉

지식의 영역이나 철학의 연구가 행해지는 곳에서 독단주의라는 사유 방식이 존재한다. 이 독단주의가 주장하는 것은 참된 것은 하나의 명제 곧 확고한 결과거나 직접 인식된 명제에 있다는 것이다. 이를테면 시저는 언제 태어났고 몇 또와즈가 1 슈타디온[79]이고 그 길이는 얼마나 되는가 하는 등의 물음에 대해서는 **안성맞춤**의 답이 있다고 가정된다. 또한, 마찬가지로 직각삼각형의 빗변 제곱이 다른 두 변의 제곱을 합한 것과 같다는 사실도 분명한 진리에 속한다. 그러나 그와 같은 소위 진리라고 불리는 것의 본성은 철학적 진리의 본성과는 다른 것이다.

II 수학적 지식과 역사적 지식

41) 〈SK 41:32~42:9〉〈FM 31:25~34〉

역사적 사실과 관련된 진리에 관해서 이제 간단하게 언급하자면, 특히 그 진리의 순수한 역사적 측면만을 고려해 보면 간단하게 인정될 수 있듯이, 그러한 진리는 단지 개별 현존을 다루며 다시 말해서 하나의 내용을 그것이 지닌 우연성이나 자의와 같은 필연적이지 못한 규정에 따라서 다룬다. ─그러나 아무리 위에서 소개된 예와 같이 빤한[nackte] 진리라 할지라도 거기에 자기의식의 운동이 없다고는 할 수 없다. 그러한 진리 가운데 하나를 알아내는 데서 많은 것을 비교하고 여러 가지 책을 참고로 해야만 하며 또한, 그 방식은 어떤 것이든 그 나름대로 조사해

79 '또와즈'와 '스타디온'은 프랑스에서 혁명 이전에 사용된 길이의 단위이다.

야 한다. 또한, 직접 얻은 직관에서도 다만 빤한 결과만이 문제가 된다고 가정하더라도 그런 직관을 그것의 근거를 통해 인식하는 것이야말로 참된 가치를 지닌 것으로 여겨진다.

[해제] 앞에서 보았듯이 정신의 운동에서 부정적인 것이 매개의 역할을 한다. 헤겔은 이런 부정성을 다루는 방식과 관련해 기왕의 여러 인식의 방식을 논의하기 시작한다.

우선 헤겔은 독단주의적인 지식론을 거론하는 데, 독단주의는 진리와 허위를 대립하게 하면서, 허위를 전적으로 제거하려 한다. 그러나 헤겔이 보기에 이것은 허위에 관한 잘못된 이해다. 그 예는 역사적 지식과 수학적 지식이다.

헤겔은 먼저 독단주의 가운데 역사적 지식을 다룬다. 역사적 지식은 대개 개별 내용을 지니는데, 이런 지식은 사태 가운데 우연한 내용을 다룬다. 그러나 여기에서조차 비교와 참고, 근거로부터의 논증이 필요하니, 단순히 개별 내용에 머무를 수는 없다.

42) ⟨SK 42:10~43:10⟩⟨FM 31:35~32:25⟩

수학적 진리와 관련해볼 때 유클리드 기하학의 정리를 **외우기는**[auswendig] 하지만, 그것을 증명하지 못한다면 즉 앞의 표현과 대조적으로 표현한다면, 그것을 **내면적으로**[inwendig] 알지 못하는 사람은 도저히 기하학자라고 여길 수 없을 것이다. 이와 마찬가지로 어떤 사람이 여러 직각삼각형을 측정한 결과 삼각형의 변들이 이미 누구나 아는 대로의 관계들 지닌다는 사실을 알아냈다고 하더라도 그런 앎[Kenntnis]은 만족스럽지 못한 것으로 여겨질 것이다. 그런데 수학적 인식에서 증명이 지니는 **본질적 의미**는 결과 자체에 포함된 하나의 계기라는 의미나 본성을 지니지 않으며 오히려 증명이란 결론이 얻어지면서 지나가고 사라지는 것으로 된다. 어떤 정리는 비로소 결론에 이르러 **진리로서 통찰된 정리**가 된다. 그러나 결론에 덧붙여진 수식어['진리로서 통찰된']는 결코 정리의 내용에 관련되는 것이 아니라 다만 인식 주관에 관련되는 것일 뿐이다. 수학적으로 증명하는 운동은 대상의 본질에 속하지 않으며, 다루어지는 문제[Sache]에 외면적인 활동이다. 이런 까닭에 직각삼각형의 본성 그 자체는 그 직각삼각형의 관계를 나타내는 명제를 증명하는 데 필요한 작도에서 서술되는 대로 분석되지 않는다. 결론을 어떻든지[ganz] 도출하기만 한다면, 그것은 인식의 길이요 또 수단으로 된다. ─또한, 철학적 인식의 경우에서도 **현존**이 현존으로 생성되는 것은 본질이나 사태[Sache]의 내적 **본성**이 생성되는 것과는 다르다. 그러나 첫째 철학적 인식은 위와 같은 두 가지 생성[80]을 다 포함한다. 반면 수학적 인식은 다만 현존이 생성되는 것만을 즉 인식 그 자체 속에서 문제의 본성이 지닌 존재[Sein]가 생성되는 것만을 서술한다. 두 번째로는 철학적 인식에서는 두 가지의 특수한 운동이 결합한다. 즉 내적인 발생 또는 실체의 생성이 더는 나눌 수 없는 방식으로 외적인 것으로 또는 현존이나 대타 존재로 이행한다. 거꾸로 현존이 생성되는 것은 본질 속으로 스스로 귀환하는 것이다. 이처럼 운동은 전체가 이중적으로 생성하는 과정이므로 양자 중 어느 한 편이 동시에 다른 한 편을 확립하기에 각자는 양자를 그 자체에서[an ihm] 존재하는 두 개의 관점[Ansichten]으로 지닌다. 그러므로 이 양자는 결합해 각자가 자기를 해소하고 자기를 전체의 계기로 삼는 것을 통해 하나의 전체를 형성한다.

43) 〈SK 43:11~25〉〈FM 32:26~36〉

---

80 현존의 생성과 본성의 생성은 신 존재 증명에서 자주 논의됐다. 라이프니츠는 본질로부터 현존이 나온다 보았으나 칸트는 본질과 현존은 무관하다고 본다.

수학적 인식에서 통찰[Einsicht]은 다루어지는 문제에 외적인 활동이다. 그 결과 문제의 참된 의미는 이런 통찰[Einsicht]을 통해 변화된다. 그러므로 수학적 인식에서 매개와 작도나 증명이 참된 명제를 포함한다 할지라도 그에 못지않게 그런 내용[매개나 작도, 증명]은 거짓된 것으로 언명돼야만 할 것이다. 앞에서 거론된 예에서 삼각형은 분해되고 이런 분해된 부분은 삼각형에서 작도를 통해 발생하는 다른 도형[Figur]으로 전환된다. 비로소 결론에 이르러 본래 문제 됐던 삼각형이 회복된다. 이 삼각형은 진행 과정에서는 눈에서 사라졌으며 다만 단편으로만 즉 다른 전체에 속했던 단편으로서만 출현했다. —그러므로 여기서 다시 한번 우리는 내용의 부정성이 모습을 드러냄을 본다. 이런 내용에서 등장하는 부정성 때문에 그 내용은 거짓된 것이라고 불려야 할 것이다. 그것은 고정된 것으로 여겨졌던 사상이 개념의 운동에서 소멸하므로 그 사상[Gedanken]이 거짓된 것이라고 불리는 것과 마찬가지다.

44) 〈SK 43:26~44:10〉〈FM 32:37~33:11〉

이런 수학적 인식이 본래 지니는 결함은 인식 자체에 관련되기도 하며 동시에 인식의 소재 전반에 관련되기도 한다. —우선 인식의 측면에서 살펴보면 작도가 필연적으로 일어나는지가 밝혀지지[eingesehen] 않는다. 작도의 필연성은 수학적 정리의 개념으로부터 도출되지 못하고 단지 명령받은 데 지나지 않는다. 그리하여 다만 무수히 많은 다른 선들이 여기서 그어질 수 있는데도 바로 이 선이 그어져야만 한다는 지시에 대해 누구나 다만 이 선만이 증명을 도출해 내기 위한 목적에 부합되리라는 선의의 신뢰밖에는 더는 아무것도 알지 못한 채로 맹목적으로 그 지시를 따를 수밖에 없다. 게다가 이 작도가 목적에 부합하는가는 다만 나중에 가서야 드러난다. 이런 합목적성은 나중에 증명해 보면 비로소 드러나므로, 그 때문에 외적인 합목적성이라고 불릴 뿐이다. −마찬가지로 증명도 또한, 어디선가 시작되는 길을 가기는 하지만, 그 길이 도출돼야 하는 결과에 대해 어떤 관계를 맺는지는 아직 아무도 모른다. 증명이 진행됨에 따라 **몇 가지** 규정이나 관계는 받아들이고 다른 규정이나 관계는 내버리지만, 과연 어떤 필연성이 여기에 있는지는 아무도 바로 알아차리지 못한다. [그러니] 외적인 목적이 이 [증명의] 운동을 지배한다.

45) 〈SK 44:11~45:15〉〈FM 33:12~34:4〉

이상과 같은 결함을 안고 있는 인식방법에 특유한 **명증성**에 대해서 수학은 자랑스럽게 여길 뿐 아니라 또한, 이런 명증성을 통해 철학에 대해 거만한 자세를 취하기도 하지만, 이와 같은 명증성이란 것은 오직 그 **목적**의 빈곤함과 또한, 그 **소재** 자체의 결함에 원인을 둔 것이니 철학은 오히려 이런 부류[Art]의 인식을 얕잡아보지 않을 수 없다. −수학의 목적이나 그의 개념은 크기에 있다. 이런 크기란 것은 비본질적이며 개념적인 관계를 지니지 않는 것이다. 그러므로 여기서 인식[Wissen]의 운동은 표면에서만 맴돌 뿐, 결코 핵심[Sache] 자체나 본질 또는 개념에까지 접근하지 못하는 까닭에 이런 인식이 개념적인 파악일 수는 없다. −수학이 진리에 관한 놀라운 보고가 될 수 있는 것은 그것이 다루는 **소재**가 다만 **공간**과 **하나**[라는 크기]일 때뿐이다. 공간은 현존하는 것으로서 개념이 자신의 구별을 적어넣는 장소로 되며, 단지 텅 빈 죽어 있는 지반에 지나지 않으므로, 이런 지반 속에서 존재하는 구별도 역시 활력적이지 못하거나 생동하지 않는 것이다. 그러나 **실제로 존재하는 것**[Wirkliches]은 결코 수학에서 다루어지는 것과 같은 공간적인 것이 아니다. 구체적인 감각적 직관도 그렇고 철학도 마찬가지지만, 그 어느 쪽도 수학이 다루는 사물과 같이 추상적인 것[Unwirklichkeit]에 몸을 맡기지 않는다. 그와 같은 추상적인 것의 지반에 존재하는 것이라면 그것도 역시 다만 진정하지 못한[unwirkliches] 진리 즉 고정된 생명 없는 명제일 뿐이다. 이런 고정된 명제는 어느 것이나 다른 명제로부터 단절[aufgehört]될 수 있다. 그 명제 다음에 나오는 명제는 독자적으로 새로 시작하며 최초의 명제가 그다음 명제로 이어져 나가는 것이 아니므로 이런 방법에 따라 사태 자체의 본성에서 비롯된 필연적 연관이 발생할 수 없을 것이다. -또한, 수학의 원리와 지반이 이와 같은 것이므로-수학적 명증성의 공식[Formelle]이 여기에 있으므로-수학적 지식[Wissen]은 **동질적으로 그어진 직선을** 따라 달려갈 뿐이다. 왜냐하면, 죽어 버린 것은 그 스스로 운동하지 못하므로 본질의 구별에 이르지 못하며, 본질적인 대립이나 같지 않음에도 이르지 못할 뿐만 아니라 대립하는 한쪽이 대립하는 다른 쪽으로 이행하는 것에도 이르지 못하며 질적이고 내재적인 운동 즉 자기 운동에 이를 수 없기 때문이다. 그 이유는 수학이 고찰하는 것은 오직 크기 즉 비본질적인 구별에 그치기 때문이다. 공간을 차원들로 분화하고 이런 차원들을 서로 결합하며 그런 차원들 속에서 공간을 규정하는 것이 바로 개념이라는 사실에 대해 수학은 무시하고 만다. 이를테면 수학에서는 선과 평면의 관계는 다루어지지 않는다. 원의 지름과 원둘레가 비교될 때 수학은 양자의 나눌 수 없음에 부딪히는데 이런 나눌 수 없음이란 개념의 관계며 무한성을 지닌 관계지만, 수학이 규정은 이런 관계를 피하고 만다.

46) ⟨SK 45:16~46:10⟩⟨FM 34:5~27⟩

내재적인 이른바 순수 수학마저도 **시간**으로서 시간을 공간에 대립해 다시 말해 그 자신이 고찰해야만 할 두 번째 소재로 여기지 않는다.

응용 수학[물리학]의 경우에는 시간을 마치 운동이나 그 밖의 실제로 존재하는 사물로 다루기는 하지만, 이때도 시간 개념을 통해 규정되는 시간 관계에 관한 종합적 명제를 경험으로부터 받아들인다. 응용 수학은 단지 이런 것[경험]을 전제로 해서 여기에 수학적 공식[Formeln]을 적용하려 한다. 자주 응용 수학이 지렛대의 균형*이나 낙하 운동에서 시공간 관계 등의 명제에 관해 증명을 제시한다고 말할 때, 그와 같은 증명이 증명으로 제시되고 또 인정된다고 하는 사실이야말로 인식에서 증명에 대한 욕구가 얼마나 큰 것인가 하는 점을 입증해 주는 다만 한 가지 증명이다. 왜냐하면, 그런 인식은 더는 증명이 없는 곳에서 그런 증명이 있는 것처럼 보이는 텅 빈 가상을 떠받들면서 이를 통해 그 나름의 만족을 취하기 때문이다. 한편에서 수학을 이런 거짓 치장으로부터 순화하고 다른 한편으로는 수학의 한계를 제시하고 이로부터 수학이 다른 형태의 지식으로 발전해야만 할 필연성을 제시하기 위해서 이상과 같은 [수학적] 증명을 비판한다는 것은 주목할만하며 또한, 교훈적일 것이다. －이제 **시간**에 관해 말하자면 사람들은 시간을 공간과 대립하는 것[Gegenstücke]이기는 하지만, 순수 수학의 또 다른 부분의 소재가 될 수 있다고 생각한다. 하지만 시간은 [본래] 개념 자체가 현존으로 나타난 것[81]이다. 개념 없는 구별에 지나지 않는 **크기**의 원리나 생명 없는 추상적 통일을 뜻하는 **같음의 원리**는 생명의 조금도 중단 없는 운동[reinen Unruhe]과 절대적으로 구별하는 운동을 다루어 나갈 수 없다. 따라서 이와 같은 [생명의] 부정성은 마비된 것 즉 하나라는 크기로 파악되면서 이런 [수학적] 인식의 두 번째 소재에 지나지 않는 것으로 된

81 시간이 현존하는 개념이라는 주장은 절대지 장에서도 되풀이된다. 이것은 개념의 자기운동이 평면에 비친 것으로 바라보면 시간이 출현한다는 주장으로 이해된다. 마치 개념의 운동을 스크린에 비친 그림자로 바라보는 것과 같다.

다. 이런 인식은 외면적인 활동에 그치니, 스스로 운동하는 것을 소재로 격하함으로써 이제 이 소재의 곁에[an ihm] 보이는 것은 무차별하고 외면적이며 생동적이지 않은 내용일 뿐이다.

*FM주 〈34:10~12〉 지렛대 균형의 명제에 관해서는 예를 들어 다음을 참조하라: 캐스트너Abraham Gotthelf Kästner, 『응용 수학의 원초적 근거, 수학의 원초적 근거 2부』, S. 8ff. 갈릴레오의 낙하 법칙 증명에 관해서는 다음을 참조하라:르 세이지G.-L. Le Sage, 『역학적 화학에 관한 시론』: "Geoffroy가 시작한 바와 같이 주요 혼합물 사이에서 발견되는 친화성을 결정하고 이런 친화성의 물리-기계적 시스템을 찾아라."

[해제] 1) 헤겔은 독단주의를 비판하는데 우선 역사적 지식을 비판했다. 이어서 헤겔은 근대에서 지식의 모범으로 여겨져 온 수학적 인식에 대해 비판한다. 수학은 단순한 역사적 지식보다는 증명을 내포한다는 점에서 더 발전된 인식이지만, 여기에 한계가 있다는 것이다.

우선 수학적 증명은 결론에 외면적이며 우연적인 것이다. 즉 수학에서 증명은 결론에 이르기만 하면 어떤 것이든지 증명으로 인정되며 이렇게 증명했다고 하더라도 결론의 내용이 더 풍부해지지 않는다. 증명이란 "결론이 얻어지면서 지나가고 사라지는 것"이며 결론에 하나의 계기로 포함되지 않는다. 헤겔이 볼 때 이처럼 사라져버리는 것은 헛된 것이며 거짓된 것이다.

또한, 증명은 "내용에 관련된 것이 아니라 다만 인식 주관에 관련되는 것"이니 결론에 관한 주관에 확신을 부여하는 것에 그친다. 예를 들어 기하학적 증명에서 중요한 계기로 되는 작도는 임의적인 것이므로 증명하려는 사람은 미리 이런 작도의 방식을 외워두어야 한다. 이렇게 증명하면, 정리는 자명한 공리로 환원되면서 확신을 주는 것으로 된다.

2) 헤겔은 '본질의 생성'과 '현존의 생성'을 구분하면서 이런 점에서 수학과 철학을 구별한다. 철학에서는 본질의 생성이 곧 현존의 생성으로 이행하며, 현존의 생성은 새로운 본질의 생성으로 복귀한다. 양자는 서로 이행하는 관계에 있다. 헤겔이 이성적인 것을 실제로 존재하는 것이고 실제로 존재하는 것은 이성적이라고 주장하는 데서 알 수 있듯이, 철학에서 어떤 것을 현존하게 하지 못하는 본질은 참된 본질이 아니다. 거꾸로 현존하는 것은 곧 필연적 본질을 지니는 것이다. 그러므로 철학에서 양자는 저마다 그 자체에서 자기와 반대되는 것을 지니며 이 양자가 결합해 전체를 이룬다.

그러나 수학의 경우에는 본질의 생성은 현존의 생성에 외적인 것으로 머무른다. 즉 내용이 필연적이더라도 반드시 그 현존이 생성되는 것이 아니다. 예를 들어 삼각형의 정의는 세 가지 선의 결합이지만, 이것이 반드시 현존하는 삼각형을 만드는 것은 아니다. 직선이 최단거리라는 것은 개념상으로 나오는 것이더라도 지구와 같은 구면에서는 직선은 최단거리로 되지 않는다. 다시 말하자면 현존하는 삼각형은 유클리드 공간이라는 특수 공간에 의존한다. 수학적 증명에서 증명하는 사유는 현존에 외면적이므로 그 증명은 사유만으로 성립할 수 없고 항상 현존에 의존해서 직관적, 경험적 요소를 끌어들여야 한다. 헤겔은 그러므로 기하학에서 증명이 작도를 요구한다고 본다.

3) 두 번째 비판은 수학은 명증적인 지식을 제시하지만, 사실 이런 명증성이 가능했던 것은 수학이 다루는 대상(공간, 수 등)이 추상적인 것이기 때문이라고 한다. 공간과 수는 동질적인 것의 외면적인 관계를 맺는 것이며, 여기서 정신의 운동인 자기 부정성과 질적인 생성이 없으므로, 생동성이 없다. 그러므로 수적인 것은 "동질적으로 그어진 직선을 따라 달려갈 뿐"이며 여기서는 "사태 자체의 본성에서 비롯된 필연적 연관이 발생할 수 없을 것"이다.

그러므로 헤겔은 수학은 무한성을 다루지 못한다고 한다. 예를 들어 선과 평면의 관계나, 원의 지름과 원둘레 사이의 관계가 이에 속하는 것이니, 수학은 그저 이를 나눌 수 없는 것이라고 말하면서 피하고 만다.

4) 세 번째로 이런 수학의 결함 때문에 수학은 시간을 다루지 못한다고 한다. 헤겔에게서 시간은 "개념 자체가 현존으로 나타나는 것" 즉 개념의 운동은 본래 생성하는 자기 부정적 운동이지만, 이 운동이 단순한 이행이라는 직접적인 방식으로 출현하면 시간이라는 직선 위에 출현한 단순한 이행, 공간적 이동으로 나타난다. 그것은 마치 사물의 운동이 스크린에 비친 그림자와 같다.

수학이 시간을 다룰 때 이 시간은 시간이라는 직선을 공간적으로 이동하는 것으로서 시간일 뿐이다. 그러나 본래 개념 운동은 수학이 다룰 수 없다. 순수 수학은 말할 것도 없이, 시간을 다루는 응용 수학조차도 시간은 개념에서 제시되는 관계를 갖지 못하며 다만 경험에서 제시되는 관계만을 갖는다. 예를 들어 낙하 법칙과 같은 것이 그러하다. 헤겔은 여기서 사용된 증명은 "증명이라 할 수 없는데도 그런 증명이 있는 것처럼 보이는 텅 빈 가상을 떠받들면서 이를 통해 그 나름의 만족을 취한다"라고 비판한다.

결론적으로 헤겔은 수학은 개념 없는 구별에 지나지 않는 크기나 생명 없는 추상적 통일을 뜻하는 동질적인 것만을 다룰 뿐, 생명의 조금도 중단 없는 운동과 절대적으로 구별하는 운동을 다루지는 못한다고 한다. 설혹 수학이 이런 생명의 운동을 다룬다면, 생명의 운동을 제거하고 만다는 것이다.

12 철학적 진리와 그 방법

47) 〈SK 46:11~47:4〉〈FM 34:28~35:13〉

이에 반해 철학은 결코 [수적 크기와 같은] **비본질적**인 규정을 고찰하지 않으며 다만 어떤 규정을 그것이 본질적일 때만 고찰한다. 다시 말해서 철학의 지반이나 내용으로 될 수 있는 것은 추상적이거나 실제로 존재하지 않는 것이 아니라 오직 **실제로 존재하는 것**[Wirkliche], 자기 자신을 대상화하는 존재[Setzende] 더 나가서는 자체 내에 생명을 지닌 존재 즉 자신의 개념에 들어 있는 현존일 뿐이다. 실제로 존재하는 것은 자신의 계기를 스스로 산출하면서 동시에 이를 두루 거쳐 나가는 과정이거니와 바로 이런 전체의 운동만이 긍정적인 내용이며 실제로 존재하는 것의 진리를 이룬다. 그런데 이런 운동은 그에 못지않게 부정적인 것을 자신 속에 포함한다. 이런 부정적 요소는 만일 제거될 수 있는 것으로 고찰될 수 있다면 거짓된 것으로조차 불릴 수 있으니 심지어 이런 운동은 거짓된 것을 자기 속에 포함한다고도 하겠다. 오히려 소멸하는 것은 그 자체 본질적인 것으로 고찰돼야 하며 고정된 것이 지닌 규정에 비춰 고찰돼서는 안 된다. 왜냐하면, 고정된 것은 참된 것으로부터 단절되며 참된 것밖에 어딘가 알 수도 없는 곳에 자리 잡고 있을 것이기 때문이다. 이와 마찬가지로 참된 것은 사라지는 것과 반대되는 편에 안주하는 것 즉 생명 없는 것, 실정적인 것[Positive]으로 고찰될 수 없다. 현상이란 생성하고 동시에 소멸하는 것이지만, 그런 생성하고 소멸하는 것 그 자체는 생성하지도 소멸하지도 않는다. 오히려 그런 생성하고 소멸하는 것은 본래[an sich] 그러한 것이며 실제로 존재하는 것, 진리의 생동하는 운동을 이룬다. 그러므로 참된 것은 그 자리에 있는 누구도 취하지 않을 수 없는 박카스 축제와 같다. 왜냐하면, [참된 것에서는] 어떤 것도 고립되자마자 바로 해소되고 말기 때문이다. —이런 박카스 축제는 [모든 것이 해소되는 것과] 마찬가지로 투명하고도 또한, 단순하며 고요하게 머무르는 것이다. 이와 같은 운동이 내리는 심판 속에서 정신의 개별 형태나 어떤 규정된 사상은 사실 존립할 수 없지만, 그것은 부정적이며 소멸하는 계기인 만큼이나 그에 못지않게 또한, 긍정적이며 필연적인 계기가 된다. -이런 운동을 전체적으로 본다면, 이 전체는 고요하게 머무르는 것으로 파악된다. 따라서 이런 운동[in ihr] 속에서 구별되면서 특수한 현존을 얻는 것은 이런 **전체** 속에서[In dem Ganzen] **내면화**된 것으로 보존된다. 이런 구별된 것이 현존한다는 것은 곧 자기 자신에 관해 인식한다는 것[Wissen]을 뜻하며 동시에 이런 자기를 인식한다는 것은 곧 다시 자기가 직접 현존한다는 것을 의미한다.

48) 〈SK 47:10~48:14〉〈FM 35:14~36:10〉

이상과 같은 인식의 운동 또는 학문이 진행하는 **방법**과 관련해 미리 몇 가지 점에 관해 지적해 두는 것이 필요한 것으로 보인다. 그러나 이런 방법의 개념은 이미 지금까지 얘기된 내용 속에 들어있을 뿐만 아니라 그것에 본래적인[eigentlich] 서술은 논리학에 속하는 것이거나 차라리 이 논리학 그 자체다. 왜냐하면, 방법이란 오직 전체의 골격이 지닌 순수한 본질 규정[Wesenheit]을 제시하는 것과 다른 것이 아니기 때문이다. 그러나 이런 방법의 문제와 관련해 지금까지 통용돼 온 입장을 보면 우리는 철학적 방법에 관련된 관념[Vorstellung] 체계[설명, 공리, 정리 등]조차도 이미 지나간 시대의 교양에 속한다는 사실을 의식하지 않으면 안 된다. -이런 나의 견해가 허풍떠는 말로 들리거나 속이 뒤집히는 말로 들릴지 모르겠지만, 나로서는 내 말이 그런 음조를 지니지 않으리라 믿는다. 여기서 고려돼야 하는 것은 수학이 빌려준 영토 위에 세워진 학문의 국가-즉 설명, 분류, 공리, 정리의 계열, 정리의 증명, 원리, 그리고 그런 정리로부터 연역하고, 추리하는 것 등-는 이미 일반적인 상식의 세계에서만 보더라도 적어도 **낡은 것**이라는 사실이다. 그런 수학적 학문의 국가는 이제 쓸모없어졌다는 사실이 명백히 통찰된 것은 아니더라도 적어도 더는 쓰이지 않거나 별로 쓰이지 않는다. 이런 수학적 학문의 국가는 그 자체로[an sich] 부인되는 정도는 아닐지라도 적어도 애호되지는 않는다. 더구나 우리는 그런 수학적 학문의 국가는 탁월한 것이니 당연히 널리 쓰이고 애호될 것이라는 선입견을 품고 있음이 틀림없다. 그러나 어떤 명제를 세우고 그 명제의 근거를 소개하며 반대되는 명제를 마찬가지로 근거를 통해 반박하는 수법은 결코 진리가 출현하는 형식으로 될 수 없다는 것은 어렵지 않게 통찰될 수 있다. 진리는 그 자체에서[an ihr selbst] 스스로 운동하는 것이다. 반면 위의[논증] 방법은 소재에 대해서 바깥에서 관계하는 인식에 속하는 것이다. 우리가 이미 언급했듯이 수학은 크기가 지닌 비 개념적인 관계를 자기의 원리로 삼고 죽은 공간과 또한, 마찬가지로 죽은 하나라는 크기를 자신의 소재로 삼으니, 이런 외적인 인식의 방법은 수학에 특유한 것이며 그런데나 가서 놀라고 말해야 할 것이다. 또한, 이런 [논증] 방법이 일상적인 삶이나 대화에서 또는 역사에 관한 교훈에서 상당히 방만하게 다시 말하자면 차라리 자의나 우연과 뒤섞인 채로 쓰이면 인식으로 되기보다는 차라리 서문에서 자주 보이는 것과 같이 호기심을 불러일으키는 것으로 그칠 수도 있을 것이다. 일상생활에서 의식이 내용으로 삼는 것은 면식[面識][Kenntnisse], 경험, 감각적 형상 또한, 사상, 원리 등등 즉 일반적으로 눈앞에 있는 것이든가 고정되고 정지한 존재나 본질과 같은 것이다. 의식은 어떤 때는 그와 같은 면식[面識]이나 경험 등에 매달려 뒹굴고 또 다른 때는 전혀 거리낌 없는 자의로 그와 같은 것과 단절하면서 이를 외면적으로 규정하고 장악하려는 태도를 보인다. 이때 의식은 그러한 면식[面識]과 경험 등을 어떤 확실한 것으로 환원하려 하며 이때 심지어 그런 확실한 것이 단지 순간적인 인상[Empfindung]에 지나지 않아도 무방하다. 이런 식의 증명은 자기에게 잘 알려진 안정된 지점에 도달하면 만족을 얻는다.

[해제] 여기서 헤겔은 죽어 있고 추상적이고 실제로 존재하지 않는 대상을 다루는 수학에 대립해 철학은 실제로 존재하는 것, 자체 내 생명을 지닌 것을 다룬다고 한다. 이런 실제로 존재하는 것은 개념의 생동하는 운동을 전개하면서, 자기를 대상화하고 다시 자기 내로 복귀한다.

철학의 운동 과정을 진리가 생성하는 운동으로 본다면, 여기서 긍정적인 것은 이미 자기 부정성을 포함한다. 시간상 출현한 개별 형태는 소멸하더라도 "전체 속에 내면화된 것으로 보존되며" 이를 통해 자기의 모든 계기를 거쳐 나가면서 하나의 전체 체계를 형성한다. 그 과정에서 실체는 자기를 대상화하면서 현존하게 하는데, 이는 또한, 실체가 곧 자기를 인식하는 과정이기도 하다.

최종적으로 형성되는 전체 체계 속에서 모든 것은 필연적으로 연관되면서 박카스의 축제와 같이 "전체 속에 해소되며" 그런 가운데서도 개별적인 것은 "마찬가지로 투명하고 또한, 단순하며 고요하게 머무른다."

헤겔은 이상과 같이 철학의 방법을 제시한 다음, 철학에서 현재 통용되는 방법을 비판한다. 구체적으로 수학에서 끌어온 연역적 방법이나 제시된 명제를 반박하는 비판이다. 마지막으로는 주관적 확신에 기초하는 직접적인 면식이나 경험의 방법이다.

헤겔에 따르면 이런 방법들은 철학의 방법에 적합하지 않다. 왜냐하면, 공통으로 진리를 고정된 것으로 여기기 때문이다. 위의 방법은 소재에 대해 외면적으로 관계하는 것에 지나지 않는다. 헤겔은 철학의 방법은 어디까지나 그 자체에서 자기를 전개하는 것을 따라가는 방법이어야 한다고 한다.

13 도식적 형식주의에 대한 반대

49) 〈SK 48:15~22〉〈FM 36:11~16〉

그러나 필연적으로 전개되는 개념은 논증적 대화의 산만한 걸음도 학문적 허식에 사로잡힌 경직된 발걸음도 추방한다. 그렇다고 해서 이를 대신해 예감이나 영감과 같은 터무니없는 방법[Unmethode]이나 자의적인 예언으로 대체해야 하는 것도 아니라는 점은 이미 위에서 상기했다.* 그런 예언이라는 것은 [수학적] 학문만을 경멸하는 것이 아니라 학문 일반을 경멸하기 때문이다.

*FM주 〈36:13~16〉 헤겔은 여기서 무엇보다도 괴레스, 에셴마이어, 야코비를 염두에 둔다. 에셴마이어와 야코비는 헤겔의 『철학사 강의』에서도 비슷한 맥락에서 언급됐다. 참조: 헤겔G. W. F. Hegel, 『철학사 강의』, 『전서』, 15권, S. 643.

야코비에서 예감의 개념에 관해서는 「야코비가 피히테에게 보내는 편지」, 『전집』, 3권, S. 32 참조: "인간이 이성을 통해 얻는 것은 참된 것에 관한 학문의 능력이 아니라 무지에 관한 감정과 의식 즉 진리에 관한 예감뿐이다."

에셴마이어의 예감과 도취 개념에 관해서는, 에셴마이어Carl August von Eschenmayer, 『비 철학으로 이행하는 철학』, S. 25, 특히 37~8 참조: "도취와 황홀경, 기도 속에 분출하는 상태를 이미 자체 내에 수용하는 사람, 만물에 확산하는 지복의 본질을 즉 그가 철학자든 속인이든 진리를 연구하는 정도에 따라 각자를 사로잡는 지복의 본질을 이미 자체 내에 수용하는 사람은 기꺼이 인식의 최고 계기는 기도와 신앙으로 이행한다는 것을 인정할 것이다. 또한, 그는 지복의 최고 잠재력은 자기로 되돌아가며, 우리 사유와 존재 전체를 가장 심원한 감동 속에 밀어넣는 다는 것을 인정할 것이다."; 81: "예감은 이념과 인식 능력을 넘어서며, 절대자의 저편에 놓여 있다. 예감의 원천은 직접 영혼이며, 결코 상상력의 속임이 아니다."

또한, 에셴마이어Carl August von Eschenmayer, 『은자와 이방인』, S. 24 참조: "괴레스는 예감, 도취, 예언을 지지한다."

괴레스, 『신앙과 지식』, S. 108: "따라서 예지 속에 있는 이성만이 더 높은 단계의 세계를 본다. 피안에서 지상으로 떨어지는 빛은 단지 이념의 베일을 통해 지상의 정신, 지성에게 비친다. 지성은 예감하면서 껍질을 통해 감추어진 신성을 간파한다. 그것은 마치 신적인 것이 도취의 최고 순간에 이성의 빛을 둘러싼 구름을 깨트리고 이성의 이념을 통해서 다만 지상의 언어를 말하며, 가사[可死]적 존재에게 자신을 들려주는 것과 같다."; 111: "따라서 신비의 나라는 은총의 나라다. 마치 예술과 학문의 영역이 천재의 영역인 것과 같다. 천재는 속된 지성에게는 그가 파악할 수 없으며 획득할 수 없는 더 높은 단계의 소질인 것과 같이 또한, 그런 천재 속에서는 더 높은 단계의 활동이 자신의 고유한 뜻대로 도취를 통해 지배하고 예언적 정신 속에서 지성으로서는 그 근거를 알 수 없는 사물을 말하고 형성하듯이 … 마찬가지로 은총의 영역에서는 신적인 것에 관한 더 높은 단계의 해명과 사랑이 다만 선택된 자만이 부분적으로 참여하는 천부적인 소질로 될 것이다."

[해제] 앞에서 역사적 지식과 수학적 방법 등 독단주의를 비판하며 철학은 개념의 자기 운동이라는 것을 확립힌 디음, 헤젤은 이제 형시주의를 비판하기 시작한다.

본래 개념의 자기 운동에서 어떤 것의 규정(즉 형식)은 그 자체에서 (즉 내용) 나오는 것이다. 즉 내용 자체의 고유한 발전을 통해 형식이 출현한다. 그러나 형식주의는 특정한 범주 규정을 어떤 대상에 대해서도 막무가내로 부여한다. 그 결과 형식은 내용에 대해 전적으로 외면적으로 된다.

이미 앞에서 직접 지를 주장하는 낭만주의가 결국, 모든 것을 하나의 원리 아래 집어넣는 형식주의에 빠진다고 했다. 여기서 말하는 형식주의는 칸트의 선험철학이 타락하면서 도식주의로 빠지는 위험을 말한 것으로 보인다. 대체로 이들은 셸링의 제자들이기도 하다. 형식주의는 칸트의 범주표에서 나온 도식을 일반화한다. 칸트의 선험철학과 낭만주의의 직접 지가 형식주의라는 공통점으로 수렴한다는 헤겔의 주장이 흥미롭다.

50) 〈SK 48:23~49:20〉〈FM 36:17~37:3〉

-칸트식 **삼원식***1 은 단지 본능을 통해 재발견되기는 했으나 여전히 죽어 있으며 아직도 개념적으로 파악되지 못한 것인데도 그것에 절대적인 의미를 부여함으로써 이를 통해 삼원식의 참된 형식이 지닌 참된 내용이 제공되고 학문의 개념이 발생한다고 한다. -하지만, 이런 형식을 활용하는 것이 앞에서 언급한 예언과 마찬가지로 학문적인 것에 합당한 것으로 생각할 수는 없다. 왜냐하면, 이렇게 활용함으로써 우리는 바로 그러한 형식이 오히려 생명력이 없는 도식으로 또한, 본래적 의미에서 가상에 지나지 않는 것으로 격하되며 학문의 유기적 조직이 어떤 도표로 격하되는 것을 보게 되기 때문이다. -이런 형식주의에 관해서는 이미 앞에서도 일반적으로는 언급했지만, 여기서 우리는 그 수법[Manier]을 좀 더 상세하게 알아보려 한다. 이런 형식주의는 어떤 것의 형태가 지닌 본성과 그 생동하는 움직임[Leben]을 파악했고 언표했다고 생각하지만, 사실 이런 형식주의는 그런 형태에 대해 도식에 정해

진 규정을 그 형태의 [고유한] 술어인 것처럼 언표하는 것에 지나지 않는다. ―그런 술어는 주관성과 객관성 또는 자기, 전기 등 또는 수축과 팽창, 동쪽과 서쪽 등으로*² 한없이 다양화할 수 있다. 왜냐하면, 이 방법에 따르면 어떤 규정이나 형태든지 다시 다른 어떤 규정이나 형태에 대해 도식의 형식이나 계기로 사용될 수 있을 뿐만 아니라 덕분에 어떤 것도 다른 것들을 위해 그와 똑같이 봉사할 수 있기 때문이다. ―도식의 이런 관계는 서로 순환하는 것이어서 이런 순환을 통해서는 결코 사태 그 자체를 경험하게[erfahren] 하지 못하며 이쪽이든 저쪽이든 그것의 본성을 경험하게[erfahren] 하지 못한다. 이때 한편에서는 일상적인 직관으로부터 감각적 규정이 받아들여지지만, 이런 규정은 그것이 **의미하는 것**과는 다른 것을 의미한다고 가정된다. 다른 한편에서는 본래 그 자체로 의미가 있는 것 즉 사상[Gedanken]의 순수 규정 예를 들자면 즉 주관, 객관, 실체, 원인, 일반자 등과 같은 규정들마저도 주의하지 않고 비판 없이 사용된다. 그런 규정이 쓰이는 모습은 마치 일상생활에서 그런 규정들이 쓰이거나 강한 것과 약한 것, 확장과 수축이라는 표현이*³ 사용될 때와 같다. 그러므로 이런 형이상학도 역시 통념[Vorstellung]과 다름없이 학문적 성격을 지니지 못한다.

*¹ FM주 〈36:17~23〉 헤겔은 여기서 칸트의 삼원식을 피히테와 셸링이 사변적으로 해석한 것을 거론하며 또한, 이런 도식을 셸링의 제자가 도식적으로 적용한 것을 거론한다.

1) 칸트의 범주표를 보면 항상 세 가지 범주가 하나의 유에 속하는 것으로 함께 파악된다. 칸트는 범주의 유[類]마다 세 번째 범주가 지닌 독특한 지위에 주목한다. 칸트, 『순수이성 비판』, B 판, S. 111참조

2) 피히테에 따르면 그의 학문론의 최초 세 가지 근본원칙 즉 정립,

반정립, 종합의 원칙은 서로 관계한다. 이런 분류는 피히테가 칸트의 질 범주를 도출하는 데 근거가 된다. 따라서 세 번째 범주는 처음 두 범주의 종합을 서술한다. 피히테J. G. Fichte, 『전체 학문론의 토대』, 『전서』, 1권, S. 112~115, 122.

3) 셸링은 삼원식에 관한 그의 해석을 피히테의 종합 과정과 대결해 더욱 발전시킨다. 셸링, 『철학 체계에서부터 더 상세한 서술』, 「다른 부분」, S. 14 참조: "사람들이 최근 종합적인 방법이라고 불렀던 것은 사실 참으로 서로 다른 것이기는 하지만, 반성 속에서 보면 이와 같은 절대적 방법과는 구분된 것이다. 왜냐하면, 이 절대적 방법은 하나의 과정이므로 테제, 안티테제, 종합을 통해 서로 구분되는 관념으로 등장하지만, 참된 방법에서 그리고 철학을 진지하게 구성하는 가운데서는 하나이며 서로 침투한다. 테제 또는 범주는 통일이며, 안티테제 또는 가설은 여럿임을 의미한다. 그러나 종합이라는 관념으로 등장하는 것은 본래 세 번째가 아니라 오히려 첫 번째, 절대적 통일이며, 서로 대립하는 통일과 여럿임과는 서로 다른 형식일 뿐이다." 셸링, 『브루노』, 『전집』, 4권, S. 399, 267, 289f 참조.

4) 셸링의 자연철학을 지지하는 자들은 이런 삼원식이라는 도식을 여러 차원에서 공식으로 적용한다. 호프만Hoffmann, 『질병의 구성을 위한 이념』, S. 71, 107: "따라서 질병의 구성은 이 세 가지 계기를 거쳐 나가야 하며, 단순한 단편적인 질병 원인론 이상이 돼야 하며, 이런 관점의 삼원식(자극, 생명, 감각)으로 끌어올려져야 한다." 나아가 바그너J. J. Wagner, 『사물의 본성에 관해』, 1~3권, S. 548, 603, 특히 604: "지금까지 모사된 과정 즉 자기적, 전기적, 동[動]전기적 과정은 자연에 속하는 일반적이며 근원적인 기능이며, 대립물의 종합이라는 형식에 상응한다. 이 대립물의 종합이 삼원식이며, 그것을 공간적으로 표현하면 세 차원이 된다."

*² FM주 〈36:27~28〉 1) 셸링의 자연철학에 되풀이해서 등장하는 개념 쌍을 다른 자연철학자들(에셴마이어, 괴레스, 카이슬러A.B.Kaysler, 스테펜스, 바그너 등)도 사용했다. 이 개념을 셸링이 쓴 방식에 관해서는 셸링, 『나의 철학 체계에 관한 서술』, S. 28~29, 57~58, 70 참조.

수축과 확장이라는 개념 쌍에 관해서는 다음을 참조하라: 셸링, 『자연철학의 체계에 관한 최초의 기도』, 『전집』, 4권, S. 136~137, 160~161, 172; 『전집』, 3권, 168

2) 헤겔이 이 개념 쌍을 소개하는 방식은 언어적으로 변형된 형식이기는 하지만, 트록슬러도 쓴다. 트록슬러Ignaz Paul Vital Troxler, 『의학 이론의 개요』, S. 35, 38, 49, 52 참조.

*³ FM주 〈37:2〉 강약 개념을 비판 없이 쓰는 것에 대해 반대하면서 헤겔은 브라운J. Brown의 자극 이론과 그 지지자를 비난한다. 주 〈37:9~10〉; 주 〈158:14~18〉 참조. 확장과 수축의 개념 쌍에 관해서는 앞의 주 〈36:27~28〉 참조.

51) 〈SK 49:21~51:15〉〈FM 37:4~38:14〉
어떤 대상이 지닌 내적인 생명과 그것의 현존이 전개하는 자기 운동 대신 직관적으로 즉 감각적으로 인식된 대상에 대해서 그처럼 단순한 규정성을 단지 피상적으로 이루어지는 유추에 따라 언표하는 것 또한, 이미 상투화된 틀을 이처럼 표면적이고 텅 빈 방식으로 적용하는 것이 **구성**[Konstruktion]이라고 불려온 것이다.*¹ −이런 형식주의는 결국, 그 밖의 다른 모든 형식주의와 다른 바 없다. 이를테면 질병에는 무력증[asthenische] 강력증[sthenische] 또는 간접 무력증이 있고 또한, 여기에는 그에 알맞은 치료법이 있다는 데 대한 이론을*²단 15분 안에 터득하지 못하는 사람이라면 얼마나 우둔한 두뇌의 소유자겠는가? 또한, 여전히 최근까지도 곳곳에서 열리는 그런 강의[를 듣는 것]만으로 질병에 관해 터득하기에 충분한데도 평범한 사람에서 이론을 갖춘 의사로 단기간에 바뀔 수 없는 사람이라면 그런 사람도 마찬가지가 아니겠는가? 자연철학에 만연된 형식주의의 학설에 의하면 지성은 전기라고 하고, 동물은 질소라 하며 또는 어떤 것은 남쪽과 같은 것이고 어떤 것은 북쪽과 같은 것이라 한다.*₃ 등등. 또는 형식주의는 여기서 표현된 것과 같이 그렇게 소박하게 표현되기도 하고 또는 갖가지 용어를 뒤섞어 표현되기도 한다. 이때 미숙한 사람은 그런 데서 나타나는, 멀리 떨어진 것을 한데 묶는 힘에 관해서 경탄에 빠진다. 또는 그런 미숙한 사람은 실상 여기서 주요한 것, 개념 자체 또는 관념[Vorstellung]이 지닌 의미를 언표하는 것은 생략하면서도 맥빠진[ruhende] 감각적인 것을 결합해 이를 통해 그런 감각적인 것에 마치 개념인 것처럼 보이는 가상을 부여하는 폭력에 관해서 경탄에 빠진다. ―이런 것에 관해 놀라서 경탄을 금치 못하는 미숙한 사람은 그 속에는 어떤 심원한 천재성이라도 담겨 있다는 듯이 우러러보기도 할 것이다. 또한, 이런 규정은 추상적인 개념을 직관적인 것으로 대체해 더 신선한 느낌을 주기에 미숙한 사람은 그런 식으로 규정하는 것이 지닌 명료함에 대해 환호하며 그 자신의 영혼이 그처럼 고귀한 활동에 대해 친화력을 지니고 있음을 예감하고 행운을 기대할 수도 있다. 그와 같은 지혜가 감춘 술책은 간단한 만큼 곧바로 습득해 활용할 수 있다. 이 술책을 알고 나면 이를 되풀이하는 것은 마치 주머니 돌리기 마술의 속임수가 알려 버린 이후 그런 마술을 되풀이하는 것만큼이나 염증을 자아낼 것이다. 이처럼 단조로운 형식주의라는 도구를 다룬다는 것은 마치 어떤 화가가 팔레트에 단지 두 가지 물감만이 있어서 예를 들자면 빨간색과 녹색이 있어서 역사물을 그릴 때는 빨간색으로는 화폭을 칠하며 그리고 풍경화가 요구될 때는 녹색으로 화폭을 칠하는 것만큼이나 어렵지 않다. -따라서 천상과 지상과 그리고 지하에 있는 모든 것까지도 그러한 물감으로 칠해 버림으로써*4 얻는 편리함과 탁월한 만병통치약을 공상하는 것을 비교해 보면 과연 어느 편이 더 엉터리없는 것인지를 가려내기란 쉽지 않겠다. 전자나 후자나 그게 그거다. 이와 같은 방법은 모든 천상의 존재와 지상의 존재에 그리고 모든 자연적 형태와 정신적 형태에 일반적 도식에 속하는 한 쌍의 규정을 덮어씌우고 이런 방식으로 모든 것을 같은 위상에 배열한다. 이런 가운데 얻을 수 있는 결과란 우주 전체의 유기적[음양] 구조에 관한 명명백백한 보고*5와 다른 바가 없을 것이다. 이런 형식주의는 하나의 보기표다. 이는 예를 들자면 쪽지 조각이 부착된 해골이나 조미료 상점에서 상표가 겉에 붙어 있는 채로 나란히 진열된 닫혀 있는 상자에서 보는 보기표다. 그런 보기표는 갑과 을처럼 명백하다. 해골의 경우에 뼈에서 살과 피가 제거됐다면 식료품 상자에도 역시 그 속에는 생명 없는 물건만이 감추어져 있으니 마찬가지로 사태의 생동하는 본질이 제거되거나 은폐된다. -이미 위에서 언급된 사실이지만, 이런 수법은 바로 단색으로 절대화된 그림으로 완성되면서 여기서는 심지어 도식에서 보이는 구별조차 부끄러워하고 그런 구별이란 반성에 속하는 것으로 여기면서 텅 빈 절대자 속에 침몰하게 하니, 그 결과 순수한 같음, 형상이 없는 흰색만이 조성된다. 도식이 지닌 똑같은 색깔과 생명이 없는 규정이든 절대적 같음이든 그리고 이 양자가 서로에게로 이행하는 것이든 하나든 다른 것들과 다 같이 죽은 지성이며 다 같이 외면적인 인식이다.

*1FM주 〈37:7〉 헤겔은 여기서 셸링과 그 제자들을 염두에 둔다. 셸링은 철학적 구성의 원리에서 시작한다. 헤겔은 『예나 강의』에서 철학에 관한 셸링의 고유한 공헌과 그의 제자들의 형식주의를 구분한다.

구성의 개념에 관해서는 다음을 참조: 셸링F. W. J. Schelling,『철학 체계로부터 더 상세한 서술』,「다른 부분」, 4§ '철학적 구성에 관해 또는 모든 사물을 절대자 속에 서술하는 유형에 관해'(셸링,『전집』, 4권, S. 393, 397~398, 특히 408). 나아가 다음을 참조: 호프만P. Hoffmann,『질병 구성을 위한 이념』, S. 69~108, 특히 97: "자연 유기체의 기능 또는 역동적 구성의 범주는 전기적 과정, 화학적 과정 … 이다."; 킬리안 Konrad Joseph Kilian,『의학의 천체 체계를 위한 시론』, S. 312: "생식 기관의 근원적 구성에서 불안정성이 개입할수록, 그런 기관이 우월적으로 무기력하려면 질소가 더 많이 주어져야 한다. 그런데 그런 질소가 지배적으로 되면 무기력해진다. 그에 반해 탄소가 적으면 적을수록, 그런 구성에서 감수성이 출현한다.; 카이슬러A. B. Kayßler,『근대 철학의 비판적 역사에 관한 기고』, 1권, S. 236 등 참조.

*² FM주 〈37:9~10〉 헤겔은 여기서 당시 여러 번에 걸쳐 논쟁으로 된 브라운의 자극 이론을 거론한다. 그는 이 이론에서 그런 식으로 질병의 분류를 시도한다. 브루노니스Joannis Brunonis,『의학 이론의 근본 원리』, X1: "나는 모든 질병을 두 형식으로 즉 플로지스톤적인 것 또는 강력증적인 것과 무력증적인 것 또는 반플로지스톤적인 것으로 분류한다. 내가 증명한 바에 따르면, 전자는 자극이 너무 큰 것에 원인을 두고 후자는 자극이 없는 것에 원인을 둔다. 또한, 전자는 약한 보조수단을 통해 제거돼야 하며 후자는 강한 보조수단을 통해 제거돼야 한다. …"; 12: "자극 가능성은 이런 방식으로 … 완벽하게 구분되는데, 우리가 약함이라고 부르는 것은 불규칙적인 약함[debilitas indirecta]이다. 왜냐하면, 이 자극의 약함은 결여에서 발생하는 것이 아니라 자극의 과잉에서 발생하기 때문이다. 간접 무력증에 관한 문헌학적으로 통용 가능한 개념에서 브라운의 불규칙적인 약함이 나온다."; 로슈라우브D. Andreas Roeschlaub,『병인학에 관한 연구 또는 의학 이론 서문』, S. 121ff, 참조

*³ FM주 〈37:13~15〉 헤겔은 여기서 스테펜스와 셸링을 염두에 둔다. 스테펜스는 자연에서 여러 계열을 구분한다. 식물은 이산화수소 계열과 탄소와 합치하며, 동물은 석회 계열과 질소와 합치한다. 참조: 스테펜스H. Steffens, 『지구의 내적 자연사에 관한 시론』, S. 190.

셸링은 이런 사상을 수용한다. 참조: 셸링F. W. J. Schelling, 『나의 철학 체계 참조』, 『전집』, 4권, S. 207: "전체와 관련해 볼 때 식물은 탄소 극이고, 동물은 질소 극이다. 동물은 그러므로 남쪽이며, 식물은 북쪽이다."

헤겔은 지성은 전기라는 명제에 반대하면서 셸링의 선험적 관념론의 체계에서 나온 인용문을 고려한다. 참조: 셸링F. W. J. Schelling, 『선험적 관념론의 체계』, 『전집』, 3권, S. 452: "사람들은 지성에서 감각은 자연에서 전기라고 말할 수 있을 것이다."

*⁴ FM주 〈37:32~33〉 빌립보서, 2, 11 "모든 입으로 예수 그리스도를 주라 시인해 하나님 아버지께 영광을 돌리게 하셨느니라"; 요한 계시록, 5, 13 "내가 또 들으니 하늘 위에와 땅 위에와 땅 아래와 바다 위에와 또 그 가운데 모든 피조물이 이르되 보좌에 앉으신 이와 어린 양에게 찬송과 존귀와 영광과 권능을 세세토록 돌릴지어다 하니"

*⁵ FM주 〈38:1~2〉 피히테의 저서 『최근 철학의 본질에 관한, 대중을 위한 명명백백한 보고』(Berlin, 1801)의 제목을 시사한다.

[해제] 위에서 헤겔은 형식주의를 비판한다. 형식주의는 도식을 사용해 세계를 인식한다. 어떤 사물의 규정도 다른 사물의 도식으로 사용될 수 있으며 어떤 도식도 그 사물에 적용할 수 있다.

형식주의는 이렇게 사물에 도식을 적용하는 것을 칸트가 말한 인식의 선험적 구성으로 착각한다. 그러나 이런 도식은 사물의 본성과 그것의 생동하는 움직임을 무시하고 그것을 표면의 형식을 통해 파악하니,

도식적 규정은 사물을 지시하는 알레고리일 뿐이다.

헤겔은 이런 도식주의가 마치 멀리 떨어진 것을 한데 묶고 서로 무관한 것들을 결합하는 힘을 지니며, 추상적 개념에 구체적 규정을 부여하는 것처럼 보여 경탄을 자아내지만, 사실은 순환적인 논법에 지나지 않는다고 한다.

그러므로 헤겔은 형식주의를 주머니 돌리기 마술이나, 두 가지 색깔만 존재하는 팔레트라든가 찬장에 있는 각종 병에 붙어 있는 보기표와 같은 것에 비유한다. 이런 형식주의에서 사물에 붙어 있는 도식이 무엇이든 그것을 통해서는 그 사물이 무엇인지를 알 수 없다. 그런 도식 아래는 "생명 없는 물건만이 감추어져 있으니 여기서 사태의 생동하는 본질이 제거되거나 은폐된다."

헤겔은 형식주의는 비록 다채로운 듯이 보이지만, 결국, 모든 것을 하나의 색깔 예를 들어 검은색으로 칠하는 동일성 철학에 빠지지 않을 수 없다고 한다. 이런 헤겔의 설명은 칸트의 선험철학이 도식주의를 거쳐 셸링의 동일성 철학으로 빠지는 경로를 잘 보여준다. 도식주의에 대한 헤겔의 비판은 현대 구조주의에 대한 비판을 암시하는 것으로 이해할 수도 있겠다. 구조주의 역시 모든 사물을 일정한 도식 속에 집어넣는 것으로 볼 수 있기 때문이다.

52) 〈SK 51:16~25〉〈FM 38:15~21〉

그러나 그토록 탁월하다는 인식[Das Vortreffliche]조차도 위에서 보듯 생명을 빼앗기고 정신도 잃어버리는 운명을 피할 수 없으며 그렇게나 살가죽이 벗겨진 채[geschunden] 아무런 생명력도 없는 지식이나 그러한 지식의 비어 있음이 피부를 둘러싸고 있다는 것을 보는 운명을 피할 수 없다. 그뿐 아니라 오히려 그에 더해 이와 같은 운명 그 자체 속에서 우리는 그런 탁월하다는 인식이 정신에 대해서는 몰라도 적어도 심성[Gemüter]에 대해서 행사하는 어떤 강박적인 힘[Gewalt]을 알아차릴 [erkennen] 수 있다. 예를 들자면 일반적이면서 동시에 규정적인 형식을 발굴하라는 요구와 같은 것이다. 그런 탁월한 인식의 완성은 이런 형식에 있으며 그런 것을 발굴하라는 요구가 심지어 일반 규정성을 피상적으로 쓰게끔 만든 것이다.

53) 〈SK 51:26~53:3〉〈FM 38:22~39:18〉

학문은 오로지 개념에 고유한 생명을 통해서만 유기적 조직으로 되는 것이 허용된다. 도식에서는 규정성이 바깥에서 현존에 부착되지만, 학문 속에서는 그 규정성은 현존을 충족하는 내용이 스스로 움직여 산출한 것으로 된다. 존재자의 운동이란 한편으로는 자신을 타자화하면서 그 자신에 내재하는 내용으로 돼 가며 또 다른 편에서는 그처럼 전개된 것 또는 그의 현존을 자기 내로 복귀하게 하며 다시 말하자면 자기 자신을 하나의 **계기**로 만들고 자신을 단순화해 규정성에 이르는 것이다. 전자의 운동[자신의 타자화]에서 **부정적 힘**은 [자기를] 구별하면서 **현존**을 확립한다. 후자의 운동 즉 자기 내로의 복귀에서 부정적 힘은 곧 **단순한 규정성**을 생성하는 것을 뜻한다. 이와 같은 방식에서 본다면 내용은 결코 자기의 규정성을 어떤 타자로부터 수용함으로써 이를 자기에 덧붙이는 것으로 제시하지 않으며 오히려 그 규정성을 스스로 자신에 제공하며 자기를 자기에서 벗어나게 해서 전체 속에 하나의 계기로 되고 그 속에 위치하게 한다. 보기표를 통해 인식하는 지성은 내용이 필연성과 개념을 은닉하며[behält für sich] 그가 질서를 부여하는 사태의 구체적인 것과 실제로 존재하는 것 그리고 그 생동하는 운동을 이루는 것을 은닉한다. 그런 지성은 위에서 말한 것을 은닉하기는[behält für sich]커녕 차라리 알지도[kennt] 못한다고 하겠다. 왜냐하면, 만약 지성이 통찰[Einsicht]을 지녔더라면 이런 통찰을 곧바로 제시했을 것이기 때문이다. 그런 지성은 그러한 통찰의 필요성조차도 알지 못한다. 만일 그런 필요성을 알았더라면 지성은 도식화하려는 습성을 포기했을 것이며 아니면 적어도 더는 내용에 딱지[Anzeige]를 붙이는 것을 자랑하지 않는 것만큼이나 그런 도식화를 자랑하지는 않았을 것이다. 그런 지성이 전달하는 것은 내용의 딱지일 뿐이며 내용 자체는 아니다. ―규정성 예를 들어 자기[Magnetismus]와 같은 규정성은 그 자체로서는 구체적이며 실제로 존재하는 것이라 할지라도 [도식으로 쓰이자] 이미 죽어 버린 어떤 것으로 전락했다. 왜냐하면, 여기서 규정성은 다른 현존에 속하는 술어를 통해 진술됐을 뿐이며 결코 이 현존이 지닌 내재적 생명으로 인식되지 않으며 또한, 어떻게 그 규정성이 이 현존 속에서 고유하고 독특한 방식으로 자기를 생산하고 서술하는지도 인식되지 않는다. 형식적 지성은 이와 같은 핵심 과제를 덧붙이는 일을 남에게 넘겨버리고 만다. ―형식적 지성은 사상에 내재하는 내용을 파고들려 하지 않고 항상 전체를 힐끗 둘러 보면서[übersieht] 자기가 언표하는 개별 현존을 멀찍감치 바라본다. 말하자면 형식적 지성은 이런 개별 현존을 전혀 쳐다보지도 않는다. 그러나 학문적 인식이 요구하는 것은 오히려 대상의 생명에 몸을 맡기고 다른 말로 하면 바로 그 대상의 내적 필연성을 직시하면서 이를 언표하는 것이다. 이처럼 학문적 인식은 자기의 대상 속에 침잠한 채 앞에서 말한 힐끗 둘러보기[Übersicht]에 대해서는 잊어버린다. 왜냐하면, 그런 힐끗 둘러보기란 인식[Wissen]이 내용을 무시하고 자기 내에 머무르는 것만을 의미하기 때문이다. 그런데 학문적 인식은 학문의 소재 속에 침잠해 그 소재가 스스로 전개하는 운동을 통해 앞으로 나가면서 이를 통해 자기 자신에게로 복귀한다. 그러나 이런 복귀가 차라리 의미하는 것은 곧 충족된 내용이 자신 속으로 환수돼서 규정성으로 단순화되면서 동시에 현존을 구성하는 하나의 측면으로 자기 자신을 격하해 그 자신보다 더 높은 진리로 이행하는 것이다. 내용의 풍부함 속에서 그와 같은 반성은 사라진 것처럼 보였으나 이제 이런 운동을 통해 그와 같은 풍요로운 내용으로부터 자기를 조망하는 단순한 전체가 떠오른다.

[해제] 1) 헤겔은 52~53 구절에서 학문과 형식주의를 대조하면서 형식주의를 비판하고 다시 한번 학문의 개념을 설명한다.

우선 헤겔은 칸트 선험철학 자체는 탁월한 것이지만, 이 속에는 일반 규정성을 파악해야 한다는 강박적 요구가 깔렸다고 한다. 그런데 타락한 지성은 이런 요구를 느끼면서도 형식주의에 빠져서 다만 사태에 대해 외적인 피상적 인식에 머무르고 말았다.

내용에 대해 형식이 바깥에서 부가된다면, 여기서 규정성은 다른 현존에 속하는 술어 즉 알레고리를 통해 진술될 뿐이며 그런 규정성은 "이미 죽어 버린 어떤 것"이다. 형식주의는 딱지나 보기표로 만족하고 그걸 자랑할 뿐이다. 형식주의는 형식 즉 규정성을 결코 "현존이 지닌 내재적 생명을 통해" 생성된 것으로 또는 "그 현존 속에서 고유하고 독특한 방식으로" 생성되는 것으로 인식하지 않는다. 이런 형식주의는 내적 운동을 은닉하며 은닉한다기보다 차라리 알지 못하며, 알지 못한다기보다 차라리 아예 그런 것을 인식할 필요성을 느끼지 못한다는 것이다. 형식적 지성은 "항상 전체를 힐끗 둘러 보면서[übersieht]" "개별 현존을 멀찌감치 바라보면서" "이런 개별 현존을 전혀 쳐다보지도 않는다."

2) 이어서 참된 학문에서 규정성을 설명하면서 헤겔은 두 가지 대립하는 방식으로 설명한다. 한편으로 그 규정성은 내용이 스스로 움직여서 산출한 것이다. 참된 학문은 "대상의 생명에 몸을 맡기고" "대상 속

에 침잠하면서" "그 대상의 내적 필연성을 직시하는 것"이다. 다른 한편으로 학문에서 개념이 자기를 구별해서 대상화하며 그런 대상을 자기 내로 복귀하여 "더 높은 진리로 이행하며" 단순화된 규정성이 되게 한다. 이를 통해 각 내용은 전체를 구성하는 계기로 되면서 전체는 하나의 유기적 통일성을 지녀 즉 "풍요로운 내용으로부터 자기를 조망하는 단순한 전체"가 된다.

전자에서 규정성은 밑(내용, 질료)으로부터 나오며 후자에서 규정성은 위(형상, 본질)로부터 나온다. 이 두 가지 대립하는 설명은 앞으로도 자주 나오고, 심지어 논리학에서도 비슷하게 설명된다. 우리가 보기에는 명백히 대립하는 방식인데도 헤겔이 거리낌 없이 이렇게도 설명하고 저렇게도 설명하는 이유는 무엇일까? 이 관계는 나중에 58) 구절 주해에서 함께 다루기로 하자.

54-1) <SK 53:4~54:22> 〈FM 39:19~39:32〉

앞에서 표현한 대로 실체는 그 자체에서[an ihr selbst] 주체일 수밖에 없으므로 일반적으로 모든 내용은 자기에게 고유한 방식으로 자기 내로 반성한다. 현존이 지속성[Bestehen]을 지니면서 실체*로 되면 그것은 자기와 같음을 지닌다. 왜냐하면, 자기와 같지 않다면 그것은 스스로 해소될 것이기 때문이다. 그런데 이런 자기와 같음을 지닌 것[실체]은 순수하게 추상적인 것을 의미하지만, 이런 추상성을 지닌 것은 곧 **사유**[를 통해 파악되는 것]이다. 만약 내가 질[Qualität]에 관해 말한다면 나는 단순한 규정성[Be stimmtheit]에 관해 말하는 것이다. 어떤 현존은 질을 통해 다른 현존과 구별되며 또는 이 때문에 그것을 현존이라 한다. 현존은 독자적으로[für sich selbst] 존재하며 또는 그 자신과 단순한 관계를 통해 지속한다. 그러나 현존은 이런 단순성 때문에 본질상 하나의 사상[Gedanke]82으로 된다. -존재는 곧 사유라는 주장은 이런 맥락에서 파악된다. 개념적 인식이 없는 채로 일상적으로 언표할 때 사유와 존재는 같다는 견해와 거리가 있는 견해가 자주 나오는 것도 이런 맥락이다. -현존이 지속한다는 것은 자기와 같음을 갖는 것이고 또는 순수하게 추상적인 것으로 되므로 현존은 곧 자기 자신으로부터 자신을 추상하면서 또는 자기와 같지 않음에 이르면서 자신을 해소하는 것으로 되며 -즉 자기에게 고유한 내면성에 이르거나 자기를 자기 내로 환수한다. -이런 것이 곧 현존이 생성하는 모습이다.

[해제] 1) 이 구절에서 헤겔은 그 자신의 존재론에 관해 상당히 많은 이야기를 간단한 몇 마디 말로 줄여 언급하므로 이해하기 쉽지 않다. 『정신현상학』 서문은 그가 원래 목표로 했던 『논리학』을 포함한 체계 전체를 서술하기를 포기한 가운데, 『정신현상학』이 쓰인 이유를 설명하는 가운데 나온 것이기에 이렇게 단편적으로밖에는 말할 수 없었을 것이다. 이해를 돕기 위해 헤겔의 존재론을 간단하게 서술하자면 다음과 같다.

2) 헤겔에서 개별 현존은 통일하는 힘과 분열하는 힘이 서로 작용하는 가운데 생성된다. 전자는 자기를 같게 하는 통일의 힘이며 후자는 자기를 다르게 만드는 대립의 힘이다. 두 힘은 끝없이 서로 작용하는 가운데에 있으나 순간적으로 균형을 유지하는데 이때 어떤 규정을 지닌 개별 현존의 어떤 규정이 출현한다.

두 힘의 상호 작용이 곧 사물의 본질이며 그 결과로 생겨나는 존재가 곧 현존(규정)이다. 여기서 본질과 현존의 관계는 한편으로 자기와

---

82 헤겔은 이 구절에서 실체는 사유로, 현존은 사상으로 규정하면서 구별한다. 대체로 헤겔은 사유를 본질에 관한 직관적 관념으로 본다면, 사상은 지각이나 지성을 통해 인식된 것이고 표상은 감각적으로 경험된 것으로 규정한다.

같음의 관계 또는 대자 존재이며 다른 한편으로 자기와 다름의 관계 또는 대타 존재다. 본질에서 두 힘이 통일 속에 있으면 자기와 같음에 이르고 자기를 지속한다. 두 힘의 대립하면 본질과 현존은 자기와 다름에 이르며 자기를 해체한다.

자기와 같음, 즉 통일은 자기와 다름 즉 대립과 끝없이 서로 이행하는 관계에 있고 그 각각은 전체의 한 부분 즉 추상적인 부분이다. 그러기에 헤겔은 "자기와 같음을 지닌 것은 순수하게 추상적인 것이며" 그러기에 "자기 자신으로부터 자기를 추상[부정]하면서" "자기와 다름에 이르고" 즉 자기를 해소한다고 한다.

3) 서로 작용하는 힘이 통일 속에 있으면 개별 현존은 자기를 유지한다. 서로 작용하는 힘의 통일이 곧 본질이므로 본질은 현존을 지속하게 하니, 그런 점에서 헤겔은 이 일반적 본질을 실체라고 한다. 개별 현존은 사실 끊임없이 변화한다. 개별 현존 속에서 지속하는 것은 우연적 성질을 지닌 개체가 아니라 일반적인 본질 즉 실체 자체다. 예를 들자면 생물체가 개체를 통해 자기의 종을 재생산하면서 자기를 지속하는 것을 들 수 있겠다.

일반적 본성은 독자적으로 존재하는 것이 아니라 이런 우연적 개체를 통해서 마치 이 우연적 개체가 징검다리로 되는 것처럼 이런 징검다리를 통해 지속한다. 그것은 생물체의 마치 종적 본성이 개체를 거쳐 가면서 지속하는 것과 같다. 헤겔의 이런 주장은 헤겔의 입장이 플라톤이 이데아보다는 아리스토텔레스의 실체 개념에 가깝다는 것을 잘 보여준다.

개별 현존과 실체 사이의 이런 관계가 위의 구절에서 단편적으로 표현된다. 이 구절에서 헤겔은 "현존은 지속성을 지니면서 실체로 되면 그것은 자기와 같음을 지닌다"라고 말한다. 일반적 본질 즉 실체가 자기를 끊임없이 재생산하므로 헤겔은 이런 실체를 곧 주체라고 한다.

하나의 규정을 지닌 현존이 자기를 지속하므로 다른 현존에 대립한다. 반면 현존이 자기를 해체하면 다른 현존으로 이행하게 된다. 그러므로 헤겔은 "어떤 현존은 질적 규정을 통해 다른 현존과 구별되며" "현존은 독자적으로[für sich selbst] 존재하며 또는 그 자신과 단순한 관계를 통해 지속한다."라고 말한다.

4) 실체는 자기를 통일하는 일반적 본질인데, 이는 개별 현존에 내재한다. 이 내재하는 본질 즉 실체는 직접 인식되는 것이 아니라 사유를 통해서 인식된다. 여기서 사유는 개별적 경험을 넘어서는 것이기에 사유(또는 사상)지만, 그렇다고 흔히 말하듯 본질을 직관하는 직접 지는 아니다. 이 사유는 헤겔에서는 개념적 파악을 말하며, 이런 인식은 학문에서 일어나는 개념의 운동을 통해서만 가능한 것이다. 최종적으로 개념적 파악이 완성되면 의식과 대상, 형식과 본질, 사유와 존재, 주체와 실체는 합일에 이른다.

54-2) <SK 53:22~54:3> ⟨FM 39:32~40:7⟩

-존재자의 이런 본성을 통해 그리고 존재자가 인식[Wissen]에 대해서 이런 본성을 갖는 한, 인식[Wissen]은 내용을 자기에게 낯선 것으로 여기면서 이를 장악하는 행위가 아니다. 또한, 인식은 내용으로부터 움츠러들어서[aus] 자기 내로 반성하는 것도 아니다. 그러므로 학문은 그처럼 자기 내로 움츠러든 관념론 즉 그저 **자기주장만을 내세우는 독단론** 즉 **단정적인 독단론**이나 **자기 확신에 찬 독단론**을 대신해 등장하는 관념론은 아니다.* -오히려 인식은 내용이 그 자신의 고유한 내면성으로 귀환하는 것을 보는 것이니 인식의 활동은 오히려 그 내용에 침잠하는 것으로 된다. 왜냐하면, 인식 활동은 곧 내용에 내재하는 자아기 때문이다. 그와 동시에 인식의 활동은 자기 내로 복귀하는 것이다. 그 까닭은 인식의 행위는 타자 존재에 머무르면서도 역시 순수한 같음을 유

지하는 것이기 때문이다. 그러므로 인식 활동은 하나의 간지[奸智]이다. 왜냐하면, 인식 활동은 어떤 활동을 삼가는 것으로 보이면서도 어떤 규정성[Bestimmtheit] 더구나 그 규정성의 구체적으로 살아 있는 모습이 겉으로는 자기를 보존하고 특수한 이해를 추구하는 것으로 보이는 가운데서도 [인식 활동 그 자체 때문에] 그 의도와 반대되는 것 즉 자기를 해소하고 자기를 전체의 계기로 만드는 것으로 되는지를 바라보게 될 것이기 때문이다.

*FM주 〈39:35~37〉 헤겔은 여기서 특히 피히테를 염두에 둔 것으로 보인다. 다른 곳 〈133:34~134:4〉에서도 헤겔은 비슷하게 전개한다.

[해제] 1) 개체와 실체, 현존과 본질 사이의 이상과 같은 관계를 전제로 해서 헤겔은 일반적 본성 즉 실체를 인식하는 인식론을 전개한다. 인식은 대상을 "자기에게 낯선 것으로 여기면서 이를 장악하는" 소위 경험의 추상화를 통해 일어나는 것도 아니며, 본질을 자기 내에서 직관한다는 "움츠러든 관념론"도 아니다. 이는 "자기주장만을 내세우는 독단"이거나 "자기 확신에 찬 독단"일 뿐이다.

헤겔은 이어서 일반적 본질에 관한 인식 즉 존재와 사유의 일치를 설명하면서 앞에서 말한 내용의 운동을 다시 한번 서술한다. 즉 인식은 "내용에 침잠해" 내용이 스스로 전개하는 운동을 통해 드러나는 것이다. 이런 점에서 헤겔은 "인식 행위는 내용에 내재하는 자아"라고 한다.

2) "내용에 침잠한다는 것"은 인식하는 주관의 어떤 개입 없이 순수하게 응시해야 한다는 말인가? 이미 칸트 선험철학의 세례를 받은 헤겔로서는 그것은 불가능하다고 말한다. 인식은 선험적으로 구성되는 것이기 때문이다. 그러나 이렇게 선험철학의 입장에 서면, 칸트가 부딪혔던 것처럼 인식의 현상적 인식에 그치고 물 자체에 대한 인식은 불가능하

게 되는 것이 아닐까? 대상을 구성하면서도 대상에 침잠한다는 말은 형용모순이 아닐까?

3) 그러나 여기서 헤겔의 고유한 입장이 나온다. 헤겔은 선험철학의 입장을 지키면서도 그런 적극적 구성을 통해 오히려 참으로 객관적인 인식, 물 자체에 대한 인식이 가능해진다고 주장한다. 그런 점에서 헤겔은 인식은 일종의 간지라고 한다. 어떻게 보면 주관적인 인식 즉 "자기를 보존하고 특수한 이해를 추구하는 것"처럼 보이는 것이 오히려 "그 의도와 반대되는 것 즉 자기를 해소하고 전체의 계기로 만드는 것으로 되는 모습을 바라보게 될 것"이기 때문이다. 그러면 어떻게 해서 인식의 간지가 가능하게 되는 것일까? 그 문제는 의식 경험의 길에서 설명하기로 하자.

55) <SK 54:4~35><FM 40:8~31>

위에서[형식주의에서] 말한 **지성**은 실체에 관한 자기의식의 측면[83]을 의미하는 것이라면 여기서[개념적 인식의 활동] 말하는 지성의 의미는 존재하는 것으로서 실체가 지닌 규정에 따라 제시된 것이다. -현존은 질, 자기와 같음에 머무르는 규정성 또는 단순화된 규정[bestimmte Einfachheit][84]이거나 특정한 사상[Gedanke]이다. 이런 특정한 사상은 현존을 지적으로 파악한 것[Verstand]이다. 이런 지성을 통해[dadurch] 아낙사고라스는 **사유**[Nus]를 처음으로 본질에 해당하는 것이라고 인식했다.*[1] 이 사유[Nus]에 따라 파악된 것은 좀 더 명확하게 말하자면

---

83 여기서 자기의식은 인식 주관을 의미한다. 이 구절에서 헤겔은 주관적으로 실체를 규정하는 지성과 실체의 자기운동에서 나온 규정을 파악하는 지성을 구별한다.

84 53 구절에서 나온 규정성으로 단순화된 것[zur Bestimmtheit vereinfacht]을 말한다.

형상[Eidos] 또는 **이데아**[Idea], 다시 말해서 **특정한 일반성**[bestimmte Allgeminheit], 즉 **종**[Art]이다.*² 언뜻 보기에 종[Art]이란 표현은 오늘날 유행하는 이념이나 아름다운 것 또는 성스럽거나 영원한 것과 비교해서 본다면 너무 비천하고 또 사소한 것으로 보인다.*³ 그러나 실상 이념이란 결코 종 이상을 뜻하지는 않는다. 요즈음 우리는 흔히 어떤 개념을 명확하게 나타내는 말은 천대하면서도 다른 어떤 표현을 선호하는데, 그런 표현은 외래어에 속한다는 단 한 가지 이유만으로 선호되기는 하더라도 오히려 개념을 모호하게 만들면서도 더 경건한 것처럼 들린다. ─현존이 종으로 규정된다는 바로 그런 측면에서조차 현존은 여전히 단순한 사상이다. 반면 **사유**[Nus] 즉 단순한 것은 곧 실체다. 실체는 단순하며 또는 자기와 같음을 지닌 것이므로 고정되고 자기를 유지하는 것[Bleibendes]으로 나타난다. 하지만 이와 같은 자기와 같음을 지닌 것은 그에 못지않게 부정성을 지닌다. 고정된 현존은 이런 부정성을 통해 그 자신을 해소하는 운동으로 이행한다. 규정성이란 오직 **타자**에 관계함으로써만 어떤 현존[es]으로 되는 것처럼 보인다. 규정성이 전개하는 운동도 외부로부터의 힘을 통해 규정성에 가해진 것으로 생각될 수가 있다. 그러나 규정성이 자기의 타자로 되는 존재를 그 자체에서[an ihr] 지니므로 스스로 운동하는 것이라는 사실⁸⁵은 사유 자체가 **단순성**을 지닌다는 사실 속에 함축된다. 왜냐하면, 이 사유의 단순성이란 사유된 것[Gedanke]⁸⁶이 스스로 운동하고 또 자기를 구별한다는 것을 의미

85 앞에서 말했듯이 본질은 규정성을 지닌 현존을 산출하며 현존은 이미 그 자체에서 다른 현존과 대립한다. 그러므로 본질은 이 현존을 넘어 다른 현존으로 이행한다. 그런 가운데 본질은 자기를 지속한다.

86 여기서 '사상[Gedanke]'은 문맥상 현존에 관한 것이기보다 실체에 관한 것을 의미하기에 사유 된 것으로 번역했다.

하므로[87] 그것은 고유의 내면성을 지닌 것 즉 순수 **개념**이기 때문이다. 그러므로 결국, **이해 가능한 것**[Verständigkeit]은 생성하는 것이며, 그것은 이런 생성하기에 곧 **이성적인 것**[Vernünftigkeit]이다.

[*1] FM주 〈40:12~13〉 누스[Nus]에 관한 아낙사고라스의 학설에 관해서는 플라톤, 『파에돈』, 97b-98b와 아리스토텔레스Aristoteles, *Opera*, 984b 15~20, 405a13~19 참조.
[*2] FM주 〈40:13~14〉 헤겔은 플라톤의 이데아 개념과 아리스토텔레스의 형상 이론을 염두에 둔다.
[*3] FM주 〈40:16〉 헤겔은 에셴마이어, 괴레스, 프리드리히 슐레겔, 바그너를 염두에 둔다.

[해제] 헤겔은 바로 앞에서 인식은 내용이 스스로 전개하는 규정을 파악해야 한다는 주장을 제시했는데 이 구절은 그런 주장을 부연해 설명한다.

여기서 헤겔은 세 가지를 구분한다. 현존의 규정성과 사유 또는 이성을 구분한다. 경험에 제공되는 현존은 일정한 규정성 즉 일반적 성질을 지닌다. 이때 하나의 규정성은 다른 규정성에 대한 부정성이므로 "자기의 타자가 되는 존재를 이미 그 자체에서 지닌다."

인식이 개별 현존을 통해 지속해서 "자기를 유지하는" 일반적 본질 즉 실체를 파악하게 될 때 비로소 사유 곧 누스[Nus]가 된다. 이렇게 파악된 것이 진정한 의미에서 이데아와 종이다. 이렇게 사유를 통해 파악된 순수 개념은 "스스로 운동하고 또 자기를 구별하면서" 다양한 개별 현존을 전개하니 이렇게 전개된 전체적 체계로 인식하는 작업은 이성의

87 "사유 된 것이 스스로 운동한다"라는 말은 사상의 대상이 되는 순수 본질이 스스로 운동한다는 말이다. 이렇게 스스로 운동하는 본질, 실체가 헤겔에서 곧 '개념'이란 표현이 지시하는 것이다.

능력에 속한다.

이성과 진정한 이해 가능성은 서로 다른 것이 아니다. 그러므로 헤겔은 "이해 가능한 것은 생성하는 것이며, 생성하기에 곧 이성적인 것이다"라고 한다.

56) 〈SK 54:36~55:13〉〈FM 40:32~41:6〉

존재하는 것의 본성은 존재하는 가운데 그 자신의 개념을 드러내는 것이므로 이런 본성 속에 **논리적 필연성**이라는 것이 성립한다. 오직 이 논리적 필연성만이 이성적인 것이며 또한, 유기체적 전체가 전개하는 리듬을 이룬다. 또한, 내용이 개념과 본질을 드러내는 것에 못지않게 논리적 필연성은 내용에 관한 인식을 담고 있다. —달리 말하자면 논리적 필연성만이 **사변적인 인식**이다.[88] —구체적인 형태는 자기 스스로 운동하면서 자신을 단순한 규정성에 이르도록 하며 이렇게 함으로써 그 구체적 형태는 스스로 논리적 형식으로 끌어올려지지만, 그런 가운데서도 자신의 본질 규정[Wesentlichkeit]은 변함이 없다. 이런 형태가 지닌 구체적 현존은 오직 이처럼 운동하면서 직접 논리적인 현존으로 된다.

그러므로 구체적인 내용에 형식[Formalismus]을 외면적으로 덮어씌우는 것은 불필요하다. 구체적 내용이 그 자체에서 형식[Formalismus]으로 이행한다. 이런 형식주의[Formalismus]는 외면적인 형식주의[Formalismus]이기를 중지한다. 왜냐하면, 형식[Form]은 구체적인 내용 자체가 본래 생성하는 것이기 때문이다.

14 철학의 연구에서 요구되는 것

57) 〈SK 55:14~36〉〈FM 41:7~23〉

---

88 개념은 자기를 전개한다. 그것은 논리적 계기의 필연적 체계다. 이런 체계를 통해 인식하는 것이 이성이며, 사변적 인식이다.

학문적 방법의 이와 같은 본성은 한편으로는 내용과 분리할 수 없으며 또 다른 편으로는 자기의 리듬을 스스로 자기 자신을 통해서 규정하는 것이므로 그것에 관한 고유한 서술은 앞에서도 지적했듯이 사변 철학을 통해서 가능하다. —이런 점에서 볼 때 지금까지 논의된 것은 이런 사변 철학의 개념을 표현한 것이지만, 하나의 예단[豫斷] 이상의 것으로 여겨질 수는 없다. 그런 방법의 진리는 부분적인 설명에 지나지 않는 지금까지의 해명에 들어 있지 않다. 그 때문에 지금까지의 해명에 반대해 철학의 방법은 그러하지 않고 그 방법은 오히려 이런저런 것이라고 단정하더라도 나아가 철학에 관한 통념[Vorstellung]이 마치 이미 완성돼 알려진[bekannte] 진리라도 되는 듯이 기억 속에 되살리거나 설명하거나, 내적인 종교적 직관이라는 신줏단지로부터 끌어낸 것인데도 새로운 것이나 되는 듯이 다시 직관을 끌어내어 식탁에 얹어 놓고 이것을 진리로 단언한다고 해서 앞에서 해명된 철학적 방법의 진리가 반박되는 것이 아니다. —철학을 그런 방식으로 수용하는 것은 대체로 어떤 알려지지 않은 것에 부딪혔을 때 그것에 대응해 인식이 자주 취하는 최초의 반응이다. 하기야 처음으로 수용된 것은 이처럼 낯선 형태로 나타나니까 이런 낯선 것에 대립해서 자기의 자유와 자기 자신의 견해, 그리고 자신의 권위를 구원하자면 그럴 수밖에 없을 것이다. —또한, 그렇게 함으로써 어떤 것을 새로 배울 수밖에 없었다고 하는 데서 온다고 하는 창피함이나 그와 비슷한 감정 또는 그런 종류의 감정을 제거하려고 한다. 또한, 마찬가지로 알려지지 않은 것이라면 무조건 환영하며 수용할 때 나타나듯이 어떻게 보면 극단적으로 혁명적인 언사나 행동을 하는 것도* 사실은 위와 같은 종류의 반응이다.

*FM주 〈41:22~23〉 헤겔은 여기서 프랑스 혁명 중 정치 클럽 사이

의 대결에 관련한다. 카미유 데물랭Camille Desmoulin은 1793년 은자를 반혁명주의자로 공격했다. 참조: MM. Berville et Barrière,『늙은 코들리에』, N5, S. 97, 100, 107.

15 논증적 사유의 부정적 태도

58) ⟨SK 56:1~25⟩⟨FM 41:24~42:6⟩

그러므로 학문을 연구할 때 중요한 문제는 긴장된 개념적 사유를 스스로 떠맡는 일이다. 개념적 사유의 긴장된 노력이 요구하는 것은 개념 그 자체[89]에 관해서 주목하는 것이니 예를 든다면 **그 자체 존재, 대자 존재** 또는 **자기와 같음** 등과 같은 단순한 규정*들에 관해 각별한 관심을 쏟는 것이다. 왜냐하면, 이런 규정이란 순수하게 스스로 운동하는 규정이기 때문이다. 그러므로 사람들은 이런 규정을 영혼이라고 부를 수도 있을 것이지만, 영혼이라는 개념이 스스로 운동하는 것이라는 말보다 더 높은 수준의 표현은 아니다. 표상[Vorstellung]에 전전하는 습성에 젖어 있는 사람으로서는 개념적 사유를 통해 그런 표상과 단절하는 것이 진실하지 못한[unwirklichen] 사상 속에서 이리저리 논증하는 형식적 사유에 젖어 있는 사람과 마찬가지로 부담스러울 것이다. 전자 즉 표상에 전전하는 습성은 질료적 사유라고 부를 수 있는, 한낱 우연적인 의식이며 소재 속에 침몰한 의식이다. 따라서 그러한 습성이 몸에 배어 있는 사람으로서는 자기의 자아를 질료로부터 끄집어내서 자신에 머무르는 일은 쓰라린 느낌으로 받아들여질 것이다. 이에 반해 그와 다른 것 즉 논증은 모든 내용에 무관심하며[frei] 동시에 텅 빈 형식으로 내용을 지배하려는 것이다. 그런 텅 빈 형식적 사유에 요구되는 것은 무관심을 포

---

89 여기서 '개념 자체'란 개념이라는 형식을 말한다.

기함으로써 그리고 내용을 조종하는 자의적인 원리로 되는 대신 이런 무관심을 내용 속에 침잠시킴으로써 이 내용이 그 자신의 고유한 본성에 따라서 즉 내용 자신의 것에 속하는 자아를 통해 스스로 운동하게 하고 이런 운동을 관찰하는 일로 될 것이다. 개념에 내재하는 리듬을 따르면서 어떤 사적인 착상에도 말려들지 않고 또한, 개념을 따르면서 자의나 그밖에 어떤 방법으로든 획득된 지혜에도 사로잡히지 않고 이런 것들을 멀리하는 것이야말로 개념에 주목을 던지는 데 필요한 본질적인[wesentlich] 계기다.

[해제] 1) 앞에서 철학(또는 학문)의 방법에 관한 설명에 이어지는 내용이지만, 헤겔이 이 구절에서 강조하는 것은 철학 또는 학문은 "유기체적 전체가 전개하는 리듬" 또는 논리적 필연성이라는 것이다.

이를 달리 말하자면 내용이 "자기의 리듬을 스스로 자기 자신을 통해 규정하는 것"이며 내용이 "그 자신의 고유한 본성에 따라서" "스스로 운동하고 이런 운동을 관철하게 하는 일"이다. 즉 내용이 자기 속에서 "개념과 본질을 드러내는 운동"이다. 이 운동은 개별적 내용이 일반적 본질, 실체에 이르는 운동이다.

그런데 헤겔은 내용의 운동과 개념의 운동을 같은 것으로 바라본다. 그러므로 이 운동을 다시 "긴장된 개념적 사유," "개념에 내재하는 리듬"이라는 말로 표현한다. 이런 표현을 통해서 헤겔은 내용 운동이 곧 개념 운동과 같은 것임을 강조한다.

2) 앞에서도 언급했지만, 내용의 자기 운동은 헤겔이 앞에서 학문을 개념의 운동으로 설명한 것과 비교해 보면 서로 반대되는 것처럼 보인다. 개념의 운동은 추상에서 구체로 나가는 운동이다. 반면 위에서 설명한 내용의 운동은 개별적인 것에서 일반적인 것에 이르는 길이니 개념의 운동과 반대된다.

서로 대립하는 것으로 보이는 내용의 운동과 개념의 운동이 어떻게 서로 매개되는 것일까? 위의 56) 구절에서 헤겔은 양자 관계를 밝혀 줄 단서를 제공한다. 그것은 곧 "구체적 형태는 스스로 운동하면서 자신을 단순한 규정[실체]에 이르도록 하며 이렇게 함으로써 구체적 형태는 스스로 논리적 형식[개념]으로 끌어올려진다"라는 구절이다. 즉 내용이 발전하는 가운데 개념이 논리적으로 발전한다는 것이다.

3) 이것은 어떻게 해서 가능한 것일까? 이를 이해하기 위해서는 나중에 헤겔이 논하는 명제(판단)에서 주어와 술어의 관계를 살펴보아야 한다.

헤겔에서 하나의 명제는 이중적 의미를 지닌다. 하나는 술어가 주어에 속한다는 것이며(예를 들어 '장미는 빨갛다'에서 빨간색은 장미의 한 성질이다) 다른 하나는 주어가 술어에 속한다는 것이다. (앞의 예에서 장미는 빨간색 집합의 한 원소다) 전자가 내포적 의미이며 후자가 외면적 의미다.

명제의 두 가지 의미를 따라 명제에서 주어가 술어로 이행하면서 일어나는 운동은 두 가지다. 즉 하나는 실체가 구체화하는 과정이며 다른 하나는 개별이 일반화되는 과정이다. 전자는 내포적 의미에 따른 운동이라 한다면, 후자는 외연적 의미에 따른 운동이다.

4) 학문의 운동도 명제의 이 두 가지 운동에 따라서 파악할 수 있다. 학문의 운동은 추상적 개념이 구체화하는 운동 즉 개념 운동으로 볼 수도 있고, 개별 규정성을 추상화하여 일반적 개념에 이르는 운동 즉 내용 운동으로 볼 수도 있다. 전자는 내포적 운동이다. 후자는 외연적 운동이다. 하나의 명제에서 운동이 그 의미에 따라서 두 가지 운동을 하듯이 학문의 운동에서도 사실은 같은 운동이 개념 운동과 내용 운동이라는 대립하는 운동으로 나타난다.

5) 물론, 헤겔의 경우 학문의 운동에서 어느 운동이나 모순을 매개로

한다. (왜, 학문의 운동이 모순을 매개로 발전하는가는 의식 경험의 길을 설명해야 비로소 이해된다. 이는 의식 경험의 길에서 설명된다. 여기서는 그 운동 형식만 파악하기로 하자.)

개념 운동은 한편으로는 자기를 대상화하며 대자 존재가 된다. 그러나 그와 동시에 자기에 대립하는 타자가 출현하며 그것은 대타 존재 또는 타자 존재가 된다. 양자는 서로 모순적인 것인데도 항상 함께 출현한다. 양자가 모순에 이르게 되면 그 모순이 해소되면서 추상적 개념은 그 자체로 자기에게 나타난 존재가 된다. 내용 운동도 마찬가지다. 개별 규정성은 자기에 대립하는 규정성을 그 자체에서 지니면서 양자는 모순이 이르고 그 결과 개별 규정성은 일반적 개념으로 이행한다.

(앞에서 헤겔은 이 두 가지 운동을 동시에 표현하기 위해 독특한 개념 장치를 만들었다고 말했다. 그 자체 존재, 대자 존재, 대타 존재, 그 자체로 자기에게 나타난 존재라는 개념이다.)

6) 내용의 운동이나 개념 운동은 학문의 운동을 말한다. 그런데 『정신현상학』에서 전개되는 의식의 운동은 이와 다른 운동이다. 이것은 역사적 시간 속에 일어나는 운동이며 의식 자체가 발전하는 운동이다. 학문의 운동과 의식의 운동, 양자의 관계를 도대체 어떻게 규정해야 할까? 이점은 나중에 「서론」의 '의식 경험의 길'을 통해 종합적으로 설명하기로 하자.

7) 이렇게 학문의 방법을 간단하게 소개한 다음, 헤겔은 이런 방법에 대립하는 철학적 통념이나 직관적 사유를 비판한다. 전자는 경험주의에서 보듯이 소재에 침몰한 표상적 사유(또는 질료적 사유)이며 후자는 셸링의 철학이 그러했듯이 내용과 무관하게 텅 빈 형식을 다루는 형식적 사유로 나간다.

헤겔은 이런 방법을 비판하기 전에 먼저, 그런 방법이 등장한 이유부터 간단하게 언급하다. 앞에서 이미 헤겔은 학문의 방법은 처음에는 실마리로 되는 개념으로 등장한 것에 그치므로 즉 그런 실마리로 되는 개념의 불충분함 때문에 그 한계를 지적하면서 경험주의나 형식주의가 출현한다고 했다. 여기서는 그것에 덧붙여서 이런 텅 빈 형식주의나 소재에 침몰한 질료적 사유는 알려지지 않은 새로운 것에 부딪혔을 때 자신의 권위를 구하고 새로운 것을 배우는 창피함을 감추기 위해 등장한다고 한다. 헤겔은 이런 태도는 거꾸로 새로운 것을 극단적으로 환영하면서 혁명적 언사를 남발하는 태도에서도 마찬가지로 보인다고 말한다.

59) 〈SK 56:26~57:12〉〈FM 42:7~23〉

논증적 태도를 설명하는 김에 개념적 사유와 그런 논증적 사유와 배치되는 두 가지 측면을 더 뚜렷이 밝혀야겠다. ―한 측면에서 논증적인 태도는 이미 파악된 내용에 대해 부정적 태도를 보이면서 그 내용을 반박하거나 무효로 할 줄을 안다. 어떤 내용에 관해서 그것이 그렇지 않다고 보는 견해[Einsicht]는 단순하게 **부정적인 판단**이며 이런 부정적인 판단은 최종적인 판단이어서 스스로 자기 자신을 넘어서면서 어떤 새로운 내용을 향해 나가지 못한다. 오히려 그런 부정적인 판단은 또 하나의 내용을 취하려면 새로운 타자를 어디서부터든 끌어오지 않으면 안 된다. 그런 부정적 판단은 텅 빈 나[Ich]만 남기는 반성을 의미하며 이런 나의 인식이 지닌 비어 있음을 보여준다. ―그러나 이처럼 인식이 비어 있다고 했을 때 그 의미는 이런 내용이 비어 있다는 것만이 아니며 이런 [부정적] 통찰[Einsicht] 자체가 비어 있다는 것까지 표현한다. 왜냐하면, 그러한 부정적 통찰[Eisicht]은 다만 부정적인 판단일 뿐, 자체 내에서 어떤 긍정적인 것도 엿보지 못하게 하기 때문이다. 이런 [나로의] 반성은 자신의 부정성 자체를 자기의 반성 대상으로 삼지 않는다. 그러므로 이 반성은 일반적으로 사태에 적중하지 못하고 오히려 항상 사태를 넘어서 빗나간다. 이처럼 반성은 단지 텅 빈 것[나]을 주장하면서 자기가 내용이 풍부한 견해[Einsicht]보다 훨씬 더 앞서 있다는 듯이 공상한다. 그에 반해 앞에서도 얘기됐듯이 개념적 사유에서는 부정적인 것이 내용 자체에 속해 있으며 또한, 이런 부정적인 것은 내용 자체에 **내재하는 운동**이며 규정이라는 점에서뿐만 아니라 동시에 그러한 운동과 규정 **전체**를 이룬다는 점에서 **긍정적인 것**이다. 이렇게 부정적인 것을 하나의 결과로 파악할 때 부정적인 것은 이 운동으로부터 나온 것이므로 **특정한** 부정성[das bestimmte Negative]이며 동시에 하나의 긍정적 내용을 이루는 것이다.

[해제] 1) 우선 헤겔은 논증적 사유를 비판한다. 이 논증적 사유는 형식 논리학에서 보는 사유를 말한다. 일반적으로 논증은 어떤 견해를 반박하는 것이다. 이런 반박은 주관을 통해 내용에 대해 외면적으로 이루어지며 이런 반박 끝에 그 견해는 부정되고 만다.

어떤 견해라도 외면적인 측면에서 본다면 어느 측면에서는 부정될 만한 요소가 있으므로, 결국, 논증적 사유 앞에 모든 견해가 부정되고 만다. 이런 논증적 사유는 그 어떤 새로운 견해도 진리로서 내세우지 못한다. 그러므로 헤겔은 이런 논증적 사유는 부정하는 나[Ich]만 남기고 비어 있음 속에 빠져든다고 말한다.

2) 헤겔은 이런 비판에서 부정 개념에 주목한다. 그는 형식 논리학에서 부정 개념은 전체적인 부정, 단적인 부정이다. 헤겔은 이런 부정 개념에 대립해 이른바 '특정한 부정[das bestimmte Negative]' 개념을 제시한다. 이 부정성은 자기가 유래한 것만 즉 특정한 것만을 부정하는 것이며 이런 점에서 '특정한 부정성'이라고 한다.

예를 들어 빨간색을 부정하면, 단적인 부정에서는 파란색뿐만 아니라 색깔이 아닌 무게라든가 코끼리 등 빨간색을 제외한 모든 것이 대상으로 될 수 있다. 하지만 특정한 부정성에서는 빨간색의 부정은 색깔 가운데 특정성에 속하는 빨강만을 부정하는 것이니, 그 부정은 빨강이 아닌 파랑이나 노랑 등만 의미한다. 부정된 것은 여전히 색깔의 차원에 머물러 있다.

3) 단적인 부정에서는 부정이 다시 부정되면 자기 자신으로 되돌아간다. 즉 빨간색의 부정을 다시 부정하면 빨간색 자신이다. 그러나 특정한 부정에서 부정은 규정성에서 일반성으로 나간다. 예를 들어 부정의 대상으로 되는 빨간색의 부정 즉 빨간색이 아닌 것을 다시 부정하면 모순 판단에 이른다. 즉 '그것은 빨간색이 아니거나, 빨간색이 아닌 것이 아니거나이다.' 헤겔은 이를 무한 판단이라 보며, 이런 무한 판단을 통해 개별 색깔을 산출하는 대자 존재 즉 색의 일반적 본질에 이르게 된다고 한다. 그런 점에서 헤겔은 특정한 부정은 긍정적인 것을 결과로 한다고 말한다.

그러므로 헤겔은 단적인 부정은 이런 부정성 자체에 대한 반성은 없다고 말한다. 그에 반해 특정한 부정 개념은 부정 자신을 반성해 긍정에 이르니, 이런 부정은 헤겔의 사유에서 내용의 자기 운동 즉 구체적인 것에서 일반적으로 나가는 운동을 매개하는 힘으로 된다.

16 논증적 사유의 긍정적 태도; 논증적 사유의 주어

60) 〈SK 57:13~59:2〉〈FM 42:24~43:29〉

개념적 사유의 내용이 관념[Vorstellungen]이든 사상이든 아니면 이 양자가 혼합된 것이든 이 문제와 관련해 볼 때 개념적 사유는 또 다른 측면을 지닌다. 즉 사유가 개념적 파악을 이해하기 어렵게 만드는 측면이다. 이렇게 난해하다는 본성은 여기서 주목할 만한 가치가 있다. 이런 난해한 본성은 [학문의] 이념 자체에 관해 위에서 제시된 적이 있는 본질과 밀접한 관계가 있거나 오히려 사유를 통해 파악하는 운동인 학문의 이념이 현상하는 방식[erscheint]을 표현한다. -즉 논증적 사유 자체가 지닌 부정적인 태도에서는 내용이 환원되는 [부정하는] 자아만 남는다. 이에 관해서는 바로 위에서 언급했다. 이와 반대로 논증적 사유가 제시하는 긍정적 인식에서 자아는 표상된 **주어**[vorgestelltes Subjekt][90]이다. 내용은 이런 주어에 우연성이나 술어로 관계하며 내용의 운동은 그런 주어를 지향하거나 거부한다. 개념적 사유에서는 사정이 그와 다르다. 개념은 대상의 고유한 자아고, 즉 **자기를 생성하는 존재**므로 이 자아는 고정된 주어가 돼 그 자신은 움직이지 않으면서, 이런 움직이지 않는 상태에서 우연성[술어]을 담지하는 것이 아니다. 오히려 이런 자아는 스스로 운동하면서 자기의 규정을 자기의 내면으로 복귀하는 개념이다. 이런 운동을 통해 앞에서 말한 고정된 주어는 몰락한다. 여기서 주어는 구별된 것, 즉 내용 속으로 용해되면서 오히려 규정성 다시 말해 구별된 내용과 바로 이 내용 자체가 전개하는 운동을 구성한다. 그런 까닭에 여기서는 주어는 이런 운동과 대립하는 위치에 머물러 있지 않다. 논증적 사유는 움직이지 않는 주어에 확고한 지반을 두었으나, [개념적 사유에서는] 이런 확고한 지반이 동요하면서 단지 이런 동요하는 운동[Bewegung] 자체만이 [사유의] 대상으로 된다. [논증적 사유에서] 주어는 자기의 내용을 충족하면서 이 충족된 내용을 넘어가는 것을 중단하면서 또 다른 술어나 우연성을 가질 수 없다. 이렇게 함으로써 거꾸로 흩어진 내용은 자아 아래서 결속된다. 이렇게 결속된 내용은 하나의 주어로부터 해방돼 여러 주어에 속하는 일반적인 술어와 다른 것이다. 따라서 그런 내용[일반적인 술어]은 사실 더는 주어에 부가되는 술

---

90 문장의 주어는 대상을 지시하는 표상이라는 말이다. 술어는 표상의 대상이 지닌 성질에 대한 인식이다.

어일 수는 없으며 그 내용은 오직 실체, 즉 지금까지 논의돼 온 것과 같은 본질이자 또한, 개념[91]으로 된다. 그런데 표상을 통한[vorstellende] 사유의 본성은 하나의 우연성이나 술어에서 다른 우연성이나 술어로 굴러가는 것이고 또한, 당연한 말이지만, 그런 술어나 우연성은 자기를 넘어서 가는 우연성이나 술어 이상의 것이 아니다. 그러므로 표상적 사유는 그 명제 속에서 술어의 형식을 띠는 것이 실체 자체일 때는 그처럼 술어가 이리저리 굴러가는 운동이 저지당한다. 그런 식으로 생각해 보면 표상을 통한 사유는 일종의 반격을 당한다. 마치 주어가 언제까지나 근저에 깔렸기라도 하다는 듯이 이 주어로부터 출발한다면, 표상을 통한 사유가 발견하는 사실은 결국, 술어가 실체인 한 오히려 주어는 술어로 이행하고 따라서 지양된다. 술어인 듯이 보이는 것이 전체적이고 자립적인 척도[Masse]로 되는 한, 표상을 통한 사유는 자유롭게 부유하는 것이 아니라 그 척도가 지닌 무게 때문에 가로막히게 된다. ─그 전에 처음에는 **대상적**으로 고정된 자아로 취급된 주어가 몰락했다. 이로부터 필연적인 운동이 나와서 다양한 규정이나 술어가 전개됐다. 여기서 그와 같은 주어의 자리에 인식하는 나[Ich] 자신이 들어서면서 이것이 술어를 결합하는 것 즉 이런 술어를 지탱하는 주어가 된다. 그러나 앞서 말한 처음의 주어는 규정 자체에 침입하면서[92] 그 규정성의 영혼으로 되지만, 두 번째 주어라고도 할 인식하는 주관은 처음의 주어를 이미 끝장내고[fertig] 또 이 처음의 주어를 넘어서 자기 내로 복귀하고자 하는 것임에도 여전히 술어 속에 처음의 주어가 남아 있음을 발견한

---

91 여기서 개념은 추상적 본질로서 실체라는 의미다.
92 개별 대상이 일반적 자립적 술어를 분유하거나 그런 술어에 관여하고 있음을 말한다.

다.⁹³ 오히려 주어는 그와 같은 술어의 운동 속에서 이쪽 술어나 저쪽 술어 가운데 어느 것이 처음의 주어에 부가될 것인가를 논증하는 행위자 [das Tuende]일 수 있는 것은 아니다. 오히려 주어는 여전히 내용의 자아 [das Selbst]⁹⁴와 관계하며 독자적으로[für sich] 존재하는 것이 아니라 이 내용과 더불어 존재해야 한다.

[해제] 1) 헤겔은 앞에서 개념적 사유와 대립하는 논증적 사유를 추상적 부정의 개념과 연관해 살펴보았다. 논증적 사유와 대조적으로 개념적 사유에서 부정은 특정한 부정으로 규정된다. 이 구절에서 헤겔은 논증적 사유(또는 표상적 사유)와 사변적 사유에서 명제의 주어 술어 관계를 비교한다.

2) 논증적 사유의 경우 어떤 대상을 명제의 주어 자리에 놓고 그 대상에서 여러 가지 술어를 발견한다. 여기서 주어는 고정되고 이 술어(감각적 성질)는 주어 대상에 속한다고 여겨지며 주어가 술어인 "규정성 자체에 침입하면서 그 규정성의 영혼으로 되며" 술어는 주어를 통해 주어 아래 결속된다. 그러나 사실 이 술어가 주어에 필연적으로 속한다는 근거는 없으니 표상 작용은 "하나의 우연성이나 술어에서 다른 우연성이나 술어로 굴러가며" 여기서 이런저런 우연히 변화하는 다양한 명제가 출현한다.

3) 이런 술어 가운데 여러 대상에 공통으로 속하는 어떤 일반적 술어가 출현하면, 이 술어는 주어의 개별 대상으로부터 독립적인 것이며, 저

---

93 첫 번째 주어는 문장의 주어 즉 표상의 대상이다. 이때 술어는 대상에 속하는 것으로 여겨진다. 두 번째 주어는 일반적 술어를 주어가 지시하는 대상 아래 귀속하는 인식하는 주관을 말한다. 마지막으로 고정된 술어 자체가 주어가 된다. 개별적인 대상은 이 술어에 외면적으로 속하는 현존일 뿐이다.

94 내용의 자아란 내용 속에서 자기를 전개하는 내용의 주체를 말한다. 앞에서 실체가 주체로 파악될 때 주체라는 의미와 같다.

마다 자립적인 술어는 서로 무차별하게 공존할 뿐이다. 이럴 때 술어는 일반성, 본질 또는 실체, 개념으로 규정된다.

이때 다양한 자립적 술어를 주어인 대상에 귀속하는 것은 '인식하는 나'이니, 이 인식하는 나가 "술어를 결합하는 것 즉 술어를 지탱하는 주어가 된다." 그러나 자립적인 술어는 이미 하나의 대상처럼 고정돼 있으니, 주관이 마음대로 움직일 수 있는 것이 아니다. 그러므로 헤겔은 "그 술어 속에 처음의 주어가 남아 있다"라고 한다.

이제 술어가 추상적인 본질이나 추상적 개념으로서 주어의 역할을 하며 주어에 속하는 대상은 이런 술어에 속하는 하나의 현존이 된다. 그러나 여전히 여기서도 술어와 주어의 관계는 외면적이므로, 술어로서 주어는 고정된다.

4) 개념적 사유에 이르면 술어가 지속하는 본질, 즉 실체로 되며, 자기 스스로 운동하는 주체가 된다. 주어가 지시하는 개별 대상은 그런 주체로서 실체가 운동하는 가운데 출현한 개별적 현존이 된다.

여기서 고정된 주어가 지닌 "확고한 지반이 동요하면서" 여기서는 주어의 "동요하는 운동 자체"만이 사유 된다. 실체는 스스로 운동하면서 개별 현존을 산출하고 다시 이로부터 자기 내로 복귀한다. 즉 실체는 주체인데, 헤겔은 이런 주체를 "내용의 자아"라고 말한다. 이것은 아리스토텔레스가 말하는 생명으로서 실체와 같은 것이다.

61) 〈SK 59:3~20〉〈FM 43:30~44:5〉
지금까지 얘기된 것을 하나의 공식으로 요약해 보면 판단 또는 명제를 주어와 술어의 구별을 포함하는 것이라 할 때 그런 판단 또는 명제의 본성은 사변적인 명제를 통해 파괴된다고 표현될 수 있다. 최초의 명제가 생성을 통해 도달해서 주어와 술어가 서로 같게 된 명제는 그와 같은 주어 술어 관계[95]에 대한 밀어냄을 함축한다. -명제라면 일반적으로 갖는 [구별] 형식과 이 형식을 파괴하는 [주어 술어의] 개념적 통일 사이에서 야기되는 갈등은 마치 리듬 속에서 박자와 음의 세기[Akzente] 사이에 일어나는 갈등과 비슷한 것이다. 리듬은 이 양자를 결합하는 유동하는 중심에서 생겨난다. 이렇듯 철학적 명제에서 등장하는 주어와 술어의 서로 같음은 명제의 형식에 등장하는 양자 사이의 구별을 제거해야 하는 것은 아니다. 오히려 주어와 술어[의 구별] 그리고 양자의 통일이 서로 조화를 이루는 것으로서 출현해야 한다. 명제의 형식은 명제의 내용을 서로 구별해 주는 일정한 의미 즉 음의 세기와 같은 것이다. 그런데 술어가 실체를 언표하고 주어 그 자체는 일반자[실체]에 속한다면, 이런 명제는 양자의 **통일**을 의미하며 여기서 명제가 지닌 음의 세기가 점차 약해지면서 사라진다.

62) ⟨SK 59:21~60:9⟩⟨FM 44:6~24⟩

지금까지 얘기된 내용을 예를 통해 설명하자면 '**신은 존재다**'라는 명제에서 술어에 해당하는 것은 존재다. 여기서 술어는 실체로서 의미를 지니면서 주어도 그런 실체로서 의미 속으로 용해된다. 존재란 여기서 술어라기보다는 오히려 본질로 가정된다. 이렇게 되면 신은 명제에서 차지하는 위치[주어] 때문에 그에게 부여된 의미 즉 고정된 주어기를 중단한다. -사유는 주어로부터 술어를 향한 이행을 재촉하기는커녕 주어가 상실되므로 오히려 저지당한 듯 느껴진다. 사유는 주어의 상<u>실을 안타깝게 여기는</u> 탓에 <u>주어라는 사상을</u> 되살려내려고 한다. 또 다

---

95 일상적 명제 속에서 주어 술어는 구별되면서 통일은 감추어져 있다. 흔히 판단이라 한다. 사변적 명제에 이르면 판단 즉 주어 술어 구별은 지양되고, 주어와 술어가 합일에 이른다. 이런 합일은 구별이 제거된 추상적 통일이 아니라 구별 속에 통일이 유지되는 구체적 통일의 관계다.

른 말로 하자면 술어 자체가 하나의 주어나 하나의 존재 또는 **본질**로서 표현되면서 이것이 주어로서 역할[Natur]을 다한다. 그러므로 사유는 주어가 직접 술어 속에 있음을 알아차린다. 이제 주어는 술어 속에서 자기 내로 복귀하면서 논증적 사유에서 나타난 것처럼 술어와 무관한[frei] 지위를 획득하기보다는 오히려 주어는 내용[술어] 속에 더욱 깊이 몰입하거나 아니면 적어도 그러한 내용 속에 몰입하라는 요구가 출현한다[vorhanden]. ―이와 마찬가지 뜻에서 '**실제로 존재하는 것은 일반적인 것이다**'라고 말할 때 여기서 주어인 실제로 존재하는 것이 그 자신의 술어 속에서 사라진다. 일반적인 것은 다만 술어로서 의미가 있으므로 이 명제는 '실제로 존재하는 것은 일반적이다'라는 명제를 언표하지 않는다. 오히려 이 명제에서 일반적인 것은 실제로 존재하는 것의 본질을 표현해야 한다. ―이렇게 함으로써 사유는 주어에서 그 자신이 간직해 왔던 그 자신의 확고한 대상적 지반을 상실하는 것 못지않게 술어에서 다시 한번 주어로 도로 던져진다. 또한, 사유는 이제부터는 술어 속에서 자기 내에 머물러 있는 것이 아니라 내용을 담지하는 주어[Subjekt des Inhalts][96]로 복귀한다.

[해제] 1) 헤겔은 앞에서 표상적 사유에서의 부단한 동요를 설명한 끝에 사변적 명제, 즉 철학적 명제에서 주어 술어 관계를 설명하려 한다. 명제는 주어와 술어와 계사로 이루어지는데, 여기서 계사는 한편으로 주어 술어를 분리하며 다른 한편으로 양자를 통일한다.

헤겔은 이 관계를 음악에서 박자와 음의 세기 사이의 결합을 통해 전개되는 리듬에 비유한다. 음의 세기는 차이에서 나온다. 그것은 명제

---

96 여기서 '내용을 담지하는 주어'는 사변적 명제 운동에서 그 출발점이었던 개별 대상인데 사변적 명제에서는 개별 대상이 술어 즉 실체의 산물로 된다.

에서 주어와 술어의 분리를 의미할 것이다. 박자란 곧 명제에서 주어 술어의 통일적 관계를 말하는 것이다. 리듬이 박자와 음의 세기 사이의 결합이듯, 명제는 주어 술어 사이의 분리와 통일의 결합이다.

2) 사변적 명제란 개념이 자기를 분화해 다시 통일로 복귀하는 과정을 표현하니 개념의 운동을 전개하는 학문은 이런 사변적 명제를 통해 표현돼야 한다. 헤겔은 학문의 출발점에서 즉 일상적 명제에서는 주어와 술어는 서로 대립하는 것이 우위에 있다. 여기서 주어에 술어가 귀속한다. 그러나 마침내 학문의 끝에 이르면, 주어와 술어가 통일된다. 이 때는 일상적 명제에서 술어인 일반적 실체가 주어로 되고 일상적 명제에서 개별 대상이 술어가 될 때다. 예를 들어 생물은 유기적 통일체라는 명제에서 개별 대상인 생물체는 그 본질인 유기적 통일체가 실현된 하나의 현존이다.

3) 헤겔은 여기서 사변적 명제를 예를 들어 설명한다. 헤겔은 '신이 존재한다'라는 명제나, '실제로 존재하는 것은 일반적인 것이다'라는 명제는 일상적 명제가 아니라 사변적 명제로 해석돼야 한다고 말한다. 그러므로 위의 예에서 술어 즉 존재나, 일반적인 것은 일상적 명제에서 술어가 아니라 사변적인 의미에서 술어다. 그러므로 이 술어는 대상에 대해 무관한 일반적 술어거나 인식하는 주관이 주어에 부가하는 것이 아니다. 이 술어는 그 자체가 하나의 주체로 돼서, "주어의 역할을 한다." 이 술어는 자기를 대상으로 산출하니, 그것이 바로 주어로 지시된 대상이다. 그러므로 주어인 대상은 술어로서 "내용에 더욱 깊이 몰입하는 것"이다. 술어는 이제 고정된 독립적 술어에 머무르지 않고 술어 자체가 그동안 "내용의 주어"였던 개별 대상을 산출하게 된다. 사변적 사유는 주어에서 술어로 다시 술어에서 주어로 되돌아오는 운동 가운데 존재한다.

63) 〈SK 60:10~27〉〈FM 44:25~37〉

철학적 저서에 관한 불평은 어떤 개인에게 철학 저서를 이해하는 데 필요한 교양의 나머지 조건이 눈앞에 있을 때라면 대부분 지금까지 얘기된 익숙지 않은 방해 요인[사변적 명제]에 원인을 둔다. 철학 저서에 대해서 자주 가해지는 천편일률적인 불평은 상당히 많은 저서가 여러 번 되풀이해서 읽혀야 비로소 이해될 수 있다는 점인데, 우리는 그런 불평의 근거를 지금까지 거론된 내용에서 알 수 있다. ―이런 불평은 어떤 부당한 막말[Letztes]을 포함한다고 말해지기는 하지만, 그래도 그런 비난의 근거를 들어보면 더는 말문이 막히고 만다. ―그와 같은 불평이 일어나는 사정이 과연 어떤 것인지는 위에서 제시된 것을 통해서 밝혀진다. 사람들은 철학적인 명제가 하나의 명제로 제시되므로 그런 명제에서도 주어와 술어가 일상적인 방식으로 관계하고 있으며 일상적인 지식[Wissen]에서의 관계를 취할 것으로 생각한다. 지식[Wissen]에 대한 일상적인 태도나 사람들의 생각은 철학적 명제의 내용을 파괴한다. 사람들의 생각은 철학적 명제에서는 자신이 생각하는 것과는 다른 어떤 것이 생각된다는 것을 경험한다. 사람들이 그런 생각을 고치기 위해서는 철학적 명제로 되돌아가서 그 명제를 이제 다른 방식으로 파악하는 인식[Wissen]이 필요하다.

64) 〈SK 60:28~36〉〈FM 45:1~7〉

여기서 회피하기 정말 어려운 것은 사변적인 방식과 논증적 방식을 뒤섞는 것이다. 이때 전자[사변적 방식]에서는 주어에 관해 말해진 것[술어]이 그 주어의 개념에 해당하는 것을 의미하며 후자[논증적 방식]는 주어에 관해 말해진 것은 주어에 속하는 술어나 우연성을 의미하는 데 그친다. ―여기서 하나의 사유 방식은 다른 하나의 사유 방식을 교란하게 될 것이다. 철학적 진술은 명제의 각 부분이 일상적인 방식으로 관계하는 것을 엄격하게 배제해야만 비로소 함축성이 풍부한 명제[plastisch]에 도달할 수 있을 것이다.

65) ⟨SK 61:1~25⟩⟨FM 45:7~24⟩

사변적인 사유가 아닌 것[논증적 사유]도 사실 자신의 권리를 지니긴 하지만, 다만 사변적인 명제의 방식이 그런 사유를 무시하는 것은 정당하다. 명제의 형식이 지양될 때도 이것은 다만 **직접적**인 방식으로 즉 명제의 단순한 내용을 통해서 일어나서는 안 된다. 오히려 여기서는 그것과 반대되는 운동[97]이 언표돼야 한다. 즉 이런 운동은 앞에서 언급했듯이 [일상적 명제에 대한] 내적인 교란이어야 할 뿐만 아니라 나아가서 개념이 자기 내로 복귀하는 과정이 **서술**돼야만 한다. 이런 운동은 예전의 증명[98]이 수행해야 했던 것을 완성하는 가운데 명제 자체의 변증법적 운동으로 된다. 오직 이 변증법적 운동만이 참으로 사변적인 것이며 그런 변증법적 운동을 분명하게 언표하는 것만이 사변적인 서술이다. 사변적인 것이 명제로 표현되는 한, 그런 명제는 단지 [사변적인 내용을] **내적**으로 방해하는 것을 의미할 뿐이며 본질의 자기 내 복귀가 **현존하지 않는다**는 것을 의미할 뿐이다. 따라서 우리는 철학적 진술이 자주 **내적** 직관의 지시를 따르고 이를 통해 우리가 요구했던 명제의 변증법적 운동에 관한 서술은 생략되는 것을 본다. ―**명제**는 참된 것이 **무엇인가**를 표현하지만, 참된 것은 본질상 주체일 따름이다. 참된 것은 이런 주체인 한에서 다만 변증법적으로 운동하는 것이며, 그 길은 이처럼 자기 자신을 산출하면서 앞으로 나가고 다시 자기에게로 복귀하는 과

---

97 명제의 내용을 부정하는 것이 아니라 일상적 명제의 형식을 지양하는 것을 말한다.

98 여기서 증명은 여기서 칸트의 선험적 연역을 의미한다.

정이다. ─예전의 인식에서 증명이란 것은 [명제의] 내적인 의미[사변적 의미]를 언표하는 측면에 해당한다. 그러나 변증법이 증명과 구분된 것인 한 철학적으로 증명한다는 것의 개념은 사실상 역할을 상실한다.[99]*

*FM주 ⟨45:23⟩ 증명과 변증법을 구분하는 것을 옹호하는 두 가장 중요한 사람은 헤겔이 보기에 아리스토텔레스와 칸트일 것이다. 아리스토텔레스는 변증법을 개연적인 문장에서 나오기에 엄밀한 논증과는 구분되는 토픽으로 이해한다. 참조: 아리스토텔레스Aristoteles, 『토픽』, *Opera*, 100a. 칸트는 『순수이성 비판』에서 변증법을 가상의 논리학이라 본다. 특히 『순수이성 비판』, B판, S. 85f 참조.

66) ⟨SK 61:26~62:20⟩⟨FM 45:25~46:14⟩

이 점과 관련해 상기해 둘 것은 변증법적 운동 역시 마찬가지로 명제를 자신의 부분이나 지반으로 삼고 있다는 것이다. 이렇게 볼 때 앞에서 제시된 어려움은 끊임없이 되풀이되는 것으로 보이며, 말하자면 [철학이라는] 과제[Sache]의 본성 자체에 속한 어려움인 듯이 보인다. ─이런 사정은 일상적인 의미에서 증명[논증]이란 것에 출현하는 것과 비슷하다. 여기서 증명의 근거로 쓰이는 것은 다시 자기의 근거를 요구하며 이렇게 무한하게 이어가는 요구가 등장한다. 그러나 근거 관계나 조건 관계의 형식은 변증법적 운동과는 서로 다른 일상적 증명에 속하는 것이므로 외적인 인식 행위에 속하는 것이다. 변증법적 운동에 관해 말하자면 그 지반은 순수 개념이므로 이런 운동이 지니는 내용은 그 내

---

99 헤겔이 증명과 변증법을 구분한 이유는 증명이 칸트의 연역에서 보듯이 원래 사변적인 변증법을 의미했는데, 자주 오해돼 논증으로만 이해됐기 때문이다. 이제 변증법의 사변적 의미를 확립했으니, 앞으로 증명보다는 변증법이라는 말을 쓰겠다는 말이다.

용 자체에 존재하는[an ihm selbst] 주체를 통해 형성된 것이다. 그러므로 여기에는 근저에 놓여 있는 [고정된] 주어처럼 자기 관계할 뿐일 내용은 출현하지 않는다. 또한, 어떤 내용에서도 그 의미가 [외적인] 술어로서 [주어에] 귀속될 것은 아니다. [여기서] 명제 형식은 단도직입적으로 말해 텅 빈 형식에 그친다. -감각적으로 직관되거나 표상되는 [vorgestellten] 자아 바깥의 단지 이름으로서 이름만[der Name als Name: 고유명사]이 순수한 주어 또는 개념적으로 파악되지 않은 텅 빈 하나[Eine]를 표시한다. 이런 이유에서 예를 들자면 신이라는 이름은 피하는 편이 도움으로 될 것이다. 왜냐하면, 이 신이라는 말은 직접 본다면 [이름인] 동시에 개념일 수는 없고 다만 본래의 이름 즉 그 근저에 놓여 있는 주어가 확고하게 자리 잡는 고정점이기 때문이다. 그에 반해서 예컨대 존재나 하나[Eins], 개별성, 주체 자체 등등과 같은 낱말은 직접 개념을 암시하는[andeuten] 말이기 때문이다. -그와 같은 주어[신]에 관해 사변적인 진리가 언급된다 하더라도 이때 그런 진리에는 내재적인 개념이 없다. 왜냐하면, 그 내용은 단지 정지한 주어의 자리에서 출현하기[vorhanden] 때문이다.[100] 이런 식으로 한다면 사변적 진리는 쉽게 단순히 마음을 경건하게 하는 형식을 띠게 된다. -그러므로 이런 측면에서 볼 때 사변적 명제를 이해하는 장애는 사변적인 술어를 명제의 형식으로 파악하고, 개념이나 본질로 파악하지 않는 습성에서 원인을 두므로 철학 강의[Vortrag]가 얼마나 책임 있게 서술하는가를 통해 이런 장애는 증대될 수도 또는 줄어들 수 있다. 철학에서의 시술[Darstellung]은 사변적인 것의 본성에 충실하게 변증법적 형식을 취해야만 할 뿐만 아니라 또한, 여기에는 개념적으로 파악되지 않았거나 개념 그 자체가 아

---

100 주어가 지시하는 대상의 본질을 직관하려는 것을 말한다.

닌 어떤 것도 끌어들여서는 안 된다.

[해제] 1) 헤겔은 이상과 같이 사변적 명제의 특징을 서술한 끝에 이제 철학의 어려움을 서술하면서, 「서문」을 끝내게 된다.
헤겔에 따르면 철학은 명제 형식을 취하지 않을 수 없다. 그러나 이런 명제의 형식은 철학적 명제가 지닌 사변적 의미를 파괴하므로, 철학적 명제를 본래 의미와 다른 것으로 만든다. 즉 철학적 명제에서 술어는 그 자체가 주체인데도, 사람들은 이를 일상 명제에서처럼 주어에 귀속하는 술어나 우연성으로 여긴다는 것이다.
예를 들어 '신은 존재다'라는 명제를 보자. 이런 명제가 일상적 명제로 해석될 때 술어는 바깥에서 결합하는 우연성이며 주어인 신은 어떤 고정된 대상을 지칭하는 텅 빈 이름으로 될 뿐이다. 이는 스스로 운동하는 실체의 참된 의미를 드러내지 못한다.
2) 그 결과 철학은 난해함을 피할 수 없다. 이런 어려움 때문에 철학에서는 직관적인 방식으로 주어가 지시하는 내용에 도달하려 한다. 그러나 그 결과는 그 내용은 그저 사람을 경건하게 만드는 직접 지로 전락했다.
또는 철학은 일상적 의미에서 증명 즉 논증으로 나간다. 이런 논증은 어떤 술어가 주어에 속한다는 것을 증명하고자 근거를 요구하지만, 그런 근거는 다시 또 자기의 근거를 요구하니, 이런 증명은 무한 진행에 그친다.
3) 직관적 방식이나 논증은 철학적 개념이 지닌 자기 운동 즉 변증법적 운동을 파악하지 못한다. 변증법은 술어가 "내용 자체에 존재하는 주체며" "자기를 [주어로] 산출하면서 앞으로 나가고 다시 자기에게로 복귀하는 운동이다."
예전에 칸트가 말한 증명이라는 것은 사실은 이런 사변적 내용을 표현하는 것이었지만, 그것을 표현하는 방식은 일상적 명제였으므로, 그 참된 의미가 왜곡되고 말았다. 그러므로 이런 사변적 명제는 개념의 변증법적 운동으로 파악돼야 한다고 말한다.

67) ⟨SK 62:21~63:20⟩⟨FM 46:15~36⟩

그런데 논증적 태도에 못지않게 또한, 비 논증적인 공상을 통해 기정사실화된 진리에 이르는 길도 철학 연구에는 도움으로 되지 못한다. 그때 진리의 소유자는 공상을 반추할 필요도 없는 것으로 여길 뿐 아니라 심지어 그러한 진리를 근원적인 것으로 삼고 그 진리를 언표할 수 있다고 믿으며 또한, 그 진리를 행위의 준거로 삼거나 그 진리를 통해 [타인을] 심판할 할 수 있다고 믿는다. 이런 측면으로 볼 때 다시 철학한다는 것을 참으로 진지한 과업으로 여기는 것이 특별히 필요하다. 다양한 종류의 학문이나 예술 또는 숙련이 필요한 기술과 수공예에 대해서도 사람들은 그런 것들에 숙달되기 위해서는 반드시 이를 배우고 익히는 데 갖은 노력이 필요하다고 확신한다. 그러나 이와는 달리 오늘날 철학에 관해서는 어떤 편견이 지배하는 듯하다. 말하자면 눈과 손가락을 지니고 게다가 가죽이나 도구까지 장만했다고 해서 누구나 곧장 신발을 만들 줄 아는 것은 아니라 하더라도 철학에 관해서만은 누구나 바로 철학적으로 사유하고 또 철학을 평가할 수 있다고 생각한다. 그 이유는 누구나 타고난 이성에서 철학을 위한 척도를 소유하기 때문이라 한다. 그렇다면 누구나 [구두장이로 되기 위해] 자기의 발을 구두의 척도로 삼으면 되지 않을까? −사람들은 철학에 관해 이것저것 알아보고 [Kenntnissen] 연구하는 것도 전혀 없이 이미 철학을 완전히 터득했다는 듯이 생각하고 그런 알아보고 연구하는 것을 시작해야만 할 지점에서 철학 하는 것을 중단하려는 것처럼 보인다. 철학은 자주 공식으로 이루어지고 아무런 내용도 없는 지식으로 여겨지곤 한다. 이때 전혀 없는 것이 있다면 그것은 어떤 앎[Kenntnis]이나 학문[Wissenschaft]에서 내용만을 놓고 보면 진리일 수 있는 것도 그것이 오직 철학에서 생겨났을 때라야만 진리라는 명칭을 얻을 자격이 있다는 깨달음이다. 여기에 또한, 없는 것은 다른 모든 학문이 철학의 도움이 없어도 논증적인 사유만으로 그가 원하는 만큼 많이 시도할 수는 있지만, 철학이 없으면 그 모든 학문 속에서 아무런 생명도, 정신도 그리고 진리도 싹트게 할 수는 없을 것이라는 깨달음이다.

17 자연 발생적 철학의 두 가지 방식 즉 건전한 상식과 천재성

68) 〈SK 63:21~64:8〉〈FM 46:37~47:15〉

여기서 본래의 의미에서 본 철학과 관련해 관찰되는 하나의 사실을 거론해 보자. 그런 관찰에 따르자면 사람들은 교양이 성숙해온 오랜 길에 걸쳐서, 즉 정신이 마침내 지식에 이르는 심원하면서도 그에 못지않게 풍요로운 운동에 걸쳐서 어느 때나 그저 건전한 인간 상식만 지니면 다른 지식은 물론이며 본래의 철학적 태도에 관해서도 노력하거나 훈련한 적이 없더라도 이런 상식을 아무런 거리낌 없이[unmittelbar] 신적인 것에 관한 직접적인 계시와 완전히 같은 것으로 여긴다. 심지어 사람들은 마치 치커리가 커피의 대용품으로 유명하다고 말할 때와 같이 그런 상식을 신적인 것의 계시에 대해 탁월한 대용품으로 여기고 있다. 쳐다보는 것조차도 싫은 하나의 사실을 전하자면 무식하고 예의도 취미도 없는 전적으로 저속한 무리가 자신의 사유를 어떤 추상적인 명제에 집중하거나 더욱이 여러 개의 명제 사이의 연관성에 집중하지 못하면서도 때로는 사유가 자유롭고 관용적이어야 한다고 단언하거나 때로는 그런데도 또한, 천재적이어야 한다고 단정한다.* 이 천재적이라는 주장은 요즈음 철학에서 유행하고 있으니 이는 잘 알려져 있듯이 한때

는 문학[Poesie]에서도 마찬가지로 유행한 적이 있다. 이런 천재성에서 나오는 생산에 어떤 의미가 있었다면 그런 생산이 문학이 아니라 시시껄렁한 잡문을 산출했다는 것이고 만일 이런 잡문 수준을 넘어간 것이 있다면 정신 착란적인 말을 산출했다는 것이다. 그처럼 요즈음 소박한[natürliches] 철학적 태도는 너무나도 태연하게 자기를 개념으로 여긴다. 그런 소박한 철학적 태도는 개념이 없으므로 오히려 자신을 직관적이며 문학적[poetisch]인 사유로 여긴다. 그러면서 이런 철학적 태도는 자신의 사상 때문에 상상력이 다만 해체됐을 뿐인데도 그런 해체된 상상력이 자의적으로 조합한 것을 시장에 내놓으니-이렇게 만들어진 산물은 물고기도 아니고 살코기도 아니며 문학도 아니고 그렇다고 철학도 아니다.

*FM주 〈47:7~15〉 헤겔은 여기서 일반적으로 시사한 것이지만, 이 내용은『예나 노트』와『철학사 강의』에 접근함을 통해서 좀 더 명확하게 규정될 수 있다.

[해제] 1)『예나 노트』에서 헤겔은 괴레스J. Görres, 바그너J. J. Wagner를 철학적 천재 시대를 대변하는 자로 부른다. 참조: 헤겔G. W. F. Hegel,『예나 노트』, 10권,『전집』, 5권: "시에서 천재 시대가 있었듯이 현재는 철학적 천재 시대인 것처럼 보인다. .. 괴레스와 바그너가 그렇다." 이에 관해서는 괴레스,『신앙과 지식』, S. 100, 111, 특히 103 참조; "시적인 천재에서 의식적 행위와 무의식 행위의 결합이 표현될 뿐만 아니라, 철학적 천재 역시 더 높은 힘의 은총이다. ... "나아가 바그너,『이상 철학의 체계』, LV, S. 187, 248ff 참조

2) 헤겔은 카이슬러를 자유와 개방적 사유 그리고 천재성의 철학자로 고려한다. 카이슬러는 철학적 관용의 의무를 가르치는 예를 소개한

다. 카이슬러A. B. Kayßler,『최근 철학에 대한 비판적 역사 시론』, 1권, S. 214 참조. 또한, S. 79 참조: "그러나 그는 학문을 천재적으로 가공하는 것만이 참된 가공이라고 여긴다."

3) 철학적 천재 시대와 질풍노도의 시대와 비교에 관해서는 다음을 참조하라: 헤겔,『철학사 강의』,『전서』15권, S. 15, 681f.

4)『철학사 강의』에서 한 구절에 근거해 가정될 수 있는 것과 같이 헤겔이 〈47:14~15〉에 언급된 내용은 프리드리히 슐레겔의 선험적 문학을 시사한다. 참조: 헤겔G. W. F. Hegel,『철학사 강의』,『전서』, 15권, S. 643: "... 문학은 개념의 일반성과 규정성 그리고 형태의 무차별성 사이에서 동요한다. 그것은 살코기도 물고기도 아니고 문학도 철학도 아니다." 문학과 철학의 통일에 관한 슐레겔의 요구에 관해서는 다음을 참조하라: 슐레겔Friedrich Schlegel,『이념』,『아테네움』, 3권, S. 267: "철학과 문학이 분리되는 한 창조될 수 있는 모든 것이 창조됐고 완성됐다. 그러므로 이제는 양자를 결합하는 시대가 왔다."

69) 〈SK 64:9~65:7〉〈FM 47:16~48:4〉

그런 천재적 철학에 반해서 소박한 철학적 태도는 건전한 상식이라고 하는 좀 더 편안한 침대 위에서 활개를 치면서 기껏해야 평범한 진리를 온갖 수사를 동원해 최고의 진리로 만든다. 이때 만약 그와 같은 철학적 태도에 대해 그런 진리는 무의미한 것이라고 비난하면 그런 철학적 태도는 이를 반박하면서 철학의 의미와 내용은 자기의 심정 속에 자리 잡고 있으며[vorhanden] 그러니 타자의 심정 속에서도 자리 잡고 있음이 틀림없다고 단언한다. 그 이유는 이 소박한 철학적 태도는 일반적으로 심정의 무구함이나 양심의 순수성 등과 같은 것을 말하면 그것으로 모든 것은 끝이라고 생각한다. 이런 심정과 양심에 대해 이의를 제기하는 것도, 그 이상의 어떤 것을 요구하는 것도 있을 수 없다는 것이다. 그러나 여기서 문제가 되는 것은 그 어떤 최상의 것일지라도 내면에만 머물러 있을 것이 아니라 그 수직의 구덩이로부터 밖으로 끌려나와야 한다는 것이다. 그와 같은 종류[내면의]의 궁극적 진리를 제시하려는 노력이라면 굳이 할 필요도 없었을 것이다. 왜냐하면, 그러한 내면의 궁극적 진리는 오래전부터 아마도 기독교의 교리문답이나 대중을 위한 격언집 등에서 발견될 수 있기 때문이다. -그러한 진리가 지닌 모호함이나 왜곡을 파악하는 것이나 그런 진리를 믿는 의식에 그 자신과 곧바로 반대되는 진리를 그 자신으로부터 끌어내서[in ihm selbst] 제시하는 것은 힘든 일이 아니다. 그런 내면의 진리를 믿는 의식은 자기 자신의 안에서 빚어진 혼란을 벗어나려고 노력하는 가운데 오히려 새로운 혼란에 빠지며 마침내 짜증을 내면서 최종적으로 단언하건대 그건 **이러이러한** 것일 뿐이며 저러저러한 것은 **궤변**에 지나지 않는다고 한다. -이런 말은 흔히 속된 인간 상식이 성숙한 이성을 비방할 때 항상 내놓는 판에 박힌 말이다. 이는 철학에 관해 무지한 자들이 철학은 **몽상**이라는 표현을 영원토록 되풀이하는 것과 마찬가지다. -앞서 말한 사람은 감정을 그에 내재하는 신탁으로 보고 이에 호소하는 가운데 자기와 견해를 같이하지 않는 사람에 대해서는 거들떠보려고도 하지 않는다. 즉 그는 자기와 같은 것을 스스로 마음속에서 찾아내거나 느끼지 않는 사람은 그 누구와도 얘기조차 나눌 필요가 없다고 선언하지 않을 수 없다. -달리 말하자면 이런 사람은 인간성의 뿌리를 발로 짓밟는다. 왜냐하면, 인간성의 본질은 타인과 합일을 추구하는 데 있고 또한, 그런 인간성을 실존하게 하는 것은 다만 공동의 의식이 성립하는 데서 가능하기 때문이다. 감정에 안주하면서 감정을 통해서만 자신을 전달하려고 하는 것은 다름 아닌 인간성에 반하는 것 즉 동물적인 것이다.

18 맺는말: 작가의 독자에 대한 관계

70) ⟨SK 65:8~34⟩ ⟨FM 48:5~24⟩

만약 누군가가 학문에 이르는 왕도[王道]가 있는가를 묻는다면*1 이에 대해서 가장 쉽게 들을 수 있는 답변은 건전한 상식을 믿고 나아가 시시각각 발표되는 철학을 좇아가면서 철학 저서에 관한 논평이나 심지어는 그러한 저서의 서문 아니면 단지 처음 몇몇 구절을 읽어보라는 말일 것이다. 왜냐하면, 이런 것들[서문이나 첫 구절]은 그 저서의 핵심으로 되는 일반적 원리를 제시해 줄 뿐만 아니라 또한, 그런 것[논평]은 그 저서에 관해 역사적으로 유의할 점과 그 밖에도 비평을 제공할 것이기 때문이다. 심지어 그런 비평은 비평인 한에서 비평의 대상보다 나은 것으로 될 것이다. 이와 같은 상식의 길을 가는 데는 실내복 차림으로도 충분하겠지만, 영원한 것, 성스러운 것 그리고 무한한 것과 같은 고상한 감정을 주는 것은 고귀한 사제의 예복을 입고 걸어가야 할 것이다.*2 – 그런데도 상식의 길을 가는 것 자체가 이미 직접적인 존재의 중심에 맞닿아 있으며 심오한 독창적 이념과 순간적으로 번득이는 고귀한 사상을 낳게 하는 천재성으로 여겨진다. 그러나 그와 같은 심오함이 아직 본질의 원천을 계시해 주지 않듯이 그 불화살이 아직 천상계[Empyreum]는 아니다. 참된 사상과 학문적 통찰은 개념의 노동 속에서만 얻을 수 있다. –오로지 개념만이 일반적인 지식을 산출할 수 있다. 왜냐하면, 일반적 지식이란 속된 인간 상식에서 흔하게 나타나는 규정상 모호한 것이나 내용상 빈곤한 것이 아니라 성숙하고 완전한 인식을 가리키는 것이기 때문이다. –더 나가서 일반적 지식이란 천재기는 하지만, 나태하고 자만함 때문에 이성적 소질이 손상된 데서 비롯된, 누구도 이해하지 못하는[ungemein] 일반적 지식이 아니고 오직 자신의 고유한 형식을 성취하기에 모든 자기 의식적인 이성의 소유물로 될 수 있는 진리다.

*¹ FM주 〈48:5〉 헤겔은 프로클로스Proklos를 통해 전해진 에우믈레이데스를 시사한다. 유클리드에 따르면 기하학으로 가는 왕도는 가능하지 않다. 참조: *Procli diadochi*, libri IIII. S. 39: "또한, 프톨레마이오스가 유클리드에게 짧은 기간 어떤 형태의 기본 기하학을 습득할 수 있게 해달라고 요청하자 그는 기하학으로 이어지는 그렇게 할 방법이 없다고 대답했다고 한다."

*² FM주 〈48:12~17〉 헤겔은 여기서 괴레스J. Görres, 바그너J. J. Wagner를 염두에 둔다. 그들은 『예나 노트』에서 비슷한 표현으로 비판됐다. 참조,『예나 노트』, Nr. 10, 13행,『전집』, 5권: "시적 천재 시대가 있었듯이 현재는 철학적 천재 시대처럼 보인다. 그들은 탄소, 산소, 질소, 물의 원소[stoff]가 합성된 물질을 다른 사람들이 극성[Polarität] 등으로 기술한 종이 속에 끼워 넣고 나무 꼭지를 비워둔 채 공중으로 쏘아 올리는 것으로 천상의 세계를 서술한다고 생각한다. 그러므로 괴레스, 바그너와 다른 사람들도 그렇다. 가장 소박한 경험과 원소나 극성을 이용한 형식주의가 이성이 없는 유추와 도취한 사유의 섬광을 장식한다."

영원하고 성스럽고 무한한 것에 관해서는 다음을 참조하라: 바그너,『이상 철학의 체계』, S. 28: "그러나 우리는 지성을 존중한다. 이 지성이 유한한 존재의 한 측면이기 때문이며, 유한한 존재의 완전한 본질에 함께 들어가기 때문이다. -그러나 항상 우리에게는 다만 영원한 것만이 성스러우며, 유한한 것이 독자적으로 어떤 것으로 되려고 할 때 이는 경멸 된다."

이에 더해 다음을 참조: 괴레스I. Görres,『신앙과 지식』, S. 23ff, 47ff, 108, 115f 특히 112: "그리고 신적인 것에 관한 학문이 신성에 관해 우리에게 가르치는 것은 특히 신적 본성이 지닌 한 측면일 뿐이다. 또한, 그것은 신적 본질에서 정신적인 것에 속하는 것 즉 이념이다. 지성은 이성을 꿰뚫어 본다. 그것은 마치 광선의 눈을 통해 신적인 것들이 사는 천상계 속으로 들여다보는 것과 같다. 지성은 그곳에서 탁월한 영혼을 알아차리면서 자신을 더욱 높이 들어 올리면서 가장 성스러운 것에, 이념의 이념에, 절대자의 이념에 이른다. 이 이념은 신적인 사상에 대해 본질의 본질 속에 있는 모든 것을 자체 내에서 파악한다."

헤겔은 에셴마이어의 성스러운 것에 관한 담화를 염두에 두는 것으로 보인다. 참조: 에셴마이어Carl August von Eschenmayer, 『은자와 이방인, 성스러운 것과 역사에 관한 담화』, S. 25: "성스러운 것은 관념과 이념 속에서 인식에 대해서 직접 관계하지도 않으며, 인간의 행동에 대해서도 직접 관계하지 않는 것이다. 네가 내가 말하는 것이 모호하다고 여긴다면, 네 속에서 같은 견해와 같은 감정을 각성하지 못하는 단지 빈말이라도 나에겐 자유자재로 허용되기 때문으로 생각하라. 그리고 나는 최상의 것을 발견하기 위해 비열한 것이나 저급한 것의 어떤 것도 빌려와서는 안 되며 오히려 나는 이런 모든 것을 스스로부터 멀리할 수밖에 없기 때문으로 생각하라."

[해제] 67~70 구절에서 헤겔은 그의 시대를 지배하는 철학에 대해 비판한다. 그가 비판하는 대상은 공상이나 상식적 철학, 천재의 철학, 직관의 철학 그리고 서문이나 논평 정도나 읽는 철학이다. 그는 각자에 대해 촌철살인의 경지로 비판한다.

우선 헤겔은 철학은 건전한 상식만 가지면 쉽게 이해되는 것은 아니라 한다. 그런 주장에 대해 구두장이도 자기의 기술을 배워야 한다고 생각하는데, 오직 이 사람들만은 철학은 타고난 이성만 지닌다면 저절로 된다고 믿는다고 비판한다. 헤겔은 건전한 상식으로 철학은 충분하다고 보는 입장도 비판한다. 그에 따르면 이런 사람들은 신에 관한 지식이 "치커리가 커피의 대용품이라는" 정도의 지식에 지나지 않는다고 본다는 것이다.

또한, 헤겔은 철학은 천재적인 직관과도 다르다고 한다. 직관은 자신을 천재로 여기지만, 한때 천재의 문학이 시시껄렁한 잡문만을 생산한 것과 마찬가지로 실제로는 정신 착란적인 것만을 산출할 뿐이다. 또는 문학적 상상력을 통해 철학에 이른다는 주장 역시 마찬가지로 자의적인 조합만을 만들 뿐, "그것은 물고기도 아니고 살코기도 아니며, 문학도 아니고 철학도 아니다"라고 한다.

마지막으로 헤겔은 양심과 심정에 호소하는 낭만주의를 비판한다. 이들은 심정을 통해 진리를 인식하므로 자신이 심정을 통해 알아낸 진리는 타인이 받아들이지 않는다면 그는 심정이 순수하지 못하기 때문이라고 믿는다. 결국, 오만한 가운데 타인과 공동체를 형성하지 못하니, 동물적 존재와 다름이 없다는 것이다. 그들이 얻는 내면의 진리란 "자신의 안에서 빚어진 혼란을 벗어나려고 노력하는 가운데 오히려 새로운 혼란에 빠지며 마침내 짜증을 내면서 최종적으로 단언하는 것"에 그친다. 그들은 자신의 진리에 대해 반대되는 진리를 다시 내면으로부터 끌어내는 것도 여반장이다.

이어서 헤겔은 철학을 배울 필요를 다시 한번 강조한다. 그저 철학에 관한 평론이나 책의 서문 정도만 읽고 철학을 할 수는 없다. 그런 것은 헤겔의 비유에 따르면 실내복에 해당한다. 상식의 길은 실내복을 입어도 되지만, 이념의 길은 "사제의 예복을 입고 가야 한다"라고 말한다. 여기서 사제의 예복이란 곧 진지한 개념의 노동을 의미할 것이다.

이런 개념의 노동을 통해서만 모호하고 빈곤한 사상이 아니라 성숙하고 완전한 인식을 얻을 수 있으며, 아무에게도 이해되지 않는 것이 아니라 모든 자기 의식적 이성을 지닌 사람이면 누구나 이해할 수 있는 것으로 될 수 있다. 그러므로 헤겔은 설혹 철학이 아닌 방식으로 진리에 도달했다고 하더라도, "철학 때문에 생겨났을 때라야만 진리라는 명칭을 얻을 수 자격이 있다"라고 한다.

71) ⟨SK 65:34~67:12⟩⟨FM 48:25~49:22⟩

　나는 지금까지 학문이 실존할 수 있게 하는 방법을 개념의 자기 운동에 두었다. 그러나 진리의 본성이나 그 형태에 관해 우리 시대가 지닌 통념[Vorstellungen]을 관찰하면, 이런 통념에 속하는 것으로 이미 소개한 측면이나 그 밖의 외적 상황의 측면은 위에서 말한 학문의 방법에 배치되고 심지어 대립한다. 이런 관찰은 학문의 체계를 그런 규정 속에서 서술하려는 우리의 시도가 호의적으로 수용되는 것을 기대하지 못하게 하는 것으로 보인다. 그런데 여기서 한 가지 사실은 고려할 수 있을 것이다. 예컨대 플라톤 철학의 탁월한 점이 학문적으로 아무런 가치도 없는 그의 신화에서 놓여 있었던 때도 때때로 있었다. 심지어 한때 존재했던 이른바 몽매[蒙昧]의 시대에서는 아리스토텔레스의 철학이 그것이 지닌 사변적 심오함 때문에 존중되고 나아가서는 아마도 고대 **변증법**의 가장 위대한 예술작품이라고도 할 플라톤의 저서『파르메니데스』가 **신적 삶**을 참으로 드러내며 또한, **적극적으로 표현한 것**으로 여겨졌다.*1 그뿐만 아니라 이런 몽매의 시대에는 심지어는 **무아의 경지**가 산출하는 것이 많은 점에서 모호하지만, 무아의 경지가 오해된 채 사실상 다름 아닌 **순수한 개념**이라고 가정됐다. ─나아가 내가 여기서 고려하는 또 하나의 사실은 우리 시대의 철학이 지니는 탁월한 점은*2 그 가치를 학문적인 것[Wissenschaftlichkeit]에 두고 있으며 누가 뭐라 그러든 다만 학문적인 것을 통해서만 사실상 그 가치를 인정받는다는 것이다. 위에서 말한 사실을 고려해 볼 때, 학문을 개념에 되돌려주고 학문을 그것의 고유한 지반 위에서 서술하려는 시도가 사태 자체에 내재하는 내적 진리를 통해 학문에 들어가는 문을 만들어 줄 수 있을 것이라는 희망을 나는 또한, 버릴 수 없다. 우리가 확신하지 않을 수 없는 것은 참된 것은 그것의 때가 오면 뚫고 들어가는 본성을 지닌다는 것이며 또한, 참된 것은 때가 왔을 때만 현상하므로 그것은 지나치게 앞질러서 나타나는 법도 없거니와 또한, 그것을 이해할 만큼 성숙한 독자를 만나지 못하는 법도 없다는 것이다. 이밖에도 또한, 우리가 확신할 수밖에 없는 것은 개인의 입장에서 볼 때 이런[때가 왔다는] 효과가 있어야 비로소 단지 자기만의 외로운 싸움[Sache]에 지나지 않았던 것을 그와 같은 참된 것에 비춰 입증할 수 있으며, 또한, 처음에는 단지 특수한 개인에 속하는 확신이 누구에게나 속하는 일반적인 것으로 경험할 수 있다는 것이다. 그러나 여기서 독자는 자주 독자를 대표할 뿐만 아니라 대변해 주는 것처럼 행동하는 사람과 구별될 수 있다. 전자[독자]는 여러 가지 면에서 후자[대변자]와 다를 뿐만 아니라 심지어 후자와 대립하기도 한다. 전자는 혹시 어떤 철학적 저서가 자기 마음에 내키지 않을 때도 오히려 선한 마음으로 그 책임이나 원인을 그 스스로 짊어지지만, 그에 반해서 후자는 자기가 유능하다고 확신하는 나머지 모든 책임을 저자에게 밀어 놓는다. 철학 저서가 독자에게 미치는 영향은 죽은 자들이 저희 죽은 자를 장사 지낼 때 하는 것보다*³ 더 은밀하다. 오늘날 일반 사람들의 식견이 더욱 성숙해졌고 그들의 호기심도 증대했으며 또한, 그들의 판단도 더욱 빨리 결정되니 마치 그대를 밖으로 데리고 나갈 자들의 발걸음이 이미 문 앞에 서 있는 것과 같다.*⁴ 그러나 이런 발걸음과 구별되는 좀 더 느린 영향이 있을 수 있다. 이런 느린 영향은 어떤 감탄을 자아내는 단언을 통해 주목을 강요하거나 마치 내동댕이치듯 비난하는 것을 바로잡으며 얼마의 시간이 지나간 뒤에야 비로소 약간의 사람들에게 공감[Mitwelt]을 얻는다. 반면 다른 일부의 사람들은 일정 시간이 지난 다음에는 더는 영향력[Nachwelt]을 미치지 못한다.

*¹ FM주 〈48:30~38〉 헤겔은 여기서 플라톤과 아리스토텔레스의 철학이 신플라톤주의에서 어떻게 수용됐는가에 관련하며 또한, 그의 시대 철학사에 관한 서술에서 신플라톤주의가 어떻게 평가되는지를 거론한다. 헤겔은 이를 상세하게 이를 설명하면서 처음에 아마도 프리드리히 슐레겔의 플라톤 해석을 염두에 두고 있을 것이다.

1) 슐레겔은 플라톤을 시인으로서 존중한다. "플라톤은 모든 종류의 그리스적 산문을 통일했으나 대체로 플라톤에게 고유한 것은 디트람보스[Dithyrambos] 산문이다. 이런 산문은 신비적이며 우는 듯한 산물을 의미한다." 참조: 슐레겔Friedrich Schlegel,『문학에 관한 대화』,『아테네움』, 3권,『비판 전집』, 2권 1부, S. 191 또한,『단편』,『아테네움』, 1권,『비판 전집』, 2권 1부, S. 304, 325. 슐레겔 자신은 철학과 산문의 통일을 요구한다.

2) 신플라톤주의를 몽상으로 묘사하는 것에 관해서는 다음을 참조하라: 티더만Dietrich Tiedermann,『사변 철학의 정신』, 3권, S. 270ff, 521ff. 한편으로 티더만은 인간 이성의 문제에 관한 플로티누스가 이바지한 것을 높이 평가하면서 다른 한편으로는 플로티누스의 체계에 부착된 몽상적 요소를 비판한다. 헤겔은 이미 다른 저술에서 티더만의 신플라톤주의 비판에 관해 거론한다. 헤겔,『예나 시대 비판적 논문』,『전집』, 4권, S. 207 참조

3) 헤겔은 특히 아리스토텔레스의 저서에 관한 주석을 염두에 둔다. 이 주석을 통해 신플라톤주의자가 아리스토텔레스를 존중하고 있음을 알 수 있다. 헤겔,『철학사 강의』,『전서』, 15권, S. 10, 36, 67, 93 참조.

4) 헤겔은 그의 해석에서 명백히 프로클레스Procles가 플라톤의『파르메니데스』대화편을 높이 평가한 것을 염두에 둔다. 헤겔은 프로클레스의 주석을 거론하지 않는다. 왜냐하면, 이 주석에 그는 접근하지 못

했기 때문이다. 그러나 플로티누스가 『신학』이라는 저서에서 플라톤의 『파르메니데스』를 상세하게 소개한 것이 있는데, 헤겔은 아마도 이것을 참조했을 것이다. 참조: 헤겔G. W. F. Hegel, 『철학사 강의』, 『전서』, 14권, S. 244; 15권, S. 76f

5) 망아, 황홀[extasis] 개념은 플로티누스의 철학의 핵심 개념을 표현한다. 이 개념에 대한 비판은 티더만, 『사변 철학의 정신』, 3권, S. 279 이하 참조. 또한, 불Johann Gottlieb Buhl, 『학문 부흥의 시대 이래 최근 철학의 역사』, 1권, S. 685~686. 불과 티더만은 근대 철학에서 망아, 황홀 개념의 의미를 참조한다.

*² FM주 〈48:38~39〉 헤겔은 칸트, 피히테, 셸링이 학문적 철학의 근거를 놓으려는 시도를 염두에 두고 있을 것이다. 참조: 칸트I. Kant, 『순수이성 비판』, B XXIII. 피히테는 철학은 '아는 체하기', '애호가의 자세', '현학적 태도'라고 불리는 이름을 지우고 학문이 돼야 한다고 한다. 참조: 피히테J. G. Fichte, 『학문의 개념 또는 소위 철학의 개념에 관해』, 『전집』, 1권, S. 44 셸링은 철학을 보편 학문의 지위에 올려놓는다. 참조: 셸링F. W. J. Schelling, 『철학의 체계로부터 더 상세한 서술』, 「다른 부분」, 『전집』, 4권, S. 411.

*³ FM주 〈49:15~16〉 마태복음 8장 22절: "예수께서 이르시되 죽은 자들이 그들의 죽은 자들을 장사하게 하고 너는 나를 따르라 하시니라"

*⁴ FM주 〈49:18~19〉 사도행전 5장 9절: "베드로가 이르되 너희가 어찌 함께 꾀해 주의 영을 시험하려 하느냐 보라 네 남편을 장사하고 오는 사람들의 발이 문 앞에 이르렀으니 또 너를 메어 내가리라 하니"

72) 〈SK 67:13~23〉 〈FM 49:23~30〉

이밖에도 일정한 시간이 지나면 정신이 지니는 일반적 측면이 더욱 강화되며 정신의 개별 측면에 대해서는, 마땅히 그렇게 돼야 하겠지만,

더욱 무관심해진다. 그렇게 되면 심지어 정신의 일반적 측면도 그것이 미치는 범위가 지속해서 완전하고 그 내용의 풍요함은 더욱 성숙하면서 이런 내용의 풍요함을 요구하니 정신의 전체 산물에서 개인의 활동에 원인을 둔 몫은 더욱 적어질 것이다. 그러므로 개인으로서는 더욱더 그 자신을 망각해야 하며 오직 그가 될 수 있는 것으로 돼야 하고 또 그가 할 수 있는 것을 해야 한다. 이것은 학문의 본성이 이미 그러한 결과를 동반하는 것과 마찬가지다. 개인 자신이 자기에 대해 더욱 적게 기대하고 자기의 몫으로 더욱 적게 요구해야 하듯 반대로 그런 개인에게 더 적은 것이 요구돼야 할 것이다.

[해제] 결론적으로 헤겔은 자기의 학문적 방법 즉 개념의 자기 운동이 그의 시대에 어떻게 받아들여지는가를 한편으로 우려하면서도 다른 한편으로 기대한다.

헤겔은 시대의 통념이나 외적 상황으로 볼 때 자기의 학문적 방법이 호의적으로 받아들여지기를 기대하기는 어렵다고 생각한다. 그렇지만 그는 희망을 잃어버리지 않는다. 그 이유로 그가 든 것은 우선 "사태 자체에 내재하는 내적 진리"가 학문이 확산하도록 만들어 줄 것이라는 확신이다. 또한, 이 시대는 학문을 요구하고 있으므로 이런 시대의 요구에 따라 학문의 방법이 대중적으로 받아들여질 가능성이 있다고 한다.

그러면서 그는 참된 것은 때가 돼야 떠오르며, 그것은 "지나치게 앞질러서 나타나는 법도 없으며" 때가 된 후에 "그것을 이해할 만큼 성숙한 독자를 만나지 못하는 법도 없다"라고 말한다. 헤겔은 그때가 되면 자신의 외로운 싸움을 대중이 이해해 줄 것이라고 믿는다.

여기서 헤겔은 대변자와 독자를 구분한다. 대변자는 자신이 유능하다고 믿으면서 모든 책임을 저자에게 돌려놓지만, 독자는 선한 마음으로 그 책임을 그 스스로 짊어진다. 헤겔은 철학 저서가 독자에게 미치는 영향은 마치 "죽은 자가 죽은 자를 장사 지내듯" 소리 소문도 없이 은밀하게 확산할 것이라고 믿는다.

헤겔은 마지막으로 그의 독자에게 호소하면서 학문의 시대가 문 앞에 다가왔으니 예수가 나를 따라나서라고 말하듯이 그의 독자들에게 학문을 따라나서라고 호소한다. 동시에 헤겔은 좀 더 느린 영향이 가능하다고 본다. 그런 느린 영향은 "감탄을 자아내는 단언"이나 "내동댕이치는 듯이 비난하는 것"을 바로 잡으면서 일정 시간이 간 다음 점차 사람들에게 공감을 얻는 것이다.

이렇게 되면 정신이 일반적 측면 즉 시대가 미치는 영향은 크고 개인이 미치는 영향은 적으니, 개인이 자기에 대해 적게 기대하듯 개인에게 적은 것이 요구돼야 한다고 말한다. 즉 헤겔 자신은 비록 불충분하게 설명하더라도 시대의 요구에 비춰 이해해 달라는 것이다.

1부 의식 경험의 학[101]

1부 현상하는 정신에 관한 학문[102]

---

101 '의식 경험의 학'은 본래 초고의 제목이었다. 1806년 2월 헤겔은 원고의 1부 (이성 장까지)를 출판사에 넘겨 그해 여름 출판사가 인쇄에 들어갔다. 이때 제목이 '의식 경험의 학'이었다. 그 후 1807년 겨울 나머지 원고를 제출하면서 '현상하는 정신에 관한 학문[Wissenschaft der Phänomenologie des Geistes]'으로 이름을 바꾸었다. 출판사는 일부에는 이미 인쇄된 제목에 더하여 새로운 이름을 인쇄한 것으로 보인다. 그 결과 초판의 일부에서 '의식 경험의 학'과 '현상하는 정신에 관한 학문'이 동시에 인쇄된다. 이 책의 표지에서 이름은 '학문의 1부『정신현상학』'이다.

102 　이 특이한 제목은 번역하기 곤란하다. 보통 '1부『정신현상학』의 학문'이라 번역하는데, 학문이 두 번 들어가 이상하다. 그래서 위와 같이 '현상하는 정신에 관한 학문'이라고 번역했다.

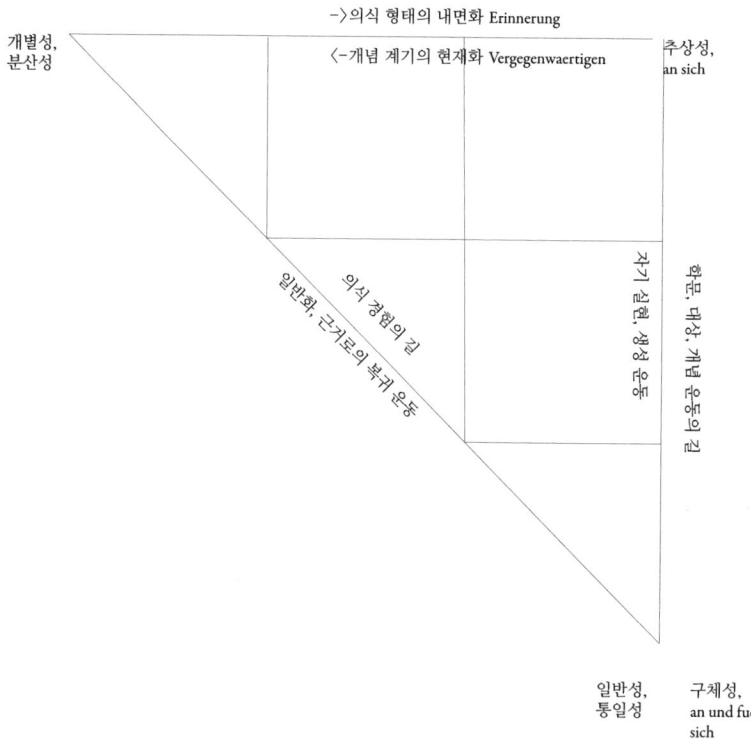

해제에서 여러 번에 걸쳐 의식 경험의 길과 개념 운동의 길, 근거로의 복귀와 개념의 자기 실현이 서로 연관된다는 것을 설명했다. 그 연관은 평행 관계인데, 이 관계는 한편으로는 의식 형태가 내면에 개념의 계기로 기억되는 과정과 거꾸로 개념 계기가 역사 속에서 추체험되는 현재화의과정이 서로 대응한다. 전자가 정신 현상학의 길이며 후자가 논리학 또는 학문의 길이다.

서론[Einleitung]

[해제] 서론[103] 전체 흐름

73~75) 인식의 아포리아

76~77) 현상적 지식의 자기를 넘어서는 과정

78) 회의의 길

79) 부정의 개념

80) 물 자체에 부딪힌 인식의 세 가지 벗어남

81~84) 인식의 척도

85~86) 의식의 자기 검증, 의식 경험의 개념

87) 의식의 운동과 대상의 운동

88~89) 정신의 현상학과 학문의 개념 운동 사이의 관계

---

103 'Einleitung'은 'Vorrede[서문]'와 구분해 '서론'으로 번역한다. 명확하지는 않지만, 「서론」은 『정신현상학』의 머리말로 보인다. 「서론」은 『정신현상학』의 일부를 출판사로 넘길 때 이미 작성된 것으로 보인다. 「서론」은 『정신현상학』의 전개 방식을 보여주는 것이다. 여기서 의식 경험의 개념이 서술된다. 반면 「서문」은 『정신현상학』 최종 원고를 넘길 때 마지막으로 작성한 것이다. 「서문」은 작성 시기로 볼 때 헤겔이 체계 저술을 포기하고 『정신현상학』만 발간하려 했을 때, 전체 체계로서 학문은 어떤 것이며, 『정신현상학』이 전체 체계에서 어떤 위치를 차지하는가를 밝히기 위해 쓰인 것으로 보인다.

73) 〈SK 68:5~69:28〉〈FM 53:1~54:6〉

철학이 다루는 과제[Sache] 자체 즉 참으로 존재하는 것에 관한 참된 인식 활동에 착수하기에 앞서서 인식에 관해 미리 이해하는 것이 필요하다고 생각하는 것*은 자연스러운 일일 것이다. 왜냐하면, 이런 인식은 절대자를 정복하는 도구이며 또는 바로 그 절대자를 들여다보는 매체로 여겨지기 때문이다. 이처럼 인식 문제를 돌보는 것[Besorgnis]은 적절하다고 보겠다. 그 이유 중 하나는 인식의 종류에는 여러 가지가 있어서 그 가운데 어떤 것은 절대자의 인식이라는 궁극목적에 도달하는 데서 다른 것보다 더 적절할 수도 있는데도 불구하고 자칫하면 잘못된 방법을 택할 수도 있을 것이기 때문이다. -또 이를 돌보는 다른 이유로는 인식은 특정한 양식을 지니고 특정한 범위에 적용되는 능력이니, 그 본성이나 한계를 더욱 명확하게 규정하지 않는다면 진리의 천국이 아닌 오류의 구름만을 파악할 수 있기 때문이다. 인식 문제를 돌보는 것은 불가피하게 심지어 인식 전체의 출발점으로 되는 것 즉 의식이 그 자체로 존재하는 것을 인식을 통해 포착한다고 하는 것은 인식의 개념상 모순적이라는 사실에 관한 확신으로 바뀌며 또한, 인식과 절대자 사이에는 양자를 곧바로 분리하는 경계가 그어져 있다는 사실에 관한 확신으로까지 바뀐다. 왜냐하면, 만약 인식이 절대적 본질을 정복하기 위한 도구라면 여기서 곧바로 눈에 띄는 것은 어떤 사태의 인식을 위해서 이런 도구를 이용하면 이 도구는 이 사태를 자기 나름으로[für sich] 있는 그대로 내버려 누지 않고 오히려 도구를 이용함을 통해 이 사태를 가공하거나 변화하게 하기 때문이다. 또한, 이와는 달리 만약 인식이 우리의 활동을 위한 도구가 아니라 다만 진리의 빛이 우리에게 이르기까지 통과해야 하는 수동적인 매체에 그친다고 하더라도 여기서도 또한, 우리는 다만 사태를 그 자체로 존재하는 대로 획득하는 것이 아니라 사태를 그런 매체를 통해서 그런 매체 속에 나타나는 대로 획득한다. 이 두 가지 어느 때나 우리는 수단을 쓰니, 이 수단은 바로 자기의 목적과는 반대되는 것을 초래한다. 달리 말하자면 우리가 어떤 도구를 이용한다는 것 자체가 무릇 모순적인 것이다. 그러나 이런 **도구**가 작용하는 방식을 알고 나면 이상과 같이 곤혹스러운 상태를 모면하는 데 도움 되는 것은 사실인 것처럼 보인다. 왜냐하면, 그러한 것을 알고 나면 우리가 그런 도구를 통해서 절대자에 관해 획득한 관념[Vorstellungen] 가운데 그 도구의 역할에 힘입은 것으로 여겨지는 부분을 여하튼 제거하면 그 결과 참된 것을 순수하게 포착하는 것도 가능할 것으로 보이기 때문이다. 그러나 이와 같은 개선책도 사실은 우리를 우리가 이전에 있었던 원점으로 되돌아가게 할 뿐이다. 즉 우리가 만약 어떤 가공된 사물로부터 인식의 도구가 그 사물에 가했던 것을 제거해 버린다면 여기서 이 사물은-즉 절대자는-이처럼 그 결과 불필요하게 돼 버린 노력 이전에 있었던 상태와 전적으로 다름없게 된다. 이런 도구가 마치 새를 잡는 데 쓰는 올가미와 같아서 이런 도구를 쓰더라도 절대자 자신에게는 아무런 변화도 끼치는 일이 없이 일반적으로 말해 절대자를 다만 우리에게 좀 더 가까이 다가오게 만든다고 할지라도 절대자가 그 참모습을 우리에게 이미 숨김없이 드러낸 것이 아니라면 또한, 그렇게 하고자 하는 것도 아니라면 절대자는 그와 같은 계교를 얕잡아 볼 것이다. 왜냐하면, 이때 인식은 하나의 간지가 될 것이기 때문이다. 그렇게 되는 이유는 그런 올가미를 통한 인식은 다만 직접 관계할 뿐 인식에 아무런 이바지도 하지 않으면서도 갖가지로 애를 써서 그와 다른 어떤 것을 추구하는 척한다는 것이다.[104] 또는 만약 우리가 인식을 하나의 **매체**로 생각하면서 이런 인식을 검증해 마치 빛의 굴절 법칙과 같은 것이 알려진다면 그런 인식의 결과에서 이런 검증된 것을 제거한다고 하더라도 마찬가지로 아무 의미도 없는 노릇이다. 왜냐하면, 광선의 굴절이 아니라 오히려 우리가 진리를 접할 수 있도록 해 주는 수단인 빛 자체가 인식을 뜻하는 까닭에 만약 이런 빛을 제거해 버린다면 단순한 방향이나 텅 빈 장소만이 표시되는 데 그칠 것이기 때문이다.

*FM주 〈53:3~4〉 헤겔은 여기서 칸트의 인식 비판을 염두에 두고 있다. 헤겔은 『철학사 강의』에서 비슷한 방식으로 이를 정리한다. 이 내용은 로크를 비판하는 것일 수도 있다.

74) 〈SK 69:28~70:11〉〈FM 54:7~20〉

학문은 사실 그와 같은 돌봄 없이 자기 과제에 임해 실제로 인식을 해나가지만, 이상과 같이 혹시라도 오류를 범하지 않을까 하는 돌봄[Besorgnis]이 학문에 관한 불신을 낳는다. 역으로 그와 같은 불신을 다시 불신하고 돌보아서는 왜 안 되는지 그래서 오류에 빠지지 않을까 하는 공포가 오히려 오류 자체가 아닌지 하는 것이 알려지지 않는다. 사실 이런 돌봄은 어떤 것을, 아니 많은 것을 진리인 듯이 전제한다. 인식에 관한 의혹과 그 때문에 생겨난 결과는 그런 전제를 바탕으로 삼는다. 그런 돌봄이 전제로 하는 것은 인식이란 한낱 **도구**나 **매체**와 같은 것이므로 이런 **인식**에서 **우리의 자아**[sclbst]는 **구별**돼야만 한다는 생각[Vorstellungen]이지만, 그처럼 전제된 것이 진리인지가 먼저 검증돼

---

104 이 문장의 의미는 인식 도구가 올가미 같아서 절대자를 왜곡하지 않는다면, 그런 올가미는 절대자를 포착할 수도 없을 텐데, 마치 그런 올가미로 절대자를 포착할 수 있을 것처럼 말한다는 뜻이다.

야 하지 않을까? 여기서 특히 전제된 것은 **한편**에 절대자가 있고 **다른 한편**에는 인식이 이런 절대자로부터 유리돼 독자적으로 존재하는 어떤 실재[Reelles]며 또는 그 결과 이런 인식은 절대자의 바깥에 자리 잡고 있으니 사실 이미 진리 밖에 있는 것인데도 동시에 이런 인식이 진리라고 주장한다는 것이다. 이런 가정을 생각해 볼 때 소위 스스로 오류를 범할까 하는 공포심이 사실은 진리 앞에서 느끼는 공포심으로 인식될 수 있을 것이다.

75) ⟨SK 70:12~23⟩⟨FM 54:21~29⟩

이상과 같은 결론[오류에 대한 두려움]을 끌어내게 된 근거는 오직 절대자만이 진리며 나아가서는 오직 참된 것만이 절대적이라는 주장이다. 이런 결론을 거부하기 위해 이 두 가지 즉 인식과 절대자를 구별하는 방안도 있을 수 있을 것이다. 그때 학문이 인식하기를 원하는 절대자를 어떤 인식이 인식하지 못하더라도 그 인식이 여전히 진리일 수 있으며[105] 또한, 일반적으로 인식이란 절대자를 파악하는 것이 비록 불가능하다 할지라도 이와는 다른 어떤 종류의 진리를 파악할 수 있게 될 것이다. 그러나 여기서 우리가 즉각 알 수 있는 사실은 그처럼 요리조리 빠져나가는 것은 결국, 절대적 진리와 그와 서로 다른 진리를 막연하게 구분하는 데로 치달려 간다는 사실이다. 더 나가서 우리가 알 수 있는 사실은 이와 같은 절대자나 인식 등과 같은 말의 의미는 이제 그것에 도달하는 것이 문제인데도 불구하고 미리 전제된다는 사실이다.

[해제] 1)「서론」에 들어가면서 헤겔은 진리를 인식하는 문제를 다룬다. 헤겔은 먼저 진리를 인식하는 도구를 살펴보아야 한다고 말한다. 이와 같은 발언은 칸트가『순수이성 비판』에서 제시한 문제의식과 맥

---

105 칸트의 현상적 지식을 말한다.

락이 비슷하다. 칸트 역시 형이상학에 도달하기 위해 먼저 이성에 대한 비판이 필요하다고 했다.

그런데 헤겔은 인식 비판이 근본적인 모순에 부딪힌다는 점을 제시한다. 의식은 직접 의식 밖의 실재 즉 절대자를 대면하지 못한다. 의식은 인식 과정이라는 것을 거쳐서 비로소 절대자에 접근할 수 있다. 그런데 이런 인식이 도구나 매체라면 인식의 과정 가운데서 이 도구나 매체는 인식의 대상으로 되는 절대자를 변화하게 할 것이니, 있는 그대로의 진리에 도달할 수는 없을 것이다.

이 문제는 이미 칸트가 물 자체의 아포리아로 제기한 것이다. 헤겔은 이런 문제를 어떻게 해결할까를 고민하면서 등장하는 여러 해결책에 관해 검토한다.

2) 만일 인식이라는 도구나 매체의 성질 이해하면서 인식의 결과에서 이를 제거하면 순수한 대상 자체를 알 수 있지 않을까? 그러나 헤겔은 이 역시 한계를 지닌다고 한다. 왜냐하면, 인식의 도구나 매체를 제거하면 인식 자체가 이루어지지 않기 때문이다.

또는 마치 새를 잡는 올가미처럼 인식의 도구나 매체를 쓰더라도 아무런 영향을 미치지 않을 수도 있지 않을까 생각한다. 즉 인간은 인식이라는 도구나 매체를 하나의 간지로 쓴다는 것이다. 그런 새를 잡은 올가미란 실제로 아무것도 하지 않으니(구멍 사이로 절대자는 빠져나가니) 그런 점에서 그런 인식은 실제로는 아무것도 하지 않으면서도 겉으로 무엇인가 열심히 하는 척한다. 그러므로 헤겔은 절대자는 이런 올가미를 빠져나가면서 이런 간지를 비웃고 말 것이라고 한다.

칸트 자신은 물 자체의 아포리아를 피하려고 절대적 진리와 현상적 진리를 구별해 우리는 현상계에 관한 상대적 인식에 만족해야 한다고 주장한다. 헤겔은 칸트와 같은 이런 상대적 인식은 결국, 인식을 포기하는 것과 마찬가지라고 한다. 절대지에 비춰 본다면 상대 지는 정도의 차이에 그치기 때문이다.

3) 헤겔은 이렇게 물 자체의 아포리아를 제시한 다음, 이런 아포리아에 사로잡혀 인식을 포기하는 것은 섣부른 태도라고 한다. 헤겔은 오류를 범하지 않을까 하는 공포는 차라리 진리에 다가가지 않으려 하는 진리에 대한 공포라고 한다.

헤겔은 여기서 물 자체의 아포리아가 이미 어떤 전제에서 출발하는 것이 아닐까 생각한다. 즉 여기서 객체와 주관, 절대자와 인식이라는 두 계기가 각자 독자적으로 분리돼 존재하는 것으로 미리 전제된다는 것이다. 인식이 절대자 밖에 있는 한 이런 전제는 불가피하게 인식을 상대적으로 만드니, 물 자체의 아포리아는 불가피하다는 것이다.

만일 이런 전제를 극복한다면, 인식이 진리에 도달할 수 있다는 것을 보여주지 않을까? 헤겔은 이런 가정 아래 이제 진리에 도달하는 길을 모색하고자 한다. 즉 절대자와 인식, 대상과 주관이 분리된 개념이 아니라 서로 전제하는 개념이고 그 때문에 서로 매개를 통해 발전하는 개념이라고 본다면, 진리에 이르는 자기 극복의 과정이 가능해지지 않을까 생각해 보자는 것이다. 이런 인식의 전제가 되는 개념 자체의 자기 극복 과정이 헤겔이 생각하는 『정신현상학』의 길이다.

76) ⟨SK 70:24~72:5⟩⟨FM 54:30~55:31⟩

인식을 절대자를 획득하기 위한 도구로서 보거나 우리가 진리를 들여다보는 매체로 여기는 등과 같은 불필요한 관념[Vorstellungen]이나 상투어-즉 절대자에서 분리된 인식과 다시 인식에서 분리된 절대자라는 이 모든 관념이 치달려 가는 관계-때문에 고생할 것 없이 더 나가서 바로 그와 같은 상투어를 전제로 해서 학문 자체의 무능력함이 입증됐으니 이제는 학문을 위해 애쓰는 것에 관해 사실 무관심하면서도 동시에 진지하고도 열성적인 노력을 기울이는 체하려고 변명하는 것 때문에 고생할 것 없이 마찬가지로 이 모든 문제에 관한 해답을 얻어내려는 것 때문에 고생할 것 없이 그러한 상투어를 모두 우연적이며 자의적인 관념[Vorstellungen]에 지나지 않는 것으로 곧바로 내던져 버릴 수 있을 것이다. 또한, 위와 같은 상투어와 관련해 쓰이는 말들 즉 절대자나, 인식, 또한, 객관적인 것과 주관적인 것 그리고 무수하게 많은 다른 말은 그 의미가 일반적으로 알려진 듯이 받아들여지지만, 사실 그렇게 쓰는 것은 하나의 속임에 지나지 않는 것으로 여길 수도 있을 것이다. 왜냐하면, 그와 같은 상투어의 의미는 일반적으로 알려져 있다고 하거나 아니면 사람들은 그 스스로[selbst] 그런 상투어의 개념을 간직한다고 속이는 것은 결국, 핵심적인 과제 즉 그런 상투어의 개념을 제시하는 과제를 생략해야 한다고 주장하는 것처럼 보이기 때문이다. 그러나 그에 반해서 학문 자체를 가로막을 것이라고 가정되는, 이상과 같은 관념[Vorstellungen]이나 상투어에 관해 관심을 기울이려는 노력이야말로 모름지기 회피돼야 한다는 생각이 훨씬 더 정당할 것이다. 왜냐하면, 그와 같은 관념이나 상투어는 지식의 텅 빈 현상을 이루는 것이므로 이제 막 고개를 들고나오는 학문 앞에서는 여지없이 소멸해 버리고 말기 때문이다. 그러나 학문은 [처음] 등장할 때는 하나의 현상에 불과할 것이다. 왜냐하면, 학문이 단지 등장했을 때의 모습은 전개되고 확산해 자기의 진리에 이른 때의 모습이 아직 아니기 때문이다. 여기서 **학문이 다른 종류의 지식** 옆에 출현하므로 현상[Erscheinung]으로 생각[vorstellen]하든 다른 참되지 못한 지식을 학문의 현상[ihr Erscheinen]이라고 부르든 차이는 없다. 그러나 학문은 가상[Scheine]적 지식에서 해방돼야만 한다. 이와 같은 해방을 이루는 길은 학문이 그런 가상적 지식에 대항하는 것일 뿐이다. 왜냐하면, 학문은 어떤 진리에 어긋나는 지식을 사물에 관한 한낱 통속적인 견해로 여기면서 내던져버릴 수도 없으며 또한, 그 자신은 전혀 다른 종류의 인식이며 진리에 어긋나는 지식은 자기에 비춰 본다면 아무런 의미도 없다는 듯이 단언해 버릴 수도 없고 또한, 그런 진리에 어긋나는 지식에 이미 들어 있는 더 나은 지식[즉 학문]에 관한 예감을 자신이 정당함을 입증하는 증거로 삼을 수도 없기 때문이다. 그처럼 **단언**한다는 것은 학문이 **존재**하기만[Sein] 하면 자신의 힘을 발휘한다고 주장하는 것으로 될 것이다. 그러나 참되지 못한 지식도 마찬가지로 자신이 엄연히 **존재**하고 있음을 증거로 삼으면서 자기에게서 학문은 아무런 의미도 없는 것이라고 **단언**할 것이다. 이처럼 **어떤** 무미건조한 말로[trocken] 단언한다는 점은 양자 모두가 같다. 이와 동시에 학문은 참되지 못한 지식 속에 이미 눈앞에 나타나면서 그런 지식 자체 속에서 학문을 지향하는 더 나은 지식이 있으리라는 예감을 증거로 삼을 수는 더더욱 없다. 왜냐하면, 이때 학문은 한편으로는 앞에서와 마찬가지로 다시 자기의 존재를 증거로 삼을 것이기 때문이며 다른 한편으로는 참되지 않은 인식에서 나타나는 대로의 자기 자신 즉 좋지 못한 방식으로 나타난 자기 자신을 증거로 삼을 것이고 따라서 그 자체로 자기에게 나타난[an und für sich] 학문이 아니라 학문이 전개된 하나의 현상을 증거로 삼게 될 것이다. 이상과 같은 이유로 이제 우리는 지식이 현상하는 전체 과정을 서술하려 시도해야 할 것이다.

77) 〈SK 72:6~15〉〈FM 55:32~39〉

그런데 이런 우리의 서술은 다만 현상하는 지식만을 대상으로 하는 까닭에 이런 서술 그 자체는 그 본래적인 형태 속에서 자유로이 스스로 운동하는 학문으로 될 수는 없을 것으로 보이며[106] 오히려 이런 관점에

---

106 『정신현상학』은 현상하는 지를 다루며, 학문은 자유로이 스스로 운동하는

서 본다면 자연적 의식이 참다운 지식에 이를 때까지 나가는 길로 이해될 수 있을 뿐이다. 달리 말하자면 이 서술은 곧 영혼이 일련의 형태들을 두루 거쳐 나가는 길이다. 이 형태들은 영혼의 본성이 영혼 앞에 세워놓은 정거장이라고 할 수 있을 것이다. 이런 길을 통해 영혼은 자기 자신을 완전하게 경험하면서 그 자신의 본래적인 모습이 어떠한 것인가를 파악해 자기가 정신으로 순화되기에 이른다.

[해제] 1) 앞에서 인식에 관한 회의주의는 대상과 의식, 주관과 객관과 같은 상투어에 기초하면서 그 의미는 이미 일반적으로 알려져 있거나 누구나 그 개념을 이해한다고 믿는다. 헤겔은 이런 믿음은 사실 속임에 그친다고 한다. 왜냐하면, 그런 믿음은 "상투어의 개념을 제시하는 과제를 회피하기 위한" 술책으로 보이기 때문이다.

또한, 헤겔은 절대자와 인식의 대립이라는 결론을 거부하는 직관주의자들 역시 비판한다. 그들은 인식의 대립이 상투어에 기초하고 있으니, 상투어를 전제로 한 인식에 무관심하면서, 이런 상투어 때문에 고생할 것 없이, 상투어를 "우연적이고 자의적인 관념으로 내버리면서" 직접 지로 나간다. 그러면서 그들은 학적 인식 자체를 거부한다.

2) 헤겔은 불가지론에 빠지는 학적 인식과 학적 인식을 포기하는 직접 지라는 두 가지 잘못된 인식론을 거부하면서 학문적 인식을 옹호하는데, 그렇다고 이 학문적 인식을 단언하는 방식으로 주장할 수도 없다고 말한다. 즉 학문이 진리에 어긋나는 지식을 "통속적 견해로 내던져버릴 수도 없고" "자기에 비춰 본다면 아무런 의미도 없다는 듯이 단언해서"도 안 된다는 것이다. 이때 학문은 자신이 존재한다는 것만으로 이미 옳다고 주장하는 것에 지나지 않고 그런 식이라면 다른 현상적 지식도 마찬가지로 정당화되기 때문이다.

지식이다.

또한, 헤겔은 학문은 "그 자신이 진리에 어긋나는 지식에 이미 들어 있는 더 나은 지식에 대한 예감"을 통해 정당화될 수도 없다고 한다. 이때 예감 속에 있는 것도 하나의 존재니, 그것은 존재에 기초해서 정당화하는 것과 다른 바 없으며 또한, 예감 속에 있는 것은 "참되지 않은 인식에서 나타나는 대로의 자기 자신" 즉 왜곡된 그 자신의 모습에 근거하는 것이기 때문이다.

3) 그러므로 헤겔은 학문이 진리에 어긋난 지식에서 해방되기 위해서는 진리가 출현하는 현상학적 과정이 전개돼야 한다고 주장한다. 이 현상학적 과정은 곧 현상하는 전체 과정을 서술한다. 여기서 서술이란 곧 현상적인 지식이 스스로 자기를 넘어서는 것을 의미한다.

헤겔은 이런 현상학적 과정은 인식에서 상투적인 개념인 대상과 의식, 객관과 주관의 개념이 고정되고 서로 대립하는 것으로 파악하는 것이 아니라, 서로 매개하면서 각자 그 의미가 발전하는 관계에 기초할 것으로 생각한다.

4) 헤겔은 이 과정은 학문 자체가 전개되는 과정과는 다르다고 본다. 이 과정은 자연적 의식이 참다운 지식에 이를 때까지 나가는 길이다. 반면 학문 자체는 이 길의 끝에 도달한 진리가 자유로이 자기 자신을 전개하는 운동이다. 헤겔은 현상적인 지식은 진리를 찾아가는 이런 과정에서 "영혼의 본성이 영혼 앞에 세워놓은 정거장"이라 할 수 있다고 한다.

그런데 과연 어떻게 현상적 지식이 자기를 어떻게 스스로 극복할 수 있는 것일까? 이어서 헤겔은 진리에 이르는 자기 극복의 길을 설명한다.

78) 〈SK 72:16~73:28〉〈FM 56:1~35〉

자연적 의식은 단지 지식의 개념[실마리]에 그치거나 아니면 아직 충실한[real] 지식이 아니라는 사실이 드러날 것이다. 그런데도 이 자연적 의식은 그 자신을 직접 마치 충실한[real] 지식인 듯이 취급하니 이 길은 자연적 의식을 부정하는 의미를 지니며 지식의 개념이 충실화되는 것은 오히려 자연적 의식 자체의 상실로 여겨진다. 왜냐하면, 이 길에서 자연적 의식은 자신이 진리라는 생각을 상실할 수밖에 없기 때문이다. 그러므로 이 길은 회의의 길로 여겨질 수 있으며 또는 더 합당하게 표현하자면 좌절[Verzweiflung]의 길이다. 이런 길에서 일어나는 것은 우리가 회의[Zweifeln]라는 말을 통상적으로 이해하는 것은 아니다. 통상적 의미에서 회의는 진리라 여겨지는 생각이 흔들리다가 이윽고 이런 회의가 다시 말끔하게 사라지고 또 진리로 여겨진 처음의 생각으로 복귀해 그 끝에 이르면 사정은 처음과 마찬가지로 된다. 그러나 여기서 언급되는 회의는 현상적 지식이 진리가 아님을 의식을 통해 통찰하는 것이다. 왜냐하면, 그와 같은 현상적 지식은 아직 참으로 다만 충실화되지 못한[nichtrealisierte] 개념에 지나지 않는 것을 가장 충실한 지식[Reellste]으로 여기기 때문이다. 따라서 이처럼 자기를 완성해 나가는 회의주의란 오직 진리와 학문에 도달하려는 진지한 열성밖에 없는 사람도 그 열성만 가지면 진리나 학문을 성취하는 준비가 끝났고 무장을 갖추었다는 망상에 빠지는 것이 아니다. 또한, 우리의 회의주의는 학문 속에서 권위에 의존해 타인의 사상을 추종하지 않고 오직 모든 것을 스스로 검증하며 자기의 확신만을 따르는 것 또는 더 분명하게 표현하자면 모든 것을 스스로 산출함으로써 모름지기 자신의 개인적인[eigne] 행위만을 참된 것으로 여기려는 **의도**를 지닌 것으로 볼 수는 없다. 의식이 이런 길에서 **거쳐 가는** 일련의 의식 형태들은 의식 자체가 학문으로 형성돼 가는 가운데 세부적으로 전개된 역사다. 이렇게 볼 때 위에서 언급된 열성적 결의는 단순한 방식에 머물러 있는 교양을 이미 직접 완료

되고 발생한 것으로 생각한다. 그러나 이 길은 아직 진리에 도달한 것이라 할 수 없는 것에 반대해서 실제로 세부적인 전개를 수행하는 과정이다. 물론 자기의 확신에 따른다는 것은 권위를 추종한다는 것보다 낫다. 그러나 권위에 의존하는 견해를 개인적인 확신에 따르는 견해로 전도한다고 해서 그와 같은 견해의 내용마저도 필연적으로 바뀌지 않으며 또한, 이를 통해 오류 대신에 진리가 등장하지도 않는다. 타인의 권위에 의존하든 아니면 자기의 개인적인 확신에 따르든 어차피 하나의 의견에 머무르고 심지어 편견의 체계에 사로잡혀 있다면 그 차이란 다만 후자의 방식에는 자만이 동참한다는 사실뿐이다. 그러나 자기 확신과 달리, 회의주의는 의식이 현상하는 전체 영역에 영향을 미쳐서 이른바 소박한 관념[Vorstellungen]이나 사상 및 의견 등에 대해 그것이 개인적인 것이든 타인의 것이든 상관없이 의심하기에 이르니 비로소 정신은 과연 무엇이 진리인가를 검증할 능력을 지닌다. 반면 진리를 검증하려 **단도직입적으로** 다가가는 의식 자신도 역시 그러한 소박한 관념이나 사상, 의견에 지나지 않는 것으로 채워져 있고 그런 것들을 매달고 다니니 그 때문에 이 의식으로서는 자기가 원래 수행하고자 하던 것을 성취할 능력을 소유하지 못한다.

[해제] 현상적 지식이 진리로 나가는 길은 자연적 의식이 자기를 부정하면서 나가는 길이므로, 헤겔은 이 과정을 회의의 과정이라 한다.

여기서 회의는 일상적 회의와 구분된다. 일상적 회의는 어떤 주장을 바깥에서 비판하는 것이니, 회의하려면 끊임없이 바깥에서 어떤 독단적 주장을 다시 받아들여야 한다. 여기서는 비판하는 순수한 자아만 남는다.

하지만 헤겔에서 회의는 현상적 지식이 스스로 자기를 넘어서는 것을 의미한다. 헤겔은 이를 "자기를 완성해 나가는 회의주의"라고 이름 붙인다. 이런 회의주의는 진리에 이르는 길을 단계적으로 겪어 나가면서 마침내 학문에 이르는 "세부적으로 전개된 역사"다.

이런 진리에 이르는 회의주의에 관한 오해를 피하고자 헤겔은 세 가지 잘못된 생각을 비판한다. 우선 단순히 진리에 대한 열망이 있다고 해서 그것이 곧 진리에 이르는 것은 아니라고 한다. 열성적 결의는 실제로 진리에 이르는 구체적 과정을 거쳤을 때야 비로소 실현된다.

또 이런 회의주의는 권위를 부정하고 자기 확신만을 인정하는 길도 아니라고 한다. 물론 권위보다는 자기 확신이 더 나은 것이지만, 자기 확신이 있다고 해서 그 내용이 진리로 되는 것은 아니라는 것이다.

마지막으로 단도직입적으로 진리에 이르고자 하는 것 역시 비판되는데, 그것은 직관적으로 얻어진 것을 독단적으로 수용하는 것에 지나지 않기 때문이다.

이와 같은 비판들은 서문에서 헤겔이 역사적 지식이나 직관주의 형식적 논증 등을 비판했던 것과 같은 맥락에 있다.

79) 〈SK 73:29~74:18〉〈FM 56:36~57:17〉

이상과 같은 충실하지 못한[real] 의식이 전개하는 [지식의] 형식들 **전체**[Vollständigkeit]는 필연적인 전개과정과 필연적인 연관을 통해서 드러날 것이다. 이제 이에 관한 이해를 위해 개략적으로나마 미리 지적해 두어야 할 점은 진리에 이르지 못한 의식을 서술한다는 것이 단순한 **부정의 운동**은 아니라는 사실이다. 소박한 의식은 이시외 서술에 대해 그런 일면적인 견해를 지니니 이와 같은 일면성을 본질로 삼는 인식[Wissen]은 불완전한 의식의 형태 가운데 하나이어서 지식이 전개되는 길을 지나가면서 몰락하고 그 속에서 그 실상을 드러내게 된다. 이처럼 미완성된 의식 가운데 한 가지 형태가 곧 결과 속에서 언제나 다만 **순수**

한 무[Nichts]만을 볼 뿐이며 이런 무가 특히[bestimmt] 그 자신이 유래한 것[woraus es resultiert]을 부정하는 무라는 사실을 무시해 버리는 회의주의이다. 그러나 이 무라는 것이 단지 그것이 유래한 것을 부정하는 무로 여겨질 때만 그로부터 사실상 참된 결과가 나온다. 따라서 무는 그 자체가 **특정한 것을 부정하는** 무며 또한, 어떤 **내용**을 지닌다. 추상적인 무 또는 추상적으로 비어 있는 것으로 끝나는 회의주의는 이런 추상적인 무나 비어 있는 것에서 단 한발도 앞으로 나가지 못한 채 앞에서와 같은 다만 텅 빈 심연으로 내던져지기 위해서 어떤 새로운 것이 다시 자기 앞에 나타나기를 기다릴 수밖에 없다. 그러나 이와는 반대로 그러한 결과가 참된 의미에서 **특정한 부정**으로 파악된다면 이를 통해서는 직접 하나의 새로운 의식 형식이 발생하며 이와 같은 부정 속에서 이행이 이루어진다. 그 결과 형태들의 전체 계열이 전진하는 과정[Fortgang]이 스스로 드러난다.

[해제] 앞에서 헤겔은 일상적인 회의와 자기를 완성하는 회의주의를 구별했는데, 이 구절에서 양자를 구분하는 핵심적 개념은 부정의 개념에 있다고 말한다. 「서문」에서도 '특정한 부정' 개념을 설명했는데 헤겔은 여기서 본격적으로 그 자신의 부정 개념을 설명한다.

일상적 회의의 과정에서 부정은 어떤 현상적 지식을 단순하게 부정하는 추상적 부정이다. 그것은 바깥에서 부정하는 것이며, 단적인 부정이다. 예를 들자면 빨간색의 부정은 빨간색이 아니면 모든 것이 다 해당한다. 그것은 노란색으로 될 수도 있고 코끼리가 될 수도 있다.

이런 방식으로 기존의 지식을 부정하면 그 결과 기존의 지식은 폐기되고 만다. 인식을 위해서는 어디선가 다시 새로운 지식을 얻어야 하는데, 이것은 역시 독단적으로 제공된다. 일단 이렇게 독단적으로 어떤 지식이 제공되면, 회의주의는 이를 다시 바로 부정하니, 결국, 그것은 추상적인 무나 비어 있는 것에 이를 뿐이고 남은 것은 순수하게 부정하는 자아, 내용이 없는 텅 빈 자아일 뿐이다.

반면 자기를 완성하는 회의주의에서 부정은 특정한 부정이다. 이것은 "자신이 유래한 것을 부정하는 것"이기에 헤겔은 특정한 부정이라고 했다. 예를 들어 '빨간색'의 부정은 그것이 유래한 것 즉 '빨간색'의 부정일 뿐이며, 따라서 그것은 '파란색'이나 '노란색' 등이다. 여기서 부정은 여전히 색깔이라는 일반적 차원 안에서 일어난다.

이런 특정한 부정이라는 개념은 반성하는 사유를 전제로 한다. 반성하는 사유란 어떤 것을 그것과 대립하는 것 사이의 관계에서 파악한다. 즉 어떤 것은 그것에 대립하는 것에 비춰서 파악된다. 그러므로 어떤 것의 규정성은 그것과 대립하는 것의 부정성으로 된다. 거꾸로 어떤 것의 부정은 자기에 대립하는 것으로의 이행으로 되니, 특정한 부정으로 된다. 이런 반성하는 사유는 구조주의에서 어떤 것을 변별적 관계에서 파악하는 입장과 근본적으로 비슷하다.

80) 〈SK 74:19~75:21〉〈FM 57:18~58:9〉

그러나 지식에서는 **목표**도 또한, 일련의 전진 과정 못지않게 필수적인 것이다. 이런 목표는 지식이 더는 자기 자신을 넘어갈 필요가 없이 바로 [본래의] 자기 자신을 [실재에서] 발견하는 곳에서 따라서 개념은 대상과 다시 대상은 개념과 같게 되는 곳에 현존한다. 따라서 이런 목표를 향한 전진 과정은 중단함이 없으며 그 최종 목표에 다다르기 이전의 그 어떤 단계에서도 만족하지 않는다. 예컨대 지연적으로 부여된 생명에 한정된 존재는 자기 자신의 힘을 통해 자신의 직접적인 현존을 넘어갈 수 없고 오직 어떤 타자를 통해서 자기의 직접적 현존을 넘어가니, 이처럼 자기를 벗어나 파괴된 상태가 곧 자연적인 생명의 죽음이다. 그러나 의식이란 그 **개념**이 자기 자신에 대해 있는 것[für sich selbst sein Begriff]¹⁰⁷이므로 이 때문에 그것은 제약된 자신의 한계[Beschränkte]를 직접 넘어가는 것이다. 더 나아가서 바로 이 제약된 한계는 그의 의식에 속한 것인 까닭에¹⁰⁸ 의식은 자기 자신을 넘어간다. 비록 그런 피안[한계 너머 있는 것]은 마치 공간적 직관의 경우에서처럼 다만 제약된 것 **옆에 있다** 하더라도 그에 못지않게 개별 존재와 함께 이런 의식에서 정립된 것이기도 하다. 여기서 의식은 제약된 범위에서나마 얻을 수 있었던 만족을 손상하는 폭력을 다름 아닌 자기 자신으로부터 당한다. 물론 이와 같은 폭력이 바깥에서 자기에게 가해진다는 느낌이 들 때 진리 앞에서 느끼는 불안은 [의식을] 움츠러들게 하면서 상실돼 버릴 위험에 있게 된 것[현재 의식]을 보존해 보려고 안간힘을 다할 것이다. 그러나 이런 [진리 앞에서] 의식이 느끼는 불안은 한순간도 멈출 수 없다. 어떤 면에서는 불안은 사상이 없는 나태 속에 머물러 있으려 할 수도 있을 것이다. 하지만 사상의 힘이 사상이 없는 상태를 방해하며 그 의식이 느끼는 불안이 그의 나태함을 깨트리고 만다. 또 어떤 면으로 보면 불안은 어떤 것도 나름대로는 좋은 면이 있다고 단정하는 다정다감한 마음으로 굳어버릴 수도 있을 것이다. 그러나 이런 단정조차도 마찬가지로 이성에서 나오는 폭력을 당한다. 왜냐하면, 이성은 어떤 것이 **나름대로**[in seiner Art] **좋은 것**이라고 한다면 바로 그 때문에 그것은 어떤 면에서 좋지 않은 것이라는 사실을 발견하기 때문이다. 이 밖에도 진리를 두려워하는 자[Furcht der Wahrheit]는 자신이나 타인 앞에서 가상을

---

107 의식의 대자성은 칸트의 선험철학에서 구성적 입장을 전제로 한다.
108 어떤 의식의 한계는 다름 아닌 그 의식에서 등장한 한계라는 뜻이다. 의식은 이런 한계에 부딪혀 자기 내로 반성하며 새로운 의식이 된다. 의식이 변화하면 그 한계도 사라진다. 뒤에 나오는 '의식 경험의 길'을 참조하라.

내걸어 놓고는 그 뒤에 숨는 것으로[109] 보인다. 그 가상을 보면 그는 마치 진리 자체를 향한 뜨거운 갈망 때문에 자기로서는 자신의 자만을 충족하는 유일한 진리밖에는 그 어떤 다른 진리도 발견하는 것이 너무 힘들고 심지어 가능하지 않은 것처럼 보인다. 또한, 그는 그런 갈망 때문에 우리가 흔히 자기 자신이나 타인으로부터 얻어내는 사상보다 조금 더 사려 깊게 되는 것도 힘들고 불가능하기란 마찬가지인 것처럼 보인다. 이와 같은 자만은 어떤 진리를 성취하는 것도 수포로 되게 하므로[vereiteln] 그런 진리를 추구하는 것에서 벗어나 자기의 주관 내로 복귀하는 법을 배운다. 그는 여기서 자기의 개인적인 지성을 모든 것의 시금석으로 하면서 모든 사상을 해소하면서 언제나 그 어떤 내용보다도 단지 무미건조한 자아만을 발견할 줄 아는 데 그친다. 그러니 이런 자만이야말로 다만 자신을 탐닉하는 것 이상이 아니다. 왜냐하면, 그러한 자만이란 일반적인 것을 회피하고 다만 자기의 대자 존재[Für-sich-sein]만을 추구하기 때문이다.

[해제] 1) 현상적 지식은 최종적으로 개념과 대상이 같은 지점까지 나간다. 우선 이 과정에서 현상적 지식은 부정된다.

자연의 경우 자신을 넘어선다는 것은 곧 죽음을 의미한다. 그러나 의식의 경우 이 과정은 자연적 죽음과 달리 자기 자신의 발전으로 나타난다. 헤겔은 그 이유를 설명하면서, 의식은 본질에서 대자적인 것이기 때문이라 한다. 여기서 헤겔은 뒤에 곧 설명될 의식 경험의 개념을 간단하게 제시한다.

---

109 가상[Schein]은 빛[scheinen]과 어원이 같다. 빛 속에 숨으면 보이지 않듯 가상 속에 숨으면 보이지 않는다. 여기서 가상은 진리에 대한 뜨거운 열정을 의미한다. 그 뒤에 숨는다는 것은 열정 뒤에 진리를 발견할 수 없는 자기의 무능력을 감춘다는 것을 말한다.

의식의 대자성은 자기를 자신이 의식하는 것을 말하는데, 이는 칸트의 선험적 구성주의를 의미한다. 여기서 의식은 어떤 범주를 전제로 한다. 이 범주는 현상을 구성한다. 그것이 곧 현상적 지식이다.

의식이 구성한 현상적 의식은 자기를 넘어서는 것을 자신의 피안에 발견한다. 즉 현상적 지식은 자신의 바깥에서 물 자체에 부딪힌다. 그러나 이런 물 자체는 사실 의식이 이미 어떤 범주를 전제로 했으므로 생겨난 것이니 다시 말해 그런 물 자체는 "개별 존재(현상적 지식)와 함께 이런 의식에서 정립된 것"이다. 또는 의식은 이런 물 자체 즉 자기의 한계에 부딪히면서 현상적 지식에서 얻는 "만족을 손상하는 폭력을 다름 아닌 자기 자신으로부터 당한다."

그러므로 물 자체에 부딪힌다는 것은 곧 자신이 전제한 범주를 부정한다는 것이다. 의식은 이로부터 "제약된 자신의 한계를 직접 넘어간다." 다시 말해 의식은 자기를 부정한다는 것이다.

2) 헤겔은 이처럼 의식 안에서 나온 모순을 의식 바깥에서 부딪히는 물 자체로 파악하면서, 의식은 벗어남을 경험한다고 말한다. 헤겔은 이런 벗어남을 세 가지 경우로 설명한다.

의식은 자신의 한계를 마치 바깥에서 발견하며, 그 때문에 마치 바깥에서 닥쳐오는 자연적 죽음 앞에서 불안하듯이 자신의 한계 앞에서 불안에 빠진다. 이런 불안 앞에서 의식은 우선 "상실돼 버릴 위험에 있게 된 것을 보존해 보려고 안간힘을 다한다." 즉 기존의 진리를 수정에 수정을 더해 보존하려고 한다는 것이다. 헤겔은 이를 사상이 없는 나태한 상태로 규정한다. 하지만 이런 불안이 자기 자신의 안에서 솟아 나오는 것인 한, "그 의식이 느끼는 불안이 그의 나태함을 깨트리고 말 것"이다.

이어서 의식은 이런 불안 앞에서 "어떤 것도 나름대로 좋은 면이 있다고 단정하면서" 자기를 위안하려 한다. 헤겔은 이런 의식의 태도를 다정다감한 마음이라고 비꼬는데, 이 역시 불가능하다고 본다. 왜냐하면, 물 자체가 등장한다는 것은 새로운 진리가 등장한다는 것을 의미하므로 진리 즉 이성의 폭력은 기존의 진리에 머물러 있지 못하게 하기 때문이다. 즉 이성은 이런 "나름대로 좋은 것은 어떤 면에서는 좋지 않은 것"이라는 사실을 발견한다는 것이다.

마지막으로 헤겔이 거론하는 벗어남은 곧 "자기나 타인 앞에서 가상을 내걸어 놓고는 그 뒤에 숨는 것"이다. 여기서 가상[Schein]이란 곧 빛[Scheinen]과 같은 의미를 지닌다. 그러므로 가상 뒤에 숨는다는 것은 빛을 바라보면 아무것도 볼 수 없는 것처럼, 이 가상 때문에 눈이 멀어버리는 것을 말한다.

이 가상은 "자기의 개인적인 지성을 모든 것의 시금석으로 하면서" "마치 표면적으로는 진리에 대한 뜨거운 갈망 때문에" 그 어떤 현상적 지식에도 만족하지 못하는 것을 말한다. 그는 어떤 진리도 발견할 수 없으므로 결국, 자기 내로 복귀해 "단지 무미건조한 자아만을 발견하게" 된다. 헤겔은 이런 태도를 자만이라고 규정한다.

헤겔이 여기서 비판하는 세 가지 태도를 구체적으로 본다면, 나태한 자가 불가지론자라면 다정다감한 자는 현상론자일 것이다. 마지막 가상 뒤에 숨는 자는 주관적 자아를 절대화하는 낭만주의자를 말할 것이다.

81) 〈SK 75:22~76:3〉〈FM 58:10~22〉

지식이 전진하는 방식과 그 필연성에 관해 잠정적이고 일반적인 것은 이미 말했으니, 이와 마찬가지로 **세부적으로 전개하는**[Ausführung] **방법**에 관해서도 몇 가지 상기해 두는 것이 도움 될 것이다. 이런 서술은 학문이 **현상하는 지식에 어떻게 관계하는가**를 그리고 **인식의 충실성**[Realität]**을 탐구하고 검증하는 방식**은 무엇인가를 생각하는 것이므로 이를 서술할 수 있으려면 어떤 전제가 없을 수 없을 것이다. 이 전제란 곧 인식의 근저에 놓인 인식의 **척도**를 말한다. 왜냐하면, 인식을 검증한다는 것은 그 인식을 이미 가정된 척도에 갖다 대는 것이므로 그런 인식이 진리인지 아닌지를 결정하는 것은 검증돼야만 하는 것이 그런 척도와 같은지 같지 않은지를 밝히는 데 있기 때문이다. 이때 일반적으로는 인식의 척도는 **본질**이거나 **그 자체 존재**로 가정되며 만일 학문이 그런 척도라면 학문이 본질이자 그 자체 존재다. 그러나 학문이 처음으로 등장하는 현재로서는 학문 자체나 그 밖의 여하한 것도 본질이나 그 자체 존재로 정당화되지 않았다. 이와 같은 본질이나 그 자체 존재가 없으니 그 어떤 검증도 일어날 수 없는 것처럼 보인다.

82) 〈SK 76:4~20〉〈FM 58:18~35〉

바로 이와 같은 모순과 또한, 이 모순의 제거라는 문제는 의식의 단계에서 대두된 것과 같은 지식과 진리의 추상적 규정을 상기해 보면 더욱 명확하게 밝혀질 것이다. 즉 이 단계에서 의식은 **자신이 관계하는** 어떤 것을 자신으로부터 **구별한다**. 또는 이것을 달리 표현한다면 어떤 것[의식이 관계하는 대상]은 바로 **그와 같은 것**[의식]**에 대해서** 존재하는 것[etwas für dasselbe]이다. 이런 **관계**의 특정한 측면 즉 어떤 것이 **의식에 대해 존재**하는 특정한 측면이 곧 지다. **그 자체 존재**는 이처럼 어떤 다른 것[의식]에 대해 존재하는 것[대상]으로부터 구분되는 것이다. 인식[Wissen]에 관계되는 것[대상]이 동시에 그런 인식과 구분된 것으로 되며 또한, 이런 관계 밖에도 **놓여 있다**. 이와 같은 그 자체로 존재하는 것의 측면을 **진리**라 한다. 이런 규정들[그 자체 존재, 의식에 대한 대상]이 본래 어떤 의미냐는 여기서는 더는 다루지는 않겠다. 왜냐하면, 여기서 우리가 다루는 과제가 현상적 지식인 한, 일단 현상적 지식의 규정은 직접 제시되는 대로 받아들여지기 때문이다. 현상적 지식은 파악된 규정 그대로 자기를 드러낸다[darbieten].

83) ⟨SK 76:21~30⟩⟨FM 58:36~59:3⟩

이제 우리는 지식의 진리를 탐구하려 한다. 이런 탐구는 마치 우리가 지식의 **본래적인 모습**[an sich]을 탐구하는 것으로 보인다. 그러나 이 탐구 속에서 지식은 **우리의 대상으로** 되니 즉 지식은 **우리에 대해서**[für uns] 존재한다. 따라서 밝혀져야 할 지식의 본래적 모습은 사실 그 우리에 대해서 존재하는 지식을 의미한다. 이렇게 볼 때 우리가 흔히 지식의 본질이라고 주장할지 모르는 것은 결코 지식[Wissen]의 진리[본래적 모습 자체]가 아니라 오히려 그러한 본질에 관해서 우리가 지닌 인식[Wissen]에 지나지 않을 것이다. 이때 본질이나 척도는 우리의 주관에 속하게 될 것이니 이런 척도와 비교되는 것 또는 그러한 비교를 통해 어떤 결정이 내려지는 것[현상적 지식]은 그러한 척도를 반드시 인정해야 하는 것은 아닐 것이다.[110]

84) ⟨SK 76:31~77:24⟩⟨FM 59:4~25⟩

그러나 우리가 지금 여기서 탐구하는 과제[지식]의 본성은 바로 이런 분리를 벗어나 있으며[überhebt][111] 또는 그처럼 분리된 것처럼 보이거나 그런 분리를 전제하는 것처럼 보이는 가상조차도 벗어나 있다. 의식은 그 자신에 관한 척도를 자기 자신에서 설정하니 이로써 탐구한다는 것은 자신을 자기 자신과 비교하는 것으로 된다. 왜냐하면, 바로 위에서 행해진 구별은 의식에 속한 것이기 때문이다. 의식 속에 어떤 것이 **다른 것[의식]에 대해** 존재한다. 또는 어떤 것은 인식[Wissen]의 계기라

110 우리에게 드러난 진리를 현상적 지식에서는 알지 못하며, 안다고 하더라도 그것을 받아들일 수 없다.

111 현상적 지식은 그 자체에서 자신의 척도를 지닌다는 생각은 '의식 경험의 길'에서 더 구체적으로 설명된다.

는 규정성을 그 자체에서 갖는다. 동시에 의식에서는 이 다른 것[대상]은 **의식에 대해서**만 있는 것이 아니라 또한, 이런 관계를 벗어나서 **그 자체로** 있다. 이 후자가 곧 진리의 계기다. 그러므로 의식이 자기 안에서 그 자체 존재거나 **진리**라고 주장하는 것은 의식 자신이 제기한 척도며 우리는 이것에 비춰 그 자신의 인식을 측정한다. 이때 만약 우리가 **지식**[Wissen]을 **개념**으로 여기고 본질이나 **참된 것**은 존재하는 것이나 **대상**으로 볼 때 여기서 검증은 개념이 대상과 같은가를 살펴보는 일로 되겠다. 그러나 이번에는 우리가 대상의 **본질**이나 그 자체 존재를 **개념**이라 부르고 이와 반대로 **대상**이라는 말로는 그 어떤 **타자에 대해서** 존재하는 것 즉 **대상**으로서 대상으로 이해한다면 여기서 검증은 이런 대상이 그 자신의 개념과 같은가를 살펴보는 것에 있을 것이다. 결국, 여기서 우리가 알 수 있는 것은 바로 이 두 가지 접근방식은 같은 성격을 띠는 데 그친다는 것이다. 그러나 중요한 것은 우리가 탐구하는 어느 때라도 다음과 같은 사실을 명심해야 한다는 것이다. 이상과 같은 두 가지 계기 즉 **개념과 대상** 또는 **대타 존재와 그 자체 존재**라고 하는 계기가 다 같이 지금 우리가 탐구하는 지식[Wissen] 자체 속에 속한다는 사실 또한, 그 어떤 척도를 [바깥에서] 가지고 들어오고 **우리가 지닌** 어떤 착상이나 사상[Gedanken]을 [지식에 관한] 탐구에 적용할 필요는 이제 더는 없다는 사실이다. 이상과 같은 것을 제거하는 것[weglassen]을 통해서 우리는 사태를 **그 자체로 자기에게 나타난 모습대로**[an und für sich selbs] 고찰하기에 이른다.

    [해제] 1) 81~84 구절에서 헤겔은 현상적 지식을 넘어서는 척도를 발견할 수 있을까 하는 문제를 검토한다. 이는 앞에서 말한 "자기를 완전하게 하는 회의의 길" 즉 자신을 자기가 극복해 나가는 현상적 지식

의 길이 가능하게 하려면 불가피한 문제가 될 것이다.

어떤 지식 예를 들어 학문이 자신이 바로 척도라고 주장하더라도 그것은 하나의 독단에 그치고, 그 자체가 주관적인 지식, 현상적인 지식에 그친다. 참된 척도라면 그 자체가 회의의 과정을 거친 이후에 도달하는 결과일 것이다. 아직 우리는 지식의 진리, 본래적 모습, 그 자체 존재를 알지 못하므로, 그런 척도가 있을 수 없는 것이 아닐까? 현재 우리가 그걸 알고 있다면, 그런 주장은 주관적인 것에 불과할 것이다. 그렇다면 과연 어떻게 현상하는 지식을 비판하면서 진리에 도달할 수 있을 것인가? 헤겔은 이런 의문을 극복하려 한다.

2) 헤겔은 여기서 대담한 주장을 제기한다. 즉 "의식은 그 자신의 척도를 자기 자신에서 설정하니" 본질이나 척도와 이런 척도와 비교되는 현상적 지식은 모두 주관에 속한다는 점에서 "분리를 벗어나 있으며" "탐구한다는 것은 자신을 자기 자신과 비교하는 것"으로 된다는 것이다. 그러므로 지식을 개념이라고 하고 참된 것을 대상으로 하든, 그 척도를 개념이라 하고 현상적 지식을 대상으로 하든 마찬가지가 된다.

여기서 핵심은 의식이 그 자신의 척도를 자기 자신에서 설정한다는 말로 될 것이다. 그러나 언뜻 보기에 이 말은 모순적인 것처럼 보인다. 현상적 지식의 척도로 되는 것은 의식 밖에 있는 그 자체 존재가 아닌가? 그것은 인식의 운동 끝에 가서야 비로소 학문의 모습으로 우리에게 나타날지 모르지만, 아직 우리는 이런 학문을 알지 못한다고 하지 않았던가? 그렇다면 어떻게 인식의 척도가 의식 내에 존재할 수 있는 것일까?

이것은 이미 의식이 그 자체 존재, 진리, 자신의 척도를 암암리에 또는 직관적으로 인식한다는 말인가? 본질 직관을 인정하는 직접 지나 후설의 현상학에서는 이런 것이 가능하겠지만, 헤겔은 앞에서 「서문」에서 여러 번 되풀이해서 말했듯이 진리에 관한 직관은 존재하지 않는다고 보았으니, 그런 직관적 인식을 인정할 수 없을 것이다.

3) 헤겔은 이 구절에서 의식 밖에 있는 그 자체 존재가 의식에 들어와 인식의 자기 검증을 위한 척도가 될 가능성을 직접 설명하지는 않는다. 그 가능성은 다음 구절에서 '의식의 자기 검증'을 설명하면서 비교적 상세하게 설명된다.

85) ⟨SK 77:25~78:27⟩⟨FM 59:26~60:14⟩

그런데 개념과 대상 또는 척도와 검증돼야 하는 것이 다 같이 의식 자체 내에서 눈앞에 나타난다는 측면과 관련해서 우리가 설명을 덧붙일 필요는 없게 됐다. 그뿐만 아니라 또한, 우리는 이들 양측을 서로 비교하거나 이에 관해 본래적 의미에서 **검증**하는 노고조차도 벗어났다.[112] 그 결과 이제 의식은 자기 자신을 검증하므로 우리에게는 다만 이런 측면을 순수하게 응시하는 것만이 남아 있을 뿐이다. 왜냐하면, 의식은 한편으로는 대상에 관한 의식이면서 다른 한편으로는 바로 자기 자신에 관한 의식이기 때문이다. 즉 의식은 자기에 대해 참된 대상에 관한 의식이며 또한, 그런 대상에 관한 지식을 다시 의식하는 것이다. 결국, 이 두 가지 의식은 모두가 같은 **의식에 대해** 존재하고 있으므로 의식은 그 스스로 자신을 비교한다.[113] 대상에 관한 그의 인식이 이 대상에 같은가 않는가는 **같은 의식에 대해** 나타날 것이다. 대상은 오직 같은 의식에 대해서 다만 그 의식이 그 대상을 인식하는 대로 존재하는 것처럼 보

112 이와 같은 비교를 직접 수행하는 것은 역사 자체에 일어난다. 우리는 이 정신의 역사적 발전을 응시하면서 이를 내면에서 되풀이할 뿐이다.

113 의식은 대상을 구성하지만, 여기서 물 자체에 대한 경험 즉 모순에 부딪히면서 의식과 대상은 대립한다. 그러나 모순에 부딪혀 자기 내로 반성한 의식에서는 앞의 대립하는 대상을 자기 자신으로부터 구성하면서 자기의식이 된다. 의식이 자기의식으로 반성하는 과정이 의식이 그 스스로 자신과 비교하는 과정이다.

인다. 이렇게 본다면 의식으로서는 도저히 대상을 같은 **의식에 대해** 드러나는 대로가 아니라 **그 자체로 있는 대로** 발견할 수 없는 것처럼 보이며 또한, 그의 지식을 그런 본래의 대상에 비춰 검증할 수도 없는 것처럼 보인다. 그러나 의식이 일정한 대상에 관해 인식한다고 하는 바로 그 속에서 이미 두 계기의 구별이 눈앞에 나타난다. 즉 이 **의식**에서 하나의 계기[etwas]는 그 **자체 존재**며 그러나 다른 계기는 인식 달리 말해서 **의식에 대해 나타난** 대상이다. 그러므로 검증이라는 것은 이제 출현한 이 두 가지 측면을 구별하는 데 있다. 그런데 만약 여기서 이 두 계기를 서로 비교해 본 결과 이 양자가 같지 않다면 의식은 그 자신의 인식을 변경해야만 비로소 자신을 대상과 합치하게 할 수 있는 것으로 보인다. 그러나 동시에 이처럼 인식이 변경됨에 따라서 사실상 의식에서 대상 자체도 변경될 것이다. 왜냐하면, 여기에서 눈앞에 있는 인식이란 본질상 대상에 관한 인식이었기 때문이다. 이처럼 인식과 더불어 대상도 역시 달라진다. 왜냐하면, 대상은 본질상 이런 인식에 속했기 때문이다. 따라서 다음과 같은 사실이 의식된다. 즉 그전까지만 해도 그 의식에 대해 **그 자체 존재**[für es an sich]였던 것이 이제는 그 자체 존재가 아니며 달리 말하자면 그 자체 존재는 다만 **그런 [그전의] 의식에 대해서만 그 자체 존재**였다는 것이다. 이처럼 의식은 자신의 대상에 비춰 보아서 그가 지닌 지식이 이 대상에 합치되지 않음을 발견함으로써 그 대상 자체도 더는 유지되지 않는다. 이것을 달리 말한다면 만약 검증의 결과 그 척도가 적용돼야 하는 것[지식]이 존립하지 않는다면 그 검증의 척도도 변경돼야만 한다는 것을 뜻한다. 이렇게 볼 때 검증한다는 것은 한낱 지식에 대한 검증으로만 끝나는 것이 아니라 그에 못지않게 검증을 위한 척도 자체도 검증된다는 것을 뜻한다.

86) ⟨SK 78:23~79:14⟩⟨FM 60:15~32⟩

그러므로 의식은 그 자체에서 즉 자기의 인식에서뿐만 아니라 또한, 동시에 자기의 대상에서도 **변증법적** 운동을 수행한다. **의식에서** 이런 운동을 통해 새롭고도 **참된 대상이 발생하는 한**에서 이런 변증법적 운동이 본래 **경험**이라고 불리는 것이다. 이 점과 관련해 지금까지 언급된 전개과정에서 좀 더 상세하게 강조해야 하는 계기가 존재한다. 이 계기는 다음에 서술될 학문의 측면에 관해 새롭게 해결하기 위한 어떤 실마리를 마련해 주는 것으로 될 것이다. 의식은 그 **어떤 것**을 인식한다. 이것은 본질이며 또는 그 **자체 존재**다. 그런데 이 어떤 것은 또한, 바로 그런 의식에 대해 존재하는 **그 자체 존재**[für das Bewußtsein das An-sich]다. 여기서 이 참된 것[그 자체 존재]이 지닌 모호함이 등장한다. 즉 여기서 우리는 의식이 두 개의 대상을 지닌다는 사실을 안다. 그 하나는 최초의 그 자체 존재고 두 번째의 것은 이런 **그 자체 존재가 의식에 대해 나타난 것**[das Für-es-sein dieses An-sich]이다. 이 후자에 속하는 것은 처음에는 의식의 자기 내적 반성인 것처럼 보인다. 그것은 하나의 관념[Vorstellen] 즉 대상에 관한 관념이 아니라 다만 첫 번째에 해당하는 그 자체 존재에 대해 의식이 인식한 관념[ein Vorstellen, ... nur seines Wissens von jenem ersten]으로 보인다. 그러나 이미 앞에서도 제시했듯이 이제 의식에서 최초의 대상이 변화된다. 이 대상은 그 자체 존재기를 중단하며 이 의식이 보기에는 단지 **그 의식에 대해 나타나는 그 자체 존재**[für es das An-sich]로 된다. 그러나 이에 따라서 **의식에 대해 나타나는 그 자체 존재**, 참된 것이라고 하는 것은 즉 **본질** 또는 의식의 **대상**으로 된다. 이 새로운 대상은 최초의 대상이 부정됐다는 것[Nichtigkeit]을 함축하며 새로이 대상으로 되는 것은 첫 번째 대상에 관한 경험이다.

[해제-1]

앞에서 헤겔은 인식의 척도와 인식의 대상, 그 자체 존재에 관한 지식 즉 진리와 현상적 지식이 의식 내에 함께 존재한다고 말했다. 그러므로 이런 자기 비교, "자기 자신을 검증하는 것"을 통해 현상적 지식은 자기를 넘어서 나간다는 것이다. 헤겔은 스스로 어떻게 의식이 자기를 검증할 수 있는지 반문한다. "의식으로서는 도저히 대상을 같은 의식에 대해 드러나는 대로가 아니라 본래 있는 대로 발견할 수 없는 것처럼 보이기" 때문이다.

헤겔은 그 가능성을 "의식이 한편으로는 대상에 관한 의식이면서 다른 한편으로는 바로 자기 자신에 관한 의식이기" 때문이라고 말한다. 의식이 자기를 반성할 수 있다는 것인데, 이런 반성은 어떻게 일어나는 것일까?

이하에서 헤겔은 의식의 반성 과정을 좀 더 구체적으로 서술해 나간다. 이 전체 과정은 자기모순과 자기의식의 자기 내 반성, 대상 자체의 변화를 매개로 해서 일어나는 과정이다. 이 과정이 헤겔이 의식 경험의 과정이라고 말한 과정이다. 헤겔의 주장을 설명하자면 다음과 같다.

① 우선 헤겔이 칸트의 의식이 대상을 범주를 통해 선험적 구성한다는 주장을 전제로 한다. 즉 "대상은 의식이 인식하는 대로 존재하는 것처럼 보인다."

② 이런 인식에서 "이미 그 속에서 두 계기의 구별이 등장한다." 즉 그 자체 존재와 의식에 대해 나타난 대상이다. 이 의식에 구성된 대상 너머에 알 수 없는 그 자체 존재는 칸트가 말한 물 자체를 말할 것이다.

③ 칸트는 물 자체에 범주를 적용한다면 모순, 딜레마가 나온다고 말했다. 헤겔에게서도 물 자체에 부딪힌다는 것은 그야말로 물 자체가 나타난다는 것이 아니라, 이런 딜레마 또는 모순을 경험한다는 것을 의미한다.

의식 밖에 있는 물 자체란 사실 그 의식이 일정한 범주를 토대로 대상을 구성하기 때문이니, 여기서 물 자체 즉 그 자체 존재 역시 그 의식에 속한 것이다. 의식은 스스로 자신의 피안을 만들어낸다는 것이다. 우리는 이런 설명 속에서 앞에서 헤겔이 현상적 지식과 그 자체 존재가 같은 의식에 속한다고 말한 이유를 발견할 수 있다.

④ 그러므로 물 자체는 이제 전적인 물 자체가 아니라 단순히 이전의 의식에 대해 나타난 물 자체 또는 그 자체 존재[für es an sich] 임이 밝혀진다. 헤겔은 이를 다음과 같이 말한다.

"그런 [현존하는] 의식은 그전까지만 해도 그 의식에 대해 그 자체 존재였던 것이 이제는 그 자체 존재가 아니며 달리 말하자면 그 자체 존재는 다만 그런 [그전의] 의식에 대해서만 자체적인 존재였다는 사실을 자각한다."

⑤ 이런 모순이 곧 기존의 현상적 지식에 대한 검증이다. 이 모순이 곧 헤겔이 말한 자기 검증이다. 이런 모순을 통해서 의식은 자기 내로 반성 또는 복귀한다. 이 반성 과정을 통해 의식은 자기의식으로 된다. 즉 앞의 의식에서 모순적인 것으로 등장하는 것이 이 새로운 의식에서는 의식 자신과 합일하기 때문이다.

새로운 의식은 새로운 범주를 통해 대상을 구성하는데, 이 새로운 범주는 이전의 의식이 지녔던 범주보다 더 포괄적이며 더 근원적인 것으로 된다. 그러므로 여기서 이전의 의식에서 물 자체였던 것은 의식 내로 들어와 의식이 구성하는 대상으로 된다. 그러므로 새로운 더 포괄적이고 근원적인 현상적 지식이 형성된다. 헤겔의 말에 따르면 한마디로 "인식이 변경되는 것"이다. 이에 대해 헤겔은 이렇게 말한다. "양자가 같지 않다면 의식은 그 자신의 인식을 변경해야만 비로소 자신을 대상과 합치하게 할 수 있는 것으로 보인다."

⑥ 의식의 운동을 의식의 편에서 본다면 이처럼 자기 내로 반성하는

운동이 된다. 그러나 이 운동을 자기의식의 측면에서 본다면 여기서 자기의식이 처음 추상적이었다가 점차 구체적으로 된다는 것을 알 수 있다. 즉 더 일반적인 의식은 더 구체적인 자기의식이다. 여기서 추상이 구체화한다는 것은 더 복잡한 연관 즉 체계가 출현한다는 것을 의미한다. 앞에서 실체의 운동이 개념의 운동이며 내용의 운동이라 했다. 위에서 보듯 의식의 운동 역시 이중적이다. 그것은 의식의 편에서 볼 수도 있고 자기의식의 편에서 볼 수도 있다.

⑦ 헤겔은 의식의 운동은 대상의 운동과 매개하고 있다고 한다. 즉 인식이 변경되면서 동시에 "대상 자체도 변경된다"라는 것이다. 새로이 출현하는 의식은 이전의 의식에 대해서는 자기의식이지만, 그 자신 의식으로서 자기에 대립하는 대상에 부딪히게 된다. 새로운 의식에 대해 새로운 물 자체 즉 그 자체 존재가 출현한다. 이전 의식의 대상이 추상적이었다면 새로운 의식의 대상은 구체적이다. 이제 이 새로운 대상 즉 새로운 물 자체가 새로이 출현한 의식에 대해 모순되면서 그런 인식을 검증하는 새로운 척도가 된다.

그러므로 헤겔은 "지식의 검증 과정은 단순히 지식에 대한 검증으로 끝나는 것이 아니라 그에 못지않게 검증을 위한 척도 자체도 검증된다는 것을 뜻한다"라고 말한다.

⑧ 대상의 운동과 의식의 운동은 같은 운동의 서로 대립하는 이면적 측면이다. 의식의 운동은 개별적 지식이 더 일반적 지식으로 발전한다. 대상의 운동은 처음에 추상적인 상태에서 점차 더 구체적으로 자기를 드러낸다. 양자는 서로 매개한다. 의식의 반성은 저절로 일어나지 않으며, 그 자체 존재에 대한 경험을 매개로 하며 거꾸로 대상의 발견 역시 저절로 일어나지 않고 의식의 자기의식 즉 새로운 의식으로의 반성을 매개로 한다. 대상이 어떤 의식에 물 자체로 자기를 구체화하여 드러내는 것은 역사적 실천을 통해 일어난다. 의식이 더 일반적인 의식으로

반성하는 것은 의식의 내적 반성이다.

그러므로 정신의 발전은 이 두 가지를 동시에 필요로 한다. 역사적 실천과 동시에 의식의 자기 내 반성이다. 역사적 실천이 없다면 대상의 물 자체에 대한 경험을 겪지 못한다. 의식의 반성이 없다면, 그저 모순 경험에 사로잡혀 절망 속에 있을 뿐이다. 두 측면 즉 의식의 운동과 대상의 운동을 종합적으로 보면 이 운동은 의식과 대상의 대립에서 의식과 대상의 합일로 즉 의식에서 자기의식으로 나가는 운동이니, 이런 의식의 자기의식으로의 전환은 매번 되풀이된다.

『정신현상학』은 이 운동을 다만 의식 쪽에서 서술한다.『정신현상학』에서 역사는 구체적으로 서술되지 않지만, 간헐적으로 그 모습을 드러낸다.『정신현상학』을 이해하는 데는 이 간헐적으로 드러난 역사의 운동을 포착해 내는 것이 중요하다.

[해제-2]
1) 여기서 의식의 운동과 학문 운동 전체를 다시 비교해 볼 필요가 있다. 지금까지 헤겔의 서술을 따라 다니느라 분산적으로 설명했던 것을 여기서 종합해 보자.

① 바로 앞의 구절에서 헤겔은 의식 운동을 의식의 편에서 보면, 자기 내로 반성하는 운동이며, 자기의식의 편에서 보면, 추상적 자기의식이 구체적으로 실현되는 운동이라 했다.

② 또한, 이전에(21, 58 해제) 실체의 운동을 설명하면서 이 운동이 이중적이라는 사실에 대해 언급했다. 그것은 개념의 운동이며 내용의 운동이다.

③ 학문의 전개는 실체의 운동과 일치한다. 학문의 운동은 실체 자체의 운동을 응시하는 것이니, 이 두 가지는 추상적 원리가 실현돼 체계화하는 과정이다.

④ 이제 실체[또는 학문] 운동과 의식 운동을 비교해 보면, 양자가 이중적인데 서로 전복적이라는 사실을 알 수 있다. 실체 운동의 표면은 개념 운동인데 이것은 의식 운동의 이면(자기의식의 측면)과 같다. 의식 운동의 표면은 의식의 운동인데, 이는 실체 운동의 이면인 내용 운동과 같다.

⑤ 앞에서 설명했듯이 양자는 서로 매개한다. 실체적 개념의 실현 즉 타자화를 통해 모순이 출현하면서, 의식은 자기 내로 반성한다. 새로운 의식은 다시 역사적 실천을 통해 자기를 타자화한다. 이런 의식과 실체는 상호 작용을 거듭하면서 의식은 최종적으로 완전한 자기의식에 도달하고, 실체적 개념은 자기를 구체화하면서 체계화한다.

여기서 의식이 최종적으로 도달한 완전한 자기의식은 실체[학문]의 운동이 시작하는 개념이 되며 개념이 체계화된 전체는 가장 단순한 의식에 이른다. 그러므로 의식 운동을 서술하는 『정신현상학』의 끝에 도달하는 절대지는 개념이 운동하는 시작점인 순수 존재가 된다. 순수 존재가 실현돼 체계화된 전체는 곧 단순한 의식이 된다.

⑥ 구체적 예를 들어 역사를 보자. 마르크스는 역사를 상부 구조와 하부 구조로 구분했는데, 이것은 헤겔의 의식과 실체에 해당할 것이다. 실체의 세계에서 모순이 출현하면, 이를 통해 상부 구조가 자기 내로 반성한다. 새로운 상부 구조의 출현은 하부 구조의 발전 가능성을 열어 주며 이것을 통해 하부 구조는 타자화하여 새로운 모순에 이른다. 이 모순은 다시 상부 구조의 새로운 자기 내 반성을 불러일으킨다.

⑦ 실체[학문]의 운동은 의식 운동을 매개로 하여 전개되므로, 단순한 의식이 모순을 통해 새로운 일반적 의식으로 발전하는 과정이 실체[학문] 운동에 각인된다. 실체[학문]의 운동은 표면적으로 보면 마치 개념이 구체화하는 것이니 유클리드 기하학의 체계에서 보듯이 마치 나무의 나이테처럼 평면 위에 그려진 동심원과 같다. 그러나 사실 이런 동심

원 속에는 의식이 모순을 겪으며 그것을 극복하는 투쟁이 담겨 있다. 평면 위 동심원은 그런 모순과 투쟁이 내면화한 것이다.

⑧ 여기서 29) 해제에서 제시된 의식의 형태와 학문의 계기 사이의 관계 즉 내면화[erinnern]와 현재화[vergegenwärtigen]도 위에서 서술한 의식 운동과 실체[학문] 운동의 관계를 통해 이해할 수 있다. 그러므로 학문은 표면적으로 보면 마치 유클리드 기하학의 체계처럼 단순한 평면 위에서 전개되지만, 이 전개하는 평면의 동심원을 통해 우리는 거꾸로 의식이 역사적으로 겪어나갔던 모순과 투쟁을 다시 눈앞에 떠올릴 수 있다. 이상 설명에 관해 아래 도식을 참조하라.

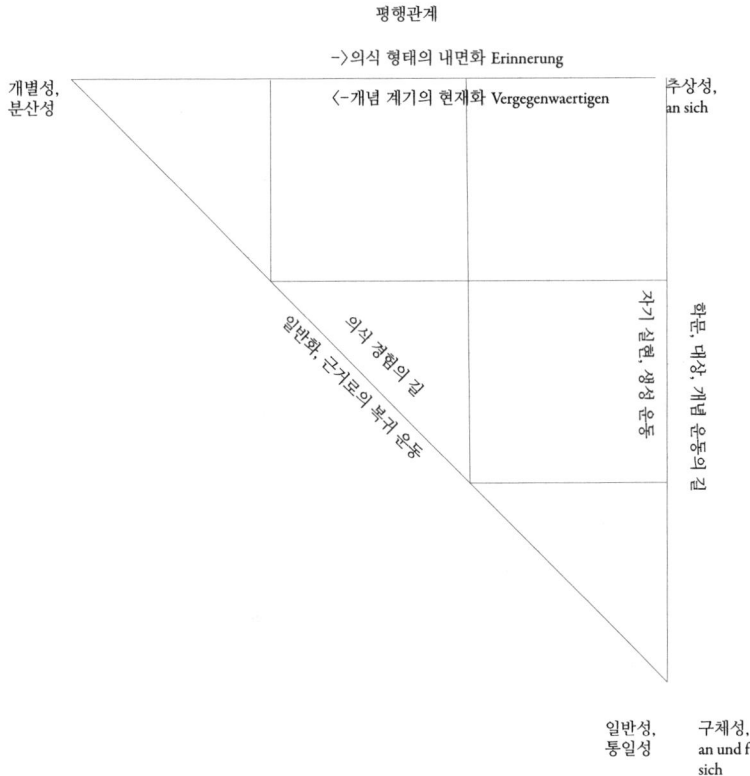

87) ⟨SK 79:15~80:24⟩⟨FM 60:33~61:27⟩

이상과 같이 경험이 지나가는 과정을 서술하는 속에는 이런 경험이 흔히 일상적인 의미에서 경험으로 이해되곤 하는 것과 합치되지 않는 것처럼 보이는 계기가 있다. 즉 최초의 대상과 그것에 관한 인식에서 다른 대상으로 **이행하는 운동**이 일어나고, 이 새로운 대상에 관해서 경험이 출현했다고 말해진다면, 이런 진술의 의미는 곧 최초의 대상에 관한 인식 또는 최초의 그 자체 존재가 의식에 **대해 나타나는 것**[114]이 두 번째 대상으로 된다는 것이다. 그에 반해 그전에는[일상적인 의미에서 경험에서는] 마치 우리가 지닌 최초의 개념이 아마도 우리가 우연히 바깥에서 발견하는 **어떤** 다른 **대상에** 적용되면 우리는 그런 개념이 진리로 되지 못한다는 것을 경험하고 따라서 일반적으로 그 자체로 자기에게 나타난 것[an und für sich]에 관한 순수한 **파악**만이 우리에게 유일하게 남아 있는 것처럼 보인다. 그러나 앞에서 서술한 [의식의 변증법적] 경험에 관한 견해에서는 새로운 대상은 의식 자체의 **전복**을 통해서[115] 생성된 것으로 드러난다. 문제를 이상과 같이 고찰하는 것은 [전체를 굽어보는] 우리 자신이 개입한 산물이다. 이런 개입을 통해 의식이 거쳐 나가는 일련의 경험이 학문의 전개과정으로 끌어올려지지만,[116] 우리가 여

---

114 그 자체 존재가 의식에 대해 나타나면 물 자체에 대한 경험 즉 모순 경험이 출현한다. 의식의 자기 내 반성을 통해 모순이 해소되면서 이렇게 의식에 대해 나타난 그 자체 존재가 의식의 새로운 대상 즉 '두 번째 대상'으로 된다.

115 의식의 자기 내 반성을 통해 일반적 의식이 출현한다. 기존에 의식 밖에 있던 그 자체 존재는 일반적 의식이 구성한 것으로 된다. 이 의식은 기존의 의식에 비춰 보면 자기의식이지만, 앞으로의 운동에서 보면 새로운 출발점에 선 의식이다.

116 의식의 역사적 경험은 내면화하면서 학문이 전개하는 논리적 계기가 된다.

기서 설명하는 의식은 그런 우리 자신의 개입을 알지 못한다. 그런데 우리가 개입한다는 사실은 이미 이런 서술이 회의주의에 대해서 어떤 관계를 지니는지를 살펴보는 가운데서 언급됐던 사정과 같은 것이다. 즉 지식이 진리에 어긋나서 그 결과 부정된다고 하더라도, 매번 발생하는 그 결과가 텅 빈 무[Nichts]의 심연 속으로 모조리 내던져질 수는 없으며 오히려 그런 결과는 필연적으로 **자신이 유래한 것을 부정하는** 무로 파악돼야 한다는 사정이다. 다시 말해서 이런 부정을 통해 나온 결과란 곧 오직 선행했던 지식이 그 자체에서 지녔던 진리의 요소를 내포하는 것이다. 이런 사실을 여기서 좀 더 설명하자면 다음과 같다. 즉 최초에 대상으로 나타났던 것이 의식에는 인식된 대상[einem Wissen von ihm]으로 격하되는 동시에 **그 자체 존재**는 **의식에 대해 나타난 그 자체 존재**[Für-das-Bewußtsein-sein des An-sich]로 되면서 이것이 새로운 대상으로 된다. 이제 이런 새로운 대상을 통해 새로운 형태의 의식이 출현한다. 이 새로운 의식의 형태에서는 앞선 단계에서의 본질과 다른 본질이 다시 존재한다. 이런 상황을 통해 도출되는 결과가 곧 의식의 형태들이 필연적으로 전개돼 나가는 전체적인 계열이다. 의식은 자신에게서 어떻게 그런 일이 일어나는지 알지도 못하는 가운데 새로운 대상이 발생한다는 사실을 그것도 필연적으로 일어난다는 사실을 발견한다.[117] 이렇게 새로운 **대상**이 발생하는 필연성은 우리에게 우리의 의사와는 무관하게 등 뒤에서 일어나는 것과 비슷하다. 이처럼 마침내 의식의 운동 속에는 그 자체 존재나 아니면 **우리에 대해 나타난 존재**의 계기가 자리 잡지만, 이와 같은 계기는 스스로 경험 속에 사로잡혀 있는 의식 앞에

117 새로운 대상이 출현하는 물 자체의 경험은 의식 자신으로서는 자신의 바깥에서 등장하니 이해하지 못한다. 하지만 이 물 자체는 기존의 의식이 지닌 한계 때문에 필연적으로 출현하는 것이다.

그 실상을 드러내는 법은 없다. 그런데 우리에게 생성하는 **내용**은 이렇게 해서 **의식에 대해 나타난다**. 우리는 다만 그 내용이 전개하는 공식이나 그의 순수한 생성만을 파악할 수 있을 뿐이다. 그리하여 그처럼 생성된 것이 **의식에 대해서는** 단지 대상으로서 등장하는 데 반해 **우리에게서는** 곧 운동과 생성으로서 나타난다.

[해제] 1) 앞에서 헤겔은 의식의 경험 운동을 설명했다. 이 구절에서는 그런 의식 경험이라는 개념과 연관해 의식과 대상의 분리라는 인식론의 전제라든가 회의의 길에서 등장하는 특정한 부정의 개념, 그리고 인식의 역사를 설명한다.

그 설명의 출발점은 기존의 의식에서 물 자체가 사실은 그 기존의 의식에서 생겨난 물 자체일 뿐이며 의식의 반성을 통해 새로운 의식이 등장하면 의식의 대상으로 된다는 데 있다. 여기서 의식과 대상은 서로 절대적으로 구분되는 것이 아니다. 새로운 의식은 곧 자기의식이다.

의식의 운동은 대상을 매개로 하며 대상의 운동은 다시 의식을 매개로 하니, 양자는 서로 분리되지만, 통일된다. 인식의 아포리아에서 출현한 회의주의에 관해 헤겔이 앞에서 이런 회의주의는 사실 인식에서 대상과 의식의 분리를 전제로 해서 출현한 것이라고 했던 이유도 여기서 밝혀진다. 이처럼 의식과 대상이 분리되는 가운데 진리에 접근하는 길은 낭만주의와 같은 본질 직관의 길밖에는 없을 것이다. 그러나 이런 전제를 버리고 의식과 대상이 서로 매개하는 것이라고 한다면, 의식은 진리에 다가가는 운동을 전개할 수 있다는 것이다.

2) 헤겔은 앞에서 제시한 특정한 부정이라는 개념도 이런 의식 경험의 길과 연관시킨다. 기존의 인식론에서 기존의 지식에 대한 부정은 단적인 부정이고, 그 결과 무에 이르는 것이다. 그러나 의식 경험의 길에서 부정은 특정한 부정이다. 즉 여기서 부정은 기존의 의식이 지닌 특정

성에 대한 부정일 뿐, 그것을 넘어서 의식은 더 포괄적이고 더 근원적인 의식으로 발전한다는 것이다.

이런 의식의 운동은 동시에 대상이 발전하는 운동이다. 기존에 그 자체 존재 즉 물 자체였던 대상은 이제 그 의식에 대한 그 자체 존재로 되며, 이 새로운 의식에서는 의식의 대상으로 전락한다. 그리고 새로운 의식에는 이전의 그 자체 존재를 넘어서는 새로운 그 자체 존재가 출현한다. 여기서 이 새로운 그 자체 존재는 기존의 추상적인 그 자체 존재보다 더 구체적으로 자기를 실현한 것으로 된다.

3) 헤겔은 이런 운동은 보는 관점에 따라 다르게 나타난다고 한다. 이런 의식의 운동은 이처럼 물 자체의 경험을 매개로 해서 전개하는 운동이다. 이 매개는 기존의 의식이 지닌 한계 때문에 필연적이다. 그런 필연적 대립이 역사적 실천을 통해 마침내 드러난다. 그러나 의식이 발전하는 역사를 전체적으로 이미 경험한 우리가 볼 때 이 운동은 필연적인 생성이며 발전이다. 그러나 기존의 의식의 눈에서 보면, 그는 그런 물 자체의 경험이 왜 일어나는지 알 수 없으며 그것은 오직 그의 바깥에서 강제된 것으로 나타난다. 이런 점에서 이 운동은 개인의 "등 뒤에서 일어나는 운동"으로 된다.

88) ⟨SK 80:25~27⟩⟨FM 61:28~30⟩

학문으로 가는 이 길은 바로 이와 같은 필연성 때문에 그 자체가 이미 하나의 **학문**으로 되며 또한, 그 내용으로 본다면 곧 **의식의 경험**에 관한 학문이다.

89) ⟨SK 80:28~81:8⟩⟨FM 61:31~62:5⟩

의식이 자신에 관해 겪는 경험은 그 개념에 비춰 본다면 의식의 전체 체계 또는 정신의 진리가 전개되는 전 영역에 못지않은 것을 포괄한다. 여기서 진리의 각 계기는 그 본래적인 규정성으로 나타나니, 추상적이고 순수한 계기로 나타나지 않으며 오히려 의식에 나타나는 대로 또는 의식 자체가 그 규정과 관계해 등장하는 대로 나타난다. 이렇게 함으로써 마침내 전체를 구성하는 각 계기는 곧 **의식의 형태**가 된다. 이상과 같이 의식은 자기의 참된 실존을 향해 끊임없이 육박하면서 최종적 지점에 도달한다. 그 지점에 이르면 의식은 단지 의식에 대해서 존재하는 동시에 의식과 다른 것으로 존재하는 어떤 이질적인 것이 끈질기게 따라다니는 듯한 가상에서 마침내 벗어난다. 또 다른 말로 하면 이 지점에서 마침내 의식의 현상은 그 본질과 같게 되며, 이로써 의식에 관한 서술은 또한, 정신에 관한 고유한 학문이 성립하는 바로 그 지점과 합일된다. 그리하여 최종적으로 의식 자체가 다름 아닌 자기의 본질을 포착하니 이 지점에서 의식은 절대지의 본성 자체를 표현하게 될 것이다.

[해제] 서론을 끝내면서 헤겔은 『정신현상학』의 운동과 학문의 운동 사이의 관계를 설명한다. 의식 경험의 운동은 의식이 자기에 대립하는 대상을 극복하는 운동이었다. 이것이 『정신현상학』이 서술하려는 과정으로 된다. 의식의 운동 끝에 마침내 의식과 대상이 통일을 이루는 절대지의 단계에 이른다. 절대지의 단계에 이르면 이제 순수한 학문이 전개된다.

양자는 단순히 직선적으로 연결된 것만은 아니다. 『정신현상학』에서 의식이 발전하는 역사적 길은 학문에서 개념의 운동에 반영된다. 그것은 마치 시간적 역사가 개념의 논리적 스크린에 투영된 것과 같다. 거꾸로 본다면 학문적 개념의 논리적 발전이 시간 위에 투영되면 곧 의식의 역사적 운동이 등장한다.

의식의 운동도 이중적 측면을 지닌다. 그것은 의식이 반성하는 운동이며, 대상이 자기를 실현하는 운동이다. 『정신현상학』은 의식이 반성하는 운동을 전면에 두고 이를 매개하는 대상의 실현 운동은 그 배경에 놓는다. 대상의 운동 즉 학문의 운동 역시 이중적이다. 개념이 자기를 실현하는 운동이 여기서는 전면에 놓인다. 반면 이를 매개하는 내용의 운동은 배경에 깔린다. 『정신현상학』의 배경을 이루는 대상의 운동은 학문에서 개념의 운동으로 된다. 반면 학문의 배경을 이루는 내용의 운동은 『정신현상학』의 의식 운동과 같다.

이렇게 평행하면서도 양자는 서로 대립하니, 의식은 개별적인 것에서 일반적인 것으로 발전하면서 감각적 확신에서 절대지로 나간다. 그러나 개념은 추상적인 것이 구체화하는 과정이다. 그것은 추상적 존재가 구체적 이념으로 되고, 이념이 다시 구체적 실재 즉 자연과 정신으로 된다. 그러므로 『정신현상학』과 학문은 서로 뫼비우스의 띠처럼 연결된다.

헤겔은 이 과정에 관한 상세한 설명은 없지만, 학문 자체도 필연적으로 전개되지만, 『정신현상학』의 운동 역시 필연적으로 전개된다고 하면서 그 과정을 암시적으로 표현한다.

A
의식

헤겔의 얼굴, 빛나는 눈이 특히 눈에 띈다.

1 감각적 확신 또는 이것과 의도[meinen]

[해제] 전체적 흐름
90~91) 감각적 확신의 개념
92) 나와 대상의 분리
93~99) 대상을 본질로 할 때
100~102) 인식을 본질로 할 때
103) 확신 자체만을 진리로 볼 때
108) 결론

90) ⟨SK 82:9~15⟩⟨FM 63:4~8⟩

우리가 처음으로 또는 직접 탐구하는 대상으로 되는 지식[118]은 그 자체가 직접 인식된 것 즉 **직접 존재하는 것**[Unmittelbaren oder Seienden]에 관한 인식 바깥의 다른 어떤 것도 아니다. 우리는 이런 지식에 대해

---

118 헤겔이 1806년 2월에 넘긴 초고 일부는 편제를 단순하게 라틴어 I, II... 등으로 순서를 매겼다. 그런데 1807년 겨울 최종 원고를 인쇄하고 교열하는 가운데 기존의 장을 묶어 새롭게 편제하면서 A, B ..등으로 새로이 편제했다. 그 때문에 이중적인 편제가 등장했다. 수정된 편제에서 감각, 지각, 지성은 한데 묶어 'A 의식'으로 했고 이성, 정신, 종교, 절대지는 함께 묶어 'C'로 했지만, 제목은 붙이지 않았다. 'A'와 'B'가 개별적 정신(인식과 의지)를 다루고 'C' 부분은 모두 일반적 정신(인식과 의지, 표현)을 다룬다.

마찬가지로 **직접 받아들이는**[unmittelbar oder aufnehmend] 태도를 보여야 하며 결코 우리에게 나타나는 지식에서 어떤 것도 변경해서는 안 되며 또한, 파악하는 데서[Auffassen] 개념화하는 것[Begreifen]을 삼가야 할 것이다.

91) ⟨SK 82:16~83:13⟩⟨FM 63:9~34⟩

감각적 확신이 담는 구체적 내용은 언뜻 보기에는 **가장 풍부한** 인식이며 심지어는 무한한 풍요를 지닌 인식으로 보인다. 그 내용이 얼마나 풍부한지, 그 내용이 펼쳐진 시간과 공간 속에서 그 내용을 **탐색해 나갈** 때나 또한, 그 속에 담긴 질료의 한 조각을 떼 내어 이 조각을 **나눌** 때나 어떤 한계를 발견할 수 없을 정도다. 그 밖에도 감각적 확신은 **가장 참다운** 인식으로 보인다. 왜냐하면, 이것은 아직 대상으로부터 어떤 부분도 제거하지 않았을 뿐 아니라 그 대상의 전적으로 완전한 모습을 눈앞에 두고 있기 때문이다. 그러나 실상 감각적 **확신**이 전해 주는 것은 가장 추상적이며 가장 빈곤한 **진리**다. 감각적 확신은 자기가 아는 것에 관해서 다만 그것은 **있다**[es ist]고만 말하니 말이다. 또한, 감각적 확신이 진리로 삼는 것은 사태가 **존재한다**는 것만을 포함한다. 이런 감각적 확신에서 의식은 한낱 순수한 **나**[Ich]로 존재한다. 즉 **나**[Ich]는 단지 순수한 **이것**[Dieser]에 지나지 않으며 대상도 또한, 마찬가지로 순수한 **이것**[Dieses]에 지나지 않는다. **이것**인 내[Ich]**가** 이것인 **사태**를 **확신**하는 이유는 결코 내[Ich]가 여기서 의식적으로 활동하면서 자기를 개발해 사상[Gedanken]을 다양한 측면에서 운동하게 했기[bewegte] 때문이 아니다. 또한, 더 나가서 그 이유는 내[Ich]가 확신하는 **사태**가 여러 가지 양상[Beschaffenheiten]을 끌어모아서 그 자신에서 풍부한 관계를 지닌다거나 다른 사태에 대해서 다중적인 관계를 지니기 때문도 아니다. 두 가지 가운데 어느 때든 감각적인 확신의 진리와는 무관하다. 즉 감각적 확신에서는 나[Ich]나 사태는 다 같이 어떤 타자와 다양한 방식으로 일어나는 매개를 내포하지 않는다. 다시 말해서 내[Ich]가 의미하는 것은 어떤 잡다한 관념을 지닌 것도 아니고 사유 하는 것도 아닐 뿐만 아니라 더 나가서 사태가 의미하는 것도 어떤 잡다한 양상[Beschaffenheiten]을 포함하지 않는다. 오히려 사태는 그저 **존재**할 뿐이다. 사태는 다만 **존재**하므로 **존재**한다. 이런 사실이 감각적 지식의 본성을 이루는 것이며, 이와 같은 이[dieses] 순수 **존재** 또는 이[dieses] 단순한 직접적 존재가 감각적 확신의 **진리**를 이루는 것이다. 또한, 확신을 [나와 대상의] **관계**로 볼 때 이런 확신은 마찬가지로 양자의 **직접적인** 순수한 관계에 지나지 않는다. 의식은 **나**[Ich]일 뿐 전혀 그 바깥의 것은 아니다. 의식은 순수한 **이것**[Dieser]이며, **개별적인 나**[Ich]는 순수한 이것[Dieses] 또는 **개별 존재**를 인식한다.

[해제] 의식의 출발점을 감각적 확신이다. 헤겔은 이 구절에서 감각적 확신의 개념과 그것이 도착하는 최종 결과를 대비한다.

여기서는 아직 의식과 대상의 구별조차 일어나지 않았다. 의식의 추후 발전 과정을 고려해 굳이 나누자면, 감각적 확신은 직접적인 존재를 개별 주관 즉 내가 직접 대면한다. 감각적 확신은 이런 직접성 때문에 무한한 풍요를 지닌 것이며, 참다운 인식이어서 대상은 완전한 모습으로 나타난다고 가정된다. 이와 같은 감각적 확신은 철학사에서 진리의 원천으로 여겨져 왔다. 대표적으로 러셀이나 비트겐슈타인의 원초적 명제가 감각적 확신을 기초로 한다.

그러나 우리는 이런 완전한 의미에서 감각적 경험을 실제로 발견할 수는 없다. 우리가 발견하는 경험은 아무리 원초적이더라도 일정한 추상화를 통해 일어나는 지각적 경험을 출발점으로 한다. 의식의 출발점으로서 감각적 경험이란 자연 상태처럼 다만 가정된 것일 뿐이다.

헤겔에 따르면 이런 감각적 확신은 사실 "가장 추상적이며 가장 빈곤한 진리"다. 왜냐하면, 이런 감각적 확신의 내용은 '그저 있다'라는 정도의 인식이며 그 대상 역시 개별 주관이 부딪히는 개별 대상일 뿐이기 때문이다. 대상은 아직 어떤 양상도 가지지 않으며 주관 역시 잡다한 관념을 지니지 않는다.

92) 〈SK 83:14~28〉〈FM 64:1~11〉

그러나 **순수 존재**가 감각적 확신의 본질을 이루며 또한, 감각적 확신이 자신의 진리로 언표하는 것이지만, 우리가 이런 순수 존재를 곰곰이 살펴보면[zusehen] 이 순수한 존재에는 주변의 여러 다른 많은 대상이 얽혀 있다. 감각적 확신이 실제로 존재할 때 그것은 순수하게 직접적인 존재일 뿐만 아니라 동시에 순수한 직접적 존재를 나타내는 한 가지 **예**에 해당한다. 순수한 존재에는 무수히 많은 구별된 것[Unterschieden]이 나타나지만, 그 가운데 어디서나 우리는 주요 차이[Hauptverschiedenheit]를 발견한다. 즉 그런 감각적 확신에서는 순수 존재로부터 곧바로 앞에서 이미 언급한 바 있는 두 가지 **이것** 즉 **나**[Ich]로서 **이것**[Dieser]과 **대상**으로서 **이것**[Dieses]이 분리된다. 양자의 구별에 관해 반성해 본다면 여기서 밝혀지는 사실은 그 가운데 어느 편에 관한 감각적 확신도 **직접적**인 것이 아니라 오히려 **매개적**인 것이라는 사실이다. 즉 나[Ich]는 타자를 통해서 말하자면 어떤 사태를 **매개해서** 확신을 얻으며 또한, 반대로 이[diese] 사태도 역시 타자를 **통해서** 즉 나름 아닌 나[Ich]를 통해서만 확신한다.

93) 〈SK 83:29~84:6〉〈FM 64:12~22〉

그런데 이상과 같은 감각적 확신의 본성과 그 예 또는 그것의 직접인 모습과 그것의 매개된 모습 사이의 구별은 단지 우리가 만들어내는 것만은 아니며 동시에 감각적 확신 자체에서 발견하는 것이다. 그런 구별은 바로 위에서 우리가 규정했던 것과 같은 형식에서 받아들여서는 안 되며 오히려 감각적 확신 자체에서 나타나는 것과 같은 형식으로 받아들여야 한다. 즉 감각적 확신 속에서 한쪽은 단순하고 직접 존재하는 것 또는 본질로 규정되는 것 즉 **대상**이다. 반면 그것에 대한 타자는 비본질적이고 매개된 것이며, **그 자체로 존재하는** 것이 아니라 타자를 매개해서 존재하는 것 즉 **나**[Ich], **인식**이다. 나[Ich] 그리고 인식은 오직 **대상**이 존재하므로 대상을 인식하며[Wissen] 이런 인식은 있을 수도 있고 동시에 없을 수도 있다. 반면 대상은 **존재**하며 참된 것 그리고 본질이다. 즉 대상은 자신이 인식되건 안 되건 상관없이 **존재**할 뿐이다. 대상은 그 자신이 인식되지 않을 때도 여전히 존재한다. 그러나 인식의 경우에는 만약 대상이 없다면 존재할 수가 없다.

94) ⟨SK 84:7~13⟩⟨FM 64:23~28⟩

그러므로 감각적 확신은 대상을 그와 같은 본질로 여기지만, 대상이 정말로 감각적 확신 자체 내에서 그러한 본질의 자격을 갖는 것인가 하는 문제 다시 말해 이런 대상은 개념으로는 본질이지만, 이런 개념이 감각적 확신 속에서 실제로 눈앞에 나타나는[vorhanden] 모습과 상응하는가 하는 문제가 고찰돼야 한다. 그러나 이를 고찰하려는 목적을 위해서 우리는 대상에 대해 반성하거나 대상이 참으로 그랬으면 하고 바라는 것을 숙고하기보다는 다만 감각적 확신이 이 대상을 그 자신에서[an ihr] 어떻게 겪어 나가는가를 따라서 고찰해야 한다.

95) ⟨SK 84:14~25⟩⟨FM 64:29~37⟩

이제 **감각적 확신**은 스스로 이렇게 질문할 수 있을 것이다. **이것**[das

Diese]은 무엇인가? 여기서 우리가 이것을 **지금**과 **여기**와 같이 이것이 존재하는 이중화된 형태에서 살펴본다면 이것 자체가 명료한 형식을 지니듯이 이것이 그 자체에서[an ihm] 드러내는 변증법 역시 마찬가지로 명료한 형식을 지닌다. 그러므로 **지금은 언제냐**는 물음에 대해서 예컨대 **지금은 밤**이라고 답할 수가 있다. 이와 같은 감각적 확신의 진리를 검증하는 데는 한 가지 실험만으로 충분하다. 즉 그 진리를 일단 글로 써서 나타내 본다고 하자. 어떤 것이 진리라면 글로 적는다고 해서 상실될 리도 없으며 동시에 [글로] 진리를 보존하려 한다고 해서 상실될 리도 없을 것이다. 그러나 적어도 **지금, 이 한낮**[diesen Mittag]의 진리를 글로 적는 순간 그러한 진리가 이미 변질됐다는 것을 실토하지 않을 수 없다.

96) 〈SK 84:26~85:8〉〈FM 65:1~14〉

지금이 밤이더라도 **여전히 지금**이다. 즉 지금은 **존재한다**고 주장하며 그런 것으로 다루어지지만, 지금은 이제 더는 존재하지 않는 것으로 드러난다. **지금** 자체는 여전히 지금이지만, 지금은 이제 밤이 아니다. 마찬가지로 지금은 이제 낮이라 하더라도 지금은 여전히 지금이지만, 지금은 이런 낮에 대해 대립하며 즉 지금은 낮조차 아니다. 또는 지금은 무엇으로 되든지 지금을 **부정하는 것**[Negatives überhaupt]이다. 이처럼 지금이 여전히 지금이더라도, 이는 직접으로가 아니라 매개적으로 유지된다. 왜냐하면, 그것은 오직 자기의 타자[119]가 그것이 낮이든 밤이든 존재하지 않는다는 것을 **통해서** 지속하고 여전히 지금으로 규정되기 때문이다. 이때 지금은 단순히 그 이전과 같은 **지금**으로 남아 있지만, 이처럼 단순성 속에서 여전히 자기 안에서 유희하는 것[즉 지시 대

---

119 여기서 지금의 타자는 지금이 지시하는 대상이다.

상]에 대해서는 무차별하다. 밤이든 낮이든 지금 존재하는 것은 아니며 마찬가지로 지금이 곧 낮이나 밤으로 되는 것도 아니다. 즉 지금은 그것이 지시하는 것이 다른 것으로 변화하더라도[sein Anderssein] 전혀 영향을 받지 않는다. 지금은 부정을 통해서만 존재하는 단순한 존재[120]며, 이것도 아니고 저것도 아닌 것, 그리고 이것으로 지시된 **이런 것이 아니면서도** 또한, 마찬가지로 이것으로 되든 저것으로 되든 무차별한 것이다. 그러므로 우리는 이처럼 단순한 존재를 일반적인 존재라고 부르거니와 이런 **일반적인 존재**야말로 사실상 감각적 확신의 진리다.

97) ⟨SK 85:9~20⟩ ⟨FM 65:15~23⟩

우리가 감각적인 것을 일반적인 존재로 **언표**하더라도 우리가 말하려는 것은 이것, 다시 말하면 **일반적인 의미를 지닌 이것**[das allgemeine Diese]이며 또는 이것[Dieses]이 존재한다는 것은 즉 **일반적으로 존재**한다는 것이다. 이때 우리가 지닌 **관념**[vorstellen]은 물론 일반적인 의미를 지닌 이것[das allgemeine Diese]이나 [어느 때나 존재하는] 존재 일반 [Sein überhaupt]이 아니지만, 우리가 **언표**하는 것은 일반적인 존재[das Allgemeine]다. 또는 우리는 결코 이와 같은 개별적인 감각적 확신에서 **의도**[meinen]하는 대로 언표하지 않는다. 그러나 여기서 볼 수 있듯이 언표가 더 진실에 가까운 것이다. 우리는 자기가 **의도하는 것**[menen] 을 언표를 통해서 직접 반박한다. 일반 존재야말로 감각적 확신의 진리며 언표는 오직 이런 진리만을 표현하므로 **의도하는 것** 속에 있는 감각적 존재를 [그대로] 언표한다는 것은 우리로서는 전혀 가능하지 않다.

98) ⟨SK 85:21~29⟩ ⟨FM 65:25~30⟩

이와 같은 사정은 이것에 해당하는 또 다른 형식이라고 할 **여기서도**

---

120 가변적 존재라는 뜻이다.

마찬가지다. 예컨대 **여기**가 나무라고 하자. 그러나 일단 내가 고개를 돌리면 이 진리는 곧 사라지고 그와 대립하는 것으로 전도되고 만다. 즉 **여기**는 더는 **나무**가 **아니고** 어떤 **집**일 수가 있다. 그런데도 결코 **여기**는 사라지지 않을 뿐만 아니라 **여기**는 집 또는 나무 등이 소멸하는 가운데서도 **여전히 지속**하면서 그것이 집이든 나무든 무차별하다. 그리하여 **이것**은 또다시 **매개된 단순한 존재** 또는 **일반 존재**라는 것이 드러난다.

99) 〈SK 85:30~86:4〉〈FM 65:31~37〉

감각적 확신의 대상이 도달하는 진리는 일반적인 존재라는 사실을 감각적 확신이 그 자체에서 입증하므로 여기서 **순수한 존재**가 여전히 그것의 본질이기는 하지만, 순수한 존재는 직접적인 존재는 아니다. 오히려 이런 순수한 존재는 부정과 매개를 자기의 고유한 본질적 요소로 지닌 것[121]이다. 따라서 이런 순수한 존재는 우리가 여기서 **존재**라는 말로 [본래] **의도한 것**[menen]이 아니며 어디까지나 추상적인 존재거나 순수한 일반 존재라고 **규정되는 존재**다. 우리의 **의도**[Meinung]에서는 감각적 확신의 진리는 일반 존재가 아니기에 이런 의도는 이처럼 비어 있거나 무차별한 지금이나 여기에 대립해 여전히 남아 있다.

[해제] 감각적 확신 자체는 주관과 대상이 구분되기 이전이다. 하지만 이런 감각적 확신을 생각해 보면 이미 여기서 주관과 대상은 구분된다. 이런 구분은 세 가지 측면에서 바라볼 수 있다. 대상을 우선해 살펴볼 때와 주관을 우선해 살펴볼 때 마지막으로는 양자 관계를 우선해 살펴볼 때다.

헤겔은 먼저 대상을 우선할 때를 살펴본다. 즉 대상은 이미 주어져

---

121 예를 들어 지금이 지시하는 밤은 곧 낮이 아닌 것이며 곧 부정되고 낮으로 바뀌는 것이라는 점에서 매개와 부정을 지닌다.

있고 주관이 그것을 인식하거나 인식하지 않을 때다. 여기서 대상이 본질이고 주관은 비본질적인 것이다. 헤겔은 이때 감각적 확신이 그 자체에서 실제로 어떤 결과에 이르는지를 즉 "개념이 감각적 확신 속에서 출현하는 모습"을 고찰한다.

감각적 확신은 순수한 직접적 인식이 아니라 이미 어떤 언어를 쓴다. 나는 '이것', '지금'이나 '여기'라는 언어를 이용해 어떤 시간과 장소에 있는 대상을 지시한다. 그런데 이런 언어로 지시되는 대상은 변화한다. 지금은 낮이었는데, 밤으로 될 수도 있고, 여기는 서울인데 인천으로 될 수 있다. 그 지시 대상은 직접적인 존재가 아니라 이미 일반화된 것 즉 "부정과 매개를 자기의 고유한 본질적 요소"로 삼는 것이다. 예를 들어 지금이 밤이라 할 때 이 밤은 낮이 바뀐 것이니 낮을 매개로 한 것이며 밤은 곧 낮으로 바뀔 것이므로 자기를 부정하는 것이라는 뜻이다.

그러므로 이런 '지금'이나, '여기', '이것'이라는 언어는 확정된 어떤 것을 지시하지 않고 임의의 어떤 것을 지시하는 말로 된다. 헤겔은 이런 임의의 어떤 것을 '일반적인 이것'이라고 지칭한다. 이와 같은 언표가 일반적인 한 아무리 구체적인 언어('지금'이나 '여기', '이것' 등과 같은 지시사)라고 하더라도 그 의도와 실제 대상은 달라진다. 구체적 언표로 지시할 때 그 의도는 개별적인 것이지만, 실제 언어화된 것은 일반적인 것이라는 모순이 출현한다. 그러므로 헤겔은 감각적 확신은 그 자체에서 자기모순에 빠진다고 말한다.

100) 〈SK 86:5~19〉〈FM 66:1~11〉
여기서 **인식**과 **대상**의 관계에서 처음으로 등장한 관계와 바로 위에서 서술된 결과로서 얻은 관계를 비교해 보자. 앞의 관계가 [뒤에서는] 역전됐다. 즉 [앞에서는] 대상이 본질적인 것으로 여겨져야 하지만, 이제 대상은 감각적 확신에 속하는 비본질적인 것으로 드러난다. 왜냐하면, 대상은 일반적인 의미를 지닌 존재로 되면서, 더는 감각적 확신에서 본질적인 것이야 한다고 파악됐던 것과 같은 대상이 아니며 오히려 감각적 확신은 이제 그것과 반대되는 것 즉 이전에 비본질적인 것으로 여겨졌던 인식[Wissen] 속에서[122] 눈앞에 나타난다. 다시 말해서 이제 감각적 확신의 진리는 대상에 있더라도 **내가 인식하는** 대상[in dem Gegenstande als meinem Gegenstande] 속에 또는 [내가] **의도하는 것**[Meinen] 속에 놓여 있다. 즉 여기서 대상은 오직 내[Ich]가 그것을 인식함으로써만 존재할 수 있다. 이렇게 볼 때 감각적 확신이 일단 대상으로부터 추방되지만, 그렇다고 해서 이런 확신이 아예 지양돼 버린 것은 아니고 다만 나[Ich] 속으로 떠밀려 들어갈 뿐이다. 이제 감각적 확신의 충실성[Realität]에 관한 이상과 같은 경험이 우리에게 과연 무엇을 말해주는가에 관해서 살펴보기로 하자.

101) 〈SK 86:20~32〉〈FM 66:12~21〉

감각적 확신의 진리를 이루는 힘은 **나**[Ich] 속에 즉 내가 보고 듣고 하는 직접적인 사실 속에 놓여 있는 것으로 된다. 내[Ich]가 그런 개별적인 것들을 고정해 놓는 것이 의도 속에 있던 개별적인 지금이나 여기가 사라지는 것을 막는다. **지금**은 **낮**이다. 왜냐하면, 내[Ich]가 보는 것이 낮이기 때문이다. 또는 **여기**에 있는 것은 **나무**다. 그것 역시 내[Ich]가 보는 것이 나무기 때문이다. 그러나 이와 같은 양자 관계에서 감각적 확신은 이미 앞에서 자기가 체험했던 바와 같은 변증법적 운동을 경험한다. 즉 나[Ich]는 즉 **이것으로 지시되는 나**는 나무를 보면서 이 **나무**야말로 **여기**에 있는 것이라고 **주장**하지만, 그러나 **또 다른 나**[Ich]는

---

122 지금이 밤에서 낮으로 바뀌었다 할 때, 대상으로서 밤이 낮으로 바뀐 게 아니라 발화하는 나 자신의 위치가 밤에서 낮으로 바뀐 것이다.

집을 보면서 여기에 있는 것은 나무가 아니라 오히려 집이라고 주장할 것이다. 이들 두 개의 진리는 여기서 서로 같은 증거를 지니니 이 증거란 곧 자신이 직접 보고 있다는 것과 각자가 자신의 지식을 확신하고 단정한다는 것이다. 그러나 그 가운데 한편의 진리는 또 다른 진리 속에서는 소멸하고 만다.

102) ⟨SK 86:33~87:15⟩⟨FM 66:22~36⟩

이런 소멸에서조차도 소멸하지 않는 것은 곧 **나**[Ich]니, 이 나는 **일반적인 의미를 지닌 것**이다. 그래서 이런 일반적인 내[Ich]가 본다는 것은 결코 나무를 본다는 것도 아니고 집을 본다는 것도 아니며, 오직 단순히 본다는 사실 자체다. 그러므로 이처럼 본다는 것은 예컨대 이것이 지시하는 집이나 나무 등을 부정함을 통해서 매개되니 집이나 나무 등과 같이 여전히 본다는 것 안에 들어오는 모든 대상에 대해서 단순하고 무차별하다. 그러므로 이제 나[Ich]는 마치 **지금**, **여기** 또는 **이것** 등과 마찬가지로 다만 일반적인 의미를 지닌 나일 뿐이다. 아무리 내[Ich]가 의도하는 것은 **이것으로 지시된 나**라고 하더라도 내가 지금, 여기라는 말로 의도하는 것을 언표할 수 없는 것과 마찬가지로 나라는 말로 의도하는 것 역시 언표할 수 없다. 즉 내[Ich]가 **개별적 여기** 또는 **개별적 지금** 또는 **개별적 이것**이라고 말하면서 사실 나는 **모든 여기**, **모든 지금**, **모든 개별자**를 언표한다. 마찬가지로 나[Ich]는 **나** 즉 이 **개별적 나**라고 말하면서도, 항상 **모든 나**를 언표한다. 모든 내[Ich]가 곧 내가 언표하는 **나**, **개별적 나**이다. 소위 이것으로 지시되는 어떤 **개별 사물**[ein dieses Ding] 또는 이것으로 지시되는 어떤 **개별적 인간**[einen diesen Menschen]을 연역하고 구성하며 선천적으로 발견하라는 요구*는, 사람들이 이런 요구를 달리 어떻게 표현하든 학문 앞에 학문의 시금석으로 놓이더라도 학문은 이런 요구를 감당할 수 없다. 그러면 이것이라는 말의 의도가 이것으로 지시되는 사물 가운데 어떤 사물인지 또는 이것으로 지시되는 나[Ich] 가운데 어떤 나인지를 **언표**해야 한다는 요구는 합당한 것이지만, [실제로] 그와 같은 것을 말하는 것은 불가능하다.

*FM주 〈66:31~36〉 헤겔은 여기서 크루그W. T. Krug의 요청을 참조한다. 이 요청은 곧 관념론적인 철학은 하나의 사물에 관한 관념 즉 특정한 역사적 형태에 관한 관념을 도출해야 한다는 것이다. 크루그 W. T. Krug,『최신 관념론에 관한 편지』, S. 31ff: "이에 대해 그 반대자는 같은 권리를 지니고 다음과 같이 응답한다. 어떤 외적 대상에 관해(예를 들어 나의 만년필) 특정한 관념이 발생하는 방식과 양식을 서술하거나 해명하는 것은 어떤 관념론자도 감당할 수 없다. 왜냐하면, 그와 같은 것은 인식이 전적으로 경험적인 실재를 갖기 위해 의존하는 이론을 필연적으로 요구하는 것만큼이나 쉽게 대답 될 수 없는 문제기 때문이다."

[해제] 이제 헤겔은 두 번째로 주관과 대상 사이에서 주관이 본질이고 대상이 비본질적인 경우를 검토한다. 앞서서 대상을 본질로 삼았지만, 결국, 같은 언어를 쓰더라도 주관이 지시하는 것에 따라서 달라진다는 것을 경험했으므로, 이제 주관을 본질로 삼은 것이다.

이때도 즉 대상은 어떤 주관이 인식하는 대상으로 된다고 하더라도, 여기서 주관 자체를 지시하는 '나'라는 언표 자체도 '이것', '여기'나 '지금'과 마찬가지로 상황에 따라 변화하니, 사실은 임의의 나를 지시한다. 이런 임의의 주관인 '나' 역시 의도는 개별적인 나였지만, 실제 인표는 일반적인 나가 됐다.

103) 〈SK 87:16~30〉〈FM 66:37~67:8〉
감각적 확신은 이제 그 본질이 대상에 있는 것도 아니고 나[Ich]에 있는 것도 아니며 그 직접성은 대상의 직접성도 아니며 나의 직접성도 아니라는 것을 경험한다. 왜냐하면, 대상에 관해서든 나에 관해서든 내가 의도하는 것은 오히려 비본질적인 것으로 될 뿐만 아니라 또한, 대상과 나 모두 일반적인 의미를 지닌 것으로 되기에 내가 의도하는 지금이나 여기 그리고 나는 더는 존속하지 않거나 **존재하지** 않는다. 이런 경험을 통해 마침내 우리는 감각적 확신 **전체**를 그것의 **본질**이라고 보기에 이른다. 앞에서 처음에는 나[Ich]에 대립하는 대상이 감각적 확신에 충실한 것[Realität]이라고 가정됐고 다음에는 내[Ich]가 충실한 것이라고 가정됐다. 그러나 이제는 그런 두 가지 경우에서 일어난 것과 같이 양자 가운데 어느 한 계기가 본질로 되지 않는다. 그리하여 여기서는 **전체**로서 감각적 확신 그 자체만이 자기 자신을 **직접적인 것**으로서 지켜나가면서 이를 통해 앞의 경우에 벌어졌던 모든 대립을 자신에서 제거한다.

104) 〈SK 87:31~88:13〉〈FM 67:9~22〉

그러므로 이처럼 순수한 직접성은 더는 나무를 지시했던 여기가 나무가 아닌 것을 지시하는 여기로 이행하는 타자화 그리고 낮을 지시하는 지금이 밤을 지시하는 지금으로 이행하는 타자화 또는 나의 타자화[ein anderes Ich] 즉 어떤 다른 내가 그 대상으로 되는 것과는 관계없다. 따라서 순수한 직접성이라는 진리는 나와 대상의 관계가 자기와 같음의 상태로 머무른다는 것을 통해 보존된다. 이런 관계는 나와 대상 사이에 어느 것이 본질적인 것이고 어느 것이 비본질적인 것인지를 구별하지 않으며 이 양자 사이에는 전혀 아무런 구별도 끼어들 수 없는 관계를 말한다. 그러므로 나[Ich] 즉 개별적[dieser] 나는 여기가 지시하는 것이 나무라고 주장하면서 그 자신에게 여기가 나무가 아닌 것을 지시하는 일이 없도록 고개를 돌리지 않을 것이다. 또한, 이런 나는 어떤 다른 내[Ich]가 보는 여기는 나무가 아니라는 사실에 대해서 유의하지 않으며 심지어 나 자신이 다음번에는 여기가 나무가 아닌 것으로 여기며 지금은 낮이 아닌 것으로 여긴다는 사실에 관해서조차 무관심할 것이다. 오히려 나는 순수하게 직관하는 것 자체다. 즉 나는 나 자신에게 여전히 지금 즉 낮을 지시하는 지금이라는 데 머무르며 또는 여전히 여기 즉 나무를 지시하는 여기에 머무른다. 나는 여기나 지금을 서로 비교하지도 않으며 오히려 지금은 낮이라는 **어떤 순간**[einer] 양자의 직접적인 관계를 지켜나간다.

105) 〈SK 88:14~88:27〉〈FM 67:23~32〉

따라서 우리가 이런 감각적 확신이 지금이 밤을 지시한다는 사실을 그리고 지금이 밤을 지시하는 것은 어떤 나[Ich]에 대해서라는 사실을 주목한다 하더라도, 그런 확신은 [시간이 지나면] 더는 우리에게 다가오려 하지 않으므로 우리가 그런 확신을 찾아 그것에 다가가서 주장되는 지금이 어떤 것인지가 [기억으로부터] **나타나게 해 보자**. 우리는 지금이 어떤 것을 의미하는지 우리에게 나타나게 해야 한다. 왜냐하면, 이런 직접적 관계의 진리는 오직 어떤 **지금** 또는 어떤 **여기**에 한정된 **개별적** 나[dieses Ich]에 속하는 진리기 때문이다. 그런데 만약 우리가 **나중에** 이런 진리를 마음에 떠올리거나 이런 진리로부터 조금이라도 **떨어져** 바라보면 그 진리는 아무런 의미도 갖지 못할 것이다. 왜냐하면, 우리는 이런 진리에서 본질적 의미가 있는 직접성을 지양해 버릴 것이기 **때문이다**. 따라서 우리는 [그런 확신이 있었던] 같은 시간, 같은 공간에 들어가서 그 진리를 우리에게 나타나게 해야 한다. 다시 말해서 우리가 감각적으로 확신하는 인식하는 자와 같은 개별적인 나[diesen Ich]가 될 수 있어야 한다. 그러면 우리에게 제시되는 직접적 존재라는 것이 과연 어떤 모습인지 알아보자.

106)〈SK 88:28~36〉〈FM 67:33~39〉

지금은 지시된 것 즉 이 **개별적 지금**[dieses Jetzt]이다. 지금은 이것이다. 그런데 이 **개별적 지금**은 그처럼 지시되는 순간 이미 지금이기를 중단하고 지시된 것[이 지금]과는 다른 것으로 된다. 우리가 아는 것은 지금은 바로 이런 것 즉 존재하자 곧 더는 존재하지 않는 것으로 된다는 사실이다. 우리에게 지시됐던 것과 같은 지금은 이미 **존재했던** 것으로 되며, 이렇게 되는 것이 지금이란 것의 진리다. 지금은 존재의 진리를 갖지 않는다. 지금이 이미 존재했던 것만은 사실이지만, 그러나 **과거에 있었다**[gewesen]고 해서 그것이 사실 지속하는 **본질**[Wesen]로 **되지 않는다. 지금이란 존재하지 않으며 그 존재가 문제였다.**

107)〈SK 89:1~28〉〈FM 68:1~21〉

이상과 같이 말의 의미를 지시하는 것[Augzeigen]에서 우리는 단지 하나의 운동만을 보는데, 그 운동의 경과는 다음과 같다. ① 나[Ich]는 이것이 지금이라고 지시하며, 그렇게 지시된 지금이 곧 진리라고 주장한다. 그러나 나[Ich]는 이렇게 지시된 것을 이미 지나가 버린 것 또는 지양된 것임을 보여주면서 첫 번째 진리를 지양한다. ② 이제 나[Ich]는 지금이 이미 **지나가 버렸거나** 지양됐다는 사실을 두 번째 진리로서 주장한다. ③ 그러나 지나가 버린 것은 존재하지 않는다. 나[Ich]는 두 번째 진리였던 것 즉 지나가 버린 것 또는 지양돼 버린 것을 지양한다. 이처럼 일단 부정됐던 지금을 다시 부정함으로써 마침내 나[Ich]는 지금은 지금 있는 것이라는 처음의 주장으로 되돌아간다. 그러므로 지금이라든가 또한, 지금을 지시하는 작용이 지닌 모습을 보면 지금이나 지금을 지시하는 작용은 모두 직접 단순한 것이 아니고 오히려 그 자체에서 서로 다른 계기들을 지니는 하나의 운동으로 된다. 일단 **이것**[Dieses]으로 지시된 것이 어떤 것인지 확립됐다. 그러나 앞서 확정된 것은 지양되고 그것과는 **다른 어떤 것**이 확립된다. 첫 번째 지시된 것이 지양되거나 **다른 것**으로 되는 타자화 자체가 **다시 지양**되면서 새삼 최초에 지시된 것으로 되돌아간다. 그러나 첫 번째 지시된 것이 이처럼 반성을 거쳐 되돌아오더라도 그것은 처음 **직접적이었던 것**과 전적으로 같은 것으로 될 수는 없다. 오히려 그것은 **자기 내로 반성한 것**이며 또는 다른 것으로 되는 가운데서도[im Anderssein] 여전히 이것으로[was es ist] 머무르는 **단순한 것**으로 된다. 하나의 지금은 절대적으로 많은 지금이다. 이런 사실이야말로 지금의 참된 의미다. 즉 지금이 단순한 낮[einfacher Tag]이라 할 때 이 지금[낮]은 그 속에 여러 지금 즉 시간들을 포함한다. 그와 같은 시간은 마찬가지로 많은 분[分]으로 이루어져 있고, 이런 분으로서 지금도 마찬가지로 많은 지금[초]으로 이루어진다. 등. ―이처럼 [지금을] **지시한다는 것**은 지금이 참으로 무엇인가를 언표하는 운동 자체다. 그런 운동은 곧 지금이 [반성의] 결과며 또는 여러 지금을 포괄하는 것이라는 사실을 언표한다. 그처럼 [지금의 의미를] 지시한다는 것은 곧 지금은 **일반적인 것**이라는 사실을 경험하는 것이다.

[해제] 앞에서 대상을 본질로 하거나 주관을 본질로 하거나 감각적 확신의 진리는 개별적인 것이 아니라 임의의 일반적인 것이라는 사실이 드러났다. 헤겔은 마지막으로 주관과 대상의 직접적 관계 그 자체를 감각적 확신의 본질로 삼을 수 있지 않을까를 검토한다.

이때 내가 어떤 것을 보고 있다는 직접적인 관계 자체가 감각적 확신의 진리가 된다. 이런 감각적 확신은 순간순간 아주 구체적으로 존재하는 것이니만큼 감각적 확신이 추구하는 개념에 적합한 것으로 될 것으로 보인다.

하지만 헤겔은 이런 감각적 확신조차 비판한다. 여기서도 의도와 결과는 대립한다. ① 나는 한순간의 확신을 진리로 삼지만, 그 진리는 곧 무너진다. 왜냐하면, 그것은 이미 지나간 것이 됐기 때문이다. ② 이제 지나간 것을 진리로 삼지만, 이 지나간 것은 이미 존재하지 않는다. 문제는 곧 과거의 관계를 기억을 통해 다시 되살리더라도 이렇게 되살린 기억이 과거에 경험됐던 본래의 관계와 같은 것인지 알 수는 없다는 데 있다. 과거에 있었던 것은 지속하는 것이 아니기 때문이다. 그러므로 이 두 번째 진리도 무너진다. ③ 나는 다시 이 순간 확신하는 것을 진리로 삼지만, 그 확신의 내용은 이미 처음에 확신하던 것과 다른 어떤 것이다.

그러므로 여기서도 앞에서 '지금'이나, '나'에서 일어났던 것과 마찬가지로 의도와 진리는 대립한다. 의도는 개별적인 것이지만 결과는 일반적인 것이다. 결국, 여기서도 개별적인 확신은 다만 말뿐이며 실제는 임의의 어떤 것도 될 수 있는 일반적인 것이다.

108) ⟨SK 89:29~90:10⟩⟨FM 68:22~33⟩

지시된 어떤 **여기**가 다름 아닌 내[Ich]가 확정한 것이라 하더라도 그 역시 **여기 있는 것 가운데 하나**[ein dieses Hier]이다. 그러므로 그것은 사실 이 **개별적인 여기**[dieses Hier]가 아니며 오히려 그 앞이나 뒤에 있는 것일 수도 있고 그 위나 아래에 있는 것일 수도 있으며 또는 그 오른쪽이나 왼쪽에 있는 것일 수도 있다. 또한, 위에 있는 것이라고 할지라도 그 위나 그 아래에는 수많은 다른 것이 존재한다. 확정적인 것으로 지시돼야 했던 여기는 또 다른 여기로 사라지며 이처럼 다양한 여기도 또한, 모두가 소멸해 버리고 만다. 지시된 것, 확정된 것, 그리고 지속하는 것 모두가 곧 **부정되고 마는 이것**[negatives Dieses]이며 그와 같은 것이 존재하는 방식은 가정된 것과 같은 **개별적 여기**가 선택되자마자 바로 그 속에서 자기를 지양하는 방식이다. 따라서 여기는 수많은 여기 있는 것을 복합적으로 지칭하는 단순한 말[eine einfache Komplexion]이다. 의도에서 여기 있는 것은 점이라고 할 수 있으나, 이 점은 **존재하지 않는다**. 오히려 이 점은 [어떤 곳에] 존재하는 것으로 지시되는 가운데서 이렇게 지시한다는 것은 직접적인 인식에 해당하는 것이 아님이 드러난다. 오히려 지시한다는 것은 하나의 운동 곧 의도된 어떤 한 지점에서 나와서 수많은 여기를 거쳐서 다시 일반적인 의미를 지닌 여기로 옮겨가는 운동이라는 것이 드러난다. 여기라는 것은 마치 낮이 많은 지금을 단순하게 지칭하는 것[eine einfache Vielheit der Jetzt]과 마찬가지로 많은 여기를 단순하게 지칭한다.

109) ⟨SK 90:11~91:21⟩ ⟨FM 68:34~69:31⟩

이제 감각적 확신의 변증법은 오직 그 확신이 펼쳐 나가는 운동이나 그것이 겪어가는 경험이 이루어 내는 단순한 역사며 동시에 감각적 확신 자체가 단지 이와 같은 역사에 지나지 않는다는 것이 밝혀졌다. 따라서 자연적인 의식 역시 이런 결과 즉 감각적 확신의 진리를 형성하는 결과를 향해서 스스로 거듭 앞으로 나가면서 그런 진리에 관한 경험을 쌓아 나간다. 그러나 자연적인 의식은 마찬가지로 항상 다시 그 경험을 망각하면서 처음부터 다시 그런 운동을 시작한다. 그러므로 어처구니없게도 [자연적] 의식은 일반적으로 경험되는 이와 같은 경험을 외면한 채 이 개별 대상[diesen]이나 감각적으로 인식되는 대상으로서 외적인 사물을 충실한 것 또는 존재[die Realität oder das Sein]로 생각하는 것을 절대적 진리라고 본다. 그러면서 [자연적] 의식은 이런 주장을 일반적 경험이고 또한, 철학적 주장이며 심지어는 회의의 결과로 제기한다.

그와 같은 주장을 하는 사람*은 자기가 무엇을 말하는지도 모르며 또한, 사실 그가 원래 얘기하고자 하는 것과는 반대되는 것을 얘기한다는 사실조차도 모른다. [자연적] 의식이 보기에 이것으로 지시되는 감각적인 대상이 진리로서 일반적으로 경험돼야 하지만, 오히려 그 반대가 일반적으로 경험된다. 즉 모든 [자연적] 의식은 그런 감각적 확신의 진리를 예컨대 **여기에 있는 것은 나무라든가** 또는 **지금은 한낮이라**는 등의 진리를 그 자체에서 다시금 지양함으로써 이와 반대되는 것을 말한다. 여기 있는 것은 나무가 아니며 **오히려** 집이다. 최초의 주장을 지양하는 이런 주장은 다시 마찬가지로 이[dieser] 감각적인 대상을 주장하는 것이므로 의식은 이 주장 역시 바로 지양한다. 모든 감각적 확신을 통해서 참으로 경험할 수 있는 것은 단지 우리가 이미 살펴보았던 대로다. 즉 이것[Dieses]은 어떤 **일반적인 존재**다. 이는 앞에서 통상[allgemein] 경험된다고 단정적으로 주장된 것과는 반대되는 주장일 수밖에 없다. 통상 경험되는 것에 호소하는 김에 미리 선취해 실천적 측면[Praktische]에 관해 고려해 보는 것이 어떻겠는가? 이런 실천적인 측면과 관련해 감각적 대상이 눈앞에 실재한다[Realität]는 주장이 진리며 확실하다고 주장하는 사람들에게 얘기하자면 그런 사람은 지혜를 가르치는 학교의 최하급 단계로 즉 풍요의 여신[세레스]과 술의 신[박카스]이 베푸는 고대 엘레지우스의 신비 의식으로 되돌아가서 빵을 먹고 포도주를 마시는 일의 비밀을 우선 배워야만 하리라. 왜냐하면, 이런 비밀을 전해 받은 사람이라면 누구나 감각적 사물이 존재한다는 데 대해 회의를 느낄 뿐 아니라 이에 대한 절망감마저 품게 될 것이며 더욱이 그는 한편으로는 스스로 그러한 감각적 사물 속에서 그런 사물의 부정성을 실행할 [vollbringen] 것이며 다른 한편으로는 그러한 감각적 사물이 [스스로]

그 부정성을 실행하는 것을 볼 것이기 때문이다. 이와 같은 지혜는 심지어 동물에서도 배제되지 않으며 오히려 동물은 그 가장 깊은 내면에 걸쳐서까지 그러한 지혜를 전해 받는다는 사실이 밝혀진다. 왜냐하면, 동물도 감각적 사물을 그 자체로 존재하는 것으로 내버려 두지 않으며, 오히려 그와 같은 사물이 눈앞에 실재한다는 것[Realität]을 회의하면서 그것이 무실[無實]한 것[Nichtigkeit]임을 전적으로 확신하는 가운데 바로 그런 사물에 다가가 그것을 먹어 치우고 말기 때문이다. 이와 마찬가지로 전체 자연도 또한, 동물과 마찬가지로 감각적 사물의 진리가 무엇인가를 가르쳐 주는 이런 계시적인 신비를 찬미한다.

*FM주 〈69:3~6〉 헤겔은 여기서 아마도 야코비Jakobi를 염두에 두는 것으로 보인다. 야코비는 흄에 이의를 제기하면서 외적이고 감각적인 대상의 실존에 관한 믿음을 가르친다. 아마도 헤겔은 그 밖에도 슐체 G. E. Schulze의 회의주의를 시사할 수도 있을 것이다.

헤겔은 〈철학 비판 저널〉에서 이론 철학에 대한 흄과 슐체의 비판에 관한 야코비의 설명을 논박했다. 참조: 헤겔G. W. F. Hegel, 『예나 시대 비판적 저서』, 『전집』, 4권. S. 197f & 347ff. 개별적으로는 다음을 참조하라:

야코비Friedrich Heinrich Jacobi, 『신앙 또는 관념론과 실재론에 관한 대비드 흄, 하나의 대화』, 『전집』, 2권, S. 140~143, 152ff, 175: "나는 내가 존재한다는 것과 어떤 것이 나의 밖에 있다는 것을 분리할 수 없는 순간에 경험한다. 이 순간 나의 영혼은 자기 자신에 의한 만큼이나 대상에 의해 영향받는다. 어떤 관념, 어떤 추론도 이런 이중적인 계시를 매개하지 못한다." 또한, 다음을 참조하라: 슐체 Gottlob Ernst Schulze, 『이론 철학 비판』, 1권, S. 62: "그러므로 한마디로 말해서, 대상의 실존을 직관하는 데서 직관하는 주관은 단순히 또 먼저 그 자신의 상태나 규정만을 지각하지 않는다. 이때 이런 규정은 그 자신에서 발생하면서 이를 매개해 대상이 최초로 그에 대해 실존한다. 동시에 직관하는 주관은 대상과 그것의 실존을 직접 바로 인식한다. 이때 대상은 바로 그처럼 완전한 방식으로 관념의 능력이 미치는 영향으로부터 독립해 독자적으로 존재하는 어떤 것이라는 상태에 있으며 그것은 인식하는 주관이 독자적으로 존립하는 것과 마찬가지다." 63f: "접촉의 감각을 통해 어떤 것이 불가침투적인 것으로 지각될 때, 인식되는 것은 단순한 성질 즉 주관에는 없는 성질만은 아니다. 오히려 이때 그 불가침투적인 것은 독자적으로 존립하며, 말하자면 점차로 자기 자신이 담지하는 어떤 것, 즉 바로 그리고 절대적인 방식으로 실존하는 어떤 것으로 느껴진다."

110) 〈SK 91:22~92:30〉〈FM 69:32~70:29〉

그런데 앞에서와 같은 주장을 제기하는 사람들 역시 우리가 이미 앞에서 언급했던 몇 가지 점으로 비춰 볼 때 스스로 직접[unmittelbr] 자기들이 의도하는 것과는 반대되는 말을 한다. ―이런 현상이야말로 아마도 감각적 확신의 본성을 가장 잘 음미하게 할 수 있다. 그런 사람들은 **외적**인 대상이 현존한다고 말한다. 이런 외적 대상은 좀 더 자세히 말하자면 **실제로 존재하며**, 절대적으로 **개별적이고 전적으로 개인적으로 경험되는**[persönliche] **개체적** 사물이며 각각은 자기와 절대적으로 같은 점은 더는 없는 것으로 규정될 수 있을 것이다. 이런 현존은 절대적인 확실성과 진리를 가져야 할 것이다. 그런 사람들이 의도하는 것은 내[Ich]가 그 위에 **이것**이라고 쓰거나 오히려 이미 써 놓은 **이 한 장**의 종이라고 해 보자. 이때 그들은 자기들의 의도를 언표하지는 못한다. 만일 그들이 자기들이 의도하는 이 한 장의 종이를 실제로 **언표하려** 했고 또한, 언표하는 것을 원했다 하더라도 이것은 가능하지 않은 일이다. 왜냐하면, 의도 속에 있는 것은 감각적으로 존재하는 이것[Diese]이므로 의식이나 본래 일반자에 속하는 언어로는 이에 **가닿을** 수가 없기 때문이다. 개별적 감각적 존재를 말하려는 시도를 실제로 한다면 그와 같은 감각적 존재는 그 스스로 문드러져 버리고 말 것이다. 사람들이 이와 같은 존재를 서술하기를 시작했더라도 그런 서술을 완성할 수 없을 것이며 오히려 이런 서술을 타인에게 넘겨 줄 수밖에 없을 것이지만, 이 다른 사람들조차도 마침내 그런 시도는 **존재하지 않는** 사물에 관해 언표하는 것과 같다는 점을 자인하게 될 것이다. 이들의 의도는 사실 이[dieses] 한 장의 종이고 여기서 이 종이는 위의 것[일반적인 것]과 전혀 다른 것이다. 그러나 그들은 실제로 존재하는 **사물** 즉 **외적이거나 감각적인 대상**이며 **절대적으로 개별적인** 본질 등에 대해 언표하면서[sprechen] 그런 실제로 존재하는 사물에 관해서 단지 **일반적인 것**을 말한다[sagen]. 이런 점으로 볼 때 언표할 수 없는 것[Unaussprechliche]이라 불리는 것은 참된 것이 아니며 비이성적인 것이며, 단순히 의도된 것에 지나지 않는다. ―어떤 사물을 놓고 다만 그것이 **실제로 존재하는 사물**이라거나 **외적인 대상**이라는 것 이상으로 말할 수 없다고 한다면 그것은 이미 가장 일반적인 것일 뿐이므로 다른 모든 것과 구별되는 점보다는 오히려 서로 같음만이 언표된 데 지나지 않는다. 그리하여 만약 내가 어떤 것이 **개별적인 사물**이라고 말하자마자, 나는 동시에 그것은 전적으로 **일반적인 것**이라고 말한다. 왜냐하면, 모든 것은 예외 없이 개별 사물일 수밖에 없으며 동시에 이것으로 지시되는 사물은 사람들이 지시하고자 원하는 것은 어느 것이나 될 수 있기 때문이다. 좀 더 정확하게 표시해, **이것으로 지시되는 한 장의 종이**로 표시될 때 **모든 종이, 각 종이**가 바로 **이것으로 지시되는 한 장의 종이**가 될 수 있으니, 이런 한 장의 종이라는 말로 나[Ich]는 언제나 일반적인 것만을 말했다. 이렇듯 어떤 언표[Sprechen]는 신성한 본성을 지니고 있어서 말하는 사람의 의도를 직접 전도하게 하거나 어떤 다른 것으로 만들고 심지어는 그런 의도를 전혀 **말하지** 못하게 한다. 그러므로 내가 이런 말을 보충해서 손으로 이 개별적 한 장의 종이를 **지시**하고자 한다면, 이때 나[Ich]는 감각적 확신의 진리가 사실상 어떤 것인가를 경험하게 될 것이다. 그 진리란 곧 내가 여기에 있는 것이라고 지시하는 것은 여러 가지 **여기**에 있는 것 가운데 임의로 선택된 하나의 것이고 그 자체에서[an ihm sekbst] **여러 가지 여기 있는 것**을 모두 지시할 수 있는 **단순한 것**[einfaches Zusammen]이며 즉 일반적인 것이라는 사실이다. 마침내 나[Ich]는 여기 있는 것의 참된 모습을 얻으면서 그것을 직접적인 것으로 인식하는 대신에 **지각**[wahrnehmen]으로 이행한다.

[해제] 헤겔은 감각적 확신의 경우 결국, 의도와 실제로 언표하는 것은 서로 다르다고 한다. 의도하는 것은 지시되는 특정한 것이지만, 실제 언표하는 것은 일반적인 의미를 지닌 것이다. 왜냐하면, 지시한다는 것은 "하나의 운동, 곧 의도된 어떤 한 지점에서 나와서 수많은 여기를 거쳐서 다시금 일반적인 의미를 지닌 여기로 옮겨가는 운동"이기 때문이다.

감각적 확신에 관한 헤겔의 주장은 원초적 명제를 찾아 나선 러셀 등의 입장에 대해 콰인Quine 등이 지시의 불확정성을 주장하면서 제기한 반론과 비슷하다. 이런 모순을 거쳐 새로운 인식 주관이 출현한다. 감각적 확신은 자신의 진리로 드러난 일반적인 것을 대상으로 하는 지각으로 발전한다.

II 지각; 사물 그리고 속임

[해제] 간단하게 그 흐름을 정리하자면 다음과 같다.

111) 지각의 근본 개념: 감각적 일반자로서 '성질'의 개념

112~115) ① 유물론적 지각 이론의 모순: 공존하는 매체, 부정적 통일체로서 사물

116~117) 지각의 전전하는 운동의 결과 성질이 대상에 속한다는 전제를 부정

118~119) ② 관념론적 지각 이론의 모순: 하나로서 대상과 다양한 관념의 매체로서 의식

120) ③ 필연적 일반성으로서 '속성'의 다양성과 하나인 고유성의 대립

121) ③-1: 의식이 한정적 조건을 부여해 통일하며, 그 결과 다양한 속성은 독립적인 물질로 된다. 객관적 관념론의 입장

122~123) ③-2: 대상의 자기 내 반성: 순수한 규정성으로서 대자 존재와 타자와의 관계에서 출현하는 대타 존재의 분리

124~128) 지각론의 결론: 형상과 질료, 대자 존재와 대타 존재의 통일

129~130) 지각 운동의 전반에 관한 간단한 요약

131) 지각의 궤변: 분리와 한정적 조건 아래서의 결합

Lasson 주)『정신현상학』의 지각 장의 내용을『논리학』의 2권 2편 1장 실존 장과 내용(A. 사물과 성질, B. 사물의 물질 구성, C. 사물의 해소)과 비교해 보라. 거기서 전개되는 주요 내용은『정신현상학』이 장에 상응한다는 사실은 주목할 만하다. (물론『철학 전서』 1부 (소)논리학에서 관련된 장은 전적으로 다르게 구성된다) 그러므로 여기서 학문으로서『정신현상학』과 의식이 실제로 발전하는 것 사이에 존재하는 구별 즉 의식의 새로운 형태가 현상하는 것과 그 필연성에 대한 개념적 파악 사이의 구별이 등장한다. 논리학에서 설명된 근본 특징은 지각의 원리로 파악되지 않는 것을 지각하게 만든다. (역주: 라슨의 통찰은『정신현상학』과『논리학』의 평행성을 암시해준다)

111) ⟨SK 93:5~34⟩ ⟨FM 71:4~25⟩

직접적인 확신은 진리의 자격을 얻지 못한다. 왜냐하면, 그것의 진리란 일반적인 것이지만, 그것이 획득하고자 의욕 하는 것[will]은 개별적인 이것[Diese]이기 때문이다. 이와는 달리 지각은 자신이 존재하는 것으로 보는 것은 일반적인 것이라고 여긴다. 지각의 원리가 일반적인 것이니 지각 속에서 직접 구별되는 두 계기인 나[Ich]와 대상의 원리도 일반적인 것이다. 즉 나[Ich]도 일반적인 나이며 다른 계기인 대상도 또한, 일반적인 대상이다. 지각의 원리는 우리에게 **생성의 결과로 제시되는 것**이다. 따라서 지각을 수용하는 방식은 감각적 확신을 수용하는 방식과 같이 어떤 것을 현상하는 대로 수용하는 방식[ein erscheinendes Aufnehmen]은 더는 아니며 어떤 것을 필연성에 따라 수용하는 방식[ein notwendiges]이다.[123] 지각의 원리가 생성하는 것과 동시에 두 계기가 생성되니 이 두 계기는 그 [직접적인] 현상에서 **떼어 내어진 것**

123 감각은 끊임없이 명멸하는 감각적 질[Qualität] 즉 현존을 다룬다. 지각은 감각적 성질을 다룬다. 감각적 성질은 일반적(필연적) 규정성[Bestimmtheit]이다.

[herausfallen]일 뿐이다. 그 하나는 제시하는[Aufzeigen] 운동이며 다른 하나는 같은 운동이지만, 단순화된 것이다. 전자는 **지각**[작용]이며 후자는 **지각된 대상**에 해당한다. 대상은 본질상 운동과 같은 것이다. 즉 [지각] 운동이 계기들을 펼쳐 내고 구별하는 작용을 의미한다면 대상은 그와 같은 계기들을 결합한 결과[Zusammengefaßtsein]를 뜻한다. 우리가 보거나 그 자체에서 본다면[Für uns oder an sich] 일반적인 것이 지각의 원리며 곧 지각의 **본질**이다. 이런 추상적인 것에 반해서 두 개의 구별되는 계기인 지각하는 작용과 지각되는 대상은 **비본질적인 것**으로 된다. 그런데 사실 이 두 계기[지각과 대상]가 다 같이 일반적인 것이며 또한, 본질이므로 이들은 다 같이 본질적인 것이기도 하다. 그러나 그 두 계기는 서로가 대립하는 것으로서 관계하므로 이 관계에서는 다만 어느 한쪽만이 본질적인 것일 수 있으며 본질적인 것과 비본질적인 것으로의 구별이 두 계기에서 분배될 수밖에 없다. 단순한 것으로 규정됐던 대상은 그 자신이 지각되느냐 안 되느냐에 전혀 관계없이 본질이다. 반면 지각은 운동이므로, 실행될 수도 있고 또한, 실행되지 않을 수도 있는 무상한 것이며 즉 비본질적인 것이다.

[해제] 헤겔은 이 구절을 통해 우선 지각의 근본 개념을 제시한다. 감각적 확신은 눈앞에 나타나는 것을 진리로 삼는다. 감각적 확신의 결과는 추상을 통해 일반적인 것을 얻는 지각이다. 감각적 확신은 실제로 존재하지 않고 가설적으로 제시된 것이다. 사실 인류의 인식이 발전하면서 실제로 나타난 최초의 이론은 곧 지각 이론이다. 사유가 언어를 통해 이루어지는 한 모든 사유는 지각에서부터 출발한다.

감각적 확신은 어떤 '질'[Qualität]을 다룬다. 이는 개별적인 대상에 속한다. 이 질은 끊임없이 명멸[明滅]하므로 종잡을 수 없다. 반면 지각은 '성질'[Eigenschaft]을 다룬다. 이것은 어떤 개별 대상을 다른 대상과 비교하면서 추상한 공통적인 것, 일반적인 것이다.

감각적 확신에서 질은 나와 대상이 구별되기 이전이었다. 양자는 직접 합일했다. 그것은 지각에서 성질에서도 마찬가지다. 여기서도 지각하는 나와 지각된 대상은 구별되지 않는다. 지각은 곧 일반화된 나가 일반적으로 지각된 성질 사이의 관계다. 양자는 모두 일반적이다.

헤겔은 전체적으로 보면 지각의 원리는 지각 작용과 지각 대상의 무구별적 합일에 있다고 한다. 그 합일이 지각의 본질이며, 주관과 대상의 구별은 비본질적인 것이다. 그런데도 지각을 설명하려면 다시 지각 작용과 지각 대상으로 나누어서 설명해야 한다. 주관의 지각 작용의 출발점은 일단 대상으로부터 제공되는 어떤 것 즉 성질이다. 그것은 앞에서 감각적 확신을 다룰 때 우선 대상의 측면을 우선시했던 것과 같다. 여기서 대상이 진리, 본질이고 주관의 지각은 비본질적인 것이다. 지각이 대상을 지각하든 안 하든 대상은 이미 지각 밖에 있고 지각은 그것을 제대로 지각할 수도 있고 제대로 지각하지 못할 수도 있다. 이런 관점은 흔히 지각론에서 유물론적 관점으로 알려진 이론이다. 헤겔은 우선 이런 유물론적 지각론이 그 자체에서 어떤 결론에 이르는가를 이하에서 설명한다.

112) 〈SK 93:35~94:9〉〈FM 71:26~33〉

이제 이 대상을 좀 더 상세하게 규정해 보자. 대상이 지닌 규정은 앞에서 밝혀진 결과를 토대로 해서 간단하게 전개될 수 있다. 더 상세한 전개는 이 자리에 속하지 않는다. 대상의 원리인 일반적인 존재는 단순한 것임에도 이미 **매개된 것**이므로 대상은 이렇게 매개된 것이 자기의 본성임을 그 자신에서 표현해야 한다. 대상은 이런 매개를 통해 **다양한 성질을 지닌 사물**로 나타난다. 그러므로 풍요로운 감각적 지식은 직접적[감각적] 확신에서는 존재하지 않고 다만 차례로 거쳐 가는 것[das Beiherspielende]일 뿐[124]이었으나 지각에서는 존재한다. 왜냐하면, 오직 지각만이 자신의 본질 속에 **부정성**과 **구별**[Unterschied], 다양성을 지니기 때문이다.

113) ⟨SK 94:10~95:19⟩⟨FM 72:1~36⟩

그러므로 [감각적 확신에서] 이것[Dieses]은 **이것이 아닌 것 또는 이것이 지양된 것**으로 판정됐으나[gesetzt] 그렇다고 단순한 무를 가리키지 않고 오직 **특정한 무**[이것이 아닌 것] 또는 **어떤 내용 즉 이것이 없는 것**[Nichts von einem Inhalte]을 의미한다. 이 때문에 감각적인 것이 여전히 눈앞에 있지만[vorhanden], 직접적[감각적] 확신에서 존재한다고 가정된 것 즉 감각적 확신이 의도하는 개별적인 것은 아니며 오히려 일반자 또는 **성질**[Eigenschaft]로 규정된 것이다. **지양**이라는 말은 우리가 부정적인 것을 다룰 때 이미 보았던 것과 같이 참으로 이중적인 의미가 있음을 드러낸다. 즉 이 말은 부정하면서 동시에 보존한다는 의미를 지닌다. **이것들**[Diesen]**에 대한 부정**으로서 무는 [여전히] 그의 직접성을 그대로 **보존함**으로써 그 자체가 감각적인 것이지만, 이 직접성은 일반적인 직접성[eine allgemeine Unmittelbarkeit]이다. ─그런데 [지각적] 존재가 일반적인 것으로 되는 이유는 이런 존재가 그 자체에서 매개와 부정의 요소를 간직하고 있기 때문이다.[125] 즉 존재가 이와 같은 요소[매

---

124 앞에서 감각적 확신에서 나타나는 대상은 명멸한다고 했는데, 헤겔은 이를 이처럼 '차례로 거쳐 가는 것'으로 표현한다.
125 지각에서 출현하는 성질은 규정성이며 이는 타자에 대한 부정을 그 자체에서 포함한다. 그러므로 하나의 규정성은 이미 그 자체에서 다른 규정성을 전제한 반성의 관계에 있다. 예를 들어 빨간색은 파란색이나 노란색 … 등에 대립해서 빨간색이다. 이렇게 어떤 규정성이 대립하는 규정성에 대해 규정된다는 점에서 "매

개와 부정]를 그의 직접적 존재에서 표현할 때 이 존재는 **구별되고 규정된** 성질로 된다. 이를 통해[규정된 성질이 됨을 통해] 다양한 성질이 설정되면서 그 가운데 어느 하나는 다른 성질들을 부정하는 것으로 된다. 이[diese] **하나의 규정성**[Bestimmtheit]은 어떤 규정[Bestimmung][126]이 장차[ferner] 참여하는 가운데서[127] 비로소 [사물의] 성질[Eigenschaft]로 된다. 이런 **규정성**[Bestimmtheiten]은 단순한 일반 존재 속에서 표현되는 가운데 단지 자기 자신에게만 관계하면서 서로 무차별할 뿐만 아니라 또한, 각자가 **독자**[für sich]적으로 존재하면서 타자로부터 **자유롭게** 존재한다. 그러나 자기와 같음을 지닌, 단순한 일반 존재 자체는 다시 이와 같은 그 자신에 속하는 규정성과 구별되고 그와 무관한[frei] 것이다. 이 단순한 일반 존재는 순수하게 자기 관계하는 것이거나 이 규정성 모두가 그것에 들어 있는 **매체**가 된다. 그러므로 이 규정성들은 **단순한 통일**로서 그런 일반 존재 속에서 서로 **침투**하더라도 서로 **접촉함**이 없다. 왜냐하면, 그런 규정성들은 심지어 이처럼 단순한 일반 존재에 관여하면서도 그들은 서로 독자[für sich]적이며 무차별하기 때문이다. ―이처럼 추상적인 일반적 매체가 일반적으로 **물체**[Dingheit]라거나 **순수 본질**[Wesen]로 불리는 것이며, 이미 밝혀졌듯이 매체는 다름 아닌 여기에 지금 있다. 즉 이 매체는 여기에 지금 있는 다양한 것을 단순하게 **집합**[Zusammen]해 놓은 것이다. 그러나 여기에 지금 있는 많은 것은 각자 하나의 **규정성**을 지닌 것이므로 단순하게 **일반적인 것**[성질]

개와 부정의 요소를 간직한다"라고 한다.

126 『논리학』에서는 '규정성'과 '규정'이 구분된다. 전자는 타자성을 지닌 것이며 후자는 그 자체 존재를 의미한다. 그러나 여기서는 두 가지가 혼용된다.

127 헤겔에서 어떤 것 즉 유한한 사물은 두 가지 이상의 규정성이 관계하면서 출현한다.

으로 된다. 예컨대 이[dies] 소금은 단순히 여기 있는 것이며 동시에 다양한 것[성질]을 포함한다. 즉 이 소금은 흰색이면서 **또한**, 짠맛을 내고 **또한**, 입방체고 **또한**, 일정한 무게를 지닌 것 등이다. 이 다양한 성질은 모두 하나의 단순하게 **여기 있는 것**[매체]에 들어 있으며, 이들 모두가 그 속에서 서로 침투한다. 그 가운데 어느 한 가지도 다른 것이 속한 곳[Hier]과 구별되는 곳에 속하지 않는다. 오히려 그 모든 개별 성질은 다른 성질이 들어 있는 곳[Hier] 속에 전적으로 들어 있다. 동시에 그 성질은 저마다 다른 곳에 속함으로써 서로 구별되는 법이 없이 이렇게 서로 침투한 상태에 있으면서도 결코 서로 영향을 미치는 일이 없다. 즉 흰색은 입방체에 영향을 미치거나 변화하게 하지도 않으며 또한, 이 두 요소가 짠맛에 영향을 미치거나 변화하게 할 수 없다. 등등. 그뿐만 아니라 각 성질이 단순하게 자기 관계하는 것이니 이 성질은 다른 성질을 내버려 두며 단지 무차별한 **공존**[Auch]을 통해서 서로 관계한다. 그러므로 이런 성질의 **공존**이 순수한 일반자 자체거나 매체 즉 그들을 포괄하는 [zusammenfassende] **물체**[Dingheit]에 해당한다.

114) 〈SK 95:20~96:6〉〈FM 72:37~73:17〉

그런데 지금까지 밝혀진 이런 관계에서 겨우 일반적인 것[성질]의 긍정적인[positive] 성격만이 관찰되고 또 전개됐다. 그러나 또 한 가지 받아들이지 않으면 안 될 측면이 대두된다. 즉 다양한 많은 특정한 성질이 바로 서로 무차별하면서 오로지 다만 자기 자신에만 관계하는 것이라 한다면 이런 성질들은 **규정성**을 지닌 성질로 볼 수가 없을 것이다. 왜냐하면, 이런 성질들이 그렇게 규정성을 지닌 것으로 되려면, 오직 그 성질들이 서로 **구별**되면서도 동시에 자신과 대립하는 것으로서 **타자에 대해 관계해야** 하기 때문이다. 그러나 이처럼 타자에 대해 대립한다는 측면에서 볼 때 그런 성질들은 매체가 단순한 통일을 이루는 가운데서는 공존[zusammen]할 수 없을 것이다. 이런 단순한 통일의 측면이 서로에 대한 부정이라는 측면에 못지않게 본질적인 것이다. 구별된 성질들은 서로 무차별한 데 그치지 않고 오히려 서로 배제하려 하며 타자를 부정하는 것인 한에서 단순한 매체 안에 들어 있는 것은 아닐[außer diesem einfachen Medium] 것이다. 따라서 이 단순한 매체는 다만 **공존하는 것**[Auch], 무차별한 통일로서만 그칠 수는 없고 동시에 또한, **하나**[Eins] 또는 **배타적 통일**로 된다. ─하나[Eins]란 부정성의 계기를 가지니, 이는 단순한 방식으로 자기 자신에 관계하면서 타자를 배제하는 방식으로 나타나는 것을 말하며 또한, 이런 **부정성의 계기**를 통해 **물체**[Dingheit]는 **사물**로 규정된다. 부정성은 성질에서 나타날 때 존재와 직접 합일된 **규정성**이다. 직접적인 존재는 이런 부정성과 통일되면서 일반적인 것[성질]으로 된다. 그러나 성질은 대립하는 것과의 통일에서 벗어나서[befreit] 그 자체로 자기에게 나타난[an und für sich selbst] 것으로 되는 만큼[wie]이나 또한, [부정성, 배타성을 통해] **하나**[Eins]가 된다.

115) 〈SK 96:7~29〉〈FM 73:18~34〉

지각에 속하는 이상의 여러 계기를 종합하면 사물이란 지각의 진리가 완성된 것이다. 다만 여기서 이 진리를 발전시킬 필요가 있을 것이다. 그 계기는 우선 α) 수동적인 무차별적인 일반 존재[매체]며 또한, 다양한 성질 다시 말해 차라리 **물질**[Materien]이 **공존**하는 것이라고 말할 수 있다. 다음 계기는 β) 부정성이면서 동시에 단순한 것[사물] 또는 하나[Eins], 대립하는 성질들이 서로 배제함을 통해 성립하는 것이다. 마지막 계기는 γ) 다양한 **성질** 자체다. 이 성질은 처음 언급한 두 계기를 관계하게 하는 것이니, [배타적인] 부정성인데도 무차별한 지반[매체]

에 관계하면서 자신을 구별된 것들의 집합[Menge]으로 확산하며 다시 말하자면 개별적인 점인데도 존속의 지반인 매체 속에서 여러 성질로 발산한다. 구별된 성질들이 무차별한 매체에 속한다는 측면에 따라서 보면 그런 구별된 성질들은 일반적이고 다만 자기와 관계하며 서로 영향을 미치지 않는다. 그러나 다른 측면에서 즉 그 구별된 성질들이 부정적 통일성에 속한다는 측면에서 본다면, 이 구별된 성질들은 구별된 동시에 서로 배타적이며 성질의 차원에서[an Eigenschaft] 필연적으로 대립하는 관계를 맺으니 이런 성질들은 **공존하는 것이라 보기 어렵다**. 감각적 일반성 또는 존재와 부정적인 존재의 **직접적인** 통일이 **성질**로 되는 것은 오직 그와 같은 감각적 일반성으로부터 하나[Eins]와 순수한 일반 존재[매체]가 전개되고 이 양자가 서로 구별되고 또한, 이런 감각적 일반성이 양자[하나와 순수한 일반 존재]를 서로 결합하는 한에서이다. 성질의 순수한 본질적 계기[매체, 하나]들에 관계하는 것을 통해 비로소 **사물**이 완성된다.

[해제] 1) 헤겔은 우선 감각적 질과 지각에서 성질을 구별한다. 감각적 질은 서로 무차별하며, 각각의 질은 존재하는 순간 이미 다른 질로 이행한다. 이는 앞에서 감각적 확신에서 여기나 지금, 나라는 예를 통해 보았던 대로다. 헤겔은 이 점에서 감각적 질을 '다만 차례로 거쳐 가는 것' 또는 '일반적인 것을 의미하는 직접성'이라고 한다.

경험이 쌓이면, 감각적 질 가운데 지각적 규정성[Bestimmtheit]이 출현한다. 이 지각적 규정성은 추상화된 일반 성질이다. 이는 여러 사물에 공통된 것이면서, 일정한 맥락 속에서 타자와 반성 관계에 있다. 즉 그 자신은 타자에 대립해 규정되니, "그 자체에서 매개와 부정의 요소를 간직하고" 있다. 예를 들어 빨간색은 여러 가지에 공통으로 속하는 성질이며, 색깔이라는 맥락에서 자기와 대립하는 색 즉 파란색이나 노란색과 대립한다.

2) 헤겔에서 하나의 사물은 두 가지 이상의 다양한 성질이 있어야 가능하다고 본다. 예를 들어 소금에는 흰색, 짠맛, 입방체라는 성질이 동시에 들어 있다. 여기서 지각이 개별 대상에서 인식하는 여러 성질 사이의 관계가 여기서 문제가 된다. 헤겔에 따르면 그 관계는 두 가지가 동시에 가능하다.

하나의 관점에서 지각적 성질은 서로 영향을 미치는 법이 없이 무차별한 것이며 한 개별 대상 속에 공존한다. 이런 성질은 자립적으로 존재하므로 헤겔은 이를 차라리 물질[Material]이라 한다. 공존하는 성질을 담는 개별 대상을 물체[Dingheit]라 하거나 매체라 한다.

다른 관점에서 보면 이런 성질들은 부정성을 지닌 한 서로 배제하면서 배타적인 통일을 이루게 된다. 지각적 성질이 개별 대상 속에 부정적인 통일을 이루고 있을 때 이런 개별 대상은 하나[Eins]로서 사물[Ding]이라 한다.

3) 그러므로 헤겔은 지각에 세 가지 계기가 있다고 한다. 첫째는 매체고 둘째는 사물이며 셋째는 양자를 관계하게 하는 성질이다. 매체라는 개념(성질의 공존)과 사물이라는 개념(성질의 통일)은 서로 대립하는데 지각은 이런 대립하는 주장으로 귀결된다는 것이 지각론이 부딪히는 근본적인 모순이다.

116) ⟨SK 96:30~97:16⟩⟨FM 73:35~74:11⟩

지각에서 출현하는 사물의 모습은 그와 같다. 의식은 이런 사물을 자신의 대상으로 삼는 한에서, 지각하는 의식으로 규정된다. [지각하는] 의식은 대상을 **단지 수용할** 뿐이며 이때 순수하게 수용하는[Auffassen] 태도를 보인다. 이와 같은 수용을 통해 의식이 얻어낸 것이 곧 진리다.

의식 자신이 대상을 수용하는[Nehmen] 데서 행위하는 것이 있다면 의식은 그처럼 추가하거나 배제함으로써 진리를 변경하게 될 것이다. 이처럼 대상은 진리며 일반자고 또한, 자기와 같음을 유지하는 것인데 반해 의식은 스스로 변화하는 비본질적인 것이므로 의식이 대상을 부정확하게 파악해 속임에 빠지는 일이 의식에 일어날 수 있다. 지각한다는 것은 속임의 가능성을 의식하는 것이다. 왜냐하면, 지각의 원리는 일반성이어서 **타자 존재**[Anderssein]가 [지각적] 의식에 대해서 직접 나타나되 **무실하고** 지양된 것으로서 나타나기 때문이다. 따라서 진리와 관련해 의식의 평가 기준은 **자기와 같음**에 있으므로 대상에 대한 의식의 태도는 자기와 같음을 지닌 대상을 수용하는[Auffassen] 것으로 규정된다. 이와 함께 의식에 관해 서로 다른 것이 나타난다면 의식은 수용하는 가운데 나타나는 지각의 서로 다른 계기들을 서로 비교한다. 그런데 만약 이와 같은 비교를 통해 서로 같지 않은 상태가 출현하면 이 서로 같지 않은 상태는 대상을 비 진리로 만드는 것이 아니다. 왜냐하면, 대상은 여전히 자기와 같음을 지닌 것이기 때문이다. 그러므로 이런 서로 같지 않은 상태는 지각이 비 진리라는 것을 의미한다.

117) 〈SK 97:17~98:23〉〈FM 74:12~75:6〉

이제 의식은 실제로 그가 행하는 지각 작용 속에서 어떠한 경험을 쌓아가는가를 살펴보도록 하자. **우리가 보기에** 이와 같은 경험은 바로 앞에서 제시됐던 전개과정 즉 대상과 그 대상에 대해 의식이 취하는 태도의 전개과정에 이미 포함된다. 이런 경험은 오직 이런 전개과정에 들어 있는[vorhanden] 모순을 전개하는 것일 뿐이다. -우선 내[Ich]가 수용하는 대상은 **순수한 하나**[Einer]라는 모습을 띠고 나타나지만, 동시에 나[Ich]는 그 대상에서 성질을 지각한다. 이 성질은 **일반적**이므로 개별 대상을 넘어서기에 이른다. 대상적 본질은 처음에는 하나의 대상[Einen]으로 존재했으나, 이런 하나의 대상은 대상이 참으로 존재하는 모습이 아니게 됐다. 그러나 **대상**이 어디까지나 진리로 여겨지므로, 비 진리는 나[Ich]의 탓으로 돌려지면서 [대상을] 하나의 대상으로 파악하는 지각이 오류가 됐다. 성질은 **일반성**을 지니므로 나[Ich]는 대상적 본질을 일반적으로 성질들이 **공동으로 존재하는 것**[Gemeinschaft]으로 여길 수밖에 없다. 이제 나아가 나[Ich]는 사물의 어떤 성질을 **특정한 것**으로서 지각하며 다시 말해서 이 성질을 다른 성질에 대립할 뿐만 아니라 또한, 다른 성질을 배제하는 것으로 지각할 것이다. 그런 까닭에 내가 [앞에서] 대상적 본질[Wesen]을 어떤 성질이 다른 성질들과 **공동으로 존재**하는 것으로서 또는 이런 여러 성질의 **연합체**[Kontinuität]¹²⁸로 규정했을 때 사실상 대상의 본질을 올바르게 파악한 것이 아니었다. 오히려 성질은 **특정한 것**[Bestimmtheit]이므로 나[Ich]는 이 연합체를 [대상에서] 분리[trennen]해야 하며, 대상적 본질을 배타적 하나[Eins]로 설정하지 않을 수 없다. 분리된 하나[Eins]에서 나[Ich]는 [다시] 다양한 성질을 발견할 것이다. 이런 성질들은 서로 영향을 미치지 않고 오히려 서로 무차별한 상태에 있다. 그러므로 내[Ich]가 대상을 **배타적 하나**[Eins]로 파악했을 때 대상을 올바르게 지각한 것이 아니었다. 오히려 대상은 이 앞에서는 단지 연속체[Kontinuität] 일반이듯이 이제는 하나의 일반적이며 **공통적인 매체**며, 이 속에서 많은 성질은 감각적인 **일반성**이 측면에서는 각자가 독자[für sich]적으로 존재하며 **특정한 것**이라는 측면에서는 다른 성질을 배제한다. 그러나 이렇게 해서 내[Ich]가 지각하게

---

128 일반적으로 '연속성'은 하나의 규정인 통일성을 의미하는데, 여기서 '연속성'은 문맥상 복합체를 의미하는 것으로 보인다.

될 단순한 진리는 이런 일반적인 매체조차도 아니고 독자[für sich]적으로 존재하는 **개별 성질**이다. 그것이 독자적이라면 그것은 [일반] 성질도 아니며 어떤 규정성을 지니고 존재하는 것[129]도 아니다. 왜냐하면, 이 독자적인 것은 어떤 하나[Eins]에서 나타나는 것도 아니고 다른 성질들에 관계하는 것이 아니기 때문이다. 반면 성질이라면 그것은 단지 어떤 하나[Eins]에서 나타난 것이며 오직 다른 성질에 관계해서만 규정된다. 독자적인 개별 성질은 순수하게 자기와 같게 관계하는 것인 한, 다만 **감각적 존재** 일반으로 머무른다. 왜냐하면, 이 성질은 그 자신에서 부정성이란 성격을 더는 갖지 않기 때문이다. 이제 감각적 존재를 마주 대하는 의식은 한낱 주관적 **생각**[Meinen][130]에 머무른다. 즉 이런 의식은 지각으로부터 완전히 벗어나 주관적 생각[Meinen]으로 복귀한다. 그러나 감각적 존재나 주관적 생각[Meinen]은 스스로 지각으로 이행한다. 나[Ich]는 처음의 출발점으로 되 던져지고 다시 자기를 모든 계기에서 지양해 그 결과 자기를 전체적으로 지양하는 순환 속에 이끌려 들어간다.

[해제] 1) 지각의 운동은 일단 대상에서 출발해서 대상을 순수하게 수용한다. 그 결과 대상은 다양한 성질의 매체기도 하며 동시에 성질의 배타적인 통일체인 사물이기도 하다. 지각 운동은 이 순환하는 루프를 벗어날 수 없다. 여기서 전제된 것은 자신의 지각적 성질이 대상의 속성이라는 것이니, 이 순환하는 루프를 벗어나기 위해서는 이런 수용적 태도를 버릴 수밖에 없다.

2) 지각은 다시 등장하는 모순을 피하기 위해서는 성질을 개별적인

---

129 지각적 성질은 일반적이며 동시에 타자에 대해 있는 것이다. 반면 감각적 확신의 대상은 일반적인 것도 아니고 타자에 대해 있는 것도 아니다. 여기서 독자적인 성질은 각 사물에 고유한 일회적 성질을 말하니 감각적 질과 같은 의미다.
130 감각적 확신과 같은 의미다.

것으로 볼 수밖에 없다. 그러면 이런 개별성은 지각적 성질로 남을 수도 없다. 이런 개별성 처음의 직접적인 감각적 질과 같은 것으로 된다. 그러나 이미 감각적 확신의 운동에서 보았듯이 감각적 질은 다시 지각의 성질 즉 규정성으로 발전한다.

헤겔은 지각 운동을 대상에서 모순-〉지각과 대상으로 구분-〉이 구분의 문제점-〉대상에서 다시 출현한 모순-〉감각적 확신으로 복귀-〉지각으로 다시 이행이라는 순환과정으로 파악한다.

3) 여기서 지각은 개별 사물에만 나타나는 우연성(소금의 흰색)과 그런 사물이라면 항상 나타나는 필연성(소금의 짠맛)을 구분하려 한다. 우연적 성질은 주관의 개입을 통해 생겨난 것이고 필연성은 대상 자체에 속한다는 것이다. 그러므로 흔히 속성[attribute]이라 한다.

118) 〈SK 98:24~99:17〉〈FM 75:7~28〉

그러므로 [지각하는] 의식은 이런 순환을 필연적으로 다시 거쳐 나가지만, 동시에 처음의 순환과 같은 방식으로 거쳐 나가지 않는다. 즉 의식이 지각에 관해서 경험하는 사실은 지각에서 얻은 진리나 결과란 그 지각 자체[131]가 해소된다는 것 다시 말하자면 진리로 여겨진 대상[Wahren]으로부터 자기 내로 반성한다는 사실이다. 이상을 통해 의식에서 지각한다는 것이 근본적으로 어떤 모습을 지닌 것인가가 규정됐다. 지각은 대상을 단순히 순수하게 수용하는 [Auffassen] 것이 아니라 이렇게 **수용하는 가운데서도** 진리로서 대상[Wahren]에서 **벗어나 자기 내로 반성**한다. 이와 같은 의식의 자기 내 복귀가 의미하는 것은 의식이 대상에 대한 순수한 수용 속에 직접 개입한다는 것이다. ─왜냐하면, 이와 같은 자기 내 복귀는 자신이 지각에 핵심적인 측면이라는 사실을 보여주

131 지각은 처음에 전적으로 수용적인 태도를 취했다. 그런 수용적 지각 작용이 해소된다.

기 때문이다. 따라서 이런 자기 내 복귀는 진리가 되는 것[das Wahre]을 변경한다. 의식은 이와 같은 진리의 측면이 자기 자신에 속한 측면임을 인식하며 동시에 이런 측면을 자기가 떠맡고 이를 통해 진리로 여겨진 대상을 순수하게 획득하게 될 것이다. -그리하여 이미 감각적 확신에서도 보였듯이 이제 지각의 경우에서도 의식이 자기 내로 떠밀려 들어오는 측면이 눈앞에 나타난다. 그러나 이런 떠밀려 들어오는 측면은 이번에도 감각적 확신에서 그랬던 것과 같은 방식으로 일어나는 것은 아니다. 만일 그런 방식에서였다면 지각에서 **진리**로 여겨지는 것이 의식에 속하게 될 것이다. 그러나 지각하는 의식이 인식하는 사실은 지각에서 출현하는 **비 진리**가 의식에 귀속된다는 것이다. 그러나 동시에 의식은 위와 같은 사실을 인식하는 것을 통해 그런 비 진리를 지양할 수 있다. 의식은 자신이 진리로 여기는 것[대상]에 대한 수용을 지각에서 생겨나는 비 진리로부터 구별해 이 비 진리를 교정한다. 의식이 이런 교정을 스스로 시도하는 한, 진리 즉 **지각**이 도달하는 진리는 **의식**에 속한다는 것은 당연하다. 이제 우리가 고찰하고자 하는 의식의 태도가 지닌 모습은 의식이 대상을 단순히 지각하는 데서 그치지 않고 또한, 의식이 자기 내로 반성한다는 것을 의식하면서 이와 같은 반성을 대상을 단순하게 수용하는 것 자체에서 분리한다는 것이다.

119) ⟨SK 99:18~100:2⟩ ⟨FM 75:29~76:3⟩

그러므로 나[Ich]는 처음에는 사물을 **하나**[Eins]로 지각하면서 사물의 이런 규정을 진리로 여기면서 지켜나가려 할 것이다. 만일 지각하는 운동 속에서 어떤 성질이 모순된 성질을 만나면 이는 곧 나[Ich]의 반성에서 비롯된 결과로 인식될 것이다. 이제 지각을 보면 서로 다른 성질들이 개별 사물에 속한 것처럼 보이는 일이 발생한다. 그러나 사물은 하나[Eins]므로 이런 서로 다른 성질들이 존재하면 사물은 하나[Eins]기를 중지하기에 우리는 이 서로 다른 성질들이 우리에 속하는 것으로 의식한다. 그러므로 사물이란 실상 그저 **우리**의 눈에 비침으로써만 흰색으로 되고 **또한**, **우리**가 혀로 맛보았을 때 짠맛을 풍기며 **또한**, **우리** 감각에 부딪힐 때 입방체로 되는 것일 뿐이다. 우리는 이런 측면이 지닌 전적으로 서로 다른 성질들이 사물로부터 얻은 것이 아니라 우리 자신으로부터 얻은 것으로 여긴다. 이들 서로 다른 성질들은 우리의 눈이 우리의 혀와는 전혀 구별되는 것 등등 때문에 우리에게 나타나는 것이다. 따라서 우리[주관]가 **일반적 매체**가 된다. 이 속에서 모든 계기가 서로 분리되며 독자[für sich]적으로 존재한다. 그러므로 우리는 일반적 매체라는 규정성을 우리의 반성에서 나오는 결과로 고찰하는 것을 통해 사물의 자기와 같음과 그의 진리였던 하나[Eins]를 보존한다.

[해제] 1) 앞에서 헤겔은 다만 우연적인 성질만이 주관에 속하고 대상은 배타적 하나로 보았다. 이와 같은 태도는 지각이 본래 순수하게 수용적인 것이라는 사실을 부정하지는 않는다. 그러나 이런 식의 구분은 우연성과 필연성을 구분하기 어려우므로 두 가지 길이 생겨난다.

그 하나는 다시 모든 성질이 대상에 속하는 것으로 보는 전적으로 수용적인 태도로 되돌아가는 것이다. 또 하나의 대안은 우연성과 필연성이 구분되지 않으므로 모든 성질이 주관의 개입을 통해 생겨난 것으로 보는 태도다. 이제 지각은 순수하게 수용적인 것이 아니라 적극적으로 개입하는 능동적인 것으로 된다.

지각을 순수하게 수용적인 태도로 파악하는 것이 유물론적 지각 이론이라면, 고대 그리스 자연철학이 대체로 여기에 속한다. 이에 대립하는 또 하나의 관점이 있다. 그것은 관념론적 지각 이론이다. 이는 모든 지각적 성질이 주관의 개입을 통해 출현한다는 입장이다. 이는 대체로

소피스트의 관점으로 보인다. (근대 경험론도 비슷하지만. 헤겔은 근대적 경험 개념을 이성적 경험으로 보면서 관찰하는 이성에서 다룬다)

2) 이런 관점에서는 지각적 성질은 대상 자체에 속한 성질 즉 속성이 아니라, 주관의 산물 즉 관념으로 된다. 즉 어떤 사물에서 주관이 눈으로 보면, 그것은 흰색이고 맛을 보면 그것은 짠맛이며, 그 형태는 입방체가 된다.

여기서 대상은 관념이 출현하는 원천으로만 여겨지며, 그 자체는 아무것도 아닌 순수한 존재거나 마침내 그 존재조차 상실하고 단순한 관념 복합체로만 남는다. 오직 존재하는 것은 관념일 뿐이며, 서로 다른 관념은 우리의 의식에 내재한다.

그러나 이런 입장에서도 앞의 입장과 마찬가지로 모순에 빠지게 되니, 한편으로 의식이 서로 다른 관념을 수용하는 매체가 된다. 이때 우리 의식 속에 이 관념들은 서로 무차별하게 존재한다. 다른 한편 의식은 하나며, 서로 다른 주관적 관념들도 하나의 의식 속에서 부정적으로 통일된다. 따라서 이런 관념론적 지각 이론도 유물론적 지각 이론과 마찬가지의 모순 속에 있게 된다.

120) 〈SK 100:3~29〉〈FM 76:4~23〉

그러나 의식이 자기에 받아들이는 **서로 다른 측면**[성질]은 각자가 독자[für sich]적으로 존재하며 일반적 매체 속에 발견되는 것으로 고찰되며 또한, **규정성**을 지닌 것으로 된다. 즉 흰색은 다만 검은색에 대립하는 가운데서만 존재한다. 등등. 사물[Ding]은 다만 자기를 다른 사물들에 대립하게 하는 것을 통해서 하나[Eins]가 된다.[132] 그러나 사물이 다

---

[132] 지각론에서 모순을 피하는 길은 결국 그 사물 자체에 속하는 고유성을 발견하는 것이다. 고유성은 그 사물에 항상 나타나는 필연성(속성)이면서 동시에 그 사물을 다른 사물로부터 구별해 주는 성질이다. 즉 사물의 정의에 속하는 성질 즉

른 사물들을 자신으로부터 배제하는 이유는 그것이 하나[Eins]기 때문이 아니다. ㅡ왜냐하면, 하나[Eins]가 된다는 것은 일반적으로 자기 관계하는 것이기 때문이다. 사물은 하나[Eins]라는 점에서는 오히려 그 밖의 모든 사물과 마찬가지다. ㅡ오히려 이런 배제가 일어나는 이유는 이 사물이 **규정성**을 지닌 것이기 때문이다. 그러므로 사물 자체는 이미 **그 자체로 자기에게 나타난 것**[an und für sich]으로 규정된 것이다. 사물은 자신을 다른 것들로부터 구별하는 성질을 갖는다. 그런 **성질**은 사물 자신에게 **고유한**[eigene] 성질이며 또는 사물 자체에서[an ihm selbst] 발견되는 규정성이므로 사물은 [동시에] **여러**[mehrere] 성질을 지닌다. 그 이유는 첫째로 사물은 진리며 **그 자체로 존재하는 것**이기 때문이다. 사물에 존재하는 성질은 사물 자신에 고유한[eigenes] 본질인 한에서 존재하는 것이지 다른 사물들 때문에 존재하는 것[대타성]은 아니다. 둘째 이유는 규정된 성질이란 단지 다른 어떤 사물들 때문에 그리고 다른 사물들에 대해서 있는 것이 아니라 그 **사물** 자체에서 나타나는 것이기 때문이다. 그러나 이런 성질[고유성]들이 그 사물에서 규정된 성질로 되는 것은 오직 이것들이 서로 구별되는 여럿인 한에서[133]이다. 셋째 이유는 이들 성질은 물체[Dingheit]에 들어 있으면서 각자 그 자체로 자기에게 나타난 것으로[an und für sich] 존재하면서 서로에 대해 무차별하게 존재하기 때문이다. 이렇게 볼 때 사물은 참되게 말한다면 예를 들어 희고 **또한**, 입방체며 **또한**, 짠맛을 내는 등의 것이다. 달리 말하자면 사물은 종차라고 하겠다.

133 헤겔은 한 사물의 고유성이 오직 하나일 뿐이라고 보지 않는다. 고유성 역시 규정성인 한에서 그 자체에서 자기의 타자를 갖기 때문이다. 하나의 사물에 두 가지 이상의 고유성이 있으니 앞에서 전개됐던 지각의 모순이 여기서 다시 출현한다.

성질들의 **공존**[Auch] 또는 **일반적 매체**며, 이 속에서 여러 성질이 서로 나란히 존재하면서도 서로 접촉하지 않고 서로 지양하지도 않는다. 이런 식으로 여겨질 때 사물은 진리로 여겨지는 것이다.

121) ⟨SK 100:30~101:14⟩ ⟨FM 76:24~39⟩

이와 같은 지각 운동에서 의식은 그와 **동시**에 자기를 자각하면서 자기를 자기 내로 반성하면서 지각 가운데 **공존**의 계기에 대립하는 계기가 출현한다. 그런데 이 대립하는 계기란 곧 사물이 자기와 **통일**을 이루면서 이런 통일 때문에 구별이 배제되는 것을 뜻한다. 따라서 이런 통일은 의식이 자기가 할 일로 받아들여야 한다. 왜냐하면, 사물 그 자체는 다만 서로 다르면서도 **독립적인 다양한 성질**이 **존속**하는 것이기 때문이다. 그러므로 사물에 대해서는 이렇게 말해진다. 즉 사물이란 예컨대 희고, **또한**[auch] 입방체며 또한, 짠맛을 내는 것 등이다. 그러나 사물이 흰색인 **한**에서 입방체가 아니며, 입방체고 또 흰색인 **한에서** 짠맛을 내는 것이 아니다 등. 따라서 이런 성질들이 사물에서 단일화될[in Eins fallen] 수 없으므로 이런 성질들을 하나[Eins]로 된[Ineinssetzen] 것은 다만 의식의 일로 된다.[134] 그 결과 의식은 일정한 한정적 조건을[das Insofern] 부과해 이를 통해서 이런 성질들을 서로 분리하며 사물 속에 이런 성질들이 공존할 수 있게[Auch] 한다. 하나[Eins]로의 통합을 의식이 자기의 일로 받아들이면서 당연한 결과로 지금까지 성질로 불리던 것은 **독립적인**[frei] **물질**이라는 관념으로 변화된다. 이와 같은 방식으로 사물이 물질의 집합으로 되고 **하나**[Eins]로 되는 대신에 단순히 성

---

134 사물의 고유성이 여럿이라면, 이 고유성은 단순히 공존할 수는 없으며 통일될 필요가 있다. 이 여럿을 통일하는 것이 문제가 된다. 그런 통일은 주관의 통각이 이룰 수도 있고 아니면 대상 자체가 통일을 이룰 수도 있다. 헤겔은 우선 전자를 살펴보고, 이어 후자를 살펴본다.

질들을 에워싸는 껍질[Oberfläche]로 되면서 참된 의미에서 공존(Auch)으로 끌어올려진다.

[해제] 1) 앞에서 유물론적 지각 이론이나 관념론적 지각 이론은 공존과 통일, 매체와 하나라는 모순에 부딪힌다는 사실이 설명됐다. 이런 모순은 다양한 성질을 사물에 속하는 것과 주관에 속하는 것으로 구별함으로써 해결된다.

앞에서 우연성과 필연성을 주관과 대상에 각기 할당했던 입장이 여기서 다시 살아난다. 즉 우연성은 주관에 속하고 필연성은 대상에 속한다는 것이다. 그런데 한 사물은 여러 필연성을 가질 수밖에 없다. 사물이 성립하기 위해서는 여러 필연성이 결합해야 하기 때문이다. 여기서 이제 새로운 문제가 등장한다.

2) 그 사물을 그 사물로 만드는 속성을 철학에서는 고유성이라 한다. 어떤 성질이 대상 자체에 고유하게 속한다면, 이 고유성은 그런 종류의 대상이라면 어디에나 일반적으로 속하는 성질로 되며(이런 점에서 필연성이다) 동시에 그것을 넘어서 그런 사물을 다른 사물과 구분해주는 성질이 돼야 한다.

그렇다면 여러 가지 공존하는 필연성 가운데 어느 것이 고유성이 될 수 있을까? 필연성과 고유성을 구분하는 문제는 철학에서 중요하다. 이 두 가지가 구분되지 않으면 이른바 소피스트의 궤변이 가능해지기 때문이다. 그러므로 소피스트와 투쟁했던 소크라테스가 제시한 철학적 문제가 곧 사물의 고유성을 파악하는 것이다.

3) 그 때문에 사물로부터 주관으로 다시 자기 내 반성이 일어나면서 의식이 개입한다. 여러 필연성 가운데 고유성을 가려내서 사물을 특정한 사물로 만드는 일 즉 "하나로 되는 일[Ineinssetzen]"은 이제 사물 자체에 맡겨지지 않고 주관적 의식의 일로 된다.

의식이 개입하면서 사물의 속성으로서 필연성은 의식에 내재하는 관념으로 된다. 물론 이 관념은 주관적 관념이 아니라 객관적 관념이다. 이것은 자립적이며 서로 무차별하다. 여러 자립적 관념은 의식 속에 공존한다.

의식은 여러 필연성 가운데 자신이 택한 관점에 따라서 어떤 하나를 선택하여 그것을 사물의 고유성으로 규정한다. 고유성은 지각적 의식이 부여하는 "한정적 조건"에 따라서 달라진다. 이제 의식은 자신 속에 있는 자립적 관념을 자신의 관점에 따라서 통일적으로 구성하니, 이것이 곧 통각이라고 하는 것이다.

사물이 지닌 고유성은 이제 통각을 통해 구성된 것으로 된다. 이때 사물의 고유성은 의식이 구성한 것일 뿐 사물 자체가 지닌 하나임은 아니다.

122) 〈SK 101:15~29〉〈FM 77:1~12〉

의식이 앞에서 수동적으로[auf sich] 받아들였으나 이제는 자기 일로 여긴 것 다시 말해서 의식이 이전에 사물에 귀속시켰으며 이제는 자기에게 귀속시킨 것으로 되돌아가 살펴보자. 그러면 의식이 교대로 즉 한 번은 자기 자신을 이중화하고 다른 한 번은 사물을 이중화했다는 사실이 밝혀진다. 다시 말해 사물은 한 번은 여럿임이 없는[vielheitslosen] **하나**[Eins]로 되고 다른 한 번은 각자 자립적인 물질로 용해될 수 있는 것들이 **공존**하는 것으로 된다. 그러므로 의식이 이와 같은 비교를 통해 발견하는 사실은 의식이 진리로 받아들이는 방식은 그 자체에서 **수용**[Auffassen]하는 것과 자기 내로 **복귀**하는 것이라는 **서로 다른 방식**을 가질 뿐만 아니라 또한, 진리로 여겨지는 대상 즉 사물도 이중적인 방식으로[매체, 하나] 제시된다는 것이다. 그럼으로써 눈앞에 나타나는 경험에 따르면 사물은 수용하는 의식에서는 특정한 방식으로 **드러나며** 동시에 사물이 [수용하는 의식에] 자기를 드러내는 방식에서 **벗어나서 자기 내로 반성**하며[135] 또는 사물은 그 자체에서 앞에서와[의식에 수용된 것과] 대립하는 진리를 지닌다.

123) ⟨SK 101:30~102:20⟩⟨FM 77:13~33⟩

지각에서 관계 맺는 두 번째 관계 방식은 사물을 참된 자기와 같은 상태에 있는 존재로 여기고 반면 나[Ich] 자신[sich]은 서로 같지 않은 것으로 다시 말해 자기와 같은 상태에 있는 대상에서 벗어나 자신 속으로 복귀하는 것으로 여기는 것이었으나,[136] 이제 의식은 또한, 이런 두 번째 방식으로부터도 벗어난다. 의식이 보기에 이제 대상은 앞에서 대상과 의식에 배분됐던 운동[137] 전체를 담당한다. 사물은 **하나**[Eins]며, 자기 속으로 반성한다. 사물은 **대자**[für sich]적으로 존재하며 또한, 이에 못지않게 **다른 사물에 대해 존재**한다. 사실 사물은 **다른 사물에 대해 존재**하는 것만큼이나 **자기 자신에 대해 타자**로 되는 것이다. 이에 따라서 사물은 대자적으로 존재하면서 **동시에** 타자에 대해 존재하므로 서로 다른 측면이 **이중적으로** 존재하는 것이지만, 또한, **하나**[Eins]다. 그런데 이런 하나[Eins]는 그것이 지닌 서로 다름의 측면에 모순되는 것이다. 결국, 의식이 이와 같은 하나[Eins]로 되는 것[Ineinssetzen]을 다시 자기 일로 받아들이고 사물[에 맡기는 것]을 막아야 했을지 모른다. 아니면 [also][138] 사물은 대자적으로[für sich] 존재하는 **한에서는** 다른 사물에 대

---

135 다양한 고유성을 통일하는 것이 주관의 통각이 아니라 대상 자체에서 일어난 나는 것을 말한다. 플라톤의 이데아론이 그러하다.
136 지각은 대상이 진리고 지각은 서로 다른 것이 속하는 것으로 여겨진다.
137 앞에서 다양한 필연성 가운데 한정적 조건에 따라서 참된 고유성을 결정하는 통각의 통일을 말한다.
138 헤겔은 위 두 문장에서 가정법을 사용한다. 이를 살리기 위해 '그러므로

해 존재하지 않는다고 말해야 했을지 모른다. 그러나 의식이 경험했듯이 하나[Eins]는 사물 자체에 귀속된다. 즉 사물은 근본적으로 그 자신 속으로 반성한다. 따라서 서로 **공존**하는 성질[139] 또는 무차별하게 존재하는 성질은 사실 **하나**[Eins]만큼이나 사물에 속하는 상태다. 그러나 이 두 가지 상태가 서로 다른 것이니 같은 것에 속하지 않고 오히려 **서로 다른** 사물에 속한다. 대상적 본질에 일반적으로 나타나는 모순[하나와 공존하는 성질]은 두 대상에 분배된다.[140] 그러므로 사실 사물은 그 자체로 자기에게 나타나며[an und für sich] 자기와 같음을 지닌 것이지만, 동시에 자기와의 통일은 다른 사물들 때문에 파괴된다. 이와 같은 방법으로 사물의 통일성이 보존되는 동시에 그 사물 밖에 또한, 의식 밖에 있는 타자 존재[Anderssein]도 보존된다.

[해제] 1) 122~123 구절에 걸쳐서 헤겔은 지금까지 전개한 지각 운동을 정리하면서 마지막으로 새로운 관점을 제시한다.

앞에서 유물론적 지각론이나 관념론적 지각론에서 등장하는 모순을 극복하기 위해 사물의 필연성이 등장했다. 그러나 필연성이 여럿이므로 그 가운데 어떤 것을 참된 고유성으로 볼 수 있는가 하는 문제가 제기되면서, 우선 의식이 그런 고유성을 통일하는 즉 하나로 되는[Ineinssetzen] 입장이 있을 수 있으나, 헤겔은 이런 방식조차 비판한다. 여기서는 맥락에 따라 즉 한정적 조건[insofern]에 따라 그 고유성을 결정하는데, 사물의 고유성이 주관적 맥락에 따라 변한다는 것이 모순적으로 들리기 때문이다.

2) 이제 고유성을 통일하는 새로운 방식이 등장한다. 그것은 사물을

[also]'를 '아니면'으로 번역했다.
139 여기서는 다양한 필연성을 다룬다.
140 이데아의 세계(대자)와 현상 세계(대타)의 구분을 말해 준다.

이원화하는 것이다. 여기서 고유성은 형상과 질료로 구분된다. 순수한 대상 즉 이데아에서 사물의 형상은 하나며 완전하다. 헤겔은 이를 대자 존재라 한다. 그러나 구체적 사물에서는 여러 질료가 개입하면서 사물의 본래 형상이 왜곡된다. 이런 구체적 사물은 대타 존재다. 그것은 타자에 대립하면서 동시에 이미 자기 내에 타자성을 갖는 존재를 의미한다. 이 자기 내 타자성이 곧 질료다.

즉 형상은 "그 자체로 자기에게 나타나며[an und für sich]이며 자기와 같음을 지닌 것이지만," 구체적 사물에서는 형상이 타자성을 지닌 질료와 결합하면서 형상이 지닌 "자기와의 통일은 다른 사물들 때문에 파괴되며" 각 사물은 다른 사물 즉 타자 존재에 대립하는 대타 존재가 된다.

이처럼 대상을 이원화하여 대자 존재와 대타 존재를 상정하는 대표적 이론이 곧 플라톤의 이데아론이다.

124) ⟨SK 102:21~103:10⟩⟨FM 77:33~78:13⟩

대상적 본질에 존재하는 모순이 서로 다른 사물에 분배된다 할지라도 바로 그런 분배 때문에 그것을 다른 사물과 구별해 주는 것이 분리된 개별 사물 자체에서 출현한다.[141] 그러므로 **서로 다른** 사물들은 각자 **대자적**으로 존재하는 것으로 판정된다. 즉 [사물 속에서] 갈등을 빚던 것들[하나임, 공존성]은 사물들에 서로 대립적으로 귀속하면서 각 사물은 자기 자신과 다른 것이 아니라 다만 다른 사물과 다른 것으로 된다. 그러나 각 사물 **자체**는 어떤 **구별**을 지닌 것으로 규정되는 까닭에 **그 자신에서**[an ihm selbst] 다른 사물에 대해 근본적으로 구별되지만, 그렇다고 해서 이런 사물이 그 자신에서 대립하는 것[자기 부정적인 것]은 아닐 것이며 오히려 각 사물은 대자적[für sich]으로 존재하면서 **단**

---

141 대자 존재는 타자 존재에 대립하면서 타자 존재를 자체 내에서 가지니, 이것이 대타 존재다. 한 사물은 대자 존재와 대타 존재의 통일이다.

순한 규정성을 지닌다. 이 단순한 규정성이 곧 자신을 다른 사물들로부터 구별해 그 자신의 **본질적** 성격을 이루는 것으로 된다. 더구나 사실 사물 자체에서 서로 다름[Verschiedenheit]이 존재하므로 이와 같은 서로 다름은 모름지기 사물 자체에서 **실제로** 서로 구별되는 다양한 양상[Beschaffenheit]으로 여겨야만 할 것이다. 그런데 이런 단순한 규정성이 사물을 다른 사물들로부터 구별해 주는 사물의 본질이므로 이것과 다른 그 밖의 다양한 양상[Beschaffenheit]은 **비본질적인** 것에 지나지 않는다. 그리하여 사물은 자신의 통일을 이루는 데 있어서 **이중적인 한정 조건**[Insofern]을[142] 그 자신에서 지닌다. 물론 이 이중적 한정 조건은 **같은 가치를 지닌 것은 아니지만**, 이런 이중적 한정 조건을 통해서 사물 자체는 이런 대립을 지닌 존재더라도 실제로 대립하는 상태까지 나가지 않는다. 오히려 사물이 그 자신을 **절대적으로 구별**해 주는 성질[단순한 규정성]을 통해 대립적 규정을 갖는 한, 사물은 곧 자기 외부에 자리 잡은 어떤 다른 사물들에 대립한다. 그 나머지 다양한 양상은 사물로부터 제거될 수 없을 정도로 사물에 필연적으로 존재하는 것은 아니다. 오히려 그런 양상은 그런 사물에 **비본질적인** 것으로 존재한다.

125) 〈SK 103:11~23〉〈FM 78:14~23〉

단순한 규정성이란 사물의 본질적 성격을 구성하며 또한, 이 사물을 다른 모든 것으로부터 구별 짓게 한다. 이런 단순한 규정성은 그것을 통해 그 사물이 다른 사물과 대립하지만, 그런 대립 가운데서도 그 사물이 자기를 유지하게 하는 것이어야 한다. 그런데 사물 또는 대자적으로 [für sich] 존재하는 하나[Eins]는 다른 사물들과 관계하지 않는 한에서만

142 사물을 다른 사물과 구별해 주는 단순한 규정성 즉 대자 존재와 타자와 관계에서 출현하는 대타 존재 또는 다양한 양상을 의미한다. 양자는 모두 필연적이지만, 그 가치가 서로 다르다.

그런 것으로 된다. 왜냐하면, 사물이 이런 관계에 들어가면 오히려 다른 것과의 연관이 설정되고 이처럼 다른 것과 연관이 설정되면 대자 존재는 존재하기를 중단하기 때문이다. 사물은 **절대적** 성격을 지니면서 다른 사물에 대해 대립하는 것을 통해서 **다른 사물들과 관계하니**, 사물은 근본적으로 이처럼 다른 사물에 관계하는 것일 뿐이다. 그런데 이런 관계는 사물의 자립성을 부정하는 것이므로 사물은 그 자신이 지닌 본질적 성질을 통해서 몰락하기에 이른다.

126) 〈SK 103:24~32〉〈FM 78:24~30〉

이처럼 사물이 자기의 본질로 되고 자신의 대자성[Fürsichsein]을 이루는 규정성 때문에 몰락한다는 사실을 의식은 필연적으로 경험한다. 이런 필연성은 그 단순한 개념에 따라 살펴본다면 간단하게 다음과 같이 고찰할 수 있다. 즉 사물은 **대자성을 지닌 존재**[Fürsichsein]로 판정되거나 달리 말하자면 모든 타자 존재를 절대적으로 부정함으로써 [오히려] 오직 자기 자신에 관계하는 절대적 부정성을 지닌 존재로 판정되는데, 부정성이 자기 자신에 관계한다는 것은 **자기 자신을 지양하는 것**을 의미하거나 자기의 본질을 타자 속에 간직한다는 것을 뜻한다.

127) 〈SK 103:33~104:6〉〈FM 78:31~79:2〉

사실 이상에서 밝혀진 것과 같이 대상의 규정이 의미하는 것은 다음과 같은 것에 지나지 않는다. 즉 대상은 바로 그 자신을 단순하게 대자적으로 존재[Fürsichsein]하게 만드는 어떤 본질적 성질을 가져야 하며 그런데 이렇게 단순한 규정성을 갖는 것과 동시에 그 자체에서 서로 다름을 가져야 한다는 것이다. 이런 서로 다름은 **필연적인 것**이더라도 사물의 **본질적** 규정성을 이루어야 하는 것은 아니다. 이런 식으로 구별하는 것은 아직은 다만 말로 이루어지는 구별일 뿐이다. 왜냐하면, **비본**

질적인 것은 본질적 성질과 마찬가지로 **필연적인 것**이라고 가정되더라도 자기를 지양하는 것이거나 위에서 자기 자신을 부정하는 것이라고 불렸던 것이기 때문이다.

128) 〈SK 104:7~17〉〈FM 79:3~10〉

그리하여 이제 대자[Fürsich] 존재와 대타 존재[Sein-für-Anderes]가 서로 나누어 존재하게 했던 최후의 **한정 조건**[InSofern]이 제거된다. 즉 대상은 오히려 같은 관점에서 자기 자신과 반대되는 것이다. **대상은 타자에 대해 존재하는 한에서 대자 존재며 반대로 대상이 대자 존재인 한에서 타자에 대한 존재다.** 대상은 **대자적이며** 자기 내로 반성하며 하나[Eins]다. 그러나 이런 **대자적인 것**, 자기 내로 반성한 것, 하나[Eins-Sein]는 곧 그 자신과 반대되는 것 즉 **대타 존재**와 통일을 이루며 그러므로 다만 자기를 지양하는 것으로 확정된다. 또 다른 말로 하면 타자에 관계하는 것이 오직 비본질적인 것으로 가정됐던 것만큼이나 이와 같은 **대자 존재도 비본질적**이다.

[해제] 1) 앞의 구절에서 지각론은 마침내 대상 자체를 이원화는 방식으로 문제를 해결한다고 했다. 대상은 대자적으로 존재할 때 하나다. 반면 다른 대상 즉 타자 존재와 관계하면서 대타 존재를 지니는데, 이런 대타 존재 즉 양상은 어떤 대상과 관계하는가에 따라서 달라진다. 그러므로 대타 존재는 다양하고 심지어 대립하기도 한다.

헤겔이 대자 존재, 대타 존재라고 말한 것은 전통적으로는 형상과 질료라고 말했던 것과 같다. 형상과 질료, 하나임과 서로 다름[Verschiedenheit]은 사물에 같이 필연적이지만, 형상은 고유한 본질이고 반면 질료는 비본질적인 것이다. 양자는 서로 가치에서 다르다.

대자 존재와 대타 존재의 구별은 곧 하나가 타자와 관계를 맺고 있으므로 발생한다. 플라톤은 대자 존재가 순수하게 이데아로서 출현할 수 있다고 본다. 그러나 헤겔은 대자 존재는 그 하나임을 통해 이미 타자와 대립하니, 그런 타자와의 대립을 자신에서 가질 수밖에 없다. 그러므로 사물은 서로 다름을 지니며 대자 존재와 대타 존재의 통일로서만 존재한다. "사물 또는 대자적으로[für sich] 존재하는 하나는 다른 사물들과 관계하지 않는 한에서만 그런 것으로 된다. 왜냐하면, 사물이 이런 관계에 들어가면 오히려 다른 것과의 연관이 설정되고 이처럼 다른 것과 연관이 설정되면 대자 존재는 존재하기를 중단하기 때문이다."

2) 대자 존재가 순수하게 즉 "다른 사물과 관계하지 않는 한" 존재하는 것이라면 플라톤의 이데아론이 된다. 그러나 헤겔은 플라톤의 형상론을 곧바로 비판한다. 왜냐하면, 대자 존재는 자기 관계한다는 점에서 하나지만, 자기 관계가 어떤 규정성을 지니고 그런 규정성은 어떤 다른 것에 대립하는 것이므로, 타자와 관계하지 않을 수 없으니, 타자성을 자기 내에 갖기 때문이다. 그래서 헤겔은 사물은 "그 자신이 지닌 본질적 성질을 통해 몰락하기에 이른다"라고 한다. 또는 달리 말해 대자 존재 즉 "자기 자신에 관계한다는 것은 자기 자신을 지양하는 것을 의미하거나 자기의 본질을 타자 속에 간직한다는 것을 뜻한다"라고 한다. 즉 플라톤의 이데아처럼 "모든 타자 존재를 절대적으로 부정함으로써" [오히려] "오직 자기 자신에 관계하는 절대적 부정성을 지닌 존재로 판정된다."

결론적으로 헤겔은 사물에서 대자 존재와 대타 존재, 하나임과 서로 다름, 형상과 질료는 서로 속한다. 즉 "대상은 타지에 대해 존재하는 한에서 대자적인 존재며 반대로 대상이 대자적인 존재인 한에서 타자에 대한 존재다."

3) 그러나 이처럼 대자 존재와 대타 존재 즉 형상과 질료가 공속[共屬]한다는 것은 어떤 의미를 지니는 것일까? 헤겔은 여기서 아리스토텔

레스의 형이상학을 끌어들이는 것으로 보인다. 아리스토텔레스에서 사물에는 고유한 본질이 있으며 이 본질은 다양한 속성의 통일적 연관일 뿐이다. 이 본질은 그 자체로서 직접 드러나지는 않는다. 이 통일적 연관은 끊임없이 자기를 재생산하면서 개별 사물을 만들어낸다. 그런 가운데 개별 사물 속에 본질이 자기를 유지하니, 아리스토텔레스는 이런 지속적인 본질을 곧 실체라 한다.

본질이 실현되는 모든 개체에서 다양한 속성의 통일적 연관이 존재하지만, 어떤 개체에서는 그 가운데 어떤 속성이 다른 개체에서는 이와 대립하는 속성이 표면에 등장한다. 그 서로 다름은 비율의 차이일 뿐이며 전면적인 대립은 아니다.

4) 헤겔은 여기서 아리스토텔레스의 실체와 개체, 본질과 연관의 관계를 받아들이면서, 양자의 공속[共屬]을 주장하는 것으로 보인다. 헤겔은 아리스토텔레스가 말하는 이런 지속적 본질을 '무제약적 일반자'라고 규정한다. 헤겔은 이런 무제약적 일반자는 속성 밖에 초월적으로 존재하는 것이 아니라 속성의 관계 그 자체로 본다. 이런 속성의 관계가 법칙이다. 즉 두 가지 속성이 공존하면서도 통일되는 방식은 곧 두 속성이 서로 법칙 관계를 맺을 때라고 한다. 이런 법칙 개념이 출현하면서 인식하는 주관은 지각에서 지성으로 이행한다.

129) 〈SK 104:18~34〉〈FM 79:1123〉

대상은 이렇게 해서 그 자신이 지닌 순수한 규정성 또는 그 자신의 본질적 특성을 이룬다고 가정되는 규정성을 지양하니, 이는 대상이 그 자신의 감각적 존재에서 출발해 그것을 지양한 존재[지각적 일반성]로 됐던 것과 마찬가지다. 대상은 감각적 존재를 벗어나서 일반 존재로 된다. 하지만 이런 일반 존재는 **감각적 존재로부터 유래한 것**이기에 근본적으로 감각적 존재를 통해 **제약**되니 일반적으로 말해서 참으로 자기와 같음을 지닌 것은 아니고 오히려 [타자와의] **대립에 감염된** 일반성이다. 그러므로 이런 일반성은 개별성과 일반성 또는 성질들의 합일로서 하나[Eins]와 자유로운 물질들의 공존[Auch]으로 분리된다. 순수한 규정성은 대상의 **본질 규정**[Wesenheit] 자체를 나타내는 듯이 보이지만, 이것은 단지 **대타 존재**를 수반하는 **대자 존재**일 뿐이다. 그러나 이 양자는 근본적으로는 **통일**을 이루고 있으므로 이제 무제약적이며 절대적인 일반 존재가 눈앞에 나타나면서 여기서 의식은 처음으로 참다운 의미에서 지성의 영역으로 접어들게 된다.

130) ⟨SK 104:36~105:24⟩⟨FM 79:24~80:4⟩

감각적 개별성은 직접적 확신에서 전개된 변증법적 운동에서 소멸하고 일반성으로 된다. 그러나 이때의 일반성은 **감각적인 일반성**에 지나지 않는다. 주관적 생각[Meinen]은 사라지고, 지각은 대상을 **그 자체로 존재**하는 대로 또는 모름지기 일반적인 것으로서 여긴다. 따라서 이런 지각의 대상에서 개별성은 참된 개별 존재로, **그 자체로 존재하는 하나**[Ansichsein des Eins]로 또는 **자기 내로 반성한 존재**로 출현한다. 그러나 이런 존재는 여전히 **제약된** 대자 존재[Fürsichsein]에 지나지 않는다. 그래서 **그 곁에** 또 다른 대자 존재[Fürsichsein]가 즉 개별 존재에 대립하고 이 개별 존재를 통해 제약된 일반 존재가 출현한다. 그러나 이처럼 서로 모순되는 두 가지 극단은 단지 **서로 나란히 존재하는** 것만 아니라 **통일** 속에 놓여 있다. 또는 이 통일은 같은 말이지만, 두 극단에 공통적인 것이다. **내자 존재**는 자신과 대립하는 존재[대타 존재]를 수반한다. 다시 말하자면 그 존재는 대자 존재인 동시에 **대자 존재**가 아니다. 지각의 궤변에서는 바로 이런 두 계기[대자 존재, 대타 존재]의 모순에서 두 계기를 구원하고자 하면서 두 계기를 두 개 **관점**의 구별을 통해,

또는 **공존[Auch]**하며 **한정적으로 존재[InSofern]**한다는 것을 통해서 확립하려고 시도하며 마지막으로는 진리로 여겨지는 대상을 **비본질적인 것**과 다시 이에 대립하는 **본질적인 것**을 구별하면서 포착하고자 시도한다. 그러나 지각적 수용에서 일어나기 쉬운 속임을 단절하는 대신 이와 같은 임시방편을 쓴다는 것은 오히려 헛된 것임이 스스로 입증될 것이다. 이상과 같은 지각의 논리[공존과 한정, 구별]를 통해서 획득된다고 가정되는 진리란 오직 **같은** 관점에서 자신이 의도한 바와는 반대되는 것으로 나타나며 구별도 없고 규정도 없는 일반성[143]을 자기의 본질로 삼고 있음이 밝혀진다.

[해제] 마지막으로 헤겔은 지각론 전체를 간단하게 정리한다. 헤겔은 지각에서 일반성은 감각적으로 규정된 일반자라고 한다. 여기서 일반자라는 측면에서는 하나로 통일된 하나며, 감각적이라는 측면에서는 다른 감각적 일반자와 대립한다. 이런 대립은 공존하는 매체와 하나인 사물의 대립으로 다시 비 진리로서 다양한 의식과 진리로서 하나인 대상의 대립으로, 마지막으로는 순수하게 존재하는 형상[대자 존재]과 타자 관계에서의 질료[대타 존재]의 대립을 거쳐 나간다. 이런 운동이 바로 지각에서의 운동이다.

지각론에서 최종적으로 도달하는 결론은 형상과 질료, 대자 존재와 대타 존재의 통일이다. 이 양자가 서로 통일되면서, 아리스토텔레스적인 본질 개념이 출현한다. 본질은 질료의 통일체로서 자기를 변화하는 질료를 통해 재생산한다. 이것이 곧 개체다. 이런 본질은 지속해서 자기를 재생산하므로 실체다. 헤겔은 이런 본질을 '무제약적이며 절대적인 일반자'라고 말한다. 여기서 의식은 지각의 단계를 벗어나 지성의 단계

---

143 지각론이 최종적으로 도달한 결론은 순수한 대자 존재 즉 플라톤의 이데아다. 이를 헤겔은 "구별과 규정이 없는 일반성"이라 한다.

로 이행한다.

131) ⟨SK 105:25~107:16⟩⟨FM 80:5~81:14⟩

개별성이니 이에 대립하는 **일반성**이니 하는 것 또는 비본질적인 것과 결합한 본질적인 것이니 **비본질적**이면서도 동시에 필연적인 것이니 하는 것은 모두 텅 빈 추상이며 지각하는 자가 이런 힘들을 통해 벌이는 유희가 자주 건전한 인간 상식으로 불린다. 건전한 상식은 알차고 충실한[real] 의식으로 여겨지지만, 사실은 지각 속에서 이상과 같은 **추상적인 것**들을 통해 벌이는 유희에 지나지 않는다. 그러한 건전한 상식은 무릇 그 의도가 가장 풍부할 때 그 현존은 항상 가장 보잘것없는 것이다. 건전한 상식이란 본성상 허망한 것들에 끌려다니면서 한쪽 품에 안겼다가는 다른 쪽 품에 내던져지며 또한, 자신의 궤변을 통해 이번에는 이쪽을 지키며 주장하다가 다음번에는 다시 그것과 정반대되는 것에 집착하며 주장하려고 애쓰면서 진리를 거역하는 가운데 심지어는 철학에 관해서 생각하기를 철학이란 한낱 **허구의 산물**[Gedankendingen]을 갖고 노는 것에 지나지 않는 것이라고 한다. 사실 철학 또한, 그와 같은 허구의 산물[[Gedankendingen]을 다루고 있으며 더욱이 허구의 산물을 순수한 본질로 또한, 절대적인 지반이며 힘으로 인식한다. 그러나 동시에 철학은 이를 통해 그런 허구의 산물을 **그 규정성에 따라서** 인식함으로써 이를 지배한다. 그에 반해 바로 앞에서 말한 지각하는 상식은 그런 허구의 산물을 진리로 여기면서 그런 허구의 산물이 지닌 이런 오류에서 저런 오류로 떠돌아다닌다. 상식 자체는 상식을 지배하는 것이 그런 단순한 본질 규정을 지닌 것[Wesenheiten]이라는 사실을 의식하지 못한다. 오히려 상식은 언제나 전적으로 알찬[gediegenem] 소재와 내용을 다룬다고 생각한다. 이런 사정은 마치 자기의 본질이 다만 순수 존재라고 하는 텅 빈 추상물이라는 사실을 알지 못하는 감각적 확신의 경우와 다른 바가 없다. 그러나 사실 상식은 그와 같은 단순한 본질을 지닌 것이기에 그와 같은 갖가지 소재와 내용을 통해 이리저리 끌려다닌다. 그처럼 단순한 본질이 그 모든 소재와 내용을 결합하고 동시에 지배한다. 그뿐만 아니라 이런 본질이야말로 **본질**로 여겨진 감각의 대상이 의식에 대해서 지니는 의미며, 감각적인 대상이 의식에 대해 지니는 관계를 규정하는 것이고, 지각의 운동과 지각이 획득하는 진리가 펼쳐지는 마당이다. 지각하는 의식이 자기는 진리 속에서 운동한다고 주관적으로 생각하는 가운데 매일 끊임없이 추구하는 삶을 이루는 것은 바로 이와 같은 경과 즉 진리를 계속 번갈아 규정하면서 다시 이런 규정을 지양하는 운동이다. 이와 같은 지각의 운동 속에서 의식은 모든 핵심적인[wesentlichen] 본질 규정[Wesenheiten] 또는 규정을 다 같이 지양하는 결과에 멈춤이 없이 다가가지만, 지각의 모든 개별 계기 가운데 **하나의 규정성**만을 진리로 의식하고 이어서는 다시 그 하나의 규정에 대립하는 규정성을 진리로 의식한다. 물론 지각하는 의식은 자신이 비본질적이라는 사실에 관한 냄새를 맡는다. 그리하여 의식은 다가오는 이 위험에서 자신의 비본질성을 구원하고자 궤변으로 이행하면서 의식 자체가 조금 전 비 진리로 주장했던 것을 이제는 진리로 주장한다. 이와 같은 참되지 못한 본질이 지닌 본성-그 **일반 존재**와 **개별적 존재**에 관한 사상 또한, **공존과 하나**[Eins]에 관한 사상 그리고 **본질적인 것**이 **필연적으로 비본질적인 것**과 결합한다는 사상 또한, **비본질적인 것**임에도 **필연적**이라는 사상-에 따라서 상식이 본래 도달하게 될 결론은 이와 같은 정처 없는[Unwesen] **사상을 결합하고** 이를 통해 그런 사상을 지양하는 것일 것이다. 그러나 상식은 이런 결론에 저항하면서 **한정 조건**이나 서로 다른 **관점**의 도움을 받아서 또는 그 가운데 한 사상을 스스로 떠맡고 그 사상을 다른 사상에서 분리하며 그 사상을 진리로 유지하려 한다. 그러나 이와 같은 추상적 사상이 지닌 본성이 요구하는 것은 그런 추상적 사상을 그 자체로 뿐만 아니라 자기에게 나타난 대로도 [an und für sich] 결합하는 것인데도 건전한 상식은 그런 추상적 사상의 희생물이 돼 그 자신을 소용돌이치는 원환 운동 속에 밀어 넣는다. 건전한 상식은 이처럼 추상적 사상에 진리의 성격을 부여한다. 이때 쓰이는 수단은 상식이 때로는 추상적 사상이 진리가 못 되는 이유를 자신의 책임으로 여기고 때로는 추상적 사상의 속임을 사물에 대한 접근이 쉽지 않으므로 생겨나는 가상이라고 부르는 방법이며, 사물에 필연적으로 존재하면서도 비본질적일 수밖에 없는 것에서 본질적인 것을 분리해서 그런 본질적인 것을 비본질적인 것에 대립하게 해서 이를 사물의 진리로 지키는 방법이다. 그러므로 상식은 그런 추상적 사상에 진리를 보장해 주는 것이 아니라 오히려 상식 자신에 비 진리를 부여한다.

[해제] 헤겔은 지각 장을 마치면서 지각에 머무르는 상식과 참된 지성 즉 철학의 차이를 언급한다. 상식은 추상적으로 분리된 것 즉 대상과 의식, 공존과 하나, 형상과 질료 등을 한 번은 이쪽을 다음번에는 저쪽을 진리로 여기거나, 한정적 조건이나 서로 다른 관점의 도움을 받아서 결합하려 한다. 또는 두 가지를 서로 다른 세계에 분리해 놓는다. 상식은 이런 방식을 통해 이런 추상적으로 분리된 허구의 산물을 진리로 여긴다. 그러나 헤겔은 참된 지성인 철학은 이런 분리된 것을 넘어서 참된 통일을 찾아내야 한다고 말한다. 그것을 위해서 철학은 이런 허구의 산물을 이용하지만, 이를 매개로 즉 허구를 허구로 규정하면서 이용해야 한다는 것이다.

Ⅲ 힘과 지성, 현상과 초감각적 세계

[해제] 지성 장에서 전체 흐름은 다음과 같다.

132~133) 무제약자의 개념
134~137) 힘의 유희: 표출하는 힘과 수축하는 힘
137~138) 힘의 유희: 촉발하는 힘과 촉발되는 힘
140~142) 제1의 무제약자에서 제2의 무제약자로, 법칙과 힘
143~149) 힘의 유희에서 힘의 통일적 개념으로
150~153) 개별 법칙(힘의 유희)과 일반 법칙(힘의 개념)
154) 설명의 관계
155~160) 척도의 관계
161~162) 무한성 즉 생명의 관계
163~165) 자기의식으로 이행하는 단서

Lasson 주) 이 장을 『논리학』 2권, 2편, 3장 본질 관계 그 가운데서도 B항과 C항(힘과 그 표현의 관계, 안와 밖의 관계)를 비교해 보라.

132) 〈SK 107:24~108:16〉〈FM 82:4~24〉

감각적 확신에서 전개된 변증법을 거쳐, 듣고 보는 것 등과 같은 감각은 의식에서 사라진다. 의식은 지각을 통해 사상[Gedanken]에 이르게 됐으나 의식은 그와 같은 사상을 일단 무제약적 일반 존재[Unbedingt-

Allgemeinen]를 통해 통합한다. 무제약자는 만일 고요하게 머무르는 단순한 본질로 여겨진다면, 그 자체 다시 **대자 존재**[Fürsichseins]라는 한 **극단**에 그칠 뿐일 것이다. 왜냐하면, 그러할 때는 이 무제약자에 대해 비본질적인 존재[Unwesen; 대타 존재]가 대립하기 때문이다. 그런데 무제약자가 이런 비본질적인 존재에 관계한다면, 무제약자 자체가 비본질적인 것으로 되며 이때 의식으로서는 지각에서 생기는 속임을 벗어나지 못할 것이다. 그러나 무제약자는 그와 같은 제약된 대자 존재[Fürsichsein]에서 벗어나 자신으로 복귀하는 것임이 밝혀졌다. ─이런 무제약적 일반자가 이제부터 의식이 파악하고자 하는 참된 대상으로 된다. 이런 무제약적 일반자는 여전히 의식에 대한 **대상**으로 그칠 뿐이다. 따라서 이 무제약자는 아직도 자기의 **개념**을 **개념**으로 포착하지 못한 것이다. 무제약자를 대상으로 파악하는 것과 이것을 개념으로 파악하는 것, 이 양자는 근본적으로 구별될 수 있다. 즉 의식에 나타난[dem Bewußtsein] 대상은 타자와의 관계를 벗어나 자신에게로 복귀하면서 **잠재적으로는**[an sich] 개념이 됐다. 그러나 여전히 이런 의식은 아직 자각된[für sich selbst] 개념이 아니며 그러므로 이런 의식은 조금 앞에 말한 자기 내로 반성한 대상이 자기임을 인식하지 못한다.[144] **우리가 보기에는** 이런 대상[무제약자]은 지금까지 의식의 운동을 통해서 생성된 것이다. 의식은 이런 대상의 생성 과정에 함께 얽혀 들어 있어서 의식과 대상 양측에서 행해지는 반성 작용은 같은 반성 작용 또는 다만 **한 가지 반성 작용일 뿐이다.**[145] 그러나 의식은 이런 운동 속에서 단지 대상적 본

---

144 무제약자의 개념은 자기의식이다. 그러나 아직 의식은 의식의 차원에 머물러 있어 이 무제약자를 마치 의식의 대상처럼 파악한다.

145 「서론」에 언급된 의식 경험의 길을 말한다. 의식과 대상은 서로 매개하면서 자기 내로 반성하지만, 사실은 하나의 작용의 양 측면이다.

질을 내용으로 삼으며 의식 그 자체를 내용으로 삼지는 않는다. 따라서 이렇게 해서 의식이 얻은 결과란 대상적 의미를 지니는 데 불과할 뿐 아니라 의식은 아직도 그와 같은 운동에서 생성된 것으로부터 뒤로 물러나 있다. 따라서 의식은 이처럼 대상적으로 생성된 것을 본질로 삼는다.

133) 〈SK 108:17~29〉〈FM 82:25~83:3〉

따라서 지성은 그 자신에게 고유한 비 진리의 측면과 대상이 지닌 비 진리의 측면을 지양한다. 이를 통해 지성에 생성된 결과는 진리의 개념 즉 잠재적으로[an sich] 존재하는 진리다. 그러나 이런 **잠재적으로 존재하는 진리**[an sich seiendes Wahres]는 아직도 개념[Begriff]은 아니며 또한, 이런 진리는 의식이 그 속에서 **자기 관계**[Fürsichsein]한다는 성격이 없으므로 지성은 그 속에서 자신을 파악하지 못한 채 그런 잠재적인 것에 지나지 않는 존재[an sich]를 진리로 시인하고 만다. 이런 잠재적 진리는 그 나름대로[für sich selbst] 자신의 본질을 추구하니, 의식으로서는 그 진리가 자유롭게 자기를 실현하는 데 관여하지 못하며 다만 그 실현 운동을 관망하며 이런 실현 운동을 순수하게[rein] 수용하는 수밖에 없다. 그러므로 **우리가** 제일 먼저 해야 할 일은 그러한 그 잠재적 진리를 대체해 개념을 파악하는 것[der Begriff zu sein]이다. 왜냐하면, 이 개념 파악이 이런 실현 운동의 결과 속에 포함된 것을 완성하기 때문이다. 여기서 의식에 대해 하나의 존재자로서 나타났던 대상이 자기를 완성하면서 의식은 비로소 개념을 파악하는[begreifenden] 의식으로 되기 때문이다.

[해제] 헤겔은 지각의 끝에 무제약적 일반자가 출현한다고 했다. 이런 무제약적 일반자라는 표현은 아리스토텔레스의 실체 개념을 상기시킨다. 아리스토텔레스에서 본질은 다양한 질료를 통일하는 힘이다. 본

질은 자기를 다양한 질료의 통일적 관계를 통해서 끊임없이 재생산한다. 그런 가운데 다양한 개체들이 출현한다. 본질이 이렇게 재생산되면서 지속해서 존재하면 그것이 곧 실체다.

자주 아리스토텔레스의 본질은 개체와 구별돼 따로 존재하는 것으로 여긴다. 그러나 헤겔은 무제약적 일반자를 개체와 떨어져서 독립적으로 존재하는 것으로 보아서는 안 된다고 한다. 왜냐하면, 그렇게 되면 형상과 질료, 대자 존재와 대타 존재가 다시 분리되면서 플라톤적인 이데아론으로 돌아가기 때문이다. 그러므로 헤겔은 이 무제약적 일반자를 질료들이 이루는 관계 즉 개체의 내적 통일성으로 파악한다.

이런 무제약적 일반자는 헤겔에 따르면 이미 잠재적인 개념이다. 왜냐하면, 자기를 실현하는 존재기 때문이다. 그러나 아직 무제약자가 이런 개념임이 자각되지는 않는다. 무제약적 일반자가 나중에 생명으로 되고, 인간의 자기의식을 발전하면서 무제약자는 개념으로 파악된다.

그러나 처음 출현했을 때 무제약적 일반자는 사물 내에서 내재하는 것으로만 존재한다. 사실 그것은 질료의 통일적 관계 그 자체지만, 마치 사물의 표면 안에, 표면을 넘어 독립적으로 존재하는 것으로 보인다. 그러므로 처음 출현한 무제약적 일반자는 지각의 대상처럼 여전히 의식의 대상에 지나지 않는다.

헤겔은 이런 무제약적 일반자를 의식의 대상으로 파악하는 것은 무제약자의 잠재적 개념에 머무르는 것이라고 하면서 이 무제약적 일반자를 개념적으로 파악해야 한다고 말한다. 즉 무제약적 일반자 즉 형상과 대자를 서로 대립하는 다양한 질료와 대타를 통일하는 중심 즉 힘으로 파악해야 한다는 것이다.

134) 〈SK 108:30~109:15〉〈FM 83:4~19〉
앞의[지각에서의] 운동에서 생성된 결과가 무제약적 일반자였다.

그런데 이 일반자는 처음에는 부정적이고 추상적인 의미에서 무제약자다. 왜냐하면, 의식은 자신의 일면적인 개념들을[146] 부정하면서 동시에 이 일면적 개념들을 제거하고[abstrahierte] 포기했기 때문이다. 그런데 이런 제거나 포기의 결과는 본래[an sich] 긍정적 의미를 지닌다. 왜냐하면, 그런 결과 속에서 이미 **대자 존재**와 **대타 존재**의 통일이 들어 있으며, 다시 말하면 절대적으로 대립하는 것들이 직접 서로 똑같은 본질을 지닌 것으로 판정되기 때문이다. 언뜻 보기에는 여기서 일단 단지 두 계기[대자, 대타]의 서로에 대한 형식만이 다루어지는 것처럼 보인다. 그러나 그에 못지않게 대자 존재와 대타 존재는 그 자체 **내용**을 지닌 것이다. 왜냐하면, 두 계기의 대립은 참으로 지금까지의 운동의 결과로 밝혀진 것의 본성과 달리 될 수 없기 때문이다. 그 본성이란 곧 지각의 영역에서 진리로 여겨진 내용이 사실에서 한낱 형식에 속할 뿐만 아니라 서로의 통일 속에서 해소되는 것일 뿐이기 때문이다. 그와 동시에 이런 내용은 일반적인 것이다. 어떤 내용도 그와 달리 특수한 모습[Beschaffenheit]을 지니므로 무제약적 일반자로 복귀하는 것을 피할 수 없다. 어떤 내용이 있다면 그것은 대자적[für sich]이면서 동시에 타자에 관계하는 하나의 특수한 방식일 것이다. 그러나 일반적[überhaupt]으로 말하자면 이처럼 **대자적으로 존재하면서 동시에 타자에 관계하는 것**이 내용의 **본성**이나 **본질**을 이루는 것이니, 그런 본성이나 본질이 지닌 진리는 무제약적 일반자다. 따라서 그 결과는 바로 일반적이다.

[해제] 대자와 대타, 형상과 질료는 사물이 지닌 고유성을 한정적 조건에 따라 구별하는 것이니, 상대적이다. 앞에서 헤겔이 개념적으로 제시했듯이 본질 즉 무제약자는 필연성 또는 속성의 관계를 통해서 자기

---

146 대자와 대타라는 개별적 속성을 말한다.

를 실현한다.

속성은 대자와 대타로 구분되는데, 이는 맥락에 따라서 상대적이다. 이 두 가지 속성은 서로 작용하는 가운데 서로 관계하며 이를 통해 본질 즉 무제약자를 산출한다. 거꾸로 말하자면 무제약적 본질은 대자와 대타의 관계 속에서 자기를 실현한다. 예를 들어 생명이 그것을 이루는 요소들의 유기적 관계를 통해 실현된다.

여기서 순수한 무제약자는 대자와 대타가 서로 지양해 산출된 것이라는 의미에서는 부정적인 것이다. 그러나 대자와 대타가 서로 작용하면서 일정한 내용을 산출하니, 이 일정한 내용이 곧 무제약자가 실현된 개별자다. 이것이 무제약자의 긍정적 내용이다.

헤겔은 이 구절에서 한편으로 무제약자와 다른 한편으로 대자, 대타의 상호관계를 형식과 내용의 관계를 통해 설명한다. 대자와 대타는 형식적 계기로서는 자기를 지양하면서 서로 통일된다. 동시에 무제약자의 내용은 "대자적[für sich]이면서 동시에 타자에 관계하는 하나의 특수한 방식"이며 이는 무제약자가 자기를 산출하는 하나의 '특수한 상태'이다. 그러므로 대자와 대타가 결합하는 개별적 내용 가운데 무제약자로 환원될 수 없는 것은 없다.

135) 〈SK 109:16~30〉〈FM 83:20~30〉

그러나 이 무제약적 일반자는 의식이 대상으로 파악하는 것이므로 이 무제약적 일반자에서 형식과 내용의 구별이 출현한다. 내용이 지닌 형태를 보자면 그 계기들이 지닌 외적인 모습은 처음에 나타났던 모습 그대로이다. 즉 이 계기들은 한편으로는 존속하는 다양한 물질이 공존하는 일반적 매체며 또한, 다른 한편으로는 그 물질들이 자립성을 잃고 자기 내로 복귀하는 하나[Eins]라는 외관을 지닌다. 전자[매체]는 사물[하나]의 자립성이 해소된 것 아니면 대타 존재에 지나지 않는 수동적인 존재를 뜻하는 데 반해 후자[하나]는 대자 존재의 성격을 띤다. 이런 계기들이 그 자신의 본질이기도 한 무제약적 일반자 속에서 어떻게 나타나는가를 보도록 하자. 여기서 우선 눈에 띄는 것은 그 두 계기[대자, 대타]가 오직 무제약적 일반자에 들어 있다는 사실을 통해서 일반적으로 더는 서로 분리돼서 존재하지 않으며 오히려 근본적으로 그 자체에서 자신을 지양하는 것일 뿐이므로 다만 두 계기가 서로 이행한다는 사실만이 설정[gesetzt]된다.

136~1) 〈SK 109:31~110:25〉〈FM 83:31~84:16〉

하나의 계기는 한편에 등장한 본질 즉 일반적 매체, 또는 여러 자립적인 물질들이 공존하는 것으로서 나타난다. 그러나 물질이 **자립적**으로 존재한다는 것은 일반적 매체에 들어 있다는 것과 같은 말이며, **일반적 매체**란 서로 다른 **여러 일반 성질**과 같은 말이다. 일반적 매체 자체에서 이런 여러 성질은 더는 나눌 수 없이 통일된다는 말은 이들 물질이 하나가 어떤 다른 것이 존재하는 곳에 동시에 존재하는 방식으로 존재한다는 것을 말한다. 이들 물질은 서로 대립하는 방식으로 침투하지만, 그러나 동시에 이런 물질들은 서로 접촉하지 않는다. 왜냐하면, 거꾸로 서로 구별되는 여러 성질은 각자 자립적인 것이기 때문이다.*
따라서 이와 동시에 이들 물질은 온전하게 자체 내에 구멍을 지닌 것이며 또는 자기가 지양된 상태에 있다는 사실이 확립된다. 이처럼 물질이 스스로 지양된다는 사실 또는 서로 다른 물질들이 **순수한 대자 존재**로 환원된다는 사실은 다시 매체 자체가 존재하고 그 속에서 구별된 물질들이 **자립적으로 존재한다**는 사실을 의미한다. 또 달리 말하자면 자립적인 것으로 설정된 성질들은 직접 서로의 통일로 이행하며 이런 통일된 하나[Eins]는 직접 그런 성질들을 펼치며, 다시 이렇게 펼쳐진 것은 통일로 환원된다. 그러나 이런 운동이 **힘**으로 불리는 것이다. 이 운동의 한 가지 계기 즉 자립적인 물질들이 펼쳐져서 저마다 존재하게 하는 운동은 힘의 **표출**이며 반대의 계기 즉 이 자립적인 계기들이 지양돼 사라지게 하는 운동은 표출에서 자기 내로 **수축하는** 힘이거나 **본래적인** 힘이다. 그러나 첫째, 이처럼 자기 내로 수축한 힘은 반드시 **표출할 수밖에 없다**. 둘째 이런 힘은 일단 표출하는 가운데서도 그와 동시에 **자기 자신 내에** 존재하는 힘이며 또한, 이 힘은 자기 내에 존재하는 가운데서도 표출하는 힘이다. ―우리는 위에서 제시된 두 계기[표출, 수축]를 이런 직접적인 통일 속에 있는 것으로 파악한다. 그러므로 힘의 개념은 본래 지성에 속한다. 서로 구별된 계기들을 구별된 것으로서 담지하는 것은 이런 힘의 **개념**에 속할 것이다. 왜냐하면, **힘이란 그 자체에서** 구별돼서는 안 되기 때문이다. 따라서 구별은 다만 사상[Gedanken] 속에서만 존재한다.

　　*FM주 ⟨83:36~84:1⟩ 헤겔은 서로 다른 가스체의 상호관계에 관한 돌턴J. Dalton의 이론을 거론한다. 그는 이미 『예나 자연철학』에서 돌턴을 정확하게 인용문을 밝혀 참조한다. (헤겔, GW, Bd. 8, S. 65) 여기서 다루어지는 돌턴J. Dalton, 『혼합된 가스체의 성질에 관한 새로운 이론에 관한 상세한 해명』, S. 441: "자기[磁氣]와 다른 물체의 갈등을 다룰 때 겉보기에만 자기가 물체에 접촉하는 것처럼 보일 뿐, 통상적인 운동법칙이 적용된다. 이는 두 가지 가스체의 두 가지 이질적인 입자가 겉보기에 접촉하는 것처럼 보일 때와 정확하게 비슷하다. 이때 두 입자는 서로 밀어내는 힘을 발휘한다. 그러나 이 밀어내는 힘은 이질적인 입자가 충돌해 밀어내는 것과는 근본적으로 다르다. 왜냐하면, 이 반동은 접촉 속에서만 발휘되며 그 입자 넘어서 발휘되지 않기 때문이다."

　　S. 442: "지금까지를 통해서 볼 때 내 생각으로는 모든 가스는 고정

된 덩어리를 지닌 작은 입자와 수천 배 크기의 텅 빈 중간 공간, 구멍(이를 달리 표현해도 좋겠지만,)으로 이루어져 있다. 따라서 많은 다른 가스체가 이 중간 공간에 들어 있으면서 첫 번째 가스체를 근본적으로 방해하지 않을 수 있다."

[해제] 1) 지각에서 매체와 하나의 대립은 최종적으로 대타와 대자의 대립으로 발전했다. 이 양자가 통일을 이루면서 무제약적 일반자가 출현한다. 여기서 두 계기는 서로 이행한다. 헤겔은 무제약적 일반자에서 매체와 하나, 대타와 대자가 서로 이행하는 것을 세 가지로 설명한다.

2) 첫 번째 설명은 다공성[多孔性]을 통한 설명이다. 매체에서 서로 자립하는 성질은 하나가 "어떤 다른 것이 존재하는 곳에 동시에 존재하는 방식으로 존재하면서" 서로 접촉하지 않으면서 서로 침투한다. 이런 서로의 침투를 설명하기 위해 원자론자는 다공성 개념을 끌어들였다. 즉 하나의 성질은 자체 내에 타자가 개입하는 구멍을 지닌다는 것이다. 이런 설명은 지각 장에서 제시됐던 설명이다.

다공성을 통한 설명은 곧 성질이 이미 자기 지양된 상태에 있으며 이를 통해 서로 자립하는 성질은 하나로 통일돼 하나가 된다는 의미다. 따라서 헤겔은 이런 설명을 즉 자립적 성질과 하나(또는 무제약자)의 서로 이행하는 운동으로 이해한다. 즉 "자립적인 것으로 설정된 성질들은 직접 서로의 통일로 이행하며 이런 통일된 하나는 직접 그런 성질들을 펼치며, 다시 이렇게 펼쳐진 것은 통일로 환원된다." 이 두 번째 설명은 지성 장 맨 앞에서 제시된 아리스토텔레스의 설명이다.

3) 위와 같은 두 번째 설명을 통해 헤겔은 이제 세 번째 설명으로 이행한다. 이 설명은 자립적 성질과 무제약자 사이의 관계를 힘의 관계로 설명한다. 이것이 곧 지성 장에서 이루어지는 설명이다. 헤겔은 성질을 관계하는 힘은 두 측면을 지닌다고 본다. 하나는 통일적인 것 즉 하나를

서로 대립하는 성질로 분화하는 표출하는 힘이다. 다른 하나는 서로 자립적인 성질을 통일하는 힘이니 이것은 수축하는 힘이다. 헤겔은 이 두 힘이 분리되면서 다시 통일돼 동시적으로 작용한다고 본다. 즉 이 힘은 "표출하는 가운데서도 그와 동시에 자기 자신 내에 존재하는 힘이며" "자기 내에 존재하는 가운데서도 표출하는 힘이다."

이를 통해 헤겔은 아리스토텔레스적인 본질 개념을 근대적인 힘의 개념으로 전환한다. 헤겔이 이처럼 무제약적 일반자를 다시 두 힘의 통일로 전개한 것은 근대 미분학의 발전과 밀접하게 연관된 것으로 보인다. 라이프니츠의 미분학을 셸링은 자연철학에 도입했고 이것이 예나 시대 초기 헤겔에게 깊은 영향을 주었던 것으로 보인다.

미분은 dy/dx로 표현되는데, 여기서 분수는 두 개의 무한소가 역접의 관계를 맺는다는 것을 의미한다. 헤겔은 이 역접의 관계를 두 개의 대립하는 힘이 서로 작용하는 것으로 설명한다. 즉 펼치는 힘과 수축하는 힘의 작용이다. 예를 들어 원운동에서 어떤 순간 원심력과 구심력이 대립한다.

136~2) 〈SK 110:25~111:29〉〈FM 84:16~85:8〉

-또는 위에서 말한 것을 통해 일단 힘의 개념만이 확립됐을 뿐, 아직 그 힘의 개념이 충실화된[Realität] 것은 아니다. 그러나 사실 힘이 무제약적 일반자라고도 할 때, 그 무제약적 일반자는 곧 **대타 존재**[für ein Anderes]인 동시에 그 자체[an sich selbst] 존재며 달리 말하자면 자기 자신에서[ihm selbst] 구별이 나타나는 것이다. -왜냐하면, 구별된 것이란 어떤 타자에 대한 존재[Für-ein-Anderes-Sein]에 지나지 않는 것이기 때문이다. 그러므로 이런 힘이 참된 의미에서 존재하려면 이 힘은 사상[Gedanken] 속에 머무르는 것에서 벗어나야 하며, 구별된 것들을 낳게 하는 실체[die Substanz dieser Unterschiede]로 설정돼야만 할 것이다. 먼

저 힘은 그 온전한 의미에서[ganze] 본다면 본질적으로 그 자체로 자기에게 나타난 것으로[an und für sich] 머무르는 것이다. **다음으로** 이 힘 때문에 생겨난 **구별**[수축과 표출]은 **실체적인**[substantiell] 계기거나 독자적[für sich] 계기다. 따라서 힘 그 자체는 즉 자기 내로 수축한 힘은 **배타적인 하나**[Eins]로서 대자적[für sich]이다. 이런 배타적인 하나에서 보기에 물질을 펼치는 작용은 **자기와 다르게 존속하는 본질**이므로 여기에는 두 개의 구별된 측면[수축과 표출]이 저마다 자립적으로 존재한다는 사실이 확립된다. 그러나 힘은 또한, 전체며 달리 말하자면 힘은 그 개념에 속하는 본질을 유지한다. 즉 힘에서 **서로 구별된 것**[표출하는 힘, 수축하는 힘]들은 순수한 형식적 구별에 머무르며 이런 형식적 구별은 피상적이고 **사라지고 마는** 계기다. **구별된 두 힘** 즉 자기 내로 **수축한** 본래적인 힘과 자립적인 물질들을 펼치는 힘은 만일 **존속**을 얻지 못했다면 하등 존재하지 못했을 것이다. 달리 말하자면 힘은 이상과 같이 대립하는 방식으로 **실존하지** 않았다면 존재하지 못했을 것이다. 그러나 힘이 이처럼 대립하는 방식으로 존재한다는 것은 이들 두 계기가 동시에 **자립적으로** 존재한다는 것을 뜻할 뿐이다. ―힘의 두 가지 계기[수축과 표출]가 자기를 지속해서 자립화하면서 또한, 다시 이 두 계기가 자기를 지양해 나가는 운동이 지금부터 우리가 살펴보고자 하는 것이다. ―일반적으로 밝혀진 사실은 이와 같은 운동이란 지각의 운동과 다른 바가 없다는 사실이다. 지각의 운동에서 지각하는 의식[das Wahrnehmende]과 동시에 지각되는 대상[das Wahrgenommene]이라는 두 측면은 한편으로 진리를 수용한다[Auffassen]는 면에서는 서로가 구별되지 않는 같은 것이며 그러나 여기서 그에 못지않게 각 측면은 자기 내로 **반성하며** 독자적으로[für sich] 존재하는 것으로 된다. 여기[지성]에서 두 측면은 힘의 계기들이다. 이들 두 계기는 하나의 통일을 이룰 뿐만 아니라 여기서 통일은 독자적[für sich]으로 존재하는 양극단에 대립하는 매개로 나타나지만, 이런 통일은 항상 바로 이런 양극단으로 분리되고 이런 분리를 통해 비로소 양극단이 존재한다. -그러므로 앞[지각]에서 운동은 서로 모순되는 개념들이 스스로 자기를 부정하는 것으로 서술됐다. 여기[지성]에서 운동은 **대상적 형식**을 취함으로써 힘의 운동으로 된다. 이런 운동의 결과로 출현하는 무제약적인 일반자는 **대상화되지 않는 존재**[Ungegenständliches] 또는 사물의 **내면**으로 등장한다.

[해제] 헤겔은 힘의 개념을 세 단계로 설명한다. 우선 통일적인 힘이다. 이 통일적 힘이 표출하는 힘과 수축하는 힘으로 분화된다. 이렇게 분화된 서로 대립하는 두 힘은 저마다 자립적인 힘이니 곧 "실체적인 계기거나 독자적 계기"이다.

그러나 이 두 힘은 다시 통일적인 힘으로 되돌아오니, 헤겔은 두 자립적인 힘의 구별은 "순수한 형식적 구별," "피상적이고 사라지고 마는 계기"라고 말한다. 여기서 통일적 힘은 두 자립적 힘과 따로 떨어져서 존재하는 것이 아니라, 두 자립적 힘의 관계에 그친다.

두 힘의 이런 관계는 예를 들어 미분적 힘이 운동을 만들어내는 과정을 보면 잘 알 수 있다. 이 과정에서 기존에 쌓인 운동량에 새로운 운동량이 추가되면서 전개된다. 이것은 마치 기존의 운동량이 수축하고 새로운 운동량이 표출하는 관계다. 여기서 수축하는 동시에 표출이 일어나니, 양자는 구별되면서도 또한, 구별되지 않는다. 즉 두 힘은 자립적인 힘이면서도 형식적인 구별에 해당한다.

여기서 헤겔은 지각에서의 운동과 지성에서의 운동을 구별한다. 지각에서 운동은 의식과 대상의 관계다. 이 두 가지는 서로 자립적인 것 즉 독자적인 것이므로, 여기서 운동은 끊임없는 이행 또는 교체다.

그러나 지성에서의 운동은 앞에서 설명했듯이 두 대립하는 힘의 통일이 대립하는 힘의 상호 작용으로 구분되고 다시 자기 내로 복귀하는 운동을 전개한다. 여기서 두 힘은 자립적인 것이면서도 동시에 자기를 지양하는 것이니, 여기서 운동과 지속이 동시에 존재한다. 마치 촛불에서 끊임없는 운동 속에서도 고요한 형상을 이루는 것과 같다.

여기서 힘의 작용은 내면에서 일어나며 그것이 이루는 균형은 지속하는 사물로 나타난다. 헤겔은 이렇게 두 힘이 서로 작용하는 중심으로서 무제약적 일반자를 '대상화되지 않는 존재', '사물의 내면'이라 부른다. 이 무제약적 일반자를 미분적 힘으로 보면 쉽게 이해되는 말이다.

137) ⟨SK 111:30~112:21⟩⟨FM 85:9~85:30⟩

힘이 이미 규정된 것과 같이 **그 자체**로서 또는 **자기 내로 반성한 것**으로서 표상될 때 이런 힘은 자신의 개념 가운데 한 측면에 그친다. 그러나 이때 힘은 실체화된 극단으로 그것도 하나[Eins]라는 규정성에 따라서 설정된 것이다. 이로써 전개된 **존속**하는 물질은 그런 힘으로부터는 배제되고 그 힘과 다른 것으로 된다. **힘 자체**가 이런 **존속**을 가능하게 하며 또는 힘이 자신을 **표출**하는 것이 필연적이니, 그 힘의 표출은 **타자가 자신에게 다가와서** 그 힘을 촉발하는 것으로 표상된다.[147] 그러나 힘은 **필연적으로** 자기를 표출하므로 힘과는 어떤 다른 본질로 판정됐던 타자가 사실은 그 힘 자체에 있다. 힘은 **하나[Eins]**일 뿐이니 자기를 표출하는 그 본질이 마치 어떤 타자로서 또는 외부로부터 그에게 다가오는 것이라고 설정했던 입장은 철회돼야만 하겠다. 오히려 힘 자체는 물질이라는 계기가 존속하기 위한 일반적인 매체로 되며, 즉 그것은 **자기를 표출하는** 까닭에 앞에서 외부로부터 촉발하는 타자라고 가정됐

147 뉴턴 물리학은 힘과 물질을 대립하게 한다. 헤겔은 물질과 힘을 서로 연관하게 한다. 힘의 표출과 수축 상호 작용을 통해 물질이 생성된다.

던 것은 오히려 **힘** 자체다. 그리하여 힘은 마침내 물질이 펼쳐지는 매체로 실존한다. 그러나 마찬가지로 본질적인[wesentlich] 사실이지만, 힘은 존속하는 물질이 지양되면서 생겨나는 존재라는 형식을 갖는다. 다시 말하자면 이 힘은 본질상 **하나**[Eins]다. 힘[148]이 물질의 매체로 설정되므로 **하나**[Einssein]는 이제 **이 힘과는 다른 것**을 의미하며 이 힘은 자신의 본질을 자기 바깥에서 가질 수밖에 없다. 그러나 이 힘은 필연적으로 이와 같은 하나[Eins]여야 하지만, 아직 그런 하나[Eins]로 확립된 것은 **아니므로** 이런 **타자가 이 힘에 다가와** 이 힘이 자기 내로 반성하도록 **촉발하며**, 또는 그 힘이 표출했던 것을 지양하기에 이른다. 그러나 사실 **힘 자체**가 이처럼 자기 내면으로 복귀하는 것이며 달리 말하자면 자기가 표출한 것을 이처럼 지양하는 것이다. 여기서 처음에 나타났던 것과 **같이 타자**로 존재한다고 여겨진 하나[Eins]는 소멸하면서, 힘은 **하나[Eins] 자체**로 되며 또는 자기 내면으로 수축한 힘으로 된다.

[해제] 이어서 헤겔은 물질과 하나의 관계를 설명한다. 하나란 곧 수축하는 힘의 결과다. 표출하는 힘은 물질의 매체가 된다. 이제 한편으로 물질과 하나 다른 한편으로 두 힘의 관계를 간단하게 정리하자면 다음과 같다.

수축하는 힘의 결과가 하나며 표출하는 힘의 결과가 물질이다. 수축한 하나에서 표출하는 힘이 나오며, 전개된 물질 즉 매체에서 수축하는 힘이 나온다. 수축하는 힘과 표출하는 힘은 서로 촉발하고 촉발 당하는 관계에 있다.

그러므로 물질은 표출하는 힘의 결과지만, 이 표출하는 힘은 수축하는 힘 때문에 촉발된 것이다. 이 수축하는 힘은 물질 자신에서 나오니 물질의 표출은 마치 타자인 하나 때문에 나온 것으로 보이지만, 사실은

---

148 맥락상 표출하는 힘을 의미한다.

자기 자신에서 나온 것이다. 즉 "외부로부터 촉발하는 타자라고 가정됐던 것은 오히려 힘 자체"이다.

물질을 지양하는 힘은 수축하는 힘이며, 그 결과가 하나다. 수축하는 힘은 표출하는 힘으로부터 촉발된다. 이 표출하는 힘은 물질의 타자인 하나에서 나온다. 그러므로 하나를 낳는 힘은 하나 자신에서 나온다. "사실 이 힘 자체가 이처럼 자기 내면으로 복귀하는 것이며 달리 말하자면 자기가 표출한 것을 이처럼 지양하는 것이다."

138) 〈SK 112:22~113:11〉〈FM 85:31~86:11〉

이제 어떤 타자로 등장해서 힘이 표출하게 촉발하거나 자기 자신으로 복귀하도록 촉발하는 것은 **그 자체가 힘**이라는 사실이 직접 밝혀진다. 왜냐하면, 그 타자라는 것도 일반적 매체로 출현하든 하나[Eins]로 출현하든 각자 생겨나는 동시에 곧 다시 소멸할 수밖에 없는 계기인 까닭이다. 따라서 힘이라는 것은 이처럼 타자가 그 힘에 대해 존재하고, 힘이 그 타자에 대해 존재한다고 하더라도 여전히 힘의 개념이라는 상태에서 전혀 벗어나지 못한다. 그런데 여기서 두 개의 힘이 모습을 눈앞에 드러낸다. 두 힘의 개념은 같지만, 통일되던 상태에서 벗어나 분열된 상태로 나간다. 이렇게 대립하는 힘 각각은 근본적으로 단지 하나의 계기로 머무르는 대신, 분열을 통해서 각자가 완전한 **자립적인 힘**으로 되면서 두 힘이 통일된 상태가 지배하지 못한 듯이 보인다. 이와 같은 힘의 자립성이 과연 어떤 사정인지에 관해서 좀 더 상세하게 살펴보기로 하자. 일단 앞서 말한 두 번째 힘[표출하는 힘]은 촉발하는 것으로서 등장한다. 이때 두 번째 힘은 일반적 매체가 돼 내용상으로 보아서 촉발된 것으로 규정되는 힘[수축하는 힘]에 대립한다. 그러나 근본적으로 이와 같은 두 가지 계기 즉 두 가지 힘이 교체하는 것이므로, 전자

[두 번째 힘]는 다만 처음에만 일반적 매체다. 왜냐하면, 이 힘은 사실상 **촉발하도록 촉발된 것**이기 때문이다. 그러므로 이 힘은 마찬가지로 다만 부정적인 통일이거나 힘의 복귀 속에서 **촉발된 것을 통해서 촉발하는 것**으로 된다. 그리하여 두 힘 사이에서 구별이 발생해 하나는 **촉발하는 것**으로 되고 다른 하나는 **촉발된 것**으로 된다고 가정됐으나 이렇게 구별된 힘들은 자기를 전환하면서 촉발하고 촉발된다는 규정성을 서로 교환하기에 이른다.

139) 〈SK 113:12~33〉〈FM 86:12~28〉

따라서 이들 두 힘이 펼치는 유희는 두 힘이 대립적으로 규정되는데 원인을 두고 있으며 다시 말하자면 이 두 힘이 이런 규정 속에서 서로에 대해서 존재한다는 것에 원인을 두거나 나가서는 이런 규정이 절대적이며 직접 서로 교환된다는 데 원인을 두고 있다. -이 두 개의 힘이 저마다 **자립적으로** 등장하는 듯이 보이는 이유는 각자가 지닌 규정 때문인데, 사실 이런 규정은 오직 이와 같은 상대방으로의 이행 때문에 생겨나는 것이다. 예를 들어 **촉발하는 것**이 일반적 매체로 설정되고 그에 반해서 촉발된 것은 수축한[zurückgedrängte] 힘으로 **설정**됐지만, 그러나 역시 전자[촉발하는 것]가 일반적 매체 자체로 되는 것은 오직 그것에 상대하는 것이 수축한 힘이기에 가능했다. 또는 이 후자[촉발된 것]가 오히려 전자[촉발하는 것]에 대해 촉발하는 것이며 전자를 비로소 매체로 만드는 것이다. **전자**[촉발하는 것, 매체]는 다만 이런 타자[수축한 힘]를 통해서만 [촉발하는 것]이라는 자신의 규정성을 지니며, 타자[촉발된 것]로부터 촉발하는 것으로 되도록 촉발되는 한에서만 촉발하는 것일 뿐이다. 이런 촉발하는 것[매체]은 그에게 제시된 규정성을 바로 상실한다. 왜냐하면, 그에게 제시된 규정성이 타자[수축한 힘]에게 넘겨지거나 이미 타자에게 넘겨져 있기 때문이다. 이처럼 수축한 힘을 촉발하는 상대방[fremd]은 일반적 매체로서 등장하지만, 이런 일은 어디까지나 이 상대방[das Fremd]이 수축한 힘으로부터 그렇게 촉발하는 것으로 되도록 촉발됐으므로 가능한 일이다. 다시 말해서 이 수축한 힘은 이 상대방을 그런 것으로 **설정**하니 오히려 **본질적으로 그 자신이** 일반적 매체가 된다. 수축한 힘이 자신을 촉발하는 상대를 그렇게[촉발하는 존재로] 설정한 이유는 이런 촉발된 것이라는 다른 규정이 이 수축한 **힘**에 본질적이기 때문이며 다시 말해서 오히려 이 **수축한 힘**이 이런 **다른 규정**[촉발된 것] 자체기 때문이다.

[해제] 앞에서 헤겔은 물질과 무제약적 하나의 관계는 힘의 작용을 통해 성립한다고 했다. 물질과 하나는 다시 표출하는 힘과 수축하는 힘으로 환원되면서, 마침내 힘과 힘의 관계 또는 유희가 출현한다.

여기서 헤겔은 이 두 가지 힘 즉 수축하는 힘과 표출하는 힘이 하나로 통일된다고 한다. 하나의 통일된 힘이 분열돼서 두 가지 대립하는 힘으로 나타난다. 그러나 이 두 대립하는 힘은 상호 작용을 통해 다시 하나의 힘으로 복귀한다.

두 가지 힘의 상호 작용은 촉발하거나 촉발되는 관계다. 이들 사이에는 촉발하는 것과 촉발된 것이라는 규정이 교환된다. 즉 표출하는 힘과 수축하는 힘은 서로 촉발하고 동시에 촉발된다. 하나의 힘이 촉발하는 것이며 다른 하나의 힘은 촉발되는 것이라 하더라도, 이 후자가 전자를 촉발하는 것으로 되도록 촉발한다. 즉 후자는 촉발된 것이라는 규정성이 자기의 규정이므로 타자가 자기를 촉발하도록 촉발한다.

140) 〈SK 113:34~114:22〉〈FM 86:29~87:8〉
이와 같은 서로 이행하는 운동의 개념을 완전하게 통찰하기 위해 다시 한번 주목해야 할 점은 이상과 같은 구별 자체가 이중적인 구별을 통해 드러난다는 사실이다. 즉 **한편으로** 그 구별은 **내용상의 구별**이어서, 한쪽 극단은 자기 내로 반성하는 힘이며 반면 다른 쪽 극단은 물질의 매체가 된다. **다른 한편으로는** 이 구별은 **형식상의 구별**이어서, 한쪽은 촉발하는 것으로 되고 다른 쪽은 촉발된 것으로 되며 전자는 활동성을 지닌 것으로 되고 후자는 수동적인 것으로 된다. 내용상의 구별에 따라서 보면 두 극단은 일반적으로 구별되거나 아니면 우리가 보기에 구별되는 **것이다**. 형식상의 구별에 따라서 보면 두 극단은 자립적이어서 서로 관계하더라도 서로 분리되며 대립하는 것으로 된다. 두 극단은 이와 같은 두 측면 모두에서 **본래적인 것**이 아니며 오히려 각 측면에서 이와 같은 두 극단을 구별하는 각자의 본성이 존속한다고 가정되지만, 사실은 이 두 측면은 단지 소멸해 버리는 계기며 더 나가서 그 가운데 어느 계기도 이에 대치되는 다른 계기로 직접 이행한다. 의식이 보기에 이런 사실은 힘의 운동에 관한 지각에서 드러나는 것이다. 그러나 우리가 보기에, 이미 위에서 상기된 사실이지만, 구별은 **내용상의 구별**이든 **형식상의 구별**이든 본래 사라졌으며 형식의 측면에서 본질상 **활동적인 것**, **촉발하는 것** 또는 독자적으로 존재하는 것[Fürsichseiende]은 내용상의 측면에서 자기 내로 수축하는 힘과 같은 것이며, 형식의 측면에서 수동적이고 **촉발되는 것** 또는 타자에 대해 존재하는 것은 내용의 측면에서 여러 가지 물질들의[149] 일반적 매체로 나타난다.

141) ⟨SK 114:23~115:24⟩⟨FM 87:9~37⟩

힘의 개념은 두 개의 힘으로 이중화하는 것을 통해 **실현된다는 것** 그리고 힘의 개념이 어떤 방식으로 이렇게 되는지가 이로부터 밝혀진다.

---

149 앞에서 지각적 성질이 자립적인 것으로 여겨질 때 이를 물질이라 했다.

이 두 힘은 독자적으로[für sich] 존재하는 본질이지만, 이 두 힘을 실존하게 하는 것은 서로 대립하는 운동이다. 따라서 두 힘을 **존재**하게 하는 것은 오히려 온전하게 **타자가 자기를 그렇게 설정하는 것**[Gesetztsein]을 통해서다. 즉 두 힘이 존재한다는 말은 오히려 **소멸**한다는 말과 같은 의미다. 두 힘은 두 개의 극단이 돼서, 서로에 대해 어떤 고정적인 것을 지니고 서로에 대해 외면적인 성질을 지닌 채 매개되고 접촉한다는 것을 의미하지는 않는다. 오히려 이 두 힘은 다만 이런 매개되고 접촉하는 가운데서만 각자 자기의 본성대로 존재한다. 자기 내로 수축한 힘 또는 **독자적으로 존재**하는 힘뿐만 아니라 표출하는 힘도 또한, 촉발하는 힘뿐만 아니라 촉발되는 힘도 이런 매개하고 접촉하는 가운데 직접 존재한다. 따라서 이 두 계기는 두 개의 자립적인 극단에 분배돼 서로 대립하는 정점에 나타나지 않으며 오히려 힘의 본질은 바로 다음과 같은 것이다. 즉, 각자는 다만 타자를 통해서만 그런 각자로 되며, 동시에 각자 타자를 통해 자기의 본성을 지니는 가운데서도 오히려 직접 그런 [타자에 의해 설정된] 본성이 더는 아니라는 것이다. 따라서 두 힘 가운데 어느 것도 자기를 담지하거나 보존할 만한 고유한 실체를 갖지 않는다. 오히려 힘의 **개념**은 자기를 **실현하는 것** 자체 속에서 자신을 **본질**로 보존한다. **힘을 실제로 존재하게 하는 것**은 곧바로 다만 **표출** 속에서지만, 이런 표출은 동시에 자신을 지양하는 것일 뿐이다. 이처럼 **실제로 존재하는** 힘이 자신의 표출과 무차별하게 독자적[für sich]으로 존재하는 것으로 생각된다면, 이때 힘은 자기 내로 수축한 힘을 말한다. 그러나 실상 이미 밝혀졌듯이 이런 수축하는 힘이라는 규정성은 그 자체가 힘의 **표출**에 속하는 한 계기에 그친다. 이렇게 볼 때 힘에 관한 [위와 같은] 사상만이 힘의 진리다. 이런 힘이 실현하는 가운데 등장하는 계기들과 그 힘을 지탱하는 실체 그리고 그 힘의 운동하는 과정은 자신을 지탱함이 없이 융합돼 하나의 구별됨이 없는 통일을 이룬다. 이런 구별됨이 없는 통일이 자기 내로 수축한 힘은 아니다. (왜냐하면, 이런 자기 내로 수축한 힘이란 그 자체가 다만 그와 같은 통일의 한 계기에 그치기 때문이다) 오히려 그러한 구별됨이 없는 통일은 다름 아닌 **개념으로 파악된 힘의 개념**[Begriff als Begriff]이다. 그러므로 힘이 [자기의 개념을] 충실화하는 것[Realisierung]은 곧 힘이 자신의 실재성[Realität]을 상실한다는 것을 의미한다. 힘은 오히려 그런 충실화하는 과정 가운데서 전혀 다른 어떤 것 즉 지성이 처음에 또는 직접 자신의 본질로 인식한 **일반 존재**[무제약적 일반자]로 된다. 이런 일반 존재가 힘의 마땅히 존재해야 하는 실재성[Realität] 즉 실제로 존재하는 실체에 깃들어 있는 힘의 본질로 입증된다.

142) ⟨SK 115:25~116:2⟩⟨FM 88:1~9⟩

최초의 일반자[무제약적 일반자]는 지성의 **개념**으로 고찰되며 이런 고찰 속에는 힘은 아직 자기 앞에 나타나지[für sich] 않은 것으로 고찰된다. 그런 한, 두 번째로 지금 제시된 일반자[실체에 깃들어 있는 힘의 본질]는 힘의 **본질**이 자기를 **그 자체로 자기에게 나타난**[an und für sich] 모습이다. 또는 거꾸로 말하자면 우리는 첫 번째의 일반자를 **직접 존재하는** 일반자로 고찰하고 따라서 이 직접적 존재를 의식에 대해 **실제로 존재하는** 대상이라고 가정했다면, 두 번째의 일반자는 감각에 나타나는 내상석 힘을 부정하는 것[das Negative der sinnlich gegenständlichen Kraft]으로 규정된다. 다시 말해서 이 두 번째 일반자는 오직 **지성의 대상**으로서 힘의 참된 본질이 보여주는 모습을 말한다. 첫 번째 일반자가 힘이 자기 내로 수축한 것 또는 실체화된 힘이라고 한다면 반면 두 번째 일반자는 사물의 **내면**이며, 다시 말하면 개념으로서 개념과 같은 것을 의미하는 **내면**[150]으로 된다.

[해제] 헤겔은 여기서 힘의 두 계기를 내용과 형식에서 구별한다. 내용상으로는 표출하는 힘과 수축하는 힘으로 구별되며, 형식상으로는 촉발하는 힘과 촉발되는 힘으로 구분된다. 그런데 내용상 구별이든 형식상 구별이든 서로 통일된다.

또한, 두 종류의 힘은 서로 교차한다. 형식상 표출하는 힘은 내용상 자기 내로 촉발되는 힘으로 변화되며, 형식상 수축하는 힘은 내용상 촉발하는 힘으로 변화된다.

헤겔은 표출하는 힘과 수축하는 힘, 촉발하는 힘과 촉발되는 힘의 통일을 곧 힘의 개념이라 하며 이는 제2의 무제약적 일반자라고 한다.

앞에서 지각 장 끝에 언급된 제1의 무제약적 일반자는 두 가지 고유성의 통일로서 법칙을 의미한다. 이것은 감각으로 확인할 수 있는 통일성이다. 이제 새로이 등장한 제2의 무제약적 일반자는 두 가지 힘 즉 수축하는 힘과 표출하는 힘의 통일을 의미한다. 이것은 실제 두 가지 고유성 사이에 매개하는 것 즉 서로 작용하는 힘을 말한다. 헤겔이 말하는 제2의 무제약적 일반자는 미적분론에서 미분적 힘과 같은 맥락에 있다. 헤겔은 이것을 "개념과 같은 것을 의미하는 내면"이라고 규정한다.

143) ⟨SK 116:3~117:6⟩⟨FM 88:10~89:3⟩

이제 사물의 참된 본질은 다음과 같이 규정될 수 있다. 즉 사물의 본질은 의식에 대해 직접 제시된 것이 아니라 오히려 이 의식은 내면적인 것과 간접적인 관계를 지니며 즉 의식은 지성의 단계에 이르면 **힘의**

---

150 최초의 무제약적 일반자는 성질의 통일적 관계 즉 법칙을 말한다. 두 번째 무제약적 일반자는 이 관계를 힘의 통일성으로 규정할 때 그런 두 힘의 관계를 말한다. 구체적으로 미분적 힘을 생각하면 되겠다.

유희를 매개로 해서 사물의 참된 배후를 투시한다. 지성과 사물의 내면이라고 하는 이 두 극단을 결합하는 매개로 되는 것은 힘이 현존하는[Sein] 모습이다. 이런 힘이 현존하는 모습은 지성 앞에 서면 **소멸하는**[Verschwinden] 것으로 된다. 따라서 우리는 어떤 **존재**가 그 자체에서 직접 **비존재**가 될 때 이를 가상[Schein]이라고 부르므로[151] 이런 힘이 전개돼 현존하는 모습[das entwickelte Sein der Kraft]은 [힘의] **현상**[Erscheinung]이라 불린다. 힘이 현존하는 모습은 단지 **가상**으로 그치는 것이 아니라 오히려 [힘의] 현상 즉 가상 **전체**가 된다. 이처럼 전체로서 전체 또는 **일반자로서 전체**[152]가 **내면세계**를 이루는 것이며 즉 **힘의 유희**가 자기 내로 **반성**한 것이다. 지각에서 나타난 본질[하나, 매체]들은 이와 같은 힘의 유희에서 그 본래의 모습대로 의식에 대해 대상적인 방식으로 **출현**한다. 즉 그런 본질들은 여기서 쉼 없이[ohne Ruhe und Sein] 자신의 반대로 직접 전환하는 계기로 설정된다. 그러므로 하나[Eins]는 직접 일반적 매체로 이행하며 본질적인 것은 직접 비본질적인 것으로 전환하며 또 거꾸로의 전환도 일어난다. 이와 같은 힘의 유희는 부정

---

151 현상은 개념이 대상화, 구체화한 것 즉 대상이다. 가상은 대상이 자기부정을 거쳐 개념으로 복귀하게 된 것을 말한다. 예를 들어 그리스도의 수육은 현상이지만, 그리스도의 죽음으로 그리스도는 가상으로 된다.

152 현존하는 힘의 모습은 자립적이며 고립적이다. 그것은 힘의 개념이 현상한 것이다. 현상에서 개념은 은폐된다. 반면 현존하는 힘이 자기 내로 반성하면서 유희하는 힘이 되면, 그것은 가상이 된다. 가상으로 되면서 힘의 개념이 드러난다. 여기서 '전체로서 전체'란 곧 힘이 유희하는 모습을 말한다. 힘의 유희를 통해 힘이 자기 내로 반성하며 가상임이 드러나므로 헤겔은 이를 '가상 전체'라고 한다. 이를 통해 힘의 개념 즉 '내면적인 것'이 출현한다. 우리 눈앞에 나타나는 현상은 사실 이런 '가상 전체'일 뿐이다.

성이 전개된 모습이지만, 이런 유희가 도달하는 진리는 긍정적으로 전환하면서 **일반자, 그 자체로 존재하는 대상**으로 된다. −이와 같은 일반자의 존재는 **현상계에서 일어나는** 운동을 매개로 해서 의식에 **나타난다**. 이런 운동 과정에서 **지각된 존재**나 감각적인 대상은 일반적으로 한낱 부정적인 의미를 지닐 뿐이므로 의식은 이런 지각된 존재의 영역을 벗어나 자기 내로 즉 진리로 반성하지만, 의식 쪽에서는 이 진리[의식의 내면]를 다시 대상의 **내면**으로 만들면서 사물의 반성을 의식의 자기 내로의 반성과 구분한다. 의식에는 이와 같은 매개하는 운동은 아직도 마찬가지로 대상의 운동이다. 따라서 내면적인 것은 의식이 보기에 의식에 대립하는 극단이지만, 바로 그러므로 의식에서 진리다. 왜냐하면, 의식은 이 내면적인 것을 **그 자체로 존재하는 것**으로 여기는 동시에 그 속에서 자기 자신에 관한 확신이나 자신의 대자 존재[Fürsichseins]라는 계기를 지니기 때문이다. 그러나 의식은 아직도 이처럼 자기의 근거로 되는 것을 깨닫지 못한다. 왜냐하면, 내면세계가 그 자체에서 지닌다고 가정되는 **대자 존재**는 한낱 부정적인 운동[153]에 그치기 때문이다. 그러나 이런 부정적 운동이란 여전히 의식에 대해서는 대상적인 현상이므로 소멸해 버리는 현상일 뿐, 아직도 의식이 기대하는 **고유한** 대자 존재는 아니다. 이 내면적인 것은 의식에서 개념의 역할을 하는 것이지만, 의식으로서는 아직도 이 개념의 본성을 알지 못한다.

144) 〈SK 117:8~15〉〈FM 89:4~10〉

이런 **내적 진리**는 절대적으로 일반적인 존재다. 이는 일반자와 개별자의 **대립**을 벗어나 순수하고 **지성에 대해서** 생성된 것이다. 그런데 이런 진리 속에서 **현상하는** 세계인 **감각적 세계**를 넘어서 **초감각적인 세**

---

153 힘이 서로 유희하는 모습을 말한다.

계 즉 **진리**의 세계가 열린다. 나가서 이 내적 진리는 무상한 **차안**의 세계를 넘어선, 지속하는 **피안**의 세계며 그 자체로 존재하는 것[Ansich]이다. 이 그 자체적 세계는 이성이 현상한 것이지만, 여기서 이성이 처음으로 나타났기에 이 세계는 불완전할 수밖에 없으나, 그런데도 진리의 **본질**이 담겨 있는 순수한 지반으로 된다.

145) 〈SK117:16~22〉〈FM 89:11~15〉

따라서 이제부터 **우리가 파악하려는 대상**은 사물의 내면과 지성을 양극단으로 삼고 현상을 매개로 삼아서 이루어지는 추론[적 연관]이다. 그러나 이런 추론의 운동은 지성이 [현상이라는] 매개를 거쳐 사물의 내면에서 투시한 것이 상세하게 어떤 규정을 갖는지를 제시하며 또한, 지성이 이렇게 추론된 것이 지닌 관계에 관해 겪은 경험을 제시한다.

146) 〈SK 117:23~118:24〉〈FM 89:16~90:7〉

내면세계는 아직도 의식에 대해서는 **순수한 피안**에 그친다. 왜냐하면, 의식은 그 내면세계에서 여전히 자신을 발견하지 못하기 때문이다. 내면세계는 **비어** 있을 수밖에 없다. 왜냐하면, 그것은 현상계에 그 모습을 전혀 드러내지 못하는 무에 그치고 긍정적으로 말한다면 단순한 일반자기 때문이다.[154] 내면이 존재하는 이런 방식은 사물의 내면을 인식할 수 없는 것으로 보는 사람들*1 의 견해와 일치하지만, 그 이유는 다른 각도에서 고찰돼야만 하겠다. 여기서 직접 존재하는 대로의 내면세

---

154 현상 세계의 법칙은 구체적 성질 사이의 관계다. 반면 그 법칙의 내면을 이루는 두 힘의 통일적 관계 즉 힘의 개념은 구체적 내용을 지니지 않고, 단순히 대립하는 두 힘의 관계일 뿐이다. 예를 들어 중력 법칙은 시간과 거리의 관계지만, 이 법칙의 내적 근원인 인력과 척력의 관계에서 인력과 척력은 서로 대립할 뿐, 구체적 내용이 없는 것이다. 그러므로 헤겔은 내면세계의 일반자는 비어 있다고 한다.

계에 관한 한 물론 우리는 눈앞에 나타나는 것으로는[vorhanden] 그 내면세계에 대해 아무것도 알지[Kenntniss] 못하지만,*² 그 이유는 결코 인간의 이성이 지나치게 근시안적이기 때문이거나 한계를 지녔기 때문이거나 그 밖에 사람들이 이런 것을 무어라고 부르려 하든 그렇기 때문은 아니다. (이런 이성의 한계에 관해서는 정신이 현상하는 현 단계에서는 아직도 알려진 것이 전혀 없다. 왜냐하면, 우리는 그런 정도로 깊게 뚫고 들어가지 못했기 때문이다) 오히려 그런 이유는 이 문제 자체가 안고 있는 단순한 성격 때문이다. 다시 말하자면 **비어 있는 것** 속에는 아무것도 인식되지 않기 때문이며 또 다른 말로 표현한다면 내면세계란 오직 의식의 **피안**에 있는 것으로 규정된 것이기 때문이다.[155] —어떤 맹인이 풍요로운 초감각적 세계에 있을 때와—이런 초감각적 세계가 자기에게 본래 속하는 내용이든, 아니면 의식 자체에 속하는 내용이든 어떤 풍요로운 내용을 갖는 한—이와는 반대로 제대로의 시력을 지닌 어떤 사람이 순수한 어둠 속에 있거나, 또는 이렇게 말하기를 바란다면 순수한 어둠이 단지 순수한 빛과 마찬가지인 한에서 순수한 빛 속에 있을 때를 비교해 볼 때 그 결과는 물론 같을 것이다. 즉 시력을 갖춘 사람이 그가 순수한 빛 속에 있을 때 순수한 어둠 속에서 있을 때와 꼭 마찬가지로 아무것도 보지 못할 것이며 맹인이 그의 앞에 놓여 있을지도 모르는 충만한 풍요 속에 있을 때와 같은 정도만을 보게 될 것이다. 그런데 만약 이처럼 내면의 세계에 아무것이 없으며 나가서는 현상을 거쳐 내

---

155 현상 세계로부터 내면세계로 들어갈수록 서로 유희하는 두 힘의 구체적 규정성이 사라진다. 가장 순수한 내면세계에서 서로 관계하는 것은 이제 같은 것이 서로 구별된 것이다. 그러므로 아무 내용이 없는 동어반복으로 보인다. 예를 들어 다양한 중력 현상을 설명하는 가장 내면적 세계 즉 만유인력은 인력과 척력이라는 추상적 힘의 대립으로만 규정된다.

면세계를 추론해 보더라도 아무것이 없다면 여기서 우리는 다만 현상에 의존하는 것밖에 남아 있는 것이 없을 것이다. 다시 말해 그것이 진리가 아니라는 것을 알고 있음에도 그것을 진리로 여기는 길밖에 없다는 것이다. 또는 이렇게 말할 수 있을 것이다. 이런 비어 있는 것은 처음에는 다만 대상적인 사물이 비어 있는 것이었지만, 마침내 **비어 있는 것** 그 자체가 돼 심지어 모든 정신적 관계가 비어 있고 심지어 의식으로서 의식의 구별조차도 비어 있는 것으로 여겨져야 하기에, 이런 비어 있는 것은 **신성한 것**이라고까지 불리는 **완전히 비어 있는 것**이기에, 이런 비어 있는 것 속에서 무엇인가가 있기 위해서라면 이 비어 있는 것을 의식이 스스로 생산하는 **현상**인 몽상으로 채우는 것밖에*³ 다른 길은 없을 것이다. 그러나 내면적인 것은 이렇듯 나쁘게 취급당하는 것마저도 감수해야만 할 것이다. 왜냐하면, 그와 같은 내면적 존재는 그보다 더 나은 가치를 지닌 것은 아니고 심지어 몽상마저도 내면의 세계가 지니는 비어 있음보다는 낫기 때문이다.

*¹ FM주 〈89:19~20〉 당시 유포된 할러A. V. Haller의 시 '인간적 덕의 자유'를 시사한다. 할러A. V. Haller, 『스위스 시집 6』, S. 100: "창조된 정신은 자연의 내면으로 뚫고 들어갈 수 없으니, 자연이 외적인 껍질이라는 것이 입증된다면 얼마나 행복하랴."

*² FM주 〈89:22~23〉 헤겔은 여기서 칸트가 이론적 이성 인식을 제한한 것을 거론한다. 칸트, 『순수이성 비판』, B판, S.114

*³ FM주 〈90:3〉 헤겔은 여기서 아마도 에셴마이어C. A. Eschenmayer의 『신성한 것에 관한 담론』을 논박하는 것으로 보인다. 참조: 에셴마이어C. A. Eschenmayer, 『은자와 이방인』, S. 25. 앞의 FM주 〈48:12~17〉 참조하라.

147) 〈SK 118:25~119:6〉〈FM 90:8~21〉

그런데 내면세계 또는 초감각적인 피안은 어떻든 **생성된** 것이다. 그것은 현상으로부터 **나왔을** 뿐만 아니라 현상이야말로 내면세계를 매개하는 것이다. **현상**은 그 **내면세계**의 본질일 뿐만 아니라 또한, 사실상 그 내용을 충족하게 해준다. 초감각적인 것은 감각적인 것 또는 지각된 것이 도달하는 **진리**[Wahrheit]로 판정된다. 그러나 감각적인 것과 지각된 것의 **참된 모습**[Wahrheit]은 **현상**이라는 데 있으므로 초감각적인 것은 **현상으로서 현상**156이다. ―그런데 만약 이상과 같은 **이유로 해서** 초감각적인 것이 감각적인 세계와 다른 바가 없다거나 그것이 **직접적인 감각적 확신**이나 **지각에 대해서 존재하는** 세계로 생각한다면 이는 사태를 거꾸로 이해한 것이다. 왜냐하면, [초감각적인] 현상이란 오히려 감각적 지식이나 지각에 나타나는 세계가 아니라 그런 것이 **지양된 것**으로서 세계며 또는 오직 참된 의미에서 **내면적인 세계로 정립된** 세계기 때문이다. 흔히들 얘기하기에 초감각적인 것은 현상과는 다른 것이라고 하지만,* 이때 현상이라는 말로 이해된 것은 현상이 아니며157 오히려 그 자체 실재하는[reelle] 현실이라는 의미에서 **감각적** 세계다.

*FM주 〈90:18~21〉 헤겔은 여기서 칸트가 현상계와 본체계를 구분한 것을 염두에 두고 있을 것이다. 참조: 칸트I. Kant, 『순수이성 비판』, B판, 294~315.

---

156 자립적 힘의 관계는 현상이다. 의식은 이 현상 세계로부터 거꾸로 내면세계로 찾아 들어가니, 내면세계는 현상을 통해 현상하는 것 즉 '현상의 현상'이다.
157 앞의 현상은 우리 눈앞의 감각적 세계다. 뒤에 현상은 현상을 통일하는 법칙의 세계를 말한다. 초감각적 세계 즉 내면세계는 이 법칙을 생성하는 힘의 개념을 말한다.

148) ⟨SK 119:7~120:14⟩⟨FM 90:22~91:16⟩

그런데 지금 여기서 우리가 분석하는 대상인 지성의 처지에서 본다면, 내면세계란 지성에 다만 일반적인 존재로 따라서 아직도 충족되지 못한 그 자체로 존재하는 것[Ansichsein]으로 생성된 것일 뿐이다.

힘의 유희는 오직 바로 이처럼 부정적인 의미를 지닌 것이며 그 자체로 존재하는 것이 아니라 긍정적인 존재고 **매개자**지만, 내면세계 밖에 놓인 것이다[158]. 그러나 지성이 이처럼 매개를 통해 내면세계와 관계하는 것은 지성의 운동이며 내면세계는 지성이 보기에 이 운동을 통해서 자기를 충족하게 될 것이다. ㅡ힘의 유희는 지성에 **직접 나타나는 것**이다. **그러나** 지성이 도달하는 **진리**는 단순한 내면적인 것이다. 따라서 힘의 운동 역시 단지 이런 **단순한 내면적인 것**으로서만 비로소 진리가 된다. 그러나 우리가 이와 같은 힘의 유희에 관해 알아냈던 사실은 그런 힘의 유희가 지닌 모습이 다음과 같다는 사실이다. 즉 다른 힘 때문에 **촉발된** 힘이 마찬가지로 이런 다른 힘을 **촉발하는** 것이며 이 다른 힘은 이렇게 촉발되는 것을 통해 촉발하는 것으로 된다는 것이다. 따라서 힘의 유희에서 눈앞에 나타나는 것은 오직 규정성의 직접적인 교체거나 절대적인 교환일 뿐이다. 여기서 교체되고 교환되는 규정성이란 눈에 띄는[auftretenden] 것 즉 일반적 매체[대타 존재]라든가 부정적 통일[대자 존재]의 유일한 **내용**을 이루는 **규정성**을 말한다. 어떤 것은 특정한 것으로 눈에 띄자마자 곧장 그것이 지녔던 본성대로 존재하기를 중단한다. 그것은 특정한 것으로 눈에 띈다는 것을 통해서 다른 측면을 촉발하며, 이 다른 측면은 이를 통해 자기를 **표출**한다[äußert]. 즉 이 다

158 힘의 유희는 현상 쪽에서 보면 자립적 두 힘의 관계다. 이 힘의 유희를 내면 쪽에서 보면 서로 이행하는 세계다. 이 힘의 유희라는 매개를 통해 드러나는 힘의 개념이 곧 내면세계다.

른 측면은 이제 직접 처음의 것이 지닌 것으로 가정됐던 본성을 지닌다. 이런 두 측면 즉 촉발의 **관계**와 서로 대립적으로 규정된 내용[매체와 하나]의 **관계**는 각자 제 나름대로[für sich] 절대적으로 전도하며 교체되는 운동이다. 그러나 다시 본다면 이 두 가지 관계는 그 자체 같은 것이며 다시 말해서 촉발된 것과 촉발하는 것이라는 **형식상의 구별**은 **내용상의 구별**과 같은 것이다. **내용상**에서 본다면 한편에는 촉발된 것 자체 즉 수동적 매체가 있으며 다른 한편에는 이에 대립하는 촉발하는 것 즉 활동적인 것, 부정적인 통일, 더 나아가서는 하나[Eins]가 존재한다. 이렇게 해서 일반적으로 서로 대립하는 운동 속에 자리 잡고 있다고 [vorhanden] 가정됐던 **특수한 힘들**의 모든 구별은 소멸하기에 이른다. 왜냐하면, 이들 특수한 힘들은 단지 앞에서와 같은 구별들에 근거했지만, 앞에서 말한 두 가지 구별[형식상의 구별과 내용상의 구별]들이 소멸하는 것과 더불어 힘들의 구별도 마찬가지로 하나로 통합되기 때문이다. 그러므로 이제 그 어떤 힘도 따로 있을 수 없고 촉발하는 쪽과 촉발되는 쪽도 또한, 존속하는 매체나 자기 내로 복귀한 통일이라는 규정성도 있을 수 없다. 더 나가서는 각자 독자적인[für sich] 개별자도 없으며 동시에 서로 사이에 대립도 없다. 오히려 이와 같은 절대적 교체 속에 있는 **구별**은 오직 **일반적 의미에서의 구별**이거나 다양한 대립을 총괄하는 구별에 그칠 뿐이다. 따라서 이와 같은 **일반적 의미에서의 구별**은 **힘의 유희 자체에서 등장하는 단순한 것**이며 또한, 그런 유희로부터 도출되는 진리다. 이것이 바로 **힘의 법칙**[159]이다.

149) 〈SK 120:15~32〉〈FM 91:17~30〉

---

159 여기서 힘의 법칙이란 두 대립하는 힘의 통일로서 힘의 개념을 말한다. 예를 들자면 만유인력이다.

현상 세계는 서로 규정이 절대적으로 교체되는 것이므로 단순한 내면세계나 단순한 지성에 관계를 맺는 것을 통해 **단순한 구별**로 발전한다. 내면적인 것이란 일단 그 자체로 존재하는[an sich] 일반자지만, 그러나 이처럼 그 자체로 존재하는 **일반자**는 현상과 마찬가지로 근본적으로 절대적인 의미에서 **일반적 구별**을 지닌 것이다. 왜냐하면, 그런 내면적인 것은 규정성이 교체되는 것 자체의 결과며 또한, 그러한 교체가 그 내면적인 것의 본질을 이루기 때문이다. 그러나 이와 같은 교체는 그 참된 모습이 나타나는 내면에 있는 것으로 설정되므로 이에 따라서 이 내면에서 이 구별은 절대적으로 일반적이며 안정되고 자기와 같음의 상태로 머무르는 구별로 된다. 또는 부정성은 일반자의 본질적 계기에 해당한다. 또한, 일반자 속에서 일어나는 부정이나 매개는 곧 **일반적인 구별**을 뜻한다. 이런 일반적 구별은 **법칙**을 통해 즉 부단한 교체가 일어나는 현상의 **항상적인** 형상[形像]을 통해 표현된다. 따라서 **초감각적인 세계는 법칙의 고요한 나라다**. 이 초감각적 세계는 사실 지각 세계의 피안에 자리 잡는다. 왜냐하면, 지각의 세계는 항상적인 변화를 통해 법칙을 표현하기 때문이다. 그러나 마찬가지로 이런 초감각적 세계는 지각 세계에 **현재 상태로 나타나며**[gegenwärtig] 그런 지각 세계를 직접 그리고 정적으로 모사한 것이다.

[해제] 1) 143~149 구절에서 헤겔은 힘의 유희와 그것 너머 있는 힘의 개념 사이의 관계를 서술한다.

힘의 유희는 수축하는 힘과 표출하는 힘, 촉발하는 힘과 촉발된 힘이 끊임없이 자기의 규정을 전도하는 세계다. 두 측면은 서로 따로 분리되지 않는, 같은 운동의 두 측면이다.

눈앞에 자립적인 것으로 나타나는 현상 세계는 자립적인 힘의 관계로 보이지만, 사실 두 힘이 서로 유희하는 세계 즉 가상의 세계다. 이런 가상을 통해 내면의 세계에서 두 힘을 통일하는 힘의 개념이 출현한다. 가상으로서 힘의 유희는 힘의 개념이 드러난 측면이며 내면세계로서 힘의 개념은 힘의 유희를 통일하는 측면이다.

사실 이 내면세계는 자기의식의 세계다. 그러나 아직 이는 자기의식으로 나타나지 않고 현상 세계의 내면에 머무르는 대상으로 나타나는 '대상적인 현상'일 뿐이다. 그러므로 의식은 부정적인 운동을 통해 이 내면의 개념과 관계한다.

2) 힘의 개념이 속하는 세계는 힘의 유희가 일어나는 현상계의 피안, 내면의 세계니, 그것은 "무상한 차안의 세계를 넘어선 지속하는 피안의 세계며" 고요하게 머무르는 단순한 것이다. 그것은 "의식에 대해서는 순수한 피안에 있다."

지각적 의식은 이런 내면세계에 아무것도 발견하지 못한다. 그 내면세계는 의식에 대해 텅 빈 것으로 나타난다. 여기서 헤겔은 내면세계의 비어 있음을 강조하는데, 그것은 현상 세계로부터 내면세계로 들어갈수록 관계를 이루는 두 힘의 구체적 규정성이 사라지기 때문이다. 예를 들어 중력 법칙은 시간과 거리라는 두 구체적 규정성이 관계한다. 그러나 이 중력 법칙을 설명하는 근거인 만유인력은 인력과 척력이라는 대립하는 힘으로만 설명되는데, 인력과 척력의 구체적 규정은 없다. 그러므로 내면세계에는 아무런 규정성이 없어서 텅 빈 것이므로 거기서 구체적 규정성을 발견할 수 없다. 헤겔에 따르면 이 세계가 텅 빈 이유는 우리가 그것을 투시할 능력이 없기 때문이 아니라 이 세계가 본래 비어 있는 것이기 때문이라 한다.

3) 그러나 지성은 눈앞의 현상 세계를 매개로 해서 이 내면세계의 개념을 찾아 들어갈 수 있다. 왜냐하면, 눈앞의 현상 세계는 힘의 유희 즉 자기를 부정하는 가상 즉 "절대적으로 전도하고 교체되는 운동"으로 드

러나며 지성은 이런 가상 세계를 통해서 내면세계의 힘의 개념이 자기를 드러내기 때문이다.

헤겔은 힘의 유희는 지성 쪽에서 보면 자립적인 두 힘의 관계로서 현상이며 내면세계에서 보면, 힘의 유희를 보여주는 가상의 세계다. 지성은 힘의 유희를 매개로 해서 내면세계에 들어가니 헤겔은 지성과 힘의 유희 그리고 힘의 개념 사이의 관계를 추론적 연관이라 말한다. 이 추론을 따라 현상 세계에서 내면의 개념으로 찾아 들어가는 것은 곧 지성의 운동이다.

4) 헤겔은 이어서 내면세계의 모습을 그려낸다. 이 내면세계는 힘의 유희에서 나타나는 구별과 같은 구별을 지니지만, 여기서 구별들은 서로 교체되고 전도하는 것이 아니다. 여기서 구별들은 "절대적으로 일반적이며 안정되고" "부단한 교체가 일어나는 현상의 항상적인 형상[形像]" 즉 법칙으로 표현된다. 또한, 내면세계의 법칙은 "지각 세계의 피안에 있는 것이지만, 지각 세계에 현재 상태로 나타나며 그런 지각 세계를 직접 그리고 정적으로 모사하는 것"이다.

내면세계의 구별이 지닌 이런 모습은 미적분학에서 미분이 두 대립하는 계기의 비율로 즉 dx/dy로 이루어져 있다는 사실을 암시하는 것으로 보인다. 위에서 내면세계의 안정성, 항상성이 강조되는데, 적분 함수(예를 들어 $Y=x^2$)와 달리 미분 함수($Y=\frac{1}{2}x$)는 단순하기 때문일 것이다.

내면세계의 안정성을 알려주는 더 좋은 예는 마르크스가 든 화폐의 개념일 것이다. 화폐는 모든 교환의 중심을 이룬다. 교환은 상품과 화폐의 상호 작용으로 여겨질 수 있다. 이때 화폐는 모든 교환의 중심에 고요하게 머무른다.

150) ⟨SK 120:33~122:5⟩⟨FM 91:31~92:26⟩

이런 법칙의 나라가 사실 지성이 도달하는 진리다. 그러므로 지성의 진리는 그 법칙에 들어 있는 구별을 **내용**으로 삼는다. 그러나 동시에 이와 같은 법칙의 나라는 다만 지성이 도달하는 **최초의 진리**를 의미할 뿐, 결코 진리가 현상하는 과정을 완성하는[ausfüllt] 것은 아니다. 법칙이 현상계에도 출현하고 있으나 그것은 아직도 온전한 모습대로 현재화하지 않기에 법칙은 또 다른 여건 아래서는 그때마다 또 다른 방식으로 실현된다. 이 때문에 현상계에는 **자기 나름대로**[für sich] 존재하면서 내면세계로 들어가지 못하는 측면이 남아 있다. 또는 이런 자기 나름의 측면은 참된 의미에서 아직 자기 나름의 측면[Fürsichsein]이 **지양된 것** 즉 [법칙의] **현상**으로 설정되지 않는다. 이 때문에 법칙은 결함이 있는데 이런 결함 역시 그 법칙 자체에서 자기를 드러내야 한다. 그러면 이 법칙에 없는 듯이 보이는 것은 무엇인가? 그것은 곧 법칙은 그 자체에서 스스로 구별을 짓긴 하면서도 이런 구별은 다만 일반적이며 무규정적인 성격을 지닌 구별에 그친다는 것이다. 그러나 법칙이 법칙 일반이 아니고 다만 **어떤 하나의** 법칙에 지나지 않는 한, 법칙은 그 자체에서 규정성을 지닌다. 따라서 헤아릴 수도 없이 많은 법칙이 눈앞에 나타난다.[160] 그러나 이런 수도 없이 많다는 것 자체가 오히려 하나의 결함이다. 이런 법칙이 여럿이라는 사실은 지성의 원리에도 모순된다고 할 수 있다. 왜냐하면, 지성은 단순한 내면세계에 관한 의식이니, 이런 의식은 그 자체에서 일반적인 **통일성**을 진리로 삼고 있기 때문이다. 그러므로 지성으로서는 오히려 그 많은 법칙이 어떤 단 **하나의** 법칙으로 통합되도록 해야 한다. 이는 예를 들어 낙하 법칙이라든가 또는 천체의 운동

---

160 여기서 현상 세계의 법칙과 내면세계의 법칙이 구분된다. 전자는 구체적 현실에 적용되는 법칙이며 후자는 힘의 개념 즉 순수한 법칙이다. 전자는 적용되는 현실마다 다르게 나타나는 여러 법칙이며 후자는 어느 때나 적용되는 일반 법칙이다.

법칙이 모두 **하나의** 법칙으로 파악됐던 것과 같다. 많은 법칙이 이처럼 서로에 귀속하는 것 [Ineinanderfallen]을 통해서 각 법칙은 자기의 규정성을 상실하며 여기서 법칙은 더욱 피상적으로 됨으로써 사실 이와 같은 **특정한** 법칙을 통일하는 법칙이 발견되는 것이 아니라 이제 발견되는 법칙에서는 법칙이라는 규정성마저 제거된다. 이는 지상에서 물체의 낙하 법칙이 천체운동의 법칙을 다 같이 포함하는 **하나의** 법칙은 실상 표현상으로는 낙하 법칙도 천체운동의 법칙도 아니다. 모든 법칙을 통일하는 **만유인력의 법칙***¹ 은 **법칙 자체의 단순한 개념**이 그 속에 **현존하는 것**으로 설정된다는 사실밖에는 더는 어떤 내용도 표현하지 못한다. 만유인력의 법칙이 말하는 것은 다만 모든 존재는 **타자에 대해 항상 구별된다**는 사실뿐이다. 이때 지성은 일반적인 현실 **그 자체**를 표현할 일반 법칙을 발견했다고 생각하지만, 실상 그가 발견한 것은 다만 **법칙 자체의 개념**에 지나지 않는다. 그러나 그와 동시에 지성이 여기서 법칙 자체의 개념을 통해 말하는 것은 현실은 **일반적으로 그 자체에서 법칙연관을 지닌다**는 사실이다.¹⁶¹*² 그러므로 만유인력이라는 표현이 대단히 중요한 것은 다만 이 표현이 모든 존재는 우연성의 형태로 자기를 나타낸다거나 규정성이란 감각적으로 자립적인 형식만을 갖는다는 명청한 **생각**[Vorstellen]을 반대한다는 점에서다.

*¹ FM주 〈92:8~10〉 뉴턴에 의한 중력 법칙의 일반화를 시사한다. 참조: 뉴턴I. Newton,『자연철학의 수학적 원리』, S. 364: "... 달이 궤도

---

161 현상 세계에서 가장 일반적 법칙은 내면세계의 힘의 개념을 직접 드러내 준다. 마치 마르크스에서 가격의 총합을 통해 가치가 드러나는 것과 같다. 일반적 법칙은 법칙 즉 함수적 관계라는 형식을 통해 표현되며, 힘의 개념은 통일적인 힘으로 표현된다.

를 유지하는 힘은 우리가 중력이라고 부르는 바로 그 힘과 같다."

*² FM주 〈92:23~24〉 참조: 셸링F. W. J. Schelling, 『물리학의 역동적 과정 또는 범주의 일반적 연역』, S. 24(셸링, 전집, 4권, 38): "모든 물질 사이에 인력이 서로 교차적으로 이행한다는 것이 통상적으로 일어나므로, 이를 통해 모든 물질 사이에 서로 일반적인 인력이 발생한다. 이 일반 인력은 모든 개별 물질에서 다른 물질 사이에 같은 거리가 놓여 있을 때 그 사이 공간이 어느 정도로 충만한 것인지에 비례해 즉 그들의 척도에 비례해 행사돼야 한다."

151) 〈SK 122:6~30〉〈FM 92:27~93:6〉

따라서 만유인력의 법칙 또는 법칙의 순수 개념은 특정한 영역에 적용되는 법칙에 대립한다. 이런 [법칙의] 순수 개념이 본질이나 참된 내면세계로 여겨지는 한, 특정한[bestimmt] 법칙 자체가 지닌 **규정성**[Bestimmtheit]은 여전히 현상이나 아니면 감각적 존재에 속한다. 그러나 법칙의 순수 **개념**은 그 자신 하나의 **특정한** 법칙일 뿐이어서 **다른 여러 특정한 법칙**에 대립하는 법칙을 초월할 뿐만 아니라 또한, 순수 **개념**은 **법칙** 자체조차도 초월한다. 지금 거론되는 규정성은 원래 그 자체가 소멸하는 계기에 지나지 않으므로 이제 여기서 규정성의 계기는 더는 본질적인 것을 뜻할 수 없다. 왜냐하면, 이제 오로지 진리로 되는 법칙만이 눈앞에 나타나기 때문이다. 그러나 법칙의 **개념**은 **법칙** 자체에 어긋나는 것이다. 즉 법칙에는 구별된 것[전건과 후건]이 그 자체로 **직접** 존재하는 것으로 파악되면서 동시에 일반적으로 받아들여진다. 이렇게 **존속**하는 구별의 계기들이 지닌 관계를 표현하는 것이 법칙이다. 따라서 이 구별의 계기들은 서로 무차별하고 그 자체로 존재하는 본성들로 된다. 그러나 이와 동시에 법칙에 나타나는 서로 구별되는 부분들

[계기]은 그 자체가 특정한 측면에 해당한다. 법칙의 순수 개념 즉 만유인력이라는 개념의 참된 의미는 다음과 같이 파악돼야 한다. 만유인력이라는 개념은 절대적으로 **단순한 것**을 의미하기에 이런 개념에서는 법칙 자체에서 눈앞에 나타나는 **구별된** 계기들 자체가 다시 **내면적인 것**으로 즉 **단순한 통일**로 복귀한다. 이런 통일은 법칙이 지닌 내적 **필연성**을 의미한다.

152) 〈SK 122:31~124:7〉〈FM 93:8~94:4〉

이를 통해 법칙은 이중적인 방식으로 눈앞에 나타난다. 법칙은 한 번은 거기에서 구별된 것이 저마다 자립적인 계기로 표현되는 것이며 다른 한 번은 자기 내로 복귀한 단순한 존재라는 형식으로 출현하는 것이다. 여기서 우리는 후자의 형식을 **힘**이라고 부를 수도 있으나 여기서 힘은 자기 내로 수축하는 힘이 아니라 오히려 힘 일반을 뜻하거나 힘의 개념을 뜻한다. 그러므로 이 힘은 추상적인 힘이며 서로 구별된 두 힘 즉 끌어당기는 힘과 끌어당김을 당하는 힘을 자체 내에서 결합하는 힘이다. 그리하여 예컨대 **단순하게 표현되면** 전기는 **힘**이지만, 이것을 구별을 통해 표현하면 **법칙**이며, 이때의 구별된 것은 양전기와 음전기다. 낙하 운동의 경우 **힘**은 단순하게 표현된 것 즉 **중력**이다. 이 중력이 **법칙**으로 표현된다면 그것은 운동을 이루는 구별된 계기들 즉 흘러간 **시간**의 크기와 지나간 **공간**의 크기가 제곱근과 제곱 사이에서와 같은 상호관계를 지닌다. 전기 자체는 그 자체에서 **구별을** 지니지 않으며 또는 본질상 양전기와 음전기라는 이중적 본체[Doppelwesen]를 지닌 것도 162[*]1 아니다. 따라서 흔히[이중적 본체로서] 양, 음의 전기는 이러이러

162 헤겔은 전기는 순수한 통일적인 힘인데, 그것이 법칙으로 표현되면 두 대립하는 전기 −전기와 +전기가 나타난다고 본다. 그러므로 헤겔은 독립적인 본체로서 양전기나 음전기라는 것을 부정하며, 동시에 −전기와 +전기란 허구에 불과하

한 방식으로 **존재하는** 법칙을 **지닌다거나** 더 나가서 자신을 표출하는 **성질을 지닌다**는 식으로 얘기되곤 한다. 여기서 자신을 표출한다는 전기의 성질은 이런 전기의 힘이 지니는 본질적이고도 유일한 성질이다. 달리 말하자면 이런 전기의 성질은 전기의 힘에 **필연적**이다. 그러나 다만 여기서 말하는 필연성이란 하나 마나 한[leeres] 낱말에 지나지 않는다. 왜냐하면, 힘이 그처럼 이중화하는 것은 **그럴 수밖에 없으므로 그렇게 해야 하기** 때문이다. 물론 +전기가 있는 곳에는 본래[an sich] -전기도 있을 수밖에 없다. 왜냐하면, +는 오직 -에 관계하는 것을 통해서만 있을 수 있을 뿐만 아니라 또한, +는 -와 마찬가지로 **그 자체에서** 자신을 자신으로부터 구별하는 것이기 때문이다. 그러나 전기 그 자체가 자신을 그처럼 분화한다고 하는 사실은 본래 필연적인 것은 아니다. 전기는 **단순한 힘**으로 본다면 양전기와 음전기로 **존재하는** 그 법칙에 대해서 무차별하다. 따라서 우리가 만약 전자[단순한 힘]를 전기의 개념이라 하고 후자[양전기 음전기의 법칙]는 전기의 존재라고 한다면 이때 그 개념은 자기의 존재에 대해 무차별하다. 전기는 다만 이런 성질을 **갖는 것**일 뿐이지 그와 같은 존재는 전기에 **본래** 필연적인 것은 아니다.* -그런데 이런 개념과 존재 사이의 무차별함은 다른 모습으로 나타날 수도 있는데, 바로 양전기와 음전기라는 존재를 전기의 **정의**에 속한다거나 양전기와 음전기라는 존재를 바로 전기의 **개념**이며 그 본질을 뜻한다고 말할 때이다. 그렇게 말할 때라면 전기의 존재는 **전기의 실존** 일반을 뜻할 것이지만, 이런 정의 속에는 **전기가 그와 같이 실존할 필연성**이 없을 것이다. 전기는 **발견되는** 것이므로 존재하거나 아니면 그 실존은 타자에 의한 것이다. 전자[발견되는 것]라면 전기는 결코 필연

고 전기는 단지 하나의 힘이라고 보는 생각도 거부한다.

적인 존재는 아니다. 후자[그 실존이 타자에 의한 것]라면 그 필연성은 어떤 외적인 필연성이다. 그러나 이때 **타자에 의한 존재**라는 규정 속에 외적인 필연성이 들어 있으므로 우리는 조금 전 **법칙**을 법칙으로 고찰하고자 떠나왔던 **여러 특정한** 법칙으로 다시 전락한다. 개념적으로 파악된 법칙의 **개념** 또는 법칙의 필연성은 이런 후자의 경우[그 실존이 타자에 의한 것]와 비교될 수 있지만, 법칙의 필연성은 지금까지 거론된 이 모든 고찰의 형식에서는 아무 내용도 없는 말에 지나지 않는다는 사실은 이미 제시됐다.

*[1] FM주 〈93:18~21〉 헤겔은 여기서 전기에 관한 서로 다른 이론을 거론한다. 프랭클린B. Franklin은 양전기와 음전기를 주장하는 드페이 DuFay와 그 지지자와 달리 하나의 전기 유체를 전제한다. 헤겔이 양전기, 음전기라는 이중적 본체가 있다는 주장을 반대할 때, 그는 프랭클린 이론을 편든다. 프랭클린의 저술에서 전기 물질의 속성이 탐구되는데 그의 저술 밖에도 헤겔은 특히 독일어 번역본을 주목했을 것이다. 그 번역본 서문에서 번역자는 전기 이론의 역사에 관해 특히 프랭클린의 이론을 소개한다. 참조: 프랭클린Benjamin Franklin, 『전기에 관한 편지』, 서문. (역주: 헤겔에서 전기는 대립의 통일인데, 플랭클린은 전기의 독립적 본체를 상정한다는 점에서 차이가 있다)

*[2] FM주 〈93:33~34〉 헤겔은 아마도 리히텐베르크의 정식에 주목하는 것으로 보인다. 참조: 리히텐베르크Georg Christoph Lichtenberg, 『전기 물질의 본성과 운동을 연구하기 위한 새로운 방법에 관해서』, S. 93: "두 가지 전기가 있거나 하나인 물질의 두 가지 서로 다른 변용이 있어서 긍정적이고 부정적인 크기의 규칙에 따라 제한된다. 나는 믿기에 그런 주장은 의심할 여지가 없으며, 내 견해에 따르자면 이 학문 분야에서 수학적인 확실성에까지 이른 몇 안 되는 명제들 가운데 제일 우위를 차

지한다."

153) 〈SK 124:8~34〉〈FM 94:5~25〉

그런데 이제는 법칙과 힘 또는 존재와 개념 사이의 무차별성이 지금까지 제시된 것과는 또 다른 방식으로 눈앞에 나타나기도 한다. 예를 들어보자면 운동의 법칙에서 운동이 필연적으로 시간과 공간으로 또는 더 나가서 거리와 속도로 자기를 **분화하는 것**은 필연적이다. 운동이란 다만 이상과 같은 계기들의 관계에 지나지 않으므로 이 관계의 일반적 형식이라고 할 운동은 여기서 **자기 자신에서**[an sich selbst] 두 요소로 분화되고 있음이 분명하다. 그러나 이런 분화 즉 시간과 공간으로의 분화 또는 거리와 속도로의 분화는 그 자체에서[an ihnen] 보면 어떤 단일 요소로부터 기원한 것을 표현하지는 않는다. 즉 이들 분화된 계기들은 서로 무차별하다. 말하자면 공간은 시간이 없이도 생각될 수 있고, 시간은 공간이 없이도 생각될 수 있으며 또한, 거리는 적어도 속도가 없이도 존재할 수 있는 것으로 여겨질 수 있다. 마찬가지로 각 계기의 크기도 서로 무차별한 상태에 있다. 왜냐하면, 이들이 서로 +와 −와 같이 관계하지 않으며 즉 **자신의 본성**에 따라서 서로 관계하는 것이 아니기 때문이다. 이런 **분화**가 일어나는 필연성은 여기서 분명 눈앞에 있지만, 그 **부분들** 자체는 결코 서로에 대해서 존재하지 않는다. 그러나 그런 까닭에 이와 같은 분화의 필연성 자체는 다만 한낱 현혹된 데 지나지 않는 거짓된 필연성일 뿐이다. 즉 여기서는 운동 그 자체가 어떤 **단순한 것**, 또는 순수한 본질로 생각되는 것이 아니라 오히려 이미 그 계기로 분화된 것으로 생각된다. 시간과 공간은 운동의 **자립적인** 부분이거나 **그 자체에서 존재하는 본질**일 뿐만 아니라 또한, 거리와 속도도 그것이 존재하는 방식이든 그것을 관념화하는[Vorstellens] 방식이든 간에, 그 가운데 어느 하나는 사실 다른 하나가 없어도 존재할 수 있는 것처럼 생각될 수 있다. 그리하여 운동은 이들 부분 사이의 **피상적인** 관계에 지나지 않을 뿐, 결코 그 부분의 본성에 속하지 않는다. 운동이 단순한 본질이나 힘으로 여겨질 때 이것이 곧 **중력**인데, 이런 중력은 이상과 같이 구별된 부분을 포함하지 않는다.

[해제] 1) 앞에서 헤겔은 법칙을 힘의 유희를 통해 설명하고 이런 힘의 유희를 통일하는 힘의 개념을 제시하면서 내면세계로 들어왔다. 이어서 개별 법칙과 일반 법칙의 관계를 다룬다.

힘의 개념이 현상에 출현할 때, 그것이 있게 된 조건에 따라서 "그때마다 또 다른 방식으로 실현되면서" 그것이 있게 된 구체적 조건 즉 실존 때문에 힘의 개념이 실현된 법칙에는 "자기 나름대로 존재하면서 내면세계로 들어가지 못하는 측면이 남아 있게" 된다. 이 자기 나름의 측면은 아직 법칙 속에서 지양된 것이 아니므로, 법칙은 여기서 완전하게 현상하지 못한다. 그 결과 "결함을 지닌" 개별 법칙으로 된다.

힘의 개념이 순수한 법칙으로 표현될 때는 모든 현상에 걸친 가장 일반 법칙으로 표현될 때다. 이는 현상의 구체적 조건을 벗어나는 것이므로 추상적인 법칙으로 될 수밖에 없다.

2) 일반 법칙은 법칙을 이루는 두 요소의 구별이 사라지면서 법칙 관계는 다만 피상적인 표현에 지나지 않는다. 이제 일반 법칙에서는 "법칙이라는 규정성이 제거된다." 그러므로 이 일반 법칙은 힘의 개념으로 바꾸어 표현할 수 있다. 현상 세계의 일반 법칙에 이르러 내면세계와 현상 세계가 합일한다.

거꾸로 내면세계의 힘의 개념이 현상 세계의 일반 법칙으로 표현되면 서로 관계하는 두 요소로 분화된다. 이 두 요소는 자립적인 요소가 아니라 자기를 이미 지양한 요소이므로, 추상적인 것이다. 예를 들어 인력과 척력, +전기와 -전기와 같은 것이다. 이처럼 지양된 것 사이의 관계는 필연적이므로 이런 분화는 곧 사라지고 힘의 개념으로 합일되고 만다. 그러므로 지성은 "일반 법칙을 발견했다고 생각하지만" 실상 그것은 "법칙 자체의 개념" 즉 힘의 개념에 지나지 않는다.

   3) 헤겔은 이점을 설명하면서 두 가지 예를 든다. 헤겔은 우선 전기를 예로 든다. 예를 들어 전기 그 자체는 구별이 없는 하나의 힘이다. 이것은 전기의 개념이다. 그러나 이 전기는 일반 법칙에서는 서로 배타적으로 작용하는 -전기와 +전기의 관계로 표현된다. 헤겔은 반면 독립적으로 실재하는 것으로서 유리 전기나 수지 전기 등을 전기의 현존이라 한다. 전기의 현존에서 그 뒤에서 전기의 개념이 작용하지만, 표면적으로는 전기의 현존은 서로 무관한 것이며 그 관계의 법칙도 경험적으로 얻어진다. 그런 법칙은 "발견되는 것이거나" 아니면 법칙의 "실존은 타자에 의한 것"이다.

   또 하나의 예가 힘의 법칙이다. 힘의 법칙은 지상에서는 낙하 법칙으로, 천체에서는 천체운동의 법칙으로 표현되는데 이는 현상의 법칙이다. 예를 들어 낙하 법칙은 시간과 공간의 관계($S=\frac{1}{2}at^2$)로 이루어져 있다. 그러니 시간과 공간은 서로 자립적인 계기며, 이것들의 관계는 무차별하고 피상적이다. 그러므로 이런 법칙은 경험에서 발견되는 법칙이다. 반면 만유인력의 법칙은 이에 대립하는 일반 법칙이다. 이 법칙은 이제 만유인력이라는 힘으로 규정된다. 이 통일된 힘이 분화되면서 인력과 척력이 서로 필연적으로 작용한다는 법칙으로 표현된다. 인력과 척력은 서로 대립하는 힘이라는 사실만 말하지, 그 자체가 어떤 구체적 내용을 지닌 것은 아니다. 이 법칙은 어떤 외적인 필연성이 아니라 힘의 개념에서 나오는 필연성이다.

   4) 이런 구체적 현상의 법칙은 이중적 측면을 지닌다. "한 번은 거기에서 구별된 것이 저마다 자립적인 계기로 표현되며 다른 한 번은 자기

내로 복귀한 단순한 존재라는 형식으로 출현한다." 자립적 계기들은 서로 무차별하며 그 관계는 우연적이다. 자기 내로 복귀한 단순한 존재는 "자기의 본성에 따라서 서로 관계하는 것"이므로 필연적이다.

154) ⟨SK 124:35~125:36⟩ ⟨FM 94:26~95:17⟩

따라서 이 두 경우[시간과 공간, 속도와 거리]에서 구별은 **본래적인** [an sich] **구별**은 아니다. 일반자로서 힘은 법칙 속에서 발견되는 분화에 무차별하거나 법칙에서 그 부분을 이루는 구별된 것들은 서로에 대해 무차별하다. 그러나 지성은 본래적인 구별의 개념을 파악한다. 그 가능성은 법칙이 한편으로 보면 내면적인 것, **본래적인 것**[Ansichseiende]이지만, 동시에 **그런 내면에서 이미 구별된 것**이라는 사실 속에서 곧바로 발견된다. 따라서 이 구별이 **내적 구별**이라는 사실은 법칙이 곧 **단순한 힘** 또는 그러한 구별의 **개념**이므로 법칙은 **개념에서 전개되는 구별**이라는 사실에 들어 있다[vorhanden]. 그러나 이런 내적 구별은 처음에는 다만 여전히 **지성**을 통해 파악한 것에 속할 뿐이므로 아직 **사태 자체에서 확립된 것**은 아니다. 그러므로 지성이 언표하는 구별[163]은 다만 지성 자신에 속하는 필연성에 지나지 않는다. 이 구별은 어디까지나 지성이 만든 것이어서 그 때문에 지성은 이 구별이 **사태 자체의 구별**이 아니라는 사실을 동시에 언표한다. 이런 필연성은 다만 언어를 통해 표시될 때 그 필연성의 원환을 이루는 계기들을 차례로 이야기하는[Hererzählung] 것으로 된다. 여기서 계기들은 구별되지만, 동시에 그런 계기들의 구별은 사태 자체에 속하는 구별이 아니므로 언표되면서 곧바로 다시 다시 지양되고 만다. 이런 운동이 **설명**[Erklären]이라고 불린다. 그러므로 [이

---

163 구체적 개별 법칙과 추상적 일반 법칙 즉 힘의 법칙 사이의 구별을 말한다. 헤겔은 이 관계를 설명의 관계로 보며, 이는 지성이 설정하는 관계로 규정한다.

런 설명에서는] 하나의 **법칙**이 언표되면서 이 법칙으로부터 이 법칙에 대해 본래 일반자며 근거로 되는 법칙이 구별된다. 이것이 바로 **힘**이다. 그러나 이 구별에 관해서 말하자면 이 구별은 별다른 구별이 아니고 오히려 그 근거는 전적으로 법칙과 같은 모습을 지닌 것이다. 예를 들어서 번갯불이 일어나는 개별 현상을 일반적인 것을 통해 파악한다면 이때 일반자는 전기의 **법칙**으로 언표된다. 여기서 설명은 [개별 현상의] **법칙**을 그런 법칙의 본질을 형성하는 것인 전기의 **힘**으로 종합한다. 그러면 이와 같은 힘이 지닌 모습을 보자. 이 힘은 표출되면 서로 대립하는 전기력[+, −전기]들이 출현하지만, 이 전기력들은 다시 [힘 속에서] **사라지는 것**이다. 즉 **힘**은 **법칙과 같은 모습**을 지닌 것이고 따라서 양자는 전혀 구별되지 않는 것이라고 말해진다. [설명에서] 구별된 계기들은 한편에 순수한 일반적 표현 또는 법칙이고 다른 편에 순수한 힘이다. 그러나 법칙과 힘, 이 두 가지는 **같은** 내용을 지니며, **같은** 모습을 지닌다. 구별은 내용의 구별 즉 **사태**에서 일어난 구별이지만, 바로 그 때문에 그런 구별은 다시 철회된다.

155) ⟨SK 126:1~29⟩ ⟨FM 95:18~39⟩

이미 밝힌 것처럼 설명에서 제시된 동어반복적인 운동 속에서 지성은 자신의 대상이 이루는 고요한 통일 곁에 맴돈다. 그 모든 운동은 단지 지성 자신에게만 관련될 뿐, 대상에 속하지 않는다. 설명이란 이런 운동이니 그것은 전혀 아무것도 설명하지 않을 뿐만 아니라 너무나 빤한 것이기에 이미 말했던 것과 구별되는 어떤 것을 말하려는 듯이 보이지만, 결국, 아무것도 말하지 못한 채 다만 같은 내용을 되풀이할 뿐이다. 이런 [설명의] 운동을 통해 사태 자체에서는 하등 새로운 것이 발생하지 않으며 오히려 이 운동은 다만 지성에 속하는 운동으로 고찰될 뿐이다. 그러나 우리는 이 운동 속에서 법칙에서 헛되이 찾아왔던 것 즉 절대적인 교체 자체를 곧바로 인식한다. 왜냐하면, 이런 [설명]의 운동을 좀 더 곰곰이 따져보면 그 운동은 직접 자기 자신과는 반대되는 것으로 되기 때문이다. 즉 이 [설명] 운동은 **구별**을 설정하지만, 이 구별은 단지 우리가 보기에만 **아무런 구별도 되지 못하는 것**만이 아니다. 나아가서 그 운동 자체가 그런 구별을 그것이 구별인 한에서 지양하는 운동이다. 이런 교체는 힘의 유희로 서술됐던 것과 같은 것이다. 그러한 힘의 유희에서 촉발하는 힘과 촉발되는 힘 또는 자기를 표출하는 힘과 내면으로 수축하는 힘의 구별이 있었지만, 참으로 말하자면 그러한 구별된 것들은 구별된 것들이 아니었으며 그러므로 다시 직접 지양되는 것이었다. 더는 **어떤 구별도 설정되지 않는** 단순한 통일만이 눈앞에 있는 것은 아니다. 오히려 이런 **운동**은 **구별이 이루어지는** 운동인 것은 사실이지만, 이 구별은 아무런 실질적 의미가 없는 구별인 까닭에 **다시 지양돼 버리는 것**이다. —이렇게 볼 때 설명이 등장하면서부터 앞에서는 다만 내면세계 밖에 오직 현상계에서만 볼 수 있었던 변천과 교체가 초감각적인 영역 자체에까지 침투한다.[164] 그러나 우리의 의식은 대상으로서 내면세계에서 나와서 다른 측면으로 건너가 지성 속으로 넘어 들어가며 이제 그 지성 속에서 일어나는 교체를 발견한다.

156) 〈SK 126:30~127:27〉〈FM 96:1~26〉

그런데 이런 [설명에서] 교체는 아직은 사태 자체의 교체라고 할 수는 없고 오히려 교체되는 계기[165]가 지닌 **내용**은 같은 것으로 머무른다

---

164 예를 들어 만유인력의 법칙처럼 통일적인 힘의 개념이 법칙이라는 구별된 계기의 관계로 표현되는 것을 말한다.

165 설명에서 일반 법칙, 개별 법칙 사이의 교체를 말한다. 이런 교체는 같은 것이 다른 방식으로 표현될 뿐이다.

는 사실을 통해서 자신이 순수한[reiner] **교체**라는 사실을 드러낸다. 그러나 지성이 파악하는 개념으로서 **개념**은 사물의 **내면**이 지닌 본성과 같은 것이므로 이런 **교체**는 지성이 보기에는 **내면의 법칙**으로 나타난다. 마침내 지성은 **현상의 법칙**에서는 구별된 것들이 생성되지만, 이런 구별된 것은 구별된 것이 전혀 아니며 또는 **같은 이름을 지닌 것**[Gleichnamige]이 자기를 자신으로부터 **밀어낸다**는 사실을 **경험한다.** 또한, 지성은 이렇게 생겨난 구별된 것은 참된 의미에서는 구별된 것이 아니며 자기를 지양하는 것이라는 사실을 경험한다. 달리 말하자면 [oder] 지성은 **서로 같지 않은 이름을 지닌 것**[Ungleichnamige]들이 서로 **끌어당긴다**는 사실을 경험하게 된다. -이것이 **두 번째 법칙**인데, 그 내용은 앞에서 법칙으로 불렸던 것 즉 항상 자기와 같음의 상태로 머무르는 구별들에 대립한다.[166] 왜냐하면, 이 새로운 법칙은 오히려 **같은 것이 서로 같지 않게 되고 다시 서로 같지 않은 것이 같은 것으로 되는** 운동을 표현하기 때문이다. 멍청한 사유에 기대할 일도 아닌데도[zumutet] 개념적 사유[Begriff]는 멍청한 사유에 두 가지 법칙을 모아 놓고 양자의 대립을 의식하기를 요구한다. -두 번째 또는 내적으로 자기와 같음을 지닌 존재도 물론 법칙이지만, 여기서 자기와 같음이란 오히려 자기와 같지 않은 것의 자기와 같음을 의미하며 그 항상성은 비 항상성의 항상성을 의미한다. -이 두 번째 법칙은 힘의 유희에서 절대적 이행 또는 순수한 교체를 보여준다. 같은 이름을 지닌 것[Gleichnamige] 즉 힘은 자기

---

166 첫 번째 법칙은 중력 법칙과 같은 개별자를 추상적으로 일반화한 것을 말한다. 두 번째 법칙은 일반자지만, 개별자에 대해 전도된 관계를 맺는다. 구체적 일반자로서 척도와 개별자 사이의 관계가 그러하다. 척도는 개별자의 매개 중심이며, 다양한 개별자로 분화하며 개별자는 일반적 척도로 복귀한다. 헤겔『논리학』에서 추상적 일반자는 척도로 발전하고 이 척도가 다시 생명으로 발전한다.

를 분열해 대립으로 들어가며, 여기서 대립하는 것은 일단 자립성을 지닌 구별로 나타나지만, 이런 구별은 사실은 아무런 구별일 수도 없다는 것이 입증된다. 왜냐하면, **같은 이름을 지닌 것**은 자신을 자기 자신으로부터 밀어내게 하며 또한, 이처럼 밀어낸 것들은 **서로 같은 것**이니 근본적으로 서로 끌어당기기 때문이다. 구별이 생기지만, 그 구별은 아무런 구별도 아니니 스스로 다시 지양된다. 여기서 마침내 구별은 **사태 그 자체의** 구별로 또는 절대적 구별로 나타나며 또한, 이런 **사태**의 구별이란 같은 이름을 지닌 것이 자기를 자신으로부터 밀어내게 하면서 대립을 확립하지만, 그런 대립은 단지 아무런 대립이 아니라는 사실을 말한다.

157) 〈SK 127:28~128:12〉〈FM 96:27~93:4〉

이와 같은 원리에 따라 최초의 초감각적인 세계, 법칙의 평온한 나라 그리고 지각된 세계를 직접 모사한 세계는 모두가 그 자신과는 반대되는 것으로 전도됐다. 법칙은 그 속에 있는 구별된 것들과 마찬가지로 **자기와 같음의 상태로 머무르는 것**이었다. 그런데 이제는 그 양자[구별된 것과 자기와 같음의 상태로 머무르는 것]가 다 같이 오히려 그 자신과는 반대되는 것으로 된다는 사실이 확립된다. 즉 **자기와 같은 존재**는 오히려 자기를 자신으로부터 밀어내게 하며, 또한, 자기와 같지 않은 존재는 그 자신을 자기와 같은 존재로 확립한다. 사실상 이런 규정을 통해 단지 자기와 같은 존재가 곧 자기와 다른 존재로 되며 반대로 자기와 다른 존재가 곧 자기와 같은 존재로 되는 가운데 구별이 단지 **내면적인, 또는 그 자체로 존재하는** 구별로 될 뿐이나. ㅡ이와 같은 **두 번째로 등장한 초감각적 세계**는 이미 첫 번째 등장한 초감각적 세계에서 눈앞에 나타나지만, 다만 첫 번째 초감각적 세계가 **전도**된 것으로 된다.

이와 더불어 내적인 세계는 완성돼 현상으로 된다.[167] 그 이유는 이렇다. 즉 첫 번째 등장한 초감각적인 세계는 단지 지각된 세계가 일반자의 지반 속으로 **직접 끌어올려진** 것이다. 최초의 초감각적 세계는 그 자신의 필연적인 거울상을 이 지각된 세계에 두고 있었다. 반면 지각된 세계는 여전히 **자기 나름대로**[für sich] **교체**와 **변화**의 원리를 보존했다. 따라서 법칙의 첫 번째 나라에는 그러한 변화와 교체의 원리가 없었으나 이제 전도된 세계[두 번째 법칙]로 되면서 그런 원리를 얻기 때문이다.

158) ⟨SK 128:13~129:8⟩ ⟨FM 97:5~26⟩

이와 같은 전도된 세계[두 번째 초감각적 세계]의 법칙에 따른다면 첫 번째 경우에 나타난 **같은 이름을 지닌 것**은 곧 자기 자신에 대해 **다른 것**으로 되며 또한, 최초의 **서로 같지 않은 것**도 역시 **그 자신**[다른 것]**에 대해 같지 않은 것** 달리 말하자면 자기와 **같은 것**으로 된다. 이런 사실을 특정한 계기와 연관해 본다면 다음과 같은 사실이 밝혀진다. 즉 최초의 세계에서 등장한 법칙에서는 감미롭게 느껴지던 것이 이처럼 전도된 그 자체의 세계에 속한 법칙에서는 신맛이 난다. 또한, 전자의 경우에는 검은색이었던 것이 후자의 경우에는 흰색으로 된다. 최초 세계의 법칙에서 자극의 북극인 것이 다른 초감각적 그 자체 세계(즉 지구)에서는 남극이며 그러나 전자의 경우에는 남극이던 것이 후자에서는 북극이다. 이와 마찬가지로 최초 세계의 전기 법칙에서는 수소 전극이던 것이 이와는 다른 초감각적 본질 세계에서는 산소 전극으로 되며 거꾸로 전자의 경우에 수소 전극이던 것이 후자에 와서는 산소 전극으로 된다. 예를 다른 영역에서 찾아보자면, **직접 존재하는 법률**에 따르

---

167 추상적 법칙에서 내면적 일반자는 구체적 개별자에 은폐된다. 그러나 구체적 일반자로서 척도에서 일반자는 구체적 현상으로 출현한다.

자면 적에 복수를 가한다는 것은 피해를 당한 개인이 누릴 수 있는 최고의 만족을 뜻한다. 그러나 이런 법률[복수의 법]은 나를 주체적 존재[Selbstwesen]로 다루지 않는 자에게 나를 그에 대립하는 주체적 존재로 제시하고 오히려 자신을 주체적 존재로 여긴 그를 지양하는 것이니, 그런 **법률**[복수의 법]은 다른 세계[anderen Welt]에 속한 원리를 통해서 **대립하는 법률로 전도**된다. 즉 주체적 존재로서 나를 다시 회복하는 것은 타인의 주체적 존재를 제거하는 것을 통해서 자기 파괴로 전도된다. 범죄의 **처벌**에서 나타나는 전도를 이제 **법률**로 삼으면 이런 전도[범죄의 처벌]는 다시 어떤 세계의 법률일 뿐이니, 그것에 **대립하는 전도된** 초감각적 세계에서는 전자의 세계에서 경멸 되는 것이 존경받고, 존경받는 것은 경멸 된다. 그리하여 **전자의 세계에 속하는 법률**에 따라서 한 인간에게 창피를 주고 그를 제거하는 처벌은 그 자신의 **전도된 세계**[초감각적 세계]에서는 오히려 그의 본질을 보존함으로써 그를 영예에 이르게 하는 은총으로 전환되고 말 것이다.

159) ⟨SK 129:9~130:22⟩ ⟨FM 97:27~98:26⟩

표면적으로만 보면 이처럼 전도된 세계란 처음의 세계와는 반대되는 세계다. 전도된 세계는 이런 처음의 세계를 자기 바깥에서 가지며 처음의 세계는 전도된 **현실**을 자기로부터 밀쳐 내면서, 그 가운데 **한쪽**은 **현상**이지만, **다른 쪽**은 **그 자체 존재**며, **한쪽**은 **타자에 대해 존재하는** 모습이며 이에 반해 **다른 한쪽**은 **독자적**[für sich]으로 존재하는 모습이다. 따라서 앞에서 언급된 예를 통해서 본다면 단맛이 나는 것도 그 사물에서 **본래적**이거나 **내적인 측면**에서 본다면 신맛이 나는 것이며 또한, 현상계에서는 나타나는 실제 자석의 경우에서 북극이던 것이 **내면적**으로 또는 **본질적인 존재**에 비춰 보면 남극으로 된다. 그러므로 또한,

현상계의 전기에서 산소 전극으로 나타나는 것이 현상하지 않는 본래 세계의 전기에서는 수소 전극으로 된다. 이밖에도 또 **현상적**으로는 범죄에 속하는 행동도 **내면**에서는 선할 수도 있고(즉 악한 행동이라 하더라도 좋은 의도를 가질 수 있듯이) 처벌이란 것도 다만 **현상적으로 보았을 때**만 처벌일 뿐, **그 자체를 통해서**나 이와 또 다른 세계에서 볼 때는 범인에 대한 자선으로 될 수도 있다. 그러나 내면과 외면, 현상과 초감각 세계의 대립과 같은 두 종류의 현실 사이에서 일어나는 대립은 여기서 더는 눈앞에 나타나지 않는다. 서로 밀어내는 구별된 성질이 다시 [von neuem] 두 개의 실체에 할당되고 이 두 실체가 저마다 위의 구별된 성질 가운데 하나를 담당하면서 그런 구별된 성질에 분리된 존속을 부여하게 돼서는 안 된다.[168] 만일 그렇게 된다면 지성은 내면세계를 벗어나 자기가 앞서 위치했던 곳으로 되돌아가게 될 것이다. 그때 한쪽 측면이나 한쪽 실체는 다시 지각의 세계를 뜻하면서 이때는 두 개의 법칙 중 그 어느 하나만이 자신의 본성을 발휘하게 될 것이다. 또한, 이 세계에 대립하는 내적인 세계는 첫 번째 세계와 마찬가지로 **감각적 세계**지만, 다만 **관념**[Vorstellung] 속에 존재하는 감각적 세계다. 즉 이 내적 세계란 감각적 세계로 제시될 수 없으며 보거나 듣거나 맛을 볼 수 있는 것이 아니면서도 여전히 일종의 감각적 세계로서 표상될 것이다. 그러나 **한쪽에 설정된 법칙**은 지각된 세계며 반면 본래적[an sich] 존재는 이 지각된 세계가 전도된 것이면서도 지각 세계와 **마찬가지로** [감각적으로] **표상되는 세계**라 한다면, 원래 단맛이 나는 사물의 본래적 존재인 신맛이 나는 것[das Saure]은 단맛이 나는 사물과 같은 정도로 실제로 존재하

---

168 플라톤주의는 구체적 일반자 즉 척도의 세계를 독자적으로 존재하는 초월적 세계로 본다. 헤겔은 이를 비판하면서 지성으로 넘어왔다.

는 사물이니 즉 **신맛이 나는 사물**[ein saures Ding]이다. 흰색의 본래적 존재가 될 검은 색은 [흰색의 사물로 마찬가지로] 실제로 존재하는 검은색의 사물일 것이며 남극의 본래적 존재인 북극도 **같은 자석에서 눈 앞에 나타나는** 북극으로 될 것이며 더 나가서 수소 전극의 본래적 존재인 산소 전극도 같은 막대 기둥에 **출현하는** 산소 전극일 것이다. 그러나 **실제로 일어나는** 범죄는 **자기의 전도**를 의미하는 것 즉 그 자신의 **가능성**으로서 **본래적 존재**를 **의도** 자체 속에 가지지만, 그렇다고 해서 본래적 존재가 선한 것은 아니다. 왜냐하면, 의도의 진리는 단지 행위 자체에서 나타나는 것일 뿐이기 때문이다. 그러나 범죄는 **실제로 가해지는** 처벌에서 내용상 자기 내로 반성하는 것 즉 자신을 전도하는 것을 갖는다. 이런 처벌은 한편으로 법률과 다른 한편으로 범법으로 손상된 현실 사이에 일어나는 화해다. 그러므로 **실제로 일어나는** 처벌은 최종적으로 그 자신에서[an ihr selbst] 자신의 **전도된** 현실을 갖는다. 그 결과 처벌은 법률의 실현이며 그 때문에 법률이 수행하는 처벌 행위는 **자신을 지양한다**. 법률은 [피해를 복구하는] 활동 상태를 벗어나 다시 **안정된** 타당한 법률로 되고 더 나아가 개인의 활동이 법률에 대립하는 일이나 법률의 활동이 개인에 대립하는 일이 다 함께 소멸한다.

[해제] 1) 154~159 구절에서 헤겔은 지성 장을 마무리하고, 자기의식 장으로 넘어가기 위해 상당히 길게 일반 법칙과 개별 법칙 사이의 관계를 논한다.

이 부분에서 헤겔은 두 종류의 관계를 대비한다. 첫 번째 관계는 추상적인 일반 법칙으로부터 구체적인 개별 법칙을 끌어내는 관계다. 구체적 예를 들자면 만유인력의 법칙에서 지상의 낙하 법칙이나 천체의 행성 운동 법칙을 끌어내는 것이다.

이때 개별 법칙 자체가 구체적 조건 속에 있으므로 일반 법칙으로부터 개별 법칙으로 도출하는 과정은 표면적으로는 다르게 보이지만, 사실은 같은 내용이 되풀이되는 것에 지나지 않는다. 여기서 구별이 나타나지만, 이 구별은 "아무런 실질적 의미가 없는 구별"이다.

이때 헤겔은 설명의 관계에 있다고 보는데, 이는 지성이 전개하는 것 즉 "지성 자신에 속하는 필연성"에 그친다. 이런 설명은 "전혀 아무것도 설명하지 않을 뿐만 아니라 너무나 뻔한 것이기에" 결국, "아무것도 말하지 못한 채로 다만 같은 내용만 되풀이하는 것"이다.

2) 두 번째 경우는 개별 법칙과 일반 법칙이 서로 전도된 거울상과 같은 관계에 있을 때다. 이때 일반 법칙과 개별 법칙의 관계에서는 개념적인 구별이 일어난다.

이 두 번째 일반 법칙에서 일반 법칙과 개별 법칙 사이의 관계는 앞에서 말한 순수한 법칙과 힘의 개념 사이의 관계와 일치한다. 통일된 힘은 서로 대립하는 힘의 유희로 나타나고 이 힘의 유희가 다시 통일된 힘으로 복귀하였다. 여기서도 마찬가지로 일반자가 자기를 구별하면서 서로 다른 개별자로 되며, 다시 이 서로 다른 것으로서 구별된 개별자가 다시 자기와 같은 것은 일반자로 복귀하는 운동이 일어난다. 그것은 "같은 이름을 지닌 것이 자기를 자신으로부터 밀어내게 하면서 단지 대립을 확립하지만, 그런 대립은 아무런 대립이 아닐 뿐"이다. 이 운동은 지성이 이해하는 운동을 넘어 사물 자체가 전개하는 고유한 운동이다. 즉 "사태 자체에 속하는 구별"이다.

이 두 번째 일반 법칙과 관련해 헤겔은 구체적인 예를 통해 제시하지는 않았으나, 다음 장에서 보듯이 이 운동은 곧 척도가 전개되는 운동을 말하는 것으로 보인다. 척도란 그 자신이 하나의 사물이면서 동시에 다른 사물의 일반적 대표로 되는 것을 말한다. 척도 개념의 가장 구체적인 예는 마르크스가 『자본론』에서 전개한 화폐의 개념일 것이다.

이 척도의 개념이 곧이어서 생명체 개념으로 발전하는 것이니, 두 법칙 세계의 구별은 헤겔이 물체 법칙의 세계로부터 다음 장에서 구체적으로 전개되는 생명체의 세계로 이행하기 위해 매개 과정으로 보인다.

3) 헤겔은 이 두 번째 일반 법칙의 세계를 첫 번째 일반 법칙의 세계와 비교한다. 첫 번째 세계에서 일반 법칙은 "지각된 세계가 일반적 지반 속으로 직접 끌어올려진 것"이니, 지각 세계를 반영한다. 지각된 세계에 변화가 있다면, 이 첫 번째 법칙의 세계는 항상 고요하게 머무르는 세계다.

두 번째 법칙의 세계는 즉 척도는 한편으로는 일반 법칙의 세계다. 그러므로 이 세계는 지각적 현상 세계에 내면에 존재한다. 그런데 이 세계의 일반 법칙도 개별적인 감각적인 요소를 지닌다. 왜냐하면, 그 자체가 하나의 개별자인데 일반 법칙의 역할을 담당한 척도기 때문이다.

그런데 헤겔은 두 번째 법칙의 세계에서 나타나는 감각적 요소는 지각적 사물의 감각적인 현상의 전도라고 말한다. "최초의 세계에서 등장한 법칙에서는 감미롭게 느껴지던 것이 이처럼 전도된 그 자체의 세계에 속한 법칙에서는 신맛이 난다. 또한, 전자의 경우에는 검은색이었던 것이 후자의 경우에는 백색으로 된다"라는 것이다.

이 점을 어떻게 이해할 수 있을까? 척도 개념이 이것을 이해하는 데 도움으로 될 것으로 보인다. 척도와 그것이 대변하는 개별자 사이의 관계에서 개별자 안에서 요소들의 관계는 척도 안에서 요소들 사이의 관계와 전도된 방식으로 표현된다. 이것은 헤겔의 척도 개념을 통해 상품 화폐의 관계를 분석한 마르크스의 화폐 개념을 통해 쉽게 이해할 수 있다. 상품과 화폐의 관계를 보자. 화폐는 상품의 가치의 척도가 된다. 상품은 일반적으로 사용가치가 표면적이고 그 교환가치는 잠재적이고 사용가치를 통해서만 실현될 수 있다. 반면 화폐에서는 교환가치가 표면적이고 사용가치는 그런 교환가치를 담지하는 것에 그친다.

4) 헤겔은 이런 척도의 세계 즉 구체적 일반자의 세계를 플라톤의 이데아 세계와 같이 독립적으로 존재하는 초월적 세계로 즉 "관념 속에 존재하는 감각 세계로" 보아서는 안 된다고 말한다. 이것은 일반자를 추상적인 일반자로 이해하고 개별자로부터 분리하면서 나타난다. 그렇게 되면 다시 초월적 세계와 현상 세계 사이의 관계가 문제시된다. 그러므로 헤겔은 이런 초월적 세계를 거부한다. 즉 "서로 밀어내는 구별된 성질이 다시[von neuem] 두 개의 실체에 할당되고" "그런 구별된 성질에 분리된 존속을 부여하게 돼서는 안 된다"라는 것이다.

이 척도의 세계는 지각 세계 자체에서[an ihm selbst] 발견되는 일반적 세계라 한다. 다시 말하자면 이는 구체적 일반자, 척도의 세계다.

160) ⟨SK 130:23~131:12⟩⟨FM 98:27~99:8⟩

전도는 초감각적 세계의 한 측면에 속하는 본성을 이루는 것이므로, 이 전도에서 생겨난 감각적 관념은 서로 다른 존속 지반 속에서 고정돼 서로 구별된 것들과는 거리가 멀다. 그뿐만 아니라 구별 활동에 관한 절대적 개념이 순수하게 서술되고 또 파악돼야 한다면 그것은 내적인 구별 활동으로 되며 같은 이름을 지닌 것이 같은 이름을 지닌 것을 자신으로부터 밀어내게 하는 활동으로 되며 또한, 서로 같지 않은 것이 서로 같지 않은 것을 서로 같게 만드는 활동으로 된다. 여기서 순수한 교체 또는 **자기 자신 안에서의 대립** 즉 **모순이라는 생각**이 떠오를 수 있다. 왜냐하면, 구별은 내적인 구별이므로 이런 구별에서는 대립하는 것이란 **둘 가운데 어느 하나**라는 뜻만은 아니며-만약 그렇지 않다면[내적 구별이 아니라면] 대립하는 것은 어떤 존재자지 결코 대립하는 것일 수는 없을 것이므로-오히려 그것은 어떤 대립하는 것이 스스로 대립하는 것이거나 이미 자기 내에서 어떤 타자가 스스로 눈앞에 나타나는 것으로 봐야만 한다. 내[Ich]가 **이쪽 편**에 대립하는 어떤 것을 두고, **저쪽 편**에는 이 대립물이 대립하는 어떤 타자를 둔다면, 한쪽에 자리 잡은 **대립물**[Gegenteil]은 타자가 없더라도 그 자체로 자기에게 나타난 것[an und für sich]으로 된다. 그러나 여기서 내가 지닌 **대립물**[Gegenteil]은 **그 자체적인 것일 뿐만 아니라 대자적인 것**[an und für sich]이므로,[169] 바로 그러므로 이 대립물[Gegenteil]은 자기 자신에 대한 대립물을 뜻하거나 또 다른 말로 해서 이미 직접 자기 자신에서 타자를 간직한다. −초감각적 세계는 전도된 세계지만, 그와 동시에 자기의 타자로 되는 세계를 포괄하며 자기 자신에서[an sich selbst] 이 타자의 세계를 간직한다. 이 초감각적 세계는 자신에 대해[für sich] 전도된 세계 즉 자기 자신을 전도한 세계다. 이 초감각적 세계는 자기 자신과 동시에 자신에 대립하는 세계가 **통일된 것**이다. 오직 이런 방식으로만 초감각적 세계는 **내적**인 구별이며 **그 자체로 존재하**는 구별이며 또는 **무한성**으로 존재한다.

[해제] 이 구절에서 헤겔은 전도된 세계 즉 척도의 세계를 부연 설명한다. 척도는 어떤 개별적인 것이면서 동시에 일반적인 것이다. 여기서 척도에서 개별성과 일반성의 관계는 개별적인 것에서 개별성과 일반성 사이의 관계를 전도한 것이다. 이상은 앞에서도 설명했듯이 예를 들어 화폐와 상품의 관계에서 잘 드러난다.

헤겔은 여기에 덧붙여 척도에서 두 요소 즉 개별자와 일반자 사이의 관계를 내적인 구별이라고 한다. 즉 같은 것이 같은 것을 자기에 대립하게 하며, "서로 다른 것을 같이 만든다"라는 것이다. 또는 이 관계를 "순

---

169 앞의 경우와 뒤의 경우에서 모두 대립물은 'an und für sich'하다고 설명된다. 그 차이를 밝히자면 앞의 경우는 추상적 일반성, 초월적으로 존재하는 일반성을 말하고 뒤의 경우는 구체적 일반성을 의미한다. 여기서 개별자는 "자기 자신에서 자기의 타자[일반성]를 간직한다."

수한 교체, 자기 자신 안에서의 대립"이라고 한다. 그러므로 여기서 "대립물은 자기 자신에 대한 대립물을 뜻하며""직접 자기 자신에서 타자를 간직한다."

이런 내적인 구별은 이미 앞에서 만유인력이라는 힘의 개념이 인력과 척력의 대립이라는 법칙의 형태로 나타날 때, 헤겔이 언급했던 것이다. 하나의 힘이 법칙에서는 두 대립 항의 관계로 나타나는데, 이 대립 항의 관계는 서로 구별되지 않는 것의 구별이라는 것이다.

이런 내적인 구별은 만유인력과 같이 추상적인 법칙에서는 허구적인 것이고 실제로 존재하는 것은 아니었다. 그러나 척도라는 일반적 원리에서는 이 내적인 구별이 최초로 실제로 존재한다. 이 내적 구별의 개념이 참으로 나타나는 것은 다음에 설명할 생명체에서의 본질과 그 구성 요소 사이의 무한한 관계서다.

161) 〈SK 131:13~132:4〉〈FM 99:9~29〉

우리는 무한성에 이르면 법칙이 그 자체에서 필연성[170]을 획득하기에 이르며 현상의 모든 계기를 내면세계로 받아들인다는 것을 본다. 단순한 법칙은 무한성이며 지금까지 밝혀진 것에 따라서 볼 때 다음과 같은 것을 뜻한다. α) 단순한 힘은 **자기와 같음을 지닌 것**이지만, 그 자체에서 **구별**을 지닌다. 다른 말로 하면 이것은 같은 이름을 지닌 것이 자기 자신으로부터 자기를 밀쳐 내면서 또는 자신을 이원화한다. **단순한 힘**으로 불리던 것이 스스로 **이중화**하면서 또한, 이런 무한성을 통해서 법칙으로 된다. β) 이렇게 이원화된 것이 **법칙** 안에 있는 것으로 생각되

---

170 예를 들어 낙하 법칙처럼 구체적 법칙은 특정한 요소(시간, 거리)들의 관계므로 우연적이다. 그 필연성은 배후에서 작용한다. 척도 즉 무한성에서 일반자가 개별자로 분화하여 다시 자기 내로 복귀하므로, 여기서 법칙은 그 자체에서 필연성을 지닌다.

는 부분을 이루므로 이 이원화된 것은 이제 존속하는 것으로서 나타난다. 이런 부분을 내적 구별이라는 개념 없이 고찰한다면, 중력의 계기를 이루는 두 요소인 공간과 시간 또는 거리와 속도 등은 중력 자체에 대해서와 같이 그들 서로 사이에서도 무차별하며 즉 서로 어떤 필연성도 없는 것으로 된다. 이것은 마치 단순한 중력이 자신의 계기들에 대해서 무차별하거나 단순한 전기력이 양전기나 음전기에 대해서 무차별한 관계에 있는 것과도 같다. γ) 그러나 마침내 그와 같은 서로 같지 않은 것과 서로 무차별한 것들 예를 들어 공간과 시간 등은 내적 구별이라는 개념에 따라 구별된 것이지만, **구별될 수 없는 구별**로 되며 단지 **같은 이름을 지닌 것이 자기를 구별한 것**으로 되며 이런 구별의 본질은 통일로 된다. 이처럼 서로 구별되는 것은 활력이 불어넣어져서 긍정적인 것과 부정적인 것으로서 서로 대립한다. 그것들이 존재한다는 것은 오히려 자신을 비존재로 설정하는 것이며 자기를 통일 속에서 지양한다는 것을 뜻한다. 여기에서 두 개의 구별된 것이 성립한다. 이것들은 **그 자체로** 존재하면서 **본래 대립**한다. 다시 말하면 그것들은 자기 자신에 대해 대립한다. 이것들은 그 자체에서 자신의 타자를 간직하며 오직 **어떤** 통일 속에 있는 것일 뿐이다.

162~1) 〈SK 132:5~132:28〉〈FM 99:30~100:18〉

이와 같은 단순한 무한성 또는 절대적인 개념은 생명의 단순한 본질, 세계의 영혼이라고 불린다. 그리고 또 이 개념은 일반적인 피 즉 곳곳에 존재하면서 그 어떤 구별을 통해서도 농도가 묽어지거나 끊기는 일이 없으며, 오히려 스스로 모든 구별된 것으로 되고 동시에 그런 구별된 것을 지양한 존재므로 자기 내에서 맥박치면서 동시에 스스로 움직이지 않으며. 자기의 내면에서까지 흔들리면서도 불안함이 없이 존재한다. 따라서 이런 단순한 무한성은 **자기와 같음을 지닌 것**이다. 왜냐하면, 이때 서로 구별되는 것은 다만 동어반복적인 것이기 때문이다. 여기서 구별되는 것들은 전혀 구별된 것이라 할 수 없다. 따라서 이런 자기와 같음을 지닌 본질은 오직 자기 자신에만 관계한다. 이처럼 자기 관계하는 본질은 자기가 관계하는 타자로 되며 자기 **자신에 대해 관계 맺는다**는 것은 오히려 **이원화하는 것**을 뜻한다. 또는 그처럼 자기 자신과 같은 것도 내면적인 구별을 의미하는 것으로 된다. 따라서 이처럼 **이원화된 것들은 그 자체적이면서 동시에 대자적인 것**이고 각자는 하나의 대립물-즉 **자기와 다른 것**의 대립물이다. 그러므로 이런 가운데서 동시에 타자는 이미 그 자신과 더불어 언표된다. 이것을 다른 말로 하면 이원화된 것 가운데 어느 것도 **어떤 타자**에 대해 대립하는 것이 아니며 오직 **순수한 대립물**이며 그러므로 그 자체에서 자신의 대립물이다. 또는 어느 것도 무릇 대립물이라 하기보다는 순수하게 자기 관계하는 존재며, 말하자면 그 어떤 구별도 자체 내에 포함하지 않은 순수하게 자기 자신과 같은 존재다. 그러므로 우리는 **어떻게** 이런 순수한 본질로부터 즉 **이로부터** 어떻게 구별이나 타자 존재라는 것이 나올까 하는 문제에 관해 의문을 품을 필요도 없으며 더욱이 그와 같은 문제*로 애를 태우는 것이 마치 철학의 본질로 되기라도 하는 듯이 여기며 심지어는 그러한 문제가 결코 철학으로서는 대답할 수 없는 것으로 여겨서는 안 되겠다.

*FM주 〈100:6~8〉 이런 물음은 셸링의 저서에서 되풀이해서 파악되며 그것은 한 가지 방식으로 대답 됐지만, 쾨펜Köppen이나 에셴마이어Eschenmayer, 그리고 바그너Wagner의 비판을 불러일으켰다. 헤겔은 여기서 셸링과 에셴마이어의 토론을 거론한다.

[해제] 1) 쾨펜과 바그너의 비판은 에셴마이어의 편을 들었는데, 그런 비판에 대해서는 쾨펜Friedrich Köppen, 『셸링의 학설 또는 절대적 무에 관한 철학 전체』, S. 28, 68 참조.

2) 에셴마이어의 비판에 관해서는 다음을 참조하라: 에셴마이어Carl August von Eschenmayer, 『비 철학으로 이행하는 철학』, S. 65~78. 에셴마이어는 셸링, 『브루노』, 『전집』, 4권, S. 257을 거론한다. 에셴마이어는 셸링의 비판을 다음과 같이 요약한다: "우리는 위의 문제로 이제 돌아간다. 이 요청은 모든 차이와 무차별성 밖에 분명하게 발견되는 같음을 서술하고 사유와 존재, 유한과 무한과 같은 모든 대립을 같음의 상대적 변양으로 서술하는 것이었다. 그러나 우리가 알고 있듯이 사변은 이런 것을 할 수 없으며, 사변은 무제약적인 차이를 다루는 것을 논박하듯이, 항상 순환 속에 빠질 수밖에 없다. 왜냐하면, 모든 전환에서는 항상 차이를 규정하는 것은 자기 차이로 나타날 것이며, 온전한 절대적 같음 합치할 수 없기 때문이다."(S. 75f); "모든 차이 밖에 발견되는 같음은 단지 신앙 속에서만 파악될 수 있다."(S. 77f) 또한, 셸링, 『철학과 종교』, S. 18~53, 25f(셸링, 전집, 6권, S. 28~50, 32f)에 나오는 셸링의 응답을 참조하라.

162~2) 〈SK 132:28~133:17〉〈FM 100:18~100:28〉
왜냐하면, 이원화는 이미 일어났으며 구별도 **자기와 같음을 지닌 존재**로부터 배제됨으로써 동일자와 나란히 서게 됐기 때문이다. 그러므로 이와 같은 자기와 같음을 지닌 것으로 가정됐던 것은 절대적인 본질이라기보다는 오히려 이미 이원화된 것 가운데 하나이다. 그러므로 **자기와 같음을 지닌 것이 자기를 이원화한다는 것**은 그와 동시에 자신을 이미 이원화된 것으로 여기기를 지양하는 것을 뜻하며 자신을 타자 존재로 여기는 것을 지양한다는 것을 뜻한다. 흔히 통일에 관해서 사람들이 자주 말하는 것은 구별이 이런 통일로부터 나올 수 없다는 주장이지만, 이런 **통일**은 사실상 이원화된 것 가운데 **한** 계기에 지나지 않는다. 흔히 말하는 통일은 구별에 대립하는 추상적인 단순성이다. 그러나 그와 같은 통일이 추상적인 것이고 한낱 대립을 이룬 양자 가운데 하나에 그친다고 할 때 이미 여기서 말해진 사실은 그런 통일이 곧 이원화라는 사실이다. 왜냐하면, 통일이 어떤 **부정적인 것** 또는 **대립하는 것**이라고 한다면 이미 통일은 대립을 그 자체에서 간직하는 것으로 판정되기 때문이다. 따라서 **이원화**를 통해 구별되고 다시 **자기와 같게 하는 것**은 어디까지나 **자기를 지양하는** 운동일 뿐이다. 왜냐하면, 자기와 같음을 지닌 것은 자기를 이원화하거나 자신의 대립물로 된다고 일단 가정되므로, 그 자신이 추상적인 것이거나 이미 그 자체로 이원화된 것이니, 그의 이런 이원화는 그 자신의 본성을 지양하는 것이며 자기의 이원화된 존재를 지양하는 것이기 때문이다. **자기와 같게 하는** 과정은 동시에 이원화 작용을 뜻한다. **자기 자신과 같게 하는 것**은 이를 통해 이원화 작용을 마주한다. 다시 말하면 자기와 같음을 지닌 존재는 이를 통해 자기를 비켜나거나 오히려 이원화된 것 가운데 하나로 된다.

[해제] 앞에서 헤겔은 역학적인 추상적 법칙에서 척도의 법칙으로 이행했다. 추상적 법칙에서 일반자와 개별자 사이의 설명 관계는 같은 것이 형식상 되풀이되는 것에 그친다. 척도는 구체적 일반자므로 일반자의 내적 구별이 출현하지만, 여기서 일반자는 개별자 가운데 하나이니 양자는 여전히 분리된다.

역학적 법칙과 일반적 척도를 거쳐 마침내 헤겔은 생명체의 개념에 이른다. 이 생명체의 개념에서 지금까지 부분적으로 출현한 내적 구별의 개념이 완성되면서 개별자가 일반자와 완전한 통일을 이룬다. 이런 통일은 '생명의 단순한 본질,' '세계의 영혼,' '일반적 피'로 규정된다. 여기서 일반자는 스스로 구별된 것들로 되고 동시에 그런 구별된 것들을 지양한다. 생명체는 "자기 내에서 맥박치면서 동시에 스스로 움직이지 않으며 자기의 내면에서까지도 흔들리면서도 불안함이 없이 존재한다."

즉 자기와 같음에 머무르는 존재는 동시에 이원화하는 존재다. "자기 관계하는 본질은 자기가 관계하는 타자로 되며 자기 자신에 대한 관계를 맺는다는 것은 오히려 이원화하는 것을 뜻한다." 그것은 "자기 내에 어떤 타자가 스스로 출현하는"것이며 또한, "대립하는 것이 스스로 대립하는 것"이다. 이런 점에서 생명체를 헤겔은 절대적 불안이며 무한성, "순수하게 자기 운동하는 존재"라고 한다.

헤겔의 무한성 또는 생명체 개념은 아리스토텔레스의 실체로서 개체 개념을 상기시킨다. 아리스토텔레스에서 실체는 자기를 통일하는 힘을 지니면서 자기를 지속한다. 헤겔은 이런 점에서 통일과 구별을 서로 대립하는 것으로 보면서, 양자의 통일을 철학적으로 난제라고 보는 입장에 대해 비판적이다. 구체적으로 그것은 셸링이 지닌 입장인데, 헤겔은 그런 통일은 이미 생명체에서는 실현됐기 때문이다.

163) 〈SK 133:18~134:13〉〈FM 100:29~101:16〉

무한성이나 순수하게 스스로 운동하는 존재가 지닌 절대적 불안이 의미하는 바는 예를 들면 존재와 같이 어떤 방식으로 규정된 것이 오히려 그 본래의 규정성과는 반대되는 내용으로 전환된다는 사실이다. 그런데 이런 무한성은 지금까지 우리가 다루어온 모든 것들을 움직이게 하는 [내재하는] 영혼[Seele]으로 존재해 왔다. 그러나 이 무한성은 비로소 여기 **내면**에서 자유롭게 등장했다. 물론 현상계나 힘의 유희는 이미 그와 같은 무한성을 나타냈으나 이 무한성은 **설명**의 과정을 통해서 처음으로 자유롭게 출현한다. 이 무한성이 의식에 대해 **그 본성대로** 대상으로 되면서 의식은 **자기의식**으로 된다. 지성의 단계에서 제시된 **설명**은 처음으로 자기의식이 무엇인가를 보여주는 것일 뿐이다. 이때 지성은 법칙에 들어 있으면서[vorhanden] 이미 순수하게 됐지만, 그러면서도 여전히 서로 무차별한 상태에 있는 구별들을 지양함으로써 이 구별들을 **통일**한다. 이 통일이 곧 힘이다. 그러나 이렇게 서로 같게 만드는[Gleichwerden] 것은 그에 못지않게 직접 이원화한다. 왜냐하면, 지성이 법칙 속에서 구별된 것들을 지양해 하나[Eins]인 힘을 확립하는 방식은 오직 지성이 법칙과 힘이라고 하는 새로운 구별을 그러나 동시에 구별되지 않는 구별을 만드는 방식을 통한 것이기 때문이다. 이 지점에서 지성은 스스로 전진하면서 이와 같은 힘과 법칙의 구별이 동시에 아무런 구별이 아니라는 사실에 이른다. 이 단계에서 지성은 구별을 다시 지양하면서 이런 지성 때문에 힘은 법칙과 같은 모습을 지닌 것으로 된다. ─그러나 이런 운동이나 그 속에 담긴 필연성은 아직도 지성의 필연성과 운동에 지나지 않으며 이런 운동이나 필연성 **그 자체**는 아직 **지성이 파악하는 대상**으로 되지 못한다.[171] 오히려 지성은 그러한 운동 속에서 단지 양전기나 음전기, 거리, 속도, 끌어당기는 힘 그리고 수천 개의 다른 사물들을 대상으로 삼으니 즉 운동의 계기들이 지닌 내용에 해당하는 대상으로 삼는다. 이렇게 표현돼도 좋다면, 설명의 과정에서 그렇게도 많은 자기만족이 느껴지는 이유는 다름 아닌 의식이 이때 자기 자신과 직접 대화하는 가운데 한낱 자기 유희를 즐기며 이때 사실 어떤 **다른 것을 추구하는 것처럼** 보이기는 하지만, 사실 자기 자신의 주변만

171 전자 '지성의 필연성'이란 설명의 관계에서 등장하는 필연성을 의미하며, 후자 '지성이 파악하는 대상으로서 필연성'이란 생명에서 등장하는 필연성을 의미한다.

을 맴돌기 때문이다.

[해제] 이 구절에서 헤겔은 지금까지 지성의 운동을 간략하게 정리한다. 그러면서 지성의 운동은 분화되면서도 동시에 통일되는 것 즉 내적인 구별인데, 이런 내적 구별은 '무한성'이나 '절대적 불안'이라는 개념으로 나타난다고 한다.

이런 무한성 개념은 이미 법칙을 매개하는 힘의 유희에서 등장했다. 하지만 이때 힘의 유희에서는 무한성은 내면에 머무르고 있었다. 비로소 일반 법칙과 힘과 개념 사이 설명의 관계에서 무한성 개념이 밖으로 출현하면서 자유로운 존재로 출현했다. 설명의 관계에서 등장한 무한성 개념은 아직 같은 것이 단순히 되풀이되는 형식적인 것, 동어반복적인 것에 그치니 그것은 "어떤 다른 것을 추구하는 것처럼 보이기는 하지만, 사실 자기 자신의 주변만을 맴도는 것"이다. 이는 지성이 이해하는 필연성 즉 '지성의 필연성'에 그친다.

마침내 생명에 이르러, 참된 의미에서 무한성이 자유롭게 지성 앞에 실제로 존재하는 대상 즉 '지성이 파악하는 대상'으로 출현한다. 이때 생명은 하나의 본질이 자기를 개체를 이루는 요소들의 관계 속에서 재생산하니, 여기서 구별은 참된 구별로 되며 거꾸로 통일은 참으로 무한한 통일로 된다. 이런 생명을 통해서 자기가 자기의 대상으로 되는 자기의식의 실마리가 출현한다.

164) ⟨SK 134:14~135:16⟩⟨FM 101:17~102:7⟩

최초의 법칙을 전도한 것이면서 그것에 대립하는 법칙 속에서 또는 내적 구별에 이르러서야 무한성 자체가 지성의 **대상**으로 등장한다. 그러나 여기서 지성은 다시 한번 무한성을 잘못 이해한다. 왜냐하면, 지성은 본래적인 구별을, 다시 말해 같은 이름을 지닌 것이 자기 자신을 밀쳐 내는 것과 서로 같지 않은 것들이 서로 끌어당기는 것을 다시금 두 개의 세계 또는 두 개의 실체적 지반에 나누어 놓기 때문이다. 그러므로 의식의 경험 속에서 드러나는 무한성의 **운동**이 여기서 의식에는 하나의 사건으로 되며 같은 이름을 지닌 것과 또한, 같지 않은 것은 모두 **술어**고 존재하는 기체가 이 술어를 담지하는 본질로 된다. 지성에서 감각적 껍질을 쓰고 나타난 대상이었던 그것이 이제 우리 앞에서는 바로 그것의 본질적 형태인 순수한 개념으로서 나타난다. 이제 **참된 의미**에서의 구별을 파악하거나 **무한성** 그 자체를 파악하는 일이 **우리 앞에 등장하거나 본래 가능한 것**으로[für uns oder an sich] 된다. 이 무한성의 개념을 설명하는 일은 학문에 맡겨진 과제이다. 그러나 여기서 무한성의 개념이 **직접** 나타난 것이므로 이런 의식은 다시 의식의 단계에 속하는 하나의 고유한 형식으로 또는 의식의 새로운 형태로 등장한다. 그러한 새로운 의식의 형태로서는 이전의 것[의식의 형태]에 여전히 머무르고 있기에 자신의 본질을 인식하지 못하고 오히려 자신의 본질을 전혀 다른 어떤 것으로 여긴다. -그러므로 이처럼 무한성의 개념이 의식의 대상이 됨으로써 여기에서 그와 동시에 의식은 구별을 **직접** 지양된 것으로 의식한다. 이런 의식은 자기 **자신에 관계하는 것**[für sich selbst]이며 **구별되지 않는 것들을 구별**하는 것이며 또는 **자기의식**이다. 나[Ich]는 **자신을 자기 자신으로부터 구분하며, 그런 가운데 이런 구별된 것도 사실 구별되지 않는다는 사실이 직접 나에게 나타난다**[für mich]. 나[Ich] 즉 같은 이름을 지닌 것은 자신을 자기 자신으로부터 밀쳐 낸다. 그러나 이렇게 해서 구별된 것 즉 자신과 서로 같지 않은 것으로 설정된 것은 나[Ich]로부터 구별되면서도 나에 대해 구별되지 않는 것일 뿐이다. 어떤 타자에 관한 의식, 즉 대상 일반에 관한 의식은 이미 그 자체가 필연적으로 **자기의식**이거나 자신 내로의 반성이며 나아가서는 자신에 대한 타자 존재 속에서 자기 자신을 의식하는 것이다. 지금까지 의식의 형태에서 진리는 자신의 타자 즉 의식의 형태와 다른 것[대상]이었으나, 이런 의식의 형태로부터 **필연적으로 앞으로 나간 결과**가 표현하는 것은 바로 다음과 같은 사실이다. 즉 사물에 관한 의식은 오직 자기의식에서만 가능하며 그뿐만 아니라 자기의식만이 그러한 의식의 형태가 도달하는 진리라는 것이다. 그러나 이런 진리는 다만 우리에게는 눈앞에 나타나지만, 의식에서는 아직 이 진리가 눈앞에 있지 않다. 자기의식은 처음으로 **자기에 대해**[für sich] 생성됐으나 결코 일반적으로 의식과 **통일**을 이룬 것으로 나타나지는 않았다.

165) 〈SK 135:17~136:11〉〈FM 102:8~30〉

우리가 아는 것은 현상계의 내면세계에서 지성은 참으로 현상 자체와 다른 것이 아니지만, 그렇다고 현상계에서 나타나는 힘의 유희가 보여주는 모습이 아니라는 사실이며 오히려 지성은 사실상 자기 자신을 경험할 뿐이나 그런 유희를 절대적으로 일반적인 계기들이 벌이는 운동을 통해서 경험한다는 사실이다. 의식은 지각을 넘어서서 현상이라고 하는 중간적 매개자를 통해 초감각적인 것과 결합한다. 마침내 의식은 이런 결합을 통해서 이 배후 세계를 통찰하기에 이른다. 두 개의 극단 즉 한편에 순수한 내면세계와 다른 한편에 바로 그 순수한 내면세계를 투시하는 또 다른 내면[지성]이 이제 하나로 융합하며 극단을 이루는 두 개의 내면이 소멸했듯이 이들 두 극단과도 다른 중간적 매개자[현상]도 역시 소면해 버리고 만다. 그러므로 내면세계 앞에 드리워진 [현상이라는] 장막이 걷힘으로써 의식의 내면에 의한 사물의 내면적인 것에 관한 투시가 눈앞에 나타난다. 이것이 투시하는 것은 곧 **구별되지 않은 채** 같은 이름을 지닌 것이 자기 자신을 스스로 밀쳐 내면서 자신을 **따로 구별된** 내면적인 것으로 설정하며 동시에 이런 **같은 이름을 지닌 것에 대해서는** 이 두 가지 측면은 [구별되는 것에] 못지않게 직접 **구별되지 않는 것**이라는 사실이니, 이렇게 투시하는 것이 곧 자기의식이다. 이제 분명해진 것은 내면적인 것을 덮는다고 가정된 이른바 장막 그 뒤에 스스로 발을 들여놓지 않는 한, 거기서 우리는 아무것도 볼 수 없다는 사실이며 마찬가지로 무엇인가 발견될 만한 어떤 것이 장막 그 뒤에 있을 때가 아니라면, 그렇게 배후로 들어가더라도 아무것도 볼 수 없다는 사실이다. 그러나 또 한 가지 여기서 얻은 결론은 우리는 어떤 우여곡절 없이는 그 바로 배후의 세계에 발을 들여놓을 수 없으리라는 것이다. 왜냐하면, 현상과 그 내면적인 것에 관한 **관념**[Vorstellung]의 참된 모습이 무엇인지를 안다는 것은 그 자체가 우여곡절의 결과일 뿐만 아니라 바로 이런 과정을 통해 의식, 주관적 생각[Meinen], 지각 및 지성이라는 의식의 방식들이 소멸하기에 이르기 때문이다. 여기서 마찬가지로 분명하게 밝혀질 사실은 즉 **의식이 자기 자신을 아는 가운데 자기가 아는 것이 무엇인지를** 인식하려면 앞으로 또 다른 우여곡절이 필요하리라는 것이다. 이런 우여곡절을 분석하는 일이 다음 부분에서 다루어질 것이다.

[해제] 1) 164~165 구절은 지성 장 마지막 부분으로서 지금까지 지성 장에서 일어난 운동을 자기의식이 출현하는 과정이라는 측면에서 회고적으로 서술된다. 여기서 헤겔을 따라 지성 장의 운동을 전체적으로 정리해 보자.

우선 지각에서 대자와 대타의 대립이 통일되면서 법칙이 등장한다. 이 법칙은 서로 대립하는 속성의 통일 관계를 말하는데 그것을 매개하면서 가능하게 해 주는 것이 곧 힘의 유희이다. 이 힘의 유희는 수축하는 힘과 표출하는 힘, 촉발하는 힘과 촉발되는 힘이 끊임없이 자신의 반대로 전환하는 유희이며 이런 유희의 토대에는 통일적인 힘의 개념이 있다. 힘의 개념은 현상계에 내재하는 세계다. 이 힘의 개념은 법칙을 통해 현상적으로 드러난다. 법칙과 힘의 개념 사이의 관계가 곧 '개념의 구별' 관계다. 즉 통일이 구별로 출현하고, 구별이 다시 통일로 복귀하는 관계다.

2) 힘의 개념과 법칙 내적 관계에서 일어나는 개념적 구별의 관계는 외면적으로는 개별 법칙과 일반 법칙의 관계를 통해 실현된다. 일반 법칙과 개별 법칙 사이의 관계를 헤겔은 세 가지로 구별한다. 하나는 설명의 관계고 다른 하나는 생명에서의 관계다. 양자를 매개하는 것이 척도에서의 관계다.

설명의 관계는 겉으로 다른 것처럼 보이지만, 사실은 같은 것이 되풀이되는 것에 지나지 않으며, 이것은 지성이 이해하는 운동("지성에 속하는 운동")에 속할 뿐이다. 척도에서 구체적 일반자가 출현한다. 여기서 일반자는 개별자를 대표하면서도 그 자신이 하나의 개별자다. 이런 척도에서 일반자는 개별자로 분화하여 거꾸로 개별자는 일반자로 복귀하는 개념의 구별이 출현한다. 그러면서 일반자는 개별자에 대해 전도된 관계를 맺는다. 그러나 척도에서 여전히 개별자와 일반자는 분리된다.

3) 반면 생명의 운동에서 분리된 채 존재하던 일반자는 개별자를 통해서 자기를 재생산하니, 개별자는 일반자가 자기를 실현하는 과정의 한 단계가 된다. 이 생명체의 본질은 힘의 개념이 그렇듯이 자기를 구별하고 다시 통일하는 절대적 구별의 운동이며 이는 개별자 속의 생명 즉 절대적인 불안, 영혼으로 등장한다.

무한성은 이미 힘의 유희에서 실마리로 출현했으나, 내면세계에 은폐됐다. 척도의 법칙에 이르러 무한성은 구체적 일반자로 표면에 처음 나타났으나 개별자와 분리됐다. 즉 여기서 개별자와 일반자는 "두 개의 세계 또는 두 개의 실체적 지반에 분할"됐다. 마침내 생명의 운동에 이르러 자기를 자유롭게 드러낸다. 헤겔은 이런 이행을 "지성에서 감각적 껍질을 쓰고 나타난 대상이었던 바로 그것이 이제 우리 앞에서는 그것의 본질적인 형태인 순수한 개념으로서 나타난다고" 말한다.

4) 이미 생명에서 생명의 본질과 개별적 형태의 관계 자기가 "자기 자신을 스스로 밀쳐 내면서 자신을 따로 구별된 내면적인 것으로 설정하는 것"이기에 이 두 가지 측면은 "구별되는 것에 못지않게 직접 구별되지 않는 것"이다. 그러므로 생명 자체가 이미 자기 의식적인 운동을 전개한다고 볼 수 있다. 그러나 아직 의식은 여전히 의식의 단계에 머물러서, 생명 즉 무한성의 개념을 자기의식의 운동으로 파악하지 못하며, 그저 의식 앞에 있는 대상으로 파악할 뿐이다. 그러나 의식은 자기 앞에 등장한 생명에 부딪혀 자기모순 즉 딜레마에 빠지며, 이런 딜레마로부터 반성하면서 자기의식으로 발전한다. 생명의 딜레마와 자기의식으로의 반성은 다음 장인 자기의식 장 서문에서 다루어진다.

B
자기의식

예나 대학 옆에 있는 낭만주의자의 집[Romantiker Haus], 원래 피히테의 집이었는데 여기서 피히테가 예나 대학 학생들을 지도했다. 이로부터 독일에 낭만주의 학생 운동이 전개됐다. 이 집 안에는 당시 독일 낭만주의자들(슐레겔 형제, 카롤리네, 슐라이어마허, 노발리스 등)이 교류하던 모습이 보존돼 있다. 헤겔은 한편으로 낭만주의자와 같은 이념을 지녔지만, 그것에 도달하는 방법에서는 대립했다. 헤겔은 『정신현상학』에서 낭만주의의 자기기만을 노골적으로 폭로했다.

IV 자기를 확신하는 진리

[해제] 자기의식 장 서론 부분의 전체 흐름을 정리하자면 다음과 같다.

166~177 구절에서는 자기의식 장의 서문에 해당한다. 이 서문에 한정해 그 흐름을 간략하게 정리하자면 다음과 같다.

166) 자기의식의 출현

167) 욕망의 개념

168~171) 생명과 형태, 생명의 순환

172~173) 유적 본질: 생명체의 유적 본질과 인간의 유적 본질

174)-175) 욕망의 한계와 자기의식의 출현

176~177) 자기의식의 전개: 순수 개념-〉욕망-〉자기의식의 이중화

166) 〈SK 137:8~138:3〉〈FM 103:4~22〉

지금까지 논의된 것과 같은 확신의 방식에서는 의식에 참된 것은 의식 자신과 다른 것이다. 그러나 이렇게 도달한 참된 것의 개념은 그런 참된 것이 무엇인지 경험하는 가운데 소멸해 버리고 만다. 의식의 대상은 직접 보면 **그 자체로 존재하는 것**이었다. 즉 감각적 확신에서는 존재자였고 지각에서는 구체적 사물이었으며 지성에서는 힘이었다. 그와 같은 대상은 오히려 참된 의미에서 존재하는 것이 아니며 그러한 그 자체로 존재하는 것은 대상이 한낱 어떤 타자[의식]에 대해 나타나

는 모습일 뿐이라는 사실이 입증된다. 즉 대상의 개념은 실제로 존재하는 대상에 이르면 지양되거나 [대상에 관한] 최초의 직접적인 관념 [Vorstellung]은 경험 속에서 지양되며 확신은 진리 속에서 상실되고 만다. 그러나 이제부터 앞에서의 관계에서는 성립할 수 없었던 어떤 것이 생겨난다. 그것은 곧 확신이 그 자신의 진리와 같다는 것이다. 왜냐하면, 확신[하는 것]이 자기 자신에게 자기의 대상으로 되고 의식[된 것]도 또한, 자기 자신에게 진리로 되기 때문이다. 이런 관계에도 어떤 타자 존재가 있는 것은 사실이다. 즉 의식이 여기서 어떤 것을 구별하지만, 동시에 이 구별된 것은 구별되는 것이 아니다. 만약 **개념**은 지식이 전개하는 운동을 지칭하고 반면 **대상**은 고요하게 통일을 유지하는 것으로서 즉 나[Ich]로서 지식을 지칭한다면[172] 우리는 여기서 다만 우리 자신에 대해서뿐만 아니라 또한, 지식 자체에 대해서도 대상이 개념과 합치된다는 것을 알 수 있다. -또는 달리 말해서 만약 **개념**은 **그 자체로 존재하는 대상**을 지칭하고 반면 대상은 **대상**을 또는 타자[의식]에 **대해** 현상하는 것을 지칭한다면[173] 그 자체 존재와 타자[의식]에 대한 현상이 같다는 사실이 밝혀진다. 왜냐하면, 그 자체로 존재하는 것[Ansichsein]은 의식이지만, 동시에 의식은 이 타자(**그 자체로 존재하는 것**)가 **그것에 대해** 대상으로 나타나는 것이기 때문이다.[174] 그러므로 의식에서는 대상이 그 자체로 존재한다는 것과 대상이 타자[의식]에 대해

---

172 여기서 개념은 지식의 개념이 구체화하는 것이며 나는 지식의 순수한 개념이다. 이는 학문의 운동을 말한다.
173 여기서 개념은 그 자체 존재, 물 자체며, 대상은 의식에 대한 현상이다. 이는 실체의 운동을 말한다.
174 실체의 운동은 의식의 운동과 매개된다. 그러므로 그 자체 존재는 의식에 대응하며, 현상은 의식이 구성한 것에 대응한다.

존재한다는 것은 같은 의미를 지닌 것이다. 여기서는 나[Ich]는 관계의 내용으로 되는 동시에 그러한 관계하는 것 자체다. 그러므로 이 나[Ich]는 곧 타자[그 자체 존재][175]에 대립하면서 동시에 그 타자를 포괄하므로 이 타자[그 자체 존재]도 나의 측면에서 볼 때는 오직 나 자체에 지나지 않는 것이다.

167) 〈SK 138:4~139:15〉〈FM 103:23~104:31〉
자기의식이 출현하는 것과 함께 우리는 진리의 본고장이라고도 할 영역으로 발을 들여놓기에 이른다. 우리가 살펴볼 일은 자기의식이 처음에 어떠한 형태를 띠고 등장하는가 하는 것이다. 그처럼 새로운 형태의 지식 즉 자기 자신에 관한 지식을 앞에서 살펴본 지식 즉 어떤 타자에 관한 지식과 관련해 본다면 이런 타자에 관한 지식은 소멸했지만, 동시에 타자에 관한 지식을 이루는 계기들은 여전히 보존되니 상실된다는 것의 의미는 이 계기들이 본래[an sich] 모습대로 눈앞에 나타난다는 데 있다. 즉 단순한 **주관적 견해**[Meinung]에서 다루어진 **존재**, 지각에 속하는 **개별성**과 이 개별성에 대치되는 **일반성** 그리고 지성의 **텅 빈 내면세계**는 더는 본질[Wesen]일 수는 없고 자기의식에 포함되는 계기가 된다. 즉 이런 계기들은 추상적으로 구별된 것으로 되므로 의식 자체에 **대해서** 아무런 의미가 없고[176] 따라서 더는 구별된 것이 아니며 그 본질이 온전하게 소멸해 가는 것에 지나지 않는 것이다. 이렇게 본다면 상실된 것처럼 보이는 것은 다만 [대상이 지닌] 핵심적인 계기 자체 즉 의식에 대해 **단순하고도 자립적으로 존속**한다는 측면일 뿐이다. 그러

---

175 앞의 구절과 뒤의 구절에서 타자가 다른 의미로 쓰인다. 문맥에서 보면 앞에서는 그 자체 존재의 타자 즉 의식을 가리키며 뒤에서는 나에 대해서 타자이니 그 자체 존재를 가리킨다.
176 대상으로서 자립적인 것이 아니라는 뜻이다.

나 사실상 자기의식이란 오직 감각과 지각의 세계에 속하는 직접적 존재[Sein]로부터 반성하는 것이며 나아가서는 [의식에 대한] **타자 존재**로부터 복귀üü하는 것을 그 본질로 한다. 자기의식은 자기의식인 한에서 운동으로 이해돼야 한다, 그러므로 이 자기의식은 **오직 자기 자신을** 그 자신으로부터 구별해 **자기 자신**으로 설정하는 것일 뿐이므로 이런 자기의식에서 구별[된 것]은 타자 존재더라도 **직접**[unmittelbar] **지양된다**. 자기의식은 구별이 **존재하지** 않으므로[und] '나는 나다'라는 명제*와 같이 운동이 없는 동어반복일 뿐이다. '나는 나다'라는 명제에서 구별은 **존재**의 형태를 띠는 것이 아니므로 이런 것은 자기의식일 수가 없다. 반면 자기의식에서는 타자 존재는 하나의 **존재**로서 또는 **구별된 계기**로서 있지만, 자기의식은 자기 자신과 이런 구별된 것 사이에 통일을 의식하니 이 통일은 [구별이라는 계기에 이어서] **또 하나의**[zweites] **구별된 계기**가 된다. 위에서 말한 첫 번째 계기[타자 존재]를 통해서 자기의식은 의식의 역할을 담당한다. 그런 가운데서 감각적 세계에서 펼친 전체 소재는 자기의식에 대한 대상으로 보존된다. 그러나 이 전체 소재는 동시에 두 번째 계기 즉 자기의식이 자기 자신과 이루는 통일에 관계하는 한에서만 존재할 뿐이다. 이렇게 볼 때 감각적 세계란 자기의식에서도 존속하지만, 아무리 존속하더라도 이는 다만 **현상**에 지나지 않는 것이며 또는 감각 세계의 자기의식에 대한 구별은 **본래** 아무런 [자립적] 존재도 지니지 못한 것 [kein Sein]일 뿐이다. 그러나 두 측면 즉 자기의식에서 현상과 신리 사이의 대립은 자기의식이 자기 자신과 통일을 이룬다는 진리만을 그의 본질로 삼는다. 이와 같은 통일이 자기의식에서 본질적인 것으로 될 수밖에 없으니 여기서 자기의식은 **욕망** 일반을 뜻한다. 의식은 자기의식으로 되면서 이제부터 이중적인 대상을 갖는다. 그 하나는 직접적 대상, 다시 말해 감각적 확신이나 지각의 대상을 말하지만, 이런 대상은 **자기의식에 대해서 부정적인 것이라는 성격**을 통해 표시된다. 그다음 두 번째 대상은 자기 자신을 말한다. 이런 대상은 참된 **본질**이며 다만 첫 번째 대상과 대립하는 가운데서만 눈앞에 나타나는 것이다. 자기의식이 여기서 운동으로 나타나며, 자기의식이 전개하는 운동 속에서 이상과 같은 대립은 지양되는 가운데 자기 자신과 같은 것이 자기의식에서 생겨난다.

*FM주 〈104:13〉 참조: 피히테J. G. Fichte, 『전체 학문론의 토대』, 8(제일 근본 명제)(『전서』, 1권, 94)『정신현상학』에서 헤겔은 자주 피히테의 학문론에 등장하는 제일 근본 명제를 이런 '나는 나다'라는 형식이나 이와 비슷한 형식으로 제시한다.

[해제] 1) 앞 장의 끝에서 헤겔은 의식의 대상이 생명체로 되는 과정을 설명했다. 법칙이 힘으로, 이 힘이 생명으로 발전한 것이다. 이런 생명체 가운데 인간이 출현하면서 자기의식이 출현한다. 생명은 타자 속에서 자기를 유지하는 것이므로 이미 자기의식의 개념을 내포하지만, 이런 자기의식이 잠재적으로 나타날 뿐이다. 자기의식이 자각적으로 출현하는 것은 인간에 와서다.

2) 자기의식에서 대상은 의식과 구별되는 것이지만, 동시에 의식과 통일된다. 의식은 대상을 진리로 확신했으나 경험의 결과 오히려 대상을 지양하는 것이 진리다. 확신은 진리 속에서 상실된다. 대상이 의식 자신으로 되면서 자기의식이 출현한다. 자기의식에서 자기의 대상이 곧 자기 자신이니 여기서 확신은 곧 진리가 된다.

자기의식에서는 대상이 자립적인 대상으로 존재하는 것도 아니며 '나는 나다'라는 명제에서처럼 전혀 어떤 구별도 없는 동어반복적인 것에 머무르는 것도 아니다. 대상은 자기 내로 반성해 의식의 한 계기로 되며, 의식은 곧 자기를 구별해 자기를 대상으로 설정한다. 그러므로 여기서 구별과 통일이 다시 통일된다. 여기서 구별은 전체의 한 계기일 뿐만 아니라 통일 역시 전체의 한 계기가 된다.

3) 이런 점에서 헤겔은 의식에서 대상이 됐던 것은 자기의식에서 하나의 계기로 포함돼 보존된다고 한다. 이렇게 자기의식으로 이행하면서 상실된다는 것은 곧 본래 모습이 눈앞에 나타난다는 것을 의미한다. 즉 "의식에 대해 단순하고도 자립적으로 존속한다는 측면"이다. 대상은 자기의식 속에서 한 계기로 되면서, 독자적인 것으로서 의미는 상실하고, "더는 구별된 것이 아니며 그 본질이 온전하게 소멸해 가는 것에 지나지 않는다."

4) 자기의식은 이처럼 구별과 통일의 통일이므로, 여기서 운동이 출현한다. 즉 자기의식은 "자기 자신을 그 자신으로부터 구별해 자기 자신으로 정립하는 것"이다. 그리고 자기가 정립한 대상으로부터 자기 내로 복귀한다. 생명체에서 자기의식의 개념이 처음 나타나는 모습을 헤겔은 욕망이라 한다. 욕망은 생명이 대상을 부정해 자신 속으로 동화해 자신을 재생산하는 과정이니 자기의식의 자기 구별과 자기 내 복귀하는 운동과 같은 의미를 지니기 때문이다.

168) 〈SK 139:16~140:2〉〈FM 104:32~105:10〉

그러나 한편에서 의식이 자기의식으로 자기 내로 반성했듯이 마찬가지로 자기의식을 부정하는 것인 대상도 **우리가 보거나 그 자체에서 나**[für uns oder an sich] 지기편에서 자기 내로 복귀했다. [그 결과] 대상은 이와 같은 자기 내로의 반성 작용 때문에 **생명**으로 됐다.[177] 자기의

---

177 생명은 앞에서 다룬 자연 전체에 비해서 외연적으로는 작은 범위에 속하지만, 내용상으로는 더 풍부한 대상이다.

식 자신으로부터 구별돼 **존재하는 것**[대상]으로 여겨졌던 것조차도 비록 존재하는 것으로 설정된다 하더라도 결코 감각적 확신과 지각의 방식으로 존재하는 것이 아니라 오히려 자기 내로 반성한 존재[178]이다. 그러므로 직접적인 욕망은 **생동하는 생명체**를 대상으로 삼는다.* 왜냐하면, 사물의 내면세계에 대한 지성의 관계가 지닌 **본래적인 성격**이나 그런 관계가 도달하게 될 **일반적인** 결과는 구별된 것을 구별하지 않는 것 또는 구별된 것을 통일하는 것이기 때문이다. 그러나 이미 앞에서도 보았듯이 이런 통일은 그와 동시에 자기를 자신으로부터 밀쳐 내는 것이므로 [통일의] 개념은 자기를 **이원화**하면서 자기의식과 생명의 대립을 낳는다. 여기서 전자 즉 자기의식은 구별된 것들의 무한한 통일을 **의식하는**[für] 통일이며, 반면 생명이란 통일**이기는 하지만**, 동시에 **자기 자신에 대해서 존재하는** 통일은 아니다. 의식이 자립적이라면 마찬가지로 그 대상도 **본래** 자립적인 것이다. [반면] 자기의식은 그저 곧바로[schlechthin] **대자 존재**므로 자기의식의 대상으로 되는 것을 직접 표시하는 특징은 곧 부정성이라는 성격이다. 즉 자기의식은 우선 **욕망**이라고 할 수 있다. 따라서 자기의식은 대상의 자립성을 경험하기에 이른다.[179]

* Lasson 주) 헤겔『논리학』2부, 3편, 1장 생명 장을 참조하라.

178 의식의 대상이었던 자연적 물체가 고립 분산적 존재 즉 탈자태다. 생명체는 개별적이고 분산적인 조직이 하나의 생명으로 통일된 것이니, 다시 자기 내로 복귀하는 것 즉 자기 내로 반성한 것이다. 이런 자기 내로 반성을 매개하는 운동이 생명체의 욕망이다. 욕망 운동의 결과가 생명체의 생명이다. 생명은 욕망을 통해 대상을 통화하면서 자기를 지속하여 재생산한다.

179 생명은 욕망 운동을 통해 자연을 동화하지만, 자연에는 동화되지 못하는 자립적 측면이 남는다. 그 때문에 생명의 자기 재생산은 우연에 맡겨져 있다.

169) 〈SK 140:3~29〉〈FM 105:11~30〉
　생명이 무엇인가 하는 규정은 우리가 이 영역으로 들어섰을 때 지녔던 개념이나 일반적 결과에서 밝혀져 있다. 그런 것에 따라서 이루어진 생명의 규정은 이로부터 생명의 본성을 더 전개하지 않더라도 생명의 특징을 나타내기에 충분하다. 생명의 본성을 이루는 고리들은 다음과 같은 계기를 포함한다. 생명의 본성은 모든 구별이 지양되는 것을 의미하는 무한성이며 순수하게 중심을 도는 운동이며, 그 자신이 절대적으로 요동치는 무한성이면서 동시에 고요하게 머무르는 것이다. 또한, 생명의 **본질**은 **자립적인 것**이니 그 속에서 운동 과정에서 등장하는 구별된 것들은 전적으로 자기를 **해소**한다. 그러므로 생명의 **본질**은 시간의 단순한 본질[das einfache Wesen der Zeit]**180**을 드러내니 그런 시간의 본질은 이런 자기와 같음 속에서 온전하게 공간적인 형태를 지닌 것을 보유하는 것이다. 그러나 동시에 이처럼 **단순한 일반적** 매체 속에서 **구별된 부분**들은 그에 못지않게 **구별된 부분**들로 존재한다.**181** 왜냐하면, 이와 같은 일반적으로 유동적인 생명체의 본성은 다만 모든 **구별된 부분들을 지양함**으로써만 자기가 지닌 부정성을 발휘하는데 구별이 자신의 존속을 확보하지 못한다면, 그 구별된 부분들을 지양할 수 없기 때문이다. 생명의 바로 이런 유동성은 자기와 같음을 지닌 자립성인 한에서 **존속**하는 것이며 또는 구별된 부분들의 **실체**가 된다. 구별된 부분들은 구

180　생명체는 자기를 재생산하는 가운데 세대를 이어가면서 지속하니 시간성을 드러낸다. 생명체가 분산된 조직을 통일하면 그런 통일성은 **공간적 통일**이며 이것이 생명체의 형태다.

181　생명체의 운동이 복잡하게 되면서 전체적 통일을 이루는 부분이 다시 자기 내에서 통일을 이룬다. 예를 들어 장기는 각자 자립적 통일체면서 생명 전체 속에서 통일되면서 생명을 순환하게 한다.

별된 분절들이나 **독자적으로 존재하는**[fürsichseiende] 부분들이더라도 어디까지나 이런 실체 속에서 존재한다. 이제 [부분들의] **존재**는 더는 **추상적 존재**라는 의미를 지니지도 않을 뿐만 아니라 또한, [유동성이라는] 순수한 본체[Wesenheit]도 **추상적인 일반성**을 의미하지 않는다. 오히려 부분들의 존재는 순수하게 운동하는 단순하고 유동적인 실체 바로 그것이다. 이런 **서로 구별된** 분절들은 구별된 것이기는 하지만, 무한성이나 순수한 운동 자체의 계기라고 하는 규정성밖에 그 어떤 **규정성**도 받아들이지 않는다.

170) 〈SK 140:30~141:6〉〈FM 105:31~106:2〉

자립적인 분절들은 각자 **독자적**[für sich]이다. 그러나 이렇게 **독자적으로 존재하는** 분절들은 오히려 마찬가지로 **직접** 통일을 향해 반성하고 있으며 동시에 이런 통일은 자립적인 형태[Gestalten]로 분열된다. 이렇게 통일이 분열되는 이유는 이런 통일이 절대적으로 부정적이면서도 무한한 통일이기 때문이다. 이처럼 **통일이 존속해야** 하므로 구별된 것들도 단지 그런 **통일**에서[nur an ihr] 출현해 자립성을 획득한다. 하나의 형태가 갖는 자립성은 **규정된 것** 또는 **타자에 대해 있는 것**으로 나타난다. 왜냐하면, 그 형태는 통일이 분열하는 것을 통해 생겨난 것이기 때문이다. 그런 한에서 분열을 **지양**하는 것마저도 타자를 통해 일어난다. 그러나 분열의 지양은 형태 자체에서[an ihr selbst]도 못지않게 출현한다. 왜냐하면, 통일이 드러내는 유동성이야말로 자립적인 형태의 실체기 때문이다. 그런데 이와 같은 실체는 무한적인 것이니 그 때문에 형태의 존속은 분열을 의미하거나 형태에 내재하는 독자성[Fürsichseins]을 지양하는 것을 의미한다.

171) 〈SK 141:7~142:30〉〈FM 106:3~107:9〉

이런 생명에 포함된 계기들을 좀 더 자세히 구분해 보자. 우리가 첫 번째 계기로 삼는 것은 **자립적** 형태를 **존속**하게 하는 것이다. 구별된 것이 본래[an sich] 의미하는 것은 그 자체로[an sich] 존재할 수 없으며 존속할 수 없다는 것이므로 **첫 번째** 계기는 다시 말하자면 이런 구별의 해소가 일어나지 못하게 억압하는 것이다. 그러나 **두 번째 계기**는 그와 같은 존속하는 형태를 구별된 것들의 무한 관계[die Unendlichkeit des Unterschiedes] 아래 **종속**하게 하는 것이다. 첫 번째 계기로 존속하는 형태가 있다. 이런 형태는 **독자적으로 존재하는**[fürsichseiend] 한, 또는 그 규정성이 무한 실체인 한, **일반적인** 실체에 대립하며 일반 실체의 유동성이나 일반 실체와의 연속성을 거부한다. 이런 형태는 자신이 이런 일반적 실체 속으로 해소될 수 없는 존재며 오히려 자기를 구성하는 비유기체적 자연과 단절을 통해서 그리고 그런 비유기체적 자연을 소모함을 통해서 자신을 보존하는 존재라고 주장된다. 일반적으로 유동적인 매체 속에 깃들어 있는 생명 또한, 형태를 **평안하게** 분리하는 활동은 이를 통해 형태의 운동을 낳으며 또는 생명의 **과정**을 낳는다. 따라서 단순한 일반적 유동성이 **본래적인 것**[Ansich]이라면 구별된 형태는 [유동성의] **타자**[Andere]다. 그러나 또한, 이런 유동성도 이런 형태를 구별하는 것을 통해서 [형태의] **타자**로 된다. 왜냐하면, 이런 유동성이 구별된 형태에 **대해**[für] **생동하는 것**으로서 생명이더라도 구별된 형태도 나름대로 그 자체로 자기에게 나타난 것이며[an und für sich selbst] 따라서 앞에서 언급된 바와 같은 안정된 일반적 매체를 소모하는 무한한 운동이기 때문이다. ─그러나 이런 전도는 지금 얘기된 바와 같은 이유로 **자기 자신에서**[an sich selbst] 또 한 차례 **전도**되기에 이른다. 소모되는 것은 본질이며, 개별 형태는 일반적 본질의 희생을 통해 자기를 보존함으로써 자기 자신과 통일을 이루고 있다는 것을 감지하는 가운데 오히려 바로 그런 이유로 **자신을 독자적인 존재로 만들어주는 다른 개별 형태**와의 대립을 지양한다. 개별 형태가 자기에게 부여하는 자기 자신과의 **통일**이야말로 모든 구별된 것들이 **유동화** 되거나 **전적으로 해소**되는 것이다.[182] 그러나 거꾸로 보자면 이처럼 개별 형태의 존속을 지양한다는 것은 이에 못지않게 그와 같은 존속을 새로이 산출하는 것이다. 왜냐하면, 개별 형태의 **본질**을 이루는 것, 다시 말해 일반적인 생명 [Leben] 또는 대자 존재는 본래 단순한 실체다. 왜냐하면, 이런 생명의 본질은 자기의 **타자**[형태]를 자신 속에 정립[setzen]하는 가운데 자신의 **단순성** 또는 자기의 본질을 지양하기 때문이다. 즉 생명의 본질은 여기서 자신의 단순성을 분열시킨다. 아무런 구별의 흔적도 없이 유동성만을 지닌 본질을 분열시킨다는 것은 곧 개별 형태를 정립하는 것을 의미하는 것이다. 이렇게 볼 때 생명을 드러내는 단순한 실체란 이 실체가 형태로 분열하고 동시에 이처럼 존속하는 구별된 형태를 해소하는 활동을 의미한다. 분열된 것을 해소한다는 것은 그에 못지않게 분열하는 것 또는 분절화[Gliedern]를 의미한다. 그리하여 앞에서 서로 구별됐던 전체 운동의 두 측면, 즉 자립성을 지닌 일반적 매체 속에서 고요하게 분리돼 존재하는 형태의 측면과 생명의 과정이라는 측면이 서로 뒤섞인다. 후자[생명의 과정]는 형태의 지양을 의미하면서도 또한, 못지않게 새로운 형태의 형성을 의미하며 전자 즉 형태로 형성된 것도 역시 분절화면서 또한, 이에 못지않게 그런 분절의 지양을 뜻한다. 유동적인 지반은 그 자체가 다만 **추상적인** 본질을 의미하거나 아니면 단지 형태

182 형태들은 한편으로 자립적이면서 다른 한편으로 전체 생명의 통일 속에 지양된다. 생명은 형태를 자기 내로 복귀하면서 동시에 자기를 다양한 형태를 분화하여 자립하게 한다.

로 **실현된다**. 그 본질이 분절된다는 것은 다시 분절된 것을 분열하는 것 또는 그런 분절된 것을 해소하는 것을 의미한다. 생명을 이루는 것은 이와 같은 전체적 순환작용이다. -생명은 결코 처음에 언표된 것 즉 직접 연속되고 온전한[gediegenheit] 본질[유동성]일 수 없으며 또한, 존속하는 형태거나 독자적으로 존재하는 흩어진 부분일 수도 없다. 그뿐만 아니라 또한, 생명이란 그처럼 존속적인 형태가 움직이는 순수한 과정도 아니며 더 나가서는 그러한 계기들을 단순히 결합해 놓은 것[형태의 외적 결합]도 아니다. 오히려 생명은 자기를 전개하면서도 그 자신이 전개한 것을 다시 해소하는 가운데 이와 같은 운동 속에서 자신을 단순하게 보존하는 전체다.

[해제] 1) 168~171 구절에서 헤겔은 생명체에서 내적 구조 즉 생명이라는 본질과 이를 구성하는 형태 사이의 관계를 다룬다.

우선 의식이 자기 내로 반성하여 자기의식으로 되는 것에 따라서 대상도 자기 내로 반성한다. 의식에서 대상은 자연물과 같이 그 자체로 존재하는 것이었다. 이 자연물은 고립 분산적인 존재자 즉 탈자태다. 그러나 이 대상은 자기 내로 반성하면서 유기적 통일을 이루니, 이 유기적 통일체가 곧 생명체다.

생명체에서 통일적 생명을 표현하는 것이 곧 욕망이다. 욕망은 자연적 대상의 자립성을 해소하여 자기 내로 통일하면서 생명을 끊임없이 재생산한다. 헤겔은 생명이라는 본질에 대하여 그것은 "모든 구별이 지양되는 무한성"이며, "순수하게 중심을 도는 운동"이며, "절대적으로 요동치는 무한성이며 동시에 고요하게 머무르는 것"이라 한다. 지성 장에서 힘과 법칙의 관계, 또 그것이 표현된 구체적 일반자[척도]에서 핵심은 내적 구별이라는 개념이었다. 그것은 자신을 구별하면서 동시에 이 구별을 해소하는 운동이다. 이런 내적 구별의 운동이 생명 운동에서 완전하게 실현된다.

2) 헤겔은 생명의 본질을 두 측면에서 바라본다. 하나는 생명에서 전체 생명과 부분적 형태 사이의 관계다. 생명이 공간적으로 펼쳐지면 생명체의 조직이 출현한다. 또 하나는 생명이 대상을 동화하면서 자기를 재생산하여 세대를 이어서 지속해가는 것이다. 헤겔은 이런 점에서 생명체는 "시간의 단순한 본질"을 지닌다고 한다. 이 두 가지 측면 가운데 이 구절에서는 생명과 형태 사이의 관계를 다룬다. 다음 구절에서 시간적 본질을 다룰 것이다.

생명의 유동성은 추상적으로 독립해서 존재하는 것이 아니라, 이런 유기적 관계를 맺는 형태를 통해 자기를 재생산하면서 존속하는 것이니, 헤겔은 "자기와 같음을 지닌 자립성인 한에서 존속하는 것"이며 "구별된 부분들의 실체가 된다"라고 말한다. 거꾸로 구별된 형태 역시 추상적으로 독립해서 자연물처럼 고립 분산적으로 존재하는 것이 아니라, "구별된 마디들이나 독자적으로 존재하는 부분들은 어디까지나 이런 실체 속에서 존재한다."

3) 부분적 형태와 전체적 생명 사이에는 이중적 측면이 등장한다. 즉 생명체는 전체적 통일을 이루는 자립적인 전체다. 그러면서 자기를 부분들로 끊임없이 분화한다. 다른 한편으로 부분들 역시 고유한 통일성을 지닌 자립적인 전체다. 그러면서 자립적인 부분들은 전체 속에서 다시 통일된다. 생명이 지닌 이 두 계기를 좀 더 구체적으로 설명하자면, 두 가지 자립적 계기가 있다.

첫 번째 계기는 자립하는 다양한 육체적 형태다. 각 형태는 자기 관계하면서 독자적으로 존재하는 무한 실체다. 이 계기는 생명 전체와 다른 형태에 대해 대립하는 계기다.

두 번째 계기는 이런 육체적 형태 사이의 무한 관계다. 생명의 유동성이 이런 육체적 형태를 통일하니, 이런 유동성에서 각 육체적 형태는 자기의 자립성을 지양하고 부정된다. 또한, 다른 형태와 유기적 연관을 맺는다.

4) 그러나 이 두 가지 자립적 계기는 자기를 지양한다. 개별 형태는 자기를 지양하여 전체의 한 계기로 되면서 "모든 구별된 것들이 유동화되거나 전적으로 해소된다." 자립적 형태들은 전체적 통일성 속에서만 자신의 자립성을 유지할 수 있다. 또한, 전체적 생명도 자기와 같음에 머무르지 않고 자기를 분화하여 다양한 형태들로 분화한다. 전체적 생명 역시 이런 형태들로의 분화를 통하지 않고서는 자신을 유지할 수 없다.

그러므로 "개별 형태의 존속을 지양한다는 것은 이에 못지않게 그와 같은 존속을 새로이 산출하는 것"으로 된다. 헤겔은 생명을 이처럼 "그 자신이 전개한 것을 다시 해소하는 가운데 자신을 단적으로 보존하는 전체로 규정한다."

172) 〈SK 142:31~143:6〉〈FM 107:10~19〉

이상과 같이 최초의 직접적인 통일에서 출발해 형태의 형성과 생명 과정의 계기들을 거쳐서 이들 두 계기의 통일에 이르러 이를 통해 다시 최초의 단순한 실체로 되돌아왔으니 이처럼 **반성을 통해 생겨난 통일**은 최초의 직접적인 통일과는 다른 통일이다. 전자 즉 **직접적 통일** 또는 하나의 **존재**로서 언표된 통일과는 달리 이 두 번째의 통일은 그 모든 계기를 자체 내에 지양해 버린 **일반적** 통일이라고 할 수 있다. 이 통일[183]은 또한, **단순한 유적 본질**이라고 할 수 있으니 이 단순한 유적 본질[Gattung]은 생명 자체의 운동 속에서 아직 그와 같은 **단순한 유적 본질**로서 **자기에 대해**[für sich] **실존**하지 않는다. 이상의 **결과** 속에서 등

---

183 첫 번째 통일은 대상을 부정하는 욕망의 통일이다. 두 번째 통일은 신체 형태를 통해 생명의 본질이 지속하는 것이다.

장하는 생명은 오직 자신과는 다른 것 즉 의식을 시사[示唆]한다. 왜냐하면, 일반적 통일이나 유적 본질로서 생명이 [대상으로] 나타나는 것은 의식의 수준이기 때문이다.

173) ⟨SK 143:7~13⟩⟨FM 107:20~24⟩

그러나 **유적 본질**이 대상으로 나타나는 다른 생명 즉 자각된 유적 본질, 자기의식은 처음에는 다만 이처럼 단순한 본질로 존재할 뿐이며, **순수한 나**[Ich]가 돼 자신을 대상으로 삼는다.[184] 그리하여 이제 우리가 고찰하고자 하는 자기의식이 펼쳐 나갈 경험의 과정에서는 [처음에 나타난] 그와 같은 추상적 대상[단순한 본질]이 이미 생명의 현상에서 보았던 것보다 더욱 풍요롭게 자기를 전개하는 모습이 자기의식에서 나타나게 될 것이다.

[해제] 헤겔은 생명의 통일을 두 가지로 나눈다. 첫 번째 통일은 욕망에서 등장한 통일이다. 두 번째 통일은 대상을 내면화하여 신체 형태화하면서 생명과 형태 사이에 이루어지는 통일을 말한다. 이런 통일을 통해 생명체는 자기를 재생산하니 이것이 곧 생명체의 유적 본질이다.

헤겔은 여기서 생명체로부터 자기 의식적 존재로 이행한다. 의식적 존재로의 이행에서 핵심은 유적 본질이라는 개념이다. 생명체에서 유적 본질은 이미 자기의식이지만, 아직 자기에 대해 대상으로 나타나서, 자각되지 않았다. 그러므로 그것은 생물체의 종으로서 출현한다. 이런 종적 본질은 개별자를 통해서 마치 이 개별자를 징검다리로 해서 존재할 뿐이며 그 자신이 직접 출현하지는 않는다.

하지만 인간에서 유적 본질은 생명체에서와 같은 종적 본질이 아니

---

[184] 생물체에서 유적 본질은 개체를 통해 재생산되면서 개체에 내재할 뿐, 독립적으로 존속하지 않는다. 자기의식에서 유적 본질은 개체로부터 독립적으로 존속한다. 그것이 사회다.

라 개인의 상호 작용을 통해 형성되는 사회다. 이 사회는 개별자에서 독립해 그 자체로 대상화되므로 의식은 이 대상을 자신으로 자각하면서 유적 본질은 '자각적 유적 본질'로 된다. 이것이 곧 자기 의식적 존재다.

그러나 자기 의식적 존재 즉 인간이 출현하더라도 처음 등장한 때는 자기의식이 잠재적일 뿐이며, 생물체에서 욕망과 마찬가지 방식으로 출현할 뿐이다. 이것이 곧 직접적 자기의식 또는 확신에 머무르는 자기의식이다. 여기서 사회는 아직 주인과 노예와 같은 대립적 관계를 형성할 뿐이다. 이 직접적 자기의식이 참으로 자기를 실현하게 되면, 사회는 모든 개인의 자유가 인정받는 사회가 출현한다. 이에 도달하기 위해서는 노예의 노동이나 불행한 의식과 같은 과정을 밟아 나가야 한다.

174) ⟨SK 143:14~24⟩⟨FM 107:25~32⟩

단순한 나[Ich]¹⁸⁵는 이상과 같은 유적 본질 또는 단순한 일반 존재다. 이런 존재에서 구별된 것들은 더는 의미가 없는 것이다. 그 구별들이 무의미하게 되는 유일한 이유라면 곧 단순한 나[Ich]는 본질상 형태를 지닌 자립적 계기를 **부정하는 것**이기 때문이다. 따라서 자기의식은 자기에 대해 자립적인 생명으로 나타나는 이 직접적인 타자[자립적 형태]를 지양함으로써만 자기 자신에 관한 확신을 얻는다. 여기서 자기의식은 **욕망**으로 된다. 자기의식은 이런 타자의 무의미함을 확신하면서 **자각적으로**[für sich] 타자의 무의미함을 그 자신의 진리로 여김으로써 자립적인 대상을 무화[無化]할 뿐만 아니라 이를 통해 그 자신의 확신을 획득한다 자기의식에서 이것이 **참된 확신**으로 되며 즉 그 자신에게 **대상적인 방식으로** 형성된 확신으로 된다.

185 생명체에서는 욕망만 있지 아직 '나'는 없다. 의식적 존재가 출현하면서 '단순한 나' 즉 개별적 자기의식이 출현한다. 이 '나'가 처음 출현했을 때는 생명체에서 욕망과 같다.

175) 〈SK 143:25~144:15〉〈FM 107:33~108:14〉

그러나 자기의식은 이와 같은 만족 속에서 자기의 대상이 지니는 자립성을 경험하기에 이른다. 즉 욕망과 그 욕망의 충족을 통해 성취된 자기 자신의 확신은 이와 같은 대상을 통해 제약된다. 왜냐하면, 이런 확신은 타자를 지양함을 통해서만 가능한데, 이런 지양이 존재하려면 이 타자도 존재해야 하기 때문이다. 그러므로 자기의식은 대상에 대한 부정적 관계를 유지하는 한 이 대상을 지양할 수가 없다. 그 때문에 자기의식은 오히려 대상을 다시 생산하며 그와 동시에 욕망도 생산한다. 사실상 이런 [욕망에 머무르는] 자기의식은 욕망의 본질인 자기의식과는 다른 것이다. 이런 경험을 통해 자기의식에서 그 진리[186]가 생성됐다. 그러나 동시에 자기의식은 앞서 말한 진리에 못지않게 절대적으로 자기 관계하는 것[für sich]이며 이런 자기 관계는 오직 대상의 지양을 통해서만 가능할 뿐이다. 대상을 지양하는 것은 자기의식에서 자기를 만족시킴이 틀림없다. 왜냐하면, 대상의 지양이 곧 진리기 때문이다. 따라서 대상의 자립성 때문에 자기의식이 만족에 이를 수 있으려면 다만 이 대상 자체가 그 자체에서 부정을 수행해야 할 것이다. 대상은 그 자체에서 자기 자신을 부정해야만 한다. 왜냐하면, 대상은 **본래**[an sich] 부정성을 지닌 존재며 타자에 대해[für das Andere] 본질적으로 대상적인 것[was er ist]이어야 하기 때문이다. 이처럼 대상은 그 자체에서 부정적인 존재며 그런 가운데 동시에 자립적인 것이므로 이제 대상으로 될 수 있는 것은 곧 의식을 지닌 존재다. 생명체가 욕망의 대상으로 될 때 **부정**

---

186 욕망이 자연 대상과 모순에 부딪힘으로써 자기의식으로 발전한다. 자기의식이 욕망의 진리다. 자기의식은 자신을 다른 자기의식과 관계를 통해 실현하려 한다. 왜냐하면, 자기 의식적 존재만이 자립적인 자연 대상과 달리 그 자체에서 자기를 부정하는 존재가 될 수 있기 때문이다.

성은 이 **생명체의 타자**, 말하자면 욕망에서 등장하는 부정성이거나 아니면 이런 부정성은 다른 무차별한 형태에 대립하는 **규정성**으로 또는 생명체가 지닌 **비유기체적인 일반적 본성**[Natur]으로[187] 존재한다. 그러나 부정성이 절대적인 것으로 깃들어 있는 일반적인 자립적 본성[188]은 다름 아닌 유적 본질 그 자체거나 아니면 자기의식인 한에서의 유적 본질이다. 따라서 **자기의식은 오직 다른 또 하나의 자기의식을 통해서만 자기의 만족에 도달한다.**

[해제] 헤겔은 개체적 자기의식에서 개체와 자연의 관계는 인간과 인간의 관계로 전환한다고 말한다. 이 전환 과정은 다음과 같다.

인간의 직접적인 자기의식이 곧 욕망이다. 욕망은 자신과 대립하는 자연을 부정하고 이를 동화하면서 자기 확신을 지닌다. 이런 확신은 감각적 확신에서 등장한 확신과 구별된다. 감각적 확신은 직접적 확신이지만, 여기서는 자신의 타자를 부정하면서 획득하는 확신이다. 헤겔의 말로 이것은 "그 자신에게 대상적인 방식으로 형성된 확신"이다.

그러나 욕망의 확신은 한계를 지닌다. 왜냐하면, 욕망은 곧 대상의 저항을 만나기 때문이다. 자립적인 자연 대상은 욕망의 부정을 제한하면서 자기 확신을 좌절시킨다.

여기서 자연을 대상으로 삼던 욕망은 다른 자기의식과 관계하게 된다. 생명체가 부딪히는 욕망의 한계를 극복하려면 대상 자체가 자신의 자립성을 스스로 부정하는 것이 돼야 한다. 단순한 자연 대상은 스스로 자기를 부정할 수 없고 오직 스스로 하나의 의식을 지니면서 자기를 부정하는 존재만이 이처럼 자기 부정성을 시닐 수 있다. 그러므로 욕망은

---

187 모든 생명의 죽음을 의미한다
188 자기의식은 처음엔 타자를 부정하려 하지만, 이를 통해 자기를 실현하지 못하고, 마침내 각자 자기를 부정하는 것을 통해 사회 즉 일반적 본질을 형성한다.

이제 자기 의식적 인간을 자기의 대상으로 삼는다. 여기서 이제 인간과 인간의 사회적 관계가 출발한다.

생물체에서 유적 본질은 자기를 대상화하지 못한다. 그러므로 생물체는 욕망에 머무른다. 욕망은 타자를 제거할 뿐이다. 그러므로 사회를 형성하지 못한다. 그러나 인간에게서 자기의식은 타자와 관계하여 각자 자기를 부정하면서 사회적 관계를 형성한다. 그 결과 인간에서 유적 본질은 대상적으로 존재할 수 있다. 인간의 자기의식은 이를 통해 자각적으로 출현한다. 생명체의 욕망이 이미 실마리로는 자기의식이지만, 인간에 이르러서 자기의식이 자각적으로 형성된다.

헤겔은 자기의식과 사회의 출현이 서로 매개하는 것으로 설명한다. 욕망의 모순을 통해 자기의식이 출현하면서 이를 매개로 사회가 구성되며 사회가 출현하므로 확신에 머무르는 자기의식이 구체적으로 실현된 자기의식으로 발전한다.

176) 〈SK 144:16~34〉〈FM 108:15~28〉

자기의식의 개념은 다음 세 가지 계기를 통해서 비로소 완성된다. α) 구별이 없는 순수한 나[Ich]는 자기의식이 최초로 나타나는 직접적인 대상으로 된다. β) 그러나 이런 직접성은 그 자체가 절대적 매개이므로 이 직접성은 오직 자립적인 대상을 지양하는 한에서만 존재하며, 다시 말해서 욕망이다. 이런 욕망을 충족하게 하는 과정은 반드시 자기의식이 자기 내로 반성하는 과정이며 또는 자기의식의 확신이 진리에 다다르는 과정이다. γ) 그런데 자기의식의 확신이 도달하는 진리는 오히려 이중적인 반성 또는 자기의식의 이중화다. 대상은 의식에 대해 존재하더라도 자기 자신에서[an sich selbst] 자신의 타자성[Anderssein] 또는 자신의 구별을 하나의 무실한 것으로 설정하며 그런 가운데서도 자립적[189]이다. 구별된 채로, 단지 **생명 활동에 머무르는** 형태[190]는 생명의 과정 자체 속에서 자신의 자립성을 지양한다. 그러나 이런 형태는 이처럼 구별된 상태에서는 그 자신의 본래 모습대로 존재하는 것을 중단한다. 그러나 자기의식의 대상은 자기 자신의 부정성 속에서도 여전히 자립성을 유지하는 것이니 여기서는 유적 본질이 자각적으로 출현하며, 자기를 구분하는 고유성을 간직하면서도 일반적인 유동성을 지닌다. 이런 대상은 생동하는 자기의식이다.

177) 〈SK 144:35~145:16〉〈FM 108:28~109:3〉

여기서 **두 개의 자기의식이 서로 대결하는 것**이 등장한다. 자기의식은 사실상 이렇게 대결하는 것을 통해서만 비로소 존재한다. 왜냐하면, 자기의식에서 오직 이런 대결을 통해서만 자기의 타자 존재[Anderssein] 속에서 자기 자신과 통일되기 때문이다. 자기의식의 개념에서 대상은 **나**[Ich][191]이니 이런 나는 사실 **대상**으로 볼 수 없다. 그런데 욕망의 대상이라면 그런 대상은 다만 **자립적**일 뿐이다. 왜냐하면, 이 대상은 일반적이고 근절할 수 없는 실체며 유동적인 가운데 자기와 같음의 상태로 머무르는 본질이기 때문이다. [마지막으로] 자기의식이 대상인 한 그 대상은 하나의 나[Ich]이기도 하며 동시에 대상으로 된다. ─이를 통해 우리 앞에는 **정신** 개념이 눈앞에 나타나기에 이르렀다. 그리하여 앞으로

---

189 자기의식의 대상이면서도, 자신의 타자성 즉 대상성을 부정하는 존재는 곧 다른 자기의식을 말한다. 이를 통해 두 자기의식 사이의 관계 즉 유적 본질이 출현한다.

190 고립적으로 활동하는 생명체를 말한다. 생명체는 세대를 이어 지속하지만, 자연의 자립성에 부딪혀 그 지속성은 곧 단절되고 만다. 즉 생명체의 본성인 지속성은 일시적일 뿐이다.

191 나 즉 순수한 자기의식은 관념성 속에서 아직 미분화된 상태다.

의식이 계속 탐구해야 할 것은 이와 같은 정신이란 과연 무엇인가 하는 데 관한 경험을 얻는 것이다. 정신은 곧 절대적 실체니 이 절대적인 실체가 의미하는 것은 독자적으로 존재하는 서로 다른 자기의식 사이에서 서로 대립하는 것들이 완전하고 자유롭고 자립적인 가운데서 서로 통일을 이루는 것을 의미한다. 즉 **나**는 **우리**며 **우리**는 곧 **나**다. 이처럼 자기의식이 정신의 개념에 이르는 한에서 이런 자기의식 속에서 의식은 비로소 그 자신의 전환점을 맞이한다. 즉 이 단계에 와서 의식은 마침내 감각적 차안의 세계가 펼쳐 보이는 현란한 가상과 초감각적인 피안의 세계가 지닌 텅 빈 어둠에서 벗어나 정신이 현재화하는 한낮 속으로 걸어 들어갈 것이다.

[해제] 헤겔은 이 구절에서 자기의식의 개념이 발전하는 과정을 서술한다. 그것은 세 단계 즉 자기의식의 개념, 대상을 부정하는 욕망, 인간에서 자기의식의 상호관계를 거쳐 나간다.

우선 자기의식의 개념에서 나의 대상은 곧 나다. 이때 나는 아직 구별됨이 없는 통일 상태에 있다. 이 자기의식이 자기를 실현하는 과정에서 처음 등장한 것이 욕망이다. 이런 욕망은 대상을 부정함으로써 자기를 실현하려 한다. 그러나 대상의 자립성에 부딪힘으로써 한계에 직면한다.

인간에서 자기의식은 타자를 자기의 대상으로 삼는다. 여기서 자기의식은 자립적인 타자 속에서 자기를 발견하니, 양자의 참된 통일이 이루어진다. 이때 나와 대상의 통일이 생겨나면서 대상은 대상이면서 동시에 나이다. 각자는 독자적으로 존재하는 가운데서도 전체는 일반적인 유동성을 지닌다. 이를 헤겔은 '이중적인 반성' 또는 '자기의식의 이중화'라고 말한다. 헤겔은 이런 자기의식을 "생동하는 자기의식"이라 한다.

자기의식 사이의 관계가 완전히 자유롭고 자립적인 가운데 서로 통일을 이루면 그것이 곧 정신이다. 이때 개체는 서로의 대립을 벗어나서 인간의 유적 본질인 사회가 자각적으로 출현한다. 이것이 장차 출현하는 정신의 토대이다.

A 자기의식의 자립성과 비 자립성: 주인과 노예

[해제] A 절 전체 흐름을 정리하자면 다음과 같다.

178) 자기의식 서로의 인정 운동
179~184) 서로 인정하는 운동의 구체적 전개과정
185) 그 첫 번째 단계로서 주인과 노예의 관계
187~188) 생사의 투쟁에서 주인과 노예 관계로의 발전
188~192) 향락하는 주인의 자기의식이 범하는 전도
193~196) 노예의 자기의식 획득: 공포, 봉사, 노동의 계기

178) 〈SK 145:23~146:2〉〈FM 109:8~18〉

자기의식은 다른 자기의식에 대해 **그 자체로 자기에게 나타난**[an und für sich] 가운데[192] 또 이런 사실을 통해 자기의식은 그 자체로 자기에게 나타난[an und für sich] 존재가 된다. 즉 자기의식은 오직 다른 자기의식을 통해 인정된 것으로서만 존재한다. 자기를 이원화하는 가운데서 자신을 통일하는 것 즉 자기의식 속에서 자기를 실현해 나가는 무한성의 개념은 다면적이고 다중적인 의미가 착잡하게 얽힌 것이다. 그리하여 자기의식의 개념이 내포하는 계기들은 한편으로 엄밀한 규정을 통해서 분리돼야 하지만, 또 다른 면으로는 그러한 구별 속에서도 여전히 구별되지 않고 항상 자기의 의미와는 대립하는 의미로 받아들여지고 또 인식되지 않으면 안 된다. 구별된 계기들이 지닌 이중적 의미는 자기의식의 본질에 속한다. 왜냐하면, 자기의식은 무한성을 지닌 것이며 달리 말하자면 그 자신에게 설정된 규정성과 직접 반대되는 규정성을 지니는 것이기 때문이다. 이처럼 자신을 이중화하는 속에서 다시 <u>정신적으로 통일을 이룬다</u>는 자기의식의 개념을 분석하는 것은 서로 **인**

192 자기의식이 서로 인정하는 관계를 말한다.

정하는 운동을 우리에게 보여준다.

[해제] 헤겔은 이제 자기의식의 상호관계를 서술하려 한다. 이 관계는 "자기를 이원화하는 가운데서 자신을 통일하는 것" 즉 서로 인정하는 관계다. 그는 이를 서술하기 전 우선 서술의 방법론적 개념을 제시한다. 그것에 따르면 이 운동에서 각 계기는 이중적 의미를 지닌다. 즉 하나의 계기는 "자신에게 설정된 규정과 직접 반대되는 규정을 지니며" 그 때문에 자기와 반대되는 계기로 전환한다. 그 결과 두 대립하는 계기가 모두 몰락하면서 통일이 이루어진다. 따라서 헤겔은 여기서 서술은 자신의 규정이 지닌 의미가 "자기와 대립하는 의미로 전환하는" 과정을 분석하는 것에 있다고 한다.

179) ⟨SK 146:3~8⟩⟨FM 109:19~23⟩ -

자기의식은 다른 자기의식과 대결하는 가운데 **자기를 벗어난다** [außer sich]. 이 말은 이중적인 뜻을 지니고 있으니 **첫째**, 자기의식은 자기 자신을 상실했다는 것이다. 왜냐하면, 자기의식은 자신이 자신과 **다른 본질**로 된다는 사실을 발견하기 때문이다. **둘째**, 이와 같은 과정에서 자기의식은 자신의 타자를 지양한다. 왜냐하면, 자기의식은 타자를 본질적인 존재로 여기는 것이 아니라 오히려 타자 속에서 **자기 자신**을 발견하기 때문이다.

180) ⟨SK 146:9~22⟩⟨FM 109:24~28⟩

자기의식은 **자신의 타자 존재**를 지양할 수밖에 없다. 자신의 타자 존재를 지양한다는 것은 최초의 이중적 의미를 지양하는 것으로 되면서 이를 통해 스스로[selbst] 두 번째 이중적 의미를 지닌다. **첫째**, 자기의식이 목표로 삼는 것은 자기와 다른 자립적 본질을 지양함으로써 자신이 본질적 존재라는 것을 확신하는 것이다. **둘째**, 이를 통해 자기의식은 자기 자신을 지양하는 것을 목표로 삼는다. 왜냐하면, 이 [지양되는] 타자가 그 자신이기 때문이다.

181) ⟨SK 146:10~22⟩⟨FM 109:29~34⟩

이처럼 이중적 의미를 지닌 타자 존재를 이중적인 의미에서 지양한다는 것은 이에 못지않은 이중적 의미를 지닌 **자기 내로의** 복귀를 뜻한다. **첫째**, 자기의식은 이런 지양을 통해서 자기 자신을 되찾는다. 왜냐하면, 자기의식은 여기서 **자기의** 타자를 지양함으로써 다시 자기와 같게 되기 때문이다. 그러나 **둘째**로, 자기의식은 다른 자기의식을 다시 타자 자신에게 되돌려 준다. 왜냐하면, 자기의식 자신이 타자 속에 있었으므로 그가 지양한 것은 다만 타자 속에 있었던 **자신의 존재**고 따라서 이 타자가 다시 자유롭게 풀려나기 때문이다.

182) ⟨SK 146:23~147:3⟩⟨FM 110:1~13⟩

그러나 위와 같은 방식에서는 자기의식이 다른 자기의식과 관계해서 펼쳐나가는 운동이 두 자기의식 중 **한쪽의 활동**으로 생각됐다. 그러나 이 한쪽의 행위 자체가 이중적 의미를 지니는 것이다. 즉 이는 **자기의 활동**이면서 동시에 그에 못지않게 **타자의 활동**으로 된다. 왜냐하면, 이 타자도 역시 자립적이며 동시에 자기 내에서 완결된 존재여서 그 속에는 자기 자신을 통하지 않은 것이라고는 아무것도 없기 때문이다. 첫번째 자기의식이 자기 앞에 두는 대상은 일단 다만 욕망에 대해 나타난 것과 같은 대상을 의미하는 것이 아니며 어디까지나 대자적[für sich]인 [자기의식을 지닌] 자립적인 대상이다. 그러므로 이 자기의식이 그 대상에 수행하고자 하는 것을 이 대상이 자기 자신에서 수행하지 않는다면, 자기의식은 이런 대상을 전혀 자기 나름대로[für sich] 할 수 없다. 이런 점에서 이 운동은 곧바로 두 개의 자기의식이 펼쳐나가는 이중운동이다. 즉, 각자는 **자기**가 수행하는 것을 **다른** 자기의식도 같이 수행하는 것을 본다. 또한, 각자는 각자가 타자에게 요구하는 것을 스스로 수행하므로 **오직** 이 타자가 같은 것을 수행하는 한에서만 그가 수행하는 것을 수행한다. 그리하여 그 어떤 일방적인 활동도 불필요한 것일 수밖에 없다. 왜냐하면, 일어나야만 하는 것은 오직 이들 두 개의 자기의식을 통해서만 성립할 수 있기 때문이다.

183) ⟨SK 147:4~7⟩⟨FM 110:14~16⟩

이런 활동이 이중적인 의미를 지닌 것이라고 말해지는 이유는 이 활동이 **자기에 대해서** 행해지면서 동시에 **타자에 대해서**도 행해진다는 데만 있지 않고 오히려 이 활동은 **한쪽의 활동**이자 더는 나눌 수 없는 방식으로 또한, **다른 쪽의 활동**이기 때문이다.

184) ⟨SK 147:8~25⟩⟨FM 110:17~29⟩

이런 운동 속에서 우리는 힘의 유희로서 나타났던 과정이 되풀이되는 것을 볼 수 있으나 다만 이번에는 이 운동이 의식의 영역에서 전개되고 있음을 알 수 있다. 즉 전자에서 우리에 대해서 대상이었던 것이 전개하는 운동이 여기서는 두 극단[자기의식] 사이에서 서로의 문제로 대두됐다. 말하자면 그 중심에 자기의식이 자리 잡은 가운데 이제 자기의식은 그 자체가 두 개의 극단으로 분열된다. 각 극단은 각자의 규정성을 타자의 규정성으로 교환하며 자신에 대립하는 타자로 절대적으로 이행한다. 그러나 각 극단은 의식에 머무르는 한에서 **자기를 벗어나기**에 이르지만, 그런데도 동시에 각 극단은 그와 같이 자기를 벗어나는 가운데서도 자기 내로 복귀해 **대자적**[für sich]으로 된다. 그러므로 각자가 자기를 벗어나서 존재한다는 사실이 **의식된다**[für es]. 이때 의식되는 것은 각자의 의식이 직접 타자의 의식이면서 동시에 타자의 의식이 **아니**

라는 사실이다. 마찬가지로 의식되는 것은 타자의 의식이 대자 존재로서 자기를 지양하는 한에서만 다만 이 타자의 의식은 대자적일 수 있으며 또한, 이 타자의 의식은 자신의 타자가 대자적으로 존재하는 한에서만 대자적이라는 사실이다. 각 극단은 타자에게 매개자로 되며, 각자는 매개하는 타자를 통해서 자기 자신과 매개하고 자신과 결합한다. 또한, 각자는 자기에 대해서뿐만 아니라 타자에 대해서도 직접 대자적으로 존재하는 본질이며, 동시에 다만 이런 매개를 통해서만 대자적으로 존재한다. 이들 두 극단은 **서로 인정하는 존재**인 한에서 서로 **인정**한다.

[해제] 헤겔은 우선 자기의식의 상호관계를 개념적으로 설명한다. 이 관계는 마치 힘의 유희에서 서로 촉발하면서 서로 타자를 통해 매개되는 과정과 같다. 여기서 자기의식은 타자를 부정하지만, 이 타자 속에 이미 자기가 들어 있으므로 결국, 부정하는 것은 자기 자신이다. 그 결과 타자의 부정을 통해 자기가 부정되고 오히려 타자를 긍정한다.

이런 관계는 단순히 한쪽의 활동일 뿐만 아니라 다른 쪽의 활동이며 타자가 같은 것을 수행하는 한에서 자기도 같은 것을 수행하며 타자에게 요구하는 것을 스스로 수행한다. 자기가 수행하는 것을 타자도 수행하는 것을 발견하며, 타자가 같은 것을 수행하는 한에서 그가 수행하는 것을 수행한다.

그러므로 양자는 자기를 벗어나는 가운데 자기로 복귀한다. 타자가 자기를 지양하는 가운데 대자적일 수 있으며, 타자가 대자적인 한에서만 자기도 대자적일 수 있다. 이를 통해 자기의식과 타자는 서로의 매개에 도달한다. 즉, 각자는 "타자에게 매개자로 되며, 매개하는 타자를 통해서 자기 자신과 매개한다." 이를 통해 서로 대자적으로 존재하면서 동시에 서로 인정하는 통일에 이른다.

이와 같은 상호관계는 사회 속에서 개인과 개인이 전략적인 게임을 한다는 것을 보여준다. 전략적 게임이란 타자가 움직이는 것을 예상하면서 그것에 따라 반응하며, 타자가 그렇게 반응할 것을 예상하면서 그런 반응을 일으키기 위해 행동하는 것을 말한다.

이런 전략 게임의 가장 원초적 형태는 홉스가 만인의 만인에 대한 투쟁을 통해 제시했는데, 나중에 애덤 스미스가 자본주의적 경쟁 속에 도입했다. 헤겔에서 사회는 항상 이런 전략적 게임으로 이루어진다. 헤겔의 사유가 반성하는 사유 즉 타자에 대립하여 자기를 규정하는 사유라는 점에서 이런 반성하는 사유가 사회적 상호관계에 적용되면, 이런 전략적 게임이 나온다고 할 수 있다.

185)〈SK 147:26~32〉〈FM 110:30~34〉

서로의 인정이란 곧 자기의식의 이중화가 자신의 통일로 되돌아가는 것을 의미한다. 우리는 이제 이런 서로 인정하는 것의 순수 개념이 전개되는 과정이 자기의식에 대해서 어떻게 나타나는지를 고찰하고자 한다. 이 과정에서 처음 서술돼야 하는 것은 양자가 **불평등함**[Ungleichheit]을 지니는 측면이다. 달리 말하자면 여기서 중심은 양극단으로 분화되면서, 이 양극단이 하나의 극단인 한에서 서로 대립하는 가운데 그 가운데 한쪽은 오직 인정받는 자고 다른 쪽은 오직 인정하는 자다.

186)〈SK 147:33~148:25〉〈FM 110:35~111:17〉

우선 자기의식은 단순한 대자 존재[Fürsichsein]이며 또한, 모든 **타자**를 **자신으로부터** 배제하면서 자기와 같음을 지닌 존재다. 자기의식에서 자기의 본질과 절대적 대상으로 되는 것은 나[Ich]일 뿐이니 자기의식은 이처럼 **직접** 존재할 때 또는 대자[für sich] 존재로 **존재**할 때 **개별**자로 나타난다. 이런 자기의식에 대해 타자로 되는 것은 부정적인 성격을 지닌 것으로 묘사되는 비본질적인 대상이다. 그러나 이런 타자도 역시 하나의 자기의식이므로 여기에는 한 개체와 또 하나의 개체 사이의 대립이 등장한다. 이들은 이처럼 **직접적인** 존재로 출현하는 까닭에 서로에 대해 통상적인 의미에서[gemeiner] 대상이 취하는 방식으로 존재한다. 즉 이런 대상은 **자립적인** 형태[Gestalten]이며 −왜냐하면, 여기서 존재하는 대상으로 규정된 것은 생명체기 때문이다− **생명체적 존재** 속으로 침몰한 의식일 뿐이다. 이런 자립적 형태는 **서로에 대해** 절대적인 제거[Abstraktion]의 운동을 아직 수행하지 않았다. 만일 그와 같은 제거가 일어났다면, 이런 형태는 자신에 속한 모든 직접적인 존재[Sein]를 제거하고 오직 자기와 같음을 지닌 의식이 취하는 순수한 부정적 존재로만 남았을 것이다. 제거가 수행되지 않았으므로 이런 형태는 서로에 대해 아직 **순수한 대자 존재**로 즉 자기의식으로 나타나지 않는다. 각자의 자기의식은 사실 자기 자신을 확신하지만, 타자까지도 [자기 자신으로] 확신하지 않으므로 이처럼 자기에 대해 개인적인 확신을 지닌다는 것은 결코 진리일 수는 없다. 왜냐하면, 그것이 진리라면 단지 그 자신의 개인적인 대자 존재가 그 자신에게 자립적인 대상으로 나타나야 할 것이며 같은 말이지만, 그의 대상이 자기 자신에 관한 순수한 확신을 지닌 존재로 나타나야 하기 때문이다. 그런데 인정의 개념에 비춰 볼 때 이런 진리가 가능한 것은 오직 다음과 같을 때일 뿐이다. 즉 타자가 그 자신에게 대상으로 나타나듯이 그 자신도 타자에게 대상으로 나타나며, 각자는 대자 존재로서 수행하는 순수한 제거 행위를 자기 자신에게 수행할 때이다. 이런 제거 행위는 자기의 고유한 활동을 통해 일어나며 동시에 타자의 활동을 통해서 수행돼야 한다.

[해제] 자기의식의 서로 인정하는 운동의 첫 번째 단계는 자기의식이 아직 신체 속에 침몰한 상태다. 이때 각자는 자기에서는 자신의 신체

속에서 자기를 자각하는 자기의식이지만, 반면 타자는 자기로부터 자신의 신체를 제거하는 '절대적 제거'의 운동을 전개하지 않았다. 그러므로 타자는 그에게서 하나의 신체로서만 여겨진다. 타자는 자기에게 비본질적 존재며 이런 자기의식은 모든 타자를 자기로부터 배제한다.

그러나 타자 역시 자기를 보기에 그 자신은 자기의식이며 그의 타자는 신체로 여긴다. 그러므로 이 타자에게 그의 타자는 대상이다. 각자는 "타자가 그 자신에게 대상으로 나타나듯이 그 자신도 타자에게 대상으로 나타난다." 여기서 자기의식은 자신을 확신하지만, 이런 확신은 사적인 것에 그치며 타인으로부터 인정받지 못하는 한 그런 확신은 곧 저항에 부딪히니, 진리로 되지 못한다.

그런데 이 관계가 참된 상호관계에 이르려면, 우선 각자는 자신의 신체를 부정하면서, 자신이 자립적인 자기의식임을 드러내야 한다. 즉 "대자 존재로서 수행하는 순수한 제거 행위를 자기 자신에게 수행할 때"다. 이는 타자를 부정하는 것 못지않게 자기를 부정해 서로가 타자를 부정할 뿐만 아니라 자기조차 부정해야 한다는 것을 의미한다. 헤겔은 이런 자기부정의 활동이 서로 일어날 때 생사의 투쟁이 벌어지는데, 이것이 서로 인정하는 운동이 일어나는 출발점이 된다고 한다.

187) 〈SK 148:26~149:21〉〈FM 111:18~112:2〉

그런데 자기의식이 수행하는 [타자에 대한] 순수한 제거 행위[Abstraktion]를 **서술**하는 데 있어서 중요한 것은 곧 그가 그 자신의 대상적 존재 방식을 순수하게 부정하는 존재라는 사실을 보여주는 것이다. 달리 말하자면 중요한 것은 자신이 어떠한 특정한 **현존**[Dasein]에 속박당하지 않고 또한, 현존이라면 일반적으로 나타나는 개별 특성에 매몰되지도 않을 뿐만 아니라 동시에 자신의 생명에조차도 얽매이지 않는다는 것을 보여주는 것이다. 그러므로 자기의식의 제거 행위를 서술하는 것은 **이중적인** 활동이니, 타자에 대한 활동이면서 동시에 자기 자신에 의한 활동이다. 이런 제거 행위가 **타자에 대한 활동**인 한에서는 각자가 타자의 죽음을 겨눈다. 그러나 그런 가운데서도 두 번째 언급했던 활동 즉 **자기 자신에 의한 활동**이 눈앞에 나타난다. 왜냐하면, 타자에 대한 활동은 이미 자기의 생명을 거는 것이기 때문이다. 두 개의 자기의식의 관계를 규정하자면, 그것은 다 같이 생사를 건 투쟁을 통해 저마다 자기 자신과 또한, 상대에게 자신의 자유를 **입증**하는 관계다. ―이 두 자기의식이 이와 같은 투쟁에 나서지 않을 수 없는 이유는 이들이 **자기가 대자적**이라는[für sich] 자기 확신을 타자와 자기 자신에서 진리로까지 끌어올려야만 하기 때문이다. 이렇게 볼 때 오직 생명을 거는 것이야말로 자유를 보장해 주는 수단으로 되며, 오직 이를 통해서만 자기의식의 본성은 **생존**[Sein]도 아니며 자기의식이 출현했을 때 취하고 있었던 **직접적인** 방식[자기 확신]도 아니고 생명을 증식하는 데 사로잡혀 있는 것도 아니라는 사실이 입증된다. 오히려 이를 통해서 자기의식에서 소멸할 수 없는 계기로 보일지 모르는 것은 어떤 것도 그의 눈앞에 나타나지 않는다는 사실 즉 자기의식은 다만 순수하게 **대자 존재**[für sich]라는 사실이 입증된다. 개인은 자신의 생명을 걸지 않았더라도 하나의 **인격**[193]으로 인정될 수는 있겠으나 하나의 자립적인 자기의식으로서 인정받는다는 진리에는 도달하지 못한다. 각 개인은 자기의 생명을 거는 것과 마찬가지로 타자의 죽음을 겨냥해야 한다. 왜냐하면, 타자란 각 개인에게 더는 그 자신으로 여겨지지 않기 때문이다. 각 개인의 본질이 그에게 타<u>자로 나타나니</u>[194] 그는 곧 자기를 벗어난 존재[außer sich]이다. 그는 이처

193 여기서 '인격'은 실체를 대변하는 페르소나도 아니고 자유로운 법적 인격도 아니고, 도덕적 인격도 아닌 단순한 인간이라는 의미밖에 없다.
194 그의 앞에 있는 타자가 그의 삶을 좌우하는 존재라는 뜻이다.

럼 자신의 자기를 벗어난 상태를 지양해야 한다. 타자는 여러모로 구속된 존재고 그저 생존하는 것에 급급한 의식[seiendes Bewußtsein]에 지나지 않는다. 여기서 각자는 그의 타자 존재[Anderssein]가 순수한 대자 존재며 절대적인 부정성이라는 사실을 직시해야[直視: anschauen] 한다.

[해제] 여기서 두 자기의식 사이에 생사의 투쟁이 서술된다. 헤겔은 이런 생사의 투쟁이 벌어지는 이유를 이렇게 설명한다. 즉 욕망은 대상의 자립성에 부딪히니 이를 극복하기 위해서는 타자를 자신의 대상으로 삼아야 한다. 그때 비로소 단순한 확신으로서 자기의식은 "자립적인 자기의식"이 될 수 있다. 이것이 그의 진리다.

이를 위해서는 자기가 자기에 머무르는 것이 아니라, 자기를 타자 속에서 실현해야 하며 거꾸로 말하자면 타자가 그 자신이 돼야 한다. 각자는 대상이 그 자신으로 되게 하려면 자신에 대립하는 타자의 자립성을 부정해야 하니, 이것이 곧 생사의 투쟁이다.

이런 생사의 투쟁에서 타자의 생명을 부정하려면 먼저 자기의 생명을 걸어야 한다. 즉 "그 자신의 대상적 존재 방식을 순수하게 부정하는 존재라는 사실을 보여주는" 것이다.

헤겔은 이런 생사의 투쟁을 "자신과 상대에게 자신의 자유를 입증하는" 관계라고 한다. 이처럼 자기의 생명을 걸고 자신이 순수한 자기의식이라는 것을 드러낸 자는 승리한다. 반면 자기의 생명에 급급하면서 자신의 자기의식을 포기한 자는 패배한다.

헤겔은 이 구절을 마무리하면서 각 개인은 그가 부정한 타자, 생존에 급급한 타자 역시 순수한 대자 존재라는 것을 잊어서는 안 된다고 말한다. 이것은 앞으로의 양자의 관계가 전도되는 것을 예고하는 발언으로 보인다.

188) 〈SK 149:22~150:10〉〈FM 112:3~20〉

그러나 죽음을 통해 자기 자신을 입증하는 것은 여기서 나오는 진리와 더불어 자기 자신에 관한 확신까지도 모조리 지양하기에 이른다. 왜냐하면, 생명의 유지는 의식이 **자연적으로 취하는 입장**이고 절대적 부정성이 없는 것이라도 자립적인 만큼 죽음은 의식을 **자연적으로 부정하는 것** 즉 어떤 자립성도 없는 부정에 지나지 않으니 이런 자립성이 없는 부정[죽음]은 인정의 과정에 요구되는 의미마저도 지니지 못한 것으로 되기 때문이다. 이들 양자가 자기의 생명을 걸었고 자기의 생명과 타자의 생명을 초개와 같이 여겼다는 확신은 투쟁의 순간 생성됐다. 그러나 투쟁에서 이긴 자들에게는 이런 확신이 존재하지 않는다. 이긴 자들은 자기에게 낯선 본체[Wesenheit] 즉 자연적 현존[Dasein] 속에 놓인 [gesetzt] 그의 의식을 지양한다.[195] 다시 말하자면 이긴 자들은 자기 자신을 지양하며 그 자신이 지양된 결과 대자적으로 존재하기를 원하는 **극단**[Extreme]으로 된다. 그러나 죽은 다음에는 자기의식이 전개하는 서로 교환하는 유희에서 그 본질에 해당하는 계기 즉 자기의식이 자신을 저마다 대립하는 규정성을 지닌 두 극단으로 분열한다는 계기가 사라져 버린다. 매개의 중심은 죽음을 통해 생겨난 통일로 단일화되니 이런 통일이란 죽은 채로 단순히 존재하기에 서로 대립할 수도 없는 두 극단으로 분열된 상태에 지나지 않는다. 여기서 두 극단은 의식을 통해 서로를 서로 대립적으로 되돌려주고 되돌려받을 수 없고 서로 다만 무관심하게, 사물처럼 내버려 진 채로[frei] 방치된다. 그들의 행위는 추상적인 부정이므로 [대상에 관한] 의식의 지양과는 다르다. 왜냐하면, 여기서 의식의 지양이 일어나는 방식은 지양하더라도 지양되는 것을 **보존하고**

195 앞에서 욕망은 자립적인 대상에 부딪혀서 좌절한다고 했다. 이렇게 대상에 부딪히는 욕망은 의식의 단계에 머무르는 자기의식이다. 투쟁에서 승리한 자는 타자를 극복하면서 의식의 단계를 넘어 자각적 단계에 이른 자기의식으로 된다.

유지하므로 자신이 **지양되는** 것조차 넘어서기 때문이다.

189) 〈SK 150:11~27〉〈FM 112:21~33〉

이상과 같은 경험을 통해 자기의식은 마침내 그에게서 생명이 순수한 자기의식 못지않게 본질적이라는 사실을 안다. 직접적인 자기의식 속에서는 단순한 내[Ich]가 곧 절대적인 대상이지만, 반면 우리가 보거나 본래 이 절대적 대상[나]은 절대적으로 매개되는 것이므로 자립적 존재를 살려두는 것을 자신의 본질적인 계기로 삼을 수밖에 없다. 최초의 경험에서 얻은 결과는 자기의식의 직접적인 단순한 통일을 해소하는 것이다. 이런 최초의 경험을 통해서 하나의 순수한 자기의식과 하나의 의식이 설정된다. 여기서 의식은 순수하게 대자적인[für sich] 존재는 아니고 타자에 대한 대상으로서[für ein anderes] 존재하는 의식이며 즉 단순히 **현존하는** 의식이거나 **물체**의 형태를 띠는 의식이다. 이 두 계기는 모두가 본질적인 것이다. —이 두 계기는 일단 서로 같은 존재가 아니며 대립하는 관계에 있어서 여전히 이 양자가 통일로 복귀[Reflexion]하는 일은 아직 생겨나지 않았다. 그런 까닭에 이들은 서로 대립하는 두 개의 의식 형태로 존재한다. 그 하나는 대자성[für sich]을 본질로 삼는 자립적인 의식이며 다른 하나는 비자립적인 의식이고 이런 의식의 본질은 삶이나 대타 존재다. 전자는 **주인**이며 후자는 **노예**에 해당한다.

[해제] 여기서 헤겔은 생사를 건 투쟁에서 주인과 노예로 이행하는 과정을 서술한다. 생사의 투쟁에서 다만 그런 죽음의 순간에서만 그들은 서로 자신의 생명과 타인의 생명을 초개와 같이 여긴다는 것을 입증한다.

투쟁이 끝나 그 가운데 승리한 자는 "자기에게 낯선 본체[Wesenheit] 즉 자연적 현존[Dasein] 속에 놓인[gesetzt] 그의 의식"(즉 의식의 단계에 있는 자기의식)을 지양하면서 자각적인 자기의식을 지닌다. 이 자기의식은 타자의 대립을 극복하면서 얻어진 자기의식이다.

그러나 죽음은 절대적 부정 즉 "어떤 자립성도 없는 부정"이다. 그 죽음은 여하한 자기의식도 남겨 놓지 않는다. 살아남은 자와 죽은 자 사이에서는 서로가 "서로를 서로 대립적으로 되돌려주고 되돌려받을 수 없고 서로 다만 무관심하게 사물처럼 내버려 진 채로 방치될" 뿐이다.

그러므로 생사의 투쟁에서 승리한 자는 패배한 자를 죽이지 않는다. 헤겔은 그 이유를 인정의 관계에서 찾는다. 즉 타자를 부정하는 순간 그는 자신을 확신하지만, 이 확신은 곧 사라진다. 왜냐하면, 타자는 하나의 자연적 물체로 되돌아갔으며 의식이 없으므로 그를 인정할 수조차 없기 때문이다. 타자의 죽음을 통해서는 승리한 자의 자기의식은 '존속하는 자립성'을 얻지 못한다. 그러므로 헤겔은 죽음은 '텅 빈 통일'에 그친다고 설명한다. 그 결과 승리한 자는 패배한 타자의 생존이 자신의 자기의식만큼이나 중요하다고 여긴다.

여기서 자립적인 자기의식으로 되는 주인과 자신의 생명을 본질로 삼고 대자성을 박탈당하는 노예 즉 단순한 의식, "물체의 형태를 띠는 의식"이 출현한다. 이것이 주인과 노예의 관계다.

190) ⟨SK 150:29~151:29⟩⟨FM 112:34~113:24⟩

주인은 물론 **대자적**[für sich] 의식이다. 그러나 주인은 이런 대자적 의식의 개념에 머무르는 것만은 아니며, 오히려 그는 다른 의식을 통해 자기와 매개되는 가운데 대자적으로 존재하는 의식이다. 여기서 대자적 의식을 매개하는 다른 의식은 자립적인 **존재** 또는 물체와 일반적으로 결합하는 것을 자기의 본질로 삼는 의식이다. 주인은 이 두 가지 계기 즉 욕망의 대상으로 되는 **사물** 자체에 관계하는 동시에 물체를 본질로 삼는 의식에 관계한다. 주인은 α) 자기의식의 개념에 머무를 때는 [

자기에 대해] 직접 관계하는 **대자 존재**지만, β) 동시에 이제부터 매개돼 존재하는 한에서는 단지 타자를 통해서만 대자적일 수 있는 대자 존재이므로 주인은 α) 직접으로는 이 두 개의 요소와 관계를 맺으며 β) 간접으로는 하나의 요소에 대해 다른 요소[매개자]를 통해서 관계한다. 주인은 다만 **자립적인 존재[자연 사물]를 통해서 간접으로 노예**와 관계한다. 왜냐하면, 노예는 바로 이와 같은 자립적 존재에 속박됐기 때문이다. 이 자립적 존재는 노예의 사슬이지만, 노예는 아무리 투쟁해도 이 사슬을 결코 제거할 수 없으며 결국, 자신은 비자립적인 존재며 그의 자립성은 물체 속에서 갖는다는 것을 입증한다. 그러나 주인은 자기의 존재[Sein]를 지배하는 위력을 지니고 있으니 왜냐하면, 그는 투쟁을 통해 자신의 존재가 자기에게 한낱 부정적인 존재에 그친다는 사실을 이미 입증했기 때문이다. 이처럼 주인은 자신의 존재를 지배하는 위력이지만, 이런 주인의 자립적 존재는 타자인 노예를 지배하는 위력이니, 주인은 이런 자기의 존재를 매개로 하는 추론 관계를 통해서 타자인 노예를 자기에게 종속시킨다. 이런 추론 관계에 못지않게 또한, 주인은 **노예를 통해 간접으로 사물에 관계한다**. 노예는 이런 관계에서는 자기의식이 돼 사물에 대해 부정적으로 관계함으로써 사물을 지양한다. 그러나 동시에 사물은 노예에 대해서 자립적인 측면을 지니므로 노예는 결코 자기의 부정하는 행위를 통해서도 사물을 완전하게 파괴[Vernichtung]할 정도에까지 이르지는 못한다. 달리 말하자면 노예는 사물을 다만 **가공**할 뿐이다. 이와는 달리 주인으로서는 사물에 대해 **직접** 관계하는 것이 노예를 매개로 해서 사물을 순수하게 부정하는 관계로 전환하니 다시 말하면 **향락**의 관계[196]로 된다. 즉 그는 욕망으로서는 성취하지 못하

---

196 여기서 자기의식이 흐름을 간단히 살펴보자. 자기의식은 실천적 의지를 다

는 것을 이를 통해 완성하기에 이르니 말하자면 그는 향락 속에서 자신의 만족을 누린다. 욕망은 사물의 자립성 때문에 이런 자기만족을 성취하지 못하는 데 반해서 주인은 사물과 자기 사이에 노예를 끼워 넣음으로써 오직 사물의 비 자립성이라는 측면에만 연결되고 사물을 전적으로 향락한다. 주인은 사물의 자립성의 측면을 다만 사물을 가공하는 노예에게 떠넘겨 버린다.

191) ⟨SK 151:30~152:13⟩⟨FM 113:25~34⟩

그런데 주인은 이 두 계기[노예의 지배, 사물의 향락]를 통해서 다른 의식[노예]으로부터 인정받는다. 왜냐하면, 다른 의식은 이상의 두 계기를 통해서 자기를 비본질적인 존재로 설정하기 때문이다. 왜냐하면, 한편으로는 사물의 가공을 떠맡으며 다른 한편으로는 일정한 현존[주인]에 종속하기 때문이다. 다른 의식은 이 두 가지 방식 때문에 [물적] 존재를 지배하는 주인으로 될 수 없고 절대적인 부정에 이를 수 없다. 그런 가운데서도[197] 인정이라는 계기가 눈앞에 나타난다. 즉 다른 의식은 자신을 지양해 대자 존재로 되고, 이를 통해 첫 번째 의식[주인]이 자기에게 수행했던 것과 같은 행위를 자신에게 수행한다. 이와 마찬가지로 여기에서 또 다른 계기도 출현한다. 즉 두 번째 의식[노예]의 활동이

문다. 이 의지는 다시 의식의 단계와 자기의식의 단계로 구분된다. 직접적 자기의식 즉 의식의 수준에서 자기의식은 욕망이다. 여기서 욕망은 대상과 대립한다. 생사의 투쟁을 통해 얻은 자기의식은 타자와의 대립을 부정하면서 얻은 자기의식이지만, 타자의 죽음으로 그 자각은 순간적이다. 마침내 자기 부정적인 노예를 매개로 해서 얻은 자기의식은 향락의 자기의식이다. 그러나 이 향락은 안정적이기는 하지만, 사물을 소모할 뿐 자기를 대상적으로 존재하게 하지 못하므로 그 자기의식은 내적 주관적 상태에 머무른다.

197 이는 노예가 사물의 가공을 떠맡는 것을 의미한다.

첫 번째 의식[주인] 자신의 활동이라는 계기다. 왜냐하면, 노예가 수행하는 것은 사실 주인의 활동이기 때문이다. 주인에게는 오직 대자 존재만이 있을 뿐만 아니라 또한, 이것이 그의 본질을 이룬다. 주인은 순수한 부정적 위력이니 그에게 사물은 아무런 가치도 없는 까닭에 주인의 순수한 본질적인 활동은 이런 부정 관계에 존재한다. 그러나 노예의 활동은 순수하지 않은, 비본질적인 활동이다. 그러나 참된 서로의 인정을 위해서 빠진 계기가 있으니, 즉 주인이 타자에 대해서 수행한 것을 자기에게도 수행해야만 하며 또한, 노예가 자신에 대해서 수행한 것을 노예는 타자인 주인에게도 수행해야 한다는 계기다. 이런 계기가 빠짐으로써 일방적이면서 불평등한 인정 행위가 발생한 것이다.

[해제] 1) 생사의 투쟁에서 주인은 노예를 살려두면서, 이 노예를 통해 사물에 관계한다. 여기서 주인과 노예의 불평등한 관계가 성립한다. 이 관계는 이미 앞으로 전도될 가능성을 내포한다.

우선 주인을 보자. 단순한 욕망은 사물의 자립성 때문에 자기만족을 성취하지 못한 데 반해서 주인은 사물과 자기 사이에 노예를 끼워 넣음으로써 오직 사물의 비 자립성이라는 측면에만 연결되고 "사물을 순수하게 부정하는 관계"로 되므로 사물을 전적으로 향락할 수 있다. 그는 "타자를 통해서만 대자적일 수 있는 대자 존재"이다. 주인은 자신의 존재를 지배하면서 이 존재를 통해 노예를 지배하고, 이 노예를 통해 사물을 지배한다.

헤겔은 주인이 얻은 이런 향락은 자기실현이지만, 이런 자기실현은 사물을 소모함으로써 무를 결과로 가지므로, 추상적인 자기의식 또는 추상적인 자유에 그친다고 본다.

2) 반면 노예는 사물에 대해 관계하면서 사물의 저항에 부딪히는 수고를 감당한다. 그의 활동은 주인이 강제하는, 비본질적인 종속적 활동

이다. 노예는 사물을 전적으로 파괴하면서 향락할 수는 없으며 다만 주인을 위해 사물을 가공하는 데 머무를 뿐이다.

노예는 이런 가공을 통해 자기를 실현하며 그가 가공한 산물은 의식에 대해 자립적인 대상으로 남아 있으니, 여기서 자기의식은 대상적으로 자기를 실현하는 가운데 자각적 자기의식으로 되며, 자유를 획득한다. 그러므로 헤겔은 이렇게 말한다. "다른 의식은 … 첫 번째 의식이 자기에게 수행했던 것과 같은 행위를 자기에게 수행한다." 즉 노예는 노동을 통해 주인과 같은 자유의 활동을 수행한다.

그의 활동은 사실 "주인의 강제하는" 것이다. 노예는 노예화된 관계에서는 자신의 산물을 자기 것으로 만들지 못하니, 노예가 얻은 자각적 자기의식과 자유는 아직 가능성에 불과할 뿐, 아직 현실적으로 실현된 것은 아니다.

3) 주인과 노예의 관계에서 일방적인 인정의 관계가 수립된다. 노예는 주인을 인정하지만, 주인은 노예를 인정하지 않는다. 양자가 서로의 인정으로 발전하려면 주인은 "타자에 대해서 수행한 것[즉 부정]을 자기에게도 수행해야 하며" 노예가 "자신에 대해서 행한 것[향락의 억제]을 노예는 타자인 주인에게도 수행해야 한다." 여기에 도달하려면 노예의식의 전 과정을 거쳐 나가야 한다.

192) 〈SK 152:14~23〉〈FM 114:1~7〉

이상과 같은 점에서 주인은 비본질적인 의식을 대상으로 삼아서 자기 자신에 관한 확신이라는 **진리**를 얻는다. 그러나 여기서 눈에 띄는 사실은 이 대상이 대상이라는 개념과 상응하지 않을 뿐만 아니라 오히려 주인 자신이 자기를 완성하는 곳에서 주인에게는 자립적인 의식과는 전혀 서로 다른 어떤 것이 생겨난다는 것이다. 여기서 주인이 성취한 것은 자립적인 의식이 아니라 오히려 비자립적인 의식이다. 따라서 주인은 그의 **대자 존재**가 진리라는 것을 확신하지 못하며 오히려 주인의 진리는 비본질적인 의식에 있으며 동시에 비본질적 의식이 수행하는 비본질적인 활동에 있다.

193) ⟨SK 152:24~32⟩⟨FM 114:8~14⟩

이렇게 볼 때 자립적 의식이라는 **진리**는 **노예 의식**에서 이루어진다. 물론 노예 의식은 언뜻 보기에는 자기를 **벗어난** 상태일 뿐 자기의식의 진리가 아니다. 그러나 마치 지배자도 본래 그 자신이 의도한 바와는 반대되는 본질을 드러낼 수밖에 없었듯이 예속자의 경우에도 또한, 자신을 실행하는 가운데 처음의 직접적인 자기 모습과는 반대로 된다.

예속자는 의식이 자기 내로 **억눌린** 존재였으나 이제 자기 내로 반성하는 가운데 참된 자립성의 소유자로 반전된다.

194) ⟨SK 152:33~153:20⟩⟨FM 114:15~32⟩

지금까지 다만 우리는 예속자가 지배자와의 관계에서 어떤 존재인가만을 살펴보았다. 그러나 이처럼 예속자가 자기의식임이 분명해진 한에서 예속자가 그 자체로 자기에게 나타나면[an und für sich selbst] 어떤 존재로 되는지를 알아보아야만 하겠다. 처음에는 주인은 예속자에 대해서 본질이므로 **자립적이고 대자적으로 존재하는 의식**[주인]이 이런 예속자에게 진리가 된다. 그러나 이와 같은 진리는 **예속자 그 자체에서는** 아직도 보이지 않는다. 그러나 예속자는 순수한 부정성 다시 말해 **대자 존재**라는 진리를 **사실 자기 자신에서** 획득하게 됐다. 왜냐하면, 예속자는 그러한 본질을 그 자신에서 **경험**했기 때문이다. 즉 예속자의 의식은 이러저러한 것 때문에 또한, 이러저러한 순간에 불안을 느꼈던 것이 아니다. 그는 자기의 전체 본질에 대해 불안을 느끼는 존재다. 왜냐하면, 예속자의 의식은 절대적 주인인 죽음에 대해 공포를 느껴 왔기 때문이다. 이와 같은 공포 속에서 예속자의 의식은 내적으로 해체되고 그 때문에 자기의 내면 자체에서 전율하며 고정된 모든 것이 그 자신 속에서 동요한다. 그러나 이처럼 순수하게 전면적으로 일어나는 운동 또는 존속하는 것이 절대적으로 유동화하는 것이야말로 자기의식의 단순한 본질이자 절대적인 부정성이며 또한, 의식 **자체**에서 드러나는 **순수한 대자 존재**다. 이처럼 순수한 대자 존재의 계기가 예속자의 의식**에서도** 나타난다면 그 이유는 예속자의 의식이 주인에게서 주인의 **대상**이기 때문이다. 나아가 예속자의 의식은 단지 전면적인 해체 **일반**만을 뜻하는 것만이 아니라 주인에게 봉사하는 가운데 이런 해체를 **실제로** 완벽하게 겪는다. 즉 그는 봉사 속에서 **그 모든 계기마다** 자연적인 현존에 속박된 자기의 처지를 지양함으로써 마침내 그와 같은 자연적 현존을 벗어던지려 노력한다.

195) 〈SK 153:21~154:7〉〈FM 114:33~115:11〉

그러나 [죽음의 공포가 지닌] 절대적 위력과 개별적으로는 봉사가 일으킨 감정은 다만 **잠재적인**[an sich] **의미에서의** 해체에 지나지는 않다. 주인에 대한 공포는 지혜를 싹트게 하는 실마리가 될 수 있다고는 할지라도 의식은 그런 공포 속에서는 **의식 자신을 마주 볼 뿐**[für es selbst] 결코 **대자 존재**[Fürsichsein][198]로 되지 않는다. 그러나 예속자의 의식은 노동을 통해서 자기 자신에 이른다. 주인의 의식에서 욕망에 상응하는 계기에서는 사물에 대한 비본질적 관계가 봉사하는 의식에 맡겨지는 것으로 나타났다. 왜냐하면, 사물은 이런 [욕망의] 관계에서는

198   여기서 헤겔은 의식 자신을 '마주 본다는 것'과 '대자 존재'를 구분한다. 대자 존재는 타자가 곧 자기일 때 출현한다. 반면 의식이 의식 자신을 마주 본다는 것은 주인의 의식이 자기의 내면에 들어와 노예 의식이 그것에 대해 마주 대하게 된다는 뜻이다

자신의 자립성을 지니게 될 것이기 때문이다. 주인의 욕망은 대상을 순수하게 부정하면서 이를 통해 온전한 자기 만족감[Selbstgefühl]을 얻는다. 그러나 이런 만족은 바로 그러므로 다만 소멸할 수밖에 없다. 왜냐하면, 그러한 만족에는 **대상적** 측면이나 **존속**의 측면이 없었기 때문이다. 이와는 달리 노동에서는 욕망이 **차단**되니 [대상의] 소멸도 **유보**된다. 달리 말하자면 노동은 사물을 **가공**[bildet]한다. 대상을 부정하는 관계가 대상에 **형식**을 부여하는 가공으로 전환함으로써 [그 산물은] **지속하는 존재**로 된다. 왜냐하면, 노동하는 자에게서는 대상이 자립성을 지니기 때문이다. **매개적 역할을 하는 부정적인 중심** 또는 가공하는 **활동**은 동시에 **개별 의식** 또는 순수한 대자적 의식이 담당한다. 이 대자적 의식은 노동을 통해 자기를 벗어나 지속하는 것의 지반으로 들어간다. 노동하는 의식은 이를 통해 **자기 자신이** 자립적인 존재가 됐다는 것을 직시하기에 이른다.

196) 〈SK 154:8~155:14〉〈FM 115:13~116:5〉

봉사하는 의식은 대상을 형성[Formieren]하는 가운데 순수한 **대자 존재**로서 자신을 **존재하는** 대상으로 생성한다. 그런데 형성 활동은 이처럼 생성한다는 긍정적 의미만을 갖지 않는다. 오히려 형성 활동은 첫 번째 계기 즉 [자기 해체의] 공포를 부정한다는 의미도 갖는다. 왜냐하면, 봉사하는 의식에서 그 자신의 고유한 부정성 즉 그의 대자 존재가 사물을 가공[Bilden]하는 과정에서 대상으로 생성되기 때문이다. 이런 전환은 오직 봉사하는 의식이 자기와 대립하는 사물의 현존하는 **형식**을 지양하는 것을 통해서 이루어신다. 그런데 **부정적인 대상**[dies gegenständliche Negative]이야말로 봉사하는 의식이 전율을 느끼지 않을 수 없었던 낯선[fremd] 본질이었다. 그러나 이제 봉사하는 의식은 이처럼 **자기**를 부정하는 낯선 본질을 파괴함으로써 자기 자신을 지속하는 것의 지반 속으로 옮겨 놓는 것을 통해 **자각적인 방식으로**[für sich Selbst] **대자 존재**[Fürsichseiendes]로 된다. 주인에서 주인의 대자 존재는 봉사하는 의식에는 다른 것 또는 다만 봉사하는 의식에 대해 나타나는 것으로 된다. 공포를 통해 **봉사하는 의식 자체에서**[an ihm selbst] 대자 존재가 출현한다. 그리고 가공에 이르러서는 대자 존재가 봉사하는 의식 **자체의 고유한** 존재가 돼서 봉사하는 의식에 대해 나타나며, 여기서 봉사하는 의식은 자기 자신이 그 자체로 자기에게 나타난 존재[an und für sich]라는 사실을 의식한다. 가공을 위한 형식이 **사물에 집어넣어졌다**고 하더라도 그 형식은 봉사하는 의식에는 그 자신과 다른 것으로 되지 않는다. 왜냐하면, 바로 이 형식은 봉사하는 의식 자신에 속하는 순수한 대자 존재이면서 사물에 집어넣어짐으로써 봉사하는 의식에 진리로 되기 때문이다. 그리하여 노동은 **소외감**[fremder Sinn]만이 존재하는 것처럼 보였으나, 이런 노동은 [대사 속에서 대자 존재의] 재발견을 통해서 봉사하는 의식에 자기 자신을 통해 생겨나는 **친숙한 느낌**[eigene Sinn]을 준다. −그런데 이런 반성에 도달하려면 두 계기 즉 한편으로는 공포와 봉사 일반, 다른 편에서는 가공이 필수적으로 요구된다. 동시에 이 두 계기는 봉사하는 의식의 삶 전체에 걸치는 방식으로 존재해야만 한다. 즉 봉사와 복종을 강요하는 훈육 없이는 공포란 한낱 형식적인 것에 머무르며 결코 생존의 현실을 의식하게 하는 것[die bewußte Wirklichkeit des Daseins]을 넘어서서 확산하지 못한다. 사물의 가공이 따르지 않는다면 공포는 내적 감정으로 머무르면서 침묵한다. 이때 의식은 자기 자신에 대상화되지 못한다. 의식이 만약 절대적 공포를 우선 경험하지 못한 채 사물의 형성에 나선다면 이런 의식은 다만 헛된 자만심으로 될 뿐이다. 왜냐하면, 이때 그가 부여하는 형식 또는 사물에 대한 부정은 본래적인 의미에서의 부정성일 수는 없을 뿐만 아니라 그의 형성 활동은 그 자신이 본질이라는 의식을 그에게 부여할 수 없기 때문이다. 봉사하는 의식이 절대적인 공포를 겪지 않고 다만 약간의 불안을 견딘 것뿐이라면 그를 부정하는 본질[주인]은 그에게 한낱 외적인 존재로 머무를 것이며 또한, 이 부정적 본질이 봉사하는 의식의 실체를 철저하게 장악하지 못한다. 봉사하는 의식이 지닌 자연적인 의식의 모든 내용이 [공포를 통해] 흔들리지 않았다면 이 자연적 의식은 여전히 특정한 존재에 **본래**[an sich] 구속될 것이다. 그가 개인적으로 느끼는 감각은 **자만감**이니 이것은 여전히 예속 상태를 벗어나지 못한 자유에 지나지 않는다. 순수한 형식이 봉사하는 의식에서 본질적인 의미를 지닐 수 없듯이 또한, 이 형식도 개별 사물 위에 펼쳐지는 것으로 고찰되는 한에선 결코 일반적인 가공의 행위나 절대적인 개념은 아니다. 오히려 이런 형식은 숙련된 기술에 해당할 뿐이니 다만 몇 가지 사물만을 지배하고 자연의 일반적인 위력이나 전체 대상적 본질을 지배하지 못한다.

[해제] 1) 헤겔은 처음에 자립적인 의식인 주인은 오히려 비자립적인 의식으로 전락한다고 한다. 그는 대상을 향락하면서 온전한 자기 만족감을 얻지만, "바로 그래서 소멸할 수밖에 없다. 왜냐하면, 그런 만족에는 대상적 측면이나 존속의 측면이 없기" 때문이다.

반면 자립적 생명체로서 '억눌린 의식'에 불과했던 노예 속에 대자적 자기의식이 출현한다. 특히 헤겔은 노예 의식의 전환에 주목하는데, 이 과정은 193~196 구절에서 상당히 길게 논의된다.

2) 우선 이 과정은 공포와 봉사, 가공의 계기를 거쳐 나간다. 먼저 주인에 의한 죽음의 공포를 통해 노예는 지금까지 자신이 종속했던 존재

[생존]가 전적으로 해체되는 것을 경험한다. 노예를 구속했던 존재가 "절대적으로 유동화"된다. 노예는 이를 통해 "내면 자체가 전율하면서 고정된 모든 것이 그 자신 속에서 동요한다." 이런 공포는 "지혜가 싹트는 실마리가 될 수 있고" 주인 의식을 내면화하면서 노예 의식은 "자기를 마주 보게" 되지만, 그것이 곧 대자 존재는 아니다.

이어서 봉사를 통해 이런 자기 해체를 실제로 겪는다. 공포는 아직 주관적 감정에 머무르고 그 자신의 존재를 실제로 해체한 것은 아니다. 봉사를 통해 실제로 자기를 해체한다. 즉 그는 "봉사 속에서 그 모든 계기에서 자연적 현존에 속박된 자기의 처지를 지양한다."

3) 그러나 헤겔은 이 두 계기로 불완전하다고 한다. 노예 의식 속에서 자기의식을 생성하는 결정적 계기는 곧 노동이다. 자기 단순한 생존에 얽매인 존재에 대해 공포와 봉사를 통해 얻은 부정성은 노동을 통해 대상에 대한 부정성으로 전환하면서 자립성을 얻는다.

노예의 노동을 통해서 획득되는 자기의식은 주인의 자기의식보다 완전한 자기의식으로 된다. 주인에게서 자기의식은 자립성이 없는 자기만족에 불과했고 이런 자기만족은 대상을 소모하면서 향락의 순간에만 존재하는 일시적인 것이다. 그러나 노예에게서 자기의식은 마침내 자립적인 존재를 얻는다. 왜냐하면, 이런 노동을 통해서 산출된 대상은 존속하면서 여기서 "대자적 의식은 자기를 벗어나 지속하는 것의 지반으로 들어가기" 때문이다. 이렇게 자기의식이 자립화됨으로써 대상에 대해 소외감만을 느꼈던 노예는 대상에 대해 친숙한 느낌을 얻는다.

4) 공포나 봉사를 통해서 노예는 자신의 존재가 해체되는 부정성만을 느끼지만, 노동을 통해서는 이처럼 자신을 지속하는 긍정성을 얻게 된다. 즉 노동은 "자기 해체의 공포를 부정한다는 의미가 있다." 또한, 봉사하는 의식은 자신에 저항하는 대상적 요소 때문에 전율을 느꼈으나, 노동을 통해 "자기를 부정하는 낯선 본질을 파괴함으로써, 자각적인

방식으로 대자 존재가 된다."

헤겔은 주인의 자기의식과 공포를 통해 얻은 자기의식, 그리고 노동을 통해 얻은 대자 존재 즉 자기의식을 비교한다. 주인의 대자 존재는 노예에게 자기와 다른 것으로 "그에 대해 나타나는 것"으로 출현한다. 공포에서 자신의 존재 자체가 전율하면서, 대자 존재는 노예 의식 "그 자체에서[an ihm selbst]" 출현한다. 마지막으로 노동에서 대자 존재는 자립성을 획득함으로써 "그 자체로 자기에게 나타난 것"으로 된다.

5) 헤겔은 이런 공포, 봉사, 가공의 세 가지 계기는 서로의 연관성을 다음과 같이 정리한다. 즉 봉사(훈육)가 없는 공포는 다만 형식적이다. 즉 주관적 감정에 머무르며 실제로 자기의 자연적 현존을 극복하지는 않는다. 또한, 가공이 따르지 않는다면, 공포는 내적인 감정에 머무르면서 침묵에 빠트린다.

봉사하는 의식이 이런 공포를 겪지 않는다면, 그는 "특정한 존재에 근본적으로 구속돼서" 그의 봉사는 개별 행위에 그치고 만다. 그는 이런 개별적 봉사를 통해서 자신의 자연적 현존을 전면적으로 해체하지는 못한다. 이런 봉사는 일면적인 기술[技術]에 그치고 자연 전체를 지배하지 못한다.

그러므로 헤겔은 순수한 형식에 머무르는 공포도 그리고 개별 사물에 펼쳐지는 봉사로도 충분하지 못하며 이 두 계기와 더불어 노동이라는 계기 또한, 필요하다고 말한다.

6) 노동을 통해 마침내 자기의 대자 존재가 자립적으로 출현하면서 자유가 자각된다. 그러나 현실에서 노예적 처지 때문에 노예가 산출한 산불은 주인에게 박탈당하니, 노예의 자유 의식은 현실에서는 실현되지 않는다. 노예의 자유는 다만 내면적인 것에 머무른다.

그러나 적어도 내면적으로 자유가 출현하면서 이는 모든 개인에게 공통적인 것으로 된다. 따라서 이런 내면적 자유는 일반성을 띠게 된다.

이 일반성은 나중에 이성으로 되니, 노예의 노동을 통해 처음으로 이성이 적어도 내면에서 출현한 것이라 할 수 있겠다.

B 자기의식의 자유: 스토아주의, 회의주의 및 불행한 의식

[해제] B 절 전체 흐름을 정리하자면 다음과 같다.

197) 사유의 개념

198~201) 스토아주의의 이중성

202) 회의주의의 개념

203~204) 회의주의와 추상적 사유, 의식의 변증법적 운동과의 비교

205) 회의주의의 모순, 절대적 동요

206~208) 불행한 의식의 개념

209) 불행한 의식의 모순

210~211) 불변자와 개별자의 합일 과정에 관한 개념적 설명

212) 불변적 의식의 개별화

213~214) 자기의식의 불변적 의식으로의 이행

215~217) 순수 의식과 그 모순

218~226) 감사하는 의식과 그 모순으로서 저주받은 의식

227~230) 매개적 통일로서 불변적 의식의 출현, 이성 개념

197) ⟨SK 155:21~157:2⟩⟨FM 116:10~117:18⟩

자립적인 자기의식[주인]은 한편으로 보자면 다만 순수하게 추상적인 나[Ich]을 그 본질로 삼아왔다. 그러나 다른 편으로 보자면 순수한 추상적 나[Ich]는 그 자신을 전개해 자신을 구별하더라도 이렇게 생겨난 구별은 자기의식에 대해서 대상적이며 **그 자체로** 존재하는 본질로 되지 않는다. 그러므로 자기의식은 단순성 속에서 머물러 있기에 자기를 참으로 구별하는 나[Ich]거나 절대적으로 구별되는 가운데 자기와 같음의 상태로 머무르는 나는 아니다. 이와는 달리 자기 내로 억눌린 의식[노예]은 대상을 형성하는[Formieren] 과정에서 가공된 대상의 형

식[Form]으로 자기에게 대상화되며 동시에 [억눌린] 의식은 의식인 한에서 주인에게서 대자 존재를 본다. 그러나 이런 두 계기가-즉 자립적인 대상으로서 **자기 자신**[seiner selbst als selbständigen Gegenstandes]이라는 계기와 어떤 의식[주인]의¹⁹⁹ 대상이라는 계기 즉 그 자신의 고유한 본질로 여겨지는 것[주인의 대자 존재]의 개별 대상이라는 계기[dieses Gegenstandes als eines Bewußtseins und hiermit seines eigenen Wesens]는 봉사하는 의식 자체에서는 분리된다. 그러나 **우리가 보거나 본래로 볼 때 형식**을 부여한다는 것과 **대자 존재**가 된다는 것은 같은 것이며 또한, 자립적 의식의 개념 속에서는 **본래적인 것**[Ansichsein]은 곧 의식이므로, **그 자체로** 존재하는 것[Ansichsein] 또는 노동을 통해서 형식을 얻게 될 **물체**[Dingheit]의 측면은 의식과 다른 실체가 아니다. 여기서 우리는 새로운 형태의 자기의식이 출현하게 됨을 본다. 즉 이 새로운 자기의식은 아직 의식[억눌린 의식]이지만, 무한성 또는 의식의 순수한 운동을 본질로 삼는 의식이다. 즉 이런 의식은 **사유하는 것** 즉 자유로운 자기의식이다. 그 이유는 **이런 의식은 추상적인 나**[Ich]가 아니라 나이면서도 동시에 **그 자체로** 존재하는 것[Ansichsein]이라는 의미가 있기 때문이다. 다시 말해 내[Ich]가 자신에게 대상으로 되는 것이며, 또는 어떤 대상적 본질에 관계하지만, 그런 대상적 본질이 한편으로 **대자적 의식**[Fürsichseins des Bewußtseins]이라는 의미를 지니면서도 다른 편으로 의식에 대해[für welches] [대상으로] 출현하기 때문이다. 이런 새로운 자기의식이 곧 사유라 불린다. -이런 **사유**에서 대상²⁰⁰은 표상이

199 앞의 문장과 이 문장에서 '의식'이 문맥상 서로 다른 의미를 지닌 것으로 보인다. 전자는 억눌린 노예 의식을 의미하며 후자의 의식은 의미상 주인 의식을 의미한다.
200 사유는 대상의 일반적 본질을 자기 자신으로부터 끌어내는 것이다. 이 일반

나 형태[Gestalten]를 통해서 운동하지 않는다. 오히려 사유의 운동이 일어나는 지반은 **개념**이다. 즉 여기서 그 자체로 존재하는 것[Ansichsein]은 [의식과] 구별되는 것이지만, 동시에 의식은 이 존재를 자신으로부터 구별되지 않는 것으로 직접 의식한다. **표상적인 것, 형태화된 것** 또는 **존재하는 것** 자체는 의식의 타자라는 형식을 취한다. 그러나 개념은 **현존**하지만[Seiendes], 여기서 구별된 것은 개념 자체에서 구별된 것인 한에서 바로 개념 내에서 규정된 내용이다. -그러나 이와 같은 내용은 동시에 개념적으로 파악된 내용이므로 의식은 자기가 이처럼 규정되고 구별된 존재자와 통일을 이루고 있다는 사실을 **직접** 의식한다. 표상[Vorstellung]에서는 어떠한 관념이 **자기의** 관념[Vorstellung]이라는 사실은 특별하게 상기돼야만 한다.[201] 이와 달리 개념은 나에게 처음부터 **내**[Ich]가 지닌 개념으로 등장한다. 사유 속에서 나[Ich]는 **자유롭다**. 왜냐하면, 나[Ich]는 타자 속에 있는 것이 아니라 전적으로 나 자신에 머물러 있는 탓으로 나에게 본질로 되는 대상은 완전히 더 나눌 수 없는 통일에 들어 있어서 내[Ich]가 나 자신에 대해 존재하는 것[mein Fürmichsein]으로 되기 때문이다. 개념을 통해 일어나는 나[Ich]의 운동은 나 자신 속에서 일어나는 운동이다. -그러나 이상과 같은 자기의식[억눌린 의식]의 형태를 규정하는 데 있어서 한 가지 명심해야 중요한 사실은 자기의식의 이런 형태는 **사유하는** 의식 **일반**이며 또는 그런 자기의식의 대상도 **그 자체로 존재하는 것**[Ansichsein]과 **대자 존재의 직접적인 통일**[202]이라

쳐 본질은 주관적인 것에 머무른다. 흔히 객관적 관념론의 입장이 사유다. 대상으로부터 제공되는 관념 즉 경험적 표상과 구별된다.

201   표상은 대상으로부터 제공되는 것으로 여겨진다. 그것이 관념이라는 사실은 반성을 통해 출현한다. 반면 사유는 나 자신으로부터 끌어낸 일반적 관념이다.
202   사유는 대상에 관해서 주관에서 끌어낸 일반적 본질이다. 이 본질은 주관적

는 것이다. 같은 이름을 지닌[gleichnamige] 의식은 자기 자신으로부터 자신을 밀쳐 내는 것이므로 자기가 **그 자체로 존재하는 지반**으로 된다. 그러나 같은 이름을 지닌 의식이 자기에게 이런 지반으로 된다고 할 때 이 지반은 처음에는 다만 일반적인 본질을 의미할 뿐, 결코 다양한 존재가 전개되고 운동하는 가운데 있는 대상적 본질을 의미하지 않는다.

[해제] 1) 주인의 자기의식은 대상을 근절해 자기만족에 도달하는 추상적 자기의식이다. 노예 의식은 자신을 사물 속에 집어넣으니, 여기서 자신과 사물이 일치하면서 자립적인 자기의식으로 된다. 이런 자립적 자기의식은 그 속에서 자유를 느낀다.

그러나 여전히 노예는 주인의 대상이다. 노예가 노동한 산물인 대상은 주인의 향락을 위해 사용될 뿐이며, 노예는 그런 대상을 박탈당한다. 그게 현재로서 노예가 있게 된 현실이니, 여기서 노예 의식은 새로운 형태의 자기의식으로 발전한다.

2) 이 새로운 형태의 자기의식은 이중적이다. 한편으로 그 의식은 자기를 실현해서 자기의식으로 되고, 자유를 느끼나, 다른 한편에 자기의식과 자유는 현실에 존재하지 않는다. 그는 현실적으로 어떤 규정성이 자기에게 존재한다는 것을 의식한다. 다시 말하자면 이 자기의식이 관계하는 대상적 본질은 "한편으로 대자적 의식이라는 의미를 지니면서도 다른 한편으로 의식에 대해 대상으로 출현하는 것"이다. 헤겔은 이중적인 의식을 억눌린 의식 또는 내면적 자기의식으로 규정한다.

3) 그 가운데 우선 내적 자기의식의 측면에서 보면, 여기서 대상은 주관 자신으로부터 끌어낸 것이며 다만 사유 속에서 머무르는 대상이다. 헤겔은 이를 개념이라고 말하며, 여기서 나와 대상의 구별은 "개념 자체에서 구별된 것" 또는 "개념 내에서 규정된 내용"으로 된다. 헤겔은

추상적이며 구체적 일반성, 객관적 본질은 아니다.

의식으로서 나와 개념의 관계를 사유라고 한다.

이런 대상은 경험적으로 얻어지는 표상도 사물의 구체적 형태도 아니다. 그것은 대상의 일반적 본질이지만, 주관에서 끌어낸 것이므로 추상적 본질에 머무르고 아직 구체적 현실에 존재하는 본질이 아니니" 다양한 존재가 전개되고 운동하는 가운데 있는 대상적 본질로 되지 못한다."

4) 또한, 이 사유에서 나와 대상의 구별은 이미 통일되나 이런 통일은 대상이 자립적인 대상으로 존재하면서 나와 통일을 맺는 것이 아니라 사유 속에서만 일어나는 통일 즉 주어로서 나와 술어로서 나가 맺는 통일이다. 그러므로 헤겔은 이 관계를 "그 자체 존재와 대자 존재의 직접적 통일"이라고 한다. 여기서 나는 대상을 타자로 여기지 않으며, "대상 속에서 전적으로 자신에 머무르고 있고" "나에게 본질로 되는 대상은 완전히 더 나눌 수 없는 통일 속에 있다."

5) 나와 나 자신의 통일은 자기의식이며 나는 이 속에서 자유를 느낀다. 이런 자유로운 자기의식은 단순히 개별적인 것에 머무르지 않고 동시에 일반적인 자유로 된다. 왜냐하면, 내가 나 자신과 통일된다는 것은 그 이면에 타인이 타인 자신과 통일된다는 것을 의미하며, 타인의 자유로운 자기의식은 나 자신의 자유로운 자기의식을 전제로 하기 때문이다. 따라서 나의 자유, 나의 자기의식은 곧 타자의 자유, 타자의 자기의식이므로 일반적 자유, 일반적 자기의식이다.

6) 노예적 의식은 앞에서 말했듯이 이중적이다. 한편으로 그것은 내적 자기의식이며, 주관으로부터 끌어낸 일반적 본질이다. 그러나 다른 한편 그 이면에서 의식에 대해 제공되는 노예적 현실 즉 현실적 대상이 있다. 노예적 자기의식에서 양자는 마치 동전의 양면처럼 결합해 있어서, 양자의 대립 속에서 스토아주의, 회의주의, 불행한 의식을 거쳐 나간다. 마침내 현실적으로 자기의식의 통일이 일어날 때 내적 사유와 자

유는 현실적으로 실현되면서 실제로 존재하는 자유로운 인격으로 된다. 이 인격은 모든 사람에게서 일반적으로 인정되는 법적인 평등한 인격이다.

스토아주의[203]

198) 〈SK 157:4~157:9〉〈FM 117:19~23〉

이미 알려진 바와 같이 자기의식의 자유는 정신의 역사에서 자각적으로 현상하면서 **스토아주의**라는 이름으로 불리게 됐다. 그 원리에 따르면 의식이란 근본적으로 사유하는 것일 뿐만 아니라 그 무엇이든 이와 같은 사유에서만 본질적 의미를 지니며 사유에 대해서만 진리고 선한 것으로 된다는 것이며 동시에 의식은 이런 가운데서 오직 사유하는 본질[Wesen]이라는 태도를 보인다.

199) 〈SK 157:10~158:2〉〈FM 117:24~118:6〉

삶은 자기를 자기 내에서 구별하면서 자기를 펼치고, 개별화하는 동시에 이 구별을 서로 엮어내는 것이니 이런 삶이 욕망과 노동의 활동이 일어나는 대상적 지반이다. 삶이 벌이는 이런 다면적인 활동은 이제[스토아주의에서] 사유가 전개하는 순수 운동 속에서 존재하는 단순한 구별로 수렴됐다. **특정한 사물**이든 **특정하게 자연적으로 현존하는 의식**이든 어떤 감정이든 **욕망**이든 **목적**이든 이런 같은 것[사유]에 대해 존재하는 구별일 뿐이며, 그런 구별은 **자기의 개인적인 의식**을 통해 설정된 것이든 **타자의 의식**을 통해 설정된 것이든 더는 본질적인 의미를 지니는 것이 아니다. 오히려 이런 구별은 **생각 속에서 만들어진 구별**이며

---

203 이하에서 붓글씨로 표현된 소제목은 헤겔의 원본에 없었으나 라슨이 1907년 백년제 판에 추가한 것이다. SK 판은 이 제목을 일부 살려놓았으나 FM 판은 전적으로 제거했다. 여기서는 SK 판을 따른다.

다시 말하자면 **나**로부터 직접 구별되지는 않은 구별이다.[204] 따라서 이런 의식은 주인과 노예의 관계에 대해서도 부정적인 태도를 보인다. 이런 의식의 활동에 따르면 지배자도 자기의 진리를 노예에게서 갖지 않으며 또한, 노예도 자기의 진리를 주인의 의지나 그에게 바치는 봉사에서 발견하지 않는다. 오히려 그러한 의식의 활동은 왕좌에 있을 때나 사슬에 묶여 있을 때나 즉 개별 현존이 어떤 구속 속에 있거나 상관없이 이런 처지에 무관심[frei]하고 생존을 위해 움직이거나 고통을 받거나 영향을 미치는 데서 물러나 항상 **사상**[Gedanken]이라는 **단순한 본성의 세계에 틀고앉아** 활기 없이[Leblosigkeit] 살아간다. 완고함이란 어떤 하나의 개별성에만 자신을 고착시킴으로써 그것에 종속하는 상태에 머물러 있는 자유를 말한다. 그러나 스토아주의는 언제나 그러한 종속으로부터 직접 벗어남으로써 사상의 **순수한 일반성**으로 복귀하는 자유를 의미한다. 이런 자유는 단지 공포와 예속이 일반화된 시대에 그러나 교양을 사유에 이르기까지 상승시켰던 일반적 교양이 출현한 시대에만 세계정신의 일반적 형식으로 출현할 수 있었다.

200) 〈SK 158:3~159:6〉〈FM 118:7~36〉

물론 이와 같은 자기의식이 자기의 본질로 삼는 것은 자기 바깥의 타자도 아니며 순수하게 추상적인 나[Ich]도 아니고 오히려 타자 존재

---

204 스토아주의의 자연철학은 스토아주의의 핵심에 해당하는 윤리학과도 밀접하게 연관된다. 로고스는 곧 만물에 필연적으로 관철되는 법칙 곧 자연법이다. 그런데 이 로고스는 만물에 저마다 고유하게 나타난다. 만뭄에는 각자의 로고스가 있다. 그 결과 황제에게는 황제의 로고스가, 노예에게는 노예의 로고스가 존재한다. 이처럼 만물과 각 개인에게 존재하는 고유한 로고스는 다시 궁극의 로고스로 환원되니, 헤겔은 이런 관계를 구별이 오직 사유 속에서만 일어나는 것이라 한다.

를 지니지만, 여기서 타자 존재는 그 자체에서 사유를 통해 구별된 것에 지나지 않는 나다. 따라서 자기의식은 자신의 타자 존재에서 직접 자기 내로 복귀한다. 그러므로 이와 같은 자기의식의 본질은 동시에 **추상적인** 본질일 뿐이다. 자기의식의 자유는 어떤 자연적 현존에 대해서도 **무차별**하며 그러므로 이런 **자연적 현존을 방임한다**. 여기서 자기의식이 행하는 **반성**은 **이중성**을 띤다. 사상 속에 머물러 있는 자유[205]는 단지 **순수한 사상**을 자신의 진리로 삼으나 이런 진리는 삶의 내용을 충족하는 것과는 무관하니 한낱 자유의 개념에 해당할 수는 있을지언정 결코 생동하는 자유 그 자체를 의미할 수는 없다. 왜냐하면, 그러한 자유의 본질은 단지 **사유** 일반일 뿐이니만 아니라 이런 사유는 다만 사물의 자립성을 벗어나 자기 내로 복귀한 형식 그 자체기 때문이다. 그러나 개인은 행동하는 존재인 한에서는 자기를 생동적으로 나타내야 했으며 또는 사유하는 존재인 한에서는 생동하는 세계를 하나의 사상의 체계로 포착해야 했다. 그러므로 전자[행동]의 경우와 같은 확산을 위해서는 선의 **내용**이 사상 자체 속에 들어 있어야 했으며, 그리고 후자[사유]의 경우와 같은 확산을 위해서는 진리의 **내용**이 사상 **자체 속**에 들어 있어야 했다. 따라서 이런 **의식이 대상으로 삼는 것** 속에는 참된 본질에 해당하는 개념이 아닌 다른 성분은 **전혀** 있을 수 없을 것이다. 그러나 여기서는 개념이 **추상적인 것**에 머무르는 한 사물의 다양성과 분리된다.

---

205 스토아주의는 자기에게 고유한 운명을 이성적으로 인식하면서 그것을 따를 때 선을 얻을 수 있다고 한다. 이때 선이라는 것은 자기의 물질적 욕망이 충족돼 쾌감과 행복을 얻는 것과는 다른 것이다. 그것은 오히려 어차피 실현될 것을 따른다는 점에서 현명하다는 의미라고 보겠다. 어차피 실현되는 것을 따르지 않는 것은 운명에 거역하는 것이니 그것은 어리석은 일이다. 이렇게 감각에 흔들리지 않고 로고스 즉 운명에 따르는 삶이 곧 아파테이아[apatheia], 평정심이다.

그와 마찬가지로 이 개념은 어떤 내용을 갖는다면 **그것을 그 자체에서 갖는 것**이 아니라 제공된 것으로 갖는다. 이런 의식은 그렇게 **바깥에서** 제공된 내용을 사유함으로써 이질적 성격을 지닌 내용[den Inhalt wohl als ein fremdes Sein]을 제거한다. 그러나 아무리 제거하더라도 개념은 **규정**된 개념이고 개념의 **규정성**[Bestimmtheit]이란 **이질적인 것**으로 개념의 표면에[an ihm] 등장할 수밖에 없다. 이런 맥락 속에서 스토아주의는 그 표현 자체가 의미하는 것과 같이[206] 진리 일반의 기준에 관한 질문을 받으면, 다시 말하면 **사상 자체의 내용**에 관한 엄밀한 의문에 봉착했을 때 당혹에 빠진다. 예컨대 과연 **무엇이** 선하고 진리인가 하는 데 대한 질문이 스토아주의에 던져졌다고 할 때 스토아주의로서는 다시금 다음과 같이 **아무 내용도 없는** 사유 자체를 답변으로 제시했다. 그 답변이란 즉 진리와 선은 이성적이어야 한다는 것이다. 그러나 이처럼 동어반복적인 사유는 다시 보면 온전한 형식적인 주장에 그치며 이 속에는 아무것도 규정되지 않다. 스토아주의는 이처럼 진리나 선, 지혜와 덕에 관한 막연한[allgemein] 말에 머무를 수밖에 없으니 이런 말은 일반적으로 보면 무언가 거창한 것처럼 보이는 것은 사실이지만, 내용으로 본다면 사실상 그 의미를 더 확장할 수 없으므로 곧 하품을 불러일으키기 시작한다.*

*FM주 〈118:27~34〉 헤겔은 여기서 스토아주의의 학설을 거론한다. 이 학설에 따르면 '파악하는 관념[ergreifende Vostellung]'은 지각의 기준을 서술한다. 이 학설은 플라톤 아카데미 학파를 공격한다. 참조:

---

206 'stoa'[회랑]는 라틴어 'sto'[서 있다, 덮여 있다]에서 나왔다. '서 있다'는 뜻은 파생을 통해 '대기하다', '버티다', '꼼짝하지 않는다'를 뜻하기도 한다. '꼼짝하지 않는다'라는 뜻에서 헤겔은 당혹에 빠진 모습을 연상한 것이 아닐까?

섹스투스 엠피리쿠스Sextus Empiricus, *Opera*, 7권, 227~260, 250ff 절.

스토아주의의 윤리에 관해서는 다음을 참조하라: 위의 책, Abschn. 170ff 또한, 다음을 참조하라: 라에티우스Diogenes Laertius, 『유명한 철학자의 생애와 학설과 단편』, 7권, 54 & 88 절

201) 〈SK 159:7~13〉〈FM 118:32~119:2〉

이처럼 사유에 머무르는 의식은 이미 규정됐던 것과 같이 추상적 자유므로 타자 존재를 불완전하게 부정하는 것에 그친다. 이런 의식은 현존을 벗어나서 오직 **자신 속으로 물러나는** 가운데 자신을 완성해 현존을 그 자신에서[an ihm] 절대적으로 부정하는 행위로 되지 못한다. 물론 이런 의식에서 내용은 단지 사상인 한에서만 효력을 지니지만, 이때 이 사상은 동시에 **특정한**[bestimmt] 것이며 규정성[Bestimmtheit] 자체다.

[해제] 198~201 구절에서 헤겔은 스토아주의에 관해 서술한다. 그는 스토아주의가 노예의 억눌린 의식에서 나온다고 본다. 내적으로 자기의식은 출현했지만, 현실적으로는 노예는 주인이 규정하는 대상이다.

그러므로 헤겔은 스토아주의가 이중성을 내포한다고 말한다. 스토아주의는 한편으로 자기의식이며 자유를 느끼지만, 이 자유는 어디까지나 추상적 사유 속에서의 자유며, 사유 속에서 현존의 구별된 내용은 형식적인 구별에 지나지 않고 같은 것의 되풀이일 뿐이다.

그 구별은 "사유가 전개하는 순수 운동 속에서 존재하는 단순한 구별일" 뿐이다. 여기서 "개념이 아닌 다른 성분은 전혀 없는 것"이니, 자유는 아무런 자립적인 내용을 지니지 않으며, "생동하는 자유 그 자체"가 될 수 없다. 그것은 사유 속에 머물러 있는 형식적 자유일 뿐이다.

다른 한편으로 스토아주의는 의식인 한에서 현실 속에서 어떤 규정성을 발견한다. 스토아주의는 이런 규정성은 바깥에서 우연히 제공되는

것으로 여기며, 이런 규정성은 자신의 사상적 자유와는 무관한 것이거나 무의미한 차이에 지나지 않는 것으로 여긴다. 스토아주의는 실상 자기에게 제공된 규정성을 그대로 내버려 두고 만다. 그는 이런 규정성에 "무관심하고 생존을 위해 움직이거나 고통을 받거나 영향을 미치는 데서 물러나 항상 사상이라는 단순한 본질의 세계에 틀고앉아 활기 없이 살아간다."

스토아주의는 바깥에서 제공된 내용을 사유함으로써 이질적 내용을 제거한다. 그러므로 스토아주의는 선과 진리의 구체적 내용을 물으면 항상 아무 내용도 없는 사유 자체를 일반적 내용만을 제시할 뿐이다. 그것은 곧 "진리나 선, 지혜나 덕에 관한 막연한 말에 머무를 수밖에 없다." 그러므로 예를 들어 선은 이성적인 것이라는 식으로 동어반복적인 형식적 답변만 내린다.

그러나 스토아주의는 현실적으로는 항상 그런 구체적 내용에 관한 규정성이 마치 파리떼가 달라붙듯이 자신의 표면에 주어질 수밖에 없다. 즉 아무리 이질적 내용을 사유를 통해 제거하더라도 "개념은 규정된 개념이고 개념의 규정성[Bestimmtheit]이란 이질적인 것으로 개념의 표면에[an ihm] 등장할" 수밖에 없다. 이것이 곧 스토아주의가 빠지는 자기모순이다.

헤겔은 이런 스토아주의가 한편으로는 교양이 "사상의 순수한 일반성으로 복귀하는" 단계로까지 전진하면서도 "공포와 예속이 지배하는 시대" 즉 로마 제국의 시대에 출현한 자기의식의 형태라고 말한다.

회의주의

202) 〈SK 159:15~160:8〉〈FM 119:3~25〉

회의주의[207]에 이르면 스토아주의에서 한낱 개념에 지나지 않았던

---

207 회의주의라면 이미 플라톤 이전의 시대에 크라틸러스Cratylus, 크세노파네

것이 실현된다. ─동시에 회의주의는 사상의 자유가 무엇인지를 실제로 경험하게 해준다. 이런 경험은 본래 [현존의 규정성을] 부정하는 것[Negative]이어서 자기를 그러한 것으로서[부정하는 존재로서] 드러낼 수밖에 없다. 자기의식이 자기 자신에 관한 단순한 사상[스토아주의]으로 반성하는 것과 더불어 이런 반성에 대립하는 자립적인 현존이나 지속적인 규정성은 사실상 그러한 단순한 사상의 무한성으로부터 떨어져 나오기에 이르렀다. 회의주의에서는 이와 같은 타자가 전적으로 비본질적이며 비자립적이라는 사실이 **의식된다**. 즉 사상은 이제 다중적으로 규정된 세계의 존재자를 철저하게 부정하는[vernichten] 완전한 사유로 되니, 자유로운 자기의식이 지닌 부정성은 삶에 속하는 **다양한** 형태들을 부정하는 실질적인 힘으로 된다. ─여기서 밝혀진 사실은 스토아주의가 주인과 노예의 관계에서 등장했던 **자립적** 의식의 **개념**[실마리]에 해당하는 것이라 한다면 회의주의는 이런 개념이 **실현**되는 것에 해당한다는 사실이다. 즉 회의주의는 타자 존재에 대한 부정성을 의미하는 욕망과 노동에 상응한다. 그러나 욕망과 노동은 이런 타자 존재에 대한 부정을 완수하더라도 [대상의 자립성 때문에] 자기의식에 이를 수는 없었으나 이와는 달리 사물의 다양한 자립성을 부정하는 회의주의적 부정은 성공적이다. 왜냐하면, 회의주의의 부정은 자체 내에서 이미 완성

스Xenophanes, 고르기아스Gorgias 등이 제기했지만, 당시에는 체계화된 것은 아니었다. 그러다가 플라톤 사후에 플라톤 아카데미의 철학자들이 회의주의를 표방하고 나섬으로써 회의주의는 체계화되기 시작했다. 이들에 이어서 B.C 2세기에서 A.D 1세기경 아르실라우스Arcesilaus, 카르네아데스Carneades 그리고 섹스투스 엠피리쿠스Sextus Empiricus 등이 등장했는데, 이들은 고대 그리스 B.C 3세기경 철학자 피론(Phyrrho of Elias: 활동은 주로 아테네에서 했다고 한다)의 입장을 계승한다고 주장해서 피론 주의라고 불리기도 한다.

된 자유로운 자기의식인 한에서 자기를 사물의 다양한 자립성에 대립하게 하기 때문이다. 이를 좀 더 명확하게 표현한다면 그러한 회의주의의 부정은 자기 자신에서 **사유**나 무한성의 원리를 포함하고 있을 뿐만 아니라 또한, 여기서는 사물의 자립적인 것들은 서로 구별된다고 하더라도 이런 회의주의적 부정 앞에는 한낱 무의미한 크기의 차이에 그친다. 자기 자신에 관한 순수한 사유[스토아주의]에서는 구별은 사실 구별이 제거된 것[die Abstraktion der Unterschiede]에 지나지 않지만, 여기서는[회의주의] 구별은 **전적인** 구별로[allen Unterschieden] 여겨지며 이 모든 구별된 존재가 자기의식의 구별로 된다.

[해제] 헤겔은 여기서 회의주의를 스토아주의와 비교해서 개념적으로 제시한다. 스토아주의에서 현실적 대상은 구별된 것으로 보이지만, 사실은 구별되지 않은 "추상적인[형식적인] 구별"이다. 그 대상의 내면은 그 자체 존재며, 이것은 자아와 통일된다. 이런 형식적 통일이 내적 자기의식 즉 사유에서 일어난다. 그러나 대상의 현실적 내용은 그저 무관심의 대상으로 방치될 뿐이다. 그것은 바깥에서 제공된 무차별한 것이다.

반면 회의주의에서 대상이 지닌 현실적 규정은 실제로 구별되는 것 즉 "전적인 구별"로 인정된다. 그러면서 회의주의에서 이런 현실적 내용은 내적 자기의식 즉 사유를 통해 부정된다. 이 구별은 무의미하고 비본질적인 것으로 규정된다. 여기서 "자유로운 자기의식이 지닌 부정성"이 "실질적 힘으로 된다."

이처럼 회의주의는 현실적 내용을 그저 내버려 두는 것이 아니라 사유를 통해 무의미한 것으로 규정하면서 사유의 통일을 회복하니, 이런 점에서 회의주의는 스토아주의보다 더 발전된 것이다. 헤겔은 스토아주의가 사유의 개념적 실마리라면, 회의주의는 사유 개념의 실현이라고 한다.

헤겔은 여기서 회의주의를 그 이전에 등장한 욕망과 노동과 비교한다. 욕망과 노동은 대상을 부정한다. 즉 부정성이 실제로 일어난다. 그러나 욕망은 대상의 자립성에 부딪히고 노동은 그 산물을 박탈당하면서, 자기의식에 이를 수 없다.

반면 회의주의에서는 이미 대상의 그 자체 존재와 통일 속에 있으므로, 이런 자립성에 부딪히지 않는다. 왜냐하면, 대상의 자립성은 이미 그 자체에서 부정된 것이기 때문이다. 그러므로 여기서 부정은 성공적으로 일어나며, 이를 통해 자기의식의 자유가 출현한다.

그러나 아직 이 실제로 일어나는 부정은 사유를 통한 부정에 지나지 않는다. 대상은 이를 통해 무의미하고 비본질적인 것으로 설정되지만, 그렇다고 대상 자체가 실제로 부정되지 않는다. 이 한계가 다음에 제시된다.

203) 〈SK 160:9~23〉〈FM 119:26~36〉

앞에서 **회의주의의 활동** 일반 그리고 이런 활동의 **방식**이 규정됐다. 회의주의는 감각적 확신과 지각 및 지성에서 등장하는 [부정의] **변증법적 운동**을 보여주며 더 나가서 지배와 봉사의 관계에 그리고 추상적인 사유 자체[스토아주의]에서 **규정된 것**으로 여겨지는 것이 지닌 비본질성[Unwesenheit]을 보여준다. 동시에 그와 같은 지배와 봉사의 관계는 **특정한 방식**을 자체 내에 포함하니 여기서는 인륜적인 법칙조차도 지배자의 명령으로 출현한다[vorhanden]. 더구나 추상적인 사유[스토아주의] 속에 출현하는 규정은 학문에 속하는 개념이더라도 그런 개념을 통해 내용이 없는[형식적] 사유가 확산할 뿐이며 이런 내용이 없는 사유에서 개념은 그 내용을 이루는 자립적인 존재[Sein]에 사실상 단지 외적인 방식으로 부착된다. 또한, 내용이 없는 사유는 **규정된** 개념을 그것이 심지어 순수한 추상이라 하더라도 타당한 것으로 여긴다.

204) 〈SK 160:24~161:11〉〈FM 119:37~120:15〉

변증법적 운동은 **직접 나타나는** 부정 운동인 한에서는[208] 일단 그것 때문에 의식이 희생당하는 것이니 의식 자신을 통해서 생겨난 것은 아니다. 이와는 달리 부정적 운동이 **회의주의**로 나타날 때는 자기의식의 계기를 이룬다. 여기서는 진리로 되는 실재하는 것[Reelles]은 그것이 어떻게 일어나는지를 알지 못한 채로 자기의식에서 사라지는 일은 **일어나지 않는다**. 오히려 이런 자기의식의 [회의의] 계기는 자신의 자유를 확신하면서 실재하는 것으로 제공되는 타자 자체를 사라지게 한다. 여기서는 대상적인 것 자체뿐만 아니라 이 대상에 관한 의식의 고유한 관계 자체 즉 대상적인 것이 대상적인 것으로 여겨지고 타당한 것으로 [geltend] 여겨지는 관계도 사라진다. 그러므로 의식의 **지각 작용**과 동시에 상실될 위험에 있는 것을 **고정하는** 지각의 행위조차 사라진다. 즉 **궤변**도 사라지고, **임의로**[aus sich] **규정되고 확정된 진리**조차 사라진다. 자기의식은 이와 같은 자각적인 부정을 통해 **자신이 자유롭다는 확신**을 자기에게 **자기 자신을 위해**[für sich selbst] 마련해 주며 동시에 그러한 자유를 경험하게 하며 이를 통해 자유의 경험을 **진리**로 끌어올린다. 규정된 것 또는 어떤 방식으로 존재하든 그리고 어디서부터 유래하든 고정되고 불변하는 것으로 제시되는 구별된 것도 사라진다. 이런 구별된 것은 그 어떤 지속성도 그 자체에서 간직하지 않으며 사유 앞에서 사라질 **수밖에 없다**. 왜냐하면, 구별된 것은 **그 자체에서**[an ihm selbs] 존재하지 않으며 오히려 그의 본질을 다만 어떤 타자 속에 지니기 때문이다. 그러나 사유는 이처럼 구별된 것의 본성을 통찰한다. 이런 사유는

---

208 의식에 대해 그 자체 존재로 등장하는 것을 말한다.

부정성을 자신의 단순한 본질로 삼는다[das negative Wesen als einfaches].

[해제] 헤겔은 이어서 회의주의의 부정을 의식에서 부정과 추상적 사유[스토아주의, 지배와 봉사의 관계]에서의 부정과 비교한다.

우선 의식에서의 부정은 "의식 자신을 통해 생겨난 것이 아니라" 거꾸로 "의식이 희생당하니" 즉 처음 의식이 지닌 규정은 자신의 타자 즉 물 자체에 대한 경험을 통해 진리가 아닌 것으로 부정된다. 그러나 회의주의에서는 "자기의식은 자신의 자유를 확신하면서 실질적 대상으로 제공되는 타자 자체를 사라지게 한다." 왜냐하면, 회의주의의 지반인 자기의식에서는 "대상적인 것이 대상적인 것으로 여겨지고 타당한 것으로 여겨지는 관계" 즉 의식과 대상의 관계가 이미 지양되기 때문이다.

또한, 추상적 사유에서 구별의 부정은 형식적인 같음을 의미할 뿐이다. 그러므로 이는 "내용이 없는 사유"이며, 그 결과 사유의 개념은 "그 내용을 이루는 자립적 존재에 단지 외적인 방식으로 부착될" 뿐이다. 즉 여기서 그 내용은 사유와 무관한 것으로 방치된다. 그러나 회의주의는 부정하는 사유 활동으로서 개별 내용 자체를 부정하면서, 그것을 무의미하고 비본질적인 것으로 규정한다.

회의주의의 본성은 이처럼 현실적 규정을 부정하는 부정성 자체로 드러난다. 사유는 이런 부정성 가운데서만 존재한다. 그러므로 헤겔은 회의주의는 "부정성을 자신의 단순한 본질로 삼는다"라고 말한다.

회의주의에서는 자기의식은 현실적 대상 자체가 더 의미 있는 존재가 아니라는 사실을 깨달으면서 자기의 자유를 확신하게 한다. 회의주의는 "그러한 자유를 경험하게 하며 이를 통해 자유의 경험을 진리로 끌어올린다."

205) ⟨SK 161:12~163:2⟩ ⟨FM 120:16~121:22⟩
그러므로 회의주의적 자기의식은 자기의식 앞에서 자기를 지키고자 하는 모든 것을 변화하게 하는 가운데서 자기의 개인적인 자유가 자기 자신을 통해서 제공되고 또 보존되는 것을 경험한다. 이런 회의주의의 자기의식은 자기 자신을 사유하는 것이 도달하는 부동심[Ataraxia][209]이며 또한, 불변하고도 **참된 자기 자신에 관한 확신**이다. 이런 확신은 어떤 타자가 자신을 다각적으로 전개하고 이를 자기 내로 복귀하게 하는 가운데 얻은 결과는 아니다. 그러한 결과라면 자신이 생성되는 과정을 그 뒤에 남길 것이다. 오히려 이런 회의주의 의식 자체는 **변증법적인 절대적 동요**[Unruhe]이며, 나아가서는 감각적인 관념이든 사유된 관념이든 서로 뒤섞여 있어서 그 구별이 붕괴하고 마찬가지로 그 같음조차 다시 해소되는 운동이다.[210] −왜냐하면, 이 같음은 그 자체가 같지 않음에 대립하는 **규정성**이기 때문이다. −그러나 회의주의적 의식은 바로 이 점에서 사실상 **자기와 같음**을 지닌 의식이기는커녕 오히려 바로 우연

---

209 회의주의는 판단을 중지한 마음의 상태, 그 결과 독단에 좌우되지 않고 현실에 개입하지 않는 유리된 상태를 '아타락시아[Ataraxia]' 라고 불렀다. 아타락시아는 마음의 평정을 뜻한다는 점에서 스토이시즘의 아파테이아 즉 평정심과 외면적으로 비슷하다. 그러나 아타락시아와 아파테이아는 평정의 의미에 관해서는 서로 다르게 설명한다. 아타락시아는 독단 때문에 불확실한 현실에 개입하므로 불행이 닥쳐오니 독단에 좌우되지 않는다는 뜻이고 반면 아파테이아는 바깥에서 영향을 받는 감정 때문에 사물의 로고스를 따르지 못하니 감정을 비운다는 의미다.
210 회의주의는 피론 주의에 이르러, 어떤 주장을 확고하게 부정할 수도 없고, 모든 지식을 부정하는 불가지론을 택할 수도 없으니, 결국, 판단 중지에 머무르게 된다. 이런 판단 중지조차 다시 판단 중지할 수밖에 없으니 헤겔은 이를 변증법적인 절대적 동요라고 한다. 회의주의가 불교 특히 대승 불교 이론가 용수의 공론과 닮았다는 느낌을 지울 수 없다. 공론은 현실도 부정하고, 그것을 부정하는 마음도 부정하니까. 타자와 자기가 모두 부정되므로 이것도 저것도 아니라 해서 이를 중론이라 한다.

적인 혼란이며 그 무질서는 현기증이 날 만큼 끊임없이 새로이 생산된다. **회의주의적 의식은 이런 사실을 자각한다.** 왜냐하면, 이런 의식 자체가 이처럼 꼬리를 물고 일어나는[sich bewegende] 혼란을 유지하고 산출하기 때문이다. 그러므로 이 의식은 그런 혼란을 자백하며 자신이 전적으로 **우연적이며 개별적인** 의식이라는 사실을 고백한다.[211] —다시 말해서 이 의식은 **경험적**이면서 동시에 자기에게 아무런 실질적 의미를 지니지 않는 것을 지향하면서 나아가서는 자기에게 본질적인 것이 전혀 아닌 것에 순종하고 자기에게 아무 진리도 아닌 것을 스스로 실행하며 또 실현한다. 그러나 회의주의적 의식은 이런 방식에 따라서 **개별적이며 우연적인** 삶을 살며, 사실상 동물과 같은 삶을 살 뿐이며[212] 자신을 **길 잃은**[verlorenes] 자기의식으로 여긴다. 회의주의 의식은 그에 못지않게 이번에는 정반대로 가면서 다시 **자기와 같음을 지닌 일반적인** 의식을 회복한다. 왜냐하면, 이 회의주의적 의식은 모든 개별성과 또한, 모든 구별을 부정하기 때문이다. 회의주의 의식은 이런 자기와 같음으로부터 또는 자기와 같음 자체 속에서 다시금 앞에서 말한 우연성과 혼란으로 되돌아간다. 왜냐하면, 이런 꼬리를 물고 일어나는 부정성에서는 오직 개별적인 것만이 중요하며 그 부정성은 한낱 우연적인 것 주위만을 맴돌기 때문이다. 그러므로 이런 회의주의 의식은 아무 생각 없이 지껄여대는 허튼소리다. 왜냐하면, 이런 의식은 자기와 같음을 지닌 자기

---

211 이는 아카데미 회의주의를 일컫는 말로 보인다. 회의주의는 아카데미 회의주의에 이르러서 필연적 지식을 획득하는 것만을 부정하면서 상대적이고 현상적인 지식은 가능하다고 본다.

212 헤겔은 『철학사 강의』에서 회의주의의 아타락시아에 관한 피론의 일화를 소개한다. 폭풍우 속에서 떠도는 배 위에서 피론은 사람들에게 돼지를 가리키면서, 저렇게 무관심하니까 평온하다고 말했다 한다.

의식이라는 하나의 극단으로부터 다른 극단 즉 우연적이며 혼란에 빠지고 방황하는 의식으로 이리저리 오가는 것이기 때문이다. 이처럼 회의주의 의식으로서는 자기 자신에 관한 이 두 가지 사상을 결합하지 못한다. 즉 이런 의식은 **어떤 때**는 온갖 혼란과 모든 우연성을 넘어서는 자신의 자유를 인식하며 또 **다른 때**는 그에 못지않게 다시 그 자신이 **비본질적인 것**으로 전락하는 존재며 그런 비본질적인 것을 맴도는 존재라는 사실을 자백한다. 회의주의적 의식은 비본질적인 내용을 그의 사유를 통해서 사라지게 만든다. 그러나 이 의식은 바로 그런 가운데서 또한, 비본질적인 것이 필요한 의식이다. 회의적 의식이 절대적 **소멸**을 언표하지만, **회의적 언표가 존재하는** 순간 회의적 의식의 언표는 사라지고 만다. 회의주의 의식은 보는 것과 듣는 것 등등이 무의미하다고 언표하지만, 그 자신은 보거나 듣거나 한다. 회의주의 의식은 도덕적 본질 규범[sittlichen Wesenheiten]이 무의미하다는 사실을 언표하지만, 그 자신은 이런 도덕적 본질 규범을 자기 행동을 지배하는 힘으로 삼는다. 회의주의 의식의 활동과 말은 항상 서로 모순되며 그와 마찬가지로 이런 회의적 의식은 서로 모순되는 이중적 의식 즉 한편에는 불변성과 같음의 의식과 또 다른 한편으로는 전적인 우연성이나 같지 않음의 의식을 동반한다. 그러나 회의주의 의식은 그와 같은 자기 자신의 모순을 분리하여 놓은 채 그가 전개하는 순수한 부정 운동 일반의 경우에서처럼 서로 모순된 두 측면에 대해 부정적인 관계를 취한다 만일 누기 회의주이 의식에 **같음**을 제시하면 이 의식은 같지 않음을 제시한다. 이제 누군가가 회의주의 의식 앞에서 그가 언표했던 다름을 비난하면 그 회의주의 의식은 **같음**을 꺼내 보여주는 데로 넘어간다. 그의 횡설수설은 사실 고집불통의 아이들이 벌이는 말싸움과 같은 것이어서, 예컨대 두 아이 가운데 어느 한 편이 A라고 말하면 다른 쪽에서 B라고 하지만, 다시 전자가 B라고 말하면 후자가 이번에는 A라고 하니, 이들은 **자기 자신과 모순**[Widerspruch mit sich selbst]을 범하는 것을 팔아서 **서로 적대하는**[miteinander im Widerspruche] 기쁨을 산다.

[해제] 1) 앞에서 헤겔은 회의주의가 대상을 부정하는 사유의 활동으로 규정했다. 이처럼 대상의 현실적 규정이 무의미하고 비본질적이라는 것을 드러낸다는 점에서 회의주의는 단순히 내적 사유에 머무르는 스토아주의의 발전이다.

이런 회의주의는 단순히 인식론에 머무르지 않고 실천적 삶의 원리로 발전한다. 삶이 불안하고 동요하는 것은 모두 불확실한 지식에 기초하기 때문이니, 이런 불확실한 지식을 버려야만, 고요하고 평안한 상태 즉 '아타락시아'에 이를 수 있다는 것이다. 이는 곧 "불변하고도 참된 자기 자신에 대한 확신"을 말한다.

2) 헤겔은 이 구절에서 이런 회의주의가 지닌 자기모순을 폭로한다. 회의주의에서 어떤 규정에 대한 부정은 그 규정 자체에서 일어나는 부정은 아니다. 이처럼 자기 자신에서 부정이 일어난다면, 그것은 개별 규정에서 일반 규정으로 복귀하는 가운데, 결과 속에 하나의 계기로 보존될 것이다.

그러나 회의주의에서 부정을 '변증법적인 절대적 동요'다. 여기서 같음은 구별 즉 다름에 외면적으로 대립한다. 그러므로 회의주의는 모든 다름을 부정하는 가운데 다시 같음조차 부정하게 된다. 이는 회의주의가 피론 주의에서 보듯이 지식의 가능성을 부정하는 데 머무르지 못하고 이를 부정하는 자신조차 부정하면서 결국, 판단 중지에 이르는 것을 의미한다. 이것이 곧 '꼬리를 물고 일어나는 부정'이다.

3) 이런 회의주의는 아카데미 회의주의에 이르러서는 필연적 궁극적

진리만 부정하면서 현상적이고 상대적인 지식은 인정하게 된다. 그러므로 헤겔은 이런 회의주의가 "자기에게 본질적인 것이 전혀 아닌 것에 순종하고 자기에게 아무 진리도 아닌 것을 스스로 실행한다"라고 말한다.

마침내 회의주의는 피론이 말한 것처럼 폭풍우가 치는 배 위의 돼지처럼 아무것도 알지 못하고 어떤 것에도 무관심한 삶을 즉 "동물과 같은 삶"을 현자의 삶으로서 받아들인다.

4) 더 나가서 회의주의는 모든 것을 부정하는 가운데 자기를 확신하는 것이므로 이런 자기 확신을 위해서는 부정돼야 할 어떤 개별적인 것이 항상 출현해야 한다. 그러므로 회의주의는 "자기와 같음으로부터 자기와 같음 자체 속에서 다시금 앞에서 말한 우연성과 혼란으로 되돌아간다." 그 결과 회의주의는 오직 부정하는 자기 자신 즉 한낱 우연적인 것 주위만을 맴돌 뿐이다.

하지만, 이런 부정돼야 할 개별 대상은 스스로 마련되는 것이 아니므로 어디 바깥에서 주어질 수밖에 없다. 헤겔은 "회의적 언표와 회의적 의식은 언표되는 순간 사라진다"라고 말한다. 그러므로 회의주의는 어떤 것을 부정한 다음에는 바로 그 순간 새로운 어떤 것을 수용하니, 이런 회의주의는 "아무 생각 없이 지껄여대는 허튼소리"이며, "하나의 극단에서 다른 극단으로 즉 우연적이며 혼란에 빠지고 방황하는 의식으로 이리저리 오가는 것"이다.

헤겔은 이런 회의주의는 마치 고집불통 아이들이 하나를 말하면 항상 그와 반대되는 것을 말하면서, 상대방을 이기는 즐거움을 얻기 위해 기꺼이 자기모순을 범하는 것과 같다고 한다.

불행한 의식
206) 〈SK 163:3~24〉〈FM 121:23~39〉

의식이 회의주의를 통해 참으로 경험하는 것은 그 자신이 자기 자신 내에서 모순된 의식이라는 사실이다. 이와 같은 경험을 근거로 해서 **의식의 새로운 형태**[213]가 출현한다. 이는 곧 회의주의가 분리한 두 개의

---

213 이 새로운 의식의 형태가 곧 불행한 의식이다. 이 불행한 의식은 여러 면에서 기독교 특히 가톨릭교를 지칭하는 것은 틀림없다. 철학사에서는 보통 헬레니즘과 헤브라이즘을 대립해서 본다. 반면 헤겔은 헬레니즘에 속하는 스토아주의와 회의주의의 전통과 헤브라이즘 전통에 속하는 기독교를 연결해 전자가 후자로 발전하는 것으로 설명한다.

헤겔은 기독교가 유대교에서 나왔지만, 이미 로마 시대의 사상에서 그 사상적인 기반이 마련됐다고 한다. 헤겔은『역사철학 강의』에서 두 가지 철학의 흐름을 통찰하면서 양자의 통일에 이른 사람이 유대인 철학자 알렉산드리아의 필론이었다고 설명한다.

"동방과 서방의 교통 중심지인 이집트에서 그것도 알렉산드리아에서, 이 시대의 문제가 사상으로 제기됐으며 그 해결은 이제 정신이라는 것이었다. 거기서 두 원리는 학문적으로 만나서 학문적으로 확장됐다. 특히 주목할 만한 것은 거기서 학식 있는 유대인들 예를 들어 필론과 같은 사람이 플라톤과 아리스토텔레스로부터 얻었던 구체적인 것을 형상화하는 추상적 개념을 무한자라는 유대인의 표상과 결합해 신을 정신의 구체적 개념에 따라서 로고스라는 규정으로 인식했다는 것이다."(헤겔,『역사철학 강의』, S. 322 쪽)

헤겔은 이런 기독교의 원리는 로마가 필요로 했던 것이었다고 말한다. 로마에서 공화정 말기에 주인과 노예의 관계가 정점에 이르렀다. 노예 제도는 해체되고 법의 지배(이는 동시에 황제의 지배를 의미한다)를 확립하는 것은 시대의 요청이었다. 당시 노예들은 내면적으로는 자유로운 공동체를 꿈꾸지만, 이것은 무의식적인 표상에 불과했다. 자유의 의식은 로마의 사상인 스토이시즘, 회의주의를 통해 점진적으로 발전해 왔다. 그러나 로마의 사상에서는 자유 의식을 실현하는 데 필요한 화해의 원리 즉 일반자와 개별자 사이의 통일 원리가 출현하지 못했다. 화해의 원리는 외부 어디에선가 나타나야 했다. 헤겔은 로마의 필요를 충족시켰던

사상을 결합하는 의식의 형태다. 회의주의가 자기 자신에 대해 아무 생각 없이 범했던 모순은 사라질 수밖에 없다. 왜냐하면, 사실 그 자신에서[an ihm] 두 가지 존재 방식을 갖는 것은 **하나의** 의식이기 때문이다. 새로운 의식의 형태는 이를 통해 자신이 이런 이중적 의식이라는 사실을 **자각하는** 의식이다. 즉 하나의 측면은 자기를 해방하는 불변적[214]이고도 자기와 같음을 지닌 측면이며 다른 하나의 측면은 절대적으로 뒤엉킨 채로 자기를 전도하는 측면이다. 이런 새로운 의식은 자기 자신이 이처럼 모순적이라는 사실을 의식한다. ─스토아주의에서는 자기의식 자신의 자유는 단순한 것[사유 속에서의 자유]이라면, 회의주의에 와서 그러한 자유는 스스로 실현됨으로써 특정한 현존이라는 자기와 반대의 측면을 부정하지만, 오히려 **자신을** 이중화하면서 스스로 양면적인 존재가 된다. 이렇게 함으로써 앞에서는 두 개의 개별자 즉 주인과 노예에게 저마다 할당됐던 이중성이 하나[Eines]로 되돌아오기에 이른다. 자기의식이 자기 자신 속에서 이중화하는 활동은 정신 개념에 이르러 근본적으로 드러나겠다. 하지만 회의주의의 결과 이런 자기를 이중화하는 활동이 눈앞에 나타나기는 하지만, 아직은 통일에 이르지는 못한다. **불행한 의식**은 자신이 이중화되고 다만 모순적인 본질을 갖는다는 것을 의식한다.

것이 동방에서 유대교를 혁신하고 나타나는 기독교였다고 한다. 실제로 기독교의 로마 수용과 로마의 황제 체제와 로마법의 반포는 거의 동시대에 이루어졌다.
214 회의주의는 사유와 현실이 서로 전도하는 의식이며 불행한 의식은 양자의 통일이 이루어진 의식이므로 불변적 의식이다. 여기서 의식과 대상은 일치하므로 이 불변적 의식은 동시에 자기의식이다. 한 개인에게서 자기의 자유가 실현된다면, 그것은 모든 개인에게서 동등하게 자유가 실현된다는 것이니, 이런 불변적 의식은 일반적이며 그 자체적인 존재다.

207) 〈SK 163:26~164:5〉〈FM 122:1~11〉

이 끊임없는 **자기분열** 속에서 **불행을 겪는 의식**은 **하나의** 의식이면서도 그 자신의 본질이 모순이라는 것을 스스로 의식하므로 한쪽의 의식 속에서 언제나 그 자신과 다른 쪽에 관한 의식을 지니면서 어떤 쪽의 의식에 있든 거기서 타자와의 통일이 성취돼 안정에 이르렀다고 주관적으로 생각하는[meint] 순간 다시 그쪽에서 추방당한다. 그러나 이 불행한 의식이 참으로 자기 내로 복귀하거나 자기 자신과 화해를 이루는 과정은 곧 이미 생동적으로 되고 실존하기에 이른 정신의 실마리[개념]가 출현하는 과정을 보여 줄 것이다. 왜냐하면, 불행한 의식이 분할되지 않은 **하나의** 의식이면서 동시에 이중화된 의식이라는 사실이 이미 그 자체에서 밝혀져 있기 때문이다. 다시 말해서 불행한 의식 자체란 어떤 하나의 자기의식을 다른 또 하나의 자기의식 속에서 주시하는[schauen] **것이다**. 불행한 의식 자체는 분할된 양자 모두**이며** 이 양자의 통일이 불행한 의식의 본질로 된다. 다만 불행한 의식은 이런 본질 자체는 아니며 이 양자의 통일을 **의식하는 것**[für sich][215]은 아니다.

208) 〈SK 164:6~30〉〈FM 122:12~30〉

불행한 의식은 처음에는 두 의식 사이의 **직접적인 통일**을 이루면서도 또한, 불행한 의식에서 이 양자는 아직도 서로 같은 것으로 존재하지 못하고 오히려 대립하는 상태에 있다. 그러므로 이 불행한 의식에서는 그들 가운데 하나 즉 단순하고 불변적인 의식이 **본질**이며 또 다른 하나는 즉 다면적으로 변화하는 의식은 **비본질적**이다. **불행한 의식에서** 이

215 불행한 의식은 전전하는 의식과 불변적 의식이라는 두 측면의 직접적 통일이다. 후자는 사유와 현실의 끊임없는 전도며, 전자는 사유와 현실의 통일이 피안에서 이루어진 것이다. 불행한 의식은 두 세계가 직접 결합된 상태에 있어 전도할 뿐, 자신의 분열을 의식하는 것은 아니다.

두 측면은 서로 이질적인 본질로 나타난다. 다시 말해서 불행한 의식은 자기의 모순을 의식하기에 변화하는 의식 쪽에 서서 그 자신은 자신에게 비본질적인 존재가 된다. 그러나 동시에 불행한 의식은 불변적인 것 또는 단순한 본질을 [대상으로] 의식하는 한에서는 자신을 이런 비본질적인 것[변화하는 것]에서 해방하는 것을 목표로 해야 하며 다시 말하자면 자신을 자기 자신에서 해방하는 것을 목표로 해야 한다. 왜냐하면, 불행한 의식은 **자기가 자기를 보기에는**[für sich] 다만 무상[無常]하게 변화하는 의식이고 불변적인 의식은 그런 그에게서 이질적이라 할지라도 **그 자체로 본다면**[selbst] 불행한 의식 역시 단순한 의식이고 따라서 불변적인 의식이어서 이런 불변적 의식을 **자신의** 본질로 의식하기 때문이다. 그렇더라도 **불행한 의식은 자기가 자기를 보기에는**[für sich] 이런 본질[불변적 의식]은 아니다. 불행한 의식이 그 자신의 두 측면에 부여하는 지위는 서로 무차별한 관계일 수 없다. 다시 말하자면 불행한 의식 자체와 불변적인 의식은 무차별하게 관계할 수 없다. 오히려 이 불행한 의식은 직접 두 측면 모두를 포함하고 있고 **두 측면의 관계**는 비본질적인 것에 대한 본질의 관계라는 것을 의식하므로 이런 비본질적인 것이 지양돼야 한다. 그러나 이런 두 측면은 다 같이 불행한 의식에 본질적이면서도 동시에 모순적이므로 이 불행한 의식은 다만 모순된 운동일 뿐이다. 왜냐하면, 이 운동에서는 하나의 반대되는 요소가 자기와 반대되는 것에 이르러 멈추는 것이 아니라 오히려 그 반대되는 것 속에서 자신을 또다시 그 반대물로 새로이 산출하기 때문이다.

[해제] 1) 206~208까지 불행한 의식의 개념이 서술된다. 스토아주의는 사유 속에서 단순한 자유다. 스토아주의에서는 구별은 바깥에서 제공되는 것으로 방치됐다. 회의주의에 이르러 이 바깥에서 제공되는 것

은 사유 속에서 무의미한 것으로 부정된다. 회의주의는 적어도 사유 속에서 자유가 실제로 실현된다. 하지만 회의주의 역시 부정을 위해서 구별을 끌어들이니, 회의주의는 자기도 알지 못한 채로 일어나는 끊임없는 전도다.

이런 전도를 자각하면서 양자를 통일하려는 자기의식이 곧 불행한 의식이다. 불행한 의식은 "자신이 이중화되고 다만 모순적인 본질을 갖는다는 것을 자각한다." 주인과 노예에서 자기의식과 삶이 분리되고, 회의주의에서 대상과 사유 사이에 분열됐던 것이 이제 하나의 의식 속에서 통일된다.

2) 그러나 불행한 의식 속에서 일어난 이런 통일은 하나의 의식 속에서 동시에 다시 현실적 의식과 피안의 의식(내면의 자기의식)으로 분열된다. 현실의 의식은 끊임없이 이런저런 규정 속에 전전하고 각자가 서로 대립하는 삶이다. 이것은 개별적이며 사유 속에서는 자유롭지만, 현실에서는 대상과 대립하는 의식이다.

피안의 의식은 자신의 자유가 실현돼 불변적이지만, 다만 피안에서 실현된 것이다. 그러므로 이 의식은 자아와 대상이 통일된 자기의식이다. 또한, 한 개인에게서 자유가 실현된다는 것은 곧 만인에게서 실현된다는 것을 의미하므로, 불변적 자기의식은 동시에 일반적 그 자체적 의식이다. 그러나 이런 실현은 현실이 아닌 피안에서 이루어지므로, 그 이전 스토아주의나 회의주의에서 내면적 사유로 출현한 것이 피안에서 실현된 것이다.

피안에서의 자기의식의 통일과 현실에서 의식 사이에서 끊임없는 전도를 통해 직접 결합한 것이 불행한 의식이다. 마치 회의주의 의식이 사유와 현실 사이를 오가듯이 불행한 의식은 차안의 의식과 피안의 자기의식 사이를 오간다.

3) 그러므로 불행한 의식 역시 이중적이지만, 불행한 의식에서 두 측

면은 이미 하나로 통일된다. 불행한 의식은 "하나의 분할되지 않은 의식이면서 동시에 이중화된 의식이다."

그 때문에 불행한 의식은 그 어느 편에도 머무를 수 없다. 불행한 의식에서 이 두 측면은 다시 서로 이행한다. 그 어느 "한쪽의 의식 속에 언제나 그 자신과 다른 쪽에 대한 의식을 지니면서" "하나의 자기의식을 또 하나의 자기의식 속에서 주시한다." 그런 가운데 불행한 의식은 차안에 있으면 다시 피안으로 이행하며, 그 피안에서 다시 차안으로 돌아온다. 그런 운동은 "자기와 반대되는 것에 이르러 멈추는 것이 아니라 오히려 그 반대되는 것 속에서 자신을 또다시 그 반대물로 새로이 산출한다."

4) 불행한 의식은 현실 쪽에 서면 거기서 자기의 자유를 실현해서 행복에 이를 수 없으니 이런 비본질적 차안을 떠나 피안에서의 통일로 넘어간다. 즉 "그 자신은 자기에게 비본질적인 것으로 된다." 그러나 피안 쪽에 서면 "거기서 타자와의 통일이 성취돼 안정에 이르렀다고 생각하는 순간 다시 그쪽에서 추방당해" 현실로 돌아온다. 왜냐하면, 피안에서 그가 얻은 자유의 실현은 비현실적인 것이기 때문이다. 즉 그것은 자신을 "자기 자신에서 해방하는 것"으로 된다. 그런 피안의 자유는 그가 원하는 현실적인 자기실현이 아니므로 그는 현실로 돌아온다. 그 결과 불행한 의식에서 끝없이 다시 전도하는 운동이 발생한다.

5) 불행한 의식에서 두 측면은 서로 모순적이면서도 동시에 본질적이므로, 불행한 의식은 모순된 운동일 뿐이다. 불행한 의식에서 두 측면은 어느 것도 본질적이 아니며, 이 양자의 통일도 아직 일어나지 않았다. 불행한 의식은 한마디로 말해 끊임없이 전전반측하면서 현실과 피안을 오가는 의식이다. 그러므로 헤겔은 불행한 의식은 '모순된 운동'일 뿐이라 한다.

209) 〈SK 164:31~165:9〉〈FM 122:31~123:4〉

따라서 적에 대한 투쟁이 눈앞에 나타나지만, 적에 대한 승리는 오히려 패배를 의미하니 여기서 그 가운데 하나를 획득한다는 것은 오히려 바로 그것을 그 반대편 속에서 잃어버리는 것을 의미한다. 삶과 그 삶이 겪는 생존 활동에 관한 의식은 다만 이런 생존 활동에서 느끼는 고통일 뿐이다. 왜냐하면, 불행한 의식은 삶 속에서 다만 자기와 반대되는 것을 본질로 받아들이고 자기 자신은 무상하다는 것을 의식하는데 그칠 뿐이기 때문이다. 불행한 의식은 이런 고통으로부터 끌어올려져 불변적인 의식을 향해 이행한다. 그러나 불변적 의식을 향해 끌어올리는 의식은 그 자체 이처럼 고통을 느끼는 의식일 수밖에 없으니, 이런 끌어올림은 직접 그와 반대되는 것을 의식하는 것 즉 자기 자신이 개별 존재라는 것을 의식하는 것으로 된다. 불변적 의식은 개별 의식에 들어오면서 바로 이를 통해 개별성에 감염되며 단지 개별성과 더불어 출현한다. 따라서 이런 개별성은 불변적 의식 속에서 제거되기는커녕 오히려 그 속에서 더욱 끊임없이 출현한다.

[해제] 불행한 의식은 모순적이다. 한편으로 자유의 실현을 피안에 설정하면서 다른 한편으로 차안에서는 현실의 억압이 여전히 존재한다. 불행한 의식은 한편으로는 피안을 이상적인 것으로 꿈꾸지만, 다른 한편으로 차안이 참된 삶이다. 초월적 피안에서 자유를 헤겔은 불변적 의식이라 한다. 자유가 실현되면 더는 전전할 필요가 없기 때문이다. 반면 실제 삶에서의 전전하는 무상한 삶은 개별적 의식이라 한다. 여기서 내적 사유와 현실이 분열되기 때문이다.

불변적 의식과 개별적 의식은 하나의 의식 속에서 동시에 존재하면서 서로 대립하며 끊임없이 전전반측하는 관계에 있다. 그는 실제 삶은 무상하다고 보며, "자기와 반대되는 것을 본질로 받아들이고" 자유가 존재하는 초월적 피안을 열망한다.

그는 초월적 피안에 머무를 수 없다. 그의 불변적 의식은 "개별적 의식에 들어오면서 바로 이를 통해 개별성에 감염된다." 그에게 피안에서 자유는 마치 그림 속의 자유에 그치니 그는 만족할 수 없기 때문이다. 그는 자신의 자유가 현실 속에서 실현되기를 바라면서 다시 현실로 돌아온다. 그러나 그는 여기서도 머무를 수 없으니, 이 현실에서 그는 고통을 해소할 수 없기 때문이다. 그의 현실적 삶은 여전히 억압 속에 있다. 그러므로 불행한 의식은 그 어디에도 머무를 수가 없다.

불행한 의식이 겪는 전전반측은 스파르타쿠스 반란을 일으킨 노예들의 처지를 생각하면 쉽게 이해된다. 반란을 일으킨 그들은 남쪽으로 시칠리아로 건너가려 했으나 가로막히자, 북쪽으로 알프스를 건너가려 했으나 역시 가로막혔다. 그들은 한편으로 노예제를 부정했지만, 그들은 그저 노예로서 주인에게 복수하려 했다. 그들은 로마군에 대항해 게릴라전을 펼쳐 승리했지만, 끝내 로마군에 전면전을 펼쳐 몰살당했다. 그들은 헤겔이 말한 대로 피안과 차안으로 분열됐다.

210) 〈SK 165:10~32〉〈FM 123:5~22〉

그러나 이런 운동 속에서 불행한 의식이 경험하는 것은 바로 **불변적인 본질**에서 **개별자**가 출현하고 **개별자**에서 **불변적인 본질**이 출현한다는 것이다. 불행한 의식은 불변적인 본질에서 개별자 일반이 출현하는 것[die Einzelheit überhaupt am unwandelbaren Wesen]을 **의식할**[für es] 뿐만 아니라 동시에 자기 자신이 개별성이 불변적 본질에서 출현하는 것[die seinige an ihm]도 의식하기에 이른다. 왜냐하면, 이상과 같은 운동의 진리는 바로 그처럼 이중화된 의식이 **합일**하는 데 있기 때문이다. 그러나 **이런 통일이 불행한 의식에서 생기는** 방식은 양자가 **서로 다름이 여전히** 지배적인 통일에서 **시작**한다. 그리하여 불행한 의식에서는 개별자와 불변적 본질이 결합하는 다음과 같은 세 가지 방식이 눈앞에 나타난다. 즉 **첫째**로 불행한 의식 자체가 다시금 불변적인 본질에 대립하는 것으로 등장한다. 불행한 의식은 여전히 전반적인 관계의 지반으로 되는, 투쟁의 출발점으로 되돌아온다. 그러나 **둘째**로 불행한 의식은 **불변적 본질** 자체가 그 **자신에서**[an ihm] **개별화**된다는 것을 본다. 그러므로 개별자는 불변적 본질의 [구체적] 형태로 되며, 개별자가 실존하는 방식 전체가 이 불변적 본질로 넘어 들어간다. **세 번째로 불행한 의식**은 **자기 자신**이 불변적 본질 속에 있는[im Unwandelbaren] 개별자라는 사실을 발견한다.²¹⁶ **첫 번째** 불변적 본질은 불행한 의식에서 다만 **낯선** 본질이고 개별자를 비난하는 본질에 지나지 않는다. [**둘째**로] 이 타자[불변적 본질]는 그 자체로 존재하는 동시에 **개별자의 형태**로 되는 가운데, **세 번째**로는 불행한 의식은 정신으로 되면서, 그 속에서 자기 자신을 발견하는 기쁨을 누리며, 더 나아가서는 자신의 개별성이 일반자와 화해를 이룬다는 것을 의식한다.²¹⁷

216 첫 번째는 그리스도의 탄생을 의미하며 두 번째는 그리스도의 죽음을 의미하고 세 번째는 불행한 의식 자신이 자기를 도야하여 불변자와 합일에 이르는 것을 말한다.

217 헤겔에게서 유대교는 자유로운 인간과 절대적 타자인 신의 대립에 기초한다. 인간은 자유로운 의지를 지니지만, 바로 그러므로 거꾸로 신에 대해 절대적으로 복종해야 한다. 유대교는 이런 대립을 극복하지 못한다. 기독교는 유대교 안에 머물러 있던 자유의 계기들이 본격적으로 드러나면서 성립한다. 헤겔은 비로소 기독교에 이르러 신과 인간의 대립이 극복된다고 한다
 헤겔은 기독교의 근본이념이 삼위일체에 있다고 본다. 삼위일체란 신과 인간의 화해를 의미한다. 이 화해를 매개하는 것이 바로 신이 그 아들을 이 세상으로 보내는 것이며 동시에 그 아들이 자발적인 죽음을 통해 다시 신의 나라로 복귀한다는 것이다. 헤겔은 신의 아들의 탄생과 죽음이라는 것은 신화적인 표상에 그치지

211) ⟨SK 165:33~166:16⟩⟨FM 123:23~37⟩

불변적 본질의 존재 방식과 그 관계에 관해 여기서 서술된 것을 통해서 드러난 것은 분열된 자기의식이 그의 불행 속에서 겪는 **경험**이다.

만, 그 의미는 바로 인간과 신의 화해라는 이념이라고 한다.
"신의 본성은 순수한 정신이라는 것인데, 기독교에서 인간에게 계시된다. 그러면 정신이란 무엇인가? 정신은 하나며, 자기와 같음을 지닌 무한자며, 순수한 같음의 존재다. 둘째로 이 존재가 자기를 자기에서 분리해서, 순수한 같음과 구별되는 것으로 만든다. 여기서 일반자에 대립하는 대자 존재, 내면적 존재[Insichsein]가 등장한다. 그러나 단순히 자기 관계하던 원자와 같은 주관성이 자기 자신을 일반자로 만들고 자기와 같음을 지닌 것으로 되면서 원자와 같은 주관성이 지양된다."(『역사철학 강의』, S. 391~392)
"그러므로 우리는 말한다. 정신은 절대적으로 구별됨을 통해 자기 내로 절대적으로 반성하는 것이어서 감정[Empfindung]으로서는 사랑에 해당하며, 정신으로서는 (참된) 인식에 해당한다고 하겠다. 그러므로 정신은 삼위일체로 파악된다."(『역사철학 강의』, S. 392)
삼위일체의 사상의 핵심은 인간 예수의 신성을 이해하는 것이다. 헤겔은 신의 인간화로서 예수가 갖는 사변적인 의미를 포착하는 것이 중요하다고 본다. 예수는 소크라테스처럼 새로운 사상을 가르친 교사가 아니다. 또한, 예수는 인격적으로나 도덕적으로 비할 데 없는 존재라는 의미에서 완전한 인간으로 이해해서도 안 된다. 또한, 예수가 기적을 행할 수 있는 능력을 지닌다는 점도 중요하지 않다. 나아가서 예수가 역사적으로 나자렛에서 태어난 실제 인물이었는지도 중요하지 않다. 중요한 것은 바로 신이 인간으로 나타났다는 것 자체다. 헤겔은 기독교를 이와 같은 신의 현현이라는 관점에서 계시 종교라고 한다.
여기서 계시 종교라는 개념에 유의할 필요가 있다. 계시 종교란 신이 율법을 계시한다는 것을 의미하지 않다. 중요한 것은 신이 자신의 존재를 드러낸다는 것이다. 그 존재가 바로 예수 그리스도. 즉 계시 종교란 예수가 신의 현현인 그리스도라고 믿는 신앙이다.

물론 이제 자기의식이 겪는 이런 경험은 **자기의식의 일방적인 운동**은 아니다. 왜냐하면, 이 불행한 자기의식은 비록 그 자체가 불변적인 의식을 지향하기는 하나 동시에 이 불변적 의식이 이를 통해 개별 의식을 지향하기 때문이다. 그러므로 여기서 펼쳐지는 불행한 의식의 운동은 동시에 불변적인 의식의 운동이니 이 불변적 의식은 그의 타자인 불행한 의식과 마찬가지로 그런 운동 속에서 등장한다. 왜냐하면, 이런 운동은 다음과 같은 계기들을 거쳐 나가기 때문이다. 즉 한 번은 불변적인 의식이 개별 의식 일반에 대립하지만, 곧이어서 이 개별 의식 자체가 또 다른 개별 의식에 대립하며[218] 마지막으로 이 두 개의 개별자는 서로가 합일을 이루게 된다. 그러나 이상과 같은 합일을 고찰하는 일은 우리[uns: 학문]에게 속하는 것인 한에서 지금 다룰 때는 아니다. 왜냐하면, 지금까지 우리에게는[uns] 불변적 본질이 다만 불행한 의식이 지향하는 불변적 본질이며 그러므로 이 불변적 본질은 참된 불변적 본질은 아니고, 여전히 대립하는 것을 동반하는 것이며, [아직] **그 자체로 자기에게 나타나는** 불변적 본질이 발생한 것은 아니기 때문이다. 따라서 [지금까지] 우리로서는[wir] 이 [절대적] 불변적 본질이 과연 어떤 관계에 있는지는 알지 못한다. 다만 이제까지 밝혀진 것은 여기서 현재 대상으로 되는 의식 즉 불행한 의식에서 지금까지 열거된 규정이 불변적 본질에서 나타난다는 사실일 뿐이다.

[해제] 210~211 구절에서 헤겔은 앞으로 전개될 불행한 의식의 경험을 요약해서 설명한다. 이 경험은 불변자와 개별자의 합일 과정이다.

여기서 불변자는 앞에서 피안에서 자기를 실현하는 자기의식을 의

---

218 여기서 두 개별자 중 하나는 그리스도를 말하며 다른 하나는 개별 인간을 말한다.

미한다. 이는 스토아주의에서는 추상적 사유 속에 있는 일반적인 그 자체 존재가 피안에 나타난 것이다. 이것이 불행한 의식에서는 불변적 의식 또는 불변자로 규정된다. 개별자는 끊임없이 전도하는 현실 속에 살아가면서, 자신의 규정에 만족하지 못하고 불행을 느끼는 개인을 의미한다.

양자의 합일 과정은 일단 여기서 불행한 의식 자신이 겪어 나가는 경험으로 서술된다. 불행한 의식은 피안에서 자유의 실현 즉 행복을 추구하던 것에서 되돌아와 현실 속에서 자유와 행복을 추구하려 한다. 그것을 위해서는 불행한 의식은 자기 자신을 극복해야 한다. 헤겔은 전자를 불변적 본질이 개별화되는 그리스도의 탄생으로 후자는 개별자인 인간이 자신을 불변자로 끌어올리는 것으로 설명한다. 이런 설명은 종교적 상징과 연관된다. 이것이 초기 기독교에서 삼위일체의 개념이다.

불행한 의식의 원천은 노예 의식이고 그것은 그가 생사의 투쟁에서 생명을 택했기 때문이다. 그러므로 현실에서 자기의식을 실현하려면 자신의 생명에 대한 집착 자체를 극복하는 과정이 필요하다. 이것이 위에서 말한 두 번째 과정을 통해서 구현된다.

『정신현상학』에서 전개된 불행한 의식의 삼위일체 경험은 나중에 나오는 절대정신이 전개하는 삼위일체의 개념과 구별된다. 이 후자는 구체적으로 공동체적 정신이 구체적으로 실현되는 것이다. 그러나 여기서 헤겔은 그런 절대정신의 전개과정을 서술할 때는 아니라고 말한다. 왜냐하면, 여기서는 개인의 자유가 실현되는 운동을 설명하고자 하기 때문이다.

212) 〈SK 166:17~167:7〉〈FM 123:38~124:19〉

또한, 이상과 같은 이유로 해서 불변적인 의식 자신의 [개별] 형태 자체가 지닌 성격과 토대는 **불변적 의식**이 자기를 이원화하고 대자화하면서 개별 의식과 대립하는 존재가 된다는 데 있다. 따라서 개별 의식이 보기에는 불변자가 개별자의 형태를 획득한다는 사실은 **하나의 사건**[Geschehen]이다. 마찬가지로 불변적 의식[es] 역시 그 자신이 개별적 의식[ihm]에 다만 대립하고 있다는 것을 **발견**하면서 이처럼 **자연**[수육]을 통해 관계한다.[219] 그런 개별적 의식[ihm]이 보기에 불변적 의식[es]이 마침내 개별적 의식[ihm] 속에서 **자기**를 **발견**한다는 사실은 어떤 면에서는 불변적 의식[es] 자신을 통해 생겨난 것으로 보이며 달리 말하자면 불변적 의식[es] 자체가 개별적이므로[220] 발생한 것으로 보인다. 그러나 어떤 면에서는 양자의 통일은 그런 통일이 어떻게 발생했는가를 보거나, 그런 통일이 존재하는 한에서 보거나 불변적 본질에 어울리는 것으로 보인다. 그런데 이 통일에서조차도 대립이 여전히 남아 있다. 사실 불변적 본질이 개별자의 **형태**를 취하면서 피안의 계기는 단지 남아 있을 뿐만 아니라 오히려 더욱 강화된다. 왜냐하면, 비록 불변적 본질이 개별 현실이라는 형태를 취하면서 한편으로는 개별자에 좀 더 가까이 다가간 듯이 보이는 것도 사실이지만, 또 다른 면에서 보면 불변적 본질은 전적으로 부서지기 쉬운 **현실**의 형태를 지니면서 그 본질을 꿰뚫어 볼 수 없는 **감각적 일자**[Eins: 구체적 개체]인 한에서 개별자와 대립하는 까닭이다. 불변적 본질과 일체로 되고자 하는 희망은 단지 희망으로 머무르고 그 희망이 충족되고 현현하는 일은 일어나지 않음이 틀림없다. 그것은 희망과 그 희망의 충족 사이에는 다름 아닌 절대적인 우

---

219 신은 개별자에게는 육화한 모습으로 나타난다. 왜냐하면, 신이 인간에게 이해될 수 있기 위해 신은 이런 자연적 관계를 택할 수밖에 없기 때문이다.
220 불변적 의식은 피안에서 자유가 실현된 것이므로 피안에서 이미 구체적 개별성을 지닌다. 피안에서의 통일이 참되기 위해서는 피안에서 개별성은 현실 속에서 실현돼야 한다.

연이나 움직이지 않는 무차별성이 가로놓여 있기 때문이다. 다시 말하자면 불변적 본질이 개별자로 형태화하는 것이 그런 희망의 근거이지만, 그런 형태화 자체 내에 무차별성이 도사리고 있기 때문이다. **존재자가 된 일자**[Eins: 그리스도]의 본성을 통해서 그리고 이런 하나[Eins]가 걸쳐 입은 현실이라는 옷을 통해 볼 때 하나는 시간이 지나면 사라지고 공간적으로 그리고 먼 곳에 한때 존재했으며, 이제는 바로 머나먼 곳에 머무를 것은 필연적으로 일어날 일이다.

[해제] 1) 개별 의식과 불변하는 본질 사이의 화해는 우선 불변하는 본질이 자신을 구체적인 형태로 개별화함으로써 시작된다. 이 개별화는 곧 신의 수육, 그리스도의 탄생을 의미한다.

그런데 개별자에 그리스도의 탄생은 하나의 우연한 사건이다. 헤겔은 이 사실을 "불변적 의식[es] 역시 그 자신이 개별적 의식[ihm]에 다만 대립하고 있다는 것을 발견하면서" 여기서 수육이라는 자연적 관계 취할 수밖에 없기 때문이라고 설명한다.

사실 불변자가 개별화돼야 하는 필연성은 불변자는 곧 피안에서의 자유 즉 자기실현이므로 이미 피안에서 그 자신이 이미 구체적이며 개별화된 존재이며 또한, 이 자유의 실현 즉 통일이 현실에서 실현돼야 하기 때문이다.

2) 불변자가 개별화되면서, 개별자에 자기실현의 필연성을 이해하는 실마리가 주어졌지만, 그 방식이 이처럼 표상 즉 상징의 방식이므로 오히려 이 필연성을 이해하는 것을 어렵게 한다. 그러므로 이런 상징적 방식을 통해서 한편으로 불변적 본질이 "개별자에 좀 더 가까이 다가간 듯이 보이지만," 다른 한편 오히려 불변자가 개별자에 더욱 멀어진 것으로 나타난다. 왜냐하면, 개별화된 불변자는 "부서지기 쉬운 감각적 형태"를 지녀서 "그 본질을 꿰뚫어 볼 수 없기" 때문이다. 다시 말하자면

현실 속에서 사람들은 그리스도를 자기와 마찬가지인 한 명의 인간으로 볼 뿐, 그리스도 속에서 불변자를 보지 못하기 때문이다.

3) 불변자가 개별화된 형태로서 그리스도가 "걸쳐 입은 현실이라는 옷" 때문에 그리스도는 일정 시간으로 되면 사라지고 말게 된다. 그리스도는 한때 어디에선가 존재한 한 인물에 불과했다. 그리스도의 탄생으로 신과 인간의 관계가 회복되는 듯 보였으나 그리스도의 죽음으로 신과 인간의 관계는 다시 단절된다.

인간들에게 불변자와 합일하는 것은 즉 자유의 현실적 실현은 다만 희망으로 머무르고 그 희망과 "그 희망의 충족 사이에는 다름 아닌 절대적 우연이나 움직이지 않는 무차별성이 가로놓여 있는" 것으로 나타난다.

4) 불변자가 수육으로 탄생하면서 불변자와 합일의 가능성이 개별자에 주어졌다. 이 희망은 그리스도의 죽음으로 다시 사라졌지만, 수육을 통해 생겨난 불씨는 남아 있다. 이 불씨가 실현될 수 있으려면 또 하나의 계기가 필요하다. 그것은 곧 개별자가 불변적 본질과 합일에 이르는 계기다. 이는 개인의 욕망을 버리는 도야의 과정을 통해 일어나는데, 이 도야는 한편으로 개인 자신을 통해 일어나는 것이다. 이어서 헤겔은 개별자의 이런 도야의 과정을 다룬다.

213) ⟨SK 167:8~22⟩ ⟨FM 124:20~30⟩

분열된 의식의 단순한 개념이 처음에 어떻게 규정됐는가를 보면, 이 의식은 개별 의식으로서 자신을 지양함으로써 불변적인 의식으로 되는 것을 목표로 한다. 반면 이제 그 분열된 의식이 실제로 추구하는 것이 어떻게 규정된 것인가를 보자면, 이 분열된 의식은 오히려 **형태화**되지 않은 순수한 불변적 본질[신]에 대한 자신의 관계를 지양할 것이며 오직 **개별 형태를 취한** 불변적 본질[그리스도][221]과의 관계만을 자기에게 부여하려 할 것이다. 왜냐하면, 그 개념에서는 다만 형태화되지 않은 추상적 불변자만이 본질적 대상이었던 것과 마찬가지로 이제는 오히려 개별 의식이 개별화된 불변적 본질과 **합일**을 이루는 것이 그의 **본질**이며 또한, 그의 **목표**기 때문이다. 개념이 절대적으로 이원화한다는 관계는 불행한 의식 자신으로서는 고려할 필요가 없는 것이다. 그런데 분열된 의식으로서는 처음에는 형태화된 불변적 본질을 자기에 소원한 현실로 여기면서 이에 대해 바깥에서 관계했으나 이제는 이런 관계를 절대적인 합일의 단계로까지 끌어올려야만 한다.

214) <SK 167:23~31><FM 124:31~37>

이 비본질적인 의식이 그와 같은 합일에 도달하고자 노력하는 운동 자체는 개별자의 형태로 현현하는 피안에 대해 갖는 삼중의 관계에 따라 일어나는 **삼중의** 운동이다. 첫째 비본질적 의식은 **순수한 의식**으로 관계하며 두 번째로는 **현실**에 대해 욕망하고 노동하는 존재인 **개별 본질**로서 관계하며 세 번째로는 **그 자신의 대자 존재**[Fürsichseins]에 관한 의식[Bewußtsein]을 통해 관계한다. ―이와 같은 일반적 관계에서 비본질적 의식이 존재하는 세 가지 방식이 어떻게 눈앞에 나타나며 또 규정되는가를 이제부터 살펴보자.

[해제] 차안과 피안으로 분열된 개별 의식은 처음에는 불변자에 대한 종속 관계를 취했다. 그러나 그는 불변자가 자신을 개별화하자, 이런 종속 관계를 지양하고 불변자의 구체적인 형태 즉 그리스도에 관계하려

---

221 개별화된 불변자 즉 그리스도를 의미할 때는 남성형 'der Unwandelbaren'을 사용한다. 그 자체로 존재하는 신을 의미할 때 불변자는 중성 'das Unwandelbaren'이다.

한다.

처음에 이 관계는 외면적인 관계에 지나지 않는다. 왜냐하면, 개별자는 불변자의 구체적 형태에서 어떤 구체적 인간을 보지 그 너머 있는 불변자를 보지 못하기 때문이다. 헤겔은 이런 관계는 결국, 실패하고 만다고 한다. 왜냐하면, 그런 구체적 형태는 사라지게 됐기 때문이다. 이런 실패를 딛고 개별자와 불변자 사이에 새로운 방식의 합일이 일어난다. 그것은 앞에서와같이 불변자가 개별자로 내려오는 방식이 아니라 개별자가 자기를 넘어 불변자에 다가가는 방식이다.

헤겔은 이런 방식으로 삼중적인 방식을 거론한다. 첫째는 순수 의식인데, 그것은 곧 기도하는 마음을 통해 불변자와 합일에 이르는 것이다. 둘째는 욕망하고 노동하는 개별자로서 자기를 실천적 활동을 통해 극복하는 것이다. 여기서 봉사와 금욕이 다루어진다. 이런 봉사나 금욕에서 아직 봉사하고 금욕하는 자아가 남아 있다. 마지막으로는 개별자가 자기를 전적으로 포기하면서 이를 통해 개별자는 불변자와 합일하며, 스스로 자유로운 대자 존재가 된다.

자기의식의 자유는 노예의 노동을 통해 이미 사유 속에서 가능성으로서 그 자체 존재로 출현했고, 이 자유가 피안에서 실현되면서 즉 불변자로 나타났다. 이 개별자와 불변자가 합일에 이름으로써 마침내 자유가 현실 속에서 실현되면서 인격이 출현한다.

이 불변자는 개별 자기의식의 자기와 같음 즉 자유로운 자기의식을 의미하는 동시에 모든 개인에게 평등한 자기의식을 의미하니, 이것이 실현되면서 일반적 자기의식을 즉 이성이 출현한다. 인격은 곧 평등한 법적 인격이다.

215) 〈SK 167:32~168:6〉〈FM 124:38~125:6〉

그러므로 우선 비본질적 의식을 **순수 의식**의 측면에서 고찰해 보자.

여기서 개별자의 형태로 현현하는 불변적 본질은 순수 의식의 대상인 한에서는 그 자체로 자기에게 나타난 존재[an und für sich selbs]로 설정되는[gesetzt] 것으로 보인다. 그러나 앞에서도 이미 지적됐듯이 이와 같은 불변적 본질이 그 자체로 자기에게 나타나는 일은 아직 발생하지 않았다. 그런 불변적 본질이 분열된 의식 속에서 그 자체로 자기에게 나타나려면[an und für sich selbs] 이런 현상은 분열된 의식에서 나와야 하기보다는 오히려 그 불변적 본질 자체에서 나와야 했을 것이다. 그러나 지금 거론되는 것과 같이 불변적 본질이 눈앞에 나타나는 모습은 단지 분열된 의식을 통해서 처음에 일면적으로 드러나는 것일 뿐이어서 이것은 결코 완전하거나 참된 것일 수는 없고 여전히 불완전성이나 대립에 시달리고 있다.

216) ⟨SK 168:3~26⟩⟨FM 125:7~21⟩

그러나 불행한 의식이 불변적 본질이 현재화하는 모습[Gegenwart]을 소유하지 못했다 할지라도 불행한 의식은 이[순수 의식]를 통해 동시에 이미 순수 사유의 수준은 넘어선다. 왜냐하면, 순수 사유란 스토아주의에서와같이 **개별성** 일반을 **외면하는** 추상적인 사유거나 회의주의에서 보듯이 오직 **동요하기만 하는** 사유-사실 [스토아주의나 회의주의에서] 개별성은 의식되지 않은 채로 부가된, 모순적인 것이며 또한, 끊임없이 전개하는 모순적인 운동이다-에 해당하는 것이기 때문이다. 불행한 의식은 위에서 제시된 두 가지 사유 형태를 넘어서 순수 사유**와** 개별성을 통합한다. 하지만 불행한 의식은 아직도 개별적 의식이 순수 사유 자체와 이미 화해했다는 사실을 **바라보는**[für welches] 사유로까지 끌어올려지지는 않다. 오히려 불행한 의식은 추상적 사유가 개별적인 것으로서 개별 의식과 접촉하는 매개이다. 이 불행한 의식 자체는 이런 접촉을 의미한다. 불행한 의식은 순수 사유와 개별자의 통일을 뜻한다. **불행한 의식에서**는 순수 사유가 사유하는 개별자며 또는 순수한 사유와 불변적 본질은 근본적으로 개별자로 존재하기에 이른다. 그러나 불행한 의식은 이와 같은 자기의 대상 즉 그 자신에게 근본적으로 개별자의 형태로 출현하는 불변적 본질이 바로 **그 자신**이라는 사실을, 그것도 개별 의식이라는 의미에서의 그 자신이라는 사실을 **의식하지**[für es] 못한다.

[해제] 1) 불행한 의식의 도야 과정에서 첫 번째로 등장하는 순수 의식은 곧 개별자의 기도하는 마음을 말한다. 불행한 의식은 순수 의식을 통해 불변적 본질을 만난다.

헤겔은 이런 순수 의식이 앞에서 스토아주의나 회의주의에서 나타난 순수 사유보다는 발전된 형태로 본다. 스토아주의에서 순수 사유는 개별 현실에 대해 무관심하며, 회의주의에서 순수 사유는 개별 현실을 부정하면서도 다시 요청하는 끊임없는 자기 전도 속에 있다. 불행한 의식은 순수 사유가 피안에서 실현되면서 동시에 한편으로 피안으로 도피하며 한편으로 자유가 현실적으로 실현되기를 바라면서 현실과 피안 사이에 끊임없는 요동 속에 있었다.

2) 그러나 이제 순수 의식은 개별자가 그 내면에서 피안의 불변자를 만나는 합일을 의미한다. 즉 여기서 비록 내면에서지만, 불변자는 구체적 형태를 지니게 된다. 그런데 불변적 본질이 순수 의식 속에 그 자체로 자기에게 나타나려면 그것은 불변적 본질이 자기를 드러내야 한다. 하지만 순수 의식은 분열된 의식에서 나오는 것이므로 여기에서 나타나는 불변적 본질의 모습은 참된 것인지 의심스럽게 된다.

3) 더구나 불행한 의식은 이미 피안에서 통일이며, 이런 통일을 불변자라는 대상적 표상을 통해 만난다. 그러므로 순수 의식에서 등장하는

불변자는 자기 바깥에 있는 것이기에 불행한 의식은 순수 의식 속에 나타나는 "개별자의 형태로 출현하는 불변적 본질이 곧 자기 자신이라는 사실"을 그러므로 불변자와 자기 자신이 합일에 이른다는 사실을 깨닫지 못한다.

217) 〈SK 168:27~170:6〉〈FM 125:22~126:23〉

위에서 제시된 최초의 방식에서 불행한 의식은 **순수 의식**으로 고찰된다. 이때 불행한 의식은 **자기의 대상에 대해서** 사유를 통해 관계하지 않는다.[222] 오히려 이런 불행한 의식 자체는 **본래**[an sich] 순수하게 사유하는 개체적 존재며 또한, 그의 대상도 바로 이와 같은 순수 사유지만, **양자의 상호관계 자체는 순수한 사유**는 아니다.[223] 그러므로 말하자면 불행한 의식은 오직 사유에 **몰입해 들어가는 것**[an das Denken hin]일 뿐이니 이것이 곧 **기도**[Andacht]다. 불행한 의식이 몰입해 들어가는 사유는 알아들을 수 없는 종의 땡그랑대는 소리나 포근하게 느껴지는 가득

---

222 스토아주의의 사유와 여기서 나오는 순수 의식은 구분된다. 사유는 자아와 대상의 형식적 통일(자기의식, 자유)을 지향한다. 이것은 인간의 형식적 일반성 즉 사유한다는 점에서 주어진 자유일 뿐이다. 반면 후자는 구체적 인간의 자유이므로 행위 자체가 지닌 자유다. 다만 순수 의식은 이 구체적 자유를 피안에서 즉 불변자로 발견한다. 순수 의식은 이 불변자를 내면에서만 만난다. 사유가 곧 내면이니 양자는 유사한 것처럼 보이지만, 양자가 지향하는 대상이 다른데 그 차이는 예를 들어 노예가 사유에서만 자유로운 것과 노예가 행위에서도 자유로운기의 차이를 생각해 보면 알 수 있다.
223 여기서 세 가지 '사유'가 구분된다. 사유하는 개체에서 '사유'는 순수 의식을 의미한다. 그 대상이 순수 사유라 할 때 이는 피안의 존재를 말한다. 마지막으로 그 관계가 순수 사유라 할 때, '사유'는 개념적 파악을 말한다. 양자의 관계는 표상 또는 직관의 방식이다.

찬 안개와도 같은 음악적 사유에 지나지 않으니, 이런 사유는 개념에 이르지 못한다. 왜냐하면, 그런 개념은 내재적이며 대상적인 비할 나위 없는[einzige] 방식일 것이기 때문이다. 사실 이런 순수 사유는 이처럼 무한히 순수한 내면적 느낌의 대상으로 되기는 하지만, 그것이 출현하는 방식을 보면 이 대상[순수 사유]은 개념적으로 파악되는 대상으로 출현하지 않으며 그러므로 어떤 낯선 대상으로 출현한다. 이를 통해 순수한 심정의 내적인 운동이 눈앞에 나타난다. 그러나 순수 심정은 자신이 분열된 존재라는 점에서 고통을 **느끼니** 이 내적인 운동은 무한한 **동경**의 운동이다. 이런 동경의 운동이 확신하는 것은 그런 동경이 지향하는 본질[Wesen]이 그와 같은 **순수** 심정 즉 그 자신을 개별자로 **사유하는** 순수 **사유**[224]에서 나온다는 사실이다. 이런 동경의 운동이 확신하는 또 하나의 사실은 [동경의] 대상[불변자]이 그 자신을 개별자로 사유하므로 그러한 동경이 그 대상으로부터 인식되고 인정받는다는 사실이다.[225] 그러나 동시에 이와 같은 본질은 도달할 수 없는 **피안**이며 그것을 포착하려는 순간 달아나버리거나 차라리 이미 달아나 버렸다고 하겠다. 이런 본질이 이미 달아났다고 말하는 이유는 한편으로 이런 본질은 그 자신을 개별자로 사유하더라도 여전히 불변적 본질이기 때문이다. 불행한 의식은 직접 그런 불변적 본질 속에서 자기 자신에 도달하지만, 이때 불변적 본질을 파악하는 대신에 **불변적 본질과 대립하는** 존재인 **자기 자신**을 포착한다. 그러므로 개별 의식은 다만 **느낄** 뿐이며 자기 내로 몰

---

224 여기서 순수 사유는 곧 동경하는 순수 의식을 의미한다. 이 순수 의식이 개별자므로 불변자를 향한 순수 의식은 영원히 동경할 뿐인 운동이 된다.

225 불변자가 추상적 본질이 아니라 실현된 개별자로 나타나므로 동경이 불변자와 합일할 수 있다는 의미. 불변적 본질은 개별성의 측면에서 동경이 합일하지만, 불변자의 측면에서는 도달할 수 없는 피안이다.

락하고 만다. 불행한 의식은 이렇게 본질에 도달하더라도 본질에 대립하는[dies Entgegengesetzte] 존재인 한에서 자기 자신을 자기에서 떼어놓을 수가 없으므로 그는 본질을 포착한 대신에 단지 비본질적인 존재를 파악하는 데 그칠 뿐이다. 불행한 의식은 **본질 속에서 자기 자신**을 획득하는 데만 골몰한 까닭에 한편에서 다만 자기에 고유한 것 즉 불변적 의식에서 분리된[getrente] 현실을 포착하는 데 그치며 또 다른 면에서는 자신의 타자인 불변적 본질을 결코 **개별자**나 **현실**로 포착할 수 없다. 즉 이 타자[불변적 본질]는 아무리 찾으려 하더라도 결코 발견될 수 없을 것이다. 왜냐하면, 이 타자는 도저히 발견될 수 없는 것 즉 **피안**이어야 하기 때문이다. 이 타자가 개별자의 모습으로 찾아진다면 그런 한에서 이 타자는 **일반화**된 개별성 즉 사유 된 **개별성**에 도달한 것은 아니며 또 개념적으로 파악된 것이 아니고 대상적 존재인 한에서의 **개별자**거나 **현실**이다. 즉 그것은 직접적인 감각적 확신을 제공하는 대상이며 바로 그러므로 사라질 수밖에 없는 존재에 불과할 것이다. 따라서 불행한 의식 앞에 현현하는 것은 다만 불변적 본질의 육신[Leben]이 묻힌 **무덤**일 뿐이다. 그런데 이런 무덤 자체가 하나의 **현실**이며 동시에 현실의 본성은 그 자리에 지속해서 머무르는 것을 보장하지 못하므로 그처럼 무덤으로 출현하는 것조차도 패배할 수밖에 없는 고투일 뿐이다. 그러나 불행한 의식이 여기서 경험하는 것은 그 앞에 **현실화**된[wirklichen] 불변적 본질의 **무덤**이 아무런 **진실성**[Wirklichkeit]도 갖지 **못한**다는 사실이며 또한, 이미 **소멸한 것이 분명한 개별자**는 이미 소멸한 존재인 한에서 참된[wahre] 개별자를 뜻할 수는 없다는 사실이다. 그러므로 불행한 의식은 불변적 본질의 개체화를 더는 어떤 **진실한 것**[Wirkliche]으로 여김으로써 이를 찾아 나서거나 이미 소멸한 것에 지나지 않는 개별자를 붙잡고자 노력하는 일을 포기한다. 불행한 의식은 오히려 이렇게 포기함으로써 비로소 개별자를 참된[wahrhafte] 본질 또는 일반적인 본질로 발견할 수 있다.[226]

[해제] 1) 불행한 의식은 순수 의식 속에서 불변적 본질과의 합일을 갈구한다. 이런 순수 의식 속에 일어나는 개별자와 불변적 본질과 합일은 아무런 구분이 없는 것 즉 기도와 같은 것이므로, 헤겔은 그것이 마치 "알아들을 수 없는 종이 땡그랑대는 소리나 포근하게 느껴지는 가득 찬 안개와 같은 음악적 사유"에 지나지 않는다고 한다.

2) 만일 그것이 무엇인가를 규정하고자 하면, 불변자와 순수 의식 사이에 구별이 다시 나타나서 불변자는 자기에게 낯선 대상으로 나타난다. 그것은 불변자의 본질인 '일반화된 개별성', '사유 된 개별성'이 아니며 '개념적으로 파악된 것'도 아니다. 그것은 "대상적 존재인 한에서의 개별자거나 현실"이다.

불변자가 감각적 개별자로 드러나는 한에서 불행한 의식은 불변자와 합일하는 것이 가능하지만, 불변자는 그 자체 불변자이므로 그 합일은 영원히 도달할 수 없는 피안이 된다. 그 때문에 불행한 의식에서 무한한 동경이 일어나며, 이 동경을 통해 무엇인가가 포착된다면, 그것은 불변자 자신이 자기를 개별자로 드러내는 것일 뿐이고 불변자 자신은 아니다. 순수 의식은 동경을 통해 불변자와 분리를 극복하고자 다가가지만, 순수 의식이 개별자로 머무르는 한 그 거리는 좁힐 수 없다. 불변자는 다가가면 물러나며, 다가가는 순간 이미 물러나 있다. 개별자는 "자기 자신을 자기에서 떼어낼 수 없으므로" "불변적 본질을 포착한 대

---

226 불행한 의식에 그리스도는 기적의 힘으로 그를 구하는 자다. 그의 무덤에 집착하는 이유도 그 힘을 찾으려는 시도다. 이런 시도는 실패할 수밖에 없다. 기적을 바라는 바탕에는 육신에 대한 집착이 있다. 그러므로 그리스도의 육신에 대한 집착을 떠나야 참으로 그리스도를 이해할 수 있다.

신에 단지 비본질적인 것을 장악하는 데 그칠 뿐이다."

이것은 불변자 자신의 모습인지 아니면 순수 의식 자신이 꾸며낸 현실인지 구별되지 않는다. 그런 한 순수 의식은 불변자에서 분리되면서, 순수 의식이 포착한 것은 스스로 만들어낸 것이 될 수 있다. 결국, 순수 의식이 기도 속에서 불변적 본질이 아니라 "불변적 본질과 대립하는 자기 자신을 포착할 뿐"이다.

3) 순수 의식은 내면에 아무것도 발견하지 못하며 결국, 다시 외적인 현실로 돌아오게 된다. 개별자로 출현한 불변적 본질은 이미 사라졌고, 그가 남긴 것은 "불변적 본질의 육신이 묻힌 무덤"일 뿐이다. 그런 불변자의 무덤은 감각적 현실에 지나지 않는다. 그러나 이런 감각적 현실을 통해 불변자를 보는 것은 "패배할 수밖에 없는 고투"이다.

불행한 의식이 불변적 본질을 파악하지 못하는 것은 불행한 의식이 자기 자신 즉 자신의 육체적 삶에 머물러 있기 때문이다. 그러므로 불행한 의식이 순수 의식, 기도를 통해 불변적 본질을 포착하는 것에 좌절하면서 이제 자기 자신을 포기하는 것을 통해 불변적 본질을 파악할 가능성이 열리게 된다.

218) 〈SK 170:6~31〉〈FM 126:24~127:4〉

그런데 일단 **심정**[Gemüt]이 **자기의 내면으로 복귀**하면서 취하는 방식을 보자면, 여기서 심정은 **개별자**로서 [자기 안에서] 자기를 **실현**한다[sich als Einzelnes Wirklichkeit hat]. **그 자체로 보거나 우리가 보거나** 자기를 발견하고 자기 속에서 충족감을 얻는 것이 곧 **순수 심정**이다. 왜냐하면, 개별자는 자신의 감정[Gefühle]에서는 불변적 본질이 자신에서 분리된다는 것을 의식[für es]하더라도, 이런 감정은 본래[an sich] **자기만족감**[Selbstgefühl]이기 때문이다. [여기서] 개별자는 자신의 순수한 느낌[Fühlen]이 대상으로 하는 것을 느낌을 통해 받아들인다. 또한, 이런 감정의 대상은 개별자 자신이다. 그러므로 여기서 개별자는 자기 만족감을 느끼는 존재로서, 또는 자기에 대해[für sich] 자기를 실현한 존재[Wirkliches]로 등장한다. 이처럼 자기 내면으로 복귀함을 통해 우리는 **두 번째 관계** 즉 [새로운] 욕망과 노동의 관계와 마주치게 된다.[227] 이런 욕망과 노동은 우리가 보기에 순수 의식이 요구했던 내적인 자기 확신을 그 의식에 입증할 것이다. 그 방법은 곧 [과거 욕망과 노동이] 낯선 본질 즉 자립적 사물의 형태로 나타나는 본질을 지양하고 향락함을 통해서 자기 확신을 획득했던 방법이다. 그러나 불행한 의식은 자신이 다만 **욕망하며 노동하는** 존재일 뿐이라는 사실을 **발견**한다. 불행한 의식은 그 자신이 그러한 존재임을 발견하는 가운데 욕망과 노동의 근저에 자기 자신에 관한 내적 확신이 놓여 있고 본질을 대하는 그 자신의 감정이 자기 만족감이라는 사실은 그 의식에 대해[für es] 출현하지 않는다. 불행한 의식은 자기에 관한 내적 확신을 **자각적으로**[für sich selbst] 소유하지 않으므로 그의 내면세계는 여전히 자기 자신에 관한 확신이 파괴된 상태에 머물러 있다. 불행한 의식이 노동과 향락을 통해서 입증한 자기 확신은 또한, 마찬가지로 **파괴되고** 만다. 이를 또 다른 말로 한다면 불행한 의식은 오히려 스스로 이와 같은 입증을 부정할 수밖에 없으므로 불행한 의식이 그런 노동과 향락 속에 발견한 입증이란 오히려 그 자신의 대자적[für sich]인 측면이 지닌 본성을 곧 자기가 분열[Entweiung]된다는 본성을 입증할 뿐이다.

219) 〈SK 170:32~171:4〉〈FM 127:5~11〉

　　욕망과 노동이 대립하는 현실은 의식에 대해 **본래**[an sich] **무실한**

227　순수 의식은 자기와 불변자의 합일이다. 그러나 사실은 자기가 산출한 환상과 합일이다. 이런 합일은 자기가 산출한 것과 합일하므로 욕망과 노동에서 합일과 비슷하다. 그러므로 순수 의식은 욕망과 노동을 통한 합일로 나간다.

것이고 의식을 통해 다만 지양되거나 소모될 뿐인 것은 더는 아니다. 오히려 이런 현실은 의식 자체의 모습과 마찬가지로 **자기분열이 일어나 파괴되는** 현실이어서 한편에서는 다만 본래 무의미하지만, 다른 한편으로는 신성한 세계기도 하다. 이런 현실은 불변적 본질이 형태화한 것이다. 왜냐하면, 이 불변적 본질은 이미 그 자체에서 개별성을 획득하기 때문이다. 불변적 본질은 불변적 본질인 한 일반자므로 이 불변적 본질이 개별적 형태를 실현하는 것은 전면적으로 실현된 현실[aller Wirklichkeit]이라는 의미를 지닌다.

220) ⟨SK 171:5~25⟩⟨FM 127:12~27⟩

불행한 의식은 자기 안에서 머무르는[für sich] 자립적 의식이고 그에게 현실이란 절대적으로[an und für sich] 아무런 가치도 지닐 수 없는 것이라고 한다면 이제 불행한 의식은 노동과 향락을 통해 자신의 자립성을 느끼기에 이를 것이다. 왜냐하면, 불행한 의식 자체는 현실을 지양하게 될 것이기 때문이다. 그러나 이 현실이 의식에 대해서 불변적 본질의 형태를 띠고 나타나는 한 의식으로서는 자신의 힘으로 현실을 지양할 수는 없다. 오히려 의식이 현실을 제거하고 향락에 도달한다면 이런 일이 의식에 일어나는 것은 근본적으로 불변적 본질 자체가 자신의 개별화된 형태를 **희생함**으로써 의식이 향락할 수 있도록 자기를 **내맡기기** 때문이다. ─여기서 불행한 의식은 자기편에서 **마찬가지로** 자기를 실현하는 존재로 등장하지만, 이 불행한 의식은 여전히 내적으로 파괴된 상태에 있으니 이와 같은 **분열**은 불행한 의식이 노동하고 향락하는 과정에서도 드러난다. 즉 여기서 불행한 의식은 **실현된 현실에 관계하는 대자 존재와 그 자체 존재**로 분열된다. 이때 실현된 현실에 대한 관계라는 측면은 **변화하고 활동하는** 존재, 즉 **개별** 의식 그 자체에 귀속하는 대자 존재에 해당한다. 그러나 의식은 그런 가운데서도 **그 자체적인** 것이다. 이런 후자의 측면은 불변적인 피안에 속한다. 이 측면이란 곧 능력이자 힘이지만, 불변적 본질이 의식에 쓰도록 넘겨 주는 것 즉 외부로부터 제공되는 선물이다.

[해제] 1) 불행한 의식은 순수 의식 속에서 불변적 본질이 아니라 다만 자기 자신을 즉 주관적 환상을 본다. 불행한 의식에서 이 환상은 자기가 산출한 것이니, 여기서 느끼는 자기 만족감은 곧 노동이나 향락에서 나타나는 자기 확신과 같은 것이다. 그러므로 불행한 의식은 순수 의식을 벗어나 욕망과 노동하는 의식으로 발전한다.

2) 불행한 의식이 처한 현실에서 욕망은 대상의 자립성에 부딪히고 노동은 그 산물을 박탈당함으로써 이런 자기 확신은 파괴됐다. 그 때문에 자기 분열한 불행한 의식이 출현했다. 이 불행한 의식은 "자기에 대한 내적 확신을 자각적으로 소유하지 않는다." 불행한 의식의 본질은 곧 "자기가 분열된다는 것"이다.

3) 불행한 의식은 여기서 불변자의 도움으로 이런 자기분열을 극복할 수 있다고 믿는다. 마치 순수 의식에서 그의 주관적 환상이 불변자의 본질로 나타나듯이 불변자의 도움으로 욕망과 노동에서 그는 자기 확신의 즐거움을 얻을 수 있다는 것이다.

불행한 의식에서 욕망과 노동에서는 산출된 현실 속의 모든 것은 곧 불변자가 개별화한 것 즉 신성한 것이라고 본다. 불변자는 일반적이므로 만물이 이처럼 불변자가 형태화한 것으로 된다. 불변자가 자기를 부정함으로써 대상은 더는 과거처럼 자립적 타자가 아니라 의식과 합일하는 것으로 된다. 여기서 새로운 합일의 의식이 출현하니, 과거 순수 의식에서는 "자기 안에 머무르는" 합일이었고 그에게 "현실이란 절대적으로 아무런 가치가 없는 것"이었다면, 이제 욕망과 노동을 통한 새로운 의식에서는 자신의 자립성이 실제로 일어나게 된다.

4) 대상이 신성한 것이므로 이런 대상의 지양은 그 자신을 통해 일어나지 않는다. 대상의 지양은 신성한 존재인 불변자 자신이 자기를 지양하는 것을 통해서 일어난 것이다. 이는 불변적 본질 자체가 "자신의 형태를 희생함으로써 의식이 향락할 수 있도록 자기를 양도하기 때문이다." 여기서 불행한 의식은 감사의 마음으로 전환한다.

이처럼 현실의 타자성을 극복하는 것은 그 자신의 힘으로 되지 않고 오직 불변적 본질 자체가 자신의 형태를 지양함으로써만 가능한 것이니, 새로운 의식은 다시 분열한다.

5) 이전의 욕망과 노동에서는 대상 자체가 대자적인 형식과 이에 대립하는 그 자체적인 내용으로 분열됐다. 반면 감사의 의식은 자체 내에서 분열된다. 이 감사하는 의식은 한편으로는 자기가 노동해 자기 자신을 산출하는 존재다. 이것은 "변화하고 활동하는 존재 즉 개별적 의식 그 자체에 귀속하는 대자 존재"에 해당한다.

그와 동시에 불변자의 힘으로 현실이 그의 것으로 창조되니, 이 힘은 자기 안에서 자기의 피안에 존재하는 힘이다. 이 힘은 개별자가 지닌 "능력이자 힘이지만, 불변적 의식이 의식에 쓰도록 넘겨 주는 것 즉 외부로부터 제공되는 선물"이다.

221) 〈SK 171:26~172:12〉〈FM 127:28~128:7〉

이렇게 볼 때 불행한 의식의 활동은 일단 두 극단의 관계에 있다. 한편으로 의식은 능동적인[tätige] 차안이며 수동적인 현실이 이 차안에 대치한다.[228] 양극단은 상호관계에 있지만, 그러나 또한, 양극단은 각자 불변적인 것으로 복귀해 다만 그런 불변적인 자신을 지킨다[an sich

---

228 전자는 욕망하고 노동하는 의식이며 후자는 불변자가 준 선물로서 현실이다.

festhaltend]. 따라서 이 두 극단으로부터 한낱 표면적인 것들만이 상대편에 대립하는 운동을 유희하는 가운데서 등장하면서 서로에 대해 해소된다. ―현실의 측면을 이루는 한쪽 극단은 능동적 측면을 이루는 다른 쪽 극단을 통해서 지양된다. 그러나 현실의 측면은 그 나름대로 지양될 가능성을 지닌다. 그 이유는 단지 그 현실 자체의 본질을 이루는 불변적 본질이 현실 자체를 지양함으로써 자기 자신을 자기로부터 밀쳐 내고 이렇게 밀쳐 낸 것을 [능동적 측면의] 행위에 내맡기기 때문이다. 현상적으로 나타나기에는 능동적 힘이 현실을 지양하는 **위력**[Macht]이다. 그러나 그 때문에 불행한 의식이 **그 자체로 존재하는 것**[Ansich]이나 본질로 삼는 것은 그 의식의 타자[불변적 본질]에 속한 것이기에 불행한 의식 자신이 행위하는 가운데 지닌 위력은 불행한 의식의 눈에는 마치 자기 자신의 피안에 속하는 것처럼 보인다. 그러므로 불행한 의식은 자신의 활동을 통해 자기 내로 복귀함으로써 자신이 대자 존재임을[für sich selbst] 입증하는 것을 완성하는 대신에 오히려 자신의 행위가 전개하는 운동을 자기와 다른 극단에 속하는 것으로 되돌려 준다[reflektiert]. 이를 통해 이 다른 극단은 스스로 순수한 일반자며 또는 절대적인 위력으로 나타나니, 불행한 의식 의식이 전개한 운동은 전면적으로 이런 절대적 위력으로부터 나온 것으로 된다. 이런 위력이 앞에서 처음 서술될 때 나타났던 것처럼 자기를 해체하는 극단의 본질인 동시에 끝없이 변천하는 것 자체의 본질로 될 것이다.

222) 〈SK 172:13~173:11〉〈FM 128:8~34〉

불변적인 의식이 자신의 [개별] 형태를 **포기하고** 이런 형태를 **희생한다**는 사실에 대해서 개별자의 의식은 **감사**의 마음을 느낀다. 다시 말해 개별 의식은 자신의 **자립성**에서 발견되는 자기만족을 **거부**하고 활동의 본질을 그 자신이 아닌 피안에 귀속시킨다. 물론 앞에서와 같은 두 개의 계기[229]에 걸쳐 두 개의 의식이 **다 같이** 서로 **포기하는 것**을 통해서 불행한 의식과 불변적 의식 사이에서 통일이 의식되기에 이른다. 그러나 동시에 양자의 통일은 양자의 분리를 통해 촉발되는 한, 자체 내에서 다시 무너짐으로써 이런 통일로부터 일반자와 개별자의 대립이 다시 출현한다. 왜냐하면, 의식은 자기 만족감이 **가상적으로** 제공되는 것을 거부하며, 이런 만족감이 **실제로** 제공되기를 요구하기 때문이다. 그것도 그럴 것이 의식은 욕망과 노동과 향락을 **거치면서** 이미 **욕망하고 행동하고 향락을 겪은** 적이 있었기 때문이다. 개별 의식은 감사함을 느끼면서 자기와 반대되는 극단을 자기의 본질로 인정하고 자기를 지양한다. 그러므로 이런 감사는 의식 자신이 **고유하게 수행하는 활동**이지만, 이 활동은 자기와 반대되는 극단[불변적 본질]이 펼치는 활동만큼 중하고 [이 불변적 본질의] 자기를 희생하는 선행에 **맞먹는** 활동이다. 전자[다른 극단]가 개별 의식에 자신의 **피상적인** 부분을 양도한다면, **반면** 개별 의식은 이에 감사함을 느끼면서도 자신의 활동 즉 자신의 **본질** 자체를 포기하니, 이런 가운데 개별 의식은 참으로 말하자면 타자[다른 극단]보다 더 많은 것을 희생한 것이다. 왜냐하면, 이 타자는 다만 표면적인 부분만을 자신으로부터 떨쳐 버리기 때문이다. 이상과 같은 전체 운동은 단지 실제로 존재하는 욕망과 노동, 향락 속에 반영되며 심지어 [자기 만족감과] 반대되는 것이 일어나는 것으로 보이는 감사의 느낌에 노 따라서 **개별성의 극단**에도 반영된다. 개별 의식은 이런 운동 속에서 자신을 개별자로 느끼면서 동시에 자신이 전개하는 자기 포기의 가상

---

[229] 한편으로 불변자가 자신을 선물로 불행한 의식에 주며, 다른 한편으로 불행한 의식은 자신의 산물이 자기가 아니라 불변자의 덕분인 것으로 돌린다.

에 현혹되지 않는다. 왜냐하면, 개별 의식의 진리는 그것이 결코 자신을 포기하지 않았다는 데 있기 때문이다. 여기서 성립하는 것은 두 극단 속으로 일어나는 이중적인 반성일 뿐이며 그 결과는 다시 되풀이되는 분열이다. 즉 한편에는 개별자에 대립하는 불변적 본질에 관한 의식이 있고 다른 한편에는 이 **불변적 본질의 의식에 대립하는** [개별 의식의] 의욕과 실행[Vollbribgen], 향락의 의식이 있다. 이 후자의 의식은 다름 아닌 자기를 포기한다고 하는 의식이며 또는 **자기 만족적[대자적]으로 존재하는 개별성** 일반의 의식을 말한다.

[해제] 앞에서 새로운 욕망과 노동하는 의식을 설명한 다음, 이 구절에서 헤겔은 이런 감사하는 의식과 그것의 한계를 제시한다.

1) 불행한 의식은 욕망과 노동을 통해 현실을 지양하지만, 과거에는 현실의 자립적 타자 때문에 가로막혀 있었다. 그 결과 불행한 의식은 분열 속에 있었다. 그러나 이제 현실의 타자가 스스로 지양하는 힘을 지니며, 개별 의식은 자립성을 획득한다. 하지만 현실을 지양하는 힘은 자기가 아니라 불변자에서 나오는 것으로 여기면서, 다시 의식 내에서 분열이 생겨난다.

개별 의식에서 자기의 본질은 자기의 타자에 속한 것이기에 "의식이 행위하는 가운데 지닌 위력은 의식의 눈에는 마치 자기 자신의 피안에 속하는 것으로 보인다." 의식은 "자신의 활동을 통해서 자체 내로 복귀함으로써 자신이 대자 존재임을 입증하는" 대신 "자신이 전개하는 운동을 자기와 다른 극단에 속하는 것으로 되돌려 준다." 개별 의식은 현실에서 자기를 실현하는 것에 대해서 불변자에 감사하는 마음을 갖는다.

2) 개별자는 자신이 자기를 실현했다는 대자적 의식을 버리고 불변자에 감사하는 마음을 갖는데 이는 불변자가 자신의 개별적 형태를 버리면서 개별자가 향락하도록 넘겨주는 것에 대응한다. 여기서 두 계기

즉 불변자의 포기와 개별적 의식의 포기를 통해서 개별적 의식과 불변적 의식 사이에 최초의 통일이 일어난다. 하지만 이런 최초의 통일은 곧바로 다시 분열에 이르게 된다.

헤겔은 그 이유로 "개별 의식은 자기 자신을 느끼는 만족감이 가상적으로 제공되는 것을 거부하며 이러한 만족감이 실제로 제공되기를 요구하기 때문"이라고 설명한다. 이런 실제로 만족감이 제공되기 위해서는 그 결과를 자신이 온전하게 차지해야 한다. 하지만 이런 자기의 실현이 오히려 불변자의 덕분이고 그것에 감사하는 한, 그가 차지하는 것은 부분에 그치니, 그의 만족감은 가상적인 것에 머무를 수밖에 없기 때문이다.

감사하는 의식은 자기의 지양에 상응하는 만큼 불변자 자신의 양도가 일어나기를 기대하지만, 실제로 일어나는 것은 그와 다르다. 감사하는 의식은 "자신의 본질 자체를 포기하고" 모든 산물을 전적으로 불변자에 귀속하게 하지만, 불변자는 "다만 자신의 피상적인 부분만을 양도한다." 불변자로부터 얻은 그의 행복은 겨우 부스러기 행복에 지나지 않는다. 노예적 처지에 그에게 제공되는 행복이란 그런 정도에 불과할 것이다. 이런 불만은 거꾸로 본다면, 개별자의 감사하는 의식이 결코 자신의 본질 그 자체를 포기하지 않았다는 것을 의미한다. 그러므로 헤겔은 표면적으로 일어난 최초의 통일은 무너지고 분열이 되풀이된다고 한다. 여기서 분열은 한편에는 불변적 본질의 의식과 다른 한편에는 자기를 향락하려는 의식 사이의 분열로 나타난다.

223) ⟨SK 173:12~31⟩ ⟨FM 128:35~129:10⟩

이를 통해 [불행한] 의식의 운동이 전개하는 **세 번째 관계**가 등장한다. 세 번째 관계는 바로 이런 두 번째 관계 자체로부터 나오는 것이다. 이에 앞선 두 번째 관계[욕망과 노동의 의식]에서 의식은 의식 자체의 의욕과 성취 과정을 통해 의식 자신이 자립적인 존재라는 사실을 참으로 입증했다. 그보다 앞에서 본 첫 번째 관계[순수 의식]에서는 의식이 다만 자기를 실현하는 의식의 실마리로 되는 **개념**에 그치거나 **내적인 심정**에 머무르니 그런 [순수] 의식은 아직도 활동이나 향락을 통해 자기를 실현하지 않은 것이었다. **두 번째 관계**는 자기의 실현이라도 자기 바깥에서 제공되는[불변자의 힘에 의한] 활동과 향락이다. 그러나 [감사하는] 의식은 바깥에서 제공되는 향락을 반추하면서[zurückgekehrt] 자기가 실제로 존재하며 영향을 미치는 의식이라는 것을 **경험**한다. 의식은 이런 향락에서 참으로 **그 자체로 동시에 대자적으로 존재한다**[an und für sich]. 그런데 이런 가운데 적[敵][230]은 가장 고유한 모습으로 발견된다. 심정이 벌이는 투쟁 속에서는 개별 의식은 다만 음악적인 계기 곧 추상적인 계기일 뿐이었다. 노동과 향락 속에서는 개별 의식은 자기의 비본질적 존재를 실현하므로 **자기를** 직접 망각할 수 있다. 개별 의식의 **자기 것**[Eigenheit]에 관한 의식은 [불변적 본질에] 감사를 느끼면서 [불변적 본질을] 인정하는 것을 통해서 산산이 깨어지고 만다. 그러나 참으로 볼 때 이렇게 깨어진다는 것이 의미하는 것은 의식이 자기 내로 복귀한다는 것이며 이렇게 산산이 깨어진 그 자신이야말로 그의 참된 실현을 의미한다.

224) 〈SK 173:32~35〉〈FM 129:11~13〉

세 번째 관계에서는 이런 참된 현실[산산이 깨어진 그 자신]이 **한쪽**

---

230 여기서 '적'은 무엇을 지칭하는지 모호하다. 기독교에서 적 그리스도라는 개념이 있는데, 그것을 말하는 것으로 보인다. 다음을 참조하라. 요한1서 2장 18절: "이것이 마지막 때라 적그리스도가 이르겠다 함을 너희가 들은 것과 같이 지금도 많은 적그리스도가 일어났으니 이러므로 우리가 마지막 때인 줄 아노라" 적그리스도는 '미혹하는 자'로 규정된다. 헤겔은 향락에 빠진 사람을 이렇게 지칭한다.

극단을 이루므로, 이 세 번째 관계는 무실한 것으로 판정된 참된 현실이 일반적 본질에 **관계하는 것**을 말한다. 이런 관계가 전개하는 운동을 앞으로 고찰해 보자.

225) ⟨SK 173:36~174:22⟩ ⟨FM 129:14~30⟩

이런 [개별] 의식이 처음 [일반적 본질에] 대립적으로 관계하는 것에 관해 보자면, 여기서 의식에게 자신이 산출한 **실재**[Realität]는 곧바로 **무실한 것**으로 여겨지니 이런 관계에서 의식이 실제로 벌이는 활동은 헛된 활동[Tun von Nichts]으로 되며 또한, 그 의식이 느끼는 향락은 자신이 불행하다는 감정으로 된다. 이런 까닭에 의식의 활동과 향락은 어떤 일반적인 내용과 의미도 상실한다. 왜냐하면, 활동과 향락이 그런 **일반적 내용**과 **의미**가 있었더라면 그 자체적인 것이면서 동시에 대자적인 것[Anundfürsichsein]을 지녔을 것이기 때문이다. 활동과 향락은 개별적 활동과 향락[in die Einzelheit]으로 수렴된다. 의식은 이런 개별적 활동과 향락을 목표로[gerichtet] 하지만, 그것은 활동과 향락을 지양[aufzuheben]하기 위해서다. 의식은 **실제로 존재하는 개인**인 한에서는 이런 동물적 기능 속에서 자기를 의식한다. 이런 동물적 기능은 그 자체로 보거나 자기에게 나타난 대로 보거나[an und für sich] 무의미하며 또는 정신을 위해서 중요하고 본질적이라는 성격을 조금도 지니지 못한다. 왜냐하면, 이 동물적 기능은 적의 가장 본래적인 형태가 드러나는 곳이기 때문이다. 따라서 의식은 이런 동물적 기능을 순진무구하게 [unbefangen] 수행하는 대신에 그런 동물적 기능이 오히려 진지한 노력의 대상으로 되며 바로 가장 중요한 것으로 된다.[231] 그러나 이런 적은 아

231 초기 기독교에서 발렌티누스와 같이 영지주의가 육체를 영혼의 감옥으로 생각한 자들이 오히려 육체의 향락주의로 빠져 들어갔던 것을 말하는 것으로 보인다. 이들에게 향락은 자신의 영혼을 단련하기 위한 수단이었다. 영지주의를 비

무리 때려눕혀도 소생하니, 의식의 경우에도 그런 적에 고착돼, 이 적으로부터 자유롭게 풀려나기보다는 오히려 그 자신이 적의 품속에 안주함으로써 언제나 그 자신이 더럽혀진 것을 응시할 수밖에 없다. 동시에 그가 노력해 온 내용은 어떤 본질적인 것이라기보다는 가장 비열한 것이며 또한, 일반적인 것이라기보다는 오히려 가장 개별적인 것으로 된다. 그러므로 우리는 보는 인격은 자신과 그리고 자기의 사소한 활동에 한정되며 음울하고도 동시에 불행하고 가련한 존재다.[232]

226) ⟨SK 174:22~32⟩ ⟨FM 129:31~37⟩

그러나 자신의 불행에 관한 감정과 그리고 자신의 활동의 가련함이라는 이 두 가지 사실과 연결된 또 한 가지는 자신이 불변적 본질과 통일을 이루고 있다는 것에 관한 의식이다. 왜냐하면, 의식이 자신의 현실적 존재를 직접 파괴하려고 시도하는 행위는 불변적 본질에 관한 사상을 통해 **매개됐고** 또한, 오직 이와 같은 불변적 본질과의 **관계**에서만 생겨날 수 있을 뿐이기 때문이다. 이와 같은 매개적 관계야말로 의식이 자신의 개별성에 대항하는 부정적 운동의 본질을 이루긴 하나 동시에 이런 부정적 운동은 [불변적 본질과의 통일을] **매개해 주는 관계**인 한

판한 이레네우스의 『이단반론』에 다음과 같은 내용이 나온다.
"영적인 완벽함을 지닌 그들은 그 어떤 때도 불구하고 그들은 반드시 구원을 받을 것이라 한다. 그들은 육신이 구원을 받는다는 개념 자체가 성립되지 않듯이, 영적인 그들은 그 어떠한 행동에도 불구하고 그들이 '부패'한다는 개념 자체가 성립되지 않는다 한다. (중략) 금을 오물에 담가 놓아도 그 빛을 잃지 않는 것과 같아서 그들은 그 어떠한 행동에도 불구하고 자신의 영적인 완벽함에 결코 결함이 생기지 않는다고 한다."(『이단반론』 1권, 6장 2~3절 일부)
232 향락은 신의 선물이었다. 자신이 향락에 굴복하면 할수록 향락이 자신의 힘이 아니라 신의 은총에 달렸다는 사실을 확인한다.

에서 **본래**[an sich] 관계로서 긍정적이다. 의식 자체는 이 부정적인 운동을 통해 불변적 본질과의 **통일**을 의식하기에 이른다.

[해제] 1) 순수 의식을 넘어 욕망과 노동은 실제로 자기를 실현하려 한다. 욕망과 노동이 자기를 현실에서 실현할 수 있는 것은 불변자가 자기를 선물하기 때문이다. 그 결과 감사하는 의식이 출현했다.

개별 의식의 감사는 자기실현과 향락을 전제로 하는 것이었다. 그는 그런 향락이 불변자 덕분으로 보면서 불변자에 감사했다. 그러나 그의 향락은 개별적이고 지속성이 없는 부스러기 향락이었다. 반면 그의 감사는 모든 것을 불변자에 돌리는 것이어서, 그는 이런 불균형에 분노하게 된다. 그의 자기 확신은 불변자의 지배 앞에서 산산이 깨어지면서, 부스러기 행복을 통해 얻었던 자기 확신은 무너진다. "이런 관계에서 의식이 실제로 벌이는 활동은 헛된 활동[Tun von Nichts]으로 되며 또한, 그 의식이 느끼는 향락은 자신이 불행하다는 감정으로 된다."

2) 그의 향락에 대한 갈구는 단순한 '동물적 기능'이지만, 그 자체가 목표는 아니다. 그에게서 향락은 "일반적 내용과 의미를 지닌 것" 또는 그 자체가 목적인 것은 아니다. 그것은 그가 자신의 자기 확신과 자유를 확인하기 위한 목적을 지닌 것이다. 그는 "개별적 활동과 향락을 목표로 하지만 그것은 활동과 향락을 지양하기 위해서다." 따라서 그는 이 동물적 기능을 "순진무구하게 수행하는 대신" "진지한 노력의 대상으로 삼는다."

3) 그러나 그의 의도와 달리 그는 이런 활동을 통해서 그 자신의 자유를 확신할 수 없으며, 그가 이렇게 행복에 매달릴수록 그는 그것이 자신의 힘에 달렸지 않다는 사실을 자각하며 불변자의 힘에 의존한다는 사실이 자각된다. "그의 의식의 자기 것에 대한 자각은 불변적 본질에 감사를 느끼면서 불변적 본질을 인정하는 것을 통해서 산산이 깨어지고

만다."

불행한 의식에 향락은 자신의 자유를 확립해 주는 것이 아니라, 단순한 동물적 기능으로 전락했다. 이 동물적 기능은 불변자의 덕분으로 유지되는 것이더라도 감사하는 마음은 이미 분노의 마음으로 전환했다. 그 때문에 그는 오히려 자신의 가련함을 느끼게 된다.

이제 이 동물적 기능은 자기의 자유를 부정하는 그의 적이 된다. 그는 "그의 적에 고착돼 적으로부터 자유롭게 풀려나기보다는 오히려 그 자신이 적의 품속에 안주함으로써 언제나 자신이 더럽혀진 것을 응시할 수밖에 없다." 즉 그는 더욱더 "더럽혀진 존재," "비열한 존재"이며, "가장 개별적인 존재"라는 것을 느끼게 된다.

이제 감사의 의식은 저주받았다는 의식으로 전환한다. 그는 향락에 매달리면서도 오히려 자기를 "음울하고 불행하다고 느끼는" 존재인데, 헤겔이 이를 통해 구체적으로 어떤 역사적 현상을 서술하는지는 불분명하다. 아마도 초기 기독교 이단인 영지주의 가운데 등장한 향락주의자를 말하는 것으로 보인다.

4) 그러나 이런 저주받았다는 의식 자체에 이미 구원이 내재한다. 왜냐하면, "자신의 불행에 대한 감정과 그리고 자기 활동의 가련함"이라는 느낌은 자기의 삶 자체가 불변자에 의존하고 있다는 것을 전제로 하기 때문이다. 즉 그것은 "자신이 불변적 본질과 통일을 이루고 있다는 의식"과 연결된다. 마침내 헤겔은 여기서 회심이 일어난다고 본다.

감사의 마음이 자기의 행복을 전제로 불변자에 감사하는 것이라면, 여기서 그가 철저하게 저주받은 존재임이 드러나면서, 그는 참으로 자기를 철저하게 포기한 채로 일반적 의식으로 끌어올린다. 그것은 "자신의 실제적 존재를 직접 파괴하려고 시도하는 행위"이지만, 이런 행위는 "불변적 본질에 대한 사상을 매개로 하여" 생겨난 결과다. 이런 매개적 활동은 한편으로는 "자신의 개별성에 대항하는 부정적 운동"이지만, 다른 한편으로는 "불변적 본질과 통일을 매개해 주는 관계인 한에서 본래 긍정적인 것"이다.
 이런 개별성을 부정하는 운동은 실제로 존재하는 실천적 활동을 통해 발생해야 한다. 그로부터 향락에 대립하는 금욕과 봉사의 활동이 출현한다.

 227) ⟨SK 174:33~175:9⟩ ⟨FM 129:38~130:8⟩
 이렇게 볼 때 이와 같이 매개하는 관계는 하나의 추론을 이룬다. 즉 개별자는 처음에 자기를 **그 자체 존재**에 대립하는 것으로 고정하며, 그런 가운데 개별자는 다만 제삼의 극단[즉 매개자]을 통해 이 다른 극단[그 자체로 존재하는 것]과 연결된다. 불변적 의식이라는 극단은 이 매개자를 통해[233] 비본질적인 의식 앞에 나타난다[für]. 동시에 이 비본질적인 의식 속에서도 다음과 같은 일이 일어난다. 즉 비본질적 의식은 마찬가지로 다만 이런 매개자를 통해 불변적 의식에 나타난다[für]. 따라서 이 매개자는 양극단을 서로 앞에 [대상으로] 세우면서[vorstellt] 이를 통해 각자가 타자에게 봉사하는 것으로 된다. 이런 매개자 그 자체는 [불변적] 본질이 의식에 드러난 것에 해당한다. 왜냐하면, 이 매개자는 [개별] 의식 자체를 [불변적 본질을 향해] 매개하는 활동이기 때문이다. 이런 활동이 내용으로 삼는 것은 의식이 자기의 개별성을 제거하는 것이다.

 228) ⟨SK 175:10~30⟩ ⟨FM 130:9~24⟩

---

233 이 매개자는 곧 교회를 의미한다. 개신교는 신과 인간이 직접 관계한다. 가톨릭에서 신과 인간은 교회를 매개로 한다. 헤겔은 개인이 교회를 매개로 한다는 것을 통해 개인은 감사하는 마음에서까지 남아 있던 자신의 자아조차 버린다고 한다.

비본질적 의식은 이상과 같은 매개자를 통해 개별자 **자신에 속하는** 활동과 향락으로부터 자기를 해방한다. 즉 비본질적 의식은 **대자 존재**라는 극단에 자리 잡은 자신으로부터 그의 의지의 본질을 밀쳐 내면서 그 매개자 또는 봉사자에게 자기 것[Eigenheit] 그리고 결단의 자유를 또한, 이를 통해 나온 활동의 **책임**을 떠맡긴다. 이런 매개자는 불변의 본질과 직접적인 관계를 맺고 있으므로 무엇이 정의로운 것인가에 관한 그 자신의 충고를 제시함으로써 봉사한다. 행위는 타자의 결정을 따르는 것이므로, 활동의 측면을 보거나 의지의 측면을 보더라도 그 자신이 수행한 것으로 되기를 그친다. 그러나 비본질적인 의식에서는 행위의 **대상적인** 측면 즉 그 의식이 수행한 노동의 **열매**와 **향락**이 남아 있다. 그리하여 비본질적 의식은 그러한 측면마저도 자신으로부터 떨쳐 내버린다. 비본질적 의식은 마치 [앞에서] 자기의 의지를 포기했던 것과 같이 이번에는 노동과 향락을 통해서 획득한 자기의 **실제성**[Wirklichkeit]마저도 포기해 버린다. 그는 **한편에서는** 이미 도달한 진리 즉 자기 의식적 **자립성**이라는 실제성을 포기한다. 왜냐하면, 비본질적 의식은 어떤 완전히 낯선 것, 그에게 아무 의미 없는 것을[234] 표상하면서 언표하는 가운데 자기를 뒤흔들기[sich bewegt] 때문이다. 또 **다른 한편에서는** 그가 포기하는 실제성은 **외적인 소유**에 관련된다. ―왜냐하면, 비본질적 의식은 자기가 노동을 통해 획득한 소유 일부를 양도하기 때문이다. ―또 다른 부분에서는 그가 포기하는 실제성은 그가 누렸던 향락이다. ―왜냐하면, 비본질적 의식은 단식하거나 고행을 통해 그런 **향락**을 다시 전적으로 포기하기 때문이다.

229) 〈SK 175:31~176:14〉〈FM 130:25~39〉

---

234 자신을 벗어난 상태에서 자기 속에서 흘러나오는 방언과 같은 것을 말한다.

비본질적 의식은 이상과 같은 계기에서 보듯 그 자신의 결단 행위와 나아가서는 소유와 향락마저도 포기한다. 또한, 마지막으로 비본질적 의식은 그가 이해하지 못하는 일을 추구한다는 긍정적[positive] 계기를 통해 내적 및 외적인 자유에 관한 의식만 아니라 또한, 자신의 **대자 존재**가 실현되는 실제성에 관한 의식까지도 참으로 그리고 완전하게 박탈당한다. 비본질적 의식은 참으로 그 자신의 나[Ich]을 버리고 또한, 그 자신의 직접적인 자기의식을 **사물**로, 또는 대상적인 존재로 만들었다는 사실[235]을 확신하기에 이른다. ―비본질적 의식은 자신에 대한 포기를 오직 이와 같은 **실제로 일어나는** 희생을 통해 입증할 수 있었다. 왜냐하면, 심정과 신조 그리고 말을 통해 감사의 마음을 **내적으로** 인정하는 것은 **속임**이지만, 이런 속임이 그와 같은 실제로 일어나는 희생을 통해 사라지기 때문이다. 이런 실제로 일어나는 희생이란 곧 대자 존재인 한에서 지녔던 모든 위력을 자기 덕분으로 돌리는 것[abwälzt]이 아니라, 위에서 내려오는 선물 덕분으로 돌리는 것이다. 그러나 이렇게 공로를 외부에 돌리더라도 비본질적 의식이 포기하지 않은 소유 속에 **외격인** 자기 것[Eigenheit]이 남아 있다. 또한, 비본질적 의식이 자기 것으로 파악했던 결단 행위에 관한 의식 속에서는 내적인 자기 것이 남아 있다. 그뿐 아니라 이런 내용이 자기를 통해 규정된다는 것을 의식하는 것 속에도 내적인 자기 것이 남아 있다. 왜냐하면, 비본질적 의식은 자신을 통해 규정된 내용을 그를 의미 없이 채우는 내용으로 교환하지 않았기 때문이다.

230) 〈SK 176:14~177:20〉〈FM 131:1~31〉

---

235 개인적 자기의식이 불변적 의식이 자기를 실현하는 매체, 수단으로 된다는 말로 보인다.

이처럼 희생적인 행위가 실제로 완수된 곳에서는 비본질적 의식은 그런 희생적 활동을 자기 **활동**으로 [인정하기를] 지양했던 것과 마찬가지로 또한, 그의 **불행**도 **본래** 자기 활동으로 인정하지 않는다. 그러나 이런 부인이 **그 자체로** 일어났다는 사실은 그것들이 추론을 이루는 다른 쪽 극단 즉 **그 자체로 존재하는** 본질의 활동이라는 것을 의미한다. 그러나 앞에서 언급한 것과 같이 비본질적 극단이 자기를 희생하는 것은 자기희생인 동시에 일면적인 활동은 아니었으며 오히려 다른 쪽의 활동을 자체 내 내포하는 것[236]이었다. 왜냐하면, 자기 사적인 의지를 포기한다는 것은 단지 어떤 일면에서 즉 의지의 **개념에 비춰 본다거나 본래적인 측면에서 보면** 부정적인 것이지만, 동시에 긍정적인 의미를 지니기 때문이다. 이런 긍정적 의미란 곧 의지를 어떤 **타자**의 의지로 판정하는 것이니 특히 이 의지를 개별적인 것이 아니라 오히려 일반적인 존재의 의지로 판정한다는 것에 있다.[237] 비본질적 의식에서 개별 의지가 부정적으로 판정되지만, 그런 판정이 지닌 긍정적 의미는 그것이 다른 극단[불변적 본질]의 의지라는 데 있다. 그런데 이 다른 극단의 의지는 이 의식에 그 자신을 통해서가 아니라 제삼자 즉 매개자를 통해[238] 충고로 제공된다. 왜냐하면, 그 의지가 이 의식에 대해서는 타자적인 것이기 때문이다. 따라서 **비본질적 의식에서** 그의 의지는 사실 일반 의지

---

236 불행한 의식이 자기를 희생하는 것은 그 자신의 행위가 아니라 불변적 본질 자신의 행위로 등장하면서 이제 불행한 의식은 법적 인격으로 된다. 즉 인격 속의 자유롭게 결정하는 자아는 나의 의지가 아니라 일반적 존재의 의지다.

237 개별자가 금욕과 봉사를 통해 자신을 비움으로써 불변자가 자신 속으로 들어오도록 하면서 개별자의 의지는 불변자의 의지가 된다. 이것이 곧 형식적인 자유의지이며 모두에게 동등하게 제공되는 법적 인격이다.

238 교회를 의미한다. 교회를 통해 개별자는 불변적 본질과 합일한다.

다시 말해 그 자체로 존재하는 의지[인격]가 된다. 그렇다고 **이 의식 자체가 스스로 이와 같은 그 자체로 존재하는 것[Ansich]으로 되지는 않는다**. 즉 자기의 의지를 **개별** 의지인 한에서 포기한다는 것은 이 의식에서 그 의식의 개념에 따라서 긍정적인 일반 의지[Positive des allgemeinen Willens]로 되는 것은 아니다. 이와 마찬가지로 또한, 비본질적 의식이 소유와 향락을 포기한다는 것은 단지 부정적인 의미를 지닐 뿐이며 이를 통해 의식 앞에 생성되는 일반자[239]도 비본질적 의식이 보기에 의식 자신의 **고유한 활동**은 아니다. 대상적인 것과 대자 존재의 이런 **통일**은 활동의 **개념** 속에 주어져 있었으나 마침내 비본질적 의식에 본질이자 대상[das Wesen und Gegenstand]으로 나타난다. ─이런 통일이 비본질적 의식 자신의 활동을 규정하는 개념[Begriff seines Tuns]이 아니듯이 이와 같은 통일이 직접 그리고 비본질적 의식 자체를 통해 **이 의식에 대해** 대상으로 생성되는 것도 아니다. 오히려 비본질적 의식이 할 수 있는 것은 매개 역할을 하는 봉사자가 아직 이루지 못한[gebrochene] 확신을 언표하게 하는 것이다. 그 확신이란 곧 의식이 느끼는 불행은 **본래**[an sich] 다만 정반대되는 것 말하자면 자신의 활동 속에서 스스로 만족할 수 있는 활동이거나 지복[至福]의 향락이라는 사실 또한, 그의 가련한 활동은 마찬가지로 **본래** 정반대되는 것 즉 절대적 활동이라는 사실 또는 활동은 개념상 개별자의 활동으로만 일반적 활동으로 된다는 사실이다. 그러나 비본질적 **의식 자체가** 보기에 활동이나 그의 실제 활동은 여전히 빈곤힌 것이며 그의 향락은 여전히 차라리 고통이다. 더 나아가서 이런 것들[빈곤과 고통]을 지양한다는 것이 지니는 긍정적 의미는 여

239 '긍정적 일반 의지'는 정신 장 끝에 출현하는 개별 의지가 상호 작용을 통해 형성되는 일반 의지를 말한다. 반면 여기서 등장하는 '일반자'는 모든 사람에게 동등하게 제공되는 형식적 인격을 의미한다.

전히 하나의 **피안**이다. 그러나 이런 피안이라는 대상 속에서 의식의 활동과 존재는 이런 **개별 의식**의 활동과 존재면서 동시에 **본래적인** 존재와 활동으로 되므로 여기서 비로소 이성에 관한 관념이 의식에 형성된다. **이성**의 관념이란 곧 비본질적 의식이 자신의 개별성 속에서 절대적으로 **그 자체 존재**라는 것을 확신한다는 사실 다시 말하자면 모든 사람이 인정하는 본질이라는 것을 확신한다는 사실을 표현하는 관념이다.

[해제] 1) 앞에서 순수 의식은 감사의 의식으로 이는 다시 향락의 의식으로 전개되며, 마침내 자기가 저주받은 존재임을 자각하면서 개별자는 그 자신을 포기한다. 이런 포기를 통해 마침내 개별적 의식과 불변적 의식의 통일이 일어난다.

이런 통일에서 결정적 역할을 하는 것은 매개자다. 불변적 의식은 이 매개자를 통해 개별적 의식에 나타난다. 마찬가지로 개별적 의식은 매개자를 통해 불변적 의식에 나타난다. 이 매개자는 양자를 "서로 앞에 출현하게 하며" 이를 통해 "각자가 타자에게 봉사하는 것으로 된다." 헤겔이 여기서 매개자로 여기는 것은 교회와 같은 존재를 말할 것이다. 이 매개자는 불변적 의식이 개별적 의식에 임재[臨在]하면서 개별적 의식이 자기의 실제성을 제거하여 일반적 의식으로 되도록 한다. 매개자는 개별적 의식에 "무엇이 정의로운 것인가에 관한 그 자신의 충고를 제시함으로써" 봉사한다.

3) 개별적 의식은 매개자에게 "그의 의지의 본질적 특성"을 즉 "자기 것과 결단의 자유, 활동의 책임조차 떠넘겨" 버린다. 여기서 개별적 의식의 자기 지양은 철저하게 된다. 개별자는 자신의 향락과 소유를 포기할 뿐만 아니라, 이를 통해 확인하려 했던 그 자신의 자립성, 자유, 자신의 대자 존재조차 포기한다.

이제 그는 자기 것을 전면적으로 버리면서, 그가 지닌 모든 것은 불변적 의식으로부터 제공되는 선물로 여긴다. 감사하는 의식에서 말로 이루어진 자기 포기와 감사는 마침내 불변적 의식에 대해 실제로 일어나는 희생을 통해 입증된다. 전자는 속임에 그치지만, 후자는 참된 희생이다.

그 결과 "아무 의미 없는 것, 완전히 낯선 것을 언표하며[방언]" 나아가서 그는 "그가 이해하지 못하는 일을 추구하기도" 하는 가운데 "참으로 그 자신의 나를 버리고" 또한, 그 자신을 불변적 의식이 자기를 실현하는 수단이나 매체로 만든다. 이제 그의 행복도 불행도 그의 희생조차도 그의 것이 아니다. 그것은 그 자체로 존재하는 본질의 활동으로 된다. 그가 사적인 의지를 포기하는 것은 한편으로 보면 부정적인 것이다. 그러나 다른 한편에서 보면 오히려 긍정적인 것이니, 그것은 자기의 의지를 "어떤 타자의 의지로 정립하는 것"이며, 이 의지를 "어떤 개별적인 것이 아니라 오히려 일반적 존재의 의지로 정립한다는 것"이다. 이를 통해 마침내 개별적 의식과 불변적 의식의 통일이 이루어진다.

4) 거슬러 올라가 보자면, 노동을 통해 개인의 자기의식, 자유의 의식이 출현한다. 이 자유의 의식은 자기를 산출하는 것이니, 이것은 단순한 욕망이 아니라, 자기를 결정하는 의지다. 그것은 대상이 곧 그가 만든 것이라는 사실 즉 자아의 자기와 같음을 의미한다. 그러므로 여기서 자기의식 또는 자유는 형식적인 것 즉 그것이 그의 것이라는 형식적인 측면에 한정된다. 개인의 자기와 같음은 곧 만인에게 동등한, 만인의 자기와 같음으로 되니, 이 의지는 모든 사람에게 평등하게 인정되는 의지 즉 일반적 의지였다.

노예의 현실에서 이 자유의지는 내석인 개념으로민 **출현했을 뿐**, 현실적으로는 실현되지 않았다. 자유의 실현은 스토아주의에서 추상적 사유에 머무른다. 불행한 의식에 이르러 실제로 실현되기는 하지만, 다만 그 실현은 피안에 설정됐다. 이렇게 피안에 설정된 자유의 실현이 곧 불변자다. 그러나 현실은 여전히 노예적인 처지에 있을 뿐이다.

불행한 의식에서 불변자가 자기를 구체적 형태로 출현한 것을 통해 일단 불변자와 개별자의 화해가 가능하게 됐다. 이제 이런 통일이 실제로 일어나기 위해서는 개별자가 자신을 지양하여 불변자에 이르는 과정이 필요하다. 이 과정은 순수 의식, 감사하는 심정, 그리고 향락주의를 거쳐 점차 발전한다.

마침내 교회라는 매개자가 출현하면서, 개별적 의식은 자신의 욕망과 소유뿐만 아니라 그 자신의 대자 존재조차 부정하면서, 철저한 자기부정이 이루어지게 되고, 마침내 개별적 의식은 불변자의 의지가 관철되는 매체가 된다. 그럼으로써 마침내 피안에 설정된 자유의지가 현실에서 실현되기에 이른다. 즉 개별자가 자유의지가 된 것이다. 여기서 헤겔은 이 자유의지가 모든 사람에게 같은 의지임을 강조한다.

노예가 노예의 처지에 머물렀던 것은 노예가 자신의 생명에 종속했기 때문이다. 노예의 의식이 철저하게 자기를 부정하면서 마침내 노예는 생명에 대한 구속에서 벗어나고 자유의지로 되면서 마침내 노예적 현실을 벗어나게 된다.

5) 이런 통일은 개별적 의식의 내면에 있었으나 이제 마침내 실제로 대상으로 출현하였다. 그런데 이처럼 불변적 의식이 개별적 의식 속에 실현되더라도, 이런 실현은 불변적 의식의 구현체인 매개자 즉 교회를 통해 이루어지는 것이다. 여기서 의식은 다만 형식적 매개, 매체에 그치며 실제로 활동하는 것은 불변자와 매개자니, "개념상 개별자의 활동으로만 일반적 활동"이다. 그것은 "개별적 의식의 활동과 존재면서 동시에 본래적 존재와 활동"으로 된다.

여기서 불변자의 활동은 개별자 내로 들어왔지만, 그 관계는 서로 외면적이다. 이런 외면적 관계는 노예에서 노동을 통해 출현한 자유가 자기와 대상 사이에 형식적인 같음에 지나지 않는 것과 연관된다. 그 자유가 형식적 자유므로, 그 자유는 개별자 속에 실현되더라도, 다만 외면적으로만 실현된 것일 뿐이다.

그러므로 헤겔은 이런 통일은 아직 "의식 자체를 통해 의식에 대해 대상으로 생성된 것은 아니다"라고 말한다. 이 자유의 실현이 이제 의식 자체에서 일어나야 한다. 이를 위해서는 형식적인 자기와 같음으로서 자유가 내용 속에서도 실현돼야 한다.

6) 개별적 의식에서 실현된 자유는 누구에게나 같은 일반적 자유기는 하지만, 대상이 그의 것이라는 단순한 형식적 같음을 의미하는 것에 그친다. 이런 추상적 같음으로서 자유는 아직 구체적인 내용을 지니지 않는다. 이는 법적 인격 개념과 상응한다.

인격은 무엇을 자신의 것으로 결정하거나 선택하는 권리다. 법적 인격은 모두가 평등한 인격이며, 서로가 인정하고 인정되는 인격이다. 이런 점에서 일반적 인격이다. 그러나 이런 인격은 아직 다만 형식적이며, 구체적 내용을 지니고 있지 않다. 인격의 내용은 자기 자신을 통해 결정되지 않는다.

이런 형식적 자유는 바깥에서 제공되는 것을 자신이 선택한 것으로 여기는 것이니, 실제로는 불행이면서도 이런 형식적 자유 속에서는 "자신의 활동 속에서 스스로 만족할 수 있는 활동이거나 지복의 향락"이며, "그의 가련한 활동도 마찬가지로 본래 정반대되는 것 즉 절대적 활동"으로 받아들여진다.

법적 인격에서 출현한 형식적 자유는 이제 구체적 내용에서까지 실현되는 실질적 자유로 발전해야 한다. 이런 실질적인 자유의 개념은 사물의 본질에 관한 인식을 통해 가능하다. 사물의 본질에 관한 인식을 통해 그 전체는 서로 통일된 관계를 맺는다. 이런 객관적 인식이 사회적 상호 작용 관계 속에 실현되면, 모든 개인이 각자 자기의 몫을 받게 되는 정의가 실현될 수 있다.

객관적 본질, 정의가 실현되면 나와 대상의 통일이 일어난다. 이 통일은 형식적인 통일 즉 개별적 자기의식, 법적 인격이 아니라, 나의 본질이 나와 통일되며 전체가 하나로 통일되는 실질적인 통일이 일어나니 이것이 곧 일반적인 자기의식이다. 이 일반적 자기의식이 곧 이성이고 실질적 자유다. 이제 출현한 법적 인격에서 실질적 자유에 이르는 운동이 앞으로 이성이 전개하는 운동이다.

C
(AA) 이성

횔더린이 발작 이후 유폐됐던 탑, 지금 튀빙엔 신학대학 앞에 네카 강변에 있다. 헤겔은 셸링과 횔더린과 함께 이 신학대학에 다녔다. 여기서 프랑스 혁명이 일어나자, 자유의 나무를 심었다 한다. 횔더린, 헤겔, 셸링은 그리스 철학에서 전해온 헨 카이 판[All-Einheit]이라는 이념을 공유했다. 즉 하나가 전체고 동시에 전체의 한 계기라는 사상이다. 헤겔은 이 사상이 실현되기 위해서는 무한성 즉 자기부정성의 계기가 있어야 한다고 보았다. 이 무한성의 계기는 정신의 역사적 도야를 통해 출현한다.

V 이성의 확신과 진리

[해제] 이 부분은 이성 장의 서론에 해당한다.
231~234) 이성의 개념: 주관적 일반성에서 객관적 일반성으로
235~237) 범주의 자기 운동
238) 주관적 이성 즉 관념론의 자기모순
239) 이성의 발전 과정

231) ⟨SK 178:8~30⟩⟨FM 132:4~20⟩

[불행한] 의식은 자신이 포착한 사상 즉 **개별 의식**이 **그 자체로**[an sich] 절대적 본질이라는 사상을 통해 자기 내로 복귀한다. 불행한 의식에서 **그 자체 존재**는 자기 자신의 피안에 있다. 그러나 불행한 의식은 그 의식 자체에서[an ihm] 이루었던 일은 즉 개별 의식[Einzelheit]을 완전히 발전하게 하고 또는 **실제로 존재하는** 의식[wirkliches Bewußtsein]으로 되게 하는 가운데 자기를 자기 자신의 **부정태**로 즉 **대상**이라는 극단으로 설정하게 한 것이며[240] 또는 그의 대자 존재를 자기에서 벗어나 존재[Sein]하게 한 것이다. 이런 가운데서 불행한 의식 역시 자신이 일반적인 본질과 **통일**됐다는 사실을 의식한다. 개별자가 지양된다는 것

---

240 개별 의식은 자유로운 인격으로 되지만, 이는 형식상 이성이고 내용상으로는 오히려 자기 바깥의 힘에 종속한다. 내용에 관해서 의식과 대상의 대립이 다시 시작한다. 이성 장은 내용상 자기를 대상 속에서 다시 발견하려는 노력이다.

은 일반적 본질로 된다는 것을 의미하므로, 오늘날 우리가 보기에는 이런 통일은 더는 개별 의식의 바깥에 있는 것이 아니다. 오히려 이런 통일은 개별자 자신의 본질을 이룬다. 왜냐하면, 개별 의식은 자기를 부정하는 가운데 [참된] 자기 자신을 획득하기 때문이다. 여기서 개별 의식이 도달한 진리는 절대적으로 분리돼 출현하는 두 개의 극을 연결하는 추론 과정에서 매개 중심으로 나타나는 것이다. 이 매개 중심은 불변의 의식에 대해서는 개별 의식이 자신을 포기했다고 언표하고 개별 의식에 대해서는 불변자가 개별 의식에 대해 더는 반대 극에 있는 것이 아니라 개별자와 화해했다고 언표한다. 이 매개 중심이야말로 양극을 직접 인식하면서 이들을 관계하게 하는 통일체다. 이런 매개 중심이 [개별] 의식에 따라서 **자기 자신에게** 언표하는 통일에 관한 의식이 곧 [자기가] 전면적인 진리[alle Wahrheit]라는 확신이다.

232) ⟨SK 178:31~179:18⟩⟨FM 132:21~133:5⟩

자기의식이 이성으로 끌어올려지는 것과 함께 타자 존재에 대해 의식이 이제껏 지녀왔던 부정적인 관계는 긍정적인 관계로 전환한다. 지금까지 의식에 중요한 것은 다만 자기의 자립성과 자유였으며, 세계와 자기의 고유한 현실을 희생하면서 자기 자신을 위해 자기를 구원하고 유지하는 것이었다. 왜냐하면, 이 세계와 자기 현실은 의식에는 자기가 본질을 부정하는 것으로 등장했기 때문이다. 그러나 이성의 단계에서 의식은 자기 자신을 확신하면서 **세계**나 자기의 현실에 대해서도 평정을 유지하며 이를 감내할 수 있게 됐다. 왜냐하면, 의식은 자기 자신이 본질이라는 것을 확신하거나 모든 현실이 그 자신과 다른 것이 아니라는 것을 확신하기 때문이다. 자기의 사유가 직접 그대로 현실로 되면서 의식은 곧 관념론의 입장에서 현실과 관계하기에 이른다. 이성적 의식은 자신을 그처럼 파악하기에 그에게 세계는 이제 바야흐로 생겨나기라도 하는 듯이 여겨진다. 지금까지 의식은 세계를 이해한 것이 아니라 이를 욕망이나 가공의 대상으로 삼은 채 거기에서 빠져나와 자기 내로 복귀하고는 자기를 위해 세계를 파괴한다[vertilgt]. 또한, 의식은 의식의 단계에 머무르는 자신을 다시 말하자면 세계를 본질로 여기는 의식뿐만 아니라 세계를 무의미하다고 보는 의식으로서 자신도 파괴한다. 그러나 여기[이성의 단계]에서 처음으로 즉 의식이 진리로 삼은 것이 파묻힌 무덤[das Grab seiner Wahrheit]이 사라지고[241] 의식에 현실이었던 것을 제거하는 일조차도 제거되고[242] 개별적 의식이 그에게 그 자체로 절대적인 본질[243]로 되자, 의식은 세계를 **그의** 새로운 현실 세계로 발견한다. 이제 의식은 이 현실 세계의 존속에 관해 관심을 지닌다. 이것은 그 이전에는 의식이 세계의 소멸에만 관심이 있었던 것과 같다. 의식이 세계의 **존속**에 관심을 갖는 이유는 세계의 존속은 의식의 고유한 **진리가 현재화하는 것**[Wahrheit und Gegenwart]으로 되며 의식은 이제 세계에 바로 자기가 경험되고 있음을 확신하기 때문이다.

233) 〈SK 179:19~180:20〉〈FM 133:6~33〉

이성이란 곧 자신이 전면적으로 실재[alle Realität]한다는 확신이다. 이성의 관념론은 자신의 개념을 그런 식으로 표현한다. 이성으로서 **출현한** 의식이 그런 확신을 **직접** 그 자신에서[an sich] 갖는 것과 마찬가지로 **관념론** 역시 이런 확신을 **직접** 다음과 같이 언표한다: 나[Ich]는 나

---

241 의식에 대해 대상은 자립적이어서 의식의 진리였던 자기 확신이 대상 앞에서 사라진다는 점에서 대상은 곧 무덤이다.
242 대상을 부정하는 의식의 활동이 사라지고 대상 속에서 자기를 발견하려는 이성의 활동이 등장한다는 뜻이다.
243 '그 자체로 절대적인 본질'은 이성 즉 일반적 자기의식을 의미한다.

다. 이 명제의 의미는 나[Ich]의 대상으로 되는 나는 자기의식 일반에서와같이 다만 **내용이 없는** 대상이 아니며 또한, 자유로운 자기의식에서와같이 다른 대상으로부터 물러났지만, 여전히 다른 대상 옆에서 성립하는 하나의 대상이 아니다. 이 명제에서 대상으로서 나[Ich]는 자기 바깥의 그 어떤 대상도 **존재하지 않는다**는 의식과 더불어 있는 대상이며, 또한, 유일한 대상이며, 전면적인 실재며 현재 상태로 나타난 것이다.[244]

그러나 자기의식은 단지 **대자적**으로뿐만 아니라 동시에 **그 자체로**[an sich] 전면적인 실재가 **된다**. 이런 일이 가능해진 것은 오직 자기의식이 실재하는 세계로 되거나 자기를 그러한 것으로서 **입증**하기 때문이다. 이런 입증은 지금껏 의식의 **길**에서 이루어져 왔다. 이 길에서 처음에는 주관적 생각[Meinen]과 지각과 지성의 변증법적 운동 속에서 **그 자체**로서 타자 존재가 소멸했고, 다음에는 지배와 예속의 관계에서 의식이 자립성을 얻기 위한 운동에서 또 자유의 사상과 회의주의에서의 해방을 통해서 그리고 자기 내에서 분열된 의식이 전개한 절대적 해방의 투쟁을 통해서 다만 의식에 대해서 현상하는 타자가 의식 자신을 위해서 소멸했다. 이 의식의 길에서는 두 개의 측면이 번갈아 나타났다. 하나는 의식에 본질 또는 진리인 것은 [그 자체로 있는] **존재**라는 규정성을 지녔다는 것이며 다른 하나는 그 본질이 다만 **의식에 대해서**만 존재한다는 규정을 지녔다는 것이다. 그러나 이 두 측면은 **하나의** 진리로 환원된다. 즉 **그 자체로 있는 것**은 오직 의식에 대해서 있는 한에서만 **존재**하고 의식에 **대해서** 있는 것은 **그 자체로도** 또한, 존재한다. 이런 진리를 획득한 의식은 이에 도달하는 길을 등 뒤에 두고서는 망각해 버린

---

244 여기서 첫 번째 나는 미분화된 자아를 말하며 두 번째 나는 주관적 자아로서 대상에 대립한다. 마지막 나는 그 본질이 실현된 자아다. 여기서 나와 대상은 구별되면서도 합일한다. 헤겔은 이런 대상을 유일한 대상, 전면적 실재라고 말한다.

다. 왜냐하면, 이 의식은 이제 막 이성으로 등장한 것이기 때문이다. **이제 막** 등장한 이성으로서는 그의 진리를 단지 **확신**하는 것에 지나지 않는다. 이성은 그 자신이 전면적인 실재라는 것을 **확신**하고 있을 뿐이며 그 사실을 개념적으로 파악하지 못한다. 그도 그럴 것이 여기에서 직접 언표된 주장을 개념적으로 해명하는 의식의 길은 잊힌 것이기 때문이다. 그 길을 스스로 경험해 보지 않는 사람이 이런 주장을 순수한 형식 속에서만 귀를 기울인다고 한들, 그 의미를 제대로 이해할 수는 없다. 왜냐하면, 사실 그런 길이 이런 주장을 구체적 형태로 만들기 때문이다.

　*FM주 〈133:6~9〉 헤겔은 여기서 피히테의 관념론을 거론한다. 그의 관념론은 나[Ich]에 실재의 절대적 총체성을 할당한다. 참조: 피히테 J. G. Fichte, 『전체 학문론의 토대』, 『전집』, 1권, S. 94, 99, 134, 129)

　234) 〈SK 180:21~181:15〉〈FM 133:34~134:19〉

　관념론은 의식이 거쳐온 단계적 과정을 서술함이 없이 단도직입적으로 이성이 전면적인 실재라는 주장으로부터 시작하기에 역시 순수한 **단언**에 해당한다. 이런 단언은 자기가 무슨 말을 하는지도 파악하지 못하면서 자기의 말을 다른 사람이 이해하게 하지도 못한다. 그러한 관념론이 언표하는 **직접적인 확신**은 의식의 길에서 잊혔던 다른 직접적 확신과 쌍벽을 이룬다. 따라서 관념론의 확신을 **단언**하는 것과 의식의 길에 등장한 다른 확신을 **단언**하는 것은 그게 그거다. 여기서 이성은 모든 개별 의식이 지닌 **자기의식**에 근거해 **나[Ich]는 나**라는 것이며 또는 나의 대상과 본질을 이루는 것은 **나**라고 말한다. 어떤 의식도 이성에게 이런 진리를 거부하지 않을 것이다. 그런데 이성이 진리[의 근거]를 이런 호소에 두는 가운데 그와는 또 다른 확신을 진리로 승인한다. 즉 그 확

신이란 다음과 같다: **나[Ich]에 대해 타자가 존재하며** 나의 타자가 나의 대상이며 본질이며 또는 내가 나의 대상이며 본질이라면 내가 그런 것인 이유는 내가 나의 타자로부터 물러나서 이 타자와 **나란히** 존재하는 하나의 현실로서 등장하고 있기 때문이다.[245] ―이성이 앞서 말한, 자기에 대립하는 확신으로부터 **반성**을 통해 등장할 때 비로소 이성의 자기주장이 한낱 확신이나 단언에 그치지 않고 진리로서, 그것도 다른 것과 **나란히 있는** 진리가 아닌 **유일한** 진리로서 등장한다.[246] 이성이 **직접 등장**한다면 그것은 **눈앞에 존재하는 것**[Vorhandenseins]에 관한 추상적인 주장이다. 오히려 그런 눈앞에 있는 것의 **본질**이나 **핵심**[Ansichsein]은 절대적인 개념 즉 그런 눈앞의 존재가 **생성하는 운동**이다. ―의식이 타자 존재 또는 그의 대상과 관계할 때 의식은 이 관계를 다양한 방식으로 규정한다. 이 다양한 방식은 의식이 자기를 의식하고자 운동하는 세계정신의 어느 단계에 서 있는가에 의존한다. 세계정신이 단계마다 어떻게 자기나 대상을 **직접** 발견하고 규정하는가, 다시 말해 세계정신이 자기를 어떻게 **자각**하는가[für sich]는 세계정신이 이미 지나온 과거와 세계정신이 지니는 **본래적인** 가능성에 의존한다.

[해제 1] 1) 노예의 노동을 통해 자기의식 즉 자유가 실현된다. 노예라는 현실 때문에 이 자유는 사유 내에서의 자유다. 사유 속에서나마 모든 사람이 자기를 실현하므로 이런 자유는 평등하며 일반적이다.

245   나와 타자가 서로 인정하는 관계에 있음을 말한다.
246   이성의 출발점에서 나와 대상은 합일한다. 이런 합일은 주관적 형식적이므로 한 측면이며 내용에서 그리고 객관적으로 나와 대상의 분리라는 다른 측면이 대립한다. 이 분리를 극복하여 나와 대상의 합일을 다시 회복하는 것이 이성의 운동이다. 전자의 합일에서 대상은 주관적 본질로 인식되며 회복된 합일에 이르러 비로소 대상의 객관적 본질이 인식된다.

이런 일반적 자유가 불행한 의식에서는 피안에서 실현되고 마침내 개별 의식과 피안의 불변적 의식 사이의 통일이 일어나면서, 사유의 자유가 현실에서 실현된다. 이제 모든 사람은 동등한 자유로운 존재 즉 인격이다. 이 자유는 서로 인정하는 가운데 출현한 법적 인격이다.

그러나 이런 자유는 아직 형식적이다. 처음 자유는 노동을 통해 출현했으며 이 노동은 사물에 다만 자기의 형식을 부여하는 것에 지나지 않는다. 그러므로 이 자유는 형식적 자유다. 이 자유는 형식적이므로 아직 내용에 관한 한 자의적이다. 이 자유는 모든 것이 자신의 소유라고 생각하니 서로 대립하지 않을 수 없다. 그 결과 만인의 만인에 대한 투쟁이 벌어진다.

2) 어떤 것의 내용에 관해서도 각자가 자신이 산출한 것 즉 그 자신의 본질을 되돌려받을 수 있는 객관적인 척도가 필요하다. 이런 객관적 척도가 있다면 모든 사람은 다른 사람의 본질을 인정할 수 있으니, 정의가 실현될 것이며, 여기서 형식에 그치지 않고 내용에까지 미치는 자유가 실현할 것이다. 정의로운 사회가 곧 실질적으로 자유로운 사회다.

이런 객관적 자유, 정의가 실현되기 위해서는 어떤 것의 본질이 확정돼야 한다. 그것은 누구나 인정할 수 있는 객관적 본질이어야 한다. 그렇다면 사물의 객관적 본질은 어떻게 파악할 수 있는가? 헤겔은 이런 사물의 객관적 본질을 이성이라 하며 그것을 파악하는 능력이 인간 이성이다.

3) 헤겔은 이성 장 출발점에서 다시 객관적 본질의 인식을 다룬다. 사실 의식의 끝부분에서 객관적 본질의 문제가 이미 다루어졌다. 그렇게 보면 이성 장의 출발점은 의식 장의 끝과 직접 연결된다. 이 사실은 『정신현상학』이 인식과 의지가 교대로 다루어진다는 것을 이해할 수 있는 단서가 된다.

즉 의식 장에서 형상, 본질의 인식 문제가 제기된 다음, 자기의식 장에서는 인식의 문제가 아니라 자기의식 즉 의지의 문제가 다루어졌다. 자기의식 장에서 자기의식의 자유가 발전하는 과정이 서술된 다음, 마침내 자기의식이 현실에 실현되면서 자유가 출현하면서 이성 장으로 이행한다. 여기서 객관적 본질에 관한 인식이 다시 다루어지니 인식의 문제에 관한 한 의식의 끝에서 이성 장의 출발점이 바로 이어진다고도 볼 수 있다.

4) 이성은 어떤 것을 그것의 본질에 따라서 파악하는 것을 말한다. 이때 본질은 주관적인 본질이어서는 안 되며, 객관적인 본질이어야 한다. 그런데 단순히 개별 경험을 추상하는 것을 통해서는 이런 객관적 본질에 이를 수 없다. 추상은 개별 대상을 미리 전제하는 것이므로 순환에 빠지기 때문이다.

이성 장 전체에서 헤겔은 사물의 객관적 본질을 파악하는 길을 찾는데, 그 길에는 세 가지 길이 있다. 가장 먼저 등장하는 길은 분류를 통한 길이다. 사물을 분류할 때 개별 사물들이 서로의 단순한 차이가 아니라 배타적인 통일의 관계에 있을 때 그 사물을 분류하는 기준이 그 사물의 객관적 본질이다. 예를 들어 색깔을 빨강, 파랑, 노랑 등으로 분류할 때 그 기준 즉 색은 색깔의 객관적인 본질이 아니다. 반면 색깔을 빛과 어둠으로 구분할 때 이는 배타적 통일을 이루고 있으므로 그 분류 기준 즉 명암은 색깔의 객관적 본질로 된다.

두 번째 길은 곧 내적인 것과 외적인 것의 통일이다. 그 분류가 배타적 통일체일 때 내적인 본질과 외적인 현실은 서로 일치한다. 즉 p와 $-p$가 배타적 통일을 이룬다면, 내적인 것 즉 X는 외적인 것 즉 p나 $-p$의 관계를 통해 자기를 순수하게 표현한다. 그러나 p와 $-p$ 사이에 다른 선택지가 개입하게 된다면, 이것은 배타적 통일체가 아니므로 여기서 내적인 것은 외적인 것을 통해 자기를 표현하지 못한다. 내외 합일과 배타적 통일이 공속[共屬]하는 것이므로 거꾸로 외적인 것이 내적인 것을 순수하게 표현한다면, 외적인 것은 배타적 통일체가 되며, 여기서 내적인 것은 객관적 본질이 된다. 예를 들어 생명은 유기체의 조직 속에 자기를 표현한다. 그러므로 생명은 유기체의 일반적 본질이다.

세 번째 길은 사물이 서로 작용하는 관계에 있을 때다. 서로 배타적 통일을 이룬다는 것과 서로 작용한다는 것은 같은 것을 의미한다. 즉 p와 -p가 배타적 통일을 이루면, p이면 -p이고 -p이면 p가 된다. 각자는 타자에 대립해서 규정되며 타자에서 자기로 복귀하며, 자기에서 타자로 이행하는 관계에 있다. 예를 들어 사람의 경우 남자와 여자는 배타적 통일체를 이룬다. 그러므로 남자와 여자는 서로 작용하는 관계 속에 있다. 두 사물이 상호 작용을 통해 이루어진 통일체가 그 사물의 객관적 본질로 된다.

헤겔은 이성을 곧 "전면적 실재[alle Realität]"로 규정한다. 이때 전면적 실재라는 말은 그 분류 체계가 배타적 통일체며, 내적인 것이 순수하게 외적으로 표현된다는 것이며, 따라서 그 구성 요소 사이에 상호 작용이 존재한다는 의미다.

이성 장에서 헤겔은 처음 물체적 현상 속에서 분류 체계상 배타적 통일체가 있는가를 살펴본다. 그는 물체의 세계 속에 그런 것을 발견할 수 없었다. 이어서 헤겔은 생물학적 현상 속에서 내적인 것과 외적인 것이 합일하는 법칙이 있는가를 찾아보지만, 그것도 실패한다. 헤겔은 마침내 사회에 이르러 개인과 개인이 서로 작용하는 관계 속에서 이성을 발견한다.

[해제 2] 1) 위에서 이성 개념에 관한 간단한 이해에 기초해, 이제 본문을 이해해 보자. 헤겔은 231~234까지 이성의 개념을 제시하면서, 이성의 실현에 이르는 길을 개념적으로 서술한다.

우선 헤겔은 앞에서 설명한 이성의 출현 과정을 간단하게 다시 서술한다. 불행한 의식이 자기를 포기하면서(금욕, 봉사) 불변적 의식으로 되는 것을 통해 인격 개념이 출현했다. 인격은 형식적 자유이며, 주관적 이성이다. 이것이 곧 이성 개념의 출발점이다. 이것은 거꾸로 말하자면, 이미 내재하던 자유가 실현되는 것이다.

    2) 헤겔은 이성 장에 들어와서 대상에 대한 주관의 태도가 근본적으로 변화했다고 말한다. 과거 의식에서 자기의식에 이르기까지 대상은 자립성을 지니므로, 대상은 "의식에 자기가 본질이라는 것을 부정하는 것으로" 등장했다. 그러므로 의식 자신의 자립성과 자유를 확립하기 위해서 이 대상은 주관을 통해 부정돼야 했다.

    그러나 이제 이성의 운동에서 주관은 현실적 대상에 대해 긍정적으로 관계한다. 이제 이성은 세계를 존중하며 "나의 자립성을 타자를 통해 인정받으려" 한다. 왜냐하면, 이미 나와 대상(또는 타자)은 형식상 서로 인정하면서, 각자 자유롭기 때문이다. 그런 가운데 주관은 현실적 대상에 이성 즉 객관적 본질이 내재한다는 것을 확신하고 즉 예감한다. 물론 이 관계에서 주관은 그 내용에 관해서는 대상(타자)과 대립하지만, 이성은 적어도 대상(타자)을 제거하는 것이 아니라 대상(타자) 속에 이성을 발견하려 시도할 뿐이다. 현실적 대상에 대한 이런 긍정적 태도 때문에 헤겔은 이성이 심지어 마치 "이 세계가 이제 바야흐로 생겨난 듯이 여긴다"라고 말한다. 이 세계는 "의식의 고유한 진리가 현재화한다."

    이성의 이런 모습은 중세 초기에 한 자루의 창을 들고 자신의 행운을 기대하면서 이 세계의 모험 속으로 뛰어들어 방랑하는 기사의 모습을 연상하게 한다. 그가 이처럼 무모하게 세게 속에 뛰어드는 것은 이미 이 세계 속에 그의 본질이 객관적으로 존재할 것이라는 예감이 있었기 때문이 아닐까?

    3) 이성은 곧 사물의 객관적 본질을 말한다. 헤겔에서 인식은 선험적이니, 객관적 본질을 인식하는 것은 주관적 범주가 객관적 범주로 발전

하는 것을 통해 이루어진다. 이 과정을 매개하는 것은 곧 모순 또는 물자체의 경험이다. 객관적 본질에 관한 인식이 이루어지는 순간 나의 객관적 범주와 사물의 객관적 본질이 통일한다. 이런 상태를 헤겔은 이성이 "전면적으로 실재한다"라는 확신이 진리에 이른 순간이라 한다.

이성의 주관적 범주는 사물의 현상을 파악할 뿐, 사물의 객관적 본질을 파악하지 못한다. 객관적 본질을 인식하게 되면 "나는 나다"라는 등식이 성립한다. 앞의 '나'는 의식 내 범주를 말하며, 뒤의 '나'는 대상의 객관적 본질로서 '나'다. 즉 "대상으로서 나[Ich]는 자기 바깥에 그 어떤 대상도 존재하지 않는다는 의식과 더불어 있는 대상이며, 또한, 유일한 대상"이다.

여기서 대상의 본질이 의식에 대해 그 자체로 자기에게 나타나게 된다. 즉 "그 자체로 있는 것은 오직 의식에 대해 존재하는 한에서만 존재하고 의식에 대해 있는 것은 그 자체로도 또한, 존재한다"라고 말한다.

앞에서 설명했듯이 객관적 본질은 배타적 통일이며, 내적인 것과 외적인 것의 합일이며, 서로 작용하는 관계다. 그러므로 객관적 본질을 인식하는 것을 통해 나와 대상이 합일하면서 나와 대상은 서로 작용하는 관계에 들어간다. 이 관계를 헤겔은 다음과 같이 표현한다. "나[Ich]에 대해 타자가 존재하며 나의 타자가 나의 대상이며 본질이며" 또는 "내가 나의 대상이며 본질이라면 내가 그런 것인 이유는 내가 나의 타자로부터 물러나서 이 타자와 나란히 존재하는 하나의 현실로서 등장하고 있기 때문이다."

4) 사실 관념론은 '나는 나다'라는 주장을 일찍부터 주장해 왔으나, "단도직입적으로" 즉 하나의 단언으로 언표할 뿐이다. 이런 관념론은 이 주장이 사실 의식에서 자기의식을 거쳐 나가는 운동의 끝에 나왔다는 사실을 간과한다. 그러므로 헤겔은 관념론은 "자기가 무슨 말을 하는지도 파악하지 못하면서 자기의 말을 타인이 이해하게 하지도 못하면서"

이런 주장을 펼치고 있다고 말한다.

이와 같은 '나는 나다'라는 등식은 이성의 운동이 시작하는 단계에서는 확신에 그친다. 헤겔은 이성의 운동 끝에 객관적 본질을 인식하면서, 나와 타자, 범주와 대상의 본질 사이에 합일 관계에 이를 때 이 주장이 진리에 이른다고 한다.

235) 〈SK181:16~182:22〉〈FM 134:20~135:14〉

이성이란 자신이 전면적으로 **실재**한다는 확신이다. 그러나 [이성의] **잠재적 존재**[Ansich] 또는 **실재**[Realität]는[247] 아직은 오로지[durchaus] 일반적인 것, 즉 순수하게 **추상적인 것**에 머무르는 실재다. 이런 일반적인 것은 최초로 **긍정적인 존재**[Positivität]이다. 왜냐하면, 이는 자기의식 **그 자체가**[das Selbstbewußtsein an sich selbst] **자기에 대해 존재하는 상태**[für sich][248]이기 때문이다. 따라서 나[Ich]는 단지 존재자의 순수한 **본질 규정**[Wesenheit] 또는 단순한 **범주**에 지나지 않는다.*[1] **범주**는 이전에는 존재자가 지닌 본질 규정이라는 의미 즉 **물론**[unbestimmt] 존재자 일반[des Seienden überhaupt] 또는 의식에 대립하는 존재자가 지닌 본질 규정이라는 의미가 있었다. 이제 **범주**는 사유하면서 실제로 존재하는 자로서 존재자[des Seienden nur als denkende[r] Wirklichkeit]가 지닌 **본질 규정**이나 단순한 **통일성**을 의미한다.*[2] 다시 말하면 범주란 자기의식과 존재가 **같은** 본질이라는 것을 의미한다. 이때 같다는 것은 어떤 상대적인 비교를 통해서 그렇다는 것이 아니라 **그 자체로** 그럴 뿐만 아니라 자기에게 나타난 대로도 그렇다는 것[an und für sich]이다. 단

---

247 헤겔에서 '그 자체 존재[Ansich]'는 항상 직접적 실재성, 개별성을 갖는다.
248 추상적 이성은 자기의식이 그 자체로 존재하는 상태다. 이 상태는 대상과 대립하는 주관적이므로 이를 헤겔은 '자기에 대해 존재하는 상태'라 한다.

지 일면적인 나쁜 관념론만이 한편에 이런 통일을 의식으로 놓고 [다른 편에] 물 자체[Ansich]를 이 통일에 대립하여 놓는다.[249] —그런데 범주 즉 자기의식과 존재의 **단순한** 통일에 본래 **구별**이 없지는 않다. 왜냐하면, 범주의 본질이란 **타자 존재** 속에서 또는 절대적인 구별 속에서 직접 자기와 같음의 상태로 머무르는 것이기 때문이다. 따라서 [자기의식과 존재 사이에] 구별이 **있다**고는 하지만, 완전히 투명하므로 구별이라 할 수 없는 구별이다. 이런 구별을 통해 **여러** 범주가 등장한다.[250]*³ 관념론은 자기의식에 내재하는 **단순한 통일성**이 전면적으로 실재하는 것[Realität]이라고 언표한다. 관념론은 사실 실재하는 것을 절대적으로 부정적인 본질로 파악해야 한다. 왜냐하면, 이런 절대적으로 부정적인 본질만이 그 자체에서 부정성이나 규정성 또는 구별을 갖기 때문이다. 그런데도 관념론은 실재하는 것을 그렇게 파악하지 못한 채로 오히려 이를 **직접** 본질로 삼는다.[251] 그 결과 관념론의 **첫 번째** 주장[자기의식과 존재의 통일]보다 두 번째 주장 즉 범주 속에 여러 **구별**[Unterschiede]이

249 나쁜 관념론에서는 의식의 범주는 통일적인데, 그것이 적용되는 대상은 분산적인 것으로 보면서, 대상을 주관이 마음대로 구성하는 것으로 본다.

250 칸트에서 주어진 경험은 도식을 통해 여러 범주 가운데 하나로 할당된다. 반면 헤겔에서 범주는 역동적으로 변화한다. 추상적 범주는 대상에 대한 경험을 매개로 구체적 범주로 나간다. 대상과 대립하는 분산된 추상적 범주는 점차 구체화하면서 대상과 통일된 범주로 발전한다. 이 과정에서 여러 범주가 이행하는 계기로 출현한다.

251 헤겔은 나쁜 관념론과 진정한 관념론을 구별한다. 나쁜 관념론은 대상이 직접 주어지는 것이다. 그러므로 의식의 범주와 대상은 대립을 벗어날 수 없다. 반면 진정한 관념론에서 대상은 자기 부정성을 지니면서 이행하는 계기가 된다. 이 이행을 통해 의식의 범주와 대상은 대립을 극복하고 통일을 이룬다.
상의 자기부정이라 한다. 구체적인 것은 '의식 경험의 길'을 참조하라.

나 종[Arten]이 등장한다는 사실이 더욱 이해하기 어렵게 된다. 이런 두 번째 사실을 단정한다는 것 또 마찬가지로 범주 속에는 일정 수의 종이 있다고 단정하는 것은 여기서 새로이 제기된 단정이다. 하지만 이런 단정이 그 자체에서 함축하는 것은 그런 단정은 더는 단정으로 받아들여서는 안 된다는 것이다. 왜냐하면, 순수한 나[Ich] 또는 순수한 지성 자체 내에 **구별**이 시작된다면 이는 두말할 필요도 없이 **직접적인 단정이나 발견**이 포기되고 **개념적인 사유**가 시작돼야 한다는 것을 의미하기 때문이다. 그런데도 여러 범주를 어찌 어찌해서 마치 판단에서 발굴해 낸 물건처럼 받아들이고[252] 이런 여러 범주를 '아 그런 게 있구나' 하고 인정한다면 이는 실로 학문의 수치라고 해야만 하겠다.*4 지성은 그 자체에서 즉 순수한 필연성을 의미한다는 것을 생각해 볼 때 지성이 그 자신에서 필연성 제시할 수 없다면 그 밖에 어디에서 이런 필연성을 제시할 수 있겠는가?

*1 FM주 〈134:24~26〉 헤겔은 아리스토텔레스의 범주론을 거론한다. 헤겔이 범주를 존재하는 것의 본질 규정이라고 말할 때, 그는 실체[ουσια]를 시사한다. 아리스토텔레스Aristoteles, 『범주론』, *Opera*, 2a 11ff ; 1028a 10~1028b 7 참조

*2 FM주 〈134:29~30〉 헤겔은 여기서 칸트와 피히테를 염두에 둔다. 다음 FM주 〈137:4~7〉를 참조하라.

*3 FM주 〈134:36~37〉 앞의 FM주 〈133:6~9〉를 참조하라.

*4 FM주 〈135:9~11〉 헤겔은 여기서 칸트의 범주표를 제시하기 위한 단서를 참조한다. 칸트, 『순수이성 비판』 B판, S. 105ff

---

252 칸트는 12개 판단형식에서 12개의 범주를 끌어냈다. 헤겔은 『논리학』에서 보듯이 여러 범주를 자기 발전하는 것으로 제시한다. 이것이 경험을 매개로 발전하는 개념적 사유다.

236) 〈SK 182:23~183:19〉〈FM 135:15~39〉

어쨌건 사물의 순수한 본질 규정이나 그 구별이 이성의 활동에 귀속되는 것이므로 **사물**에 관해 다시 말해 의식을 부정하는 것으로 여겨지는 사물에 관해 더 이상 언급할 필요가 없을 것이다. 왜냐하면, 여러 범주가 순수한 범주의 종[Arten]이라고 말하는 것은 **순수한 범주**는 여러 범주와 대립하는 것이 아니라 여러 범주의 **유**[Gattung] 또는 **본질**이라고 말하는 것과 같은 말이기 때문이다. 그러나 여러 범주는 이미 이중적인 의미가 있다. 순수 범주에 대립하는 타자 존재[여러 범주]는 여럿으로 제공되는 가운데 그 자체에서 이중적인 의미가 있다. 여러 범주는 사실 이런 **여럿임** 때문에 순수한 범주에 **모순**되니 순수한 통일성은 여러 범주를 그 자체에서 지양해야 하며 비로소 이를 통해 구별[여러 범주]의 **부정적 통일성**으로서 구성돼야만 한다. 그런데 순수 범주는 **부정적 통일성**을 갖는 것이므로 **구별** 자체를 배제하는 동시에 최초의 **직접적인** 순수한 통일 자체마저도 배제하며 그 결과 순수 범주는 **개별성**이 된다. 이 개별성은 새로운 범주이지만, 배제하는 의식이어서 즉 **타자**가 그 자신에 대해 존재한다는 것을 의미한다.[253] 개별 범주는 개념을 벗어나 **외부의 실재**하는 것으로 이행하는 것[Übergang]이며 또한, 순수 도식이어서, 한편으로는 의식이면서 다른 한편으로 타자를 암시하는 것이다. 이런 암시는 이 순수 도식이 개별성이고 배제하는 하나[Eins][254]라는 점을 통해 일어난다. 그러나 개별성 범주가 암시하는 **타자**는 처음에 있던 다

---

253 이 개별성은 칸트가 말한 범주와 경험을 매개하는 도식을 말한다. 헤겔에서 이 개별성 즉 도식은 의식과 대상이 통일을 이룬 구체적 범주를 의미한다. 서로 대립하는 양자를 배제하므로 통일을 이룬다.
254 '배제하는 하나'란 곧 의식과 대상, 추상적 범주와 여러 범주의 대립을 배제한다는 뜻이다.

른 범주들을 즉 순수한 본질 규정이란 범주나 순수한 구별의 범주를 말한다. 이 개별성 범주 속에서 즉 타자가 정립되는 것 속에서 또는 타자 그 자체 속에서 의식은 마찬가지로 자기 자신이다. 이 서로 다른 계기 각각은 다른 계기들로 쫓겨나면서도 이런 다른 계기에 이르러서 어떤 다른 존재에 이르는 것은 아니다. 순수한 범주가 그것의 **종**으로 쫓겨나가고 이 종의 범주는 부정적 범주[부정적인 통일의 범주] 또는 개별성으로 이행한다. 그러나 이 후자[개별성으로서 범주]는 순수한 범주로 되돌아온다.[255] 순수한 범주는 그 자체가 순수한 의식이니, 이 순수 의식은 그 어느 계기에서도 스스로 티 없는 자기 통일성을 유지한다. 그러나 이런 통일성은 마찬가지로 타자로 쫓겨나니, 이 타자는 존재하는 순간 소멸하며, 소멸하는 순간 다시 살아난다.

237) ⟨SK 183:20~184:2⟩ ⟨FM 136:1~13⟩

여기서 우리는 순수 의식[256]이 이중의 양식으로 설정된 것임을 본다. 즉 한편으로 순수 의식은 부단히 **오가면서**, 모든 계기를 두루 거치면서 각 계기에 이른 순간 다른 계기[Anderssein]가 거기 어른거리며, 이 다른 계기는 포착된 순간 스스로 지양된다. 다른 한편으로 순수 의식은 **고요하게** 머무르며, 자기가 진리임을 확신하는 **통일적인** 의식이다. 통일적 의식에서 보면 끊임없이 운동하는 쪽이 타자로 되고 운동하는 쪽에서 보면 고요한 통일을 이루는 쪽이 타자가 된다. 의식과 대상은 위의 대

---

255 헤겔은 범주의 역동적 운동을 세 가지 단계로 규정한다. 순수한 범주(추상적 범주)에서 구별된 범주{여러 범주}로 마지막에 개별성 범주(구체적 범주)로 나간다. 이 과정에서 각 범주는 처음에는 대상과 합일하지만, 곧 모순에 부딪히면서 다른 범주로 이행한다.

256 순수 의식이란 칸트가 말한 통각을 말한다. 헤겔은 이를 자기의식으로 규정한다. 범주의 운동은 자기의식이 자기를 전개하는 것이다.

립하는 규정[통일과 운동]을 교대로 갖는다. 즉 한 번은 의식이 이리저리 움직여가며 탐색을 하는 것으로 되고 대상은 **순수하게 그 자체로 존재**하는 본질로 된다. 다른 한 번은 반대로 의식이 단순한 범주로 되고 대상이 구별을 자아내는 운동을 전개한다. 그러나 의식은 본질에 해당하는 것인 한에서는 이런 전체 경과를 겪어나간다. 그래서 의식은 단순한 범주로서 자신을 벗어나서 개별성으로 즉 대상으로 이행하며, 이 대상에서 지금까지의 경과를 직관하면서 동시에 이 대상이 구별된 대상인 한에서 이를 지양하고 자신에 귀속하게 한다. 그런 가운데 의식은 그 자신이 전면적인 실재라는 것을 확신한다는 사실을 즉 자신이 자기 자신이면서 동시에 그의 대상이라는 것을 확신한다는 사실을 언표한다.

[해제] 1) 235~237 구절에서 헤겔은 이성과 관련하여 범주의 개념을 서술한다. 범주는 아리스토텔레스에서는 대상이 지닌 일반적 규정이었다. 그러나 칸트에서는 사유의 형식으로 되는데, 칸트는 선험철학에 따라서 이 범주가 대상을 구성한다고 보았다.

이성은 처음에는 주관적인 것이었으나 대상에 내재하는 것을 발견하면서, 객관적 이성으로 된다. 헤겔은 이성의 이런 운동을 사유 속의 추상적 범주가 자기를 실현하는 과정으로 설명한다. 그렇게 되면 범주는 "타자 존재 속에 또는 절대적 구별 속에 직접 자기와 같음의 상태로 머무르게" 된다.

2) 헤겔은 칸트의 선험철학을 통해 범주는 존재와 통일된다는 사실이 밝혀졌다고 한다. 그러나 칸트조차 하나의 범주가 여러 범주로 분화한다는 사실을 설명하지는 못했다. 그는 그저 "판단에서 발굴해낸 물건처럼" 다양한 판단형식으로부터 여러 범주를 받아들였을 뿐이다. 여러 범주를 단지 존재하는 것으로만 받아들이는 것을 헤겔은 "학문의 수치"라고 규정한다.

헤겔은 관념론과 칸트를 비판하면서 이들은 개념적 사유를 하지 못함으로써 범주는 절대적으로 부정적 본질 즉 "그 자체에서 자기를 부정하는" 힘을 지닌다는 사실을 알지 못했다고 한다. 즉 범주는 자기를 구별하면서 여러 범주로 되고 그러면서도 자기와 같음의 상태로 머무르는 '개념적 사유'의 운동을 전개한다는 것이다. 이 과정은 한편으로는 "최초의 직접적인 통일 자체를 배제하여" 순수한 범주가 자기를 구별하며 여러 범주로 되며 다른 한편으로는 통일성을 회복한다. 즉 "순수한 통일성은 여러 범주를 그 자체에서 지양한다." 이렇게 회복된 통일적 범주가 곧 개별성 범주이며 헤겔은 이를 도식이라 규정한다.

칸트에서 범주가 주관적인 것에 그치므로, 도식을 통해 경험에 적용된다. 그러나 헤겔에서는 범주가 자기를 구별하여 마침내 경험과 통일에 이르기에 굳이 범주 밖에 도식을 따로 필요로 하지 않고, 매개 과정에서 출현하는 통일성의 범주가 도식으로 된다.

3) 이 과정은 점진적인 과정이다. 이 과정은 앞에서 의식 경험의 길에서 설명한 것과 같이 대상에 관한 경험을 통해 매개하는 운동이다. 이 과정을 통해 순수한 추상적 범주는 분산적인 여러 범주를 거쳐 구체적인 통일적 범주로 발전한다. 이런 과정은 일거에 일어나는 과정이 아니라 점진적인 과정이다.

이는 앞에서 의식 경험의 길에서 서술했던 것처럼 범주를 통한 경험 대상의 구성과 물 자체의 경험을 매개로 일어난다. 이 과정에서 경험을 매개하는 여러 범주, 구별의 범주가 출현하지만, 의식 경험을 통해 "그 구별은 존재하는 순간 소멸하며 소멸하는 순간 다시 살아난다."

그러므로 헤겔은 이 과정을 이중적으로 설명한다. 한편으로 "순수 범주가 여러 범주 즉 그것의 종으로 분화되고 이 종의 범주가 개별성[개별 범주]으로 이행하는" 과정이며, "이 후자는 순수한 범주로 되돌아온다." 이 과정에서 "순수 의식은 부단히 오가면서" "각 계기에 이른 순간 다른 계기가 거기에 어른거리며, 다른 계기는 포착된 순간 스스로 지양된다."

한편으로 순수 의식은 이런 요동 속에서도 "고요히 머무르며 자기가 진리임을 확신하는 통일적 의식이다." 즉 범주가 전개하는 운동은 곧 순수 의식인 통각이 자기를 전개하는 과정이다. 통각은 처음 추상적 순수 범주로 출현해서 마침내 구체적 개별성 범주에 이른다.

4) 한편으로 이 과정을 의식의 개념 즉 통각에서 보면, 의식은 "이리저리 움직여가면서 탐색하면서" 대상에 더욱 접근한다. 그러나 범주의 운동은 다른 한편 대상이 운동을 통해 매개된다. 대상은 차례로 "구별을 자아내면서" 자기를 드러내고 의식의 범주에 대해 모순을 일으키면서 범주를 자기 내로 반성하게 한다.

이런 이중적 측면에서 의식 경험이 일어나며 이를 통해 순수한 의식과 대상 자체의 통일이 일어나며 이 속에서 사물의 객관적 본질인 이성이 발견된다. 그 이성의 발견은 결국, 주관에 내재하는 범주의 실현이다. 바로 이 순간이 이성이 자기의 개념인 "전면적 실재"라는 확신을 실현해 진리에 도달하는 순간이다.

238) 〈SK 184:3~185:11〉〈FM 136:14~137:7〉
의식이 최초로 언표하는 것은 일체가 **자기 것**이라는 추상적인 빈말에 지나지 않는다. 왜냐하면, 자신이 전면적으로 실재한다는 확신은 처음으로 등장한 순수한 범주를 나타낸 데 지나지 않기 때문이다. 이성은 자기를 대상 속에서 처음으로 인식하는 한에서는 텅 빈 관념론을 의미한다. 텅 빈 관념론은 이성을 단지 최초로 그 자신에 나타나는 모습으로만 파악한다. 텅 빈 관념론은 모든 존재 속에서 의식이 순수하게 **나의 것**[Mein]으로 생각하는 것만을 제시하며 사물이란 감각이나 관념[Vorstellung]에 지나지 않는다고 언표하는 가운데 의식이 완전한 실재

[Realität]라는 사실을 제시했다고 지레짐작한다. 그러므로 이런 관념론은 동시에 절대적 경험론으로 될 수밖에 없다.*¹ 왜냐하면, **나의 것**이라는 비어 있는 말에 **충만한** 의미를 부여하려면 즉 나의 것이 구별이나 온갖 발전 그리고 형태를 얻기 위해서는 이성은 외부로부터의 제공되는 자극이 필요하기 때문이다. 이런 바깥의 자극을 통해서 비로소 **다양한** 감각이나 관념이 생기게 될 것이다. 따라서 이 관념론은 앞에서 본 회의주의와 마찬가지로 서로 모순되는 두 가지 의미를 지닌다. 다만 차이가 있다면 회의주의는 자기를 부정적으로 표현하지만, 관념론은 자기를 긍정적으로 표현한다는 데 있다. 이런 차이에도 여전히 관념론은 서로 모순적인 사상을 즉 한편에는 순수한 의식이 전적으로 실재[Realität]한다는 사상과 다른 한편에는 외부적인 자극 즉 감각이나 관념이 마찬가지로 실재[Realität]한다는 사상을 결합하지 못한 채 이쪽저쪽을 오락가락하면서 감각의 악무한에 빠져든다. 이성이 추상적인 나의 것이라는 의미에서 전면적으로 실재하며 타자는 이런 **나의 것**에 대해서 **무차별한 이질적인 것**이므로 여기서 이성이 자기의 **타자**라고 인식하는 것[Wissen]은 **주관적 생각**[Meinen]이나 **지각**으로 그리고 주관적으로 생각된 것이나 지각된 것을 포괄적으로 파악하는[auffassende] **지성**으로 출현했던 것과 같은 인식이다. 그러한 인식은 추상적인 관념론의 개념을 통해서 봐도 참다운 인식이라고는 할 수 없다. 왜냐하면, 관념론적 인식이 도달하는 결론[Wahrheit]은 오직 **통각**[Apperzeption]²⁵⁷의*² 통일일 뿐이기 때문이다. 관념론에서 등장하는 순수이성은 자기 자신을 통해서 진리의 인식에 도달하지 못한 [의식 단계의] 인식으로 되돌려 보

---

257 칸트의 통각을 말한다. 헤겔에서 이는 순수한 나[Ich] 또는 자기의식을 의미한다.

내져²⁵⁸ 비로소 거기서 이성에 **본질상** 요구되는 것을 즉 **그 자체적**이지만, 이성이 자기 안에 지니지 못하는 **타자**[대상]를 획득하기에 이른다. 순수이성은 알면서도 기꺼이[mit Wissen und Willen] [이전의] 진정하지 못한 인식으로 스스로 전락하면서도 이성으로 볼 때는 진리가 아닌 주관적 생각이나 지각을 떨쳐 버리지 못한다. 이성은 자신이 직접적인 모순 속에 부닥친다는 것을 발견한다. 이 모순은 곧 이중적인 것, 곧바로 대립하는 것 즉 한편에는 **통각**[Apperzeption]**에 의한 통일**과 다른 편에는 사물을 모두 본질이라고 주장한다.*³ 이때 **사물**이란 **외적 자극**이니 그것이 **경험적** 실재든 **감각**이든 **물 자체**든 어떻게 일컬어지든 모두 개념상 통각[Apperzeption]에 의한 통일에 대해 낯선 것으로 머물러 있다는 점에서는 마찬가지다.

*¹ FM주 〈136:22〉 헤겔은 피히테의 충격론을 거론한다. 다음 FM주 〈137:4~7〉 참조

*² FM주 〈136:36〉 헤겔은 칸트 통각의 통일 개념을 거론한다. 다음 FM주 〈137:4~7〉 참조

*³ FM주 〈137:4~7〉 헤겔이 여기서 염두에 두는 칸트의 이론은 통각의 종합통일에 관한 칸트의 이론(『순수이성 비판』, B판, S. 131~136 참조)이며 또한, 감성론(B판, 33~73) 그리고 물 자체 개념(B판, S. 116f, 294~315)이다. 헤겔은 위에서 제시된 칸트의 이론을 피히테의 충격론

---

258 이성은 관찰하는 이성에서 자기를 실현하는 이성으로 나간다. 이것은 앞에서 의식과 자기의식을 이성의 단계에서 되풀이하는 것이다. 이성에 도달한 다음 다시 과거의 단계를 되풀이한다는 이 구성은 이성에서만 나타나는 것이 아니라 정신 장이나 종교 장에서도 나타나는 것을 볼 수 있다. 이런 반복성은 의식의 형태가 내재화되면서 새로운 의식 형태의 한 계기가 된다는 것을 전제한다. 이는 『정신현상학』의 독특한 구성을 보여준다.

과 결합한다. 참조: 피히테J. G. Fichte, 『전체 학문론의 토대』, 『전서』, 1권, S. 195f; 『학문의 원리에 따른 자연권의 기초』, 『전서』, 4권, S. 227f; 『도덕론의 체계』, 『전서』, 3권, S. 33 피히테가 칸트의 물 자체 개념의 의미를 전환했다는 것에 대해서는 헤겔은 여기서 마찬가지로 주목한다. 피히테J. G. Fichte, 『학문론 두 번째 입문』, 『전서』, 1권, S. 488ff)

[해제] 이성의 출발점에서 출현한 인격은 형식적 자의적 자유다. 이 인격은 "일체가 자기 것"이라고 생각하지만, 타자 역시 마찬가지므로 서로 대립하는 가운데 소외된다. 결국, 모든 것은 자기 밖의 힘으로 결정되고 만다.

이런 형식적 인격은 일반적으로 말하면 주관적이며 텅 빈 관념론이다. 여기서 이성은 자신이 곧 전면 실재라고 생각하면서 "사물이란 감각이나 관념에 지나지 않는다고 언표한다." 이는 직접적인 확신에 지나지 않는다.

헤겔은 이런 주관적 관념론이 자기모순에 빠진다고 한다. 한편으로 그것은 모든 대상 즉 존재자에서 자신을 발견한다. 그러나 대상에서 나와 같은 측면은 대상의 형식적 측면에 그친다. 대상은 내용상 "구별과 온갖 발전이나 그리고 형태"가 존재하는데, 이런 것들은 주관의 바깥에서 제공되는 것이다. 따라서 대상의 내용을 인식하려면 바깥에서 제공되는 것을 받아들이는 경험이 필요하다. 관념론은 "순수한 의식이 전적으로 실재한다는 사상"이면서 동시에 감각이나 관념으로 제공되는 대상이 "마찬가지로 실재한다는 사상을 결합하지 못한 채 이쪽저쪽을 오락가락하면서 감각의 악무한에 빠져든다."

그러므로 주관적 이성에서 관념론은 곧 경험론이다. 관념론과 경험론은 서로 모순적인데도 여기서는 서로 결합한다. (헤겔에서 대자 존재가 대타 존재이므로 항상 이런 식의 결합이 일어난다) 이런 경험은 대상을 본질로 하고 그것으로부터 자극을 수용하는 의식의 단계 즉 주관적 생각이나 지각, 지성의 단계와 같다. 다만 이성의 단계에서 일어나므로 헤겔은 이를 관찰하는 이성이라 부른다.

헤겔에 따르면 이런 주관적 경험론은 서로 모순적인 이중적인 측면을 지닌다는 점에서 회의주의와 비슷하다. 회의주의는 대상을 부정하며 동시에 자기를 부정해서 대상을 바깥에서 받아들인다. 끝없는 부정이 회의주의의 특징이다. 반면 이성은 형식상 자기가 실재라는 것을 확신하면서 동시에 내용상으로는 대상이 바깥에서 제공된다는 것을 확신한다. 양자 모두를 확신하는 것이 관념론의 특징이다. 즉 "한편에는 통각에 의한 통일과 다른 편에는 사물을 모두 본질이라"고 주장한다는 것이다.

239) 〈SK 185:11~24〉〈FM 137:8~17〉

관념론이 이와 같은 모순에 빠져드는 이유는 그것이 이성에 관한 **추상적인 개념**을 진리라고 주장하는 데 있다. 이런 까닭에 이런 관념론에는 [경험적] 실재[Realität] 자체가 발생하지만, 이런 실재는 이성을 충실화하는 것[Realität]에 해당하지 못한다. 그러나 이성은 자신이 전면적인 실재[Realität]여야 한다. 이성은 아무리 끊임없는 탐구에 열을 올리더라도 끝내 만족할 만한 발견을 이루기는 불가능하다는 것을 선언하지 않을 수 없다. —그러나 실제로 존재하는 이성이 그토록 불합리한 것은 아니다. 즉 이성은 단지 처음에는 자신이 전면적으로 실재[Realität]한다는 것을 **확신**하지만, 그저 확신하는 한에서는 또는 **나**[Ich]에 머무르는 한에서는 자신이 참으로 실재하는 것이 아니라는 사실을 이런 **개념**을 통해서 자각한다. 그러므로 이성은 자신의 확신을 진리로 끌어올리고 나의 것이라는 **빈말**의 내용을 충족하도록 강요된다.

[해제] 앞에서 설명했듯이 주관적 관념론은 자신이 곧 실재라고 확신하지만, 이는 바깥에서 실재를 경험하는 경험론이 된다. 그 결과 주관적 관념론은 자기모순에 빠질 뿐이다. 주관적 이성은 객관적 이성으로 발전해야 한다. 즉 현실적 대상 속에서 객관적으로 자신을 확인해야 한다.

따라서 이성의 발전 과정은 대상이 제공되는 이전의 운동을 되풀이한다. 감각, 지각, 지성, 그리고 자기의식의 발전단계가 다시 한번 되풀이된다. 관찰하는 이성의 단계에서 헤겔은 먼저 물체와 생물 가운데 배타적 통일이라는 방식으로 분류되는 것이 있는가를 찾는다. 그러나 그런 분류 기준은 발견할 수 없었다.

이어서 생물적 현상을 관찰하는데 여기서 개체와 환경, 생명과 유기체, 정신과 신체(관상학), 정신과 머리뼈(골상학) 사이의 법칙을 파악한다. 이런 법칙 속에서 이성은 객관성을 발견하려 하는데, 이는 내적인 것과 외적인 것의 합일이 가능한가에 달렸다. 결론적으로 헤겔은 관찰하는 이성의 단계에서는 객관적인 이성을 발견할 수 없다고 한다.

이어서 자기를 산출하는 이성의 단계에서 헤겔은 사회 속에서 개인과 사회 사이의 관계를 규정하는 객관적 이성을 발견하려 한다. 마침내 상품이 그 가치대로 교환되는 자본주의적 시장 경제 속에서 이런 객관적 이성을 발견한다. 여기서 개인은 다른 개인과 서로 작용하는 가운데서, 형식적 일치를 넘어서서 내용상으로 통일한다.

이로써 각 개체의 객관적 본질이 현실적으로 실현되면서, 이성은 전면적으로 실재하게 된다. 이렇게 되면 개인과 개인 사이의 구체적인 통일이 출현하면서 그것이 곧 헤겔이 실체라고 규정했던 것이다. 이 실체는 그다음 정신의 운동이 전개되는 출발점으로 된다.

A 관찰하는 이성

[해제] A 절의 흐름은 다음과 같다.
240~243) 관찰하는 이성의 개념, 의도와 결과의 구별.
a) 자연의 관찰
244~245) 자연의 감각, 지각
246~248) 자연에 관한 지성적 인식
249) 자연법칙의 발견
250) 지성의 관행과 지성의 개념
251~253) 순수 법칙의 발견
254) 자기 의식적 이성, 유기체의 개념
255) 유기체와 환경의 관계
256~257) 유기체의 합목적성
258) 유기체의 내적 목적
259~261) 종적 목적과 개체적 목적
262~264) 내면과 외면의 관계
265) 유기체의 기능
266~269) 유기체의 형태
270~275) 내적 계기 사이의 관계
276) 기능과 형태의 관계
277~278) 내면과 외면의 관계가 지닌 한계
279) 유기체 개념을 통한 내면과 외면의 관계
280~282) 내면과 외면의 관계에 관한 관찰하는 이성의 파악
283~285) 유기체의 합목적성: 생명-외적인 형태-자연환경
286) 유기체를 보는 내적인 관점과 외적인 관점
287) 유기체의 내면과 외면의 무차별성

288~289) 비유기체에서 비중과 응집상태의 관계

290) 비유기체에서 내면

291) 비유기체의 내면과 유기체의 내면

292) 비유기체에서 단순한 생명체와 의식적 생명체의 비교

293~294) 단순한 생명체의 진화

295~297) 유기체 관찰의 한계

240) 〈SK 185:29~186:9〉〈FM 137:20~32〉

[이성적] 의식에 **존재**는 곧 그 **자신의 것**[Seinen]이라는 의미가 있다. 그런데도 우리는 이런 의식이 사실 다시금 주관적 생각[Meinen]이나 지각으로 걸어 들어가는 것을 본다. 이때 이성적 의식은 [대상이] 단지 **타자적인 것**일 뿐이라고 확신하기보다 오히려 자신이 이 타자 자체라고 확신한다. 이전에는 사물에서 많은 것을 지각하고 **경험하는** 일은 의식에 일어나는 하나의 **사건**이었지만, 여기서는 의식이 관찰과 경험 자체를 마련한다[anstellt]. 주관적 생각[Meinen]이나 지각은 오늘 우리의 관점에서 보면 일찍이 이미 지양된 것인데 현재[이성의 단계]로서는 의식 자신의 힘으로 의식 자신을 위해 극복된다. 이성의 목표는 진리를 인식하는 것 다시 말해 감각이나 지각에서는 하나의 사물로 여겨진 것이 사실 개념에 속하는 것임을 발견하려는 것이다. 다시 말하자면 이성의 목표는 물체[Dingheit] 속에서 오직 이성 자신을 의식한다. 그리하여 이성은 이제 세계에 대해 두루두루[allgemeines] **관심**을 지닌다. 왜냐하면, 이성은 자기가 세계에 지금 있는 것[Gegenwart]이라는 사실 또는 현재의 세계가 이성적이라는 것을 확신하기 때문이다. 이성이 [세계로서] 타자를 탐구하는 것은 이 타자에서 다름 아닌 자기 자신을 소유할 수 있다는 것을 알고 있기 때문이다. 이성은 오직 자기에게 고유한 무

한한 존재[259]를 탐구한다.

241) ⟨SK 186:10~26⟩ ⟨FM 137:33~138:10⟩

이성은 처음에는 자기가 현실에 내재하고 있음을 다만 예감하면서 또는 현실이 다만 **자기 것**이라고 막연하게[überhaupt] 인식하면서 이런 맥락에서 자기 것이라고 확신하는 소유물을 모조리 획득[Besitznehmung]하기로 작정한다. 이성은 아무리 높고 아무리 깊은 곳이라 할지라도 거기에 자신의 주권이 미치고 있다는 흔적을 남기려 한다. 그러나 이렇듯 표면상으로 그의 것으로 된 것[Mein]이 이성의 궁극의 관심사는 아니다. 그런 방식으로 모조리[allgemeinen] 소유했다는 기쁨은 자기의 소유물에서 여전히 낯선 타자를 발견할 뿐, 추상적인 이성은 자기 자신에서 이런 타자를 끌어내지 못한다. 이성은 자기가 더 심원한 본질이라는 예감을 지닌다. 왜냐하면, 순수한 나[Ich]는 **존재하기** 때문이며 또한, 순수한 나는 구별된 **다양한 존재**가 순수한 나에게 순수한 나 자신의 것으로 되기를 요구하며 또한, 이 순수 나[Ich] 자신이 **현실**로 나타나는 것을 관찰하면서 그 자신을 형태를 지닌 사물[Gestalt und Ding]로 현재 있다는 것을 발견하기를 요구하기 때문이다. 그러나 이성이 아무리 사물의 내장을 속속들이 훑어내고 사물의 모든 혈관을 갈라봄으로써 그로부터 이성이 솟아 나오게 하려고 해도 이성은 그런 행운에 이르지는 못한다. 오히려 이성은 먼저 그 자체에서 자신을 완성했어야 하며 비로소 이성은 자신의 완성을 경험할 수 있을 것이다.

242) ⟨SK 186:27~187:24⟩ ⟨FM 138:11~36⟩

　의식이 **관찰한다**고 할 때 이성이 원하는 것[will]은 자기를 존재하는

259　헤겔에서 무한성은 자기 내 복귀하는 것 즉 이중으로 부정되는 것을 의미한다. 이성 앞에서 타자가 자기를 부정하여 이성을 드러낼 때, 이 타자는 무한한 것이 된다.

대상으로 즉 **감각적으로 생생하게 받아들여지는 실제로 있는** 존재로 발견하고 또 소유하는 데 있다. 관찰하는 의식이 마음에 두고[meint] 정말[wohl] 말하는 것은 곧 자기가 **자기 자신**을 경험하려 한다는 것이 **아니라** 반대로 **사물로서 사물의 본질**을 경험하려 한다는 것이다.[260] [관찰하는] 의식의 사견과 말이 이와 같은 이유는 이 의식이 이성이기는 하지만, 이런 의식이 보기에 이성이 아직 그 자체로 대상으로 되는 것은 아니라는 데 있다. 만약 이성이 자기 자신의 본질이면서 동시에 사물의 본질이라는 사실을 알고서는 이성의 본래적 형태가 오직 의식 속에서만 있을 수 있다는 사실을 알았더라면, 이 의식은 오히려 자기 자신 속으로 깊숙이 파고들어서 사물 속에서보다 그곳에서 자신의 구체적 형태를 찾아 나섰을 것이다. 관찰하는 의식이 이성의 구체적 형태를 자기의 깊숙한 안에서 발견했더라면, 이성은 그 깊숙한 곳에서부터 나와서 다시 현실에 다가가서는 현실 속에서 자신에 관한 감각적 표현을 관찰할 것이다. 그러면서 이성은 그런 표현을 **개념**으로 곧바로 받아들일 것이다.* 이성은 **직접** 본다면 그 자신이 전면적인 실재[Realität]라는 것을 확신하는 가운데 등장하며, 자신의 실재성[Realität]을 **직접적인 존재**라는 의미에서 받아들이며, 나[Ich]와 대상적 본질의 통일도 **직접적인 통일**이라는 의미에서 받아들인다. 이런 직접적 통일의 상태에서 이성은 존재와 나[Ich]라는 두 계기를 아직 분리하지 않을 뿐만 아니라 다시 통일하지도 않으니 여기서 이성은 그런 통일을 아직 인식하지 못한다. 따라서 이성이 관찰하는 의식으로서 사물에 다가갈 때 사견[Meinung: 私見]을 통해 본다면 이성은 이 사물을 이런 나[Ich]에 대립하는 감각적

---

260 여기서 이성이 원하는 것과 그의 사견이나 말이 다르다. 전자는 세계 속에 자기를 발견하는 것이지만, 후자는 세계를 경험하는 것이다.

인 사물로 받아들이는 것이다. 그러나 이성이 실제로 수행하는 것[ihr wirkliches Tun]은 이런 사견과는 대립한다. 왜냐하면, 이성은 사물을 **인식하고** 그것이 지닌 감각적인 존재를 **개념**으로 전환하며 다시 말하자면 존재면서 동시에 나[Ich]인 것으로 전환하는 가운데 사유를 존재하는 사유로 또는 존재를 사유 된 존재로 전환하므로, 사실상 이성은 여기서 사물은 개념으로서만 진리에 이른다는 사실을 주장하기 때문이다. 그런 점에서 이렇게 서로 전환하는 가운데 관찰하는 의식에는 다만 **사물의 본질**이 드러나지만, 우리에게는 **관찰하는 의식 자신**의 본질이 드러난다. 즉 의식이 전개하는 운동의 결과는 의식의 본래적인 모습이 의식 자체에도 자각되기에 이른다는 것이다.

*Lasson 주) 이 삽입 구절{만약 이성이 자기 자신의 본질이면서 …곧바로 받아들일 것이다}에서 헤겔은 철학적 근본학문의 독특성을 논리학에서 상세하게 전개된 대로 묘사한다.

243) ⟨SK 187:24~28⟩⟨FM 138:37~39⟩

관찰하는 이성의 **활동**은 그 운동이 전개되는 계기를 통해 고찰될 수 있다. 그 운동은 곧 이성이 자연과 정신 그리고 이 양자 관계를 수용하면서[aufnimmt] 자신을 외면적으로 존재하는[seiende] 현실로서 탐구하는 운동이다.

[해제] 240~243)은 관찰하는 이성의 개념을 제시하는 부분이다. 여기서 헤겔은 관찰하는 이성의 의도와 실제 결과 사이의 차이를 설명한다.

1) 이성은 이미 세계가 곧 자신이라는 것을 확신하므로, 세계 속에 자신이 있다는 것을 예감하면서, 세계에서 자신을 발견하고자, " 자기

것이라고 확신하는 소유물을 모조리 획득하기 위해" 세계 곳곳을 돌아다닌다. 이와 같은 경험은 대상을 부정하는 의식 단계의 경험과 달리 대상을 긍정한 채 그 속에서 자기를 발견하려는 시도다. 그는 세계를 "두루두루 돌아다니며" "사물의 내장을 속속들이 훑어내며, 사물의 모든 혈관을 갈라본다".

그러나 헤겔은 이런 이성의 모험은 실패로 돌아가게 마련이라고 한다. 즉 그런 모험의 결과 세계 어디서도 그 자신을 발견할 수 없다. 그는 이성의 실현을 경험하는 행운에 이르지 못한다. 왜냐하면, 그는 "여전히 낯선 타자를 발견할 뿐" "자기 자신에서 이런 타자를 끌어내지 못하기" 때문이다.

2) 여기서 헤겔은 이성이 원하는 것과 이성의 사견과 말이 마지막으로는 실제로 수행한 결과 그가 발견하는 것이 분열된다는 사실을 밝힌다.

이성은 원하는 것은 "자기를 존재하는 대상으로 발견하는 것"이다. 대상 속에서 자기를 발견할 수 있다는 확신을 가지고 관찰하는 의식의 사견이나 말은 "사물로서 사물의 본질을 경험한다는" 것이다. 즉 관찰하는 이성은 무의식 속에는 자기를 발견하려 하면서(관념론) 생각이나 말로는 사물을 순수하게 경험적으로 기술하고 분류하려 한다는 것이다(경험론).

3) 그러나 이미 말했듯이 이런 기술과 분류는 순수한 경험에서 제공되지 않는다. 그는 이미 어떤 특정한 주관적 범주를 통해서 사물을 기술하고 분류하고 있으니, 결국, 그가 발견하는 것은 주관적 범주 즉 자기 자신일 뿐이다. 이것은 이성과 실재의 "직접적인 통일"에 그친다.

이성은 사물을 인식하고 그것이 지닌 감각적인 존재를 개념으로 선환하며 다시 말하자면 존재면서 동시에 나[Ich]인 것으로 전환하는 가운데 사유를 존재하는 사유로 또는 존재를 사유 된 존재로 전환하는 것이다. 그러므로 관찰하는 이성 자신은 자기가 사물의 본질을 파악하는 것으로 생각하지만, 실제로는 또는 우리가 보기에는 이것은 자기의 의식 자체의 주관적 본질이 드러나는 것일 뿐이다.

이런 주관적 관념론, 직접적 통일에서 세계에 관한 경험이 실제로 주는 것은 그의 말과도 다르며, 그의 사견과도 다르다. 그가 실제로 발견하는 것은 그의 말과 달리 경험이 아니라 주관적 범주이며, 그의 사견과 달리 객관적인 본질이 아니라 주관적 본질이기 때문이다.

4) 관찰하는 이성은 제공되는 대상 속에서 자기를 발견하려 하지만, 좌절하고 만다. 사실 이후 관찰하는 이성의 역정을 통해 드러나는 일이지만, 자연의 관찰을 통해서는 객관적 본질이며 이성의 자체를 발견할 수 없다. 이런 객관적 본질은 사회적으로 서로 작용하는 가운데서 비로소 발견된다. 그것이 사태 자체다. 이것은 객관적 본질이며 동시에 이성 자기 자신이다.

헤겔은 미리부터 객관적 이성이 "자기의 깊숙한 안에서 발견된다는 사실을 알았다면" 먼저 자기 자신 속으로 깊숙이 파고들었을 것이라고 말한다. 하지만, 모순을 통해 전진하는 의식 경험의 운동은 이성조차 피할 수 없다. 주관적 이성은 세계에 관한 끝없는 관찰의 끝에 이르러서야 비로소 객관적 이성을 발견하며, 그것이 현실적으로 실현되는 길을 발견할 수 있을 뿐이다.

a 자연의 관찰

244) 〈SK 187:31~188:11〉〈FM 139:3~13〉
사유하지 못하는 의식이 관찰과 경험이 진리의 원천이라고 언표한다면 이런 말은 마치 오로지 미각, 후각, 촉각, 청각, 시각만이 중요하다는 말처럼 들릴 것이다. 사유하지 못하는 의식은 미각, 후각 등에 열중하는 나머지 자기가 사실 또한, 마찬가지로 본질상 감각 대상을 규정하고 있으며, 이런 규정하는 작용이 그에게는 그런 감각만큼이나 중요하다는 사실을 말하는 것을 망각한다. 의식이 그처럼 도대체 지각만을 중요하게 여기지 않는다는 사실은 곧바로 인정될 것이다. 이를테면 담뱃갑 옆에 칼이 놓여 있다는 지각은 하나의 관찰로서 자격을 지닌 것으로 여겨질 수 없다. 지각된 것은 **감각적인 개별 사실**[Diesen]이라는 의미를 지닌 것에 그쳐서는 안 되며 적어도 **일반적인** 의미를 지닌 것이어야 한다.

기술 일반[261]

245) ⟨SK 188:12~189:19⟩⟨FM 139:14~140:13⟩

일반적인 것은 처음으로 등장할 때 단지 **자기와 같음을 유지하는 것**일 뿐이다. 이때 자기와 같음을 지닌 것이 전개하는 운동은 같은 활동이 같은 형태로 되풀이된다는 것이다. 그런 한에서 의식은 대상 속에서 다만 **일반적인 것**이나 **추상적인 나의 것**[Mein]만을 발견하므로 대상에 본래 속하는 운동을 스스로 떠맡아야 한다. 의식은 이때 아직 대상을 지성적으로 파악하는 것[Verstand]은 아니므로 적어도 대상을 기

---

261 이하 이성 장에 나타나는 붓글씨 소제목은 초판에 발견되지 않는다. 그러나 1907년 라손 판에서 이런 구분은 라손 자신이 한 것으로 말하고 있다. (Lasson 판, 1907, S. 525 참조) 라손은 이성 장 말고도 다른 장에서도 세부 제목을 달았다. 1937년 호프마이스터 판에서는 다른 장에 나온 소제목은 거의 없애고(자기의식 장에 일부 남아 있다) 오직 이성 장에서의 소제목은 남겨놓는다. 다만 라손 판에서보다는 더 단순화했다. 1970년 SuhrKampf 판은 호프나이스터판을 따랐다. 1980년 발간된 Felix Meiner 판은 초판에 따라서 모든 소제목을 제거했다. 라손의 소제목은 너무 자질구레하니 여기서는 SK 판을 따라 소제목을 붙인다. 이 소제목은 초판본에도 나오는 제목과 구별하기 위해 특별히 붓글씨체로 표현했다.

억하는 것이어야 한다. 의식은 현실 속에서는 단지 개별적인 방식으로만 눈앞에 나타나는 것을 기억을 통해 일반적인 방식으로 표현하지 않으면 안 된다. 기억은 개별 사실로부터 [되풀이되는 것을] 피상적으로 추출하는 것이며, 여기서 생기는 것은 일반성의 피상적인 형식일 뿐이며 감각적인 것은 그 속에 다만 수용될[aufgenommen] 뿐이고 그 자체에서[an sich selbst] 일반적인 것으로 되지 못한다. 사물을 이처럼 **기술[記述: Beschreiben]**하는 것은 여전히 대상 자체 속에 있는 운동을 파악하지 않는다. 오히려 운동은 다만 기술하는 데 존재한다. 기술되고 난 대상은 더는 관심을 끌지 못한다. 하나의 대상에 관한 기술이 끝난 다음에 또 다른 대상에 관한 기술이 시도되며 항상 이런 탐구가 일어나면서 기술이 끝나지 않는다. **전혀** 새로운 사물을 발견하기가 쉽지 않을 때는 이미 발견된 것으로 되돌아가서, 이를 더 세분하고 분석해 그런 사물에서 **물체[Dingheit]**의 새로운 측면을 음미할 수밖에 없다. 이런 끊임없이 부산한 탐구의 본능이 다룰만한 소재는 결코 그치지 않는다. 새롭고 유별난 종을 발견하는 것 또는 하나의 개별자에 그치더라도 일반적인 것이라는 본성이 귀속하는 혹성을 새롭게 발견하는 것은 다만 행운에 속할 것이다. 하지만, 코끼리나 참나무나 금과 같은 것의 **특징**을 표시해 주는 경계 다시 말해 그런 것들의 **유**와 **종**의 본성은 여러 단계를 거쳐 무한히 **세분**되면서 결국, 혼란스러울 만큼 복잡한 동식물이나 암석류 또는 인공적인 노력을 통해서 비로소 모습을 드러내는 금속이나 토양 등등으로 분류된다. 일반적인 존재가 지닌 무규정성의 영역을 세분하면 그런 분류는 점차 **개별 존재**에 가까워지며, 이 개별 존재 내에서도 이런저런 측면에 따라서 다시 전적인 하강이 일어난다. 그러므로 이런 일반 존재의 영역에서는 관찰과 기술을 위한 재료가 넘쳐난다. 그러나 여기에서 즉 관찰을 위해 끝 모르는 영역이 열린 곳에서는, 다시 말해 일반적인 것[Allgemeinen]의 경계선에서는 관찰은 측량할 수 없는 풍요를 얻는 대신에 다만 자연의 한계와 관찰 자신의 활동이 지닌 한계만을 발견했을 것이다. 즉 관찰하는 입장에서는 그 자체로 존재하는 것처럼 보이는 것이 우연의 산물은 아닌지 가늠할 수가 없다. 그 자체로 볼 때 혼란스럽고 미완성적이며 희미하게 새겨진 형태 또한, 원초적인 무규정성[무 자체]을 겨우 벗어난 상태여서 그 이상으로 전개될 수는 없을 정도로 새겨진 형태는 단지 기술되는 것조차 버겁다.

[해제] 헤겔은 244~245에 걸쳐 자연에 관한 관찰의 한계를 드러낸다. 우선 첫 번째는 자연을 분류하는 데서 부딪힌 한계가 제시된다.

앞에서 얘기했듯이 주관적 이성은 형식적이다. 여기서 객관적 이성은 대상에 내재하는 것으로 예감된다. 그러므로 이성은 대상을 관찰하러 나간다. 이성의 관찰은 처음 단순한 감각으로 시작된다. 이것은 처음에는 단순한 수용적인 행위로 보이지만, 점차 이런 관찰이 일반적인 것을 드러내는 지각으로 이행한다.

관찰은 지각으로 이행하면서 되풀이해서 나타나는 일반성을 파악하려 한다. 그런 가운데 우선 되풀이하는 것에 관한 기억이 이루어지고, 이어서 다양한 사물을 기술한다. 이미 발견된 사물을 더 세분해서 분석하며, 나아가서 새롭고 유별난 것 또는 개별자지만, 일반적인 것을 발견하려 한다. 이렇게 사물을 기술하는 가운데 일반 특성이 파악된다.

이런 개별 사물의 일반성이 파악되는 끝에 사물을 종별로 일반화하는 것 즉 분류하려는 시도가 등장한다. 여기서 유외 종의 관계가 형성되는데, 이런 분류의 시도는 결코 완결되지 못한다. 어떤 분류의 기준을 통해서도 그것으로 분류되지 않는 "혼란스럽고 미완성적이며 희미하게 새겨진 형태 또한, 원초적인 무규정성[무 자체]을 겨우 벗어난 상태"만이 발견되면서 분류는 난파하고 만다.

징표

246) 〈SK 189:20~190:33〉〈FM 140:14~141:13〉

이런 탐구나 기술에서는 관심이 오직 사물에만 집중되는 듯이 보이지만, 이때 우리가 실제로 알게 되는 것은 이런 탐구가 그저 **감각에 기초한 지각**[sinnlichen Wahrnehmen]을 쫓아다니는 것은 아니라는 사실이다. 오히려 관찰에서는 그 밖의 온갖 감각적 성질 전부보다도 사물을 **식별하는** 데 도움으로 되는 징표가 더 중요하다. 왜냐하면, 사물은 징표 바깥의 감각적 성질이 없이는 있을 수가 없지만, 의식은 그런 감각적 성질에 무관심하기 때문이다. 이렇듯 [감각적 성질 가운데] **본질적인 것**과 **비본질적인 것**을 구별하는 것을 통해서 산만한 감각적 존재로부터 개념이 부상한다. 본질상 인식이 그런 가운데서 단언하는 것은 의식 자신도 적어도 사물에 못지않게 중요하다는 사실이다. 그처럼 사물과 의식 양쪽이 모두 본질적인 의미가 있다고 할 때 과연 인식에서 본질적이고 필수불가결한 것이 **사물**에도 역시 그러한 것인지가 불분명해진다. 한편으로 **징표**라는 것은 사물과 사물을 식별하는 데서 인식에 도움이 돼야 하지만, 다른 한편으로 징표는 사물의 비본질적인 성질이 아니라 사물 자신을 일반적으로 뒤엉켜 있는 [외면적] 존재 일반에서 **분리해 내고** 자신을 타자와 **구분**하며 **독자적으로**[für sich] 존재하게 만드는 것262)이어야 한다. 징표는 단지 인식에 대한 본질적인 관계를 지녀야 할 뿐만 아니라 사물의 본질적인 규정성이어야 한다. 인위적인 체계는 자연의 체계에 부합돼야 하며 오직 자연의 체계를 표현해야만 한다. 이런 사실은 이성의 개념에서 볼 때 필연적인 일이다. 본능적 이성-이성

---

262 종차를 말한다.

은 이런[감각적] 관찰에서는 단지 본능인 한에서만 개입하므로-이 자신의 체계를 통해 마침내 이상과 같은 [인식과 사물의] 통일에 이르는 곳에서 이성의 대상이 어떤 모습을[beschaffen] 지닌 것인가를 보자면, 여기서 이성의 대상은 **이 순간에** 또는 바로 **여기에서** 단지 우연히 이루어진 것으로 나타나지 않으며 오히려 그 자체에서 본질적인 것이면서 **독자성을 지닌 것**[Fürsich-sein]으로 나타난다. 예컨대 동물을 구별하는 징표로 발톱과 이빨을 들 수 있다. 왜냐하면, 실제로 발톱과 이빨을 통해 인식은 동물을 다른 동물로부터 구별할 뿐만 아니라 동물은 그것을 통해 **분류**되기 때문이다. 동물은 발톱과 이빨이라는 무기를 앞세워 자신을 **독자적으로** 보존하며 일반적인 자연으로부터 자기를 구분한다.*1 이에 반해 식물의 경우는 **독자적인** 존재에까지는 이르지 못하고*2 다만 개체성에 이르는 경계 선상에 놓여 있다. 식물은 이런 경계 선상에 놓여 있기에 성별이 **이원화**하는 듯한 가상을 보여주며 그 때문에 식물은 다른 것과 구분돼 식물로 받아들여진다. 그러나 식물보다 더 하위에 속하는 존재는 도저히 자기를 타자로부터 구별하지 못한 채 대립에 이르면 형태가 사라져 버린다. [그런 존재에서는] **정적인 상태**와 **타자와 관계한 상태**가 서로 모순에 이르며 사물은 타자와 관계할 때는 정적으로 있을 때와 다른 것으로 된다. 왜냐하면, 그에 반해서 개체를 유지하려면 타자와의 관계에서 자기를 유지해야 하기 때문이다. 사물은 이렇듯 자기를 유지하지 못한 채 [사물 가운데] **화학적인 방식**의 측면[chemischerweise]이 **경험적인 방식**의 측면[empirischerweise]263과 달라지므로 인식에 혼란을 초래해 과연 그런 사물이 두 측면 중 어떤 측면을 핵심으로

---

263 '화학적 방식'은 타자와 관계하는 측면을 말하고 '경험적 방식'은 직접적인 정적인 측면을 말하는 것으로 보인다.

삼는 것인지가 논란된다. 왜냐하면, 사물 그 자체는 같음을 간직한 존재가 아니고 두 측면이 사물에서 분리됐기 때문이다.

*¹ FM주 〈140:36~37〉 헤겔은 여기서 동물 분류를 다룬다. 그것은 한편에는 아리스토텔레스에서 나타나는 것이고 다른 편으로는 린네에서 나타나는 것이다. 참조: 아리스토텔레스Aristotels, *Opera*, 499b-500b 13. 또한, 다음을 참조하라: 린네Carolus a Linné, 『자연의 체계』. 헤겔은 이런 인식을 아마도 블루멘바하J. F. Blumenbach를 통해서 얻었을 것이다. 헤겔은 그에 관해서 예나 자연철학에서 명백히 밝히고 있다. 참조: 헤겔G. W. F. Hegel, 『전집』, Bd. 6, 200.

그 밖에도 블루멘바하의 자연사 교과서가 헤겔의 서고에서 발견됐다. 블루멘바하는 아리스토텔레스와 린네를 참조한다. 참조: 블루멘바하Johann Friedrich Blumenbach, 『자연사 교과서』, 4권, S. 48: "사람들은 포유류를 분류하려 시도했던 여러 가지 인위적인 체계를 지닌다. 그 방법은 이미 알려졌다. 예를 들어 아리스토텔레스의 분류는 발가락과 발톱의 서로 다름에 기초하며, 레이Ray 등도 이런 방식을 취했으며 더 다듬었다. 그런데 여기에서 개미귀신이나 나무늘보 등 가운데 서로 혈연적으로 가장 가깝고 전적으로 비슷한 종이 서로 분리되며 전적으로 서로 다른 계열에 놓이게 될 수밖에 없었다. 왜냐하면, 그 가운데 어떤 것은 이가 많고 다른 것은 이가 적기 때문이다. 린네는 이를 분류 기준으로 선택했다. 그의 길은 적지 않게 장애에 부딪혔는데, 때로는 부자연스러운 분리 때문이며 때로는 가장 기이한 결합 때문이었다." 참조: 라이우스Johannes Raius, 『네발 동물과 뱀 목 동물에 대한 체계적인 개요』, S. 121ff.

*² FM주 〈141:2~4〉 헤겔은 여기서 린네의 식물의 암수 체계를 거론한다. 이 체계에서 그런 구별이 시도된다. 린네Carolus a Linné, 『식물 체

계』, S. 21ff. 린네는 Monoecia 와 Dioecia를 구분한다. Monoecia: 암수 꽃이 분리되지만, 식물의 같은 줄기에 붙어 있다. Dioecia: 암, 수가 분리된 식물. 이런 구분에 관한 설명은 블루멘바하Johann Friedrich Blumenbach, 『자연사 교과서』, S. 497f를 참조하라.

247) ⟨SK 190:34~191:25⟩⟨FM 141:13~23⟩
일반적으로 자기와 같음을 지닌 존재[개체]의 체계에서는 이 자기와 같음을 지닌 존재는 인식에서도 **자기와 같음을 지닌 존재[Sichgleichbleibendes]**인 동시에 사물 자체에서도 자기와 같음을 지닌 존재라는 의미가 있다. 일련의 진화 과정이 각자의 자기와 같음이라는 규정성을 통해 안정적으로 기술될 수 있으며 각 규정성은 일정한 범위에서는 독자성을 보장하도록 허용된다. 그러나 이 규정성이 이 범위를 넘어 적용되면 그 규정성은 동시에 본질상 자신의 반대로 이행하면서 여러 규정성이 뒤얽힌 혼란이 일어난다. 왜냐하면, 일반 규정으로서 징표는 두 가지 대립하는 것 다시 말해 규정성[대타성]과 그 자체 일반성[대자성]의 통일을 의미하므로 이런 통일은 대립 속에서 분리될 수밖에 없기 때문이다. 이제 한편으로는 규정성이 자신의 본질을 이루는 일반성에 대해 승리한다면 다른 한편으로는 반대로 일반성이 규정성을 제압해 이 규정성을 한계에 부딪히게 하며 그런 한계에 이르면 어디서부터 구별되고 어디까지 본성이 유지되는지가 혼란스럽게 된다. 관찰은 갖가지 규정을 질서정연하게 분리해 그런 규정성에서 어떤 확고한 것을 획득했다고 믿었으나 다른 원리가 하나의 원리와 중첩되면서 이행과 혼란이 형성되고 이 다른 원리에서는 그 관찰이 처음에 바로 분리된 것으로 여겼던 것을 결합하고 이전에 결합했던 것을 다시 분리하는 것을 본다. 따라서 평온하게 자기와 같음을 유지하는 존재를 확고하게 붙들고 있었던 관찰이라도 틀림없이 발견하는 것은 자신이 가장 일반적인 것으로 삼았던 규정 속에서 예를 들어 동물이나 식물의 본질적인 징표로 삼은 규정 속에서 지금까지 자기의 관찰에 속하는 모든 규정을 무효로 하는 예를 발견함을 통해 조롱받는다는 것이다. 또한, 이런 관찰이 발견할 수밖에 없는 것은 이런 관찰을 일반화할 때 그런 일반적 관찰은 터무니없는 것으로 되면서 멍청한 관찰과 기술로 전락한다는 것이다.

248) ⟨SK 191:26~192:12⟩⟨FM 141:34~142:11⟩

관찰은 일반 규정을 통해 단순한 것에 한정되거나 감각적으로 흩어진 것에 한정되는 한, 자신의 대상에 부딪혀 **자신의 원리에 혼란이** 일어난다. 왜냐하면, 규정된 것은 본성상 스스로 자기의 대립물로 사라질 수밖에 없기 때문이다. 그러므로 이성으로서는 가까스로[hauen] 존속하는 듯이 보일 뿐, **타성적**으로 유지되는[trägen] 규정성에서 눈을 돌려 그 규정성의 실상을 관찰하는 것으로 즉 **하나의 규정성이 그것에 대립하는 규정성에 대해 관계하는 것**[264]의 관찰로 나아가지 않을 수 없다. 본질적인 징표라고 불리는 것은 **안정적인**[ruhende] 규정성이다. 그런데 규정성이 여기서 **단순한 것**으로서 표현되고 파악되는 만큼 그 규정성으로는 그런 징표의 본성[Natur]이라고 할 것이 표현되지 않는다. 그 본성이란 바로 징표가 [이성의] 자기 내로 복귀하는 운동에서 사라질[verschwinde] **계기**[265]라는 것이다. 이제 이성의 본능이 징표로서 규정성을 그 본성에 적합하게 탐구하는 데 이른다. 다시 말해 이성의 본능은 그 규정성을 본질상 독자적인 것[für sich]으로서가 아니라 스스로 대립하는 것으로 이행하는 것으로 파악한다. 그런 가운데 이성의 본능은 **법**

---

264 법칙을 말한다. 법칙은 두 속성 사이의 관계로 이루어진다.
265 어떤 사물의 징표는 다양하며, 그것은 법칙을 이루는 한 계기에 불과하다.

칙과 그런 법칙의 **개념**을 탐구하는데 이르지만, 이런 법칙과 법칙의 개념은 [일단] **외면적으로 존재하는 현실**인 한에서 탐구된다. 그러나 이런 외부 현실은 실상 법칙의 개념에서는 소멸하고 만다[verschwinden]. 법칙의 개념에서는 법칙의 양 측면은 순수한 계기 또는 추상적 계기로 될 것이다.[266] 그러므로 개념은 그 자체에서 무차별하게 존속하는 감각적 현실성을 제거하는 것이므로 법칙이라는 것은 이미 개념의 본성에 들어선 것이다.

[해제] 1) 관찰하는 이성은 분류하는 가운데 단순한 일반적 성질 즉 속성이 아니라 사물을 식별하는 데 기준이 되는 징표를 찾으려 한다. 이런 징표를 파악하려는 가운데서 인식이 단순히 수동적인 것이 아니라 능동적으로 작용한다는 사실이 알려진다. 즉 다양한 속성 가운데 하나가 사물의 징표로 선택되는 데 이때 주관적 관점이 개입하기 때문이다.

그러나 관찰하는 이성이 선택한 징표가 주관적인 것을 넘어서서 참으로 그 사물 자체에 고유한 것인지 즉 "인식에서 본질적이고 필수불가결한 것이 사물에도 역시 그러한 것인지" 모호해진다.

사물에서 고유한 것을 헤겔은 대자 존재라고 규정하는데, 이 대자 존재는 "[외면적] 존재 일반에서 분리하여 주고 자신을 타자와 구별하여 대자적으로 존재하게 만드는 것"이어야 한다. 이와 같은 대자 존재가 되기 위해서는 그것이 사물을 지속해서 그 사물로 만들어주는 것 즉 본질이어야 한다.

헤겔은 다양한 속성 가운데 선택된 징표를 대자 존재로 규정하려는 시도는 실패할 수밖에 없다고 한다. 실제로 경험적으로 볼 때 하나의 사

---

266 예를 들어 전기에 관한 경험 법칙에 유리 전기와 수지 전기가 관계한다. 그러나 전기 법칙의 개념에 이르면 관계를 이루는 요소는 구체성이 사라지고 추상적으로 즉 −전기와 +전기로 표현된다.

물을 식별하는 징표 자신이 혼란스럽다. 때로는 이런 속성이 그 사물의 징표가 되며 때로는 다른 속성이 그 징표로 된다. 하나의 징표가 선택됐을 때 그 징표로 구분하기 어려운 중간 존재가 항상 발견된다.

2) 헤겔은 여기서 더 나가서 사물의 영역에서 그와 같은 주관적으로 징표를 선택하는 일은 필연적으로 실패할 수밖에 없다고 한다. 왜냐하면, 징표는 하나의 속성인데 이 속성은 타자와 관계하며 항상 부정성을 그 자체에서 지니기 때문이다. 그러므로 헤겔은 징표로 선택된 것이 '정적인 규정성'인데, 그 본성은 "자체 내로 복귀하는 운동에서 사라지는 계기"에 불과하다고 한다.

헤겔은 마침내 사물의 지속적 본질을 규정하는 것은 하나의 속성이 아니라 그 속성의 관계 즉 법칙이라고 한다. 법칙에서 관계를 이루는 것은 서로 대립하는 속성인데 이 두 가지는 서로 타자를 통해 규정되고 자기를 부정하면서 타자로 이행하는 관계에 있다. 이런 서로 이행하는 법칙 관계가 개체를 통해 되풀이하여 재생산됨으로써 사물의 지속적 본질이 형성된다.

이런 법칙은 처음 경험적으로 발견된다. 이때 법칙을 이루는 두 요소는 구체적 규정성을 지니고 서로 무차별하므로 법칙 관계는 우연성을 지닐 뿐이다. 그러나 일반 법칙에 이르러 법칙을 이루는 두 요소는 순수하게 서로 대립하는 힘이 되면서 양자의 관계는 필연적인 관계가 된다.

3) 이어서 헤겔은 자연의 각 영역에서 이런 고유한 본질을 찾아 나선다. 그 과정을 미리 간단하게 소개하자면 다음과 같다.

우선 단순한 물체의 경우 이런 순수한 법칙 관계를 발견하기 어렵다. 왜냐하면, 물체에서 대자 존재는 대타 존재와 관계하고 있기 때문이다. 그러므로 사물에서 대타 존재라는 외부의 영향을 통해 대자 존재가 변화한다. 따라서 이런 물체는 지속적 같음을 즉 고유한 본질을 지니지 못하니, 고유한 본질을 인식할 수 없다.

생물체의 영역에 들어와서 법칙 관계가 구체적으로 출현한다. 여기서 일반적 본질 즉 생명은 개체의 조직적 관계를 통해 출현하며 이를 통해 지속해서 자기를 재생산하면서 유적 본질이 된다. 그러나 생물체의 영역에서도 법칙은 제한적이다. 진화의 초기에 생물체에는 아직 개체성이 지속성을 띨 만큼 발전하지 못한다. 생물체는 식물을 넘어 특히 동물에 이르러서야 "개체는 타자와의 관계에서 개체로서 자기를 유지"할 수 있고 이를 통해 생물체는 자기를 지속해서 유지하는 객관적 본질을 지닌다. 이때 비로소 인식은 사물의 고유한 징표를 인식하기에 이른다. 그러나 헤겔은 동물의 경우에도 엄밀한 의미에서 객관적 본질 즉 지속하는 개체성을 발견할 수 없다고 한다. 왜냐하면, 생물체의 생명은 개체의 조직을 통해 재생산되지만, 개체를 둘러싼 환경의 외적 우연에 좌우되므로 그 지속성이 단명하며 우연적이기 때문이다.

헤겔은 마침내 의식을 가진 인간이 이루는 사회관계 속에서 이런 법칙을 발견하려 한다. 즉 사회적 본질은 개인이 서로 작용하는 관계를 통해 자신을 지속하는데, 이런 사회적 본질은 지속적이며 필연적으로 자기를 재생산하니, 여기서 마침내 객관적 본질에 대한 자각이 이루어진다.

법칙의 발견

249) ⟨SK 192:13~193:3⟩⟨FM 142:12~32⟩

관찰하는 의식에 **법칙의 진리**가 경험되지만, 그런 **경험**은 곧 **감각적 존재**가 그 자체로 자기에게 나타난 것[an und für sich selbst]이 아니라 **관찰하는 의식에 대해** 나타나는 방식이다. 그러나 이런 [관찰된] 법칙이 그의 진리를 개념 속에 가지지 않는다면 그런 법칙은 필연성을 결한 우연한 존재일 것이며 사실상 법칙이라고 할 수가 없다. 그러나 법칙이 본질상 개념인 한에서 존재한다는 사실이 그런 법칙이 관찰된다는 사실에 모순되는 것만은 아니며 오히려 그런 법칙은 오히려 바로 그러므로 필연적으로 **현존**하며 관찰의 눈앞에 나타난다. 일반적인 것[법칙]은 **이성적인 일반성**[Vernunflallgemeinheit]을 의미하는 한에서 또한, 앞에서 언급한 개념이 그 자체에서[an ihm] 갖는 일반성을 의미하는 한에서 일반적인 것이다. 그러므로 일반적인 것은 의식**에 대해서** 자신을 지금 있는 것이며 실제로 존재하는 것으로 표현하며 다시 말하면 개념은 자신을 물체[Dingheit] 그리고 감각적 존재의 방식으로 표현한다. 그렇다고 해서 개념은 자신의 본성을 상실하거나 타성적으로 존속하는 것으로 되거나 무차별적인 계열[Aufeinanderfolge]로 전락하지 않는다. 일반적으로 타당한 것[gültig]은 또한, 일반적으로 통용된다[geltend]. 마땅히 존재**해야 하는 것**은 사실 또한, [현재] **존재하는** 것이며 단지 존재**해야 할** 뿐 존재하지 않는 것은 진리가 아니다. 이성의 본능이 자기 나름대로 당위가 존재한다는 사실을 확고하게 지키는 것은 당연하다고 하겠으니 이성의 본능은 허구를 통해 미혹 당하지 않는다. 왜냐하면, 그런 허구는 단지 존재**해야 하는** 것일 뿐 어떤 경험 속에서도 미리 마주치는 법이 없는 **당위**만 진리로 여기기 때문이다. 또한, 이성의 본능은 끊임없이 약속될 뿐 결코 모습을 볼 수는 없는 당위를 통해서 미혹되지 않는 것과 마찬가지로 가설 때문에 미혹되지도 않는다. 왜냐하면, 이성이란 자신이 실재한다는 것을 확신하며 의식에 자체성을 지닌 존재[Selbstwesen][267]로 드러나지 않는 것, 다시 말하면 현상하지 않는 것은 관찰하는 의식이 보기에 무나 다름없기 때문이다.

[해제] 1) 앞에서 말했듯이 사물의 징표를 발견하는 것은 주관성의

---

267 헤겔에서 자아란 항상 자기를 실현하는 힘을 말한다. 자기 속에 자아[Selbst]를 지닌 존재가 '자체성을 지닌 존재[Selbstwesen]'다.

한계를 벗어날 수 없다. 여기서 이성은 객관적 본질을 발견하고자 사물의 법칙을 파악하는 데로 나간다. 이 법칙은 서로 대립하는 필연적 속성의 관계를 의미한다.

2) 자연(물체, 생물)을 관찰하는 이성에서 법칙은 존재하는 것으로 출현한다. 이런 법칙은 경험적 관찰을 통해 발견된다. 즉 두 속성이 항상 공존하면, 법칙으로 인정된다. 그러나 이런 경험적 법칙은 그 자체로는 필연적 법칙이 아니며, 사실상 법칙이라고 말할 수도 없다. 헤겔은 경험적 법칙이 법칙이려면, 그 속에 개념의 필연적 관계가 들어 있어야 한다고 한다. 즉 "그 진리를 개념 속에 가져야 한다."

헤겔은 법칙은 자연에 관한 경험적 관찰을 통해 제공되는 것만으로도 법칙으로 되기에 불충분하지만, 그렇다고 경험적 관찰을 떠나서도 안 된다고 말한다. 여기서 헤겔은 순수한 당위일 뿐인 허구의 법칙이나 가설에 지나지 않는 법칙은 배제한다. 그것은 현존할 수 있는 능력이 없는 것이기 때문이다. 필연적인 법칙은 그 스스로 현존할 수 있는 능력 즉 자체성을 지닌 존재다. 그러므로 자체성을 지닌 존재 즉 개념은 "자신을 물체 그리고 감각적 존재의 방식으로 표현한다." 다시 말하자면, "일반적으로 타당한 것은 또한, 일반적으로 통용된다."

3) 한편으로 개념의 필연성은 경험적으로 관찰될 수밖에 없다. 하지만 경험적으로 관찰된다고 해서 그 속에 개념적 필연성이 출현하는 것은 아니다. 따라서 헤겔은 이성은 현존하는 법칙을 넘어서 법칙의 개념 즉 필연적 법칙에 이르러야 한다고 말한다. 그렇다면 경험적 법칙 가운데서 어떻게 하면 필연적 법칙에 이를 수 있는 것일까?

250) 〈SK 193:4~194:8〉〈FM 142:33~143:26〉

법칙의 진리는 본질상 [경험적으로] **실재하는**[Realität] 데 있다는 사실은 관찰에 머물러 있는 의식에서 보자면 [법칙의] 개념 즉 그 자체에서의 일반적인 것[법칙의 필연성]과 **대립**한다. 즉 관찰하는 의식에서 볼 때 존재하는 법칙과 같은 것은 이성의 본성에 해당하지 않는다. 관찰하는 의식은 법칙이 존재하는 방식 속에서 자신과 **낯선 어떤 것**을 획득한다고 생각한다. 그러나 관찰하는 의식의 관행[Tat]은 관찰하는 의식의 이와 같은 생각과 배치된다. 왜냐하면, 그 관행을 통해서 보면 관찰하는 의식 자체가 법칙의 일반성을 받아들일 때 그 의미는 법칙이 진리로 되기 위해서는 **모든 개별** 감각적 사물이 그런 법칙이 드러나는 현상으로 관찰 의식에 제시돼야 한다는 뜻은 아니기 때문이다. 돌을 지면에서 들어 올린 다음 손을 떼면 돌이 낙하한다는 법칙을 입증하고자 모든 돌을 놓고 그와 같은 실험을 할 필요는 없다. 아마도 법칙이 말하는 것은 곧 적어도 아주 많은 실험을 되풀이하기만 하면 이로부터 최대의 개연성을 지니고 또는 나머지 돌에 관해서도 **유추**가 완전한 정당성을 지니고 이루어질 수 있다는 것이다. 그러나 이런 유추에 완전한 정당성이 주어질 수 없다, 오히려 유추가 그 본성상 번번이 자기모순에 빠지니 유추에 따라 추론하자면 유추는 어떤 결론도 끌어내는 것을 허용하지 않는다. 유추의 결과는 개연성으로 환원될 뿐이다. 이런 **개연성을 진리**에 비춰 보면 그 개연성이 크다니 작다니 하면서 구별하는 것은 의미가 없다. 개연성이 아무리 높더라고 이는 진리에 비하면 무나 마찬가지다. 그런데도 관행을 통해서 볼 때 이성의 본능은 그런 개연적인 것에 지나지 않는 법칙을 진리로 받아들이고 만다. 이성의 본능은 그런 법칙의 필연성을 인식하지 못하면서 즉 이런 필연성과 관련해서 개연성의 크기를 구분하는 데로 빠져들면서 사태 자체의 진리를 개연성으로 전락하게 한다. 순수한 개념을 통찰하는 데 아직 이르지 못한 의식이 보기에는 이 개연적 법칙은 진리지만, [본래 관찰하는 의식에서 본다면] 개연적 법칙은 진리가 눈앞에 나타나는 불완전한 방식을 표시하는 말이다. 그것이 불완전한 이유는 여기서 눈앞에 나타나는 일반성은 한낱 **단순한 직접적 일반성**[268]에 지나지 않기 때문이다. 그러나 동시에 관찰하는 의식은 [관행에서는] 그런 법칙을 바로 그런 직접적인 일반성 때문에 진리로 여긴다. 이를테면 돌의 낙하한다는 사실이 의식에 진리인 것은 의식이 보기에 돌이 **무게를 갖기** 때문이며, 또한, 돌이 무게를 가짐으로써 **그 자체로 뿐만 아니라 자기에게 나타난 대로도**[an und für sich selbst] 지구와 본질상 관계하며 이 관계가 바로 낙하를 의미하는 것이기 때문이다. 이때 의식[관행 또는 이성의 본능]은 법칙의 **존재**를 경험할 뿐이지만, 이런 존재하는 법칙을 **개념**으로 여긴다. 위의 언급한 **두 가지 상태**[269]를 하나로 결합하면서 법칙은 의식이 보기에 진리가 된다. 법칙이 법칙으로서 타당할 수 있는 이유는 그것이 바로 현상 속에 나타나는 것과 함께 또한, 본래 개념이기도 하기 때문이다.[270]

[해제] 여기서 헤겔은 관찰하는 의식의 혼란을 설명한다. 관찰하는 의식은 본래 경험적으로 제공되는 법칙은 필연적인 "그 자체로 일반적인" 법칙 즉 법칙의 개념에 어긋난다고 본다. 그것은 개연적인 것에 그치며, 진리가 아니다.

그런데 관찰하는 의식의 관행은 개연적인 것에 지나지 않는 법칙을 가지고서도 진리인 법칙을 발견했다고 믿는다. 즉 관행은 다만 "많은 실

---

268 여기서 직접성이란 한편에는 경험적이라는 뜻이며 동시에 개념에서 곧바로 나온 것이라는 뜻이다.

269 돌이 낙하한다는 것(현상)과 돌이 무게를 지닌 것(개념), 관행은 개념으로부터 현상이 필연적으로 나온다고 본다. 그러나 사실 이 개념은 현상의 결과를 회고적으로 개념화한 것에 불과하다.

270 현상 속에 나타나는 것을 그 개념 속에 집어넣는 회고적 방식을 말한다.

험을 되풀이하면서" 이 개연성을 수적으로 강화하기만 하면 이런 유추가 충분히 정당화된다고 믿는다.

그러므로 관행은 단순히 본능적 수준에 머물러 있는 이성에 불과하다. 본능적 이성은 여기서 더 나가서 경험적으로 개연적인 것 뒤에는 어떤 개념이 전제된 것으로 여긴다. 예를 들어 낙하가 법칙인 이유는 돌의 무게가 낙하라는 본성을 지닌 것이기 때문으로 생각한다.

관행 즉 본능적 이성은 이런 법칙이 사물의 본성에서 직접 도출된다고 믿는다. 그러나 사실 이는 현상을 개념 속에 회고적인 방식으로 집어넣은 것에 불과하다. 이런 법칙의 현상이 필연적이 아니라면, 이런 회고적 방식은 오류 추리에 지나지 않는다.

251) ⟨SK 194:9~195:22⟩⟨FM 143:27~144:24⟩

동시에 법칙은 **잠재적**[an sich]으로는 개념인 까닭에 관찰하는 의식이 지니는 이성 본능은 필연적으로 그러나 부지불식간에 법칙과 그 계기를 **개념**으로 **정화**하는 쪽으로 나간다.[271] 즉 이성의 본능은 법칙에 관한 실험을 준비한다. 처음 등장했을 때의 법칙은 개별 감각적 사물에 둘러싸여 있는 불순한 것으로서 나타나며 그의 본성을 이루는 개념은 경험적인 소재 속에 매몰된다. 따라서 이성의 본능은 그의 실험을 통해 이런저런 상태에서 어떤 결과가 나오는지를 발견하려고 한다. 이런 실험을 통해서 법칙은 감각적인 존재[Sein]에 더욱 잠기는 것처럼 보이지만, 법칙을 드러내는 그런 감각적 존재는 탐구가 진행되면서 오히려 사라지고 만다. 이런 실험을 통한 연구가 지닌 내적 의미는 법칙이 출현하는 <u>순수한 조건</u>을 발견하려는 것이다. 그러나 이 말은 다름 아니라 (사

---

271 예를 들어 낙하 법칙을 일반화해서 만유인력의 법칙에 이르는 것이다. 또는 수지 전기와 유리 전기의 관계를 일반화해서 −전기와 +전기의 관계에 이르는 것이다.

실 자신을 그렇게 표현하는 관찰하는 의식은 그런 말이 어떤 다른 말을 하는 것으로 생각할 수밖에 없다 할지라도) 법칙을 개념의 형태로 전적으로 끌어올리며 그 **계기**들이 **특정한 존재**에 매여 있지 않도록 그런 존재에 종속하는 것을 **제거한다**는 뜻이다.*1 예컨대 처음에는 음의 전기는 **수지** 전기로, 양의 전기는 **유리** 전기로 알려졌지만, 이런 전기는 탐구의 과정에서 수지나 유리와 관련된 의미를 완전히 잃고 음전기나 양전기로 되면서 특정한 종류의 사물에 더는 속하지 않는 순수한 것으로 된다. 그리하여 양전기로 되는 물체와 음전기로 되는 물체가 있다는 말은 더는 할 수 없다. 마찬가지로 산과 알칼리의 관계와 이들 서로의 반응도 역시 법칙을 이룬다. 이런 법칙에서 대립은 물체적 현상으로 존재하지만, 서로 떨어진 사물은 실제로 존재하는 의미를 전혀 지니지 않는다. 이런 산과 알칼리를 담지하는 사물들은 강제로 잡아떼더라도 이런 강제가 사물들이 곧바로 다시 어떤 반응 과정으로 들어가는 것을 막을 수 없다. 왜냐하면, 이 두 사물은 단지 그 관계만을 의미하기 때문이다. 산과 알칼리는 이빨이나 발톱과 같이 각기 따로 떨어져[für sich] 있을 수도 없으며 그런 것으로 제시되지도 않는다. 그들의 본질은 서로가 바로 중화돼 중성의 물질로 된다는 데 있으니, 이 사실이 산과 알칼리를 담지하는 [사물적] **존재**를 본래 지양되는 것으로 만들며 산과 알칼리를 일반적인 존재로 만든다. 산과 알칼리가 도달하는 진리는 곧 이런 **일반적**인 존재다. 마치 유리나 수지가 어느 것이나 양전기로도 또한. 음전기로도 될 수 있듯이 산과 알칼리도 어떤 **특정한 현실 속의 물질**과 결부된 성질은 아니며 그 어떤 것이건 상대하기에 따라서 산으로 되거나 알칼리로 되거나 한다.*2 알칼리나 산으로 단정된 것으로 보이는 것도 이른바 합성체에서는 **다른 것에 대해 대립하는 한**에서만 의미를 지닌다. ─실험의 결과는 이런 방식으로 특정한 사물의 성질로 존재하는 계기 또는 정기[精氣: Begeistung]²⁷²를 지양하며 그 술어[힘]를 주어[사물]에서 분리한다. 주어에서 분리돼 나간 술어는 참된 모습으로 나타나면서 오직 일반적인 것으로서만 발견된다. 이런 술어가 자립성을 지니므로 물질[Materie]이라고 불리지만,*³ 이런 물질은 물체[Körper]도 아니고 성질도 아니니, 더는 산기[酸基]라거나 양전기, 음전기, 열 등등을 물체라고 부르지 말아야 한다.

　*¹ FM주 〈143:39~144:6〉 헤겔은 여기서 전기에 관한 옛날 이론을 프랭클린이 어떻게 극복하는지를 시사한다. (FM주 〈93:18~21〉 참조). 프랭클린은 DuFay처럼 유리 전기와 수지 전기를 구분하지 않고 일반적으로 양전기와 음전기로 구분한다. 같은 물체가 양전기를 띠거나 음전기를 띨 수 있다. 참조: 프랭클린Benjamin Franklin, 『전기에 관한 편지』, 서문; Anmerkungen § 41.
　*² FM주 〈144:15~20〉 헤겔은 빈테를J. J. Winterl이 산과 염기를 규정한 방식을 거론한다. 참조: 빈테를Jakob Joseph Winterl, 『비유기체적 자연의 네 가지 구성성분에 관한 서술』, S. 22ff: "두 번째 범주, 가변적 물체는 때로는 산으로 때로는 염기로 된다. 이런 물체는 자주 포화점에서는 중립적으로 되지만, 과포화 상태에서는 산이나 연기로 되니, 그 자체로서는 중립적인 물체다. 중립적인 기체가 산이나 염기가 돼야 한다면 그것은 산이나 염기의 원리를 통해 활성화돼야 한다. 물체를 활성화하는 산이나 염기의 원리는 비물질적인 것이다(46, 주석 16 참조). 물질

---

272 'Begeistung'이란 단어는 없다. 'Begeisterung'의 오자인 듯 보이는데, 헤겔 서고 판도 수정하지 않았다. 헤겔 당시 고어인 모양이다. 문맥으로 보건대, 힘으로서 역할을 하는 감각적 사물, 예를 들어 유리 전기나 수지 전기와 같은 것을 말하는 것으로 보인다. 그런 맥락에서 정기로 번역했다.

적 기체와 그 활성화 사이에는 어떤 직접적인 끌어당김도 존재하지 않는다(241 참조). 기체[Synsomatie: 基體]의 개념에 관해서는 33f 참조하라. 다섯 번째 범주, 산은 산의 원리와 염기는 염기의 원리와 결합한다. 이 범주는 물질적 성질이라는 형식을 취한다. 그런 성질을 우리는 끌어당김이라 부른다. 그러나 이 범주는 물질적 성질과 다음과 같은 점에서 구분된다. 즉 그런 범주는 그것이 있게 된 장소에서 고찰되는 매개 원인에 의존한다는 것이다. 그 결과 이 범주는 중립적인 결합과 구분되는 다음과 같은 특성을 지닌다. 첫째, 이 범주는 맛이나 염료의 색깔을 변화하게 하는 힘을 서로 중화한다. 둘째로 이 범주가 추구하는 관계는 온도, 물의 공급, 대기의 유입, 다른 우연적 상황을 통해 가능하고 따라서 이 외적인 영향의 척도에 따라서 지속해서 변화하는 관계와 다른 것이 아니다. 내가 산과 염기를 결합하는 데 대해 두 가지 관점에서 대립하는, 전적으로 서로 다른 용해 방식을 기체라는 고유한 이름으로써 구별하는 것도 무방할 것이다.

*³ FM주 〈144:22~24〉 물질 개념이 당시 화학과 물리학에서 사용된 사용 방식에 관해서는 그렌F. A. C. Gren의 소개를 참조하라. 그의 자연론은 헤겔의 책상머리 책꽂이에서 발견됐다. 또한, 참조: 그렌Friedrich Albrecht Carl Gren. 『자연론 개요』, § 530 (열 물질), § 639 (빛 물질)§ 839 (산소 합성), § 1229ff (전기 물질), § 1420ff (자기 물질), § 1534(번개 물질)

252) 〈SK 195:23~32〉〈FM 144:25~32〉

그에 반해 **물질**이란 **외면적**으로 **존재하는 사물** 가운데 하나가 아니라 **일반적인 것**인 한에서 존재하는 것 또는 개념의 방식으로 존재하는 것이다.[273] 이성은 아직 본능 단계에 있으므로 무의식중에서라도 올바

---

273 예를 들어 시간과 거리, 수지 전기나 유리 전기는 사물이다. 반면 -전기나

르게 구별하고 있으니, 이성은 모든 감각적 존재에서 법칙을 탐구하는 가운데서 한낱 감각적 존재의 차원을 지양하며, 또한, 법칙의 계기를 **물질**로 파악한다. 그런 가운데 이성의 본능이 보기에 그런 물질의 본성은 일반적인 것으로 됐다. 이성이 표현되는 이런 표현은 곧 감각되지 않는 감각적인 존재 또는 물체의 형태를 띠지 않더라도 대상적으로 존재하는 것을 의미한다.

253) 〈SK 195:33~196:9〉〈FM 144:33~145:3〉

이상과 같은 실험의 결과 이성의 본능에 어떠한 사태 변화가 일어나는지 또 그 결과 관찰의 어떤 새로운 형태가 등장하는가를 살펴봐야 하겠다. 이때 실험하는 의식이 도달하는 진리로서 우리가 보는 것은 감각적 존재에서 벗어난 순수한 법칙이다. 우리가 보는 이런 순수 법칙은 곧 감각적 존재로 눈앞에 나타나면서 그 속에 머무르면서도 자립적이고 구속됨이 없이 운동하는 **개념**이다. 다시 말해 이 개념은 감각적 존재 속에 깊숙이 잠겨 있으면서도 그로부터 자유로운 **단순한** 개념이다. 이렇듯 실험의 **결과**로 **본질**[Wesen]로 되는 것[순수 법칙]은 관찰하는 의식에는 이제야 자체로, 그러나 **대상**으로 등장한다. 물론 대상이 바로 이 관찰하는 의식에 이런 실험의 **결과**로서 여겨지지 않으며 또한, 이 대상은 이전의 운동과 관계없는 것이므로 그 결과 등장한 진리는 **특별한 종류**의 대상이며 의식의 대상에 대한 관계는 지금까지와는 다른 관찰로 여겨진다.

[해제] 1) 관찰하는 이성은 일단 경험적으로 법칙을 찾는다. 이성은

+전기, 인력과 척력은 물질이다. 전자의 경우 서로 무차별하며 법칙성은 그 내면에 감추어진다. 후자는 서로 대립하는 힘의 관계만을 표현하며, 그 관계는 필연적이다.

그런 가운데서도 필연적인 법칙을 찾아 나설 수밖에 없다. 왜냐하면, 이성은 경험적 법칙 속에 가능성에서는 법칙의 개념이 들어 있다는 것을 이미 예감하기 때문이다. 이성은 이를 예감하기에 본능적 이성이라 불린다.

본능적 이성은 처음에는 회고적 방식으로 필연적 법칙을 찾아내려 했으나 이는 실패하고 만다. 이어서 본능적 이성은 다양한 실험을 통해 일반적 법칙을 찾으려 한다. 모든 현상에 적용되는 법칙은 감각적 현상에서 벗어나 일반화된다. 이런 실험을 통해 마침내 순수한 법칙이 출현한다. 이 순수 법칙은 이상적인 조건이 실현될 때 적용되는 법칙이다.

2) 헤겔은 경험 법칙을 이루는 계기는 유리 전기나 수지 전기처럼 구체적인 사물이지만, 순수 법칙을 이루는 계기는 "감각되지 않는 감각적인 존재 또는 물체의 형태를 띠지 않더라도 대상적으로 존재하는 것"인 물질이라고 말한다. 예를 들자면 양전기와 음전기다. 전자는 그 계기들이 "특정한 존재에 매여" 있으나, 후자에서 "그런 존재에의 종속성이 제거된다." 법칙을 이루는 요소가 구체적 사물이면, 서로 무차별하므로 그 관계는 우연적이다. 그러나 순수한 일반 법칙에서 그 요소는 순수한 계기이며 서로 대립하는 관계만을 표현할 뿐이므로 그 관계는 필연적 관계가 된다. 순수 법칙의 두 계기는 현존하는 것이지만, 오직 서로 대립하는 관계하는 속에서만 존재하므로, 헤겔은 이 순수 법칙의 두 계기를 물질 또는 정기라고 한다.

3) 헤겔에서 순수 법칙의 본질은 서로 대립하는 힘의 유희다. 힘은 순수한 운동 그 자체. 그 힘이 현존의 방식으로 출현한 것이 순수 법칙이다. 서로 대립하는 순수한 힘은 힘의 개념을 통해 하나로 통일되지만, 그 현존의 형태는 자립적인 물질의 관계 즉 법칙으로 표현된다. 다시 말하면 주어인 사물에서 술어가 떼어 내져 자립화한 것을 말한다. 그것은 사물과 같은 물체도 아니며 순수한 힘도 아닌, 힘의 현존 형태다.

4) 이제 자연을 관찰하는 이성은 순수 법칙을 통해 필연적 법칙을 발견했다고 믿는다. 이런 필연적 법칙은 곧 사물의 객관적 본질이니, 이성이 찾으려 했던 목표가 도달한 것처럼 보인다. 그러나 헤겔은 이런 순수 법칙이 가상적이라고 주장한다. 즉 물체의 세계에서 이런 순수한 일반 법칙 또는 힘의 개념이 발견되지 않는다. 물체의 세계에서 만유인력의 법칙과 같은 것은 순수 법칙이지만, 현실에 존재하는 것이 아닌 추상적 법칙이다. 그러므로 헤겔은 물체의 세계에서 이성의 목표인 객관적 본질로서 이성 자신을 찾으려는 시도를 포기한다. 이미 앞에서 말했지만, 물체 자체는 대자 존재가 그 자체에서 대타 존재와 결합해 있으니, 대타 존재의 영향을 통해 대자 존재가 변화하니 여기서 대자 존재 즉 사물의 객관적 본질을 파악한다는 것은 가능하지 않다.

5) 이어서 헤겔은 물체의 영역을 넘어서 생명체의 영역으로 이행한다. 생명체에서는 이런 순수한 법칙이 실제로 현실 속에 존재하며 나타난다. 이 법칙은 곧 유기체의 조직적 통일성을 의미하며 이를 통해 유기체의 본질인 생명이 출현하게 된다. 물체가 의식의 대상이라면 생명체는 그 자체가 자기의식의 개념이니, 여기서 관찰하는 이성은 의식에서 자기의식으로 이행한다.

유기체의 관찰

254) 〈SK 196:10~22〉〈FM 145:4~13〉

관찰의 새로운 대상은 개념의 단순성 속에서 전개되는 과정을 그 자체에서[an ihm] 포함하므로 **유기체**라고 할 수 있다. 유기체란 절대적 유동성을 띤 것이니, 유기체의 다만 **타자에 대해 있는** 모습일 뿐인 규정성은 여기서 해소된다. 비유기체는 규정성을 그의 본질로 하며 그런 까닭에 어떤 다른 사물과 더불어 있을 때만 그것의 개념적 계기가 완전하게 갖추어지므로 그 규정성은 운동에 들어가면서[274] 자기를 상실한다. 반면 유기체에서 모든 규정성은 어떤 유기체가 다른 사물에 대해서 개방되는 통로라 하더라도, 단순한 유기적 통일성 아래 구속된다. 다른 사물에 무차별하게[frei] 관계할 수 있을 규정은 어떤 것도 근본적으로 등장하지 않는다. 따라서 유기체는 타자와 관계하는 가운데 자기를 유지하는 존재다.

[해제] 이성이 자연 속에서 발견하고자 하는 것은 사물의 객관적 본질이다. 지성적 이성은 이를 자연의 법칙 속에서 찾았으나 경험적 자연법칙은 우연성을 지니므로 객관적 본질에 이르지 못한다. 이성은 객관적 본질을 찾아 자연 속에서 필연성을 지닌 순수한 법칙으로 이행한다. 순수 법칙에서는 자립적 속성은 사라지고 법칙의 두 계기는 운동하는 힘의 두 유희로 규정된다. 그러나 비유기체에서 순수 법칙 즉 힘은 다만 추상적 사유 속에서만 출현할 수 있다. 비유기체에서 법칙은 현실적으로 경험 법칙의 한계를 벗어날 수 없다.

관찰하는 이성은 이제 물체의 영역을 떠나 유기체의 영역으로 이행한다. 유기체에 이르러 모든 부분은 전체 속에서 유기적으로 통일된다. 이런 통일성 속에서 생명이 출현한다. 통일적 생명이 유기체 조직의 관계를 통해 자기를 지속하니, 이것이 곧 객관적 본질이다. 유기체의 본질은 유기체의 자립적인 형태로 자기를 분화하면서 이런 분화된 형태의 유기적 관계 속에서 유기체의 본질은 자기를 지속하니, 헤겔은 이 생명을 "절대적 유동성"이라 한다.

물체의 영역에서 가상적으로만 출현했던 법칙의 관계가 유기체에서는 유기체적 조직의 통일적 관계로 현실 속에서 출현한다. 유기체에서 "

---

274 물체의 대자 존재는 그 자체에서 타자와 관계하므로 그 스스로 타자 존재로 이행한다.

일체의 규정성은 단순한 유기적 통일성 아래 구속돼서" 여기서는 비유기체의 법칙에서 나타나는 무차별한 자립적 규정성은 더는 존재하지 않는다.

물체의 경우 대자 존재 즉 그 본질과 대타 존재 즉 그 현상은 서로 외면적인 관계를 맺으며 대자 존재는 대타 존재의 개입 때문에 끊임없이 자기를 붕괴한다. 반면 유기체는 자신을 분화하고 다시 통일하는 가운데 자신의 본질을 개체를 통해 지속해서 재생산한다. 그러므로 헤겔은 유기체적 생명은 "타자와 관계하는 가운데 자기를 유지하는 존재"라고 한다.

α) 유기체와 비유기체의 관계

255) 〈SK 196:23~198:13〉〈FM 145:14~146:23〉

이런[유기체의] 규정으로부터 귀결하는 것과 같이 유기체에서 이성 본능이 관찰하고자 하는 **법칙의 양 측면**으로 처음 등장하는 것은 **유기체적인** 자연과 **비유기체적** 자연 사이의 상호관계다. 유기체적 자연과 비교해 본다면 후자[비유기체적 자연]는 그 규정성이 [유기적 통일성에] **구속되지 않는** 것이어서[losgebundenen] 이런 규정성은 유기체적 자연이 지닌 **단순한 개념**과 대립한다. 그러므로 개체적 자연[Natur]은 규정성의 비구속성 때문에 존재하는 **동시에 해소**돼 버리며 다른 규정성과 뒤엉켜 있는 **동시에** 이로부터 단절된 채 **독자적으로**[für sich] 존재한다. 공기, 물, 흙, 지질, 기후는 일반적인 원소[Element]다. 이 원소들은 유기체적 개체의 토대로 되는 무규정적인[unbestimmte] 단순한 본질을 이루는 것이며 개체는 이런 본질 속에 존재하는 동시에 자기 내로 복귀한다. 유기체적인 개체는 곧바로 그 자체로 존재하는 것[an und für sich]이 아니며 자연 원소[Elementarische]도 그 자체로 존재하는 것이 아니다. 오히려 개체와 원소, 양자는 자립적인 자유 속에 있으면서 따로따로 등장하는 동시에 서로에 대해 **본질상 관계한다**. 하지만 그 모습을 보자면 양자가 서로에 대해 자립적이고 무차별하다는 사실이 지배적이며 이런 자립성과 무차별성은 다만 부분적으로만 제거된다[in die Abstraktion übergeht]. 그리하여 여기서 법칙은 자연 원소와 유기체의 조직[Bildung] 사이의 관계로 눈앞에 나타난다. 유기체는 한편으로는 자기에 대립하는 자연 원소를 지배하며 다른 한편으로는 유기적으로 반성한 자기의 조직에서 그러한 원소를 드러낸다. 그러나 공중에 서식하는 동물은 조류의 모습을 보이며 수중에 서식하는 동물은 어류의 모습을 보이고 북방에 생존하는 동물은 두꺼운 모피로 덮여 있다는 등의 **법칙**은 유기체의 다양성을 아우르지 못하는 빈약한 법칙임을 곧바로 드러낸다. 유기체는 자유로우므로 자연 원소의 규정에서 자신의 형식을 벗어나게 할 줄 알며 필연적으로 그리고 곳곳에서 그런 법칙을 따르지 않는 예외를 제공한다. 그러므로 이 법칙은 굳이 말하자고 한다면 규칙[Regel]이라 할 수 있을 뿐이다. 그뿐만 아니라 자연 원소의 규정에 종속하는 개체들의 경우에도 이런 규정은 피상적인 규정으로 머무르니, 필연성이라는 표현을 쓰더라도 그것은 [피상적 규정과] 다를 수는[nicht anders sein] 없고 법칙은 **커다란 영향**을 받는다는 정도 이상을 넘지 못한다. 여기서 사람들은 이런 영향에 속하는 것과 그렇지 않은 것을 구분하는 방법을 알지 못한다. 따라서 유기체와 자연 원소의 관계란 엄격히 말하면 **법칙**이라고 할 만한 것은 못 된다. 왜냐하면, 이미 상기됐듯이 그러한 관계는 한편으로 내용 면으로 볼 때 유기체의 모는 구성 요소에 미치지 않으며, 다른 한편으로 관계를 맺는 계기들이 서로 무차별하며 어떤 필연성을 나타내지 않기 때문이다. 양전기의 개념 속에 음전기의 개념이 들어 있듯이 산의 개념 속에는 알칼리의 **개념**이 들어 있다. 그러나 두꺼운 모피와 북쪽 지방이, 또는 어류의 골격[Baues]과 물이 그리고 조류의 골격과 공기가 **밀접하게 연결된 것**이 아무리 분명하다 하더라도 결코 북쪽 지방이라는 개념 속에 두꺼운 모피라는 개념이 또는 바다나 공기라는 개념 속에 물고기나 새의 골격이라는 개념이 들어 있지 않다.*¹ 이 두 측면이 서로 무관하므로 육지에 서식하는 동물 가운데도 조류나 어류의 본질적 특징을 지닌 것도 존재한다. 그뿐 아니라 두 측면 사이에 필연성이 존재하더라도 그런 필연성은 본질에 속하는 내재적인 필연성으로 이해될 만한 것은 아니므로 그런 필연성은 감각적으로 현존하기를 중지할 수도 있으며 현실 세계에서 관찰되지 않고 현실 세계를 **벗어나는** 것일 수 있다. 이런 필연성은 실재하는 본질[realen Wesen]에서 발견될 수 없는 필연성인 까닭에 목적론적 관계라고 불린다. 이는 곧 연관되는 것의 **외부에 있는 연관**이므로 법칙과는 오히려 반대되는 것이다. 이런 필연성은 자연의 필연성에서 완전히 해방되고, 자연을 떠나고 자연을 넘어서서 독자적으로 운동하는 사상[Gedanke]에 속한다.*²

*¹ FM주 〈145:32~146:4〉 헤겔은 여기서 트레비라누스Treviranus의 자연론을 거론한다. 라인홀트Gottfried Reinhold Treviranus, 『자연 연구자와 의사를 위한 생물학 또는 살아 있는 자연에 관한 철학』, S. 168 참조: "물속에 살거나 추운 지방에 사는 모든 포유류는 지상에 살거나 따뜻한 기후에 사는 포유류보다 두텁고 굵은 털을 갖는다. 온대 지방 새는 마찬가지로 큰 깃털을 갖는다. 모든 거의 털이 없는 새는 예를 들어 타조나 화식조는 열대 기후에 산다. 그에 반해 모든 물새, 모든 극지방에 사는 새 그리고 공중 높이 추운 영역까지 날아오르는 새는 깃털

이 엄청 많다." 트레비라누스는 자주 법칙이나 규칙의 예외에 관해 말한다. "그렇더라도 이 법칙은 예외를 겪는다."(160) "물론 국지적 상황이 자주 이런 법칙의 예외를 발생시킨다."(200) "따라서 이런 국지적 상황에 따라 법칙의 많은 예외가 제시된다."(205) 마찬가지로 자주 영향(40, 141, 417 등등) 또는 거대한 영향이 언급된다(171)

*² FM주 〈146:20~21〉 헤겔은 여기서 칸트가 제시한 외재적 합목적성 즉 상대적인 합목적성 개념을 거론한다. 이 개념은 칸트가 외재적 목적에 대한 비판적 대결 가운데 제시된다. 칸트I. Kant,『판단력 비판』,『전집』, 5권, S. 366~369 참조.

[해제] 자기 의식적 이성은 비유기체의 관찰에서 유기체의 관찰로 이행했다. 여기서 이성은 마음속에서는 여기서 객관적 본질을 발견하기를 기대한다. 유기체의 개념(우리가 보기에)은 힘과 속성, 대자성과 대타성의 통일이지만, 유기체를 관찰하는 첫 단계에서는 아직 그런 유기체의 개념인 생명 개념이 확립된 것은 아니다.

관찰하는 이성은 유기체를 다른 자연적 사물처럼 우선 경험적으로 발견하며 그 유기체의 현상을 연구하는 가운데, 그 법칙을 발견하려 한다. 생명의 현상에 관한 이성의 연구가 처음 향한 것은 생명체와 환경의 관계다. 즉 유기체의 구성은 환경의 영향을 받는다는 것이다. 예를 들어 어류는 물에 영향을 받고, 조류는 공중의 영향을 받는다.

유기체와 비유기체[환경] 사이의 관계에 관한 법칙은 법칙으로 될 수 없다. 왜냐하면, 유기체는 환경 속에서 살아가지만, 유기체나 환경은 모두 자립적인 존재나. 환경은 유기체와 무관하게 존재하며, 유기체 역시 독자적으로 존재하는 것이기 때문이다. 이런 측면에서 양지 관계는 근본적으로 서로에 대해 무차별하며 관계하더라도 그 관계는 부분적인 것에 그친다.

유기체는 환경을 자기 삶의 토대로 삼는 한 여기서 자연 원소를 자신 속으로 동화하기는 하므로 일정한 관계를 유지할 수밖에 없지만, 이 관계는 다만 피상적일 뿐이다. 헤겔은 이를 "빈약한 법칙"이라 한다. 예를 들어 물속에 살면 어류로 되고, 공중에 살면 조류가 된다는 것과 같은 법칙이다. 그 때문에 그런 법칙은 따르지 않는 예외가 많아서 법칙이라 하기보다는 차라리 "커다란 영향을 받는" 정도 또는 규칙에 그친다.

사람들은 조류의 본성이 물속에 사는 것으로부터 도출될 수 있다고 보지만, 이것은 "그 본질에 속하는 내재적인 필연성"은 아니다. 이것은 어디까지나 외적인 주관이 끼워 맞추는 법칙에 지나지 않는다. 이는 외재적 목적론적 관계를 지닐 뿐이다. 이 외재적 목적론적 법칙은 "자연의 필연성에서 완전히 해방된" "독자적으로 운동하는 사상에 속하는" 법칙일 뿐이다.

β) 목적론

256) 〈SK 198:14~33〉〈FM 146:24~38〉

지금까지 거론된 유기체와 자연 원소와의 관계는 유기체의 본질을 표현하는 것이 아니다. 유기체의 본질은 오히려 **목적 개념** 속에 포함된다. 물론 [앞에서] 관찰하는 의식에서 등장한 목적 개념은 유기체의 고유한 본질을 이루는 것이 아니라 유기체의 고유한 본질 밖에 속하며 그러기에 외재적 **목적론**의 관계를 이룬다.* 앞[유기체의 개념에 관한 설명]에서 유기체를 규정한 데서 얘기됐듯이 유기체란 사실 실재하는 [reale] 목적 자체다. 왜냐하면, 유기체란 타자와의 관계에서 **자기를 보존**하므로 유기체의 자연적 본성[조직]에서 자연은 개념으로 복귀하기 때문이다. 필연성의 측면에서 본다면 분리된 원인과 결과, 능동적인 것과 수동적인 것이 여기서는 하나로 결합한다. 그러므로 여기서는 어떤 것이 필연적인 운동의 **결과**로서 나타날 뿐만 아니라 오히려 어떤 것은 자기 내로 복귀된 까닭에 최종적인 결과가 동시에 운동이 시작되는 **최초의 출발점**이며 또한, 그 자신이 자기가 실현하는 **목적**이다. 이렇게 본다면 유기체란 어떤 것을 산출한다기보다는 오히려 **자기를 보존할 뿐**이며, 산출된 것은 이미 그처럼[자신을 통해] 산출되는 것으로 눈앞에 나타난다.

*FM주 ⟨146:26~28⟩ 헤겔은 여기서 칸트가 유기체를 자연의 목적으로 이해한 것을 거론한다. 그러므로 반성 판단에 규제적 개념의 의미가 귀속한다. 칸트I. Kant,『판단력 비판』,『전집』, 5권, S. 312~376 참조

257) ⟨SK 198:34~199:27⟩⟨FM 146:39~147:21⟩

[유기체의] 규정이 그 자체[an sich]로 어떤 의미를 지니며 또 이 규정이 이성의 본능에 어떻게 나타나는지를 더 상세하게 해명할 필요가 있다. 그렇게 해야만 이성의 본능이 어떻게 해서 그것[유기체의 규정] 속에서 자기를 발견하면서도, 그런 발견물[Fund] 속에서는 자기를 인식하지 못하는지를 알 수 있다.[275] 그러니까 관찰하는 이성이 자기를 목적으로 끌어올릴 때, 이 목적 개념은 이성이 **의식하는 개념**인 것과 마찬가지로 그 개념이 **실현된 것**[Wirkliches]으로 눈앞에 나타난다. 목적 개념은 실현된 유기체[Wirkliches]의 **외면적 관계**[276]에 그치지 않고 실현된 유기체[Wirkliches]의 **본질**을 이룬다. 실현된 유기체는 그 자체로 목적이므로 타자[자연환경]에 대해 합목적적으로 관계한다. 이 현실화된 유기체

---

275 여기서 헤겔은 '자기를 발견하는 것'과 '자기를 인식하는 것'을 구분한다. 사기를 눈앞에 두고서도 그게 자기인지 모른다는 뜻으로 보인다. 생명체는 이미 자기의식이지만, 아직 자각된 자기의식은 아니기 때문일 것이다.

276 앞에서 말한 환경과 유기체의 관계다. 이 관계는 외재적 목적의 관계다.

의 타자에 대한 관계는 **양자가 모두 직접적인 존재라는 측면에 따라서 이루어지는** 우연적인 관계다. 양자는 직접 자립적이며 서로 무차별하다. 그러나 관계의 본질은 표면에 존재하는 것과 다르며 양자의 활동은 감각에 기초한 지각에 **직접** 나타나는 것과는 다른 의미를 지닌다. 필연적인 결과는 발생한 유기체[was geschieht]의 내면에 은폐되다가 **최종 단계에** 가서 비로소 모습을 드러낸다. 그러나 바로 이런 결과가 보여주는 것은 그런 필연성이 역시 최초부터 있었다는 사실이다. 그런데 결과가 이처럼 미리 존재했던 것[Priorität]을 보여주는 이유는 활동을 통해 이루어진 변화는 오직 이미 처음부터 있던 것을 밖으로 끄집어내는 것과 다른 것이 아니기 때문이다. 다시 말해서 최초의 것을 출발점으로 잡을 때, 이 최초의 것은 자기의 활동이 끝난 결과에 이르러 단지 자기 자신에게로 되돌아온 것일 뿐이다. 이렇게 되면 최초의 것은 **자기 자신을 최종 목적으로 삼는 존재로** 밝혀진다. 다시 말하자면 이 최초의 것은 그것이 최초의 것으로 존재하는 그 순간에 이미 자기로 되돌아온 **그 자체로 자기에게 현상한 존재**[an und für sich selbst]라는 사실이 밝혀진다. 따라서 최초에 있던 것이 자기의 활동을 전개한 운동을 통해 도달한 결과는 **최초의 것** 자신이다. 오직 **자기 자신**에 도달할 뿐이라는 사실이 이런 유기체가 지닌 자기 만족감[Selbstgefühl]이다. 따라서 유기체의 본질과 유기체가 추구하는 것 사이에는 구별이 분명하게 눈앞에 나타나지만, 이 구별은 **외관상의 구별**에 지나지 않는다. 그러므로 유기체는 <u>자기 자신에서 존재하는 개념</u>[Begriff an ihm selbst][277]으로 된다.

277 '자기 자신에서 존재하는 개념'이란 한편으로 자기를 실현하는 개념이지만, 아직은 이 실현이 잠재적인 것[an sich]에 머무른다는 의미로 보인다. 이는 달리 말하자면 유기체의 자기실현은 수동적이어서 바깥의 환경에 지배된다는 것을 말한다.

[해제] 이성의 본능은 처음 유기체와 환경의 관계에서 법칙적인 것을 찾으려 했으나 실패하자, 이제 유기체 자체의 삶을 살펴본다. 사실 유기체와 환경은 단순히 외면적인 인과 관계를 갖는 것이 아니라, 유기체의 생명 활동 즉 삶을 통해 매개된다. 이런 생명 활동의 측면에서 본다면, 유기체와 환경 사이의 법칙을 발견할 수 있지 않을까?

이 삶은 자기의 목적을 실현하는 것이니, 헤겔은 이를 "실재하는 목적"이라 한다. 유기체는 자기를 실현하는 가운데 자연환경이라는 타자와 관계한다. 앞에서 말했듯이 유기체와 이 타자는 서로 자립적이므로 무차별한 관계에 있다. 하지만, 유기체는 타자와 관계에서 자기를 실현하는 것이며 여기서 최초의 목적과 최종의 결과는 서로 일치한다. 결과는 목적의 실현이며, 그 결과는 이미 유기체 내에 내재한다. 즉 "최초의 것은 자기의 활동이 끝난 결과에 이르러 단지 자기 자신에게도 되돌아온 것일 뿐이다." 이 관계는 자기와 같음이라는 필연성을 지닌다. 유기체는 이런 자기실현을 통해 자기 만족감, 정체성을 지니기도 한다.

자기를 실현하는 것이라는 점에서 유기체는 이미 스스로 운동하는 개념이지만, 유기체의 자기실현은 개념의 자기실현과 달리 그 자신의 힘에 따른 것이 아니고 외적인 우연(우호적 환경)을 통해서 수동적으로 일어나는 것이다. 유기체에서 목적의 실현은 외적 우연이 좌우하고 있으므로 그 실현은 안정성을 지니기보다 불안정하다.

유기체의 실현이 곧 사라지니 여기서 유기체는 자기를 자각하지 못한다. 유기체는 이런 실현을 통해 자기 만족감은 느끼더라도 자기의식을 읻는 것은 아니다. 즉 그런 실현은 자각적으로 이루어지지 않는다. 그러므로 헤겔은 유기체는 실현된 결과 속에서 자기를 발견하면서도 그것이 자기인지 인식하지 못한다고 한다. 헤겔은 이를 "자기 자신에서 존재하는 개념"이라고 규정한다.

258) 〈SK 199:28~200:11〉〈FM 147:22~36〉

그런데 **자기의식**의 경우도 그 모습은 유기체에서와 마찬가지로 자기를 자기로부터 구별하면서도 동시에 아무런 구별도 등장하지 않는 것이다. 따라서 자기의식이 자신의 유기체적 자연[조직]을 관찰하는 것을 통해서 발견하는 것은 다름 아닌 자기 자신의 본질이다. 자기의식은 그 자신을 사물로 나아가 생명으로[als ein Ding, als ein Leben] 발견하지만, 자기의식 그 자체와 자기의식이 발견한 것 사이에는 구별이 있을 리 없다. 그 구별은 구별이라 할 수 없는 구별일 뿐이다. 동물의 본능은 먹이를 찾아서 이를 소모하지만, 이런 소모를 통해 산출하는 것이 자기 바깥의 다른 어떤 것도 아니듯, 이성의 본능이 탐구하는 것 속에서 발견하는 것은 다만 자기 자신이다. 동물의 경우에는 자기 만족감[Selbstgefühl]으로 끝나지만, 그에 반해서 이성 본능[Vernunftinstink]은 동시에 자기의식으로 된다. 그러나 [동물의] 본능은 어디까지나 본능일 뿐이므로 의식의 반대편에 있는 것이어서, 의식에 대립한다. 따라서 본능이 얻는 자기만족은 이런 대립 때문에 분열된다. 본능은 자기 자신 곧 **목적**을 발견하며 이렇게 발견되는 목적은 [유기체적] **사물**로 존재한다. 그러나 우선 목적은 **사물의 외부**에 있으며, 자기를 목적으로 드러내는 본능에 속한다. 두 번째로 목적은 목적인 한에서 동시에 **대상화**돼 나타난다. 따라서 또한, 목적이 본능에 속한다 할 때 이런 일은 의식으로서 자기 안에서가 아니라 어떤 다른 지성[278] 속에서 일어난다.

259) 〈SK 200:12~201:11〉〈FM 147:37~148:24〉

더 자세히 살펴보면 이런 [목적] 규정은 마찬가지로 [유기체적] 사물[Ding]의 개념에 들어 있다. 왜냐하면, [유기체적] 사물은 **그 자체에**

[278] 앞에서 유기체는 자기가 실현된 것을 보면서도 그것이 자기인 줄 모른다고 했다. 유기체가 목적, 본능이 실현된 것이라고 인식하는 것은 곧 유기체 자신이 아니라 유기체를 관찰하는 인간 또는 과학자의 지성이다.

서[an ihm selbst] 존재하는 목적[279]이기 때문이다. 즉 [유기체적] 사물은 한편으로 자기를 보존하는 존재며 동시에 그런 존재로서의 본성 때문에 필연성을 은폐하고 이런 필연성을 **우연한 관계**라는 형식에서 서술한다.[280] 왜냐하면, [생명을 지닌] 사물의 자유로운 **대자성** [Fürsichsein]은 그 필연성에 대해 무차별한 태도를 보이는 것이기 때문이다. [유기체적] 사물은 그 개념이 자신의 존재 밖에[außer seinem Sein] 있는 것으로서 나타난다. 이와 마찬가지로 이성도 필연성과 자신의 고유한 개념을 자기 외부에 귀속하는 것으로서 따라서 [자기 외부의] **사물**로서 직관해야 한다. 그럼으로써 이성은 그런 사물에 대해 무차별하게 관계하는 동시에 그 사물도 거꾸로 이성에 대해 **무차별**할 뿐만 아니라 그 자신의 개념에도 **무차별**하다. 이성은 아직 본능인 한에서는 이런 [외부의] 존재와 무차별성의 지반 내에 머무르고 있다. [유기체적] 사물은 개념을 표현하는 것인데도 이성의 본능에서는 개념과 다른 것으로 머무르며 개념 역시 [유기체적] 사물과 다른 것으로 머무른다. 따라서 이성에게 유기체적 사물[das organische Ding]은 다만 자기 자신에[an ihm selbst] 존재하는 목적일 뿐이다. 그러므로 그 필연성은 유기체적 사물의 활동 속에는 은닉된 것으로서 나타나고 유기체 자체 밖에 귀속한다. 왜냐하면, 활동하는 유기체는 그런 활동 속에서 무차별한 대자 존재[Fürsichseiendes]라는 태도를[281] 보이기 때문이다. −하지만, 유기체는 자기 자신에서[an

---

279 바로 앞에서 '자기 자신에 존재하는 개념'과 비슷한 의미다. 즉 유기체적 사물은 복석이 실현된 존재라는 의미다.
280 유기체의 본능은 맹목적으로 자기를 실현한다. 그 필연성 때문에 환경 속에서 그 실현은 우연적일 수밖에 없다.
281 유기체는 자기 목적인 본능을 환경 속에서 실현한다. 그것이 유기체적 삶이다. 이 목적은 본능이므로, 자기 삶에 대해 외부적인 목적이며 그 활동은 조건 없

ihm selbst] 존재하는 목적인 한 그런 대자 존재로서 태도를 보일 수밖에 없으니, 유기체는 자기 자신에서[an ihm selbst] 존재하는 목적이라는 사실 역시 현상적으로 나타나면서 감각적 현재[gegenwärtig]로 나타난다. 유기체는 그와 같은 방식으로 관찰된다. 유기체는 자기를 **보존하면서** 자기 내로 **복귀하고** 또 이미 **복귀한** 것으로 밝혀진다. 그러나 관찰하는 의식은 유기체의 존재 그 자체 내에 목적 개념이 깃들어 있다는 것을 인식하지 못하며, 다시 말하면 목적 개념이 어딘가 다른 곳에 있는 지성 속이 아니라 바로 지금 여기에 사물로 실존한다는 사실을 인식하지 못한다. 이때 관찰하는 의식은 목적 개념과 대자 존재[활동]와 자기를 보존하는 것[유기체적 현존]을 구별하지만, 사실 이런 구별은 아무런 구별이 아니다. 그런 구별이 아무런 구별도 아니라는 사실을 관찰하는 의식은 의식하지 못한다. 관찰하는 의식에 나타나는 유기체의 활동은 그 활동을 통해 성립하는 것[유기체적 현존]에 대해서 우연적이며 무차별하게 현상한다. 그리하여 활동과 그 결과로 출현하는 것, 양자를 한데 묶어주는 통일은 무산되고 관찰하는 의식에 유기체의 활동과 목적은 분리되고 만다.

[해제] 헤겔은 앞에서 환경에 대한 유기체의 생명 활동을 살펴보았다. 여기서 우연성이 개입한다는 사실이 드러났다. 이어서 헤겔은 유기체에서 목적과 그 유기체적 현존 또는 삶 사이의 관계를 살펴보는 데로 이행한다.

우선 유기체의 목적과 인간의 목적이 구분된다. 자기 의식적 인간의 경우 자기의 목적을 환경에 적절하게 대응하면서 실현한다. 그러므로 인간은 자기의 목적을 필연적으로 실현한다. 인간은 자신의 목적이 실

는 것이니 외부 환경 속에 놓인 삶에 대해 무차별한 대자적 활동이다.

현된 것을 보고 자신의 목적을 자각한다.

반면 자기의식이 없는 생명체에서 목적(또는 개념)은 본능적인 것이다. 그것이 그의 현존과 삶에서 실현되기는 하지만, 그 자신이 자각하지 못하는 것이며 그 자신에 대해 외부적으로 작용하는 힘이다. 관찰하는 이성 즉 이성의 본능에서 보면 유기체의 본능은 유기체의 목적 즉 필연적 목적이다. 그러나 유기체 자신에게 그 본능은 자기 바깥에서 자기를 지배하는 힘이니 헤겔은 그 개념이 "자기 존재의 밖에 있는 것[außer seinem Sein]"이다. 즉 "유기체적 사물은 개념을 표현하는 것인데도 이성의 본능에서는 개념과 다른 것으로 머무르며, 개념 역시 유기체적 사물과 다른 것으로 머무른다."

이 본능의 활동은 대자적인 활동을 통해 자기를 유지하지만, 환경에 적절하게 반응하지 않는다. 그 때문에 그의 삶은 다만 우연적이며 일시적인 것에 지나지 않으므로 그 본능과 유기체적 현존 사이의 관계는 필연적인 관계라기보다 "우연한 관계라는 형식"을 취한다. 유기체는 자기가 실현된 모습을 자기 앞에 대상으로 놓고 이를 통해 자기를 자각하지 못한 채 그저 자기 만족감만 지닐 뿐이다. 유기체 자신은 이 목적 즉 본능을 알지 못하며, 유기체 바깥에 있는 다른 지성 즉 유기체를 관찰하는 지성을 통해 파악될 뿐이다.

결론적으로 헤겔은 유기체에서 목적과 그것을 실현하는 대자적 활동 그리고 자기를 보존하는 현존 사이에는 개념적으로는 어떤 구별이 없지만, 그런데도 실제로는 이 세 가지가 서로 외면적인 것으로 나타난다고 한다.

260) 〈SK 201:12~202:7〉〈FM 148:25~149:8〉
이런 관점에서 보면 유기체 자체에 귀속하는 것은 유기체의 활동이다. 이런 활동은 유기체 개별성이라는 특징을 그 자신에서[an ihm] 지니는 한, 그의 시초와 종착점 사이에 존재한다. 그러나 유기체의 활동이 일반성이라는 성격을 갖는 한[282] 그리고 활동하는 자[das Tuende]가 그런 활동을 통해 산출된 것과 같은 것으로 판정되는 한, 합목적적 활동 자체는 그런 [개별적인] 활동하는 자에 속하는 것은 아닐 것이다. 활동하는 자의 개별 활동은 다만 매개자에 그치므로 이런 개별 활동을 통해서는 전적으로 개별적이거나 우연적인 필연성[einzelnen oder zufälligen Notwendigkeit][283]이라는 규정에 종속한다. 이로써 개체로서 자기보존을 위한 유기체 활동의 본성, 다시 말하자면 유로서 자기보존을 위한 유기체 활동의 본성은 그 활동이 지닌 직접적인 내용을 따라서 볼 때 법칙성이라고는 전혀 없는 것으로 된다. 왜냐하면, 유기체의 일반 개념은 그런 유기체 밖에 놓여 있기 때문이다. 따라서 유기체의 활동은 어떤 내용도 자체에[an ihr selbst] 갖지 않는 텅 빈 효과[Wirksamkeit][284]를 낳을 것이다. 그 효과는 기계의 효과에 미치지 못한다. 왜냐하면, 기계에는 목적이 있고 따라서 기계의 효과에는 일정한 내용이 따르기 때문이다. 그런 효과[Wirksamkeit]는 일반 목적을 벗어나 있기에 다만 **존재자**에 지나지 않는 존재자의 행위[Tätigkeit]일 것이다. 즉 그것은 산이나 알칼리의 작용[Tätigkeit]과 같이 존재자의 행위인 동시에 자기 내로 복귀하는 것으로 되지 못한다. 그 효과는 움직이는 유기체의 직접적인 현존에서

---

282 종적 본질의 실현을 말한다.

283 우연성을 통해 필연성이 실현된다는 뜻이다. 역사에서 이성의 간지도 그러하지만, 생명체의 우연적인 개체 보존을 통해 종이 필연적으로 보존되는 것도 그러하다.

284 종적 본질의 실현은 개체적 삶의 우연성에 의존하며 표면적으로는 개체의 우연한 삶만이 현존한다. 종적 본질은 그런 우연적 삶 속에 은폐된 채 활동한다. 그 때문에 헤겔은 종적 본질은 텅 빈 효과를 낳는다고 한다.

분리되는 일도 없고 더욱이 [산과 알칼리에서처럼] 그저 대립물과의 관계에서 소멸해 갈 뿐인 직접적 현존을 포기하지도 않으면서 오히려 이를 통해 자기를 보존할 수 있다. 지금까지 고찰된 것과 같은 효과를 지닌 유기체의 현존은 대립물과의 관계에서 **자기를 보존하는** 존재로 판단된다. 유기체가 벌이는 행위 자체는 자기의 대자 존재[Fürsichsein]가 지닌 형식이고[285] 어떤 본질도 없는 형식에 그친다. 그 행위가 흘러나오는 실체는 한낱 개별적인 존재가 아니며 일반 존재며 그 행위의 **목적**도 그런 행위 밖에 놓인 것은 아니다. 그 행위는 그 자체에서 자기 내로 복귀하는 행위지,[286] 결코 어떤 낯선 힘을 빌려서 자기 내로 복귀해 가는 행위가 아니다.

261) 〈SK 202:8~16〉〈FM 149:9~15〉

그러나 일반 개념과 개별 행위의 통일은 **관찰하는** 의식에는 감지되지 않는다. 그 이유는 그런 통일은 본질상 유기체의 내면 운동이며 어디까지나 개념으로만 파악될 수 있을 뿐이지만, 관찰하는 의식은 이런 개념의 계기를 **존재**나 **존립**의 형식으로 탐구하기 때문이다. 유기체 전체는 본질상 계기들을 그 자신의 표면에서[an ihm] 드러나게 하지 않고 그 자신의 표면에서[an ihm] 발견되게 하지 않으므로, 관찰하는 의식은 자기의 관점에서 그런 대립을 자신의 관점에 적합한 대립으로 전환한다.

[해제] 1) 앞에서 유기체의 환경에 대한 생명 활동 이어서 유기체의 본능과 그 유기체적 현존 사이의 관계를 살펴보았다. 이제 헤겔은 유기체의 일반 목적 즉 유외 보존이라는 목적과 개체의 자기보존 활동을 구

---

285 개체의 우연적 삶을 말한다.
286 종적 본질이 개체적 삶을 매개로 해서 자기를 지속한다. 이를 종적 본질의 자기 내 복귀라 한다. 반면 물체는 타자에 밀어내서 자기 내로 복귀한다.

분한다.

유기체는 개별자의 우연적인 활동을 통해 개체를 재생산하면서, 그런 가운데 자신의 유를 보존한다. 표면적으로 보면, 이는 개체의 보존일 뿐이지만, 내면적으로는 이를 통해 유가 보존된다. 이것은 거꾸로 보면 유가 자기를 보존하고자 개별자의 우연한 행위를 이용하는 것과 같다.

그러므로 유기체의 활동은 표면적으로 보면, "법칙성이 전혀 없는 활동"이다. 그것은 일반 개념 즉 종적 본성을 실현하려는 목적을 지닌 것이 아니기 때문이다. 즉 유기체의 "일반 개념은 그런 유기체 밖에 놓여 있다"라는 것이다. 그런 관점에서 보면, 유기체의 우연적 활동은 개체의 우연적 생존이라는 "텅 빈 효과"만 낳는다.

2) 헤겔은 유기체 개체의 활동을 산과 알칼리의 관계와 비교한다. 산과 알칼리는 순수한 힘이 표출된 대립하는 계기에 지나지 않는다. 산과 알칼리는 자연적 속성이 제거된 순수한 계기일 뿐이다. 그것은 "자기 내로 복귀한 것"이며 그 직접적 현존은 "대립물과 관계에서 소멸해 갈 뿐"이다.

그러나 유기체 개체의 단순한 생존 활동은 그 속에 종의 보존 활동이 은폐되므로, 마치 자립적인 자연적 속성이 그대로 보존된 것으로 나타난다. 그것은 "유기체의 직접적 현존에서 분리되는 일도 없고" "직접적 현존을 포기하지도 않으면서 자기를 보존하니" "다만 존재자에 지나지 않는 존재자의 행위"이다.

3) 그러나 우리의 관점에서 본다면, 앞에서 말했듯이 개체의 우연적 활동을 통해 일반 목적이 실현된다. 그러므로 그 행위는 어떤 외부의 힘이 아니다. 즉 "그 행위가 흘러나오는 실체는 개별적인 존재가 아니며 일반 존재며" 따라서 그 행위는 "그 자체에서 자기 내로 복귀하는 행위" 즉 일반 목적을 수행하는 행위다.

그러나 행위의 이런 측면은 내면에서 은폐된 측면이며 이는 "그 자체 표면에 드러나지" 않으므로 관찰하는 이성은 종의 자기보존이라는 일반 개념이 개별자의 행위를 통해 실현된다는 사실을 알지 못한다. 이는 우리가 개념으로써만 파악할 뿐이다.

4) 위에서 헤겔은 유기체의 활동과 관련된 세 가지 측면을 살펴보았다. 결론적으로 이 관계 어디에서도 이성은 발견되지 않는다. 내적인 목적은 우연적인 외적인 활동을 매개로 실현되기 때문이다.

첫 번째는 유기체의 활동은 환경과 관계하여 수동적이니 우연성을 벗어나지 못한다. 두 번째는 유기체의 목적은 본능적이어서 마치 자기 조직 바깥에 존재하는 것으로 보인다는 것이다. 세 번째는 유기체 개체의 생존 활동을 통해 종이 보존되지만, 표면적으로는 유기체의 개체 보존은 존재자로서 존재자의 행위일 뿐이다.

γ) 내면과 외면

262) ⟨SK 202:17~27⟩⟨FM 149:16~24⟩

관찰하는 의식에서 유기체의 본질은 이런 방식으로 즉 **존재하면서 고정된** 두 계기[287]의 관계로 발생한다. −관찰하는 의식에는 여기서 대립을 이루는 두 측면이 한편에는 관찰 속에서 제공되는 것처럼 보이며, 다른 편에서 즉 내용 면에서는 유기체의 **목적 개념**과 **현실** 사이의 대립을 표현한다. 그러나 관찰하는 의식에는 개념적 파악 자체가 철저하게 없으므로 이런 대립은 모호하고 피상적으로만 표현된다. 여기서 사상[Gedanke]은 관념[Vorstellung][288]으로 전락한다. 따라서 우리는 전자[목

---

287 바로 앞 구절에 언급된 개체와 환경, 본능과 유기체적 현존, 종적 목적과 개체적 삶 가운데 핵심은 본능과 유기체적 현존 사이의 관계이니, 여기서 두 계기는 이 두 가지를 의미한다.

288 유기체의 조직 연관을 통한 목적의 실현이라는 사상 또는 개념의 관계가 본능과 현존이라는 자립적인 두 표상 사이의 관계로 나타난다는 뜻이다.

적]는 **내면적인 것**으로 생각되며[gemeint] 후자[현실]는 **외면적인 것**으로 생각되는 것을 본다. 그 관계는 **외면적인 것이 내면적인 것을 표현한다**는 법칙을 낳는다.

263) ⟨SK 202:28~203:13⟩⟨FM 149:25~150:3⟩

내면적인 것과 그것의 대립물[외면적인 것] 그리고 양자의 상호관계를 좀 더 자세히 살펴보면 첫째, 이전의 [자연의] 법칙에서와같이 법칙의 양면이 더는 저마다 자립적인 **사물**이나 특정한 물체로서 나타나는 일이 없고, 둘째, 일반 개념이 **존재자의 외부** 어딘가에 실존해야 하는 일[289]도 없다는 것이 분명해진다. 오히려 유기체적 본질이 전혀 분리되지 않은 채로 양자의 근저에 놓여 있는 가운데 내면과 외면 모두의 내용으로 되며 양자 모두에게 같은 것으로 된다. 이렇게 되면 대립은 온전하게 형식적인 데 지나지 않고, 대립을 이루는 실재하는[real] 두 측면은 똑같이 **그 자체 존재**[Ansich]를 본질로 한다. 그러나 동시에 내면과 외면은 대립하는 실재성[Realität]을 가지니, 그 존재는 관찰에 서로 다르게 나타나므로, 관찰에서는 양 측면은 저마다 특유한 내용을 갖는 것처럼 보인다. 그러나 이 특유의 내용은 양 측면에 똑같은 실체 또는 양자의 유기적인 통일성으로 되므로, 사실 이 똑같은 실체가 지닌 형식상의 차이일 뿐이다. 이런 사실은 곧 관찰하는 의식이 외면은 내면의 표현에 지나지 않는다는 명제 속에 암시한다. ─우리는 앞에서 목적 개념을 고찰할 때 여기서 관계하는 이와 같은 규정들[290]을 발견했다. 그 규정이란 곧 서로 다른 것이 무차별하게 자립적으로 존재하는 측면과 그런 가운데서 서로 다른 것이 사라지고 통일을 이루는 측면이다.

---

289 종적 본질과 개별 현존의 관계를 말한다.
290 유기체에서 본능과 그것의 실현인 현존이라는 두 규정을 말한다.

264) 〈SK 203:14~18〉〈FM 150:4~7〉

이제 살펴보아야 할 것은 내면과 외면이 저마다 어떤 **형태**를 띠고 존재하는가다. 내면 자체는 외면 자체와 마찬가지로 외면적으로 존재하며 형태를 지닌 것이다. 왜냐하면, 내면적인 것은 대상이거나 그 자체 존재하는 것인 한에서 그리고 관찰의 눈앞에 나타나는 것으로 설정됐기 때문이다.

[해제] 1) 지금까지 이성적 관찰은 유기체와 환경의 관계에서 유기체의 목적과 유기체적 현존, 종적 목적과 개체적 활동 사이의 관계로 나아갔다. 여기서 필연적 연관으로서 법칙을 발견하고자 했으나, 실패했다.

앞에서 다룬 유기체의 법칙 가운데 핵심은 곧 목적으로서 본능과 유기체적 현존의 관계다. 관찰하는 이성은 감각적 관념에 사로잡혀서, 이 관계를 목적의 실현이라는 개념을 통해 파악하지 못한다. 관찰하는 이성에서 이 연관은 두 개의 자립적인 현존 사이의 외적인 관계 즉 표상의 관계다. 여기서 필연성은 은폐되므로 두 측면은 서로 우연적 관계만을 갖는다. 즉 본능은 우연한 방식으로 자신의 현존을 실현한다. 그러므로 양자 사이에 필연적 연관은 존재하지 않는다.

이제 헤겔은 유기체에서 새로운 측면에 관한 관찰을 시작하는데, 그것은 개체의 내면과 외면의 관계다. 전자는 생명의 기능적 활동을 의미하고 후자는 유기체 형태의 유기적 조직을 의미한다.

그러나 이 관계를 헤겔은 생명의 기능적 활동과 유기체 형태(헤겔은 형태로 표현한다)의 유기적 조직 사이의 연관으로 파악할 수 있다고 한다. 여기서 기능적 활동과 유기체 형태 사이에는 내적인 것과 외적인 것의 관계 즉 표현의 관계를 발견할 수 있다. 물체적 법칙에서처럼 자립적 사물의 관계도 아니고, 목적의 실현과 같은 합목적적 관계도 아니다. 외면이 내면을 표현한다는 관계다.

표현이라는 관계는 사실 자기를 이중화하는 관계인데, 이는 자기 의식적 존재(인간)의 표현 활동을 통해 드러나지만, 이미 유기적 생명체에도 표현 관계가 성립하며, 이것이 생명의 기능과 유기체 형태의 관계라는 것이다.

2) 헤겔은 이제 여기서 표현의 관계가 성립하는가를 살펴보려 한다. 여기서 생명의 기능 활동은 여러 가지로 분화된다. 보통 감각 기능, 반응 기능, 재생산 기능으로 구분된다. 이런 분화된 기능은 사실 생명 활동 전체 속에서 통일된다. 유기체 형태도 마찬가지로 분화된다. 사지와 오장육부 등이다. 이런 유기체 형태도 유기적인 통일을 이루고 있다.

기능이나 형태나 저마다 다른 방식으로 분화됐지만, 그 밑바닥에 유기적인 생명 활동 즉 "유기체적 본질이 전혀 분리되지 않은 채로 있다." 기능적 분화나 형태의 분화는 다만 "형식적 차이"에 지나지 않으며, "양자의 내용은 모두 같은 것"이다. 여기서 전체적으로 보면 내면에 해당하는 기능은 외면에 해당하는 형태와 마찬가지로 생명의 본질을 표현하는 외적인 형식에 속하는 것이지만, 다만 같은 내적인 것을 표현하는 방식에서 서로 구별될 뿐이다.

3) 생명의 기능과 유기체 형태를 이렇게 파악한다면, 양자 사이에는 내용적 같음이 매개하고 있으니, 서로 같은 것으로 된다. 즉 그 자체적 본질이 같지만, 다만 형식상 다르게 즉 한 번은 내면에 속하는 것 즉 기능으로 다른 한 번은 바깥에 속하는 조직의 형태로 실현된다는 것이다.

이런 식으로 파악한다면, 결국, 내면과 외면 사이의 상응하는 관계가 발견될 것이다. 기능적인 감각 기능은 유기체의 감각 형태와 상응하고, 반응 기능은 유기체의 반응 형태와 상응하며 재생산 기능은 재생산을 위한 형태와 상응한다고 볼 수 있을 것이다. 여기서 내면과 외면, 기능과 형태 사이에 표현 즉 이중화의 관계가 발견된다고 볼 수 있지 않을까?

αα) 내면

265) 〈SK 203:19~204:5〉〈FM 150:8~23〉

유기적 실체는 **내면적인 것**인 한에서는 **단순한 영혼**이며 순수한 **목적 개념** 또는 **일반적인 존재**여서, 이는 부분으로 나뉘더라도 마찬가지로 일반적인 유동성을 잃는 일이 없으므로 그것은 **존재**하는 동시에 **활동**하거나 **운동**하면서 그 속에서 실제적 존재는 **사라지고** 마는 것으로 나타난다. 이런 내면적인 것에 반해서 **외면적인 것**은 유기체의 **안정적인 존재**로 존속한다. 따라서 내면과 외면을 관계 맺는 법칙은 자신의 내용을 한 번은 일반적인 **계기**나 **단순한 본질**로 표현하며, 다른 한 번은 본질이 실현돼 나타나는 것 또는 **형태**로 표현한다. 이때 전자의 단순한 유기적[organisch] **성질**은 그 이름을 거론하자면 '**감수성**' '**반응성**' '**재생산성**'이다.* 이들 성질 가운데 적어도 앞의 두 성질은 유기체 전반에 해당하지 않고 단지 동물적 유기체에만 해당한다. 식물적 유기체는 유기체가 갖는 단순한 개념을 표현할 뿐, 그 개념이 지닌 계기들이 **발전하지 않았다**. 따라서 우리는 세 성질을 관찰하는 데서 그런 성질들이 관찰을 위해 나타나야 하는 한 그런 성질들이 발전한 현존에 해당하는 유기체[동물]에 따라야 하겠다.

*FM주 〈150:16~17〉 헤겔은 셸링의 용어를 거론한다. 셸링은 자연철학에서 동물의 근원적 성질로부터 시작한다. 동물적 자연의 성질로서 감각, 운동성, 재생능력에 관한 셸링의 파악에 관해서는 셸링F. W. J. Schelling, 『세계 영혼에 관해』, 『전집』, 2권, S. 521, 530f, 560f 참조.

[해제] 유기체의 내면은 '단순한 영혼', '순수한 목적'이며, 이는 존재하는 것이라기보다 오히려 순수하게 운동하는 것이다. 이것은 유기체의

세 가지 기능으로 분화된다. 즉 감수성, 반응성, 재생산성이다. 이 기능은 분화되면서도 다시 통일돼서, "그 유동성을 잃는 일이 없다."

다른 한편으로 외면은 정적인 존재며, 그것은 외면적인 조직 즉 '형태'를 통해서 표현된다. 이런 형태로는 감각 형태, 반응 형태, 재생산 기관을 들 수 있다. 그것은 외적으로 자립적이며 다만 내적으로만 유기적인 연관을 갖는다.

전자의 경우 분화된 기능은 이미 자기를 지양해 통일을 이루는 것이니 그런 통일이 지배적 측면이다. 헤겔은 이를 "단순한 본질"이라 한다. 반면 형태 즉 조직은 개별적으로 자립적으로 존재하며, 그것 서로의 연관 즉 통일성은 감추어져 있어서 자립적인 측면이 지배적이다.

헤겔은 식물의 경우 아직 이런 분화가 뚜렷하지 않으니, 이런 분화가 구체적으로 전개된 동물을 중심으로 기능과 조직을 살펴보자고 한다.

266) 〈SK 204:6~25〉〈FM 150:24~151:2〉

위에서 다룬 유기체의 세 가지 성질을 보자면 그 모두가 자기를 목적으로 삼는 것[Selbstzweck]이라는 개념으로부터 직접 이해될 수 있다. **감수성**이란 유기체의 자기 복귀라는 단순한 개념 또는 유기체의 일반적 유동성을 뜻하며, 반응성 또는 유기체적 탄성[彈性]은 자기 내로 복귀하면서 동시에 외부에 **반작용**하는 태도를 보이는 것을 표현하며 이 후자는 첫 번째의 안정된 **내재 존재**[291]에 대립하면서, 추상적인 대자 존재를 **대타 존재**로 실현하는 것을 표현한다. **재생산성**은 자기 내로 복귀하는 유기체의 전체적인 작용 즉 목적 그 자체[an sich] 또는 유[Gattung]인 한에서 유기체의 활동을 일컫는 것이다. 그러므로 여기서는 개체는 자

---

291 헤겔은 『논리학』에서 내재 존재를 어떤 것의 일반적 규정이라는 의미에서 사용한다. (『논리학』「존재론」 2장, 질에서 내재 존재가 다루어진다) 그러나 여기서는 내면적인 것이라는 일반적 의미를 지니는 것으로 보인다.

신을 자기 자신으로부터 밀어내게 하면서 유기체의 일부 또는 개체 전체의 재생산을 되풀이한다. 재생산성[Reproduktion]을 일반적으로 **자기보존**이라는 의미에서 받아들인다면 그것은 유기체의 형식적[formalen] 개념인 감수성을 표현한다. 그러나 재생산성은 본래적인 의미에서 본다면 유기체 개념을 실재하게 하는 것[der reale organische Begriff]이다. 또는 재생산성이란 개체의 측면에서는 유기체 **전체**가 자기 자신의 개별 부분을 재생함으로써 자기 내로 복귀하는 것이고, 유[Gattung]라는 측면에서는 개체의 산출을 통해 자기 내로 복귀하는 것이다.

267) ⟨SK 204:26~32⟩⟨FM 151:3~21⟩

이런 유기체적 지반이 갖는 **또 하나의 의미** 즉 **외면적인 것**이란 유기체적 지반이 형태[Gestalt]로 나타나는 방식을 의미한다. 유기체적 지반은 **형태화**의 방식에 따라서 **실현**되지만, 동시에 유기체적 **조직**[Systeme]에서 **일반적**으로 지각되는 부분이거나 유기적 조직으로 눈앞에 나타난다. 즉 감수성을 관장하는 것은 신경 조직이고 반응성을 관장하는 것은 근육 조직이며 재생산성을 관장하는 것은 개체와 유의 보존을 위한 내장기관[Eingeweide]으로 된다.

268) ⟨SK 204:33~205:16⟩⟨FM 151:22~28⟩

그러므로 유기체에 고유한 법칙은 유기체의 계기가 지닌 관계를 다룬다. 이 유기체적 계기는 이중적인 의미가 있는데, 하나의 의미는 유기체 **형태**의 **부분**[조직]이라는 의미며 다른 하나는 전체 조직을 관통하며 흐르는 **유동적인 일반적** 규정성[기능]이라는 의미다. 그러한 법칙이 어떻게 표현되는가를 보자면 예컨대 유기체 **전체**의 한 계기인 특정한 **감수성**은 한편으로는 일정한 구조를 지닌 신경 조직에서 표현됐다는 것이다. 또는 다른 한편으로 이 감수성은 개체의 유기체적인 부분을 특정하게 **재생**하거나 개체 전체의 번식과 결합할 수 있었다는 것이다.[292] —이런 법칙이 갖는 두 개의 측면은 쉽게 **관찰**할 수가 있다. 즉 외면적인 것은 그의 개념상 **대타 존재**인 까닭에, 감수성은 예를 들어 감각 조직 속에 직접 실현된다. 감수성은 **일반 성질**인 한에서 그렇게 **외면화**하는 가운데서 대상화된다. **내면적인 것**에 해당하는 측면은 자신에 상응하는 외면적 측면을 지닌다. 단 여기서 외면적 측면이란 전체로서 **외면적인 것**[유기체]과 구별되는 것[형태]을 의미한다.

269) ⟨SK 205:16~25⟩⟨FM 151:22~28⟩

유기체의 법칙을 이루는 두 개의 측면은 사실 쉽게 관찰될 수 있는 것으로 보이지만, 두 측면이 관계하는 법칙은 관찰의 대상으로 되지 않는다. 관찰 활동이 그런 법칙에까지 다다르지 못하는 이유는 관찰이 **관찰**인 한에서 너무 근시안적이기 때문도 아니고 관찰이 경험에 종속해서는 안 되고 오히려 이념[Idee]으로부터 도출해야 하기 때문도 아니다. —그게 이념으로부터 도출돼야 하지 않는 이유는 법칙이 실재하는 것[Reelles]이라면 당연히 실제로[wirklich] 눈앞에 있어야 하고 관찰돼야 하기 때문이다. —그러므로 [그것이 관찰되지 않는다면] 그 이유는 지금 얘기되는 종류의 법칙은 전혀 진실성이 없는 것으로 입증되기 때문이다.

[해제] 여기서 관찰하는 이성에서 내면과 외면 사이의 상응하는 관계가 출현한다. 그 관계의 한편에는 내적 계기가 있다. 이것은 모두 생명체의 자기 목적이 실현되는데 필요한 기능 즉 유동적 규정이다. 그 관계의 다른 한편에는 외적인 계기가 있다. 이것은 생명체의 외적인 형태

---

292 헤겔은 이 문장에서 가정법을 사용한다. 사람들이 흔히 그렇게 주장한다는 말이다.

또는 조직이다.

관찰하는 이성은 여기서 법칙을 발견하려 한다. 그 법칙은 두 가지다. 우선 기능과 형태 사이의 관계를 설정한다. 예를 들어 감수성은 감각 기관 속에서 자기를 실현한다. 마찬가지로 반응성은 반사 조직을 통해 자기를 실현한다. 등등. 또 하나의 법칙은 기능과 기능 사이의 연관이다. 예를 들어 감수성은 반응성이나 재생산성과 연관된다

헤겔에 따르면 그런 법칙은 성립하지 않는다고 한다. 그 이유는 흔히 생각하듯이 관찰이 근시안적이기 때문은 아니다. 그렇게 생각하는 사람은 이런 법칙을 이념으로부터 도출하려 한다. 그러나 법칙은 본래 경험적 법칙인 한에서 충분히 관찰될 수 있어야 한다. 그러므로 그런 법칙이 관찰되지 않는 참된 이유는 사실 거기에 관찰할 만한 법칙이 없기 때문이다. 이하에서 헤겔은 여기에 법칙이 성립하지 않는다는 사실을 밝힌다.

270) 〈SK 205:26~206:31〉〈FM 151:29~152:22〉

앞에서 제시됐던 법칙은 유기체의 일반 **성질**[기능]이 유기적 **조직**에서 사물화되고 그런 유기체 조직에서 각인돼 물적인 존재[Dinge]로 된다는 관계였다. 그때 양자는 본질이 같은 것으로 될 것이며 한 번은 일반적 계기로 출현하고 다른 한 번은 물적인 존재로서 눈앞에 나타나게 될 것이다. 그러나 게다가 내면적인 것만을 따로 떼어내어[für sich] 볼 때 여기에는 여러 가지 측면이 이루는 관계가 있다. 따라서 처음으로 일반적인 유기체적 행위[감수성, 반응성, 재생산성] 또는 여러 성질 사이의 관계가 하나의 법칙을 이룬다는 사상이 세시된다. 그러한 관계가 성립되는가는 그러한 일반 성질의 본성으로부터 판가름 나야만 한다. 그런데 한편으로 유기체의 성질은 일반적 유동성인 한에서 물적 존재[Ding]의 방식에 따라서 한정되는 것이 아니다. 즉 그런 유기체

의 성질은 물적인 존재의 외적 모습을 이루고 있다고 가정되는 분화된 [Unetrschiede] 현존 내에 가두어지지 않는다. 오히려 감수성은 신경 조직[system]을 넘어서 유기적인 모든 다른 조직을 관통한다. 다른 한편으로는 감수성은 반작용 능력 또는 반응성으로부터 그리고 재생산성으로부터 본질상 구분되지 않고 분리되지 않는 **일반적** 계기다. 그럴 수밖에 없는 이유는 감수성은 자기 내로 복귀하는 것이므로 반작용을 그 자체에서 가지기 때문이다. 단지 자기 내로 복귀하는 것만으로는 수동적인 죽은 존재나 마찬가지여서 감수성이라고 할 수는 없다. 이는 반응성이 작용이건 반작용이건 자기 내로 복귀하지 않고서는 존재할 수 없는 것과 마찬가지다. 작용과 반작용 속에서 자기 복귀가 행해지고 자기 내로 복귀하는 데서 작용과 반작용이 생겨난다. 이런 사실이 곧 양자의 통일을 의미한다. 양자의 통일이 유기체의 본질을 이루고 있으며, 또한, 유기체의 재생산성이라는 것과 같은 의미를 지닌다. 이로부터 나오는 결론은 여기서 먼저 감수성과 반응성의 상호관계부터 다루자면 유기체가 실현되는 어떤 방식에서든 감수성의 크기는 반응성의 크기와 눈으로 보기에 같아야 한다는 사실이다. 또한, 그 결론은 하나의 유기체적인 현상은 감수성과 반응성 그 어느 쪽을 척도로 삼아 파악되고 규정되고 또는 설명된다고 말하더라도 무방하다는 것이다. 한쪽으로 고도의 감수성을 지니는 것은 다른 쪽으로 **마찬가지로** 고도의 반응성 또는 같은 크기의 반응성을 갖는다고 할 수 있다. 이들 감수성과 반응성을 유기체의 **요인**[Faktor]이라고 부르는 데는* 나름대로 의미가 있다. 그런 요인이라는 말을 쓰는 이유는 이런 일반적 유기체 성질이 개념에 속하는 **계기**며 그것은 저마다 대상으로 실재하게 되더라도 여전히 그 본질은 개념이므로 그런 본질은 일반 성질을 같은 방식으로 그 자체에서[an ihm]

지니고 있기 때문이다. 또한, 그 이유는 만일 그런 대상이 한쪽에서 감수성이 매우 크다고 할 수 있다면 다른 쪽에서 반응성이 마찬가지로 크다고 말할 수 있기 때문이다.

*FM주 〈152:18〉 셸링 F. W. J. Schelling, 『자연철학을 체계화하기 위한 최초의 시도』, 『전집』, 3권. S. 277, 230f 참조 : "우리 학문의 전체 경과를 통해 입증된 것처럼, 운동성이라는 종합적 개념 속에 감각과 반응성이라는 두 요인이 합일하는 것으로 사유 된다."

내면의 순수한 계기들의 법칙, 감수성의 법칙 등

271) 〈SK 206:32~208:15〉〈FM 152:23~153:23〉

일반 성질들이 구별되는 것은 필연적이다. 이런 성질들은 개념에 따라 구별되며 이들의 대립은 **질적**인 대립이다. 그런데 이런 질적 구별은 저마다 법칙의 한 측면을 이루는 것이듯 또한, 여전히 직접 존재하는 것이며 관념 [Vorstellung]을 통해 파악되는 것이다. 이런 참다운 질적 구별 밖에도 일반 성질들은 **양적**으로 차이를 지닌 것*으로 나타난다. 이렇게 해서 본래의 질적인 대립은 양적 크기의 차원으로 들어가면서 새로운 법칙이 출현한다. 이런 종류의 법칙은 이를테면 감수성과 반응성은 그 크기에서 반비례하는 관계에 놓이게 돼 한쪽이 늘어나면 다른 쪽은 줄어든다거나 차라리 크기 자체를 내용으로 삼아서 어떤 것에서 크기가 늘어나는 것은 그것의 작음이 줄어드는 것과 같다고 하는 법칙이다. ㅡ 그러나 이런 법칙에 일정한 내용을 주어서, 예를 들면 어떤 것이 지닌 구멍의 크기는 남아 있는 알맹이가 **줄어드는** 만큼 반대로 **늘어난다**는 식으로 그런 법칙을 표현할 때 이 반비례의 관계를 바로 정비례의 관계로 전환해 구멍의 크기는 거기서 제거된 것의 크기에 비례한다고 표현할 수 있다. -그런 내용이 정비례로 표현되든 반비례로 표현되는 **동어반복적**인 명제임이 틀림없다. 그러므로 여기서 표현하려는 본래의 내용은 [구멍의] 크기가 늘어나는 만큼 [제거된 것의] 크기가 늘어난다고 말하는 것 이상의 의미가 있는 것은 아니다. 구멍과 그것을 채우고 있다가 제거된 것은 질적으로 서로 다르더라도 양자[구멍과 제거된 것]의 실질적 내용[Reale]과 양자의 크기는 전적으로 같은 것이고 또한, 크기의 늘어남과 작음의 줄어듦은 서로가 같은 것이어서 이런 식의 무의미한 대립은 동어반복으로 그칠 수밖에 없다. 이와 마찬가지로 유기체의 계기도 또한, 그의 내용[Realen]이나 그 내용의 크기는 서로가 나눌 수 없게 얽혀 있어서, 한쪽이 줄어들면 다른 쪽도 줄어들고 늘어나면 역시 같이 늘어나며 또한, 다른 쪽이 눈앞에 있는 한에서만 의미 있을 뿐이다. -또는 심지어 유기적인 현상을 반응성의 측면에서 고찰하든 감수성의 측면에서 고찰하든 상관이 없다. 또한, 이미 일반적으로 그리고 크기가 문제일 때조차도 -구멍의 늘어남을 그것이 지닌 비어 있음의 늘어남이라고 하건 아니면 거기서 제거된 것의 늘어남이라고 하건, 아무 상관이 없다. 또 다른 예를 든다면 '3'이라는 수를 플러스로 보든 마이너스로 보든 그 크기는 변함이 없고, 만약 3을 4로 확대하면 플러스든 마이너스든 모두가 4로 확대된다. 마찬가지로 자석의 남극은 북극과 같은 만큼의 강도를 지니며 양전기는 양전기의 부정인 음전기와 산은 산이 영향을 미치는 알칼리와 같은 만큼의 강도를 지닌다. -유기체적 **현존**[성질]은 3이나 자석의 예에서와 같은 크기를 지니니 늘어나거나 줄어들 수 있다. 그 크기가 늘어난다면 그런 유기체적 현존의 **두** 요인이 함께 늘어나거나 줄어드는데, 이는 자석이나 전기의 강도가 높아지면 자석의 양극이나 전기의 양극이 **함께** 늘어나는 것과 같다. -따라서 감수성과 반응성이라는 두 계기 역시 **내포**와 **외연**에서 서로 다른 것이 아니므로, 한쪽이 외연이 줄어들더라도 내포는 늘어날 수 있다거나 반면 다른 쪽은 내포가 줄어들더라도 외연은 오히려 늘어나야 한다고 얘기하는 것은 같은 개념이 텅 빈 채 대립하는 것에 속한다. 실질적인[reale] 내포는 외연의 크기와 바로 같고 그 반대의 경우도 또 마찬가지다.

　*FM주 〈152:28~30〉 헤겔은 킬마이어Kielmeyer가 제기한 법칙을 거론한다. 킬 마이어Dr. Carl Friedrich Kielmeyer, 『일련의 서로 다른 조직에서 유기체적 힘의 상호관계, 비례 법칙과 그 결과』, S. 23 참조: "따라서 이제 여기 소개된 공존하는 현상에서 다음과 같은 법칙이 발견된다. 즉 반응성은 그것이 표현되는 지속성에 따라서 평가해 볼 때 이런 표현의 속도나 일어나는 횟수, 다양성 그리고 감수성의 다양성이 줄어드는 것에 따라서 늘어난다. 이와 같은 방식으로 서로 다른 조직에서 반응성의 결핍은 표현이 일어나는 횟수, 다양성, 속도 그리고 다양한 감수성을 통해서 조절된다." ... 셸링은 그의 자연철학에서 우선 킬마이어의 법칙을 상세하게 다룬다. 셸링F. W. J. Schelling, 『세계영혼에 관해, 일반적 유기체를 설명하기 위한 고차 물리학의 가설』, 『전집』, 2권, S. 562; 3권, S. 196fft, 203. 셸링은 후에 그와 같은 공식의 구성을 포기했다. 주석〈158, 14~18〉 참조.

272) 〈SK 208:16~27〉〈FM 153:29~37〉

　이미 밝혀진 대로 이런 식으로 법칙을 발견하는 데서 어떤 일이 일어나는지를 살펴보면, 그것은 본래 다음과 같다. 첫째 반응성과 감수성이 유기체가 지닌 특정한 대립을 조성하지만, 마침내 그 질적인 내용은 소멸하고 대립은 크기의 늘고 줄어듦이나 내포와 외연의 늘고 줄어듦과 같은 형식적인 대립으로 나간다는 것이다. ―이런 형식적 대립은 더는 감수성과 반응성의 본성과는 상관이 없는, 그의 본성을 전혀 표현하지 않는 것으로 되고 만다. 따라서 그런 식으로 법칙을 발견하는 듯이 보이는 허망한 유희는 유기체의 계기에 한정되지 않으며, 그 어디에서건 어떤 것을 통해서든 적용될 수 있다. 그러므로 이런 유희는 대립물의 논리적인 본성에 관한 무지에 따라 일어난 것이다.

273) 〈SK 208:28~34〉〈FM 154:1~5〉

그러나 마침내 감수성과 반응성 대신 재생산성이 등장하면서 이것이 감수성이나 반응성 가운데 그 어느 쪽과 관계하면 여기서는 아예 그러한 법칙을 발견할 동기마저 사라져 버린다. 왜냐하면, 재생산성과 감수성 또는 재생산성과 반응성 사이에는 감수성과 반응성 사이에서와 같은 대립 관계는 존재하지 않기 때문이다. 법칙을 발견하는 것은 대립 관계를 전제로 해야 하므로, 여기서는 법칙이 발생한다는 가상조차도 사라지고 만다.

274) 〈SK 208:35~209:13〉〈FM 154:6~17〉

법칙을 발견하려는 지금까지 보아온 노력은 유기체[성질]의 구별이 **개념**에 속하는 계기라는 의미를 지닌다는 사실을 함축하므로 본래는 선천적인 법칙 발견이라고 가정된다. 그러나 굳이 여기에 법칙이라는 말을 부여하는 것에는 이 개념의 계기들이 **눈앞에 있는 것**을 의미한다고 보며 단순히 관찰하는 데 그치는 의식이 전제된다. 또한, 여기에는 말할 것도 없이 오직 이런 현존하는 것에만 집착하는 사상이 전제된다. 유기체의 현실은 자신의 개념이 표현하는 그런 대립을 필연적으로 그 자신에서[an ihr] 드러낸다. 그 대립은 곧 반응성과 감수성으로 규정될 수 있으며 마찬가지로 이 두 가지 능력은 다시 재생산성과 구분돼 나타난다. ─유기체의 개념에 속하는 계기들은 여기서는 **외면적인 현존 속**

에서 고찰된다. 여기서 외면적인 것은 내면적인 것이 **직접 고유한 방식으로**[eigene] 외면화된 것[293]이다. 따라서 이런 외면적인 것[성질]은 전적으로 외면적인 것 그리고 **형태적인 것**을 의미하는 **외면적인 것**[조직]은 아니다. 내면적인 것이 그런 외면적인 것과 맺는 관계는 나중에 가서야 고찰될 수 있을 것이다.

내면과 그것의 외면

275) ⟨SK 209:14~210:2⟩⟨FM 154:18~35⟩

그런데 개념의 계기가 지니는 대립적 규정을 하나의 현존에서 출현하는 대로 파악할 때는 감수성, 반응성과 재생산성은 어디에나 흔히 있는 평범한 **성질** 정도로 격하돼 서로가 아무 관계도 없는 일반 성질, 이를테면 비중, 색채, 경도 등과 같은 것처럼 존재한다. 그런 의미에서 본다면 어떤 유기체는 다른 유기체보다 감수성이나 반응성, 재생산성이 크다는 것은 쉽게 관찰될 수 있다. ―마찬가지로 어떤 것의 감수성은 다른 유기체의 감수성과 다른 종류라는 것, 어떤 것은 일정한 자극에 대해서 다른 것과 다른 태도를 보인다는 사실이 관찰된다. 예를 들자면 귀리에 대해서나 마른 풀에 대해서도 말의 반응이 다르고 개의 반응이 다르다 등등. 이것은 마치 물체 사이의 경도 등의 차이가 있다는 사실이 마찬가지로 관찰될 수 있는 것과 같다. ―그러나 경도나 색채 등과 같은 감각적 성질이나 귀리가 일으키는 자극에 대한 수용 가능성의 현상 그리고 하중을 견뎌내는 반응성의 현상이나 새끼를 낳은 수와 낳는 방식이라는 현상을 시로 관계하게 하거나 비교한다는 것은 합법칙성과 본

---

293 예를 들어 감수성과 같은 성질은 개념의 내면적 계기 즉 자기 내로 복귀하는 계기가 눈앞에 외면적으로 나타난 것이다. 이런 외면적인 것은 뒤에 나오는 조직의 형태로서 외면적인 것과 구분된다.

질상 배치된다. 왜냐하면, 그런 **감각적으로 존재하는** 규정성은 전적으로 서로 무관하게 실존한다는 데 있으며 이들은 관계의 통일을 나타낸 다기보다는 오히려 개념의 구속을 벗어나 서로 무관한[frei] 본성을 드러내는 것이기 때문이다. 더 나아가 이런 규정은 개념의 계기 그 자체라기보다는 오히려 계기들 사이에 걸쳐진 우연적인 크기의 사다리[Leiter] 위를 오르내리는 비이성적인 유희이기 때문이다.

[해제] 위에서 제시된 270~275 구절에서 헤겔은 유기체의 내외 관계에서 성립하는 두 가지 종류의 법칙 가운데 우선 내적 계기 사이의 관계 법칙부터 살펴본다.

1) 유기체의 기능은 사실 운동하는 개념의 유동적인 계기다. 즉 그것은 "개념에 속하는 계기"이다. 그것은 분화되고 대상화되더라도 "그 본질은 개념이며" 따라서 생명의 본질은 그 계기를 "같은 방식으로 그 자체에서 갖추고" 있으니, 하나의 계기는 자기 자신을 부정하는 가운데서만 존재하며, 다른 계기에 대해 상호관계에 있을 수밖에 없다.

예를 들어 감수성은 자기 내 복귀하는 계기인데 이는 자기를 표출하는 반응성 없이는 존재할 수 없으니 감수성은 반응성과 분리되지 않는다. 따라서 감수성과 반응성이 이미 개념의 계기로서 통일된다.

더구나 재생산성이란 개념의 타자화와 자기 내 복귀라는 이중적 운동을 말하는 것이니, 자기 내 복귀로서 감수성과 자기의 표출로서 반응성은 재생산성의 일부이며, 따라서 재생산성과 감수성 사이에 또는 재생산성과 반응성 사이에는 법칙이 성립하지 않는다. 왜냐하면, 법칙은 자립적 계기 사이에서나 성립하는 것인데, 이런 계기들은 서로 자립적인 것들이라고 보기 어렵기 때문이다.

2) 그런데 관찰하는 이성은 생명체를 바깥에서 관찰하면서 개념의 계기를 "직접 존재하는 것이며 관념을 통해 파악되는 것" 즉 일반 성질

로 파악한다. 그러고 나서 관찰하는 이성은 자립적인 일반 성질 사이의 관계 법칙을 설정한다.

성질은 서로 무차별하니, 그 관계는 다만 양적 크기의 관계로 표현된다. 예를 들어 감수성과 반응성 사이에 법칙연관을 보자. 이런 법칙은 두 성질 사이의 양적 크기의 관계가 된다. 예를 들어 '감수성이 크면 반응성도 크다'라든가, 거꾸로 '감수성이 크면 반응성은 오히려 줄어든다'라는 법칙이다. 이 양적 관계는 경험적으로 발견된다.

3) 관찰하는 이성은 양적인 크기의 법칙을 다양하게 변용하여 표현한다. 그런데 이런 법칙들은 기존 법칙을 변형한 법칙이다. 예를 들어 '어떤 것의 크기가 늘어나는 것은 작음이 줄어드는 것이다'라고 표현되거나, '어떤 것의 구멍의 크기가 늘어나는 것은 어떤 것의 내용이 줄어드는 것이며, 제거된 것이 늘어나는 것이다'라고 표현되기도 한다. 또는 내포와 외연 개념을 끌어들여, '한쪽 내포의 늘어남은 다른 쪽 외연의 줄어듦이고, 한쪽 외연의 줄어듦은 다른 쪽 내포의 늘어남이다'라는 식으로 표현된다. 그러나 헤겔은 이런 변용된 법칙은 같은 것을 다른 방식으로 표현하는 동어반복에 지나지 않으며 비록 외면적인 모습은 다르더라도 같은 것에 지나지 않는 것이라고 한다.

4) 관찰하는 이성이 개념의 계기를 자립적 성질의 크기 관계로 표현하면, 개념의 계기 사이에 존재했던 구별과 필연적 관계는 사라지고 경험적인 관계만 설정될 뿐이다. 이런 경험적 관계를 통해 개념의 계기가 지닌 필연성에 도달할 수 없다.

관찰하는 이성은 개념을 파악하지 못하고 "현존하는 것에만 집착하는 사상"에 머무르니, 유기체의 법칙은 여기서 전적으로 "서로 무관하게 현존하는 것들" 즉 "어디서나 흔히 있는 평범한 성질"의 관계일 뿐이다. 헤겔은 이런 유기체의 성질에 관한 경험적 법칙은 "개념의 계기들 사이에 걸쳐진 우연적 크기의 사다리 위를 오르내리는 비이성적 유희"

에 그친다고 말한다.

ββ) 내면과 형태로서의 외면

276) ⟨SK 210:3~211:5⟩⟨FM 154:36~155:28⟩

다른 측면에서 유기체의 개념에 속하는 단순한 계기들이 **형태**의 계기들과 비교될 때 처음으로 본래적 의미에서 법칙이 제공되지 않을까를 생각해 보자. 그 법칙은 즉 참으로 외면적인 것은 **내면**이 각인된 것이라는 사실을 언표하는 법칙이다. ―그러나 유기체의 단순한 세 가지 계기는 전체에 침투하는 유동적인 성질을 지닌 것이므로, 이 계기들은 유기체의 물적 존재[Dinge]에서 분리된 실재하는 것으로[real] 표현된 것을 즉 형태의 개별 조직이라고 불리는 것과 같은 방식으로 표현되지 않는다. 달리 말하면 유기체의 추상적인 이념이 참으로 이 세 가지 계기로 표현된다면* 그 이유는 오직 앞에서 거론된 세 가지 계기는 제자리에 머무르는 것[Stehendes]이 아니고 단지 개념이 운동하는 계기[Momente des Begriffs und der Bewegung]이기 때문이다. 그에 반해서 형태의 측면에서 해부학이 분리하는 것과 같은 세 가지 규정된 조직을 통해서는 유기체라는 것이 포착되지 않는다. 그런 체계가 실제로 발견되고 또 그런 발견을 통해 정당화돼야 하는 한, 반드시 염두에 두어야 할 것은 해부학은 그와 같은 세 가지 조직이 아니라 오히려 그보다 훨씬 더 많은 수의 조직을 제시한다는 것이다. ―그것과는 별도로 또 언급해 두어야만 할 것은 무릇 감각 **조직**은 **신경 조직**이라 불리는 것과는 전혀 다른 것을 의미하며 반응 **조직**은 **근육 조직**과 다른 것을 의미하며 재생산의 **조직**은 재생산을 위한 **내장기관**과 다른 것을 의미한다는 사실이다. 유기체는 형태 그 자체의 조직에서는 시체[toten Existenz]의 추상적인 측면에 따라 파악된다. 그런 방식으로 파악된 형태의 각 계기는 해부학과 시체에 속하는 것이며 인식과 살아 있는 유기체에 속하지 않는다. 형태의 조직은 그러한 부분으로 분할되고 나면 **존재하기**를 중단할 수밖에 없다. 왜냐하면, 그런 조직은 과정이기를 중단하기 때문이다. 유기체의 [외면적] **존재**는 본질상 일반적인 것이며 또는 자기 내로 복귀한다. 그러므로 유기체의 각 계기가 그렇듯이 유기체의 전체 [외면적] **존재**도 해부학적인 조직으로 성립하지 않으며 실제로 존재하는 표현과 그 일반적인 것의 외면화는 오히려 갖가지 형태화한 부분을 관통하는 운동으로서만 눈앞에 나타날 뿐이어서 여기서 개개의 조직으로 떼어내어 고정되는 것은 본질상 유동적인 계기로서 드러난다. 따라서 해부학에서 발견되는 현실은 유기체의 실상[Realität]으로 여겨질 수 없으며 오직 현실은 오직 과정으로서 볼 때만 유기체의 실상으로 될 수 있다. 그러므로 해부학에서 발견되는 부분도 오직 그의 생명 과정에서만 의미가 있다.

*FM주 〈155:7~15〉 헤겔이 비판하는 것은 조직의 서로 다른 체계를 구분하는 셸링의 설명일 수 있다. 셸링의 학설은 감수성은 조직에서 (두뇌와 신경 조직에서) 반응성의 부정으로서 출현하며 반응의 절대적 부정을 표현해야 한다는 것이다. 거꾸로 반응의 조직에서(심장과 동맥) 반응성은 단순한 반응성으로서 등장한다. 재생산성은 자기를 제3의 조직으로 표현한다. 이 제3의 조직은 영양, 분비, 소화의 모든 기관을 포괄한다. 참조: 셸링F. W. J. Schelling,『자연철학을 체계화하기 위한 최초의 시도』,『선집』, 3권, S. 198f, 204 또한, 다음을 참조하라: 킬리안Konrad Joseph Kilian,『의학의 전체 체계를 위한 시론』, S. 54ff. 헤겔의 비판은 셸링보다 차라리 킬리안에 관련된다. 킬리안은 셸링의 의식과 유기체적 자연론에 관한 강의에 기초해서 경험적 비교 해부학의 종속적 의미를 강조한다. 킬리안은 해부학이 모든 형태의 상징과 외적인 것에 들

어 있는 내적인 유형을 개념화해야 한다고 요구한다. 참조: 셸링F. W. J. Schelling, 『아카데미 연구의 방법에 관한 강의』, 『전집』, 5권. S. 342f.

[해제] 헤겔은 앞에서 유기체 기능 사이의 법칙을 살펴본 다음, 이제 유기체의 기능과 조직 사이의 법칙을 검토한다. 예를 들어 감각 기능은 감각 조직과 상응하며, 반응 기능은 반응 조직과 상응한다는 것이다. 이런 법칙은 언뜻 보면 당연한 듯이 보이지만, 헤겔은 여기서도 법칙을 찾을 수 없다고 한다.

그 이유는 세 가지를 들고 있다. 우선 유기체의 기능은 "전체에 침투하는 유동적인 성질" 즉 운동하는 계기고 서로 개념적으로 연관되는 개념의 계기다. 이 구분은 생명의 개념을 개념상 구분한 것이므로, 그것은 고립된 것이 아니며, 어떤 장소에 국한된 외면적인 조직에서 표현될 수 없다. 그러므로 감수성, 반응성, 재생성이라는 기능은 외부적으로 나타난다 하더라도 국한된 장소에 존재하는 신경 조직이나, 근육 조직, 내장 조직에 한정되지 않는다. 유기체의 기능은 앞에서 말했듯이 "갖가지 형태화한 부분을 관통하는 운동"이기 때문이다.

더구나 유기체의 조직은 단지 세 가지 조직으로 이루어지지 않고 더 많은 수의 조직으로 구성된다. 예를 들어 내장 기관만 해도 오장육부가 있으니, 구분은 좀 더 세부적으로 되거나, 유기체의 여러 조직이 동시에 작용하여 하나의 기능을 수행할 수 있다. 거꾸로 하나의 기능은 여러 조직에 흩어져서 나타날 수 있다. 그러므로 감각 기능이 대응하는 감각 조직이 있다면, 그것은 흔히 말하는 감각 기관에만 한정되지 않는다.

마지막으로 바깥에서 관찰된 조직은 시체에 속하는 조직일 뿐이다. 그것은 살아 있는 유기체에 속하는 것이 아니다. 살아 있는 유기체는 실제로 그 부분을 명확하게 나눌 수도 없다. 그러므로 살아 있는 유기체가 "부분으로 분할되고 나면 존재하기를 중단한다. 왜냐하면, 그런 체계는 과정이기를 중단하기 때문"이다. 유기체의 각 조직은 본질상 유동적인 계기다.

277) 〈SK 211:6~19〉〈FM 155:29~39〉

그러므로 이미 밝혀졌듯이 우선 유기체의 **내면적인** 계기는 독자적으로[für sich] 떼어내어서 존재에 관련한 법칙[Gesetzes des Seins][294]의 측면들을 제공할 수 없다. 왜냐하면, 내면적 계기는 어떤 현존에 관해 언표된 법칙에서 흔히 그렇듯이 서로 구별돼서 각 계기는 다른 계기를 대체하더라도 같은 방식으로 지칭될 수 없기 때문이다. 또 내면적 계기가 법칙의 한 측면에 놓이면 이와 다른 쪽에는 정적인[ruhend] 조직이 그런 내면적 계기를 실현하는 것으로 자리 잡는다고 할 수 없다. 왜냐하면, 정적인 조직은 무릇 어떤 내면적 계기를 표현하는 것이 아닌 만큼 유기체의 진리가 거기에 들어 있는 것도 아닐 것이기 때문이다. 유기체는 본래 일반적인 것이므로 유기체에서 본질적인 것은 오히려 두말할 것 없이 유기체의 각 계기가 그것이 실현된 유기체 내에서 일반적이라는 사실이다. 즉 유기체 계기는 전체를 관통하는 생명 과정으로 존재하며 어떤 외적인 물적 존재[Dinge: 유기체 조직]는 고립해서 본다면 그런 계기에 들어 있는 일반성을 그림[Bild]으로 보여주지 않는다.

278) 〈SK 211:20~35〉〈FM 156:1~12〉

이와 같은 것에서 보듯이 유기체에서는 **법칙**이라는 **관념**은 그 의미를 일반적으로 상실하기 마련이다. 법칙은 대립하는 것들을 정적인 측면으로 파악하고 표현하려 하며 그런 법칙에서 이 정적인 두 측면이 서로 관계하는 규정성을 파악하고 표현한다. **내면적인 것**에는 일반성이

---

294 존재에 관련한 법칙이라면 현존 사이에 나타나면서 경험적으로 발견되는 법칙을 말한다.

현상하며 **외적인 부분**은 정적인 형태를 지니므로 이 양자가 법칙의 서로 상응하는 측면을 이룬다고 가정되면서 분리된다면 그것들이 유기체에서 지닌 의미를 잃어버린다. 법칙이라는 관념의 근저에 놓인 것은 다음과 같은 사실로 될 것이다. 즉 법칙의 양면은 저마다 독자적으로[für sich] 서로에게 무차별하게 존속하면서 서로 상응하는 이중적 규정성과 같은 관계가 그런 양면에 할당될 수 있다는 사실이다. 그러나[vielmehr] 유기체의 측면[내면, 외면]은 저마다 그 자체에서[an ihr selbst] 모든 규정이 해소된 단순한 일반성으로 존재하므로 자기를 해소하는 운동으로 존재하는 사실을 보여준다.

[해제] 일반적으로 물체와 관련한 법칙은 각자 자립적인 것이 서로 대립하는 관계다. 즉 법칙의 양면은 "서로에게 무차별하게 존속하면서 서로 상응하는 이중적 규정과 같은 관계가 양면에 할당되는" 것이다. 유기체의 내적인 기능을 고립된 성질로 보고, 외적인 조직은 고립된 조직으로 보면서, 성질과 성질 그리고 성질과 조직 사이에 상응 관계를 설정하는 것은 유기체를 물체의 법칙에 따라 파악하는 것이다.

그러나 헤겔에 따르면 이런 방식으로 유기체를 파악하는 것은 이런 양 측면이 유기체에서 지닌 고유한 의미를 상실하게 하는 것이라고 본다. 유기체의 기능은 개념의 계기라고 했다. 즉 그것은 "전체를 관통하는 생명 과정으로 존재할" 뿐이다. 그런데 조직 역시 마찬가지다. 앞서 말했듯이 분리된 조직은 시체에 속하고, 살아 있는 조직은 유기적 연관 속에서만 존재할 수 있다. 그러므로 각 조직은 "그 자체에서 모든 규정이 해소된 단순한 일반성으로 존재한다." 이처럼 기능도 개념의 계기에 그치며 조직도 유기적 전체의 한 부분일 뿐이니 헤겔은 여기서 내적인 것과 외적인 것 사이의 관계는 법칙 관계가 될 수 없다고 한다.

사실 유기체에서 내면화 외면, 기능과 조직은 유기체라는 사태를 서술하는 두 방식에 불과하다. 그것을 기능적으로 서술하면 개념의 계기로서 각 기능이 나오며, 그것을 구조적으로 서술하면 조직적 형태가 나온다. 양자가 서술의 방식에서 차이에 불과하니, 여기에 법칙연관을 찾아내려는 시도는 허망한 것에 지나지 않을 것이다.

279) 〈SK 211:36~212:31〉〈FM 156:13~36〉

지금 논의되는 법칙 발견의 방식이 이전에 제시된 법칙 발견의 형식과 대비해 어떤 구별이 있는가를 이해한다면 법칙을 발견한다는 것의 본성을 완전하게 밝히는 데 도움으로 될 것이다. ─지각의 운동이나 지각 운동 속에서 자기 내로 복귀해 이를 통해 자신의 대상을 규정하는 지성의 운동을 되돌아보자. 지성은 일반적인 것과 개별적인 것 또 본질적인 것과 외면적인 것과 같은 추상적인 규정들이 맺는 **관계**를 그의 대상으로 대면하지[vor sich] 못한다. 오히려 지성 자체에서는 그 이행하는 모습이 아직 대상화돼 나타나지 않는다. 이에 반해 여기 유기체의 관찰에서는 유기적 통일 즉 대립 항의 관계가 존재하면서 이런 [대립 항의] 순수하게 이행하는 관계는 그 자체로 **대상**으로 된다. 유기체에서 단순성으로 이행하면 곧바로 **일반성**으로 된다. 그런 일반성[단순성]이 구별되면서 그런 구별된 측면이 서로 이루는 관계가 법칙으로 표현되므로 법칙을 이루는 구별된 계기는 모두 관찰하는 의식에 나타나는 **일반적 대상**[allgemeine Gegenstände]이다. 따라서 그 법칙은 **외적인 것**[구별된 계기]**은 내면적인 것**[통일성]의 표현이라는 말로 표현된다. 지성은 여기서[유기체에 이르러] 법칙 자체에 관한 사상을 포착했다. 왜냐하면, 지성은 그 이전에는 다만 일반적으로 법칙들을 탐구했을 뿐이며 이때 법칙의 구성 계기는 지성에서는 특정한 내용을 지닌 것으로 눈앞에 떠돌[vorschwebten] 뿐이며, 그런 법칙에 관한 사상으로 머릿속에 떠오르는 것[vorschwebten]은 아니기 때문이다.²⁹⁵ ―내용에 관해 얘기한다면²⁹⁶ 여기에서 획득된다고 가정되는 법칙은 순수하게 [외면적으로] 존재하는 구별들을 일반성의 형식 속에 그대로[ruhiges] 받아들이는 것이어서는 안 된다. 오히려 법칙은 이런 구별들에서 또한, 개념이 직접 일으키는 동요[Unruhe des Begriffes]를 보여주므로 이를 통해 동시에 법칙의 양 측면이 필연적으로 관계 맺는다. 그러나 이때 대상 즉 유기체의 통일은 한편으로는 존재를 무한히 지양하거나 이를 절대적으로 부정하는 것과 다른 편으로는 그저 고요하게[ruhigen] 머무르는 존재를 직접 통일한다.²⁹⁷ 따라서 그런 통일을 이루는 계기는 본질상 순수하게 이행하는 운동이며 그런 까닭에 여기서는 법칙에서 요구되는 것과 같은 외면에 **존재하는** 측면은 어떤 것도 확인되지 않는다.

[해제] 1) 앞에서 유기체에서 내면과 외면 사이의 관계는 물체의 법칙으로 파악할 수 없다는 사실이 밝혀졌다. 유기체를 그런 법칙으로 파악하는 것은 지성을 통한 파악이므로 헤겔은 과거로 돌아가 지성의 개념을 상기한다.

지성에서 법칙은 두 속성 사이의 관계다. 그 관계는 법칙을 이루는 두 요소 사이에서 내면에 머무르며 그 자체로 대상이 돼 현존하지 않는

---

295 지성은 속성의 관계를 법칙으로 파악한다. 이 관계는 자립적 요소들이 맺는 경험적 관계다. 지성은 그 법칙의 배후에 개념의 자기 구별이 일어난다는 것을 알지 못한다. 즉 지성에서는 법칙의 구성 계기는 개념의 계기 즉 '사상'이 아니라 경험적으로 제공되는 '특정한 내용'으로 떠오를 뿐이다.
296 지성이 유기체에 이르러 파악한 법칙의 내용을 말한다. 즉 사상으로서 법칙이며, 개념의 구별로서 법칙이다.
297 무한한 지양은 기능적 연관성을 말한다. 고요하게 머무르는 존재는 물질적 연관을 말한다.

다. 서로 무차별한 요소의 관계로서 법칙은 우연적일 수밖에 없다. 여기서 법칙은 경험적으로 제공된다. 그것은 "존재하는 구별들이 일반성의 형식 속으로 그대로 받아들인" 법칙이다.

2) 유기체에서는 생명의 개념 운동이 출현한다. 헤겔은 이것을 "개념이 직접 일으키는 동요"라 한다. 여기서 개념과 구별 사이에는 필연적 연관이 존재한다. 그것은 개념이 자기를 타자화하고 다시 자기 내로 복귀하는 운동이다.

그런데 지성은 개념의 운동을 표상을 통해 파악한다. 즉 지성은 개념의 운동을 자립적 부분으로 분리해서 양자를 다시 법칙으로 결합한다. 여기서 이중적인 측면이 출현한다. 하나는 개념을 운동 속에서 구별한다. 즉 "존재를 무한히 지양하거나 이를 절대적으로 부정하는 것"이며 이게 곧 유기체의 내면을 이루는 성질들이다. 다른 하나는 "그저 고요하게 머무르는 존재" 즉 유기체의 조직이다. 지성은 양자를 서로 연결하면서 내면과 외면 사이의 법칙을 제시하려 한다.

3) 그러나 전자는 기능적 연관을 지니며 후자는 물질적 연관을 지닌다. 그것은 유기체의 운동을 서술하는 방식의 차이에 불과하다. 그런 점에서 헤겔은 양자 사이에는 직접적 통일이 존재한다고 한다. 헤겔은 이 두 측면은 "본질상 순수하게 이행하는 운동"이라고 한다.

그러므로 내면과 외면 사이에는 필연적 연관이 존재하지만, 그 연관은 같은 것을 다른 방식으로 서술했다는 점에서 필연적 연관이지, 자립적인 것들이 맺는 법칙연관은 아니다. 즉 여기에는 "법칙에서 요구되는 것과 같은 외면에 존재하는 측면"은 존재하지 않는다.

4) 전체적으로 보면 헤겔은 기능적 설명도 물질적 연관도 지성의 단계에 속하는 것으로 보면서 생명체를 이해하는 방법으로 부정적이다. 헤겔은 생명체는 자기의식에 속하는 것으로 즉 개념의 자기 구별 운동으로 파악해야 한다고 본다. 그것은 본능이 유기체적 조직을 통해 실현

되며 이런 개체적 현존을 통해서 종적 본질이 재생산되는 과정이다.

280) 〈SK 212:32~213:18〉〈FM 157:1~17〉

[법칙에서 요구하는] 그런 외면적 측면을 획득하려면 지성은 유기체적 관계가 지닌 다른 계기 다시 말해 유기체적 현존이 자기 내로 **반성하는 것**[Reflektiertsein]을 가로막아야[sich halten] 한다.[298] 하지만 이런 유기체적 존재가 그와 같이 완전하게 자기 내로 반성하면 그런 반성하는 존재에는 타자에 대립하는 규정성은 전혀 남지 않는다. **직접** 감각적으로 존재하는 것[물체의 성질]은 그 규정성 자체와 직접 일체화돼서, 그런 존재에서 질적인 구별을 표현한다. 예컨대 청색은 빨간색에 대립하며, 산은 알칼리에 대립한다. 등등. 그러나 유기체적 존재[299]는 자기 내로 복귀하고 있어서 다른 유기체 존재에 대해 전적으로 무차별하다[gleichgültig]. 유기체의 현존은 단순한 일반성을 지니고 있으므로 감각적으로 지속하는 구별을 관찰하지 못하게 가로막는다. 같은 말이지만, 이런 유기체적 현존이 나타내는 본질적 성격은 그런 **현존하는** 규정성을 끊임없는 **교체**한다는 사실이다. 따라서 구별이 [외면적으로] 존재하는 구별로 표현될 때 그 방식은 크기와 마찬가지로 서로 **무차별한** 방식이다. 크기의 구별 속에서는 개념은 말살되고 필연성은 소멸한다. 하지만 이런 무차별한 존재를 채우는 내용[300]은 감각적 규정을 교체하면

298 법칙을 이루는 요소들은 자립적이고 서로 무차별해야 한다.
299 문맥상 유기체 개체를 의미하기보다, 유기체가 지닌 감각적 성질 예를 들어 감수성, 반응성 등과 같은 성질을 의미한다. 이것은 관찰에서는 자립적 성질 즉 존재로 나타나지만, 본래는 개념의 계기므로 자기 내로 복귀한다. 그 계기들은 법칙을 통해 관계하지 않으며, 자기 부정성을 통해 전체로 통일된다. 그런 점에서 서로 자기의 규정을 교체하는 것이다.
300 예를 들어 감수성, 반응성 등은 개념의 계기다. 그러나 관찰하는 이성은 감

서 유기체적 규정의 단순성 속으로 결합한다. 이런 사실이 단순성으로 결합하는 것과 동시에 표현하는 것은 곧 구별은 바로 그러한 감각적 규정성을-직접적인 성질-지니지 않는다는 사실이다. 앞에서도 보았듯이 그런 질적인 것은 단지 크기에 속한다.

281) 〈SK 213:19~34〉〈FM 157:18~29〉

그러므로 대상적인 것은 유기체에 속하는 규정성으로 파악되는 한, 자기 자신에서[an ihm selbst] 개념을 갖춘 것이므로 지성에 대해 존재하는 대상과 구별된다. 왜냐하면, 지성은 자신의 법칙에 속하는 내용을 파악하는[Auffassen] 데서 순수하게 지각하는 태도를 보이기 때문이다. 하지만 유기체에 속하는 규정으로 파악된 것이 어떤 **법칙**의 계기로 이용되면, 그렇게 파악하는 행위는 전적으로 단순히 지각하는 지성의 원리나 방식으로 전락하고 만다. 왜냐하면, 이를 통해[법칙의 계기로 이용되면서] 유기체는 고정된 규정성의 방식이나 직접적인 성질이나 정지한[ruhenden] 현상의 형식을 취하고 나아가서 유기체는 크기의 규정으로 파악되고 개념의 본성은 억압당하고 말기 때문이다. -따라서 단지 지각된 것 대신 자기 내로 복귀한 것으로 교체하고 한낱 감각적인 규정성 대신 유기체적인 규정성으로 교체하더라도 자기가 지녔던 본래의 가치[개념적 본성]를 상실한다.[301] 이런 식으로 교체하는 일이 일어나는 것은 지성이 아직도 법칙 발견의 차원을 벗어나지 못하고 있기 때문이다.

수성이나 반응성을 크기 규정 속에 파악한다. 그러면 이는 감각적 성질로 된다. 여기서 내용이란 형식상 크기 규정 속에 파악된 것에 들어 있는 개념적 계기를 말한다.

301 뒤의 예를 참조하자면, 근육의 힘(감각적 성질)이라는 것 대신 반응성(유기적 성질)으로 바꾸더라도 고립된 무차별 성질로 파악되기는 마찬가지라는 뜻이다.

282) 〈SK 213:35~215:12〉〈FM 157:30~158:30〉

비교를 위해 이런 식의 교체에 관한 몇 가지 사례를 들어보자.*¹ 지각에서는 근육이 억세 보이는 동물이 고도의 반응성을 지닌 동물 유기체로 규정되는가 하면, 지각에서는 매우 [근육이] 허약한 상태라고 보이는 것이 고도의 감수성을 지닌 상태로 여겨지거나 이를테면 비정상적으로 민감[Affektion]하거나(이 표현은 감각적인 것을 개념으로 번역하는 대신 라틴어로 번역한 것이며 게다가 잘못된 라틴어로 번역한 것이다) 그런 민감성이 배가된 것[Potenzierung][302]으로 규정된다. 동물이 강한 근육을 지녔다는 것을 지성은 동물이 강한 **근력**을 지녔다고도 표현할 수도 있으며 반대로 아주 약한 근육을 지녔다는 것은 보잘것없는 **근력**을 지녔다고도 표현할 수도 있다. 반응성이라는 규정은 **힘**이라는 규정보다 우월한데 그 이유는 우선 본래 근력이라는 것은 바로 반응성과 같은 것을 의미하기는 하지만, **근력**이라는 규정은 자기 내 반성을 모호하게 표현하지만, 반응성이라는 규정은 자기 내 반성을 명확하게 표현하기 때문이다. 또한, 반응성을 통한 규정은 **강한 근육**이라는 표현보다 탁월한데, 왜냐하면, 이미 근력이라는 표현에서와 마찬가지로 강한 근육이라는 표현 속에도 자기 내 반성은 억제돼[enthalten] 있기 때문이다. 이는 약함이나 연약한 근력이나 **수동적 유기체**라는 것이 **감수성**을 통해서 명확히 표현되는 것과 마찬가지다. 그러나 이렇듯 감수성이 따로 떼어내어 져서 고정된 채 크기의 규정과 결부되면서 크고 작은 감수성으로서 표현되고 크고 작은 반응성과 대비될 때는 이런 크고 작은 감수성과 반응성 모두가 완전히 감각의 지반에 놓이면서 어떤 성질을 통

302 'potenz'는 본래 라틴어로서 능력을 의미하지만, 근대 들어와 수학에서는 제곱을 의미하며, 물리학에서는 낙하 법칙에서 보듯이 제곱에 비례하는 에너지를 의미한다. 제곱이라는 의미에서 배가로 번역했다.

속적으로 표현하는 형식으로 전락해 버린다. 따라서 양자 관계는 개념의 관계로 되지 못하고 반대로 크기의 관계로 되면서 이런 크기에서는 대립이 나타나기는 하지만, 그런 대립은 생각 없는 구별로 될 뿐이다. 이때 **근력**이나 근육의 **강함**과 **약함**이라는 표현은 무언가 분명한 것처럼 보이지만, 그 대신 이번에는 감수성이나 반응성이 더 높아진다느니 더 낮아진다느니 하는 대립적 표현 그리고 그런 성질들이 잇달아 그리고 반대로 높아진다거나 낮아진다고 하는 대립적 표현에서는 비어 있고 모호한 몽롱함[Herumtreiben]이 발생한다.*² 강함과 약함이 전적으로 감각적이고 생각 없는 규정인 것처럼 그에 못지않게 감수성이나 반응성이 더 크다고 하거나 더 작다고 하는 것 역시 아무 생각 없이 받아들여진 것이며 마찬가지로 명백히 감각적인 현상을 표현한다. 따라서 개념 없는 표현을 대신해서 개념이 등장한 것이 아니다. 강함과 약함의 내용을 채우는 규정[감수성, 반응성 등]은 오직 따로 떼어내어서 본다면 개념에 기초하고 개념을 내용으로 삼지만, [여기 관찰에서 사용될 때는] 개념에서 나왔다는 기원이나 성격은 전적으로 잃어버리게 된다. ―이런 내용 규정[감수성, 반응성]이 단순성과 직접성[크기 규정]이라는 형식 속에서 법칙의 양 측면으로 되면 이때 크기가 그런 규정이 구별되는 지반을 이루게 된다. 따라서 처음에는 개념으로 존재해 개념으로 판정됐던 것이 이런 형식 그리고 크기를 통해 감각적으로 지각될 수 있는 존재의 방식을 획득하며 이런 표현[반응성의 크기]은 근력의 강약을 통해 규성된 것이나 직접적인 감각적 성질을 통해서 규정된 것[근육의 강약]과 아무런 차이가 없을 정도로 인식과는 무관한 것으로 된다.

*¹ FM주 〈157:34~35〉 킬리안Kilian의 용어를 반영한다. 참조: 킬리안 Konrad Joseph Kilian, 『의학의 전체 체계를 위한 시론』, S. 755(비정상

적 감정), 257 (배가).

배가라는 표현은 셸링의 저서 자연철학에서도 발견된다. 참조: 셸링F. W. J. Schelling,『물리학의 역동적 과정 또는 범주의 일반적 연역』,『전집』, 4권, S. 31 & 64.

*² FM주 〈158.14~18〉 헤겔은 브라운J. Brown의 자극 이론과 이 이론을 셸링과 그 지지자들이 수용하고 개정한 것에 관계한다. 주목할 만한 것은 셸링이 감수성과 반응성의 상승과 하강에 관한 이론을 단순한 형식적인 공식으로 내버렸다는 것이다.

1) 강하고 약한 힘이라는 개념이 브라운의 이론의 토대로 되는 개념에 속한다. 참조: 브라운 Johann Brown,『의학의 근본 명제』, S. 6ff. 참조 FM주 〈37, 9~10〉

2) 셸링의 견해에 의하자면 브라운은 자극성 개념을 제시했지만, 그 개념을 스스로 도출할 수는 없었다. 참조: 셸링F. W. J. Schelling,『자연철학을 체계화하기 위한 최초의 시도』,『전집』, 3권, S. 153. 셸링은 유기적 힘인 감수성, 반응성, 재생산성의 상호관계를 탐구하는 가운데 이 자극 개념을 구성하기를 시도한다.

셸링이 나중에 브라운 이론을 멀리한 것에 관해서는 다음을 참조: 셸링F. W. J. Schelling:『의학의 입장을 자연철학의 근본 원칙에 따라 표시』,『전집』, 7권, H. 1, S. 189: "이것을 통해 우리는 생명의 상태에 관한 그처럼 형식적인 공식을 수용성과 작용능력의 서로 대립적으로 상승하고 하강하는 것으로부터(또는 이 요인을 그 밖에 어떤 방식으로 표현하든 상관없이) 구성한다고 말한다." ... 셸링은 헤겔이『정신현상학』서문에서 말한 것과 비슷하게(FM주 〈37:2〉, 〈37:9~11〉 참조) 생명현상과 관련해 강직성[Sthenie]과 무기력성[Asthenie]이라는 개념을 쓰는 것은 무의미하다는 것에 관해 말한다. 헤겔이 셸링의 위의 논문을 알았을 가능성이 크다. 헤겔은 명백히 위의 의학 연보의 공동 저자로 초청된

다. 참조: 호프마이스터J. Hoffmeister, 『헤겔과의 편지』 1권, S. 81

3) 셸링은 그의 입장을 바꾸었으므로 헤겔의 비판은 주로 호프만 Hoffmann과 킬리안을 향했을 것이다. 그들은 자극성 개념을 구성하기 위한 셸링의 시도를 더 밀고 나갔다. 참조: 호프만Dr. Ph. Hoffmann, 『병인학의 구성을 위한 이념』, S. 71ff, 79ff; 킬리안Konrad Joseph Kilian, 『의학의 전체 체계를 위한 시론』, S. 38~43.

[해제] 유기체적 현존은 자기 내로 반성한 존재므로 유기체의 기능은 물체의 감각적 성질과는 구분된다. 물체의 성질은 직접 존재하는 것이면서, 타자와 관계해 질적 차이를 표시한다. 그러나 유기체의 현존 즉 기능은 이미 "자기 내로 반성하고 있어서" 단순한 통일을 이루고 있으며 직접적인 규정을 끊임없이 서로 교체한다. 즉 유기체의 기능은 "그 자체에서 개념을 갖춘 것"이다.

그런데 관찰하는 이성은 유기체를 지성 단계의 방식 즉 "순수하게 지각하는 태도"로 파악한다. 그것이 유기체의 감각적 성질이다. 관찰하는 이성이 "한낱 감각적인 성질 대신 유기체적인 성질로 교체하더라도" 여전히 유기체적 성질을 개념의 계기로 파악하지 않고, 감각의 지반에서 파악하는 것이니 이를 통해 유기체적 성질은 자신이 지닌 본성을 상실한다. 이렇게 유기체의 성질이 지각적으로 성질로 전락하면, 이런 성질은 이제 크기의 차이를 지닌다. 그 결과 앞에서와 같은 유기체의 경험 법칙이 출현한다.

헤겔은 예를 들어 '근력이 세다'라는 표현과 '근육이 강하다'라는 표현, 그리고 '반응성이 크다'라는 표현을 비교한다. 관찰하는 이성은 지성의 단계에 머무르기에 전자로 갈수록 분명한 것으로 파악하고 후자로 갈수록 몽롱한 것으로 생각한다. 그러나 전자에서 후자로 갈수록 자기 내로 반성하는 유기체적 본성이 더 명백하게 표현된다.

그러나 근력이나 근육의 강약 대신 최종적으로 등장하는 반응성은 본래 개념의 계기를 가리키지만, 관찰하는 이성은 심지어 개념의 계기조차도 크기 규정 아래서 파악해서, 반응성이 크다든지 작다든지 하면서 파악한다. 그 때문에 그런 계기가 지닌 개념적 기원, 개념적 성격을 상실한다. 즉 "처음에는 개념으로 존재해 개념으로 판정됐던 것이 이런 형식 그리고 크기를 통해 감각적으로 지각될 수 있는 존재 방식을 획득했다"라는 것이다.

283) ⟨SK 215:13~17⟩⟨FM 158:31~159:3⟩

이제 여전히 남아 있는 문제는 유기체의 **외면**이란 무엇이며, **유기체에서** 내면과 외면 사이의 대립은 어떻게 규정되는가를 **따로 떼어내서** [für sich allein] 고찰하는 일이다. 이는 처음에 전체 유기체의 **내면**이 전체 유기체에 **특유한** 외면과 관계해 고찰됐던 것과 마찬가지다.

284) ⟨SK 215:18~28⟩⟨FM 159:4~11⟩

외면이란 따로 떼어내어서 보면 **형태** 일반 즉 생명이 **존재하는 지반** 위에 분절돼 이루는 조직이며 동시에 유기체적 본질이 **타자에 대해 존재하는 것**-곧 자신의 **대자 존재** 속에 있는 본질이 대상화한 것-이다. 여기서 타자는 일단 외적인 비유기체적인 자연으로 나타난다. 이 양자를 법칙과 관계해서 고찰한다면 이미 보았듯이 비유기체적 자연이 유기체의 본질과 더불어 법칙의 양 측면을 담당한다고는 할 수 없다. 왜냐하면, 유기체는 그와 동시에 바로 대자적[für sich]으로 존재하므로 비유기체적 자연에 대해서 일반적이고 무관한 관계에 있기 때문이다.

285) ⟨SK 215:29~216:36⟩⟨FM 159:12~160:5⟩

유기체적인 형태에 나타나는 이 양면의 관계를 더 자세히 살펴보면, 유기체적 형태는 한편으로 비유기체적 자연에 대립해 있지만, 다른 한편으로는 **대자적**으로 자기 내로 복귀한다. **실제로 존재하는** 유기체는 한편으로 **대자적**으로 존재하는 생명과 다른 편으로 **외적인 것** 일반 또는 **그 자체로 존재하는 것**[비유기체적 자연]을 연결하는 매개 중심이다. ─그러나 대자 존재라는 극은 무한성을 지닌 하나[Eins]에 해당하는 내면이면서 형태의 계기가 외부 세계와 결합해 존속하는 상태를 벗어나 자기 내로 복귀하게 만드는 것이다. 다시 말하자면 이 대자적 생명은 내용이 없는 것이지만, 형태로부터 내용을 받아들이며 그런 형태에서 그 형태를 매개하는 과정으로 나타난다. 유기체는 단순한 부정성 또는 **순수한 개별성**을 의미하는 [대자 존재의] 극에서 절대적 자유를 누리는 가운데 타자 존재에 대해서나 형태상의 계기가 지닌 규정성에 대해서 무차별하게 자기를 보호한다. 이런 자유[무차별함]는 동시에 형태상의 계기 자체의 자유기도 하므로 이런 자유는 형태상의 **계기**가 현존하는 것으로서 현상하고 파악되는 것을 가능하게 한다. 형태상의 계기는 외적인 자연[Äußeres]에 대해서 자유롭고 무차별한 것과 마찬가지로 그들 서로 간에도 자유롭고 무차별하다. 왜냐하면, 이런 **단순한** 자유가 그런 형태상의 계기를 **존재**하게 하며 또는 그런 계기의 단순한 실체적 지반[Substanz]이기 때문이다. 유기체의 형태 또는 대타 존재가 아무리 다양한 유희를 하면서 배회하더라도 유기체의 개념 또는 순수한 자유는 어디서나 자기와 같음의 상태로 머무르는 생명이다. 이 생명의 흐름은 어떤 종류의 물레방아를 돌리는가는 문제 되지 않는다. ─이제 첫째로 다음과 같은 사실에 주목해야 한다. 즉 유기체의 개념이 여기서는 이전에 본래적 의미에서 내면적인 것을 고찰했을 때처럼 **과정**이라는 형식으로 또는 형태상의 계기를 전개하는 것으로 파악될 수 없다. 오히려 유기체의 개념은 그 형식을 보건대 단순한 내면적인 것이며 **실제로 있**

으면서 생동하는 [유기체적] 존재에 대립하는 순수한 일반적 측면을 이루는 것으로 파악돼야 한다.[303] 다시 말하자면 유기체의 개념은 외면적으로 존재하는 유기체의 지체[脂體]나 형태가 존속하는 지반으로 파악돼야 한다. 왜냐하면, 여기서 우리가 고찰하는 것은 이런 유기체의 형태며 생명의 본질은 이런 형태에서 이 형태 자체를 **지탱하는**[Bestehen] **단순한 개념**[Einfachheit]으로 존재하기 때문이다. 다음으로 주목돼야 할 것은 **대타 존재** 또는 실제로 존재하는 형태가 지닌 규정성이 그 본질 즉 단순한 일반 개념 속으로 받아들여진다는 사실이다. 그때 규정성은 일반성에 못지않게 단순한 일반적인 비 감각적 규정성이며 수적인 것[304]으로서 표현될 수 있는 것일 뿐이다. ―이 규정성은 무규정적 생명[개념]과 실제로 존재하는 생명[형태]을 결합하는 형태의 중심이며 전자[무규정적 생명]와 같이 단순하지만, 후자[실제로 존재하는 생명]와 같이 규정된 것이다. 전자 즉 내면에서 수적인 것으로 존재하는 것이라면 외적인 존재를 자기의 방식에 따라 표현해야 할 것이다. 그러므로 **내면적인 수**는 다양한 모습으로 나타나는 현실, 살아가는 방식, 색채 등을 또한, 일반적으로 말해서 현상계에 전개되는 온갖 종류의 구별을 표현해야 할 것이다.

[해제] 헤겔은 여기서 마침내 유기체에서 내적인 생명과 외적인 형태 사이의 관계를 서술한다. 그 관계의 한편에는 내적 생명이 존재한다.

---

303 생명체에 관한 헤겔의 기본 개념은 내적 생명이 외적인 유기체 조직을 통해 자기를 재생산한다는 것이다. 이것을 외면적으로 서술하면 형태에 관한 서술이 되며, 기능적으로 서술하면 개념의 계기가 된다.
304 구체적으로 맥박이나 혈압, 피의 양 등 유기체적 통일을 보장하는 수적 관계를 말할 것이다.

이 내적 생명은 자연환경[비유기체적 자연] 속에서 자기를 전개한다. 그렇게 전개된 것이 생명체의 형태다.

내적인 생명은 이 과정에서 자유롭게 자기를 대상화하면서도 여전히 자기에 머물러 있으니, 그것은 단순한 부정성이며, 자립적인 것, 자유로운 것이다. 생명은 자기가 대상화한 유기체적 형태로부터 자기 내로 복귀해 유동성을 상실하지 않으며 그런 형태의 실체적 지반으로 된다.

비유기체적 자연과 내적 생명을 매개하는 것이 유기체의 형태다. 그것은 비유기체적 자연처럼 외면적으로 존재하면서도 내적 생명의 힘을 통해 자기 내로 반성한 것이다. 그러면서 순수한 유동성인 생명을 구체적으로 존재하게 하는 것 즉 생명이 대상화된 것이다. 생명과 형태 그리고 비유기체적 자연 사이의 매개로서 형태의 규정은 이중적이다. 한편으로 그것은 이미 내적으로 복귀하면서 비 감각적인 것이며 다른 한편으로 그것은 외적 대상으로 되면서 내적 생명에 대해 무차별한 것으로 된다.

헤겔은 이런 내면으로 복귀한 형태는 수적인 크기로 규정될 수 있다고 한다. 여기서 생명의 수적인 전개를 볼 수 있다. 아마도 유기체를 규정하는 다양한 수적 관계를 말할 것이다. 맥박의 수나, 혈압, 피의 양 등은 신체의 유기적 연관을 보존하는데 불가결한 조건이다.

286) 〈SK 217:1~16〉〈FM 160:6~17〉

유기적인 전체의 두 측면-한쪽이 **내면**이고 다른 쪽이 **외면**인데, 각각은 그 자체에서 다시 내면과 외면으로 나뉜다-을 그외 같은 양면적인 내면과 비교해 보면 첫 번째 측면의 내면은 개념이며 즉 멈춤이 없이 움직이는 **추상적** 존재다. 그러나 두 번째 측면은 정적인 일반성을 자신의 내면으로 삼으며 그런 가운데 그 내면은 정적인 규정성 곧 수[305]를 갖는다. 따라서 첫 번째 측면에서 개념은 그런 수 속에서 자기의 계기를 전개해 나가는 것이므로 이 첫 번째 측면은 마치 거기에 관계의 필연성이 있다는 듯한 가상을 통해 눈속임 법칙[306]을 약속할 것이다. 반면 두 번째 측면은 이런 법칙을 곧바로 단념하도록 만든다. 왜냐하면, 수가 법칙의 한쪽 편에 자리 잡은 규정으로 제시되기 때문이다. 왜냐하면, 수라는 것은 완전히 정지돼 죽은 채로 무엇에도 상관하지 않는 성질의 것이어서, 거기서는 일체의 운동이나 관계가 사라지고 그런 무차별한 규정성 때문에 활력에 넘치는 충동이나 생존 양식이나 그 밖의 갖가지 감각적 현존으로 다가설 수 있는 다리가 끊어졌기 때문이다.

γγ) 내면으로서 외적인 것과 외면 또는 유기체의 이념을 비유기체에 적용하는 것

287) ⟨SK 217:17~30⟩ ⟨FM 160:17~27⟩

그러나 유기체 자체의 **형태**를 단순히 형태의 내면을 이루는 것인 한에서 내면적인 것[수적인 것]과 비교해 고찰하는 것은 사실 더는 유기체의 고찰이 아니다. 왜냐하면, 관계돼야만 할 두 측면이 오직 서로 무차별한 것으로 설정돼서, 유기체의 본질을 이루는 자기 내로의 반성이 제거[aufgehoben]되기 때문이다. 오히려 내면과 외면을 위에서 시도된 것과 같은 방식으로 비교하기 위해 비유기체적인 자연 쪽으로 넘어가 보자. 이런 비유기체적 자연 속에서는 무한한 개념은 내밀하게 은폐되거나 자기 바깥에 있는 자기의식에 들어 있는 **본질**일 뿐이다. 이런 무한한 개념은 유기체에서처럼 대상으로 현현하는 것[Gegenwart]은 아니

---

305 앞에서 설명한 것과 같이 내면에서 발견되는 수적인 것을 말한다. 예를 들어 맥박과 같은 것이다.

306 형태의 내면인 수는 생명을 표현한다고 보면 필연성을 지니는 것처럼 보이지만, 수 자체를 그것의 외면인 형태의 관계로서 보면 그 필연성이 사라지고 만다.

다. 비유기체에서 이런 내면과 외면의 관계를 앞으로[noch] 비유기체에 특유한 영역에서 고찰해 보자.

[해제] 마지막으로 헤겔은 생명체의 개념을 수적 연관을 통해 규정하려는 시도를 비판한다. 생명체를 외면에서 보면 형태의 내면이 수적인 연관으로 표현된다. 생명체의 내면에서 보면 그 내면은 곧 생명 즉 개념이다. 이때 개념이 내면의 내면이라면, 수는 곧 외면의 내면이다.

그러므로 생명의 개념을 수적 연관을 통해 규정하려는 시도는 이중적이다. 이 수가 내면 즉 생명의 개념이 표현된 것으로 본다면, 여기서 필연적 법칙이 출현하는 것으로 보인다. 그러나 이 수가 외면적 형태의 유기적 연관을 표현하는 것으로 본다면, 여기서 필연성은 사라진다.

지금까지 생명에 대한 지성은 생명에서 내적인 것과 외적인 것 사이에 법칙을 발견하려고 시도했다. 이를 전체적으로 정리하자면, 생명체의 운동이란 곧 그 개념이 외적 형태의 연관을 통해 실현되며, 이를 통해 종적 본질이 지속해서 자기를 재생산하는 운동이다. 이런 운동을 내면적으로 서술하면 개념의 계기가 전개하는 기능적 운동이며 외면적으로 서술하면 외적 조직의 물질적 연관으로 서술된다.

헤겔은 그 가운데 특히 후자는 형태의 관계를 수적으로 규정하려는 시도인데 이는 더는 유기체의 고찰은 아니라고 한다. 왜냐하면, 이는 "관계돼야만 할 두 측면이 오직 서로 무차별한 것으로 설정돼서, 유기체의 본질을 이루는 자기 내로의 반성이 제거되기 때문"이다.

반면 이 구절에서 헤겔은 기능적 고찰에 대해서는 언급하지 않았지만, 앞에서 이런 기능적 고찰은 개념의 세기모시 기능을 하나외 자립적 성질로 고찰하면서 그것들 사이의 법칙연관을 찾으려 하는 시도라고 보면서, 이는 개념의 계기를 제대로 이해하지 못한 방식이라고 했다.

288) ⟨SK 217:31~218:5⟩⟨FM 160:28~35⟩

첫째로 비유기체가 단순한 개별자로서 나타날 때 그런 형태의 내면성을 이루는 것은 **비중**[spezifische Schwere]이다. 비중은 단순하게 존재하는 것으로서도 관찰되고 마찬가지로 수의 규정성으로서도 관찰된다. 왜냐하면, 비중은 수적으로 규정 가능한 것일 뿐이기 때문이다. 또는 비중은 엄밀히 말하면 몇 개의 관찰을 비교하는 데서 발견되며, 이런 점에서 법칙의 한 측면을 제공하는 듯이 보인다. 형태, 색채, 경도, 강도 그리고 그 밖의 무수히 많은 성질이 다 함께 외적인 측면을 이루고 특정한 내면성 즉 수적인 것[비중]을 표현해야 비로소 한쪽은 다른 쪽에서 자신에 대응물을 갖게 될 것이다.

289) ⟨SK 218:6~219:23⟩⟨FM 160:36~161:37⟩

그런데 여기서[비중에서] 부정성은 과정의 운동으로 파악되는 것이 아니라 **정적인 통일** 또는 **단순한 대자 존재**로 파악되므로 그런 부정성은 사물을 과정에 거스르는 것으로 만들며[307] 자기를 자체 내에서 보존하게 하며 과정에 대해 무차별하게 하는 것으로 나타난다. 그러나 단순한 대자 존재[비중]는 고요하게 머물면서 타자에 대해 무차별하므로 비중은 다른 성질과 **나란히 있는** 하나의 **성질**로서 등장한다. 이렇게 되면 비중이 이런 다양한 다른 성질과 맺는 필연적인 관계나 법칙성은 모두 중단되고 만다. ―비중은 이렇듯 단순한 내면적인 것인 한에서 **그 자신에서** 구별을 지니지 않거나, 설사 지닌다 하더라도 한낱 비본질적인 구별만을 지닌다. 왜냐하면, 비중이 갖는 **순수한 단순성**이 일체의 본질적인 구별을 제거하기 때문이다. 이런 비본질적인 구별 즉 **크기**의 구별은 여러 성질이 자리 잡은 [법칙의] 다른 측면에 자기의 대응물을 즉 타자

307 비중은 외부의 변화에 저항하는 관성의 힘으로 규정된다. 그 힘은 역학적인 개념이며, 분자적 관계를 표현하는 경도나 강도, 색채 등의 반응 과정에 무차별하다.

를 가져야만 비로소 이 구별은 구별로 될 것이다. 만약 여러 부분이 대립물의 단순성[통일] 속에서 총괄되면 어떤 응집된 상태와 같은 것으로 규정된다. 비중이 **순수한 대자 존재**를 의미한다면 이런 응집된 상태는 **타자 존재 속에[im] 있는 대자 존재**[308]를* 의미한다. 그처럼 규정된다면 응집상태는 비중의 규정성과 달리 개념 속에서 처음으로 순수하게 설정된 규정성으로 된다. 여기서 법칙 발견의 방식은 이미 앞에서 말한 감수성의 반응성에 대한 관계를 통해 고찰된 것과 같은 방식으로 될 것이다. ㅡ이때 응집상태가 타자 존재 속에서 존재하는 대자 존재라는 **개념[Begriff]**을 의미하는 한, 비중에 대립하는 측면을 **추상한 것**이어서, 그 자체로서는 실존하지 않는다. 왜냐하면, 타자 존재 속에 대자 존재가 존재한다는 것[응집상태]이 지닌 의미는 [반응하는] 과정에 들어가서 자신의 대자 존재를 **자기보존** 하는 것으로 표현한다는 것이어야 했기 때문이다. 그와 달리 자기보존이란 그와 달리 [반응하는]과정을 거쳐서 어떤 산물에 속하는 계기로 나오는 것을 방지해야[bewahrte] 했다. 그러나 바로 이런 방지는 목적이나 일반성을 지니지 않는 비유기체의 본성에 어긋나는 것이다. 오히려 [반응하는] 과정이란 사물의 대자 존재 즉 비중이 자기를 지양하는 방식을 보여주는 특정한 반응[Verhalten]을 의미한다.[309] 그러나 응집상태의 참된 개념이 성립하는 특정한 반응 자체

---

308 유기체의 개념은 타자 존재에 머물면서도[bei] 자기를 유지하는 대자 존재다. 반면 응집상태는 타자 존재 속에 존재하는[im] 대자 존재다. 전자는 타자를 동화해 자기를 유지하는 것을 의미하며, 후자는 타자에 저항하면서 사기를 유지하는 것을 말한다.

309 비중은 역학적 관성이며, 응집은 분자적 관계를 표현한다. 사실 서로 무관한데도, 당시는 비중과 응집을 관련된 것으로 보았다. 즉 비중은 대자 존재고, 응집은 타자 존재(반응) 속에 있는 대자 존재(자기보존)로 보았다. 이는 유기체에서 감

와 비유기체의 비중이 지닌 특정 크기는 서로 전적으로 무관한 개념이다. 이런 특정한 반응의 방식[응집상태]을 무시한 채 비중의 크기라는 관념에 한정해 논의한다면 이 비중이라는 규정에 관해 다음과 같이 사유 될 수 있을 것이다. 즉 좀 더 큰 비중을 지닌 것은 그만큼 고도로 내재 존재 [Insichsein]므로 비중이 작은 쪽보다도 [반응하는] 과정으로 진입하는데 더 큰 저항에 부딪힐 것이다. 그러나 이와는 반대로 대자 존재가 얼마나 자유로운가[응집력이 큰 것]는 그것이 [주변의] 모든 것에 관련되면서도 다양한 관계에서 자기를 쉽게 유지하는 능력에서 입증된다.[310] 관계를 맺는 외연이 없는 내포는 내용 없는 추상에 지나지 않는다. 왜냐하면, 외연은 내포가 **현존**하도록 만들어주는 것이기 때문이다. 하지만 타자와 관계하면서 자기를 보존한다는 것은 이미 지적한 바와 같이 비유기체의 본성에는 어울리지 않는다. 왜냐하면, 비유기체는 운동의 원리를 그 자체에서 갖추고 있지는 않으며, 그 존재는 절대적 부정성을 지닌 개념이 아니기 때문이다.

*FM주 〈161:11~19〉 헤겔은 응집과 비중의 관계에 관한 스테펜스Steffens의 이론을 염두에 둔다. 스테펜스는 잘 응집된 금속 계열과 덜 응집된 금속 계열을 구분했다. 두 가지 계열 각각에는 비중의 줄어듦은 응집의 늘어남과 결합한다. 참조: 스테펜스Heinrich Steffens, 『지구의 내적인 자연사를 위한 시론』, S. 129: "금속의 비중은 두 가지 계열에서 응집과 역 비례 관계에 있다. 그 결과 계열은 가장 무거운 금속으로부터 시

수성과 반응성 사이의 관계와 같다는 것이다. 이런 입장에서는 응집과 비중은 법칙을 통해 관계한다고 가정된다. 하지만 헤겔은 양자는 서로 무차별하다고 본다.
310 당시 비중과 응집은 법칙을 통해 관련된다고 보는데, 비중이 크면 반응에 대한 저항성이 크다. 반면 응집력은 자유로운 대자 존재이니, 응집이 클수록 반응을 잘 하면서도 자기를 유지한다. 그러므로 비중과 응집력은 반비례한다는 것이다.

작해 더 가벼운 금속으로 끝난다." 셸링은 처음에는 이런 견해를 따랐다. 참조: 셸링F. W. J. Schelling, 『나의 철학 체계에 관한 서술』, 『전집』, 4권, S. 154f. 셸링은 주해에서 스테펜스가 제시한 법칙의 한계에 관해 주목한다. 참조: 셸링F. W. J. Schelling, 『네 가지 고귀한 금속』, 『전집』, 4권, S. 514 스테펜스는 나중에 그의 이런 생각을 개정했다. 참조: 스테펜스Heinrich Steffens, 『철학적 자연과학의 근본 원리』, S. 88. 용어상 헤겔은 셸링에 가깝다. 헤겔은 응집을 타자 속에서 대자적인 것[für sich im Andersseyn]으로 규정하기 때문이다. 참조: 셸링F. W. J. Schelling, 『철학의 체계에 관한 더 상세한 서술, 별부』, S. 93: "응집이란 물질 속에 응축된 자아성 또는 자기성[Ich]이다." 셸링이 강조한 바에 따르자면, 응집과 비중은 단지 상호관계에서만 생각될 수 있다. 헤겔은 예나 자연철학에서 이미 스테펜스의 이론을 반박했다. 참조: 헤겔G. W. F. Hegel, 『예나 시대 체계 시도 I』, 『전집』, 6권. S. 122ff.

[해제] 1) 여기서 헤겔은 비유기체에 관한 논의를 잠시 떠나 비유기체에서 내면과 외면의 관계를 살펴본다. 여기서 물체의 내면에 해당하는 것으로 물체의 비중과 응집상태가 제시된다.

비중은 단위 부피가 지닌 무게를 의미하는데, 역학적 관성을 표현하며 고립된 하나의 성질로 등장하고 이에 따라 일정한 크기의 구별을 지닌다. 사물의 비중이 역학적인 성질이므로, 비중이 사물이 지닌 다른 성질 예를 들어 분자 결합의 힘을 통해 나타나는 경도나 강도 등과는 무차별하다

2) 우선 헤겔 당시 비중은 반응 과정에서 분리돼 존재하는 "단순한 대자 존재"로 규정된다. 그것은 "자기 내에 머무르는 존재"이며 그에 반해서 응집상태는 어떤 반응 속에서 저항하는 상태를 말한다. (여기서 역학적 반작용과 분자 결합에서의 반응이 구별되지 않았던 것으로 보인

다) 그러므로 이는 "타자 존재 속에 존재하는 대자 존재"라고 규정된다. 여기서 비유기체의 반응은 타자와 관계하지만, 유기체에서처럼 그런 관계에서[bei] 자기를 보존하는 것이 아니라 그런 관계 속에[im] 자기를 보존한다. 즉 그것은 "반응하는 과정을 거쳐 어떤 산물에 속하는 계기로 되는 것"에 저항한다고 본다. 응집상태는 적어도 타자 관계가 등장하므로 단순한 "그 자체로 실존하는" 대자 존재 즉 비중보다는 더 발전된 것 즉 처음으로 "개념 속에서 순수하게 설정된 규정"으로 된다.

3) 당시 비중과 응집은 법칙을 통해 관련된다고 보는데, 비중이 크면 반응에 대한 저항성이 크다. 반면 응집력은 자유로운 대자 존재이니, 응집이 클수록 반응을 잘 하면서도 자기를 유지한다. 그러므로 비중과 응집력은 반비례한다는 것이다. 하지만, 헤겔은 비중을 반응에 대한 저항성으로, 응집을 자유로운 대자 존재로 보지 않는다. 그런 것은 비유기체적 존재에는 성립하지 않는다는 것이다. 유기체에서와 달리 비유기체는 "합목적성, "운동의 원리"나 "절대적 부정성"을 갖지 못하기 때문이다.

4) 그러나 사실 비중과 응집상태는 서로 무관하다. 비중이 질량 즉 역학적 힘과 관련한다면, 응집상태는 분자끼리 작용하는 힘과 관련하기 때문이다. 헤겔은 "응집상태의 참된 개념이 성립하는 특정한 반응 자체와 비유기의 비중이 지닌 특정 크기는 서로 전적으로 무관한 개념이라"고 한다.

290) 〈SK 219:24~221:8〉〈FM 161:38~163:2〉
이와 달리 비유기체의 이 다른 측면[311]을 앞에서와 같은 [반응하는] 과정으로서가 아니라 정지한 존재로 고찰할 때 그것이 곧 일반적 응집상태[die gemeine Kohäsion][312]라는 것이다. 일반적 응집상태는 **단순한 감**

---

311 문맥상 합목적성과 구분되는 측면 즉 비중을 의미한다.
312 헤겔은 『철학 강요』에서 응집상태를 세 가지로 구분했다. 물질 부분의 단순

각적 성질인데 자유롭게 방임된 **타자 존재**라는 계기들에 대립해 등장한다. 타자 존재는 무차별한 다양한 성질을 지닌 채 분리돼 존재하면서 비중과 마찬가지로 이 일반적 응집상태 아래 있다. 이런 여러 성질의 전체 집합은 일반적 응집상태에 대해 비유기체의 다른 측면을 이룬다. 그러나 그런 일반적 응집상태에서나 다른 성질에서나 수가 유일한 규정성으로 된다. 이런 수의 규정성은 성질의 관계나 이행[Übergang]을 표현하지 않을 뿐만 아니라 그 본성은 어떤 필연적인 관계도 갖지 않으며 오히려 어떤 법칙성도 제거된 것을 드러낸다. 왜냐하면, 수의 규정성을 갖는다는 것은 그런 규정성이 **비본질적인** 규정성임을 표현하기 때문이다. 따라서 물체를 비중의 수적인 구별을 통해 계열화하면 그 계열은 다른 구별된 성질을 통한 계열과 전혀 평행하지 않다.*1 사태를 단순화해서 그 구별된 성질 가운데 하나나 두서너 개만을 살펴본다고 하더라도 결과는 마찬가지다. 왜냐하면, 사실 이런 평행 가운데 다른 측면을 이루어야 하는 것은 오히려 그런 성질들의 전체 꾸러미[Konvolut]가 될지 모르기 때문이다. 이렇게 꾸러미가 된 것을 자기 안에서 정돈해 하나의 전체로 결합할 수 있으려면 한편으로는 여러 가지 성질이 지닌 크기 규정성이 관찰에 출현해야 하고 다른 한편으로는 그러한 성질의 질적인 구별이 눈앞에 나타나야 한다. 내적으로 관계하는 수식[數式: die innere Figuration]이나 매우 복합적일 수 있는 공식에서는 한 무더기를 이루는 잡다한 성질 가운데 한쪽은 긍정적인 것으로 다른 쪽은 부정적인 것으로 표시되고 서로 상쇄돼야 하는데 이런 진술은 [본래] 개념에

한 집합으로서 집합[Adhäsion], 무게에 대항하는 결합의 강도로서 일반적 응집, 마지막으로 이완의 방식으로서 응집이다. 일반적 응집상태를 표현하는 것은 강도나 경도. 이 일반적 응집상태는 흔히 비중과 관련된다.

속한다.*² 하지만 **존재하는 것**으로서 받아들여지는 성질이 던져지고 받아들여져야[daliegen und aufgenommen]하는 방식에서는 그런 개념은 배제된다. 여기[비유기체]서는 성질이 **존재하는 것**으로 나타나는 한 어떤 성질도 다른 성질을 부정하는 성격을 보여주지 않으며 하나의 성질은 다른 성질들만큼이나 긍정적으로 받아들여지며[gut] 또는 그렇게 긍정적으로 받아들여지지 않고서는 전체가 이루는 배열[Anordnung] 가운데 끼어들지 못한다. ─그 구별된 성질들이 서로 평행을 이루면서 전개되는 계열에서─그 관계는 두 측면이 동시에 상승할 때나 아니면 한쪽만이 상승하고 다른 쪽은 하강할 때가 될 수 있을 것이다. ─총합한 전체를 **궁극적으로** 단순하게 표현하는 것이 중요하다. 왜냐하면, 이 전체가 법칙의 한 측면을 이루면서 비중에 대립한다고 가정되기 때문이다. 그러나 이 하나의 측면[총합한 전체]이 **결과**로 **존재하기에** 이르면서 이미 언급된 것 즉 일반적 응집상태가 그러하듯 개별 성질로 된다. 이때 다른 성질들은 그 가운데 특히 비중은 이 응집된 상태와 나란히 무차별적으로 눈앞에 나타난다. 그 가운데 어느 것이 전체 다른 측면을 대변하는 것으로 선택되든 같이 정당하며 동시에 같이 불법적이다.*³ 전자[비중]이든 또 후자[일반적 응집]이든 본질을 대변할 가능성만 있으니 즉 독일어로 말하자면 **상징**할[Vorstellung] 뿐이니 사태 자체일 수는 없다.³¹³ 그러므로 두 측면이 단순한 평행적으로 전진하는 물체의 계열이나 두 측면이 이루는 법칙에 따라서 물체의 본질적 본성을 표현하는 물체의 계열을 발견하려 하는 시도는 설혹 있었더라도 아직도 자신의 과제와 그 과제

---

313 사태 자체를 본질과 같은 의미로 보면, 이 문장의 뜻은 '대변할 뿐' '그 자체는 아니다'라는 뜻이다. 헤겔은 비유기체의 본질을 부분들의 대립과 분리 즉 탈자태로 본다. (유기체에서는 부분들의 유기적 조직이 존재한다) 비중이나 응집은 이 본질을 표현하는 한 가지 현상이다.

를 수행하는 수단이 돼야 할 것을 알지 못하는 사상으로 여겨져야 한다.

*¹ FM주 〈162:9~13〉 헤겔은 부분적으로는 평행하고 부분적으로는 대립하는 금속 계열에 관한 스테펜스의 이론을 거론한다. 평행성은 두 계열 각각에서 응집의 늘어남이 비중의 줄어듦을 결과로 할 때 성립한다. (참조: *FM주 〈161:11~19〉 어느 계열에서나 응집이 늘어나면서 금속의 산화의 강도도 늘어난다. 그러나 산화의 강도가 늘어나면 이는 두 가지 계열에서 서로 다른 영향을 미친다.

참조: 스테펜스Heinrich Steffens, 『지구의 내적인 자연사를 위한 시론』, S. 161: "금속의 응집성은 산화의 강도가 늘어남에 따라서 점차 줄어들며 동시에 강한 유동성을 지닌다. 현재의 계열에서는 다른 관계가 발생한다. 산화의 강도가 늘어남에 따라 금속은 더욱 유동적으로 된다." 162f: "전체 탐구는 이 두 가지 계열에서 대립이 어떻게 관철되는지를 보여준다. 응집이 일어난 금속 계열에서 가장 응집된 금속은 산소에 대해 전적으로 강한 친연성을 나타낸다. 응집이 덜 일어난 금속 계열에서 덜 응집된 금속은-귀금속과 근본 금속 다음으로-산소에 대해 가장 작은 친연성을 나타낸다. 가장 응집된 계열의 극단은 알칼리화 과정에서 깊이 들어갈수록 응집성을 잃어버리는 것으로 보인다. 덜 응집된 계열의 극단은 그에 반해서 이런 과정에서 벗어나려고 노력해서 이윽고 가스 형태로 사라지는 것처럼 보인다. 가장 강한 응집력을 지닌 금속은 자기[磁氣]든가 적어도 자기에 대한 의미 있는 수용성을 지닌다. 가장 유동적인 금속은 자기를 파괴할 수 있으며 어떤 것도 비소보다 더는 이런 자기를 파괴하는 것은 없다."

*² FM주 〈162:18〉 참조: 스테펜스Heinrich Steffens, 『지구의 내적인 자연사를 위한 시론』, S. 176: "전체 금속 계열은 외적인 점을 통해서 두 가지 대립하는 극단으로 나누어진다. 이 두 극단 가운데 하나는 항상 더욱 고정되며(수축-상대적으로 마이너스 극) 다른 극은 항상 유동적으

로 된다(확장-플러스 극)."

*³ FM주 〈162:33~35〉 헤겔은 스테펜스가 '대표적', '대표한다'라는 말을 쓰는 용법을 시사한다. 스테판스의 학설에 따르면 질소는 금속 계열에서 긍정 극을 대표하며 탄소는 부정 극을 대표한다. 참조: 스테펜스 Heinrich Steffens, 『지구의 내적인 자연사를 위한 시론』, S. 195f.

[해제] 헤겔 당시 응집상태와 비중 사이에 연관이 있다는 생각이 만연했다. 왜냐하면, 말의 의미상 비슷함을 지니기 때문이다. 그 때문에 응집상태를 표현하는 여러 성질 예를 들어 강도나 경도를 비중과 비교하려는 시도가 다양하게 이루어졌다. 헤겔은 그런 연관 속에서 유기체에서 존재하는 내면과 외면의 관계와 같은 것이 발견될 수 있지 않을까 생각하면서 그 관계를 고찰했다.

그러나 당시 나왔던 여러 실험을 통해 그 관계를 살펴본다면, 그 어느 것도 서로 관련되지는 않는다. 비중과 강도 또는 비중과 경도를 비교하거나, 비중을 응집상태에 속하는 여러 성질의 집합 전체와 비교하더라도 그 사이에는 어떤 법칙연관이 존재하지 않는다. 비중이나 응집과 같은 성질들은 모두 저마다 개별적인 긍정적 성질이다. 즉 "하나의 성질은 다른 성질만큼이나 긍정적으로 받아들여지니" 헤겔은 이것들 사이에는 어떤 법칙연관이 존재하지 않는다. 그것도 그럴 것이 비중은 질량과 관련한 것이고 응집은 분자 사이의 결합력과 관련되기 때문이다. 예를 들어 역학적 성질은 질량과 관련될 것이고, 분자적 성질(예를 들어 경도나 강도)은 응집상태와 관련될 것이다.

그러므로 비중이든 응집이든, 각 계열이 물질의 다른 성질의 계열과 평행하지 않으니, 그 어느 것도 물체의 본질로 되지 못한다. 그러므로 헤겔은 비중이나 응집상태는 물질의 본질을 상징할 뿐, 객관적 본질 즉 사태 자체는 아니라고 한다. 지금까지 비유기체를 다루는 전체 논의는 유기체의 내면과 외면의 관계와 같은 관계를 비유기체에서는 발견할 수 없다는 것이다.

이런 측면에서의 유기체, 그것의 유와 종의 관계

291) 〈SK 221:9~222:18〉〈FM 163:3~37〉

앞에서 관찰에 드러난다고 가정되는 유기체의 형태에서 나타나는 외면과 내면의 관계를 살펴보다가 곧바로 비유기체의 영역으로 넘어갔다. 이제 비유기체의 영역으로 끌어들인 규정[내면과 외면의 관계]을 이제 좀 더 자세히 제시될 수 있다. 그렇게 제시된 것을 통해서 보면 이런 관계와 다른 형식이나 연관이 드러난다. 비유기체에서 내면과 외면을 비교할 가능성을 제공하는 것처럼 보이는 것[비중이나 응집상태의 관계]은 유기체에서는 전혀 찾아볼 수 없다. 비유기체의 내면이란 단순한 것이기에 지각에 대해 직접 존재하는 성질로 나타났다. 따라서 그 내면이 지닌 규정성은 본질상 크기를 지닌 것이다. 비유기체의 내면은 직접 **존재하는** 성질인 한에서 외면적인 것에 대해 달리 말하자면 그 밖의 많은 감각적 성질에 대해 무차별한 것이다. 그러나 유기적 생명체라는 대자 존재는 외적인 것에 대립하는 측면에 등장하는 것이 아니라 도리어 타자화[Anderssein]의 원리를 그 자체에서[an ihm selbst] 지닌다. 대자 존재는 단순하게 **자기를 보존하는 자기 관계**로 규정된다면, 타자 존재는 단순한 **부정성**으로 되며 이때 유기체의 통일이란 자기와 같음의 상태로 머무르는 자기 관계가 지닌 통일이므로 순수한 부정성이 지닌 통일이다. 유기체의 통일은 통일인 한에 유기체의 내면을 이루며, 이 때문에 유기체의 내면이란 잠재적으로[an sich] 일반적인 것으로 파악되며 또는 유적 본질 [Gattung]이다. 그런데 [유기체에서] 유적 본질이 자신의 현실[Wirklichkeit]에 대해서 지니는 자유는 [비유기체에서] **비중**

이 형태[314]에 대해서 지니는 자유와는 다른 것이다. 후자 즉 비중이 갖는 자유는 직접 **존재한다**는 의미에서 자유니 다시 말하면 비중은 한쪽 편에 등장하는 특수한 성질이다. 그런데 비중은 직접 **존재하는** 자유므로 또한, 이 형태에 **본질상** 귀속되는 하나의 **규정성**에 지나지 않으며, **본질**로서 형태를 하나의 규정된 것으로 만드는 규정성으로 된다. 이에 대해 유적 본질의 자유는 일반적인 자유로서, 이는 그것의 형태나 현실 어느 쪽에도 얽매이지 않는다. 따라서 비유기체의 **대자 존재 자체**에 속하는 **규정성**은 비유기체적 **존재**의 지배 아래 있지만, 유기체의 경우에서는 **유기체적** 대자 존재의 지배 **아래서** 유기체의 표면에 등장한다. 따라서 이 [비유기체의] 규정성은 비유기체에서는 동시에 다만 하나의 **성질**로 존재한다고 하더라도 **본질**이라는 가치를 지닌 것으로 된다. 왜냐하면, 이 규정성이 단순한 부정성인 한에서 대타 존재인 현존과 대립하는 것이기 때문이다. 이 단순한 부정성은 자신의 최종적 개별 규정성을 어떤 수를 통해 표현한다. 그러나 유기체에서 개별성은 그 자체 순수한 부정성을 지닌 것이므로 그런 개별성 속에서는 **무차별적인** 존재에 속하는 수의 규정성은 존재하지 않는다. 유기체가 무차별적인 존재의 계기를 갖고 그런 가운데 그 자체에서 수적 규정을 갖는다면, 이때 수적 규정은 유기체에서는 다만 [우연의] 유희에 지나지 않으며 그 유기체의 생동성이라는 본질을 나타내는 것으로 받아들여질 수는 없다.

[해제] 이 구절에서 헤겔은 비유기체에 관한 앞의 논의에 이어서, 비유기체의 대자 존재와 대비되는 유기체의 내면을 규정한다.

비유기체에서 비중(또는 응집)이 비유기체에서 고유한 규정성 즉 대

---

314 문맥상 물체의 형태를 의미하기보다 물체의 응집상태를 의미하는 것으로 해석돼야 할 것 같다.

자 존재지만, 다른 성질과 마찬가지로 하나의 감각적 성질이다. 그것은 비유기체의 개체적 "존재의 지배 아래 있으며" 다른 감각적 성질처럼 수적인 크기를 갖는다. 비유기체에서 대자 존재는 타자 존재에 다만 무차별할 뿐이다. 헤겔은 이처럼 자기에 머무르는 것을 "직접 존재한다는 의미에서 자유"라 규정한다.

반면 유기체에서 내면은 타자 존재에서도 대자 존재가 자기를 유지하는 것이며 대자 존재의 규정은 "유기체적 대자 존재의 지배 아래 유기체의 표면에 등장한다." 헤겔은 이를 "순수한 부정성이 지닌 통일"이라고 규정한다. 여기서 순수한 부정성이란 즉 자기부정인 타자를 다시 부정함으로써 자기 내로 복귀하는 것을 의미한다. 따라서 유기체에서 개별적 대자 존재가 지닌 규정성은 수적 크기를 가지지 않는다.

유기체에서 고유한 대자성은 자기를 타자화하는 가운데서 자기를 보존하니, 이것이 곧 유적인 본질이다. 이런 유적 본질은 그의 개체적 존재를 지배하는 생동적 본질이다. 유기체에서 생동적 본질은 타자 관계에 자기를 유지하는 자유다. 그러므로 유기체의 자유는 "형태나 현실 어느 쪽에도 얽매이지 않는" 자유가 된다. 여기서는 외면적인 형태가 오히려 생동적 본질의 지배 아래 있다.

292) ⟨SK 222:19~223:30⟩⟨FM 164:1~35⟩

그런데 이제 순수한 부정성 즉 [생명] 과정을 이끌어가는 원리는 유기체의 외부에 속해 있어서 유기체가 이 부정성을 자신의 **본질**에 들어 있는 규정성으로 삼는 것이 아니라[315] 오히려 개별자가 그 자체에서[an sich] 일반적으로 된다고 볼 수 있다. 그렇다 하더라도 유기체에서[an

---

315 비유기체에서 개별자는 자기 바깥에 있는 본질 즉 이데아의 한 예가 된다. 반면 유기체에서 개별자는 그 자신에서 본질을 실현한다.

ihm] 순수한 개별자는 그 자체 **추상적**이거나 **일반적**인 계기들로³¹⁶ 전개되고 실현되는 것[wirklich]은 아니다. 오히려 이런 표현은 그와 같은 일반적인 것 바깥에 등장하지만, 이렇게 표현된 일반적인 것은 다시 **내면의 본질** 속으로 되돌아간다.³¹⁷ 그러므로 한편으로 현실이나 형태 즉 자기를 전개하는 개체와 다른 한편에는 일반적인 유기체 또는 유적 본질[Gattung] 사이에는 **특정한** 일반 존재 즉 **종적 존재**[Art]³¹⁸가 등장한다. 일반적인 존재 또는 유적 본질이 지닌 부정성이 실존하기에 이른다면 그런 실존은 생명 과정이 전개하는 운동일 뿐이다. 여기서 생명 과정이란 곧 **외면적으로 존재하는 형태의 각 부분**을 관통하는 과정을 의미한다. 유적 본질이 그 자체에서[an ihr] 고요하게 머무르는 단순성을 유지한 채로 다양하게 구별된[unterschiedenen] 부분들을 지니고 그 다양한 부분이 그 자신에서[an ihnen] 곧바로 일반적인 단순한 부분이어서, **단순한 부정성**[유적 본질] 자체가 마찬가지로 단순한 부분들을 관통해 흐르는 운동으로 된다면 그리고 여기서 일반적인 부분들이 그와 같은 계기로서 실제로 존재한다면³¹⁹ 이때 유기체의 유적 본질은 의식을 지닌 존재가 될 것이다. 그러나 유기체의 **단순한 규정성**이 종적 존재[Art]

---

316 유기체에서 본질을 실현하는 개별자는 하나의 본질의 예가 아니라, 그 개별자들을 통해 자기를 지속한다.
317 생동하는 일반성 즉 유적 본질이 개별자를 통해 표현되고 다시 내면의 본질로 되돌아가는 것을 말한다.
318 유적 본질은 개별자가 재생산되는 한에서만 존재한다. 이렇게 개별자 속에서 재생산되는 일반적 본질이 곧 종적 존재다. 이것이 생물의 종이다.
319 의식적 존재에서 유적 본질은 개별자가 상호 작용을 통해 독자적으로 현존한다. 그게 사회다. 사회는 마치 독자적 생명체처럼 고유한 분절을 지니고 그것을 다시 통일한다.

의 규정성에 그칠 때 이런 종적 존재에서 그런 단순한 규정성은 아직 활기 없는 방식으로 눈앞에 나타난다. 단순한 규정성의 실현은 종적 존재에서 시작한다. 달리 말하자면 여기서 실현되는 것은 유적 본질 자체는 아니며 즉 일반적으로 말해서 사상[der Gedanke]이 아니다. 실제로 존재하는 유기체를 의미하는 종적 존재는 다만 표본[Repräsentanten][320]을 통해서만 대변된다. 이 표본은 곧 수[321]와 같은 것이다. 그러나 수가 표시하는 것은 유적 본질에서 개체의 형태로 이행하는 모습이다. 이런 수는 필연적으로 관계하는 두 측면이 관찰에 나타나는 것으로 보인다. 즉 한 번은 단순한 규정성의 측면이며 다른 한 번은 전개되면서 다양하게 싹터나온 형태로서 규정성의 측면이다.[322] 그러나 사실 수가 표시하는 것은 일반적인 유적 본질과 개체가 서로 무차별하고 무관하다는 사실이다. 여기서 개별자는 유적 본질의 텅 빈 크기 차이에 속한 것으로 내던져지지만, 개별자는 생동하는 존재인 한[323] 자신이 그러한 크기의 차이와는 무관하다는 사실을 입증한다. 이미 규정된 것과 같은 참다운 일반적인 유적 본질은 여기[종적 존재]에서는 오직 **내적인 것**일 뿐이다. 이런 유적 본질이 **종적 존재의 규정성**으로 나타날 때 형식적인 일반성에 머무른다. 반면 이런 형식적 일반성과 대립하는 참다운 일반성은 개별

---

320 종적 존재는 그것을 대표하는 개체를 통해 규정된다. 추상적 본질로서 종적 존재란 존재하지 않는다.

321 표본은 개별자면서 동시에 일반지니 수직인 난위에 해당하는 것이다.

322 수는 기본 단위(일반성)의 집합(구별성)을 통해 질적 구별을 표현한다.

323 여기서 문맥은 유기체에서 의식으로 발전하는 과정에 관한 서술이니, 생동하는 존재란 의식을 의미하는 것으로 보아야 한다. 그렇게 본다면 생동적이란 생명체의 수동적 삶이 아니라 노동을 통해 자연을 형성하는 능동적 삶을 말하는 것으로 보인다.

자 쪽에서 등장한다. 개별자는 이런 참다운 일반성이 등장하면서 생동하는 개별자로 되고 또한, 개별자는 자기에 **내면적으로 존재하는 것** 때문에 **종적 존재로서 자신의 규정성**을 뛰어넘는 존재로[hinweg] 설정된다. 하지만, 동시에 이런 생동하는 개별자는 **일반적** 개체[표본]도 아니다. 왜냐하면, 일반적 개체는 일반적 유적 본질이 거기에 외면적으로 실현된 것을 말하기 때문이다.[324] 오히려 일반적 개체는 유기적이고 생동하는 존재자와 관계없다[außer]. 이런 일반적인 개체가 **직접** 자연적인 형태를 지닌 개체기는 하지만, 그렇다고 해서 의식 자체는 아니다. 의식이 **생동하는 개체**여야 한다면, **유기적으로 생동하는 개별 개체**인 한에서 그 의식의 현존은 의식 바깥에 있어서는 안 된다. [325]

293) 〈SK 223:31~224:4〉〈FM 164:36~165:3〉

따라서 우리는 하나의 추론적 연관을 본다. 여기서[의식적 존재에서] 한쪽은 **일반적** 생명이 **일반적**인 유적 본질의 형식을 지니는 극이고 반면 다른 한쪽은 **일반적** 생명이 **개별** 개체 또는 일반적인 개체로서 출현하는 극이다. 그러나 여기서 중심을 이루는 매개는 양극의 결합이다. 첫 번째 극[유적 본질]은 이런 매개 속에서는 자신을 **종적 존재**로서 또는 **특정한** 일반 존재로서 드러내며 반면 매개의 다른 극은 **본래적** 개체거나 **개별** 개체로서 이런 매개[종적 존재]에 개입한다.[326] 그

---

324 생동적 개별자 즉 의식적 존재다. 이 의식적 존재로서 개체는 종적 존재가 실현된 유기체적 개별자 또는 일반적 개체와 구별된다. 생동적 개별자의 상호 작용을 통해 사회로서 유적 본질이 출현하니, 유적 본질은 생동하는 개별자에 내재하면서도 초월한다.

325 의식의 현존은 의식 자체에 속한다는 신의 현존이 신 자체에 속한다는 주장과 닮았다. 의식은 자기를 능동적으로 실현하는 힘을 갖는다는 의미다.

326 자연의 진화는 종적이다. 대표적 개체의 지속을 통해 전개된다. 이 종적 진

런데 이 추론적 연결은 대체로 유기체의 **형태화**의 측면에 속하므로 비유기체적 자연으로 구별되는 것도 마찬가지로 이런 추론 아래서 파악[begriffen]된다.

294) ⟨SK 224:5~30⟩⟨FM 165:4~165:23⟩

이제[유기체에서] **유적 본질이 지닌 단순한 본질**로서 일반적 생명은 자기편에서 개념에 속하는 구별을 전개하면서 이 구별을 단순한 규정성의 계열로 서술해야 하므로 이런 일련의 계열은 서로 무차별한 것으로 판정된 구별들의 체계며 달리 말하자면 **수의 계열**이다.[327] 앞에서 보았듯이 유기체는 개별성의 형식에서 본다면 이런 비본질적 구별에 대립했다. 왜냐하면, 이 구별은 유기체 개체의 생동하는 본성을 표현하지도 않고 그런 본성을 포함하지도 않기 때문이다. ─비유기체의 현존은 전적으로 여러 성질의 집합을 통해 전개된다는 것에 비춰 볼 때 바로 이런 사실[비본질적 구별]은 다만 비유기체와 관련해서 말해져야 한다. ─그러므로 이제 일반적 개체[328]는 유적 본질의 분절화와 무관할 뿐 아니라 오히려 그런 분절화를 지배하는 위력으로 여겨져야 한다. 유적 본질이 수라는 **일반 규정성**에 따라 종적 존재로 세분되거나 예를 들어 외관이나 색채와 같이 그 현존에 속하는 개별 규정성을 분류 근거로 삼을 수도 있는데 그럴 때 유적 본질은 이런 고정적인[ruhigen] 분류 작업

화의 전체는 생명 자체의 전개로 볼 수 있으므로 여기서 유적 본질-종적 존재-개체라는 자연 진화의 틀은 추론으로 파악된다.

327　이런 자연의 종적 진화는 유기체가 지닌 개념의 구별 즉 다양한 기능과 관련하여 크기 또는 수적인 계열을 이루지만, 전체적으로는 이 크기 계열은 부분적이며 서로 무차별하며 체계 없는 것이다.

328　일반적 개체는 종을 대표하는 개체라는 의미로 쓰였다. 유기체의 진화는 이렇게 일반적 개체를 통해 전개되므로, 체계 없는 것이다.

속에서 일반적인 개체나 대지[Erde][329]의 측면으로부터 강요당한다. 왜냐하면, 대지는 일반적 부정성인 한에서 그 대지가 본래[an sich] 지닌 구별을 유효하게 하며 대지가 속하는 실체 때문에 대지가 지닌 본성을 유효하게 한다. 그러므로 이 대지가 유효하게 하는 구별과 본성은 유적 본질을 통한 체계화에 대립하며 유적 본질의 본성과는 다른 것이다. 이런 유적 본질의 활동은 전적으로 한정적인 일로 된다. 왜냐하면, 유적 본질은 앞에서 말한 위력적인 [대지의] 원소 안에서만 그런 일을 추진하도록 허용되며 그와 같은 원소가 고삐 풀린 듯 행사하는 폭력을 통해 곳곳에서 중단되며, 틈새가 벌어지고, 위축되기 때문이다.

[해제] 1) 여기서 헤겔은 지금까지 다루었던 유기체의 내면과 외면 사이의 관계를 떠나 유기체의 본질 즉 유적 본질과 개별자 사이의 관계를 다룬다. 그런 관계를 통해 헤겔은 유기체가 진화하는 과정을 전체적으로 서술한다.

일단 유기체에서 본질은 개별자 바깥에 있는 것이 아니라 개별자가 재생산되는 가운데 자기를 유지하는 유적 본질로 된다. 그런데 헤겔은 이 관계는 두 가지 종류가 있다고 한다.

우선 인간이 아닌 생명체에서는 본질이 추상적인 형식적 일반성으로 존재한다. 왜냐하면, 그런 본질은 개별자에 단순히 내재하는 것이며, 독립적으로 출현하지 않는다. 개별자가 자기를 지속하면서 유적 본질이 지속하니, 여기서 유적 본질은 종적 존재가 된다.

여기서 모든 개별자는 서로 크기의 차이만을 가질 뿐이며, 그 가운데 본질은 대표적인 개별자 즉 표본을 통해 대변된다. 이 대표적 개별자는 다른 개별자들과 마찬가지 개별자면서 동시에 본질을 대변하는 개별자

---

[329] 여기서 대지란 자기를 지속함으로써 종적 존재로 발전하는 일반적 개체를 비유적으로 표현한 것이다.

다.

2) 헤겔은 의식을 지닌 인간의 경우 본질은 개별자 내에 출현하는 것이 아니라 개별자의 상호 작용을 통해 출현한다. 이런 본질은 마침내 마침내 개별자와 구별돼 독립적으로 존재하면서도 모든 개별자를 관통하는 운동으로 된다. 이렇게 개별자의 상호 작용을 통해 출현하는 유적 본질은 이제 종적 존재로 불리지 않고 유적 본질로 불린다.

헤겔은 유적 본질을 참다운 일반성이라 하며, 개별자는 타자와 서로 작용하는 가운데 일반적 유적 본질을 실현하는 생동하는 개별자라 한다. 이런 유적 본질은 한편으로 개별자를 초월해 독립하지만, 다른 한편으로는 개별자 자신에 내재한다.

생명체의 경우 유기체는 활기 없는 개체이며, 외적 환경에 의존하여 수동적으로 존재한다. 반면 이런 의식적 존재는 자기를 적극적으로 실현하는 생동적 존재이므로 그 현존을 자기 속에 포함하는 존재다.

3) 위에서 헤겔은 유기체의 유적 본질을 인간의 유적 본질과 구별해서 설명한 다음, 유기체의 진화 과정을 설명한다. 생명 전체는 종적 존재가 진화하면서 전개된다. 이 종적 존재는 개체에 내재하니, 개체가 지속하는 한에서만 자신을 존속하게 할 수 있다. 개체의 삶은 외부 환경에 종속한다.

따라서 종적 존재는 자기가 지닌 개념적 구별 즉 생존의 기능에 따라서 부분적으로 크기의 계열을 지니지만, 이 크기의 계열들은 서로 무차별하다. 따라서 여기서 어떤 체계적인 발전은 존재하지 않는다. 그것은 "[대지의] 원수가 고삐 풀린 듯 행사하는 폭력을 통해 곳곳에서 중단되며 틈새가 벌어지고 위축된 것"이다.

295) 〈SK 224:31~225:21〉〈FM 165:24~166:6〉

이로부터 도출되는 사실은 형태화된 현존을 관찰할 때 생성하는 것은 단지 **생명 일반**을 의미하는 이성일 수 있다는 것이다. 그러나 이런 생명은 구별을 전개하는 데서 결코 본래[an sich selbst]의 이성적 계열화나 분절화를 실현하지 않으며 또한, 그 형태는 자체 내에 근거를 둔 체계를 이루지 못한다. -유기체가 형태화하는 과정 즉 추론적 결합에서 매개로 되는 것은 종적 존재와 종적 존재의 실현인 개별화된 개체를 포함할 것이다. 그런데 이 매개가 그 자체에서[an ihr selbst] 한편으로 내적인 일반성의 극단과 다른 한편으로 일반적인 개체성이라는 극단을 지닌다고 가정한다면 이때 매개자는 자기를 실현하는 운동 속에서 일반적인 유적 본질을 표현하며 그와 같은 유적 본질의 본성을 가질 것이며 체계적으로 발전된 것[330]일 것이다. 의식은 한편에서 일반적인 정신과 다른 한편에서 의식의 개별 형태인 감각적 의식 사이에서 자신이 전개하는 형태화의 체계를 매개자로 삼는다. 그러므로 이 의식 형태의 체계야말로 정신적 생명이 질서 지워 놓은 전체에 해당한다. -또한, 이 체계는 이 책에서 우리가 고찰하고자 하는 것이니 그것이 대상화된 현존이 곧 세계의 역사다. 그러나 유기체에 역사란 없다. 유기체는 일반적인 생명으로부터 곧장 개별화된 현존으로 전락하고 실제 유기체에서는 통일된 두 계기 즉 단순한 규정성[유적 본질]과 개별적인 생동성이라는 두 계기는 우연적인 운동인 한에서 생성을 발생시킨다. 그러므로 이 우연적 운동 속에서 각 유기체는 생성 가운데 한 부분을 차지하면서 활동하며 이를 통해 전체가 유지된다. 그런데 여기서 생명의 활기는 **따로 떼어놓고 본다면**[für sich selbst] 국부적으로 한정된 지점[331]에만 제한된다.

330 유기체적 개체는 자체 내에서는 체계화되지만, 진화에서는 체계 없는 것이다.

331 개별 생명체를 말한다. 개별 생명체에서 생명의 본질은 고립적이며 분산적으로 출현할 뿐이다.

V-A 관찰하는 이성 587

왜냐하면, 그 지점에 전체가 출현하지 않기 때문이다. 또한, 이 국부적인 지점에 전체가 출현하지 않는 이유는 여기서는 전체가 전체로서 **자각되지 않기** 때문이다.

296) ⟨SK 225:22~30⟩⟨FM 166:7~12⟩

따라서 관찰하는 이성은 유기체적 자연 속에서 이 **유기체적 자연** 자신이 일반적인 생명이라는 사실을 관찰[Anschauung]하는데 이를 뿐이다. 이성이 일반적인 생명이 발전하고 실현하는 과정을 관찰[Anschauung]할 때 그 기준으로 되는 체계는 단지 전적으로 일반적으로[allgemein] 구별된 체계 즉 그 규정성과 본질이 유기체 자체 내에 있지 않고 오히려 일반적 개체[종적 존재] 속에 놓여 있는 체계다. 그러므로 그런 체계는 유적 본질이 시도하는 계열화에 따르더라도 자연 원소인 대지의 구별 아래 있다.

297) ⟨SK 225:31~226:27⟩⟨FM 167:13~35⟩

그러므로 **유기적 생명이 지닌 일반성**은 자신을 실현하는 가운데 참으로 독자적으로 존재하는[fürsichseiende] 매개 작용 없이 바로 **개체**의 극으로 전락한다. 따라서 관찰하는 의식은 그가 **주관적으로 생각하는 것**[Meinen]을 자기 앞에 떠올린다[vor sich]. 이성이 자신의 주관적 생각을 관찰하려는 데 애써 관심을 쏟을 수 있다 하더라도, 이성이 하는 일이라고는 고작 자연에 관한 상념[Meinungen]이나 이런저런 착상을 서술하고 늘어놓는 일일 뿐이다 이렇듯 아무 생각 없이 마구잡이로 이루어지는 주관적 생각이 곳곳에서 법칙의 시초나 필연성의 흔적 또는 서열화나 계열화의 암시, 그럴싸해 보이는 기발한 연관을 제공한다. 그러나 관찰로서는 유기체를 원소, 지역과 기후 등 갖가지 비유기체적인 자연의 외적인 구별들에 관계하게 하고 여기서 필연의 법칙을 찾아내려

하더라도 기껏 알아낼 수 있는 것이라곤 양자가 서로 미치는 '**영향이 크다**'라는 것 이상은 아니다.* 그런가 하면 다른 측면에서 즉 개체의 의미가 대지의 원소에 있지 않고 유기적 생명에 **내재하는 하나**[Eins]에 있다는 측면에서 본다면 이 하나[Eins]는 일반적 생명과 직접적인 통일 속에서 사실 유적 본질을 이루는 것이지만, 유적 본질의 단순한 통일은 바로 그런 단순함 때문에 다만 수적으로 규정되며 질적인 현상은 제쳐놓을 수밖에 없다. 이런 측면에서 관찰하는 의식은 **재치 있는 지적을 하거나 흥미로운 관계를 들춰내면서 개념에 어림잡아 접근하는** 정도로 만족할 수밖에 없다. 그런데 **재치 있는 지적을 한다는 것**은 결코 **필연성의 인식**은 아니며 **흥미로운 관계를 들춰내는 것**은 흥미로운 것이지만, 이런 흥미는 이성에 관한 주관적 생각[Meinung]에 지나지 않는다. 그러므로 개인이 **개념을 어림잡아 암시하는 것**은 천진난만한 호감의 표현이라고는 하겠지만, 이것 자체에 절대적인 어떤 의미가 있다고 생각한다면 이는 유치함에 해당한다고 보겠다.

*FM주 〈166:21~24〉 헤겔은 여기서 라인홀트Gottfried Reinhold Treviranus의 자연철학을 거론한다. (참조: FM주 〈145:32~146:4〉. 원소, 지대, 기후에 관해서는 다음을 참조: 라인홀트Gottfried Reinhold Treviranus, 『자연 연구자와 의사를 위한 생물학 또는 살아 있는 자연에 관한 철학』, S. 47, 81, 138.

[해제] 앞에서 말했듯이 유기체에서 개별적 생명체의 전개는 체계화되지 못한다. 왜냐하면, 일반적 유적 본질은 개체에 내재하는 종적 존재로만 출현하며 이 종적 존재는 개체의 재생산을 통해 지속하는데, 개체의 재생산은 우연한 자연에 종속하기 때문이다.

그러므로 유적 본질이 개체를 통해 재생산되는 것은 그 토대인 대지의 영향을 받는다. 대지의 영향 아래 개체가 재생산되므로 생명의 활기는 "국부적으로 한정된 지점에 제한될 뿐"이어서, 그 지점은 스스로 부정돼서 전체로 복귀하는 체계적 연관을 지니지 않는다. 그러므로 이 운동은 역사를 갖지 못하며 우연히 전개되는 것에 그친다. 여기서 발견되는 질서는 수적인 질서 즉 크기의 편차며 아직 질적 구별을 전개하는 개념의 체계를 의미하지 않는다. 그런 수적인 계열조차도 부분적으로만 전개되며 또 계열들 사이에 연관성도 존재하지 않는다. 즉 자연의 진화는 "자체 내 근거를 둔 체계"나, '이성적 계열화'가 아니다. 그것은 "대지의 구별 아래 있을" 뿐이다.

그것은 의식적 존재가 전개하는 것과 구별된다. 의식은 자연과 관계하여 생동적이며 적극적으로 활동하니, 자연의 폭력을 극복하며 자기를 실현한다. 이 과정에서 각 계기는 스스로 부정되면서 전체로 복귀하니, 전체는 자각적으로 자기를 전개하면서, 체계를 형성한다. 의식이 전개하는 체계는 감각적 의식에서 정신으로 이르기까지 역사적으로 발전한다.

그러므로 헤겔은 유기체의 관찰에서 이성이 확인할 수 있는 것은 유기체가 일반적 생명의 표현이라는 사실뿐이라고 한다. 관찰하는 이성은 자연의 관찰을 통해 필연성의 실마리, 서열화나 계열화의 암시를 발견할 수 있다. 그러나 이것은 흥미 있고 재치 있는 것이더라도 암시에 그쳐서 주관적 생각을 낳을 뿐이다.

b 자기의식을 순수한 상태에서 외적 현실과 관계해 관찰 하는 것: 논리적 법칙과 심리학적 법칙

[해제]

298) 자기 의식적 인간에서 개념과 현존의 관계

299~300) 사유의 자기 관계로서 논리적 법칙

301~302) 심리적 법칙

303~308) 두 가지 모순된 심리적 법칙

298) 〈SK 226:34~227:11〉〈FM 167:5~15〉

자연 관찰을 통해 비유기체적 자연 속에 실현된 개념 즉 법칙이 발견된다. 이때 법칙은 사물을 자신의 계기로 삼으며 동시에 이 사물은 그런 법칙 속에서 추상적 존재로서 서로 관계한다. 그러나 이렇게 얻은 개념은 자기 내로 복귀한 단순한 존재는 아니다. 이와는 달리 유기체의 생명은 오직 자기 내로 복귀하는 단순한 존재다. 유기체적 생명 내에 존재하는 대립물 즉 일반적인 요소[생명]와 개별 요소[형태]라는 대립물은 생명 자체의 본질 속에서는 분리된 채 등장하지 않는다. [생명의] 본질은 아직 아무 구별도 없는 지반[Elemente]에서 자기를 분리하고 운동하게 하고 온갖 대립 속에서도 동시에 자기 관계[für sich selbs]를 유지하면서 구별되지 않는 상태로 머무른다고 가정되는 유적 본질에 이른 것은 아니다. 자유로운 개념은 일반성을 띠면서도 동시에 개별적으로 전개된 존재를 자체 안에 절대적으로 포함하는 것이니 관찰하는 의식은 이런 자유로운 개념을 개념으로 실존하는 개념 자체 또는 자기의식 속에서만 관찰한다.

[해제] 여기서 헤겔은 물체와 생명체 그리고 의식을 개념적으로 구분한다. 물체는 서로 자립적인 속성 사이의 관계로 이루어진 일반 법칙의 지배를 받는다. 계기의 통일성으로서 법칙을 헤겔은 [잠재적인] 개념이라 하는데, 여기서 법칙의 두 계기를 이루는 요소는 여전히 사물적인 것이며, 서로 무차별하게 분리된다. 따라서 법칙은 개별적 계기에 대해

외면적으로 관계하고, 필연성이 아니라 개연성만을 지닐 뿐이다.

생명체는 개별 형태가 유기적으로 통일된 존재다. 통일적인 생명의 개념은 유기적으로 통일된 개체를 통해 자기를 재생산한다. 여기서 통일적 개념과 그 계기를 이루는 존재는 서로 합목적적으로 통일된다. 유기체에서 생명은 자기를 외적인 존재로 실현하며 이런 존재는 자기 내로 다시 복귀한다.

하지만, 이런 생명은 아직 독자적인 존재로 출현하지 않는다. 그것은 다만 유기체 개체의 재생산을 통해서만 존재하는 것이다. 외적인 존재는 자연의 힘에 지배되면서 내적인 통일성을 차단하며, 그 결과 생명의 재생산은 우연성을 지니면서 지속성을 상실하고 그것의 진화 과정은 연속성을 지니지 못하고 체계 없는 것이다.

자기 의식적 존재인 인간에 이르러 유기적 통일성 즉 유적 본질이 독자적으로 출현한다. 이 개념은 "온갖 대립 속에서도 자기 관계를 유지하면서 구별 없는 상태로 머무른다." 그러므로 유적 본질은 지속성을 지니는 실체가 된다. 현존하는 개별자는 이런 실체 즉 유적 통일성 속에 전체를 이루는 필연적 계기가 된다. 헤겔은 이 실체가 개체를 통해 자기를 전개하는 운동을 "자유로운 개념"의 운동이라 한다. 실체는 "개념으로 실존하는 개념"이다. 이것은 의식과 의식의 산물인 관념의 관계를 말하는 것이다.

299) 〈SK 227:12~35〉〈FM 167:16~32〉

이제 관찰은 자기 자신을 관찰하기에 이르면서 자유로운 개념으로서 실현된 개념에 눈을 돌릴 때 맨 먼저 발견하는 것이 **사유의 법칙**이다. 자기 자신에서[an ihm selbst] 사유하는 개별자[의식적 개체]는 부정적인 것이 단순한 관념 세계로 완전히 복귀된 채로 전개하는 추상적인 운동이며, 그 운동의 법칙은 실재계[Realität] 바깥에 있다. -그 법칙은 아무런 **실재성**[Realität]을 갖지 않으며, 이 말의 의미는 법칙에 진리가 없다는 의미와 다른 것이 아니다. 법칙은 **전적인** 진리는 되지 못하더라도 적어도 **형식상** 진리라고 가정된다. 이런 법칙은 실재성을 띠지 않는 순수한 형식만 갖기에 사유의 구성물이거나 아직 그 자신에서[an ihr] 분열이 등장하지 않는 텅 빈 추상물이다. 왜냐하면, 이런 분열이 있어야 내용이 생겨날 것이기 때문이다. 그러나 다른 한편 이 법칙은 순수한 사유의 법칙이고 사유라는 것이 본래[an sich] 일반적인 것이니 이런 사유를 통해 얻은 지식은 직접 존재하는 것이며 그런 직접성 가운데 전면적으로 실재하는 것[Realität]이니, 이런 법칙은 절대적인 개념을 나타내면서 형식의 본질인 동시에 사물의 나눌 수 없는 본질로 된다. 일반 존재가 자체 내에서 스스로 운동한다는 것은 단순한 개념이 **분열된다**는 것이므로 이런 개념은 이와 같은 방식으로 그 자체에서[an sich] 내용을 지니며³³² 더욱이 그 내용은 충분히 내용이라 할 만한 것[aller Inhalt]이지만, 다만 감각적으로 존재하는 것은 아니다. 그런 내용은 형식과 모순되거나 형식과 분리된 것도 아니며 오히려 본질상 형식 그 자체다. 왜냐하면, 형식이란 오직 일반 존재[개념]가 순수한 계기로 분리되는 방식을 의미하는 것이기 때문이다.

300) 〈SK 227:36~228:33〉〈FM 167:33~168:23〉

그러나 [사유 법칙의] 형식이든 내용이든 그것이 **관찰 앞에** 나타날 때는 관찰된 것으로 존재한다.³³³ 그와 마찬가지로 관찰에서 형식은 발

---

332 사유의 형식이 그 자체에서 지닌 내용이란 판단형식이 그 자체에서 지닌 내용을 말하며, 논리학에서는 내용[Gehalt]이라고 한다. 칸트에서 범주의 도식에 해당하는 개념이다.

333 관찰하는 이성의 눈에 사유의 법칙은 사유의 현상에서 경험적으로 관찰되는 법칙이다. 논리에 관한 철학상 심리주의의 입장이 여기에 속한다. 철학상 심리

견되고 제공되며 다만 **존재하는** 내용이라는 규정을 획득한다. 내용은 **안정적으로 존재하는** 관계를 말하며, 한 무리의 고립된 필연적 법칙이다. 각자 고립된 필연적 법칙은 **고정된** 내용을 지닌 한 **그 자체로 자기에게 나타나는 것**으로[an und für sich], 자기의 **규정성** 그대로 진리로 받아들여야 하며 사실상 [생동하는] 형식을 박탈당한 것으로 된다. ―이런 고정된 규정성이나 다종다양한 법칙을 절대의 진리로 여긴다는 것은 자기의식의 통일성이나 사유와 형식의 통일성 일반과는 모순 된다. 이처럼 고정돼서 본래적[an sich]인 것으로 머무르는 법칙으로 언급되는 것은 자기 내로 복귀하는 의식의 통일성에 속하는 하나의 계기를 나타낼 수 있을 뿐이며 다만 [전체의 운동 속에서] 소멸하는 크기로서만 등장할 수 있다. 그러나 이런 법칙이 관찰을 통해 운동이 지닌 연관으로부터 떼어내어 진 채 개별적으로 제시[hinstellt]될 때, 적어도 규정된 내용을 지닌 한 내용이 없다고 할 수 없으나 그 법칙의 핵심으로 되는 형식은 없다고 하겠다. 이런 관찰된 사유의 법칙이 사유의 진리는 아니다. 사실 그 이유는 관찰된 사유의 법칙은 단지 형식적일 뿐, 아무런 내용도 가져서는 안 되기 때문이 아니다. 오히려 그 이유는 반대의 이유다. 즉 그런 [관찰적 사유의] 법칙은 규정성 또는 내용을 갖추고 있기 때문이며 또는 그 내용이 형식이 없는 **내용**에 지나지 않는데도 절대적인 법칙으로 여겨져야 하기 때문이다. 사유 법칙의 진리는 사유의 통일 속으로 소멸해 가는 계기라는 사실이다. 이런 진리를 통해서 본다면 사유 법칙은 지식의 **법칙**으로서가 아니라 사유하는 운동인 한에서 지식으로 받아들여야만 하겠다. 그러나 관찰[Beobachten]은 그런 지식 자체가 아니며 또한, 그런 지식을 알지[kennt] 못하며 오히려 그런 사유하는

―――――――――

주의는 논리적 법칙이 지닌 필연성에 도달할 수 없다.

운동으로서 지식의 본성을 외적인 **존재**의 형태로 전도하며 지식이 지닌 부정성[334]을 다만 [외면적] 존재에 관한 **법칙**으로서만 파악한다. ―여기서는 이른바 사유 법칙의 부당성[335]을 사태의 일반적인 본성에 근거해 지적해 두는 것만으로 충분하다. 사유 법칙의 세부적인 전개는 사변 철학[논리학]이 감당해야 할 몫이다. 이런 사변 철학 속에서는 사유 법칙의 진리가 제시된다. 그 진리란 곧 사유 법칙이 개별적으로 소멸하는 계기라는 사실이며 그 진리는 오직 사유 운동의 전체, 지식 [논리적 체계] 자체에 있을 뿐이다.

[해제] 1) 의식에서 처음 나타나는 것은 의식 자신의 운동, 즉 관념 운동이다. 이는 "단순한 자기 관계의 세계로 완전히 복귀된 채로 전개하는 추상적인 운동"이다. 이것이 곧 사유의 논리적 법칙이다.

형식 논리학은 이런 사유 법칙이 사유에만 적용되는 것이며 오직 형식상으로만 성립하는 것으로 여긴다. 그러나 헤겔은 사유의 형식적 법칙은 그런 점에서 고유한 내용을 갖는다고 본다. 그 내용은 법칙의 통일성 즉 개념이 그 자체에서 자기를 구분해서 "순수한 계기들 사이의 관계"로 표현될 때 이 순수 계기의 관계가 지니는 내용이다. 그것은 헤겔이 논리학에서 판단형식이 그 자체에서 고유한 내용을 지닌다고 할 때와 같은 의미다.

2) 헤겔은 형식 논리학에서 사유의 법칙이 진리가 되지 못하는 것은 그것이 다만 사유의 현상과 관련된 형식적 법칙을 주기 때문이 아니라고 한다. 사유의 법칙이 진리가 되지 못하는 참된 이유는 내용이 없는

---

334 여기서 지식이란 사유 법칙을 말하며, 그 부정성이란 사유 법칙이 지닌 운동성을 말한다.

335 형식 논리학은 논리적 법칙을 고립적이고 형식상으로만 파악한다. 여기서 부당성은 그런 형식 논리학의 입장을 말한다.

형식이 아니라, 고립된 내용을 지니고, 개념상 자기의식의 통일성이 전개하는 하나의 형식이라는 사실이 간과되면서 스스로 다른 사유 법칙으로 이행하지 못한다는 데 있다.

사유의 법칙을 형식적인 것으로 보면 고립된 것이 된다. 그러나 그 자체에서 내용을 지닌 것으로 보면, 자기 부정성을 지니면서 운동하는 것으로 파악된다. 사유의 법칙을 고립된 것으로 보면, 현실과 대립하는 가운데 진리를 지닐 수 없지만, 그것이 자기 운동하는 것이라고 본다면, 이 운동 속에서 사유 법칙은 현실과 통일되고 그 필연성을 회복할 수 있다.

3) 사유의 법칙은 개념적으로는 자기의식의 운동으로부터 나오지만, 관찰하는 이성은 사유의 법칙을 사유라는 경험적 현상의 일반적인 관계로 파악한다. 예를 들어 논리학에 관한 심리주의의 입장은 논리적 법칙을 심리적 현상으로 환원하려 했다. 이렇게 경험적 법칙으로 여겨지면서 사유 법칙은 고립된 내용을 지니고 있으며, 다양한 사유 법칙이 자기의식 내에서 지니는 통일성은 간과된다. 그러나 경험 관찰을 통해서는 논리적 법칙이 지닌 필연성을 끌어낼 수 없다.

4) 개념의 운동에서 나온 사유의 법칙을 관찰이 존재자의 관찰에서 나온 법칙으로 오해하면서 그런 한계를 지니게 됐다. 그러므로 헤겔은 그런 사유 법칙의 한계는 "지식이 지닌 부정성을 다만 [외면적] 존재에 관한 법칙으로 파악한 데" 있다고 한다.

301) 〈SK 228:34~229:11〉〈FM 168:24~-32〉

사유가 지닌 부정석 동일성은 **자기 관계성**[für sich selbst]을 의미하며 또는 자기 관계하는 존재 즉 개체성의 원리고 사유 자신의 실재[Realität] 속에서 **활동하는 의식**이다. 그러니 당연하게도[durch die Natur der Sache] 관찰은 사유 법칙의 실재성[Realität]이라고 할 의식에 다가간다. 그러나 관찰은 사유와 의식의 이런 연관[336]을 깨우치지 못하므로 관찰은 한편으로는 사유의 법칙이 있다고 보면서 다른 편으로는 이제 관찰의 대상으로 되는 것[의식]에서 사유 법칙과 다른 어떤 존재가 획득된다고 본다. 이 다른 존재란 곧 활동하는 의식 말한다. 이런 활동하는 의식은 대자적이어서, 타자 존재를 지양하며 자기 자신이 부정성을 지닌 존재라는 사실을 직관하는 가운데 자기를 실현한다.

302) ⟨SK 229:13~36⟩ ⟨FM 168:33~169:14⟩

이렇게 해서 **관찰** 앞에는 **새로운 영역**이 열린다. 그것이 곧 **의식이 활동하는 현실**이다. 심리학은 다양한 법칙들의 집합을 포함한다. 이 법칙은 **정신이 자신이 있는 현실** 즉 눈앞에 있는 **타자 존재**가 지닌 서로 다른 방식에 대응해 서로 다르게 관계한다는 것을 보여준다. 한편으로 정신은 이런 현실을 자기 안으로 수용해 기존의 관습, 도덕 그리고 사고방식에 **적응하는** 태도를 보인다. 그 결과 이런 기존의 것들은 정신 자신이 현실로서 수용하는 대상으로 된다. 다른 한편으로는 정신은 자기 활동적으로 현실에 대응할 줄 알며, 현실에서 자신의 기호나 정열에 따라 특별한 것만을 끌어내 파악하고 대상을 오히려 **자기에게 적합하도록 만드는** 태도를 보인다. -전자의 경우에는 개별 존재로서 자기가 부정되고 후자의 경우에는 일반 존재인 자기가 부정된다. -전자의 경우 자립적 의식은 기존의 것에 다만 의식적인 개체가 지닌 **형식**만을 부여하며 내용 면에서는 기존의 일반적 현실을 그대로 받아들인다. 그러나 후자의 경우 자립적인 의식은 기존의 현실에 대해 적어도 특유의 [eigentümliche] 수정을 가한다. 이때 이런 수정이 현실의 내용과 본질

---

336 일반적으로 사유는 순수한 자기 관계고, 의식은 외부 대상과 관계하는 것으로 구분된다. 그러나 헤겔에서 사유는 형식이고 이 형식이 적용되는 최초의 현상이 의식이다. 이 의식은 심리적 활동을 말한다.

상 모순되지 않을 때도 있으며 또는 개체 자신이 특수한 현실이며 독특한[eigentümlicher] 내용을 지닌 존재인 한에서 개체가 그런 수정을 통해 기존의 세계와 대립할 때도 있다. -개체는 이 후자에서는 범법을 행한다. 범법은 두 가지 경우가 있다. 하나의 경우는 범법이 기존 세계를 다만 개별적인 방식으로 부정할 때다. 또 다른 경우는 범법이 일반적인 방식으로 따라서 모든 것에 대해 일어나면서 눈앞에 있는 것 대신에 다른 세계나 다른 권리, 법률, 도덕을 가져오는 때다.

[해제] 사유의 순수한 자기 관계가 곧 논리적 법칙이다. 논리적 법칙은 형식적이지만, 사실 그 자체 내용을 정립하며, 이 내용의 자기 내 복귀를 통해 새로운 형식으로 발전한다. 이 사유가 최초로 적용되는 현상이 바로 의식이다. 이 과정에서 구체적인 심리의 법칙이 출현한다.

관찰하는 이성은 사유와 의식을 구별하면서 의식의 구체적 내용을 획득하기 위해 의식을 독자적으로 관찰하는 데로 이행한다. 관찰하는 이성은 의식의 현상 속에서 법칙을 발견하면서, 이 법칙을 순수한 사유의 법칙과 구별되는 심리적 법칙으로 여긴다.

관찰은 자신의 의식 속에서 현실에 관해 서로 대립하는 법칙을 발견한다. 한편으로 심리적 의식은 외부 세계에서 존재하는 관습, 도덕 등을 받아들여 자신의 것으로 만든다. 여기서 이런 대상은 심리적 의식 속에서 내용은 그대로 유지하면서 다만 관념이라는 형식만을 지닐 뿐이다.

다른 하나는 자신의 심리적 의식이 지닌 독특성 즉 기호나 열정만을 인정하면서 현실적인 관습과 도덕 등에 "특유의 수정을 가하려" 한다. 여기서 심리적 의식은 현실적 내용과 본질상 모순되지 않을 수도 있으며 또는 현실적 내용과 대립할 때도 있다. 대립할 경우 심리적 의식은 범법을 행하는데 이때 현실을 인정하지만, 그것을 부정하는 경우와 현실 그 자체를 부정하는 경우가 있다.

303) 〈SK 230:1~11〉〈FM 169:15~22〉

관찰심리학은 우선 활동하는 의식에서 자신이 발견하는 **일반적인 방식**에 관해 자신이 지각한 것을 언표한다. 이때 관찰심리학은 여러 가지 능력, 기호, 열정 등을 발견한다. 이와 동시에 관찰심리학으로서는 그렇게 수집돼 열거된 요소가 내면화[Errinnerung]하여 자기의식 속에서 억제됨이 없이 통일되면서도 그토록 다양하고 이질적이면서 서로 우연히 관계하는 것들[Dinge]이 정신 속에 마치 하나의 보따리 속에서처럼* 공존할 수 있으며 더욱이 이것들[Dinge]이 죽어 정지한 것으로서가 아니라 부단히 운동하는 것으로 제시되는 것을 보고 적어도 놀라지 않을 수 없다.

*Lasson 주) 1802년 헤겔의 논문 「회의주의의 철학에 대한 관계」에서도 비슷한 표현이 들어 있다. "그와 같은 실천적이지 못한 심리학은 정신을 질적으로 분리해서 이런 진 아래 전체, 천재성과 재능을 파악하지 않고 마치 보따리에 가득 찬 능력처럼 정신을 서술한다."(헤겔, 『종교철학 강의II』, 『전서』, 16권, S. 130)

304) 〈SK 230:12~29〉〈FM 169:23~36〉

활동하는 의식이 지닌 그토록 다양한 능력[Vermögen]을 열거하는 것은 관찰의 일반적 측면에 해당하지만, 다양한 능력[Fähigkeiten]을 통일하는 것은 이런 일반적 측면의 반대 측면 즉 **실제** 개체성의 측면에 해당한다. 그런데 실제로 존재하는 서로 다른 개성을 파악하고 설명하면서 어떤 개인은 이런 것에 호기심을 더 많이 지니고 또 다른 개인은 저런 것에 호기심을 더 많이 갖는다고 하거나 어떤 개인은 다른 개인보다 지적 능력을 더 많이 지닌다고 한다면 이는 곤충이나 이끼 등의 종류를 열거하는 것보다도 더 하찮은 것이다. 이를 더 하찮다고 보는 이유는 다음과 같다. 즉 곤충이나 이끼 등이라면 관찰이 개념[begrifflos] 없이 개별적으로 열거해나가더라도 정당하겠다. 왜냐하면, 그런 것들이 속한 지반이 우연한 개별화[Vereinzelung]가 일어나는 영역이기 때문이다. 이와 달리 의식적 개체[Individualität]를 아무 생각 없이[geistlos] **개별적으로 존재하는 현상**으로 여긴다는 것은[337] 의식적 개체의 본질을 정신에 속한 일반성이라고 보는 모순을 내포한다. 그러나 그런 파악을 통해 동시에 정신에 속한 일반성의 형식 속에 의식의 개체성이 개입하게 되므로, 이런 파악을 통해 **의식적 개체가 지닌** [일반적 요소들 사이에서] **법칙**을 발견한다. 따라서 이런 파악은 이제 이성적인 목적을 지니고 그것에 필수적인 과제를 수행하려는 것으로 보인다.

305) ⟨SK 230:30~231:2⟩⟨FM 169:37~170:3⟩

이처럼 발견된 법칙의 내용을 이루는 계기를 살펴보자면 한편에는 개체 자체가 있고 다른 한편에는 개체를 둘러싸는 일반적인 비유기체적 자연 즉 즉 그가 놓여 있는 상황, 처지, 풍속, 도덕[Sitte], 종교 등등이 있다. 이런 주변 환경에서부터 특정한 개인의 면모가 파악될 수 있다. 이런 환경은 특정한 것뿐만 아니라 일반적인 것도 포함하며 그와 동시에 눈앞에 있는 것[Vorhandenes]이어서 관찰에 나타나거나 그 반대편에서 개체성의 형식 속에서 표현된다.

306) ⟨SK 231:3~232:3⟩⟨FM 170:4~31⟩

이 두 측면 사이에 존재하는 관계 법칙은 특정한 상황이 개인에게 미치는 작용과 영향을 포함해야 했다. 그러나 개인으로 말하자면 한편

---

337 헤겔은 의식적 존재를 개체성으로 규정하면서 물체가 지닌 개별성과 구분한다. 개별성은 요소들이 혼합된 상태라면, 개체성은 요소들이 통일된 상태다. 개별성은 자기 스스로 붕괴한다. 그러나 개체성은 자기의 본질을 재생산한다.

으로는 **일반성을 지닌 존재**[338]므로 고정적이고 직접적인 방식으로[auf eine ruhige unmittelbare Weise] 이미 **눈앞에 있는** 일반적인 것 즉 도덕이나 풍속 등에 합치하며 이것들에 순응해가는 존재**면서도 다른 한편으로** 일반적인 것에 대립하면서 이를 전복하려 한다. 또한, 개인은 개별자로서 머무르면서 그런 일반적인 것을 완전히 무시한다. 이때 개인은 그런 일반적인 것이 그 자신에게 영향을 끼치게 내버려 두지도 않으며 동시에 그런 일반적인 것을 반대해 활동하지도 않는다. 그러므로 **무엇이** 개인에게 영향을 끼친다고 하며 또 그것이 **어떤** 영향을 끼친다고 하는가는-사실 이 둘은 같은 의미지만-오직 개인 자신에게 달린 문제이다. 개인이 **어떤 영향 아래에서 어떤 인간이 됐다**는 말은 그 **개인이 이미 그러한 인간이었다**는 말과 마찬가지다. 상황, 처지, 도덕 등은 한편으로는 눈앞에 있는 것으로 드러나며 다른 한편으로는 특정한 개인 속에 받아들여진 것으로 드러난다. 그런데 이런 것들은 특정한 개인과 비교해서 보면 막연하게 실재하는 것일 뿐이니 별로 중요한 것은 아니다. 이런 상황이나 사고방식, 도덕 또는 세태[Weltzustand] 일반이 없었더라면 반드시 개인은 지금 있는 그런 존재로 되지는 않았을 것이다. 왜냐하면, 지금의 세태 속에서 발견되는 모든 것은 개인의 토대로 되는 일반적인 실체기 때문이다. 그러나 세태가 **바로 이** 개인 속에 특수화됐던 것과 마찬가지 방식으로-물론 그 특수화된 모습이 파악돼야겠지만-이 세태가 지닌 그 자체로 자기에게 나타난 모습[an und für sich]이 특수화돼서 세태가 지닌 규정성을 통해 개인에게 영향을 끼치게 돼야 했다. 그처럼 특수화됐기에 비로소 이런 세태는 개인을 지금 있는 대로의 특정한 개인으로 만들 수 있었다. 만약 외적인 세계가 지닌 그 자체로 자기에게

---

338 개체의 심리가 지닌 기호나 열정 등 일반적 성질을 말한다.

나타난 모습[an und für sich]이 개인에게 나타난 현상을 빚어냈다면, 개인에 나타난 현상은 이 그 자체로 자기에게 나타난 모습에서 파악됐을 것이다. 그렇다면 여기서 그림들이 마주 보면서 서로 다른 것의 거울상으로 되는 통로가 출현하게 될 것이다. 그 하나의 벽에는 내용과 윤곽이 완전히 정해진 외적 상황의 그림이 걸리고 다른 하나의 벽에는 그것이 개인이라는 의식적 존재 속으로 투영된 것의 그림이 걸린다. 전자[외적 상황]는 구면에 해당하고 후자[개인에 투영된 세계]는 구면을 자체 내에서 투영하는[vorstellt] 중심점이다.

307) ⟨SK 231:4~22⟩ ⟨FM 170:32~171:8⟩

그러나 구면에 해당하는 개인의 세계는 곧바로 말해서 이중적인 의미를 지닌다. 즉 이 세계는 **그 자체로 자기에게 나타난 세계**, 처지면서 **동시에 개인의 세계**다. 여기서 개인의 세계라는 말은 두 가지 의미가 존재한다. 하나의 의미는 개인이 이 세계와 융합하면서 있는 그대로의 이 세계가 개인 자신 속으로 흘러들어오도록 하며 개인은 형식적인 의식으로서만 이 세계에 대립하는 한에서, 존재하는 세계가 개인에게 투영된 세계가 된다는 의미다. **이에 대립하는** 또 하나의 의미는 눈앞에 있는 세계가 개인을 통해 **전도**된 방식으로 개인의 세계로 된다는 의미다. -그런데 개인이 지닌 자유 때문에 현실에서 이중의 의미가 가능해지므로 개인의 세계란 오직 개인 자신에서 파악될 수 없다[begreifen]. 더욱이 그 자체로 자기에게 **나타난 것**으로서 마음에 투영된[vorstellt] 현실이 개인에게 끼치는 **영향**도 위와 같이 절대적으로 대립하는 방식으로 이해된다. 그래서 개인은 자기에게로 흘러들어오는 현실의 물결을 그 자신에서 **입증되게** 하든가 아니면 정반대로 개인이 흐르는 물줄기를 가로막고 역류하게 하든가 한다. 그러나 이렇게 되면 **심리학적 필**

연성이라는 말은 한낱 텅 빈 낱말에 그친다. 그 결과 개인이 이런저런 영향을 받아야 했다는 것으로부터 개인이 그 영향을 전혀 받지 않았을 절대적인 가능성이 눈앞에 나타난다.

308) ⟨SK 231:23~33⟩⟨FM 171:9~17⟩

이렇게 되면 [심리학적] 법칙의 한 측면 더구나 일반적 측면을 이룬다고 가정된 **그 자체로 자기에게 나타난 존재**는 의미를 상실한다[hinwegfällt]. 개인은 곧 그가 있게 된 세계를 그의 세계로 만드는 존재다. 세계란 개인이 자신을 현실의 존재로 드러나게 만든 활동과 원환을 이루니 이 세계란 곧 **눈앞에 있는** 존재와 **그 자신이 형성한** 존재를 곧바로 통일한 것일 뿐이다. 이런 통일을 이루는 두 측면은 심리학의 법칙이 생각하듯 그 자체로 **눈앞에 나타나는** 세계와 **독자적**[für sich]으로 존재하는 개인이라는 양극으로 분열되는 것이 아니다. 만약 이 양자를 저마다 별개의 것으로 고찰한다면 여기에 어떤 필연성과 법칙도 또한, 서로에 대한 관계도 출현하지 않는다.

[해제] 1) 303~308 구절에서 헤겔은 의식과 현실 사이의 관계를 다룬다. 관찰심리학은 개인에게서 다양한 심리상태를 지각한다. 이 다양한 심리상태는 마치 사물이 다양한 성질을 지니듯이 각자 일반적인 것으로서 서로 공존하면서도 동시에 개인의 자기의식 속에서 특정한 방식으로 내면화되고 통일된다. 이 후자의 측면에서 개인은 개체성을 지니게 된다. 이 개인의 개체성은 단지 어떤 특정한 심리가 다른 개인에서보다 더 많거나 적다는 식의 특수성이 아니라, 다양한 성질이 종합되고 통일되는 특수성이다.

2) 관찰하는 이성은 의식적 개체와 환경 사이에 존재하는 법칙을 파악하려 한다. 즉 특정한 현실에서 특정한 의식을 지니게 됐다는 유물론적 법칙이다. 이 경우 현실이 개인적 의식에 미치는 영향은 누구에게나

모두 같아야 한다. 즉 어느 개인에게서나 의식은 다만 수동적이어서 현실이 자기 속으로 흘러들어오는 데 아무 방해가 없으며 의식은 다만 현실을 내적 관념으로 그 형식만 변화하게 한다는 것이다.

헤겔은 이런 가능성을 부정한다. 위와 같은 유물론적 법칙이 가능하게 하려면 의식이 누구에게나 텅 비어 있거나 같아야 하는데, 이미 의식은 하나의 개체성을 지니기 때문이다. 의식에서 개별적 요소 즉 능력, 기호, 열정 등이 개별적으로 머무르지 않고 통일돼 존재한다면 즉 의식이 하나의 특수한 개체라고 한다면, 이제 다음과 같은 가능성이 존재할 것이다.

3) 우선 특정한 현실이 개인에 영향을 미치고 있다면 개인이 이미 그런 특정한 상태에 있기 때문이다. 이때 두 가지 가능성이 있다. 한편으로 보면 일반적 현실이 개인이 이미 특수한 개인이므로 특수하게 영향을 미치거나 다른 한편에서 일반적 현실이 이미 스스로 특수화돼서 개인에게 영향을 미치거나 한다.

동시에 헤겔은 개인의 의식이 자유로우므로 현실을 무시하거나 전복할 수 있다고 본다. 이때 현실은 개인의 의식을 통해 변화된 방식으로 개인의 세계가 된다. 이때 현실 자체가 둘로 분할된다. 하나는 이미 존재하는 현실이고 다른 하나는 그 자신을 통해 형성된 현실이다.

어느 경우에서나 일반적 현실이 모든 개인에게 똑같이 영향을 미치지는 않는다. 그러므로 헤겔은 양자 관계는 마치 서로 반영하는 구면과 중심 사이의 관계, 또는 마주 보면서 서로 반영하는 거울의 통로와 같다고 한다.

4) 결론적으로 의식과 현실 사이의 관계에서는 어떤 법칙도 발견할 수 없다. 개인의 의식이 현실로부터 영향을 받았다는 것과 개인의 의식이 그런 영향을 전혀 받지 않았다는 것은 동시에 성립하며, 그 하나는 다른 하나를 전제로 한다.

그러므로 법칙을 발견하려는 관찰적 이성은 의식과 현실에 관한 관찰을 통해서는 자기의 목적에 도달할 수 없다. 그러므로 관찰하는 이성은 이제 새로운 영역으로 이행한다. 의식적 존재는 자기의 유기체적 존재를 자기를 산출하는 존재다. 여기서 내면과 외면의 관계가 출현한다. 이 관계는 우선 관상학적 관계며 다음으로 골상학적 관계다.

c 직접적인 [신체적] 현실과 자기의식의 관계에 관한 관찰, 관상학과 골상학

[해제]
309~311) 신체 표현에 관한 관찰의 개념
312~314) 외적인 활동의 산물에서 신체적 표현으로의 이행
315~317) 관상학의 기초
318~310) 관상학 비판
323) 관상학에서 골상학으로 이행
324~328) 정신의 기관으로서 두뇌
329) 골상학: 두뇌와 머리뼈의 관계
330~334) 골상학 비판: 두뇌 국소화론의 한계
335) 두뇌와 머리뼈의 자의적 관계
336~337) 정신적 소질과 현실적 여건의 관계
338~340) 비판의 결론: 골상학의 모순과 이행의 가능성
관찰하는 이성 종합
341~343) 관찰하는 이성의 운동 과정: 비유기체에서 자기 의식적 인간까지
344~345) 관찰하는 이성의 운동 과정의 개념: 범주의 직접적 통일에서 골상학의 모순 즉 무한 판단

346) 자기를 실현하는 이성에 관한 관찰로 이행

309) ⟨SK 233:5~13⟩⟨FM 171:23~29⟩

심리학적인 관찰은 자기의식과 이에 대립하는 현실 세계의 관계에 관해 아무런 법칙도 발견하지 못한 채 양자가 서로 무관하다는 사실을 알아차린 가운데 참된 개체성이 표현되는 **본래적 규정성**을 찾으려 한다. 이 본래적 규정성은 **그 자체** 존재며 동시에 **대자** 존재[an und für sich]여야 하므로 서로 대립하는 양자를 절대적으로 매개해 이 대립을 제거하는 것이어야 한다. 그런 규정성이 이제 관찰의 대상으로 되고 관찰은 그런 대상으로 이행한다.

관상학

310) ⟨SK 233:14~29⟩⟨FM 171:30~172:8⟩

개인은 그 자체 존재며 동시에 대자 존재다[an und für sich]. 개인은 한편으로 **대자적**[für sich]이며 자유로이 활동한다. 그러나 다른 한편으로 개인은 그 자체로 존재하며[an sich] 다시 말하자면 **태생적**[ursprüngliches]으로 규정된 **존재다**. ‒개인이 지닌 규정성은 개념상으로는 심리학이 개인의 외부 현실에서 발견하려고 했던 것과 같은 것이다. 그러므로 **개인 자체에서** 대립이 출현한다. 이 대립은 곧 의식의 운동과 고정된 존재로 현상하는 현실이라는 이중성 사이의 대립이다. 이때 현상하는 현실이라고 말한 것은 곧 개인의 표면에[an ihm] 직접 **그 자신의 것에 해당하는** [신체적] 현실을 의미한다. 이와 같은 고정된 존재 즉 특정한 개체성을 나타내는 **신체**는 개체성을 **태생적으로 표현하는 것**[Ursprünglichkeit] 이지 개인이 활동한 결과로 형성된 것을 말하는 것이 아니다. 그러나 동시에 개인[의 신체]은 오직 그가 활동한 결과일 뿐이니 그의 신체는 또한, 개인이 **산출한 것**, 자기 자신의 표현이다. 또한, 신체는 [사물로서] 자신이 직접 의미하는 것[Sache]에 머무르지 않고 기호가 된다. 신체라는 기호를 통해 오직 인식될 수 있는 것은 개인의 [심리적] 본성[was es ... ist]인데, 이 본성은 곧 개인이 그의 태생적인 [신체적] 자연[Natur]을 자신이 산출한 것[Werke]으로 전환하게 하는 것이라는 의미에서 파악된다.

311) 〈SK 233:30~234:31〉〈FM 172:9~37〉

여기서 눈앞에 나타난 계기를 이전의 심리학적인 관점과 관계하게 하면 여기에서 한편으로 일반적인 인간의 형태[eine allgemeine menschliche Gestalt] 또는 적어도 기후나, 지역, 민족에서 유래하는 일반적 형태가 있다. 그것은 마치 이전에 위와 같은 일반적인 도덕, 문화가 있었던 것과 같다. 일반적 현실 안에서 특수한 상황과 처지도 여기에 덧붙여진다. 이때 이런 특수한 현실은 개체의 특수하게 타고난 기틀[Formation]을 의미한다. ─다른 측면에서 본다면 이전의 [심리학적] 관찰에서는 개인의 자유로운 활동과 그것에서 생겨난 현실이 개인이 산출한 것으로 되면서 눈앞에 있는 현실과 대비됐다. 그와 마찬가지로 여기서 인간의 형태는 바로 개인 자신을 통해 설정된 자기실현을 표현하는 것이며 즉 자기 활동적인 본질[Wesen]이 만들어낸 표정이나 체형[Züge und Formen]을 의미한다.[339] 그러나 일반적인 현실과 특수한 현실

---

339 관상학은 'physiognomik'의 번역이다. 이 말은 그리스어 '자연phsys'과 '인식 gnomos'의 합성어다. 사람의 외양을 보고 그의 성격을 판단하는 것을 뜻하므로 얼굴을 보는 관상학보다 더 포괄적으로 볼 수 있다. 얼굴만이 아니라 신체 전체를 보는 체형학도 여기에 속한다. 서양에서 관상학의 역사는 오래됐다. 아리스토텔레스도 관상학에 관해 언급할 정도였다. 근래 역사에서는 헤겔이 태어나기 직전 1772년 괴테의 친구였던 목사 라바터Yohanne Kaspar Lavater가 관상학에 관한 저서를 발간했다. 그의 저서는 대중으로부터 선풍적인 인기를 끌었다고 한다. 아

은 모두 이전에는 관찰이 개인의 바깥에서 발견했던 것이지만, 여기서는 개인에서 나타나는 현실 즉 개인의 타고난 신체에 해당한다. 이런 신체에 등장하는 표현은 그의 활동에서 나온 것이다. 앞에서 심리학적 고찰에서는 그 자체로 자기에게 나타난 현실은 특정한 개인과 연관된다고 가정됐다. 그러나 여기에서는 특정한 **개인이 전적으로** 관찰의 대상으로 된다. 서로 대립하는 두 측면이 모두 전체적인 것이다. 외면을 이루는 전체에 속하는 것은 **태생적 존재** 즉 타고난 신체일 뿐만 아니라 내면의 활동에서 형성된 신체기도 하다. 신체는 타고난[ungebildeten] 존재와 형성된 존재의 통일이며 즉 대자 존재가 스며든 개체적 현실이다. 이런 외면적 전체는 태생적으로[ursprünglich] 고정된 특정한 부분과 동시에 활동을 통해 비로소 생겨난 특징을 함께 포함하면서 **존재**한다. 따라서 이런 **존재**는 내면을 **표현**하니 즉 개인의 의식과 운동을 표현한다. ㅡ마찬가지로 내면은 더는 그 이전에 그랬듯이 그 자체로는 형식적이고 내용이 없는 것이면서 내용과 규정성이 외적 상황에서 제공되는 것 즉 무규정적인 자기 활동성이 아니다. 오히려 내면은 본래[an sich] 규정된 태생적인[ursprünglich] 성격을 지닌다. 이 태생적 성격은 다만 활동성을 형식으로 삼는다. 그러므로 여기서 두 측면[외면과 내면] 사이에 존재하는 양자 관계 곧 내면이 어떻게 규정될 수 있으며, 외면 가운데 내면의 **표현**으로 이해될 수 있는 것은 무엇인가가 고찰된다.

[해제] 현실과 의식이 관계에서 법칙을 찾지 못하자 관찰하는 이성은 신체적 현실과 개체의 관계에서 법칙을 찾으려 한다. 신체는 심리적 대자 존재와 현실이라는 그 자체 존재를 매개하는 것이기 때문이다.

마 헤겔이 관상학을 『정신현상학』에서 이렇게 상세하게 분석하는 이유도 이 저서와 관련되지 않을까 한다.

외면이나 내면은 모두 전체적인 것 즉 그 자체 존재며 동시에 대자 존재다. 내면은 단순히 의식의 활동이라는 형식만을 갖는 것이 아니라 구체적 내용을 지닌 것인데, 이 구체적 내용은 타고난 것인 동시에 형성된 것이다.

외면 즉 신체는 내용상 타고난 측면과 형성된 측면이 서로 얽혀 있으며, 이 후자의 의미에서 신체는 이제 더는 직접적인 사물이 아니며, 하나의 기호가 된다. 즉 그것은 내면의 활동이 표현되는 것으로서 개체의 내면을 파악하는 통로가 된다.

312) <SK 234:32~236:6><FM 173:1~34>

외면적인 것은 일단 하나의 **기관**이 돼 내면을 보여주며 일반적으로 말하자면 내면을 타자에 대해 존재하게[Sein für Anderes] 만든다. 왜냐하면, 내면은 기관에 들어 있는 한, **활동성** 자체를 의미하기 때문이다. 말하는 입이나 노동하는 손, 굳이 말해 여기에 발까지 더하면 이 모두가 일을 실행하고 수행하는 기관이다. 이런 기관은 **활동으로서** 활동 또는 내면 그 자체를 자기 표면에[an ihnen] 드러낸다. 그러나 내면이 기관을 통해 얻어낸 외면적인 결과 즉 행위는 개인에서 분리돼 존재하는 현실에 해당한다. 말이나 노동은 이처럼 외면화 한 현실이다. 여기서 개인은 자신을 더는 그 자신의 표면에[an ihm selbst] 보존하지 않는다. 여기서 내면은 완전히 자기를 벗어나 존재하게[außer sich] 되면서 같은 내면이 타자의 뜻에 맡겨진다. 그러므로 이런 경우에 외면화 한 현실은 내면을 지나치게 표현한다고도 말할 수 있겠고 반대로 너무 모자라게 표현한다고도 말할 수 있다. -**지나치게** 표현한다면 그 이유는 내면이 그 자체로 외면으로 뚫고 나오기에 외면과 내면 사이에 어떤 대립도 남지 않지 않기 때문이다. 외면은 단지 내면의 **표현**인 것에 그치지 않고 아예 내면 그 자체를 직접 제시한다. -반대로 표현이 **너무 모자란다면** 그 이유는 내면이 말이나 행동을 통해 자기를 어떤 다른 것으로 만들기에 이를 통해 내면은 의미의 전환이 이루어지는 지반에 내던져지기 때문이다.* 이런 지반 위에서 언표된 말이나 수행된 행위는 그 의미가 전도되며 이로부터 그것들이 그 자체로 자기에게 나타날 때의[an und für sich] 모습과는 다른 것이 만들어진다. 그 행동의 산물[Werke der Handlungen]은 그것이 지닌 외면성 때문에 다른 행동의 영향 아래서 다른 개체성에 대항해 자기를 머무르게 한다는[Bleibendes] 성격을 상실한다. 그뿐 아니라 또한, 그 산물은 그 안에 포함된 내면에 대해 따로 떨어져 무차별하게 존재하는 것으로서 관계하므로 **개인 자신을 통해** 부여된 내면이라는 측면에서 그 산물은 현상적으로 나타난 측면에서 그 산물과 다른 것으로 될 수 있다. -이때 개인은 의도적으로 현상을 꾸며 그런 산물을 그 참된 모습과는 다른 어떤 것으로 만들 수도 있다. 이와 정반대로 개인 자신이 너무 서툴러서 본래 의욕 했던 것과 같은 외면적 측면을 만들어 낼 수 없고 동시에 그의 산물을 확고하게 만들어 그가 보기에 다른 사람이 그것을 전도하지 못하게 할 수 없기도 하다. 그러므로 활동은 일단 수행된 산물로 등장할 때 서로 대립하는 이중의 의미를 지닌다. 그 하나는 그런 활동이 내적인 개체성이라는 의미고 다른 하나는 **내적 개체성을 제대로 표현해내지 못한 것**이거나 외적인 것으로서 내면과 **유리된** 현실이라는 의미다. -이런 이중성 때문에 우리는 내면적인 것을 찾기 위해서는 그런 내면적인 것이 **개인 자체의 표면에 여전히 존재하면서** 눈으로 볼 수 있거나 외면적으로 나타나는지를 살펴보아야 한다. 그러나 내면적인 것은 신체 기관에서는 다만 직접적인 **활동** 자체로만 존재한다. 그러므로 이 직접적 활동은 행위에서 자신의 외면성에 도달하니, 이런 외면성은 내적인 것을 떠올릴[vorstellt] 수도 있고 그렇지 않을 수도 있다. 따라서 이런 대립하는 가능성의 관점에서 보면 기관은 지금 탐구되는 내적인 것의 표현을 보장하지 않는다.

*Lasson주) 쉴러Johann Christoph Friedrich Schiller, 「말」, 『1782년 선집』 참조: "영혼을 말하자, 아 이미 영혼을 말하지 않는구나.""내 가슴 속에서 나의 행위는 여전히 나의 것이다. 행위가 일단 심정이라는 외진 구석을 즉 행위의 모태를 벗어나자 삶이란 낯선 것으로 넘어가자마자, 어떤 인간의 기예로서는 신뢰할 수 없는 악의적인 힘에 속한다." 헤겔은 이 인용문을 나중에 도덕적 행위와 운명의 절에 그리고 더 높은 단계인 정신적 예술작품의 절에서 다시 사용한다.

[해제] 헤겔은 여기서 내면과 신체 기관 그리고 외면적 현실(말이나 행동 등)의 관계를 설명한다.

신체가 내면을 표현하는 기관으로 쓰이면, 그 기관의 산물 즉 말이나 행위 등은 내면을 표현하지만, 이는 내면과 분리돼 독자적으로 존재한다. 그것은 신체 기관의 표면에 나타나는 것[an ihm selbst]을 넘어서서 자신을 벗어나 존재하는[außer sich] 현실이며 타자의 영향 아래 속하는 것이다.

그러므로 내면과 외적 현실을 비교해 보면, 이중적인 측면이 드러난다. 한편으로 그 산물은 내면에 종속하면서 내면을 과도하게 표현할 수도 있다. 또 다른 한편으로 그 산물은 내면과 분리되면서 내면을 과소하게 표현할 수 있다. 전자나 후자나 표현된 결과는 내면과 다른 어떤 것으로 될 수 있다. 이 차이는 의도적으로 자기가 왜곡한 것일 수도 있으며, 서툴러서 자기를 표현하지 못하거나 그 의미를 확고하게 하지 못하기 때문일 수도 있다.

그런데 그 산물이 내면과 같은지를 확인하려면 내면 자체를 확인해야 하지만, 그 내면은 내면 자체에 있는 때는 인식되지 못한다. 그러므로 사람들은 내면을 외면적으로 나타내서 눈으로 볼 수 있게 만들면서도 내면을 있는 그대로 표현하는 것이 있을지를 찾아본다. 이때 첫 번째 후보는 활동기관이다. 활동기관은 내면을 표현하는 수단이므로, 이 표현 수단의 표면에 내면이 표현될 수 있기 때문이다. 그러나 헤겔에 따르면, 이런 활동기관은 신체 기관으로서 "직접적인 활동 자체로만 존재하니" "내적인 것을 떠올릴 수도 있고 그렇지 않을 수도 있다."

그러므로 사람들은 내면을 있는 그대로 표현할 가능성을 찾았는데, 그것이 곧 내면을 표현하는 데 특화된 신체 기관 또는 신체 표면이다. 대표적인 것이 얼굴이며 또는 체형이다. 이것이 관상학의 토대인데, 헤겔은 이제 그런 관상학의 주장을 살펴보려 한다.

313) ⟨SK 236:7~16⟩⟨FM 173:35~174:4⟩

그런데 외적 형태가 **활동**하는 기관이 아니어서[nicht Organ oder nicht Tun] 단지 전체가 **응결돼**[ruhendes] 있다면[340] 내적 개체성을 표현할 수 있을 것이다. 이때 외적 형태는 이미 존재하는 사물의 태도를 보이면서 그 자신은 움직이지 않은 채로 그 수동적인 현존 상태에서 자신에 낯선 것인 내면적인 것을 수용하면서 이를 통해 그런 내면의 기호가 될 것이다. ─기호는 표현을 위해 쓰이는 외적이고 우연적인 사물이므로 기호가 지닌 **실제로 존재하는** 측면은 독자적으로는 의미가 없다. ─이런 기호는 하나의 언어로 되는데 이런 언어에서 음절이나 음절 결합 그 자체가 사태[Sache] 자체를 의미하는 것이 아니며 오히려 자유로운 자의를 통해 의미와 결합하니 의미에 대해 우연적인 것이다.

340 얼굴은 응결된 신체여서, 내면성을 표현할 수 있다. 비슷한 주장을 들뢰즈가 『시네마』라는 책에서 영화의 클로즈업을 설명하면서 제시했다.

314) ⟨SK 236:17~35⟩⟨FM 174:5~19⟩

서로에 대해 외면적인 것을 임의로 결합한다고 해서 거기에 법칙이 생겨날 리는 없다. 그러나 관상학은 자신은 다른 조악한 기법이나 터무니없는 연구와는 구별된다고 가정한다.* 그 이유를 들어보자면 관상학은 특정한 개인을 **필연적인 대립**을 통해서 즉 내면과 외면, 의식적인 것이 지닌 성격과 외면적[seiend] 형태가 지닌 성격의 대립을 통해서 고찰하며 또한, 관상학이 이 두 계기를 관계하게 할 때 두 계기가 개념을 통해 관계해 어떤 법칙의 내용을 이룰 수밖에 없게 관계하게 하기 때문이라 한다. 그에 반해 점성술이나 수상학과 같은 학문은 서로가 아무 관계도 없는 하나의 외면과 또 하나의 외면을 서로 관계하게 하며, 어떤 것을 그것에 대해 낯선 것과 관계하게 하는 데 지나지 않는 것으로 보인다. 출생할 때 **그 별자리**같이 외적인 것 그리고 우리와 좀 더 가까운 곳에 있는 신체에서 예를 찾자면 **이 손금**의 특징이 수명의 장단이나 각 개인의 운세를 가늠하는 **외적**인 계기가 된다. 여기서 관계되는 것들은 서로 아무런 관계도 없이 외면적으로 결합할 뿐, 당연히 **외면**과 **내면**의 관계에서 있어야 할 서로에 대한 필연적 관계라고는 전혀 눈에 띄지 않는다.

*FM주 ⟨174:5~19⟩ 헤겔은 라바터의 관상학을 학문적으로 정초하려는 시도를 염두에 둔다. 참조: 라바터 J. C. Lavater, 『관상학에 관해』, S. 21f: "그러나 불가피하게 이에 관해 다음과 같은 것만큼은 더 말해야 하겠다. 즉 경험에 따르면 이와 같은 학문의 진실성에 관해 소개된 또한, 앞으로 소개될 수 있는 가능한 이성적 근거는 최소한의 것조차 증명하지 않는다. 그렇다 하더라도 사람들은 엉터리로 관상학은 허구의 학

문에 지나지 않지만, 그런데도 관상학은 인간의 특수하고 개별적인 운명을 그의 생애로부터 예언하는 황당하지만, 필요한 기술이라고 주장하려 한다. 그러나 경험은 나보고 그런 학문의 진리를 승인하는 것을 곧바로 불합리한 것으로 여기라고 말한다. 물론 나는 진심으로 그런 기술을 사기며 텅 빈 꿈이고 참된 학문의 영역으로부터 거의 추방됐다는 사실을 인식하기를 원한다. 왜냐하면, 관상학은 인과에 관한 자의적인 결합에 근거하고 자연적인 결합에 기초하지 않는 것처럼 보이기 때문이다. 나는 관상학을 그런 상태에서 벗어나게 해서 내가 설명한 것과 같이 하나의 학문으로 만들기를 원한다." 또한, 다음을 참조하라: 라바터J. C. Lavater,『관상학 단편』, 1. Versuch, S. 77, 45f, 52ff(3, 7, 8 Fragment).

[해제] 앞에서 신체 기관을 통해서 산출되는 말과 행위의 경우 헤겔은 내면과 외적 현실 사이에 일치 여부를 확인할 수 없다고 했다. 그런데 신체 일부가 자신의 활동이 응결돼서, 오직 수동적으로 내면을 수용할 때라면, 이것을 통해 참된 내면을 확인할 가능성이 생긴다. 여기서 관찰하는 이성은 관상학으로 이행한다.

관상학은 자신은 점성술이나 수상학과 다르다고 주장한다. 왜냐하면, 점성술이나 수상학은 서로 무관한 것의 관계에 그치지만, 자신이 다루는 신체는 내면과 직접 관계하고 있으므로, 여기서 내면과 외면은 필연적으로 관계할 수 있기 때문이다. 따라서 관상학은 신체와 내면 사이에 "개념을 통해 관계한다"라고 말한다.

그러나 헤겔은 관상학의 이런 주장을 비판한다. 관상학은 그 자신은 정적인 신체로서 다만 내적인 것을 표현하는 수단으로 쓰이는 신체에 대한 관찰이다. 그런 점에서 신체는 내면을 표현하는 기호가 된다.

여기서 헤겔은 간단하게 자신의 기호학적 입장을 소개한다. 그것에 따르면, 기호는 음절의 결합 자체가 의미 자체를 의미하는 것이 아니고 오히려 자유로운 자의를 통해 의미와 결합한다. 헤겔 당시 헤르더와 같은 언어학자가 기호 자체가 고유한 의미를 지닌다는 주장을 펼쳤던 것에 비춰 본다면, 헤겔은 언어적 기호가 의미와 우연적 관계를 맺는다는 후일 구조주의 언어학자들의 주장을 선취하는 것을 알 수 있다.

이처럼 기호로 쓰이는 물체는 우연적이며 자의적으로 선택된 것에 그치니, 헤겔은 관상학에서 신체적 표면과 내면 사이의 관계에서도 마찬가지로 필연적 연관을 찾을 수는 없다고 말한다.

315) 〈SK 236:36~237:18〉〈FM 174:20~33〉

차라리 손은 운명에 대해 외적인 것이라기보다는 운명과 내적으로 관계하는 것으로 보인다. 왜냐하면, 운명이라는 것은 다시 말하자면 특정한 개인이 **본래**[an sich] 내면적인 태생적 규정성으로 지니는 것이 겉으로 드러난 것에 지나지 않기 때문이다. -문제는 특정한 개체성이 지닌 본래[Ansich]의 모습을 알아내는 데 있다. 점성술사는 관상학자와 마찬가지로 예를 들어 솔론보다 더 간단한 방식으로 이에 도달한다. 왜냐하면, 솔론*은 한 인간이 전 생애를 마무리하고 난 다음 그로부터 그의 운명을 알아낼 수 있다고 인정했으니 솔론은 생애라는 현상을 관찰했지만, 그들[점성술사나 관상학자]은 **가능성**[Ansich]을 고찰했기 때문이다. 그런데 손이 운명과 관련해 개인이 지닌 **가능성**[Ansich]을 서술하는 것이 틀림없다는 것을 쉽게 알려주는 사실은 손이 언어를 관장하는 기관인 입 다음으로 인간이 자기를 드러내고 자기를 실현하는 최고의 수단이라는 사실이다. 손은 인간의 행운을 일구어내는, 혼이 배어 있는 장인이다. 손은 인간이 **수행한** 것과 **같다**고 말할 수 있을 것이다. 왜냐하면, 손은 자기실현을 위한 활동기관이므로 인간은 이 손에서 [사물에] 영혼을 부여하는 자[Beseelender]라는 모습을 눈앞에 드러내며

[gegenwärtig], 인간이 근원적으로 자기 운명의 주인인 한에서 손은 인간의 본래 운명을 표현할 것이기 때문이다.

*FM주 〈174:25~26〉 헤겔은 여기서 솔론이 크로수스와 함께 했던 대화를 시사한다. 솔론의 견해에 따르면, 사람이 죽기 전에는 그 사람이 모든 사람 가운데 가장 행복했던 사람인지에 관해서 판단 내릴 수 없다. 참조: 헤로도투스Herodotus, 『역사』, Liber I. S. 5f.

316) 〈SK 237:19~238:21〉〈FM 174:34~175:26〉

활동의 **기관**은 **외면적**으로 **존재**하는 것인 **동시**에 그 속에 **활동**이 들어 있는 것이다. 또는 내면에 있는 본연의 존재[Ansichsein]는 그런 기관의 표면에 자기를 **그대로 나타내면서** 타자에 대해 **존재**한다. 이런 규정을 통해 지금까지 기관을 이해하는 방식과 다른 견해가 제시된다. 즉 기관은 일반적으로 내면적인 것을 표현하는 것으로 여겨질 수 있다는 사실이 이상을 통해 제시됐다. 왜냐하면, 활동이 **활동인 한에서는** 그런 기관 속에 자기를 각인하기[gegenwärtig] 때문이다. 그러나 활동이 [그 산물인] **행위인 한에서는** 다만 외적인 것이고 이런 행위에서 내면과 **외면**은 분리돼 서로에 대해 낯선 것으로 되거나 될 수 있다. 위에서 고찰된 규정에 따르면 기관은 다시 양자[내면과 행위]를 매개하는 것으로 여겨진다. 왜냐하면, 활동이 그 기관 자체 표면에[an ihm] 각인된다는 [gegenwärtig] 바로 이 사실은 동시에 기관의 외면성을 이루고, 이런 기관의 외면성은 행위의 외면성과는 별개의 외면성이기 때문이다. 즉 여기서 [각인된] 외면성은 개인에 즉 개인의 표면에 머물러 있는 외면성이다. ―기관은 내면과 외면을 통일하는 중심이어서 이제 일차적으로는 그 자체가 외면적인 것이지만, 이차적으로는 이 외면성은 동시에 내면에 받아들여진 것이다. 기관의 외면성은 **단순한** 외면성이니, 이는 흩어진 외면성[언어나 행위]에 대립한다. 이런 흩어진 외면성은 전체 개체성에 대해 우연적인 **개별적** 산물이나 상태다. 달리 말하자면 이 흩어진 외면성은 정반대로 **전적으로** 외면적인 것이어서 그 운명은 여러 산물이나 상태로 분열되는 것이다. 그러므로 **손의 단순한 특징** 또는 **언어** 표현상의 개인적 특징을 나타내는 **음색**이나 **성량**-또한, 다시 더 들어 보자면 언어의 개인적 특징은 음성보다도 손을 통해서 더욱 확고하게 실존을 획득된다는 점에서 **필적** 특히 손글씨-이런 모든 것은 하나같이 내면의 **표현**이긴 하지만, 이렇듯 외적 표현은 단순성을 지닌 외면성 [einfache Äußerlichkeit]인 한에서 다시 행동이나 운명과 같은 **다면적 관계를 맺는 외면성**[vielfache Äußerlichkeit]에 대립하며, 이런 외면적인 것들에 대해서 **내면적인 것**으로서 관계한다. -따라서 우선 교양을 통해 형성된 내용과 더불어 개인의 규정된 본성이나 타고난 특성을 **내적인 것** 즉 행동이나 운명의 본질로 여겨 보자. 그러면 이런 내면의 본질은 **처음에는** 입과 손과 목소리와 필적 그리고 그 밖의 신체 여러 기관이나 거기에 깃들어 있는 지속적 규정성에서 **현상**하면서 외면적으로 된다.*
개인의 내면적 본질은 **그런 다음** 비로소 **밖으로** 더 나가서 세계 내 그가 있게 된 현실에서 표출된다.

*FM주 〈175:13~17, 23~24〉 수상[手像]학, 필적학, 구상[口像]학에 관해서는 다음을 참조: 라바터J. C. Lavater, 『관상학 단편』, 3. Versuch. 103ff (손), 110ff (글씨), 121ff (입).

317) 〈SK 238:22~239:2〉〈FM 175:22~37〉
그런데 중간 항[손과 필적]이 외면성이면서 동시에 내면으로 복귀된 것으로 규정되므로, 그런 중간 항의 현존은 직접 활동하는 기관에 한정되지 않는다. 오히려 어떤 것을 산출하는 기관이라고는 볼 수 없는 얼굴이나 몸체 일반의 움직임과 형식[몸짓]도 그런 중간 항에 해당한다. 용모나 거동[Diese Züge und ihre Bewegung]은 개념으로 보면 활동이 억제되면서 개인의 표면에 머무른 것이며, 실제로 존재하는 활동과 관계하여 보면 실제 활동을 스스로 감독하고 관찰하는 것이니, 외면화하는 동시에 실제 **외면화된 것을 반성한다.** -그러므로 개인은 자신을 외면화하는 활동에 머무르는 동시에 자기 내로 반성하므로 외면화하는 가운데서도 그런 외면화에 대해서 침묵하지 않는다. 개인은 심지어 이렇게 자기 내로 복귀하는 운동마저도 외면화한다. 또한, 이런 외면화에 관한 관조적[theoretische] 활동 또는 개인의 자기 대화는 그 자체가 하나의 표현인 한 다른 사람에게도 전달되는 것으로 된다.

[해제] 315~317 구절에서 헤겔은 관상학의 가능성을 모색한다. 그는 여기서 앞 구절의 끝에 신체가 내면과 직접 관계한다는 측면을 더욱 부연해서 설명한다.

관상학은 실제 결과를 통해서 운명을 파악하는 것과 다르다. 관상학은 본래 지닌 것에서 앞으로 드러날 운명을 판단한다. 이것의 가능성은 어디에 있는가? 그 가능성은 활동하는 기관이 활동을 자기 표면에 각인하는 것을 통해서 성립한다.

예를 들어 손이나 목소리와 같은 것은 활동하는 기관이다. 손이나 목소리는 인간의 활동기관 가운데 가장 탁월한 기관이다. 즉 "자기를 드러내고 실현하는 최고의 수단이다." 그러므로 손이나 목소리는 인간의 본래적 내면을 가장 잘 표현할 수 있다. 손이나 목소리가 외면적으로 드러내는 것에는 두 가지가 있다. 우선 그것을 통해 외적인 산물이 출현한다. 이 바깥에 산출된 것 즉 행위나 말은 앞에서 말했듯이 타자를 통해 영향을 받아서 타자에 관계해 여럿으로 분산되는 것이고, 본래 내면의 표출과 달라지는 것이다.

그러나 또 하나의 외적인 산물이 있다. 그것은 바로 활동기관인 손이나 목소리의 표면에 각인된 내면이다. 이 외면성은 내면으로 반성하며 내면을 직접 표현한다. 그러므로 이런 내면을 직접 이해하는 가능성이 손이나 목소리의 관찰을 통해서 주어질 수 있다는 것이다.

그런데 헤겔은 여기서 한 걸음 더 나가서 활동의 기관이라 볼 수 없는 신체 가운데 전적으로 내면으로 반성한 외면이 있다고 말한다. 그것이 바로 용모나 신체의 거동과 같은 것이다. 이런 신체는 활동이 억제되면서 오히려 순수한 표현의 수단으로 전환된 것이다. 헤겔은 용모나 거동이 그 결과 손이나 목소리보다 더 직접 내면을 표현할 수 있게 됐다고 한다.

신체의 순수한 표현 기관은 이제 내면을 표현할 뿐만 아니라 내면을 표현하는 다른 신체 기관의 활동을 관찰하고 감독하는 의식 즉 "자기 내로 복귀하는 운동," "개인의 자기 대화"조차도 표현할 수 있다고 한다. 다른 사람은 개인의 활동을 볼 뿐만 아니라 이런 용모나 거동을 통해 개인의 자기 내 반성조차 들여다볼 수 있으니, 이것이 곧 관상학의 기초가 된다.

318) 〈SK 239:3~240:8〉〈FM 176:1~30〉

이런 내면은 외면화하는 동시에 내면적인 것으로 머무르므로 여기서 개인의 내적 반성 **상태**가 현실[Wirklichkeit]로부터 관찰된다. 그러면 이와 같은 통일에 들어 있는 필연성이 어떤 것인지 살펴보기로 하자. ─이런 내적 반성 상태[용모와 거동]는 우선 행위 그 자체와는 구별된다. 내적 반성 상태는 행위와 **다른** 것으로 될 수 있으며 어떤 다른 것으로 여겨질 수 있다. 어떤 사람의 용모를 보면 그의 말과 활동이 **진심**

어린 것인지 어떤지를 알 수 있다. -그러나 반대로 내면의 표현이라고 말하는 것은 동시에 외면적으로 **존재하는** 표현이므로 그 자체로 존재의 규정에 속한다. 이런 **존재**의 규정은 자기 의식적 본질에 대해서는 절대적으로 우연적이다. 따라서 그것은 표현이라고는 하지만, 동시에 한낱 **기호**와 같은 것이어서 표현되는 내용과 그것을 표현하는 수단의 모습 사이에는 아무 관계도 없다. 물론 내면은 겉으로 나타날 때는 **보이면서도** 보이지 않는 것[sicht bares Unsichtbares]이지만, 그것은 다른 현상으로도 나타날 수 있으며 또 같은 현상에서 다른 내면이 나타날 수 있다. -그런 의미에서 리히텐베르크[Lichtenberg]가 정당하게도 이렇게 말한다: "**관상학자는 타인을 단번에 낚아챘다고 말하지만, 그게 사실이라면 앞으로 수천 년 동안 자기를 다시 이해하지 못하게 하기 위해서는 단지 용기를 내서 결단하기만 하면 될 것이다.**"341* -앞에서 살펴보았던 관계[개인과 외부 현실 사이의 관계]에서 주변의 상황은 이미 존재하는 것이며 개인은 주변의 존재에 순응하거나 반대로 주변의 존재를 전복하면서 자기가 할 수 있거나 바라는 것을 이런 존재로부터 획득해 냈다. 그런 이유로 주변의 존재가 개체를 필연적으로 또 본질상 규정한다고 할 수는 없다. -그러나 여기서[관상학적 관계]도 마찬가지로 개체가 직접 나타나는 [외면적] 존재[용모나 거동]는 개체가 현실로부터 내적으로 반성한 상태[Reflektiertsein] 즉 내재 존재[Insichsein]를 표현하는 것이거나 개체에 관한 단순한 기호여서 그것이 표시하는 대상과는 무관하며 그러므로 참으로 아무것도 표시하지 않는 것이기도 하다. 그러한 [외면적] 존재는 개체가 보기에 개체를 표현하는 얼굴인 동시에 언제라도 벗어 던질 수 있는 가면이기도 하다. -개체는 그의 신체

341　표정은 마음만 먹으면 쉽게 바꿀 수 있다는 뜻이다.

적인 형태 속에 침투해 그 속에서 움직이며 그것을 통해 말을 걸지만, 동시에 전체 현존하는 형태[용모와 거동]는 의지나 행동과 어긋나는 아무 상관없는 존재다. 개체는 그런 현존이 지녔다고 앞에서 말한 의미 즉 개체의 자기 내 반성을 보여준다거나 개체의 참다운 본질이 거기 나타난다는 의미를 배제한다. 이제 개체는 참다운 본질은 오히려 의지나 행위 속에 두게 된다.

*FM주 〈176:15~17〉 참조: 리히텐베르크G. C. Lichtenberg, 『관상학에 관해』, S. 35

319) 〈SK 240:9~241:5〉〈FM 176:31~177:16〉
이제 개체는 **용모**를 통해 표현되는 **자기 내재적이며 내적으로 반성한** 상태를 포기하고 자신의 본질은 그의 **산물**[행위]에 둔다. 개체는 이처럼 행위에 본질을 둔다는 점에서 본능적 이성이 확립하는 관계와 모순되며 다시 말하자면 본능적 이성이 의식을 지닌 개체에 관한 관찰에 기초하여 개체의 **내면**과 **외면**이라고 요청된[soll] 것과 관련해 확립하는 관계[내면과 외면의 관계]와 모순된다. 이런 관점 때문에 우리는 관**상학**의 -굳이 이를 학문이라고 한다면 -기초로 되는 본래의 사상에 눈길을 돌리게 된다. 여기서 관찰이 부딪히는 대립은 형식상으로는 실천적인 것 안에 설정된 실천적인 것과 이론적인 것의 대립이다. 전자는 개체가 가장 폭넓은 의미로 본 행동 속에서 실현되는 것을 의미하며 후자는 개체가 행동하는 동시에 그런 행동에서 벗어나서 자기 내로 복귀함으로써 그런 행동이 자기의 대상으로 되는 것[342]을 의미한다. 관찰은 이

---

342 행위를 하는 신체 기관의 표면에 나타나는 자기를 반성하는 표현을 말한다. 행위가 실천적인 것이라면, 그 신체적 표현은 자기의 행위를 반성을 통해 관조하는 이론적인 것이다.

대립을 현상 속에서 규정되는 전도된 관계에 따라서 파악한다. 관찰에서는 **행위** 자체 즉 그 산물은-언어든 고정된 현실이든 간에-**비본질적인 외면**으로 여겨지고 개체의 **내재 존재**[Insichsein]는 본질적인 내면으로 여긴다. 실천적 의식 자신이 지닌 이 두 측면 즉 **의도**와 **행위**-즉 그의 행동에 관한 생각과 행동 자체-가운데서 관찰은 전자를 참다운 내면으로 선택한다. 이 참다운 내면은 행위에서 많건 적건 **비본질적인** 방식으로 외화[外化] 하고 반면 그 자신의 [신체] 형태에서 참되게 외면화한다고 가정된다. 이 나중에 언급한 것 즉 참되게 외면화한 것은 개별자의 정신이 직접 감각적으로 눈앞에 나타난 것이다. 이 참된 것으로 가정된 내면성은 곧 개인적인 의도나 개별적인 대자 존재를 말한다. 이 두 가지는 모두 **의도된** 정신[gemeinte Geist]을 말한다. 따라서 관찰이 대상으로 삼는 것은 **의도가 나타난** 현존[gemeintes Dasein]이며 관찰은 그 사이[의도와 현존]에 존재하는 법칙을 추구한다.

320) 〈SK 241:6~242:3〉〈FM 177:17~178:3〉

정신의 의도가 눈앞에 나타난 것[die gemeinte Gegenwart des Geistes]에 관해서 주관적으로 생각하는[Meinen] 것이 자연 발생적으로 출현한 관상학이다. 관상학은 한 번 보고 재빨리 그의 형태에 담긴 본성과 성격을 판단한다.*[1] 이런 주관적 생각[Meinung]의 대상[표정과 거동]이 어떤 식으로 존재하는지를 보자면 그런 대상의 본질[의도]은 직접적인 감각에 나타나는 존재와는 참으로 다른 것이다. 관찰의 대상으로 되는 것은 곧 감각적인 것 속에 있으면서 감각적인 것으로부터 자기 내로 복귀한 것[내면]이다. 즉 이 감각적인 것은 눈앞에 있는 것이지만, 이런 눈으로 볼 수 있는 것은 보이지 않는 것을 보여주는 것[Sichtbarkeit als Sichtbarkeit des Unsichtbaren]이다. 그러나 바로 이런 감각적으로 직접 눈앞에 있는 것은 **정신이 실현된 것**이지만, 다만 주관적 생각[Meinung] 에 대해 나타난 것이다. 이때 관찰은 관상학을 통해 현존하는 의도 즉 얼굴상, 필적, 말투 등을 실마리로 해서 이런 측면[정신]을 밝혀내려 고 한다. -의도가 나타난 현존은 **그 내면인 의도**와 관계한다. 이때 인 식돼야만 하는 것은 그 당사자가 살인자인가 또는 도적인가가 아니라 **그런 존재가 될 능력**이다. 이를 통해 고정된 추상적인 규정성[살인자, 도적]은 사라지고 **한 개인**의 구체적인 무한한 규정성[가능성, 능력]으 로 남으면서 이런 규정성을 판단하는 것은 전자에서와 같은 딱지 붙이 기[Qualifikationen]보다 더 정교한 묘사가 요구된다. 그런 정교한 묘사 는 살인자라거나 도적이라거나 선량하다거나 순진하다거나 하는 등의 딱지 붙이기 이상의 것을 말한다. 그러나 그런 묘사는 그 목적이 의도 가 어떻게 현존하는지 또는 어떻게 개별적으로 개체화하는지를 언표 하려는 데 있다는 사실에 비춰 보면 매우 불충분한 것이다. 마찬가지 로 이마가 평평하다거나 코가 길다는 것 따위를 열거하는 데 그치지 않 고 이마나 코의 형태까지 묘사한다고 한들, 그것으로도 충분하지 못한 것은 마찬가지다.*[2] 왜냐하면, 개별 형태든 개별 자기의식이든 의도가 현존하는 모습은 [실제로 그런가를] 말하기 어려운 것이기 때문이다. 인간 인식학은*[3] 인간을 짐작하려 하며, 관상학은 현실을 짐작하려 한 다. 나아가서 과학적 관상학은 자연 발생적인 관상학이 의식 없이 내린 [bewußtlose] 판단을 지식으로 끌어올리려고 한다. 그러나 이런 인간 인 식학이나 관상학 또한, 과학적 관상학은 목적도 없고 근거도 없는 것 이다. 이렇게 목적도 근거도 없는 학문은 자신이 의도 하는[meinen] 것 을 말하는 데 결코 이를 수 없다. 왜냐하면, 이런 목적도 근거도 없는 것 은 다만 의도 할 뿐이며 그것이 지닌 내용은 다만 의도에 머무르는 것

[Gemeintes]일 뿐이기 때문이다.

*¹ FM주 〈177:27~29〉 라바터의 소질론을 이런 맥락에서 이해하려면 다음을 참조하라: 라바터 J. C. Lavater, 『관상학 단편』, 4. Versuch, S. 110: "어떤 인간도 어떤 상황에서도 도둑으로 될 수 없을 정도로 착한 것은 아니다. 적어도 그렇게 될 물리적 가능성이 전혀 없지는 않다. 그의 유기체적 조직은 그를 엄습하는 쾌락이 도둑질하는 시도를 자극할 수 있게 된다. -그러니 [누구에게나] 도둑질할 가능성이 있는 만큼이나 도둑으로 될 외모를 지닐 가능성도 존재해야 한다."

*² FM주 〈177:35〉 두뇌와 코의 관상학에 관해서는 다음을 참조하라. 라바터 J. C. Lavater, 『관상학 단편』 4. Versuch, S. 219ff , 257f.

*³ FM주 〈177:39~178:1〉 헤겔은 여기서 라바터가 자연적 관상학과 과학적 관상학을 구분한 것을 시사한다. 참조: 라바터 J. C. Lavater, 『관상학에 관해』, 2부(이 책은 이런 종류의 저서를 계획하는 모든 의도 가운데 매우 불완전한 기도를 포함한다) 또한, 참조: 라바터 J. C. Lavater, 『관상학 단편』, 1. Versuch. S. 14: "단지 어떤 인간의 외모가 우리에게 던지는 최초의 인상을 통해서 그의 성격을 올바르게 판단하는 사람은 자연적인 관상학자다. 반면 사람의 성격을 말해주는 특징과 외모를 명확하게 보고하고 질서를 세울 줄 아는 사람은 과학적 관상학자다. 철학적 관상학자는 이런저런 방식으로 규정된 특징과 표현의 근거와 바깥으로 영향을 미치는 내적인 원인을 규정할 줄 아는 사람이다."

[해제] 1) 앞에서 관상학이 제시하는 토대를 살펴본 다음, 여기 헤겔은 관상학의 토대를 비판하면서 무너뜨린다.

처음 보면 신체적 표현은 개체성을 참으로 표현하는 것 같다. 하지만 신체 표현과 개체성은 서로 무관하다. 왜냐하면, 신체 표현은 단순한 기호에 그치기 때문이다. 내면은 다른 신체적 표현으로 나타날 수도 있으며, 같은 신체적 표현이 다른 내면을 의미할 수도 있으니, 그런 기호는 "보이면서도 보이지 않는 것"이다. 그러므로 헤겔은 신체적 표현은 이중적인 의미를 지닌다고 한다. 즉 그것은 "개체성을 표현하는 얼굴인 동시에 벗어 던질 수 있는 가면"이다.

여기서 헤겔은 관상학을 비판하는 리히텐베르크의 말을 소개한다. 그의 말에 따르면 얼굴상을 통해 그 사람의 본질을 알아본다면, 마음만 먹으면 얼굴상을 통해 영원히 알아보지 못하게 할 수도 있다.

앞에서 헤겔은 관상학자는 오히려 행위가 내면으로부터 떨어져 나온 외화[外化] 한 현실로 보면서, 신체의 표면에서 내면을 직접 표현하는 얼굴과 거동으로 나갔다고 했다. 그게 관상학의 토대였다. 헤겔은 이제 관상학을 비판하면서 오히려 참된 것은 외화 한 현실인 행위에 있다고 한다. 왜냐하면, 참된 것은 의도에 그치는 것이 아니라 실제로 실현된 것이기 때문이다.

2) 관상학에 대한 헤겔의 비판은 또 하나의 문제를 거론한다. 이미 얘기했듯이 관찰하는 본능적 이성은 행위의 산물은 비본질적이고 자기의 의도가 본질이며 그 의도는 곧 신체에서 표현된다고 본다. 즉 "행위에서는 많건 적건 비본질적인 방식으로 외화[外化] 하고 반면 그 자신의 신체 형태에서 참되게 외면화한다"라는 것이다. 여기서 관찰의 대상으로 되는 것은 감각적인 것이면서도 자기 내로 복귀한 것이니, 이것은 눈에 보이는 감각적인 것이지만, "보이지 않는 것을 보여주는 것"이다. 그 방식은 곧 주관적 생각이다. 하지만 이런 생각은 주관적인 것이다.

나아가 헤겔은 그런 주장이 지닌 또 하나의 문제점을 제시한다. 우선 실제의 본성과 가능성으로서 의도를 구분해 보자. 관상학자는 대체로 얼굴상을 통해 그의 행위를 예측하려 한다. 아직 행위가 출현하지 않았으므로, 관상학에서 관찰자가 외면을 통해 발견하는 것은 그가 실제로 그런 본성을 지녔다는 것이 아니라, 그가 그런 행위를 할 가능성이다. 즉 관찰을 통해 주관적으로 생각되는 의도는 직접 실행되는 것이 아니라 앞으로 그렇게 될 능력에 그친다.

전자라면 항상 그렇게 행위할 것이지만, 그런 가능성 즉 능력이 있다고 반드시 실제로 그런 존재로 되는 것은 아니다. 따라서 관상학은 그런 능력을 지닌 자 가운데 실제로 그렇게 되는 자를 발견하기 위해 좀 더 발전된 세분된 규정을 발견해야 한다. 그래서 예를 들어 단순히 귓불이 두터운 것이 아니라 귓불이 둥글거나 뾰족한 것의 차이가 제시된다.

그러나 아무리 얼굴상을 이렇게 세분화하더라도 실제로 그렇게 되는 자를 가려내기에는 아무리 해도 충분하지 못하다. 더 나가서 그렇게 세분될수록 법칙 관계를 발견한다는 것은 더욱 어려워진다. 또한, 관상이 소질을 표현한다면, 누구나 살인자가 될 가능성 또는 소질은 있으니, 누구에게나 살인할 관상이 있어야 할 것이다.

결국, 관상학은 자신의 의도하는 대로 인간의 내면과 외면 사이의 법칙을 발견할 수 없다. 학문적 관상학은 자연적 관상학의 "의식 없이 내린[bewußtlose] 판단"을 일반화되고 근거를 지닌 지식의 수준으로 끌어올리려 하는데, 헤겔은 이는 목적도 근거도 없는 것이라고 말한다.

321) <SK 242:4~20><FM 178:4~16>

이런 학문[적 관상학]이 발견하고자 나서는 **법칙**이란 자신의 주관적으로 생각하는[gemeinten] 두 측면을 관계하게 하는 것이고, 이는 텅 빈 주관적 생각[Meinen]에 매달리는 것일 뿐이다. 게다가 억측[vermeinte]에 머무르는 지식은 정신이 실현된 현존[얼굴상]과 관계하면서 바로 이 현존을 그의 대상으로 삼는다. 여기서 정신은 감각적인 **현존**을 벗어나서 자기 내로 반성하는데 특정한 감각적 현존은 정신에 대해 무차별한 우연적인 것이다. 따라서 이런 억측된 지식은 법칙을 발견했다 하더라도 사실 아무것도 말해지지 않으며 다만 한낱 잡담에 그치고 단지 **자**

기가 지어낸 **주관적 생각**[Meinung]이 주어질 뿐이라는 사실을 알아차린다. 이런 표현이 진리로 삼는 것은 다음 두 가지를 같은 것으로 언표하는 것이니, 그 두 가지란 곧 자기의 **생각**[seine Meinung]을 말하는 것과 무언가 의미 있는 것[Sache]을 말하지 않고 **자기가 지어내는** 생각[Meinung von sich]만을 전달하는 것을 말한다. 그러나 이 관찰은 **내용상**으로 보면 장꾼이 '대목장이 서는 날이면 언제나 비가 내린다'라거나 주부가 '빨래를 말리려고만 하면 언제나 비가 온다'라고 말할 때의 관찰과 다를 수 없다.*

*FM주 〈178:14~17〉리히텐베르크G. C. Lichtenberg, 『관상학에 관해』, S. 72 참조.

322) <SK 242:21~244:10><FM 178:17~179:22〉

리히텐베르크는 관상학적인 관찰의 특징을 앞에서와같이 말한 데 이어서 또한, 다음과 같이 표현한다: "만약 누군가가 '너는 정직한 사람인 양 처신은 하지만, 내가 너의 외관으로 보건대 너는 사실 억지로 그러는 척할 뿐, 본심은 악한이다'라고 한다면 그런 대답을 듣는 순간 적어도 사나이답게 행동할 줄 아는 사람이라면 당장에 세상을 날려버리기라도 할 기세로 그의 따귀를 후려쳐야 할 것이다."*¹ —그렇게 응수하는 것은 **당연하다**고 할 수밖에 없다. 왜냐하면, 참으로 이렇게 응수하는 것만이 주관적 생각에 그치는 학문이 지닌 최초의 전제 즉 '인간의 **실제 모습**은 그의 얼굴 등에서 드러난다'라는 전제를 반박하는 것이기 때문이다.343 —인간의 **참된 존재**는 오히려 **그의 행위**에 있다. 행위 속에 <u>개체성이</u> **실현되며** 행위란 **의도된 것**을 두 가지 측면에서 극복한다. 한

343 관상학은 얼굴을 토대로 하는데, 그런 얼굴이 무의미한 것이라는 것을 얼굴을 가격함으로써 입증한다는 뜻이다.

번은 의도를 표현하는 것[Gemeinte: 얼굴상]은 신체적으로 불변하는 존재[leibliches ruhendes Sein]라고 하는 생각이 극복된다. 개체는 행동 속에서는 오히려 자신을 **부정적인 본질**로 드러내면서 [신체적] 존재를 지양하는 한에서만 존재한다. 다음으로 의도[Meinung]에서는 자기 의식적인 개체는 무한히 규정되며 또 규정될 수 있기에 자기 의식적 개체가 지닌 의도를 말로 표현하기 어렵지만, 이런 어려움이 행위 속에서는 지양된다. 행위가 달성되면 악무한[344]은 제거된다. 행위는 단순하게 규정된 것이며 즉 일반적인 것을 추상적 상태에서 파악할 수 있다. 행위라면 예컨대 살인, 절도나 자선, 용감한 행위 등등으로 규정되며 그런 행위에 관해서는 **그것**이 어떤 **것인지**는 **말로 얘기할** 수가 있다. 행위는 이렇게 규정되는 것**이며** 그 존재는 단순히 기호라는 것을 넘어서서 사태 자체.*[2] 행위란 이런 사태 자체**로** 개체적 인간이란 곧 그의 행위가 무엇**인가에 달려 있다**. 개체적 인간은 이런 **단순하게 규정되는** 행위를 통해 다른 인간에게 현존하면서 동시에 일반적으로 규정되는 본질로 나타나며, 더는 의도된 것에 그치지 않는다. 물론 개인의 행위 자체가 곧 정신으로 판정[gesetzt]되지 않는다. 그러나 개인의 **존재**를 존재하는 한에서 언급하자면 **우선** 이중적 존재 즉 신체의 **형태**와 **행위**의 결과가 있다. 양쪽 모두가 개인에 대해 대립하면서 개인이 실현된 모습을 나타낸다고 가정되더라도 오히려 행위만이 개인의 **참된 존재**로 주장될 수 있다. ─그러므로 그의 외모[Figur]는 비록 사람들이 주관적으로 어떤 개인이 행하려고 마음먹었던 것으로 생각하거나 그가 할 수 있을 뿐으로 생각하는 것[meint]을 표현한다고 가정되더라도 그런 외모가 개인의 참다운 존재는 아니다. **다른 한편으로** 개인의 **산물**[행위]과 그의 내

---

344 무한하게 규정 가능하다는 점에서 악무한이다.

적 **가능성** 즉 능력이나 의도가 대립할 때 심지어 전자[행위]가 오직 그가 참으로 실현된 모습으로 여겨질 수 있다. 이것은 개인 자신은 참된 모습에 관해 스스로 오판한 나머지 행동에서 손을 떼고 자기 내로 물러선 채 이런 내면에서 자신은 **행위** 속에서와는 다른 존재라고 생각하더라도 마찬가지다. 개체는 그 산물[행위]로 되면서 대상의 지반에 몸을 내맡긴 채 이를 통해서 자신을 사실 그 산물에 내던지며 변화하고 전도될 것이다. 그러나 이때 행위의 성격을 판가름하는 것은 바로 이 행위한 것이 지속성을 지닌 현실적인 존재인가 아니면 의도된 데 지나지 않기에 덧없이 사라질 뿐인 존재인가 하는 데 있다. 대상화됐다고 해서 행위 자체가 변화하는 것이 아니라 이런 대상화는 다만 **행위**가 어떤 것인가를 다시 말하면 행위가 **실질적인가** 아니면 **무실한가**가 분명하게 드러나게 하는 것일 뿐이다. ─이런 [행위를 통해 표출된] 존재를 의도와 그와 같은 미묘한 것으로 분해한다면 **실제** 인간 즉 행위는 다시 의도된 것으로 복귀하고 말 것이다. 인간이 자신의 현실에 관해 어떤 식으로 특별한 의도를 부여하든 이런 복귀는 일어날 것이다. 이런 식으로 의도로 분해하는 것은 주관적 생각[Meinung]을 일삼는 게으름뱅이에게나 맡겨져야 한다. 누가 이런 식으로 게으르게 얻는 지혜를 실천하면서 행동하는 자에게서 등장하는 이성적 성격을 거부하며 행동하는 자를 이런 식으로 부당하게 취급하면서 행위보다도 오히려 용모가 그런 행동하는 자가 존재하는 모습이라고 주장한다면 그런 게으름뱅이는 응당 앞에서와같이 대접을 받아 마땅하다. 왜냐하면, 그런 대접은 외모가 **본래적인 것**이 아니라 오히려 그렇게 따귀를 맞을 만한 대상일 수 있다는 사실을 그에게 입증하기 때문이다.

*[1] Lasson 주) 사태 자체라는 표현은 이성 절 마지막 '기만과 사태 자

체'와 '인륜적 행위'에서 다시 더 높은 단계에서 출현한다.

*² FM주 〈178:21〉 리히텐베르크, 앞의 책, S. 6

[해제] 이제 관상학에 대한 비판을 마무리하면서, 헤겔은 세 번째 근거를 내세운다. 관상학이 말하는 것은 의미가 있는 것이 아니라 횡설수설에 그치며, 내용상 마치 장꾼이 장날이면 비가 온다고 말하는 주관적 억측에 지나지 않는다는 것이다.

끝으로 헤겔은 인간을 이해하는 데서 얼굴상보다는 오히려 행위가 더 중요하다고 말한다. 행위는 두 가지 측면에서 장점을 지닌다고 한다. 첫째는 헤겔에서 본래 인간의 본질은 사회적으로 서로 작용하는 가운데 객관적으로 규정된다. 그러나 얼굴상은 "신체적으로 불변하는 것이니" 그것이 "어떤 개인이 행하려고 마음먹었던 것으로 생각한 것"을 참으로 표현한다고 하더라도, 그것을 통해 규정된 본질은 사회적으로 서로 작용하는 가운데 규정되는 것을 반영하지 못한다. 그런 점에서 사회적으로 서로 작용하는 가운데 의미가 변화하는 행위가 오히려 인간의 본질을 올바로 규정할 수 있다. 인간이 무엇이냐는 "그의 행위가 무엇인가"을 통해서 결정된다.

둘째로는 행위의 규정성 때문이다. 순수한 의도 속에서 개인은 끝없이 유동성을 지닌다. 이렇게 할까 저렇게 할까 생각이 전전반측하기 때문이다. 그러나 행위에 이르면 마침내 어떤 의도가 확정된 방식으로 출현한다. 행위는 이런 확정된 규정성 때문에 "단순하게 규정된 것 즉 일반적인 것을 추상적인 상태에서 파악할 수 있다." 더군다나 관상학은 얼굴상을 통해서 자기 내로 복귀하여 그 의도를 찾아내는 것인데, 이런 복귀는 "어떤 식으로 특별한 의도를 부여하든" 일어날 수 있다. 왜냐하면, 그 의도는 다양하게 규정될 수 있기 때문이다.

결론적으로 헤겔은 얼굴상은 단순한 기호에 그치며 사태 자체는 행위에 있다고 한다. 관상학자는 처음에 가정했듯이 행위는 타자의 영향을 통해 의도와 달라지니, 그 의도를 진실하게 표현하는 얼굴상을 통해 인간의 본질이 파악돼야 한다고 했다. 이제 결론에 이르러 헤겔은 얼굴상을 통해 표현되는 의도보다 오히려 타자의 영향 아래서 그 의미가 변화하게 되는 행위가 인간의 진실을 드러낸다고 한다. 그러므로 "대상화됐다고 해서 행위 자체가 변화되는 것이 아니라 이런 대상화는 다만 행위가 어떤 것인가를 다시 말하면 행위가 실질적인가 아니면 무실한가가 분명하게 드러나게 하는 것일 뿐이다."

헤겔은 리히텐베르크의 말을 인용하면서 얼굴을 보고 사람의 진정성을 판단하는 사람이 있다면, 그의 "세상을 날려버리기라도 할 기세로 따귀를 후려쳐서" 얼굴이 의미가 없는 것임을 보여주어야 한다고 말한다.

골상학

323) ⟨SK 244:11~34⟩⟨FM 179:23~180:3⟩

이제 자기의식을 지닌 개인이 그 자신에 외적인 것과 맺고 있다고 관찰될 수 있는 관계의 영역을 전반적으로 살펴볼 때 관찰이 스스로 자기의 대상으로 삼아야 하는 또 하나의 영역이 남아 있는 것 같다. 심리학에서는 사물이라는 **외부 현실**은 정신에서 그것을 자각적으로 **반영하는 영상**을 맺으니 이런 외부적 현실을 통해 정신이 파악될 수 있다고 [begreiflich] 가정된다. 이와 달리 관상학에서는 정신은 자기에게 **고유한** 외면을 통해 인식돼야 한다. 그러므로 이 직접 존재하는 외면은 정신의 본질을 알려주는 **언어**—즉 보이면서도 보이지 않는 것—라고 할 수 있다. 이 밖에도 현실 측면에 또 한 가지 남아 있는 규정이 있다. 즉 개체성의 본질이 직접 고정되고 순수하게 현존하는 현실 속에 표현된다는 규정이다. ―그런데 이 마지막에 거론된 관계가 관상학적 관계와 구별되는 점은 관상학적 관계는 개인의 현존이 **자기를 말하는** 표현이라는 데 있다. 이때 개인은 **행동을 통해** 외화[外化] 하면서 동시에 이런 외화가 **자기 내로 반성하여 관찰되는** 존재로 드러난다. 따라서 여기서 외화는 그 자체가 운동이며 고정된 용모[Züge]는 그 자체가 본질상 매개적인 존재다. 그러나 앞으로 관찰될 외부 규정에서는 마침내 외적인 것은 전적으로 **고정된** 현실로 된다. 이 현실은 그 자체에서 발화하는 기호가 아니라, 자기 의식적인 운동에서 분리돼서 자신을 자기에 대해 드러내면서 단순한 사물로 존재한다.[345]

[해제] 여기서부터 헤겔은 관상학에서 골상학으로 넘어간다. 심리학에서 외부 현실은 정신에 반영되면서 이를 통해 거꾸로 정신이 이해된다. 관상학에서 신체적 외면은 정신의 가변적인 기호가 된다. 신체적 외면은 정신을 외화[外化] 하면서 동시에 내적으로 반성하는 매개적인 존재다.

마지막으로 이제 고찰될 골상학에서는 외적인 것은 관상과 두 가지 측면에서 구분된다. 여기서 정신을 표현하는 것은 "자기를 외화[外化] 하는 신체적 활동과 단절해 고정된 현실" 자체다. 그러면서도 이 외적인 것은 동시에 정신 자체가 직접 또는 "순수하게 현존하는 현실"이다. 골상학에서 골상은 정신과 '단순한 사물'이 직접 연결된 것이다.

---

[345] 골상학은 그리스 의학자 히포크라테스가 정신 활동이 심장이 아니라 머리에 있다고 주장했던 것에서 출발한다. 그런데 본격적으로 전개된 것은 19세기 초 갈Gall부터였다고 한다. 그는 1819년 『일반적인 신경 체제 그리고 특히 두뇌의 해부학과 생리학』이란 책을 발간했고 이것이 엄청난 영향을 미쳤다. 이를 일반인에게 대중화한 것은 스푸르쯔하임Spurzheim과 콤브Comb였다. 특히 콤브의 저서는 무려 20만 권이 팔릴 정도였다 .

324) ⟨SK 244:35~245:3⟩⟨FM 180:4~7⟩

여기서 내면과 방금 제시된 정신의 외면[머리뼈]에 대한 관계에 관해서 우선 밝혀지는 사실은 이 관계가 인과적 관계로 파악돼야 하는 것처럼 보인다는 것이다. 왜냐하면, 그 자체로 존재하는 것[Ansichseiendes]이 그 자체로 존재하는 것과 맺는 관계[346]는 **필연적인** 관계인 한에서 **인과 관계**일 수밖에 없기 때문이다.

325) ⟨SK 245:4~32⟩⟨FM 180:8~28⟩

이제 정신적인 개체성이 신체에 작용을 가할 수 있으려면 원인으로 되는 개체성 그 자체가 신체적인 존재여야만 한다. 원인으로 되는 정신적 개체성이 들어 있는 신체는 기관을 의미한다. 그러나 이 기관은 외부 현실을 향해 활동하는 기관이 아니라 자기 의식적 존재의 자기 내적 활동이 들어 있는 기관이다. 그러므로 이 기관은 외면을 향하더라도 오직 자기의 신체를 상대로 할 뿐이다. 어느 기관이 거기에 해당할 수 있느냐가 곧바로 눈앞에 드러날 수 있는 것은 아니다. 기관에 관해 일반적으로 생각해 본다면 예컨대 노동하는 기관으로는 바로 손을 생각할 수 있고 또한, 성 충동의 기관으로는 거시기[usf]다. 그런데 방금 위에서 말한 기관[손, 거시기 등]은 도구 또는 신체의 일부면서 **한쪽** 극에 있는 정신이 다른 쪽 극에 있는 외적인 **대상**에 대해 매개로 삼는 것이다. 그러나 여기서 말하는 기관[자기의식의 기관]은 한쪽 극을 이루는 자기 의식적인 개인이 자기에게 대립하면서 자기에게 고유한[eigen] 현실[신체]에 부딪히는 가운데서도 자기를 **대자적으로**[für sich] 유지하는 매개 장소로 고찰된다. 개인은 이때 외부를 향하는 것이 아니라 행동하

---

346 골상학은 두뇌와 머리뼈의 관계를 다루는데, 여기서 두뇌는 다시 의식의 신체적 기관이다. 두뇌와 머리뼈의 관계는 물질적 관계다.

는 가운데서 동시에 자기 내로 복귀하는 까닭에 [이 기관의] **존재**하는 측면은 **대타 존재**에 속하는 것이 아니다. 물론 관상학의 관계에서도 기관은 현존하는 것이면서도 자기 내로 복귀하는 가운데 활동을 논평하는[besprechend] 것으로 여겨진다. 그러나 이런 관상학적 기관의 [외면적] 존재는 대상적인 것이다. 관상학적 관찰의 결과 얻은 사실은 자기의식이 대립하는 그의 신체적 현실이 그에게 무차별한 것이라는 사실이다. 이와 같은 존재 자체가 자기 내로 반성하는 것이 **성취**되면서[wirkend] 이런 무차별성은 사라진다. 이를 통해 그런 현존은 자기의식에 대해 필연적으로 관계한다. 그러나 자기의식이 이런 현존에 영향을 미치기 위해서는 이 현존 자체가 어떤 비 본래적인[347] 대상적 존재[머리뼈]를 가져야 하며 그래야 비로소 이 현존은 자기의식의 기관으로 제시된다고 한다[soll].

[해제] 헤겔은 우선 골상학이 전제로 하는 두뇌의 개념을 살펴본다. 골상학자는 두뇌를 하나의 기관으로 본다.

두뇌는 활동기관인 손이나 표현 기관인 용모와 구분된다. 손은 정신을 외부 현실과 매개하는 기관이다. 용모는 정신을 표현하지만, 독자적으로 존재하는 물질 즉 기호다. 그러므로 용모에서 한편으로 자기 내 반성이 일어나지만, 다른 한편에서 정신에 대해 무차별한 것이다.

반면 두뇌는 자기의식의 활동이 들어 있는 물질적 기관이면서 그 현존은 활동하는 가운데 이미 정신으로 완전하게 자기 내로 복귀한 것이다. 그러므로 여기서 정신은 자신의 대자적 관계를 유지하고 있으며, 그 현존하는 기관은 앞에서 용모가 지녔던 무차별성이 사라지고 정신에 대해 필연적으로 관계한다.

이런 두뇌가 작동하기 위해서는 자기 바깥에 본래적이지 않은 대상

---

347 머리뼈는 두뇌의 기능과 무관한 외곽의 보호 기관이므로 비 본래적이다.

적 존재를 가져야 한다. 그것이 곧 머리뼈다. 이 머리뼈는 두뇌의 기능과 무관하여 단순히 보호하는 장치이므로 비 본래적인 것이다.

두뇌가 정신이 활동하는 기관이지만, 그 자신은 물질적 존재인 한, 두뇌와 머리뼈 사이의 관계는 인과적 관계가 된다. 즉 두 개의 "그 자체로 존재하는 것이 그 자체로 존재하는 것과 맺는 관계"이다. 골상학자는 여기에 필연적 법칙이 성립한다고 본다.

326) ⟨SK 245:33~246:7⟩ ⟨FM 180:29~36⟩

세간에서 말하기를 그런 종류의 내면적 활동 이를테면 노여움은 간 속에 자리 잡고 있다고 한다. 심지어 플라톤은 간을 그보다 더 높은 단계의 활동을 하는 것, 아니 사람에 따라서는 최고의 기능을 하는 것이라고 인정한다. 즉 간에는 예언의 능력 또는 신성하고 영원한 것을 비이성적인 방식으로 언표하는 자질이 있다는 것이다.* 그러나 개인이 간이나 심장 등에서 갖는 운동은 개인이 자기 내로 복귀하는 운동으로 볼 수는 없다. 오히려 그런 기관 속에 어떤 식으로 운동이 있는가를 보면 거기서 운동은 이미 개인적 신체의 맥박이 돼서[geschlagen] 동물적으로 현존하며 즉 그 현존은 내적인 것을 벗어나 외면적인 것으로 전환된 것이다.

*FM주 ⟨180, 30~32⟩ 참조: 플라톤Platon, 『티마이오스』, *Opera*, 3권 71c-e. 몇 가지 점에서는 에셴마이어Eschenmayer와 괴레스Görres를 시사한다. 그들이 영원한 것과 성스러운 것에 관해 한 말이나 예언에 관한 자의적 판단에 대해서 헤겔은 이미 『정신현상학』 「서문」에서 비판했다. (FM주 ⟨36:13~16⟩, ⟨48:12~17⟩ 참조) 에셴마이어는 플라톤을 따르는데 플라톤의 철학 속에서 그는 자신의 고유한 철학을 다시 발견할 수 있다고 믿는다. 괴레스는 종교적인 플라톤에 관해 언급한다. 참조: 에셴마이어Carl August von Eschenmayer, 『비 철학으로 이행하

는 철학』, S. 5, 17; 괴레스I. Görres, 『신앙과 인식』, S. 96. 로젠크란츠K. Rosenkranz의 보고에 따르자면 헤겔은 이미 『예나 강의』에서 철학에서 열광주의를 반대하고 이와 함께 이런 열광주의가 플라톤에 따른다는 사실을 거듭 되풀이해서 말했다. 참조: 로젠크란츠Rosenkranz, 『헤겔의 생애』, S. 186.

327) ⟨SK 246:8~33⟩⟨FM 180:37~181:16⟩

반면 **신경 조직**은 유기체가 운동 속에서 직접 안주하는 것[Ruhe]을 의미한다. **신경** 자체는 의식의 기관이더라도 이미 외부의 것 속으로 침몰한 것이지만, 그에 반해 뇌수와 척수는 자체 내에 그대로 머무르는 채―대상화되지도 않고 밖으로 나가지도 않는―자기의식이 직접 눈앞에 나타나는 것으로 고찰된다. 뇌수와 척수와 같은 기관이 지니는 [외면적] 존재의 계기는 **대타 존재**, 현존이라는 점에서 본다면 죽은 존재지 더는 거기에 자기의식이 눈앞에 나타나는 것은 아니다. 그러나 이런 **자기 자신에 내적으로 머무르는** 존재[Insichselbstsein] [348]는 그의 개념상 유동적인 것이어서, 그 속에서 순환하는 것[349]은 유동성 속으로 던져져서 곧바로 용해되니 이 속에서는 **어떤 존재하는** 구별도 표출되는 법이 없다. 그러면서도 정신은 추상적인 단일체가 아니라 오히려 운동의 체계여서 이 속에서 정신은 갖가지 계기로 구분되지만, 그런 구별 가운데서 오히려 자유롭게 머무르니 이런 모습은 정신이 그의 신체[Körpe]를 저마다 다른 기능을 떠맡도록 분절되며 부분마다 **한 가지 기능**만 분

---

348 두뇌는 물질적인 것이지만, 자기 내로 완전하게 반성한 존재므로 '자기 자신에 내적으로 머무르는 존재'다.

349 여기서 순환하는 것은 두뇌의 망상 조직을 말하는 것으로 보인다.

담하도록 지정한 것과 닮았다. 이처럼 **자기의 내면**[Insichsein]³⁵⁰에 나타나는 **유동성**은 분절된다고 하는 생각도 가능할 것이다. 그런 생각은 불가피한 것처럼 보인다. 왜냐하면, 두뇌 속에 정신은 자기 내로 복귀하면서 동시에 **존재**하므로 이런 정신의 존재[두뇌]는 다시금 순수한 본질[정신]과 신체의 분절화를 매개한다. 따라서 이 매개는 양쪽 성질을 갖추고 있어서 신체적인 분절화의 측면을 통해서 다시 매개 그 자체[두뇌]에 **존재하는**[seiendes] 분절화가 일어날 수밖에 없기 때문이다.

[해제] 1) 위에서 헤겔은 정신과 머리뼈 사이에서 매개 역할을 하는 기관을 개념적으로 파악한다. 헤겔은 이런 기관을 분노를 자아내는 간이나 신경과 같은 것과 구별한다. 담즙과 간의 관계는 물질적 관계다. 담즙은 물질의 운동 즉 "신체의 맥박"이다. 그것은 "내적인 것을 벗어나 외면적인 것으로 전환된 것" 즉 물질적인 것이다. 신경은 "유기체적 물질이 운동 속에서 안주하는 것"이다. 즉 순수하게 운동하는 물질이라는 뜻이다. 신경은 의식을 전달하는 기관이지만, 이 신경 조직에서 "의식은 [외면적] 존재 속에 침몰한다."

반면 두뇌는 물질적인 것이면서도 자기 내로 완전히 복귀한 것이어서, 헤겔은 이를 "자기 자신에 내적으로 머무르는 존재[Insichselbstsein]"라는 독특한 표현으로 규정한다. 그것은 전적으로 유동적인 것이어서 "그 속에서 순환하는 것 즉 유기체적 조직은 유동성 속으로 던져져서 곧바로 융해되고 만다." 여기서 자기의식은 자체 내에 머무르면서 직접 외면적으로 출현한다.

2) 이어서 헤겔은 두뇌 기관의 분절화 과정을 설명한다. 정신은 개념

---

350 여기서 '내재 존재'는 논리학에서 사용되는 내재 존재 즉 사물의 고유성과 의미가 다른 것으로 보인다. 여기서는 다만 내면에 머무르는 것이라는 의미로 보인다.

으로서 통일된다. 반면 신체는 분절된다. 두뇌 기관은 정신과 신체를 매개하는 것이므로, 한편으로 신체의 분절화에 따라서 분절되며 다른 한편으로는 이런 분절화는 자기를 지양하고 통일된다. 앞에서 유기체를 설명했을 때 생명의 본질과 신체의 조직 사이에 이중성이 존재한다고 했는데, 여기서 정신의 개념과 두뇌 기관의 관계 역시 이런 이중성을 지닌다. 정신의 개념적 분화와 두뇌의 기능적 분화는 상응하지 않으면서도 전체적으로는 통일된다.

그러므로 헤겔은 두뇌가 기능적으로 국소화한다는 주장을 반대한다. 그렇다고 두뇌가 전혀 분화되지 않은 것으로 보지도 않는다. 두뇌는 한편으로 국소화하지만, 다른 한편 통일되며, 정신의 한 기능은 두뇌의 한 부분에서 행사되는 것이 아니라 두뇌의 여러 부분에서 동시에 행사되거나 거꾸로 두뇌의 여러 부분이 통합하여 어떤 정신적 기능을 수행한다.

328) ⟨SK 246:34~248:8⟩⟨FM 181:17~182:11⟩

정신을 위한 유기체적 존재[두뇌]는 동시에 **안정적으로 존속하는 존재[머리뼈]**라는 측면을 필연적으로 갖는다. 이때 정신을 위한 유기체적 존재는 대자 존재의 극으로서 그 뒤에 물러서고 안정적인 존재의 측면이 반대의 극으로서 전면에 나서면서 원인으로 되는 전자는 대상으로 되는 후자에 대해 영향을 끼친다. 두뇌와 척수가 정신의 **대자 존재**가 물질화된 것[körperliche Fürsich sein des Geistes]이라고 한다면 머리뼈와 척추는 물질화된 대자 존재와 분리된 또 하나의 극 즉 고정돼 정지한 사물이다. -그러나 정신이 현존하는 본래의 장소가 어디인가를 생각하면 누구나 떠올리는 장소는 척추가 아닌 머리[머리뼈]다.*¹ 그러므로 앞에서 말한 것과 같은 지식을 탐구하는 데 정신의 현존을 머리뼈에 한정하는 근거로는 이 사실만으로도-지식으로 보기에 그리 잘못된 것은 아니니-충분할 것이다. 그런데 잠정적으로 지식과 행위가 척추를 통과해서 한편으로 **나가고** 다른 한편으로 **들어갈** 수밖에 없는 한 어떤 사람은 척추를 그런 장소로 마음에 떠올려야 한다고 생각하더라도, 이렇게 척추를 통과한다는 사실로부터 아주 많은 다른 결론이 도출될 수 있으니 이런 사실만으로는 척추를 정신이 그 속에 거주하는 장소라고 생각한다거나 척추를 정신의 상[像]이 반영된 장소로 생각하는 것을 전혀 입증하지 못할 것이다. 그 이유를 알고 싶다면 정신의 활동을 불러일으키거나 억제하면서 정신의 활동에 접근하는 데서 척추와는 다른 또 하나의 외적인 길[351]이 애호된다는 사실을 마찬가지로 상기해 보면 될 것이다. -그러므로 양 갈래 신경이 꼬여 있는[einwirbel] 척추는 일단 제쳐 놓는 것이 **마땅하다**. 그러나 머리뼈가 사실 정신의 기관에 해당하지 않는다는 견해는 많은 다른 자연철학 이론만큼이나 **잘 논증**된다. 왜냐하면, 머리뼈가 정신의 **기관**이라고 하는 견해는 그것이 두뇌에 대한 관계의 개념을 통해 이미 배제되고 따라서 머리뼈는 현존의 측면에 속하게 됐기 때문이다. 이런 관계의 **개념**을 상기하는 것으로 충분하지 않다고 한다면 눈이 사물을 보기 위한 기관이라는 것과 같은 맥락에서 머리뼈가 살인이나 절도나 시작[詩作] 등을 위한 기관이라고 **할 수는 없다**는 것쯤은 경험을 통해 알 수 있는 일이다.*[2] -따라서 앞으로 머리뼈의 **의미**를 논하는 데서 **기관**이라는 표현은 삼가는 것이 마땅하다. 왜냐하면, 흔히 이성적인 인간에게는 말보다도 **사태** 자체가 중요하다고 말해지기는 하더라도 그렇다고 해서 사실에 부합되지 않는 말로 사태를 표시하는 짓은 허용될 수 없기 때문이다. 왜냐하면, 이런 짓은 서투른 짓이며 동시에 속임이기 때문이다. 그와 같은 속임은 단지 합당한 **용어**가 발견

---

351 감각적 인식이나 표정은 척추라는 통로를 이용하지 않는다.

되지 않았다고 생각하거나 이를 속이면서 그런 용어에 사실상 사태 즉 개념이 없었음을 자신에게 은폐하려 한다. 개념이 눈앞에 나타난다면 그에 합당한 용어도 발견될 것이다. −아무튼, 여기 한 가지 분명한 것은 두뇌가 살아 있는 머리라고 한다면, 머리뼈는 죽어 있는 머리 [caput mortum]라는 사실이다.

 *[1] FM주 〈181:24〉 헤겔은 여기서 갈Gall의 교의 즉 두뇌가 척추에서 생성된다는 것에 관한 교의를 시사한다. 참조: 블뢰드Karl August Bloede, 『두뇌 구조에 관한 갈의 학설』, S. 4: "그러므로 신경은 척추보다 먼저 형성되며 이 척추는 두뇌보다 먼저 형성된다. 따라서 사람들은 척추가 없는 동물도 발견하며 자주 두뇌 없이 태어난 아이에게서도 척추를 발견한다." 또한, 참조: 비쇼프C. H. E. Bischoff, 『갈의 두뇌론과 두개골론에 관한 해명』, S. 6ff: "갈을 동시에 열정적으로 사로잡은 현상 즉 두뇌반구를 손상한 사람이 사지의 한쪽이 마비되는 현상은 두뇌와 척추 사이에 중단되지 않은 연관이 발생함이 틀림없다는 사실을 주목하게 만든다. 그래서 갈은 두뇌의 그와 같은 상태와 그런 외피의 상태를 해부학적으로 해명하기 위해 노력했다. 갈이 이전 시대의 모든 해부학과 동시대의 모든 해부학을 반대하고 두뇌의 상태를 실제로 발견하고 해부학적으로 해명하려고 노력한 이유는 그가 자연의 인도를 따라서 모든 지금까지 해부학이 했던 대로 두뇌를 위에서 아래로 연구하지 않고 오히려 척추에서 위로 연구한다는 데 있다. 단순한 동물에서 예를 들어 해파리에서 신경은 단순히 일반적으로 흩어져 있다는 것이 발견된다. 조금 더 완전한 동물류에서는 이미 신경이 하나의 줄기로 돼서 척추가 형성되며, 더욱 완전한 동물에서는 최종적으로 이 척추로부터 밖으로 뻗어 나가는 신경이 발견된다. 그리고 더 높은 단계의 동물 유에서는 척추의 두 측면으로부터 이중적으로 뻗어 나가는 신경은 일부는 두뇌를 이루고 일부는

신경을 이룬다. 이런 신경은 예외 없이 모두 척추로부터 발생한다. 그런데 그 가운데 몇 가지는 두뇌에서 발생하는 것처럼 보인다. 왜냐하면, 이런 신경은 두뇌 속에서 나머지 신경 다발로부터 출발하기 때문이다."

*² FM주 〈181:39~182:1〉 헤겔은 아마도 여기서 갈이 제시한 비교를 거론하는 것 같다. 참조: 갈F. J. Gall, 『인간 두개골 및 동물 두개골의 구조에 관한 이미 완성된 서론에 관한 서술』, S. 321: "시각 기관을 통해 보이고 후각 기관을 통해 냄새 맡아지는 바로 그 영혼은 기억의 기관을 통해 배우고, 선량함의 기관을 통해 선을 입증한다." 또한, 참조: 갈F. J. Gall, 『의사 갈의 변호서』, S. 29.

[해제] 여기서 헤겔은 정신이 활동하는 기관 즉 "정신의 대자 존재가 물질화된" 것인 두뇌와 그것을 둘러싸는 '고정되고 정지된 사물' 즉 머리뼈를 구분한다.

이어서 헤겔은 정신의 기관이 존재하는 장소로 척추와 머리뼈가 거론되는데, 그 가운데 척추를 배제하려 한다. 척추는 정신의 활동과는 무관하다. 정신의 활동이 척추를 통하지 않는 길이 있기 때문이다. 척추는 정신 활동을 외부 신체와 연결하는 통로에 그친다. 또한, 헤겔은 머리뼈는 정신의 기관이 아니라 다만 정신이 현존하는 장소에 그친다고 본다. 헤겔은 이 점은 굳이 논증하지 않으면서 누구나 경험을 통해 다 아는 사실로 여긴다.

결론적으로 헤겔은 정신의 기관은 두뇌이고, 머리뼈는 두뇌가 놓여 있는 장소로 규정한다. 즉 "두뇌는 살아 있는 머리라면 머리뼈는 죽어 있는 머리다."

여기서 잠시 골상학의 주요 주장을 살펴보자. 우선 머리뼈는 두뇌가 석화된 형태며, 그 외피에 해당한다. 둘째로 정신 활동이 두뇌 속에 국소화하면서 오늘날 두뇌의 국소화라는 주장을 선취한다. 셋째로 정신 활동이 27개로(갈의 주장) 구분된다고 하는데, 이 부분 활동의 수나 종류는 학자마다 서로 다르다. 넷째로 정신 활동 중 어떤 부분이 어떤 사람에게서 다른 부분보다 중요하거나 강화되면, 그 부분에 해당하는 두뇌의 크기가 확장된다. 그것에 따라서 두뇌의 전체적 형태가 변화하고, 그것이 머리뼈에 영향을 미침으로써 어떤 사람의 독특한 골상이 형성된다.

이런 주장들을 보면, 골상학이 대중적으로 인기를 끌었던 이유를 우리는 쉽게 이해할 수 있다. 정말 그럴듯하게 보이니까. 특히 정신 활동이 강화되면, 그 부분의 두뇌의 크기도 변화하는 것이 아니냐 하는 주장은 많은 사람이 쉽게 넘어간다. 오늘날에서 유럽인의 두뇌가 아시아, 아프리카인의 두뇌와 크기가 다르다고, 심지어 그 가운데 대뇌의 크기가 더 크다고 주장하는 사람이 있을 정도니까 말이다.

골상학은 두뇌와 머리뼈의 관계를 혼동하기는 했지만, 생리학의 발전 과정에 나왔고 나중에 두뇌 신경학이 발전하게 하는 데 이바지하기도 해서 과학적으로 전적으로 무시할만한 것은 아니다.

329) ⟨SK 248:9~249:10⟩⟨FM 182:12~183:2⟩

따라서 두뇌의 온갖 정신적인 움직임과 특정한 작용 방식은 [머리뼈라는] 죽은 존재에서 외적인 현실로 드러날 수밖에 없을 것이다. 그러나 그 결과 외적 현실은 개인에 따라 달라진다. 두뇌의 정신적 움직임이나 작용 방식이 머리뼈에 대해 갖는 관계에서는 머리뼈는 죽은 존재인 한 그 안에 정신이 깃들어 있는 것은 아니다. 그러므로 일단 위에서 확정된 사실 즉 두 가지[두뇌와 머리뼈]는 외적이고 기계적인 관계를 맺는다는 사실이 드러난다. 따라서 정신의 본래적 기관은-이것은 두뇌에 있다-정신을 머리뼈의 한쪽에서 둥글게 표현하거나 다른 쪽에서 넓거나 평평하게 표현한다. 이런 영향에 관한 서술이 다른 식으로 나타나더라도 마찬가지다. 그러나 머리뼈도 모든 뼈와 마찬가지로 그 자체가 유기체의 일부여서 거기에는 생명체의 자발적인 조직 형성 작용이 있다는 점이 고려돼야 한다. 따라서 이런 측면에서 본다면 머리뼈 쪽에서 오히려 두뇌에 압력을 가해 밖에서부터 제한을 가한다. 이때 머리뼈가 그런 능력을 갖는 것은 머리뼈가 두뇌보다도 더 견고하기 때문이다. 그러나 그렇게 된다면[머리뼈가 두뇌를 제한한다면] 양자의 서로 대립하는 활동[Tätigkeit]이 지닌 규정에서는 여전히 앞에서와 같은[인과] 관계가 존재할 것이다. 머리뼈가 규정하는 것이든 아니면 규정되는 것이든 그것이 인과 관계를 변화하게 하지 않는다. 다만 머리뼈 속에 **원인**으로서 **대자 존재**의 측면이 발견된다고 하면서 머리뼈를 자기의식의 직접적인 기관으로 삼을 경우는 이야기가 달라질 것이다. 그러나 [머리뼈가 대자 존재라면] **유기적 생동성**을 지닌 **대자 존재**가 두뇌와 머리뼈 **모두**에 똑같이 속하면서 사실상 양자 사이의 인과 관계 자체가 제거될 것이다. 양자가 이런 식으로[대자적으로] 성장하면서 양자가 내면에서 합일한다면 그것은 오직 일종의 유기적인 예정조화를 이루는 경우가 될 것이다. 이런 예정조화라는 것은 서로 관계하는 양면이 자유롭게 대립하며 각자가 고유한 **형태**를 허용받는 가운데 그 어느 쪽의 형태도 다른 쪽의 형태와 상응할 필요가 없으니 예정조화란 차라리 형태와 성질 사이의 관계라 할 수 있다. 이는 예를 들자면 포도알의 모양과 포도주의 맛이 서로 아무 관계가 없는 것과 같다. −그러나 **대자 존재**의 규정이 두뇌의 측면에 속하고, **현존**의 규정이 머리뼈의 측면에 속하므로, 유기체적 통일성 안에서 **또한**, 양자 사이에 일정한 인과 관계가 설정될 수 있다. 이 인과 관계는 서로에 대해 외면적으로 존재할 뿐인 양자가 서로에 대해 외적인 연관이면서도 필연적인 연관을 갖는 것을 의미할 것이다. 그러므로 이 인과 관계는 외적인 연관이면서도 동시에 그것 때문에 각자의 **형태**가 타자를 통해 규정될 것이다.

[해제] 헤겔은 골상학이 주장하는 두뇌와 머리뼈 사이의 관계를 서술한다. 우선 두뇌는 정신적 활동이 속하는 물체고 머리뼈는 모두 다만 존재하는 물체다.

그러므로 우선 전자가 후자를 규정하는 인과적 관계를 맺을 수 있다. 즉 정신적 활동이 두뇌의 형태를 변형하고, 이것이 인과적으로 머리뼈의 형태를 변화시킨다는 것이다. 두뇌의 머리뼈의 물질적 인과 관계는 거꾸로도 발생할 수 있다. 즉 머리뼈의 형태가 두뇌의 형태를 인과적으로 제약하면서 두뇌의 기능 자체를 규정할 것이다.

그런데 머리뼈 역시 두뇌와 마찬가지로 자기의식의 기관이라면 사정이 달라진다. 이때 두뇌나 머리뼈는 각자 대자적으로 존재하는 것이므로 서로 무차별한 것일 수밖에 없다. 그러므로 양자 사이에 필연적 연관이 있다면 이는 일종의 예정조화일 수밖에 없다. 실제로는 양자는 서로 인과적 관계를 지닌 것은 아니니 마치 포도알의 형태와 포도주의 맛(성질)의 관계처럼 서로 무관한 것일 것이다.

헤겔은 머리뼈가 자기의식의 기관이라는 주장은 골상학으로서는 주장할 수 없다고 보면서, 결론적으로 골상학의 주장을 두뇌와 머리뼈 상의 물질적 인과 관계에 한정한다. 즉 골상학은 정신적 활동이 두뇌의 형태를 변형하고 이것이 두뇌를 둘러싼 외곽 조직인 머리뼈에 인과적 영향을 미치거나 거꾸로 머리뼈가 압박하며 두뇌의 형태를 제한하면서 그에 따라 정신적 활동이 한정되는 것이나. 인과 관계를 어떻게 보든, 그 핵심에는 정신적 활동이 두뇌의 형태를 변형한다는 주장에 있다.

330) ⟨SK 249:11~250:13⟩⟨FM 183:3~31⟩

그런데 자기의식의 기관인 두뇌가 반대쪽에 있는 머리뼈에 어떠한 인과 작용을 가하는가 하는 규정에 관해서는 여러 가지 면에서 이런저런 이야기가 언급될 수 있다. 왜냐하면, 지금 말해지는 원인인 두뇌의 모습은 그것이 지닌 **무차별적**인 현존에 따라서 즉 그 형태나 크기에 따라서 고찰되기 때문이다. 이때 원인으로 되는 두뇌의 내면 즉 대자 존재 [정신 활동]는 직접 눈에 보이는 현존[머리뼈]과는 전혀 무관한 것일지 모른다.* 첫째로, 머리뼈 조직의[organisch] 자체적 형성은 두뇌가 가하는 기계적인 인과 작용과는 무관한 것이며 또한, 전자[머리뼈 조직]가 자기 자신에 관계하는 것[das Sich-auf-sich-selbst-Beziehen][352]이므로 이 두 가지 관계의 관계는 명확하지 않으며 제멋대로다. 둘째로, 두뇌가 정신의 [기능적] 구별에 따라 할당되며 서로 다른 장소를 차지하는 내적 기관의 여럿으로 이루어져 있다 하더라도 ─사실 이 생각은 유기체의 본성에 모순된 해석이다. 왜냐하면, 이런 해석은 개념의 계기일 뿐인 것에 고유한 현존을 부여하기 때문이다. 다시 말하자면 이런 생각은 **유동적인 단순성**을 지닌 유기체적 생명을 **순수하게 한편**에 놓고 유기적 생명체의 구별된 계기들의 **접합과 분배**를 **다른** 편에 놓으면서 여기서 파악돼야 하는 구별된 개념의 계기들이 마치 특수한 해부학적으로 관찰되는 물체나 되는 듯이 제시하기 때문이다.─ 여기서는 정신의 계기가 원천적으로 갖춘 힘의 강약에 따라 강할 때 **팽창한** 두뇌 기관을 점하고 약할 때 **수축한** 두뇌 기관을 차지했어야 하는지 아니면 거꾸로 됐어야 하는지는 분명하지 않을 것이다.─ 마찬가지로 정신의 계기가 **완성**되면 이것이 두뇌 기관을 확대했는지 아니면 축소했는지 또는 정신의 계기가 두뇌 기관을 불룩하고 두텁게 하는지 또는 가늘게 만들었는지도 분명하지 않다. 이렇듯 원인이 어떠한 모습인지가 분명하지 않은 한 그것

---

352 머리뼈의 조직이 독자적으로 형성된다는 의미다.

이 머리뼈에 미치는 영향도 분명하지 않다. 즉 그 원인이 머리뼈를 팽창하게 하는 것인지 아니면 수축하게 하고 오그라들게 하는지 알 수 없다. 또한, 이처럼 영향을 미친다는 것이 더 **품위 있게 말해 자극한다는** 것으로 규정된다고 하더라도 이런 자극이 물집의 방식처럼 팽창한다는 것인지 아니면 식초처럼 수축한다는 것인지가 가려지지 않는다. ─어떤 견해를 취하더라도 그럴싸한 이유를 내세울 수가 있다. 왜냐하면, 이런 식으로 나타나는 유기적인 관계는 어떤 견해라도 받아들일 것이며 어떤 종류의 지성[Verstand]과도 전혀 관계없는 것이기 때문이다.

*FM주 〈183:3~26〉 여기 인용된 갈F. J. Gall의 학설에 관해서는 다음을 참조하라. 갈, 『인간 두개골 및 동물 두개골의 구조에 관한 이미 완성된 서론에 관한 서술』, S. 318~323: "III. IV. 능력은 본질상 경향성과는 서로 다르고 독립적일 뿐만 아니라 또한, 능력은 본질상 서로 다르며 독립적이고 그리고 경향성 역시 서로 본질상 다르고 독립적이다. 따라서 능력은 두뇌의 서로 다르고 독립적인 부분에 자리를 지님이 틀림없다(318) V. 서로 다른 기관이 서로 다르게 분배되고 또 그런 기관이 서로 다르게 발전하는 것을 통해서 두뇌의 서로 다른 형식이 나온다. ... VI. 특정한 기관의 합성과 발전으로부터 부분적으로는 전체 두뇌의 특정한 형식이 나오며 또한, 부분적으로 두뇌의 개별 부분 또는 영역이 지닌 특정한 형식이 나온다. ... VII. 머리뼈가 발생 시기부터 최고의 나이에 이르기까지 머리뼈의 내적 평면이 지닌 형식은 두뇌의 외적인 형식을 통해 결정된다. 따라서 외적인 머리뼈 평면이 내적인 머리뼈 평면과 합치하는 한에서 일정한 능력과 경향성에 관한 추론이 가능하다. 또는 알려진 이탈을 제외하고는 어떤 예외도 없다. (322f)

[해제] 헤겔은 여기서 정신적 활동기관인 두뇌와 머리뼈 사이의 연

관이 명확하지 않다는 것을 지적한다. 우선 머리뼈는 조직적으로 "자기 관계하는 것"이니 자립적으로 형성되므로, 두뇌의 형태와 머리뼈 사이의 관계는 없다. 나아가서 헤겔은 정신적 활동이 두뇌의 일정 장소에 국소화한다는 가정도 의심스럽다고 한다. 왜냐하면, 이런 발상은 생명이라는 "개념의 계기일 뿐인 것에 고유한 현존을 부여하는 것"이기 때문이다.

골상학의 전제가 무너진 이상, 골상학이 주장하는 결론인 정신의 기능과 두뇌(머리뼈)의 크기나 형태 사이에 연관이 존재한다는 주장도 무너질 수밖에 없다. 정신적 특정 기능이 두뇌의 일정한 위치에서 일어난다고 하더라도, 정신적 활동이 두뇌의 양상을 어떻게 변화하게 하는지를 알 수 없다. 즉 어떤 정신적 기능이 두뇌의 형태를 확대하는지 수축하는지, 둥글게 하는지 평평하게 하는지가 알려지지 않는다는 것이다. 사실 오늘날 우리가 알고 있듯이 정신적 활동은 두뇌의 형태가 아니라 두뇌 조직의 다른 운동방식(예를 들어 주름)을 통해 생겨나는 것이니, 그 외적인 양상과는 무관하기 때문이다.

나아가서 두뇌가 머리뼈에 영향을 미친다고 하더라도, 두뇌가 정신의 어떤 작용을 통해 변화가 일어나는지가 불분명하니, "원인이 어떠한 모습인지가 분명하지 않은 한 그것이 머리뼈에 미치는 영향도 분명하지 않다." 예를 들어 머리뼈의 이마 부분이 남들보다 크더라도 그것이 이성 활동 때문인지 아니면, 아니면 감정 활동 때문인지 알 수 없다.

331) 〈SK 250:14~30〉〈FM 183:32~184:5〉

그러나 관찰하는 의식으로서는 두뇌와 머리뼈의 관계를 규명하고자 하는 일이 중요한 것은 아니다. 왜냐하면, 관찰하는 의식에 중요한 것은 두뇌인데, 그것도 **동물**의[animalisch] 한 부분으로서 자리 잡은 두뇌가 아니라 **자기의식**을 지닌 개체성이 바깥으로 표출된 **존재**로서 두뇌기 때문이다. -자기 의식적 개체성은 고정된[stehend] 성격이거나 자발적으로 운동하는[sich bewegendes] 의식적 활동이니 **대자적**[für sich]인 동시에 **내면적**[in sich]이다. 이런 대자적이면서 내면적 존재[Insichsein]를 마주보는 것이 개체성이 표출된 현실 또는 타자에 대해 있는 현존[두뇌]이다. 이 대자적이며 내면적 존재는 본질이며 주관[Subjekt] 자체다. 그것은 두뇌에서 특정하게 존재[ein Sein]하는데 이런 특정 존재는 **주관 아래 포섭되는** 한에서의 존재다. 따라서 그런 존재가 지닌 가치는 두뇌에 내재하는 의미[353]를 통해 규정된다. 그런데 자기 의식적인 개체성이 지닌 또 다른 측면, 즉 자기 의식적 개체성이 현존하는 측면은 자립적이고 기체[基體: Subjekt]로 **존재**하는 것 또는 **사물** 즉 뼈로 존재한다. **인간의 머리뼈**는 그의 **현실과 현존**을 의미한다. -관찰하는 의식에서 연계된 양 측면[두뇌와 머리뼈]이 갖는 관계[Verhältnis]가 그러하니 이것이 그 관계에 관해 지성[Verstand]이 인식한 바다.

332) ⟨SK 250:31~251:2⟩⟨FM 184:6~11⟩

관찰하는 의식에 이제 중요한 것은 두 측면 사이의 관계를 더욱 명확하게 하는 것이다. 사실 흔히[im allgemeinen] 머리뼈는 정신이 직접 표출된 현실이라는 의미를 지닌다. 그러나 정신은 다면적 기능을 갖기에 정신의 현존[머리뼈]도 마찬가지로 다면적 측면을 갖는다. 여기서 밝혀내야 할 것은 이런 현존의 분할된 개별 장소가 지닌 의미를 규정하는 것이며 또한, 이런 개별 장소가 저마다 어떤 정신적 기능을 지시하는가를 살펴보는 것이다.

333) ⟨SK 251:3~26⟩⟨FM 184:12~29⟩

머리뼈는 행위의 기관이 아니며 또한, 발화 운동을 하는 것도 아니

---

353 앞에서 두뇌는 존재가 완전하기 자기 내로 복귀한 것이라고 했다.

다. 머리뼈를 통해 절도나 살인을 저지를 수 있는 것도 아니며 또한, 그런 행위를 한다 하더라도 머리뼈가 그런 행위에 대해 표정을 찌푸리는 것은 아니니 머리뼈를 발화하는 몸짓으로 여길 수도 없을 것이다. ―게다가 이처럼 **존재하는 것**[머리뼈]은 **기호**로서 가치도 없다. 표정이나 몸짓, 목소리, 심지어 외딴 섬에 세워진 기둥이나 말뚝을 보면 곧바로 알 수 있는 사실은 다만 그런 것들이 직접 **의미하는 것**과 다른 어떤 의미가 그것을 통해 생각된다는 사실이다. 그런 것들은 곧장 자기가 기호라고 자처한다. 왜냐하면, 그런 것들은 본래 그 자체에 속하지 않는 까닭에 어떤 타자를 지시하는 것으로 볼 수밖에 없는 규정성을 그 자체에서 지니기 때문이다. 물론 머리뼈를 보고도 햄릿이 요릭 2세의 머리뼈를 앞에 두고 그랬듯이* 여러 가지 상념을 떠올릴 수는 있다. 그러나 머리뼈 그 자체로는[für sich] 무차별하게 그저 거기에 있는[unbefangenes] 것이므로 머리뼈에서는 그게 머리뼈구나 하는 것밖에 다른 어떤 것도 보거나 생각할 수 없다. 물론 머리뼈는 두뇌나 두뇌가 지닌 규정성을 상기하게 해주며, 다른 방식으로 조성된[Formation] 머리뼈를 상기하게 해준다. 그러나 머리뼈는 의식의 운동을 상기하게 해주지 않는다. 오히려 머리뼈는 그 위에 어떤 표정도 몸짓도 또한, 의식의 활동에서 유래하는 것임을 알려주는 어떤 것도 새겨져 있지 않다. 그 이유는 머리뼈란 현실적으로 존재하는 것이지만, 그것이 개체의 표면에 드러낸다고 가정되는 것은 더는 자기 내로 복귀하는 존재의 측면이 아니며, 오히려 그와 다른 측면 즉 순수하게 **직접 존재하는** 측면으로 짐작되기 때문이다.

*FM주 〈184:21〉 참조: 셰익스피어Shakespeare, 『햄릿』, *dramatische Werke*, T. 3, 5 Aufzug, 1 Szene. (역주) 이 장면에서 햄릿은 그가 알던 광대였던 요릭의 해골을 보고 죽은 다음에야 아무것도 아니라는 생각을

한다.

334) 〈SK 251:27~252:19〉〈FM 184:30~185:14〉

나아가서 머리뼈는 그 자체로 뭔가를 감지하지 않으니[fühlt] 머리뼈가 지닌 의미를 더 명확하게 제시하자면 머리뼈는 [의식에] 가까이 있으므로 거기서 [의식에 관한] 일정한 감각이 인식될 수 있는 것처럼 보이며 다시 말해 정신의 어떤 의식 방식이 머리뼈의 일정한 부위에서 감지되는 가운데 바로 그 부위가 갖는 형태가 정신의 특정 의식 방식과 특성을 암시하는 것처럼 보인다. 예컨대 많은 사람은 긴장된 사유에 빠지거나 아니 단지 **생각한다**는 것 자체만으로도 머릿속 어딘가에 머리가 빠개질 듯한 느낌을 느낀다고 한탄한다. 그와 마찬가지로 **도적질**이나 **살인**이나 **시 짓기** 등의 경우에도 그때마다 고유한 감각이 수반될 수 있을 것이다. 이때 그런 감각은 다른 한편으로 그것이 느껴지는 특별한 부위가 있어야 할 것이다. 두뇌의 특정 부위는 이런 방식으로 더 많이 움직이고 더 활동적으로 될 것이니, 이렇게 되면 아마도 또한, 그 부위에 이웃하는 머리뼈의 자리 역시 더 많이 연마될 것이다. 또는 머리뼈의 이 부위는 공감하거나 동조하는 것 때문에 활성화되지 않은 채로 머무르지 않고 확대되거나 축소되는 등 하여튼 어떤 방식으로든지 자신의 조직을 발전시킬 것이다. ―그러나 이런 가설은 받아들일 수가 없다. 그 이유는 느낌이라는 것은 대개 막연한 것[Unbestimmtes]이며, 감각은 몸의 중심을 이루는 머리에 늘어 있기에 온갖 정념이 뒤섞인 느낌[Mitgefühl]일 수도 있기 때문이다. 그렇다면 도적이나 살인자 또는 시인의 어지럼증이나 고통에는 이와 비슷한 또 다른 경우의 어지럼증이나 고통이 뒤섞여 있어서 이들은 서로 구별되지도 않을 수도 있으며 또한, 단순히 신체적인 것이라고 불리는 어지럼증이나 두통과 구별되지 않을 수도 있다. 이는 마치 우리가 단지 순수하게 신체적인 증상에 제한하더라도 두통의 증상으로부터 그 병이 어떤 병인지 식별하기가 어려운 것과 마찬가지다.*

*FM주 〈185:6~13〉 헤겔은 명백하게 후펠란트C. W. Hufeland가 갈의 골상학에 대해 비판한 것에 따른다. 참조: 비쇼프C. H. E. Bischoff, 『갈의 두뇌론과 두개골론에 관한 해명』, S. 134: "이런 기관은 아직 알려지지 않았지만, 발견될 수도 있고 그렇지 않을 수도 있더라도 우리는 이런 기관이 눈앞에 있는 것으로 가정해야 하며, 두 가지 어느 경우에서도 사태는 의심스럽다. /만일 발견된다면, 이 사실은 이제 알려진 기관에 관한 해석을 아주 불확실하게 만든다. 왜냐하면, 그런 기관에 할당된 머리뼈 영역 부분에 다른 기관이 함께 귀속할 수 있으며 또 있음이 틀림없기 때문이다. 그리고 얼마나 많은 머리뼈 영역이 알려진 기관과 알려지지 않은 기관에 귀속하는가를 구별할 수 있는 사람이 누가 있는가? / 그런 기관이 발견되지 않는다면 우리는 최종적으로 머리뼈 평면이 그와 같은 형태로 기관으로 덮여 있다는 것을 보므로 개별 영역으로 더욱더 축소돼 그런 영역을 감정을 통해 구분하는 것은 불가능하게 될 것이다. 후페란트에게서 갈의 이론은 가설일 뿐이다: "전체는 가설이며 높은 정도의 개연성을 얻더라도 가설로 머무를 것이다. 왜냐하면, 제시된 증거는 모든 이의를 제거할 정도로 충분한 것은 아니기 때문이다."(124)

[해제] 331~334에서 헤겔은 골상학의 기본 가정을 비판한다. 이미 말했듯이 헤겔에서 두뇌와 머리뼈는 구분된다. 두뇌는 자기 내로 복귀하여 "주관 아래 포섭된 존재"다. 반면 머리뼈는 외적인 현존이며 "자립적이고 기체로 존재하는 것"이다.

머리뼈는 행위의 기관도 아니며, 정신을 표현하는 발화 기관이나 정신을 지시하는 기호도 아니다. 그저 자립적인 사물이므로 여기서 정신의 활동은 아무것도 알 수 없다.

그런데도 골상학은 머리뼈와 두뇌 사이의 근접 관계 때문에 머리뼈의 일정 부위는 일정한 정신을 암시한다고 주장한다. 마치 긴장하면 머리가 아프듯이 말이다. 즉 가까이 있으므로 머리뼈가 두뇌의 활동에 "공감하거나 동조하면서" 그 부분에 정신적 활동이 감지된다는 것이다.

그러나 머리뼈가 두뇌에 아무리 근접했다고 하더라도, 머리뼈가 근접하는 것은 두뇌의 "직접 존재하는 측면"이지 두뇌 가운데 "자기 내로 복귀하여" 정신적 활동의 토대로 되는 측면은 아니다. 그러므로 아무리 근접하더라도 머리뼈의 양상을 보고 정신적 활동을 짐작하거나 감지할 수는 없다.

더구나 일단 정신적 활동과 두뇌, 그리고 머리뼈 사이의 관계를 인정하더라도, 그 대응 관계가 문제가 된다. 왜냐하면, 마치 두통의 원인이 여러 가지듯이, 머리뼈에서 감지되는 어떤 느낌은 여러 가지 정신적 원인을 가질 수 있다. 또 반대로 정신적 관념은 여러 가지가 뒤섞여서 있는 것일 수 있다. 그것은 마치 어지럼증과 두통이 구분되지 않는 것과 같다. 그럴 경우 그것이 표현되는 머리뼈는 여러 장소가 될 것이다.

결론적으로 복합적인 정신 활동이 머리뼈의 어떤 장소에 출현했을 때 과연 그것이 무엇을 의미하는지 알 수는 없다. 그러니 머리뼈를 보고서 그가 천재인지 범죄자인지, 그가 살인자인지 구원자인지를 가려낼 도리가 없다.

335) 〈SK 252:20~253:35〉〈FM 185:14~186:13〉

이 문제를 이띤 측년에서 고찰하건 머리뼈와 정신 사이의 필연적인 상호관계나 이 관계를 암시하면서, 자기 자신을 통해 자신을 언표하는 것은 사실 아무것도 없다. 그런데도 여기서 어떤 관계가 발생해야 한다면 남아 있는 필연성은 양쪽에 서로 대응하는 규정이 **개념적으로 파악되지 않은 채** 자유로운 예정조화를 이루는 것으로 되겠다. 예정조화밖에 없는 이유는 관계를 이루는 한쪽의 규정이 **활기 없는 현실** 즉 **단순한 사물**이라고 가정됐기 때문이다. -한편에는 고정된 머리뼈의 부위가 여러 개 있고 다른 한편에는 정신의 여러 성질이 있다. 여기서 정신의 성질이 얼마나 많은지, 그 규정이 무엇인지는 심리학의 발전 상태에 의존해 밝혀진다. 이때 정신에 속하는 관념[Vorstellung]이 빈약할수록 그 덕분에 문제는 더욱 간단하게 될 것이다. 왜냐하면, 한편으로 정신에 속하는 성질이 적어질수록 또한, 더욱 사체[死體]화되고 고정되며 굳어질수록 이를 통해 머리뼈의 규정도 더 비슷하고 정신에 속하는 성질과 더 비교할 만하게 되기 때문이다. 그러나 정신에 속하는 관념이 빈약할 때 문제가 더 간단해진다 하더라도 관찰에서는 양쪽에 나타나는 것들이 여전히 수적으로 아주 많으므로 이들 사이에 전적으로 우연한 관계가 남는다. 이스라엘의 자손들은 흔히 바닷가 모래알에 상응한다고 한다.* 그 자손들이 만약 저마다 자기를 상징하는 모래알을 골라내야 했을 때 오직 자의적인 선택만이 각자에게 그를 상징하는 모래알을 할당했을 것이다. 영혼의 능력이나 정열 또는 그 밖에 이와 비슷한 것으로 고찰돼야 하는 것 즉 더 상세한 심리학이나 인간학에서 자주 거론되는 성격상의 음영에 머리뼈의 부위나 뼈의 형태를 지정하는 것이 자의적인 정도는 그런 할당[이스라엘의 후손과 모래알의 관계]이 자의적인 것과 마찬가질 것이다. -이를테면 살인자의 머리뼈에는 이런 것 즉 기관도 기호도 아닌 이 혹이 있다고 하자, 그러나 이 살인자는 그 밖에도 여러 가지 성질을 지니고 또 다른 혹도 지니며 이 혹과 함께 또한, 오목하게 파인 홈도 있다고 하자. 이럴 때 혹과 홈 가운에 어느 쪽이 살인자의 것인가를 가려내야 한다. 그뿐 아니라 살인을 저지를 수 있는 기질은 어떤 혹이나 어떤 홈에라도 연관될 수 있으며 또다시 말하자면 이런 **혹이**

나 **홈**은 어떤 성질과도 관계 맺어질 수 있다. 왜냐하면, 살인자는 살인자라는 추상체로 존재하는 것만은 아니며, 또한, 특별히 하나의 융기와 하나의 홈만을 갖지 않기 때문이다. 따라서 이에 관해 마련되는 관찰이란 마치 장이 설 때면 비를 만난다는 장꾼이나 빨래할 때면 비를 만난다는 주부의 말과 마찬가지로 들릴 수밖에 없다. 장꾼이나 주부는 이렇게 관찰해도 됐을 것이다. 이웃집 사람이 지나갈 때나 그가 돼지고기를 구워 먹을 때면 언제나 비가 내린다고 말이다. 비가 온다는 것이 주변 상황과 아무 관계가 없듯이 관찰자에게서 정신의 규정성은 머리뼈의 **특정한 존재**와 아무런 상관도 없다. 왜냐하면, 이런 관찰에서는 두 가지 대상 가운데 한쪽은 메마른 **대자 존재** 즉 정신의 뼈처럼 굳어진 성질이며 다른 한쪽은 메마른 **그 자체 존재**이니, 이 두 가지와 같이 뼈처럼 굳어진 사물은 다른 모든 것에 대해서 완전히 무차별한 것이기 때문이다. 큰 혹이 달렸다는 것이 그의 이웃에 살인자가 사는가와 아무 상관도 없듯이, 살인자에게도 평평한 머리뼈를 지닌 사람이 근처에 있는가는 아무 상관도 없는 일이다.

*FM주 〈185:28~30〉 창세기, 22:17 등등. 17 "내가 네게 큰 복을 주고 네 씨로 크게 성해 하늘의 별과 같고 바닷가의 모래와 같게 하리니 네 씨가 그 대적의 문을 얻으리라"

[해제] 앞에서 골상학에 대한 비판을 이어가면서 헤겔은 정신적 능력과 머리뼈의 형태 사이에는 아무런 연관이 없다고 한다. 거기에 어떤 연관이 있다면 예정조화를 상정하는 것일 뿐이다. 그러나 이런 예정조화를 상정하는 것은 자의적이다.

만일 정신적 활동의 종류를 수적으로 단순화하면, 그만큼 정신적 활동이 고정되므로, 일정한 머리뼈의 형태와 비교되기 쉽다고 하더라도, 여전히 그 수는 많으니, 우연적 관계를 벗어날 수 없다. 그러므로 헤겔은 그런 대응 관계를 찾는 것은 마치 이스라엘의 후손과 바닷가 모래알을 서로 비교하는 것과 마찬가지로 자의적이라고 한다.

살인자의 기질은 어떤 홈이나 혹에 관련될 수 있고 거꾸로 어떤 홈이나 혹은 어떤 다른 성질과도 관련될 수 있다. 그것은 마치 빨래할 때면 비가 온다는 판단과 비슷하다. 양자는 아무리 가까이 있다고 하더라도, 한편에는 "건조한 대자 존재 즉 정신의 **뼈**처럼 굳어진 성질"이고 다른 한편은 "건조한 그 자체 존재"이니 "이런 **뼈**처럼 굳어진 사물은 다른 모든 것에 대해 서로 무차별한 것"이기 때문이다.

336) ⟨SK 253:36~254:26⟩⟨FM 186:14~33⟩

물론 어떤 성질이나 정열 등이 머리뼈의 일정 부위에 있는 혹과 결부될 가능성은 여전히 부정할 수 없는 것으로 남아 있다. 살인자는 [일반적으로] 머리뼈의 이 부위에 큰 혹이 있다고 생각되거나 도적의 경우는 그와 다른 부위에 혹이 있다고 **생각**될 수 있다. 이런 측면에서 본다면 골상학은 더 크게 확장될 수도 있겠다. 왜냐하면, 처음엔 골상학은 단지 머리뼈의 **어떤 혹**과 그 혹을 지닌 개인의 어떤 성질을 결합해 개인이 이 양자를 동시에 갖는다고 주장하는 것에 한정되는 것처럼 보이기 때문이다. 그러나 이미 자연 발생적인 골상학조차도-자연 발생적인 관상학만큼이나 자연 발생적 골상학도 있을 수밖에 없기에-이미 이런 제한을 넘어선다. 즉 자연 발생적 골상학은 교활한 사람은 주먹만 한 혹이 귀 뒤편에 붙어 있다고 판단하는 것만이 아니라 부정한 아내 자신이 아니라 다른 사람 즉 그녀의 남편 되는 사람의 이마에도 혹이 달렸다고까지 **생각**한다. -마찬가지로 살인자와 한 지붕 아래 살거나 그의 이웃,

심지어 그의 동료 시민까지도 머리뼈의 어느 부위엔가 큼직한 혹이 달렸다고 생각될 수도 있다. 이는 마치 "당나귀 등에 탄 게가 소를 애무하자 소가 질주했다는 둥"의 얘기와 다른 바 없다.* —하지만, **가능성**이라는 말은 그저 **상상**[Vorstellen]의 가능성이라는 의미에서가 아니라 사태에 **내재하는** 가능성 즉 **개념**이라는 의미로 받아들여야 한다. 그렇다면 머리뼈라는 대상은 순수한 사물에 속하는 현실이므로, 그것은 그와 같은 [정신적] 의미를 지니지 않으며 또 그럴 수도 없다. 따라서 머리뼈라는 대상이 그런 의미가 있다면 그것은 다만 상상[Vorstellung] 속에서만 그럴 것이다.

*FM주 〈186:28~29〉 헤겔이 어느 텍스트에 따라서 말하는지는 밝힐 수 없다.

337) 〈SK 254:27~255:32〉〈FM 186:34~187:27〉

그러나 관찰자는 정신과 머리뼈가 서로 무관하다는 사실을 무시한 채로 그 관계를 규정하려는 일에 다가간다.*¹ 이때 관찰자는 한편으로는 **외면은 내면의 표현**이라는 이성이 제시하는 일반적인 근거에 원기를 얻고 다른 한편으로는 동물의 머리뼈에서 유추된 것을 길잡이로 한다. —물론 동물은 인간보다 더 단순한 성격을 가질 수도 있다. 그러나 동시에 인간이 어떤 성격을 지니는가를 말하는 것은 더 어려운 것으로 된다. 왜냐하면, 자신을 어떤 동물의 본성에 끼워 맞추어 정확하게 [recht] 그려낸다는 것은 어떤 인간의 생각에도 그렇게 쉬운 일일 수는 없기 때문이다. —여하튼 관찰자는 언젠가는 법칙을 발견할 것을 확신하면서 여기에서 또한, 누구나 떠올릴 수밖에 없는 어떤 구별에서 **특별한** 도움을 얻는다. —정신적 **존재**는 적어도 요지부동의, 움직일 여지 없는 것으로 여겨질 수 없다. 인간은 자유며, 따라서 **태생적인 것은 소질**일 뿐이며 정신은 이 소질을 통해 많은 것을 할 수 있으며 이 소질은 발전되기 위해서는 적당한 환경이 필요하다는 것은 누구나 인정하는 사실이다. 즉 정신은 근원적으로 존재하는 것인 한에서는 동시에 [외면적] 존재로 실존하지 않는다고 말할 수도 있다. 그러므로 어떤 사람의 착상에서는 법칙으로 확신하는 것과 관찰된 사실이 모순된다고 하자. 이를테면 장날이나 빨래하는 날이면 종종 날씨가 좋았다고 하자. 그러면 장꾼이나 주부는 "**본래는** 비가 **와야만 하고** 또 그럴 수 있는 **소질**[Anlage] 도 **눈앞에** 있었는데 …" 하고 둘러댈 것이다. 이와 마찬가지로 머리뼈의 관찰자도 이렇게 둘러댄다. —즉 개인은 **본래** 머리뼈가 법칙에 따라 말하는 대로 존재**해야 하며** 그런 **근원적인 소질**도 지니지만, 그런 소질이 발전되지 않았으며 이런 성질이 출현하지 않았지만, **출현해야 했다**. —**법칙**이나 **당위**의 기초는 실제로 비가 내리는 것을 관찰한다거나 머리뼈의 규정성에서 드러나는 실제 의미를 관찰한다. 그러나 **현실이** 눈앞에 나타나지 않는다면 **텅 빈 가능성**이 그런 법칙이나 당위로 여겨진다.*² —제기된 법칙이 텅 빈 가능성에 그치고 즉 실현되지 않았으므로 제기된 법칙과 관찰이 모순된다고 하자. 그러면 이런 모순이 개입할 수밖에 없게 만드는 원인은 개인의 자유나 끝없이 변화하는 환경이 일반적으로 그 소질이 실현된 것[das Sein überhaupt]과 무관하며 즉 근원적인 의미에서의 존재[소질]에 대해서 무관할 뿐만 아니라 동시에 바깥에 드러나 있는 뼛조각에도 무관하기 때문이다. 따라서 개인은 내적으로 근원적인 존재[소질]와는 다른 존재일 수도 있으며 하나의 뼈를 넘어선 그 이상의 존재기도 하다.

*¹ FM주 〈186:37〉 헤겔은 여기서 동물의 머리뼈와 인간의 머리뼈

사이의 비슷함에 관한 갈F. J. Gall의 이론을 거론한다. 참조: 갈,『인간 두개골 및 동물 두개골의 구조에 관한 이미 완성된 서론에 관한 서술』, S. 317f, 325; 비쇼프C. H. E. Bischoff,『갈의 두뇌론과 두개골론에 관한 해명』, S. 67: "사실 비교 해부학에서 머리뼈의 해부는 거의 소홀히 다루어졌다. 인간 머리뼈와 동물 머리뼈에서 배열이 서로 일치한다는 사실을 결정하기는 무척이나 어렵다. 그렇지만 일정한 능력이나 경향성에서 인간과 공통성을 지닌 동물의 머리뼈와 비교해 본다면, 인간에서 기관이 어디에 위치하는지에 관한 커다란 해명을 줄 것이다. 그러므로 예를 들어서 청각의 기관은 노래하는 새에서 매우 현저하다는 것이 발견된다."

*² FM주 〈187:8~22〉 소질에 관한 갈의 이론에 관해서 참조: 갈F. J. Gall,『인간 두개골 및 동물 두개골의 구조에 관한 이미 완성된 서론에 관한 서술』, S. 315: "우리의 성질은 우리에게 선천적인 것이 아니라는 사실을 이해하고자 하는 사람은 이런 성질을 교육에서 끌어낸다. 그러나 우리가 일정한 방식으로 성질이 부여된 것이 선천성을 통해서인가 아니면 교육을 통해서인가? 이런 이의 제기에서 사람들은 능력과 경향성 또는 단순한 소질이라는 개념을 행동 방식 자체와 혼동한다. 동물 자체도 전혀 어떤 자발성 없이 그 능력과 경향성에 종속하지 않는다." 갈은 자기를 변호하기 위한 저술에서 이 텍스트를 이런 맥락에서 인용하면서 그의 사상을 더욱 전개했다. 참조: 갈F. J. Gall,『의사 갈의 변호서』, S. 36: "위에서 인용된 구절에서부터 다음과 같은 결론이 나온다. 모든 소질은 외계의 사물을 통해 이끌어지며, 좋거나 나쁜 목적을 위해 사용될 수 있다. 간단하게 말하자면 교육, 종교, 입법 등이 성질에 부정할 수 없는 강력한 영향을 미친다. 그러나 어떤 성질이 상당한 정도로 나타나는 때는 외부 사물의 영향을 통해 적합하게 도출될 수 없으므로 주로 특별한 자연적 선천적 소질에서 도출되며, 이런 소질은 기관이 비정상적

으로 발달하는 한에서 유래한다." 참조: 갈F. J. Gall,『두뇌 구조와 가능성에 관한 강의』, S. 1: "따라서 기관에 관한 학설에서 다만 소질로서 소질에 대해 주목할만한 것은 언급될 수 있다. 소질 자체는 형성된 것인가 아닌가 또는 얼마나 형성된 것인가로부터 구분된다." 더 나아가 다음을 참조하라:비쇼프C. H. E. Bischoff,『갈의 두뇌론과 두개골론에 관한 해명』, S. 25: "어떤 기관에 관한 지금까지 확립된 개념으로부터 이미 다음과 같은 사실이 밝혀진다. 즉 우리는 머리뼈의 관찰을 통해 행위방식이나 실제로 형성된 인간성을 연구할 수 없으며 오히려 단지 어떤 개인의 소질이나 이런저런 정신적 활동의 가능성을 연구할 뿐이다.
-헤겔이 여기서 파악하는 리히텐베르크의 인용문은(〈187:13~15〉) 다음을 참조하라: FM주 〈178:14~21〉. 또한, 리히텐베르크는 소질론을 비판한다. 참조: 리히텐베르크G. C. Lichtenberg,『관상학에 관해』, S. 39.

[해제] 앞의 비판에 이어 여기서도 헤겔은 골상학을 비판한다. 골상학이 지닌 추론은 인접성에 기초하는 것인데 이는 그대로 확장될 수 있다. 그러면 그 자체가 지닌 문제점이 드러난다. 즉 살인자에게 혹이 있다면, 이제 살인자와 이웃하는 사람의 머리뼈에도 같은 혹이 있다는 식이다.
이에 대해 헤겔은 텅 빈 생각의 가능성과 실질적 가능성을 구분한다. 실질적 가능성은 그 개념 속에 그것이 실현될 조건이나 원인이 갖추어져 있어야 한다. 그런데 머리뼈는 이미 죽은, 고정된 사물로 파악되고 있으므로, 정신의 활동과는 무관하니, 헤겔은 그런 가능성은 다만 "상상 속에서만 그럴 가능성"이라고 한다.
골상학자는 또한, 위에서 말한 외면과 내면의 인접성 밖에도 동물 머리뼈에 관한 유추를 통해 골상학의 가능성을 제시한다. 즉 인간이 새처럼 가볍다면 새의 머리뼈와 비슷한 모습을 지니고 호랑이처럼 무섭다면 호랑이의 머리뼈와 비슷한 모습을 지닐 것이라는 가정이다. 그러나 헤겔은 인간성을 동물성과 상응하게 하는 것은 불가능하다고 한다. 동물과 달리 정신적 존재인 인간을 비정신적 존재인 동물과 비교할 수는 없기 때문이다.

또는 골상학은 자신의 주장이 틀렸을 때, 근원적 소질은 있지만, 현실적 여건이 없어서 실현되지 않았을 뿐이라는 변명을 끌어들이기도 한다. 그러나 헤겔은 이런 변명은 그 자신이 자기를 부정하는 것이라 한다. 머리뼈에서 표현된 정신적 활동과 실제 그의 활동이 차이가 있다면, 이는 개인의 자유나 환경의 영향을 전제로 한다. 개인의 행동을 지배하는 것이 이런 자유나 환경이라면, 머리뼈에 표현된 것이 그의 행동을 지배하지 못한다는 사실을 말해 주는 것이니, 골상학은 무의미하게 된다는 것이다.

338) 〈SK 255:33~256:6〉〈FM 187:28~35〉

그러므로 우리가 확보한 사실은 머리뼈에 있는 이 혹이나 이 홈이 뭔가 현실적인 것을 지시할 수도 있지만, 한낱 소질 그것도 막연히 뭔가가 될 소질을 지시할 가능성 또는 실제 일어난 것과 다른 뭔가를 지시할 가능성이 있다는 것이다. 우리가 아는 것은 지금까지 언급한 골상학자의 핑곗거리는 항상 그러하듯이 자기가 지탱해야 하는 것과 반대로 이용될 처지에 있다는 사실이다. 즉 우리가 아는 것은 [골상학자의] 의도는 원래 그렇듯이 자신이 마음먹은 것과 **반대되는 것**을 그러나 **멍청하게도** 스스로 말해 버리는 데 이용될 수 있다는 사실이다. ─다시 말하자면 머리뼈를 통해 어떤 것이 암시되지만, 마찬가지로 **또한**, 암시되지 **않을 수도 있다**는 사실을 말하는 데 이용될 수 있다는 것이다.

339) 〈SK 256:7~257:3〉〈FM 187:36~188:21〉

그러한 핑곗거리를 들으면 마음에 떠오르는 생각은 그런 핑곗거리를 제거하는 참된 사상 즉 [외면적] **존재** 자체는 정신의 진리일 수 없다고 사상이다. 마치 소질이 **근원적인 것**이어서 정신의 활동과는 무관한 것이듯 뼈라는 것도 그 나름대로 정신의 활동과는 무관한 것이다. 정신적 활동이 일어나지 않는 존재란 의식과 대립하는 사물과 같은 것이어서 그런 것이 의식의 본질을 나타낼 수는 없으며 오히려 의식의 본질은 그와는 정반대되는 것이다. 그러한 존재를 부정하고 제거함으로써 비로소 의식은 자기를 **실현한다**. -이런 점에서 뼈가 의식이 **실제로 현존하는 것**이라고 주장하는 것은 이성을 전적으로 부인하는 것이라고 해야만 한다. 그런데도 [골상학에서는] 뼈가 정신이 바깥으로 표출된 것으로 고찰되는 가운데 뼈가 정신의 참된 현존이라고 주장된다. 그 이유는 외면적인 것이 곧 정신이 실현된 존재기 때문이다. 이런 외면은 **그와는 별개인** 내면으로 **추론**해나갈 수 있는 단서일 뿐이며 내면 그 자체가 아니라 내면의 **표현**에 지나지 않는다고 얘기하는 것도 별 도움으로 되지도 않는다. 왜냐하면, 그렇게 말하면 한편에서 내면의 자리에 놓여 있는 것 즉 스스로 **사유하고** 또한, **사유 되는 것**의 규정과 다른 편에서 외면의 자리에 놓여 있는 것 즉 존재하는 현실이 상호관계에 들어가기 때문이다. -따라서 만약 어떤 사람에게 "너의 머리**뼈**가 이런 모습**이므로** 너(너의 내면)는 이런 사람이다"라고 한다면 이는 내가 보기에 머리뼈가 너라는 인간의 **실상**으로 여겨진다고 말하는 것과 다름없다. 관상학에서 그런 판단을 하면 뺨을 후려치는 것으로 응수할 수밖에 없다는 얘기를 했지만, 그것은 우선 관상학이 펼치는 위세나 지위 가운데 **약한 부분**[안면]을 끌어내서 이 약한 부분이 참된 **그 자체 존재**가 아니며 정신의 실상도 아니라는 점을 입증한 것일 뿐이다. 여기 골상학에서는 그런 방식으로 응수하는 데 그칠 것이 아니라 그렇게 판단하는 사람의 두뇌를 부수는 데까지 나가야 할 것이다. 그렇게 해야만 뼈라는 것이 인간에게 **그 자체**로는 아무런 의미도 없고, 하물며 그것이 **인간**의 실상을 참으로 나타내주지 않는다는 사실을 그 사람의 지능에 맞게 생생하게 입증할 수 있다.

[해제] 마지막으로 헤겔은 골상학이 머리뼈는 실제 그 사람을 지시하는 것이 아니라, 그 사람이 가지고 있는 가능성 또는 소질을 표현하는 것이라고 주장하는 것에 대해, 그런 주장은 골상학이 자기 자신의 주장을 스스로 반박하는 것이라고 한다. 왜냐하면, 가능성이나 소질이 추상적인 것인 한에서 가능성이 있다는 것은 동시에 가능성이 없다는 말과 같으니, 머리뼈가 어떤 소질을 지시한다면 이는 그런 소질을 지시하지 않는다는 말과 같기 때문이다. 그러므로 헤겔은 골상학은 "자신이 마음먹은 것과 반대되는 것을 그러나 멍청하게도 스스로 말해 버린다"라고 한다.

마지막으로 골상학은 정신이 머리뼈에 인과적 영향을 미친다는 주장에서 후퇴해, 마치 용모나 거동이 내면을 표현하듯 머리뼈 역시 내면을 표현하는 것이라고 주장한다. 헤겔은 이렇게 후퇴하더라도 도움 되지 못한다고 말한다. 왜냐하면, 내면을 표현하려면 [외면적] 존재는 얼굴에서와같이 자기 내로 복귀하여야 하지만, 머리뼈는 참으로 직접 존재하는 사물에 지나지 않기에 정신과는 어떤 관계도 맺을 수 없기 때문이다.

헤겔은 계속된 골상학에 대한 비판 끝에 마침내 골상학은 이성적 판단이 아니라고 주장한다. 골상학은 머리뼈가 정신의 현존이라고 말하는 가운데, 가장 모순적인 주장을 즉 정신이 곧 사물이라는 주장을 하는 것이기 때문이다.

그러므로 헤겔은 용모로 내면을 짐작하는 관상학자의 **뺨**을 후려갈 기듯이 머리**뼈**를 통해 정신을 추론하고자 하는 사람은 그 머리**뼈**를 부수어야 한다고 말한다. 이 행위는 머리뼈가 정신과 무관하다는 것을 드러내기 위해서인데, 그렇게 주장하는 사람의 지능에 걸맞은 행동이라는 것이다.

340) 〈SK 257:3~258:3〉〈FM 188:22~189:10〉
자기 의식적인 이성이라면 날 본능 수준이더라도 골상학 따위는—즉 다른 것을 관찰하는 이성의 본능 따위는—서슴없이 내던져버릴 것이다. 관찰하는 이성의 본능은 [이성적] 인식을 예감하기에 이르기는 했지만, 아무 생각 없이 "외면은 내면의 표현이다"라고 파악한다. 그런데 사실 잘못된 사상[Gedanke]일수록 그 사상의 잘못이 명백히 어디에 있는지를 잠시 더욱 아득하게 하며 그 사상의 잘못을 분리해 내는 것을 더욱 힘들게 한다. 왜냐하면, 자신의 본질이라고 여기는 사상이 순수하고 텅 빈 추상적인 것일수록 그 사상은 더욱더 잘못을 범하기 때문이다. 그러나 여기 골상학에서 문제가 되는 대립의 항목은 한편에는 자기를 의식하는 개체성이며 다른 편에는 전적으로 **사물화**한 추상적인 외면이다. 이때 전자 즉 정신의 내면적 존재가 고정된 비정신적인 존재로 파악되면서[354] 머리뼈라는 마찬가지로 고정된 존재에 대립한다. —그러나 관찰하는 이성은 이런 골상학과 더불어 사실상 그 정점에 도달한 듯이 보이지만, 오히려 관찰하는 이성은 이 지점에서 **전복**[überschlagen]돼야 한다. 왜냐하면, 더할 나위 없이 나쁜 상태에 이르렀을 때야말로 자기를 전도[verkehren]하는 직접적인 필연성이 그 자체에서 등장하기 때문이다. —이는 유대민족에 대해 유대민족은 구원받을 수 있는 문턱에까지

---

354 정신의 유동적 기능이 고립적으로 파악되면서 사물화된다는 의미다.

다다라 있으므로 오히려 신으로부터 가장 저주받은 민족이었을 뿐만 아니라 현재도 그렇다고 말해질 수 있는 것과 마찬가지다. 유대민족은 자신의 그 자체로 자기에게 나타난[an und für sich] 본질이어야 하는 것 즉 그 자신의 본질 규정[Selbstwesenheit]으로 스스로 되려고 하지 않고 오히려 이를 다다를 수 없는 피안에 옮겨 놓는다. 유대민족은 직접적인 존재 안에 머물러 있을 때보다도 이런 소외를 거쳐서 그에게 대상으로 되는 것을 다시 자기 안으로 되찾을 수 있을 때 더 고귀한 현존으로 될 **수 있을** 것이다. 왜냐하면, 실로 정신은 그가 겪는 대립이 크면 클수록 자기 내로 복귀했을 때 그만큼 더 위대해지기 때문이다. 정신은 자기가 있게 된 직접적인 통일을 지양하고 자신의 대자 존재를 소외하게 해서 이런 대립에 이른다. 그러나 그런 의식이 자신으로 복귀하지 않는다면, 의식은 중간에 머무른다. 그곳은 불행으로 가득한 텅 빈 현실 세계다. 왜냐하면, 그런 세계를 충족하는 내용이 고정된 극단[피안]으로 됐기 때문이다. 그러므로 관찰하는 이성이 다다른 최종 단계는 이성으로서는 최악의 상태지만, 그럴수록 이 단계의 전복[Umkehrung]이 필요하다.

[해제] 위에서 골상학에 대한 비판을 끝내면서 헤겔은 골상학은 자기 모순적 사상이지만, 바로 그러므로 여기서 새로운 사상의 가능성이 싹트고 있다고 말한다.

사실 골상학은 모순을 가장 추상적으로 표현한다. 즉 가장 극단적인 정신이 즉 "자기를 의식하는 개체성"이 가장 극단적인 사물 즉 "전적으로 사물화된 추상적 외면"과 직접 합치한다고 주장하기 때문이다. 그런 골상학과 같은 사상 앞에 가면 잠시 정신이 아득해진다. 왜냐하면, 추상적 사유일수록 그것이 범하는 잘못이 극단적이기에 오히려 그 잘못이 어디 있는지를 파악하기 힘들어지기 때문이다.

골상학에서 관찰하는 이성은 모순의 정점에 이르지만, 이것은 오히려 그 속에 진실을 담고 있다. 그 진실이란 곧 이성의 진리 즉 이성이 곧 전면적 실재며, 대상이 곧 이성의 범주가 실현된 것이라는 주장이다. 그러나 관찰하는 이성은 이런 이성의 진리를 다만 소외된 방식으로 표현하는 것에 그친다. 그러므로 여기서 "자기를 전도하는 직접적인 필연성"이 등장한다고 주장한다.

이는 마치 유대교와 같다. 사실 유대교는 신과 인간의 합일을 소외된 방식으로 표현한 것이다. 유대교에서 유일신이라는 공포의 극단, 신에 대한 인간의 단적인 복종에 이르렀으므로 여기서 필연적으로 기독교적 사랑의 복음으로 즉 신과 인간의 합일이라는 전복이 일어난 것과 마찬가지다. 이런 전복이 일어나지 않을 때는 "불행으로 가득한 텅 빈 현실 세계"가 된다. 반면 이런 소외에 머무르지 않고 "그에게 대상으로 되는 것을 다시 자기 안으로 되찾을 수 있을 때" 그가 겪는 대립이 크면 클수록 자기 내로 복귀했을 때 그만큼 위대해진다.

헤겔은 이 지점에서 대상 속에서 자기를 찾으려는 관찰하는 이성은 자기를 대상 속에서 실현하는 이성으로 전복된다고 말한다.

341) ⟨SK 258:4~30⟩⟨FM 189:11~30⟩

그러면 이제 지금까지 고찰된 것과 같이 관찰의 대상과 내용이 돼온 일련의 관계를 그 줄거리에서만 살펴보면 다음과 같은 사실이 제시된다. 첫째, 관찰의 **최초 방식** 즉 비유기체의 관계를 관찰하는 단계에서 이미 **감각적인 존재는 소실되고** 여기서 관계를 이루는 계기들은 순수하게 추상적인 것 그리고 단순한 개념에 속한 것으로 드러난다. 이런 단순한 개념은 사물의 현존하는 측면에 묶여 있는 것으로 가정되지만, 이런 현존하는 측면은 소멸하는 계기므로 단순 개념의 계기는 순수한 운동 또는 일반적인 존재[사물의 법칙]로 밝혀진다. 이런 자기를 완결하는 자유로운 과정[사물의 법칙]은 여전히 대상적인 것이라는 의미를 보유하지만, 오직 [통일된] **하나**[Eins]로서 출현한 것이다. 비유기체의 과정에서는 등장하는 하나는 아직 실존에 이르지 못한 내면적인 것에 머무른다. 그런데 자기를 완결하는 과정 즉 하나가 실존하기에 이른다면 유기체가 된다. —하나[Eins]는 대자 존재[Fürsichsein] 또는 부정성을 지닌 본질인 한에서 일반성에 대립해 일반성에서 벗어난 자유로운 대자 존재[355]로 머무른다. 개념[356]은 절대적인 개별화가 일어나는 지반 위에서만 실현될 수 있으므로 자신의 참된 표현 즉 **일반 존재**인 동시에 현존[da]한다는 가능성을 유기체의 실존에서는 발견하지 못하며 그 실존에 외적인 것으로 머무른다. 이를 달리 말하자면 개념은 유기체적 자연의 **내면**에 머무른다고 하겠다. —유기체적인 생명 과정은 다만 **잠재적으로는**[an sich] 자유롭지만, 그 자유로움은 **자각적인**[für sich] 것은 아니다. 유기체적 자유를 자각하는 대자 존재[Fürsichsein]는 유기체의 **목적** 속에서 이미 등장하지만, 그것이 **실존**하기에 이르면 이는 [유기체와는] 다른 본질[Wesen]로 된다. 그것이 자기 자신을 의식하는 지혜[Weisheit: 자기의식]인데, 이는 유기체 과정을 벗어나서 존재한다. 이제 관찰하는

---

355 비유기체에서 법칙은 일반적인 것일 뿐이다. 유기체에서 하나는 부정성을 본질로 하며 자기를 재생산하는 자유로운 대자 존재로 출현한다. 그것이 곧 유기체의 생명이다.

356 유기체의 자유로운 대자 존재는 유기체의 본질 즉 유기체의 유적 본질 즉 개념이다. 이는 유기체의 개별적 실존에 내재하는 것이다. 유기체에서 이 개념은 아직은 잠재적 개념이며, 자신을 재생산하더라도 일시적일 뿐이다. 마침내 의식적 인간에 이르러 사회적 상호 작용을 통해 그 유적 본질이 실존하기에 이르므로 대자적 개념으로 된다. 이런 사회적 상호 작용이 곧 '절대적 개별화가 일어나는 지반'이다.

이성은 이 지혜에 즉 정신에, 다시 말하면 일반적인 존재인 동시에 실존하는 개념에 또는 목적으로 실존하는 목적에 눈길을 돌린다. 여기서 이성의 고유한 본질이 마침내 이성의 대상으로 된다.

342) 〈SK 258:31~259:13〉〈FM 189:31~190:7〉

이성은 이윽고 자신의 순수한 본질[357]로 눈을 돌린다. 그러나 이성은 자신을 구별하는 가운데 스스로 운동하는 대상[사유]을 존재하는 것[대상]으로 파악한다. 그러므로 **사유에 대해 이성이 파악한 법칙**은 영원한 것[Bleibenden]의 영원한 것에 대한 관계[논리적 법칙]가 된다. 그러나 법칙의 내용은 단지 계기에 지나지 않으므로 이런 계기들은 자기 의식적 하나[Eins: 통각] 속으로 합류한다. ―새로이 이성의 대상으로 되면서 그와 동시에 **존재하는 것**으로 받아들여지는 것은 **개별적이며 우연적인** 자기의식[심리적 활동]이다. 따라서 관찰은 한편에서 의도를 실현하는 정신과 다른 편에서 의식 바깥의 현실에 대한 의식된 현실[내면화된 관념]의 우연적 관계 사이에서 동요한다. 단지 본래적인 차원에서 본다면[an sich] 정신은 이 관계를 필연적으로 만든다. 따라서 관찰은 신체를 통해 정신에 가까이 있는 것[자기의 신체]으로 접근하면서 한편으로 정신이 의욕 하면서 활동해 이루는 현실[행위]과 다른 한편으로 그 자체 대상적인 것이면서도 정신이 여기서 자기 내로 반성하기에 이 정신을 관찰할 수 있게 하는 현실[표정이나 몸짓]을 비교한다. 이 후자에서 외면으로 나타난 것은 개인이 자기의 신체를 통해서 자기를 언표하는 언어다. 그러나 이 같은 기호는 동시에 개인이 외면적으로 제시해야 할 정신적 내용[행위]과 무관하며 또한, 마찬가지로 자신에게 기호를

---

357 의식은 자기의식이며 일반적 자기의식이 곧 사유다. 이성의 순수한 본질은 사유를 말한다. 사유의 범주는 곧 대상의 범주이니 즉 전면적으로 실재하는 것으로서 이성이다.

설정해 주는[setzen] 정신도 이 기호와는 무관하다.

343)〈SK 259:14~260:7〉〈FM 190:8~30〉

이런 이유에서 관찰은 그 의미가 부유하는 언어[얼굴상]에서 마침내 **고정된 존재**[머리뼈]로 복귀해 자신의 개념에 따라서 다음과 같이 언표한다: 외면적인 것은 활동의 기관도, 자기를 언표하는 언어나 기호도 아닌 **사체화된 사물**일 때 비로소 정신을 직접 실현한다. 비유기체의 관찰에서 시작됐던 최초의 관찰이 부정했던[aufgehoben] 것 즉 개념이 사물로서 눈앞에 나타난다는 가정을 마지막으로 제시된 골상학의 방식에 따라 다시 서술하자면, 즉 골상학에 따르면 정신이 사물로 실현되며 이를 거꾸로 말하자면 정신은 생명 없는 존재에 정신적인 의미를 부여한다는 것이다. -관찰하는 의식은 위와 같은 서술을 통해 관찰에서 이성에 관한 우리의 개념을 언표하기에 이르렀다. 즉 [이성이 실재한다는] 확신은 자기 자신이 대상적으로 실현된 것인 한에서 자신을 탐구한다는 주장으로 된다. -이 주장은 정신이 머리뼈로 표상되고[vorgestellt] 따라서 정신이 곧 사물을 통해 언표[ausgesprochen]된다는 뜻은 아니다. 이런 사상[이성에 관한 우리의 개념]에 들어 있는 것은 흔히 일컬어지는 유물론이어서는 안 되며, 오히려 정신은 뼈와는 여전히 다른 것이라는 주장이어야 한다.* 그러나 정신이 **존재**한다는 말은 정신은 **사물**이라는 말과 마찬가지다. 그러므로 정신에 관해 **존재** 또는 사물이라는 술어로 판단할 때, 이런 판단을 제대로 표현한다면 정신을 **뼈**와 같다는 **판단**으로 될 것이다. 따라서 최고로 중요한 것으로 여겨져야 하는 사실은 **정신이 존재한다**는 것을 온전하게[rein] 말하는 판단을 제대로 표현하는 방식이 이런 판단[정신이 뼈라는 판단]을 통해 발견됐다는 사실이다. 그밖에 정신에 관해 **정신이 존재한다**거나 정신은 **어떤 존재**를 획득한다거나 정신은 **사물**이라거나, 정신은 개별 **현실**이라고 말할 때, 이 말은 정신이 눈으로 볼 수 있거나 손으로 잡을 수 있거나 몸으로 부딪힐 수 있는 것 등과 같다는 뜻은[gemeint] 아니다. 오히려 정신이 그렇다고 **말해진다는**[gesagt] 것이다. 그런 말의 참된 의미를 표현하는 것은 곧 **정신의 존재가 뼈**라는 주장이다.

*FM주 〈190:19~21〉 헤겔은 여기서 갈의 골상학이 유물론으로 나간다는 비난에 대한 변호에 관련한다. 참조: 갈F. J. Gall, 『의사 갈의 변호서』. 여기서 갈은 후펠란트C. W. Hufeland와 블뢰드K. A. Bloede를 변호한다. 참조: 비쇼프C. H. E. Bischoff, 『갈의 두뇌론과 두개골론에 관한 해명』, S. 140f: "첫 번째 점은 이 학설은 우리 속에 있는 정신적인 것을 어떤 신체적인 것으로, 조직에 의존하고 있으며 그런 조직과 합일하는 것으로 제시한다고 고발한다. 그러면서 이 점은 그런 고발을 통해 유감스럽게도 그처럼 우세해지는 유물론에 새로운 확고한 지주를 제공한다. 그런데 그런 유물론에 따르자면 정신은 신체의 단순한 속성에 불과해 신체와 함께 소멸한다고 한다. / 그러나 이것은 명백히 사실이 아니다. 갈은 매우 조심스럽게 정신과 영혼을 신체 조직으로부터 구분한다. 기관은 정신이 활동하기 위한 물질적 조건에 지나지 않으며 기관이 활동 자체는 아니다. 정신적인 것이 개입하고 영향을 미치지 않는다면 그런 기관은 아무것도 아니다. 그렇다. 그는 높은 단계의 지적 정신 능력, 이성과 의식, 자발성을 개별 기관에 따르지 않는 것으로 여기며 오히려 모든 같은 형태로 떠도는 것을 넘어서 있다고 여긴다. / 누가 그런 이론 속에 유물론을 발견한다면 그는 사람들이 신체는 정신에 영향을 미친다고 말할 때도 그런 유물론을 발견할 것임이 틀림없다. 사실 그런 말은 다 알다시피 아무도 의심하지 않는다."

나아가서 다음을 참조하라: 블뢰드Karl August Bloede, 『두뇌 구조에 관한 갈의 학설』, S. 142.

[해제] 1) 341~343에서 헤겔은 지금까지 서술한 내용 즉 이성이 관찰하는 대상이 자연에서 시작해 유기체로 이행하며, 다시 인간의 자기의식으로 이행하는 과정을 정리한다.

일단 비유기체에서 두 성질의 필연적 연관으로서 법칙이 출현하지만, 이 법칙은 구체적 실재에 외부적인 것 즉 사유를 통해 파악한 것으로서만 존재한다. 그러므로 이 법칙은 사물에서는 감추어진 것으로 나타난다. 유기체에 이르러 추상적 본질은 구체적 개별자 속에서 자기를 실현하면서 이 개별자를 통해 자기를 지속한다. 그러나 여기서 구체적으로 존재하는 것은 개별자고, 추상적 본질은 다만 내적인 것으로 머무른다. 인간의 자기의식에 이르러 사회적 상호 작용을 통해 마침내 추상적 본질은 개별자와 독립해 독자적으로 존재한다. 여기서 생명체에서 내재하는 자유로운 개념은 자각적인 개념으로 발전한다.

2) 이성은 자기의식 자체를 관찰하니, 처음 자기의식의 자기 관계가 파악되면서 이것이 논리 법칙으로 된다. 이것은 자기의식이 스스로 분화되고 다시 통일된 것이므로, 일종의 동어반복이다. 논리적 형식이 의식의 현상에 적용돼서 구체적 내용을 지니고 나타나면, 그것이 곧 심리의 법칙이다. 심리의 법칙은 구체적 내용을 외부 현실로부터 받아들인다. 그러나 내용이 외부로부터 제공되는 한, 자기의식과 외부 현실 사이의 관계는 여전히 우연적이다.

자기의식에서 정신적 내용이 바깥으로 표현될 때, 매개하는 것이 곧 신체 기관이다. 이 신체 기관의 표면에서 그 활동이 자기 내로 반성하면서 신체적 표현이 나타난다. 관상학은 이런 표현을 통해 거꾸로 그 정신적 내면을 유추하려 하나, 그것은 기호적인 관계에 그친다.

관상학은 다시 골상학으로 이행한다. 골상학에 따르면 정신이 사물로 나타나며 이를 거꾸로 말하자면 정신은 생명 없는 사물에 정신적인 의미를 부여한다. 여기서 머리뼈라는 사물은 활동기관도 아니며, 내면을 표현하는 기호도 아니다. 머리뼈는 사물인데 곧 정신이다.

3) 헤겔은 이 골상학의 주장이 모순의 극점이면서도 동시에 새로운 전환을 암시한다고 한다. 이성이 목표로 하는 것은 이성이 전면적으로 실재해야 한다는 것이다. 이 말은 각 사물에서 이성이 실현돼야 한다는 뜻이다. 그런데 골상학은 이런 이성의 목표를 '정신이 뼈'라는 판단으로 제시한다. 이런 판단은 이성의 목적을 드러내지만, 이를 소외하여 가장 모순적인 방식으로 표현한다. 이 소외된 표현을 전복하여 본래 이성의 진리를 표현한다면, 이성은 대상 속에서 자기를 실현하면서 그 결과 대상 속에서 이성을 발견할 수 있게 된다.

관찰하는 이성은 이 전환점에 이르러 새로운 이성을 대상으로 삼으니 즉 자기를 자기 자신을 통해 실현하는 이성을 대상으로 삼게 된다. 이 자기를 실현하는 이성의 영역은 곧 사회적 상호 작용을 통해 형성되는 사회의 영역이다. 이제 이성은 사회 속에서 자기를 발견하려 한다.

344) ⟨SK 260:8~261:10⟩⟨FM 190:31~191:24⟩

그런데 이런 결과에는 이중의 의미가 담겨 있다. 하나는 참된 의미인데, 이런 결과로 생겨난 판단을 통해 자기의식이 지금까지 전개한 운동의 결과가 완성에 이른다는 점에서 지니는 의미다. 불행한 자기의식은 자기의 자립성을 자신으로부터 소외함으로써 자기의 **대자 존재**를 **사물**의 수준으로 격하시켰다. [불행한 의식에서] 이런 소외를 통해 자기의식은 의식으로 즉 **존재** 또는 **사물**을 대상으로 삼는 의식으로 되돌아갔다. ―그러나 이것 즉 사물의 본질은 곧 자기의식이므로 나[Ich]와 존재를 통일한 것 즉 **범주**. 대상이 의식에 대해 이렇게 규정되는 가운데 **의식은 이성을 소유한다**. 의식과 자기의식은 **그 자체로는**[an sich]

본래 이성이지만, 의식의 대상이 범주로 규정되는 의식에 관해서만 말하자면 이는 이성을 **소유**했다고 말할 수 있다. ―그러나 이성을 소유한 것과 이성이 무엇인지를 아는 것[358]은 여전히 구별된다. ―범주란 **존재**와 **의식 자신의 것**[Seinen]이 **직접** 통일을 이룬 것이므로 이 두 형식에 모두 속한다. 관찰하는 의식은 범주가 **존재**라는 형식으로 나타나는 의식이다. 관찰하는 의식은 자신이 의식함이 없이[bewußtlose] 확신하는 사실을 명제로 표현한다. ―그 명제란 곧 이성의 개념에 들어 있는 명제를 말하는 것인데, 하나의 **무한 판단** 즉 의식이 곧 사물이라는 판단이다. ―여기서 무한 판단이란 곧 자기 자신을 부정하는 판단을 말한다. ―무한 판단이라는 결과를 통해 범주[의 의미]에 분명하게 덧붙일 수 있는 사실은 범주는 서로 대립하는 것[존재와 의식]이 지양되는 것이라는 사실이다. **순수한** 범주는 의식에 대한 **직접적인 존재**의 형식을 띠는 한에서는 아직도 타자와 아무런 **매개도 거치지 않은 채** 다만 거기서 **눈앞에 나타나는** 대상을 의미하며 의식도 또한, 대상과 전혀 매개되지 않는 태도를 의미한다. 여기에 무한 판단이라는 계기를 통해 범주의 **직접적인** 상태는 매개와 **부정**을 거친 상태로 이행한다. 따라서 눈앞에 있는 대상은 부정돼야 할 대상으로 규정되고 반면 의식은 그 대상에 대립하는 **자기**의식으로 규정된다. 달리 말하자면 범주는 이렇듯 **존재**의 형식을 띠고 관찰의 대상이 돼오다가 마침내 대자 존재[Fürsichsein]의 형식으로 설정된다. 의식은 더 그 자신을 **직접 발견**하려 하지 않으며 자기의 활동을 통해서 자기 자신을 산출하려고 한다. 관찰에서는 의식은 오

---

358 '이성을 소유한다는 것'은 이성의 개념 즉 자신이 전면적 실재라는 개념이 주관적 확신의 단계에 머무르는 상태를 의미한다. 이성은 아직 자기를 대상 속에서 발견하지 못한다. 이성이 자기를 객관적으로 발견하면서 비로소 자기를 실현하고 동시에 '자기를 인식'한다.

직 사물만을 문제였던 것과 마찬가지로 이제 **의식**은 **그 자신**을 행위의 목적으로 삼게 된다.

[해제] 헤겔은 이 구절에서부터 자연을 관찰하는 이성이 자신을 실현한 이성 즉 사회의 관찰로 이행하는 과정을 서술한다.

우선 불행한 의식에서 자기의식은 자기를 피안으로 소외했다. 자기의식은 사물로 격하됐다. 이런 소외를 극복하면서 자기의식과 대상이 합일하면서 이성으로 발전했다.

이성의 출발점은 곧 '자신이 전면적 실재다'라는 것인데, 헤겔은 이를 범주의 개념을 통해 설명한다. 아리스토텔레스나 칸트에서 보듯이 범주는 사유의 근본 형식이면서 동시에 사물의 객관적 본질이다.

여기서 사유의 범주가 존재의 범주로 되며, 범주에서 양자는 직접 서로 같은데, 헤겔은 이때 이성이 확신의 단계에 머물러 있다고 하면서 이 단계를 '이성을 소유한다'라는 말로 표현하기도 한다.

이제 이성은 이런 확신에 기초해 세계에서 자신을 발견하고자 한다. 즉 "범주가 존재의 형식으로 나타나기"를 기대한다. 그것이 곧 관찰하는 이성의 과정이다.

그러나 자연 관찰을 통해서 사물은 자신의 객관적 본질을 드러내지 않는다. 관찰하는 이성은 사유의 범주를 존재 속에서 발견할 수 없었다. 이런 모순을 통해 관찰하는 이성은 마침내 골상학에서 정점에 이른다.

헤겔은 골상학이 제시하는 '정신은 뼈다'라는 주장을 통해서 마침내 무한 판단이 출현한다고 말한다. 그것은 정신과 사물(뼈)이라는 가장 모순된 두 항의 직접적인 일치이다. 이는 사유의 범주와 존재의 범주가 일치해야 한다는 이성의 요구가 만들어낸 산물이다.

그러나 동시에 이런 무한 판단은 모순 판단이어서 자기를 지양한다. 다시 말하자면 관찰하는 이성은 이런 모순에 부딪혀서 직접적인 자연의 관찰이라는 단계 자체를 지양한다. 관찰하는 이성은 이제 자기의 활동을 통해 산출된 현실 즉 사회에 관한 관찰로 이행한다. 그러나 여기서도 여전히 이성은 제공된 것을 관찰하려는 태도를 버리지 못한다. 마침내 이성이 관찰하려는 태도를 버리고 자기 스스로 실천하려는 태도를 지니면서, 이성은 정신으로 이행한다.

345) 〈SK 261:11~30〉〈FM 191:25~39〉

그 결과로 등장한 것[골상학]이 지닌, 앞에서와 다른 또 하나의 의미는 개념이 없는 관찰에 관해 이미 고찰됐던 것이다. 관찰이 파악할 줄 알고 또 언표할 줄 아는 것은 오직 뼈는 감각적 사물로 발견되고, 동시에 의식에 대해 대상성을 잃지 않는 것인데도 불구하고 관찰하는 의식은 뼈를 자기의식이 **실현된 현실**이라고 거리낌 없이[unbefangen] 공언[公言]한다는 사실이다. 이때 관찰로서는 자기가 이런 것을 말한다는 사실에 관해 투명하게 의식하지 않으며, 또한, 자기의 명제를 주어와 술어의 규정성 그리고 양자 관계에서 파악하지 않고 더욱이 자기를 해소하는 무한 판단이나 개념으로 파악하지도 않는다. ─더 심층적인 곳에 놓여 있는 정신에 관한 자기의식이 여기[골상학]에서 자연 그대로 정직한 모습으로 등장한다. 이런 정직한 자기의식에서는 뼈를 자기의식이 표현된 현실로 여기는 것에서 보듯이 개념적으로 파악되지 않은 **뻔뻔**한 사상이 지닌 파렴치함이 감추어진다. 또한, 그런 파렴치함은 자기의 사상을 멍청함으로 치장하면서 많은 종류의 원인과 결과, 기호와 기관 등이 여기서는 아무런 의미가 없는 것이지만, 이늘을 뒤섞어서 이늘로부터 끌려 나오는 구별을 통해 그런 [무한 판단의] 명제가 지닌 울부짖음을 오히려 은폐한다.

346) 〈SK 261:31~262:36〉〈FM 192:1~29〉

두뇌 섬유세포[359][Gehirnfibern] 등* 정신의 현존[Sein]으로 고찰되는 것은 그 자체가 허구며 한낱 가설에 지나지 않으며 실제로 그것은 **현존**하지도 않고 느낄 수도 볼 수도 없는 것이며 참된 현실도 아니다. 만약 두뇌 섬유세포가 **현존**하는 것이라면 즉 실제로 눈에 보이는 것이라면 이는 생명 없는 대상에 그칠 뿐이므로 결코 정신이 현존하는 존재로 받아들여지지는 않는다. 그러나 [골상학에서는] 본래적 의미에서 대상이라는 것은 **직접적이고 감각적인** 것이어야 하므로 정신은 이런 죽어 있는—왜냐하면, 뼈는 생명체의 표면에 존재하는 것인 한에서 사체[死體]이기 때문이다—직접적이고 감각적인 것에서 자기를 실현하는 것으로 판정된다. —이런 생각[Vorstellung]에 깔린 **핵심**[Begriff]은 이성은 **전적으로 물적인 것 또한, 순수한 대상적인 것 자체**라는 생각이다. 그러나 이성은 개념으로만 대상적인 것으로 되며 개념만이 이성의 진리다.[360] 이런 개념이 순수한 상태에 머물면 머물수록 그 개념은 더욱 천박한 관념으로 전락하는데 이런 전락은 그 내용이 개념으로 존재하는 것이 아니라 감각적 관념[Vorstellung]으로 존재한다면 더 심해진다. —다시 말하자면 자기를 지양하는 판단[무한 판단]이 거기에 담겨 있는 무

---

359 섬유 세포는 힘줄 같은 것을 형성하는 세포로서 돌기가 길게 자라는 것이 특징이다. 칼 보네트는 두뇌 신경 세포를 그런 섬유 세포의 일종으로 본 것으로 보인다. 그는 두뇌의 섬유 세포 하나가 관념 하나에 대응하며 섬유 세포의 형태나 크기가 관념을 결정한다고 본다. 또한, 관념과 관념의 연결은 이런 세포의 연결로 설명하고자 했다.

360 이 구절에서 개념은 이중적 의미를 지닌다. 이성은 전면적 실재 즉 사물의 객관적 본질을 의미한다. 이 본질은 지속적인 본질인 실체이니 즉 개념이다. 이성의 단계에서는 이 개념은 아직 개념 즉 잠재적인 것으로만 출현한다. 이성의 개념이 실현되면 이성은 정신으로 발전한다.

한성이 의식되는 가운데 받아들여지는 것이 아니라, 고정된 명제로 받아들여지면서 그 명제의 주어와 술어가 저마다 독자적인 것으로 여겨지고 자아[Selbst]는 자아[Selbst]로, 사물은 사물로 고정되면서도 한쪽이 다른 쪽과 계사로 연결돼야 하는 경우가 바로 그런 경우다. ―이성은 본질에서는 개념이지만, 직접 자기 내에 머무르면서도 자신을 자신과 그 자신에 반대되는 것으로 분열시킨다.[361] 양자의 대립은 바로 그러므로[개념의 분열이므로] 마찬가지로 직접 지양되는 것이다. 그러나 이성이 자기 자신과 동시에 자기의 대립물로 제시되고 이렇게 분열된 계기 가운데 전적으로 어느 한 개별 계기에 고정되면 이때 이성은 비이성적으로 파악된다. 이때 분리된 계기가 순수할수록 그 내용이 현상하는 모습은 더욱 날카로운 대립을 보여준다. 그 결과 내용은 의식에 대한 대상으로 전락하거나 아니면 의식을 거리낌 없이[unbefangen] 기호로 표현하는 것일 뿐이다. ―정신은 자신의 심층에 있는 것을 그의 내면으로부터 꺼내지만, 다만 **표상하는**[vorstellend] 의식에 이르기까지만 이를 밀고 나가서 여기에 머무르게 한다면―이런 의식은 자신이 말하는 것이 무엇인가를 **알지 못하기에 고귀한 것**과 저열한 것을 이처럼 결합한다. 이런 결합의 본성은 생명체에서 생명체의 최고로 완성인 생식 기관과 방뇨 기관이 자연 상태에서[naiv] 연결된 가운데서 표현된 것과 같다. 무한 판단은 무한한 것인 한 생명을 파악하는 데서 완성 단계를 뜻할 것이다. 생명을 의식하더라도 관념에 매몰된 의식이 지닌 태도는 방뇨작용과 같은 것이나.

　　*FM주 〈192:1〉 헤겔은 아마도 본네트Bonnet의 섬유세포 이론을 염두에 두고 있을 것이다. 참조: 본네트Karl Bonnet, 『영혼의 힘에 관한 분

---

361 무한 판단이 표현하는 정신과 사물의 분열을 말한다.

석적 시도』, S. 68, 108, 287ff, 290f: "어떤 판단이나 이성적 추론에서 조화가 발생하는 이유는 효과를 발생하기 위해 서로 통합되는 관계가 있는 곳에서는 어디서라도 조화가 있기 때문이다. ... / 주어와 성질, 마찬가지로 매 개념과 결론은 여러 가지 섬유세포층과 결합하며 이런 섬유세포층이 움직이는 질서는 판단과 이성적 추론의 조화를 이룬다. .. 도덕적 조화는 지성이 획득하는 인상에 있다. 지성으로 볼 때 조화로운 유희에 상응하는 어떤 지적인 섬유세포가 있어야 한다. 왜냐하면, 지성은 그밖에는 관계를 통해서 전적으로 자극을 받지는 않을 것이기 때문이다. ... 두뇌가 결코 이성적 추론의 질서 속에서 움직이지 않을 것이라면 지성은 결코 추론하지 않을 것이다. 추론하는 능력을 쓰는 것은 지적 섬유세포의 유희에 의존하기 때문이다. ... 그러나 추론 능력은 지성에 항상 머물러 있을 것이다. ..."

[해제] 1) 이성은 전면적 실재 즉 사물의 객관적 본질을 의미한다. 헤겔에서 이런 객관적 본질이 곧 실체다. 이성이 추구하는 것은 이런 실체인데, 헤겔은 이를 개념이라 한다. 이성은 이런 개념이 아직 실마리에서만 파악된다. 즉 그 개념이 잠재적인 개념 즉 주관적 개념으로만 출현한다. 여기서 자아와 대상은 대립한다. 이성의 목표는 그런 개념을 실현하며 자각하는 것이다. 이렇게 실체 즉 개념이 파악되면 자아와 대상은 내용에서 합일에 이른다.

골상학에서는 사물의 객관적 본질 즉 '자아와 대상의 통일'이라는 이성의 개념이 직접 관찰하는 방식으로 파악된다. 개념이 대상으로 나타나지만, 아직 직접적인 방식으로 나타난다. 이런 직접성 덕분에 개념의 관계가 오히려 관념의 방식으로 표현되면서 '정신이 뼈'라는 모순적인 주장 즉 무한 판단이 등장하게 된다.

2) 골상학은 무한 판단을 개념의 자기분열과 자기 지양 운동을 표현

하는 것으로서 이해하지 못하고 무한 판단의 주어와 술어를 저마다 독자적인 것으로 고정하면서 외면적인 관계인 계사[係辭]를 통해 연결되는 것으로만 이해한다. 그것은 마치 자연이 생식 기관과 방뇨 기관을 일치하게 하는 것과 같이 가장 고귀한 정신을 가장 천박한 사물인 뼈가 일치하게 만든다. 골상학은 순진하게도 정신이 뼈라는 모순적인 주장을 하면서도 자신은 그 주장이 모순이라는 사실을 알지 못한다. 골상학은 이 모순적인 주장을 자기를 해소하는 무한 판단이나 개념으로 파악하지 않으니, 헤겔은 그 사상은 "뻔뻔한 사상이 지닌 파렴치함이 감추어져 있으며" "무한 판단의 울부짖음"을 간과한다고 말한다. 즉 무한 판단에 담긴 반성에의 요구를 이해하지 못한다는 것이다.

3) 헤겔은 골상학의 주장은 정신을 물질화하는 유물론으로 발전하게 된다고 한다. 그것이 그의 시대 출현한 두뇌 섬유세포 이론이다. 이 이론은 마치 기분이 담즙의 작용이듯이 관념은 고유한 섬유세포의 활동이며, 관념의 연결은 이런 섬유세포의 연결로 본다. 요즘 발달하는 두뇌 세포의 시냅스 이론의 선구로 보이지만, 시냅스 연결을 통해 관념을 설명하기보다 세포 자체가 하나의 관념으로 본다. 섬유 세포의 크기나 형태가 관념에 상응하는 것으로 본다는 점에서 섬유세포 이론은 골상학의 변형이다. 즉 이 이론은 골상학에서 머리뼈를 마찬가지로 물질적 현존에 지나지 않는 섬유세포로 대체한 것이다.

4) 정신은 뼈라는 골상학의 주장에 깔린 핵심은 이성의 개념 즉 실체가 실현되면서 자각되는 것이다. 헤겔은 자연 세계에서 이런 이성의 개념은 출현하지 못하며 다만 인간이 사회적 상호 작용을 통해서 이루는 사회에서 비로소 이런 이성의 개념이 실현될 수 있다고 보면서, 이제 사회에 관한 관찰로 넘어간다.

B 이성적인 자기의식의 자기 자신을 통한 실현

[해제] 전체 흐름

347) 이성의 자기실현 즉 사회적으로 서로 작용하는 관계

348) 이성 발전의 과정: 이성적 의식(형태)의 전개 속에서 되풀이되는 이전의 의식(계기)

349~351) 사회적으로 서로 작용하는 관계, 이성의 실현으로서 실체 또는 정신적 본질, 습속 또는 자유로운 민족과 개별자

353~355) 민족의 해체와 법적 인격의 출현

356~357) 이성의 실현 과정: 도덕성과 실체성

358~359) 이성의 전개과정: 쾌락과 도덕 그리고 세속

347) ⟨SK 263:5~22⟩ ⟨FM 193:5~17⟩

자기의식은 사물이 자기고 자기가 사물이라는 것을 발견했다. 이는 자기의식이 자기가 **본래** 대상적인 현실이라는 사실을 **의식하게 됐음**을 뜻한다. 자기의식은 그 자신이 전면적으로 실재한다는 사실을 **직접** 확신하는 데 그치지 않고 직접적인 존재는 지양된 것이라는 형식을 갖는다는 사실을 의식하는 데로 나간다. 여기서 직접적 존재가 지닌 **대상성**은 다만 표면적인 측면으로 여겨지며 그런 대상성의 내면적인 본질은 **자기의식 자신**으로 된다. 이제 자기의식이 긍정적으로 관계하는 대상은 곧 자기의식이다. 대상은 형식상 물적인 것[Dingheit]이며 즉 **자립적**인 존재지만, 자기의식은 이 자립적인 대상이 자기에 대해 이질적인 것은 전혀 아니라는 사실을 확신한다. 따라서 자기의식은 자기 역시 **본래** 이 대상[362]으로부터 인정받는다는 사실을 알고 있다. 여기서 자기의식

---

362 여기서 대상은 자연적 대상이 아니라 자기의식의 상호 작용을 통해 출현한 사회로서 대상이다.

은 자신을 이중화하면서 이중화된 양자가 저마다 자립성을 띠는 가운데 자신이 자신과 통일된 것을 확신하는 **정신**의 차원으로 올라선다. 이 확신이 이제 진리로 끌어올려져야만 한다. 자기의식이 타당하게 여기는 사실 즉 자기의식이 **잠재적으로**[an sich] 이미 존재하고 있으며 자신을 **내적**으로 확신한다는 사실이 자기의식 자신의 의식 속으로 들어와 명확하게 **의식**돼야만 한다.

[해제] 1) 이성은 객관적 본질인데 헤겔에서 그것을 발견하는 척도는 같은 것이지만, 다양하게 변용하여 등장한다. 즉 배타적 통일, 내적인 것과 외적인 것의 합일, 서로 작용하는 관계다. 헤겔은 자연 물체의 관찰에서는 배타적 통일이라는 분류 체계를 살펴보았다. 유기체의 영역이나 인간의 관상학이나 골상학에서는 주로 내적인 것과 외적인 것의 일치가 척도로 됐다. 사회 속에서 이성의 척도는 나와 타자가 서로 작용하는 관계다.

관찰하는 이성은 자기를 대상 속에서 발견하려 했지만, 결국, 실패하고 만다. 이런 실패가 골상학에서 정신이 뼈라는 무한 판단으로 등장한다. 무한 판단을 계기로 관찰하는 이성이 대상으로 삼는 것은 자연적으로 존재하는 대상에서 자기를 실현한 자기의식 즉 사회로 발전한다.

사회 속에서 개별 자기의식은 곧 "자기의식이 자신을 이중화한다." 여기서 나와 타자 상호 작용이 출현하면 이런 상호 작용을 통해 각자의 객관적 본질 즉 이성이 실현된다. 사회는 곧 객관적 본질이 실현된 것으로 되며 이 속에서 나와 타자는 자립적이면서도 서로 통일된다. 또한, 사회는 표면적으로는 대상적인 것이지만, "내면적 본질은 자기의식 자신"으로 된다.

2) 이성이 지닌 확신이 자각되는 과정은 단순히 인식의 발전만을 뜻하는 것은 아니다. 인식의 발전은 역사적으로 서로 작용하는 사회관계

의 발전을 매개로 한다. 서로 작용하는 관계의 발전을 매개로 해서 이성의 자기실현과 자기 자각은 달라진다.

B절에서 처음에 등장하는 사회는 아직 사회적으로 서로 작용하는 관계의 발전이 제한적이다. 그 때문에 형식적 인격 사이의 맹목적 상호 작용 가운데 있다. 만인의 만인에 대한 투쟁이 벌어지는 이 현실 속에서 홉스가 말했듯이 개인은 이 속에서 자기의 객관적 본질을 발견할 수 없다. 그 결과 개인과 사회는 대립 속에 있으며, 이성은 자기를 확신하는 데 그친다.

3) 교환관계가 출현하고 이 교환관계가 경제 영역을 넘어 사회 전반으로 확산하면서 사회적 상호 작용이 발전하면서 C절이 시작된다.

여기서 이성의 활동은 자기를 실현하기에 이르지만, 이 자기실현은 고립된 노동을 통해서가 아니라 사회적 교환 또는 사회적 상호 작용 속에서 실현된다. 자기 자신의 객관적 본질 즉 이성은 단순한 노동의 산물이 아니라 사회적 교환관계 속에서 실현된 결과다. 이 결과는 직접 출현하지 못하며 어디까지나 자기에게 소외된 방식으로 출현할 뿐이다. 이렇게 역사적으로 서로 작용하는 것을 통해 객관적 본질이 출현하면서 이성은 진정한 본질을 자각한다. 이를 통해 나와 타자의 통일이 이루어지며, 나는 사회 속에서 나 자신을 발견한다. 이렇게 해서 마침내 이성이 처음 가지고 있던 확신이 자각된다. 그게 C절의 주요 내용이 된다.

5) C절 끝에 이르러 이성이 객관적 본질을 자각하면서 이성의 자기 확신은 진리가 된다. 이렇게 자각된 객관적 본질을 헤겔은 실체 또는 사태 자체라 하는데, 이것이 앞으로 정신이 전개하게 될 지반인 '인륜적 실체' 또는 '정신적 본질'이다.

348) 〈SK 263:23~264:9〉〈FM 193:18~34〉
이런 자기의식이 자기를 실현하는 전반적인 길이 어떤 경로를 거치는가는 지금까지 **의식**이 경험해온 길과 비교해 보면 이미 그 대강에서는[im allgemeinen] 그려진다. 말하자면 범주의 지반에서 활동하는 관찰하는 이성이 **의식의 장에서 일어나는** 운동을 즉 감각적 확신과 지각 그리고 지성의 단계를 되풀이해나갔듯이[363] 자기를 실현하는 이성은 **자기의식 장에서 일어났던** 자기를 이중화하는 운동[주인과 노예의 투쟁]을 다시 한번 관철하면서 독립적인 상태[Selbständigkeit][364]로부터 자유로운 상태로 이행해간다. 활동적[tätige]인 이성은 처음에는 자기를 단지 하나의 개인으로 의식하므로 그런 개인적 존재로서 그 자신을 다른 개인을 통해서 실현하기를 요구하고 산출할 수밖에 없다.[365] ―그러나 이어서 이 개인적 의식은 일반성으로 끌어올려지면서 **일반적**인 이성이 돼 자기를 이성으로서 즉 그 자체로서뿐만 아니라 자기에게 나타나는 대로도[an und für sich] 이미 인정된 존재로 의식하기에 이른다. 이와 같은 인정된 존재는 그 자신의 순수한 의식 속에서 모든 자기의식을 통합한다. 이런 일반적 자기의식이 단순한 정신적 본질이라 불린다. 이런 본질이 의식 되면 **실재하는**[reale] **실체**로 불린다. 앞서 등장한 의식의 모든 형식은 자기의 근거를 이루는 이 실재하는 실체 속으로 복귀하는 까닭에 그 모든 형식은 실재하는 실체가 생성하는 과정에서 생겨난 개별

---

363 『정신현상학』의 전개 구조를 알려주는 귀중한 구절이다. 의식의 각 형태는 이전의 형태를 새로운 차원에서 되풀이한다. 그 구조는 개체 발생이 계통 발생을 되풀이한다는 것과 비슷하다.

364 여기서 자립성 또는 독립성이란 형식적 인격의 타자와 대립하는 고립된 상태라는 의미다.

365 사회적 상호 작용을 말한다. 그 산물이 사회 즉 일반적 이성이다. 경제적 영역에서는 시장에서 교환과 같은 것이지만, 이것이 사회 전 영역에 확산하면 민주주의적 관계나 합의의 관계 전체가 여기에 포함된다.

계기에 지나지 않는다. 이 과정에서 의식의 모든 형식은 이 근거로부터 유리돼 저마다 고유한 형태를 띠고 나타나긴 하지만, 사실 그 근거[실재하는 실체]가 뒷받침해줄 때라야만 비로소 **현존하며 실제로 존재하게**[Wirklichkeit] 되고 오히려 그 근거 자체 속에서 뿌리를 내리는 한에서만 **진리**를 간직한다.

[해제] 1) 헤겔은 이 구절에서 이성 장 B 절의 전개과정을 개념적으로 보여준다. 사회 속 이성 운동에서 처음 출발점은 이기적 개인이 사회 속에서 자기를 발견하려는 입장이다. 여기서 사회는 개인에 대립하므로 개인은 자기를 발견할 수 없다. 이성의 운동이 최종적으로 도착하는 결과는 곧 서로 작용하는 관계 위에서 모든 자기의식이 서로 인정하는 가운데 각자가 자기의 고유한 자기, 객관적 본질을 발견하는 것이다. 이런 서로 작용한 결과로 산출되는 사회가 곧 '실재하는 실체' 즉 '정신적 본질'이다. 여기서 '실재하는 실체'란 이성이 눈앞의 대상으로 출현한 것이라는 의미다. 이 실체는 앞으로 정신의 운동이 출발하는 지점이라는 점에서 곧 '정신적 본질'로 된다.

2) 헤겔은 이성 장의 전개과정을 보여주는 이 구절에서 『정신현상학』의 전체 구조를 이해하는 데 아주 중요한 단서를 제공한다.

우선 헤겔은 앞에서 관찰하는 이성이 이전의 의식 즉 감각적 확신, 지각, 지성을 되풀이했듯이 지기를 실현하는 이성 역시 자기의식의 이중화 운동 즉 주인과 노예의 대립을 되풀이한다고 말한다. 이것은 『정신현상학』의 독특한 구조를 암시한다.

정신현상학에서 의식의 각 형태는 앞의 형태를 내적인 계기로 내면화[erinnerung]하고 있으니 각 형태의 서술에서 이전 형태의 운동이 다시 한번 되풀이된다. 다만 처음 등장했을 때 그것은 역사적 운동이었으나 여기서는 내재화된 논리적 계기로 운동한다.

3) 둘째로 헤겔은 "의식의 모든 형식은 자기의 근거를 이루는 이 실제로 존재하는 실체 속으로 복귀하는" 운동을 전개한다고 한다. 근거로의 복귀라는 이런 운동은 『정신현상학』의 핵심 운동이다.

이 운동은 한편으로 헤겔이 「서론」에서 '의식 경험의 길'이라는 개념으로 제시한 것이다. 여기서 주관적 가설은 모순을 경험하면서 객관적 가설로 발전한다. 주관적 가설이 일부 대상에 적합한 것이라면 객관적 가설은 전체 대상에 적합하니, 이 과정은 개별성에서 일반성으로 올라가는 과정이다. 이것은 내용 운동으로 규정됐는데 내용 운동에서 이렇게 일반화된 것은 이제 개념 운동에서는 운동의 출발점 즉 근거가 된다. 개념 운동은 일반적 근거가 자기를 구체적 개별자로 실현해 나가는 과정이니, 이런 관점에서 본다면, 모든 형식은 이 "근거가 뒷받침하고" 있으며, 그 "근거 자체에 뿌리를 내리는" 것이다.

헤겔에서 앞엣것이 역사의 길이었다면 이 뒤엣것은 곧 논리적으로 전개되는 길을 말한다. 마르크스의 용어를 빌리자면, 앞엣것이 연구 과정에 해당하는 것이라면 이 뒤엣것은 서술 과정에 해당한다. 여기서도 연구 과정의 끝에 도달한 것이 서술 과정에서는 출발점이 된다.

4) 내용의 운동과 개념의 운동, 의식의 운동과 대상의 운동, 연구 과정과 서술 과정의 연관을 이해하기 쉽게 다음과 같은 도해를 만들어 보았다. 각 의식의 형태는 다음 의식의 형태에서 개념의 계기로 나타난다는 사실이 잘 드러난다.

349) ⟨SK 264:10~30⟩⟨FM 194:1~16⟩

우리에게 이 **목표**는 **개념**적으로는 이미 발생한 것이다. -즉 이 목표는 서로 인정되는 자기의식[366]이어서 타자의 자유로운 자기의식 속에서

366 불행한 의식이 현실에 실현되면서 형식적 인격이 출발한다. 이 형식적 인격도 이미 인정된 것 즉 법적 인격이다. 이성의 운동에서 사회적으로 서로 작용하는 가운데서 각자가 자기의 객관적 본질을 실현하게 되면, 즉 정의로운 사회 또는 이

자기를 확신하고 거기서 자기의 진리를 발견한다. ―이제 우리가 이런 목표를 눈앞에 실재하는 것으로 받아들이거나 아직껏 내면에 잠겨 있는 정신을 현존에 다다른 실체로 끄집어낸다면 이런 개념을 통해 **인륜의 나라**가 열릴 것이다. 왜냐하면, 인륜의 나라란 개인이 자기를 자립적으로 **실현**하면서도 그의 본질이 절대적인 정신적 **통일**을 유지하는 것일 뿐이기 때문이다. 이 인륜의 나라는 곧 그 자체로 존재하는[an sich] 일반적인 자기의식이니 이 일반적 자기의식은 다른 의식[개별자의 의식] 속에서 현실[Wirklich]로 받아들여지며 완전한 자립성을 갖는 존재거나 다른 의식에 대해 하나의 [대상적인] 사물로 출현한다. 바로 그런 가운데서 다른 의식은 일반적 자기의식과의 **통일**을 의식하며 비로소 이런 대상적 본질과의 통일 속에 존재하는 자기의식[개인]이 된다. 이런 인륜적 **실체**는 **추상적이고 일반적인 것**에 머무르는 한에서는 **사유의 산물**인 법률을 의미한다. 그러나 인륜적 실체는 법률에 그치지 않고 직접 실제로 존재하는 **자기의식**을 통해 실현되니, 이것이 곧 습속이다.[367] 거꾸로 말하자면 **개별** 의식은 단지 개별적으로 존재하는 한 명의 구성원[Eins][368]일 뿐이다. 왜냐하면, 개별 의식은 자신의 개별성 속에 머무르면서 일반적 의식을 그 자신이 존재하는 지반으로서[sein Sein] 의

성적 사회가 되면, 내용에서 서로 인정된다.
367 법률은 사회적 상호 작용을 통해 생겨난 일반적 목적을 말한다. 습속은 그런 목적을 각 개인이 관습적으로 받아들여 실행하는 것을 말한다. 전자가 가치의 개념이라면 후자는 실천적 의지의 개념이다. 그리스 사회에서 법은 아직 추상적이므로 습속을 통해 실현된다.
368 헤겔에서 '하나'는 통일된 개체면서 여러 하나 가운데 하나를 의미한다. 그러므로 '하나'는 서로 같은 자격을 지니면서 전체를 구성하는 하나의 구성원 정도의 의미를 지닌다.

식하기 때문이며 달리 말하자면 그의 활동과 현존이 일반적 습속을 따르기 때문이다.

350) <SK 264:31~265:9><FM 194:17~29>

자기 의식적 이성의 실현이라는 개념은 사실상 한 민족의 삶에서 완전하게 실재한다[Realität]. 그 개념은 곧 내가 **타자**의 자립성을 인정하면서도 그 속에서 나와 타자의 완전한 **통일**을 직관한다는 것이며 또는 내 앞에 있으면서 나 자신을 부정하는 가운데 자유롭게 움직이는 **물체**[Dingheit]를 **나 자신이 나에 대해 존재하는** 대상[Fürmichsein]으로 삼는[zum Gegenstande zu haben] 것이다. 이성은 유동적인 일반적 **실체**로서 또 불변의 단순한 **물체**[Dingheit]로 눈앞에 나타나면서 동시에 완전히 자립적인 수많은 존재로 분화해 나가는데, 이는 마치 한 줄기의 빛이 무수히 많은 독자적인 광원인 별들로 분산되는 것과 비슷하다. 이 별들은 절대적으로 독자적[für sich]으로 존재하면서도 단순한 자립적 실체 속에서 **본래** 해소될 뿐만 아니라 동시에 [실체 속에서] **대자화**[für sich]³⁶⁹한다. 이렇듯 자립적인 개인이 자기가 개별적이고 자립적인 본질이라고 의식하는 까닭은 곧 이런 개인이 자신의 개별성을 희생하고 이런 일반적 실체를 자기의 혼이며 본질로 삼기 때문이다. 마찬가지로 일반적 실체는 개별자로서 개인의 **활동**을 통해서 성립되는 것이며 달리 말하자면 개인을 통해서 산출된 산물이다.

[해제] 1) 여기서 정신의 첫 단계에서 운동이 그려진다. 인륜적 국가는 사회적 상호 작용이 최초로 출현한 것이다. 여기서 국가는 사회적 상

---

369 여기서 대자는 이중적 의미다. 앞의 대자는 독립적 개인을 말하며 그래서 독자적 존재로 번역했고 뒤의 대자화는 일반적 자기의식인 빛(국가) 속에서 개체가 자기를 실현하는 존재로 된다는 뜻이다.

호 작용의 산물이니 국가는 개인을 초월하면서도 개인에 내재한다. 그러므로 개인은 국가의 자립성을 인정하면서도 그 속에서 자기와 국가의 완전한 통일을 직관한다. 이 국가는 "내 앞에 있으면서 나 자신을 부정하는 가운데 자유롭게 움직이는 물체[Dingheit]"이면서 동시에 "나 자신이 나에 대해 존재하는 대상[Fürmichsein]으로 삼는[zum Gegenstande zu haben] 것이다."

2) 개인의 국가에 대한 관계는 이중적이다. 인식의 차원에서 개인은 국가의 목적 즉 법을 자기 자신의 것이라 인식한다. (자기 의식적 이성) 여기서 법은 사회적 상호 작용을 통해 산출된 객관적 본질을 말한다.

그러나 개인은 의지의 차원에서는 개별자는 국가의 법을 직접 받아들일 뿐이다. 이렇게 직접 받아들이게 되면서 이런 법은 습속[Sitte]을 통해 실현된다. 습속이란 개인이 아직 자각 없이 습관적으로 법을 따르는 것이다. 여기서 의지는 아직 감각이나 지각의 단계에 머무르며, 아직 자기의식의 수준에 이르지 못한다. 이런 습관적으로 이성적 법을 따르는 개인을 헤겔은 개별적으로 존재하는 하나[Eins]라고 한다.

3) 개인의 습관적 복종을 통해 국가는 "자유롭게 움직이는 물체로 되며" 헤겔은 이 관계를 "마치 한 줄기의 빛이 무수히 많은 독자적인 광원인 별들로 분산되는 것"과 같다고 한다. 개인이 "일반적 실체를 자기의 혼이며 본질로 삼으므로" "개인은 자기가 자립적 본질이라고 의식하게 된다." 즉 개인이 습속을 내면화하므로 개인은 자기가 자유롭게 움직이는 것으로 믿는다는 것이다.

그러나 다른 한편 개인이 일반적 실체를 이처럼 신뢰하는 이유는 사실 이 국가가 개인의 상호 작용을 통해 산출된 것이기 때문이다. 개인은 국가의 행위가 자기의 행위라는 것을 알지만, 다만 이를 내면적으로만 간직할 뿐이다. 이것이 곧 신뢰이며, 이런 내적인 신뢰 때문에 습속을 통한 복종이 이루어진다.

351) ⟨SK 265:10~266:20⟩ ⟨FM 194:30~195:23⟩

개인의 순전히[rein] **개별화된** 활동이나 충동[Treiben]은 저마다 자연적 존재로서 즉 **존재하는 개인**으로서 지닌 욕구와 관계된다. 그러나 이 개인의 가장 비속한 기능이 무산되지 않으려면 개인을 일반적으로 유지하는 매체 즉 전체 민족의 **위력**이 뒷받침돼야 한다. -개인은 자신의 활동을 **존립**하게 하는 **형식**을 일반적 실체 속에서 얻을 뿐만 아니라 그 **활동의 내용**마저도 이 속에서 얻는다. 즉 개인이 행하는 것은 만인에게 공통된 숙련과 관습에 따른다. 이 내용은 아무리 개별화되더라도 그 실현은 만인의 활동과 뒤얽혀 있다. 자기의 욕구를 채우기 위한 개인의 노동은 자기 자신의 욕구를 충족하게 하는 것 못지않게 타자의 욕구를 충족하게 하고 또한, 자기의 욕구를 충족하게 하는 것은 오직 타자의 노동을 통해서만 비로소 성취된다. -개별자는 **개별적으로** 노동하는 가운데 이미 **무의식적으로 일반적인** 노동을 수행하듯이 또한, 개인은 다시 일반적인 노동을 개인의 **의식적**인 대상으로 삼아 수행한다. 이렇듯 전체는 **전체 그대로** 개별자의 작품이며 이를 위해 개별자는 자기를 희생하며 동시에 바로 이런 자기희생을 통해 전체로부터 자기 자신을 되돌려받는다. -여기에는 그 어떤 것도 상호적이지 않은 것이라곤 없으니, 여기서 자립적인 개인이 자기의 독자성[Fürsichseins]을 해체하고 자기를 **부정**하더라도 독자적 존재[für sich zu sein]라는 **긍정적**인 의미를 획득하지 못하는 경우는 전혀 없다. 이처럼 한편으로 타자를 위해 존재하고 자기를 물화한다는 것과 다른 한편으로 자기의 독자적 존재를 지킨다는 것, 이 양면이 통일되면서 일반적 실체가 형성된다. 이 일반적 실체는 한 민족이 지닌 관습과 법률을 **일반적으로 지칭하는 말**이다. 그런데 여기서 불변적인 것으로 현존하는 본질[일반적 실체]은 그와 대립하는 듯이 보이는 개별 개체성의 표현과 다르지 않다. 법률은 개인이 **존재하며 활동하는** 내용을 언표하며 개인은 그 법률을 자기 앞에 **일반적인 것**으로 존재하는 대상적 물적 존재[Dingheit]로 인정할 뿐만 아니라 그에 못지않게 또한, 법률 속에서 자기를 인정하며 다시 말해 바로 이 법률이 자기 고유한 개체 속에 그리고 자기의 동료 속에 개별화된 존재로서 살아 있음을 인정한다. 그리하여 일반적 정신 속에서 각자는 다만 자기 자신에 관한 확신을 가질 뿐이다. 이런 자기 확신은 곧 현존하는 현실 속에서 자기 자신 바깥에 다른 어떤 것도 발견하지 못한다는 확신을 의미한다. 각자는 자기의 현실을 확신하는 만큼 다른 사람의 현실을 확신한다. ─여기서 내가 다른 모든 사람에게서 직관하는 사실은 곧 내가 그런 것처럼 다른 모든 사람도 독자적[für sich]이며 자립적 존재라는 사실이다. 그에 못지않게 내가 직접 직관하는 사실은 내가 다른 사람들 가운데서 그들과 자유롭게 통일된다는 사실이며 이런 통일은 나를 통해서 존재하는 것과 마찬가지로 다른 모든 사람 자신을 통해 존재한다는 사실이다. ─나는 직접 **그들**을 **나**로 직관하며 **나**를 **그들로** 직관한다.

352) 〈SK 266:21~29〉〈FM 195:24~30〉

그러므로 자유로운 민족[370] 속에는 이성이 참으로 실현된다. 이성이 지금 살아 움직이는 정신이 됨으로써 개인은 이 민족 속에서 자기의 **사명**이 즉 자기의 일반적인 본질은 무엇이고 개별 본질은 무엇인지가 분명하게 언표된다는 사실을 발견한다. 또한, 여기서 개인은 이런 자신의 본질이 물적인 존재로 눈앞에 있다는 사실을 발견한다. 그뿐만 아니라 개인은 이런 민족 속에서 실제로 그러한 본질로 되고 또한, 자기의 사명

---

370 '자유로운 민족'은 그리스 인륜적 사회를 의미한다. 여기서 개인의 자유는 아직 직접적인 수준으로 실현됐을 뿐이다.

을 다한다. 그래서 고대의 으뜸가는 현자들은 "**인간의 지혜와 덕은 자기 민족의 관습대로 살아가는 데 있다**"라고 말했다.*

*FM주 〈195:28~30〉 예를 들어 다음을 참조하라: 디오게네스 Diogenes Laertius. 『유명한 철학자의 생애와 학설과 단편』, Buch 8, Abschn. 16, S. 530 : "또한, 아리스톡세노스의 책에는 피타고라스학파의 한 사람이었던 크세노필로스가 어떻게 하면 자기 아들을 가장 잘 교육할 수 있느냐는 질문을 어떤 사람에게서 받았을 때, 그가 '좋은 법질서가 있는 도시에 살게 된다면'이라고 말했다는 이야기도 쓰여 있다. 피타고라스는 이탈리아 땅에서 다른 많은 사람을 고귀하고 훌륭한 인간으로 키워냈는데, 그 가운데서도 특히 잘레우코스나 카론다스와 같은 입법자를 키워냈다. 그는 우정을 낳는 사람으로서 충분한 재능을 갖춘 사람이었다. 특히 누군가가 자신이 상징으로 삼는 것을 공유한다는 것을 알면, 그는 즉시 그 사람을 동료로 맞아들여 자신의 친구로 삼았기 때문이다." 헤겔은 아마도 소크라테스를 마찬가지로 염두에 두고 있을 것이다. 소크라테스는 그가 사는 도시의 법을 너무나도 존중했기에 도주보다는 죽음을 선택했다. 참조: 플라톤Platon, 『크리톤』, *Opera*, 1권 51d-53a.

[해제] 여기서 헤겔은 이성의 운동 끝에 도달하는 세계 즉 자유로운 민족의 세계를 설명한다. 이 세계는 각자의 객관적 본질이 실현되면서 모두가 서로 인정하고, 실체와 내가 직접 통일을 이룬 세계다.

여기서 개인은 실체를 지반으로 활동한다. 그는 실체를 통해서만 자기의 욕망을 충족할 수 있다. 그의 활동은 다른 모든 개인의 욕망을 충족하게 한다. 그의 활동은 "만인에게 공통된 숙련과 관습에 따르며, 그의 실현은 만인의 활동과 뒤얽혀 있다." 이런 점에서 헤겔은 개인의 내용과 형식 모두를 실체에서 얻는다.

그 결과 그의 자기 자신을 위한 활동은 일반적 실체를 위한 활동으로 되며 거꾸로 일반적 실체를 위한 활동은 자기 자신을 위한 활동으로 된다. "전체는 전체 그대로 개별자의 작품이며" 개인은 "자기희생을 통해 전체로부터 자기 자신을 되돌려받는다."

나는 한편으로 실체적 법에 종속하며 다른 한편으로 이 실제적 법이 곧 자신의 것이라고 믿는다. 나와 실체 사이의 관계는 동시에 나와 타자 사이의 관계니 나는 자유롭게 타자와 결합하며 이런 결합은 나를 통해 존재하는 것과 마찬가지로 모든 타자를 통해 존립한다.

헤겔은 이런 점에서 이 세계를 '자유로운 민족'이라고 규정한다. 개인은 이 민족 속에서 "자기의 사명이 언표되고 있음"을 발견하며, "자신의 본질이 물적인 존재로 눈앞에 있다"라는 사실을 발견한다. 그뿐만 아니라 개인은 "이런 민족 속에서 실제로 그러한 본질로 되고 또한, 자기의 사명을 다한다."

353)〈SK 266:30~34〉〈FM 195:31~34〉

그러나 자기의식은 자기의 사명을 달성하고 민족의 관습을 바탕으로 살아간다는 행복에서 이미 벗어나 있다. 왜냐하면, 자기의식은 처음에는 다만 **직접으로만** 또는 **개념상으로만** 정신이기 때문이다. 달리 말하자면 자기의식은 아직 이런 [정신의 개념] 상태에 도달하지 못했다고도 말할 수 있는데, 왜냐하면, 이렇게 말하나 저렇게 말하나 같은 말이기 때문이다.

354)〈SK 267:1~11〉〈FM 195:35~196:7〉

이성은 **그와 같은 행복한 상태를** 벗어날 수밖에 없다. 왜냐하면, 자유로운 민족의 삶은 **실재하는 인륜성의** 세계에서는 다만 **가능성**[an sich]에서만 또는 **직접으로만** 존재하니 달리 말하자면 이런 인륜성의 세계는 [직접] **존재하는** 세계므로 여기서 일반 정신은 개별적인 것에 머무릇 관습과 법률 전체는 어떤 **특정한 것**에 지나지 않는 인륜적 실체기 때문이다. 모름지기 인륜적 실체는 더 높은 단계의 계기 속에서 즉 **인륜적 실체의 본질이 의식되고** 그 실체가 지닌 한계가 제거되는 가운데서 그리고 다만 이런 인식을 통해서만 자신의 절대적 진리를 획득하지 직접 **존재**하는 그대로 진리로 되지 않는다. 한편으로 인륜적 실체는 단지 직접 존재하는 한에서는 한정된 의미를 지니며 다른 한편으로 정신이 [직접적] **존재**의 형식을 띤다는 것 자체가 인륜적 실체의 절대적 한계다.

355) 〈SK 267:12~31〉〈FM 196:8~22〉

더 나아가 **개별** 의식은 실재하는[realen] 인륜성 속에 또는 민족 속에 직접 실존하는 경우 그저 천진난만한[天眞爛漫:gediegen] 신뢰 속에서 살아갈 뿐이다. 이런 천진난만한 신뢰 속에서는 정신이 자신을 구성하는 **추상적** 계기[개별자]로 해소되지 않는다. 그러므로 천진난만한 신뢰 속에 있는 정신은 순수한 **개별성으로, 독자적으로**[für sich] 존재하는 법을 모른다. 그러나 이런 사상[371]에 이른다면 물론 이것은 필연적인 일이지만, 개별자가 정신과 **직접 이루는** 통일 또는 정신 속에서 **현존**한다는 개별자의 신뢰는 사라지고 만다. 개별 의식이 이렇게 **고립된** 대자 존재가 된다면 자기만이 본질일 뿐, 일반 정신은 더는 본질로 여겨지지 않는다. **자기의식이 개별 존재일 때 이 계기**는 물론 일반 정신 자체 속에 존재하는 것이지만, 양적 크기를 지니기에 곧 소멸하고 마는 것[eine verschwindende Größe]일 뿐이다. 그러므로 이런 개별 존재는 독자적인 존재로 등장하는 순간 곧장 일반 정신 속에서 해소되며 다만 의탁[依

371 문맥상 "순수한 개별성으로 독자적으로 존재한다"라는 사상을 말한다. 인륜적 세계가 무너지고 법적 인격의 세계가 등장하면서 국가는 개별자로 해체된다.

託]하는 존재[Vertrauen][372]로서만 의식된다. 개별 존재가 자기를 그처럼 고정하는 가운데-개별 존재는 정신적 본질[Wesen]의 한 계기므로 필연적으로 자신을 본질로 서술하기에 이르니-개인은 법률이나 관습과 대립한다. 법률이나 관습은 절대적 본성[Wesenheit]을 발휘하지 못하는, 단지 하나의 사상일 뿐이며 현실적 힘이 없는 추상적 이론에 그치지만, 반대로 개별 존재는 바로 여기에 있는 나[dieses Ich]인 한에서 자신을 살아 있는 진리로 여긴다.

[해제] 헤겔은 여기서 그리스적 인륜의 세계가 몰락하고 등장하는 법적 인격의 세계를 서술한다.

정신의 운동이 시작하는 출발점에서 서 있는 정신적 본질 즉 인륜적 국가에서 나는 일반적 실체와 직접 합일하고 있을 뿐이다. 이처럼 직접성에 머무르는 한 실체는 자연성을 벗어나지 못하며, "특정한 인륜적 실체" 즉 어떤 민족의 습속에 머무르므로, 개인의 자각이 발전하면 그것은 억압적으로 느껴진다. 그러므로 개인은 이에 대립할 수밖에 없다.

그렇게 되면 인륜적 정신은 무너지고, 천진난만한 신뢰도 사라진다. 이제 자각적인 개인, 모든 것을 스스로 결정하는 자유로운 개인이 등장한다. 그는 직접적인 실체에 대립해 자기 자신을 본질로 여긴다. 이런 개인이 곧 법적 인격이다. 이 인격은 서로 같은 존재므로 추상적인 보편성을 지니지만, 법은 추상적이고 형식적인 것에 그치고 개인이 곧 "살아 있는 진리"가 된다.

하지만 헤겔은 이런 개인은 "소멸하고 마는" 양적 크기라고 한다. 이런 인격은 소위 만인의 만인에 대한 투쟁에 들어가서는 결국, 힘으로 특정한 인격의 지배에 굴복하기 때문이다. 그 결과 생겨나는 것이 추종하고 보호받는 존재다. 이것이 그리스 사회가 무너지고 등장한 로마 사회

372　로마 시대 추종하고 보호받는[client] 관계가 광범위하게 발전했다.

다.

356) ⟨SK 267:32~268:18⟩⟨FM 196:23~36⟩

여하튼[Oder] [이성 장에서] 자기의식은 [아직] 인륜적 실체인 **민족정신으로 된다는 행복에 아직 도달하지 못했다.**[373] 왜냐하면, 정신은 일단 관찰 활동으로부터 자기 내로 되돌아오기는 했지만, 아직 정신으로서 자기 자신을 통해 실현된 것은[374] 아니기 때문이다. 정신은 다만 **내면적인 본질** 또는 추상적 존재에 머물러 있다. 다시 말해서 정신은 처음에는 직접적이며, 그처럼 **직접 존재하는** 한, 정신은 **개별적인 것**에 머무른다. 정신[375]은 기존의 세계로 걸어 들어가는 실천적 의식이다.[376] 이때 그

[373] 이성 장은 사회에서 객관적 본질에 대한 인식에 머무른다. 이성 장에서는 개인이 사회 속에서 자기를 발견하는 과정이 그려진다. 이 과정 끝에 개인의 상호 작용을 통해 성립되는 사회 속에서 개인은 자기의 본질을 발견한다. 이성 장에 이어서 정신 장으로 들어가면서 개인은 자각된 자기의 본질을 실현하는 실천적 운동을 전개한다. 여기서 그리스 민족국가 즉 인륜적 정신에서 전개되는 개인과 국가의 직접적 통일을 설명한다.

[374] 이성이 '자신을 통해 실현되는' B 절에서 이성은 자연을 떠나 사회에 대한 인식 활동으로 전환하지만, 사회는 마치 자연처럼 직접 존재하는 것으로 나타난다. '그 자체로 자기에게 나타난 개체성'을 다루는 C 절에서 개인의 상호 작용을 통해 실체 즉 개인의 객관적 본질이 자각된다. 그런 가운데 다시 실천적 의지를 다루는 정신이 출현하면서 정신 장으로 이행한다.

[375] 이 구절에서 '정신'은 나중에 정신 장에 나오는 정신이 아니라, 『정신현상학』 전체에서 전개되는 일반적 의미에서 정신이다. 그러므로 여기서 정신은 구체적으로는 이성의 활동을 의미한다.

[376] 뒤의 정신 장은 도덕적 의지의 형성을 다룬다. 이는 객관적 본질, 정의를 자기의 의지로 받아들이는 문제다. 여기서 이성은 자기에게 고유한 객관적 본질, 사회적 정의를 인식하려 한다. 다만 이런 인식은 실천적 활동을 매개로 하여 얻어진

가 지닌 목적은 **이런** 개별자로 규정되는 자기를 이중화해,[377] 자신을 개별 대상으로 만들어서, 다시 말해 존재하는 자신의 거울상을 생산하고, 이런 대상적 본질과 자신의 현실이 서로 통일된다는 것을 의식하는 것이다. 이런 실천적 의식은 이런 통일을 **확신**한다. 실천적 의식이 보기에는[gilt] 자기와 대상 세계의 통일은 **잠재적**[an sich]이다. 또는 자기와 물적 존재의 합일은 이미 눈앞에 있으니[vorhanden] 이 통일이 실천적 의식 자신을 통해서 **그에게** 생성돼야 하며 또는 그가 그런 통일을 만들어내는 것[Machen][378]이 동시에 그런 통일을 **발견**하는 것으로 된다. 이런 통일이 **행복**으로 불리는 것이므로 개인은 자기의 **행복을 찾아** 자기의 정신에 이끌려 세계로 뛰어들게 된다.

[해제] 1) 앞 구절들에서 헤겔은 먼저 이성이 실현돼서 정신의 운동이 시작되는 인륜적 세계에 관해 설명했다. 이어서 이 구절에서 헤겔은 이성으로 되돌아와서 사회 속에서 이성의 운동을 서술한다.

여기(B 절)서 이성은 주관적 목적이 아닌 자기의 객관적 본질(사태 자체, 정의로운 가치)에 대한 인식을 목표로 하는데, 정신은 이런 객관적 본질에 대한 인식을 전제로 이를 실천하는 의지가 다루어진다.

그런데 이성의 단계 A 절에서 자연 속에서 이성을 발견하려는 인식은 관찰하는 활동을 통해 이루어진다. 여기 B 절에서 이성의 운동은 여

다. 그러므로 "자기 자신을 통해 실현되는" 이성이다.

377 개체가 자기를 실현하면서 행복을 얻는다는 의미이다. 사회 속에서 개인의 활동은 이런 행복을 얻으려는 데 있다. 행복을 얻으려면, 자기의 목적을 현실에 맞게 조절해야 하니, 이런 목적 인식 수준에 따라서 이성이 발전한다.

378 주관적 목적은 현실 속에 실현되지 못한다. 오직 이성적 목적만이 현실 속에 실현되니, 주관적 목적에서 이성적 목적으로 인식을 전환하는 것이 곧 자아와 대상의 통일 즉 행복을 만드는 일이다.

전히 객관적 본질을 인식하려는 것이지만, 여기서 인식은 개인이 자기를 실현하려는 실천적 활동을 매개로 해서 일어난다.

2) 여기서(B 절) 이성은 실천적 활동을 통해 자기의 본질을 찾으려 하지만, 이때 사회는 아직 마치 자연처럼 바깥에서 제공되는 대상으로 여겨진다. 그것은 이성 장 C 절과 대조된다. C 절에서 사회는 사회적 상호 작용을 통해서 출현하는 것으로 제시된다.

참고로 B 절의 제목이 '자기를 실현하는 이성'이라면 C 절의 제목은 '그 자체로 자기에게 나타난[an und für sich] 실재하는 개체성'이다. 제목이 비슷하지만, 앞의 제목은 자기에 대립하는 것으로서 사회를 전제로 그 속에서 자기를 실현하는 것을 말한다. 반면 뒤의 제목은 사회가 자기 자신의 산물이라는 의미를 담고 있다. 사회가 그런 상호 작용의 산물이기에 한편으로 그 자체적인 것이고 다른 한편으로는 대자적인 것이다. C 절에서 사회를 어떻게 보든 이성이 추구하는 것은 여전히 사회 속에서 자기의 객관적 본질을 찾으려는 데 있다.

3) 정신과 이성의 구분, 이성 장 A, B, C 절의 차이를 전제로 이제 이성 장의 운동을 살펴보자. 헤겔은 B 절에서 일어나는 운동을 이 구절에서 우선 간략하게 서술한다. 여기서 개인은 사회와 대립하는 가운데, 자기의 주관적 목적을 실현해서 행복을 얻으려 한다. 개인은 이미 이성이 현실 속에 실현된다고 믿고 있으므로, 자기의 행복이 세계 어디에 있을 것으로 확신한다. 그런 확신과 예감에 이끌려 그는 현실 속으로 뛰어든다. 그러나 그는 자기와 똑같은 다른 개인과 대립하는 가운데 그의 목적은 실현되지 못한다. 다시 말해 그가 부딪힌 것은 냉혹한 현실의 법칙이다. 그가 현실 속에서 행복을 찾기 위해서는 먼저 그 자신이 자기의 목적을 현실에 맞게 즉 자기의 객관적 본질에 따라서 추구해야 한다. 이런 실천적 활동을 통해 마침내 개인은 자기의 객관적 본질을 인식하게 된다. 전체적으로 말하자면, B 절의 운동은 개인이 현실에서 실천하는 활

동을 매개로 해서 주관적인 목적에서 벗어나 객관적인 목적을 인식하는 운동을 다룬다.

357) <SK 268:19~269:18><FM 197:1~30>

지금 우리가 보자면 이성적인 자기의식의 진리는 인륜적 실체라고 할 수 있다 하더라도 여기서 이성적 자기의식 앞에 있는 것은 도덕적 세계 경험[sittlichen Welterfahrung][379]의 출발점일 뿐이다. 자기의식이 아직 인륜적 실체에 이르지 않았다는 측면에서 본다면 이 자기의식의 운동은 인륜적 실체를 향해 나가는 운동이므로, 이런 운동 속에서 지양되는 것은 자기의식이 고립 분산적인 것으로 여기는 개별 계기다. 이들 개별 계기의 형식은 직접 솟아나는 의욕이나 **자연 충동**이다. 그런 충동은 충족되고 나면 다시금 새로운 충동의 내용으로 된다. ─그러나 이런 자기의식은 실체 속에 살아간다는 행복을 상실해 버렸다는 면에서 보면 이 자연적 충동은 자신의 목적이야말로 곧 참다운 사명이나 본분에 해당한다는 의식과 결합한다. 인륜적 실체는 [자기실현을 위한] 자체성을 지니지 못한[selbstlose] 술어로 전락하며 개인이 생동하는 주어의 자리를 차지하니, 여기서 개인은 자기의 일반적 의무의 내용을 자기 자신을 통해 채워 넣으며[erfüllen] 자신이 따라야 할 사명[Bestimmung]을 자기가 결정해야 한다. ─그러므로 전자[인륜적 실체로 나간다는] 의미에서 보면 고립된 개인의 형태가 인륜적 실체를 생성하므로 인륜적 실체에 선행한다. 후자[인륜적 실체를 상실한다는] 의미에서 본다면 고립된

---

379 여기서 이성은 단순한 관찰에 머무르는 관찰하는 이성에서와 달리 세계 속에서 행복을 얻으려는 실천적으로 활동하는 것을 통해 자신의 진정한 목적이나 객관적 가치가 무엇인가를 인식한다. 이런 인식을 헤겔은 '도덕적 세계 경험'이라 한다. 여전히 인식을 목표로 한다는 점에서는 관찰하는 이성에 속한다.

개인의 형태는 인륜적 실체를 뒤따라 생겨난 것이며 자신의 사명이 돼야 하는 것을 해소한다. 전자의 경우에는 개인적 형태가 도달하는 진리가 무엇인가를 경험하는 운동 속에서 직접성 또는 날것의 충동은 사라지고 충동의 내용은 더 높은 단계의 충동으로 끌어올려지기에 이른다. 하지만 후자의 경우에는 의식의 잘못된 관념은 날것의 충동이 곧 자기의 사명이라고 여긴다.[380] 전자의 경우에는 고립된 개인의 형태가 도달하려는 **목표**는 직접적인 인륜적 실체다. 하지만 후자의 경우에 그 목표는 개인적 형태를 의식하는 것이며 곧 개인의 형태를 자기의 고유한 본질로 인식하는 의식이다. 그런 한 이[후자] 운동은 도덕성을 생성하는 운동이다. [이 후자에서는] 도덕성은 첫 번째 직접적인 인륜적 실체보다도 더 높은 단계의 형태다. 그러나 동시에 이 개인의 형태는 단순히 도덕성이 생성되는 **하나의** 측면일 뿐이다. 즉 이 측면은 **독자적 존재**[Fürsichsein]에 귀속하는 측면이며 다시 말하자면 의식이 그 속에서 스스로 **자신의** 목적[실체적 목적]에 해당하는 것을 지양하는 측면이다. ─따라서 이 측면은 도덕성이 인륜적 실체로부터 출현하는 측면이 아니다.[381] 이런 [주관적] 도덕성이라는 계기가 상실된 인륜성에 대립하

---

380 이 구절은 『정신현상학』의 독특한 전개 방식을 시사한다. 즉 이성 장에서는 인식의 측면에서 법적 인격에서 인륜적 실체로 나가며, 정신 장에서는 의지의 측면에서 인륜적 정신에서 법적 인격으로 나간다. 이 구절에서는 헤겔은 정신 장의 결과를 미리 선취해서 두 운동을 제시한다. 먼저 헤겔은 이 법적 인격이 주관적 목적을 넘어서 객관적 가치를 자각하게 되는 것으로 나간다고 설명한다. 이렇게 자각된 객관적 가치가 곧 인륜적 실체다. 이어서 헤겔은 이성 장의 운동을 인륜적 정신이 몰락한 이후 법적 인격이 출현하는 것으로 설명한다. 이 인격은 형식상 자유롭지만, 실제 그 내용을 지배하는 것은 자연적 충동이다.

381 헤겔은 주관적 도덕성[Moralität]과 실체적 도덕성 즉 인륜성[Sittlichkeit]

는 목적으로 될 만한 의미를 지닌 것은 아직 아니므로 여기서 도덕성의 계기는 도덕성의 내용이 공평무사하다는[unbefangen] 측면에 따라 인정될 뿐이다. 도덕성의 계기가 나아가는 방향은 곧 인륜적 실체다. 그러나 지금 우리 시대에는 이런 도덕성의 [주관적] 형식이 더 가까이 와닿는 느낌을 준다.[382] 왜냐하면, 개인의 의식이 인륜적인 삶을 상실한 채 이를 추구하는 가운데 그런 도덕성의 형식을 되풀이하는 한 도덕성의 계기는 그런 [주관적] 형식으로 등장하기 때문이다. 그러므로 차라리 우리 시대 도덕성의 계기를 표상[vorstellt]하는 것은 이런 [주관적] 방식의 표현에 있다고 해도 된다.

[해제] 헤겔은 이성의 운동을 설명하면서 두 가지 대립하는 운동이 작용한다는 것을 서술한다. 한 운동은 개인이 자기를 지양해 인륜적 실체에 이르는 운동이다. 다른 하나는 실체가 해체되고 개인은 충동에 따라 살아가는 것이다. 인식을 다루는 이성 장에서는 도덕성에서 실체적 법칙으로 나가며, 실천적 의지를 다루는 정신 장에서는 인륜적 정신에서 자유로운 법적 인격으로 발전해 나가는 것으로 본다.

이 법적 인격은 형식상 자유롭지만, 내용에서는 충동이 지배한다. 그러므로 전자의 경우 개인의 충동은 극복되면서 실체적인 법칙이 등장한다. 반면 후자는 실체적 법칙은 사라지고 개인의 충동이 지배하게 된다. 이런 개인의 충동에서 나오는 것이 곧 도덕법칙이다. 이런 도덕법칙은 아직 주관적인 것에 그치며, 객관적인 법칙으로 되지 못한다. 이 주관적

을 구분한다. 전자는 추상적 일반성을 의미하며 후자는 사회적 상호 작용의 산물을 의미한다.

382 헤겔은 그의 시대 낭만주의적 도덕성을 비판한다. 낭만주의자는 양심에서 행한 행위는 정당하다고 본다. 이 구절은 낭만적 도덕성에 대한 헤겔의 비판적 의식을 보여준다.

도덕적 법칙을 넘어서 인륜적 객관적 법칙에 이르는 것은 다시 전자의 운동으로 된다.

여기서 헤겔은 그의 시대 학문적 분위기에 관해 간단한 논평을 시도한다. 헤겔은 그의 시대 도덕성이 우위에 있다고 본다. 이는 아마 칸트 및 낭만주의의 도덕주의를 시사하는 것으로 보인다. 반면 그의 시대 민족주의자들의 중세적 전통으로 내려온 실체적 법칙을 우위에 놓는다. 헤겔은 실체적 법칙도 비판하며, 도덕성도 비판한다. 양자에 대한 비판이 이성 장과 정신 장에 걸쳐 전개되는 인격(또는 충동)과 인륜적 실체 사이의 관계다.

358) 〈SK 269:19~23〉〈FM 197:31~34〉

자기의식은 이제 겨우 정신의 개념[실마리]의 단계에 있을 뿐이므로 개별 정신으로서 자신이야말로 본질이라는 규정성 아래 자기를 실현하는 길로 나선다. 그가 목표로 하는 것은 개별자로서 자기를 실현하는 것이며 개별자로서 자기실현을 통해 자기만족을 향락하는 데 있다.

359) 〈SK 269:24~270:14〉〈FM 197:35~198:16〉

자기의식은 **독자적 존재**[Fürsichseiendes]인 한에서 자기를 본질로 규정하는 가운데 자신의 타자를 **부정한다**. 따라서 자기의식은 의식의 차원에서는 자기 자신을 긍정적인 존재로 보면서 타자에 대해 대립한다. 이 타자는 사실 **존재**하기는 하지만, 이 자기의식이 보기에는 결코 그 자체로 존재할 수는 없는 존재[Nichtansichseienden]이다. 여기서 자기의식은 **눈앞의 현실**과 [독자적인] **목적**으로 분열된다. 이 목적은 눈앞의 현실을 지양함을 통해 달성되고, 또 이 현실을 대신해 실현된다. 하지만, 의식이 지닌 최초의 목적은 **직접 존재하는** 추상적인 **독자 존재**[Fürsichsein]거나 **개별자로서** 자기를 타자 속에서 직관하고 또는 타자의 자기의식을 자기로서 직관하는 데 있다. 이 목적의 결과가 도달하는 진리가 무엇인지를 알아차리는 경험을 통해 자기의식은 좀 더 높은 차원으로 올라서며, 이제부터 그의 목적은 자기의식이 개인적인 동시에 **일반적**인 한에서 그리고 **직접** 자기 자신에서 법칙[심정의 법칙]을 획득하는 한에서 존재한다. 그러나 **심정**의 법칙을 실현하는 데서 자기의식이 경험하는 것은 **개별자**가 자신을 본질로 삼는 일이 더는 유지될 수 없고 선[Gute]은 오직 개인을 희생함으로써만 구현될 수 있다는 사실이다. 여기서 자기의식은 **덕**[Tugend]으로 발전한다. 마침내 덕의 의식이 경험하는 것은, 덕의 목적은 잠재성에서는[an sich] 이미 실현되고 행복은 [세속적] 활동 그 자체 내에서 직접 발견되므로 [세속적] 활동이야말로 곧 선이라는 사실이다. 이런 가운데 이성의 전 영역을 관통하는 [핵심] 개념은 물적인 존재[Dingheit]가 곧 정신의 **대자 존재**와 다르지 않다는 것이다. 이 개념은 이성의 운동 속에서 자각된다.* 자기의식은 이런 개념을 발견하자 스스로 실재하면서 자기를 직접 언표[주장]하는 개체가 된다. 개체성은 이때 그에 대립하는 현실에서 어떤 저항도 더는 발견하지 못하며 오직 자기를 언표[주장]한다는 행위 자체가 이런 개체성의 대상과 목표가 된다.

*Lasson 주) 이 운동에 관한 서술이 의식의 생성에 관한 서술과 전적으로 비슷하게 흘러가는 것에 주목하라. 쾌락과 필연성은 이것과 주관적 관념[감각적 확신], 심정의 법칙은 사물과 속임[지각], 덕과 세속은 힘과 지성에 상응한다. 앞에서 의식은 무한성 속에서 자신의 개념을 파악하지만, 여기서 자기의식은 개체성이나 전면적 실재라는 확신에서 전개된다. 이것은 일반자와 개체성의 자기 운동적인 상호 침투를 의미한다.

[해제] 헤겔은 여기서 앞으로 B 절에서 전개될 내용을 소개한다. 이를 간단하게 정리해 보자. 이 과정은 세 단계를 거쳐 나간다. 행복과 운명, 심정의 법칙과 현실의 법칙, 덕과 세속이다. 이 과정에서 개인은 자기를 현실 속에서 실현하려 하지만, 현실의 대립에 부딪혀 좌절하면서, 점차 더 일반적인 도덕을 추구하게 된다.

우선 자기의 행복을 추구하는 개인은 자기도 알 수 없는 운명에 부딪혀, 일반적 도덕에 따라 행위하는 것으로 전환한다. 이 도덕이 곧 심정의 법칙이다. 심정의 법칙은 주관적인 도덕성이다. 심정은 도덕법칙에 따라 행위하지만, 전제자가 지배하는 현실의 법칙을 넘어서지 못한다. 이제 덕이 출현한다. 덕은 곧 주관적 도덕을 포기하고 객관적 도덕에 따라 행동하는 것에서 즐거움을 얻는다. 그러나 덕은 행복을 추구하는 개인이 이전투구를 벌이는 세속과의 투쟁에서 무너지고 만다.

여기서 B 절은 끝나고 C 절이 시작된다. 이런 이행은 사회적 상호 작용이 충분하게 발전하는 과정이 전제된다. 앞에서 얘기했듯이 C 절에서 개인은 자기의 산물을 사회적 상호 작용의 관계 속에서 돌려받으면서 자기를 실현하게 된다.

a 쾌락과 운명[필연성]

[해제] 전체 흐름

360~361) 인격의 행복 추구

362) 행복의 확신과 행운

363) 텅 빈 운명

364~365) 쾌락의 전도는 대립물로의 순수한 비약

366) 내적인 순수 자아로의 이행

360) ⟨SK 270:18~271:7⟩⟨FM 198:19~199:4⟩

일반적으로 말하자면 자기의식은 자기를 **실재화**[Realität]하는 존재니, 자기 자신에서[an ihm selbst] 자신의 대상을 갖는다. 그렇더라도 이 대상은 자기의식이 이제 처음으로 **대자적**[für sich]으로 획득하는 것이며, 아직 **존재하는 것**[seiend]은 아니다.[383] 여기서 존재하는 것이란 곧 자기의식에 대립하면서 자기의식 자신의 것[die seinige]과는 다른 현실을 의미한다. 자기의식의 목표는 자신의 대자 존재[Fürsichsein]를 완성함으로써 자신을 [그 자신과] 다른 자립적 본질로서 발견하려는 것이다. 이 **첫 번째 목적**이란 개별 본질인 자기를 다른 자기의식 속에서 의식하는 것이며 달리 말하자면 이 타자를 자기 자신으로 만드는 것이다. 여기서 자기의식은 이미 이 타자가 **잠재적으로는**[an sich] 자기 자신과 다르지 않다는 것을 확신한다. ─자기의식은 인륜적 실체에서 벗어나 즉 사유에 속하는 움직이지 않는 존재[Sein]에서 벗어나 **대자 존재**로 끌어올려지는 가운데 관습의 법칙이나 기존 세계[Dasein]의 법칙, 그리고 관찰을 통한 앎[Kenntnisse]이나 관조적 이론[Theorie]을*[1] 곧바로 덧없이 사라져가는 그림자와 같은 것으로 여겨 무시하고 만다. 왜냐하면, 이와 같은 관습이나 기존 세계의 법칙 등은 [개별] 자기의식의 대자 존재와 현실과 구별되면서 그와 다른 대자 존재와 현실을 지닌 것[실체]에 관한 지식[Wissen]이기 때문이다. 자기의식에 들어 있는 것은 빛나는 천상의 정신이 아니다. 그런 정신이라면 개별 존재의 감각이나 쾌락에 관

---

383 이 구절에서 '대자적[für sich]'이란 표현은 개체성의 실현이라는 의미다. 이에 대립하여 헤겔은 '존재하는 것[seiend]'을 언급하는데, 전자는 주관적 산물 '그 자신의 것'이며, 아직 타자로부터 인정받지 못한 것이며, 후자는 객관적 산물 즉 '자립적 본질'이며, 타자로부터 인정받은 것이다. 이는 앞으로 C 절에서 등장하는 사회적 상호 작용의 산물을 의미한다.

해서는 침묵하고 일반적인 지식과 활동만을 추구할 것이기 때문이다. 오히려 여기 들어 있는 것은 지상의 정신이니, 이 정신은 개별 의식이 실현하는 것을 참된 현실로 여길 뿐이다.

"그런 자는 지성이나 학문을,

인간에게 제공된 최고의 선물을 경멸하는구나.

악마에게 몸을 내맡긴 한

파멸할 수밖에 없으리라."

-괴테의『파우스트』가운데서*²

*¹ Lasson 주) 여기서 앞에서 제시된 의식 형태가 다시 등장한다. 자기의식의 계기들은 의식이 인륜적 삶을 상실한 이후에 나타나는 형식에서 표상된다.

*² FM주 〈199:1~4〉 참조: 괴테Johann Wolfgang von Goethe,『파우스트』, S. 24:

"그런 자는 지성이나 학문을,

인간에게 제공된 최고의 선물을 경멸하는구나.

눈을 현혹하고 마술을 부리는 것들보다

너의 속임수 수법은 더욱 강하니

너는 이미 내 몸에 제약 없이 머무르는구나.

운명은 인간에게 하나의 정신을 부여했으니

그 정신은 억제됨이 없이 더욱 앞으로 나가는구나.

그런 정신의 조급한 노력은

지상의 즐거움을 뛰어넘는다.

나는 그런 정신을 질질 끌면서 황무지 같은 삶을 지나가며

무의미의 평지를 거쳐 나간다.

그런 정신이 버둥거리며 나에게 꼭 달라붙는구나

그리고 그 정신은 만족을 모른 채
먹을 것도 마실 것도 그 게걸스러운 입을 축이지 못하니
그 정신은 청량제를 헛되이 간청하지만,
악마에게 몸을 내맡긴 이상
파멸할 수밖에 없으리라."

[해제] 이성적 자기의식의 절 가운데 첫 번째 다루어지는 항의 제목은 '쾌락과 필연성'이다. 이 제목을 보면, 헤겔이 여기서 다루려는 것이 에피쿠로스의 쾌락주의임을 쉽게 알 수 있다. '쾌락'이라든가, '필연성(운명)'은 에피쿠로스 철학의 주요 개념이기 때문이다.

헤겔이 그의 『철학사 강의』에서 에피쿠로스의 철학을 높이 평가했다는 것은 잘 알려진 사실이다. 헤겔은 에피쿠로스 철학에 대한 그의 시대의 몰이해에 관해 굉장히 비판적이었다. 헤겔은 스토아주의자 키케로가 에피쿠로스 철학을 얼마나 높이 평가했는가를 인용한다. 후일 마르크스가 에피쿠로스의 철학을 통해 박사학위 논문을 쓰게 된 것도 헤겔의 영향이 아닐까 생각된다.

헤겔은 에피쿠로스 철학과 스토아주의가 서로 대립하지만, 그런데도 최종적인 결론은 같았다고 한다. 스토아주의는 보편적 원리(로고스)로부터 시작한다. 이 원리는 목적론적 원리고, 이 원리의 실현이 스토아주의의 이상이다. 그런 가운데 스토아주의는 원리에 충실하면서, 결과나 현실을 무시한다. 반면 에피쿠로스주의의 이상은 개체성을 원리로 한다. 즉 개인의 만족 즉 쾌락이 출발점이다. 에피쿠로스의 주의는 어떤 동기, 과정이든 그 결과가 중요하므로 현실을 철저하게 고려하지 않을 수 없다.

스토아주의의 이상은 아파테이아(평정심)이다. 그것은 원리에 충실하면서 외적인 유혹, 감염에 흔들리지 않는 것이다. 반면 에피쿠로스주

의의 이상은 아타락시아(부동심)이다. 이는 욕망 자체가 사라진 상태 즉 고요한 마음이다. 쾌락의 추구를 출발점으로 해서 그와 정반대되는 아타락시아로 이행했다는 것이 이상하게 생각될지 모른다. 하지만 에피쿠로스가 생각하는 현실이 맹목적 우연을 통해 지배되는 현실이니, 쾌락이 아니라 고통이 없는 상태가 최선의 쾌락으로 된다. 모든 욕망이 사라진 고요한 마음의 상태 즉 부동심이 최선으로 될 수밖에 없다.

그런데 부동심과 평정심은 비슷하게 보인다. 그러나 부동심은 욕망이 없는 상태고, 평정심은 원리를 지키는 상태니, 표면은 비슷하지만, 그 내면은 근본적으로 서로 다른 것이다. 스토아주의가 유교와 거의 비슷하다면, 반면 쾌락주의는 오히려 노자의 무위사상과 비슷한 것처럼 보인다.

에피쿠로스는 만년에 아테네 근처에서 정원을 하나 구해 제자들과 함께 공동으로 생활했다고 알려진다. 그는 철저한 평등주의자여서, 노예나 여성을 같이 대우했고 매우 관대한 삶을 살아 그의 제자들로부터 무척이나 존경을 받았다고 한다. 당시로서는 획기적인 진보적 철학이었다. 그러나 그는 종교나 정치를 철저하게 회피했는데 그게 사회적 마찰을 일으켜 아타락시아를 방해할 것을 염려했다고 한다. 그래서 그의 제자들은 마치 피타고라스학파처럼 단체를 만들까 시도했다고 하는데 에피쿠로스는 그런 시도를 막았다고 한다.

헤겔은 『철학사 강의』에서는 스토아주의, 쾌락주의, 그리고 회의주의로 헬레니즘이 전개되는 것으로 설명한다. 그런데 『정신현상학』에서는 스토아주의와 회의주의가 자기의식에서 형식적 이성으로 이행하는 과정 가운데 출현한 것이라면, 쾌락주의는 형식적 이성에서 시작하는 최초의 자기의식의 형태로 설명된다. 쉽게 말하자면 스토아주의와 회의주의는 중세 이전 즉 고대에 속하지만, 쾌락주의는 중세 이후에 속한다.

361) ⟨SK 271:8~17⟩⟨FM 199:5~11⟩

이제 개별 자기의식은 삶의 한복판에 뛰어들어서 그가 발을 딛는 토대인 순수한 개체성을 완성하려고 한다. 자기의식은 자신의 행복을 얻기 위해 노력하기보다는 그런 행복을 어디선가에서 직접 움켜잡아 향락하려 한다. 자기와 자기의 현실 사이를 가로막고 서 있는 유일한 존재인 학문, 법률, 도덕 원칙의 그림자마저도 마치 생명이 없는 안개처럼 사라지고 만다. 이런 안개와 같은 것을 통해서는 자기의식은 자신이 실재한다는 것[Realität]에 관한 확신을 얻을 수 없다. 자기의식은 익은 열매를 따듯이 삶을 쟁취하려 하지만, 그런 열매라는 것은 쟁취되는 것인 만큼 동시에 그에게 던져지는 것이기도 하다.

[해제] 헤겔은 여기서 관습의 세계를 벗어나 한 개인으로 자기를 실현하려는 자의 모습을 그려낸다. 즉 쾌락을 추구하는 자의 개념이다.

1) B절 이성의 운동에서 출발점은 고립된 개인이다. 이 개인은 이미 자기 의식적 개인이다. 즉 형식상 자유로운 인격이다. 이 개인은 자기의 행복을 현실 속에서 실현하려 한다.

인격에서 인륜적 세계에서처럼 기존의 관습이 지배하던 실체적 세계는 무너졌다. 기존 세계의 법칙은 그에게 더는 의미를 지니지 못한다. 그렇다고 그는 스토아주의나 회의주의에서처럼 순수 사유에만 머무르지도 않으며, 불행한 의식에서처럼 어떤 피안 즉 천상 속에서 자신을 실현하려 하지 않는다. 그는 자유로운 대자 존재로서 바로 이 현실 세계 즉 지상 속에서 자신을 실현하려 한다.

2) 이 구절에서 헤겔은 쾌락의 개념을 두 가지로 규정한다. 하나는 자기를 대상 속에서 실현하는 것이다. 즉 "자기를 다른 자기의식 속에서 자각하게 되는 것"이다. 이는 자기의식의 대자적 측면이며 곧 쾌락, 행복이 이로부터 출현한다.

다른 하나는 이를 통해 자기의식은 "기존에 존재하는 관습이나 법칙과 같은 것을 곧바로 덧없이 사라져가는 그림자와 같은 것으로" 부정한다는 것이다. 그런 점에서 이런 자기의식은 빛나는 천상의 정신이 아니다. 그런 천상의 정신은 "쾌락에 대해서 침묵하고 일반적 지식과 활동만을 추구할 것"이기 때문이다.

3) 쾌락은 자신의 행복을 얻기 위해 자기 앞에 자기의 타자로 존재하는 현실에 뛰어든다. 이때 그는 행복이 어디선가 있으리라는 예감 아래 있다. 그러므로 자기의식은 이를 만들어내고자 노력하기보다는 그런 행복을 "어디선가 직접 움켜잡아 향락하려" 한다. 그는 "마치 익은 열매를 따듯이" 행복을 쟁취하려 하지만, 그에게 그런 행복은 다만 현실이 "그에게 던져주는 것"에 불과하다.

4) 그러나 현실은 나름대로 법칙을 통해 지배되며 그는 자기의 행복을 좌우하는 현실의 법칙, 필연성에 굴복할 수밖에 없다. 이런 자기의식의 실현은 주관적인 것일 뿐이며 아직 객관화된 것이 아니다. 그것은 객관적으로 인정된 것이 아니다. 주관적인 것은 일시적이어서 덧없는 것이다. 오직 다른 사람에게 인정된 객관적인 것만이 참된 지속적인 현실로 된다.

5) 헤겔이 여기서 그리는 개인의 모습은 중세 초기 한 자루 칼을 들고 행운을 찾아 방랑하는 기사를 연상하게 한다. 그들은 세상에 들어가서 귀부인을 만나 도움을 얻고 전쟁에서 승리하여 영지를 얻으려 한다. 대표적으로 오스트리아 제국을 세운 합스부르크 가문처럼 성공한 자도 있지만, 대부분은 서로의 대립과 투쟁 속에서 몰락하고 만다.

362) 〈SK 271:18~272:12〉〈FM 199:12~32〉

자기의식의 활동은 하나의 계기에서만 본다면 **욕망**의 활동이다. 그런 활동이 목표로 하는 것은 전체 대상적 본질을 폐지하는 것이 아니다. 오히려 그 목표는 형식상으로 볼 때 자신이 타자 존재[Anderssein]로 되거나 자신이 자립적으로 되는 것이다. 하지만 그와 같은 타자 존재, 자립성이라는 형식은 비본질적인 가상에 그친다. 왜냐하면, 이런 타자화는 개별 자기의식이 보기에 본래[an sich] 개별자와 같은 본질을 지닌 것 또는 개별자 자신의 자체성[Selbstheit]을 의미하는 까닭이다. **생동적 현존**이라는 공동의 지반 속에서 욕망과 욕망의 대상은 서로 무차별하게 각자 자립적으로 존립한다. 욕망을 향락하는 것은 생동적 현존을 그것이 욕망의 대상에 속하는 한에서 지양한다. 그러나 여기서 양자에게 별도의 현실을 부여해 주는 생동적 현존이라는 지반은 오히려 범주적인 것, 다시 말해서 존재하는 것이면서 동시에 본질상 **관념적인 것**이다.384 따라서 자신의 자립성에 관한 의식은-이 의식은 다만 자연적인 의식일 수도 있고, 또는 법칙의 체계로까지 자기를 도야한 의식일 수도 있지만, -개인을 각자 독자적으로[für sich] 유지한다. 이때 자기의식은 타자의 자기의식을 곧 **자기의** 고유한 자아 자체[Selbstheit]로 인식하므로385 개인 상호 간 분리는 이런 자기의식에서는 본래적인 것[an sich]이 아니다. 그러므로 자기의식은 **쾌락**을 향락하며 또한, 자립적인 것으로 현상하는 의식 속에서 자기가 실현된 것을 의식하며 나아가서는 두 개의 자립적인 자기의식이 통일된 것을 직관하기[Anschauung]에 이른다. 자기의식은 그의 목적을 달성하지만, 바로 그 가운데서 그의 목적이 최종적으로 도달하는 진리가 무엇인지를 경험한다. 자기의식은 자기의 본질을 <u>개별 대자 존재</u>로 파악하고 있지만, 자신의 목적을 실현한다는 것은 <u>바로 그와 같은 대자 존재라는 본질을 파괴한다</u>. 왜냐하면, 자기의식이

384 의식의 범주는 대상의 범주라는 사실이 이성의 개념에서 설명됐다.
385 형식적 인격은 자기가 생각하는 것을 타자도 마찬가지로 생각할 것이라고 주관적으로 확신한다. 각자는 자신의 주관적 결정이 만인이 인정하는 것으로 여기므로 그 결과 타자와 대립이 발생한다.

그에게 대상으로 될 때 그것은 자기의식이 **개별자**인 한에서가 아니라 오히려 자기의식이 자기와 다른 자기의식과 **통일**을 이루는 한에서이므로 개별자가 지양돼 **일반자**로 되는 한에서기 때문이다.

[해제] 헤겔은 여기서 욕망이 실현되는 지반을 설명한다. 이 지반은 자유로운 인격과 인격 사이의 관계다. 이 인격은 형식상 서로 인정하므로, 각자 자립적으로 서로는 무차별하게 존재한다. 그러나 실질적으로 즉 욕망의 대상과 관계해서는 오히려 반대다.

형식적 인격은 세상의 모든 것이 이미 그 자신의 것으로 생각한다. 즉 타자 존재는 "개별자 자신의 자체성이 관철된 것"을 의미한다. 왜냐하면, 인격의 자유는 노동에서 나오는데, 이 노동은 대상에 형식을 부여하는 것이며, 그 노동은 세상 모든 것에 직접으로나 간접으로 그 자신의 형식을 부여했다고 믿기 때문이다.

형식적 인격은 자신이 결정한 것을 다른 모든 사람이 인정하리라고 믿는다. 그에게 모든 대상이 그 자신의 것이므로 여기서 인격과 인격 사이에 무한한 투쟁이 벌어지게 된다. 그런 가운데 욕망의 실현은 행운에 맡겨져 있다. 대부분은 실패하고 좌절한다. 그 결과 욕망을 향락하기 위한 투쟁은 결과적으로 자유로운 인격의 관계라는 공동의 지반을 파괴할 수밖에 없다. 여기서 자유로운 인격 사이에 보호하고 추종하는 관계 즉 종속적 관계가 출현한다.

욕망하는 형식적 인격은 "자기의 본질을 개별적 대자 존재로 파악하고 있지만" 그 목적을 실현하기 위한 투쟁 속에서 "그와 같은 대자 존재라는 본질을 피괴한다." 즉 욕망의 실현은 오히려 자기를 부정한다는 아이러니에 이른다.

이런 자기모순에 부딪히면서 욕망하는 인격은 자기 내로 반성한다. 이제 현실에서 욕망이 실현되기 위해서 그가 욕망하는 것은 개별적인 것이 아니라 일반적인 것이 돼야 한다는 것을 자각한다.

363) ⟨SK 272:13~273:27⟩⟨FM 199:33~200:35⟩

쾌락을 향락한다는 것은 물론 긍정적 의미를 지닌다. 그 긍정적인 의미는 곧 자신을 대상화하기에 이르러 **자기의식**으로 됐다는 것이다. 또한, 쾌락을 향락한다는 것은 그에 못지않게 부정적인 의미도 갖는다. 그 부정적인 의미는 **자기 자신**을 지양한다는 것이다. 자기의식이 자기실현을 오직 긍정적인 의미로만 보려고 하는 가운데 모순에 관한 경험이 의식 속에서 등장한다. 이런 모순 경험 속에서 자기의식은 개별자로서 현실성을 획득하자마자 부정적인 **본질**을 통해 자기의 현실이 부정된다는 것을 경험한다. 그런 부정적 본질은 현실로 나타나지 않고 [wirklichkeitslos] 텅 빈 것이면서도 개체성의 현실화에 대립해 심지어 자기의식을 파괴하는 위력을 갖는다. 이 부정적인 본질은 사실 개체성 자체에 내재하는[an sich] 본질을 드러내는 **개념**일 뿐이다. 그러나 이런 개체성은 기껏해야 자기를 실현하는 정신 가운데서도 가장 빈약한 형태다. 왜냐하면, 이런 개체성은 겨우 **추상적**인 이성에 이른 것이거나 그에게서 그 자체 **존재**와 **자기에게 나타난 존재**가 **통일**된다 하더라도 이 통일은 **직접적**인 통일이기 때문이다. 그러므로 이런 개체성의 본질은 다만 추상적 범주에 해당하는 것일 뿐이다. 그러면서도 이 범주는 더는 관찰하는 정신에서 나타난 범주와 같이 **직접적이고 단순한** 존재의 형식을 띠지는 않는다. 즉 관찰하는 정신에서 범주는 추상적인 **존재** 또는 자기와 이질적인 물체[Dingheit] 일반으로 설정됐다. 반면 여기서는 **물체**[Dingheit] 속에 대자 존재와 매개자[386]가 등장한다. 따라서 범

---

386 욕망하는 개체는 대상 즉 물체 속에서 자기 즉 대자 존재를 실현한다. 그런데 이 대상은 그의 것인 동시에 타자의 것이며, 긍정적인 것인 동시에 부정적인

주는 곧 **순환**하는 모습을 띤다. 그 순환하는 내용은 단순한 본질 규정 [Wesenheiten][387] 사이에 전개되는 순수한 관계다. 개체성이 자기를 실현했다는 것은 개체성이 순환하는 추상적 본질 규정을 단순한 자기의식 내에 함축되던 상태에서 끌어내어 **자기의식에 대한 존재**[Für-es-Seins]의 지반 또는 대상적 확장이 일어나는 지반으로 던졌다는 것일 뿐이다. 자기의식이 쾌락을 향락하는 가운데 그의 본질로 **대상화되는** 것은 그의 텅 빈 본질 규정[388]이 확장한 것에 지나지 않는다. 즉 그것은 순수한 통일이나, 순수한 구별, 그리고 양자 관계의 확장이다. 개인이 그의 **본질**로서 경험하는 대상에는 그 이외 다른 내용이라고는 없다. 그런 대상이 바로 **필연성**이라고 불리는 것이다. 왜냐하면, 이것이 필연성이나 **운명** 등으로 불리는 것은 그것이 무엇을 하는지, 그것의 법칙이 **어떤 것**인지나 설정된[positive] 내용이 어떤 것인지를 전혀 말할 수 없기 때문이다. 왜냐하면, 이것은 오직 **거기에 있을 뿐인 것**으로만 직관되는 절대적이고 순수한 개념이며, 즉 단순하고 텅 빈 것이지만, 흔들림 없이, 중단함이 없이 자기를 관철하는 **관계**면서 그 산물은 다만 개체성을 무화[無化]하는 것일 뿐이기 때문이다. 이런 관계는 **고정된**[feste] **연관**이다. 왜냐하면, 여기서 순수한 본질 규정 또는 텅 빈 추상적 범주가 서로 연관되기 때문이다. 통일, 구별 그리고 관계라는 범주는 어느 하나 그 자체로 자기에게 나타나지[an und für sich] 않으며 오직 자신의 대립물과 관계해서만 존재하므로 서로 분리될 수 없다. 이런 범주들은 그 **개념**을 통

것이어서, 사기를 부정한다. 대상이 지닌 이 이중성을 헤겔은 매개자라고 한다.
387 헤겔은 『논리학』에서 본질이 지닌 규정 즉 '같음', '구별', 그리고 양자의 관계로서 '구별', '대립', '모순'을 본질 규정이라고 말한다.
388 그의 대상은 그의 것에서 타자의 것으로 되고, 그는 좌절한다. 이런 좌절은 형식적 인격이 내적으로 지닌 비어 있음의 결과다.

해 서로 연관된다.[389] 왜냐하면, 그 범주들은 순수한 개념 자체기 때문이다. 이렇게 **절대적으로 관계**하면서 추상적으로 운동하는 것이 필연성을 이룬다. 따라서 단지 개별 개체는 처음에는 다만 이성의 순수한 개념[자기의 대상화]을 자신의 내용으로 삼았으나 죽경지은 이론의 세계에서 벗어나 삶 속으로 몸을 던지는 대신 오히려 생명력이 결핍된 존재를 의식하는 데로 몸을 던지니 이런 개체성에 할당되는 것은 단지 비어 있고 낯선 필연성 다시 말해 **죽은** 현실로서 그 자신이다.

[해제] 1) 헤겔은 욕망의 실현이 행운이듯이 거꾸로 욕망의 좌절은 운명으로 등장한다고 말한다. 처음 형식적 인격 사이의 관계에서 욕망하는 존재는 다른 욕망하는 존재와 대상을 두고 충돌할 수밖에 없다. 그 결과 한편으로 나의 실현은 우연을 통하여 얻은 행운이지만, 다른 한편으로 나는 곧 좌절할 수밖에 없으며, 가혹한 운명 아래 놓인다.

욕망의 자기실현은 우연이기에 "가장 빈약한 형태"며, 그는 그것이 왜 실현되는지 알지 못한다. 마찬가지로 그의 좌절도 우연이며, 그는 그런 가혹한 운명이 왜 자기에게 닥쳤는지를 알지 못한다. 그러나 자기실현이나 자기의 좌절이나 모두 텅 빈 인격이라는 본질로부터 필연적으로 나온다. 이 인격은 형식상으로만 자기를 실현하는 존재며 그 내용은 자기의 힘 밖에 있는 텅 빈 자유일 뿐이다. 이런 비어 있음 때문에 그에게 성공이든 실패든 우연이나 운명으로만 다가온다. 그런데도 그는 이 자신의 본질을 알지 못한다.

이런 운명을 헤겔은 "거기에 있는 것으로 직관되는 절대적이고 순수

---

389 성공을 가져오는 행운(통일의 범주)은 언제든지 좌절을 가져오는 불운(대립의 범주)으로 전환할 수 있으며 거꾸로도 마찬가지다(관계의 범주). 세상 속에 뛰어든 기사들에게 행운과 좌절은 동전의 양면이다. 전자가 통일의 범주로 후자가 대립의 범주로 규정된다.

한 개념"이며 "단순히 비어 있지만, 흔들림 없이 자기를 관철하는 관계"라고 말한다. 앞의 구절은 스스로 움직이는 것이지만, 그것이 무엇인지 알 수 없는 것이라는 말이며 뒤의 구절은 내용을 알 수 없는 텅 빈 것이면서도 필연적으로 자기를 강제하는 힘이라는 의미일 것이다. 또는 헤겔은 이 운명을 "비어 있고 낯선 필연성"이라고 말하기도 한다.

2) 욕망을 추구하는 형식적 인격은 정신의 가장 빈약한 형태, 최초의 직접적이며 추상적 이성이다. 그것의 실현은 가장 직접적인 통일일 뿐이다. 이런 실현이 직접적인 것이므로 그 속에 이미 자기를 부정하는 매개가 들어 있다. 그 실현은 곧 좌절될 수밖에 없다.

여기서 텅 빈 인격을 규정하는 범주가 순환한다. 그것은 자기와 같음[형식적 인격의 같음]에서 자기와의 대립[내용에서 대립]으로, 긍정성에서 부정성으로 끊임없이 전환한다. 각 범주는 "자신의 대립물과 관계해서만 존재하므로 서로 분리될 수 없는" 것이며 그 결과 "단순한 본질 규정이 지닌 순환"이 일어난다. 이런 순환이 욕망하는 존재가 있게 된 운명을 드러낸다.

행운(자기실현)은 이미 좌절을 전제로 하며 좌절 역시 행운을 전제로 한다. 앞에서 인용된 파우스트의 구절에서 암시되듯이, 개체는 "죽은 이론의 세계에서 벗어나 삶 속으로 몸을 던졌으나" 그가 획득한 것은 "단지 비어 있고 낯선 필연성 다시 말해 죽은 현실로서 그 자신"이다.

364) 〈SK 273:28~274:6〉〈FM 200:36~201:10〉

여기서 **하나**[Eins]라는 형식에서 **일반 존재**의 형식으로, 하나의 절대적 추상[대자 존재]에서 다른 절대적 추상으로[필연성], **타자**와의 공동성을 거부하는 순수한 **대자 존재**가 지닌 목적에서 이 목적과 **정**반대의 세계 즉 대자 존재의 목적이 추상적이므로 마찬가지로 추상적인 **그 자체 존재**의 세계[Ansichsein]로 이행한다. 이에 따라 이런 이행 과정에서 눈에 보이는 것은 개인은 여지없이 몰락할 뿐이며 절대적으로 부서지기 쉬운 개인은 그런 개인만큼이나 경직됐지만, 끈질긴 [kontinuierlichen] 현실에 부딪혀 산산조각이 난다는 사실이다. −그러나 개인은 의식적 존재인 한 자기에 대립하는 현실과 그 자신의 통일을 지향하는 가운데 자기가 몰락한다는 것을 직시하면서 그의 목적과 실현된 현실 사이의 모순뿐만 아니라 **자기에게** 본질로 여겨졌던 것과 **본래**[an sich] 본질인 것 사이의 모순도 의식한다. −여기서 개인은 자기가 행한 것 즉 자신의 삶이 쟁취하려 했던 것 속에 담겨 있는 이중의 의미를 깨우친다. 개인은 **삶**을 **쟁취**하려 했지만, 이를 통해 그가 거머쥔 것은 오히려 죽음이다.

365) 〈SK 274:7~30〉〈FM 201:11~29〉

이때 개인에게는 생동하는 존재로부터 죽음과도 같은[leblose] 필연성으로 **이행**하는 것이 어떤 매개도 거치지 않고 일어난 전도인 듯이 생각된다. 이 두 측면을 매개하는 것이 있다면 두 측면을 하나로 통일하는 것이 돼야 할 것이다. 이런 매개 속에서 의식은 하나의 계기를 다른 계기에서 인정해야 할 것이다. 즉 개별 의식은 자기의 목적과 활동을 운명 속에서 인정하며 그의 운명을 자기의 목적과 활동 속에서 인정하고 **자신의 고유한 본질**을 운명의 **필연성** 속에서 인정해야 할 것이다. 그러나 [개별] 의식에는 **개별적으로 생겨나는 단순한** 감정인 쾌락이 이런 [자기 목적과 운명의] 통일로 여겨진다. 따라서 자기의 목적이라는 계기에서 자기의 참다운 본질이라는 계기로 이행하는 것은 그런 의식이 보기에는 대립물로 뛰어드는 순수한 비약에 지나지 않는다. 왜냐하면, 두 계기는 감정 속에 포함되면서 결합하는 것이 아니라 오직 일반적 사유[ein Allgemeines oder das Denken]인 순수한 자아 속에 포함되면서 결합하기[390] 때문이다. 그리하여 의식은 자신의 경험 속에서 그의 진리가 생성된다고 가정하지만, 오히려 의식에는 이런 경험을 통해 수수께끼가 생성됐다. 행위의 결과는 **그가 보기에** 그 자신이 **행위한 것 자체**는 아니다. 그는 그를 파괴하는 것이 그 자신의 본래적인 본질에 관한 경험이 아니라고 여긴다. 여기에서의 이행은 단순한 형식 변화에 지나지 않는 것 즉 한 번은 의식이 지닌 내용이나 본질로 생각되고 다른 한 번은 자기 자신의 본질로 직관된 것 즉 대상도 아니다. 그러므로 추상적인 필연성은 단지 부정적이며 불가해한 **일반성의 위력**으로 여겨지니 개인은 그것에 부딪히면 여지없이 짓밟히고 만다.

366) ⟨SK 274:31~275:3⟩⟨FM 201:30~36⟩

지금까지와 같은 것이 자기의식 가운데 이런[쾌락] 형태가 드러내는 현상이다. 그런 형태가 실존하는 모습에서 등장하는 마지막 계기는 그런 형태가 필연성[운명] 속에서 자신의 상실을 경험한다는 사상이며 달리 말하자면 그런 자기의식의 형태가 자기 자신을 자기에 절대적으로 **낯선 본질**로서 경험한다는 사상이다. 그러나 자기의식은 **본래**[an sich] 여기서 자기의 상실을 이겨낸다. 왜냐하면, 운명의 필연성이라는 것 또는 순수한 일반성은 결국, 자기의식의 고유한 본질이기 때문이다. 의식이 자기 내로 복귀하면서 필연성을 자기 자신의 것으로 인식하는 것에서 자기의식의 새로운 형태가 출현한다.

[해제] 쾌락을 추구하는 자아는 자신의 목적이 실현될 것이라고 예감했고 그런 예감 때문에 세계로 나갔으나 그가 경험하는 것은 행운보다는 차라리 좌절이다. 여기서 하나[Eins]와 존재 일반, 순수한 대자 존

---

390 여기서 순수 자아란 곧 텅 빈 형식적 인격을 말한다. 형식적 인격의 이면은 필연적 운명이다.

재의 목적에서 그 자체 존재의 세계 사이에 대립이 일어난다. 개인은 "절대적으로 부서지기 쉬운" 존재며, 현실은 "경직됐지만, 끈질긴 것"으로 그것에 부딪혀 개인은 산산조각이 난다. 개인은 "삶을 쟁취하려 했지만, 이를 통해 그가 거머쥔 것은 오히려 죽음이다."

이런 전환은 "어떤 매개도 거치지 않고 일어난 전도," "대립물로 뛰어드는 순수한 비약"이니, 전환은 그가 이해할 수 없는 낯선 경험이고 그것은 그에게 하나의 수수께끼로 다가온다. 그가 받아들인 결과는 그의 행위가 초래한 것이 아니라, 어떤 낯선 존재가 일으킨 것이다. 그 낯선 존재는 "단지 부정적이고 불가해한 일반성의 위력"이며 "절대적으로 낯선 본질"이다. 개인이 행운의 경험에서 운명에 관한 경험으로 이행하는 것은 아무런 매개도 없이 일어나는 "대립물로 뛰어드는 순수한 비약"에 지나지 않는다.

그러나 사실 그에게 운명은 이미 내재하는 것이었다. 왜냐하면, 그 운명은 그의 텅 빈 인격에서 즉 '순수한 자아'이며 '일반적 사유'에서 나오는 것이기 때문이다. 헤겔에 따르면 쾌락은 이런 운명을 이겨내는데, 왜냐하면, "운명의 필연성이라는 것은 결국에는 자기의식의 고유한 본질이기" 때문이다. 그는 이제 자기 내로 반성하면서 운명 속에서 자기를 인정하며, 이 운명이 자신에서 나온 것임을 알아차린다. 이런 운명애를 통해 욕망은 개인적 목적인 욕망을 극복하여 일반적 목적을 추구하는 의식 형태로 발전하는데, 이것이 새로운 의식의 형태인 심정의 법칙이다. 이는 자기 속에서 일반성을 발견하려는 최초의 시도다.

b 심정의 법칙과 자만의 광기

[해제] 전체 흐름

367~368) 심정의 개념

369) 현실의 법칙

370~371) 심정의 현실에 대한 투쟁
372~375) 심정의 자가당착
376~377) 심정의 착란과 그 원인
378~380) 덕과 세속으로 이행

367) ⟨SK 275:8~16⟩⟨FM 202:4~10⟩

자기의식에서 필연성이 획득하는 참된 의미는 자기의식의 새로운 형태에서 나타나는 필연성이다. 이런 새로운 형태의 자기의식에서는 자기의식 자신이 필연적인 것으로 된다. 자기의식은 **일반적으로 타당한** 법칙이 자기 안에 **직접** 깃들어 있음을 안다. 이때 이 법칙은 대자적으로 존재하는 의식에 내재한다는 규정 때문에 '**심정의 법칙**'이라고 불린다. 심정의 법칙이라는 형태도 **개별자**로서 자신이 보는 한에서[für sich als Einzelheit Wesen] **본질**이라는 점에서는[391] 앞에서 본 쾌락의 형태와 마찬가지다. 그러나 이런 형태는 그것의 **대자 존재**가 필연적이고 일반적인 것이라는 점에서 그 이전 형태보다 더 풍부한 규정을 지닌다.

368) ⟨SK 275:9~21⟩⟨FM 202:11~14⟩

그러므로 심정의 법칙은 자기의식에 고유한 것 자체고 달리 말하자면 심정은 그 자체에서 법칙을 지니고 있으므로 이런 법칙은 심정이 실현해 나가야만 할 **목적**이다. 이때 목적의 실현이 목적의 개념에 합치되는지나 이 목적을 실현하는 과정에서 심정이 자신의 법칙을 본질상 중요한 것으로서 경험하는지를 놓고 따져봐야만 하겠다.

[해제] 367~368 구절에서 헤겔은 심정의 법칙을 개념적으로 제시하

---

391 심정의 법칙은 주관이 일반적인 것 또는 본질이라고 판단하는 법칙이다. 예를 들어 공리주의적 도덕과 같은 것이다. 중세라는 시대를 고려하면 차라리 기사도 도덕이 여기에 속한다고 하겠다.

다. 개체가 필연성 즉 운명을 만남으로써 모순에 부딪히자, 개체는 운명을 내재화해 자기를 일반화한다. 그것이 곧 심정의 법칙이다.

심정의 법칙은 일반 목적을 자기의 목적으로 삼지만, 헤겔은 이미 그 한계를 지적한다. 왜냐하면, 심정의 법칙은 일반적이더라도 자신이 인정하는 것인 한에서 일반적인 것이기에 그런 일반적인 것은 개별자의 주관에 의존하기 때문이다.

구체적 예를 들자면, 공리주의적 도덕과 같은 것이지만, 헤겔의 이 구절이 중세를 배경으로 한다고 본다면, 차라리 기사도 도덕과 같은 것이 더 적절한 예가 되겠다.

369) ⟨SK 275:22~276:8⟩⟨FM 201:15~31⟩

이런 심정에는 일정한 현실이 대립한다. 왜냐하면, 심정 속에 있는 법칙은 일단 다만 **대자적인 것**일 뿐 아직 실현된 것은 아니며 그와 동시에 개념이 지닌 모습[392]과는 **다른 것**이기 때문이다. 따라서 이와 같은 타자는 실현된 현실에 대립하는 현실이다. 따라서 [현실의] **법칙과 개별자**[심정] 사이에 **모순**이 존재한다. 그러므로 한편으로 현실은 개별 개체성을 억제하는 법칙이며 그러므로 심정의 법칙에 모순되는 세계에서 나타나는 폭력적인 질서를 의미한다. 다른 한편에는 그런 질서 밑에서 고통받는 인류[Menschheit]가 있다. 이 인류는 심정의 법칙을 따르지 못하고 낯선[fremd] 필연성에 종속된다. ―의식의 현재 형태[심정의 법칙]에 **대립해** 나타나는 현실은 이미 밝혀진 것처럼 이전에 등장한 관계 즉 개체와 그 개체의 진리가 분열된 채로 맺는 관계 다시 말하자면 개인을 짓밟는 잔인한 필연성의 관계와 다르지 않다. **우리의 관점에서 본다면** 이전의 운동[필연성]은 새로운 형태를 향해 다가가는 것이다. 왜냐하

---

392 개념은 스스로 자기를 실현하는 힘을 지닌 존재다. 심정은 일반적이지만, 자기를 실현하는 힘을 지니지 못한다.

면, 이 새로운 형태는 본래[an sich] 이전의 운동으로부터 발생한 것이므로 그 출발점이 됐던 계기는 이런 새로운 형태를 위해서 필수적이기 때문이다. 그러나 새로운 형태에서는 자신의 발단으로 된 계기가 이미 **현존하는 현실**[Vorgefundenes]로서 나타난다. 왜냐하면, 이 새로운 형태는 자신의 **기원**을 전혀 의식하지 못하며 그에게 본질상 중요한 것은 오히려 자신이 **대자적으로** 존재한다는 사실이며 달리 말하자면 자신이 실정적으로 현존하는 그 자체 존재[positive Ansich]에 대해 대립하는 부정적인 힘이라는 사실이기 때문이다.

[해제] 1) 이런 일반 목적을 추구하는 심정의 법칙에 대립하는 것은 이제 현실의 필연성이다. 이 필연성은 운명적 필연성과 구별된다. 운명적 필연성은 아무 내용이 없는 텅 빈 것이었으나 이제 등장하는 현실은 구체적 내용을 지닌 것이다.

심정의 법칙은 일반적인 목적이므로 주관적으로는 정당한 것으로 여겨진다. 거꾸로 심정에 대립하는 법칙은 정당한 목적을 짓밟는 것이니, 전제적 개인의 실정적 폭력적 지배가 된다. 개인은 이 현실의 법칙에 억압당하며, 전체 인류는 그 질서 밑에서 고통받는다. 심정의 법칙은 쾌락의 일반화에 따른 것이며 거꾸로 필연성은 불가해한 것이 아니라 "이미 존재하는 현실"로 된다.

필연성의 이런 변화를 헤겔은 주관의 측면에서의 변화에 따른다고 본다. 쾌락은 욕망을 추구하므로, 그에 대립하는 현실은 불가해한 운명이었다. 이 운명으로부터 복귀하면서 심정의 법칙이 출현한다. 심정의 법칙은 주관성을 극복하지만, 아직 한계를 지닌 주관적 일반성에 그친다. 그러므로 이에 대립하여 현실의 법칙은 전제자의 지배가 된다. 즉 그것은 "실정적 힘을 지닌 그 자체 존재"가 된다.

2) 그런데 헤겔이 다루는 자기를 실현하는 이성은 시기적으로 볼 때

중세에 해당하니, 짐작하건대 중세 기사도 문학에 나오는 기사의 도덕성을 지칭하는 것으로 보인다. 기사도는 12~13세기 유럽에 확산했는데, 음유시인인 트루바두르의 문학을 통해 오늘날까지 알려졌다. 대표적 트루바두르로서는 크레티앵 드 트루아를 들 수 있다. 크레티앵 드 트루아[Chrétien de Troyes: 1135~1190]는 성당 학교에서 교육을 받고 1173년 하급 사제가 됐으며, 마리 드 샹파뉴의 궁정에서 활동한 음유시인이며, 궁정 연애시에 해당하는 여러 작품을 작성했다. 대표적인 작품이 『에레크와 에니드』(1169), 『마크왕과 이졸데』(1170), 『죄수 마차를 탄 기사』(1176), 『그라알의 이야기』(1181) 등이다.

헤겔은 『미학 강의』에서 기독교의 절대적 주관성의 정신은 두 번째 단계에서 기사의 정신적 덕목으로 출현한다고 말한다. 기독교의 정신적 덕목은 기사도 속에 포함된 명예나, 사랑, 충성 등의 형태로 나타나는데, 그 기본적 특징은 무한한 심정과 개별적 대상 사이의 직접적인 결합이다. 이때 외적인 현존은 내재하는 심정을 드러내는 하나의 상징이나 기호가 된다.

개별자는 자기를 긍정하는 자유로운 주관성으로 된다. 명예나 사랑, 충성과 같은 심정은 그 속에 절대적 주관성이 내재하므로, 일정한 한계를 넘어서 무한성을 지니게 된다. 즉 명예나, 사랑 그리고 충성의 심정은 끝을 모르는 충만성을 간직한다. 그는 자기를 무한하게 긍정할 뿐만 아니라 타인조차도 자기를 무한하게 긍정하기를 요구하는데, 왜냐하면, 그의 개별적 현존 속에는 무한한 주관성이 내재하기 때문이다.

기사도 문학에서 다른 한편 이 심정이 퍼부어지는 대상은 개별적인 현존이다. 그것은 그 자신에게 무한한 주관성이 내재하는 것이며, 어느 것이 그 대상인지는 그가 자의적으로 선택하는 것에 지나지 않는다. 그러므로 그 대상은 그 자체로서는 가치 없는 것일 수도 있으니, 그 자신에서와 달리 타인의 눈에서 그 대상은 개별적 현존이며 우연적이고 무의미한 현존에 그친다. 그 대상이 이처럼 사소한 우연적인 것이기에 그것은 현실의 우연과 굴절에 따라서 좌우될 수밖에 없다. 기사도의 덕목은 필연적으로 현실과 충돌할 수밖에 없다. 여기서 기사도의 덕목과 현실 사이에 충돌이 벌어지게 된다. 이런 충돌의 결과 기사도는 몰락하게 된다.

기사도가 지닌 이런 이중성, 덕목과 현실의 필연적 충돌이 여기서 헤겔이 설명하고자 하는 심정의 개념에 잘 들어맞는다.

370) ⟨SK 276:9~28⟩⟨FM 202:32~203:12⟩

심정의 법칙에 모순되는 필연성을 극복하고 또 이로부터 눈앞에 닥쳐오는 고통을 제거하는 일이 개체가 지향하는 목표다. 따라서 개체는 더 이전의 형태[쾌락]와 마찬가지로 경박하게 자기만의 쾌락을 추구하지 않는다. 오히려 이런 개체는 정말 진지하게 고매한 목적을 추구한다. 그러기에 개체가 추구하는 쾌락은 자기에게 고유한 **탁월한** 본질을 드러내는 데 있으며 또한, **인류의 복지**를 구현하는 데 있다. 개체가 실현하는 것 자체가 곧 심정의 법칙이므로 개체의 쾌락은 동시에 만인의 심정을 충족하는 일반적인 쾌락이다.[393] 이 양자[쾌락과 심정의 법칙]는 개체에는 **나눌 수 없는 것**이니 여기서 개체의 쾌락은 법칙에 적합한 것이고 전 인류가 공통으로 지닌 심정의 법칙을 실현하는 것은 곧 개인이 개별적인 쾌락을 마련하는 것으로 된다. 왜냐하면, 개체 자신의 내면에서는 개체성과 필연성이 **직접** 합일하기 때문이다. 여기서 법칙은 곧 심정의 법칙이니 개체는 여전히 자기의 개체성을 벗어나지 못해서 양자의 통일은 양자를 상호 매개하는 운동을 통해서 성취되는 것도 아

---

[393] 기사도에서 사랑이 베풀어지는 대상은 우연히 만난, 어떤 곤란에 빠진 귀부인이다. 그는 그 귀부인에 대한 목숨을 건 사랑을 통해 인류를 구원하고자 한다.

닐 뿐만 아니라 또한, 도야를 통해서 성취되는 것도 아니다. 그런데도 직접 제공된 **다듬어지지 않은**[ungezogenen] 본질을 실현하는 것이 자신의 탁월함[Vortrefflichkeit]을 드러내는 것이고 인류의 행복을 산출하는 것으로 여겨진다.

371) ⟨SK 276:29~277:12⟩ ⟨FM 203:13~27⟩

그에 반해 심정의 법칙에 대립하는 [현실] 법칙은 심정으로부터 단절돼 자유로운 독자적[für sich] 존재다. 이 실정적 법칙에 종속하는 인류는 법칙과 심정의 행복한 통일 속에서 살아가는 것이 아니라 혹독한 분열과 고통 속에 살아가거나 거기까지는 아니라 하더라도 그런 실정적 법칙을 **따르는** 가운데 **자기 자신**의 향락은 박탈당한다. 실정적 법칙이 **덮치는**[Überschreitung] 가운데서는 인류는 자신의 탁월성을 의식하지 못한다. 신적이든 인간적이든 전제적 질서는 심정과 분리된 것이므로 심정은 그런 전제적 질서를 **가상**으로 여긴다. 그런 가상적인 것은 심정에 강요되는 것 즉 폭력적 현실이라는 성격을 상실해야 한다. 물론 그러한 폭력적 질서가 **내용상** 심정의 법칙과 우연히 일치할 수도 있다. 이렇게 되면 심정으로서도 그 질서를 시인할 수 있지만, 이때 심정에 본질상 중요한 것은 순수한 합법칙성 자체가 아니다. 오히려 중요한 것은 심정이 그런 법칙 속에서 자기 자신을 의식한다는 것이며 거기서 자기의 만족을 얻는 데 있다. 반대로 일반적 필연성의 내용이 심정과 합치하지 않을 때는 필연성은 내용 면에서 아무런 가치도 없는 것[nichts an sich]이며 심정의 법칙과 어긋나는 것일 수밖에 없다.

[해제] 370~371에서는 심정의 법칙이 현실의 법칙을 부정하는 관계를 서술한다.

심정 법칙은 자기의 심정 속에서 일반적 법칙을 찾아낸다. 이 일반적 법칙은 자기를 도야해서 얻은 것도 아니고, 현실과 자신을 함께 고려해서 매개하는 것으로 출현한 것도 아니다. 이 일반적 법칙은 어디까지나 개인이 주관적으로 확신하는 것일 뿐이다. 이런 확신 가운데 심정은 자신의 법칙을 만인의 법칙으로 생각하며 자신의 쾌락이 곧 만인의 쾌락으로 된다고 본다. 자신의 법칙은 사실 다듬어지지 않은 본질에 지나지 않는데, 이것을 실현하는 것이 자신의 탁월함을 드러내는 것이고 인류의 행복을 산출하는 것으로 여긴다.

그의 심정이 지향하는 대상이 이처럼 그가 주관적으로 확신하는 것 즉 자의적으로 선택한 대상이므로, 우연한 대상은 마찬가지로 우연한 현실의 힘에 지배당한다. 이런 우연적 대상이 무한한 심정이 쏟아 부어지므로 심정은 우연적 현실 앞에 패배당할 수밖에 없으니, 그에게 이 현실은 그 자신의 외부에 있는 사악하거나 전제적인 힘에 지배당하는 것으로 여겨진다. 심정의 법칙이 보기에 현실의 법칙 속에서 인류는 "혹독한 분열과 고통 속에 살아가고" 있다.

때로는 현실의 법칙이 심정의 법칙과 일치할 수도 있는데, 이것은 우연이다. 이때 심정은 현실의 법칙을 인정하지만, 여기서 중요한 것은 이 현실의 법칙이 정당하기 때문이 아니라 심정이 "그런 법칙 속에 자기 자신을 의식하기" 때문이며 거기서 자기만족을 얻는다는 데 있다. 거꾸로 아무리 현실의 법칙이 정당하더라도 그의 심정과 합치하지 않는다면, 그것은 아무런 가치도 없는 것으로 된다.

372) 〈SK 277:13~278:6〉〈FM 203:28~11〉

개인은 자기의 심정에 내재하는 법칙을 **수행한다**. 심정의 법칙은 **일반적인 질서**로 되며 쾌락은 그 자체로 자기에게 나타난[an und für sich] 합법칙적인 현실로 될 것이다. 그런데 심정의 법칙은 이렇게 실현되는 것을 통해서 사실상 그의 심정에서 벗어난 것으로 된다. 심정의 법칙은

[실현되면서] 바로 제거될 수 있는 관계[Verhältnis]로 될 뿐이다. 심정의 법칙은 자기를 실현하는 것을 통해서 오히려 **심정**의 법칙으로 되기를 중단한다. 왜냐하면, 심정의 법칙은 자기를 실현하는 가운데 **존재**하는 것이라는 형식을 획득하면서 **이** 심정과는 동떨어진 **일반적인 위력**으로 되니 개인은 **자기 자신**의 질서를 밖으로 **내놓는**[aufstellt] 순간 이 질서가 더는 자기 자신의 질서가 아니라는 사실을 발견하기 때문이다. 개인은 자신의 [심정의] 법칙을 실현하지만, 그가 산출한 것은 **그 자신**의 법칙이 아니다. 이런 법칙의 실현은 본래 그 자신의 것을 실현한 것이지만, 이 실현된 것은 개인에 대해서는 낯선 것으로 되므로 개인이 산출한 것은 다만 다음과 같은 것일 뿐이다. 즉 개인은 자기를 현실의 질서 속으로 실현하지만, 그가 실현한 것은 그에게 낯선 것일 뿐만 아니라 오히려 그에게 적대적이며 그를 압도하는 힘[Übermacht]이다. ―개인은 자신의 행위를 통해 일반적 지반 **속으로** 자신을 정립한다. 차라리 이렇게 말할 수 있는데, 개인이 자기를 현존하는[seienden] 현실의 일반적 지반**으로** 설정한다. 개인의 행위는 그 자신에게 나타나는 의미로 본다면 일반적인 질서라는 가치를 지닌다. 그러나 개인은 이런 가운데 자기 자신에서 벗어나며 독자적인[für sich] 일반적인 존재[Allgemeinheit]로 나가면서 자기의 개별성을 순화한다. 개인은 일반 존재를 오직 그가 직접 산출한 대자 존재[Fürsichseins]라는 형식에서 인식하기를 바랄 뿐, 이런 자기와 **무관한**[frei] 일반 존재 속에서는 자기를 인식하지 못한다. 하지만 동시에 그런 독립적인 일반 존재조차 그 자신의 활동[Tun][이 만들어낸 산물]이므로 개인은 그런 일반 존재에 속해 있다. 따라서 이런 활동[Tun]은 [독립적인] 일반적인 질서와 **모순된다**는 전도된 의미가 있다. 왜냐하면, 개인의 행위[Tat]란 어디까지나 **개별적인** 심정의 행위여

야 하지 개인으로부터 자유로운 일반적인 현실은 아니어야 하기 때문이다. 그러나 또 동시에 개인은 자신의 행위 속에서 일반적인 현실을 이미 **인정했다**. 왜냐하면, 활동한다는 것의 의미는 개인이 자기의 본질을 **자기와 무관한[freie] 현실**로 정립한다는 것이며 다시 말하자면 현실을 자신의 본질로 인정한다는 것이기 때문이다.

373) ⟨SK 278:7~31⟩⟨FM 204:12~30⟩

개인이 자기에게 귀속하게 만드는 일반적 현실이 어떻게 해서 다시 개인에 대항하는 것으로 되는가 하는 방식은 개인의 활동[Tun]이 지닌 개념을 통해 더 상세하게 규정된다. 개인의 행위[Tat]는 **현실**로서 보면 일반적인 존재에 속하지만, 그 내용은 고유한 개체에 속하는 것이다. 왜냐하면, 개체는 일반 존재에 대립해 **개별적인 존재**로서 자신을 보존하기 때문이다. 그런데도 여기서 어떤 특정한 법칙이 수립된다고 말해지지는 않을 것이다. 오히려 개별적인 심정과 일반 존재가 직접 통일된다는 사실 때문에 법칙[Gesetz]으로 끌어올려지고 마땅히 유효하게 되는 것은 곧 누구나 법칙의 본질 속에서 **자기 자신의 심정**을 인식해야 한다는 사상이다.[394] 그러나 개인의 심정만이 자기의 행위를 통해 그의 현실을 정립하니, 이와 같은 그의 행위는 그 개인이 보기에는 **그 자신의 대자 존재**를 표현하거나 **그의 쾌락**을 표현하는 것이다. 행위가 정립한 현실은 직접 일반적인 존재로 여겨져야 한다. 즉 이 행위의 진실은 어떤 특수한 것이지만, 그 형식만은 일반적인 현실이다. 그 **특수한** 내용이 **그 자체로서** 일반적인 현실이라고 가정된 것이다. 이런 까닭에 다른 사람으로서는 이 내용 속에서 자기의 심정 법칙이 아니라 오히려 **자**

---

394 심정의 법칙은 사실은 특수한 법칙인데도 일반적으로 인정된 법칙으로 받아들여지기를 요구한다는 뜻이다.

기와 다른 사람의 법칙이 수행된 것을 발견한다. 그런데 또 각자가 법칙에 해당하는 것 속에서 자기의 심정을 발견해야 한다는 것을 대원칙[allgemeinen Gesetze]으로 삼았으므로 이 원칙에 따라서 볼 때, 어떤 개인이 밖으로 내놓은 현실에 다른 사람이 대립하는 것과 마찬가지로 **개인**은 다른 사람이 밖으로 내놓은 현실에 대립한다. 그러므로 개인은 처음에 다만 경직된 법칙[현실의 법칙]을 다만 반대하고 혐오했듯이 이제는 다른 사람의 심정을 자기가 지닌 탁월한[vortrefflichen] 의도에 반하는 것으로 또 혐오할만한 것으로 발견한다.

[해제] 1) 여기서 우선 헤겔은 심정의 법칙의 측면에서 부딪히는 모순을 서술한다. 개인이 심정의 법칙을 실행하면 이 심정의 법칙은 현실로 된다. 현실로 되면서 이것은 개인에게 낯선 것으로 된다. 왜냐하면, 이런 실현은 타자의 행위와 관련되는 가운데 자기를 벗어나 존재하는 것이라는 형식을 지니기 때문이다. 그런 결과는 심지어 "그에게 적대적이며 그를 압도하는 힘"으로 되기도 한다.

여기서 심정 법칙의 실현은 이중적 의미가 있다. 그것은 한편으로 자기의 실현이면서 다른 한편으로는 자기의 소외가 된다. 전자의 측면에서 행위는 심정의 행위다. 그러나 후자의 측면에서 행위는 자기에 대립하는 일반적 현실로 된다. 전자의 측면에서는 일반 존재조차 그의 산물인 한에서만 즉 대자 존재라는 형식에서만 인식한다. 후자의 측면에서 일반 존재는 그로부터 독립적이며 그것이 그의 산물임에도 그는 그 속에서 자기를 인식하지 못한다.

2) 이처럼 심정의 법칙이 실현되면 자신과 낯선 현실로 되는 까닭은 심정의 법칙이 그 자체 특수한 것이면서 그 자신에게는 마치 일반적인 법칙으로 여겨지고 있기 때문이다. 그는 자신의 법칙이 지닌 일반성만 자각하고 그 특수성은 자각하지 못한다. 그 결과 그것이 실현되면 그 현

실은 그에게 그의 일반성이 실현된 것으로 여겨진다. 그러나 실제 현실은 그의 특수성이 실현된 것이므로 이런 현실은 그에게 낯선 현실로 다가오게 된다. "그 행위의 진실은 어떤 특수한 것이지만, 그 형식만은 일반적 현실이기 때문이다."

3) 그러나 타인이 볼 때 그 현실은 어떤 개인의 특수한 심정이 실현된 것에 지나지 않는다. 타인으로서는 거기서 자신의 심정을 발견할 수 없다. 심정 역시 타인의 행위를 마찬가지로 파악한다. 타인 역시 특수한 심정을 실현하면서 그것을 일반적인 법칙의 실현으로 믿지만, 심정 자신이 볼 때 그것은 타인의 특수한 심정의 실현일 뿐이다.

그 결과 행위의 현실 속에서 심정과 심정의 대립이 발생한다. 각자는 타자의 행위는 특수한 심정의 표현이며 자기 자신의 행위는 일반적 법칙의 실현으로 즉 "탁월한 의도"를 지닌 것으로 여긴다.

374) 〈SK 278:33~279:18〉〈FM 204:31~205:10〉

이런 개인적 의식이 처음에 아는 것은 일반적 현실이 **직접 존재하는 것**에 그치고, 필연성이란 것은 어디까지나 **심정**의 필연성이어야 한다는 것이다. 그러므로 개인적 의식은 실현한다는 것이나 유효하다[Wirksamkeit]는 것의 본성을 알지 못한다. **현존하는** 현실[das Seiende]의 진실은 오히려 **그 자체로**[an sich] **일반적인 것**이므로 개별 의식은 그런 그 자체로 일반적인 현실 속에서 몰락하고 만다. 왜냐하면, 개별 의식은 그런 일반적 현실에 몸을 맡기고서야 비로소 **이와 같은** 직접적인 **개별자**가 될 수 있기 때문이다. 개별 의식은 이런 [현실적] 존재 속에서 자신의 **존재**보다는 오히려 **자신의** 소외에 이른다. 하지만, 이런 그 자체로 일반적인 것은 개인적 의식이 그 속에서 자기를 인지할 수 없더라도 더는 예전의 냉혹한[tote] 필연성이 아니라 모든 개체[die allgemeine Individualität]를 통해서 활성화된 필연성이다. [예전에는] 개인적 의식은 그가 눈앞에서 발견한 신적인 질서든 인간적인 질서든 모두 죽은 현실로 여겼으니. 자기 자신을 일반적인 현실에 대립하면서 독자적[für sich]으로 존재하는 심정으로 고정하는 개인적 의식이든 또한, 그런 일반적 현실에 속하는 사람이든 그런 죽은 현실 속에서는 자기 자신을 의식하지 못했을 것이다. 그러나 [이제는] 오히려 개인적 의식은 일반적 현실이 만인의 의식을 통해서 활성화되고. 만인의 심정이 받아들이는 법칙[Gesetz aller Herzen]이라는 것을 발견[finden]한다.[395] 이 현실이 [만인을 통해] 활성화된 질서라는 사실을 개인적 의식이 경험하게 만드는 것은 사실상 그와 동시에 개인적 의식이 자신의 심정에 내재하는 법칙을 실현한다는 것을 통해서다. 왜냐하면, 심정의 법칙을 실현한다는 말은 개체가 자신을 대상화해 일반적인 존재로 만들면서도 그런 대상화 속에서 자기를 인식하지 못한다는 말과 같은 말이기 때문이다.[396]

375) ⟨SK 279:19~35⟩⟨FM 205:11~23⟩

이렇게 해서 자기의식의 현재 형태에 경험을 통해 진리로 출현하는 것은 그런 형태가 **독자적으로**[für sich] 갖는 의미와 **모순**된다. 그러나 그런 형태가 지닌 독자적 의미가 그 자체로 그에게 절대적 일반성이라는 형식을 취한다. 여기서 심정 법칙은 자기의식과 직접 합일하는 것이며 그에 못지않게 생동하는 힘을 발휘하는 기존의 질서도 마찬가지로

---

395 심정의 법칙이 현실에 부딪혀 난파하면서, 현실에 대한 인식이 전환한다. 처음엔 현실을 개인에 낯선 우연으로 받아들였으나, 이제 현실을 모든 심정이 받아들이는 일반적 법칙의 실현으로 파악한다.

396 현실을 일반 법칙으로 받아들이는 전환이 일어난 이유를 헤겔은 이렇게 설명한다. 즉 심정은 특수한 심정의 법칙을 실현하면서도 자기 자신은 일반적 법칙을 실현하는 것으로 믿는다. 거꾸로 현실이 있다면, 그 현실은 어떤 특수한 법칙이 아니라 일반적 법칙의 실현으로 받아들이게 된다.

자기의식 **자신의 본질**이 실현된 산물이다. 자기의식이 산출한 것은 다름 아닌 이 질서이다. 그러므로 이런 질서는 역시 자기의식과 직접 합일한다. 자기의식은 이런 방식으로 이중화돼서 서로 대립하는 본질 규정에 속하는 가운데서도 본래 모순적이며 그 가장 깊은 내면에서 혼란을 겪는다. 오직 **이 개별** 심정의 법칙 속에서만 자기의식은 자기 자신을 인식한다. 그러나 일반적으로 성립하는[gültige] 질서도 개별 자기의식의 심정에 내재하는 법칙이 실현된 것이므로 자기의식이 보기에 그 자신의 고유한 **본질**을 담고 있으며 그 자신이 고유하게 실현한 **현실**로 된다. 한편으로는 본질의 형식을 취하는 것과 다른 한편으로는 그 자신의 고유한 현실이라는 형식을 취하는 것이 개별 의식 속에서 모순을 불러일으키고 있다.

[해제] 1) 앞에서 헤겔은 심정의 법칙이 그 자체에서 지니는 이중적 의미를 살펴보았다. 한편으로 현실은 그의 심정이 실현된 것이어야 한다. 다른 한편으로 그가 실현한 현실은 "존재의 형식을 획득하면서" 그에게 낯선 것으로 된다.

이어서 이 구절에서 헤겔은 거꾸로 현실의 법칙이 지닌 의미를 살펴본다. 현실로 실현된 법칙은 사실 다른 특수한 개인의 심정이 실현된 것이다. 처음엔 주관적인 것을 마치 일반적인 법칙인 것처럼 실현하지만, 이는 현실의 우연에 부딪혀 난파되면서 현실을 받아들이게 된다. 개별자는 그 법칙을 "만인의 의식을 통해서 활성화되고" "만인의 심정이 받아들이는 법칙"으로 발견한다.

심정이 현실을 일반적인 법칙이 실현된 것으로 받아들이게 된 이유는 무엇인가? 헤겔은 이것은 심정 자신이 자기는 항상 일반적 법칙을 실현하는 것으로 생각하기 때문이라 한다. 즉 심정의 이중성이 현실에서 전도된 채로 반복된다. 자기가 그러므로 실제로 일어난 현실이 있다면, 그 현실은 일반 법칙이 실현된 것이라고 추론하게 된 것이다. 이제 이 현실은 운명에서 나타난 것과 같은 "냉혹한 필연성"이 아니며, "모든 개체를 통해 활성화된 필연성"이다. 이 현실은 개별자의 삶의 토대가 되니, 개별자는 "그런 일반적 현실에 몸을 맡기고서야 비로소 이와 같은 직접적인 개별자가 될 수 있다."

2) 여기서 심정은 분열한다. 한편으로 심정은 현실이 자신의 법칙이 실현된 것이어야 한다고 믿는다. 다른 한편으로 심정은 현실이 일반 법칙의 실현으로 믿는다. 한편으로 심정의 법칙은 현실 속에서 자기의식과 합일해야 한다. 다른 한편에는 "생동하는 힘을 발휘하는 기존의 질서" 즉 현실도 마찬가지로 자기의식 자신이 산출한 것이다. 한편으로 심정은 현실의 법칙 속에서 자기를 발견해야 한다. 다른 한편으로 심정은 낯선 현실의 법칙을 자기의 것으로 받아들일 수밖에 없다.

그러므로 한편으로 "본질의 형식을 취하는 것"과 다른 한편으로 "자기의식에 대하여 그 자신의 고유한 현실이라는 형식을 취하는 것"은 심정 속에서 모순을 일으킨다. 심정은 현실 앞에서 이중적으로 분열되면서 착란에 빠진다.

376) ⟨SK 279:36~280:26⟩⟨FM 205:24~206:4⟩

자기의식은 자신에게 자각된[sich bewußten] 몰락의 계기와 그런 몰락 속에서 자신이 겪은 경험의 결과를 언표하는데 이런 언표로 자기의식이 드러내는 것은 곧 자기 자신이 내적으로 전도[Verkehrung]되고 즉 의식은 착란[Verrücktheit]에 빠진다는 사실이다. 이런 의식에서 그의 본질은 비본질적인 것[Unwesen]으로 되고 그의 현실은 직접 실제로 존재할 수 없는 것으로 된다. ―이 착란은 비본질적인 것이 본질적인 것으로 여겨지고 실제로 존재할 수 없는 것이 실제로 존재하는 것으로 여겨진다는 식으로 오해돼서는 안 된다. 그럴 경우라면 어떤 사람에게는 본질적이고 실제로 존재하는 것이 다른 사람에게는 그렇지 않으며 또한, 실제로 존재하는 것에 관한 의식과 실제로 존재할 수 없는 것에 관한 의식이 분리되고 본질에 관한 의식과 비본질적인 것에 관한 의식이 분리되게 될 것이다. -어떤 것이 사실상 의식 일반에는 현실적이고 본질적인 데도 나에게는 그렇지 않다고 할 때, 나[ich]로서는 그것을 허상[Nichtigkeit]으로 의식하면서도 동시에 의식 일반으로서는 그것을 참된 것[Wirklichkeit]으로 의식할 것이다. -이렇듯 양 측면[나와 의식 일반]이 고정되면 이런 식으로 [모순을] 통일하는 것은 일반적으로[im allgemeinen] 말해 망상[Wahnsinn]이라고 한다. 그러나 이런 망상에서는 착란이 의식의 **대상**에서 일어나는 것이지 내재적이고 동시에 현상적인 [in und für sich] 의식 자체에서 일어나는 것은 아니다.[397] 그러나 지금까지 나타난 경험의 결과를 보면 심정의 법칙 속에서 의식은 **자기 자신**을 이런 현실로 의식한다. 동시에 같은 본질 규정 또한, 같은 현실이 개인적 의식에 대해 **소외되는** 가운데 개인적 의식은 한편으로는 자기의식이며 자신을 본래 그대로 실현하는 존재[absolute Wirklichkeit]이면서 다른 한편으로는 자신이 실현되지 않았다는 것[Unwirklichkeit]을 의식한다. 두 가지 측면이 서로 모순된 것인데도 개인적 의식은 이런 두 가지 측면을 모두 직접 **그의 본질**로 여기니 그의 본질은 가장 심원한 내면에서 착란에 빠진 것이다.

---

397 망상은 어떤 의식이 잘못된 허상을 진리로 믿는 것을 말한다. 예를 들어 밤에 나무에 걸린 흰 천을 보면서 소복 입은 여자로 본다. 그런 점에서 헤겔은 이런 망상은 대상에서 일어나는 것이라 한다. 여기서 진리와 허위는 구분된다. 민민 헤겔은 착란은 과거와 현재, 환상과 현실이 구분되지 않고 뒤섞이는 것을 말한다. 이는 의식 작용의 혼동이다. 심정은 현실의 법칙을 자기 것으로 보는 동시에 자기에 낯선 것으로 보니 착란을 일으킨다.

377) 〈SK 280:27~281:27〉〈FM 206:5~32〉

그럼으로써 인류의 행복을 향해 고동치는 심장은 미친 듯한 착란과 자만으로 이행하면서 격분하는 의식으로 된다. 이런 격분을 통해 개인적 의식은 자기 파괴를 겪을 위험으로부터 자기를 지켜내려 한다. 개인적 의식은 자기 자신의 전도[Verkehrtheit]³⁹⁸를 외부로 투영해 이런 전도가 그의 외부에 있는 어떤 타자의 소행[所行]으로 여기고 그렇게 언표하려고 애를 쓰는 것을 통해서 자기를 지키려 한다. 그리하여 개인적 의식은 일반적 질서를 광신적인 승려나 탐욕스러운 폭군 그리고 그들의 시종이면서 자기가 받은 굴욕을 밑으로 전가하면서 그 밑의 사람을 다시 굴복하게 하고 억압하면서 보상받으려는 자들이 만든 전도로 규탄한다. 이런 승려와 폭군, 시종이야말로 심정의 법칙과 행복을 전도하게 하는 질서를 고안하고 장악함으로써 이들이 속인 인류의 이름 없는 비참을 자아내는 존재라는 것이다. −개인적 의식은 자기가 이런 착란 속에 빠져 있으면서도 착란을 일으키고 전도된 자[das Verrückende und Verkehrte]는 다름 아닌 자기에 **낯선 우연한 개체**라고 말한다. 그러나 착란을 일으키고 전도된 자는 다름 아닌 심정 또는 **직접 일반적으로 존재하기를 욕망하는 개별 의식** 자신이다. 이 개별 의식의 활동은 단지 그런 착란을 일으키고 전도된 것을 산출할 뿐이니, 모순은 그의 의식 때문에 생겨난다. 왜냐하면, 의식에는 심정의 법칙이 진리기 때문이다. −이때 진리는 한낱 **의도에 머무르는 것**에 지나지 않으므로 기존 질서와는

---

398 앞에서 한 번 전도가 일어나 심정은 현실이 일반적 법칙이 실행된 것으로 믿었다. 그러나 여기서 다시 한번 전도가 일어난다. 즉 심정은 이 현실이 자기에 낯선 대립하는 현실로 되면, 사실 그것은 그 자신이 특수한 것을 실현하고자 했기 때문인데, 이를 전도하면서 오히려 외부에 투영하여, 자신에 낯선 현실은 자기 바깥에 있는 승려와 폭군, 시종의 산물로 여긴다.

달리 하루도 유지되는 법이 없으며 이 의식에 자명하게 나타나는 바와 같이 곧바로 붕괴해 버린다. 이 의식이 지닌 심정의 법칙은 **현실화**돼야 마땅하다. 그런 측면에서 보면 **현실** 또는 **현재 유효한 질서**로 여겨지는 법칙은 그가 목적으로 했고 본질로 삼았던 것이다. 그러나 곧바로 마찬가지로 **현실** 자체, 즉 **현재 유효한** 법칙은 차라리 허상으로 여겨진다. -마찬가지로 의식의 고유한 현실 또한, 개별 의식인 한에서 의식 자체는 자신에게 본질적인 것이다. 그러나 개인적 의식의 목적은 그런 의식에 **고유한** 현실을 [그 자체로] 존재하는 것으로 확립하는 것이다. 그리하여 오히려 개인적 의식에서는 개별적인 것이 아닌 한에서 자신의 **자아**[심정]가 본질로 되고 목적으로 되며 법칙의 자격을 지니고, 이런 점에서 일반적인 **존재**의 자격을 지닌다. 이 일반 존재가 그의 의식에서 법칙으로 나타날 것이다. -의식이 지닌 개념[Begriff]은 그의 활동을 통해 대상화된다. 그러므로 개인적 의식은 자신의 자아가 오히려 실현되지 않는 것임을 경험하며 실현되지 않는다는 것이 그 자신의 진실이라는 것을 경험한다. 그렇다면 우연히 존재하는 타자[fremd]로서 개체가 아니라 오히려 개인적 의식 자신이 자체 내에서 전면적으로 전도된 자며 동시에 전도하는 자다.

[해제] 1) 심정은 특수한 것을 실현하면서 일반적 법칙을 실현한다고 믿었다. 그 결과 낯선 우연한 현실에 부딪혔다. 그 때문에 한 번 전도가 일어났다. 심정은 자기가 일반적 법칙을 실현하려 한 것처럼 현실이 현실로 출현했다면 이는 만인의 심정이 받아들이는 일반적 법칙이 실행된 것으로 믿는다.

이 구절에서 헤겔은 다시 한번 일어나는 전도를 설명한다. 일반적 법칙이 실현된 현실이 자신에 대립하는 낯선 현실이 되면, 사실 그것은 그 자신이 특수한 것을 실현하고자 했기 때문인데, 심정은 이를 전도하면서 오히려 "격분하면서" 이를 "어떤 타자의 소행으로 여기며" 자기를 합리화하려 한다. 헤겔은 이것을 심정이 범하는 전도라고 한다. 즉 자기에게 낯선 것의 원인을 외부에 투영한다는 것이다. 이런 낯선 현실은 자주 폭군이나 승려, 시종의 산물로 여겨진다.

그러나 이런 전도는 다른 사람의 소행이 아니라 그의 심정의 결과다. 그러므로 헤겔은 "착란을 일으키고 전도하는 자는 다름 아닌 심정 또는 직접 일반적으로 존재하기를 욕망하는 개별 의식 자신이다"라고 말한다.

2) 이런 이중적인 전도를 통해 헤겔은 심정이 빠지는 착란을 설명하려 한다. 심정으로 보면 현실은 자기 자신을 각인하고 있어야 한다. 동시에 현실은 심정으로 보면 자기에 낯선 것으로 보인다. 심정은 현실을 한편으로는 "자신을 본래 그대로 실현한 것"으로 보면서 다른 한편으로는 "자신이 실현되지 않았다는 것을 의식한다." 이런 이중성 가운데 어느 것이 진리고 다른 것은 허위로 보면, 이는 망상으로 될 것이다. 그러나 심정은 같은 현실을 동시에 이렇게도 보이고 저렇게도 보면서, 양자를 구분하지 못하니, 이를 착란이라 한다.

3) 결국, 심정이 이런 착란과 전도를 피하려면 심정의 법칙을 행위를 통해 실현하려 하지 않고 단지 의도에만 머무르게 해야 한다. 그가 이를 실현하려 하는 순간 그의 의도는 곧바로 붕괴하고 말고 하루도 유지되는 법이 곧바로 착란과 전도에 빠져들게 된다.

한편으로 심정은 자신의 법칙이 실현돼야 한다고 믿는다. 그는 심정의 법칙을 실현하는 것이 그의 목적이며 본질이다. 그러나 다른 한편 다른 한편 현실은 그에게 허상이며 그의 진실은 의도 속에 있다. 한편으로 의식 자체 즉 의도가 본질이며 다른 한편으로는 현실을 확립하는 것이 그의 목적이다.

378) 〈SK 281:28~282:13〉〈FM 206:33~207:11〉

그러나 개체가 직접 일반 존재라는 점에서 개체가 바로 전도된 자며 동시에 전도하는 자인 가운데 이런 일반적인 질서마저도 개체에 못지 않게 본래 전도된 것으로 된다. 왜냐하면, 일반적 질서란 모든 **심정** 즉 이미 전도된 심정에 내재하는 법칙이기 때문이다. 이런 사실은 미친 듯이 날뛰는 착란이 언표했던 것과 마찬가지다.[399] 한편으로 어떤 개인이 지닌 심정의 법칙은 항상 다른 개인들에게서 저항을 불러일으키니 이 속에서 오히려 일반적 질서가 모든 심정이 받아들이는 **법칙**으로 될 수 있다는 사실이 입증된다.[400] 어떤 개인의 법칙이 아니라 기존의 일반 법칙이 옹호된다면 그 이유는 이 기존의 법칙이 의식되지 않는 비어 있고 생명 없는 필연성이 아니라 일반적 정신이며 실체여서 개인은 기존의 법칙을 자기의 현실로 받아들이고 그 속에서 한 개인으로서 살아가며 자기 자신을 의식하기 때문이다. 따라서 개인들은 일반적 질서가 내면의 법칙에 어긋난다고 불평하면서 심정으로는[des Herzens] 그러한 질서를 못마땅하게 생각한다 하더라도, 행위로는[in der Tat] 일반적 질서야말로 자기들의 본질로 여기면서 그것에 의존한다. 또한, 이 질서가 그들에게서 박탈당하거나 그들 자신이 이런 질서를 벗어나면 그들은 삶의 모든 것을 상실해 버리고 만다. 공적인 질서가 지닌 현실적 위력이 바로 이 점에 있으니 실로 공적인 질서야말로 만인을 통해 생명이 불어넣어지면서 자기와 같음을 지닌 것으로 머무르는 본질로 나타난다. 이 <u>공저 질서 속에서</u> 개인은 공적인 질서를 움직이는 형식에 그친다. -그

399 심정 법칙은 개인에 특수한 것이지만, 일반적인 것으로 여겨진다. 현실은 형식은 일반적인 것이지만, 본래 특수한 주관이 실현된 것이다.
400 예를 들어 왕의 평화와 같은 것이다. 귀족들의 내란으로 지친 사람들은 전제 군주 아래서의 평화를 받아들였다.

런데 이 공적 질서는 못지않게 전도된 것이라 할 수 있다.[401]

379) ⟨SK 282:14~34⟩ ⟨FM 207:12~27⟩

왜냐하면, 공적 질서가 만인의 심정이 받아들이는 법칙이며 모든 개인이 직접 이런 일반 존재므로 이 공적 질서라는 현실은 **독자적으로 존재하는** 개체나 심정이 자기의 현실로 받아들이게 되기 때문이다. 심정의 법칙을 제기하는 의식은 다른 사람의 저항을 경험한다. 왜냐하면, 그런 법칙은 다른 사람들의 심정이 지닌, **마찬가지로 개별적인** 법칙과 모순되기 때문이다. 다른 사람은 한 개인의 심정이 받아들이는 법칙에 저항하는 가운데 자기의 법칙을 제기하고 이를 유효한 것으로 만든다. 그렇다면 눈앞에 있는 일반 존재는 오직 만인의, 만인에 대한 일반적인 저항과 투쟁이 일어나는 장소일 뿐이니, 여기서는 누구나 자기의 개별 법칙을 펴나가려고 하지만, 동시에 그런 일을 성취하지 못한다. 왜냐하면, 그런 개별 법칙은 같은 저항에 부딪히면서 다른 사람의 법칙과 상쇄되고 말기 때문이다. 공적인 질서로 보이는 것은 사실 일반적인 적대 상태다. 여기서는 각자가 본래부터[an sich] 자신이 낚아챌 수 있는 것은 무엇이든 낚아채서 다른 개인의 개별성에 정의를 행사하며 자기의 정의를 확립하려고 하지만, 이 정의는 다른 사람의 정의를 통해 상쇄되고 만다. 이런 적대로 얼룩진 질서가 **세속**이라는 것이다. 언뜻 보기에 이는 지속해서 운행하는 것으로 보이지만, **일반 존재**더라도 이는 다만 마음속에 **생각된 것**[gemeinte]에 불과할 뿐이며 그 내용은 개인이 자기를 확립했다가는 곧 다시 해소되고 마는 부질 없는 유희에 지나지 않는다.

380) ⟨SK 282:35~283:14⟩ ⟨FM 207:28~39⟩

401 심정의 법칙이 실현되면 낯선 현실의 법칙으로 전도되듯 공적 질서는 특수한 개인이 강요하는 현실 법칙에서 오히려 모든 개인이 받아들일 수밖에 없어 받아들이는 가운데 진정으로 일반적 법칙 즉 공적인 질서로 전도된다.

일반적 질서가 지닌 서로 대립하는 두 측면을 관찰할 때 일반성 가운데 나중에 거론된 측면[세속의 측면]이 자신의 내용으로 삼는 것은 불안정한[unruhige] 개체다. 이런 개체란 주관적 의도[Meinung]나 개별성을 법칙으로 삼으니, 실제로 존재하는 것은 실제로 존재하지 않게 되며 실제로 존재하지 않는 것은 실제로 존재하게 되지만, 동시에 이런 개체가 [일반적, 공적] 질서를 **현실화하는** 측면으로 된다. 왜냐하면, **독자적인** 개체성은 그런 현실의 한 속성이기 때문이다. ─일반적 질서의 또 다른 측면은 곧 **안정된** 본질인 한에서 **일반 존재**다. 이는 바로 그런 안정된다는 이유로 내면적인 것이다. 또한, 그것은 전혀 존재하지 않는 것은 아니지만, 현실적인 것도 아니다. 이런 **내면적인 것**은 자기야말로 현실이라고 자처하는 개체성을 지양할 때라야만 비로소 현실적으로 될 수 있다. 이런 형태의 의식은 **그 자체로** 진리면서 선한 법칙 속에서 자기를 생성하고 그것도 개별자로서가 아니라 다만 **본질**로서 자기를 생성하는 반면 개체성을 전도된 것이며 또 전도하는 것으로 인식하므로 개별 의식을 포기하는 가운데 덕으로 된다.

[해제] 1) 378~380에서 헤겔은 심정의 법칙이 부딪힌 착란을 벗어나 덕의 의식으로 이행하는 과정을 서술한다.

헤겔은 심정이 자기가 만든 것으로부터 소외되는 전도를 겪듯이 이런 현실의 질서도 전도된다고 한다. 심정의 법칙은 자기에게는 일반적이지만, 다른 사람에게는 특수한 것이므로, 다른 사람의 저항을 경험하게 된다. 그 결과 현실은 "만인의 만인에 대한 일반적인 저항과 투쟁이 일어나는 장소이니" 끝없는 혼란과 요동 가운데 누구도 다른 사람의 심정 법칙을 받아들일 수 없다.

여기서 심정은 실제로 존재하는 현실의 공적 질서를 받아들인다. 공적 질서는 표면적으로 보면 만인의 투쟁 가운데 최종적으로 승리한 전제자가 강요하는 법칙이지만, 실제로 이런 만인의 투쟁을 통해 생성된 것이다. 그러므로 이 공적 질서는 "만인을 통해 생명이 불어넣어지면서 자기와 같음을 지닌 것으로 머무르는 본질"로 된다. 그러면서 이 공적 질서는 "의식되지 않은 텅 빈 필연성이 아니라 일반적 정신이며 실체인 한에서" 존재한다. 심정으로서는 전제 군주가 강요하는 공적 질서가 못마땅하더라도, 행위로는 이 공적 질서를 자기들의 본질로 여긴다. 왜냐하면, 공적 질서 개인적 삶의 실체적 지반이기 때문이다.

심정의 이런 전환은 자주 얘기되듯이 왕의 평화라는 말에서 확인할 수 있다. 서로 대립하는 가운데 혼란 속에 있기보다는 절대 군주의 힘에 의한 평화가 더 바람직하다는 것을 의미하는 이 말은 헤겔에서 심정이 공적 질서를 받아들이는 이유를 잘 설명해 준다.

2) 헤겔은 이 공적 질서가 이중적 측면을 지닌다고 말한다. 공적 질서는 표면적으로는 "만인의 만인에 의한 적대 상태"이다. 이런 "적대로 얼룩진 질서"를 헤겔은 세속이라 말한다. 이런 세속에서 모든 개인의 노력은 물거품과 같이 사라지는 "부질없는 유희"에 그친다.

그러나 이런 유희 속에서 일반적 공적 질서가 출현한다. 이 질서는 어떤 존재하는 것이 아니라 심정 사이의 끊임없는 유희 즉 서로가 자기를 추구하면서 서로 상쇄되는 유희의 이면에 존재한다. 헤겔은 이런 점에서 일반적 질서를 세속이라고 한다.

3) 한편에서 만인의 투쟁 결과로 출현하는 균형의 법칙으로 공적 질서가 등장하는 것과 동시에 다른 한편으로 심정의 법칙은 자기의 주관적 심정 법칙을 지양한다. 심정은 이제 자신의 주관적 일반성을 지양하고 순수한 일반적 법칙을 내면으로 받아들인다. 즉 "그 자체로 진리면서 선한 법칙 속에서" 심정은 덕으로 된다.

세속은 한편으로는 대립과 유희 속에서 이루어진 균형이지만, 다른 한편에는 여전히 전제적 지배자의 힘을 통해 작용하는 특수한 주관성을 벗어나지 못한다. 반면 덕의 순수한 일반성은 전혀 존재하지 않는 것은 아니지만, 현실적인 것은 아닌 그런 상태에 있다. 이제 개인의 내면에 출현한 덕과 개인의 유희로 이루어진 세속의 대결이 일어난다.

c 덕과 세속

[해제] 전체 흐름

381) 덕과 세속의 개념

382~383) 세속의 전도와 덕의 훈육

384~385) 덕의 한계

386) 덕과 세속의 투쟁

387~389) 세속이 승리하는 이유

390~393) 세속을 통한 내면적인 일반성의 구체적 실현

381) 〈SK 283:18~284:16〉〈FM 208:3~28〉

행위하는 이성의 첫 번째 형태에서 자기의식은 순수한 개체성을 의미했다. 이 개체에 대립하는 것은 텅 빈 일반 존재였다. 두 번째 형태에서는 대립하는 두 개의 항[심정 법칙과 현실 법칙]이 저마다 법칙과 개체성이라는 두 개의 계기를 갖는다. 그러나 한쪽 항을 이루는 심정에는 두 계기[개체와 일반 존재]가 직접적인 통일을 이루고 있었던 데 반해 다른 항을 이루는 일반적 질서에서는 두 계기는 대립에 부딪힌다. 이제 여기서 덕과 세속이 서로 관계하는 가운데서는 두 개의 항은 저마다 두 계기[일반 존재와 개체]의 통일이면서 동시에 두 계기의 내립으로 되면서 법칙과 개체성 사이에 운동이 일어나지만, 두 개의 항에서 이 운동은 서로 반대 방향이라는 관계에 있다. 덕의 의식에서는 **법칙만이 본질적**

인 것이고 개체성은 지양돼야 한다. 개체성은 덕의 의식 자체에서 지양돼야 하는 것과 마찬가지로 세속에서도 지양돼야 한다. 전자 즉 덕의 의식에서 고유한 개체성은 훈육 아래서 일반적인 존재 아래 포섭돼야 한다. 이런 일반적인 존재가 곧 그 자체 진리며 선한 것이기 때문이다. 그러나 덕의 의식 속에서는 여전히 인격으로서 의식이 남아 있다. 그러나 참된 훈육으로 되려면 전체 인격[402]을 희생하면서 이를 통해 사실상 덕의 의식이 여전히 계속해서 개별성에 고착된 것은 아니라는 사실을 입증해야 한다. 덕의 의식 편에서 이처럼 개별성의 희생이 일어난다면 그와 동시에 **세속**에서도 개체성이 제거된다. 왜냐하면, 개체성이란 덕과 세속이라는 두 영역에 공통되게 나타난 단순한 계기기 때문이다. -그런데 세속에서는 개체성이 덕의 의식에서 설정된 것과는 정반대 방식으로 관계한다. 즉 세속에서는 개체성은 자기를 본질로 여겨 그에 반해 **그 자체** 선이고 진리인 것을 자신에 종속시킨다. -나아가 덕의 의식에서 본다면 세속은 그런 만큼[ebenso] 일반 존재가 **개체성**을 통해서 **전도**되는 것으로 그치는 것은 아니다. 그에 못지않게 절대적 질서는 [덕과 세속에] 공통된 계기다. 물론 세속에서 이 질서는 의식에 대해 **현존하는 현실**로서 눈앞에 나타나는 것이 아니라 의식의 **내면적인 본질**일 뿐이다. 따라서 절대적 질서란 덕을 통해서만 오로지 산출될 수 있는 것은 아니다. 왜냐하면, 개체성을 의식하면서 오히려 개체성을 지양하는 것[Bewußtsein der Individualität, und diese vielmehr aufzuheben][403]이 [절대적 질서를] 산출하는 **활동**일 수 있기 때문이다. 그러나 이런 개체성의 지양을 통해 마련되는 것은 말하자면 다만 세속의 **본래 가능성**[Ansich]이

402 도덕적 도야조차 자기가 결정한 것이라는 인격적 형식 아래 출현한다. 완전한 덕에 이르려면 이런 인격적 형식조차 지양해야 한다.
403 세속 속에서 개체의 서로 대립하는 것을 통해서 개체성이 지양된다.

본래 그대로 현상하면서[an und für sich selbst] 실존하게 된 것일 뿐이다.

[해제] 1) 이 구절에서 헤겔은 덕과 세속의 개념을 설명한다. 쾌락은 개체고 운명은 텅 빈 일반성이다. 심정의 법칙은 개체적인 것(심정)이 곧 일반적인 것(법칙)이니, 양자는 직접 통일된다. 현실의 법칙은 역시 두 계기(전제자와 공적 질서)로 이루어지지만, 여기서는 두 계기는 서로 대립한다. 심정과 현실이 상호 지양되면서 덕과 세속이 등장한다. 덕은 개체가 그 자체적 선을 내면에 받아들이는 것이다. 세속은 개체의 상호 투쟁하는 현실이다. 그 투쟁을 통해 일반적 질서가 형성된다.

2) 덕과 세속은 모두 두 계기 즉 개체성과 일반적 질서로 이뤄져 있다. 두 요소는 덕과 세속 어느 쪽에서도 한편으로 대립하면서도 다른 한편으로 통일된다. 그러나 결합 방식은 반대이다. 덕은 개체성을 지양해서 덕에 이른다. 반면 세속은 개체성을 인정한 채 개체성의 상호 투쟁을 통해 공적 질서가 출현한다.

우선 덕은 개체성을 "훈육을 통해" 지양하면서 그 자체 진리며 선인 법칙을 자신의 목표로 삼는다. 그러나 이런 덕에서 개체의 인격성은 여전히 남아 있다. 왜냐하면, 덕은 자기의 주관성이 선택하는 한에서만 받아들이기 때문이다. 덕은 자신이 그 자체 선을 추구하는 탁월한 존재임을 과시한다.

덕과 같이 자신의 도덕적 탁월성을 과시하는 존재를 우리는 도덕적 엘리트주의라고 말할 수 있는데, 실상 우리는 주변에서 이런 존재를 많이 본다. 특히 종교인 가운데서 자신의 우월한 도덕성에 대해 자부심을 느끼는 때가 많다. 그러나 개체가 참된 덕에 도달하려면 이와 같은 주관적 인격조차 포기해야 한다. 헤겔 말대로 그는 "선체의 인격을 희생해야" 한다. 그러나 덕은 아직 그런 인격성 전체의 희생에 이르지는 못한다. 그러므로 덕은 불완전하다.

3) 반면 세속은 개체성의 투쟁으로 이루어져 있다. 개체는 자기의 개

인적 목적을 위해 나가며 "그 자체 선이고 진리인 것을 자기에게 종속 시킨다." 그러나 세속적인 투쟁 속에 실제 결과는 오히려 절대적 질서 즉 그 자체 선과 진리가 실현된다. 그러므로 이런 세속 속에 이미 가능성[an sich]에서 절대적 질서가 내재한다고 할 수 있다. 즉 절대적 질서는 세속의 "내면적 본질"인 셈이다.

헤겔은 덕에서가 아니라 오히려 세속에서 참으로 일반 존재가 산출된다고 한다. "왜냐하면, 개체성을 의식하면서 오히려 개체성을 지양하는 것[Bewußtsein der Individualität, und diese vielmehr aufzuheben]이 [절대적 질서를] 산출하는 활동일 수 있기 때문이다."

382) 〈SK 284:17~285:9〉〈FM 208:29~209:14〉

실제로 존재하는 세속의 일반적인 **내용**은 이미 밝혀졌다. 이를 좀 더 자세히 살펴보면 세속의 내용은 앞서 일어났던 두 개의 자기의식[쾌락과 심정]의 운동이 도달한 결과일 뿐이다. 그 두 자기의식의 운동으로부터 덕이라는 의식 형태가 출현했다. 이런 운동이 덕이라는 형태의 기원이므로, 이 두 가지 자기의식은 덕의 형태에 선행한다. 그런데 덕의 형태는 그의 발생 기원을 지양하고 자기를 실현하면서 자기를 **자각**[für sich]하는 것을 목표로 한다. 그러므로 세속이란 한편으로는 개별 개체성의 추구가 본질이지만, 개체는 자기의 쾌락과 향락을 추구하는 나머지 오히려 스스로 파멸에 이르면서 이를 통해 일반 존재를 충족한다. 그러나 이런 일반 존재의 충족 자체뿐만 아니라 이 관계를 이루는 나머지 계기[개인의 쾌락 추구]도 사실은 일반적인 존재가 전개하는 형태와 운동이 전도된 것[404]이다. 현실은 오직 개별적인 쾌락과 향락일 뿐이고, 이에 대립하는 일반 존재는 필연성이지만, 텅 빈 형태를 지닌 일반 존재

---

404 이런 전도는 이성의 간지라는 개념과 비슷한 구조를 갖는다.

일 뿐이며, 개체에 대해 부정적으로 반응할 뿐 그 자신은 내용이 없는 활동에 지나지 않는다. ―세속의 또 하나의 계기는 개체다.[405] 이 개체는 자기가 그 자체에서 현상하는[an und für sich] 법칙으로 되고자 의욕 하면서 그런 공상[Einbildung] 속에서 기존의 질서를 파괴한다. 일반적 법칙[현실 법칙]은 개체의 이런 자만에 대항해 자기를 보존하면서 더는 의식에 대립하는 텅 빈 필연성[운명]으로 다시 말해 죽은 필연성으로 등장하지 않고 오히려 **의식 자체 속에 있는 필연성**[406]으로서 등장한다. 그러나 절대적으로 모순 속에 있는 현실의 일반 법칙이 [심정 속에서] **의식되는** 관계인 한에서 그것이 실존하는 모습은 착란[Verrücktheit]에 해당한다. 그러나 일반 법칙이 **대상적인** 현실로 존재하는 모습은 전도[Verkehrtheit] 그 자체다.[407] 그러므로 일반 법칙은 사실 이 두 측면 모두에서 운동을 지배하는 위력으로 드러나지만, 이 위력이 **실존하는 모습**은 다만 일반적인 전도의 운동에 지나지 않는다.

383) 〈SK 285:10~31〉〈FM 209:15~31〉

그런데 덕 쪽에서 보면 일반 법칙이 참된 현실을 얻으려면 전도를 초래하는 원리라고도 할 개체성이 지양돼야 한다. 여기서 덕이 목적으로 하는 것은 전도된 세속을 개체성의 지양을 통해 다시 한번 전도시킴

---

405 세속의 첫 번째 계기는 쾌락(개별성)이며 여기서 일반성은 운명으로 나타난다. 세속의 두 번째 계기는 심정의 법칙(일반성)을 추구하는 개체다. 여기서 일반성은 전제자의 자의적 지배(개별성)를 의미한다.

406 현실의 법칙은 일반적인 법칙이지만, 전제자의 힘을 통해 강요되는 법칙이다.

407 377 구절 참조. 심정은 현실을 한편으로 심정의 실현으로 확신하지만, 동시에 자기에 소외된 현실로 본다. 이런 이중성을 헤겔은 착란이라 했다. 심정은 소외된 현실을 외적 원인 즉 전제자의 억압의 결과로 본다. 이것이 곧 전도다.

으로써 그의 참다운 본질을 발현하는 데 있다.[408] 참다운 본질은 세속에서는 처음 보기에는 단지 **잠재적 존재**[Ansich]로 존재할 뿐이며, 아직은 그것이 실현된 것은 아니다. 덕은 단지 이 본래적 존재를 다만 **믿을** 뿐이다. 덕은 이런 믿음을 끌어올려 [본래적 존재를] 눈으로 볼 수 있게 하려 하지만, 이런 노력과 자기희생의 열매를 누리지는 못한다. 왜냐하면, 덕은 **개체성**이 필요한 한에서는 덕의 **활동**은 세속과의 투쟁을 불러들이기 때문이다.[409] 덕의 목적과 본질은 세속의 현실을 정복하는 것이어서 이로써 [본래적] 선의 실존이 성취된다면 이를 통해 덕의 **활동**은 중단하거나 개체의 [덕을 추구하는] 의식도 지양된다. ―과연 이 투쟁은 어떤 식으로 이루어지는가, 덕은 이 투쟁에서 무엇을 경험하는가, 덕이 스스로 감수하는 희생[개체성의 희생]을 통해 세속이 패배하고 덕이 승리할 것인가 ―이런 문제는 오직 전사들의 손에 쥐어진 생생한 무기의 성격에 따라 결정되는 것이 틀림없다. 왜냐하면, 무기야말로 서로 적대하는 전사들의 본질이기 때문이다. 따라서 그들이 어떤 무기를 드는가는 그 투쟁 속에 본래[an sich] 무엇이 눈앞에 있는가 하는 것으로부터 이미 밝혀진 사실이다.

[해제] 1) 이 구절에서 헤겔은 덕을 생성하는 두 계기 즉 쾌락과 심정의 법칙을 서술한다. 쾌락은 운명의 필연성에 부딪히며, 심정의 법칙은 현실의 법칙에 대립하여 착란과 전도 속에서 몰락한다. 이를 통해 그 자

408 세속은 일반적 선을 거부하고 개체성을 추구한다. 헤겔은 이를 '전도된 세속'이라 한다. 덕은 개체의 특수성을 도야를 통해 지양하여 일반적 선에 도달하려 한다. 이것은 세속을 다시 전도하는 것이다.
409 덕은 개인의 개체성을 지양하여 일반적 선에 이르려 하지만, 개인의 개체성은 세속적 현실의 한 계기니, 개체성과의 투쟁은 세속적 현실과의 투쟁으로 발전한다.

체 선을 실현하려는 덕이 출현한다.

헤겔은 덕과 세속의 투쟁에 관해 세부적으로 서술하기에 앞서서 개념적으로 덕과 세속의 관계를 간단하게 서술한다. 그런 가운데 덕은 그 자체 선을 실현하려 하지만, 이는 믿음에 그친다. 반면 세속은 개체성을 실현하는 가운데 이전투구를 벌이게 되지만, 그런 가운데 진정한 그 자체 선 즉 정의가 실현된다.

2) 위에서와같이 덕과 세속의 관계를 간단하게 서술한 데 이어서 헤겔은 덕과 세속의 투쟁을 서술한다. 이 구절에서 헤겔은 덕이 세속과 투쟁할 수밖에 없는 이유부터 먼저 제시한다. 덕은 개인적으로 도야하는 것을 통해 자신의 개체성을 버리는 것으로 충분하지 못하다. 자신과의 투쟁은 불가피하게 세속적 현실과 투쟁으로 발전할 수밖에 없다. 자신의 개체성은 세속적 현실과 연관되니, 그가 선한 존재라는 것은 내면에만 머물러서는 안 되며, 행위를 통해 현실 속에서 실현돼야 한다. 즉 그의 선은 타자에 대해 존재해야 한다. 즉 세속을 극복해야만 그 자체로 존재하는 선을 실현할 수 있다.

3) 이어서 헤겔은 이 투쟁을 서술하는 데서 핵심이 되는 문제를 서술한다. 헤겔에 따르면 이 투쟁에서 누가 승리할 것인가는 덕과 세속적 현실의 각 "전사들의 손에 쥐어진 생생한 무기의 성격에 따라 결정되기에" 헤겔은 이하에서 각자가 지닌 무기를 비교함으로써 이 투쟁에서 승리자를 가려내려 한다.

4) 이상에서 서술된 덕의 개념이 구체적으로 무엇인가를 짐작하기는 어렵다. 시기적으로 중세에 해당하는 이 덕의 개념에 가장 가까운 역사적 현상은 아마도 14~15세기 등장한 탁발 교단 운동이 아닌가 한다.

11-12세기에 걸쳐 유럽은 교환과 도시가 발달하고, 왕권이 성장하고 이에 따라 교회권도 증강됐다. 이에 기초하여 대학이 세워지고 합리적 스콜라 철학과 세속적 문화가 확산했다. 그 뒤에 등장하는 13~14세기는

반동의 시기였다. 잇따른 흉작, 흑사병의 전파, 카타리파 등 이단이 증폭하는 것이 계기가 되면서 정화된 복음에 따른 생활에 대한 갈망이 폭발했다. 그 결과 두 개의 탁발 교단이 등장하였다.

그 하나가 아시지의 성 프란체스코St. Francesco(1182-1226)였다. 그는 1209년 교단을 세워 청빈, 순결, 순종이라는 덕목 아래 단순한 생활을 권고하였다. 그는 자연을 찬미하고 그 속에서 신의 영광과 업적을 보았다. 그는 걸식하면서 순전히 개인의 인격을 통한 구원을 역설하였다. 또 다른 탁발 교단은 성 도미니쿠스St. Dominicus(1170-1221)에 의해 설립된 도미니쿠스 교단이다. 도미니쿠스는 남부 프랑스를 여행 중 금욕적 삶을 강조하는 카타리파의 이단에 놀라 그 원인이 교회의 사치에 있다고 보면서 교회 개혁을 시작했으며, 1215년 교단을 설립했다. 그는 청빈을 강조했으나 이단을 제거하려는 종교재판에 주로 관여하였다.

두 탁발 교단은 이례적으로 급속도로 교세가 발전하였으며 13-14세기의 대학과 신학의 발전에 중요한 역할을 담당하였다. 두 탁발 교단의 발전은 이 시대 예술에서 무한성을 표현하는 고딕 예술의 발전과 맥락을 같이 한다. 그러나 교세가 확장됨에 따라 초기의 청빈과는 거리가 멀어지고, 15세기에는 쇠퇴하였다.

헤겔이 주목한 것은 이 시대 도시가 발전하면서 세속적인 사회적 삶도 함께 성장했다는 사실이다. 그가 덕을 세속과 묶어서 논의하는 것도 그런 시대를 반영하는 것으로 보인다.

384) 〈SK 285:32~286:11〉〈FM 209:32~210:7〉
덕의 의식은 **일반 존재**를 그것이 **믿음** 속에 있고 또는 **잠재적인 것**에[an sich] 머무르는 한에서 참다운 것으로 여긴다. 그러한 일반 존재는 현실로 존재하는 것이 아니라 **추상적인 것**에 그친다. 덕의 의식에서 일반적 선은 **목적**으로 존재하지만, 세속에서는 **내적인 것**으로 존재한다.

세속이 보기에 일반적인 존재는 덕에서조차도 내적인 것이라는 규정으로 나타난다. 왜냐하면, 덕은 선을 수행하고자 **바랄**[will] 뿐 아직은 선이 이미 실현된 것[Wirklichkeit]이라고 주장하지 못하기 때문이다. 그런데 일반 존재가 내적인 것으로 규정된다는 말은 달리 고찰한다면 선[일반 존재]은 세속과의 투쟁 가운데서 그리고 이런 투쟁을 통해 **타자에 대해** 존재하는 것[seiend für ein Anderes]으로 된다는 말이다. 이때 선은 **그 자체로 자기에게 나타나지** 않는다. 왜냐하면, 그렇지 않다면[그 자체로 자기에게 나타난다면] 선은 자신의 진리를 [굳이] 자신의 반대편인 세속을 정복함을 통해서 얻으려 원하지 않을 것이기 때문이다.[410] 선이 처음에는 단지 **타자에 대해** 존재하는 것에 지나지 않는다는 말은 이전에 반대 측면[본래적 측면]에서 제시됐던 것 즉 선이 처음에는 하나의 추상에 그친다는 말과 같은 말이다. 이 **추상적인** 선은 그 자체로 자기에게 나타난 것[an und für sich]은 아니고 다만 [세속과의] 관계[투쟁] 속에서만 실재화하는 것[Realität]을 말한다.

385) 〈SK 286:12~26〉〈FM 210:8~18〉

여기에서[세속과의 투쟁에서] 출현하는 선 또는 일반적인 것은 **자질, 능력** 또는 **힘**으로 불리는 것이다. 이런 선은 정신적인 것이 출현하는 한 가지 방식에 속한다. 이 방식에서 선은 일반적인 것으로 관념 속에 있지만, 그것이 활성화하고 운동하려면 개체성의 원리가 필요하며 이런 개체성을 통해서 **실현되는** 것이다. 개체성의 원리가 덕의 의식에 등장할 때 개체성의 원리는 일반적인 것[Allgemeine]을 **선용**[善用]하지

410 덕은 자기의 개체성을 넘어서 일반적 선에 이른다. 선의 실현은 현실 속에서 일어나는 것이므로 덕의 자기 극복은 세속과의 투쟁을 통해서 실현된다. 즉 이 투쟁을 통해서 그 자체로 존재하는 선이 '타자에 대해 존재하는 것'으로 된다고 한다.

만, 반대로 개체성의 원리가 세속에 존재할 때는 개체성의 원리는 이 일반적인 것을 **악용**[惡用]한다. ―즉 이 일반적 선은 수동적인 도구라서 개인의 손에 자유롭게 장악되면서 개인이 이 도구를 어떻게 쓰는가에 상관없이 심지어 일반적 선의 파괴를 의미하는 현실을 산출하는 데 악용될 수도 있다. 그렇기에 이 일반적 선은 스스로 자립할 수 없는 생명 없는 물질이어서 이렇게나 저렇게나 가공될 수 있고, 심지어 자기를 파괴하도록 가공될 수도 있다.

[해제] 이 구절에서 헤겔은 덕의 모순을 세속과의 투쟁 속에서 설명한다. 이런 측면에서 덕에 대한 그의 비판은 두 가지로 전개된다.

첫째는 우선 덕은 자기의 특수성을 극복하여 선한 존재에 이르려 한다. 이런 특수성은 세속과 투쟁 속에서 실현될 수 있으나 세속과의 투쟁은 끝이 없으며 결국, 그는 자신의 선을 실현할 수 없으니, 선이 타자에 대해 존재하는 것이라면, 이 선은 추상적인 것일 수밖에 없게 된다.

또한, 이때 덕은 그 자체로는 "순수한 자질이나 능력 또는 힘"에 그친다. 덕이 그 자신을 현실 속에 실현하기 위해서는 개체성의 원리가 필요하다. 여기서 개체성이란 곧 이익, 쾌락의 원리를 말한다. 행동을 일으키는 힘은 이런 개체성에서 나온다. 여기서 선이 목적이고 개체성이 수단이지만, 이 관계가 전도될 수 있다. 일반적 선은 "생명 없는 물질"에 불과해서 그것을 실행하는 개체성의 독자적 목적에 봉사하는 도구나 수단으로 전락할 수 있다.

여기서 선과 개체성, 목적과 수단의 관계가 이중적이다. 개체성을 통해 선을 실현하려 한다면 대립하는 결과가 나온다. 즉 일반적 선의 실현은 덕과 세속에서 서로 다른 의미를 지닌다. 덕에서 개체성은 일반적인 선 즉 덕을 실현한다. 반면 세속에서는 일반적 선을 자기 이익을 실현하는 수단으로 삼는다. 세속은 덕조차 자기 이익의 수단으로 여긴다.

이때 덕은 심지어 "자기를 파괴하도록 가공"될 수도 있다.

이상과 같은 이유로 해서 덕에서 일반적 선에 도달하기 위한 노력은 불완전하게 끝난다.

386) ⟨SK 286:27~288:8⟩⟨FM 210:19~211:19⟩

이렇듯 일반적 선은 덕의 의식이나 세속 모두가 같이 이용할 수 있는 것이므로 과연 덕이 악덕을 이길 수 있는가는 가늠할 수가 없다. 양쪽 모두가 같은 무기를 갖추고 있다. 여기서 무기란 곧 이런 [선의] 능력과 힘을 말한다. 물론 덕은 자기의 목적과 세속의 본질이 그 뒤에서 근원적으로 통일된다는 믿음을 품고 있다. 그러기에 덕은 양자의 통일성[일반적 선]이 투쟁의 한가운데서 적의 배후를 공략하니 **그 자체로** [an sich] 목적을 달성할 것으로 가정한다. 따라서 사실상 덕의 기사에게서 자신의 **활동**과 투쟁은 말 그대로 거울상과 싸움[Spiegelfechterei]이니 그는 이 싸움을 진지하게 받아들일 수 없다. 왜냐하면, 덕의 기사가 지닌 참된 강점은 선이란 **그 자체로 자기에게 나타난 것**[an und für sich selbst] 즉 자기 자신을 실행하는 것이기 때문이다. ─싸움이 이처럼 거울상과 싸움이니 그는 이 싸움을 진지하게 여길 필요도 **없다**. 왜냐하면, 덕의 기사가 적에서 베어내고자 했으나 실상 자기에게서 베어진다는 것을 발견한 표적 즉 자기 자신에서뿐만 아니라 그의 적에서 손상하거나 파괴하고자 노리는 표적이 선 자체여서는 안 되기 때문이다. 바로 그런 선을 보존하고 수행하려는 것이 그가 싸워 얻으려는 것이었으니 말이다. 그러므로 그가 여기서 위험에 빠트렸던 것은 개체성과 무관한 [선의] 자질이나 능력이 된다. 그러나 이렇게 위험에 빠진 자질이나 능력은 오히려 이 투쟁을 통해 획득되고 실현돼야 할 일반성 즉 개체성이 제거된 선[individualitätslose Allgemeine]일 뿐이다. ─그러나 동시에 이런 일반적 선은 투쟁의 개념 자체를 통해서 본다면 **이미** 직접 **실현된 것**이다. **일반적** 선은 **본래적인 것**[Ansich]이며, 일반화된 것이다. 그런데 그런 일반적 선을 실현한다는 말은 그런 일반적 선이 본래적인 **동시에 타자에 대해 존재하는 것**[411]이란 말과 같은 말이다. 위에서[덕에서] 제시된 이 두 가지 측면 각각에서[412] 일반적 선은 추상적인 것[einer Abstraktion]으로 됐으나, 이제[세속에서] 이 두 측면이 **더는 분리되지 않으며** 선은 투쟁의 한복판에서, 이 투쟁을 거치면서 두 방식 모두에 걸쳐서 정립된다. ―그런데 덕의 의식은 세속과의 투쟁 속에서 등장한다. 이때 세속은 선에 대립한다. 이 세속과의 투쟁이 덕의 의식에 드러내는 것은 일반적인 선이지만, 여기서는[세속에서] 일반적 선은 단지 추상적으로 일반적인 것에 그치는 것이 아니라 개체를 통해 생명이 불어넣어지고 타자에 대해서 존재하는 **실현된**[wirklich] 선이다. 그런 까닭에 덕이 세속과 맞붙는 곳에서는 어디서나 덕이 자리 잡는 장소[세속]는 곧 선이 이미 실존하는 곳이다. 선은 세속이 현상하는 곳 어디에서도 세속에 내재하는 **본래적 존재**[Ansich]이니 이는 세속과 나눌 수 없게 얽혀 있으며 또한, 세속의 현실 속에 실존한다. 세속은 덕으로서는 해치려야 해칠 수 없는 존재다. 그런데 세상사[Verhältnisse]란 바로 이와 같은 선이 그 속에 실존하는 것이어서 그 때문에 해칠 수 없는 것인데도 이것이야말로 덕 자신이 도전하고 희생하려 하는 바로 그 계기다. 그럴진대 투쟁은 보존과 희생의 한복판을 오락가락할 수밖에 없다. 오히려 이 투쟁은 자기 것을

---

411 앞에서 덕은 자신이 선한 존재라는 것을 행위를 통해 자신을 드러내야 한다고 했다. 헤겔은 그것을 타자에 대해 존재하는 것이라 규정했다.

412 문맥상 본래적인 것과 타자에 대해 존재하는 것이라는 두 측면을 말한다. 덕에서는 본래적 측면에서 선은 내면성에 머무르며, 타자적 존재의 측면에서도 선은 현실 넘어선 이념적인 것에 그친다.

희생하지도 못하고 타자의 것을 해칠 수도 없다. 덕은 마치 전투에서 오직 자기의 칼날에 피를 묻히지 않는 것만을 중요하게 여기는 전사와 같다. 아니 그보다도 오히려 덕은 무기를 보존하고자 전투를 시작했다고도 하겠다. 덕은 자기의 무기를 사용할 수 없을 뿐만 아니라 적의 무기도 손상 없이 보존해야 하며 자기 자신을 향한 이 적의 무기를 오히려 보호해야 한다. 왜냐하면, 이 모든 것이 덕이 투쟁에서 얻어내야 할 선의 귀중한 일부이기 때문이다.

[해제] 헤겔은 덕과 세속의 싸움은 '거울상과의 싸움'이라고 한다. 그는 그 이유로 세 가지를 들고 있다. 첫째, 결국, 선이 자기를 실현하니, 덕은 굳이 자기가 세속과 싸우지 않아도 선이 나서서 세속을 그 뒤에서 물리칠 것이라고 믿는다. 따라서 그는 굳이 싸울 필요가 없다고 본다.

둘째 덕의 개체성 뒤에 선이 존재한다. 그러므로 덕이 세속의 개체성을 제거하려다, 잘못해 자기를 위험에 빠트려서 자신의 선까지 제거하게 해서도 안 된다. 그러므로 덕은 세속과의 싸움에 진지하게 임하지 않는다.

셋째 덕이 자기의 개체성을 지양하여 도달하는 선은 완전하지 못한 추상적 선이다. 덕은 행위를 통해 자신의 선을 타자에게 드러내야 하는데, 이런 행위는 개체성을 요구하기 때문이다. 반면 세속 속에서 개인의 상호 투쟁을 통해 일반적 선이 실현된다. 여기서 선은 덕에서처럼 추상적인 것에 그치는 것이 아니라, "개체를 통해 생명이 불어넣어지고 타자에 대해서 존재하는 실제로 존재하는 선이다." 세속의 어디에서도 선이 이미 존재하고 있으므로, 세속은 "해치려야 해칠 수 없는 존재"이다. 왜냐하면, 덕의 투쟁은 세속의 개체를 해침으로써 오히려 일반적 선이 실현되는 것을 막기 때문이다.

그러므로 덕은 세속과 투쟁에서 세속을 보존하느냐[자기를 희생해], 세속을 희생하게 하는가 하는 그 사이에서 오락가락할 수밖에 없다. 결국, 덕의 투쟁은 타자를 제거하지도 못하며 자기도 희생하지 못한다. 헤겔은 이런 투쟁은 결국, "칼날에 피를 묻히지 않으려는" 전사와 같다고 한다. 덕은 자신의 무기인 덕도 보존해야 하며, 적의 무기인 개체성도 보존해야 한다. 세속을 해치려다 세속에 내재하는 선도 해칠지 모르며, 세속의 개체성을 해치는 순간 세속에 내재하는 선이 실현되지 않기 때문이다.

387) <SK 288:9~24><FM 211:20~31>
그에 반해서 [덕의] 적인 세속에서 본질은 **본래적 것**[Ansich: 선]이 아니라 바로 **개체성**이다. 세속의 힘은 곧 부정성의 원리니, 이 원리 앞에서 지속하면서 절대적으로 성스러운 것은 어떤 것도 존재하지 못하며 이 원리는 전체가 남김없이 낱낱이[allem und jedem] 사라지더라도 이를 감히 견딜 수 있다. 그리하여 세속은 자신의 승리를 그 자체에서[an ihm selbst] 확신하는 동시에 그의 상대편[덕]이 사로잡힌 모순을 통해서 확신한다. 덕에 내재하는 **본래적 존재**[an sich]는 세속에서는 단지 **세속 자신** 앞에 나타나는 것[413]일 뿐이다. 세속은 덕에 확고하게 존재하고 따라서 덕이 의존하는 그 어떤 계기에도 얽매이지 않는다. 세속에서는 그런 계기[덕이 의존하는 계기]는 다만 자신이 파기할 수도 있고 존속시킬 수도 있는 것으로서만 여겨진다. 이를 통해 세속은 이런 계기를 장악하면서 이런 계기에 매여 있는 덕의 기사까지도 장악한다. 반면 덕의 기사는 그런 계기를 마치 겉에 두르는 외투처럼 벗어던지며 그런 계

413 앞에서 덕의 본래적 선은 타자에 대해 나타나는 것이라 했다는 것과 연관된다. 행위를 통해 나타나는 것 즉 선의 타자에 대해 있는 존재는 개체성과 뒤얽혀 있으니, 세속으로 볼 때는 위선적인 것으로 보인다.

기를 뒤에 남긴 채로 자유롭게 돌아다닐 수 없다. 왜냐하면, 그에게는 이것이야말로 포기하려야 할 수 없는 본질이기 때문이다.

388) 〈SK 288:25~36〉〈FM 211:32~212:3〉

끝으로, **본래적인 선**이 어딘가에 몸을 숨기고는 교활하게도 세속의 배후를 기습한다는 생각을 해볼 수도 있지만, 그런 희망이란 아예 기대할 바가 못 되는 헛된 희망이다. 세속은 각성한 채로 자기 자신을 확신하는 의식이어서 이런 세속의 의식에 뒤에서 다가가는 것은 허용되지 않으며 오히려 곳곳에서 저항에 부딪히게 된다. 왜냐하면, 세속은 모든 것이 **자기에 대해** 있는 것이며 모든 것을 **자기 앞에** 두는 것을 의미하기 때문이다. 그러나 본래적인 선은 자신의 적[세속] 앞에 노출되면 앞에서 본 것과 같은 투쟁에 들어간다. 그러나 본래적 선이 그의 **적**[세속]에 노출되지 않고 **그 자체로**[an sich] 머무른다면, [세속적 개체의] 자질과 능력이 이용하는 수동적 도구로 되며 실현되지 않은 재료[materie]에 지나지 않는다. 이런 선이 현존하는 것으로 생각되더라도 이는 잠자는 의식이며 어디인지는 모르겠지만, 저 뒤 어디엔가 머무르는 의식일 것이다.

389) 〈SK 289:1~24〉〈FM 212:4~22〉

그리하여 덕은 세속에 패배하기 마련이다. 왜냐하면, 덕이 목적으로 삼는 것은 사실상 추상적이고 실제로 존재하지 않는 **본질**이기 때문이며 또한, 현실에 관련해 덕의 활동은 [세속과] 구별에 근거하지만, 이런 **구별**은 다만 다민 밀로만 그치는 것이기 때문이다. 덕은 **개체성을 희생해** 선을 **실현하는** 데 뜻을 두었지만, 선을 **실현할** 힘을 지닌 측면은 그 자체 **개체성**의 측면 바깥의 그 어떤 것도 아니다. 선이란 **본래적인 것**[an sich]이니 **존재하는 것**과는 대립한다고 가정됐다. 그러나 이런 **본래**

적인 것은 그 실상[Realität]과 진리의 측면에서 본다면 [직접적] 존재 자체다. 본래적인 것은 처음에는 실제로 존재하는 것[Wirklichkeit]과 대립하는 추상적인 본질을 말한다. 이 **추상적인 본질**은 참으로[wahrhaft] 존재하는 것이 아니라 **의식에 대해서** 존재하는 것일 뿐이다. 그런데도 본래적인 것 자체가 **실제로 존재하는 것으로**[wirklich] 일컬어지니 실제로 존재하는 것[Wirkliche]을 본질상 타자에 대해 존재하는 것 또는 존재하는 것으로 여기기 때문이다.⁴¹⁴ 그런데 덕 의식의 근거는 곧 **본래적인 것**[Ansich]과 **존재**가 구별된다는 데 있지만, 이 구별은 어떤 진리도 갖지 않는다. ―세속은 선의 전도라고 가정됐다. 왜냐하면, 세속은 **개체성을** 원리로 삼는다고 하기 때문이다. 그러나 이 개체성이야말로 선을 **실현하는** 원리다. 왜냐하면, 개체성이야말로 **본래적인 것**이 동시에 **타자에 대해서 존재하는 것**으로 되도록 매개하는 의식이기 때문이다. 세속은 불변적인 것[선]을 전도하지만, 사실상 세속은 전도를 통해 불변적인 것을 **아무것도 아닌 추상**에서 **실재**[Realität]**하는 존재**로 옮겨 놓는다.

[해제] 헤겔은 덕이 패배할 수밖에 없는 이유를 설명한 다음 세속이 승리하는 이유를 설명한다.

첫째 덕은 선의 원리에 충실하면서 개체성의 힘을 마음대로 발휘하지 못하니 이 싸움에서 덕은 한 손을 묶어 놓고 싸우는 기사와 같다. 반면 세속은 철저하게 개체성을 원리로 하니 거리낌없이 싸울 수 있다.

덕은 자기를 행위를 통해 드러내지만, 이는 반토막 선에 그친다. 덕은 자신의 반토막 덕을 참된 선으로 확신한다. 그 때문에 덕은 그 자신의 선에 얽매이고 만다. 하지만 세속이 보기에 이는 위선에 그친다. 세

414 덕은 추상적인 것이고 의식된 것에 지나지 않는데도 자기를 실제로 존재하는 것으로 부른다. 헤겔은 그런 까닭은 직접 존재하는 것과 실제로 존재하는 것을 혼동하기 때문이라고 한다.

속은 "덕에 확고하게 존재하고 덕이 의존하는 어떤 계기에도 얽매이지 않는다." 세속은 덕이 의존하는 선을 마음대로 이용하니, 이런 계기에 구속된 덕의 기사를 장악할 수 있다. 세속은 덕의 위선을 공격하면서 "이런 계기에 매여 있는 덕의 기사까지 장악한다."

둘째 덕이 기대하는 것은 세속이 어디엔가 허점을 지녀서 이 허점을 통해 세속의 배후를 기습하는 것이다. 이 허점이란 곧 세속이 선 앞에서 스스로 무너지는 지점일 것이다.

하지만 세속은 빈틈이 없으며 결코 어떤 선에 무너지지 않는다. 그는 철저하게 개체적, 자기 이익적이기 때문이다. 그는 "모든 것이 자기에 대해 있으며 자기 앞에 두는 존재니" "전체가 낱낱이 사라지더라도 이를 감히 견딜 수 있다."

셋째, 덕은 개체성을 희생하여 선에 이르지만, 개체성은 곧 선을 실현하는 행위의 매개자니, 결국, 덕에서 선은 실현되지 않는 가능한 것으로 남는다. 만일 덕이 기대하는 선이 실현돼 타자에 대해 있게 된다면 이미 세속화된 것이고, 본래적 선 그대로 남아 있다면 그것은 "잠자는 것"이며, "어디인지는 모르겠지만, 저 뒤에 어디엔가 머물러 있는 것"이므로 아무 힘도 없이 것이다.

반면 세속은 개체성의 원리를 지니지만, 이런 개체성의 상호 투쟁을 통해 결국, 본래적 선이 구체적으로 실현된다. 선의 진리는 가능한 것이 아니라 구체적으로 실현돼야 하는 것이니 참된 선은 덕이 아니라 세속에 있다.

쾌락주의가 중세 초기(8세기경) 모험을 떠나는 전사(예를 들어 바이킹)늘을 말하며, 심정의 법칙이 12~14세기경 중세 기사도의 시대와 연관된다면 덕과 세속의 투쟁은 15~17세기에 걸친 절대주의 시대 왕의 주변에서 귀족과 부르주아가 벌였던 투쟁과 연관될 것이다. 귀족이 덕성을 바탕으로 이기적 부르주아를 비난했지만, 부르주아의 세속적 힘에 결국, 굴복하고 말았는데, 헤겔 역시 덕이 실상 세속에 패배하고 만다고 설명한다.

390) 〈SK 289:25~290:25〉〈FM 212:23~213:11〉

그러므로 세속은 덕이 세속과 대립하면서 무엇을 이루든 그것을 넘어 승리한다. 세속이 덕에 대해 승리하는 까닭은 덕이 알맹이 없는 추상을 본질로 삼기 때문이다. 그러나 세속은 어떤 실질적인 것[Reales]에 대해 승리한 것은 아니다. 세속은 오히려 덕이 자기는 [세속과] 구별된다고 말하지만, 그런 구별이 아무것도 아니라는 것 때문에 승리한 것이며 즉 인류의 선과 억압이라든가 또는 선을 위한 희생이니 자질의 악용이라든가 하는 미사여구에 대해 승리한 것이다. 그와 같은 관념적 본질과 목적은 모두 빈말이니 심정을 고동치게 하지만, 이성을 텅 비게 하고 경건하게 하기[erbauen]는 하지만, 아무것도 일으켜 세우지[aufbauen] 못하는 말로 모조리 가라앉고 만다. 이렇듯 미사여구를 늘어놓는 연설이 확정적으로 언표하는 내용이란 다만 그런 개인이 이상적인 목적을 위해 행동한다고 속이며 그런 고상한 상투어를 일삼으면서 자신이 고상한 존재라도 된 것처럼 여긴다는 것일 뿐이다. ─이런 것은 자기나 다른 사람의 머리[Kopf]에 바람을 불어넣지만, 사실 그 바람은 알맹이는 없는 허풍에 지나지 않는다. ─고대인의 덕은 명확하고 확실한 의미를 지니고 있었다. 왜냐하면, 고대인의 덕은 민족이라는 **실체를 내용의 토대**로 삼았으며 현실적이며 **이미 실존하는** 선을 목적으로 삼았기 때문이다. 따라서 고대인의 덕은 현실을 **총체적으로 전도된 것**으로 여기면서 이 현실에 대립하거나 **세속**에 대립하지 않았다. 그러나 지금까지 보아온 근대의 덕은 실체를 벗어난 알맹이 없는 덕이며, 실질적인 내용을 갖추지 않는 한낱 관념이나 말 잔치로 끝나는 덕이었다. ─세속과 투쟁한다는 상투어가 얼마나 텅 빈 것인지는 이런 상투어에 담겨 있는 의미가 말로 언표되지 않을 수 없을 때 곧바로 드러날 것이다. -그러니 그런 상투어의 의미는 [굳이 말할 필요 없이] **이미 알려진 것으로 전제된다.** 이렇듯 이미 알려진 것을 구태여 말로 해야 한다는 요구를 충족하자면 새로운 상투어의 너울이 밀어닥칠 것이다. 그렇지 못하다면 정반대로 이런 요구는 상투어가 아니라 심정에 호소하게 될 것이다. 그러면 심정은 그런 상투어의 의미를 **내적으로** 이렇게 말할 것이다. 즉 심정은 그런 **상투어의 의미를 사실 그대로 말하는 것**은 불가능하다는 사실을 고백할 것이다. -이런 상투어가 무의미하다는 사실은 또한, 우리와 동시대인의 교양에서[415]는 무의식중에나마 확인되는 것처럼 보인다. 왜냐하면, 그런 상투어나 상투어로 자화자찬하는 방식에 관해 전체 대중 가운데 그 누구도 흥미를 갖지 않게 됐기 때문이다. 이런 흥미의 상실은 그런 상투어가 한낱 권태로움을 자아낸다는 사실 속에 표현된다.

391) 〈SK 290:26~291:3〉〈FM 213:12~22〉

이제 덕과 세속의 대립에서 나온 결과는 곧 의식이 실현될 리 없는 **본래적인** 선의 관념을 헛껍데기 외투처럼 팽개쳐 버린다는 사실이다. 이 투쟁의 한 가운데 의식이 경험한 사실은 세속이라는 것이 겉보기처럼 그리 나쁘지 않다는 사실이다. 왜냐하면, 세속적인 현실 [Wirklichkeit]은 곧 일반적 선이 참으로 실현되는 곳[Wirklichkeit]이기 때문이다. 이런 경험과 더불어 개체성을 **희생함**으로써 선을 구현하는 [**덕의**] **수단**은 폐기된다. 왜냐하면, [세속의] 개체성이야말로 본래적인 선을 **실현하는** 힘이기 때문이다. 세속에서 나타나는 전도는 [더는] 선

---

415 헤겔 시대 칸트주의자와 낭만주의자는 도덕성을 강조했다. 헤겔은 이를 비판하는 것으로 보인다.

이 전도된 것으로 여겨지기를 중단한다. 왜냐하면, 이런 전도는 오히려 선을 단순한 목적에서 실현된 것으로 전도하는 것이기 때문이다. 개체성의 운동이야말로 일반적인 선을 충실화하는 것[Realität]이다.

392) 〈SK 291:4~25〉〈FM 213:23~34〉

그러나 본래적인 선의 의식에 대립하는 **세속**도 마찬가지로 패배당하고 사멸한다. 세속에서 등장하는 개체성 즉 **대자 존재**는 본질 또는 일반적인 것[선]에 대립하면서 **본래적인** 선과는 분리된 현실로 나타났다. 그러나 현실이 일반적인 본질과 나눌 수 없게 통일된 것이 이미 밝혀진 마당에 마치 덕에 내재하는 **본래적 존재**가 단지 하나의 **견해**에 불과했던 것과 마찬가지로 세속에서 등장하는 **대자 존재**[개체성] 역시 더는 존재하지 않는다는 것도 입증된다. 물론 세속에서의 개체성은 생각으로는 다만 **대자적으로** 또는 **이기적으로** 행동할 수도 있다. 개체성은 자신이 생각하는 것보다 더 탁월한 존재여서 그의 활동은 개인적인 것인 동시에 **본래 존재하는 일반적인** 활동이다. 개체가 이기적으로 행동한다면 이는 개체가 자기가 하는 것이 무엇인지를 스스로 알지 못한다는 것을 뜻하며 더 나아가 개체가 만인이 이기적으로 행동한다는 것을 확신한다면 개체의 이런 주장은 다만 만인이 활동하는 의미[was]에 관해 의식하지 못한다는 것을 뜻한다. -개체가 **자기를 위해** 행동할 때, 바로 이 행동이 **본래적인** 선 그 자체를 실현한다. 따라서 본래적인 선에 대립하는 것으로 여겨졌던 **독자적**[Fürsichseins]인 목적-본래적 선이라고 하면서 부리는 얄팍한[leere] 권모술수, 자질구레한 것을 따져가면서 어디서나 사적 이익을 챙길 줄 아는 선의 태도-이 모두 **본래적인** 목적이나 그런 식의 상투어와 마찬가지로 사라지고 만다.

393) 〈SK 291:26~31〉〈FM 214:1~5〉

그러므로 이제는 **개체의 활동과 충동**이 **목적 그 자체**가 된다. **힘의 사용과 이렇게 발현된 힘의 유희**야말로 이전에는 생명 없는 잠재적 존재[Ansich]였을 것에 생명을 부여한다. 이제 잠재적인 존재는 아직 실행되지 않은, 실존이 없는 추상적 일반 존재가 아니라 개체성의 과정을 통해 눈앞에 나타나고[Gegenwart] 현실화한다.

[해제] 1) 이상의 논의로부터 헤겔은 최종적으로 덕에 대한 세속의 승리를 선언한다. 덕은 비본질적인 추상적인 것에 지나지 않으며, 미사여구에 그친다. 그것은 빈말이니 "심정을 고동치게 하지만, 이성을 텅 비게 하며, 경건하게 하지는 아무것도 세우지 못하는 말"에 그친다. 이런 덕은 고대의 덕과 같이 실체에 바탕을 둔 것이 아니고 다만 관념이나 말 잔치에 지나지 않는다.

2) 그러므로 헤겔은 덕이 세속과 투쟁한다는 말은 무의미한 상투어에 그치게 됐다고 한다. 미사여구를 늘어놓는 덕의 연설은 "고상한 상투어를 일삼으면서 자신이 고상한 존재라도 된 것처럼" 여기지만, 덕에 관한 무의미한 상투어가 남발되다가 나중에는 그저 심정에 호소하며, 최종적으로는 더는 어떤 설명도 불가능하다는 것을 고백하고 만다. 헤겔은 이런 덕이 무의미하다는 것은 그의 시대 덕에 대한 호소가 대중이 흥미를 일으키지 못하고 권태로움을 자아낸다는 사실에서 분명하게 인정된다고 한다.

3) 그 결과 마침내 "개체성을 희생함으로써 선을 구현하는 덕의 수단"은 폐기된다. 이제 세속적 개체성이야말로 본래적 선을 실현하는 힘으로 된다. 헤겔은 마치 덕에서 전도가 일어났던 것과 마찬가지로 여기서도 전도가 일어난다고 한다. 덕에서 전도는 추상적 선이 개체성으로 전도되는 것이었다. 반면 세속에서는 개체성이 투쟁하는 가운데 본래적 선이 실현되므로 세속에서의 전도는 개인적인 활동이 오히려 본래적으

로 존재하는 일반적 활동으로 전도되는 것이다.

4) 덕이 추상적인 관념에 머물렀던 것에 반해서 세속에서는 일반적 선이 실제로 실현된다. 세속은 일반적 선을 "단순한 목적에서 현실로 전도하는" 것이며 "생명 없는 잠재적 존재였을 것에 생명을 부여하는 것"이다. 그러므로 헤겔은 세속에서 개체가 오직 이기적으로 행동한다고 말한다면, 그것은 "개체가 자기가 하는 것이 무엇인지를 알지 못한다"라는 것을 뜻한다고 한다.

5) 세속 자체에서 일반적 선이 실현된다는 것은 사실 세속 자체의 발전을 전제로 한다. 중세 말기 상품의 교환관계가 발전하고 이 관계가 사회 전반에 확산하면서, 사회 전체에서 개인의 상호 작용이 발전한다. 이런 상호 작용 속에서 마치 시장에서 가치 법칙이 출현하듯 객관적 본질 즉 이성적 정의가 실현되기 시작한다. 이런 세속 자체의 발전이 있으므로 헤겔은 이를 토대로 해서 개체의 활동을 통해 일반적 선이 실현된다고 말한 것이다.

C 그 자체로 자기에게 나타나면서 스스로

실재하는[reell] 개체성

[해제] 394~396) 스스로 실재하는 개체성의 개념

394) 〈SK 292:5~293:2〉〈FM 214:9~215:2〉

  자기의식의 자신에 관한 개념은 처음에는 다만 지금 우리만이 이해하는 개념이었으나 이제 자기의식 자신이 이 개념을 파악하게 됐다. 그 개념은 곧 자기 자신을 확신하는 가운데 [자신이] 전면적으로 실재한다는[Realität] 것이니 이제부터 자기의식의 목적과 본질은 한편으로 자질이나 능력을 의미하는 일반적인 선과 다른 한편으로 개체성이 운동을 통해 상호 침투하는 것이다. ─지금까지의 고찰이 목적으로 삼은 것은 양자[일반적 선과 개체성]가 전적으로 합일하는 **통일성**이 생겨나기 **이전에** 개별 계기들이 자기를 충족하고 서로 침투해가는 과정이다. [이제] 그런 개별 계기들은 추상적인 환영[Chimären]에 지나지 않는 것으로 모두 사라졌다. 이런 환영은 정신적인 자기의식이 지녔던 초기의 케케묵은 형태에 걸맞은 것이고 그 진리는 부푼 가슴[Herzens]이나 공상이나 잡담[Reden]에서 나온, 다만 관념적으로만 존재하는 것에 있고 이성 속에 있는 것이 아니다. 반면 이제 이성은 잠재적으로뿐만 아니라 자기에게 나타난 대로도[an und für sich] 자기 자신이 실재한다는 것을 확신한다. 이성은 더는 자신을 직접 존재하는 현실에 **대립**하는 **목적**으로만 표출하려 하려 노력하지 않고 범주 자체를 그가 의식할 수 있는 대상으로 만들려 한다. ─다시 말하면 처음 이성이 **대자적으로 존재**하거나 [대상을] **부정**하기만 하는 자기의식의 규정으로 등장했을 때 지

녔던 규정은 이미 지양됐다. [그때] **자기의식**이 눈앞에 있는 것으로 **발견했던 현실**은 자기의식을 부정할 수도 있어서 자기의식은 현실을 지양해야만 자기의 **목적**을 실현할 수 있었다. 그러나 그 자체로 존재하는 [Ansichsein] 목적이 대타 존재[Sein für Anderes] 또는 눈앞에 발견되는 현실과 같은 것이라는 사실이 밝혀진 마당에 진리와 확신은 더는 분리되지 않는다. ―이때 어떻게 보면 설정된 목적이 자기 확신으로 여겨지고 실현된 목적은 진리로 여겨지며 또 어떻게 보면 목적이 진리로 여겨지고 실현은 확신으로 여겨질 것이다. ―오히려 이제 본질과 목적은 그 자체로 보거나 자기에게 나타난 대로 보거나[an und für sich] 직접 실재한다는 확신이 출현한다. 즉 여기서 **그 자체 존재와 대자 존재**, 일반적 선과 개체성이 상호 침투하고 있어서 [개체의] 활동은 활동 자체에서 [an ihm selbst] 자기의 진리로 되고 자기를 실현하며 또한, **개체성을 표현하거나 언표하는 것**이 자기의식에서는 그 자체로 동시에 자기에게 나타난 대로[an und für sich] 목적으로 된다.

395) ⟨SK 293:3~17⟩⟨FM 215:3~13⟩

자기의식은 대립하는 규정 속에 있었다. 이런 대립 속에서는 한편으로 범주가 자기의식에 대해 존재하고 다른 한편으로 자기의식은 관찰하는 자나 행위하는 자의 자격으로 이 범주에 대해 관계했다. 그러나 자기의식은 자기 자신에 관한 개념을 획득함을 통해 이런 대립하는 규정에서 벗어나서 자기 내로 복귀한다. 자기의식은 순수한 범주를 자기의 대상으로 삼는다. 다시 말하자면 범주는 자기 자신을 자각하기에 이른다. 이로써 지금까지 존재했던 자기의식의 형태가 종결된다. 이전의 형태는 배후로 물러나 잊히면서 현재의 자기의식에 기존의 세계로서 대립해 등장하지는 않고 단지 자기 자신 내에서 투명한 계기로 전개된다.

그러나 이런 계기들은 의식 속에서 여전히 서로 분리된 채 운동하는 것
으로 등장한다. 왜냐하면, 이 계기들은 아직 실질적인 통일 속에 합일하
지 못했기 때문이다. 그러나 [이제] 자기의식은 그 **모든** 계기에서 존재
와 자아[Selbst]의 단순한 통일을 확고하게 유지하고 있으니 이와 같은
단순한 통일이 그런 계기를 통해 관철되는 **유적 본질**[Gattung]로 된다.

396) ⟨SK 293:18~294:2⟩⟨FM 215:14~29⟩

이로써 의식은 그의 활동에 덧붙여진 온갖 대립과 제약을 떨쳐 버리
고 **자기로부터** 새롭게 출발하지만, 이때 그것이 지향하는 것은 타자가
아니라 바로 **자기 자신**이다. 이제 개체는 그 자체에서 현실로 된 한 그
가 작용을 가하는[Wirken] 소재도, 그가 활동하는 **목적**도 모두가 그 활
동 자체에서 존재한다. 따라서 활동은 순환 운동의 모습을 취한다. 그
런 순환 운동은 허공 속에서 자유자재로 자기를 맴돌면서 한때는 크게
확장하고 한때는 작게 축소되면서 자기 안에서 자기만을 상대로 완전
한 만족을 누린다. 이때 개체가 자신의 형태를 표현하는 지반[416]은 개체
의 형태를 순수하게[rein] 받아들이는 것이라는 의미를 지닌다. 이런 지
반을 통해 의식은 자기를 백일 아래 드러내고자 할 것이다. 개체의 활
동은 아무것도 변화하게 하지 않고 그 어떤 것에 대해 대립하지도 않는
다. 개체의 활동은 **보이지 않는 것**을 **보이는 것**으로 옮겨 놓는다는 순
수한 형식을 취한다. 또한, 밖으로 옮겨졌다고 해도 자기를 표현하는 내
용은 이 활동에 본래부터 존재하는 것과 다른 것도 아니다. 개체의 활동
이 **본래적**이라 할 때 그 의미는 개체의 활동이 지닌 형식이 곧 **사유 속
에 머무르는** 통일이라는 것을 의미한다. 개체의 활동이 **실제로 존재한**

---

416 여기서 지반은 개체의 활동을 말한다. 그 속에 목적과 소재가 포함된다. 그
것은 목적을 현실로 옮겨 놓을 뿐이다.

다고 할 때 그 의미는 그 형식이 **존재하는** 통일이라는 것을 의미한다.[417]
개체의 활동 자체가 지닌 **내용**은 이와 같은 이행이나 운동에서 나타나는 규정[사유냐 존재냐 하는 규정]에 대립해 단순한 것이라는 규정만을 지니고 있다.

[해제] 1) '이성' 장의 A 절이 '관찰하는 이성'이었다. B 절이 '이성적 자기의식의 실현'이고 이제 마지막 절 C 절에 이르렀다. 이 절의 제목은 '그 자체로 자기에게 나타나면서 스스로 실재하는 개체성'이라고 한다.

B 절에서 전개되는 개체성의 모습을 보면 대체로 중세 사회에서 등장했던 개인의 모습에 대응한다. 쾌락은 중세 초기 칼 한 자루를 들고 세상에 뛰어들어 자기의 운을 시험했던 기사이고, 심정의 법칙은 중세 중반 기사도 문학에 등장했던 기사도 정신을 일컫는다. 마지막으로 덕은 중세 말기 귀족과 신흥 부르주아의 대립을 연상한다.

15~16세기 르네상스를 거쳐 근대로 이행하면서 경제적으로는 시장을 통한 교환이 발전한다. 이 교환관계는 경제 영역을 넘어 사회 전반에 확산하여 사회 전체가 일종의 계약관계로 된다. 헤겔은 이를 전반적으로 말해 사회적 상호 작용으로 보는데, 이런 사회적 상호 작용 가운데 새로운 개인이 등장한다. 헤겔이 C 절에서 다루려는 개체성이 바로 그런 개인이다.

여기서 개인은 고립된 개인이 아니다. 그 개인은 사회적 상호 작용 또는 경제적으로는 시장 속에서 활동하는 존재다. 이런 개인은 자기 자신의 목적을 자신의 활동을 통해 실현하지만, 그 산물은 사회적 상호 작용에 들어가서, 처음 주관적 산물은 객관적으로 실현된 산물로 된다.

이런 상호 작용 속에서 개인은 자기의 직접적 산물로 살아갈 수 없

---

417 활동은 목적과 현실, 일반적 선과 개체성을 개념적으로 통일할 뿐만 아니라 실제로도 통일한다는 점에서 존재하는 통일이다.

고, 사회적 상호 작용에 의존하여 살아가며, 이 속에서 오직 이기적으로 행동하지만, 실제로는 자기도 모르는 사이에 사회 전체의 행복을 위해 행동한다.

헤겔은 이처럼 개인의 활동이 사회적 상호 작용을 통해 객관적으로 규정될 때, 이를 "그 자체로 자기에게 나타나면서 자기에게 실재하는 개체성"이라고 한다.

2) 이런 상호 작용은 처음 세속에서 출현했다. 여기서 개체가 서로 대립하고 투쟁하는 가운데 일반적 선이 실현된다. 이를 통해 이전에 끊임없이 대립해온 일반적 선과 개체성의 통일이 이루어진다. 즉 내적인 통일 속에서 활동하는 개인은 사회적 상호 작용 속에서 주관적 본질이 아니라 객관적 본질을 실현하게 된다.

자연 관찰을 통해 또한, 사회 속에서 참된 이성은 발견되지 않았다. 그러나 마침내 상호 작용을 통해 이성 즉 객관적 본질이 실현된다. 여기서 범주는 과거에 주관적 사유에 머물러 있었으나 이제 실제로 존재하는 범주가 된다. 이제 이성 즉 객관적 본질은 전면적으로 실재하게 된다. 이성은 자기를 대상으로 발견하면서 자기를 자각하게 된다. 이것이 곧 자기 의식적 이성인 정신이다.

헤겔은 여기서 앞에서 여러 번 언급했던 형태와 계기의 변증법을 다시 언급한다. 이 정신에 이르러 지금까지 의식이 전개하면서 등장했던 의식 형태는 내면화되면서, 정신의 안에 존재하는 "투명한 계기"가 된다. 과거 의식의 형태에서는 의식과 대상은 대립했으나, 이 정신에 이르러서 의식과 대상의 대립은 전적으로 사라진다. 정신은 의식 형태가 전개되는 토대였으며, 외식 형태의 운동을 통해 자기 내로 복귀한 것이다.

3) 이성의 자기실현에서 결정적인 것은 개인의 활동이다. 이 활동은 노예의 노동과 같이 고립적인 활동이 아니라 사회적 상호 작용(교환관계나 계약관계) 속에서 일어나는 활동이다. 이런 활동은 상호 작용 속에

서 이루어지므로 처음 자기의 직접적인 산물은 다시 자기로 되돌아오는 순환의 형식을 가지고 있으며 이 순환은 확장하거나 수축하면서 "자유자재로 자기를 맴도는"것이다. 이 활동에서 주관적인 산물 뒤에서 객관적 실재 즉 사태 자체가 잠재된다. 이 사태 자체는 처음 활동을 통해 직접 생산한 산물에서 드러나지 않으며, 사회적 상호 작용을 통해 그에게 되돌아 왔을 때 그 결과를 통해 비로소 그 모습을 눈앞에 드러낸다.

헤겔은 이런 상호 작용하는 과정을 목적론적으로 서술하면서, 최종적으로 도달하는 사태 자체가 이미 주관적 목적에 내재하는 그 자체적 본질로 본다. 이 과정을 구체적으로 보면, 여기서 분리와 대립이 생겨난다. 활동하는 가운데 직접적 산물과 그 자체적 본질은 서로 대립하며, 주관적 목적과 서로 작용한 결과 사태 자체도 서로 대립한다.

그러나 이 과정을 전체적으로 보면 그 자체적 본질이 자기를 실현해서 사태 자체로 되는 것이라고 본다. 여기서 목적과 현실은 통일된다. 그러므로 활동은 "보이지 않는 것(목적)을 보이는 것(현실)으로 옮겨 놓는다는 순수한 형식"일 뿐이다. 활동은 한편으로 "지반(활동)이 개체의 형태(그 자체적 본질)를 순수하게 받아들이는 것"을 말한다. 활동은 자기 자신을 있는 그대로 실현하므로 "자기 안에서 자기만을 상대로 완전한 만족을 누린다."

a 정신적인 동물의 나라와 속임 또는 사태 자체

[해제] 전체 흐름
397) '그 자체로 실재하는 개체성'의 개념
398~399) 활동의 두 측면: 질적인 측면과 양적인 측면,
400) 활동의 세 가지 계기: 목적-개체성(활동)-현실
401) 목적의 회고적 발견
402~403) 양적 크기의 비교

404) 직접적 산물과 일반적 현실, 활동과 존재

405~408) 목적과 활동 그리고 현실의 분열, 산물과 사태 자체

409~413) 사태 자체의 이중성과 성실한 의식

414~415) 성실한 의식의 분열

416) 성실한 의식의 속이는 유희, 정신적 동물의 나라

417) 실체로서 사태 자체

397) ⟨SK 294:3~14⟩⟨FM 216:4~9⟩

그 자체로[an sich] 실재하는[real] 개체는 첫째로 다시금 하나의 **특정한 개별자**로 존재한다. 따라서 개체는 자기를 절대적인 실재[Realität]로 인식하지만, 이는 개체가 스스로 의식하는 것과 같이 [아직] **추상적인 일반적** 실재다. 그러므로 이 추상적인 일반적 실재는 충족되지도 않고 내용도 없는 것이며 이런[dieser: 절대적 실재라는] 범주에 해당하는 텅 빈 사상[Gedanke]에 지나지 않는다. 이제부터 그 자체로 실재하는 개인이라는 개념이 지닌 각 계기가 어떻게 규정되는지 그리고 개체성이 자기 자신에 관한 이런 개념을 어떻게 의식하는지를 살펴보려 한다.

[해제] 세속 속에서 출현하는 개인은 결국에 가서는 자기의 본질을 실현하는 존재 즉 "그 자체로 실재하는 개체성"이다. 즉 개체의 객관적 본질이 실현된다는 것이다. 이 그 자체로 실재하는 것을 헤겔은 "절대적 실재"라고 한다.

그러나 일단 출발점에서 세속적 개체는 어디까지나 자기 이익 즉 주관적 목적을 추구하는 개체고, 그에게 객관적 본질은 다만 잠재적으로 존재하는 목적일 뿐이니, 이는 아직 개체성 안에 존재하는 추상적 일반성에 지나지 않는다. 개체는 아직 자기에 내재하는 그 자체적 본질을 인식하지 못한다. 따라서 헤겔에 따르면 이 추상적 일반성은 아직 "충족되

지 않고 내용도 없는" "텅 빈 사상"에 지나지 않는다.

　헤겔은 여기서 앞으로 이런 추상적 목적이 어떻게 실현되는지, 그리하여 어떻게 개체가 자기를 절대적으로 실재하는 것으로 자각하는지를 설명하려 한다.

398) ⟨SK 294:15~295:5⟩ ⟨FM 216:10~30⟩

　개체의 개념은 곧 개체 자체[als solche]가 자기 자신에 대해[für sich selbst] 전면적으로 실재하게 된다는 것이다. 이런 개념은 처음에는 [지금까지 운동의] **결과**다. 개체가 아직 그 자신의 운동과 실재성을 드러내지 않았으므로 여기서 개체는 **직접 단순히 잠재적인** 존재[Ansichsein]로 설정된다. 그러나 부정성은 즉 [앞으로] 운동으로 현상하는 것과 같은 것은 **단순히 잠재적인 것**[Ansich]에서는 **규정성**으로 존재한다. 존재 또는 단순히 잠재적인 존재는 특정한 범위[Umfang] 안에 있다. 따라서 개체성은 근원적이며 동시에 규정된 소질[Natur]로 등장한다.[418] 이 소질이 **근원적**[ursprüngliche Natur]이라 할 때 그것은 이 소질이 개체에 **잠재적인 것**[an sich]이기 때문이며, 이 근원적 소질이 **규정된 것** [ursprüngliche bestimmte]이라고 할 때는 그것은 이런 부정적인 것이 잠재적인 것에서[am Ansich] 나타나기에 어떤 질적 성격을 지닌 것으로 여겨지기 때문이다. 그런데 개체의 존재[Sein]가 제한된다고 하더라도 그 것이 **의식의 활동까지도 제한할 수 있는 것은 아니다.**[419] 왜냐하면, 의식의 활동[Tun]은 전적으로 **자기 자신과의** 관계니 왜냐하면, 개인의 활동

418　활동하는 개체가 실현하려는 목적은 일단 이기적 욕망이다. 그 속에는 그 자체적 본질이 들어 있으나 다만 잠재적으로만 들어 있다. 헤겔은 전자를 자연적 규정성(부정성) 또는 소질이라고 하며 후자를 잠재적인 것이라고 한다.

419　여기서 존재는 개체성이 지닌 제한된 소질을 의미하며, 활동은 사회적 상호작용까지 포함하는 전체적 활동을 말한다.

을 제한할 가능성을 지닌 타자[의식의 대상]와의 관계가 여기서는 제거될 것이기 때문이다.[420] 따라서 개체의 소질이 지닌 근원적 규정성은 단순한 원리[Prinzip]에 지나지 않는다. ―다시 말하자면 근원적 규정성은 투명한 일반적인 지반[421]에 놓여 있는 것이어서 이 속에서 개체는 자유롭고 자기와 같음의 상태로 머무르며 동시에 마음 내키는 대로 자기를 구별하면서 자기를 실현하는 가운데 실현된 자기와 순수하게 서로 작용한다. 이는 마치 불특정한[unbestimmte] 동물의 삶이 물, 공기, 흙과 같은 자연 원소나 이 원소 안에 있는 더 세부적인 원리 속에서 숨 쉬면서 자기의 모든 계기를 그런 원소나 원리로 채우면서도 이런 원소나 원리의 제한에 구속당하지 않고 그런 원소나 원리를 지배하면서 자신을 개체적 하나[Eins]로 유지하는 가운데 일정한 조직을 갖춘 개체면서도 동시에 일반적인[종적] 동물적 삶을 살아가는 것과 비슷하다.[422]

399) ⟨SK 295:6~22⟩ ⟨FM 216:31~217:8⟩

의식은 규정성 속에 있으면서도 자유롭고 전적으로 지속하므로[bleibend] 이런 의식이 지닌 근원적 **소질**의 규정된 측면은 개인의 목적이 지닌 직접적이고 유일한 독특한 **내용**으로 나타난다. 물론 이 내용은 **특정한** 내용이긴 하지만, 일반적으로 우리가 **그 자체적인 것**[das

---

420 사회적 상호 작용(교환관계) 속에서 의식과 대상의 대립이 사라지고, 의식은 대상을 거쳐 자기로 복귀하면서 자기를 실현한다.
421 이 지반은 상호 작용 가운데서 이루어지는 활동을 말한다. 이 활동은 최종적으로 그 자체적 본질을 사태 자체로 실현한다. 이를 통해 이성은 자기를 자각한다.
422 헤겔은 사회적 상호 작용 속에서 그 자체 존재가 실현되는 과정을 생명체에서 개체적 조직을 통해서 유적 본질을 실현하는 생명의 운동과 비슷한 것으로 설명한다.

Ansichsein]을⁴²³ 고립해 놓고 관찰하는 한에서만 **내용**이라 일컬어진다.

그러나 그 내용은 개체성이 그 속에 침투하면서 실재성[Realität]을 획득한다. 이처럼 출현한 현실은 개별자로서 의식이 그 의식 자체에서[an ihm selbst] 소유하는 현실을 의미하는 것이며 또한, 존재하는 것으로[seiend] 설정[gesetzt]된 것이며 아직 활동하는 것[tuend]으로 설정된 것은 아니다.⁴²⁴ 그러나 활동에서는 한편으로 볼 때 그런 소질이 지닌 규정성은 제한적인 것이어서 활동이 그것을 내던지기를 바랐던 [hinauswollte] 것이 아니다. 그 이유는 그 규정성은 [직접] 존재하는 질적인 것으로 고찰되는 것인 한에서 단순한 색채로 칠해져 있어서, 활동이 그 속에서 일어나는 지반⁴²⁵이기 때문이다. 그러나 또 다른 면으로 보면 부정성은 다만 [직접적] 존재에서만 나타나는 **규정성**이다. 그러나 **활동**은 그 자체가 부정성과 다른 것이 아니므로 활동하는 개인에게서는 그의 규정성은 해소돼 부정성 일반으로 또는 모든 규정성의 화신[化身: 대표]으로 된다.⁴²⁶

423 규정된 소질은 직접적 목적을 추구하는 활동이니 여기서 그 자체적 본질은 다만 그 자체적인 것으로 감추어져 있다.

424 여기서 존재하는 것은 활동의 직접적 산물을 말하며, 활동하는 것은 서로 작용하는 활동 전체를 통해 결과로 나온 산물을 의미한다.

425 여기서 소질은 직접적 목적을 실현하는 것인데, 그것을 내던져야 본래적 목적이 실현되는 것은 아니다. 오히려 이런 소질의 산물이 있기에 상호 작용이 가능하니, 이런 소질의 산물은 상호 작용이라는 활동의 지반이 된다.

426 예를 들어 상품의 가격이 시장에서 다양하게 변화하더라도, 객관적 가치로 수렴된다. 애덤 스미스는 이를 자연 가격이라 했는데 헤겔은 이런 것을 '모든 규정성의 화신'이라 한다. 소질이 지닌 단순한 부정성인 규정성은 서로 작용하는 활동 속에서 다시 부정되면서, 부정의 부정으로 되고, 그 결과 사태 자체 즉 모든 규정성의 화신으로 된다.

400) 〈SK 295:23~296:7〉〈FM 217:9~24〉

단순하고 근원적인 소질은 **활동**과 그 활동에 관한 의식의 영역에 들어가서 구별되며, 그 결과 이 후자[즉 활동에 관한 의식]에 구별이 귀속된다. 활동에 관한 의식의 **첫 번째** 계기는 대상 즉 여전히 의식에 속하는 **대상**이며 즉 **목적**으로 눈앞에 나타나는 것이고 따라서 눈앞에 있는 현실과는 대립하는 것이다. [활동에 관한 의식의] **다른 계기**는 고요하게 머무르는 것으로 표상되는 목적을 운동하게 하는 계기다. 즉 이 계기는 실현하는 **운동**이니 즉 목적이 정형화된[formelle] 현실과 관계하는 것을 의미한다. 따라서 이 계기는 **이행** 자체에 관한 관념[Vorstellung] 또는 **수단**이다. 활동에 관한 의식의 마지막 **세 번째** 계기는 대상을 말하는 데 이때 대상은 활동하는 자가 직접 **자기 것**으로 의식하는 [관념으로서] 목적이 아니라 활동하는 자로부터 끄집어내 져서 **활동하는 자에게 타자**로서 출현하는 [실제] 대상을 의미한다.[427] ─그런데 활동에 관한 의식을 통해 구별되는 이상과 같은 서로 다른 측면들은 이제 이 영역에 관한 개념에 따라서 본다면 다음과 같이 확립될 수 있다. 즉 이 서로 다른 측면들 속에 있는 내용은 같은 것이며 그 내용에서는 어떤 구별도 개입하지 않는다. 즉 개체성과 존재 일반도 서로 구별되지 않으며 또는 **목적**이 **개체성** 가운데 **근원적 소질**에 대해 또는 눈앞에 있는 현실에 대해 구별되지도 않으며 또한, 수단이 현실 즉 절대적 목적에 대해 구별되지 않고 또한, 성취된 현실이 목적 즉 근원적 소질이나 수단에 대해 구별되지도 않는다.

[해제] 1) 개체는 자기를 실현하는 활동을 전개한다. 헤겔은 이런 개

---

427 위에서 헤겔은 목적과 실현하는 운동(수단) 그리고 최종 산물이라는 세 가지 계기를 거론한다.

체의 활동을 세 가지 차원에 걸쳐서 분석한다. 의식적 목적의 측면과 그것을 실행하는 행위(개체성)의 측면 그리고 활동을 통해 산출된 것 즉 그 산물이다. 우선 의식의 목적의 측면에서 볼 때 개인적 관심과 그 자체적 본질로 구분된다. 여기서 그 자체적 본질은 개인이 직접 의식하는 개인적 관심에 감추어져 있으며, 개인은 그 자체적 본질을 의식하지 못한다. (전자가 마르크스의 사용가치를 말한다면 후자는 교환가치를 말할 것이다)

2) 개체성 즉 수단의 측면도 두 가지로 구분된다. 하나는 근원적 규정성 즉 소질이다. 이 소질은 개별자가 지닌 직접적 규정성을 의미한다. 예를 들면 누구에게 자연적으로 어떤 능력, 재능이 있다고 할 때를 말한다. 이런 소질은 그 이면에 일반성의 측면을 지닌다. 즉 의지력과 풍요함이다. (전자가 마르크스의 구체적 노동이라면 후자가 추상적 노동에 해당할 것이다)

수단은 또 한가지 즉 활동의 측면이 있다. 이 활동은 사회적 상호 작용을 통해서 일어나는 활동이다. 구체적으로 교환의 활동이다. (이는 상품의 시장에서의 교환 과정에 비춰 볼 수 있다)

3) 여기서 활동은 소질을 통해 일어난다. 그런 소질이 없으면 활동은 불가능하다. 소질이 활동의 토대라는 점에서 헤겔은 이 근원적 소질은 "단순한 색으로 채색된 지반 즉 활동이 그 속에서 일어나는 지반"이라고 말한다. 그러나 소질 그 자체가 활동을 규정하는 것은 아니다. 소질은 다만 그 활동을 가능하게 하는 조건에 불과하다. 활동을 규정하는 것은 개인이 아니라 사회적 상호 작용이다. 이 소질은 특정한 질적 성격을 지니면서 활동 자체를 제약하지만, 그 자체적 본질을 실현하는 것은 오히려 사회적 상호 작용이다. (이는 마치 상품의 사용가치가 시장에서 교환을 가능하게 하는 지반인 것과 같다. 그러나 사용가치가 교환가치를 결정하는 것은 아니다)

4) 헤겔은 소질과 활동의 이런 관계를 생명체의 유적 본질로서 생명과 개체가 지닌 신체 조직적 연관의 관계로 설명한다. 생명체가 조직적 연관의 재생산을 통해 자기를 지속해서 실현하듯, 개체의 소질들 사이의 상호 작용을 통해 그 자체적 본질이 자기를 존립하게 한다.

헤겔은 근원적 소질의 활동과 사회적 상호 작용이라는 활동을 구분한다. 자기의식 장에서 노동은 오직 전자의 측면이다. 당시에는 사회적 상호 작용은 출현하지 않았다. 중세를 거쳐 근대로 들어오면서 사회적 상호 작용이 발전하면서 활동에서 근원적 소질과 사회적 상호 작용의 분화가 생겨났다.

5) 마지막으로 산물에서도 두 계기가 구별된다. 활동을 통해 산출된 결과는 행위의 직접적 산물과 다르다. 직접적 산물이 주관적인 소질의 실현에 그치지만, 사회적 상호 작용은 그런 주관성을 제거하고 그 자체적 본질을 실현하게 한다. 이것은 마치 시장에 단기적으로는 수요공급의 변동에 따라 가격이 가치에서 벗어나지만, 장기적으로 보면 가격이 객관적 가치에 수렴하는 것과 같다.

6) 자기의식 장에서 다룬 노동에서는 항상 대상과 대립을 벗어나지 못한다. 왜냐하면, 자연의 자립성이 존재하기 때문이다. 그 결과 주인과 노예라는 관계가 출현했다. 그러나 사회적 상호 작용이라는 활동 속에서 의식과 대상의 대립도 사라진다. 상호 작용을 통해 자연적 규정성이 다른 규정성과 교환되면서 부정의 부정에 도달하며 그 결과 모든 규정의 화신이 출현하는데, 이것이 바로 사태 자체로 된다. 여기서 의식의 대상은 다른 대상과 교환됨으로써 의식은 자기 자신으로 복귀한다. 그러므로 활동을 통해서는 개체는 "자유롭고 자기와 같음의 상태로 머무르며 동시에 마음 내키는 대로 자기를 구별하면서 자기를 실현한다."

7) 전체적으로 보면 세 가지 계기 사이에는 통일과 대립이라는 두 측면이 동시에 존재한다. 그 자체적 본질은 사회적 활동을 통해 사태 자체

로 실현되니 이런 측면에서 통일이 존재한다. 그러나 그 과정에서 그 자체적 본질과 자연적 소질이 대립하며 거꾸로 사회적 활동과 주관적 목적이 대립한다.

그러나 통일의 측면은 독자적으로 출현하는 것이 아니다. 통일의 측면은 대립 속에서 장기적으로 출현하는 것이다. 그것은 마치 상품의 가치가 단기적인 교환에서는 출현하지 않지만, 장기적인 교환 속에서는 자연 가격을 통해 출현하는 것과 같다. 통일은 개별적인 것을 매개로 하며 그것에 대해 소외된 방식을 출현한다.

401) ⟨SK 296:8~298:14⟩⟨FM 217:25~219:9⟩

그러므로 첫째로 개체성에 속하는 근원적으로 규정된 소질[Natur], 즉 개체의 직접적인 본질[Wesen]은 아직 활동하는 것으로 설정된 것은[gesetzt] 아니니, **특수한** 능력, 재능 또는 성격 등으로 불린다. 정신의 독특한 색깔을 드러내는 이런 것[능력, 재능, 성격]은 목적의 유일한 내용을 이루며 오직 이것만이 실재하는 것으로 여겨진다. 의식을 마치 그 자신의 근원적인 소질을 넘어서 어떤 별개의 내용을 실현하고자 의욕하는 존재로 생각한다면 이는 마치 의식을 무에서 무를 낳는 것으로 생각하는 것과 같다. ―더 나아가 근원적인 본질[Wesen][428]은 단지 목적의 내용을 이루는 것만이 아니라 잠재적으로는[an sich] 이미 **현실**이기도 하다. 현실은 [목적이 실현된 것으로 되기] 이전에는[sonst] 활동을 위해 **제공된** 소재로 되며, 눈앞에서 발견되지만, 활동을 통해 다듬어져 현실로 되는 것으로 나타난다. 활동은 아직 드러나지 않은 형식[목적]으로부터 이미 드러난 존재의 형식[현실]으로 온전하게 옮겨 놓기만 하

---

428 앞에서 근원적 소질이 개체의 직접적 행위를 의미한다면, 근원적 본질은 개별적 목적에 내재하는 그 자체적 본질을 의미한다.

면 되니, 의식에 대립하는 **현실**이 그 자체로[an sich] 존재를 지닌 듯한 모습은 한낱 텅 빈 가상으로 전락한다. 그리하여 의식은 자기를 행동[Handeln]으로 규정하는 차원에서는 눈앞에 있는 현실이 지닌 외관에 현혹되지 않으며 마찬가지로 텅 빈 사고나 목적을 맴도는 것을 벗어나서 자기의 본질이 지닌 근원적으로 규정된 내용을 중심에 두고 지켜나가야 한다. ―사실 **의식은 이런 근원적 내용을 실현하는** 가운데 비로소 이 내용을 **의식**한다. 그러나 의식에 **대해서** 다만 **그 의식 자신 안에** 머무르는 내용과 그 의식을 벗어나서 그 자체로[an sich] 존재하는 현실 사이의 구별은 제거된다. 의식에 **잠재적인 것**[an sich]이 **의식에 대해** 존재하기 위해서 의식은 행동해야 하며 또는, 행동[Handeln][429]은 정신이 **의식으로 되는 것**[das Werden des Geistes als Bewußtsein]이다. 의식은 그가 **본래**[an sich] 무엇인가를 그것이 실현되는 현실로부터 인식한다. 따라서 개인은 활동[Tun]을 통해 자신을 실현하기 이전에는 **자기가 무엇인지**를 알 수 없다. ―하지만, 이렇게 되면 그의 활동[Tun]의 **목적**은 활동이 완료하기 이전까지는 규정할 수 없는 것으로 보인다.[430] 그러나 동시에 의식은 의식인 한 행동을 사전에 **전적으로 자기의** 머릿속에 그려진 것으로 즉 자기 앞의 목적으로 지녀야 한다. 그러므로 행동[Handeln]에 착수하려는 개인은 순환 속에 있는 것으로 보인다. 이런 순환 속에서 각 계기는 다른 계기를 이미 전제하고 있으니 어떤 출발점도 발견될 수 없는 것으로 보인다. 왜냐하면, 개인은 자신의 근원적인 본질[Wesen]을

---

429 행동은 개체의 소질 즉 직접적 행위와 사회적 상호 작용의 활동을 포괄하는 개념이다.

430 개인이 행위한 것은 상호 작용 가운데 되돌아온다. 그 결과는 개인에 내재하는 근원적 내용이 실현된 것이지만, 개인은 이를 미리 알 수 없으며 결과적으로만 알 수 있다.

즉 그의 목적이어야 하는 것을 **행위**[Tat]의 **결과**를 통해서만 비로소 알아낼 수 있는 데도 활동하려면 **미리 목적을** 가져야 하기 때문이다. 그러나 바로 그런 까닭에 개인은 어떤 상황에 부닥쳐서도 그게 시작인지 수단인지 결과인지에 대해 고려함이 없이 **직접** 행위[Tätigkeit]로 나가기 시작해야만 한다. 왜냐하면, 개인의 본질과 **본래적인** 소질은 그야말로 **시작**과 **수단**과 **결과** 모두에서 **하나로** 통일된 것이기 때문이다. 행동[Handeln]의 **상황**에서 **처음에** 소질이 눈앞에 나타난다. 개인이 뭔가에 관해 품는 **관심**은 이미 여기서 활동[tun]을 할 것인가 하지 않을 것인가, 한다면 무엇을 할 것이냐는 물음에 대해 답을 준다. 왜냐하면, 눈앞에 발견되는 현실로 보이는 것은 개인이 본래[an sich] 지닌 근원적 소질이기 때문이다. 현실이란 근원적 소질이 단지 어떤 **존재**라는 가상[431]을 취하고 나타난 것이다. 그런 현실이라는 가상은 자기를 이중화하는 활동[entzweienden Tun]의 개념에 들어 있지만, 근원적 소질의 차원에서 본다면 **개인**이 자기의 소질에서 발견되는 **관심** 속에 이미 언표된다. ―또한, 마찬가지로 **어떻게** 할 것이냐[Wie] 하는 **수단**의 문제도 그 자체적으로나 자기에게 나타난 대로나[an und für sich] 특정한 것이다. 마찬가지로 **재능**이라는 것은 규정된 근원적 개체성을 의미할 뿐이니, 목적을 실현하는 **내적인 수단** 또는 목적을 현실로 **이행**하게 하는 것을 의미한다. 그런데 **실제로 존재하는** 수단이나 실질적 이행을 위해서는 한편으로 재능과 다른 한편으로 관심을 통해 눈앞에 나타나는 사태[Sache]의

---

431 개인적 소질의 산물이 직접적 현실 즉 사태다. 이는 목적으로서 개인의 관심을 전제로 한다. 이 직접적 현실은 사회적 상호 작용 속에서 그 의미를 상실하고 그것이 지닌 그 자체 목적 즉 사태의 본성이 드러나니, 그런 점에서 직접적 현실은 존재하지만, 참된 것이 아닌 가상이다.

본성이 통일을 이루어야 한다.[432] 이런 수단에서 전자 즉 재능은 활동[Tun]의 측면을 염두에 둔 것이며 후자 즉 사태[Sache]의 본성은 내용의 측면을 염두에 둔 것이다. 양자[재능과 사태의 본성]는 활동과 존재가 상호 침투돼 존재하는 것으로서 개체성 자체다. 그러므로 눈앞에 있는 것은 미리 발견되는 **사정**[Umstände: 事情]이다. 이 사정은 **본래**[an sich] 개인이 지닌 근원적 소질에 속한 것이다. 그리고 근원적 소질은 바로 **그 자신의 것**으로 또는 자기의 **목적**으로 설정한 관심을 말한다.[433] 마지막으로 **수단**[재능] 속에서 양자[관심과 소질]의 대립을 결합하고 극복한다. 이런 결합 자체는 아직 의식 안에서 일어나는 일이므로, 지금까지 살펴본 것 전체는 대립의 한쪽에 그친다. 아직도 남아서 대립하는 것으로 보이는 것[Schein von Entgegensetzung]이 있다면 그것은 **이행** 또는 **수단**[434]을 통해 제거된다. ─왜냐하면, 그런 수단은 외적인 것과 내적인 것의 통일을 의미하며 즉 의식이 내적 수단으로 삼는 규정성과 대립하는 것이기 때문이다. 이런 수단은 [소질이 지닌] 규정성을 지양하며 자신을 즉 앞에서 말한 존재와 활동[Tun]의 통일[435]을 설정한다. 이런 통일은 마찬가지로 **외면적인 것**이기는 하지만, 개체성이 실현된 것

---

432 재능(소질)은 관심(사태의 본성)을 실현하는 개인적 행위의 측면을 말한다. 이 재능이 실현된 사태가 상호 작용(활동)을 통해 사태 자체로 된다.

433 헤겔의 언어가 좀 혼란스럽다. 정돈하자면, 사정은 관심의 대상이 되는 것이며, 소질(재능)을 통해 실현된다.

434 여기서 '이행 또는 수단'이라 한 것은 문맥상 사회적 상호 작용 즉 활동을 의미한다.

435 소질(개인적 행위)의 산물이 존재(사태)다. 활동 즉 상호 작용을 통해 존재는 마침내 사태 자체로 된다. 이게 '존재와 활동'의 통일이다.

이며[436] 다시 말해 개체성 **자체에 대해 존재하는 것**[Seiende]으로 정립된[gesetzt] 것이다. 전체 행동[Handlung]은 이와 같은 방식으로 **사정**도 아니고 또 **목적**이나 **수단**도 아니며 **산물**[Werk]도 아니니 즉 어느 것이든 자기를 벗어나는 것[aus sich heraus]이다.

[해제] 1) 앞의 구절에서 개체가 지니는 이중적 측면을 살펴보았다. 즉 소질의 측면과 활동의 측면이다. 이 구절에서 헤겔은 개인의 활동이 지닌 모순을 중점적으로 서술한다.

이를 서술하기 위해 우선 개인의 목적과 활동에 관해 앞에서 했던 주장을 다시 한번 되풀이한다. 우선 개인의 목적과 관련해서 보자면, 개인이 지닌 목적이 직접 자기를 실현할 수는 없다. 그것은 소질을 통해서 실현되는 것이니, 실현할 수 있는 소질을 지니지 않는다면 아무리 주관적으로 의욕 한다고 하더라도, 이는 "무에서 무를 낳는 것으로 생각하는 것"과 같다.

활동은 고립된 노동이나 실천이 아니라 사회적 상호 작용을 통해 일어나는 활동이다. 개별적 노동에서는 대상이나 현실의 저항에 부딪히지만, 활동을 통해 부정의 부정을 통해 자기의 그 자체 목적(근원적 본질)을 실현할 수 있다. 즉 활동을 통해 "의식과 대립하는 현실이 그 자체 존재를 가진 듯한 모습은 한낱 텅 빈 가상으로 전락하며" "그 자신의 안에 머무르는 것과 그 의식을 벗어나서 그 자체로 존재하는 현실 사이의 구별은 제거된다."

2) 이런 자기를 실현하는 운동의 세부적인 과정에서 대립이 발생한다. 즉 이 과정에서 개인은 자기의 관심을 자기의 소질을 통해 직접 실현한 산물(이것이 곧 사태다)만을 자기 것으로 발견한다. 소질이 관심을

---

436 여기서 '개체성의 실현'은 문맥상 개체성의 근원적 본질이 실현된 것으로 이해된다.

실현할 때 그는 이 주관적 목적에 내재하는 근원적 본질(그 자체적 본질)을 알지 못한다. 그는 산물이 사회적 상호 작용을 거쳐 나와 자신에게로 되돌아와서 사태 자체로 실현됐을 때 비로소 이 근원적 본질을 발견할 수 있다. 즉 의식은 자기의 소질이 "본래 무엇인가를 그것이 실현되는 현실로부터 인식하게 된다."

그런데도 그는 행동에 나설 수밖에 없다. 그는 사태의 본성을 단지 예상하면서 즉 "사전에 전적으로 자기의 머릿속에 그려진 것으로 즉 자기 앞의 목적으로 가지고" 행동에 나선다. 그러나 그의 예상이 적중하리라는 보장은 없다. 그는 맹목적으로 행동에 나설 수밖에 없다.

헤겔의 이런 주장은 마치 루카치가 『역사와 계급의식』에서 설명한 상품의 물신화의 개념과 비슷하다. 루카치에 의하면 자본주의적 시장을 통한 상품 교환 사회에서 생산자는 자신의 상품이 지닌 객관적 가치를 알지 못한 채로 생산하며 비로소 시장에 나가서야 그것을 확인할 수 있다. 그 결과 생산자는 자기가 알지 못하는 시장에 전적으로 종속적이다. 시장은 사실 생산사 사이의 교환을 통해 이루어지는 것이니 생산자 자신의 산물이다. 생산자는 자기가 생산한 시장에 자기가 종속한다는 역설에 부딪히며 이것을 루카치는 물신화라고 이름 붙였다.

3) 전체적으로 본다면, 활동의 본질인 그 자체적인 것(근원적 본질)이 마침내 사태 자체로 실현된다. 이 과정은 여러 단계를 거쳐 나간다. 주관적 목적에서 개인적 행위를 거쳐 그 사태[Sache](산물)에 이르며, 이 산물은 다시 상호 작용이라는 활동을 거쳐 되돌아온다. 사회적 상호 작용은 이런 활동을 통해 끊임없이 순환한다 ㄱ 속에서 최종적으로 규정된 것도 요동치면서 그런 가운데 장기적으로 보면 그 자체 목적 즉 객관적 본질이 실현되니, 이것이 곧 사태 자체[Sache selbst]이다. 이런 과정은 시장에서 상품 교환 과정에서 익히 보는 것과 같다. 상품의 가격은 시장에서 끊임없이 요동하지만, 장기적으로 보면 일정한 자연 가격이

출현하는데 이것이 곧 상품의 내재적 가치다.

　이런 사회적 상호 작용 속에서 의식은 이 가운데 어느 단계에도 머무르지 못한다. 각 단계는 그 자체로서 자립적일 수 없기 때문이다. 목적은 행동으로 나가야 하며, 행동은 결과를 산출하지만, 그 결과는 다시 출발점에 그친다. 결과는 상호 작용을 통해 다시 돌아와 새로운 목적으로 된다. 각 단계는 그다음 단계로 이행하면서 가상으로 규정되지만, 각 단계는 자기가 이행했던 단계를 떠나 순환하는 전체를 거쳐 다시 자기로 되돌아온다. 이런 점에서 헤겔은 여기서 의식의 본질은 끊임없이 "자기를 벗어나는 것[aus sich heraus]"으로 규정한다.

　402) 〈SK 298:15~299:13〉〈FM 219:10~220:2〉
　그런데 산물[Werke]을 통해서 근원적인 소질이 지닌 구별이 등장하는 것으로 보인다. 즉 산물은 산물 속에 표현되는 근원적인 소질과 마찬가지로 **특정한 것**이다. 왜냐하면, 부정성은 활동과 유리된 채 **존재하는 현실**로 되면[437] 그 산물이 지닌 질적인 규정으로 나타나기 때문이다. 그러나 일반적으로 의식은 이런 산물에 대립해 자신을 그 자신에서[an ihm] **부정성** 즉 활동[행위: Tun][438]이라는 규정성을 지니는 것으로 규정한다. 그러므로 의식은 산물이 지닌 규정성에 대립하는 일반적인 존

437　근원적 소질은 특정한 것이므로 부정성을 지닌 것이다. 이 소질이 상호 작용(활동)과 유리된 채 직접 실현된 것이 산물이다.
438　여기서 활동[Tun]은 상호 작용이나 교환을 말하기보다 문맥상 개인적 행위를 의미한다. 개인은 근원적 소질을 지니면서 자기를 산출하기 위해 행위한다. 대체로 헤겔은 행동[Handelung](행위[Tätigkeit])과 활동[Tun]을 구분한다. 행동은 소질을 실현한다. 활동은 그 자체 본질이 출현하는 과정이다. 이때 활동은 '절대적 이행'이나 '생성'을 의미한다. 그러나 때로 활동은 행동(행위)을 의미할 때도 있어서 혼란스럽다. 활동이 행동을 의미할 때는 괄호 속에 행위로 표현했다.

재며, 그 결과 그 산물을 다른 것과 **비교**할 수 있으며[439] 이로부터 개체성 자체를 **서로 다른 것**으로 파악할 수 있다. 즉 의식은 자신의 산물을 더 포괄적으로 지배하는[weiter übergreifende][440] 개인은 의지력이 더 강하거나 그 소질이 더 풍부한 존재로 다시 말해 그 근원적 규정성이 덜 제한적인 존재로 파악하며 −다른 개인은 그보다 그 소질이 더 빈약하고 더 궁핍한 존재로 파악한다. 이런 비본질적인 구별 즉 **크기**의 구별과 달리 **좋은 것**과 **나쁜 것**[의 구별]은 절대적인 구별을 나타내겠지만, 여기서는 아직 그런 절대적 구별은 발생하지 않는다. 여기서는 좋은 것의 방식이건 나쁜 것의 방식이건 그 모두가 어차피 서로 같은 활동[Tun], 서로 같은 노력[Treiben]이고[441] 개체성이 자기를 표현하는 것이고 자기를 언표하는 것이다. 그러므로 모든 것은 좋은 것이며 무엇이 나쁜 것이어야 하는지는 전혀 분명하지 않다. 나쁜 산물이라고 불릴지라도 이것 역시 일정한 소질을 지닌 개체적 삶의 표현이다. 그런 산물 속에서 실현된 것은 이런 일정한 소질이다. 어떤 산물이 나쁜 산물로 [규정]된다면 그것은 이 산물이 비교하는 사유[Gedanken]를 통해 오염됐다는 것을 의미할 것이다. 그러나 산물을 비교한다는 사유는 의미 없는 것[Leeres]이니, 왜냐하면, 비교하는 사유는 산물의 본질이 개체성의 자기표현이

---

439 상품은 교환가치를 지니므로 다른 상품과 교환관계에 들어갈 수 있다. 마찬가지로 의식의 관심(주관적 목적) 속에 그 자체 존재(그 자체적 본질)가 내재한다. 그러므로 소질의 산물에는 일반적 본질이 내재하며, 이를 통해 다른 산물과 비교되고, 교환될 수 있다. 일반적 본질은 활동 즉 상호 작용을 통해 실현된다.
440 '포괄적으로 지배한다'는 말은 비유적으로 상품의 교환가치가 크다는 의미로 이해할 수 있다.
441 교환가치가 양적으로 구별될 뿐이듯 산물 속의 일반적 본질은 양적으로만 구별된다.

라는 사실을 간과하면서 그것이 무엇인지는 모르지만, 그것 바깥의 어떤 것을 그런 산물에서 추구하고 요구하기 때문이다. ―이런 텅 빈 사유[Gedanken]가 앞에서 언급된 구별[좋은 것과 나쁜 것의 구별]을 낳을 것이다. 그러나 이 구별은 본래 비본질적인 구별이며, 크기의 구별에 지나지 않는데도 그런 의미 없는 구별이 나타난다면 그 이유는 더 명확하게 말해서 서로 다른 산물이나 개체성이 서로 비교되기 때문일 것이다. 그러나 이런 개체성은 서로 무관하다. 각자는 다만 자기에 관계할 뿐이다. 근원적인 소질은 다만 본래적인 것이거나 산물을 평가하는 척도일 수 있으며 거꾸로 산물의 근저에 놓여 있을 수 있다. 그러나 양자는 상응하는 관계에 있다. 개인**에 대해서** 존재하는 것치고 개인**을 통해** 산출되지 않은 것은 아무것도 없으며, 개인의 소질이나 그의 활동[행위: Tun]이 아닌 **현실**이라는 것도 존재하지 않는다. 다시 말하면 현실화되는 것이 아닌 활동이나 본래적 소질이라고는 없으니 단지 이런 계기들[활동, 소질]만이 비교될 수 있다.

403) ⟨SK 299:14~300:3⟩⟨FM 220:3~18⟩

따라서 여기에는 **기쁨에 들뜨거나 비탄에 빠지거나** 회한에 젖어 들거나 하는 일이 생겨날 여지라곤 전혀 없다. 그런 것이 생겨나는 이유는 개인의 근원적 소질 또는 이 소질이 수행되면서 눈앞에 나타나는 것과 다른 **내용**이나 다른 **그 자체 존재**를 상정하는 공상적 사유 때문이다. 개인이 무엇을 하거나 어떤 일을 당하거나 이는 오직 개인이 행한 것이며 그 개인 자체[의 산물]이다. 여기서 개인은 단지 가능성[Möglichkeit]의 밤으로부터 현재[Gegenwart]의 낮으로 **자기 자신**을 탈바꿈하고 다시 말하자면 추상적이며 **잠재인 존재**[abstrakten Ansich]를 **현실화한** 존재라는 의미로 탈바꿈한다는 것을 의식할 뿐이며 또한, 그에게 후자[현실화한 존재]로 나타나는 것은 전자[잠재적 존재] 속에 잠들어 있던 것일 뿐이라는 사실을 확신한다. 이런 통일이 의식되는 이유는 [가능성과 현실성을] 비교하기 때문인데, 이때 비교되는 것은 다만 외관상으로 서로 대립하는 듯이 보인다. 이런 것은 형식상 대립하는 것처럼 보이는 가상에 그치며 개체성이 자기 자신에서 현실화된다는 이성의 자기의식에 비춰 볼 때 다만 **가상**임이 드러난다. 그러므로 개인은 **자기에 대해** 다만 **기쁨만을 체험할** 것이다. 왜냐하면, 개인은 자기의 현실 속에서는 현실과 자기의 통일만을 발견할 수 있으며 다만 자기 자신에 관한 확신만이 참으로 발견되며 또한, 개인은 언제나 자기의 목적을 달성되게 마련이라는 것을 알기 때문이다.

[해제] 1) 개인의 소질은 의식의 목적을 실행하는데, 그 목적은 개인적 관심과 그것에 내재하는 그 자체 본질(근원적 본질)이다. 그것의 산물 역시 직접적 측면과 그 자체적 측면을 지닌다. 그 자체적 측면은 사회적 상호 작용을 통해 출현한다.

2) 개별 산물은 개인이 지닌 소질의 표현이다. 헤겔은 이런 소질에 두 측면이 있다고 본다. 그 하나의 측면은 재능이나 능력과 같은 측면인데 마르크스의 구체적 노동에 비유할 수 있다. 또 하나의 측면은 의지력이나 소질의 풍요성이라는 양적인 측면인데, 이것은 마르크스의 추상적 노동에 비춰 볼 수 있다. (하지만 의지력이나 소질의 풍요성 개념은 아직 순수한 추상적 노동이라기보다 기술적인 노동이라는 개념에 더 가깝다)

여기서 헤겔은 "산물이 지닌 규정성에 대립하는 일반적 존재" 즉 공통의 척도가 있다고 보는데, 이것은 곧 소질이 지닌 양적인 측면이 실현된 것이다. 이 양적 측면은 개인의 관심에 내재하는 그 자체적 본질을 실현하는 정도를 의미하며 개별적 산물을 비교할 수 있는 척도가 된다.

즉 이런 공통의 척도가 있기에 개별적 "산물을 다른 것과 비교할 수 있으며" 서로 교환할 수 있다. 이 점은 마르크스가 추상적 노동을 통해 교환가치가 실현되면서 상품의 교환가치를 통해 상품을 서로 교환할 수 있게 만든다고 설명한 것을 선취하는 것으로 볼 수 있다.

그러므로 헤겔은 소질을 통해 산출된 산물은 좋은 것과 나쁜 것과 같이 질적으로 구별되는 것이 아니라 다만 크기에서만 구별되는 것이라고 말한다. 이런 질적 비교는 텅 빈 사유의 산물에 그친다는 것이다.

3) 그런데 이 구절에서 중요한 것은 목적과 수단, 그리고 현실 사이의 관계다. 우선 이 관계에서 개인의 관심과 소질, 그 산물을 비교해 보면, 여기서는 전혀 구별이 존재하지 않는다. 이 과정 전체를 통해 목적이 현실화되니, 개인의 관심은 "가능성의 밤으로부터 현재의 낮으로" 자신을 전환한다.

의식의 수준에서 일어나는 이런 운동은 아직 진실이 아니다. 소질의 이면에는 그 자체적 본질이 있으며 소질의 이면에는 양적인 측면이 있으며 산물의 이면에는 사태 자체가 존재한다.

그러나 아직 의식의 수준에 머물러 있는 이성은 이 그 자체 본질이 서로 작용하는 가운데서 출현한다는 것을 파악하지 못한 채 그 가운데 개별적 산물로부터 추상을 통해 얻어지는 일반적 본질을 그 자신의 참된 본질이며, 사태 자체라고 믿는다.

4) 여기서 추상적 본질은 개별적인 산물에 내재하는 것이 되며, 그는 개별 산물 자체에 추상적 본질이 내재한다는 점에서 이 개별 산물이 이미 실제로 그 자체 본질이라 확신한다. 그는 "자기의 현실 속에서는 현실과 자기의 통일만을 발견하므로" "자기 자신에 대해 다만 기쁨만을 체험할 것이다." 헤겔은 이런 추상적 의식의 수준에 머물러 있는 사람을 '성실한 의식'이라고 말한다.

실제로 우리는 자본주의 사회에서 대부분이 자신이 열심히 노력하기만 한다면 사람들이 그의 노력을 알아주리라고 믿는다. 그는 자신의 노력한 만큼이 그 자신의 가치라고 생각한다. 그러나 그는 어떤 것의 가치는 시장에서 사회적으로 결정된다는 사실을 무시한다. 그가 아무리 노력하더라도 시장에서는 불필요한 노동이 될 수 있다는 것을 그는 망각한다. 이런 사람이 곧 성실한 의식이다.

404) 〈SK 300:4~301:22〉〈FM 220:19~221:22〉

의식은 자신이 개체성과 존재의 절대적 상호 침투[442]임을 확신하는 가운데 자기 자신에 관해 이와 같은 개념을 획득한다. 이제 우리는 이 [상호 침투의] 개념을 의식이 경험을 통해서도 확증하고 그런 개념의 실상[Realität]이 의식의 경험과도 같은지 살펴볼 것이다. 산물은 의식이 자기에게 부여하는 실재[Realität]이다. 개인은 바로 그런 산물 속에서 자기의 **그 자체적 본성**[was es an sich ist]이 실현된다는 것을 의식한다[für es]. 따라서 그 자체 본성이 그 산물 속에서 **의식에 대해** 나타난다고 할 때[443] 이 의식은 특수한 의식이 아닌 **일반적인** 의식이다. 의식은 무릇 그 산물을 통해 일반적인 세계의 지반으로, 즉 규정성을 상실한[bestimmtheitslosen] 존재의 공간으로 자신을 펼친다. 의식은 이제 그 산물로부터 뒤로 물러나면서 **특정한 것에 지나지 않는** 그 자신의 산물과 대립하는 일반적인 의식으로 된다.[444] —왜냐하면, 일반적인 의식

---

442 이 말 가운데 '존재'는 사회적 상호 작용 또는 상품의 교환 과정을 말한다.

443 여기서 이이 사회적 상호 작용을 통한 매개가 전제된다. 이 상호 작용이 개별 산물이 자기의 규정성을 상실하는 일반적 세계의 지반이다. 헤겔은 이 일반적 세계의 지반을 존재라고 한다.

444 여기서 직접적 산물에 대한 의식과 존재의 지반 속에서 실현된 산물에 대한 의식이 구별되는데, 전자에서 의식의 관심이 대상에 실현되지만, 그 대상은 진정한 본질이 아니다. 여기서 의식과 대상은 대립하기에 헤겔은 이를 개별적 의식

은 이런 대립 속에서 [산물의 규정성을] 절대적으로 부정하는 활동이기 때문이다. ㅡ그러므로 일반적인 의식은 산물로서 자기 자신을 넘어서 나아가며 [특정한] 그의 산물로서는 충족될 수 없는, 규정성이 소멸한[bestimmtheitslose] 공간이 된다. 바로 앞에서 개념적으로 보았을 때는 개인과 그 산물의 통일이 획득된다 하더라도 이런 통일이 [실제로] 발생하려면 그 산물이 **존재하는** 산물[seiendes Werk]로서는 지양돼야 했다. 그러나 그 산물은 **존재해야** 하며[soll sein] 이제 고찰돼야 할 것은 그런 산물이 **존재**[Sein]할 때 개체성이 어떻게 일반성을 획득하고 자신이 충족된다는 사실을 아는가이다. ㅡ우선 생성된 산물을 따로 떼어내서[für sich] 살펴보기로 하자. 산물은 모든 개체성이 지닌 소질을 받아들여야 한다. 따라서 그 산물의 **존재**[Sein]445 그 자체는 모든 구별된 계기가 서로 침투하고 서로 해소되는 활동이다. 그러므로 이 산물이 **존립**[Bestehen]하는 지반에서 내던져지면[hinausgeworfen] 근원적인 소질이 지닌 **규정성**이 사실 다른 방식으로 규정된 소질에 반향을 일으키면서 그것에 포함되고 동시에 다른 소질을 자신의 소질에 포함하면서 이런 일반적인 운동 속에서 소멸하는 계기에 지나지 않는 자신을 상실한다.446 개체성이 그 자체로 자기에게 나타난[an und für sich selbst] 실재[real]가 될 때 상황, 목적, 수단 그리고 실현이라는 모든 요소가 개체성

이라 한다. 반면 후자에서 사태 자체는 일반적 본질이니 이 의식은 일반적 의식이지만, 이 사태 자체는 자기가 자신으로 되돌아온 것이므로 여기서 일반적 의식은 곧 자기의식이다.

445 바로 앞의 주에서 보듯 이 존재는 사회적 상호 작용 즉 일반적 세계의 지반을 의미한다.

446 개별적 산물이 서로 작용하는 모습이 이렇게 '반향'과 '상실'이라는 개념으로 그려진다.

의 **개념** 내에서 서로 같은 자격으로 존재한다. 또 근원적인 특정한 소질은 [그 모든 요소에 공통된] 단지 일반적 지반[Element]447으로 여겨진다. 그에 반해서 이런 일반적 지반[근원적 소질]이 대상적으로 존재할 [gegenständliches Sein] 때 그런 소질이 지닌 **규정성** 자체가 그 산물 속에서 명백하게 드러나므로448 그 진리는 그런 규정성이 해소되는 데서 획득된다. 이렇게 해소되는 과정은 더 상세하게 본다면 다음과 같이 서술된다. 즉 개인은 이런 규정성 속에서 **개별적인** 개인으로서 자신을 현실화했다. 그러나 규정성은 현실의 내용일 뿐만 아니라 동시에 그 현실의 형식이기도 하니449 왜냐하면, 현실 그 자체는 일반적으로 말해 곧바로 자기의식에 대립한다는 규정성을 지닌 것이기 때문이다. 이런 측면으로 보면 현실이란 곧 개념을 벗어난 한낱 **눈앞에 놓여 있는 낯선** 현실이라는 사실이 밝혀진다. 산물이 **존재한다**는 것은 즉 산물이 다른 개체에 대해서 존재하며 게다가 다른 개체에 낯선 현실이라는 것을 의미한다. **다른 개인**으로서는 낯설게 다가오는 현실 대신에 자신의 것을 대상화해야 비로소 **자기** 활동을 통해 **자기**와 현실의 통일을 의식할 수 있다. 달리 말하자면 어떤 산물에 대해 **다른 개인이 자기**의 근원적 소질에 근거해 관심을 품을 때 이 관심은 그 산물을 이루어낸 **개인**의 관심과는 다른 것이다. 이렇듯 다른 사람의 관심 대상으로 되는 데서 그 산물의 의

---

447 여기서 지반이란 목적과 현실을 연결하는 매개라는 뜻이다.
448 여기서 현실은 소질이 관심을 실현한 개별적 산물을 말한다. 이 산물이 지닌 의미는 사회적 상호 작용 속에서 변화하니 이 과정에서 개인적 의식의 타자가 되고 하나의 가상일 뿐이다.
449 산물은 개별적인 것이라는 점에서 내용에서 규정성을 지닌다. 그 산물은 의식에 대립하는 것 즉 의식의 타자라는 점에서 형식상 타자성이라는 규정성을 지닌다.

미는 어떤 다른 것으로 돼 버린다.[450] 그러므로 산물은 무릇 어떤 잠정적인 것일 뿐이니, 그것은 다른 사람의 능력이나 관심과 맞부딪히면서 해소돼 버리고 마므로 이 산물은 개인의 실상을 완벽하게 드러낸다기보다는 오히려 개인의 실상을 소멸하는 것으로 표현한다.

[해제] 1) 여기서 헤겔은 사회적 상호 작용이 일어나는 구체적 모습을 여실하게 그려낸다. 헤겔은 사회적 상호 작용이 일어나는 모습을 이렇게 서술한다. 즉 여기서 산물은 "서로 침투하고 서로 해소하면서" 최초로 규정된 소질이 "다른 규정된 소질에 반향을 일으키고 그것에 포함되고 동시에 다른 소질을 자신의 소질에 포함하면서" 일반적 산물로 된다. 그런 운동 가운데서 개별적 산물은 "일반적인 세계의 지반"으로, "무한한 존재의 공간으로" 펼쳐진다는 것이다. 그 모습은 마르크스가 시장에서 상품 교환관계를 그려낸 모습과 일치한다.

2) 이런 사회적 상호 작용을 통해서 일반적 의식이 출현한다. 이 일반적 의식은 개별적 의식과 대립한다. 개체가 자신의 관심을 현실적 산물로 만들었을 때 그것은 개인적 의식의 대상이 된다. 이 대상은 사회적 상호 작용 속에서 그 의미를 상실하므로, 개인적 의식은 이 대상에 대해 대립한다. 반면 사회적 상호 작용을 통해 산출된 대상은 그의 그 자체적 본질이 실현된 것이니, 헤겔은 이에 대한 의식을 일반적 의식이라 하며, 이 대상은 자기가 매개를 거쳐 자신으로 되돌아온 것이므로 이 의식은 자기의식이 된다.

3) 개별적 산물은 사회적 상호 작용 속에서 그것을 생산하는 자에서

---

450 상호 작용 속에서 산물이 이처럼 다른 의미를 지니는 것은 마치 교환관계에서 상품의 가치가 생산자와 구매자에게 서로 다른 것과 같다. 성실한 의식은 자기가 부여한 의미가 사태 자체라고 믿지만, 타인은 산물 속에서 그것이 그에게 현상하는 모습만을 본다.

지니는 의미와 그것을 사들여 소비하는 자에서 지니는 의미가 다르다. 그것은 마치 상품의 가치가 그 생산자에서와 그 소비자에서 다른 것과 같다. 이런 차이 때문에 앞에서 말한 성실한 의식과 타자의 개별적 의식은 산물에 대해 서로 다르게 평가한다.

405) 〈SK 301:23~302:8〉〈FM 221:23~39〉〈

이로써 활동[Tun]과 존재[Sein]의 대립[451]이 산물 속에 등장한다는 것이 의식된다. 이런 대립은 의식의 이전 형태에서는 활동이 일어나는 **출발점**이었으나 여기서는 활동의 **결과**로 등장한다. 그러나 사실 활동과 존재의 대립은 의식이 **그 자체로** 실재하는[reale] 개인의 자격으로 행동[Handeln]에 나섰을 때 그 근저에 있었던 것이다. 왜냐하면, 행동은 **특정한 근원적 소질을 잠재적인 것**[Ansich]으로서 전제하고 순수한 의미에서 수행을 위한 수행[Vollbringen]은 이 소질을 **내용**으로 삼았기 때문이다. 순수한 활동은 **자기와 같음**[452]의 형식을 지니는 까닭에, **일정한** 특성을 보이는 근원적 소질은 그런 [활동이라는] 형식과 같게 될 수가 없다. 여기서는 이전과 마찬가지로 활동과 소질이라는 두 요소를 놓고 어느 쪽을 **개념**이라고 부르고 어느 쪽을 **실재**라고 부르는가는 문제 되지 않는다. 근원적 소질이 활동에 비하면 **사유 된 것 또는 그 자체적인 것**[Ansich]을 포함한다고 할 수 있고 근원적 소질은 활동을 통해 비로소 실재성을 획득하는 것이라 할 수도 있다. 아니면 근원적 소질은 개

---

451 헤겔에서 활동과 존재의 의미는 맥락에 따라 변동하지만, 여기서도 두 가지는 이중적 의미를 지닌다. '활동과 존재의 대립'은 한편으로는 그 자체적 본질(존재)과 개별적 소질(활동)의 분열을 의미하며 다른 한편으로는 개별 사태(존재)와 상호 작용(활동)의 분열을 의미할 수도 있다. 전자는 대립의 출발점이며 후자는 활동의 결과다.

452 활동은 그 자체 존재가 현상으로 실현되는 과정이니, 자기와 같음을 지닌다.

체성 자체의 **존재**[Sein]인 동시에 그 산물의 **존재**라고 할 수 있고 반면 활동은 절대적 이행이나 **생성**을 의미하는 근본 **개념**이라고 할 수도 있다.[453] 어느 경우든 의식이 그의 산물 속에서 경험하는 것은 곧 개념이 실재와 **일치하지 않는다**는 사실이 그 의식의 본질에 놓여 있다는 것이다. 의식은 마침내 그의 산물 속에서 참된 자기의 모습[개념과 실재의 일치하지 않음]을 깨달으며 의식이 지녀왔던 자기에 관한 텅 빈 개념은 이렇게 해서 소멸한다.

406) 〈SK 302:9~27〉〈FM 222:1~14〉

산물[Werk]이 이처럼 근본적으로 모순적이라는 사실은 그 자체로[an sich] 실재하는 개체성[454]이 도달한 진리다. 따라서 이런 산물의 근본 모순 속에서 개체성의 모든 측면이 모순을 지닌 것으로 등장한다. 달리 말하자면 산물은 전면적인[ganzen] 개체성이 지닌 내용인 한에서 **활동**[Tun]에서 나와서 **존재**[Sein]의 지반으로 옮겨 놓은[herausgestellt] 것이다. 활동은 부정적 통일이며 활동 속에서 모든 계기는 구속되지만, 존재로 이행하면서 모든 계기는 자유롭게 되며 존립의 지반 속에서 상호 무차별하게 존재한다.[455] 그러므로 개념과 실재는 목적과 **근원적인**

453　여기서 활동과 소질은 각자 개념과 실재가 될 수 있다. 이는 개념과 실재를 어떻게 규정하는가에 따라 달라진다. 한편으로 소질은 그 자체적인 것(개념)을 내포하고 활동(행위)은 개별적 산물인 실재를 산출한다. 다른 한편으로 소질은 개별적 현실이라는 실재를 낳고 활동은 사태 자체로서 개념을 산출한다.

454　이 절의 제목에 나온 개념이다. 활동을 통해 그 자체의 본질을 실현하는 개체를 말한다.

455　진리는 그 자체적 본질이 상호 작용을 매개로 해서 실현된 존재다. 이 존재가 곧 그 자체로 실재하는 것, 사태 자체다. 여기서 이성의 자기의식이 출현한다. 그러나 의식 또는 존재의 수준에 머무르는 이성에서는 목적과 활동, 산물이 저마

본질 규정[Wesenheit]으로 분리된다. [이때] 과연 목적이 참다운 본질[Wesen]을 갖는 것인지 달리 말해서 본래적인 것[Ansichsein]이 목적으로 되는가는 우연적인 문제가 된다고 하겠다.⁴⁵⁶ 마찬가지로 개념과 실재는 현실로 **이행**을 위한 **목적**과 **수단**으로 분리된다. 이 경우를 다른 식으로 말하자면[oder] 여기서 목적을 표현하는 **수단**이 제대로 선택되는지가 우연적인 문제가 된다고 하겠다. 그리고 끝으로 목적과 수단이라는 내면적인 계기의 결합체를 보면 이 계기들은 자체 내에서 통일을 이룰 수도 있고 아닐 수도 있다. ㅡ개인의 **활동**[행위: Tun]은 다시 **현실** 일반에 대립해서 우연한 것으로 된다. 나쁜 것으로 규정된 목적이나 나쁜 것으로 선택된 수단을 지지하는 것과 그런 양자를 반대하는 것은 **행운**이 결정한다.

407) 〈SK 302:28~303:13〉〈FM 222:15~31〉

이제 이를 통해 한편으로 의식의 산물에서는 의욕과 실행, 목적과 수단 그리고 다시 이들 내적인 것 전체와 현실 사이의 **대립**이 생기고 그 때문에 현실은 일반적으로 말해 **자신의 활동**[행위: Tun]이 지닌 **우연성**을 **자체 내** 포함한다면 다른 한편으로 그 활동이 지닌 **통일성**이나 **필연성**도 여기서 눈앞에 나타난다. 그런데 후자 즉 통일과 필연성의 측면이 전자 즉 우연의 측면을 능가하는 까닭에 **활동**[행위: Tun]**이 우연에 좌우된다는 경험**은 그 자체가 한낱 **우연한 경험**에 지나지 않는다.⁴⁵⁷

다 고립적으로 존재하면서, 각자가 마치 사태 자체 또는 그 자체적 본질인 것처럼 규정된다.
456 전자의 경우 개인적 관심(개념)과 그 자체 본질(실재)의 구별을 말한다. 후자의 경우 목적으로서 그 자체 본질(개념)과 그것을 실현하는 개체적 행위(실재)의 구별을 말한다.
457 개별적 산물은 상호 작용 속에서 그 본성을 드러내니, 개별적 산물이라는 점

활동의 **필연성**이란 **목적**이 바로 **현실**과 연관되는 데 성립하며 이런 [목적과 현실의] 통일이 바로 활동의 개념이다. 행동이 이루어지는 것[gehandelt]은 활동[Tun]이 본래 그대로 현상하는[an und für sich selbst] 현실의 본질이기 때문이다. 물론 산물 속에는 한편으로 **실행된 것**[현실]과 다른 한편으로 **의욕**이나 **실행**[Vollbringen] 사이에 존재하는 대립 때문에 우연성이 발생한다. 이런 우연성에 관한 경험은 부정할 수 없는 진리로 보이지만, 위에서 말한 행동[Handlung]의 개념458과는 모순된다. 그래도 우리가 이 경험이 지닌 전체 내용을 고찰해 본다면 그런 우연성에 관한 경험이 내용으로 삼는 것은 **산물이 소멸한다**는 경험이다. 여기서 **남는 것**은 **소멸하는 운동**이 아니다. 소멸하는 운동 자체는 오히려 참된 것[wirklich]이어서 이런 소멸하는 운동은 산물과 결부되며 이 산물과 함께 소멸한다. 즉 **부정적인 것은 그것이 부정하는 긍정적인 것과 함께 몰락한다**.

408) ⟨SK 303:14~304:11⟩ ⟨FM 222:32~223:18⟩

그 자체로[an sich] 실재하는 개체성의 개념 속에 소멸이 소멸하는 운동이 들어 있다. 왜냐하면, 다름 아닌 **대상적 현실**이야말로 그 안에 산물이 사라지는 것인 동시에 그 자신이 산물에서 소멸하는 것이므로 개체가 자신에 관해 지닌 개념을 능가하는 위력을 경험이라고 불리는 것에 부여한다고 가정되는 것이기459 때문이다. 그러나 그런 대상적 현실

에서 우연적이지만, 이 우연성은 그 상호 작용 즉 활동 속에서 지양된다. 그 자체 존재하는 것이 상호 작용을 통해 실현되니, 이것이 곧 필연성이다.

458 개념에서는 목적은 필연적으로 실현된다.
459 여기서 대상적 현실이란 산물이 지닌 대상성을 의미한다. 개체성의 개념에서는 목적과 현실은 통일된다. 그러나 실제 경험에서 목적과 현실은 분리된다. 그러므로 경험적으로 볼 때 대상적 현실이 개념을 능가하는 위력을 지닌다고 말한

이라는 계기는 독자적으로는[für sich] 이런 의식 자체 속에서 더는 진리로 되지 못하는 것이다. 진리는 오직 의식과 활동의 통일로만 존재한다. **참된 산물**이란 오직 **의욕**과 **실행**[Vollbringen] 그리고 **활동**과 **존재**[Sein]의 통일일 뿐이다. 그러므로 의식은 자기의 행동을 철저하게 확신하므로 의식에서 이런 확신에 **대립하는** 현실은 다만 의식에 **대해서만**[460] 존재한다. 의식이 자기 내로 복귀한 자기의식으로 될 때 이런 자기의식에서 일체의 [의식과 현실의] 대립은 소멸하니, 이런 자기의식에서 대립은 더는 자신의 **현실**에 반하는 **대자 존재**[개인]라는 형식으로 생겨나지 않는다. 오히려 여기서 대립이나 부정성은 산물에서 표면화되니 산물의 내용 또는 의식의 내용에만 관련되는 것이 아니라 현실 자체에도 관련되고 따라서 단지 현실을 통해 그리고 현실에서 눈앞에 나타나는 대립에도 관련되고 마침내 산물의 소멸에도 관련된다. 그러므로 이런 방식으로 의식은 소멸해 가는[vergänglich] 산물에서 벗어나서 자기 내로 반성하며[461] 이런 반성하는 의식이 주장하는 것은 곧 그의 개념이나 확신이 활동[행위: Tun]의 **우연성**에 관한 경험과 대립하면서 **지속해서 존재하게** 된다는[das Seiende und Bleibende][462] 사실이다. 의식은 이[반성]

다. 이성적 자기의식의 개념이 출현하면서 이런 대상적 현실이 소멸한다.
460 의식은 대상과 대립한다. 행위의 개별적 산물은 의식의 그 자체적 본질에 대해 타자화되니, 의식과 대상이 대립한다고 한다. 사회적 상호 작용 속에서 산물은 자기 내 복귀하여 의식의 그 자체적 본질과 합일하면서 이때 이성적 의식은 이성적 자기의식이 된다.
461 이성적 의식은 활동과 존재의 대립을 벗어나지 못한다. 활동과 존재가 통일을 이루면서, 그 자체 존재가 사태 자체로 실현되고 마침내 자기 의식적 이성이 출현한다. 헤겔은 이것을 의식의 자기 내로의 반성이라 한다.
462 그 자체 본질인 개념이 실현된 것, 이것이 곧 사태 자체다.

를 통해 사실상 자기 자신에 관한 개념을 경험한다. 이런 개념 속에서 보면 현실은 다만 하나의 계기 즉 **의식에 대해** 존재하는 어떤 것[etwas für es]일 뿐이며, 그 자체로 자기에게 나타난 존재[das Anundfürsich]가 아니다. [반성하는] 의식은 현실을 소멸하는 계기로 경험하므로 [반성하는] 의식은 무릇 이런 현실을 **존재**로 여긴다. 이런 존재가 일반적으로 되면 활동과 같은 것이 된다.[463] 이런 존재와 활동의 통일이 참된 산물이다. 이 참된 산물 즉 사태 자체[Sache selbst:정의로운 것]는 자기를 곧바로 주장하며 지속하는 것[Bleibende]으로 경험되며, 사태[Sache][464]와 독립적인 것이다. 반면 사태란 우연성을 지닌 개체적 활동 자체, 상황, 수단, 현실에 해당한다.

[해제] 1) 앞에서 헤겔은 사회적 상호 작용의 여러 측면을 서술했다. 목적에도 두 측면(관심, 그 자체적 본질)이 있었으며, 활동에도 이중적 측면이 있고(소질과 상호 작용) 그 산물의 두 측면(산물과 사태 자체)이 있었다. 이 과정은 개별적 목적이 실현되는 우연적 산물을 통해 일반적 목적 즉 그 자체 본질이 사태 자체로 실현되는 필연성이 관철된다. 달리 말하자면 우연적 산물의 상호 작용을 통해 사태 자체가 출현한다.

이 과정은 개념적으로 또는 우리가 본다면, 이처럼 개념이 실현되며, 활동(산물)과 존재(사태 자체)가 통일되는 필연적 과정이다. 그러나 의식의 수준에 머무르는 이성에서 경험적으로 보면 이 과정에 등장하는 계기들은 모두 분열적이므로 서로 독립적이고 서로에 대해 대립적일 뿐이다.

---

463 여기서 '존재'는 개별적 산물을, '활동'은 사회적 상호 작용을 의미한다.
464 헤겔에서 사태는 개별적인 산물을 의미하고 사태 자체는 그것이 지닌 객관적 본질을 의미한다. 전자는 '가치 있는 것' 후자는 '정의로운 것'이라고 이해할 수 있을 것이다.

2) 이제 헤겔은 활동의 실제 경험을 설명하려 한다. 이런 경험에서 목적과 활동, 그 결과가 대립한다. 이때 헤겔은 활동과 존재, 개념과 실재를 이중적인 의미에서 사용하면서 양자의 분열에 관해 설명한다.

① 한편으로는 출발점에서는 그 자체적 본질(존재)과 개별적 소질(활동)이 분열하며 다른 한편으로는 그 결과에서는 개별 사태(존재)와 상호 작용(활동)이 분열한다.

② 또한, 이런 대립은 소질과 활동이라는 수단의 두 측면에서도 일어난다. 한편으로 소질은 주관적 산물(개념)을 산출하는 데 머무르고 활동은 객관적 사물로서 실재를 산출한다. 다른 한편으로 소질은 개별적 현실이라는 실재를 낳고 활동은 사태 자체로서 개념을 산출한다.

③ 의식이 지닌 목적에 대해 그것을 실현하는 수단도 대립한다. 헤겔은 이때 개념과 실재라는 범주를 이용하여 그 구별을 지시한다. 전자의 경우 개인적 관심이 개념이 되고 그 자체 본질은 실재 즉 진리가 된다. 후자의 경우 주관적 목적으로서 그 자체 본질이 개념이 되고 그것을 실현하는 개체적 행위가 곧 실재가 된다.

3) 그러나 서로 독립적이어서 서로에 대해 무차별한 우연적인 요소들이 작용하면서 전체적으로는 그 자체적 본질이 마침내 실현된다. 즉 필연성의 측면이 우연의 측면을 능가하므로 우연성 자체가 사실 소멸하는 계기에 그친다.

그러므로 헤겔은 이 우연성에 대한 경험이 결국, 경험하는 것은 경험에서 드러난 산물이 소멸한다는 경험이라 한다. 여기서 남은 것은 소멸하는 운동이 아니라 "소멸하는 운동 자체가 산물과 결부돼서 그 산물과 함께 소멸한다는 것"이다. 다시 말하자면 우연성이 소멸하면서 필연성이 등장한다는 말이다.

4) 상호 작용 속에서 산물 자체가 소멸하고 자기 내로 복귀하면서 의식은 자기 내로 반성한다. 여기서 의식은 자기의식으로 된다. 이성적 의

식의 경험에서는 대상적 현실은 즉 "의식에 대해 존재하는 어떤 것"으로서 의식과 대립한다. 반면 자기 의식적 이성에서 자기 내로 복귀한 대상은 그 자체적인 것의 실현이며, 여기서 의식과 대상은 통일된다.

헤겔은 의식에 대립하는 산물을 사태라 하며, 의식과 통일을 이루어 자기의식의 대상으로 된 사태[Sache]를 "지속해서 존재하는 것[das Seiende und Bleibende]"이라고 한다. 이것이 바로 사태 자체[Sache selbst]다. 전자는 주관적 산물이라면 후자는 객관적 본질이며 전자가 우연적 가치라면 후자는 필연적 정의이다. 의식이 이처럼 자기의식으로 되면서 사회 속에서 '자기를 실현하는 이성'은 마침내 자신의 개념 즉 '그 자체로서 실재하는 개체'라는 개념에 이른다.

409) ⟨SK 304:12~32⟩⟨FM 223:19~34⟩

사태 자체는 고립적인 것으로 여겨지는 한에서는 이런 [활동, 상황, 수단, 현실] 계기들에 다만 대립하지만, 그 본질에서 본다면 현실과 개체성이 상호 침투[465]한 것이며 양자의 통일이다. 사태 자체는 마찬가지로 하나의 활동이다. 사태 자체는 활동으로 본다면 무릇 **순수한 활동**이면서 동시에 **바로 그런 이유로 개인의 활동**이고 현실에 대립하면서 개인에게 여전히 속하는 것 즉 목적으로서 활동이다. 그런가 하면 또 사태 자체는 이런 규정성[목적]에서 그와 반대의 규정성[산물]으로 **이행**하는 것[수단]이며 최종적으로는 **의식**의 눈앞에 나타난 **현실**로 된다.[466] 따라서 **사태 자체**란 **정신**의 본질 규정[Wesenheit]을 표현한다. 여기서는

---

465 앞에서 활동과 존재의 침투를 말했는데, 같은 맥락에서 현실과 개체성의 침투를 말한다. 여기서 현실은 서로 작용하는 현실(존재)이며, 개체성은 개별적 행위(활동)를 말한다.

466 사태 자체는 목적과 수단, 결과라는 각 단계에서 일반적인 것을 지칭한다. 즉 그 자체 본질, 사회적 상호 작용, 객관적 본질이다.

앞에서 거론된 모든 계기가 독자적으로 성립하는 것으로서는 의미를 상실하고 일반적인 것으로서 성립한다. 또한, 이 사태 자체에서 의식이 스스로 확신하고 있던 것이 의식에 대상적인 본질[Wesen]로 즉 **하나의 사태**[산물]로 나타난다. 이 대상화된 본질은 곧 자기의식으로부터 그 **자신의 사태**로서 형성된 대상이면서도 본래적 의미에서 자유로운 대상의 모습을 잃지 않는 것이다. ―감각적 확신이나 지각의 대상이었던 **사물**은 이제 자기의식에서는 그 의미를 다만 자기의식을 통해서 지니는 것이다. 이를 통해 **사물**과 **사태**의 구별이 생겨난다.[467] ―여기[사태]에서 감각적 확신이나 지각에 상응하는 운동이 [다시 한번] 지나갈 것이다.[468]

410) ⟨SK 304:33~305:24⟩⟨FM 223:35~224:16⟩

사태 자체는 개인과 대상 세계 자체가 상호 침투해 대상화된 것이므로, 여기서는 자기의식의 자기 자신에 관한 참된 개념이 자기에게 형성된다. 다시 말해 자기의식은 자신의 실체를 의식하기에 이른다. 동시에 여기서 나타나는 대로 본다면 자기의식은 자신의 실체를 의식 [Bewußtsein]하되, 이런 의식[Bewußtsein]은 이제 막 형성된 것이어서 **직접** 의식[Bewußtsein]된 것이며 이런 특정한 방식의 의식에서는 정신적 본질이 그 속에서 눈앞에 나타나기는 하지만, 정신적 본질은 아직 참으로 실재하는 실체에 이르지는 못한다. **사태 자체**는 이렇듯 실체[469]에 관

---

467 사태[Sache]란 본래 법적인 차원에서 다루어지는 물건[Sache]이라는 의미다. 이것은 의식의 산물이어서 자기의식의 대상으로 되지만, 의식에 대해 자유롭게 존재힌다. 그러므로 사태는 양도되거나 다른 것과 교환될 수 있다.
468 이하에서 헤겔은 사태 자체에 대한 직접적 자기의식(성실한 의식), 순수한 자기의식(법의 발견과 검증), 자각된 자기의식(정신)의 단계를 서술해 나간다.
469 자기의식의 장에서 생명을 다룰 때 '본질'이라는 개념이 처음 사용됐다. 이제 이성 장 끝에 이르러 '실체'라는 개념이 처음 출현한다. 실체는 객관적 본질 즉

한 직접적인 의식에 머무르는 것이므로 **단순한 본질**의 형식을 취한다. 이런 단순한 본질은 일반적인 것인 한에서 자기에 속한 모든 서로 다른 계기들을 자체 내에 포함하고 또한, 그런 계기들에 귀속한다. 그러나 이런 사태 자체는 다시 특정한 계기인 한에서는 그런 모든 계기에 대해 무관심하면서 독자적으로 자유롭게 존재하니 이런 사태 자체는 자유롭고 **단순하며 추상적인 것으로서** 즉 **본질에 해당하는 것**으로 여겨진다.[470] 한 개인의 근원적 규정성[소질]이나 **그의 사태**를 구성하는 서로 다른 계기 즉 개인의 목적, 수단, 활동 자체, 현실은 이런 실체를 의식하는 의식에서는 한편으로는 개별 계기여서 개인은 그런 계기들을 **사태 자체**와는 무관한 것으로서 내버려 두거나 내던져 버릴 수 있다. 그러나 다른 한편으로는 이들 계기 모두는 사태 자체를 본질로 삼는 것이니 사태 자체는 그런 계기들을 포괄하는 **추상적인 일반적인 존재**인 한에서 이 서로 다른 계기 각각에서 자신을 발견하면서 그런 계기들의 **술어**가 될 수 있다. 사태 자체는 아직 그런 계기들의 주어로 되지 못하며 오히려 주어로 되는 것은 각 계기다. 왜냐하면, 그런 계기는 **개별성**의 측면에 놓여 있으며 반면 사태 자체는 다만 처음에 등장한 단순한 것이기는 하지만, 적어도 일반자기 때문이다. 즉 사태 자체는 **유**에 해당하는 것으로서, 자신의 **종**에 해당하는 모든 계기 속에서 자신을 발견하면서 동시에 그런 계기로부터 자유롭게 존재한다.

[해제] 1) 앞에서 헤겔은 사회적 상호 작용을 통해서 산물은 자신을

이성이 구체적으로 실현된 것을 말한다.
470 아직 순수 의식의 단계에서 사태 자체는 개별적 산물에 내재하거나 초월하는 추상적 본질을 말한다. 산물과 사태 자체는 매개적으로 통일된 것이 아니라 직접 통일된 것이며 그 때문에 유동화라는 현상이 출현한다.

상실하면서 사태 자체가 된다고 한다. 헤겔은 이런 사태 자체의 개념을 409~410에 걸쳐 서술한다.

사태 자체는 사회적 상호 작용을 통해 출현한 결과다. 즉 "현실과 개체성이 상호 침투한 것이며, 양자의 통일"이다. 여기서 의식이 내적으로 확신하던 객관적 본질이 대상으로 출현한다. 그것은 개인 활동의 산물이지만, 그것을 넘어서 일반적인 활동 즉 사회적 상호 작용의 결과다. 여기서 의식과 대상은 통일을 이루니 그 산물은 한편으로 의식의 산물이지만, 다른 한편으로 "자유로운 대상으로서 모습"을 잃지 않는다.

헤겔은 이성의 개념 즉 객관적 본질이 여기서 실현된다고 한다. 이와 더불어 이성적 의식은 이성적 자기의식으로 발전한다. 자기의 본질이 대상의 본질로 나타났기 때문이다.

2) 사실 이와 같은 사태 자체는 사회적 상호 작용의 산물이므로 사태 자체로부터 소외돼서 출현한다. 즉 사태 자체는 사태들에 대해 내재적으로 초월하는 관계를 갖는다.

그러나 이성적 자기의식은 아직은 직접적인 자기의식에 그친다. 헤겔은 이런 직접적인 자기의식은 곧이어서 성실한 의식으로 규정하는데, 성실한 의식은 사태 자체를 사태와 자신과 대립하는 추상적 본질로 파악한다. 성실한 의식은 이 사태 자체가 자신이라는 사실을 아직 알지 못한다. 그러면서도 성실한 의식은 이를 예감하고 있기에 자신의 산물인 사태에서 그 추상적 본질이 직접 출현한다고 믿는다. 헤겔은 이런 성실한 의식을 순수 의식이라 한다. 이 순수 의식은 자기의식이지만, 직접적인 경우를 말한다.

이런 직접적 관계에서 한편으로 각 산물이 사태 자체에 이바지한다는 점에서 사태 자체는 각 산물에 내재하면서도("서로 다른 계기들에 귀속한다") 동시에 사태 자체는 이런 계기와 대립하면서 "이런 계기를 내버려 두거나 내던져 버릴 수 있으며" 그런 점에서 이런 개별 계기와 무관하게 독자적으로 존재한다. ("자유롭고 단순하면 추상적인 것으로서 여겨진다") 즉 그것은 "추상적 일반 존재"이다. 사태 자체는 일반적이지만, 추상적 존재므로 그것을 이루는 개별 계기들 즉 목적, 활동, 산물, 현실에 대해 술어가 될 수 있는 유에 해당하는 것이다.

사태 자체가 사태에 대해 내재하면서도 독자적으로 존재한다는 이 중성 때문에 여기서 유동화의 현상이 나타난다. 즉 하나의 계기는 독자적으로 사태 자체가 된 순간 곧바로 사태 자체가 아닌 것으로 부정되면서 다른 계기가 사태 자체로 된다. 즉 사태 자체는 개별 계기들의 유동성 속에서만 존재할 뿐이다. 이런 유동화 현상은 정신분석학에서 신경증의 특징으로 제시되는 것과 비슷하다. 일반적으로 신경증에서 증상은 신체 곳곳으로 이동한다고 말한다.

4) 이제부터 사태 자체가 개별 계기의 술어로서 추상적 일반성에 머무르지 않고 마침내 주어의 자리에 올라서 그 자체에서 자기의 계기들을 산출하면서 통일하게 되면, 그것이 곧 실체며 정신적 본질이다. 여기서 처음에 추상적으로 등장한 자기 의식적 이성이 마침내 완성되며 자기 의식적 이성은 정신으로 된다.

이 과정은 아직 여러 단계를 거쳐 가야 한다. 우선 성실한 의식을 설명한 다음 법 발견적 이성과 법 검증적 이성으로 나가며, 마지막에 이르러 정신이 출현한다.

411) ⟨SK 305:25~36⟩⟨FM 224:17~25⟩

이런[사태 자체를 술어로 보는] 의식은 **성실한** 의식이라 불린다. 왜냐하면, 이런 의식은 한편으로 **사태 자체**가 표현하는 관념론에까지 다가가며 다른 한편으로는 형식적인 일반성에 머무르는 사태 자체를 진리로 여기기 때문이다. 이 성실한 의식은 사태 자체에 속하는 서로 다른 계기 또는 그것의 서로 다른 종적 계기들[Arten]을 떠돌아다니면서도 언제나 다만 사태 자체에만 관련된다. 또한, 성실한 의식은 그런 계기들 가운데 하나의 의미 속에서는 사태 자체에 도달하지 못하더라도 바로 이를 통해서 다른 계기 속에서 사태 자체를 장악한다. 그러므로 성실한 의식은 사실상 언제나 만족하니 만족은 개념상 성실한 의식의 몫으로 된다고 가정된다. 이때 성실한 의식은 어찌하든 **사태 자체**를 실현하고 성취한 셈이다. 왜냐하면, 사태 자체라는 것은 모든 계기의 **일반적인** 유적 본질[Gattung]로 여겨지면서 모든 계기의 술어가 되기 때문이다.

412) 〈SK 306:1~25〉〈FM 224:26~225:5〉

성실한 의식은 어떤 **목적**을 **실현**하지 못하더라도 적어도 목적을 **의욕** 하기는 했으므로 다시 말해 이런 의식은 목적으로 머무르는 목적[Zweck als Zweck]을 즉 아무것도 수행하지 않고 **순수한 상태에 머무르는 활동**을 **사태 자체**로 삼으면서 그저 의욕 하기만 하더라도 항상 어떤 것이 **수행됐으며 추구됐다**고 언표하면서 자기를 위안한다. 일반적인 것[사태 자체]은 부정적이거나 소멸하는 요소까지 포함하므로 산물이 부정된다는 것조차도 **자기의 활동**으로 된다. 성실한 의식은 다른 사람이 그렇게 하도록[자기 것을 부정하도록] 부채질했으니 자기의 현실이 **소멸해 버린** 데 대해서조차도 여전히 만족감을 발견한다. 이는 말썽꾸러기 아이가 뺨을 얻어맞고도 상대가 그렇게 뺨을 치도록 한 장본인은 **자기 자신**이라는 점에서 의기양양한 것이나 마찬가지다. 또는 성실한 의식이 사태 자체를 수행하기를 한 번도 시도하지 않고 아무 일도 하지 않았다면 이내 성실한 의식은 그것을 **하지 않기를 원한 것**으로 된다. 그에게서 **사태 자체**라는 것은 바로 자기의 **결단**이 곧 **실재**하는 것으로 되면서 양자가 [직접] 통일된다는 것을 의미한다. 즉 성실한 의식은 **현실은 그가 원한 것과 다른 것**이 아니라고 주장한다. ―끝으로 뭔가 그가 관심을 지닌 것이 자기가 거들지 않았는데도 성사됐을 때, 이런 성실한 의식에서 그러한 **현실**은 비록 그가 산출한 것은 아니더라도 자기가 그것에 관해 관심이 있었다는 사실 때문에 사태 자체가 된다. 그렇게 성사된 것이 행운으로 그와 개인적으로 연관될 때는 성실한 의식은 이를 자기가 **이룬 것**이거나 자기의 **공적**으로 여길 것이다. 그렇지 않고 자기와 전혀 무관한 세상사일 때라도 성실한 의식은 이 세상사를 자신의 것으로 만든다. 이때 성실한 의식에서는 아무 **행동도 없이 관심**을 기울였다는 사실이 그가 지지하거나 반대하면서 또 **그가 쟁취하거나 방어하면서 편들었다**는 사실로 여겨진다.

413) ⟨SK 306:25~307:7⟩⟨FM 225:6~19⟩

그런데 이 의식이 **성실하다**는 사실과 또한, 이 의식이 곳곳에서 만족을 체험한다는 사실은 이미 밝혀진 대로 성실한 의식이 사태 자체에 대해 지닌 사상을 **종합하지 못한다**는 데 원인을 두고 있다. **사태 자체**라는 것은 이런 의식에는 **자기가 이룬 사태[Sache]**일 때도 있지만, 전혀 **그의 산물이 아닐** 때도 있으며 **순수하게** [내면에] **머무르는 활동**과 수행되지 않은 **텅 빈 목적**일 때도 있는가 하면 또한, 그의 **행위가 개입한 적이 없는 현실**일 때도 있다. 성실한 의식은 어떤 의미 다음에 다른 의미를 차례로 자신의 술어[사태 자체]가 부가되는 주어로 삼으면서 그 의미 다음에 다른 의미를 차례로 망각해 버린다. 이제 심지어 단지 하고자 하는 **의욕**만 있거나 아무것도 **바라지 않았다**는 사실이 사태 자체로 여겨지더라도 의미 있으니, 그 의미란 곧 목적에 머무르는 **텅 빈 목적**이나 의욕이 곧 수행이라고 보는 통일 즉 **생각 속에서 일어나는 통일**에 있다. 목적이 달성되지 않았더라도 적어도 **의욕 했다**거나 적어도 **순수하게 행위했다**는 데 대해 위안을 얻는 것이나 다른 사람이 행동하도록 다른 사람에게 무언가를 이바지했다는 데 대해 만족하는 것은 **마음으로만[reine] 일어난 활동** 또는 전적으로 나쁜 산물을 본질로 삼는다. 그것이 나쁜 산물인 이유는 자기의 산물도 아닌 것은 나쁜 것이라고 불리기 때문이다. 마침내 요행히 뭔가 현실적인 것이 **눈앞에 나타날 때**는 이렇게 눈앞에 존재한다는 사실이 그가 행위한 것이 아니더라도 사태 자체로 여겨진다.

[해제] 1) 이어서 헤겔은 성실한 의식의 두 측면을 서술한다. 한 측면은 자기만족의 측면이며 다른 측면은 상호 속임의 측면이다. 우선 앞의 측면을 보자. 앞에서 설명했듯이 사태 자체를 이루는 계기는 여러 가지다. 그것은 목적, 활동, 수단, 현실로 이루어지니, 성실한 의식에서 사태 자체는 개별 계기에 내재한다고 보며 이 개별 계기가 사태 자체로 긍정된다. 다른 한편으로 성실한 의식은 그 개별 계기를 부정하는 추상적 일반성으로 등장한다.

내재성과 추상적 일반성, 두 측면의 직접적인 결합으로 성실한 의식에서 사태 자체는 끊임없이 이동한다. 성실한 의식은 이전의 기억을 잊어버리고 이제 새로운 계기를 사태 자체라고 주장한다. 이렇게 성실한 의식은 "사태 자체에 속하는 서로 다른 계기 또는 그 서로 다른 양식을 떠돌아다닌다." 이런 유동성은 마치 신경증 환자에서 증상이 이리저리 유동하는 것과 같다.

2) 헤겔은 이런 유동성을 구체적으로 다음과 같이 설명한다. 성실한 의식은 의욕만으로도 현실은 자기가 실현한 것이며, 또는 현실이 부정되더라도 그 역시 자기가 원한 것이 실현된 것으로 보며, 아무 일도 하지 않고 그렇게 하기로 결단만 내린 것으로도 그것이 이미 실재가 된 것으로 그리고 관심만 가졌다면 이미 그가 행한 것으로 여긴다. 그와 연관만 있다면 그게 우연히 이루어진 것이더라도 그의 공적으로 된다. 자기

와 무관한 세상사라도 이 세상사가 그 자신이 속한 세상사이니, 그는 이를 자신의 것으로 만든다.

그러므로 성실한 의식은 항상 자기만족에 도달한다. 성실한 의식은 어찌하든 사태 자체를 실현하고 성취하기 때문이다. 이런 자기만족은 마치 노신의 소설『아큐정전』에 나오는 인물 아큐와 닮았다. 그 역시 설혹 그가 얻어맞더라도 만족하니, 그것은 그가 다른 사람에게 맞았으면 좋겠다는 생각이 충족된 것이기 때문이다.

3) 성실한 의식은 결코 참된 의미에서 사태 자체에 도달하지 못한다. 성실한 의식은 개별 계기를 고립적으로 파악하면서 개별 계기가 그 자체로 사태 자체라고 주장한다. 이런 점에서 성실한 의식은 흩어진 의식이다. 그러나 성실한 의식이 이처럼 유동한다는 것은 이미 개별 계기들이 고립적으로 존재하는 것이 아니라 상호 작용을 통해서 통일된다는 사실을 보여준다. 이런 유동성을 통해 성실한 의식은 장차 참된 통일성을 자각하는 데로 나갈 가능성이 생긴다. 다만 이런 통일은 성실한 의식에서는 아직 참되게 파악되지 않고 왜곡된 것으로 즉 끊임없는 유동하는 것으로 파악될 뿐이다.

414) ⟨SK 307:8~26⟩⟨FM 225:20~34⟩

그러나 이런 성실함이 도달하는 진리는 겉보기만큼이나 그렇게 성실한 것은 아니다. 왜냐하면, 성실하다고 한다면 그렇게 멍청하게도 서로 다른 계기를 사실상 서로 분리해 놓을 수는 없기 때문이다. 오히려 성실하다면 그런 의식은 이런 계기들이 서로 대립하는 것은 바로 그 계기들이 서로 연관되기 때문이라는 사실을 직접 의식해야 한다. **순수한** 활동은 본질상 **이런** 개인의 활동이며 이런 활동은 마찬가지로 이미 본질상 하나의 **현실**이며 또는 하나의 사태다. 반대로 말한다면 **현실**은 본질상 다만 **이런 개인**의 활동이며 동시에 활동 일반이다. 개인의 활동은 동시에 **활동** 일반과 같을 뿐만 아니라 마찬가지로 현실과도 같다. 성실한 의식에서 **추상적인 현실**로서 **사태 자체**만 중요한 것으로 보이지만, 그에게서 중요한 것은 **그의** 활동으로서 사태 자체라는 사실이 눈에 선하게[vorhanden] 파악된다. 또한, 더 나아가서 성실한 의식에서 **활동**하고 **노력**하는 것만이 중요하다면 그는 사실 이에 대해 진지하지 않다. 오히려 그에게서 중요한 것은 **하나의** 사태며 그것도 **그 자신**의 것으로서 사태다. 끝으로 말하자면 성실한 의식이 **자기의** 사태나 **자기의** 활동만을 의욕 하는 것처럼 보이지만, 사실 여기서도 중요한 것은 **사태 일반**이나 절대적으로[an und für sich] 지속하는 현실이다.

415) ⟨SK 307:27~308:21⟩⟨FM 225:35~226:19⟩

사태 자체와 그 계기들은 성실한 의식에서 **내용**으로 나타나듯이 마찬가지로 이 계기들은 [성실한] 의식에서는 필연적으로 **형식**으로서도 존재한다.[471] 그런 계기들이 내용으로 등장할 때, 이는 소멸하기 위해서다. 각 계기는 다른 계기로 대체된다. 따라서 그런 계기들은 **지양되는 것**이라는 규정성 속에서 눈앞에 나타날 수밖에 없다. 그러나 그런 계기들은 그와 같은 방식으로[지양되면서] 성실한 의식 자체에 속하는 측면으로 된다. **사태 자체**는 **본래적 존재**[Ansich] 또는 성실한 의식의 **자기 내 반성**으로 눈앞에 나타난다. 그런데 사태 자체를 구성하는 계기들이 **서로 밀쳐 내는** 모습이 성실한 의식에서 어떻게 표현되는가를 보자면 성실한 의식에서 이런 계기들은 그 자체로[an sich]는 존재하지 않고 **다른 사람에 대해서** 존재하는 것으로서[für ein Anderes]만 설정된다. 성실한 의식에서 내용을 구성하는 계기 가운데 하나의 계기가 밖으로 드

---

471 내용은 사태 자체를 이루는 계기들을 말한다. 형식은 다음에 나오는 구절을 참조할 때, 어떤 계기가 자신에 대해서 갖는 의미와 타자에 대해서 갖는 의미를 말한다.

러나면[dem Tage ausgesetzt] 이 계기는 **타자**에 **대해서** 그렇게 보인다[für andere vorgestellt]. 그러나 성실한 의식은 동시에 이 계기로부터 자기 내로 복귀하면서 이제 그와 대립하는 계기도 마찬가지로 의식 속에 출현한다. 의식은 이 대립하는 계기를 자기에 대해[für sich] 자기 것으로 간직한다. 그러면서도 동시에 계기들 가운데 다만 하나의 계기만이 밖으로 내걸릴 수 있고[hinausgestellt] 다른 계기는 다만 내면에 보존될 수 있는 것은 아닐 것이다. 오히려 성실한 의식은 그런 계기들을 교대로 밖으로 내걸거나 보존한다. 왜냐하면, 의식은 이쪽 계기나 저쪽 계기나 어느 것이든 독자적으로나 타자에 대해서 본질적인 것으로 삼아야 하기 때문이다. **전체**는 개체와 일반적인 현실이 상호 침투하는 운동이다. 그러나 이 전체는 의식에는 **단순한** 본질로서, 즉 추상적인 **사태 자체**로 눈앞에 나타나므로 그의 계기들은 사태 자체에서 유리된 채 서로 분산되고 만다. 전체는 **전체인 한에서** 오직 밖으로 내거는 것과 자기에 대해 보존하는 것[Fürsichbehaltens]이 서로 단절된 채 교대로 등장하는 모습을 통해서만 온전하게 묘사될 수 있다. 이처럼 각 계기를 내걸거나 보존하는 것이 교체되는 가운데 성실한 의식은 **한쪽** 계기를 자기에 대한 것으로[für sich] 그리고 그의 반성 속에서 본질적인 것으로 취하고 다른 쪽을 **그 자신에서** 다만 외적인 것으로 또는 **타자에 대한** 것으로 취한다. 그러는 가운데 마침내 개인과 개인 사이에 유희가 벌어지면서 그야말로 개인마다 자기에게나 타자에 대해서도 속이고 속는 상태에 있게 된다.

[해제] 앞의 구절에서 헤겔은 성실한 의식에서 사태 자체가 유동하는 측면을 설명했다. 이 구절에서 헤겔은 성실한 의식에서 각자가 타자에 대해 속이는 관계를 설명하려 한다. 우선 앞에서 말한 것처럼 성실한 의식은 과거를 잊어버리고 끊임없이 새로운 계기를 사태 자체로 주장

한다. 개별 계기는 오직 소멸하기 위해서만 등장할 뿐이니, 여기서 사태 자체의 계기는 끊임없이 다른 계기로 교체된다.

각 계기가 이렇게 소멸하는 것으로 제시되므로, 그 자신이 먼저 사태 자체로 내걸었던 계기는 그 자신에서는 이미 부정된다. 그는 자기에 대해서는 이미 다른 계기를 사태 자체로 본다. 그러나 타자에게는 여전히 이미 내걸었던 계기가 그 사람의 사태 자체로 보이니, 그런 점에서 헤겔은 성실한 의식에서 사태 자체는 "그 자체로 존재하지 않고 다른 사람에 대해서 존재하는 것으로서" 설정된다고 한다.

성실한 의식이 하나의 계기를 밖에 내걸면서 그것을 사태 자체로 주장하면 이는 어디까지나 다른 사람에게 그렇게 보일 뿐이며 성실한 의식 자신은 이미 이로부터 자기 내로 복귀했으며 다른 계기를 사태 자체로 여긴다. 그에게서 "밖으로 내거는 것과 자기에 대해 보존하는 것은 서로 단절된 채로 교대로 등장하지만," 다른 사람은 그가 그때그때 밖에 내건 것을 그가 사태 자체로 생각하는 것이라고 믿으니, 이를 통해 성실한 의식은 다른 사람을 속인다.

여기서 성실한 의식 서로 속이고 속는 유희가 벌어진다. 이런 속임은 다른 사람에 대해 일어날 뿐만 아니라 동시에 자기 자신에게도 일어나니, 헤겔은 이런 세계를 정신의 동물적 나라라고 규정한다.

416) ⟨SK 308:22~309:34⟩ ⟨FM 226:20~227:19⟩
그러므로 어떤 개체가 뭔가를 수행하러 간다면 이로써 이미 그는 뭔가를 이미 **사태**로 만든 것으로 보인다. 개체는 행동하면서 이런 행동 속에서 다른 사람을 마주 대한다. 그런 개체에 중요한 것은 곧 **현실**인 것처럼 보인다. 그리하여 다믄 사람은 그런 개체의 활동을 오직 사태 자체에 관해 관심을 지니고 또한, 사태가 그 자체로「an sich」수행돼야 한다는 목적을 지닌 것으로 여긴다. 이때 그들에게는 사태 자체를 수행하는 자가 처음의 개체건 그들 자신이건 상관없다. 그리하여 다른 사람은 어떤 개체가 수행한 이 사태가 이 다른 사람 자신을 통해 성립됐다는 것을 입증하며 그렇지 않을 때는 자신의 도움을 제안하고 도움을 수행한다. 그러는 가운데 다른 사람이 그런 성실한 의식이 존재할 것으로 생각하는 곳에 사실 성실한 의식은 사라지고 없다[heraus]. 성실한 의식이 그런 사태에서 관심을 지니는 것은 성실한 의식 **자기의** 활동과 노력인데도, 다른 사람은 성실한 의식의 활동과 노력이 **사태 자체**를 위한 것이었다고 아는 가운데 오히려 다른 사람 자신이 속았다는 느낌을 받는다. ―그러나 사실은 다른 사람이 손을 내밀며 돕겠다고 나섰던 이유도 다른 사람이 **사태 자체**가 아니라 다른 사람 **자기의** 활동을 거기서 보고자 하고 또 이를 보여주고자 했기 때문이다. 즉 다른 사람 역시 자기가 속았다고 투덜대던 때와 꼭 마찬가지 방식으로 또 그 자신의 타자[성실한 의식]를 속이고자 했다. ―그런데 이제 성실한 의식이 **사태 자체**로 여기는 것은 자신의 **사적인 활동이나 노력, 그 자신의 힘**이 벌이는 유희라는 사실이 폭로되면서[herausgekehrt] 성실한 의식은 자기의 본질을 다른 사람을 위해서가 아니라 **자기를 위해서** 추구하는 것으로 보인다. 성실한 의식은 다만 **자신의 것으로서** 활동만을 고민하며 다른 사람의 것으로서 활동에 대해서는 고민하지 않는다. 따라서 성실한 의식은 다른 사람도 **자기 나름의** 사태를 추구하는 것을 허용한다. 그러나 다른 사람은 여기서 다시 오류에 빠진다. 다른 사람이 성실한 의식이 있는 곳으로 생각하는 바로 그곳에서 이미 성실한 의식은 사라지고 없다. 성실한 의식에서 중요한 것은 **그 자신에 의한 개별** 사태로서 사태가 아니라, 사태로서 사태 즉 모든 사람을 위한 일반적인 것으로서 **사태**다. 성실한 의식은 다른 사람의 활동이나 산물에 개입하면서 그와 같은 것[활동이나 산물]

을 다른 사람의 손에서 더는 **빼앗아올** 수 없을 때는 적어도 일정한 판단을 내린다는 활동을 하는 것을 통해서 그와 같은 것에 관한 관심이 있다는 것을 드러낸다. 성실한 의식이 그와 같은 것[다른 사람의 산물]에 대해 그가 인정하고 찬사를 보낸다는 도장을 찍는다면 이 사실이 의미하는 것은 그가 [다른 사람의] 산물에서 칭찬하려는 것은 산물 자체일 뿐만 아니라 동시에 **그 자신이** 아량이 크고 자제심이 강해 타인의 산물을 산물로서 손상하지 않으며 또한, 그의 비난을 통해 손상하지 않았다는 사실이다. 성실한 의식은 **산물**에 관심을 표시하면서 그런 관심을 지닌다는 것에서 **자기만족**을 누린다. 마찬가지로 성실한 의식이 산물을 비난할 때조차도, 사실 그는 이 **산물**을 환영한다. 왜냐하면, 이런 비난을 통해서 그 작품에 **그 자신의 고유한 활동**이 부여된다는 사실에 대한 만족 때문이다. 그런데 성실한 의식이 이런 식으로 개입하는 것 때문에 속았다고 여기고 그렇게 속이는 사람들[다른 사람들]은 아마도 자기들도 역시 같은 방식으로 속이고자 했을 것이다. 이 사람들은 자기들의 활동과 노력이 오직 자기들을 위한 것일 뿐인데도 그 목적은 자기와 그에게 고유한 본질을 실현하는 것이라고 속인다. 그러나 그런 사람들[다른 사람들]은 어떤 활동을 하거나 이런 활동을 통해 자기의 참모습을 표현하고 백일 아래 드러낸다. 그러는 가운데 그들이 행위한 결과는 그들이 속였던 것과 서로 모순된다. 왜냐하면, 그들이 행위는 자기의 참모습을 드러내는 것[den Tag] 자체를 배제하면서 일반적[allgemeine] 의식과 만인의 참여를 배제하고지 하는 것이기 때문이다. 오히려 [행위를 통해] 무언가를 실현한다는 것은 자기 개인의 것을 만천하에[n das allgemeine Element] 꺼내 놓는 것Ausstellung]이니 이는 그 자신의 것이 만인의 사태로 되고 돼야 한다는 것을 의미한다.

[해제] 앞의 절에서 성실한 의식의 이중적 측면을 설명한 다음 여기서 헤겔은 성실한 의식이 벌이는 속이고 속는 유희를 설명한다. 이 유희를 간단하게 서술하자면, 다음과 같다.

① 개체가 어떤 것을 사태로 만들 때 다른 사람은 그런 개체가 자기의 활동이 아니라 일반적인 사태 자체를 만들려 했다고 여긴다. 이런 점에서 다른 사람은 사태 자체를 위해 그를 돕는다.

그러나 이런 사실은 곧 폭로되고 만다. 개체는 사태 자체를 위해 행위했다고 말하지만, 그는 자기 것을 위해 행위한 것이다. 여기서 다른 사람은 속았다는 느낌을 받는다.

② 그러나 다른 사람의 도움 역시 말로는 사태 자체를 위한 것이라고 하지만, 사실은 다른 사람 자신을 위한 것이다. 다른 사람은 사실 자기 것의 실현에 관심을 지니면서 모두를 위해 행위한 것처럼 말하니, 다른 사람 역시 마찬가지로 속인다.

③ 이제 성실한 의식은 자기를 위해 노력한다는 사실을 인정하면서 다른 사람 역시 자기를 위해 노력한다는 것을 허용한다. 성실한 의식의 이런 허용은 공평무사한 행위로 보인다. 그러나 성실한 의식은 여기서 다시 자기를 벗어난다. 성실한 의식의 이런 공평무사함은 사실 그 자신을 위한 것이다. 즉 그는 이를 통해 자기가 "아량이 있고 자제심이 강해" 다른 사람의 산물을 해치지 않는다는 것을 보여주기 위한 것이다. 다른 사람 역시 이런 점에서 마찬가지다.

④ 그러므로 성실한 의식이 누구든 그가 추구하는 것은 속임에 그친다. 성실한 의식은 행위로 나갈 때는 자기의 본질을 "만천하에 꺼내 놓는 것"이었다. 그러나 실제 행위를 통해 그는 "자신의 참모습을 드러내는 것 자체를 배제하면서" 만인에게 감추어 "만인의 참여를 배제하고자 하는 것"이다. 그가 행위의 결과를 통해 보여주는 것은 그 자신이 추구한다고 그 자신이 믿는 것과는 다르다. 결과적으로 그의 믿음은 실제

와 행위를 자기 자신에게 속이기 위한 것이었다.

위에서 제시된 ①-④에 이르는 속임은 성실한 의식이 의도적으로 행하는 속임은 아니다. 그는 그 앞에 존재하는 사태, 산물, 계기를 사태 자체로 믿으나, 그런 사태와 산물, 계기는 사회적 상호 작용 속에서 이미 다른 것으로 이행했으므로 그는 자신도 모른 채 다른 사람을 속인다. 그것은 자기 자신에 대해서도 마찬가지니 여기서 자기도 모르는 사이에 자기와 다른 사람을 동시에 속이고 속는 이른바 '정신의 동물 나라'가 성립한다.

417) ⟨SK 309:34~311:11⟩ ⟨FM 227:20~228:17⟩

그러므로 오직 **순수한** 사태만이 중요한 것이어야 한다고 주장하는 것도 마찬가지로 자기와 다른 사람을 모두 다 속인다. 성실한 의식이 어떤 사태를 차려놓을[Auftun] 때 그가 경험하는 사실은 다른 사람이 마치 갓 식탁에 올려진 우유에 파리떼가 몰려들듯이 쏜살같이 달려와서 이런저런 참견을 하려 드는 모습이다. 다른 사람이 성실한 의식에서 경험하는 사실은 성실한 의식에 중요한 것은 대상으로서 사태가 아니라 그 자신의 것으로서 사태라는 사실이다. 이와는 반대로 오직 **활동 그 자체**, 힘이나 능력의 사용 또는 개체성의 표현만이 본질적인 것이라고 가정한다면 여기서도 마찬가지로 서로가 서로에 관해 경험하는 사실은 곧 **만인**이 서로 접촉하는 가운데 모두 다 초대된 것으로 여겨지며 여기서 **착수된 것**은 **순수한** 활동이나 한 **개인의** 특유한 활동이 아니라 오히려 개인을 위한 것에 못지않게 **다른 사람을 위한 것**이며 달리 말하자면 **사태 자체**라는 사실이다. 위의 두 경우에 생겨나는 것은 똑같은 것이니, 다만 이때 같은 것이 처음에 가정됐으며 그 결과 타당한 것으로 가정됐던 의미와 대립하는 다른 의미를 지닐 뿐이다. 성실한 의식은 이 두 측면을 다 같이 본질적인 계기로 경험하며 그런 경험 가운데 **사태 자체**의 본성이 어떤 것인가를 깨우치게 된다. 즉 사태 자체는 활동 일반이나 개별 활동에 대립하는 것을 의미하는 사태도 아니며 또한, 존속하는 것에 대립하면서 **종[種]**적 계기들과 무관한 **유[類]**적인 것을 의미하는 활동도 아니다. 오히려 사태 자체는 하나의 본질이니 즉 그 **존재[Sein]**가 **개별적**인 개인의 **활동**이기도 하고 만인의 활동이기도 하며, 그 활동은 직접 **다른 사람을 위한** 것 또는 하나의 **사태**로 되는 본질이다. 사태는 다만 **만인과 각자**의 활동으로 현존하므로 본질이니 모든 본질 가운데 본질 즉 **정신적 본질**에 해당한다. 의식은 마침내 지금까지 논의된 계기 가운데 어떤 것도 결코 주어의 구실을 할 수 없고 오히려 **일반적인 사태 자체** 속으로 스스로 해소돼간다는 것을 경험한다. 의식은 아무 생각 없이 개체성에 속하는 계기들을 차례로 주어로 여겼는데 이제 이런 계기들을 단순한 개체성 속에 통합한다. 그 결과 **이런** 개체는 하나의 개체면서 동시에 직접 **일반적인** 존재가 된다. 사태 자체는 이를 통해 술어로서 지위[das Verhältnis]를 버리며 즉 무기력한 추상적 일반성이라는 규정성을 상실한다. 사태 자체는 오히려 개체성이 서로 침투해 이루는 실체다. 그러므로 이것은 주체며 그 속에서 개체는 [개체인] 동시에 실체 자체며 다시 말해서 **개별적** 개인인 동시에 **만인**으로 존재한다. 또한, 그것은 일반적인 것이어서 만인의 활동이며 동시에 각자의 **활동**으로 존재하며, 개별 의식이 이 사태 자체를 자기의 개별적인 현실로 인식하면서 동시에 만인의 현실로 인식하는 한에서 하나의 현실이다. 순수한 **사태 자체**란 앞에서 **범주**로 규정됐던 것 즉 존재가 곧 나[Ich]며 또는 나 자신이 곧 존재라는 것에 해당한다. 그러나 그런 범주로 규정됐던 것은 **사유**에 머무르기에 **실제로 존재하는 자기의식**으로부터는 여전히 구별되는 것이다. 그러나 여기에 이르러서는 실제로 존재하는 자기의식의 계기는 단순한 범주 자체와 일체화된 것으로 판정된다. 그것은 우리가 그런 계기를 내용에 따라서 목적, 활동, 현실이라고 부르건 아니면 이 계기를 형식에 따라서 대자 존재, 대타 존재로 부르건 상관없다. 이를 통해 사태 자체는 동시에 내용 전체를 포괄한다.

[해제] 앞에서 헤겔은 성실한 의식에서는 계기들이 지양되고 교체되면서 자기에 대한 것과 타자에 대한 것이 구분되고, 나와 타자 사이에 서로 속이고 속는 관계가 등장한다는 것을 보여주었다. 그것이 바로 정신적 동물의 나라다.

그런데 이런 속임을 통해 거꾸로 분리된 계기가 하나로 통일된 것임이 드러난다. 이 계기는 내용으로나 형식으로나 통일된다. 형식에서 보면, 자기에 대한 것과 타자에 대한 것이 일치한다. 하나의 사태는 한 개인의 사태가 아니라 만인의 사태며, 마찬가지로 개인의 활동은 단순한 개인의 활동에 그치지 않고 만인의 활동으로 된다. 내용에서 보면, 활동은 곧 사태로 되며, 사태는 곧 활동으로 된다.

그러므로 사태 자체와 사태도 통일된다. 사태 자체는 "개체성이 서로 침투해 이루는 실체"이니 이제 종적 계기인 사태에 대립해 추상적으로 존재하는 유적인 것으로서 사태 자체는 없다. 그와 같은 사태 자체는 사태에 내재하는 사태의 술어였을 뿐이다. 오히려 사태 자체는 끊임없이 유동하는 사태에 내재하면서도 초월한다. 사태 자체는 모든 사태의 내적인 지만, 실체며 동시에 개별 사태를 자기 내에서 전개하는 초월적 주체다. 각 사태는 주어인 사태 자체가 발전하는 과정에서 나타나는 술어임이 드러난다.

개체가 서로 침투하여 또는 서로 작용하면서 이루는 사태 자체가 곧 정신적 본질이다. 이성의 출발점에서 범주가 출현했다. 그 범주는 주관에 내재하는 것이지만, 현실 속에서 발견될 수 있는 것이었다. 그러나 사실 자연 속에서나 직접 존재하는 사회 속에서 그런 범주를 발견할 수는 없었다. 이제 개인 활동의 사회적 상호관계를 통해 범주가 현실적으로 출현한다. 이를 통해 의식의 수준에 머무르던 이성은 마침내 자기를 대상으로 발견하는 자기의식에 이르렀다.

그런데 자기의식이 처음 출현했을 때 그것은 개별 계기에 대해 추상적 일반성으로서 출현했다. 그것은 개별 계기에 대해 유동적인 술어가 된다. 이 경우 헤겔은 성실한 의식이라 하는데, 이 성실한 의식은 상호 속임의 유희 속에서 몰락하면서 마침내 사태 자체가 개별 계기의 주체로 되면서 현실적으로 실현되고 실체가 된다. 이를 통해 현실 속에서 실재하는 실체가 출현하니, 이것이 곧 법칙 발견적 이성이다.

b 법칙을 발견하려는 이성[472]

[해제]

418) 순수 의식의 출현

419) 최초의 실체로서 인륜적 실체와 인륜적 의식

420~421) 인륜적 법칙의 특정성

422~424) 두 가지 인륜적 법칙의 예

425~427) 인륜적 법칙의 한계와 법칙 검증적 이성

418) ⟨SK 311:15~27⟩⟨FM 228:20~30⟩

정신적인 본질은 단순한 존재에 머무르는 한에는 **순수 의식**인 동시

---

472 'Gesetz geben'은 언어 의미로는 법칙을 제정한다는 뜻이지만, 헤겔이 여기서 쓰는 의미를 오히려 이미 존재하는 인륜적 실체 속에서 일반 법칙을 발견한다는 의미다.

에 개별 자기의식[473]이라 할 수 있다. 개인의 근원적으로 **규정된** 소질은 긍정적인[positive] 의미에서 본다면 **본래**[an sich] 개인의 행위[Tätigkeit]가 펼쳐지는 지반이며 이 행위가 추구하는 목적이지만, 이제 그런 긍정적 의미는 상실되면서 그런 개인의 소질은 단지 지양되는 계기가 될 뿐이다. 개인은 마침내 하나의[개별] 자아면서 동시에 일반적 자아가 된다. 거꾸로 **형식적**인 사태 자체는 자체 내에서 자기를 구별하는 개체[474]를 통해 그 내용을 충족한다. 왜냐하면, 개체가 지닌 구별된 목적이 곧 일반적인 사태 자체의 **내용**을 이루기 때문이다. [사태 자체라는] 범주는 **잠재적인 것**[an sich]이며 **순수 의식**에 속하는 일반적인 것이다. 이 범주는 동시에 **대자적**이다[für sich]. 왜냐하면, 의식 속의 **자아**가 이 사태 자체라는 범주를 산출하는 계기기 때문이다. 이런 범주는 절대적 **존재**니 왜냐하면, 그것이 지닌 일반성은 **존재**에서 나타나는 자기와 같음[Sichselbstgleichheit des Seins]이기 때문이다.

[해제] 1) 개인의 자연적 소질을 통해 자신의 관심을 산물로 실현한다. 이 자연적 소질 즉 개인적 행위는 관심의 실현을 위한 지반이 된다. 그 산물의 상호 작용을 통해 사태 자체가 생겨난다. 자아가 상호 작용의 매개를 통해 자신으로 되돌아오면서 이성에서 자기의식이 출현한다. 소질을 통해 출현한 개인의 개별적 자아는 이런 상호 작용을 매개로 해서 소질이 지양되면서 일반적 자아가 된다. 즉 자아의 객관적 본질이 실현된다.

---

473 개인은 산물이 자기의 것이라고 보므로 자기의식이다. 하지만 이 산물에는 상호 작용 속에서는 객관적 본질, 사태 자체가 된다. 이런 사태 자체가 개별 산물에 대해 추상적 본질로 출현한다고 보면 그것이 순수 의식이다. 성실한 의식은 이런 순수 의식의 단계에 머물러 있다.

474 자기를 실현하는 자아라는 의미다.

그러나 이성적 자기의식의 첫 단계인 성실한 의식(또는 순수 의식)에서 사태 자체는 추상적인 일반자며 동시에 개별 산물에 내재한다. 이런 이중성 때문에 끊임없는 유동성이 출현했다. 성실한 의식은 어떤 산물을 사태 자체라고 믿지만, 이미 그런 사태는 상호 작용 속에서 더는 사태 자체가 아니게 된다. 그 때문에 사태의 개별 계기가 지닌 대자적 의미와 타자에 대해 있는 의미가 분리되며, 나와 타자는 서로 속이고 속는 관계에 있었다.

2) 성실한 의식이 모순에 부딪히면서 법칙을 발견하는 이성이 출현한다. 여기서 그 자체적인 것이 개별 사태를 통해서가 아니라 직접 구체적 현존으로 출현한다. 그 자체적인 객관적 본질이 "그 자체적인 것인 동시에 현상한다." 이것이 곧 "자기와 같음을 지닌 존재" 즉 실체다.

한편으로 이것은 구체적 현존을 지닌 채 현실 속에 이미 통용되면서 누구나 다 복종하는 관습 또는 인륜과 같은 것을 말한다. 다른 한편 인륜적 의식은 이 일반적 실체가 자기의 산물이라는 것을 예감하면서 이를 자기 자신의 삶을 실현하는 토대와 수단으로 삼는다. 이렇게 한편으로 복종하면서 다른 한편으로 이를 이용하려는 의식이 곧 법칙 발견적 이성이다.

3) 앞에서 성실한 의식은 자기의식이지만, 의식의 한계 내 머물러 순수 의식이라 하였는데, 사태 자체가 소외된 방식으로 출현했기 때문이다. 성실한 의식은 종교적 신앙과 같은 감각적 자기의식이다. 반면 인륜적 의식은 자기 의식적 이성이지만, 지각적 수준에 머무른다.

전체적으로 관찰하는 이성은 의식의 수준에 머물렀다. 자기를 실현하는 이성에 이르러 자기 의식적 이성이 출현하지만, 이 이성적 자기의식은 아직 의식의 한계 내에 머물러서 순수 의식을 거쳐 자기의식으로 단계적으로 전개된다. 자기 의식적 이성이 되면 곧 정신이다. 이성의 마지막 단계인 순수 의식에도 여러 단계가 있으니, 성실한 의식, 법칙 발견적 이성, 법칙 검증적 이성은 모두 순수 의식 내에서의 발전단계에 속한다.

419) ⟨SK 311:28~312:14⟩ ⟨FM 228:31~229:14⟩

여기서 의식의 대상으로 되는 것[사태 자체]은 **진리**라는 의미를 띠게 된다. **그것은 그 자체로 동시에 자기에게 나타난 대로**[an und für sich selbst] **존재하며 또한, 타당하다는** 의미에서 존재하고 **또한, 타당하다**[gilt]. 그것은 절대적인 사태므로 더는 확신과 진리, 일반자와 개별자, 목적과 현실이라는 대립에 시달리는 일이 없고 오히려 그런 **절대적 사태**의 현존은 곧 **참된 것**[Wirklichkeit]이며 그 속에 자기의식의 **활동**이 깃들어 있다. 따라서 이런 사태가 곧 **인륜적**[sittliche] **실체**로 되며 이에 관한 의식은 **인륜적**[sittliche] 의식이라 한다. 여기서 인륜적 의식은 자신의 대상을 대상인 동시에 **진리**로 여긴다. 왜냐하면, 그런 진리로 여겨지는 것은 자기의식과 존재를 하나로 통일한 것이기 때문이다. 그것은 **절대적인 것**으로 여겨진다. 왜냐하면, [개별] 자기의식은 더는 이 대상을 넘어설 수 없고 또 넘어서고자 하지 않기 때문이며 또한, 그 속에서 자기의식은 자기 자신에 머무르기 때문이다. [개별] 자기의식이 이 대상을 능가**할 수** 없다면 그 이유는 이 대상이 곧 일체의 것을 포괄하는 존재고 모든 것을 지배하는 위력[alles Sein und Macht]이기 때문이다. 또 [개별] 자기의식이 능가**하려고 하시** 않는 이유는 그 대상이 **자아**의 산물이며 또한, 이 개별 자아가 지닌 의지의 결과기 때문이다. 더욱이 인륜적 의식의 대상은 대상이면서도 그 자체에서[an ihm selbst] **실재하는**[real] 대상이다. 이 대상이 실재하는 이유는 이 대상이 그 자체에서[an ihm] 구별된 의식[Unterschied des Bewußtseins]을 지니기 때문이다. 이 대상은 몇 개의 사회집단으로 분화되는데, 각 사회집단은 저마다 **특정**

한 법칙을 지닌 절대적 본질로 된다. 그렇더라도 이런 분화된 사회집단이 그런 대상의 개념[그 자체에서 실재한다는 개념]을 흐트러뜨리는 일은 없다. 왜냐하면, 그런 개념은 한편에 존재와 다른 편에는 순수한 의식이나 자아라는 계기 모두를 포함하기 때문이다. ─이 통일이 분화된 사회집단의 본질을 이루고 있으므로 이렇게 구분된 상태에서도 분화된 각 계기는 더는 분리되지 않는다.

[해제] 사태 자체의 직접적인 현존이 곧 인륜적 실체다. 이런 인륜적 실체가 민족의 습속이다. 그러므로 인륜적 실체는 이제 "존재하고 타당하게 여겨지는 것," "절대적인 존재고 절대적으로 타당하다."

인륜적 실체에 대해 자각하는 것이 인륜적 의식이다. 이 인륜적 의식은 지각적 방식으로 인륜적 실체를 의식한다. 그러므로 한편으로 인륜적 의식은 이 실체를 자기에게 낯선 대상으로 파악한다. 동시에 다른 한편으로 인륜적 의식은 이 낯선 대상이 곧 자기 자신임을 자각하니 이런 점에서는 자기의식이다. 성실한 의식이 감각적 확신에 머무르는 자기의식이라면, 인륜적 의식은 이런 이중성 때문에 지각적 단계에 머무르는 자기의식이다.

그러므로 인륜적 의식으로서 개인은 인륜적 실체를 능가할 수 없으니, 그 이유는 이 인륜적 실체는 "모든 것을 지배하는 위력," 모든 산물을 산출하는 주체기 때문이며, 또한, 인륜적 의식은 인륜적 실체를 넘어서려 하지도 않으니 그 이유는 적어도 막연한 예감에서는 인륜적 실체가 곧 "자기의 산물이며 또한, 이 개별적 자아가 지닌 의지의 결과이기" 때문이다.

인륜적 실체 자체가 존재하므로 타당한 직접적 실체므로, 마치 의식이 이중적이듯이 인륜적 실체 역시 그 자체에서 서로 대립하는 두 집단[가족과 민족국가]으로 구분된다. 두 집단은 서로 대립하는 가운데 상호 균형을 통해 통일된다. 각 집단은 저마다 고유한 법칙을 지닌 절대적 본질이다. 인륜적 실체와 인륜적 의식은 직접 합일하므로 각 집단의 법칙을 구현하는 두 개의 인륜적 의식이 출현한다. 각 집단에서 의식과 실체가 직접 합일한다.

420) ⟨SK 312:15~23⟩⟨FM 229:15~21⟩

인륜적 실체의 법칙과 이 실체를 이루는 사회집단은 직접[unmittelbar] 인정된다. 이 법칙의 기원이나 그런 사회집단의 권능[Berechtigung]이 의문시되는 일은 없으며 어떤 다른 법칙이나 권능이 추구되는 일도 없다. 왜냐하면, **그 자체적이면서 동시에 자기에게 나타난 대로**[an und für sich] 존재하는 정신적 본질 바깥에 다른 본질이 있다면 그것은 오직 자기의식 자체뿐일 텐데 이런 자기의식이 정신적 본질과 다른 것으로 될 수 없기 때문이다. 그 이유는 자기의식이란 바로 이 정신적 본질을 자기 것으로 자각하고 있기 때문이다. 여기서 정신적 본질이 진리로 되는 이유는 이 정신적 본질이 의식에 대해 **그 자체로 존재하는** 자아며 동시에 순수한 의식에서 의식되는 자아기 때문이다.

421) ⟨SK 312:24~30⟩⟨FM 229:22~26⟩

자기의식은 자기를 곧 이런 실체와 합일한 **대자 존재**라는 계기로 인식하므로 자기의식은 실체에 둘어 있는 법칙이 현존하는 방식[Dasein]을 다음과 같은 방식으로 표현한다: **건전한 이성**이라면 즉각[unmittelbar] 무엇이 **정의롭고** 무엇이 **선한지**를 인식한다. 이성이 이런 실체가 어떤 것인가를 **직접 인식**하므로 그런 법칙이 어떤 식으로 현존하는 것[Dasein]이든 직접적인 것 그대로 **타당한 것으로 여기며** 이성은 단도직입적으로 이렇게 말한다: 이처럼 현존하는 법칙이 정의이며 선**이다**. 더욱이 이성은 **이렇게 말한다**: 그런 현존하는 법칙은 **특정한** 법칙이며 충족되고 내용이 풍부한 사태 자체다.

[해제] 인륜적 의식은 인륜적 실체를 직접 지각의 방식으로 인식한다. 지각은 대상을 사물과 매체라는 이중적 방식을 인식하는 것인데, 인륜적 실체와 인륜적 의식의 관계도 마찬가지다. 한편에서는 인륜적 법칙을 대상으로 파악하면서 다른 한편에서 인륜적 법칙 속에서 자기 자신을 파악하니 이중적인 지각적 단계의 자기의식이다.

전자의 측면에서 인륜적 법칙은 존재하며 후자의 측면에서 인륜적 법칙은 타당하다. 인륜적 법칙은 존재하는 그대로 타당하므로, "그 법칙의 기원이나 그런 집단의 권능은 의문시되는 일이 없으며" 다른 법칙이나 권능이 추구되는 일도 없다. 그러므로 인륜적 의식은 민족적 실체를 곧 정의이며 선으로 수용한다. 인륜적 의식은 그것이 어떤 식으로 현존하는 것이든 받아들인다. 그러므로 인륜적 의식이 실체를 부정한다면 인륜적 의식이 "자기를 부정하는 것으로 된다." 왜냐하면, 이 실체는 인륜적 의식에 "내재하는 자아인 동시에 대상이기" 때문이다.

다른 한편 인륜적 의식은 존재하는 그대로 타당하게 여겨지므로 민족이 자연적으로 지닌 습속이 타당한 법칙으로 여겨진다. 그러므로 이 법칙은 구체적 내용을 지닌 특정한 법칙이며 충족되고 내용이 풍부한 사태 자체다.

여기서 헤겔은 법칙 발견적 이성을 그리스 시대 인륜적 법칙을 가지고 설명하지만, 사실은 이런 법칙 발견적 이성이 출현하는 것은 근대다. 아마도 헤겔은 근대 초 독일에서 등장한 낭만주의 법학을 다루고 있는 것으로 보인다. 낭만주의 법학자들은 중세로부터 내려오는 민족의 전통법을 옹호했다. 왜냐하면, 그것이 습속으로 받아들여 왔기 때문이다. 그러므로 여기서 거론되는 구체적 예는 모두 근대 법학에서 논의됐던 예다.

422) 〈SK 312:31~313:5〉〈FM 229:27~35〉

이렇듯 직접 제공되는 모습은 마찬가지로 직접[unmittelbar] 수용되고 고찰돼야만 한다. 감각적 확신이 직접적인 존재자로 언표하는 것이 어떤 모습인지[wie sie beschaffen sind]를 아는 방식과 같은 방식으로 [인륜적 의식은] 이제 자기가 직접 확신한다고 언표하는 인륜적 실체가 어떤 상태로 현존하는지도 또한, 직접 존재하면서 인륜적 본질을 구성하는 사회집단이 어떤 것인지를 **알 수 있다**. 몇 가지 그와 같은 법칙의 예를 들자면 그런 존재나 사회집단이 무엇인지를 보여 줄 것이다. 여기서 드는 예는 건전한 이성이 인식 활동을 통해 표현한 언표라는 형식으로 받아들여지므로 그런 예가 **직접 존재하는** 인륜적 법칙으로 고찰되는 한 그런 예를 통해 정당할 수 있는 계기를 우리가 굳이 끌어내려고 노력할 필요조차 없다.

423) 〈SK 313:6~314:20〉〈FM 229:36~230:36〉

"**사람은 누구나 진리를 말해야 한다.**"* ―무조건 지켜야만 한다는 이런 의무에도 곧바로 '**만약** 그가 진리를 알고 **있다면**'이라는 조건이 붙는다. 그러면 위의 명령은 이제 다음과 같은 말로 바뀐다: "**사람은 누구나 그때마다 그가 알고 확신하는 것에 따라서 진리를 말해야 한다.**" 건전한 이성 즉 인륜적[sittlich] 의식은 무엇이 정의이고 무엇이 선인가를 직접 알고 있으니 이성은 나아가서 앞에서 제시한 제약 조건이 일반적인 의미를 지닌 언표와 이미 연계돼서 최초의 명령은 이미 그런 **의도**를 포함하는 것이라고 설명할 것이다. 그러나 이렇게 되면 사실상 이성은 그 명령을 언표할 때 이미 직접 그 명령을 위반하고 있었음을 시인하는 것으로 된다. 이성은 이렇게 **언표했다**: "사람은 누구나 진리를 말해야 한다." 그러나 이성이 **의도한** 것은 오히려 이와 같다: "사람은 진리를 그가 알고 확신하는 것에 따라서 말해야 한다." 즉 **그가 말한 것과 그가 의도한 것과 다르다**. 그런데 말하는 것과 의도하는 것이 다르다면 이는 진리를 말하는 것이 아니다. 그리하여 진리에 어긋나는 부당한 면을 좀 더 잘 표현해본다면 이제 이렇게 표현된다: "사람은 누구나 자기가 그때마다 알고 있고 확신하는 것에 따라서 진리를 말해야 한다." —하지만, 이렇게 되면 일반적으로 **필연적이며 그 자체로** 타당한 것을 표현하겠다던 명제는 오히려 전적으로 우연적인 명제로 전도되고 만다.

왜냐하면, 진리가 말해지는 것이냐는 내가 진리를 아느냐 그리고 그에 관해 확신하느냐 하는 우연에 맡겨져 있기 때문이다. 이런 말은 누군가가 알고 의도하고 파악하는 대로 [그게 실제로] 진리든 허위든 가리지 않고 말해야 한다는 것과 다른 바가 없다. 그런데 이렇듯 **내용이 우연적이라면 일반적인 것**은 그런 우연한 내용을 표현하는 **명제의 형식**에 한정되고 만다. 그러나 인륜적[sittlich] 명제라는 것은 일반적이고 필연적인 **내용**을 약속하는 것이므로 내용이 우연에 맡긴다면 명제는 자기모순에 빠진다. 끝으로 인륜적 명제가 진리를 알고 확신하는 데서 우연성이 제거되고 진리가 [먼저] **인식돼야 한다**는 식으로 수정되면 이런 수정은 최초에 제시됐던 인륜적 명령과 정면으로 대립하는 것으로 될 것이다. 처음에는 건전한 이성이 **직접** 진리를 언표할 만한 능력을 갖는다고 가정했으나 이제는 이성이 진리를 **알아야만 한다**고 말해진다. 즉 건전한 이성은 진리를 **직접** 언표할 줄 모른다는 것이다. —**내용**의 측면을 보면 진리를 **알아야** 한다는 요구에서 내용은 제거된다. 왜냐하면, 진리는 **인식 일반** 즉 알아야 한다는 것에 관계하기 때문이다. 즉 요구되는 것은 오히려 어떤 특정한 내용과도 무관한 것이기 때문이다. 그러나 본래 여기서 언급된 것은 인륜적 실체에서 등장하는 특정한 내용이며 그 실체가 지닌 **어떤 구별된 내용**이었다. 그런데 이렇듯 실체를 **직접 규정하는 내용**은 전적으로 우연한 것으로 입증되니 이 [우연한] 내용이 일반적이며 필연적인 차원으로 끌어올려 져서 인식이 법칙으로 언표될 때 오히려 사라지고 만다.

*FM주 〈229:36~37〉 헤겔은 여기서 명백히 칸트와 피히테를 염두에 두고 있다. 그들은 이런 명령을 무제약적인 의무로 언표한다. 참조: 칸트I. Kant,『사랑 때문에 속일 수 있다고 추정된 권리에 관해』,『전집』, 8권, S. 427f "모든 설명에서 진실해야 한다는 것은 신성하고, 무제약적으로 요청되는 이성의 명령이며 이는 어떤 편의를 통해서도 제한될 수 없는 것이다." 10: "진정성이란(언젠가는 말해야 한다면) 무제약적인 의무므로" 학문론 두 번째 입문

피히테J. G. Fichte,『도덕론의 체계』,『전서』, 4권, S. 380: " 간단히 말해서 나는 절대적 솔직함과 진정성이 바로 모든 사람의 책임이라고 본다. 나는 진리에 반해서 어떤 것도 말해서는 안 된다.

[해제] 헤겔은 최초의 인륜적 실체인 민족적 실체 속에 제공되는 직접적인 법칙이 그 개념대로 절대적으로 타당한가를 문제 삼는다. 이미 민족적 실체는 역사적으로 형성된 특정한 실체라는 사실이 밝혀졌으니, 직접적 법칙의 직접적 규정성과 법칙이 지니는 절대적 타당성 사이에 대립, 갈등이 존재할 것은 분명하다.

헤겔은 이를 구체적인 예를 들어 '우리는 진리를 말해야 한다'라는 인륜적 명령을 통해 입증한다. 원래의 명령은 조건 없으며, 항상 어느 때나 필연적이며, 누구에게나 정당한 일반적 명제다.

① 이 명령은 실제로 실천할 때는 '진리를 인식하는 한' 진리를 말해야 한다는 뜻으로 된다. 최초의 명령이 이미 그런 조건을 포함한다고 주

장한다면, 최초의 명령 형식과 그의 의도가 달라진다.

② 만일 '진리를 인식하는 한' 진리를 말해야 한다는 뜻으로 변모한다면 진리를 인식할 때만 말해야 한다는 뜻으로 되면서 처음의 항상 어느 때나 실천해야 하는 명령은 제약적 명령 즉 진리를 인식하는 한에서의 명령으로 된다.

③ 더구나 진리의 인식은 주관적이니, 이때 주관이 자기 마음대로 진리라고 생각할 때는 말하고 주관이 진리가 아니라고 생각하면 말하지 말라는 뜻으로 된다. 그러면 처음에 누구에게나 타당한 명령은 이제 주관적 명령으로 된다.

④ 이처럼 내용이 조건적으로 되면, 우연적인 데 반해서 이 명제 형식 자체는 조건 없는 절대적 명령이다. 여기서 인륜적 명제의 형식과 그것이 지니는 구체적 내용과 그 형식 사이에 모순이 발생한다.

⑤ 처음의 명제는 건전한 이성이 진리를 언표할 능력이 있다고 보았으나, 이제 이성조차도 진리를 알아야 한다고 하며 건전한 이성조차 진리를 언표할 능력이 없다고 보니, 이 역시 모순이다.

⑥ 결론적으로 헤겔은 인륜적 법칙이 도덕적 타당성을 지니려 한다면, 그 구체적 내용을 제거해야 하며, 순수하게 도덕적 형식만을 지닐 수밖에 없다고 한다. 이제 인륜적 법칙은 내용이 없는 법칙으로 된다. 그러나 처음 인륜적 실체에서 법칙은 구체적 내용을 지닌 법칙이었다는 점에서 인륜적 실체 속에서 인륜적 법칙을 찾으려는 시도는 실패로 돌아가고 만다.

424) <SK 314:21~315:24><FM 230:37~231:26>

또 하나의 유명한 명령으로는 다음과 같은 것이 있다: "**네 이웃을 너 자신과 같이 사랑하라.**"* 이 명령은 개인과 개인의 관계에 주목하면서 이런 관계를 **개인과 개인의 관계** 또는 감정의 관계로 **주장한다**. 행위를 통한 사랑은 -왜냐하면, 행위가 없는 사랑이란 아무런 존재[Sein]도 획득하지 못하니 고려의 여지도 없으므로-다른 사람에게서 악을 제거하고 선을 안겨주려고 한다. 이를 위해서는 인간에서 악이란 무엇이고 악에 대립하는 합목적적인 선이란 무엇이며 인간의 행복이란 무릇 무엇인가가 분별돼야 한다. 말하자면 나[ich]는 다른 사람을 지성을 통해 사랑해야 하며, 지성적이지 않은 사랑은 오히려 그에게 아마도 증오보다 더 손해를 끼칠 것이다. 그런데 지성을 수반하는 본질적인 선행을 꼽는다면, 적어도 그런 선행 중 가장 풍요하고 가장 중요한 형태를 들자면 국가가 시행하는 지적인 일반적 복지 활동일 것이다. -이 복지 활동과 비교해 본다면 개인으로서 개인의 선행은 너무나도 보잘것없는 것으로 되니 그런 것에 관해 언급하는 것은 노력할 가치조차 거의 없다. 국가의 활동이란 이때 거대한 위력을 지닌 것이어서 만약 개인의 활동이 이에 대항하기라도 한다면 그것은 이미 그런 행동만으로도[für sich] 범죄에 해당하거나 아니면 어떤 다른 사람에 대한 사랑 때문에 개별자가 일반 존재[국가]를 속여 일반 존재의 권리와 일반 존재가 개별자에 요구할 수 있는 몫[의무]을 빼앗으려 했더라도 그런 짓은 전혀 하나 마나 한 일이고 가차 없이 짓밟혀 버리고 말 것이다. 그렇다면 감정에서 비롯되는 선행에 남아 있는 의미는 그것이 진척으로 개인적인 행위며 즉 어쩌다 우연히 이루어지며 또한, 한순간만 버티게 해 주는 구제조치라는 것이다. 그런 개인적 선행의 기회가 있을 수 있는지도 우연에 달렸지만, 그보다도 더 그런 선행이 제대로 **열매**를 맺는지, 곧바로 다시 그 의미가 소실되면서 심지어 악으로 변질될는지도 역시 우연에 달렸다. 물론 다른 사람의 행복을 위해서는 이런 감정적인 행동이 꼭 **필요한 것**이라고 언표되지만, 이런 행동의 모습을 보자면 그런 행동은 아마도 실존할

[existieren] 수도 있고 또 그렇지 않을 수도 있다. 또한, 우연히 그런 행동의 기회가 출현하더라도 그런 행동은 어쩌면 열매를 맺을 수도 있고 어쩌면 좋은 것일 수도 있고 어쩌면 그렇지 않을 수도 있다. 따라서 지금의 법칙도 바로 앞에서 본 첫 번째 법칙과 마찬가지로 일반적인 내용을 지니지 않으며, 또한, 절대적인 인륜 법칙이라면 그래야 했던 것과 같이 **그 자체적이면서 동시에 대자적인 것**[an und für sich]을 표현하지 않는다. 달리 말하자면 그런 두 법칙은 다만 **당위**의 차원에 머물러 있을 뿐 아직 **진실성**을 지닌 것은 아니다. 그런 법칙들은 **법칙**이 아니라 단지 **계율**에 지나지 않는다.

*FM주 〈230:37〉 창세기 19장 18절, 마태복음 22장 39절 등등 또한, 칸트I. Kant,『실천이성 비판』,『전집』, 5권, S. 2f)

[해제] 헤겔은 이제 예를 바꾸어 이웃 사랑의 인륜 법칙을 검토한다. 이때 인륜 법칙은 감정적이며 개인적인 차원의 사랑이다. 헤겔은 이런 법칙을 비판하는데, 아래와 같다.

① 참된 사랑은 실제 행위로 나가야 하며, 무엇이 선인지를 지적으로 파악한 위에 이루어져야 한다. 이런 지적 사랑의 면에서 국가적인 차원에서 행해지는 일반적 복지가 가장 중요하다. 그러므로 국가에 대립하면 범죄며, 국가의 권리를 뺏고 의무를 거부하면 국가는 실제로 짓밟고 만다.

② 개인적인 감정적 사랑의 기회는 우연에 달려서 실행될 수도 있고 그렇지 않을 수도 있으며 실제로 열매를 맺을 수도 있고 그렇지 않을 수도 있으며 결과가 좋을 수도 있고 그렇지 않을 수도 있다. 더구나 이런 감정적 사랑은 한순간 구제조치에 지나지 않는다.

③ 그러므로 이웃 사랑의 법칙 역시 실체적인 것에 걸맞은 일반적

내용을 지닌 것도 아니며, 그 자체로 타당해 조건 없이 실현되는 것도 아니니 주관적 당위 즉 계율에 지나지 않는다.

425) ⟨SK 315:25~316:2⟩⟨FM 231:28~37⟩

사태 자체의 본성으로부터 밝혀진 당연한 사실은 일반적이고 절대적인 **내용**[einen allgemeinen absoluten Inhalt]은 포기돼야만 한다는 것이다. 왜냐하면, 단순한 실체에서는-그것은 단순함을 그것의 본성으로 하는데-그런 실체에서 설정되는 **규정성은 어떤 것이라도 적절하지 않기** 때문이다. 단순한 절대성을 지닌 계율 자체는 **직접적인 인륜적 현존**을 표현한다. 어떤 구별된 내용이 이런 명령에서 출현하면 그런 구별된 내용은 규정성을 지닌 내용으로 된다. 이런 내용은 단순하게 존재하는 인륜적 명령의 절대적이고 일반적인 형식 **아래** 속한다. 따라서 절대적인 내용은 포기될 수밖에 없으므로 명령에는 다만 **형식적인 일반성**만 속할 뿐이거나 자기 모순적이 아니어야 한다는 사실만이 속한다. 왜냐하면, 내용이 없는 일반성이란 형식적인 일반성을 의미하기 때문이며 내용이 절대적이라면 여기서 어떤 구별이 있더라도 그 구별은 아무런 구별로 되지 않는다는 것을 말하며 다시 말하자면 아무 내용이 없다는 것을 말하기 때문이다.

426) ⟨SK 316:2~7⟩⟨FM 231:38~232:3⟩

그리하여 이와 같은 법칙을 발견하는 활동에 남겨진 것은 **일반성의 순수한 형식**이며 달리 말하자면 이는 내용에 대립하는 의식의 **동어반복**[Tautologie]에 그친다.[475] 그런 동어반복적인 **인식은 존재하는 것**에 관해서 또는 본래적 의미에서 **내용**에 관한 것이 아니며 오히려 **정신적 본**

---

475 칸트, 헤겔과 같은 선험철학에서 대상이 지닌 순수한 형식은 주관적 의식이 지닌 형식이다.

질 또는 정신적 본질의 자기와 같음에 관한 것으로 된다.

427) ⟨SK 316:8~12⟩⟨FM 232:4~7⟩

그러므로 여기서 인륜적 본질이란 그 자체가 직접 어떤 내용을 담는 것이 아니라 어떤 내용이 자기 모순적인 것이 아닌가 하는 것을 통해서 그 내용이 법칙으로 될 수 있는가 아닌가를 가려내는 척도일 뿐이다. 이렇게 해서 법칙을 발견하는 이성은 한낱 법칙을 **검증하는** 이성으로 전락하고 만다.

[해제] 이상의 예를 통해 헤겔은 이렇게 결론을 내린다. 즉 제공된 법칙이 그 자체로 타당하다면, 이는 특정한 법칙을 일반화하는 것이니, 모순적이다. 이런 모순은 그런 법칙을 실천하는 데서 곧장 드러난다. 실천할 때, 특정한 법칙은 특정한 때만 타당하기 때문이다.

결국, 헤겔은 직접 제공되는 인륜 법칙이란 성립할 수 없다고 한다. 법칙이 법칙이려면 일반적이어야 하는데, 이런 일반성은 내용을 지닐 수 없다. 오직 순수한 형식만이 일반적이다.

칸트 헤겔과 같은 선험철학에서 대상의 순수한 일반적 형식은 곧 주관의 선험적 범주이며, 그것이 대상 속에 집어넣어진 것이다. 법칙의 일반적 형식이란 곧 주관적 이성의 자기와 같음의 법칙에 지나지 않는다.

그러므로 이제 법칙을 발견하려는 시도에서 남은 것은 자기와 같음 또는 무모순성이라는 순수한 주관적 형식을 통해 대상을 구성하는 일이다. 여기서 인륜 법칙을 인륜적 실체 속에서 직접 발견하려는 시도를 지양하며 법칙을 검증하는 이성으로 나간다.

c 이성에 의한 법칙의 검증

[해제]
428) 법칙 검증적 이성의 개념

429~430) 법칙 검증의 구체적 예
431~434) 이성적 자기의식, 인륜적 자아로 전환
435~436) 정신적 본질의 집단으로의 분화

428) 〈SK 316:16~317:18〉〈FM 232:10~233:2〉

단순한 인륜적 실체가 지닌 [현존의] 구별은 실체라는 점에 비춰 보면 우연적인 요소이다. 그런 우연성은 특정한 [인륜적] 명령에서 등장하는 인식과 현실, 활동 각각의 우연성에서 나온다는 사실은 이미 살펴보았다. 인륜적 실체의 단순성[einfachen Sein]과 그런 단순성에는 부합되지 않는 규정성을 **비교하는 것**은 우리에게 맡겨진 일이었다. [앞에서] 이를 비교했을 때 단순한 실체는 형식상 일반적인 존재 또는 순수 의식[의 대상]이라는 사실이 입증됐다. 순수 의식은 내용에 얽매임이 없이 그런 내용에 대립해 등장하면서, 그런 내용을 어떤 특정한 것으로 인식한다. 이런 형식상 일반적인 존재는 이상과 같은 방식으로 앞에서 사태 자체라고 했던 것과 같은 것으로 여겨진다. 그러나 이 형식상 일반적인 존재가 의식 속에 받아들여진다면 자기와 다른 것으로 된다. 즉 의식 속에 있는 형식상 일반적인 존재[일반적 형식]는 더는 아무 생각 없이[gedankenlos] 타성적으로 받아들여지는 유적 본질[Gattung]이 아니라 특수한 내용과 관계되면서 이런 특수한 내용을 지배하는 위력이며 그 특수한 내용의 진리로 여겨진다. ─처음에 등장한 의식의 검증 활동은 앞에서 살펴보았던 것이다. 그런 의식의 검증 활동은 이미 앞에서 생겨났던[geschehen] 검증 활동과 달리 될 수 없는 것처럼 보인다. 즉 그런 검증 활동에서는 일반적인 실체와 규정된 내용이 비교됐다. 앞서 보았듯이 그런 비교를 통해 양자가 서로 어울리지 않는다는 사실이 밝혀진 것 같다. 그러나 여기서[검증하는 이성에서] 일반적인 실체에 대한 내용의 관계는 이전과 다른 것이다. 왜냐하면, 이런 관계는 과거와는 다른 의미를 획득했기 때문이다. 즉 내용이 특정하더라도 이제 **형식상 일반성**을 띨 가능성이 있다. 왜냐하면, 내용은 다만 자기 자신과의 관계에서만 고찰한다면 형식적 일반성을 띠기 때문이다.[476] 우리가 앞에서 말한 검증[Bei unserem Prüfen]에서는 일반적인 온전한 실체와 규정된 내용이 대립했다. 왜냐하면, 이런 규정성은 실체를 받아들이는 의식에서 우연성으로 발전했기 때문이다. 그러나 여기에서는 비교의 한쪽 항이 소멸해서 일반적인 것은 더는 **현존하면서 이미 타당하게 여겨지는** 실체 즉 본래 그대로 실현된 법이 아니라 단순한 인식의 형식이어서 어떤 내용을 자기 자신 즉 자기의 형식과 비교해 이 내용이 동어반복인가 아닌가를 고찰한다. 이제 법칙은 더는 발견되는 것이 아니라 **검증된다**. 법칙은 어떤 것이든 검증하는 의식에 사전에 부여된다. 검증하는 의식은 법칙의 **내용**을 단순한 그대로 받아들일 뿐, 우리가 앞에서 했듯이 현실에 따라다니는 개별성이나 우연성을 고찰하는 데 관여하지 않고, 어디까지나 명령으로서 명령에 머물러서 이 명령에 단순히 관계하면서 동시에 명령을 자신의 척도로 삼는다.

   [해제] 1) 앞에서 최초의 실체는 단순한 것이며, 일반적인 것이다. 최초의 실체는 구체적 내용을 지니고 있었는데, 실체가 지닌 특정한 내용은 실체의 단순성과 모순된다. 이는 앞에서 법칙을 발견하는 의식이 지니는 내적인 모순이었다.

476 앞에서 법칙 발견적 이성에서 구체적 법칙은 법칙이라는 일반적 형식과 구체적 내용이 서로 대립했다. 그러나 여기서는 어떤 구체적인 법칙이더라도 그 내용이 서로 대립하는 모순이 없으면, 형식상 일반성을 지닐 수 있다. 예를 들어 '사적 소유'의 법칙은 구체적 법칙이더라도 '사적'이라는 개념과 '소유'라는 개념이 결합한 것인데, 양자는 서로 모순되지 않으므로 형식적 일반성을 지닌다.

그 결과 구체적 내용을 제거한 순수한 일반적 존재만이 남는데, 여기서 등장하는 순수한 형식은 대상 자체가 지닐 수는 없으며 의식 속에 존재하는 형식적 범주다. 즉 대상의 일반적 형식은 의식 속의 자기와 같음 또는 모순율이라는 형식이 대상에 부여된 것일 뿐이다.

법칙 검증적 이성은 자기의 형식이 유일하게 진리라고 믿는데, 이것은 이성의 자기의식이 지성의 단계에서 출현한 것을 의미한다. 지성에서 자기의식은 생명체에서 생명의 개념으로 출현하니, 법칙 검증적 이성에서 형식이 곧 생명과 같은 것이라고 할 수 있다.

2) 이 새로운 순수 형식적 의식은 이성의 출발점에 등장했던 형식적 인격과는 구별된다. 그 형식적 인격은 자유롭게 결정하는 자로서만 상호 인정된 존재다. 그러나 여기서 순수 형식적 의식은 단순한 인격을 넘어서 구체적 내용조차도 결정하며 동시에 그런 내용을 법칙의 형식을 통해 일반화하는 힘이다.

이는 칸트의 선험적으로 그 내용을 구성하는 실천이성을 지칭하는 것으로 보이는데, 헤겔은 이를 법칙을 검증하는 이성으로 부른다. 이 법칙 검증적 이성은 칸트의 실천이성과 마찬가지로 선험적이어서 "특수한 내용을 지배하는 위력"이며 "그 특수한 내용의 진리"로 여겨진다.

3) 이미 법칙을 발견하는 이성에서도 법칙의 단순성과 그 내용의 규정성이 비교됐다. 이것도 일종의 검증이라 할 수 있는데, 이런 검증은 구체적 법칙을 그 자체에서 그 법칙의 형식과 법칙의 내용을 비교하는 것이며, 이런 비교에 따르면 어떤 구체적 법칙도 그 일반적 형식에 부합하시 않는다.

그런데 법칙을 검증하는 이성에서 검증은 "다만 자기 자신과 관계해 고찰해서" 내적 모순이 없으면 일반적 법칙으로 될 수 있는데, 여기서는 어떤 구체적 법칙에서 그 형식과 내용을 비교하는 것이 아니라, 법칙 내에 들어 있는 개념의 분석을 통해 서로 모순적인지 아닌지를 판단한다.

뒤에 나오는 예를 들자면, 소유의 개념은 여러 요소를 포함한다. 즉 사적이라는 요소와 사용이라는 요소, 법적 인정이라는 요소 등이다. 이 가운데 사적이라는 요소와 사용이라는 요소를 비교하면 소유는 모순이 없으므로 인정되지만, 사적이라는 요소와 법적 인정이라는 요소를 비교하면 서로 모순이어서 부인된다.

헤겔은 이성의 법칙 검증은 "명령으로서 명령의 옆에 서서 이 명령에 단순히 관계하면서 동시에 그 자신이 자신의 척도로 되는" 것이라고 말하는데, 이 말은 법칙에 표현된 개념들 사이에서 자기모순을 범하는 것이 아닌가를 검증해 본다는 뜻이라 볼 수 있다. 법칙이 쓰는 개념은 구체적 내용을 지니더라도 서로 모순되지 않을 수도 있으니, 그런 점에서 헤겔은 "내용이 특정하더라도 이제 형식상 일반성을 띨 가능성이 있다"라고 말한다.

4) 이와 같은 검증 방식은 칸트의 『실천이성 비판』에서 나오는 검증과 선험적이라는 면에서는 비슷하다. 그러나 모순을 찾아내는 방식을 보면 서로 다르다. 칸트의 경우 검증은 구체적 법칙이 지닌 의도와 실천의 결과를 비교하는 것이었다. 그 결과가 본래와 의도와 다르다면 모순으로 된다. 반면 헤겔의 경우 앞에서 보았듯이 법칙 검증적 이성은 개념 분석을 통해 나간다. 개념 분석은 그 개념 속에 이미 포함된 요소를 끌어내는 것이니, 순수하게 논리적 작업이어서 현실과 무관하다.

429) 〈SK 317:19~318:23〉〈FM 233:3~33〉

그러나 검증은 이런 이유에서 여기서 더 나가지 않는다. 검증의 척도가 형식적인 동어반복성이니 그것은 내용에 무관심하며 바로 그런 이유로 이 척도는 이런 내용뿐만 아니라 정반대의 내용이라도 거리낌 없이 받아들인다. ─예컨대 **소유권**을 인정하는 것이 **그 자체에서 동시에 자기에게 나타난 대로**[an und für sich] 타당한 법칙이어야 하는지가 문제가 된다고 하자, 여기서 소유권은 그 자체에서 동시에 자기에게 나타난 대로[an und für sich] 타당하다는 것이지 다른 목적에 유용하다는 의미가 아니다. 인륜적 실체의 본질 규정은 법칙이 오직 자기와 같음을 지니고 이런 자기와 같음을 통해서 자기 자신의 본성에 기초하는 것이어야 하며 어떤 제약된 법칙이어서는 안 된다는 사실에 있다. 소유권은 그 자체로나 자기에게 나타난 대로나[an und für sich] 자기 모순적인 것이 아니다. 소유권이라는 규정성은 다른 것으로부터 **고립해** 자기 자신과 같게 설정된 것이다. 소유권의 부정이나 물건이 누구의 소유도 아니다는 주장 또는 공유제는 소유권과 마찬가지로 자기 모순적인 것이 아니다. 어떤 것이 누구에게도 귀속되지 않거나 가까이 있어서 그것을 점유하기에 가장 편한 사람에게 속한다거나 모두가 공유하는 가운데 각자의 필요에 따라 평등하게 분배되거나 하는 법칙은 그것과 반대되는 것 즉 소유권[을 인정하는 법칙]과 마찬가지로 **단순한 규정성**을 지닌 것이므로 **공인된**[formal] 사상이다. −물론 주인이 없는 물건은 만일 욕**구를 채우는 필수품**으로 여겨진다면 어떤 한 개인의 소유물로 될 수밖에 없으므로 물건의 무소유를 법칙으로 삼는다는 것은 이치에 맞지 않을 것이다. 그러나 물건에 주인이 없다는 사상이 품은 뜻은 물건의 주인이 무조건 없다는 것이 아니며 오히려 물건은 누구라도 **필요**한 사람의 소유물이 돼야 한다는 것이며 그것도 이를 보존하기 위해서가 아니라 쓰기 위해 **소유**돼야 한다는 것이다. 그러나 이렇듯 우연에 맡겨진 채 전적으로 필요만 고려한다는 것은 지금 언급되는 것과 같은 의식적인 인간 존재의 본성에는 어울리지 않는다. 왜냐하면, 의식적인 인간 존재는 그의 욕구를 일반적인 형식으로 마음에 떠올리고 자신의 전 생애에 걸친[ganze] 실존을 고려하면서 항구적인 재물을 확보해야 하기 때문이다. 따라서 물건이란 우연히 누구든 그 가까이에 있는 사람이 필요하다고 느낄 때면 자기 소유로 삼을 수 있다는 사상은 자기 자신과 합치하지 않는다. ―필요가 누구에게나 지속해서 배려되는 공유제가 있다면 두 가지 경우일 것이다. 한 경우는 각자에게 **그가 필요한 만큼** 할당되는 때다. 이때 사람마다 필요가 같지 않다는 상태는 의식의 본질과 모순된다. 왜냐하면, 의식의 본질은 개별자의 **평등**을 원리로 삼기 때문이다. 또 하나의 경우는 이 후자 즉 **평등의 원리에 따라서** 모두에게 같이 분배되는 때다. 이때 각자의 몫은 욕구와 무관하지만, 소유의 개념은 이 욕구를 고려하지 않을 수 없다.*

*FM주 〈233:5~33〉 헤겔은 여기서 소유 개념에 관한 루소의 숙고를 반성한다. 루소는 소유의 권리와 일차적 점유의 권리를 구분한다. 이 근거는 욕망과 노동이다. 어떤 대상은 삶을 위해서 쓰이고 노동을 통해서 얻을 때 점유된다. 그에 반해서 소유의 근거는 다만 실증적인 법적 명칭 부여를 통해서(사회 계약을 통해)이다. 공동체는 사적인 재화를 수취할 때 개인에게 자신의 합법적인 점유를 보장하며, 단순한 법적 용익[用益]을 소유로 전환한다. 원초적 계약은 인간의 서로 다른 물리적 힘 대신에 도덕적이고 법적인 같음 상태를 설정한다. 참조: 루소J. J. Rousseau, 『정치적 권리의 원리』, Livre I, Chapitre IX, S. 40~46.

430) 〈SK 318:24~319:15〉〈FM 233:34~234:16〉
그러나 위와 같은 방식이라면 무소유는 모순적인 것으로 보이지만, 그런 모순이 생기는 이유는 단지 무소유를 **단순한** 규정성으로 내버려두지 않는 데 있다. 만일 소유도 그것에 연관된 각 계기를 분석해 본다면[wenn es in Momente aufgelöst wird] 거기에도 역시 모순이 발생한다. 즉 어떤 물건이 나의 소유라면 그것은 **일반적으로 확고하게 지속해서**

인정된 것이지만, 이런 사실은 물건의 본성에 모순된다. 왜냐하면, 물건의 본성이란 쓰이면 **사라져 버린다**는 데 있기 때문이다. 동시에 그 물건이 내 것으로 인정된다면 이때 내 것으로 된다는 것은 동시에 모든 사람이 그것을 **내 것**으로 인정해 주면서 자기를 그것으로부터 배제한다는 것을 의미한다. 그런데 이렇게 내가 인정받고 있다는 사실은 내가 다른 모든 사람과 대등한 관계에 있다는 사실을 전제한다. 그러나 이[인정]는 [소유에서] 다른 사람을 배제하는 논리와는 정면으로 배치된다.

—또한, 내가 소유하는 것은 하나의 **물건**인데, 이 물건이란 대체로 말해 대타 존재므로 다만 나에 대해서만 존재한다고 하기 어려운 전적으로 일반적인 것이고 누구의 것이라 하기 어려운[allgemein und unbestimmt] 것이다. 그러므로 **내가** 그런 물건을 오로지 내 것으로 소유한다는 것은 모두의 것이기도 한 사물의 본성에 모순되는 것이다. 따라서 소유는 어느 면으로나 무소유와 마찬가지로 자기 모순적이니 그 어느 쪽에서든 각자에 속하는 개별성과 일반성이라는 두 계기가 대립하고 모순된다. —그런데 이런 규정성 가운데 그 어느 쪽이건 **단순하게** 생각한다면[einfach vorgestellt] 즉 소유든 무소유든 더 세부적으로 따지지 않고 생각한다면 어느 쪽이든 다른 쪽과 마찬가지로 **단순한** 것이므로 자기모순을 범하지 않는다. —이렇게 되면 이성이 자기 자신에서 지닌 법칙을 판정하는 척도는 어떤 법칙에 대해서도 마찬가지로 잘 적용되므로 사실상 척도로서 구실을 하지 못한다.* 동이반복 즉 모순율은 이론적 진리의 인식 차원에서도 다만 형식적인 기준으로서 인정될 뿐 그 내용이 진리인지 허위인지에 대해서는 전적으로 무차별한 것이다. 그런데도 이런 모순율이 실천적 **진리**를 인식하는 차원에서 **그 이상의 역할을 할 것**이라고 가정한다면 그것은 이상한 노릇이라고 해야

만 하겠다.

*FM주 〈234:12~14〉 헤겔은 여기서 칸트에 관련한다. 참조: 칸트I. Kant, 『순수이성 비판』, B판, S.84, 189~193.

[해제] 1) 헤겔은 구체적으로 예를 들어 소유의 법칙을 개념적으로 검증해 본다. 그 대강은 곧 이렇다. 단순한 규정만으로 본다면 소유나 무소유는 모두 모순이 아니다. 그러나 양자를 세부로 분석해 본다면 모두 모순으로 된다`.

우선 소유가 쓰는 것이라면 소유는 누군가가 쓰는 것이니 누군가가 소유하여야 한다. 사적 소유는 정당하다. 그러면 무소유를 보자. 그것은 모순인가? 쓰여야 한다는 물건의 개념에서 보면 소유는 누구의 소유여야 하니 무소유는 모순되는 것처럼 보이지만, 이때 무소유를 소유자가 없다는 의미가 아니라 누구라도 필요한 사람이 소유한다는 의미로 보면, 사용의 개념과 결코 모순된다고 볼 수 없다.

2) 다른 한편 무소유나 소유나 모두가 모순으로 된다. 우선 무소유를 보자. 소유가 필요한 사람이 쓰는 것이라면 어떤 물건이 그것이 필요한 사람을 만나는 것은 우연에 맡기는 것이다. 이런 우연은 인간의 개념에 어울리지 않는다. 왜냐하면, 인간은 일반 존재므로 장기적인 사용을 위해서 물건을 보존해야 하기 때문이다.

만일 무소유가 지속해서 인간의 삶을 보장할 수 있다면 무소유 역시 모순되지 않을 것이다. 이런 경우는 두 가지가 있다. 하나는 각자에게 그가 필요한 만큼 할당하는 경우다. 또는 모두에게 같이 분배하는 경우다. 그러나 각자의 필요에 따라 분배하면 이는 인간의 평등과 모순되며, 모두 평등하게 분배하면, 인간의 필요를 무시하는 것으로 되니 역시 모순적이다.

3) 또한, 소유 역시 모순 속에 있게 된다. 소유는 장기적인 것이니 이

는 쓰이고 사라진다는 물건의 개념과 배치된다. 또한, 나의 소유는 다른 사람의 인정을 요구한다. 이는 나와 다른 사람이 같다는 것을 전제로 한다. 하지만 소유는 다른 사람을 배제하는 것이니 이런 점에서 서로 모순된다. 또 물건은 대타 존재니 누구의 것으로 될 수도 있다. 이것이 나의 것이라는 것은 물건의 개념상 모순된다.

4) 위에서 보듯이 소유와 무소유가 단순하게 보면 모두 모순이 아니지만, 그 세부 계기를 분석해 보면 모두 모순이다. 그러므로 헤겔은 여기서 이성의 척도인 모순율은 어떤 경우에도 같이 적용되거나 같이 배제되니 이는 척도라 할 수 없다고 한다. 즉 이성의 형식을 통한 검증은 불가능하다는 것이다. 그러면서 헤겔은 형식적 모순율은 이론적 인식에서도 제한적인 역할을 하는 것에 지나지 않는데, 실천적 이성에서 그 이상의 것을 요구한다는 것은 이상한 일이라고 말한다.

431) 〈SK 319:16~30〉〈FM 234:17~27〉

정신적 본질은 처음에 언급됐을 때 텅 빈 것이었다. 이런 정신적 본질의 내용을 충족하기 위해서 두 가지 계기가 있었다. 그 두 계기는 즉 지금까지 고찰한 것처럼 법칙의 발견과 검증이라는 계기다. 그런데 인륜적 실체에 직접적인 규정성을 설정하려는 시도[법칙 발견]나 그런 규정이 과연 법칙으로 될 수 있는지를 인식하려는 시도[법칙 검증]도 실패로 돌아갔다. 따라서 결론적으로 말한다면, 특정한 법칙[의 발견]도 그런 법칙에 관한 인식도 모두가 성립할 수 없다. 그러나 인륜적 실체는 절대적 **본체**[Wesenheit]로 **의식**된다. 그러므로 인륜적 실체에 관한 의식은 그런 실체에서 나타나는 **구별**도 포기할 수 없으며 동시에 그런 구별에 관한 인식도 포기할 수 없다. 따라서 법칙 발견과 법칙 검증 모두가 무실한 것으로 드러났다는 사실은 두 계기가 저마다 개별적으로 고립적으로 취급할 때는 인륜적인 의식에서 어느 **계기**나 자기를 유지할 능력이 없다는 사실을 의미한다. 그러면서도 두 계기가 등장하는 지금까지의 운동은 형식적인 차원에서 볼 때 인륜적인 실체가 이 두 계기를 통해 자신을 의식에 드러낸다는 의미를 지닌다.

432) ⟨SK 319:31~320:2⟩⟨FM 234:28~33⟩

법칙 발견과 법칙 검증이라는 두 계기가 **사태 자체**에 관한 의식에 속하는 세부적인 규정인 한, 이 두 계기는 **성실성**의 형식으로 여겨질 수 있다. 앞서 성실성에서는 그것의 형식적 계기가 논란의 핵심이지만,[477] 여기 성실성에서는 선과 법이 지닌 당연히 그래야만 할 내용[seinsollenden Inhalt]이 무엇인지가 또한, 그런 것이 확고한 진리인지를 검증하는 것이 논란의 핵심이다. 이런 성실한 의식은 건전한 이성과 지적인 통찰을 통해서 인륜적 명령이 지닌 힘과 정당성을 확보할 수 있다고 생각한다.

433) ⟨SK 320:3~18⟩⟨FM 234:34~235:7⟩

그러나 이런 성실성이 없다면 [발견되는] 법칙은 의식의 **본질**로 여겨지지 않으며 마찬가지로 [법칙의] 검증도 의식 **내에서** [순수하게] 일어나는 활동으로 여겨지지 않는다. 오히려 이 두 계기를 각자 하나의 **현실**로 독자적으로 **직접** 출현하는 대로 본다면 하나의 계기는 현실의 법칙을 정당성 없이 제시하고 존재하게 하는[Aufstellen und Sein] 것을 표현하며 다른 계기는 현실의 법칙에서 벗어나는, 마찬가지로 부당한 짓을 표현한다. 법칙은 특정한 법칙인 한에서 우연한 내용을 갖는다. -이 말이 여기서 의미하는 것은 곧 법칙은 자의적인 내용을 지닌 개별 의식이 제시하는 법칙이라는 것이다. 앞에서 말한 법칙을 직접 발견한다는

---

[477] 앞서 성실한 의식에서 등장했던 두 형식적 계기 즉 대자 존재와 대타 존재를 말한다. 양자가 분열하면서 성실한 의식은 속임의 의식으로 전도했다.

것은 전제자가 자신의 자의를 법칙으로 삼아서 인륜[Sittlichkeit]이란 곧 자신의 자의에 복종하는 것이라고 주장하는 만용에 그친다. 그러한 법칙[Gesetze]은 법률[Gesetze]일 뿐이며 그와 동시에 계율[Gebote][478]로 되지 않는다. 마찬가지로 두 번째 계기 즉 법칙의 검증도 고립적으로 고찰되는 한 움직일 수 없는 것을 기어이 움직여보려는 인식의 횡포를 나타내는 것이 돼서 절대적 법칙에서 벗어나기를 기대하면서 그런 법칙을 그의 인식에 대해 낯선 자의적인 법칙으로 여기고 만다.

434) ⟨SK 320:19~33⟩⟨FM 235:8~18⟩

법칙 발견과 법칙 검증이라는 형식으로 등장한 이 두 계기는 인륜적 실체 또는 실재하는 정신적 본질에 대해 부정적으로 관계한다. 또는 실체는 이런 두 형식을 통해서 아직 실재성[Realität]을 갖지 못하며 오히려 의식은 이런 실체를 여전히 자신의 고유한 직접성 속에서 포함한다. 실체는 기껏해야 개인의 **의욕**이나 **인식**에 속하는 것으로 전락하든가 아니면 실현될 수 없는 계율[Gebot]로 강요되는 **당위**이고 또한, 형식상 일반적인 것[allgemein]에 관한 인식으로 된다. 그러나 이런 두 가지 방식이 극복되고 나면 의식은 일반적 실체로 복귀함으로써 의식과 일반적 실체의 대립은 소멸한다. 이를 통해 정신적 본질은 참된 실체로 되면서 위의 두 가지 방식은 개별적으로 성립하지 않으며 오히려 다만 지양되는 계기로서만 성립한다. 이 양자가 다만 계기일 뿐인 것으로 전락하고 양자의 통일이 형성되자 의식을 이끌어가는 자아가 출현한다. 이런 자아는 이제부터 정신적 본질 속에 확립[gesetzt]되면서 이런 정신적 본질을 참된 본질로 즉 충족되고 자각된 본질로 만든다.

478 여기서 계율은 법률과 대립하는 의미로 쓰인다. 법률이 강제적인 것이라면 계율은 도덕적인 의미를 지닌다. 즉 필요에 따라 요청된 것[gebieten]이라는 의미다.

[해제] 1) 헤겔은 법칙 발견적 이성이나 법칙 검증적 이성이 모두 모순에 빠진다는 것을 설명한 다음, 여기서부터 정신 장으로의 이행을 준비한다.

전자는 현존하는 실체를 받아들이는 것 같지만, 사실 그가 받아들이는 내용은 자의적으로 결정된다. 이를 결정하는 것은 전제 군주이다. 헤겔은 이를 군주의 만용이라고 본다. 후자는 개인이 형식적 같음을 통해 실체를 검증한다. 하지만 이런 형식적 같음은 자기가 원하는 대로 모든 내용을 받아들일 수 있으니 이는 곧 "움직일 수 없는 것을 기어이 움직여보려는 인식의 횡포"이다. 이는 텅 빈 형식일 뿐이다.

2) 지금까지 법칙을 발견하거나 법칙을 검증하는 의식은 이성으로서 자기의식의 단계에 속하지만, 아직 의식의 한계를 벗어나지 못한 이행적 의식인 순수 의식에 머무른다. 성실한 의식이 감각적 자기의식이라면 법칙 발견적 이성은 지각적 자기의식이며 법칙 검증적 이성은 지성적 자기의식이다. 성실한 의식이 법칙 발견적 이성, 법칙 검증적 이성을 거쳐 자각된 자기의식에 이른다. 자각된 자기의식에 이르러 실체가 곧 그 자신이라는 사실이 마침내 자각되기에 이르면 여기서 "개별적 의식과 일반적 실체의 대립이 소멸하면서" 자기 의식적 이성이 출현한다. 이렇게 실체를 자신의 것으로 자각한 이성이 곧 정신이 된다.

3) 문제는 어떻게 이와 같은 실체가 곧 자신이라는 자각 즉 자기 의식적 이성이 가능하게 되는가이다. 헤겔은 이 문제에 관해서 이렇게 언급하고 있다. 즉 법칙 발견적 이성이나 법칙 검증적 이성은 "개별적으로 성립하지 않으며 오히려 다만 지양된 계기로서만 성립하며" 또한, "양자가 다만 계기로 전락하고 통일이 형성되자 인륜적 의식을 이끌어가는 자아가 출현한다." 한마디로 말해서 법칙 발견과 법칙 검증이 함께 작용해야 한다는 말이다.

4) 철학사에서 아리스토텔레스는 관습에 법의 토대를 두었다. 칸트

는 형식적 일관성을 법의 기본 요건으로 보았다. 헤겔은 양자의 통일을 통해서 진정한 법 즉 사태 자체나 실체를 발견할 수 있다고 한다. 헤겔은 그 방식을 구체적으로 설명하지 않는다. 하지만 지금까지 헤겔의 주장을 토대로 생각해 볼 때 그 방식은 사회적 상호 작용의 구체적 모습을 통해 유추될 수 있을 것으로 생각한다.

시장에서 상품의 가격은 끊임없이 변동한다. 그런 가운데 장기적으로는 일정한 가격으로 수렴되며, 애덤 스미스는 이를 자연 가격이라 부르며 이 자연 가격이 곧 상품의 객관적 가치라고 말하였다. 여기서 자연 가격은 여전히 수요와 공급이라는 상호 작용을 전제로 하며 동시에 이는 장기적으로 현상적으로 출현한 가치다. 여기서 상품의 가치는 객관적으로 존재하는 것이지만, 그 자치의 인식은 장기적인 교환을 통해서 이루어진다.

사회적 상호 작용의 모습도 이런 시장에서의 교환과 마찬가지가 아닐까? 여기서 사태 자체 즉 실체는 사회적 상호 작용을 통해 형성되지만, 그것의 인식은 사회적인 동의나 합의를 통해서 일어난다고 볼 수 있다. 물론 이 합의나 동의는 일시적인 것이 아니라 장기적으로 이루어지는 것이니 역사적으로 형성되는 것이라 할 수 있겠다.

합의나 동의라는 점에서 이는 법칙 검증적 이성의 요소를 지닌다. 그러나 이 합의나 동의는 사회적 상호 작용을 통해 형성되는 실체를 전제로 한다. 이 실체는 법칙 발견적 이성의 대상이 된다. 그렇게 본다면, 장기적으로 일어나는 합의나 동의가 헤겔이 말하는 법칙 발견적 이성과 법칙 검증적 이성을 결합한 것으로 볼 수 있다.

5) 이런 사회적 동의나 합의는 민주제를 연상시키지만, 반드시 근대적 민주제를 말하지는 않는다. 모든 정치체제가 일정한 정도 합의나 동의를 바탕으로 한다. 민주주의는 숙고에 기초한 합의다. 반면 고대나 중세에서는 합의는 군중 집회의 형식을 통해서나 심리적 동의를 통해서

일어나기도 한다. 군장은 자주 부족 집회에서 선출됐으며 왕조차 영웅적인 군사 지도자이기에 집단 전체의 심리적 지지를 받을 수 있었다.

435) ⟨SK 321:1~25⟩ ⟨FM 235:19~37⟩

이렇게 해서 처음으로 정신의 본질은 **그 자체로** 존재하는[an sich] 법칙으로서 자기의식의 대상으로 된다. 검증은 일반적인 것이기는 하지만, 형식적이기에 **그 자체적**인 것이었다고는 할 수 없으니 이제 그것은 지양된다. 마찬가지로 영원한 법칙이라면 그것은 **개인**[전제자]**의 의지**에 근거한 것이 아니라 그 자체적이면서 동시에 자기에게 나타난 대로여야[an und für sich] 하니 만인의 절대적으로 **순수한 의지**면서 동시에 직접 **존재한다는** 형식을 가져야 한다. 이 만인의 순수 의지는 다만 **당위에 지나지 않는** 계율이 아니며 오히려 그것은 **존재하므로 타당한 것**[ist und gilt]이다. 일반적인 나[Ich]에 내재하는 범주가 그대로 현실로 되며 세계는 바로 이런 범주가 실현된 것이다. 그러나 **현존하는 법칙**이 곧바로 타당한 것이므로 자기의식이 이 법칙에 복종하는 것은 결코 자기의식 자신이 받아들일 수 없는 자의적인 명령[Befehle]을 하달하는 군주에 대한 복종은 아니다. 오히려 법칙은 자기의식에 **고유한** 절대적 의식[479]에서 나온 사상 즉 이 절대적 의식 자체가 직접 소유하는 사상이다. 그렇다고 자기의식이 그런 법칙을 **믿는 것**은 아니다. 왜냐하면, 믿음이란 이런 정신적 본질을 직관하지만, 이 정신적 본질을 자기에게 낯선 것으로 직관하는 것이기 때문이다. 인륜적인 **자기의식은 자신의 자아를 일반화하는 것**을 통해 그런 정신적 본질과 **직접** 합일해야 한다. 이에 반해 믿음이란 **개별** 의식에서 출발해 개별 의식이 전개하는 운동이다. 이

---

479 절대적 의식이란 일반적 자기의식을 말하며, 상호 작용의 산물인 실체를 자기의 것으로 인식하는 의식이다.

런 운동에서 개별 의식은 이런 통일을 향해 거듭 다가가기는 하지만, 결코 그런 정신적 본질이 현재화[Gegenwart]하는 일이 없다. −그러나 인륜적 실체를 자각하는 의식은 이미 자신의 개별성을 지양했으니 이로써 매개적 과정은 완성됐다. 이런 매개적 과정이 완성됐다는 것을 통해서만 도덕적 의식은 인륜적 실체에 관한 직접적인 자기의식으로 된다.

[해제] 1) 의식이 실체를 자신으로 자각하면서 의식적 이성은 자기의식적 이성 즉 정신으로 이행한다. 이런 이행을 매개하는 과정을 파악하는 것이 중요한데, 이 구절에서 그 이행의 과정을 설명한다.

앞의 구절에서 헤겔은 정신으로의 이행은 법칙 발견적 이성과 법칙 검증적 이성이라는 두 계기의 상호 지양과 상호 통일을 통해 일어난다고 말했다. 그것은 "자신이 받아들일 수 없는 자의적인 명령을 하달하는 군주에 대한 복종이 아니며" "만인의 절대적으로 순수한 의지면서 동시에 직접 존재하는 것"을 받아들이는 것이다. 즉 여기서 직접 존재하는 것을 받아들이는 것은 법칙 검증적 이성에서 제시되는 '만인의 순수 의지'를 전제로 한다. 또한, 그것은 법칙 검증적 이성에서 제시하는 순수한 형식적 법칙 또는 "당위에 지나지 않는 명령"도 아니다. 그것은 "일반적 나에 내재하는 범주가 그대로 현실로 된 것"이니, 여기서 법칙 발견적 요소가 들어 있다. 두 계기가 통일된 방식은 곧 사회적 합의나 동의를 의미하는 것으로 이해됐다.

2) 이런 인륜적 자기의식은 성실한 의식에서 나타난 믿음과 같은 방식이 아니라는 점이 강조된다. 그런 믿음은 실체를 자기에게 낯선 대상으로 파악하지만, 동시에 이 실체가 자기의 산물이라는 것을 예감한다. 이런 예감은 개별적 의식 내에 내재하며, 개별 의식은 실체를 향하여 다가가지만, 그 실체는 결코 눈앞에 출현하는 일은 없다.

그러나 사회적 합의나 동의를 통해 실체를 자각하는 방식에서는 상호 작용을 통해 실체가 눈앞에 출현하므로, 이를 자각하는 것이 가능하다. 헤겔은 이를 인륜적 자기의식 또는 절대적 의식이라 한다. 여기서 대상은 사회적 상호 작용의 결과인 실체가 되며, 의식은 이 대상 속에서 자기를 자각한다. 이 의식은 개별적 의식에 머무르지 않고 "자신의 자아를 일반화하는 것을 통해 그런 정신적 본질과 합일"하기에 이른 일반적 의식이다.

436) 〈SK 321:26~322:5〉〈FM 235:38~237:7〉

그리하여 자기의식과 정신적 본질의 구별은 더없이 투명한 것으로 된다. 정신적 **본질에서 구별**이 생겨나더라도 이 구별은 우연히 생겨난 규정성은 아니며 정신적 본질과 자기의식의 통일성 때문에 생겨나는 것이다. 바로 그런 통일에서 서로 같지 않은 상태가 유래할 수 있을 것이므로 여기서 생기는 구별된 집단은 그 생명을 통해서 서로 침투된 마디와 같은 것이니, 이 집단은 자기 자신에게 투명한, 세속에 물들지 않은 영혼이며 아무런 티가 없는 천상의 형태다. 그러므로 이 집단은 서로 구분되는 가운데서도 세속에 물들지 않고 자신의 본성 속에 고유한 순박함과 조화로움을 간직한다. ―자기의식은 이런 집단에 대해서 마찬가지로 단순하고 명백하게 **관계한다**. 이런 집단은 **있어 온 것**이며 그 이상은 아니다. ―이런 사실이 자신이 맺은 관계에 관한 의식의 내용을 이룬다. 소포클레스의 『안티고네』에서 주인공 안티고네는 이런 집단을 **글로 쓰이지는 않았지만, 틀림없이 존재하는** 신의 법이라고 부르고 있다.

[그 법은] 어제, 오늘이 아니라 영원히 살아 있으니,
아무도 모른다고 하겠어요, 이것이 언제부터 생겨났는지를*1

이런 집단은 **그저 있어 온 것**이다. 내[Ich]가 그런 집단의 발생 경위를 물으면서 그 기원에까지 접근해간다면 나[Ich]는 어느덧 그 기원을 지나쳐 버린다. 왜냐하면, 나[Ich]는 일반적 의식이지만, 그런 집단은 제약되고 한정된 것이기 때문이다. 만약 그런 집단이 나의 주관적 견해[Einsicht]를 통해 정당화돼야 한다면, 나는 흔들림이 없이 그 자체로 존재하는 것을 흔들면서 그런 집단을 내가 보기에 어쩌면 참일 수도 있고 어쩌면 참이 아닐 수도 있는 것으로서 바라보는 것으로 된다. 인륜에 관한 신념[480]을 지닌다는 것[Gesinnung]은 흔들림이 없이 정의로운 것을 확고하게 지키면서 그런 정의가 동요하거나 흔들리거나 후퇴하지 않도록 막는 것에 있다. ─누가 나에게 어떤 물건을 맡겨놓았다고 하자. 그 물건은 다른 사람의 소유물이며 나는 그것을 인정한다. 왜냐하면, **그것이 그의 것이기** 때문이다. 그러면서 나는 내가 맺은 관계를 지키는 데 흔들리지 않는다.*[2] 동어반복적인 법칙이라는 나의 검증 원리에 따르면 맡겨진 물건을 그대로 차지한다는 사실은 전혀 모순을 범하는 것으로 되지 않는다. 왜냐하면, 차지하고 있을 때 나는 그 물건을 더는 다른 사람의 소유물로는 보고 있지 않으니, 이렇듯 내가 다른 사람의 소유물로 보지 않는 것을 내가 차지한다는 것에는 아무 모순이 없기 때문이다. **견해**[Ansicht]가 바뀐다는 것은 전혀 모순을 일으키는 것이 아니다. 왜냐하면, 이때 모순을 범하지 않아야 하는 것은 견해가 아니라 내용이나 대상이기 때문이다. 내가 뭐가를 남에게 선물로 넘겨줄 때같이 내기 이떤 것이 내 소유물이라던 견해를 그것이 다른 사람의 소유물이라는 견

---

480 법칙 발견적 이성을 논할 때도 인륜적 의식이 제시됐다. 이때 인륜은 의식이 억압을 느끼는 자의적인 관습을 의미했다. 그러나 여기서 등장한 인륜은 의식이 친숙함을 느끼는 관습을 말한다. 관습은 사회적 상호 작용의 산물이지만, 오래된 것이어서 과거에는 친숙했으나 점차 억압을 느끼는 것으로 변질된다.

해로 바꾸더라도 여기에 아무런 모순을 범하지 않는 것처럼 거꾸로 말해서 그것이 다른 사람의 소유물이라는 견해를 나의 소유라는 견해로 바꾸더라도 모순은 생겨나지 않는다. -물론 이때 내가 어떤 것이 아무런 모순을 범하지 않는다고 발견하더라도 그 때문에 그것이 정의는 아니며, 정의는 어디까지나 그것이 정의인 한에서 정의이다. 여기서 문제의 **근간**을 이루는 것은 뭔가가 다른 사람의 소유물이라고 하는 사실이다. 이에 대해서 새삼 이치를 따질 필요도 없고 이런저런 사상이나 연관성, 관점을 찾고자 하거나 착상을 얻고자 할 필요도 없으며, 법의 발견이나 법의 검증이란 게 무엇인가 고민할 필요도 없다. 그러한 내가 그런 생각에 머리를 굴릴수록 나는 오히려 그와 같은 관계에 대해 혼란에 빠질 뿐이다. 왜냐하면, 사실 나는 내 마음대로 정반대의 것을 아무 규정도 없는[unbestimmt] 동어반복적인 인식에 적합한 것으로 만들면서 이를 법칙으로 삼을지도 모르기 때문이다. 오히려 이쪽과 저쪽 규정 가운데 그 어느 쪽이 정의이냐는 본래적으로나 **자기에게 나타난 대로나**[an und für sich] 이미 결정된 것이다. 나는 내가 원하는 대로 법칙을 정하거나 또한, 어떤 것도 법칙으로 삼지 않을 수도 있지만, 사실 이렇게 법칙의 검증을 시작하는 순간에 이미 나는 인륜의 길에서 어긋난다. 정의가 나에게 **그 자체적인 것이며 동시에 자기에게 나타난 것**이라는 사실을 통해 비로소 나는 인륜적인 실체의 세계로 들어간다. 그러므로 인륜적인 실체는 자기의식의 **본질**에 해당한다. 역으로 말하면 자기의식은 **인륜적 실체를 실현하는 것**이며 그것을 **현존하게 하는 것**이다. 자기의식은 인륜적 실체의 **자아**며 곧 **의지**다.

　*[1] FM주 〈236:10~11〉 헤겔은 소포클레스를 인용한다. 소포클레스 Sophokles, 『안티고네』, 『소포클레스 일곱 비극』, Vers 456f. 독일어 시

구와 당시 번역의 합치는 확인할 수 없다. 여기 실린 번역은 아마도 헤겔이 직접 한 것일 것이다. 로젠크란츠의 보고에 의하면 헤겔은 소포클레스의 『안티고네』를 한 번 번역한 적이 있다. 참조: 로젠크란츠 Rosenkranz, 『헤겔의 생애』, S.11.

*² FM주 〈236;19~30〉 헤겔은 칸트가 제시한 예가 지닌 근본적 규정을 그의 공식으로 받아들인다. 참조: 칸트I. Kant, 『실천이성 비판』, 『전집』, 5권, S. 27f.

[해제] 1) 헤겔에 따르면 인륜적 자기의식은 순수 의식의 두 계기 즉 법칙을 검증하는 이성과 법칙을 발견하는 이성의 통일이다. 이성의 검증은 형식적이었으며, 실체의 법칙은 특정한 것이었다. 양자가 통일되면서, 자기의식은 인륜적 실체와 통일된다. 여기서 실체를 자기에 낯선 대상으로 파악하는 이성적 의식은 이 실체를 자각적으로 자기 것으로 받아들이는 이성적 자기의식으로 발전한다. 이를 통해 정신이 출현한다.

2) 인륜적 자기의식에서 실체가 다시 구체적으로 출현한다. 그런 점에서 앞에서 언급한 법칙 발견적 이성과 비슷하지만, 법칙 발견적 이성에서 실체는 낯선 대상이고 복종의 대상이었다. 그러나 이제 인륜적 자기의식에서 실체는 인륜적 자기의식이 상호 작용을 통해 산출된 결과로 받아들여지면서 이 실체는 의식에게 자기 자신의 것으로 받아들여진다. 그러므로 인륜적 자기의식에게 이 실체는 영원히 움직이지 않는 것이면서 동시에 정의롭고 신한 것이다.

3) 헤겔에 따르면 일반적 실체가 구체적으로 실재하면서 정신이 출현하는데, 이런 정신은 추상적 일반성에 머무르는 것이 아니라 마치 생명체처럼 자기 속에 다양한 집단으로 분화하며 이런 집단은 다시 전체적으로 통일된다. 즉 그것은 "생명을 통해 서로 침투된 마디"와 같은 것

이다. 이런 집단은 서로 무차별한 것이 아니라 통일 속에 있는 구별이므로 헤겔은 이를 "자기 자신에게 투명한, 세속에 물들지 않은 영혼이며 아무런 티가 없는 천상의 형태"라고 말한다.

정신은 실체와 자아의 통일이므로 분화된 각 집단에도 자신의 실체를 실행하는 고유한 자아가 존재한다. 이 자아와 실체와의 통일은 직접적인 것이다. 그러므로 각 집단에는 누구나 인정하는 타당한 법칙이 있으며, 그런 법칙을 흔들림이 없이 수행하는 자아가 존재한다.

4) 각 집단에 속하는 고유한 자아는 그런 집단의 목적, 법칙, 원리를 받아들인다. 그것은 존재하면서 이미 타당한 것이기 때문이다. 그는 처음에는 자신의 원리를 그 기원이나 정당성을 알지 못한 채 의심 없이 받아들인다.

그는 주관적으로 이를 정당화할 필요성조차 알지 못한다. 만일 그런 정당성을 발견하고자 한다면 그런 정당화는 "흔들림이 없이 그 자체로 존재하는 것을 흔드는 것"이다. 만일 정당화를 시도한다면 그는 "어느덧 그 기원을 지나쳐 버린다." 즉 그런 기원을 알 수 없다는 말이다.

그런 법칙을 검증한다는 것도 불가능하다. 왜냐하면, 어떤 법칙도 검증을 통해서 모순으로 될 수도 있으며 모순이 아닐 수도 있기 때문이다. 무모순성이 곧 정의는 아니다. 그러므로 "법칙의 검증을 시작하는 순간에 이미 나는 인륜의 길에서 어긋난다."

자아는 이런 영원한 법칙을 의심함이 없이 지킬 뿐이다. 그런 자아는 "흔들림이 없이 정의로운 것을 확고하게 지키면서 그런 정의가 동요하거나 흔들리거나 후퇴하지 않도록 막는다."

정오표

쪽	오	정
1권 17쪽 주 2	표제 '서문'에 덧붙인 '학문에 관해서'라는 표현은 1907년 라슨 판에 처음 나온다	서문의 상세한 구분은 1832년 슐체의 재판에서 등장한다.
1판 397쪽 주 203	라슨이 1907년 백년제 판에 추가한 것이다	슐체가 1832년 재판에서 추가한 것이다.
1권 494쪽 주 261	라슨 자신이 한 것으로 말하고 있다. 라슨은	슐체가 덧붙인 것으로 말하고 있다. 슐체는
2권 404쪽 주 325	합법적인 것과 도덕적인 것의 대립	추상적 의무와 구체적 의무의 대립

저자 소개

이병창

서울대학교 철학과 수학, 서울대학교 철학박사, 동아대학교 철학과 교수, 2011년 2월 명예퇴직, 현대 사상사 연구소 소장
헤겔철학과 정신분석학 및 마르크스주의를 연구하면서 문화철학 및 영화철학을 연구한다

박사학위 논문
헤겔의 정신현상학에서 정신 개념에 대한 연구, 서울대, 2000

주요저서
『영혼의 길을 모순에게 묻다(헤겔 정신현상학 서문 주해)』, 먼빛으로, 2010
『반가워요 베리만 감독님』, 먼빛으로, 2011
『불행한 의식을 넘어(헤겔 정신현상학 자기의식 장 주해)』, 먼빛으로, 2012
『지젝 라캉 영화』, 먼빛으로, 2013
『청년이 묻고 철학자가 답하다』, 말, 2015
『우리가 몰랐던 마르크스』, 먼빛으로, 2018
『정신의 오디세이-자유의지의 역사』, 먼빛으로, 2021
『헤겔의 정신현상학-EBS오늘의 클래식』, EBS BOOKS, 2022
『지적 대화를 위한 교양인의 현대철학』, 팬덤북스, 2024
『헤겔 미학 산책-정신의 표현 기호로서 예술』, 먼빛으로, 2025

번역
프리드리히 슐레겔, 『그리스 문학 연구』, 먼빛으로, 2014
프리드리히 슐레겔, 『미학 철학 종교 단편』, 먼빛으로, 2020
마르크스 엥겔스, 『독일 이데올로기』, 먼빛으로, 2018

정신현상학 1권-번역과 주해

1판 1쇄 인쇄 2025년 11월 8일
1판 1쇄 발행 2025년 11월 15일
지은이 이병창
펴낸 곳 먼빛으로
주소 서울시 서대문구 서소문로45 SK리쳄블 1305호
전화 070-8742-5830
팩스 070-7614-3814
이메일 fromafar@gmail.com
출판등록 617-91-76607
ISBN 979-11-967323-5-6(93120)

ⓒ이병창, 2025
잘못된 책은 구입하신 서점에서 바꿔드립니다
저자와의 협의에 의해 인지는 붙이지 않습니다.